豫图讲坛

——2013年讲座选集（上册）

河南省图书馆 编

郑州大学出版社
郑州

图书在版编目(CIP)数据

豫图讲坛.2013年讲座选集/河南省图书馆编(上、下册).—郑州:郑州大学出版社,2014.12

ISBN 978-7-5645-2067-0

Ⅰ.①豫… Ⅱ.①河… Ⅲ.①社会科学-文集②自然科学-文集
Ⅳ.①Z427

中国版本图书馆 CIP 数据核字(2014)第 285151 号

郑州大学出版社出版发行
郑州市大学路 40 号   邮政编码:450052
出版人:王　锋   发行部电话:0371-66966070
全国新华书店经销
河南省天和彩彩印有限公司印制
开本:890 mm×1 240 mm　1/16
总印张:36.5
总字数:1082 千字
版次:2014 年 12 月第 1 版   印次:2014 年 12 月第 1 次印刷

书号:ISBN 978-7-5645-2067-0   总定价:81.50 元(上、下册)
本书如有印装质量问题,由本社负责调换

编委会名单

主　编　王悦辰　安　娜

编　委　赵　伟　林金瑞　邵风云

序言

21世纪,人类进入信息化时代,中华民族古老文明作为现代文明的源头越来越受到重视,也吸引了更多的人从中寻找现代文明发展的动力。公共图书馆作为保存人类文化遗产、传播知识、传递信息、开展社会教育活动的重要文化场所,既承载着传播历史文明的重任,也为广大民众通向知识之门、构建国家知识创新体系提供着知识与智力支撑,这种职责、职能不仅没有随着信息时代的到来而消减,而且随着人民群众精神文化需求的不断增长,其地位和影响日益彰显。公共图书馆已不仅仅是一座知识的殿堂,而是逐步演变为广大人民群众获取知识、交流信息的一个文化空间。图书馆工作者突破长期以来以文献服务为主的传统服务模式,注重精神文化的传承与各种文化之间的交流融合,结合时代需求,面向广大群众推出了丰富多彩、个性迥异的公益文化讲座。

百余年来,河南省图书馆以"读者至上,服务第一"为理念,以"精致服务、引领学习、激扬智慧"为核心价值观,在保存文化遗产、传承科学文明、启迪民众智慧等方面发挥了重要作用,为河南的经济和社会发展做出了巨大贡献。近些年来,河南省图书馆为进一步拓展服务功能,延伸服务领域,最大限度地满足公众的精神文化需求,邀请省内外专家学者,先后开展了"世纪论坛"、"中原大讲堂"等公益讲座。2011年5月,河南省图书馆将公益讲座制度化,更名为"豫图讲坛",在每周周日上午定期举办。截至2014年底,"豫图讲坛"已连续举办200期,它以内涵丰富、受众面广、风格独特等特点赢得了广大读者的青睐,听众场场爆满,已成为河南省文化界乃至全国图书馆界有一定影响的文化品牌。从2013年4月开始,"豫图讲坛"走向基层图书馆,全省15个省辖市图书馆、12个县(区)图书馆已经加入"河南省公共图书馆讲座联盟","豫图讲坛"的受众将进一步增加,影响也将进一步扩大。

细雨润物,春华秋实,暮然回首,"豫图讲坛"已走过1000多个日日夜夜,有近200位专家学者走上"豫图讲坛"的讲台,讲授他们的学术成果,有3万多人次的听众走进"豫图讲坛"的课堂,分享专家学者的智慧。为了让更多的读者了解"豫图讲坛"的精彩内容,现将2013年43期讲座内容结集出版,以满足读者需求。

我们有理由相信,在社会各界的共同努力下,"豫图讲坛"将会作为社会大众终身教育体系的一部分,会像所有人期待的那样,"播下一颗文化的种子,在适当的条件下,它将会生长发芽"。

河南省图书馆
2014年12月

目录

上 册

下　册

文学艺术

人文教育

生活养生

法律常识

上　册

社　会　热　点

主讲人：陈娱，教授，研究生导师，河南农业大学党委宣传部副部长。长期系统讲授本科生毛泽东思想和中国特色社会主义理论体系概论、社交礼仪和研究生思想政治教育心理学、科学发展观专题研究等课程。曾获省级青年骨干教师、省优秀宣讲队员、校级教学优秀奖、"两课"优秀教师、学生心目中的十大名师等荣誉称号。

时　间：2013 年 3 月 3 日

地　点：河南省图书馆研议厅

科学发展观引领中国走向伟大复兴

很高兴今天有这个机会来跟大家聊一聊科学发展观的问题。在讲课之前呢，我走到我们的座位席上，问了我们几位在座的老师，还有学生，跟他们聊了一下，询问目前各位最关注中国什么问题，对中国未来的发展有没有信心。在这样简单的访谈式谈话中，我觉得我们在座的各位，刚才我交流的各位老师、学生，还有我们的年轻的环保工作人员，他们都对中国的未来充满信心，而且对自身生活的满意度还是比较高的。

同时我也发觉，我们的市民，无论是退休的，还是在职的，都非常关注中国未来的发展。中国未来的发展到底要走向何方呢？在今天讲课之前，我请大家先跟我一起看个两分钟的视频。

（视频播放）

刚才这个片子是我在网上下载的，是新浪网在"两会"召开之际做的宣传片。今天下午，大家都知道，全国政协第十二届一次会议就要在北京召开，5 日，全国人大会议也即将在北京召开，全国人民共同去关注，共同去期待。十八大习近平当选为中共中央总书记后，在短短百天之内，我们看到新一届政府对中国未来发展的信心和决心，还有他们发展的一种路径。今天我们探讨的"科学发展观引领中国走向伟大复兴"，其实讲的就是一个梦想与路径的问题。

伟大复兴是我们每一个人的中国梦，也是我们中华民族的梦想。这样一个梦想，怎么样去实现

它？它需要有一个路径，而这个路径就是党给我们指出的科学发展之路径。习近平当选为中共中央总书记之后，在参观"复兴之路"时，刚才我们看到片子里面习近平讲了这么一句话，"现在大家都在讨论'中国梦'，我认为实现中华民族伟大复兴，就是中华民族近代以来最伟大的梦想"。我们每一个人都在期待这个梦想能否实现，我们每个人也将是那个圆梦的人。实现中华民族伟大复兴、"中国梦"与科学发展观到底是什么关系？简单地讲，就是梦想与路径(的关系)。

要认识科学发展观的历史地位和理论价值，就需要从实现中华民族伟大复兴的"中国梦"说起。中华民族伟大复兴的根本问题是什么？首当其冲那就是要发展。党的十八大报告明确指出，科学发展观同马克思列宁主义、毛泽东思想、邓小平理论、"三个代表"重要思想一道是党必须长期坚持的思想。这在我们党的指导思想上实现了又一次与时俱进。

我们在座的很多都是退休的老同志，对党的指导思想有着深入的实践与理解，将科学发展观确定为党必须长期坚持的指导思想，进一步体现了我们党对中国特色社会主义道路、理论和制度的一种自觉和自信。这也是党的十八大报告的最大的亮点和最大的理论创新点，也是党的一个历史性贡献。

科学发展观作为中国特色社会主义科学理论体系的最新成果，它科学地回答了在新的形势之下，我们国家该实现什么样的发展，该通过怎样的发展来圆中华民族伟大的"中国梦"，所以中华民族必将在科学发展的路径指导下实现复兴。

我们到底该如何理解科学发展观这一指导、引领伟大民族走向复兴的战略思想呢？今天我准备从四个方面来解析这个问题。第一，我们要了解一下科学发展观思想渊源的探索。就是科学发展观在我们党的历史上，它历经了怎样的一种理论思考和实践探索。第二，我们讲一讲党的十六届三中全会第一次提出科学发展观，它的背景，还有依据是什么。科学发展观是什么呢？这就是第三个问题，即它的科学内涵及其本质。最后，我们要落脚到在新的形势下，我们该如何在科学发展观的引领下来实现中华民族伟大复兴的"中国梦"。

我们首先来看第一个问题——科学发展观思想渊源的探索。

请大家现在和我一起把思绪拉到1840年。我们都了解中国的近现代史，自1840年鸦片战争开始，西方的大炮轰开了中国的大门，搅浑了中国社会的一潭死水，于是中国人开始抬眼看世界。众所周知，中国古代文明曾经遥遥领先于世界，至今为各国史学家所称道，但是，自从18世纪末期开始，由于封建统治者不顾事实闭关自守、盲目自大、安于现状、故步自封，导致社会生产力发展迟缓，而当时的清朝统治者却沾沾自喜于"康乾盛世"的余晖。此时，欧美的资本主义国家却乘着工业革命的东风迅速发展强大起来，于是中国这个古老的文明古国被甩在了后面，这样一个完全封建的中国就衰落为了封建帝国，沦为了各国侵略的对象。在西方的坚船利炮的进攻之下，腐败无能的清政府使一个拥有千年灿烂文明的泱泱大国长期陷入灾难深渊，而历史就这样无情地上演了一曲什么呢？马克思曾经做了一个这样的比喻：任何诗人想都不敢想的一对奇异式的对联式悲歌。想象都不敢想象，曾经有数千年文明的泱泱大国就在这坚船利炮轰击之下成为各国侵略殖民的对象。落后就要挨打，这是近代中国历史留给我们的辛酸回忆和沉痛教训。在这种血的教训之下，中国先进的仁人志士们认识到，当时全中国、全民族面临的最大的问题，就是要救亡图存，否则就有亡国为奴的危险，只有发展才能救亡图存。中国先进的仁人志士们为了实现强国富民的梦想，开始打开国门向西方学习，教育救国、实业兴国，进行了可歌可泣的斗争和探索，而他们所有的努力和牺牲都是为了让中华民族能够赶上那个时代，早日步入现代化的行列。

我们知道，无论是农民运动，还是戊戌变法运动，还是辛亥革命运动，他们都最终没能挽救中国的命运，没有让中国摆脱落后就要挨打的悲惨命运，所以最后我们走了俄国人的道路，开始学习马列主义，中国共产党开始引领中国的新民主主义革命，推翻了"三座大山"，参与中国生产力的解放和发展，开辟了一条社会主义建设道路。

新中国建立之后，灭亡的危险没有了，国家独立了，民族自由了，我们面临的一个现实的问题是什么呢？是发展生产力问题，让这个国家从一穷二白走向富裕、强大。于是，以毛泽东为代表的党的第一代领导集体开始思考中国的发展问题，毛泽东提出了社会主义的根本任务是发展生产力的论断。在第一届全国人民代表大会第一次会议上，毛泽东提出要把中国建设成为一个工业化的、具有高度现代化程度的伟大国家。

怎么样把我们的国家建设成为工业化、具有高度现代化程度的伟大国家呢？为了走出一条不同于苏联的模式，适合中国国情的道路，从 1955 年到 1956 年，毛泽东亲自组织了大规模的调查研究，在此基础之上形成了《论十大关系》。《论十大关系》提出以苏联为鉴，要根据中国国情走自己的路，也就是我们所说的社会主义的道路。此时的毛泽东已经有了六七年的执政经验，他力图去突破苏联中央集权的计划经济体制模式，大胆地进行创新，在大量的调查研究基础之上，写成了《论十大关系》这篇光辉著作。顾名思义，毛泽东在这篇文章里阐述了如何处理重工业与轻工业、农业的关系，如何处理沿海与内地的关系，如何处理经济建设与国防建设的关系，如何发挥中央和地区两个积极性等诸多问题，而从这些分析来看，其实在《论十大关系》里面已经孕育着什么样的思想呢？全面的、协调的发展思想。我们不仅要关注工业，还要关注农业，还要关注轻工业；不仅要关注中央，还要关注地方；不仅要关注沿海，还要关注内地。

继《论十大关系》之后，党的八大召开了，党的八大提出当时社会的主要矛盾是什么？是人民对于经济文化迅速发展的需要同经济文化不能满足人民需要的状况之间的矛盾。我们老百姓对这个经济文化的需求越来越多，但是经济文化发展比较滞后，一个高，一个低，于是就有了矛盾，于是强调我们党要集中精力发展生产力。怀揣着改变一穷二白面貌的忧患意识，毛泽东把能否赶上西方现代化发达国家与中华民族的生存权联系在一起，提出了"如果我们再不努力，那就有可能被开除球籍的问题"（音）。以此强调发展是基础，制订了实现现代化的赶超战略。

1958 年下半年，随着"反右"斗争的扩大化，我们在经济建设中开始陷入片面追求高速度、急于求成的错误，尤其是提出了"以阶级斗争为纲"，使中国经济建设走了将近二十年的弯路，以毛泽东为代表的党的第一代领导人对中国社会主义建设的探索也出现了曲折。但是，以毛泽东为代表的党的第一代领导人所探索的关于中国社会主义建设道路的许多闪光的思想，尤其《论十大关系》，依然为今天科学发展观的提出奠定了最初的基础。

在党的十八大报告中给予了以毛泽东为代表的第一代这样的评价：以毛泽东同志为核心的党的第一代领导集体，带领全党全国各族人民完成了新民主主义革命。在《新民主主义论》里面，毛泽东描述了未来新中国的政治纲领、经济纲领、文化纲领，描绘了一个新民主主义共和国，并完成了新民主主义革命，进行了社会主义改造，确立了社会主义制度。

1956 年，随着"三大改造"的结束，我们确立了社会主义制度，成功实现了中国历史上最深刻、最伟大的社会变革，为当代中国一切进步发展奠定了根本的什么呢？政治前提和制度基础。它给我们确立了社会主义制度，而且建立了人民民主的政治制度。在探索的历程之中，虽然历经严重曲折，但是党在社会主义建设中所取得的独创性的理论成果和巨大成就为新的历史时期开创中国特色社会主义提供了宝贵经验、理论准备和物质基础。曲折也是财富，失败也是财富，它给我们提供了宝贵的财富。如果没有这二十年的弯路，那就不会有党的十一届三中全会实现党的工作重心的重大转移。

到"文化大革命"结束之后，以邓小平为代表的党的第二代领导集体开始思考中国未来的发展。到底这个社社会主义该怎么建设呢？十一届三中全会深刻总结了过去二十多年的经验教训，果断地把党和国家的工作重点从"以阶级斗争为纲"转移到"以经济建设为中心"的轨道上，做出了改革开放的战略决策。在党的十三大上，制订了社会主义初级阶段的"一个中心、两个基本点"的基本路线，在党的十五大上就把初级阶段的基本路线丰富发展形成党在初级阶段的政治纲领、经济纲领、

文化纲领。在实践之中,逐步形成了建设中国特色社会主义的理论,也就是今天我们简称的"邓小平理论"。

在邓小平理论之中,它已经形成了比较完整的科学发展观。邓小平是如何来思考中国社会主义建设的发展问题呢?我们可以从它两个著名的论断之中略见一斑。邓小平在1992年南巡时提出一个重要的观点,那就是"发展才是硬道理"。他把发展问题同是否能够实现社会主义、社会主义的制度能否体现全部有机地结合起来。邓小平文选总共有三卷,其理论内容非常丰富,涵盖中国政治、经济、文化、社会,以及军事、国防、党政、外交等各个方面。如果我们用一句话来概括,邓小平理论就是发展的理论。讲政治纲领就是讲中国政治要发展,讲经济纲领就是讲中国经济要发展,讲文化纲领就是讲中国文化要发展,所以他提出"发展才是硬道理",为中国发展确立了价值目标。

邓小平一直提倡什么呢?我们要紧紧抓住这个中心,这个中心是什么?就是初级阶段以经济建设为中心。他认为现在国际环境对我们有利,世界大战暂时打不起来,就给了中国和平发展的有利空间。即便必须要打仗了,那就打完了立即建设;不发展,中国什么问题都没法解决。邓小平给中国设计的现代化之路其实就是"三步走"的发展战略,从1980年到1990年要实现温饱;从1990年到2000年要实现小康;到21世纪中叶,要实现基本的现代化。从温饱到小康,到基本现代化,说起来是百年,实际上就是70年,中国就从解决吃不饱、穿不暖的状态步入中等发达国家的发展水平。中国是拥有世界第一人口的大国,你想想,这该是中国共产党多大的一个民族梦啊!所以它不容易实现。

我们国家现在已经有十三亿五千多万人了,前一段公布的最新数据,到21世纪中叶,我们国家人口应该在15亿左右了,你想,欧美这些发达国家,它们自从英国工业革命开始到现在,至少花了一百多年,英国已经三百多年了,美国也有两百多年的发展历史了,所有这些欧美的发达国家加在一起,它们的人口才多少呢?不到10亿人,所有这些享有现代化国家的人不到10亿人。中国一个国家要想实现现代化,就意味着把全球1/5的人口带入现代化的水平。这该是中国对世界做出的多么大的一个重要贡献啊!

邓小平提出,"文化大革命"结束后百废待兴,首当其冲的是老百姓要吃饱穿暖,所以中国开启了改革开放的步伐,我们开始由计划经济逐步走向市场经济。我们在座的很多老同志应该都经历过20世纪50年代、60年代,那都是计划工业,我们吃什么都计划,吃个肉容易吗?在我的记忆当中,70年代,一个人一个月只有半斤肉票,没有肉票就吃不上肉。为什么过去我们买肉都喜欢买肥肉?太馋了。而现在,谁还去买肥肉呢?过去到冬天储存大白菜,都得凭计划供应,我们的新鲜蔬菜每天花样都层出不穷,我们何须再去储存大白菜呢?为什么现在年轻人越来越不会去腌咸菜了呢?不是年轻人懒,真的是没有必要了。过去哪个老人不会腌咸菜呢?因为到了冬季没有菜吃,只有把白菜买来,放很多盐腌,腌得咸得不得了,然后才能够下饭。在过去,我们经历那么苦的年代,短短三四十年,现在我们的生活可以说发生了太大太大的变化,从衣食住行到方方面面,我们每一个人都感同身受。

在1992年的南行讲话当中,为了能够让中国改革开放的步伐更大一些,为了让人们思想更加解放一些,为了让人们的胆子更大一些、步子迈得更快一些,邓小平提出衡量改革是否成功的"三个有利于"的标准问题。当改革开放到了1992年的时候,很多人对中国改革出现的一些现实问题开始纠结了,认为我们是在扛着社会主义的红旗,走着资本主义的道路。当时把深圳作为中国第一个特区的时候,很多人说,深圳除了红旗还是红的,其他都姓资了。很多事情都不能理解。在这种情况下,中国改革开放怎么能迈开步子呢?邓小平借南行之机提出来判断改革开放是否成功的标准:第一,看它是否有利于发展生产力;第二,是否有利于提升综合国力;第三,是否有利于提高人民的生活水平。很简单,就三句话,谁一听都明白,只要符合这三点,你就大胆地干、大胆地试、大胆地闯。

在这里给大家讲一个小小的故事,邓小平其实早在(20世纪)60年代初已经开始思考中国的社会主义发展问题,比如说大家都知道的"猫论"。邓小平提出了一个"猫论",很多人都认为是"无论是白猫,还是黑猫,只要抓住老鼠就是好猫"。实际上它的原话是"无论是黄猫,还是黑猫,只要抓住老鼠就是好猫"。当时邓小平为什么引用这个"猫论"呢?这个"猫论"并不是邓小平的首创,它源于哪里呢?

邓小平是四川人,四川是我们国家的天府之国,粮多老鼠就多,四川的老百姓为了保住自家的粮食纷纷养猫抓老鼠。在老百姓眼中,黑猫凶狠、彪悍,认为它抓老鼠很得力,所以大家买猫都喜欢买黑色的猫。有一天,有一个人去市集买猫了,有个卖猫的袋子里面装了一个猫,告诉这个人说,我这只猫是黑色的,买回去绝对给你抓老鼠。这个人相信了,没有打开袋子细看,回家解开袋子一看,原来这只猫是黄色的。他非常生气,认为这个卖猫的欺骗他,准备去找这个卖猫的人算账。他的邻居劝他说,你先养养,看它抓不抓老鼠再说。这一养不要紧,发现这个黄猫不但抓老鼠,而且比黑猫抓得还凶狠。于是他就说了,不管黄猫黑猫,只要抓住老鼠就是好猫。后来,这句话在四川老百姓之中作为一种俗言流传开来了。大家也知道,刘伯承元帅也是四川人,他当然对老家这样一句话耳熟能详。刘伯承善于什么呢?领兵打仗,而且他一生总是在打胜仗。刘伯承每逢大战在即总是说什么呢?他鼓励他的士兵说,无论你是西北兵,还是东北兵,只要能打胜仗,那就是好兵。黄猫黑猫,抓住老鼠就是好猫。以此痛斥什么呢?教条的军事主义。你别管我用什么方法打,只要打胜就行了,没有必要搞教条、搞极端。邓小平跟刘伯承长期共事,一个是师长,一个是政委,刘邓关系非常要好,邓小平当然对刘伯承把这句话运用到军事领域作为一种军事观点非常清楚。

邓小平还是比较"谨慎"的,据中国共产党的历史资料记载,在1962年之前,邓小平从来没有在党的公开场合引用过"猫论"。我们刚才讲过,1958年下半年,随着"反右"斗争的扩大化,还有"大跃进"运动的开始,再加上20世纪60年代三年自然灾害,到1962年初,中国国民经济到了崩溃的边缘,前期"一五"计划成果经过这几年的折腾,到1962年浮夸不下去了,中国必须要调整国民经济了。大家知道,在当年中国饿死了很多人,包括我们河南省。要调整国民经济,怎么样调整呢?在中国农村出现了什么呢?包产到户的生产关系形式——把田分了,大家包一块地,自己生产、自己经营、自己收获。还有一种模式,毛泽东继大办人民公社后提出的"三级所有、队为基础"的生产模式。到底是支持"三级所有、队为基础",还是支持包产到户呢?在中央有两种声音,一种以刘少奇为代表的支持包产到户,一种以毛泽东为代表的支持"三级所有、队为基础"。在这种情况下,就要求中央第一代的重要领导成员要发表自己的意见,毛泽东也亲自调查研究,邓小平当时去了北京的郊区进行了调查研究,调查研究回来的会议上,邓小平提出了自己的观点。他当时说什么呢?他说,你调整农村生产关系目的是干什么呢?目的是发展农村生产力,所以不能在生产形式上简单划一。你得抓目的,目的是干什么?必须实事求是,从实际出发。哪种形式在哪个地方能够比较容易、比较快地恢复和发展农业生产就采取哪种形式,群众愿意采取哪种形式就采取哪种形式,不合法的让它合法起来。接着他说了,黄猫、黑猫,抓住老鼠就是好猫。实际上邓小平暗指对什么形式的肯定呢?包产到户。老百姓愿意采取什么,你就让他采取什么好了,哪种形式在哪个地方能发展生产力就好了,你管他用什么形式呢?形式为目的服务,只要我们的目的达到了,形式可以不拘泥、不僵化。实际上邓小平是在肯定包产到户对调整农村生产关系的一种作用。

后来刘少奇被打倒了,刘少奇被打倒以后,邓小平也以"党内第二号走资本主义当权派"被打倒了。在邓小平复出之后,在党的工作重心转移之后,他提出中国社会主义生产力发展的问题。他提出"发展才是硬道理"也好,提出"三个有利于"的判断标准也好,其实和他的"猫论"是一脉相承的,只是他的"猫论"用比较幽默的一种语言表达了他的政治智慧。

十一届三中全会以后,邓小平一再强调,要始终坚持以经济建设为中心。后来,到南行讲话时邓小平提出我们要"两手抓,两手都要硬",在建设物质文明的同时,还要建设高度的社会主义精神文明。同时还提出要把经济发展与人口和自然、科技和教育、物质文明和精神文明等方面有机协调

起来关注。邓小平也提出了我们要培育"四有"新人,提高劳动者素质,强调以人为本。他反对把"以人为本"和"以经济建设为中心"直接对立起来。"三个有利于"的最后一个"有利于"的落脚点是什么——有利于提高人民的生活水平。综合国力提高也好,生产力解放发展也好,最终要是落实到老百姓的利益上。在邓小平理论之中,就已经形成了可持续发展的战略思想,如邓小平在20世纪80年代曾经提出的"两个大局"的思想——东南沿海有条件的要先发展起来,率先发展起来;先富带后富,到最后共富的论断,其实都包含着一个可持续发展的思想。

党的十八大报告给予了党的第二代领导这样的评价:以邓小平同志为核心的党的第二代领导集体,带领全党全国各族人民深刻总结我国社会主义建设正反两方面经验,借鉴世界社会主义历史经验,做出了把党和国家的工作重心转移到经济建设上来,实行改革开放的历史性决策,深刻揭示了社会主义本质,确立了社会主义初级阶段的基本路线,明确提出了走自己的路,建设中国特色社会主义,科学回答了建设中国特色社会主义的一系列问题,成功开创了中国特色社会主义理论。

如果说以毛泽东为代表的党的第一代领导集体对中国社会主义有奠基之功,那以邓小平为代表的党的第二代领导集体对中国特色社会主义走自己的路有开创之功,他提出要走自己的路,建设中国特色社会主义。这个社会主义不仅包括物质文明,还要包括精神文明,不仅关注人的发展,还要关注资源、环境的发展。

进入21世纪,以江泽民为核心的党的第三代领导集体坚持和发展邓小平理论,把坚持中国特色社会主义进一步往前推进,提出了"三个代表"重要思想,强调发展是党执政兴国的第一要务。这个第一要务论是江泽民在中共中央党校省部级干部培训班典礼上提出的。他提出,我们要以发展的办法来解决前进中的问题,以及正确处理发展社会主义市场经济条件下实现现代化的若干重大关系。在市场经济条件之下,针对怎么样正确处理社会主义现代化建设很多关系的问题,提出了科教兴国战略、可持续发展战略、西部大开发战略等一系列重大方针政策,大大丰富了现代化建设的理论和实践。

以江泽民为代表的党的第三代领导集体,把发展与党的生死存亡、与国家的强大与衰落有机地联系在一起了,发展不仅关系到人民的生活,更是关系到党的生死存亡的大问题。为什么呢?大家应该有印象,到了20世纪90年代,随着苏联解体、东欧剧变,很多国家都在思考自己的命运,当时也有很多国家都在关注着中国未来向哪里发展,我们党就开始总结苏联亡党亡国的经验教训。在苏联亡党亡国的经验教训里面,其中有一点最重要的是什么呢?就是当时作为苏联共产党,它还没有搞好经济问题、经济建设,长期经济滞后,人民生活长期得不到有效改善,使广大苏联人民对苏联共产党失去了信心。

在苏联解体之前,苏联社科院曾经做了一个民意调查,调查什么呢?在你心目中,苏联共产党是谁的利益代表者?当时,有高达90%的苏联人普遍选的是苏联共产党不是人民的利益代表者,而是他们自己利益的代表者,他们是官员的利益代表者,是高层利益代表者。在这个苏联社科院调查之后不久,苏联就亡党亡国了,就解体了。不难看出,水可载舟,亦可覆舟,人心向背,对于一个执政党的生死存亡来说是多少重要的一件事情。

我们也知道,在延安的时候,毛泽东曾经接见过一个当时的民主党派人士——黄炎培老先生。黄炎培老先生在解放战争的时候曾经去过重庆,看了看国民的一些情况,后来他到延安看了毛泽东领导的共产党的情况,两相比较之后,他到了延安,他对毛泽东提出来一个担心,是什么呢?中国共产党能否跳出历史周期律的问题。他说:整个人类历史发展也好,中国历史发展也好,都有一个兴衰的周期的规律,由兴到衰,由衰到兴,中国共产党能否避免呢?毛泽东怎么说呢?他说:我们已经找到了一条新路,这个新路就是人民民主。大家都起来监督政府,关心国家,这些国家才有可能走向兴旺,不至于政权衰败。

从毛泽东的思想到后来邓小平总结苏联解体的经验教训,邓小平说,人民现在为什么拥护我

们？就是因为有这十年的发展,从1980年到1990年,这十来年发展很明显。如果我们这十年不发展,或者低速度发展,发展速度只是4%、5%,甚至2%或者3%,会产生什么影响呢? 这很难想象。苏联解体之后,中国社会主义制度还能不能坚持下去? 这不只是经济问题,更是政治问题。江泽民也说,世界上许多国家,特别是我们周边一些国家和地区,比如亚洲四小龙,都在加快发展,如果我们国家经济发展慢了,社会主义制度的巩固和长治久安都会遇到极大困难,所以我们的经济能不能加快发展不仅是重大的经济问题,而且是重大的政治问题。苏联的解体、东欧的剧变,验证了这样一个结论。

我们知道,东德和西德二战之前是同一个国家,二战之后东西德分离了,为什么到了20世纪80年代末90年代初又统一了呢? 也就是从经历二战到80年代末这几十年,东德和西德经济发展迅速悬殊而造成的。在东西德刚开始分离的时候,两国老百姓的人均收入差不到1/3。经过三十多年的发展,西德人均收入是东德人均收入的3倍还要多。于是人民就会思考,老百姓不会管谁执政,他只是管在你的执政之下,谁能够让我过上更加富裕和幸福的生活。东德人民当然要思考,一个柏林墙之隔,为什么人家发展那么快,而我们却发展这么慢呢? 于是柏林墙被推倒了,东西德统一了。当时东欧13个社会主义国家,无一例外纷纷解体。我们国家为什么当时能够顶住世界共产主义运动的低潮,坚定地走了自己的中国特色社会主义道路呢? 这得益于邓小平改革开放之后中国将近十年的发展巨变,中国的老百姓看到了未来中国的希望。

到了21世纪,江泽民提出发展是党执政兴国的第一要务。我们也可以看到,现在世界各国的较量更多是什么较量呢? 有人说是经济较量,但更多是综合实力的较量。综合实力包括哪些能力呢? 包括一个国家的经济力、军事力、文化力,还有科技力,这是最重要的四力。当然,还有我们自然的资源,还有阶级分布、民族状况等,但主要是这四力。这四力之中决定一个国家的军事力、科技力的还是经济力,经济是基础啊!

为什么在世界范围内没有任何一个国家能制裁住美国? 我们老百姓经常流传这样的话,美国在世界上想打谁就可以打谁。为什么呢? 它财大气粗。对于老百姓也是一样的道理。有的有钱人素质很低,他开车轧住你他说白轧,大不了赔你钱;把人杀了说白杀,大不了赔你钱。如果只是有钱而素质较低、道德沦丧,那是非常可怕的事情。他认为拿钱可以摆平一切事情! 美国霸权、强权的思想跟这个有点类似。它认为自己有钱,我的军事力全球第一,最先进;我的科技创造力第一,谁能跟我媲美啊! 任何国家都要听我的,你不听话,我就打你,就制裁你;听话就算了,听话拥护我是老大就可以了。如果不听话,我就收拾你,就给你一点颜色看看。我们驻南联盟大使馆为什么被轰炸? 很多事情,包括最近我们国家钓鱼岛事情引发中国跟日本的一些纷争,很多很多事情,慢慢地,其解决都要源于中国的强大。你强大了,很多事情就好办了;你不强大,再吃喝也没有用。所以要发展,发展了,中国才能强大,民族才能复兴;发展了,这个党才有希望。只有发展了,老百姓才能拥护你,你让老百姓过上安居乐业的生活,老有所养、住有所居、学有所教、病有所医,谁不拥护这样的执政党呢? 这样的党才能一天一天地走向强大。

在十八大报告里面,对以江泽民为代表的第三代领导集体给予了这样的评价:以江泽民同志为核心的党的第三代领导集体带领全党全国各族人民坚持党的基本路线,在国内外形势十分复杂、世界社会主义出现严重曲折的严峻考验面前捍卫了中国特色社会主义。依据新的实践,确立了党的基本纲领、基本经验,确立了社会主义市场经济体制、改革的目标和基本方向,确立了社会主义初级阶段的基本经济制度和分配制度,开创了全面改革开放新局面,推进了党的建设新的伟大工程,成功地将中国特色社会主义推向了21世纪。简单来讲,以江泽民为代表的党的第三代领导集体对中国特色社会主义有捍卫、开创之功。

继江泽民第三代领导集体之后,新一届政府继续思考中国究竟该怎样发展,我们应该持续什么样的发展,选择一条什么样的道路,我们的发展究竟为了谁? 2004年9月19日,在中共十六届四中

全会第三次会议上,胡锦涛提出:我们这样一个经济、文化比较落后的社会主义大国如何实现又快又好的发展呢? 这是党执政之后必须下大力气解决好的重大课题。他说,毛泽东、邓小平、江泽民同志对此都进行了深入的思考,作了很多重要的论述。科学发展观不仅是我们党长期艰苦探索的结果,而且是我们继承和发展党的三代领导核心关于我国发展的重大思想,从新世纪、新阶段党和人民事业全局出发,提出的重大战略思想。

胡锦涛的这句话告诉了我们什么呢? 科学发展观凝结着党的第一代、第二代、第三代领导集体的发展思想,凝结着他们的心血,凝结着他们努力的成就。在党的十八大报告里面提出了这样一句话:进入新世纪新阶段,我们党以马克思列宁主义、毛泽东思想、邓小平理论、"三个代表"重要思想为指导,立足社会主义初级阶段基本国情,认真总结我国发展实践,借鉴国外发展经验,适应新的发展要求,集中全党智慧创立了科学发展观。这句话其实告诉了我们什么呢? 告诉了我们科学发展观提出的背景和依据。这个背景和依据是什么呢? 科学发展观的理论指导,或者说它的思想渊源在哪里呢? 马克思列宁主义、毛泽东思想、邓小平理论、"三个代表"重要思想。条件是什么呢? 社会主义初级阶段基本国情要求我们必须这样做,我国改革开放发展的实践要求我们要这样做,国外发展的经验和教训启示我们必须这样做,现阶段中国改革发展出现的一些新的要求和问题也要求我们必须这样做,所以我们集中了全党的智慧才创立了科学发展观。短短的一句话告诉了我们科学发展观提出的背景和依据。

刚才我让大家看了两分钟视频,从习近平当选为中共中央总书记以来,将近百日做出的一些重大决定,及其执政的一些理念和思路。在看的过程当中,我们也看到了前期中国取得的很多很多成就,在片子(视频)的中间闪得很快的那一小段其实讲的是中国面临的很多问题,我们的经济虽然发展很快,改革开放取得了很大成就,但是仍还有很多问题,为什么到了新世纪我们要转变我们的发展思路、发展模式和发展方式? 我们要进一步思考为谁发展、依靠谁发展、用什么样的方式来发展。科学发展观提出的背景和依据的第一点就是适应新阶段、新要求而提出的。

新阶段、新要求也就是进入21世纪以来,中国改革开放的成就举世瞩目,从生产力到生产关系,从经济基础到上层建筑,都发生了重大变化。我相信我们在座的很多同志都看过党的十八大报告,在党的十八大报告里面有这么一句话,我领着大家一起读一读:2002年到2012年十年来,我们国家取得的一些历史性成就。第一,我国经济总量从世界第六位上升到世界第二位,社会生产力、经济实力、科技实力迈向了一个大台阶;人民生活水平、居民收入水平、社会保障水平迈上了一个大台阶;综合国力、国际竞争力、国际影响力迈上了一个大台阶。所以国家面貌发生了新的、历史性的变化。这是我国持续发展、民主不断健全、人民得到实惠更多的时期,也是社会保持稳定的时期。当然,我们党也肯定了所有这些成就的取得源于党的正确领导,源于全国各族人民的共同努力。但是,中国的发展依然有很多问题,依然有很多现实的国情决定我们不能再走过去那种粗放型的发展模式了。

虽然取得了很大成就,但是我们依然有三个"没有变":第一,中国仍然处于,并将长期处于社会主义初级阶段的基本国情没有变。这个国情是什么呢? 人口多,底子薄,生产力发展水平落后。中国这个基本国情因为人口多、底子薄,虽然综合国力跃居世界第二,可是一平均下来,我们依然徘徊在世界多少位呢? 90位左右,这决定了我们这个国家一平均力量还是比较薄弱的。这是你的国情决定的。第二,当前和社会的主要矛盾是什么呢? 人民日益增长的物质文化需要同落后的社会生产之间的矛盾,这一社会主要矛盾没有变。这个矛盾没有变说明什么呢? 需要我们党领导人民做什么呢? 解放、发展生产力,让生产力得到极大的解放和发展,通过改革开放来消除那些束缚生产力发展的旧的观念、旧的体制,然后让人们的一切创造能力能够迸发出来,让我们所有人都能把最大的激情、最大的能力、最大的创造性发挥出来,然后生产极大的物质财富,满足全国各族人民对物质文化的需要。第三,我们长期形成的结构性矛盾和粗放型的增长方式也没有得到根本改变。中国经济虽然发展很快,可是我们更多的是以牺牲什么为代价获取的呢?我们的能源,我们的资源,我们的环境。我们是依靠大量的廉价劳动力、大量的污染、过度的开发挖掘,以向自然界粗放索取为代价而获取经济的增长,中国高科技的贡献率在国民生产总值增长率中占的比例很少。发达国家,它的科技,特别是高科技,对国民经济生产的贡献率都能高达70%以上,而我们国家只有40%左右,还很低,更多的都是粗放型的。包括我们现在看到的很多现实问题。我们在郑州,大家看郑州天天都在搞建筑,到处都有建筑(工地),很多人走在中国任何一个城市,大城市、小城镇,全都在搞建筑。有的人说,中国的GDP是靠不断地拆迁、不断地建筑堆积起来的。虽然这话有些偏颇,但反映了一定的问题。

尤其是2012年12月底以来,大量雾霾的天气,环境的污染让我们每个人身受其害。北京首当其冲,据统计,1月份,北京较晴朗的天数只有5天,到处是阴沉沉的雾霾。很多人走在大街上不由自主戴上了口罩。郑州的大气污染在全国排名十大城市里面仅次于北京,北京第九,郑州第十,也榜上有名。虽然我们口袋里的钱多了,房子大了,出行方便了,可是我们的环境污染很厉害,水不清了,天不蓝了,绿化面积在日益减少的时候,我们的幸福感真的在提高吗?每一次出门走在大街上都要考虑要不要戴口罩、空气指数达标不达标、会不会得肺癌(因为呼吸这种污染的空气,会对肺部有影响);买菜的时候要考虑食品是否安全,这个肉能不能吃,这个鱼有没有被河水污染;买药的时候,要考虑这是不是假药……这些都告诉我们什么呢?新阶段,虽然我们取得了辉煌的成就,但是问题依然颇多。老百姓的年收入在增加,我们的恩格尔系数在缩小,基本的医疗保险,还有手机、汽车用户都在不断增加。中国拥有小轿车的平均数每一年都有大幅度的提高,这些在十年前是很难想象的。在15年前,手机对于普通老百姓来说是一个奢侈品,可是现在,有几个人没有手机呢?甚至有的人有好几部手机,它不再是奢侈品,而是生活的必需品。所有这些让我们的生活变得更便捷了,让我们的生活发生了很大变化,但是这三个"没有变"说明在改革开放实践之中,虽然成就辉煌,但是问题也颇多。

这些问题是什么呢?我们来看看这样一些图片(PPT)。中国虽然到2000年已经全面实现小康了,可是我们的小康水平是什么样?不全面,不平衡,低水平。这些不平衡表现在哪几个方面呢?比如说大家普遍感受到的行业收入差距很大。看这样一个漫画(PPT),一个抄电表的工人,一天抄"两个"电表,每个月收入8000元;这是一个产业工人,每天工作10个小时,一个月工资只有800元,这不公平。这就说明什么呢?我们的收入差距太大了,行业差距太大了。现在老百姓都知道,金融行业啊,保险行业啊,医疗领域啊,还有电力领域,他们的行业收入都比较高。

还有城乡收入差距拉大。有人说,中国经过改革开放三十多年,城市像欧洲,农村像非洲。我们长期在城市生活,到处是高楼大厦,鳞次栉比,每个人生活都很优越,可是你到中国最偏远的农村去看看,甚至很多孩子连基本的生存保障都不完备。很多孩子上学的教室还是土坯房建起来的,很多留守儿童由于缺乏父母的陪伴,缺乏亲情而性格变得孤僻,甚至走向自闭。社会问题很多,城乡收入差距很大,在这样一个全面小康的总体之下还有很多问题。环境污染问题我们每个人每一天差不多都会遇到,对不对?有人说河流被污染了,有人说中国七大水系没有不被污染的,有人说黄河是黄的,现在说长江也是黄的。中国水系都被污染了,所以我们吃鱼吃海鲜都不放心了。

中国改革开放三十多年来的贪污腐败问题,我们每个人都觉得它是一个突出的社会问题,我们老百姓都对其恨之入骨啊,都渴望官员能够清廉一些,政治能够亲民一些。实际上中国官员的一些腐败,以及贪污受贿、以权谋私,在改革开放之后一定比例上在扩大。但是我们也欣喜地看到,党的十八大之后的一百多天里,中国共产党反腐倡廉的力度日益加大,显示了坚强的决心。刚才我们看到的一个短片里面习近平说,"我们要把权力关进制度的笼子里","老虎、苍蝇一起打"。

如果这些问题得不到解决的话,中国共产党还能赢得民心吗?老百姓还能幸福生活吗?中华民族还能走向伟大复兴吗?这一切一切都要求我们必须转变什么呢?转变发展思路,转变发展

模式。

尤其是2003年4月，大家看这个图片讲的是什么呢？"非典"的时候我们的医疗人员、科研人员在研制疫苗。2003年"非典"给我们的印象太深刻了，当时我们每一个人都干什么呢？胆战心惊，不敢出门，正常的教学、工作、生活秩序全紊乱了。就这么一个"非典"，还就短短的两个月，对中国经济的影响非常之大，特别是对旅游业，没有人敢旅游了；我们的商业、服务业，没有人敢去餐馆饭店吃饭住宿了；没有旅游的人，航空业业务也减少了；还有我们的运输业、建筑业，甚至制造业，都受到了很大的损失，当时中国第二季度经济增长降低到6.2%以下。在2003年以前，中国经济的增长速度每年都在10%以上，政治、生活都因为"非典"疫情被打乱了。当时，以胡锦涛为代表的中央政府开始思考什么呢？在推动经济增长和人民生活水平提高的同时，我们还要搞好公共卫生，搞好教育等各个方面工作，要把对人的关爱放在工作的重要位置上。因此，抗击"非典"胜利后不久，党中央就提出要贯彻经济社会协调发展、城乡协调发展、区域协调发展、人与自然和谐发展的方针。可以说，2003年"非典"事件也是引发科学发展观形成的一个重要的、直接的因素。

2003年之后还有一个现象，那就是群众上访事件增多了，其中反映比较多的问题就是城市拆迁和农村大量耕地被征的问题，违法征地引发了社会矛盾，甚至有的地方出现了"三无"农民——无土地、无就业岗位、无社会保障。全国的"三无"农民在2004年统计达到4000万人。因为他们的地被征收了，没有新的就业岗位，又得不到任何保障，在这种情况下，这些人很容易成为社会动荡因素。

我们现在也能看到，很多犯罪分子都是没有固定职业的人，有固定职业的人犯罪率很低，尤其是暴力性的犯罪、刑事案件，比例较高的是没有固定职业的人。没有固定职业就没有固定的财产以及家庭住所，你没有家庭住所，你没有固定财产，这个人生活就没有希望，没有希望又无业可做，那就只好游手好闲，甚至有些人心理扭曲，恨富、仇官。因为仇富、仇官引发的社会矛盾越来越多，现在只要有官员在网上被曝光了，说他因为什么事情贪污了，然后抓起来了，很多人就特别高兴。

像李双江的儿子李天一，大家都在关注这个事件，现在案件已经进入调查阶段，据说下周要实施逮捕了。跟他一起实施犯罪的还有四名其他的孩子，我们多不知道是谁，大家都不关注，唯独关注李双江的儿子，说李双江教子无方，太溺爱儿子，引发了对"官二代"、"富二代"的一些教育的思考。很多人不断炒作这件事情，指责李双江和梦鸽夫妇。其实我们冷静思考一下，这也不太公平，都是犯罪，为什么把矛头直指李双江和梦鸽夫妇呢？甚至把李天一从小到大所有的劣习、缺点都一味地翻出来。这一方面说明名人必须行为检点，因为你是大众关注的人，甚至要牺牲隐私。另一方面，这个事件背后反射的是什么心态呢？社会不平衡、失衡的一种心理。

当这些社会矛盾和冲突不断激荡的时候，就要求我们国家一定要思考，改革开放以来，我们如何能够让我们发展的成果更多地惠及广大老百姓，来协调地区的平衡、发展的平衡、城乡发展的平衡、不同行业收入的平衡，这样才能使广大人民安居乐业，社会才能够全面进步。

科学发展观的提出，说明中国共产党领导者不仅对为什么发展加深了认识，而且对什么叫发展、怎样发展也深化了认识，中国的发展理论又大大前进了一步。

第二点，科学发展观是在吸收国外发展经验、借鉴国外发展理论的基础上提出来的。

在这里，因为这些（PPT）比较偏理论，我们不多讲了，只是给大家简单讲一点。第二次世界大战结束之后，各国都在思考什么呢？发展问题。发展中国家就想赶上或者超过发达国家，而发达国家有一个进一步发展的问题，各国都集中精力在思考问题上。怎么思考呢？第二次世界大战之后兴起了发展经济学。在发展经济学这个理论指导之下，各国的经济都取得了前所未有的增长，很多国家开始迅速地崛起，但是也引发了世界性的生态恶化、能源短缺等自然现象，以及一些国家失业人口加剧、两极分化严重等问题。

从20世纪50年代开始，世界发展观历经了这样几个演变：首先是提出了经济增长论，就是把发展简单地等同于GDP，也就是经济增长。只要你GDP增长了，我就说你发展了。第二个，社会变革的发展观。因为后来发现仅提经济增长不行，经济增长有时候并不是发展，因为环境污染了，我要治理环境污染。比如说经济增长换来 1000 万元的利润，我为了治理河流污染、大气污染，我要投入 1 亿元的资金，那你能叫发展吗？从另一个角度来说，还是一个经济的负增长。人们觉得单纯的经济增长发展观是片面的，觉得这种发展观有问题。拉丁美洲迅速崛起之后，因为它把简单的经济增长等同于发展，经济增长的同时没有关注社会贫富差距问题，没有解决好失业率问题，引发了社会动荡，巴西、伊朗，甚至巴基斯坦等一些国家，在迅速崛起之后都迅速地停滞或者衰落了，有学者就把它概括为"拉美现象"，也叫"拉美陷阱"。

　　当这个国家收入由 1000 美元达到 3000 美元的时候，如果它发展得好，协调得好，不引发一系列社会问题的话，这个国家就能够迅速地进入现代化的一种生活状况；如果处理不好，它有可能重新蹈入"拉美陷阱"。这个"拉美陷阱"是个什么样的现象呢？国家财富和利益特权由政府控制，财富控制在极少数人手中。我们国家目前已经是财富迅速聚集在少数人手里了，昨天还看到北师大一个学者做的调研报告，国家有一个课题，我们国家征收遗产税已经成熟了。如果你的财产在 500 万元以上，应该开启遗产税，调整中国的贫富差距。为什么？中国 1% 的人拥有了中国 50% 的财富。过去我们说 20% 集中 80%，可是经过这么多年的发展，有学者提出，1% 的人集中了中国 50% 的财富。过去说"万元户"，现在你一百万两百万也不说你是富裕户了，现在至少都要上千万，或者上亿。我们过去看到这个人家庭存款一百万就感觉了不起了，现在身边亲戚朋友或者同事里面，这个人发了，他有几千万，上亿了，也不再让我们惊奇了。"拉美现象"也有这样的特征。

　　第二，中产阶级发展不起来。这就形成了"中间小、两头大"现象，最富有的和最穷的都占了很大比例，中间阶层塌陷了，而中间阶层是社会政权稳定的一个非常重要的因素。一个国家，如果绝大多数人都能够达到中等收入，这个国家就相对比较稳定，它的政策肯定会得到绝大多数人的支持和拥护。如果最富有的人占极少数，最贫穷的人占绝大多数，这个国家是一个金字塔形状，那这个国家就是不稳定的。我们国家的社会结构是橄榄型的，就是两头小、中间大，所以我们国家一直在提倡大量发展中产阶层，大幅度提高老百姓工薪阶层的收入。中国大部分人必须关注一个特殊的群体，那就是农民，尽管我们搞城镇化，但是中国的农民现在还是有将近 8 亿。8 亿农民如果都富不起来，不能让他们通过城镇化途径变成中等持有者的话，中国结构依然是不稳定的。你看我们国家，连续十年出台的第一号中央文件都是关于"三农"的文件。要想办法迅速提高农民的收入，改善农民的生活。

　　过去我们知道，毛泽东打天下，领导新民主主义革命的时候，他依靠谁啊？主要依靠的是中国广大的工人和农民，农民一直是中国共产党的最强大的后备军。毛泽东当时在井冈山建立革命根据地的时候，就开始打土豪、分田地。毛泽东明白农民最需要什么，你只有给了农民土地，他才会死心塌地跟着你干，土地是农民的命根子。毛泽东知道农民需要什么，所以他说，谁赢得了中国的农民，谁就赢得了中国的未来。毛泽东领导的中国共产党赢得了中国农民的支持，就赢得了中国的天下，当了国家主席。如今，如果我们把在中国占绝大多数的农民这一特殊群体给忽视了，中国未来的发展很难平稳。中国农民如果连最起码的医疗、教育、住房、就业问题都不能得到解决的话，他怎么能安心在这个国家好好地生存和发展下去呢？党要想长期执政，必须依然高度关注和解决好中国最广大人民尤其是农民的利益，代表农民的利益。

　　中国经过三十多年的改革开放，相对来说城镇居民生活已经比较优越了，各个方面最起码有保障了，虽然有贫富差距，但是不至于说哪个城镇居民看不起病，没有钱吃饭，没有房子住。通过各种方式，不管是安居房、改造房，我们最起码有了一个住所，有了基本的生活保障。你生病了，国家有医保，但是中国还有很多农民，他们连这些最起码的基本问题都没有得到解决。虽然中国的医保已经扩大到中国农村了，但是农村居民的报销比例依然还是偏低的。很多农民都是什么情况呢？好不容易小康了，因为家里一个人生病重新回到贫困线以下了。他们生不起病，更看不起病，不敢进

医院。十八大以后，我们国家卫生部门提出要先看病后交钱，要实施这样的政策。碰到一些突发事件，农民真的没有钱，过去真的有医院见死不救，交不上钱，那就把手术耽误了，人就死掉了。在"拉美现象"里；多数人不能进入现代化，贫富悬殊、两极分化、经济社会发展问题严重，甚至会引发社会动荡。简单来讲，"拉美陷阱"就是一个有增长，但是没有发展的现代化，是一个多数人不能过上幸福日子的现代化，或者说它只是一个少数人能过上幸福生活的现代化。这难道是中国共产党执政的目的和宗旨吗？不是。中国共产党从党诞生的那一天开始，从执政的那一天开始，它就在党章上宣告了"全心全意为人民服务"的宗旨。它是为最广大人民的利益而谋利的政党，不能只让中国少数人过上好日子，而必须让中国绝大多数人过上好日子。当这种单纯追求经济增长的发展观出现很多问题的时候，到了(20世纪)60年代，各国开始思考了，发展不仅要包括经济增长，还要引发社会变革，要考虑可持续发展的问题。到了70年代，提出来一个合理的、可持续的发展观。到了80年代，推出了"以人为中心"加上"社会综合发展"的发展观。社会经济、政治、文化发展了，是为谁服务呢？为人服务，所以要以人为中心，老百姓不愿做的，政府不能强迫去做。

法国一个社会学家佩鲁写了一本书——《新发展观》，他说，发展的目的绝不是强迫人民不情愿地像牛一样被喂养，我给你什么你就吃什么，或者永远作为小孩来抚养，没有主动性，没有创造性，也不是要通过把今天的人们压抑在受国家政策强制的计划机构中来寻找后代人的最终解放，而是要通过共同努力，使人们能够自己养活自己，有意识地自己教育自己，并且不用暴力来实现自己的解放。《新发展观》告诉我们什么呢？所有的发展都要围绕人的中心来发展，考虑人他有尊严，他有需求，人的需求有政治权利、经济权利、还有文化权利，我们要自己来解放自己，而不是被解放。在《新发展观》里面，开始把发展由关注物的发展、GDP增长转移到以人为中心的人的发展。

1987年，联合国通过了由挪威首相布伦特兰夫人主持起草的世界环境与发展委员会报告，报告的名称叫"我们共同的未来"。这个照片(PPT)就是挪威前首相布伦特兰夫人。她说，可持续发展是什么意思呢？既满足当代人的需要，又不对后代人满足其需要的能力构成危害的发展。这一报告的发表标志着可持续发展观的基本形成。发展是要可持续的，既要考虑当代人的利益，还要考虑子孙利益。我们该给自己子子孙孙留下一个什么样的生存空间、发展空间呢？留给他们一个什么样的地球呢？从20世纪50年代一直到80年代末，国内外发展观的演变的轨迹可以看出，人类对发展观的认识越来越深化，关注经济发展，还要关注社会发展，更重要的还要关注人的发展，以及人与自然和谐统一发展。

我们现在才改革开放三十多年，我们觉得环境已经那么恶化了，如果我们再这样盲目地、粗放型地、简单地、粗暴地、掠夺式地发展，未来留给我们子子孙孙的是什么呢？之前有一个公益广告叫什么呢？地球上最后一滴水将是人们的眼泪。你把水都污染了，最后你自己必然受到大自然的惩罚。

科学发展观提出的依据，那就是它是继承和发展了马克思列宁主义、我党三代中央领导人的发展观。刚才我给大家讲过了，在这儿不再重复了，从毛泽东、邓小平到江泽民，他们的发展思想里面已经折射出协调、可持续发展思想，这就为以胡锦涛为代表的新一届政府提出科学发展观奠定了理论基础。

到底什么是科学发展观呢？我们有必要把这个科学内涵来诠释一下。所谓科学发展观它的第一要义是发展，核心是以人为本，基本要求是全面协调可持续发展，它的本质是实现经济、社会又好又快发展。短短一句话，第一要义是发展，核心是以人为本，基本要求是全面协调可持续发展，它的本质就是要实现经济、社会又好又快发展。该怎么来理解呢？我们先看第一点，科学发展观第一要义是发展，为什么第一要义是发展呢？离开发展，就无所谓发展观。发展观是什么意思？发展观就是对发展问题的基本观点和看法，你没有发展，何来发展观呢？我们强调它是第一要义的时候，就是必须紧紧抓住以经济建设为中心不动摇。我们党一再强调，党的基本路线要坚持一百年不动摇，就是要不折腾、不懈怠。既然这个路线是正确的,就不要变来变去,坚持以经济建设为中心,这才能体现发展的第一要义。

只有发展了,打下了物质基础,作为执政党,它才有财力、有物力来解决中国发展中存在的问题。你比如说刚才说的中国城乡收入差距的问题、贫富差距拉大的问题,还有我们发展的地区之间的不平衡的问题,还有老百姓的就业问题、住房问题,还有教育问题、医疗问题、社会保障问题、养老问题等等,还有我们关注的经济政治体制改革等所有的问题,其实都是在经济发展之中存在的问题。所有这些发展之中的问题,我们不能回避,也不是说你不发展问题就解决了。有人说正是因为邓小平提出以经济建设为中心了,天天发展经济,结果现在出现那么多社会问题,毛泽东那个时代多好啊,我们虽然穷,没有那么多社会问题,大家一块穷,其实那是心理问题。如果我们老是抱着这样心态的话,中国什么时候也走向不了富裕,更实现不了现代化,最终落后就要挨打的局面将再一次在中国大地上重演。发展,就难免顾此失彼,当你主要精力抓经济的时候,就把其他的相对忽略了,但是你能够因为它出现问题就停滞不前吗?显然这是不能的,发展的问题还得靠发展的办法来解决。

中国目前最大的问题是发展不足的问题,如果政府财政宽裕的话,我们的养老水准可以再度提高,让全中国人民,包括我们的农民,在年满 60 岁以后,步入退休年龄,都可以享受养老金的保障。如果每个农民 60 岁以后,丧失劳动能力了,不说多,国家每个月给你 300 元钱养老金,那农民日子好过多了。没有钱怎么解决啊?现在就靠各个地区、各个省自己解决,有的省发展好了,每个月给退休的 60 岁的农民发 50 元钱,有的发 100 元钱,农民高兴得不得了,对不对?你说你解决什么?比如说城市交通问题,天天堵车,我们要修地铁、修立交桥,哪一个不需要钱呢?没有钱能办成事情吗?改善交通同样需要钱。所有的一切,都需要由经济来支撑。在新的阶段,虽然问题很多,但是依然要把发展作为科学发展观的第一要义,唯有发展才能让低收入者得到比较充分的就业和改善,生活水平提高。你不发展哪有就业啊?没有就业机会啊!因为我们国家第三产业发展了,第三产业服务业就吸引了大量的就业人群。高科技产业其实需要的劳动力是很少的,你看现代化国家,它就业率低,为什么呢?太高科技的产业只需要高科技人员,比如说现代化的农场,一个人能管几百亩土地,都是电脑或者机器操作。我们国家如果这样的话,我们多少农民该没事儿做啊!如果我们国家这样做的话,那么多被从土地上解放出来的农民做什么呢?你得给人家提供就业岗位啊!

今年,我们国家中央一号文件提出了,将来我们国家农村可以搞什么呢?农场,将来中国也会有农场。就是要把那些不擅长种粮的人也不喜欢种粮的人的土地通过有偿机制流转给种粮大户,让种粮大户们通过家庭农场的方式来管理这些土地,让他们因为大面积的种粮也收益更多。因为土地流转出去暂时失地的农民,他们到城市里面去打工,来获取他们想要的生活。他们要想获取他们要的生活的话,他们必须干什么呢?得就业,得有工可做。我们国家家政服务业、餐馆、旅游业的带动,给了很多人提供的就业岗位。

你不发展经济,哪有就业岗位啊?只有发展,农民工才可能成为城里人,我们城镇化布局才能更快一点;只有发展,才能织就一个社会保障网。发展了,国家解决医疗问题、养老问题,那不就好办了吗?如果我们国家钱很多,跟发达国家一样,管你城市农村,享受一样的医疗待遇就行了,大家报销比例都一样,我们农民该多少高兴啊!他们就会干什么呢?就不会急于天天好不容易挣俩钱存在银行里贬值了。他们不敢投资,他们不敢花钱,花了钱,万一养老有问题怎么办呢?儿子结婚要买房子怎么办呢?农民辛辛苦苦打工挣钱都存在银行里,没有几个敢乱花的。如果我们的农民不为孩子上学问题发愁,不为医疗问题发愁,不为养老问题发愁,那他挣的钱他也敢花掉了。对不对?他要想着未来孩子在城里面读书要交借读费的问题,要交择校费的问题,一切一切的,都让他不敢花钱。我们老说拉动内需,推动经济发展,拉动内需,第一得让人有钱,第二得敢花钱,第三得有处可花。我们国家现在老百姓没有钱吗?不对,没有多的,但是每个家庭多多少少都有存款,敢花钱的家庭大多都是无后顾之忧的家庭,不敢花钱的人都是因为有太多的后顾之忧。在这种情况下,我们国家只有发展了,才能织就一个庞大的社会保障网、安全网,让越来越多的老百姓真正过上学有所教、病有所医、老有所养、住有所居的安居乐业的生活。

温家宝曾经讲过一句话,中国发展其实很难,为什么难呢?中国其实人口基数很大,综合国力世界第二,平均之后还是90多位。他说,哪怕是一个最小的问题,一乘以13亿就成为很大很大的问题;一个非常非常大的数字,一除以13亿,就变成很小很小的数字。我们每个人也是,假如说两对夫妻挣钱一样多,这个家里只需要养孩子一个人,老人自己有工资,这对小夫妻生活压力就很小啊。另一对小夫妻上面有农村的父母,四位老人,下面还有很多孩子,还有一些亲戚子弟要接济,你想,他们的生存压力大不大啊?人口基数往往决定了你的生活质量,不是纯收入就能决定你的生活质量。尽管我们每个人可能收入都差不多,因为家庭负担不一样,生存质量也不可能完全一样,到什么时候都会有贫富差距问题。你不能寄希望通过发展来绝对消除贫富差距,那是不现实的,只是说要把这个贫富差距控制在一个相对合理的范围之内。如果真的没有贫富差距,那就回到那个集体经济养懒汉的时代了,中国经济也没有啥发展了,人的潜力、创造力也没法得到激发了,所以第一要义还是发展。

我们的发展从过去以经济建设为中心到邓小平关注两个文明(物质文明和精神文明),到江泽民提出要关注政治文明,到胡锦涛提出来社会建设,还有生态文明建设,中国的发展思路越来越清晰了,发展的内容越来越全面了,发展的路径越来越清晰了,由"两位一体"到"三位一体"到"四位一体",一直到现在关注全面发展的"五位一体"的发展,这才是科学发展,全面发展。政治要发展、经济要发展、文化要发展、社会建设要发展,还有我们的生态文明建设也要发展。

科学发展观它的核心就是以人为本,以人为本是以谁的利益为根本呢?以最广大人民的根本利益为根本。在这里,我们要强调一下,我们不能以个人的喜好和个人收获的多少来权衡中国共产党是否以人为本了。比如有人说了,我们家到现在还没有房子呢,我孩子到现在还没有就业呢?我们得看他能不能在整体上代表最大多数人,如果最大多数人都满意了,这个党就是合格的。它要以整体的、最广大人民的民生问题为根本,而不是以某一个人、某个群体或者某个地区来判断。如果你要仅仅以贫困落后地区来判断,你很难得出这个结论,你要从中国整体布局来考虑,它真正做到没有以最广大人民的根本利益为根本。

以人为本体现了中国共产党立党为公、执政为民的本质要求,中国共产党为谁执政?就是为民执政。你依靠老百姓打下的江山,你执政要代表老百姓的利益,还利于民,要代表人民的利益。如果中国共产党不为民执政,这个江山根本没有办法坐下去。无论历史经验,还是现实教训,还是外国的经验,都告诉我们,一个党必须执政为民才能兴旺、发达。

中国共产党领导全国人民来解放发展生产力,我们是依靠人民来搞建设、搞发展,我们每个人都是中国特色社会主义建设的主体,我们都在以不同方式为这个国家做出自己的贡献,有的人贡献的是直接物质财富,有的人贡献的是精神财富。无论这个国家物质还是精神财富的创造,都依赖于每一个中国人共同努力。当我们把这些财富聚集起来,创造出来之后,也就是把蛋糕做出来之后,怎么办呢?要分蛋糕了。打一个比喻,如果是一个巨大的蛋糕,这个蛋糕谁来切呢?中国共产党作为执政党它可以来分配,它拥有分配权、决定权,它到底应该分给谁?分多大的一块?这就牵涉到中国共产党执政的理念,理念决定了分配的政策。既然我们依靠人民执政,依靠人民来取得江山,依靠人民来发展经济,发展中国的一切,那发展的成果由谁来共享呢?当然由人民共享。在切蛋糕时,我们要考虑全中国广大人民的共同利益,而不是仅考虑某一个局部或者个体的利益。

要想落实以人为本,必须把促进经济社会发展与人的全面发展有机地协调起来。经济社会发展了,最重要的是关注人的发展,所以我们国家现在越来越人性化了,有很多方面,包括我们的假期都是越来越长了。过去我们从六天工作日到五天工作日,从五天工作日开始有了五一长假、十一长假,后面说五一黄金周人太集中了,有人提意见把五一分开,增加了中秋节和端午节假期,有了这样一些假期之后,假期多了,人就更加放松了,生活质量就高了。在很多方面,我们都可以发现这个国家逐步地越来越思考人性化了。

包括过去,我们去办一些业务时,很多部门,你要办一个什么房产证,要跑很多很多部门,或者办一个营业证,你要去这个部门那个部门,有的甚至跑一个礼拜都跑不下来,现在在包括工商及很多部门都有行政审批大厅,在这个大厅里面,不用跑很多天,一天之内,甚至一个上午就能把所有手续办完了,这就大大方便了老百姓的生活和工作。

其实我们的经济社会发展更重要的是要考虑人的全面发展,不仅要关注老百姓的经济收入,还要考虑老百姓的精神文化生活,还要考虑老百姓对政治民主的诉求,扩大基层民主渠道。同时还要考虑我们的生态环境,现在我们国家提出要治理空气污染,治理雾霾,有专家说要治理好至少需要18年。很多老百姓说,18年,太长了! 大家都提出了很多疑问,真的告诉你,环境污染是很快的,但是治理好环境,还它一个洁净的环境,将是一个长期性的周期过程,很难,所以我们保护环境显得有多少的重要。

过去有一个沱江污染事件,在全国影响很大,沱江污染就是源于重庆一个化工厂排污,这个重庆化工厂每年给国家交的利税就是2000万元而已,而它造成的沱江污染对国家造成的经济损失高达5亿元。所以说在这样一种情况之下,我们考虑经济社会发展,必须坚持走生产发展、生活富裕、生态良好的文明发展之路,保证它能够永续发展。

科学发展观的基本要求就是全面发展、协调发展、可持续发展。而这种全面就是中国特色社会主义“五位一体”的总体布局,它涵盖有经济建设、政治建设、文化建设、社会建设和生态文明建设。只有建立这种“五位一体”的全面的、协调的发展,我们才能真正走一条生产发展、生活富裕、生态良好的文明发展之路,保证一代接一代永续发展,才能最终按照科学发展观的本质要求,实现又好又快的发展。

最后,我给大家提一提在科学发展观统领下实现中华民族伟大复兴的“中国梦”。在党的十八大报告里面,针对科学发展观,提出必须每一个中国人去实践它、落实它、贯彻它,落实到我们工作和生活之中去,它才能变成推动民族复兴精神的、物质的推动力。所以提出了必须要落实四个“更加自觉”,哪四个“更加自觉”呢? 第一,必须更加自觉地把推动经济社会发展作为深入贯彻落实科学发展观的第一要义。第二,必须更加自觉地把以人为本作为深入贯彻落实科学发展观的核心立场。第三,必须更加自觉地把全面协调可持续作为深入落实科学发展观的基本要求。第四,必须更加自觉地把统筹兼顾作为深入贯彻落实科学发展观的根本方法。

所有这些都强调了,在未来,我们党的十八大报告提出来两个百年实现的目标,哪两个目标呢? 一个是到2020年,我们要实现国民生产总值人均翻两番的目标。再一个,到2010年我们要实现现代化,达到中等发达国家的生活水平。这就是未来中华民族的“中国梦”。在这种全面协调可持续发展的基础之上来推动中国经济社会又好又快发展。

习近平在参观“中华民族复兴之路”展览时提到,中华民族的伟大复兴既需要经济、政治、军事、文化上的强盛国家,也需要一个民主法制公平正义的和谐社会,更需要让人们享受到最为充分的安康富庶的幸福。党的十八大提出来,到2020年,要全面建成小康社会,实现国内生产总值和城乡居民人均收入比2010年翻一番,比2000年翻两番。大家看到没有,这里面不管是国内生产总值要翻,而且特别提出城乡居民人均收入,也就是说,到2020年,也不过八年了,未来可见,我们的收入会有比较大幅度的提高,这其实是给我们每一个人的信号。很多人在考虑,我们攒五十万一百万元很难呀,要不要投资啊? 不投资的话,过一段收入翻一番,这个钱又不值钱了! 很多人在考虑未来的投资、发展、教育升值,但是这些给了我们那些家庭比较贫困的老百姓过更美好生活的希望。城乡居民收入都要翻番了,我们每个人应该能够成为翻一番的受益者。这个梦想和目标必将感召我们为之而努力奋斗。

习近平说，每个人都有理想和追求，都有自己的梦想，现在大家都在讨论"中国梦"。我以为，实现中华民族伟大复兴，这是近代以来中华民族最伟大的梦想，而这个梦想凝聚了几代中国人的夙愿，体现了中华民族和中国人民的整体利益，是每一个中华儿女的共同期盼。历史告诉我们，每个人的前途命运都与国家和民族的前途命运息息相关，国家好，民族好，大家才会好。实现中华民族的伟大复兴，是一项光荣而艰巨的事业，需要一代又一代中国人为之共同努力，所以说，空谈误国，实干兴邦。

既然十八大把我们伟大民族复兴的蓝图已经绘就，我们有什么理由不去增强为民族而复兴的责任感、使命感呢？让我们每个人立足于本职工作和生活岗位，为中原经济区的建设，为国家全面建成小康社会，为中华民族的伟大复兴尽绵薄之力吧！

谢谢大家！

主讲人：**王文强**，郑州市物价局副局长，毕业于郑州大学哲学系，哲学学士学位，省、市书法家协会会员、诗人、书画家，中国城科会会员，第九届、第十届市政协委员。
时　　间：2013 年 3 月 10 日
地　　点：河南省图书馆研议厅

推介河南

大家上午好！请同志们看屏幕（PPT），这就是我们美丽的河南，美丽的家园，它的轮廓像一片叶柄朝中的树叶。就是在这片土地上，有我们中华民族五千年的文化、五千年的文明，这个地方有三千多年是中国政治、经济、文化的中心，众多的政治家、思想家、科学家和文学艺术家在这里诞生、成长，并激荡起无数的历史风云，留下了许多可歌可泣的历史画卷。

河南是我们中华民族的发祥地，是中国古老民族的基础，它孕育了中华民族，也可以说河南这片土地是带有母性特征的土地。下面我通过"山"、"河"、"陵"、"根"、"贤"、"中"、"通"、"丰"、"商"、"古"十个字来推介我们的河南，其目的就是让大家认知我们的家乡、热爱我们的家乡、呵护我们的家园。

一、山

河南的山地多分布在西部、西北部和豫鄂交界的南部，主要有三大系列：第一个系列是豫西的秦岭东缘山地，就是秦岭的东端；第二个系列是豫西北的太行山；第三个系列是豫鄂交界的桐柏大别山。我们的名山大川、宗庙寺院都分布在这三大系列里。我们的山地面积 4.4 万平方公里，占全省面积的 26.6%，在这些山地里树木丛生、花草遍地，野生动物繁多，宗教寺院密布，有许多令人流连忘返的美好景观。

今天主要给大家介绍一个山，就是我们的中岳嵩山。中岳嵩山是天然的地质博物馆，也是地球发展的一部史书，同时也是我们中华民族发展的一部史书。中岳嵩山汇集了我们国家儒、释、道三大教派，以嵩阳书院为代表的儒家，以少林寺为代表的佛家，以中岳庙为代表的道家，三大教派汇集于一山，而且有相当大的规模，知名度很高，这在中国版图上仅此一家。

我们知道，嵩阳书院是北宋四大书院之一，它和岳麓书院、白鹿洞书院、应天书院并称为北宋四大书院，司马光曾在这里讲学，并在这个地方写下了他的名著《资治通鉴》。中岳庙是我国最大的道观。少林寺是名闻全世界的。我们到国外走访，你说你是河南郑州的，人家没有概念，你说我是少林寺家乡的，人家会说OK，说明我们少林寺是闻名全世界的。

少林僧人有两个特点，今天给大家介绍一下。

第一个特点，单手"阿弥陀佛"。其他寺院都是双手，只有少林寺是单手的。走遍全世界，只要有僧人给你单手"阿弥陀佛"的，不用问，那就是少林弟子。为什么呢？我们少林寺鼻祖达摩是印度的高僧，曾经在南京讲学，受到了当时在南京佛学界非常有影响的人物神光慧可的排挤，使他无法在那里传经布道，他就决定渡江北上。神光慧可跟着他。这一天来到长江边，达摩取了江边的一根芦苇，把芦苇放在江面上，利用自己的轻功站在芦苇上一苇渡江，使岸上的神光慧可惊呆了，他认为这是高僧，决定追随于他。他没有轻功，就借着江边的一条小船划到了江对面。到对面之后倒头便拜，说对不起达摩。他说：我在南京做了许多不该做的事情，我现在知道你是高僧，我决定追随于你。达摩说：不行！你这样的人我不能收之为徒，咱俩道不同，谋不合，不要。你不要我，那我就跟着你。跟着跟着就跟到了少林寺。

这一天天降大雪，神光慧可在外面站着，雪已经到了神光慧可膝盖的位置，达摩在屋里面坐着，说：你走吧，没用，你站在这儿我也不会收你为徒的，除非天降红雪。天怎么会降红雪呢？神光慧可灵机一动，拔出自己的佩剑，把自己的左臂砍掉，忍着剧痛，把面前的雪染红了。他的举动感动了屋里的达摩，达摩赶紧出来把他搀到屋里，给他包扎伤口，然后收之为徒。神光慧可也是少林寺的二祖。少林寺有立雪厅和二祖庵，都是纪念神光慧可的地方。少林僧人为了纪念神光慧可断臂求法的精神，都是单手"阿弥陀佛"。

第二个特点，少林高僧所穿的衣服是和别的寺院不一样的。不知道大家注意没有，在电视上，在法事活动中，只要穿的一边红的，一边黄的，不用问，少林高僧。这边穿的红的寓意着什么呢？当年神光慧可断臂求法的时候鲜血染红了左半边。这边黄的什么意思呢？我们都看过《少林寺》这个电影，《少林寺》这个电影是根据历史上一个真实的故事拍摄的，叫"十三棍僧救唐王"。

李世民还没有当皇帝，在当秦王的时候化装成医生到敌军王世充部队进行侦查。李世民这个人很有意思，他不像其他的军事统帅坐镇中军帐指挥分派，这个人是事必躬亲，打仗的时候也冲锋陷阵、奋勇杀敌，侦查他也亲自去侦查。侦查的时候被敌军王世充部队发现，就追赶他。在这个关键时刻，少林寺的十三棍僧挺身而出，拦住了王世充的追兵，掩护李世民安全渡过黄河。

李世民通过宣武门之变，自己当了太子。两个月以后，逼着他的父亲退位，自己做了皇帝。自己做了皇帝以后，他觉得少林寺僧人救驾有功，特封少林寺三件大事。第一件大事，酒肉穿肠过，佛祖心中留。少林寺的僧人，特别是武僧，可以喝酒吃肉，只要把佛祖留在心中就行了。第二件大事，允许养僧兵五百。兵都是国家养的，特封寺院可以养兵，可见礼遇。这500僧兵干什么呢？协助地方维持治安，协助寺院管理好庙场。少林寺当时有很多庙场，周围土地都是他们的。第三件大事，可以穿皇族颜色的服饰。按照清朝制度就是赏穿黄马褂，可以这样说，是封建皇帝对臣下非常高的礼遇。我们知道曾国藩，曾国藩镇压了太平天国，立下了盖世奇勋，胜利以后马上裁撤自己的军队，他担心皇帝不放心啊，他有这么多的兵，有这么强的战斗力，怕危及朝廷，所以主动裁撤湘军。他对慈禧说，我这一生也没有什么要求，弄一个黄马褂穿穿行不行啊？慈禧不舍得给他，还是兰贵人出谋划策赏给他了黄马褂。你如果去曾国藩的故居，那里有黄马褂的雕像。

二、河

河南境内有许多河流,除了黄河之外,还有淮河、卫河、丹河、伊河、洛河、沙河等二十多条大的河流,还有一千五百多条小河流,同时还有薄山水库、昭平水库、南湾水库等十几座大的水库。

我们重点介绍一下黄河。黄河就在距离我们这个地方二十多公里(1 公里 = 1 千米,下同)处,日夜不停地流淌着。黄河是我国第二大河,发源于巴颜喀拉山脉,黄河的前端是雪山化的水,非常清澈,非常美。黄河流经我们国家九个省区,同时也流经我们河南省的六个市。黄河总的特点是流程长、水位变化大、泥沙多、植被稀。黄河分为三段,就是刚才我说的,清水是一段,从发源地到内蒙古的托克托县河口镇,这个是它的上流,水非常清。我们在兰州黄河第一铁桥往上看,真的非常清。第二段,由清水河变成黄水河、泥河。从河口镇到我们郑州的桃花峪这一段,这是它的中游。从桃花峪到山东的入海口是它的第三段,是地上河,悬在我们头上的一条河。有人测量过,现在黄河的河床和开封铁塔的塔尖在一个海拔平面上,悬在我们头上,非常危险啊!历史上泛滥 1900 多次。

黄河为什么是我们中华民族的母亲河?黄河有很多资源可以探讨,它的政治资源、历史资源、水资源,都可以探讨,每个题目都可以做一个专题来讲。我们今天只探讨一个问题,黄河为什么是中华民族的母亲河?黄河向大海里倾倒了大量的泥沙,有人统计过,每年要携带一亿三千吨泥沙倾倒到大海里,每年造地 1 平方公里,还有一种说法是造 16 平方公里。黄河流了多少万年了!由此上溯,整个华北平原是黄河造起来的,是黄河的功绩。有了土地,人民可以在这里躬耕,有了这条茫茫的水系,人民可以在这里繁衍生息。

沿黄两岸演绎了我们中国古代最最重大的历史事件,大家注意,我用了两个"最"。黄河的造地功能、黄河的水功能。大的民族都是以水而生、傍水而长的,无一例外。黄河的水功能、黄河两岸演绎了我们中国古代最最重大的事件,使它成为中华民族的母亲河。记住这三点,这三点也是我归纳的——黄河的造地功能、黄河的水功能、沿黄两岸演绎了我们中国古代最最重大的历史事件,使它成为我们中华民族的母亲河。最近河南省委省政府和郑州市委市政府决定修建黄河滨河公园,相信在不久的将来,这里将会是浑厚与秀丽的大河风光。

三、陵

历史上许多王朝都在我们河南建都,因此也有不少的帝王陵建在我们河南这块风水宝地上。一些文臣武将,因为生前皇帝对他们宠爱有加,也追随帝王把自己的墓葬安排在帝王陵的周围。一些文人、学士,这些人也追随帝王葬在河南这块风水宝地上。河南各地都有丰富的名人墓葬,特别是帝王陵、王公贵戚陵建造华丽,随葬品丰富,有着非常重要的历史价值和文化价值。

下面主要介绍三个陵,第一个淮阳太昊陵。太昊陵位于淮阳北 1.5 公里处的蔡河之滨。淮阳太昊陵是祭祀谁的陵墓呢?伏羲。伏羲是谁呢?是我们的开天鼻祖,三皇(伏羲、神农、轩辕)之首。这是我们的祖宗,这个陵就是祭祀、祭奠我们祖宗的陵园。太昊陵始建于春秋,历朝历代都对它进行修缮和扩建,现在这个陵园占地 540 多亩,是一个比较大的古建筑群,拥有外城、内城和紫禁城。每年的农历二月二到三月三,这一个月的时间,这个地方有盛大的庙会。大家不知道去过没有,我先后去过六次,今年准备还去,这个地方香火非常好,非常大,非常旺盛。我在其他寺院没有见过这么大的香火,我们在其他寺院里面都是烧香之后插在香炉上,然后拜一拜,这个地方根本不可能做到这一点。这个地方都是买的高香,一米多长的高香,隔着人墙往里面扔。两边的消防队员拿着水龙头,一旦火势起来用水浇,每天傍晚庙会散时要拉走 5 汽车香灰,香火之旺,世界上无与伦比。我去过很多寺院,没有见过这么好的香火。如果有时间、有机会可以去看看,确实值得一看。

第二个陵是北宋皇陵。北宋皇陵建在什么地方呢？我们郑州辖区的巩义市,北宋皇陵长15公里,宽10公里,埋葬着北宋二百多个王公贵戚、历史名人。我们知道的寇准、包拯包大人都埋在这里。还有"七帝八陵"之说,赵匡胤在死之前感觉到他父亲对他当皇帝有功,按照皇帝的规格修建了一个陵墓,所以有"七帝八陵"之说。

我们知道,北宋有九个皇帝,那两个皇帝去哪儿了？金人攻破开封之后,把宋徽宗和宋钦宗掠走了,带到大漠上。现在有两种说法,一种说法是囚禁而死,第二种说法是分别封了"如意侯"和"得意侯",非常讽刺性地封了侯。封侯就按侯的待遇啊！没有,给了五只羊,让他们去放养,自生自灭,据说这两个皇帝的尸骨都没有找回来。这两位皇帝,特别是宋徽宗,他做皇帝不够格,但是这个人是大艺术家,他所创造的瘦金体至今在书坛上被广为推崇,在音律这方面也很有造诣。这是一个好艺术家,不是一个好皇帝。

北宋皇帝还有一件震惊全国的擅移皇陵案,给大家做一个简要的介绍。宋真宗死了之后,按照北宋的规制,要七个月之后下葬,这七个月也是建造永定陵的时期。当时有一个大太监叫雷允恭,他对太后说,真宗在世时,我有些事情没有做好,他现在驾崩了,我能不能去修建他的陵墓啊？太后说,可以啊,你这个人还是可以的,平时表现还是很不错的,我这里没有问题,你去找找宰相丁谓,如果宰相同意,那你就去修陵吧！修陵墓历来都是肥差,他就带着大量的礼品找到当时的宰相丁谓,丁谓这个人很有意思,首先是非常有才华,再一个,非常能够阿谀奉承。历史上凡是有才华,又善于钻营、善于阿谀的人,都是不得了的人。现实生活中也会有这样的人,第一有本事,第二善于阿谀奉承、揣摩领导的意图。领导想干什么,想说什么,他能把握地恰如其分。丁谓就是这样一个人。在北宋有一个成语叫"拂须参政",说的就是丁谓。寇准当宰相时,吃饭不注意,胡子上留的有米粒,丁谓呢,他上前用袖子把他胡子上的米粒擦掉。宋真宗钓鱼,很长时间鱼不上钩,他在旁边,看着真宗比较着急,他就说了一句,"鱼畏龙颜上钩迟"。鱼害怕你的龙颜,不敢来上钩,说得真宗心里非常高兴。真宗说,说的好！对这个丁谓非常宠信。

雷允恭找到丁谓说,我要去修永定陵,太后那边已经同意了,看你这边怎么样？丁谓一看送来这么多礼品,太后都同意了,我干吗干涉啊？同意,你全权负责永定陵的修建。雷允恭就去永定陵了,修永定陵的时候大肆贪污、大肆克扣工钱,甚至连宋真宗的随葬品他都敢偷出来。贪污的东西、偷出来的东西其中有一部分送给了丁谓,丁谓也笑纳了。笑纳之后,丁谓更加宠信、更加信任这个雷允恭。一旦太后信任、宰相信任,你想这个太监什么事情不敢做？这就是擅移皇陵。原来永定陵测定了一个地方,他本意是好意,他说,真宗子嗣不多,六个儿子五个夭折,只有一个存活。这个地方地势偏低,上移百步,对今后皇帝的子嗣会带来繁盛。他本意是好,他就把"擅移百步"报告给丁谓,丁谓同意了。向下挖的时候挖出乱石和水。在北宋,陵墓下挖出乱石和水是凶相,是凶宅,不吉之地。有人密告太后,太后立即把雷允恭抓过来严刑拷打,他就招了,我送丁谓多少钱,多少好东西,多少金银财宝,我偷了宋真宗的陪葬品送了多少,如实交代。太后立即派人把丁谓抓过来,一对质,确实如此。当场把雷允恭杖毙,就是打死了,丁谓发配到广东。那个时候广东是蛮夷之地,荒无人烟,要是现在发过去刚好,那是繁华之地。这是当时震惊全中国的擅移皇陵案。历史过去了这么长时间,我们大多数人都忘记了,但是当时震惊全国。

第三个陵墓是新乡市的潞简王墓,这个保护得比较完整,它是明穆宗第四个孩子的陵墓。大家如果有时间可以去看看,这里保存得非常好,"文化大革命"期间也没有遭到破坏。

四、根

中华民族的根在河南,我在大学里面讲这个问题的时候,很多大学生不以为然,说中华民族的根在河南吗？我说,如果谁承认自己不是炎黄子孙,请举手。没有人举手！这说明大家都认为自己是炎黄子孙。黄帝出生在哪里呢？"黄帝生于具茨"，这在《史记》里面有记载。具茨是什么地方呢？有人回答非常正确，新郑市具茨山。炎帝出生在哪里呢？现在史无定论，众说纷纭，争的地方非常多。还有一种说法，炎帝出生于湖南，我说绝对不可能。因为我们知道黄帝是战炎帝统一中华，当然了，黄帝和炎帝有两种身份，一种是神话传说，一种说法是具体的人。根据当时的条件，炎帝和黄帝发生矛盾，以至于发生战争，只能通过三件事。第一，争土地。我们近代也有争地之事，黄河一退水，出现了大量滩地，几个村之间争地，打得头破血流。第二，争水。人都要喝水，没有水怎么生存呢？第三，争牧场。因为当时是游牧民族。只能因为这三件事和炎帝发生矛盾，以至于发生战争，绝对不可能隔着一条淮河，特别是隔着一条长江，与那边的炎帝发生矛盾。

还有一种说法，出生于宝鸡。宝鸡这个可能性倒是有，它是顺黄河东下来到中原，来到中原以后，因为带着部落，有很多人，需要地啊，需要水啊，就和黄帝发生了矛盾。黄帝和炎帝最后发生战争，黄帝打败了炎帝，两个部落合而为一，成为我们中华民族的主干。我们都是炎黄子孙，炎黄二帝两个部落合二而一才有我们中华民族。

前面我也讲了，中华民族的开天鼻祖伏羲是我们河南的，是淮阳的，当时是陈国，正宗的老祖宗。大禹建立了我们中国奴隶社会的第一个王朝——夏王朝，建都阳城，历史上有记载。我们知道"大禹三过家门而不入"，但是对他建立我们国家的第一个王朝——夏王朝很少人知道，包括大学的历史系学生，都不一定知道这个问题。因为我在大学历史系给他们讲过课，问到这个问题的时候，回答者寥寥无几，也可能是知道，但不愿意回答。

中国国民精神的源头是老子和庄子，老子创立了道教，道教是我们国家土生土长的教，其他教都是外部传来的，只有这个教是我们国家的教。它的著名的著作叫《道德经》，到现在我们还在研读。庄子是商丘人，老子是鹿邑人，后人并称为老庄，老庄是我们道教的创始者，是我们精神的源头。准确地说，应该说老庄和孔孟共同构成我们中华民族的源头，这是精神源头。

再一个，文化之祖。文化的祖宗是谁呢？周文王在汤阴这个地方演出了周易，就是《易经》，到现在还有很多人研究《易经》，这是我们中华民族的文化源头。

文字之祖也是我们河南，河南汤阴发现的甲骨文，它和两河流域的楔形文字、古埃及的象形文字共同构成世界三大古文字。可以说，中国的甲骨文不仅是我们中华民族的文字之祖，也是世界文字之祖。

姓氏之祖，百家姓大多出自河南，这个不再多讲。

此外酿酒、烹饪、最早的排水系统、最早的砖塔、最早的石拱桥、最早的佛教传播等等，不胜枚举，都是最早出自河南。特别是每年省政协举办一次拜祖大典，今年上升为国家行为，由国家中台办主办。每到这个时候，海内外侨胞、华人政要都到这个地方寻根问祖、寻根拜祖。中华民族的祖宗，根在我们河南。参天之树，必有其根；怀山之水，必有其源。河南堪称我们中国人的"妈"。

有一次在北京的作家座谈会上谈到河南人文特征是什么呢？我们河南籍的作家乔典运语出惊人——"一句话，河南人就是中国人的娘"。难道不是吗？河南是中华民族的发祥地，孕育了我们中华民族，是中国这个伟大国家的基础，是具有母性特征的一块土地，作为我们河南人，难道不应该为此自豪吗？

五、贤

河南贤人众多。南宋以前，河南一直是中国政治、经济、文化的中心，一些杰出的人物在这里风云激荡，这里面我列出我认为比较重要的一些历史人物。

第一，政治军事名人。

苏秦，纵横家，河南洛阳人。我们知道战国七雄，秦、齐、楚、燕、韩、赵、魏，当时秦和齐是两个比较大、比较强盛的国家，东西对峙。秦在西部，齐在东部，中间五个国家相对比较弱。苏秦就是合纵的倡导者，他联合五国，曾经挂五国相印，游走于各国之间，联合抗秦。提到苏秦就不能不提张仪，这个人是连横的主导者，合纵是纵向联合，他主张横向联合。（张仪）这个人诡计多端，用了很多的办法，分化、瓦解，各个击破。关于合纵和连横，可以讲一个大专题，这里面故事太多。最后，张仪帮助秦国消灭了六国，统一了中国。在这一点上，张仪是有他的历史贡献的。

范蠡，春秋楚国人，今天的南阳人，是个大商人。当时吴国打败了越国，越国请降，吴王夫差说，你越王勾践来我这儿当三年奴隶！没办法，打败了，打不过人家，只好当了三年奴隶。勾践被放回国以后卧薪尝胆，"卧薪尝胆"就是说越王勾践，并且和他的部下秘密制定了很多应对吴国的方法，其中一种方法叫"美人计"。范蠡发现了西施，把西施打造成琴、棋、书、画、歌、舞统统会的才女，加上西施的美貌，送给了吴王夫差，消磨了吴王的意志，最终越国打败了吴国。范蠡的贡献就是帮助越国打败了吴国。

吕不韦，这个人不得了。他是大商人，是卫国人，是现在鹤壁这个地方的人，他到赵国时发现秦国的王孙异人在这里当人质被扣押。他回去就和他父亲有一个精彩的对话，他说，耕田能赢几倍利？他爹说，十倍。他说，珠宝能赢几倍利？他爹说，百倍。他又说，辅一国之君，能赢几倍利？他爹说，无数。好，他就下定决心去赢这无数的利，帮助异人（子楚）返回秦国，做了太子。同时，他又把自己的爱姬（赵姬）送给异人做夫人，赵姬已经怀孕。安国君死了之后，异人当了皇帝，赵姬当了皇后，生了秦始皇。秦始皇的生父是谁？到现在，各个历史学家都有不同的看法，主流看法说秦始皇父亲的确是吕不韦，因为《史记》是这样记载的。主流看法都是根据《史记》的记载，加上自己对历史的研究，所以推定秦始皇生父应该是吕不韦。这个人不得了，他能辅一国之君，最后当了相国。秦始皇称他为仲父，就是第二个父亲，但最后还是难逃厄运，被"亲儿子"杀掉。吕不韦还有一本著名的书，叫《吕氏·春秋》，是中国较早的百科全书。

李斯是吕不韦的门客，河南上蔡人。在秦始皇时代，实行郡县制，过去帝王都是分封制，自他以后，中国实行郡县制，郡就是省或者大市，所谓县就是我们现在的县。中央管郡，郡管县，有些重要的县直管。这一块李斯是有贡献的。李斯第二个贡献是统一了文字，规范了小篆。也可以说李斯是我们中国第一位书法家，小篆就是他创立的。

陈胜和吴广，陈胜是河南登封人，吴广是河南太康人，这是我们中国第一次农民起义的两位领袖，他们有一句非常重要的话，叫"王侯将相宁有种乎"。

贾谊，西汉大臣，今洛阳人，其政论文《过秦论》、《治国策》流传后人。

晁错，西汉大臣，河南禹县人，他的《论贵粟疏》、《守边劝农疏》流传于世。

刘秀，东汉的创立者。赵匡胤，宋朝的建立者。刘秀是南阳人，赵匡胤是洛阳人。

岳飞，抗金民族英雄，河南汤阴人，他的词《满江红》非常有名。

第二，思想科技名人。

老子和庄子前面已经介绍过了，他们的思想是我们国民精神的源头之一。

许慎，东汉的经学家、文学家，河南郾城人，著有《说文解字》，是我国第一部说解文字原始形体、结构及考察字源的文字学专著，被称为中国第一部字典。

张衡，东汉科学家，南阳人，地动仪和浑天仪都是他的杰作。

张仲景，东汉医学家，南阳人，被后人称为医圣，他的重要著作是《伤寒杂病论》。

玄奘，唐朝高僧，洛阳人，明朝吴承恩的《西游记》小说就是取材于他的西行经历。

程颢和程颐，洛阳人，宋代理学大家，他们对我们封建社会后期起过重要的作用。"三从四德"、"三纲五常"等封建伦理统统出自于"二程"的理学。

邵伯温，宋代理学家，这也是洛阳人。

李诚，北宋建筑家。这个人是什么地方人呢？郑州管城区人。他的《营造法式》总结了前人的建筑学著作,是我们非常珍贵的建筑文献。

第三,文学艺术名人。

蔡邕,东汉的文学家、书法家,开封杞县人,他的作品有《蔡中郎集》。他有一个非常有名的女儿,叫蔡文姬。蔡文姬命运多舛,非常不幸,先后嫁过两次人,但是她是著名的诗人,现在留下的有《胡笳十八拍》,而且是音律学家,这个女儿非常有名。

钟嵘,南朝齐梁间文学批评家,河南长葛人。代表作《诗品》,评论了汉魏以来 120 多位诗人的作品。

杜甫,郑州巩义人,一生留下了一千四百五十多首诗,被后人称为"诗圣"。

郑虔,唐代学者,画家,郑州荥阳人,擅长山水画。

吴道子,唐代画家,河南禹县人。一生所画的壁画有三百余堵,擅画佛教、道教人物等等,被后人称为"画圣"。

李颀,著名的边塞诗人,郑州巩义人。

韩愈,唐代文学家、哲学家,河南孟州人。这个人大力提倡儒学,反对佛教和道教,被称为"唐宋八大家"之首。

白居易,唐代现实主义大诗人,郑州新郑人。

元稹,唐代现实主义诗人,洛阳人,所作传奇《会真论》为元剧《西厢记》所取材。

李贺,唐代著名的浪漫主义诗人,洛阳人。非常可惜,这个人只活了 27 岁。

李商隐,唐代诗人,河南沁阳人,这个人罢官之后长期在郑州居住,最后老死于郑州。

郭熙,北宋著名画家,河南温县人。

张择端,北宋著名画家,他的名作是《清明上河图》。这个人长期在开封居住,祖籍是山东人。

王铎,明朝书画家,河南孟津人。我们现在河南的书法家很多写王铎字体,我也临摹过,字确实写得非常好。

天下名人,中州过半。那么当代,河南仍有许多名垂青史的杰出人物。抗日名将吉鸿昌、杨靖宇;红军早期领导人吴焕先、彭雪枫;革命代表人物邓颖超、李德生、许世友;叱咤乒坛的邓亚萍;"当代毕昇"王永民(发明五笔字型);文化界的魏巍、曹靖华、李准、姚雪垠、穆青、苏金伞、常香玉、申凤梅:这些都是我们河南人。哲学界的泰斗冯友兰、嵇文甫也是我们河南人,堪称一代宗师,在哲学界非常有影响。

郑州大学还有"三陈"教授。郑州大学两个专业全国有名,一个是哲学专业,一个是化学专业。我是郑州大学哲学系毕业,受惠于"三陈"教授,其中陈培基教授给我讲了两个哲学概念,到现在也没有忘,什么时候也忘不了。他说,宇宙是无边无际的,怎么样证明它是无边无际的?他在黑板上画了一个圆圈,假如说宇宙是圆圈的话,圆圈外面是什么?人的固有思维是什么呢?任何东西都有边界,只有宇宙是没有边界的。他又说,时间是无始无终的,没有开始,没有终结,怎么样说明时间是无始无终的呢?他又在黑板上画了一条直线,如果时间有开头的话,这里是开头,那开头的前面是什么?如果时间有结尾?结尾后面是什么?时间是无始无终的,没有开始,没有结束,宇宙是无边无际的,这就是名师啊!名师才会用这样浅显的道理把两个深奥的哲学概念"刻"在我们的脑子里。

六、中

地处中原,"中"这个字对我们河南人有特殊的意义。河南古称豫州,两千多年前的《尚书·禹贡》里面把我们国家分为九州,豫州独居其中。生于中,长于中,在"中"这个地方活动的人非常习惯地、非常自豪地、下意识地爱说"中"。长此以往呢,我们用"中"把"可以"、"行"等等这些词语用一

个词表达。中不中啊？中！"中"这个字对我们河南有特殊的意义，而且这个"中"只有我们河南人用，到外地没有，不为他地所仿效，所以我们大胆地使用"中"，经常在外地的客人面前说"中"。

我们常说"得中原者得天下"，为什么呢？我归纳了三个理由，我提出来，看大家同意不同意？第一个，中原代表了中国，是中国的象征，它的象征意义非常大。

第二，河南承东启西、连南贯北，有区位优势，战略地位非常重要。

第三，河南是粮仓。历史上一直是小麦种植地、玉米种植地，丰富的粮仓能为国家，特别是为战争提供粮草。

因为上述三点，所以说"得中原者得天下"。

河南的总土地面积16.7万平方公里，占全国总面积的1.74%，大小比不上新疆、西藏、青海、甘肃，但是大于福建、浙江、山东和辽宁，在全国的行政区域中位居18位。在世界上，我们河南版图面积相当于一个中小国家。全省18个省辖市，110个县市，去年我们国内生产总值（GDP收入）突破3万亿元，全国是55万亿元。我们一个省搞了3万亿元，在GDP总量里面位居全国第五位。

根据经济学发展的理论，一个地方人均收入超过1000美元的时候，说明这个地方进入了经济高速增长期，带动大宗消费品结构的升级，特别是带动房、车产业。去年我们郑州净增车辆30万辆，现在郑州的汽车保有量210万辆，人均4个人拥有一辆车，可见我们国家确实强盛了。

七、通

交通非常便利，中国铁路网里面两大中轴线从南到北、从东到西的京广线和陇海线在这里交汇，有亚洲最大的铁路编组站，零担货运全国第一。前一段有人想把省会郑州铁路枢纽的地位抹掉，人为地给拿掉，没有几天就恢复了，为什么呢？郑州这个铁路中心的地位是历史形成的，不是你人为可以拿掉的。

公路，国家多条公路或者高速公路在河南交汇或者通过，河南高速公路里程，包括铁路里程，在全国都是第一。

航空，拥有4E级国际空港。这样的空港可以停靠世界上任何的大型飞机，是国际机场品级最高的机场。

河南是南来北往、东去西行的必经之路，不论是路上或空中交通，河南与全国社会经济文化的联系都是十分方便的，处于全国交通枢纽地位。

八、丰

物产非常丰富，种类繁多。我们河南的物品太多了，但是我只提六个方面：

第一，地下文物全国第一，地上文物全国第二；馆藏文物130万件，占全国的1/8。文物非常丰富。

第二，水资源比较丰富。我们有一千五百多条大小河流和十几个大型水库，不仅满足了我们河南人民的生产和生活需要，而且还通过南水北调把丹江口水库的水供应到北京，还外调水，说明我们水资源丰富。

第三，高等植物繁多，有199种。

第四，动物有四百多种。这两类生物在全国的占比都在10%到60%之间，我们河南土地面积只占全国总面积的1%多一点，上面的占比和下面的比例充分说明了一点，我们河南的生物种类繁多，非常丰厚。

第五，京广线以东的广大平原、伊洛河谷地和南阳盆地，这三个地方历史上就是粮田，经过我们祖先的耕种,形成大面积的粮田,是我们国家的粮仓。我们在报中原经济区规划的时候,我们的规划上没有提粮食生产,报到国家以后,国家给我们加了一句,"保证粮食生产"。说明在国家这个层面上,你河南不管搞什么经济区,首先要把粮食种好。粮食之丰富,粮食之多,是我们引以为豪的。无粮不稳啊!

第六,矿产资源丰富。煤储量、铝矾土储量和油石的品级以及储量在全国名列前茅。为什么全国最大的氧化铝生产企业建在我们河南上街区呢?就是基于我们河南有丰富的铝矾土储量。为什么亚洲最大的砂轮厂(白鸽集团)建在我们郑州呢?就是由于我们这个地方蕴藏着丰富的、品级非常高的油石储量。

九、商

商业非常繁荣,大家可以看这个图形(PPT),这个就是我们商丘的城标,这也是一个"商"字的雕塑。河南是中国商业的发祥地,"商"原来是居住在商丘一带的商族人,他们在氏族部落期间,由于生产资料出现剩余,粮食多了,养的牲畜除了满足自己吃外,还有剩余的部分。大家知道,交换是从剩余开始的,如果吃都不够,交换什么?商族人因为有了剩余的东西,拿到其他部落进行交换。长此以往,人家把这些商族人称为商人,把这种贸易活动以"商"来替代。应该说"商"与我们古代商族人有着密不可分的联系。大家记住,商也是出自于我们河南,商的祖宗也在我们河南。

特别是到了宋朝,当时开封已经成为中世纪世界最繁荣的城市,我们看过张择端的《清明上河图》,商铺林立、人头攒动,商店鳞次栉比,非常繁华,非常热闹,描绘了当时的开封是世界上最繁荣的城市。

北宋以前呢,我们河南是中心,商业也非常发达,著名商家有许许多多,老字号的店铺也比比皆是。以鲤鱼焙面、套四宝、铁锅蛋、洛阳水席、道口烧鸡为代表的豫菜享誉全国,这也是我们豫菜的代表菜系。以又一新、马豫兴、第一楼等百年老字号为代表的名店商铺也是享誉全国。汴绣、唐三彩、钧瓷、汝瓷、桐木漆器、天坛砚、朱仙镇年画、南阳玉雕,这些地方名品也成为河南的名片。四大怀药、中华猕猴桃、新郑大枣、灵宝苹果等地方土特产为河南赚取了不少的利润。

今天有被称为"中国第一市"的郑州商品交易所。大家知道,粮食期货市场就在未来路,它和芝加哥的粮食期货市场共同引领着全世界的粮食价格。

全省大型批发市场一千多个,商店上百万个,商业的繁荣带来生产、加工、储藏和物流等行业的发展。20 世纪末,八九十年代,在座的都知道,郑州亚细亚在全国打响了一场商战,可以这样说,我们现在商业管理的一些模式、办法,都是借鉴了当年亚细亚的管理理念。当然了,今天亚细亚日薄西山,经营非常不好,但是当年它们为中国商业做出的贡献,这些成绩是永远不可磨灭的。

十、古

最后一个字,古。

历史非常悠久。河南长时期的政治、经济、文化中心,留下了非常丰富的文物古迹,据探明,距今五六十万年前就有人类在这里活动。一万年左右的新石器时代,被发现的遗迹有上百处之多。据探明,有距今 8000 年的裴李岗文化,距今 5000 年的仰韶文化,这些遗迹非常多地出现在中原大地上。我们郑州大河村遗址就在花园路那个地方,是我们仰韶时期文化的一个文化遗址,在这个遗址里面有两个重要的发现。一个是双连壶,两个壶连在一起,中间有通道,这是古代部落结盟的象征。古代部落要结盟,要喝酒啊,喝酒都怀疑这里面有没有毒啊,就发明一个双连壶,这两面灌的酒是一样的,通的,两个部落首领共同举着酒壶喝下这杯酒,标志着他们结盟。这是古代部落结盟的象征,现在也成为郑州的礼品，向国内外客人赠送，奖品也用这个来送，我前几年得了个一等奖，在宣传部，送了一个双连壶，我很高兴。

它的第二个重要发现是发现里面有高粱米和粟米的矿物质。这说明什么呢？说明我们的老祖先在这个地方已经开始种粮食了，已经告别了游牧部落，走向定居的时代。因为发现有庄稼的碳化物质，说明有粮食，有粮食说明什么呢？说明他们会种粮，种粮说明什么呢？不再游牧，不再到处乱跑了，定居在这个地方种地，有粮食收获，可以满足生存需要了。

从公元前21世纪中国奴隶社会第一个社会的建立到北宋封建社会非常鼎盛时期，逐渐形成了以郑州、洛阳、开封、安阳为中心，以仰韶文化、炎黄文化、黄河文化、河洛文化为主要内容的中华精华之地。全省有文物保护单位4857处，其中全国重点文物保护单位96处，省级文物保护单位730处，无论是地上古建筑，还是地下文物，历朝历代都有，有许多堪称"中华之最"和"中华之绝"，填补了我们国家考古的空白，大大提高了我们中华民族史。

中国有八大古都，河南占四个（郑州、安阳、洛阳、开封），另外四个是南京、北京、杭州和西安。八大古都我们河南占四个，这说明什么？被国务院命名的历史文化名城有七个，它们是九朝古都洛阳，都城史1000多年，现在又发现四个朝代在这里建都，现在号称十三朝古都。七朝古都开封，古代文明的发祥地安阳，豫东门户商丘，"四圣三宝"南阳。哪四圣？谋圣诸葛亮，商圣范蠡，科圣张衡，医圣张仲景。三宝，烙花、雕玉、《出师表》。烙花就是用烙铁在木头上作出非常精美的画。雕玉，独山玉，独山玉是我们四大名玉之一，被雕琢出非常精美的图案，非常漂亮。《出师表》是岳飞写的诸葛亮的《前出师表》、《后出师表》，在南阳存着。《出师表》作为北宋的书法精品，为历代书法家所仿效，搞书法研究的人必研究"前后出师表"。千年古城浚县，五朝古都郑州。

我们郑州人知道自己是五朝古都的很少很少。哪五朝呢？夏、商、周三个奴隶制国家都在郑州建都，禹都阳城，历史上有记载。夏王的首都在哪里呢？阳城。阳城是什么地方呢？郑州所辖的登封市。他们到现在还有阳城开发区，很多阳城的东西都是用我们的祖先的名字命名的。

商有三个首都，第一个首都是在商丘，在商朝里面有一个重要的事件，叫盘庚迁都。黄河老是改道，老是发洪水，商丘因为处于东部，地势比较低，老是被淹。盘庚带领他的子民西上，沿着黄河西上，来到郑州，在郑州停留了100多年，建立了隞都。我们现在的商城遗址就是当年盘庚迁都时所建立的隞都，现在保存的还是比较完好的。当然了，有些地方破坏掉了，有些地方保持得还比较完好。

周朝，周武王封叔鲜于管，他把他的弟弟叔鲜封王，在什么地方封王呢？在管。管是什么地方呢？郑州所辖的管城区。叔鲜这个人很有意思，既然封王了，就把自己的国号改成管，成为管国，他的都城建在我们郑州的管城区。长时间，我们郑州不叫郑州，也不叫郑县，叫管，一说管大家都知道。新中国成立前才叫郑县，我觉得叫"管"挺好的，和历史上有联系。

春秋战国的郑国和韩国的都城在郑州所辖的新郑市，郑韩古城嘛。你一进新郑市就会看到"郑韩古城欢迎您"。

我们一定要记住，我们是五朝古都，八大古都为什么有我们呢？就是因为我们有五朝古都，否则为什么有你呢？作为我们郑州人一定要记住，我们是五朝古都。

改革开放三十多年，我们河南发生了翻天覆地的变化，取得的成就是有目共睹的，为什么我们河南被西方人像看待黑非洲一样看待呢？我们的GDP居全国第五位，为什么又很少人知道呢？我们是粮食第一大省，为什么外地人总是把我们和"逃荒"、"饥民"联系在一起呢？我们有地下丰富的文物，地下文物居全国第一位，为什么蜚声海内外的却是我们成群的盗墓贼和用于盗墓的洛阳铲？我们有被称为"全国第一市"的非常规范的粮食期货市场，为什么外地人总认为我们"造假"，为什么把这些和我们联系在一起？我们有名山大川和宗庙寺院，享誉全国，为什么外地人总认为是"穷山恶水"出我们河南"刁民"呢？河南的形象遭到非议，不能简单地归结为我们人多事多，或者是少数的害群之马,要挖掘它的深层次原因。

　　为什么一度我们河南是贫穷落后、墨守成规、假冒伪劣、坑蒙拐骗的代名词呢?原因是多方面的,其中主要一个原因就是我们宣传自己不够,推介自己不够。所以,我们要把河南是中华民族的发祥地,那里有代表炎黄部落的仰韶文化和龙山文化,那里有夏王朝,有四大古都,有众多的发明,有许多历史先贤,要把这些宣传出去。我们的名牌产品、明星企业,有很多啊,像新飞啊,双汇啊,安彩啊,竹林啊,郑州富士康啊,包括我们郑州的宇通啊,把这些名牌产品、明星企业大力宣传出去。要把我们承东启西、连南贯北的区位优势,良好的投资环境宣传出去。要把史来贺、吴金印这样的先进人物宣传出去,要把焦裕禄精神、红旗渠精神宣传出去。特别是最近国务院批准我们建中原经济区,我们河南省 18 个市,加上我们周边的 12 个市,总共 30 个城市,共同构成中原经济区,我相信,中原的崛起、中原的复兴将同我们伟大的国家一样,指日可待。我们要抓住这个机遇,要彻底改变我们河南的形象。

　　改变我们河南的形象,从我做起,从你做起,从现在做起。

　　谢谢大家!

主讲人:高朝阳,郑州旅游职业学院旅游管理系副教授、历史文化学科负责人、旅游管理专业实训中心负责人,硕士学位,兼河南省姓氏文化研究会苑姓委员会副会长。主要研究方向:历史文化理论与旅游文化传播。

时　间:2013 年 3 月 24 日

地　点:河南省图书馆研议厅

景区门票问题与旅游企业健康发展

高朝阳:大家上午好! 非常感谢大家在这个时间来到这里听我的一家之言。我今天讲座的题目是"景区门票问题与旅游企业健康发展",讲座的主要内容有四块:第一块讲这个题目选题的由来;第二块讲国内景区门票问题现状和它的影响;第三块讲国内目前景区门票定价机制下旅游企业发展的现状;第四块讲关于国内景区门票走向和旅游企业发展的展望。

一、关于选题的由来

为什么要讲这个题目呢? 大家都知道,随着群众收入的增加和观念的变化,旅游活动成为一种常态化的、大众化的生活方式,在这种大背景之下,门票问题成为阻拦人们出行脚步的一大障碍。门票引起了广泛的关注,上至官方,下到民间,大家都很关注这样一个问题。

反思我国的旅游业发展,许多人认为国内旅游企业在门票问题上有着重大的责任,认为要涨价都是景区和旅游企业说了算,但是这个门票高企的问题是不是应该由旅游企业一家来承担责任呢?

为了国民的福祉,国家出台了一系列的政策和措施,甚至于在 2013 年 2 月 18 日正式出台了《国民旅游休闲纲要(2013—2020 年)》,在这个背景之下,国内景区门票将会走向什么样的方向? 旅游企业怎么样才能健康发展呢? 这些都是我们要思考的问题。

二、国内景区门票问题的现状和它的影响

关于景区门票的现状,第一个就是景区门票引起了广泛的关注,引起广泛关注这只是一个表象,我这里有一幅图片,可以看得很清楚(PPT),景区门票很高。门票引起关注的主要是两个表象。第一个是门票太贵了,动不动就是上百,甚至还有更贵的,过一会儿我们会看到这样一个问题。第二个,从门票态势来看,门票还在涨,幅度还很大,甚至于有些地方,有些景点门票百分之五六十地涨,更有甚者,一翻都是多少倍。我们这里有一份数据,2011 年的相关景点门票的变化,河南殷墟博物院原来是 60 元(元/张,下同),在 2011 年 3 月 1 日涨到 90 元。安徽黄山的西递宏村,原来门票是 80 元,2011 年 3 月 1 日涨到 104 元。陕西的华山景区原来淡季 50 元、旺季 100 元,现在涨到淡季 100 元、旺季 180 元。贵州梵净山国家级自然保护区原来淡季 30 元、旺季 50 元,现在是淡季 90 元、旺季 110 元,远远超过了一倍。香港的迪士尼门票,原来成人是 350 港币,现在成人是 399 港币,这个涨得不是很多,儿童票从 250 元涨到 285 元。香港的海洋公园这个涨幅也不是很大(PPT)。浙江宁波的天童寺景区原来门票 10 元,现在是 60 元,翻了几倍。广州长隆欢乐世界原来 180 元,现在涨到 200 元。长隆大马戏由 180 元涨到 250 元。广东香江的野生动物世界原来是 680 元,现在涨到880 元。这些都是一些表象。

我们还可以看到 2012 年的相关数据(PPT),这个是 2012 年知名景区的门票价格变化。陕西的乾陵景区从 2012 年 1 月 1 日起涨到旺季 122 元;海南的三亚天涯海角由 65 元涨到 95 元;安徽九华山涨到了旺季 190 元;广东的罗浮山经过了听证,从 30 元涨到 60 元;黄山的花山谜窟从 70 元涨到91 元;日照的海滨森林公园涨价也已经成为定局。

我这儿还有相关的信息,鼓浪屿的门票提升了 15 倍,这个幅度的确不是一般人能够在心理上承受得了的,有专家说收费门槛已经超过了国情。下面有一个报道,是《中国青年报》上的,网页是在新浪的新闻中心,近半数 5A 景区门票超过百元,高门槛阻碍了旅游业的发展。比较有意思的是,我到网上去搜这个网页的时候网页链接打不开,我只能用快照的形式来找这样一个网页,这是不是说明一个问题呢? 在遇到这个现象的时候我就在思考,是不是有关的新闻网站接到相关部门的通知,不允许再报道这样的问题呢? 我今天到这儿来讲这样一个话题,也带有一定的风险。根据人民网旅游频道不完全统计,2011 年在一片涨声中,某些景区的门票涨幅高达 6 倍。这个还算是比较少的,鼓浪屿的门票涨了 15 倍。

2012 年,在中国旅游研究院学术成果发布会上,中国旅游研究院的黄璜博士发布了一份报告,这份报告是《中国休闲旅游客户需求趋势研究报告》,报告当中对于旅游消费的结构进行了分析。他说,国内游客的景区门票花费已经超过了交通,上升成为最大的开支,占 21.9%。也就是说,咱们每一个人花出去 100 元钱,其中有 21.9 元都是买门票了,这个比例应该说是相当大的。

《南方日报》2012 年 3 月 28 日统计 130 家国内 5A 级景区门票价格,他们发现近半数都已经超过了百元。我这儿有一份表格(PPT),60 元以下的,27 家景区,占 20.8%;60 元到 100 元的,41 家景区,占 31.5%;100 元到 200 元的,46 家景区,占 35.4%;200 元以上的有 14 家,占 12.3%。这个比例我们可以看到,绝大多数的景区都在 100 元到 200 元之间,但是也有个案,我们也可以看到个案。

2012 年 10 月 8 日《武汉晚报》有这样一个报道,国家旅游局公布国内一共是 136 家 5A 景区,5A 景区一般都是资源优势比较突出,知名度比较高,大家众望所归,也都愿意去的所谓的风景名胜区,票价不低于百元的 94 家,26 家达到或者超过 200 元。按照旺季或者黄金周票价来计算的话,一个人玩遍这些景区需要花 19085 元,将近 2 万元。另外还有小门票,就是所谓的"园中园"门票,"园中园"门票是 1064 元;其他的交通工具,如索道、观光车、游览船票等交通费用合计 2387 元,加在一起,总开销最终达到 22536 元。就是全国的这些 5A 景区你要玩一遍的话需要 2 万多元钱,这 2 万多元

钱对于老百姓来说可不是小数字。

4A(景区)和3A(景区)怎么样呢？其实它们也不便宜。国家旅游局网站公布的数据显示,目前国内有800多家4A景区,海南蜈支洲岛门票就要168元。有500多家3A级景区,相当一部分门票也在50元左右。

咱们国家的旅游景区在很多场合,它们都愿意去申遗(申请世界遗产),不管是自然的,还是人文的,申请上以后对他们直接的好处我们大家都看得到,门票是要涨的。更有甚者,一家全国最知名的5A景区,世界的"双遗产",这家景区在媒体上公开说,"别人都涨了,我不涨,那不是掉价吗?丢身份"。

我这儿还有一份数据,网友统计出来的国内最贵的20个景区,我们来看一下。广州长隆旅游度假区820元。张家界旅游区503元,这个包括套票,包括武陵源和天门山。天门山大家都比较熟悉,因为过去咱们郑州出过一个著名的通俗歌手李娜,她就是在天门山出家的。桂林漓江风景区450元。在2001年的时候,我作为导游带团去桂林阳朔,当时行程报价980元。现在看门票,980元肯定拿不下来。金华东阳横店影视城景区390元,武隆喀斯特旅游区315元,黑河五大连池景区310元,承德避暑山庄和外八庙300元,三明泰宁世界地质公园294元,焦作市云台山、神农山和青天河290元。保定涞水野三坡是北京游客喜欢的地方,这个票价组合是285元。宁波的溪口、滕头景区门票是280元,温州的雁荡山250元,湖北的武当山240元,安徽的黄山230元。就是这个230元黄山景区仍然不满意,还想涨。江西的龙虎山225元,北京的明十三陵景区225元,四川九寨沟景区220元,央视的无锡影视基地215元,无锡灵山大佛景区210元。2006年,我到无锡,我问当地人有什么地方值得去的?他们推荐影视基地。我问灵山怎么样?他们说,灵山你不要去,就光秃秃的一座山,有那么一座大佛,没有什么看头。我们一看门票210元,这个带有一定的欺诈倾向。

最后一个,深圳观澜湖休闲旅游区,它这个是高端度假区,会员制。可能在座有的朋友不太了解这个会员制是怎么回事?根据我的了解,像目前最高端的会员制休闲旅游形式的景区,最典型的应该算是高尔夫。在咱们身边不太远的地方据说就有那么一家,原来个人需要19万(元)一年才可以去玩,如果是单位客户的话,需要25万(元),但是这个据说现在玩不了了,会员制的门槛又提高了,提高到大概三四十万(元),会员制有可能比买一次性门票更贵。

大家不满意的还在于跟国外的其他同类景点相比较,中国的门票(高得)实在是让人觉得匪夷所思。有网友进行了一些国际对比,网友说,美国的黄石国家公园成人步行进入只需要12美元,折合人民币75.6元;科罗拉多大峡谷对步行和骑车的游客收费折合人民币63元。在中国,这样水平的门票是不多见的。而且这些门票通常都是7天有效,还包括园内的公共交通费用。

法国的罗浮宫门票价格是10欧元,一般来说,大家都认为1欧元换10元人民币,但是按照银行相关的比价,1欧元兑换8.36元人民币,这个门票相当于83.6元人民币。这里面包含了罗浮宫常设展览、临时展览和德拉克洛瓦博物馆的套票,这是14欧元,18岁以下免费,当天门票可以反复多次出入。这跟中国景点管理是不一样的,中国不是18岁以下免费,中国往往是1.1米以下免费。现在多大的孩子会低于1.1米呢?现在健康水平提高了,营养也跟得上了,小孩一般长得比较高,等于变相提高了门票价格,也提高了景区进入的门槛。

还有泰国皇宫的门票是50泰铢,它折合人民币多少呢?12元钱。中国故宫的门票和泰国皇宫的门票比起来明显贵很多,当然了,咱们可以这样来理解,中国故宫当中文物的价值要远远高于泰国皇宫,泰国毕竟是一个小国家。但是这个门票差距如此之大,不能不让人瞠目结舌。

法国的埃菲尔铁塔3层的观光票折合人民币91.2元;美国自由女神雕像门票是零,是免票的;拿破仑厅展览票还不到人民币80元;印度泰姬陵有两个价格,就跟我们国家过去一样,有一个内宾价格,一个外宾价格,印度人去买的话是20卢比,折合人民币2.4元;对外是700卢比,折合人民币84元。日本富士山门票是零。

再一个问题，门票高企带来的影响。

我这里有一篇报道，这篇报道是讲2010年全国门票价格涨价及旅游业上市公司获利预测的分析。门票涨价，旅游企业就要赚大钱了，所以他们预测将会导致旅游行业收入暴涨，旅游收入暴涨。我们可以看得到的只是门票收入，其他的收入会不会受影响呢？我们的结论是肯定受影响。

第二个影响是什么呢？民众的负担加重了。民众负担到底有多重？我这里有一份2012年全国各省市最低工资对照表（PPT），这里面月最低工资最高的是深圳，达到了1500元，咱们看刚才看到的那样一个景点，门票卖800多（元），也就是（月工资）买两张门票。如果到那儿玩一次，这一个月一家三口就要扎着脖子了。月最低收入最低的是海南，830元，刚刚够买一张门票。

第三个影响，它还影响到什么呢？旅游行业的整体形象，门票太贵。在2009年时有一个全国游客满意度调查，我们说2011年出现了门票涨价潮，但是2009年进行调查的时候就显示全国两成游客认为门票贵。还有，在2012年4月份，一份调查显示近九成网友认为中国景区门票太贵了。

第四个影响，导致景区不思进取。景区为什么会不思进取？有门票，有门票收入在那儿支撑着。而且呢，门票收入是在不断上升的。这就给他们一个错觉，他们的景区根本不用做其他方面的努力，不是提高服务水平，也不是改善旅游环境，不是为游客着想，只要把着门就行了。这个影响是相当恶劣的，分几种现象：重门票，轻管理，眼睛光盯着钱了；重收入，轻服务，不想如何去为游客提供贴心的服务；重金钱，轻发展，只看到眼前，没有长远的眼光，认为只要眼前有钱花就可以了。中国的旅游企业当中，景区企业多受门票高企的影响，不思进取，缺乏上进心。

第五个影响，遏制旅游消费。这里有一份网上的图片（PPT），旅游胜地是建立在金钱的基础上的，门票价格越高，旅游胜地越高不可攀。对于游客来说，是不是要亲自到旅游胜地看一看呢？有些人是这样选择的，拿着望远镜看，还有些人翻着书本看，更多的人是用电脑上网来看，认为这样看着似乎更好。

第六个，门票高企严重影响国家形象。我们都知道，中国是一个社会主义国家，咱们都一直在讲社会主义具有它的无与伦比的优越性，但是社会主义国家和资本主义国家一旦相比较起来的话，社会主义国家的民众去景点还需要买那么贵的门票，资本主义国家竟然不收门票，是不是会颠覆一下国家形象呢？我是这样看的。

第七个，假证件横行，恶化社会环境。为什么会有假证件，办假证件有什么用？最起码出去旅游的话，可以不用花钱，这是许多人最朴素的一个想法。至于那些持假证件去敲诈勒索的另当别论，不是我们今天讨论的范畴。和门票相关的，可以免门票的有这么几种证件，一种是记者证，但是有些景点不是你只要有记者证就让你进的，有些比较严格的，他会审核你有没有采访证，这样他会把一些记者给拦在门外。但是并不是所有景点都这么认真，一看你是记者，他就让你进去了，大家都认为记者是无冕之王，哪个景区会没有一点问题呢，一经报道出去肯定会对它的客源造成影响，所以一些人持有假记者证。也专门有人去制作这样一种假证件，关键在于有这个市场。还有士兵证，现役军人进入景点一般都是免门票的，据我所调查，有许多人都持有假的士兵证或者假的军官证。我还曾经听说，有些人办现役的不好办，有些景点对这个卡得比较严，如果你拿的是士兵证或者军官证，他有可能拿着你的证件打电话通知你的单位来领人，这样你的证被扣了，人也被扣了。有人说现役的不好办，预备役的没法查，那就去办预备役，这也造成社会秩序的混乱。

可能还有一部分人认为导游证会免费，我作为一个资深的、拥有导游证的旅游业内人士，我可以告诉大家，导游证不是所有景点都免费。按照国家导游管理条例，导游在什么情况下免费呢？在你带团工作的时候才免费的。你要想进景点，仅仅一个导游证是不够的，而且这一块管得越来越严格。你说你有导游证，你的派单在哪里？派单就是旅行社委托你带团的委托书。还有，你们旅行社没有给我们发传真来确认。社会上曾经有一段时间流行考导游证，而且导游证是相当麻烦的，每一年都要年审，年审的费用还不低，年审是150元，必须挂靠到导游公司。年审的时候不光是你交钱就可以审了,还需要参加旅游局组织的培训,而且还要考试。我曾经参加过郑州市旅游局组织的导游证年审的培训,不准缺课,让你签到,如果缺了课,到考试时直接让你不过,你这个证不给你审。这个东西的确存在有相当的问题。

第八个,一些游客会铤而走险,出现一些危险行为,这样的危险行为很有可能带来生命的危险。比如说在 2011 年初,因为那个时候是新一轮的涨价潮,于是网上开始流行什么呢?逃票攻略——怎么样才能逃过门票,受到网友的追捧。一些人不看那些"逃票攻略",根据自己的理解,去走险路,哪个地方危险,哪个地方不容易查票,哪个地方墙拉不到从哪个地方走,或者翻墙头。有些人采取的是贿赂工作人员的方式来逃门票。比如说门票要 200 元,塞给把门的 100 元,这样似乎皆大欢喜。但是这个是存在风险的,这是毫无疑问的。我们也知道,有一些"驴友"出门旅行的时候不是走大门,走那种危险的地方,或者干脆不进景区,到一些"野景点",没有经过开发,又没有妥善的管理,在安全措施什么都不具备的情况下,就自己另辟蹊径,自己去旅行,去探险。难道他们不知道进正规的景点安全吗?知道。为什么不进正规的景点?门票太贵。

我经常听到类似的这种消息:一些"驴友"出行时候遇险,国家调动各种各样的资源去进行救援,但是救援有可能救回来,也有可能救不回来。这个事情应该由谁来承担责任呢?是不是应该由他们本人来承担这个责任呢?我觉得这个问题跟门票太贵有相当的关系,门票是难辞其咎的。

第九个,门票太贵造成的另外一个恶劣影响是本地游客流于外地。打个不太恰当的比方,郑州的门票太贵了,本来就在郑州生活,它的门票贵,咱们可以不去,去别的地方了。比如说外地哪个景点不错,既然出去旅行,就应该离家稍微远一点,掏贵一点门票也认了。这是一种现象,本地游客流往外地。

还有本国游客流往海外。在中国旅游业业界已经出现了这种情况,许多人一说到旅行不想在国内旅行,到哪儿都是看人,这是一种说法。更为重要的是什么呢?真正的开眼界是去国外,不管要多少门票,咱们也算出国一次。我们可以关注到旅游业内客源流向,中国的游客现在去日本的少,这当然是有特殊原因,去东南亚的比较多,特别是新马泰这条线,一直比较热。还有高端的游客,一般去哪儿呢?欧洲,去欧洲旅行。难道说欧洲的景点一定比中国国内的好吗?未必。

跟这个相关的,入境游客转向他国。这种问题也出现过,不要看国家旅游局网站的数字,每年都说中国入境游客增加了多少多少,但是实际上周边的国家一直在跟中国争抢客源。对于西方游客来说,中国是东方,东南亚也是东方,日本、韩国也是东方,而且日本、韩国和中国相比较起来,服务有可能更周到,所以他们认为我可以选择不到中国来,我可以到日本、韩国去。就造成这样一个影响,本地游客流往外地,本国游客流往海外,入境游客转向其他国家。

第十个,我们都知道"中国梦",门票如果一直涨上去,是不是说影响"中国梦"的实现呢?为什么呢?为什么没有去过呢?门票太贵,买不起。要想实现"中国梦",不仅仅是国家的强大、人民的富裕,还有人民应该享受的福祉,最起码这些景点不应该把本国居民都拦在外面,大家收入都那么低的情况下还收那么高的门票。

对于门票价格的上涨,企业有企业的解释,我们听听企业怎么说的?公开的一个说法是成本推涨,为什么说成本推涨呢?比如说土地的价格在上涨,人工的价格在上涨,每一个员工都是要开支的,都是要发工资的,CPI 数据在上涨,所以说员工工资也要不断上涨,而且有可能地方政府找他们不断地要加税,一年要交多少钱,去年交 30 万(元),今年 30 万(元)就不行了,要交 100 万(元),从哪儿来呢?门票。

我觉得成本推涨这个说法是不靠谱的,我讲这个话要负担全部责任的,我们可以在这儿讲,关起门儿来讲,如果涉及相关公司的话,如果有这样公司的工作人员在,有什么法律责任可以找我,我承担这个责任。比如说有些城市推行公交卡,推行公交卡之初,每张公交卡都要收成本费,它不叫成本费,叫卡的押金,像郑州是 30 元(每张)钱,结果呢,在那个时候曾经有某个公司的负责人出来说话,一发公交卡,公交公司去年收入是多少,这一下要少收入多少。他不是说要少收入多少,而是说亏损,实际上是不是亏损呢? 本质上说是少赚了多少。这个成本意味着什么呢? 要保证自己的收入不下降,甚至说自己的收入还要上升,这个成本在提高。

再一个说法,为了抑制流量。对于一些国家重点文物保护单位,还有一些自然风光,游客大量进入的确会对环境、对文物造成一些威胁。就像龙门石窟,就像敦煌莫高窟,游客大量进入呼出的二氧化碳影响佛像、壁画长久保存。但是抑制流量是不是只能通过门票涨价的方式呢? 这个问题是值得推敲的。保护环境和文物而抑制流量这种说法,难道说只有中国的景区的环境需要保护吗? 人家国外景区的环境就不需要保护吗? 中国的文物需要保护,外国的文物就不需要保护吗? 他们为什么没有采取提高门票价格的方式来保护呢? 为什么只有中国才必须采取这种方式呢?

表面现象是旅游景区要涨价,但是深层原因是什么呢? 我们可以来分析一下,深层原因是什么呢? 第一个是观念问题。之所以要向游客征收高额的门票,肯定有这方面的原因。这个观念就是把旅游视作高端消费活动,普通人不会去旅游的,只有有钱人才会去旅游的。在民间广泛流传着这样的说法,旅游是干什么呢? 花钱买罪受。为什么要花钱买罪受呢? 因为你有钱。既然你有钱,你买的门票你肯定不在乎,有钱了,买多贵的门票你也应该不在乎,这就是一种观念问题,实际上跟当前国际旅游业的发展形势是相互违背的。

再一个,是利益问题。有各个部门的利益,地方政府的利益,旅游企业的利益,投资人的利益,有许多相关的企业或者个人都把游客视为提款机,什么时候缺钱了就找游客敲一笔。怎么敲呢? 不是拦住你要钱,而是拦住你让你买票,票价每一年都不一样,花样翻新。

还有体制问题,这个体制问题在哪儿呢? 景区管理政出多门,中国的景区没有统一的管理部门,比如说有文物保护部门管的,有文化部门管的,有宗教部门管的,还有一些水利部门管的,有林业部门管的,谁都管。所以呢,我们可以看到,现在表面上中国的旅游业是蓬勃发展的,但是实际上这种旅游业兴旺的背后是部门利益,特别是部门利益会导致门票上涨。对于这些政出多门的景区管理来说,他们只有一个共同管理门票的机构,是什么呢? 物价部门。但是中国的物价部门能不能发挥出遏制门票的这种作用呢? 说是听证,我们都知道听证会这种事儿,但是给大家的印象是什么呢? 凡听必涨。在很多其他的相关的价格问题听证会上,甚至于看不到真正的代表民意的代表,跟这个问题利益直接相关的大多数人往往都是被代表的。我讲这个话问题有一点尖锐,当然了,我之所以有这个胆量来讲,这也是因为党的十八大之后习主席有一句话,“中国共产党要能容得下尖锐的批评”。

还有思想问题,这个思想问题也可以讲是一个社会问题,这个社会问题的实质就是这个社会越来越浮躁,不愿意扎扎实实地做一些事情,而且大家都想去赚钱,这是一个趋利的心态。大家都想赚钱,还不仅仅要赚小钱,更要赚大钱,你做旅游怎么去赚大钱、发大财呢? 大家的眼光就都盯到了门票上,他就没有想过除了门票还有别的收入渠道。

关于门票问题,有一系列的专家观点,湖北省旅游学会会长、湖北大学旅游学院院长马勇讲,国内5A级景区中一半以上都是自然风景名胜,这些公共资源应该有更多的公益性。什么叫公益性? 就是对大家有好处。现在景区多数自负盈亏,自负盈亏就属于一个体制上的问题,追逐经济利益成为第一目标,也成为最大的目标。眼睛瞪那么圆,眼里只有钱,由此衍生的高票价让游客大喊玩不起。马勇表示,要让自然名胜景区甩脱赚钱职能,建立类似美国的国家公园体制。他透露,目前国家已经计划在云南试点建立国家公园,建设、维护费用都由国家支出,这样游客才能真正减轻门票负担。这是来自武汉网的报道。

有一个比较“牛”的政协委员,名字叫牛立文,他说,景区门票肆意涨价是在跟游客叫板。大家都想去旅游的情况下,如果门票涨起来,意思是什么? 你别来。虽然景区本意不是说你别来,而是大家都来,但是你想让大家都来,你又提高了门槛,有些人迈不过去啊,门槛太高,迈过去就要摔跟头。游客摔跟头是一回事儿，关键是景区也要摔跟头，游客摔一个小跟头，景区就要摔一个大跟头。去年的长假期间，我们都知道华山景区出事儿了，好几万人在山顶下不来，而且在景区的售票处，据说还有游客被人给捅了好几刀。这是游客摔了一个跟头，这个景区是不是也要跟着摔跟头？

业内不少人士指出，2007 年国家发改委曾下发通知：旅游景区门票价格调整频次不得低于三年。就是三年可以调整一次。结果怎么样呢？每到调价，大家没有调低的，只有调高的，所以说这个通知并不能真正解决问题。这个新闻来自于凤凰网。

还有中国社会科学院刘德谦教授不反对景区收门票，这是他的观点，但是门票的价格应该与人民的收入水平相一致。我的观点和他不一样，我认为面对各地门票一片涨声，有必要对票价进行抑制。

北京大学教授吴必虎认为，要让门票价格归于合理，还需要在定价制度上进行完善，他提倡对于风景文物护用并举，避免立法"一刀切"，并推荐实行分层收费。该收费的收费，不该收费的免费，对经营性的旅游产品收费，公共性的旅游产品则应免费开放。问题是我们现在国家的很多景区都是经营性的，这还是体制问题。这个也是来自于凤凰网。

联合国世界旅游组织咨询专家、上海财经大学旅游管理系主任何建民说，在中国这样一个人口大国，相对来说旅游资源是稀缺的，高品质的旅游资源更是一种稀缺资源，因而适当调价是可以理解的。可能是他怕得罪谁。对于黄山等具有垄断性的国家旅游资源来说，必须引入监管机制。为什么黄山中枪了？因为黄山比较突出。景区的收入与支出的透明化是非常重要的，这需要第三方介入。第三方是谁，他没有明确说，我想真正应当充当第三方介入的不该是政府任何一个部门，而应该是广大游客。

网友"钟学城"认为，对于涨价热，有关部门不能视而不见，应建立长效机制，规范景点收费行为。你说规范景点收费行为，有些部门的人会讲，我们已经很规范了。有发改委管他们，他们想挣多少钱，得给发改委打报告，想涨价也要打报告，还得听证，程序是非常规范的，但是大家都这么非常"规范"地涨价了。对于不当收费应该及时制止和查处，以保障旅游市场的健康发展和消费者的利益。但是保障消费者的利益最关键的是要降低门票水平，这是我们国家景区面对的首要的问题，也是最大的问题。网友还谈道，现在不少古镇都拦起来收费，这里面的发展思路有问题，应该是鼓励游客游览古镇，在古镇品尝特色美食，购买旅游纪念品，通过这些消费来获取收入。

网友楼嘉军认为，除了一味涨价要有所限制，地方政府也要改变发展思维，改变景区结构调整。另外一名网友"孔伟业"说，只有改变依靠卖门票和涨价的经济模式，才能有利于降低旅游门槛，提高出游意愿，促进大众化旅游的发展。楼嘉军还有一个建议，应该加快旅游产品结构调整，从观光经济过渡到度假经济，拉长产业链，通过发展和旅游密切相关的周边服务产业，开发旅游度假、商务会议等多种旅游类型，提供人性化的服务，才能让游客感觉物有所值，形成良性循环。

三、国内目前景区门票定价机制下的旅游企业发展的现状

国内目前旅游企业发展并不健康，不健康有这么几个表现：

第一个，一个"钱心"，没有底线。甚至道德底线抛之脑后，对于游客需求置若罔闻。

第二个，服务质量低下。因为有门票在那儿保证，所以不去追求什么服务质量，不考虑为游客服务。因为自己赚的钱多，甚至还有当大爷的心态。

第三个，服务态度恶劣。游客有可能被相关的工作人员呼来唤去，搡来搡去，他们认为得罪一个游客不要紧，你不来，有的是人要来。而且呢，中国这几年的长假期间景区人满为患，更加重了旅游企业这样的错觉，认为不用管游客那么多，爱来就来，不爱来咱也不求着你，反正咱们有钱赚。

第四个，低层次竞争。这几年这种现象比较少了，前几年曾经流行过什么零团费、负团费，难道

说搞旅游企业的都是傻瓜,倒贴你钱,不要你钱带你出去玩,可能不可能?动动脑子就会知道,羊毛出在羊身上。当然了,你出去不花钱是不可能的,只不过零团费和负团费让你表面上不用花钱,你去了你会知道,你花的钱要比正团费花的多得多。这是一种低层次的竞争。

第五个,欺客宰客侵犯消费者利益的事件层出不穷。不光过去有,现在仍然有,如果说不改变观念,不把游客的利益放在第一位,这种现象还会继续有。

第六个,圈地运动,坐地收钱。拉起围墙,搞个售票处,找几个人看着门儿就开始收钱了,有些地方甚至连票都不给你。有这样一句话,说出来不太雅观,但是很让人解气。怎么说呢?大家都是炎黄子孙,为什么我们这些炎黄子孙需要去买票,那帮子孙可以一拉围墙就赚钱?这也反映了现实啊!你花了很多钱买了门票,什么也没有看到,还受气。有很多人都是这样说的,到那儿受气,还不如不出去。你有这样的体验以后,你再一次出去的话就要掂量掂量了。

第七个,降低接待标准,吃回扣。这个是跟旅行社相关的,降低接待标准,饭店有没有这些现象呢?因为它跟旅行社相关,旅游交通有没有这个现象呢?估计在座的朋友都有这样的体验,参观旅游的时候,本来说空调车,大夏天你坐在里面热得够呛,就提意见了,空调车怎么这么热呢?我们是空调车。为什么这么热啊?空调坏了。你有什么办法。它是空调车,但是不给你开,说是坏了,你享受不到应有的服务,他们就为节省那一点油钱。至于说导游拿回扣,这件事情在咱们国家已经是人人皆知的事情,但是导游拿回扣这里面更有复杂的问题。咱们国内旅行社是不养导游的,旺季时候需要导游,淡季时候让导游回家歇着。对于导游,用另外一句话来说,就像某些景区一样,九个月"磨刀",三个月"宰人"。你想他狠不狠?对于咱们国家导游管理体制也提出了一个问题,整个旅游业都是有问题的。那饭店呢,为了给导游回扣拉住导游、拉住这家旅行社给自己合作,是不是要降低餐费标准?降低一点餐费标准,导游回扣多一点,旅行社那边也高兴,下回还来,但是游客不高兴了。

第八个,压缩行程,重购物。这也是现在中国旅游企业不健康的一个表现,越来越的游客不愿意跟团就有这样一个理由,不管你男女老幼,安排的行程都很紧。比如说游故宫,导游说了,现在十点半,十一点半咱们在后门集合。你想啊,故宫那么大,咱们一个小时能逛过来吗?给我的印象,在故宫里面,你两天两夜都逛不过来。挤出来的时间干什么呢?逛商场,购物,出来买东西。香港也有这样的现象,曾经有一个大陆的老太太到香港被逼着去买东西,这个新闻引起轩然大波,引起香港有关方面的警惕。她到香港旅行,结果香港的导游非要让她买东西,她不买,导游就把她关到门里面不让她出来,导致这个老太太当场心脏病突发猝死。

第九个,旅游企业不健康,应和个别人的不良嗜好。游客想要什么就提供什么,你只要交钱就行。甚至还有那么一个,是广东还是江西的,曾经有这样的事情发生,说是导游带着一帮男游客去外面找小姐,被公安机关扫黄时逮住了。这种现象你不能不说是旅游行业的问题吧?还有私搭乱建,乌烟瘴气,更有甚者在旅游景区内部乱搞,搞成什么样呢?本来是自然景区,为了让大家省一点劲,把一座山掏空了,在里面装一部电梯。

第十个,旅游环境差,不思进取。认为只要开门就有人来,环境差,你愿意来。脏!哪儿不脏啊?

第十一个,行业不健康的表象,出卖景区经营权。这个似乎已经是公开的事情了。像咱们河南旅游业发展的有两个标杆,一个是焦作,还有一个是栾川,所谓的焦作现象、栾川模式,它们发展得都不错。但是据我了解,栾川又要对外拍卖景区了,拍卖景区经营权。像跟咱们郑州相关的少林景区,在座的如果说有旅游业内人士,请不要介意,咱们站在学术的角度来探讨,出卖景区经营权是不是一种不健康?你卖给他,等于是把游客卖出去了,把全国的游客都卖出去了。你卖给他以后,他就是要收门票的,现在大多数企业都是只把眼光盯在门票上,没有别的。甚至少林景区面临摘牌危机的时候,这个景区暴露出的一些问题,港中旅只管收钱,让投资他不投资,为什么呢?就是说投资是要花钱的,没有赚钱来得舒服。

对于目前国内旅游不健康的评价,可以有这样几句话,不健康实际上就是一种不成熟,真正成熟了就是健康的,成熟的就一定是健康的,不健康说明没有达到那样一个发展阶段。出卖景区的经营权是一种无能的表现,为什么不能自己管呢? 这就是"外来的和尚会念经",自己"念不了经",是一种无能的表现。我们的旅游企业存在有问题,有很多的缺点,但是我们应该比较乐观地看待这件事情,有缺点说明它的改进空间比较大。

低层次的经营最终将会被淘汰,像咱们中国国内的旅行社,在座的朋友思考一下咱们身边的那些旅行社,我们就会发现每一年都会有大量的旅行社退出旅行社市场,我的朋友也有一些做旅行社的,做着做着不做了,这个现象很让人深思,他们说旅行社不好做,赚的钱少,而且责任又大,出一点事儿你就说不清楚,赔不完,所以慢慢退出了这个市场。

我们应该知道,作为世界旅游业的开山鼻祖,1845 年成立的托马斯·库克父子旅行社直到今天仍然在欧洲各个国家开设营业部,日子还是过得非常不错的,为什么中国人做旅行社做不了呢? 对于咱们国内的"三大社"(中国旅行社、中国国际旅行社、中国青年旅行社)也有微词,"三大社"变得跟普通民办民营的、私人的旅行社差不太多,水平越来越低。什么原因呢? 很让人深思。被淘汰的这些旅游企业,不能不讲层次是低的。跟别人竞争也是用那样低层次的手段,所以最终肯定是要被淘汰的,因为你水平低,你就要被淘汰。

在旅游行业,我们同样的可以看到更多的现象,就是外国管理公司进入,中国人只管干活,管理的事儿由外国管理公司负责,甚至有一些管理公司虽然没有明摆着打出来是国外管理公司,但是我们如果说仔细去了解的话,它的公司的高管没有老外是不可能的,这不能不说是一种不自信的表现。另外一个方面,说明水平的确不高,咱们自己的水平的确不高。

另外一个评价,冷静思考、沉着应对才能在 WTO 框架内的竞争中获得生存和发展。旅游行业门槛是比较低的,只要你有一点钱,你就可以进入旅游行业,只要你有一定的本事,你也可以成为旅游从业人员,但是需要把眼光放得更大,放得更长远,需要看到 WTO。WTO 其实有两个含义,一个含义是世界旅游组织,再一个含义是世界贸易组织。这两个组织都叫 WTO,在世界贸易组织框架内,旅游行业不属于被保护的,从世界旅游组织这个角度,你就更应该看到世界其他国家更强的旅游企业对你所构成的威胁。这种不健康就是没有考虑到这样一个问题。

四、国内景区门票走向和旅游企业发展的展望

先说国内景区门票走向问题,我们要预测这个走向,首先必须要知道怎么去看待景区门票,怎么看待这样一个问题。在这儿有这样几句话,立足点放在哪儿? 立足点要扎根现实,这是非常重要的事情,如果不现实的话,解决不了这个问题。还要有审视的眼光,有自己的态度,所谓审视的眼光就是不能像普通旅游者一样,门票涨了我不去,我买不起我就不去,不能单纯这样看,你贵了我就找便宜的,不能单纯这样看,我们需要审视这样一种现象,我们要有自己的眼光,有自己的态度,还要有科学的方法。这是最基本的。没有科学的方法,看那个东西就显不出问题的真实内涵和本质。还要有开阔的眼界,就是咱们刚才所讲到的,眼光一定要打开。

我们可以从这几个方面来看,第一,从共产党的性质和社会主义制度的角度看待景区门票问题。在江泽民同志 1994 年的一篇文章《党的建设的目标和任务》里面有这样一段话,我们来学习一下,"全心全意为人民服务是我们党的根本宗旨,群众路线是实现党的思想路线、政治路线和组织路线的根本工作路线"。那么门票问题,收那么高的门票是不是为人民服务? 全心全意为人民服务是不是可以把门票降一下呢? 走群众路线,那搞听证会的时候能不能真正走群众路线呢,让游客真正有机会来发表自己的意见呢,而且在门票定价机制当中起到应有的作用?

从社会主义制度角度，"十三大"以后，咱们中国特色社会主义理论取得了很大的进步，这里面有关于社会主义的根本任务问题，社会主义根本任务是解放和发展生产力，这么多年来我们国家取得了很大的进步，社会主义的根本目的是共同富裕，但是如果说用这个眼光看待门票问题，我们应该知道，门票那么贵，是让人民群众共同富裕呢？还是剥夺大多数人让少数人富裕呢？这跟社会主义根本目的是不是有点不太一致呢？

社会主义的首要的基本理论问题是什么是社会主义、怎么建设社会主义，这个问题到目前为止仍然在研究，我们要建成社会主义国家，建成社会主义的一流强国，我们必须考虑怎么去做这个事情。这是第一个角度。

第二个角度，从公共物品的属性来看待景区门票问题。在西方经济学当中有一个"公共物品"的概念，什么叫公共物品呢？就是公共使用和消费的物品，只要是这个国家的国民，你都可以去享受，可以去享用，公共物品可以供社会成员共同享用。严格意义上的公共物品具有非竞争性和非排他性，所谓非竞争性就是带有一定垄断性质的，咱们拿旅游景区来说，就像黄山，只有黄山才是具有这样的非竞争性，其他的没有办法跟它竞争。拥有黄山特征的只有黄山这一座山，别的山都没有。非排他性，你去黄山，我也去黄山，你不能因为你去就不让我去。

公共物品分类可以分为纯公共物品和准公共物品，纯公共物品具有完全的非竞争性和非排他性，比如说国防和灯塔，通常都是免费提供的，国防不是需要每年都去交国防费用。第二种叫准公共产品，是采用具有有限的非竞争性和局部的排他性，就是超过一定临界点，它这种非竞争性和非排他性就会消失，就会出现拥挤。准公共物品又分为两类，一类叫公益物品，一种叫公共事业物品。公益物品包括义务教育，还包括今天听课这样一个地方（公共图书馆），还有博物馆、公园。这说明中国的旅游景区除了像方特、世纪欢乐园之外的，其他的大多数地方都属于公益物品。另外一个叫公共事业品，也称自然垄断，电信、电力、自来水、管道、煤气等等，这个跟咱们今天讲的话题没有太大关系。我们得出一个结论，旅游资源属于哪一类呢？属于公益物品。既然是公益物品，那么它的公益属性就应该更加突出，而不应该带有那么强的经营性、营利性。

第三个角度，我们可以从国家发展阶段来看待景区门票。大家都很清楚，我们现在这个阶段叫社会主义初级阶段，这个初级阶段的特征是国家不够富裕，我们还属于发展中国家。我们的确是属于发展中国家，就像习主席这两天正在俄罗斯访问，他说，中国和俄国都属于发展中国家。

在目前这个阶段，我们不能不承认一些现象，包括什么呢？一定意义上两极分化现象的客观存在。这个国家也是承认的，公开的媒体报道也是承认的，我本人是拥护党、拥护社会主义的，既不反党，也不反社会主义。用一个比较专业的术语，中国这样的一个国家，它的社会结构是哑铃形的社会结构，当然不是今天造成的，有历史的、深层的、结构性的原因，这是一个真实的现实，所以说国家有关的文件才说要培育中产阶层。要培育中层阶层，就是说中产阶层在中国还不够强大，所以才要培育，在客观上承认了这种哑铃形的社会结构。

再一个，地区间、城乡间发展，人民的收入存在差距。咱们从那一份表格上可以看到，就是全国省一级行政单位他们最低工资收入的差距就可以感受到，最高的最低工资和最低的最低工资几乎相差一倍，一个800多（元），一个1500（元）。

另外一个方面，我们还应该关注到，我们国家现在是今非昔比，我们现在已经成为世界第二大经济体了，超越了日本，仅次于美国。2020年，国家也说了，要全面建成小康社会。全面建成小康社会是不久就可以见到的现实，建成小康社会之后咱们国家就应该不再是初级阶段了，或者说是初级阶段当中比较高的阶段了。希望到时的门票价格鼓舞人心。

第四个角度，要从大旅游的角度看待景区门票问题。什么叫大旅游？大旅游不应该仅仅是传统意义上的旅游景区、旅游交通、旅游饭店这样一个概念，大旅游就是既包括传统的旅游企业、旅游产业，还包括旅游相关的上下游企业，比如说给它提供原材料，还包括参与到旅游活动服务中的企业,比如说农家乐个体经营户的参与,还有小商小贩的参与,卖旅游纪念品的,他们应该不应该算作旅游业范畴? 这是毫无疑问的,这是一个大旅游的概念。当然了,我们在这里说的主要意思是不能仅仅看到景区或者地方政府的收入,更应该考虑到旅游系统各相关产业的利益,还有旅游地民众的收益问题。要不然的话,你发展旅游业对当地百姓没有什么好处,要占他的地,要拆他的房,他肯定不高兴。要发展旅游业,必须让当地民众真正得到好处和实惠,这也是让人民群众享有发展成果的一个表现。

当然了,有相关的负面的新闻,云南的路政人员上路拦截旅游车,干什么呢? 收人头费,一个人5元钱,这几乎相当于拦路抢劫,这样的负面新闻影响了云南的形象。

还有大家都比较关注的问题,凤凰古城将打包出售148元的门票,要想进凤凰古城,先买门票。里面有几个大的景点,过去合在一起价格是148元,现在说整个古城收一个148的票。实际上它造成的后果是难以估量的,后果是什么呢? 大家到凤凰古城,就是沈从文的故乡,你可以不进景点,走走大街小巷,跟当地的村民以及小商贩聊聊天,坐河边吹吹风,你的感觉就是不一样的。现在呢,你不买门票你进不去了。这个影响是什么呢? 当地政府或者旅游方面主管部门相关的人员没有大旅游的观念,貌似门票没有涨,但是实际上受到影响最大的不是游客,而是凤凰古城里面的做小生意的人。原来大家不进景区凤凰古城也很热闹,现在整个凤凰古城都是景区,大家买不起票,或者不愿意买票,有网友就说了,本来还想再去一次,现在一听就算了,不去了,那小商小贩挣谁的钱啊? 直接打击当地民众的利益。

第五个角度,要从国民素质提高的角度来看待景区门票。有这样的说法,流行很长时间了,说中国人素质低,还有一种说法叫国民劣根性。国民劣根性近几年提的比较少,但是现在说得比较多的就是中国人素质太差。但是你说作为咱们普通的中国民众来说,我们愿不愿意提高素质呢? 也是愿意的。我们自己提高素质,对自己是有好处的,对国家也是有好处的,国家也希望提高国民素质,既然国家希望提高国民素质,国民也愿意提高素质,为什么不多给他们提高素质的机会呢? 我们可以这样来理解,国民素质的确有待于提高,但是需要大环境的支持。这个大环境由谁来提供? 国家。旅游也是提高国民素质、陶冶情操的一个必由之路,国家已经认识到了这个问题,那个纲要的出台就是这个层面认识的一种表现,虽然是由国家旅游局推动的。爱国情操不能不说也是国民素质一个重要的构成部分,爱国情操需要热爱祖国的大好河山,但是大好河山在收高价的门票。

教师是宣传爱国主义的重要主体,教师也是提高国民素质的一个重要的角色,也是一个非常重要的群体,我们说尊师重教已经说了很多很多年了,但是教师要去景区的话还需要买票。我一个同事到上海博物馆,到博物馆门口对他们说,你们这是博物馆,你看我的工作证,我是学校的教师,本身还是学历史专业的,你看我进去怎么样? 人家说,你需要买门票。他说,军人都可以不买票,我们教师为什么要买票呢? 他说,因为你教师有收入。是不是应该换一个角度来理解? 教师是提高国民素质的重要组成部分,教师是不是可以不买票呢? 我一直认为这个事情对教师不公平,有悖于国家几千年来的尊师重道的传统。你想,中小学老师是培养祖国未来的花朵的角色,大学老师培养的是什么呢? 是社会的精英啊! 所以说教师不应该买门票。我身为一个教师,我到景点去,我拿我的教师证、副教授职称证不管用,我拿什么证管用呢? 导游证,我告诉他,我是来踩线的。我希望有这么一天,我拿着我的工作证说,我是学校的老师,给我开绿灯。但是现在还没有这个可能性。

第六个角度,要从企业国际竞争的角度看待景区门票。如果中国的旅游企业光会卖门票,旅行社光会从门票里面吃回扣,那么人家不会卖门票的境外景区就会来抢客源。咱们说了,新马泰、欧洲,他们的景区又来抢客源了,抢谁呢? 中国游客,还有本来想到中国来的境外游客,甚于中国自己的旅行社会被别的旅行社替代了。在WTO的格局下,外国旅游企业进入中国市场,如果说中国本土的旅游企业,不提高自己的水平,不改变观念,就会被人家给灭掉。这些年改革开放,咱们在座的朋友都有感受,原来20世纪70年代80年代我们所拥有的那些国有的品牌、民族的品牌,现在找不到几个了。不说别的，雪花膏，你现在还有几个人能找到雪花膏？没有了。据说两面针马上要倒闭了。国产的乐凯胶卷已经没有了，他们没有抓住机会。中国的旅游企业必须有这种危机感，你怎么样才能避免这种错误，走向一个新的发展阶段？这必须动动脑子，认真思考，开阔眼界。

第七个角度，从国家长足发展的角度来看待景区的门票。怎么办呢？比如说统一景区的产权归属，明确国有资产的属性。它不属于地方，如果不属于地方，地方就没有权力把它卖出去，从地方剥离，由专门机构管理协调。比如说国资委，国有资产管理委员会，或者专设国家旅游资产管委会。这就好得多了。

再一个，出售门票如果不能避免，就难以避免走向门票涨价。我的态度很清楚，不要卖门票，特别是自然的遗产和社会遗产。我们想，博物馆都可以免票，河南博物院也免票，为什么说有些地方必须收门票呢？明确公共产品的公益属性要服务于大众，这从性质上一定要明确出来，不能指望通过这个来牟利。

可以将公益捐款引入景区，现在所谓的公益捐款都干什么去了呢？捐助那些残疾儿童，国际红十字会用来做其他的事情。当然了，由于监管的缺失，有可能有一部分钱到了"郭美美"那儿。关于旅游这方面，你可以把公益捐款引入景区，引入旅游行业，捐款者可以享受相当的优惠。比如说你来之后享受优待，给你铺个红地毯什么的，表示一下欢迎。这个都是表面的，最重要的是什么？在西方国家，只要你捐助于慈善或者公益事业，会给你免税的，这对他们是很实际的。但是他们又不能从公益事业当中，从慈善事业当中赚钱，这是西方的体制，但是中国的呢？谁在旅游行业投资，他就拥有赚钱的权力。应该卡住这一块，不应该让他们参与景区的管理，应该是公益的。已经投资的怎么办呢？可以通过适当的方式，比如说政府回购来解决门票居高的问题。其实政府有钱没有呢？有。哪怕政府给他分期付款呢，我们现在都已经习惯了自己买东西时给政府、给银行分期，政府买东西的时候能不能分期呢？应该也是可行的。20 世纪五六十年代，中国进行"三大改造"时就有分期付款的先例，比如说原来新郑卷烟厂还到 80 年代才还完，政府把它买下来了，用了三十多年，这个不是说不可以。

景区出路最佳选择，我认为有这么几个。第一个选择，全民全免门票。这个当然是最理想的，是不是？咱们不用什么老年证，不用导游证，也不用教师证了，大家都免票，因为那是公益的，就像进公园一样。原来大家在郑州进个公园还要买门票，现在随便进，管理上也没有出问题吧？公园管理没有出问题吧！景区免门票了会不会出问题？会。这就需要管理跟得上，初期，假如说黄山免门票了，不可能说全国 13 亿人都到黄山去，但是也会给黄山带来压力。原因是什么呢？黄山门票那么贵造成全民性质的饥渴。就像高速公路免费一样，刚开始免费的时候大堵车，高速公路变成停车场，后来再有这种（免费）现象，拥堵的就不那么严重了，慢慢习惯就好了。但是这个可能性目前短期内不太好实现。

另外一个可行的选择，比如说全面降低门票到 30 元以下，30 元这个比例我认为是相当合理的。因为你按照全国最低工资来说，800 多元的收入，你让他买 30 元的门票，已经够贵了，但是大多数人都接受得了。50 元有点高，30 元比较合适，对于咱们中国人来说。大概是 20 世纪 90 年代之前，咱们也跟印度泰姬陵差不多，实行两个门票，内宾价格和外宾价格，可能是相关部门的领导听到了老外的某种议论，或者某个老外的某一种议论，认为对外国人是歧视的，或者有人说是对国内人的歧视，这个可以不用理他，咱们还可以实行这种制度。比如说让我们买 30 元的门票，让老外买 300（元）的，这是不是对我们的歧视？咱们不会认为这是歧视吧？不会。你卖给外国人三百五百（元）都行，你随便，只要卖给咱们是 30（元）就可以了。你发展旅游业，最起码什么呢？本地人游本地，本国人游本国。你搞到现在，本地人游外地，本国人游外国，这些钱本来可以国内来挣，但是都让外地、外国的给挣了，哪个更合算？

第三个选择，如果这个降到 30（元）以下也难以实现的话，在全面降低的基础上，降低多少没法说,这不是咱们说了算的事儿,真正落实优惠群体免费。有些地方优惠的群体是不免票的,优惠群体在传统意义上有军人,军人免票,有老人,老人是70岁以上的老人,满60岁的还不免票,满60岁的是半票。可以适当增加惠及面,比如说老师,不是因为我是老师我一定要这样说,老师真的是应该享受这种待遇。不说社会主义国家,在一些资本主义国家,人家对老师的优待就不是我们现在能比得了的。老师是一定要免票的。学生,现在学生是半票,你要培养祖国的花朵,国家的未来寄托在学生身上,为什么不能给学生免票呢? 当然了,这些顺序颠倒一下也没问题,你可以把学生放在前面,学生先免票,老师再免票,这个也没有问题。劳动模范,只要你享受某一级别的表彰之后,你都可以得到免票的待遇,全国任何景点景区。有些景点景区可能玩不了,我看在座的朋友有不少都是为国家贡献了一辈子,现在到了休息的时候,像方特那种比较激烈的项目,就算免门票大家也不会去参与。劳动模范这个绝对是应该的。还有给国家做出重要贡献的人,比如说老红军、老干部、战斗英雄、烈士家属。

再说国内旅游企业健康发展面临的问题和机遇。我们先来看问题,问题的确是很严重的,都有哪些问题呢? 门票经济的恶劣影响,这个咱们不再多说了,另外,赚大钱的投机心理。都想赚大钱,通过服务赚小钱看不到。国家旅游局关于导游不允许收取小费这样一个说法,我觉得是应该改一改了,导游应该可以收小费,这样他就不会挖空心思去收你的回扣了。他凭借自己的服务来赚钱,你觉得我的服务好,你给我一点小费,我坦然接受,你不给我小费表明我服务有问题,但是索取小费是不对的。你看老外有几个是索取小费的,都是客人主动给的。

与相关企业和高校合作欠缺,特别是旅游企业,做旅游的人许多都认为自己什么都懂,什么都会,可能就某一个问题想不开,想不通,这个时候应该跟高校跟企业互相沟通,甚至于一些企业可以请相关的专家来作顾问。虽然专家一般顾不上,但是他顾上问一问,对你这个企业可能是有好处的。

还有小农意识,不要说中国人民当农民当习惯了,一定要开拓眼光,不能对外地人一锤子买卖,有时候一锤子损失的是一辈子。

井底之蛙的狭窄视野,开阔视野的匮乏,这个不再展开讲了。

机遇是很突出的,国民旅游兴趣犹存。这个是马斯洛关于需求层次的理论(PPT),分为三个阶段——温饱阶段、小康阶段和富裕阶段。在温饱阶段,生理需要、安全需要,这是主要的;在小康阶段,社会的需要、尊重的需要;富裕阶段则是自我实现的需要。我们国家的国民到底处于什么样的阶段呢? 大家可以自己来判断,我这儿不再说了。

旅游的本质就是从自己呆腻的地方到别人呆腻的地方去,这是一种说法,广泛流行。旅游的兴趣还是有的,而且人们越来越有钱,越来越有闲,越来越有心,大众化的旅游蓬勃兴起,所以说国民旅游兴趣不减。

(PPT)这儿有一个从网上来的国内旅游者兴趣地图,"呼伦贝尔草很多"、"青海是老酸奶的原产地"、"西藏是离天最近的地方,人最少"、"广西是刘三姐的故乡"、"广东深圳那一带有外来妹"等等,这都是旅游的兴趣点。

国家发展旅游业的方针已定,2013年2月18日《国民旅游休闲纲要》出台,纲要提出,到2020年基本建成与小康社会相适应的现代国民旅游休闲体系。到2020年,职工带薪年休假制度基本得到落实,城乡居民旅游休闲消费水平大幅提高。消费水平我觉得不应该说是花钱的数额,数额不应该大幅提高。"国民旅游休闲的质量显著提高",这个质量一个是质的问题,一个是量的问题,跟门票密切相关,跟旅游企业的服务也密切相关。

全国各地对旅游业的重视程度越来越高,大家都不陌生的有这几种说法,如新的经济增长点啊,经济支柱啊,还有大力发展旅游业之类的说法,铺天盖地,到处都是。

国民收入倍增计划的提出。国民手里有钱了,但是就算涨到1500(元),你让他买800元的门票,还是很过分的。

十八大报告指出:要让祖国的山更绿、水更清,人民生活更富裕。旅游企业有机会,这也是一个机遇,能否抓住机会,关键在于企业自身必须解决健康问题,自己不健康,你手伸不出去,你的脚步迈不开,你就赶不上。

再来看国内旅游企业健康发展的出路问题。

更新理念,以多样化和特色服务求生存。不要把眼睛紧紧盯在门票上,应转变思想思路,挖掘潜力和内涵,追求发展。企业也有企业的内涵,企业的潜力也是需要挖掘的,你不去挖掘就没有潜力。增强文化底蕴,树立企业文化形象和号召力。比如说酒店方面,可以特聘一个文化专员,在这个方面做指导。旅游景区需要不需要文化专员呢? 也是需要的。不能说一规划,一设计,一施工,然后几十年不变,大家慢慢就没有新鲜感了,没有新鲜感了,你这个景区就会按照固有的生命周期慢慢慢慢地走向没落,这样的景区是有的,这也是众多旅游专家所提出来的旅游景区、旅游企业的生命周期理论。

还有走亲情路线,做好售前、售中、售后三个服务,你不能说客人没来的时候跟你没有关系,客人来了才管。只要安顿好,什么都不说,客人走了以后万事大吉。这都是不行的,要走亲情路线,这个亲情路线就是把客人当亲人。

还有,不必一手交钱一手交货,可以在一定程度上回馈社会。其实有许多旅游企业都在回馈社会,比如说去年"十一"长假之后,大概10月12到19日,嵩县景区继续免费一周,这个事情就是一种回馈社会。结果呢,嵩山收入降低没有呢? 门票收入虽然没有那么多,但是整体的收入上来了,吃、住、交通、娱乐这些方面都跟上来了,所以要有一个大旅游的概念。

还有教育好员工,建立好约束机制,不侵害消费者的利益。

旅游企业发展的重点应该放在哪里呢? 第一个,人才战略。不惜本钱,实施人才战略,或者是自己培养自己的,或者是引进人才。不光培养起来,也不光是引进人才就完了,还应该以管理求效率,要能留住人。你把人家引来了,人家会说你骗了他,留不住人不行。你把人才培养起来了,他就变成"飞鸽"牌的了,飞了,对你这个企业来说不是好事情,虽然对整个社会是有好处的。有一些旅游企业,我一个朋友做旅行社的,一个计调走了,真的是不想让他走,但是他非要走,那就走吧。我不会给你加薪的,你要走就走吧,我可以再招一个,招一个新计调,我可以给他比较低的工资,他从头学起。你想,这不是浪费时间吗?

以质量求生存,要发挥员工的积极性。这就涉及员工管理问题,还有工作的监控问题。以服务求发展,这里面包括无微不至的泛服务,只要跟游客相关的都应该纳入服务体系。友善、贴心、人性化的情服务,高标准、规范化的精服务,人无我有,人有我优的特色服务。这就是以服务求发展,如果说将来某一天我们出行的时候都能享受这种服务,我们出游的心情肯定跟今天就不一样了。

旅游企业的未来:

未来是一个什么样的情况呢? 在优美的环境中以服务来实现自身价值,不是卖门票。再强调一下,不是卖门票越多价值就越高,有时候门票是欺骗性的。

第二个,在满足游客需求的同时使自身的收获最大化。游客心情舒畅了,作为旅游从业人员心情也很舒畅,旅游企业的运行就会很顺畅,对社会的价值也就越大,这就是收获最大化。

上下游企业要协同一致,共同为国家发展和人民福利做出贡献。毕竟是中国的企业,中国的企业是中国的人在经营,作为中国人,你必须得有最起码的爱国心吧,得有社会的使命感和责任感,如果没有这个,你这个企业肯定是做不好的。

实现国民"中国梦"的同时,也实现自己的"中国梦",并且把"中国梦"推向全球。怎么样把"中国梦"推向全球呢? 就是说中国的旅游企业切切实实做好自己该做的工作,提高自己的水平,咱们为什么不能去管理其他国家的旅游景点、旅游景区呢? 为什么不能跨出国门去赚他们的钱呢? 那样的话,我们就是把"中国梦"推向了全球。

这是我的一家之言,仅供参考。而且我要声明,其中所有的观点、任何责任都由我一个人承担。

感谢大家,感谢省图工作部的领导!

再见!

主讲人:张淑华,郑州大学新闻与传播学院副教授,华中科技大学新闻学博士,中国传媒大学传播研究所博士后。曾到台湾铭传大学、复旦大学等高校交流学习,现挂职为河南省政府研究室公共管理处副处长。专业方向为新闻实务,对网络传播、政治传播、新媒体实务等有较多研究兴趣。主要学术成果包括独著和参编学术著作 4 本,学术论文 30 余篇,主持各级课题 10 余项。

时　间:2013 年 3 月 31 日

地　点:河南省图书馆研议厅

网络"围观"现象及其社会功能

　　首先感谢省图(河南省图书馆)给我这样一个跟大家交流的机会。今天要讲的"网络'围观'现象"比较侧重于互联网发展到今天出现的各种离奇古怪的这么一种现象。我没有想到今天在座的中老年朋友这么多,大家向学之心令人敬佩,表达一份敬意。网络"围观"最近可以说是在互联网上演绎到了一种极致,现实中的围观我相信大家看到的很多,我们从一个新闻来导入。

　　在 2010 年 9 月份,武汉市城管特别有创意,干吗呢? 城管执法从来都是困难重重、冲突不断,舆论对城管的负面评价也非常多,在执法中间他们遭遇到很多难题,打也不是,骂也不是,怎么办? 有高人想高招,在这个执法过程中采用一种围观战术,大家围成一个圈,默默地盯着违规出摊的摊主,直到盯得这个摊主受不了这种心理压力收拾摊位消失于茫茫人海。

　　大家看,就是这个图景(PPT),卖鳝鱼的违规占道经营,我不打你,也不骂你,我就围一圈,盯着你看,到最后(你)受不了了,自己收拾摊子走了。这种新型战术大家评价特别好! 这种围观叫"脸上不见血,身上不见伤,不战而屈人之兵,高"。有一部戏里面有一句台词"高,实在是高",这个确实是很高的一种战术,用默然的眼神达到"千夫所指,无疾而死"的结局,这叫目光杀人。围观就是用目光来消灭对方,不是表面上的"战争",而是心理战,这个网络围观它是有杀伤力的。

　　在互联网时代,很有意思,目光杀人变了,变成了什么呢? 过去我们用眼神,大家看得见,感受得到,今天的网络围观阵地转移了,从现实的空间转到哪儿了呢? 互联网上。我们用手中的鼠标,移动我们的鼠标达到围观的目的,现实围观变身成网络围观。

我也在这儿调查一下各位朋友,咱们经常上网吧?

(听众:是。)

上网发不发言呢?

(听众:发言。)

也发帖子?

(听众:对。)

哎呀,您太潮了!

有人就说,现在这个社会,尤其在互联网流行的这个时代,关注就是力量。什么事儿炒到网上,只要我们关注它,对它进行评论、发言,这就是一种推动的力量。围观能干什么呢? 围观能够改变中国。某种程度上,我同意这种观点。正是网络围观对各种新闻事件的参与、监督,使我们今天的很多社会问题得到解决,但是它也存在着一些问题,容我一一道来。

最早的围观,我来举一个例子,放一段视频给大家看。在2010年,在江西宜黄这个地方发生了一个因为拆迁纠纷而自焚的事件。拆迁、城管这一类的故事天天都在发生,这个不稀奇,稀奇的是什么呢? 这个事件引起了网络上的连锁反应。我们先来看下视频。(视频播放)

我在这儿特别要说的是,我们刚才看视频,估计大家也听到了,这个事件的曝光过程很有意思,它的曝光源自于这个事件本身的一种极端惨烈性,大家看到了他们自焚。一直解决不了问题,怎么办? 这一家的两个女儿到北京上访,当地的县长和县委书记,一个叫邱建国,一个叫苏建国,他们带人在机场围堵她们。这两个女孩子没有办法,跑进厕所,然后打手机向记者求救。这是国内最早的记者利用微博来进行新闻报道的,这个新闻报道引起大量的公众"围观"。我之所以选这个案例,是因为它是国内最早的通过微博直播引发围观的公共事件。

这个女孩子电话求救,(PPT)这个记者叫邓飞,是后来发动"免费午餐"的一个很有爱心的人士,他就以"女厕攻防战"为名,进行了持续四十分钟的微博直播。这个微博引发了上百万"脖友"(就是他的微博读者)围观,一下子吸引了包括记者、学者、律师等等大量人士在内的共同关注。这个事儿一下子就火了,大了,到最后变成了一个全国性的新闻事件。微博在今天有多厉害! 这个网络围观又具有什么样一种作用? 从这样一个视频上,大家应该有一个直观的体会。

有人用它做了一个截图(PPT),前面配一个剪影,这是一个微博,这边前景上面千千万万的人,我们看不清,但是确实存在,挥手高呼,每个人都在发言,每个人都在说话,在表达自己的观点,无数的人围绕这个事件来参与、来讨论,这大概就是我们常说的网络围观。

什么是网络围观? 我们有必要准确地给它一个界定,同时思考一下,网络围观和现实围观又有什么样的不同? 我相信每一位同志都围观过别人。小时候我们村里来一个货郎或者一个卖新奇玩意儿的,小孩子们都欢喜地前后跟着看,如果说有一个精神失常的或者有残疾的人从这里过,调皮的孩子都会围过去,甚至有人跟着学,这个是人的天性,围观是现实中经常发生的。但是,在今天这个互联网时代,这种围观又怎么发生? 这个很有意思! 依照这样一个问题,我将我们今天的讲座分这四块给大家做一个汇报和交流:第一,定义;第二,特点;第三,形态;第四,功能。

首先从定义上讲,我认为网络围观它是一种发生在网络虚拟社会的一种自发的网络群聚行为。它有两个突出特征,第一,在网络上发生。第二,围观是一种群聚,很多人聚集在一起。网民通过移动小小的鼠标,通过点击率或者发言来表达自己的内心感受,从而就能够获得跟视觉围观(现实围观)一样的效果,我认为这就是网络围观。它的主要特点,一是转移到网络上了,二是一群人群聚。

它有什么样一个特点呢? 我用一个图式来说(PPT),中间一个是心,边上是看客,它是非常典型的中心边缘结构。我就想问大家一下,如果我们是这个核心,周边围了一群一群的人,你会有什么样的感受?

(听众:很难受!)

为什么？周边的对我们是一种什么？

（听众：压力。）

太对了，就是压力。这种结构本身就是一种压力性结构。很多人审视你一个，是一个一对多的不对等的结构，周边的人会给你造成压力，被围观的人处在弱势的地位。

（PPT）这是非常典型的围观场景，中间一个，周边这么多人都在看。好在这是一个卖艺的，本身不存在冲突。

由此我们来解析一下，它（围观）有两个要素，（PPT）这个字好像看得不太清楚，这个是"围"字，这是个"观"字，我们拆开来看。"围"，我们从结构上感受到：首先，它要有一个中心，对于互联网的中心，就是一个中心的话题。其次，它要求参与的人很多。没有很多人的参与，这个围就形不成。"围"要求一个中心，多人参与。"观"是看。

"围观"这个"观"有三个层面。你可以只看，就像我们现实中看热闹的，到菜场上买菜，两个人吵起来了，周边很多人都在看为啥吵。有的人只看热闹；有的人在旁边既看又给评理，这种属于又看又说；还有的人又看又说，还急了，上去帮人打架。比如一个年轻人欺负老人了，我看不下去，我去帮忙，一块来推，最终打起来，这种是更深级别的参与，又看又说又行动。在互联网上的围观主要停留在看和说的层面，当然，也不排除有一些人情绪过度激动，直接在现实中也来参与行动，这个也有。这是围观的两个要素，一要围，二要观。

我们就来先观一观，河南负面的新闻从来就比较多，咱河南人有时候还是觉得出去了挺没面子的，我也请大家评评理，想一下。有我们自身的问题没有？

（听众：有！）

大家很客观，但是确实有人有偏见。反过来讲，不管怎么看我们，我们自己首先要做好自己的事儿。你看，这是前几天的新闻，28日的，河南中牟农民被开发商铲车碾死，官方称是意外事故。这个事件本身我们不去评价，我请大家看这个（PPT），就是这个新闻引起了多少人的关注。网上有图片，有视频，这是我的视频截图（PPT）。仅仅因为一个土地拆迁纠纷，开发商直接就用这种大翻斗车把人给碾死了，太过分了，完全没有一种尊重人的意识，也没有守法的意识。这个新闻发布时间是28日的18点54分，换句话说晚上7点了，我截图是晚上7点多钟，8点之前，当时我在单位值班，我截了这个图。一个多小时，发言的帖子数，135070人参与，十几万的人来参与，这还都是发言的，点击的我们不说了，这是多大的围观场面！像这样的事儿，大家都在说，大家都在评，很多人开始发言说了："这是意外吗？在自家地里，又不是在大马路上，太低估人的智商了！"这是批评官方，官方说是意外嘛！然后马上就有人把矛头指向政府了，说官商勾结，有各种评价，我们不做评论，我只告诉大家，一件事闹到网上之后，很多人会关注它，很多人会评论它，这种关注就是力量，围观确确实实在改变着我们整个事件的处理方式、发展走向。

在这个基础上，我们进一步来了解，为什么大家上网喜欢看热闹，这背后是什么样一种心理？在这里，我把它总结为五种心理：

第一，求知。这个事儿我不知道，我又想知道，网上一出来，到底怎么回事，咱们去看一看。因为想知道，未知、欲知，所以围观。

第二，好奇。这个事儿听起来很好玩，很搞笑，出于好奇心，要满足这个好奇心，所以去看看。有一个很典型的笑话，一群人在大街上围观，旁边一路人从这里路过，一看这么热闹，什么事儿呢，他也想知道，他很好奇，但是人密密麻麻，里三层外三层挤不进去，他急中生智，大声吆喝说，让开让开，里面人是我舅。大家很好奇，让开一条路让他进去，一看，里面是一头死驴。这当然是笑话，但是从这里面我们可以感受到，好奇心是人的天性，网络上那么多人围观呢，很多时候就是好奇。

第三，发泄。现实中我是一个弱者，我有很多事儿不满意，我家房子也被别人野蛮拆迁了，但是我没有能力去申诉，我就看网上的热闹，看别人怎么维权，看这个事儿时我也跟着骂，我也跟着来发

泄。这种心理是基于不满现实，到这里来发泄的。

第四，娱乐。我就是好玩，网上骂架，我来看热闹，看着看着我故意挑逗他，让他们吵得更热闹，互联网上叫"哄客"，就是起哄的这拨人。我就是好玩，所以我故意挑逗你让你发飙。尤其是网上这种地域攻击型的，山东人骂河南，河南人骂江苏，骂到最后大家互相对着骂。有人不骂了，不热闹，有人在旁边故意挑逗你，让你继续骂。这是为了娱乐，也是一种发泄。

今天特别有建设意义的是最后一种，就是参与。很多人抱着爱国之心，用一种社会责任感来驱使自己，他主动地去关注很多现实问题，比如说农民权益受侵害了，官员贪污腐败了，这个制度设计不合理了，所以我要来关注，我要来发言，我要让政府来做得更好，这种人具有很强的社会责任感。在这种责任感的驱使下，我参与这个网络的事件，我来讨论，我来发言，这种发言就能够引导一批人形成舆论压力，对政府的行为形成一种干预。

我们来轻松一下，看看各种现象。（PPT）一群孩子围着这么一个灯，没有见过，这是典型的求知，想知道，不知道，未知而欲知，这是求知。

（PPT）这是窥伺欲的满足。孔子言：食色，性也。互联网上现在有各种美女，兽兽、甘露露、芙蓉姐姐、天仙妹妹，一群一群的都是自暴狂。她们有人愿意自我牺牲，马上就有一群无聊的人愿意看，这实际上都是我们说的窥伺欲的一种满足，也许是人的一种好奇的天性。

（PPT）戏谑的心态，这个带有娱乐性。有人摔倒了，有的人不去扶，有的人去扶，这边的在鼓掌，觉得摔得姿势太美了，太酷了。我不知道出于一种什么心理，鼓掌叫好的完全就是一种挑逗和娱乐的心态。这也是围观。

（PPT）猎奇性的围观。这是好奇心的满足，好好的，这个家伙为啥躺在这儿，是死了，还是睡着了，怎么衣服搞成这个样子呢？这中间就有一种好奇心的满足。很多人还拿相机在这儿拍照。

鲁迅先生在他的《藤野先生》里面曾经写过，中俄交战，日本人要杀一个中国人，说是他当了奸细，周边来了一群人围观。鲁迅先生批评这些围观的人是"冷漠的看客"，现实中我们经常遇到这种冷漠的看客，我认为这是人性恶的一种体现。河里有人掉下去了，没有人施以援手去救他，大家都在那儿看热闹，这是今天社会的一种病态。老人倒了没人扶，孩子被车碾了没人管，这个社会有时缺少爱和温暖。

（PPT）第二种冷漠的看客，枪毙人的（场面），枪对着脑袋，周边这么多人在看，这实际上也是很冷漠的，是内心邪恶愿望的一种满足。当然，中间也有好奇的成分。我记得我们小时候，每一年秋天司法机关总会处决一批犯人，过去不尊重人权，犯人处决的时候被很多人押着游街，出布告，汽车拉着到各乡去游，很多人围观去看，到枪毙人的现场，很多人围着看，从某种程度上来讲，这是缺乏一种人文关怀。这些年就没有这种现象了，再处决犯人，没有这样公开示众了。

刚才说的都比较沉重，也有好的，有让人觉得温暖的、积极的、友爱的。比如说这张图（PPT），一个女孩子用蜡烛摆成这样一个心形的图案来向某个人表达一份爱意，大家也来围观，这个围观我相信是一种温暖的烘托。这个可以烘托气氛，可以让我们来分享快乐。从这一点来讲，围观有好的，有坏的，怎么样去表达？某种程度上取决于人本身。

咱们还把视线转移回互联网，在网络时代，网络热点事件基本上都能够引起大量的公众点击、网络跟帖，大家参与发言，每一个网络热点事件背后，都有成群结队的网民围观。2011年，有人把它叫"网络围观元年"。为什么呢？这一年发生的很多事件在互联网上受到网民的高度关注。这些高度关注反过来都推动了这些事件的发展。比如说铁道部部长刘志军被抓，据说贪污了多少亿（元）？100多个亿。你想想那是多少钱！中石化天价酒，我们有买股票的同志吧，中石化的股票表现怎么样？实在不咋的。赵本山春节晚会都说了，买了中石化以为能上天，结果不停往地上掉，掉到二楼，再掉到一楼，再掉掉到地下室了，再掉掉地狱里面了。就这样一个具有垄断性质的公司，你说你业绩不好，你平常日子过得紧巴一点吧，不是，又买高价酒，一买100多万（元），又买天价灯。办公楼一个水晶吊灯多少钱？1200万(元)。1200万(元)买一个吊灯，你能说没钱吗？所以大家置疑这个公司的品质。郭美美炫富，一个小女孩发微博，自己的包是名包，自己的车是名车，一下搞得整个中国的慈善业大地震，这个小女孩不得了，厉害，坑爹，坑行业。

(PPT)微博开房的这位哥我也简单说一下，他不知道微博是面向公众的，他把它当成QQ私聊了，跟人在微博上干吗呢？打情骂俏，公开去开房。结果这边约着，那边所有人都看着，这真是热闹啊！后来记者就看到了，记者过去采访，这位是江苏溧阳卫生系统的一个局长。记者说，谢局长，你有微博？这个局长愣住了，我有微博，你怎么知道？他不知道啊，地球人都知道！就是因为这个微博开房，谢局长丢掉了他的局长职务，什么都没有了。在今天，不接触网络，不玩新媒体，尤其是干部，那工作多被动！

"7·23"动车事故、李双江之子撞人、老人跌倒没有人扶、小悦悦事件。这些事件都在互联网上引起了大规模的关注，都是网络围观事件，因为这一年这种事儿特别多，所以有学者把它叫"网络围观元年"。

2012年以来，我们一样感受到互联网热热火火的，大家在活跃着。一开年，广西一个重毒镉污染，河里面镉泄露，咋办呢？往里面投放生石灰、氯化铝来中和。现在这个环境问题，我相信大家都深有体会，恶化到我们没有办法生存了，空气是脏的，食品是有毒的，你喝的水不能喝，里面有重金属，我们怎么活啊？有人调侃，我们中国人厉害，每一个中国人倒到地下，踩一踩，拍一拍，拍成个片儿，那就是一个元素周期表。还有人说，中国人厉害，金刚不坏之身，吃啥都没事儿。这是一种让人很辛酸的讽刺。

然后曝光各种食品安全，皮革奶，奶里面有皮鞋。央视主播赵普微博爆料，酸奶制作里面添加有皮鞋等废料。毒胶囊，胶囊里面也是皮革。血鸡蛋，鸡蛋里面是红的(PPT)。这个红鸡蛋绝对有问题，怎么会变成这样？我个人猜测，觉得饲料有问题。结果青岛一位市民买到这样的血鸡蛋以后去找厂家理论，为什么这个鸡蛋是红的，厂家怎么解释呢？母鸡来例假了，所以鸡蛋红了。这背后你真能感觉到真是不负责任啊，真是没有常识啊，真是应付啊！像这样一种态度，怎么样能取信于民，怎么不让人关注，怎么不让人不满呢？

这一类的事儿很多，比如后来的王立军事件，开头捂着盖着不告诉大家，后来的一个湘潭神女，年纪轻轻的，坐火箭一样直接提拔，做县长了。还有"杨达才事件"，人送外号"表哥"，你知道他家里搜出来多少块手表吗？名表，世界名表，83块，现金900多万(元)，银行存款2000多万(元)，他是陕西安监局局长。有网友说，这不算多，比刘志军100多亿(元)是少，但是对我们老百姓来说，这样的蛀虫已经够肥了。一会儿我会给大家放视频，雷政富12秒被秒杀了。表哥、房姐、房妹、房爷、房婶，整个可以凑一大家子了。这样一个时代，我们可以深刻感觉到这个社会矛盾在网络上被反映出来，一旦这种矛盾冲突弄到网上，很多人关注，网络围观就会发生。乌坎村因为土地纠纷，从网上集结到现实中游行，导致群体性事件。

去年这个山西女县长(PPT)，长得也挺漂亮的，吃空饷吃了十几年，最后因为经商有钱了，不知道是买的，还是怎么的，当上女县长了，后来被人网上曝光了，现在肯定是什么也没有了。

最近大家关注到没有，(PPT)湖南湘潭的这位小兄弟，27岁要当副县长了，这边官方说他没有什么背景，实际上网友查了，他有背景，硕士是在职读的，根本不是全日制，考试成绩好多挂科，也不是他们说的非常优秀，我们不去做过多的评价，因为我们不是当事人。我只提醒大家一点，今天的网络舆论某种程度上它真的对于社会事务有很强的干预作用，只要一件事上了互联网，就有很多眼睛在看。

我们这个数据可能大家看不清楚，这是我截的一个昨天的图，大家最近比较关注的事儿，一个是广东徐闻的一个副县长，也够笨的，包养一个情妇，后来把这个情妇抛弃了，结果六个女人围殴他，打他一顿过过瘾。这个新闻点击率是7万多。

大家看相关的数据,比如说山东农业厅副厅长被双开的,这位哥也很诚实,给情妇写离婚保证书,结果呢?保证了也没有做到,人家恼了,就给他曝光了,这个点击率5万多。还有这个视频,官员向菩萨保证娶情妇,这个点击率18.8万多。(PPT)这个是官员和别人在宾馆开房被捉了现场,估计大家好奇心特别重,这个点击率多少呢?2445963次。

这些数据说明什么呢?今天只要有事儿闹到网上,大家关注了,这个事儿整个走向都会变。对于部个人来说,这种点击会让他前程没了,就是杨达才,人送外号"一笑倾城"。不就是因为笑嘛,因为笑的照片前程没有了,所以叫"一笑倾城"。

我们举了很多例子,也进行了分析,可以总结出来,网络围观和现实围观的一个区别,我觉得这个区别就在于,首先是地点变了。一个是现实中的,一个是网络的虚拟现场,这个网络虚拟现场没有空间感。人数上,我想请问大家,现实围观和网络围观,大家觉得哪个人更多?

(听众:网上。)

动不动几百万,现实中怎么都不可能,几十人就好大一规模了。市政府门口敢有几十人围在那儿,市长就慌的不得了了。网络上声势更为浩大。

从话题上来说,互联网也有优势,这个话题在互联网能炒响的,要么特别有趣,特别好玩,特别抓人,要么就是这个事儿有争议性,你比如说延长退休年龄,到底合适不合适?你说一句,我说一句,观点不一样就吵起来了,这个也会吸引大量的人。

从时间上来讲,我再问大家一下,这个网络围观和现实围观,大家觉得哪个时间可能更长?

(听众:网络。)

现实中的围观顶多围半个小时,谁整天没事儿在那儿看热闹,看个没完,围那么几分钟,顶多半个小时也就走了,解决了就走了。但是互联网上围观一围就是几天,这算短的,长的几年。你看周正龙拍假老虎,前前后后一年半,网民就咬着这个事儿不放,这个时间更长,所以网络围观力量远远大于现实围观。从心理上来说,我们刚才分析了,各怀心态,但是都有参与,这种参与本身就会对现实形成干预。

下一步,我们来讲一下网络围观的表现形态。咱们经常看网络围观,我们来讨论一下,现实中围观咱们看得见,互联网上的围观怎么能体现出来呢?怎么能识别是被大家围观了?通过什么?刚才有朋友说点击率,还有转发,还有评价,这些都是它的表现形态。除此之外,我觉得只要能显示大家目光存在、大家注意力存在的都算是它的表现形态,我总结几条,看看对不对,大家做一个共同的讨论。一个是留言,我们说的点击率、留言量,留言多的就会产生一种围观的效果,证明大家都在关注这个。还有一种跟从和模仿的,你说一句我说一句,你说一句我学一句,人很多,而且有对话的效应,产生一种喜剧效果。比如说有一年湖北襄阳有一个干部跳楼自杀了,人死了,这个心态也很奇妙,官员死了,老百姓在网上干吗呢?发贺电呢。这边说我代表山东人民发来贺电,这边说我代表河南人民发来贺电,我数了数,20多个"省份"都发来贺电了。这个相互跟从和模仿里面说明什么?说明大家都在关注这个事儿,态度具有一致性。这是围观的一种表现。

还有一种,网络围观有组织和网站,有特定的场合,有专业的操作。有一些围观的网站本身就是以围观为目的,互联网上,我随便找了几个,猫扑网、强力围观团、豆瓣观光团、天涯观光团、围观网、人人围,人家这些网站就致力于围观某些人某些事儿。这个"围"本身就是一种威慑,你看这个人人围,"世界'围'我而精彩!"还有"就想围观你"。这些网站实际上通过围观来达到吸引公众关注,点击率高了,自然就有广告进来,它有它的目的,但是现在中它确确实实有效地集结了很多人来围观某些事儿。

除此之外,还有语言标示,特定的气氛形成一个强大的气场和压力来围观你。比如说,这边发生了一件事儿,杨达才一笑一下子出大名了,很多人就开始号召来围观,这儿有一个什么样的人,看看他是谁。互联网上经常会出现"我抱着孩子来围观","我带着凳子来围观",或者"快来围观二楼",就是用语言明确标识出来我们在围观这样一个事儿,号召大家过来看热闹。

除此之外,最有特色的一种是什么呢?盖楼!有网易的用户吧?咱们的邮箱是 163、126 的吧,网易通过邮箱服务吸引了一大批忠实用户,网易的新闻有一个很独特的现象,它的新闻跟帖里面可以就一个话题大家都来参与,叫"盖楼"。我来举一个例子,盖楼很热闹!盖楼的过程中,最高可以盖多少层?可以盖 50 层,也就是 50 个帖子在同一个框里来显示。

我举一个新闻事例,咱们看看它的跟帖。在前年,湖北出了一个事儿,一个叫张文华的人杀人以后留了一个假遗书假装自杀,实际上没有死,然后假冒表哥唐建敏这个名字来抢劫,当地公检法以唐建敏的名字把他结案,判处死刑了。实际上这个人真名叫张文华,这个家伙挺有意思,逃亡前检举说自己有一个杀人同伙叫徐浩,结果徐浩被关押在监狱了,徐浩认为自己没有犯罪,不认罪,前后关押了九年,被判死缓。后来,这个事儿被媒体挖出来了,中间具体事情起因大家有兴趣的话可以去搜,媒体进行报道说"死囚枪决九年之后复活了,牵出迷离案情"。就这样一个新闻,明显是中间存在着冤假,公、检、法肯定有过失的。

咱们看看网上的评论,我们重点关注网络舆论,就这样一个事儿,你看看网易论坛里面大家的评论真的体现我刚才说的围观的特征,首先点击率,我们来看看这个点击率是多少啊?跟帖 4033 条,参与的人数 141857 人。这够围观的标准了吧?大家都在讨论,"每天都写传奇的、神奇的、离奇的、出奇的、新奇的故事"。下面就是"盖楼"了,这个"盖楼"的特征就是,第一个发言的被一个圈儿围起来,第二个再在这个基础上再围一个圈儿,一层一层围起来,这就是"盖楼"了,看见数字了吧,一直可以盖到 50 楼(PPT)。

(PPT)你看这个围观,还是通过"盖楼",这个圈儿多了,这个楼盖得也就高了,咱们看看,这里面跟从情绪就越来越强了。网络围观为什么能够形成一种强大的压力?是因为唾沫星子淹死人。唾沫星子在哪里?就在你一言我一语里,就在大家共同讨论里。因为事儿发生在湖北,马上有人开始搞地域攻击了——"湖北啊,真是一个黑暗的地方,公检法是怎样的一些污吏啊!"——开始批评了。马上有人说,"最近不断出现湖北的丑闻,全中国 50% 的官场丑闻都来自湖北了"。矛头集中到湖北了。这边有人警惕了,"'五毛'们,你们又搞地域攻击了,好!你们演得很精彩!"后边就是把矛头集中在湖北!这还不算,我给大家看下一张,下一张有意思。

(PPT)大家不都在批评湖北吗,大家都在集中讨论这个话题,这当中有围观在,下面的有意思,前面批湖北,结果来自河北的一个网友转向了:"四楼的,你敢说你们湖北的贪官有河北的多?"七楼接着说:"六楼的,你敢说河北的贪官有山东的多?"江苏的接着又说:"七楼的,你敢说山东的贪官有江苏的多?"照这样发展下去,我们都感觉到我们在攀比,这个攀比不是谁比谁更好,而是我们这儿更糟糕,最后得出一个结论,天下乌鸦一般黑。有人说了,"我坐在帝都笑而不语",意思就是说北京的更多,按照这样一个逻辑发展下去,这种围观里面有一种交流,在这个交流里面,他把这个问题给怎么样了?不停地扩展和深化了。网络围观的力量在哪里?就在于它的舆论。这个舆论,千千万万人的话聚集在一起,就是一个话语的海洋,就是我们说的唾沫星子,无数的唾沫星子在一起就是一个大海了,这个大海能把人淹死。过去民间讲"唾沫星子淹死人",怎么淹死的?就是这么淹死的。

在这样一个环境下,互联网正在成为世界上少有的一个舆论超强磁场,感受到了吧!某一个事件,只要在互联网上曝光,马上就能够引爆一个全国性的舆论,把一个地区性、局部性的、带有偶然性的问题变成一个全民围观的话题。只要成了一个公共事件,大家都来围观,那这个事儿就闹大了,大了以后,地方政府就控制不了了,最后得中央政府批示,责令当地政府解决,事件解决的方式就不一样了。而且有些话是敏感话题,只要涉及官员,大家就特别感兴趣。拿广东的新闻来说,城管干吗呢,掐小贩脖子了,差一点掐死,这几天这个城管日子不好过。涉及房价、物价等敏感问题的,一下子就会引起全民关注。

前一段最火的是李双江"坑爹"的儿子,生了这个儿子,这个家庭从此真的有可能走向衰败了。这样的事情发生,李双江夫妻肯定是有责任的,太溺爱孩子了。这年头"坑爹"的孩子一茬一茬的,我也提醒大家,无论工作多忙,事儿多多,教育孩子永远是第一位的。我们的希望在孩子身上,假如说这个孩子不争气,你再奋斗,你干得再出色,到他的那个时候,他都会给你画一个句号。你看看这两年新闻里面"坑爹"的一茬一茬的,前有李刚的孩子"我爸是李刚",后面有各种干女儿,郭美美、卢美美等等,所以有人就说这年头是"拼爹时代"。因为要"拼爹",有些爹不济事的,孩子都有怨气,又有一个词叫"恨爹不成刚",我爸怎么不是李刚呢?这个挺耐人寻味的。

转过来我们的话题,网络围观在今天到底有什么作用呢?咱们也来想一想,今天这个互联网时代,网络围观到底是建设性的,还是破坏性的?大家说呢?

(听众:双重的!)

太哲理了!是双重的。

中国青年报曾经做过一个在线调查,特别谈到网络围观的社会作用。第四块讲一下它的社会功能,大家的看法是多元的,它的功能也确确实实要从两个方面来总结。中国青年报的这个在线调查显示,网络围观的社会作用,一是可以形成强大的舆论监督力量。72.9%的人认为它有监督作用。二是给老百姓更多的说话机会。这一点要特别感谢互联网,如果没有互联网,我们说话怎么可能有人听呢?今天这个互联网不仅让你说话,而且我们声音可以非常强大,你说一句我说一句就代表了民意。过去说民意不可违、民心不可违,今天的民意和民心在哪里?就在互联网上。我告诉大家,在人民网"强国论坛"里面有一个专门的栏目,叫"直通中南海"。咱们(在座的)有党员同志吧,上过中国共产党人网,里面也有一个栏目叫"直通中南海",你如果有问题、有意见,你想表达,现实中上访多难啊,所以说上访不如上网。怎么办呢?直接上这个栏目里面,你有什么冤情、有什么问题要反映,在这个"直通中南海"栏目里面你表达。你这边写完,那边中南海的工作人员甚至有可能就是习主席、李总理就看到了。有人开玩笑说,今天可以告"御状"了。封建社会告一个状多难啊,拦轿喊冤先打五十大板。今天,如果你有问题,通过这样一个网络栏目可以直接捅到中央去。你看互联网的威力有多大!

除此之外,爱心传递式的围观可以集众多网友之力帮助他人。前三个(PPT)我用红笔标示出来,我认为它功能都是正向的。也有负向的,这个调查数据显示,网络围观很容易被利用以达到炒作目的,比如说各种网络红人通过暴露自己、发一些奇谈怪论来吸引别人。还有,容易传播不良情绪,比如说搞地域攻击,你河南的怎么样,山东的怎么样,"五毛党"众多,冒充公众意见。我问一下什么叫"五毛党"?我特别给大家讲一下,这是网络中间一些网民被某一个网站或者是某一些政府部门、某一些企业组织给收买了,替他们发帖子。发一条多少钱?五毛(角)钱,所以这个叫"五毛党"。你发帖子替别人说话,收钱了,网民对这个特别反感,只要你说的话跟一般老百姓立场不符,他立马就开始骂,"死五毛,滚一边去"。这就是冒充公众意见的这么一拨人。除此之外,过度围观会损害当事人合法权益,待会我通过举例再来说明。

我对这个功能进行一些总结,我觉得在这个过程当中我们能感受到网络围观有多重的属性,既可以聚合正能量,又可以发挥副作用。这几天大家关注新闻最多的是谁呢?这位美女(PPT),彭丽媛。我也问一下,喜欢彭丽媛吗?

(听众:喜欢。)

为什么?

(听众:高雅、端庄。)

在她身上确确实实有一种独特的气质,她当我们的第一夫人真的特别长脸,特别有光彩。她是中国第一位声乐硕士。当初我看相关的报道,她和习近平结识的时候,习近平已经三十几岁,当时彭丽大概24岁,已经很有名气了,这两个人真是基于一种相互赏识和爱才走到一起的,真的是特别相得益彰的组合。这几天的新闻,随着习近平主席的出访,我觉得彭丽媛展示了她非常有魅力的一面。

(PPT)这是截图,彭丽媛素雅的装扮去参加南非德班的音乐学校。我随意选这个新闻,是因为彭丽媛的新闻每一处都引起了很多人的关注。你看啊,就这个新闻参与讨论的有3559人,各种评论54条,因为这个新闻时间不长,各种评价基本上都是积极的、正向的,比如说"喜欢、美丽、端庄、典雅、大气",我想这是大家的共识。甚至有人直接表达说"我就是为了第一夫人,我最近才天天看整点新闻"。过去从来不看新闻,现在为了看第一夫人天天看新闻。我也是这样,22日启程之前我就特别期待,怎么还没有开始到俄罗斯去?实际上内心潜意识就是想看看我们第一夫人第一次踏上国际舞台闪亮登场是什么模样。下面都是各种正面的评价,"让人看了喜欢,好极了"。然后也有人由此说:"有些领导的老婆趁机捞钱做生意,彭丽媛一直坚持做公益,我支持!"我想请问大家,在这样一个新闻里面,我们感受到了一种什么?

(听众:正能量。)

真的是正能量,它让我们感觉到温暖,有自信,有一种发自内心的自豪感。它树立了一个极好的榜样,我相信许多女同志都深有体会,觉得彭丽媛就是我们学习的榜样,她身上的自强不息、端庄、正气等等太多的东西值得去欣赏和学习。

同样的,也有人不太好看,我觉得雷政富这个新闻出来时大家的评价很好玩!不是关注雷政富这个事件本身,网友中间很多人评价说什么这家伙长得太丑!是不是?这个长相还是挺重要的!

给大家看一个视频,这是互联网流传的网友根据雷政富事件恶搞编的一个小歌曲,这个网络恶搞也很厉害,杨达才时候出来一个《局长的笑 局长的表》。再往前这种歪歌很多,李双江的儿子打人的时候出了一个网络歌曲叫《红爹照我去战斗》,李双江唱的《闪闪的红星》里面不是有句"红星照我去战斗"吗,他编了一个《红爹照我去战斗》,都是具有讽刺意义的。

我们来欣赏一下《雷政富伤心互联网》。(视频播放)

雷政富事件我相信大家看到了,当官员今天不容易,为什么呢?稍不谨慎就有问题。今天网络反腐如火如荼,我报告大家一个数据,单是从去年开始,因为网络反腐和底下私人举报,一共有179名厅级以上干部落马,部级干部有5名,包含了四川成都的李春城,还有刘志军等,这个力度史无前例。"十八"大以后,厅级以上落马的有多少人?三十几号人,这些人很多都是因为互联网爆料曝光,最典型的就是这位雷政富了。今天互联网上曝光的干部,国家或者我们纪委部门查处的力度也越来越大了,他们被处理的速度越来越快了。

我举一个例子,2010年前后,南京江宁区有一个房管局局长叫周久耕,因为抽天价烟被曝光,他抽那个烟叫"九五至尊",1500元钱一条。后来网上人肉搜索他,发现他戴名表、开名车,作为房管局局长,普通的干部,哪儿来那么多钱?追查他的问题,结果发现他确实存在贪腐问题。因为媒体曝光,他被人肉搜索,再到最后纪检部门让他停职,前后经历了18天,这个已经是破纪录了,比纪检部门正式介入反贪局调查要快得多。前年有一个叫蔡彬的,就是广东的"房叔",他有多少套房子?现在说不多,22套,因为比龚爱爱少多了。广东番禺区城管大队的这位政委,15天被现了原形,这个时间提速了。再往后是雷政富,从被人网上爆料到被停职一共63小时,被人叫作什么?秒杀。什么是秒杀?女同志网上购物都知道,规定时间你来抢购,快点抢,这一秒你点到就是你的,点不到就不是你的,这个快速抢购叫秒杀。借用在雷政富这儿有双重含义,一个是网上现的不雅视频前后多长时间?12秒,因为这12秒,这家伙一辈子就搭进去了,前程毁了。后面还有比他更快的,"很单纯、可爱,很老实"的山东单厅长,给他的情妇写离婚保证书那个,前后只有12小时,这比火车提速还快。对不对?

雷政富这个事儿就是因为他的视频被人在网上爆料了,引起大规模的围观,短短一天时间,点击率上百万。这个围观使雷政富一下子出名了,大家送他名号"雷冠希",影射陈冠希。

从这些新闻事件里面我们特	说，网络围观它在今天这个社会，某些时候，多数时候它是一种正能量，可以表达很多感情，或者	建设性的东西。第一，在这个网络围观里面，它可以让我们瞻仰，既然叫瞻仰，那就是往上看。这些人，我们喜欢他，我们爱戴他，我们拥戴他，"拥"就说明人很多，围着他，就像伟大领袖毛主席过去是我们的红太阳一样，人人爱。就像我们对彭丽媛，这是在为我们树立一个学习的榜样。换句话说，这个人就是我们社会的一个共同表率，我们靠近他、学习他，我们整个社会的素质可能就会提高。第二，我认为网络围观在今天发挥最大作用的场域在监督上面，尤其是对于官员的监督，让你不敢腐败，一腐败就给你曝光，一曝光就死翘。网上曝光的十有八九被查证有问题，这对全社会来说都是一种警示。我们过去叫杀鸡儆猴，实际上它起到的就是警示作用，这种监督有利于我们发现社会问题。社会怎么进步的？有问题了，发现它，然后纠正、解决，通过纠正这样的错误言行，大家在这个过程当中就会变得更聪明，社会更有秩序，这个社会就进步了。监督是特别有必要的，但是过去的监督，谁在监督？谁是监督的主流？

（听众：纪检部门。）

这是组织内的。我问大家一句，大家觉得组织部门的内部监督、自我审视给力吗？

（听众：不给力。）

那好，往后再发展是舆论媒体监督，这个给力吗？

（听众：还可以！）

但是过去对媒体舆论监督这一块，我们是不怎么样倡导的，或者说有限制的。处级以下，级别很低的你可以监督，再往上的你监督麻烦很大。媒体的舆论监督，咱们就以中央电视台《焦点访谈》为例，《焦点访谈》监督基本都是处级以下的，而且比例越来越少了，因为监督本身的阻力很多，媒体监督它也有压力。

今天到了互联网时代，网民天不怕地不怕，那是"齐天大圣"，尤其在互联网上，身份匿名，你根本不知道我是谁？西方有一句谚语，"在互联网上，你不知道我是一条狗"。换句话说，就是一条狗在那儿上网，我们也无法判定它的身份，这就是互联网匿名性。匿名意味着什么呢？意味着自由，意味着安全。因为安全了，所以说话很大胆，所以互联网是天堂，让我们说真话。但是互联网也是地狱，它可以造谣、欺骗等等。就舆论监督这一块，网络舆论监督。什么是"舆"？"舆"就是轿子，抬轿的人叫"舆人"。舆论就是来自老百姓的，来自大众的意见，舆论监督从本意上来说就是来自于普通大众的监督，在互联网时代，这个舆论监督的权力真正回归到人民手里。正是因为有了这样一个回归，所以我们今天的老百姓和政府才有了一个很深的话语权，你才能够在某些时候发言，从而改变政府的决策。

比如说公安部黄灯禁令，前一段发布的，谁闯黄灯也扣六分，罚多少钱等等，这个政策出台有它的不合理的地方，网上骂声一片，所以公安部就不再多说了，广东等地一些地方政府就宣布暂停黄灯禁令这个规定，这从某种程度上来说，就是网民发言，互联网的这么一种参与，舆论监督，使我们能发现社会管理层面的问题，纠正可能错误的言行。这是它的第二项功能。

第三个功能，互联网可以讨论，可以让我们辨别真假是非，从而为全社会确立一个正确的社会规范。我举一个例子，前几年，我们讨论最多的是"老人跌倒了扶还是不扶"的问题。关注过这个新闻吧，天津一个司机扶了老人，结果出现了问题，这是个别的新闻，不具有代表性。因为这样一种争议、纠纷，全社会都介入讨论，到底扶还是不扶，假如说真碰到讹诈了怎么办？在讨论过程中还是达成了共识，大家觉得扶是一种责任和义务，不能因为个别人而因噎废食、以偏概全。这样一种争论，在互联网上吵得纷纷扬扬的，它有助于我们辨明一些问题，辨明是非，辨明对错，在辩解的过程当中我们就发现怎么做比较好，对整个社会就是一种舆论引导，有助于确定一种社会规范。

除此之外，互联网还有一个作用，那就是动员，凝聚人心大爱，优化社会环境。比如说互联网经常被围观的事件里面，我举一个例子，去年还是前年，有一个女孩叫杨艾菁，她干吗呢？戒指换大楼。她用一对戒指,是银的,大概值二三十元钱,她有一个理想,她到贵州某偏远山区,发现这个农村的孩子好可怜,学校里面都是危房,随时都有可能倒塌,这个女孩很有爱心,她就下决心为这个学校募捐一座大楼。怎么募捐?你一个穷学生,身无分文,怎么办?她就想办法发动所有人献爱心,怎么个献法呢?她首先拿出自己的一对银戒指,然后说,我用这个戒指换东西,一层一层地换,换的过程中有捐献。先是拿戒指换了一个什么呢,我想不起来,先换了一个价值几百元钱的东西,又拿几百元钱的东西换了一个价值几千元钱的东西。都是大家在献爱心啊,都知道这个是吃亏的买卖,但是也都认这个亏了。又拿这个几千元的东西换了价值上万元的,最后就有一个人直接说了,这个东西我买了,30 万元我出。她募捐到了。30 万元的价值是什么呢?就是给这个贫困山区的学校盖一栋大楼的钱。

这个目标实现了,实际上这就是一个民族的希望,是一个人心和大爱的集结。今天的互联网大家不要说一定是干坏事的,有很多时候,如果我们用得好,它可以给我们一个非常美好的环境。这一类的事情很多,互联网里面传达人性的温暖和社会温情的事件很多,比如说"5·12"汶川大地震,我们捐款了吧,人人都参与,在大灾难面前,我们中华民族的那种爱国之心,我们的民族凝聚力,史无前例地得到彰显,我们每个人捐得无怨无悔。"7·21"北京特大暴雨,农民工也好,市民也好,大家都投入到抢救受伤的人那里。"8·7"强台风"海葵"侵袭,很多人流离失所,失去了家园,很多人就开始来捐助,掏钱,捐被子,捐物品,这都是互联网把大家的心从分散扭结在一起。互联网发起的什么"守望相助,随手互助",你今天的旧衣服不要乱丢,你可以把它寄给甘肃、贵州等那些地方的贫困孩子。各种爱心传递,你比如说免费午餐计划,捐三元钱就可以让偏远地区的孩子吃上一顿免费午餐。捐手套,冬天很冷,给孩子一双手套,这些行为我觉得都是在传递一种正能量。通过围观这样一些活动,我们都参与进来了,这个社会是美好的。

除此之外,网络围观的杀伤力也显而易见,网络气场很强大,声势很猛,气场和声势加在一起是什么呢?杀伤力。(PPT)中间一个小孩子被围着,周边人都吆喝,他吓得浑身发抖。围观就是这样一个让你浑身发抖的地方,如果做了错事的话。雷政富就做了错事儿了,所以他被围观了,所以他受伤了。

网络围观的副作用体现在哪里?第一,侵犯人的隐私。你有隐私,他给你直接曝光,人肉搜索,把你家的电话号码,住的地方,几套房,几部车,儿子干什么,老婆干什么,等等,统统大曝光,这从法律上来讲是侵犯隐私的。除此之外就是非理性发泄,骂人,张嘴就骂,比如说骂我们河南的,一张嘴骂得特别难听。我经常上网,我看了都受不了,虽然我承认我们有问题,但是这种谩骂、非理性的攻击让互联网变成一个"公共厕所了",也非常可恶。除此之外,还有各种网络语言暴力,骂人的,拍砖的。我觉得我当一个老师,有些专家可能言行不当,今天专家变成了"砖家",教授被叫成"会叫的野兽",有时候觉得还是挺委屈的,这个不用对号入座。

除了这种语言暴力,还有各种无聊的看客,唯恐天下不乱,煽风点火,这种人也有。各种偏见,各种地域攻击,各种不健康的社会情绪传播,在互联网上也显而易见。这种不健康的情绪,常常体现在哪里呢?比如说宣扬一种错误的价值观,追捧一些丑陋的文化。譬如说各种黄色的东西,在中国互联网上有两大敏感区,政府管理的重镇,不知道大家有没有体会?一个就是色情的,这是要严管的。还有一块是政治的,政治上偏激的言论也是要管的。在互联网的围观过程中,我们举一个例子来说明这些副作用,它是有社会伤害的,或者说我们在网络围观时,倡导每一个参与者有理性、有建设性,而不是单纯地骂人。

前段有一个新闻,什么事儿呢?这个事儿跟我们郑州有关,农民工在咱们桥洞底下冻死了。看到这个新闻了吧,我们觉得挺痛心的,怎么搞的,就没有人关注这些人?这个新闻炒得很热,中央电视台也关注到了,央视新闻频道(13 频道)做了一期节目,《新闻1+1》请专家来讨论这个农民工冻死的问题,这个专家叫什么呢?唐钧。他在评这个事儿的时候脸上笑着,面带笑容,结果这个新闻播

出之后网上就开始吵了,骂这个专家没有人性,人家冻死了你还在那儿笑。大家怎么看呢?咱们先来讨论一下,如果真的是发自内心的笑,确实是不得当,缺一种关怀,缺一种同情心。后来呢,这个批评的声音传到唐钧那儿,唐钧做了一个辩解,他说,我平常的面相就是这样,记者也确确实实挖掘了一下他过去接受采访的一些视频和照片,他确确实实就是永远都是笑的样子,他长得就那样,他说他平常就这样子。比如说俞正声,他好像就是天生一幅笑相,嘴边的纹路是圆弧形的,永远都像在微笑的样子。唐钧说,我长得就这样子,你让我怎么做?他觉得他很委屈,所以回应说平常就是这样。

即使这样回应,网友依然不放过他,帖子很多,大家骂声一片,上去就是脏话:"一直在笑,这就是中国精英吗?"这就开始拍砖了。下面骂人就很难听了,"这个教授应该是日本人的种"。这个有一点过分了,是吧!就事论事,这个欢迎,侮辱、骂人不行,修养差了一点。"各种东西都出来了,视频我看过,炒作。"下面这句挺有意思:"唐钧表示他平时的面相就这样,做节目时未刻意注意自己的表情,请问唐钧,你父母冻死的时候,你的表情也是这样吗?你家的孩子死了,你的表情也会是这样吗?当年毛主席逝世的时候,你要是这种表情,估计你的下场是非常非常惨的。"大家认为合适不合适?如果毛主席时候会很惨,这个是实话,但是前面直接说"你家孩子死了","你父母死了",这个有人身攻击的痕迹。这样一种评论,我们客观来讲,我认为互联网上评论有时候话糙理不糙,有些话说得很粗鲁,表达的观点是正确的,非意识评判可能是对的,但是确确实实要注意语言本身。我觉得人和其他动物不一样的地方就在于我们是理性的动物,要有所克制,还是要讲一点文明。关于这个骂的特别多:"奇谈怪论,你个二货,怎么说话呢?""你才是垃圾,你也是其中一个垃圾,拿你和垃圾相比还是抬高你了。"各种这样骂人的话变着法骂:"一楼确实变态了,一楼说的话确实无父无祖,整个一垃圾中的战斗机。"这些话我想大家都有一种深刻的体会,想表达的情绪很明显,但是这种非理性的表达是一种伤害。从这一点来说,网络围观是有它的杀伤力的。鲁迅先生说过:"辱骂和恐吓绝不是战斗。"所以,我也倡导在网络围观当中,我们遵循文明和理性的原则。

今天我要讲的基本内容实际上已经接近尾声了,我想在这里再深入展开一点,咱们大家一块来讨论一下,就网络围观这么一种现象,大家觉得总体上来讲,是正功能多,还是副作用大?

(听众:正功能多。)

如果我们想让它更完美的话,怎么会更好呢?

(听众:素质一提高就好了。)

如何避免网络围观的负效应,提高网民的素质?

(听众:监管部门加强引导。)

(听众:放开就好了。)

我赞同您的观点,开放程度越高,文明程度就越高。任何地方,只要它有争议就让它争议,不要怕人说话。我发现大家很开放,很民主,在这样一种氛围里面,你让每个人说话,谁说错话自然就有人会纠正它。你不让人说话会有什么结果?骂声更多,背后骂。还有可能,就像高压锅一样,你压着它不让放气,总有一天会大爆炸。对不对?

(听众:对。)

好,感谢我们各位参与讨论,今天的课就到这里!谢谢大家!

主讲人:**李保民**,经济学博士、博士后。现为河南大学经济研究所副所长、副教授,劳动经济学专业第一学术带头人和硕士点牵头导师,政治经济学专业、社会保障专业和公共管理专业硕士研究生导师。研究方向为劳动力市场与就业、制度变迁与经济发展。

时　间:2013 年 7 月 21 日

地　点:河南省图书馆研议厅

我国的就业形势与对策

各位读者、各位听众,大家上午好!很高兴看到大家在周末来到省图书馆,来一起探讨就业形势与对策问题。刚才主持人介绍我的信息和我现在的信息不完全相符,因为那是 2009 年我来这里做讲座的时候提供的信息,几年过去了,有变化,有不一样的地方。

今天我主讲的题目是"我国的就业形势与对策"。今年,新闻媒体、网络称之为"最难就业年",可见今年的就业形势非常严峻。那么今年的就业形势究竟如何呢?我想,我们需要进行全面的分析。在今天的讲座中,我打算回答三个问题:第一个问题,当前我国的就业形势究竟如何?第二个问题,未来十年或二十年,我国的就业形势还将面临哪些挑战?最后是对策,如何应对我国的就业难题。

我们就从大家非常关注的当前的就业形势谈起。当前,我国的就业形势究竟如何呢?对于当前的就业形势,我从三个方面来概括它的特点,分别从总量、结构、质量三个方面来概括。从总量来看,就业总体基本稳定;从结构方面分析,就业结构性矛盾异常突出;从质量方面来看,就业质量仍然低下。

下面我们具体说明。

先看第一点,就业总体情况基本稳定。为了说明它,我们可以从国际金融危机冲击以来我国的经济增长速度的变化,结合这种经济增速的变化来看就业形势的稳定。我们知道,2007 年到 2008

年,受国际金融危机的冲击,我国就业形势发生了变化,当年出现了民工"返乡潮",就业形势依然严峻。我们看(PPT),2008年,当时我国的经济增速是9.6%,在2008年出现的民工"返乡潮"受到了社会各界的关注,也引起了社会各界的担忧,看来就业形势非常严峻。

(PPT)2008年、2009年,我国的经济增速分别为9.6%、9.2%,2010年一度达到10.4%,2011年是9.3%,2012年降到了8%以下,就是7.8%。2013年已经过去两个季度了,我们看2013年的第一季度,我们后面还要谈到,它的经济增速是7.7%,第二季度是7.5%,就是经济增长放缓。你要单纯从GDP增速来看,2012年、2013年的经济增速显然比受国际金融危机冲击最为严重的2008年还要低,但是去年和今年并没有出现民工"返乡潮"。

(PPT)我们看到,城镇的就业人数2008年以来是在不断增长的,比较稳定。从失业率来讲,2012年,我国的城镇登记失业率是4.1%;2009年呢,当时是4.3%;2013年第一季度、第二季度城镇登记失业率均为4.1%,也就是说,到目前为止,已经连续八个季度城镇登记失业率维持在4.1%不变。从城镇新增就业人数到城镇的登记失业率来看,我国的就业形势总体上是稳定的,没有出现民工"返乡潮",没有出现失业率大幅度上涨情况,当然也没有出现因为就业导致的社会的一些严重问题。

大家一定很纳闷,为什么经济增速放缓了,而就业却基本稳定呢?为什么呢?当然有人会质疑,说那个数据有问题,不能很好地反映我国劳动力市场的真实情况。当然,这么多年来备受争议的就是城镇登记失业率,它是存在严重缺陷的。它没有反映农村地区的失业率,因为是城镇失业率,它也不能反映隐性失业问题,就业不充分的,它反映不了。另外,它还受到户籍制度的严重影响。可以说登记失业率是不能够真实反映这个劳动力市场的总体情况的。即便如此,我们研究发现,登记失业率也好,调查失业率也好,目前为止,官方只公布城镇登记失业率,没有调查失业率数据,有的也是学者和研究机构他们研究的一些结论,但是它的权威性还不能够得到公认。

抛开城镇登记失业率不谈,我们从一些调查数据来看,(PPT)这是我们中国人力资源社会保障部提供的数据,这是中国人力资源市场信息监测中心通过对103个城市的劳动公共就业服务机构供求信息统计分析的结果。结果是什么呢?结果是2012年第四季度劳动力供求总体平衡,市场供求人数与去年同期相比有所增长,比上个季度有所减少。

我们再看2013年的第二季度这个调查的结论,仍然是劳动力供求总体平衡,与去年同期和上季度相比,市场供求人数均有所减少,同比减少幅度略高于环比。从去年年底的数据和我们刚刚拿到的最新数据,也就是第二季度数据来看,劳动力供求总体是平衡的。这又说明什么呢?说明当前我国就业总体上是稳定的。这就出现了问题,什么问题呢?你说就业形势总体稳定,为什么媒体却称之为"最难就业年"呢?这就是我们要进一步分析的问题。

进一步来讲,为什么现在经济增速不及2009年,2009年出现了民工"返乡潮",今年却没有出现,而是基本稳定呢?这两个问题实际上是一个问题,为什么?原因有很多,最主要的原因,我认为是企业用工保持了基本的平衡。现在的一些出口企业,特别是中小企业,由于受出口冲击的影响,经营比较困难,甚至出现了一些关闭现象,但是总体来讲,企业这些年由于在2004年以来遇到了"民工荒",2009年上半年,当经济恢复或者说步入后危机时代以后,想招工,却遇到困难。这就教育了企业,你不能够简单地因为订单减少就裁员,这是不行的,裁员容易,招工难。这就逼迫企业在用工方面不再采取简单的裁员办法,而是采取更为审慎的态度,采取柔性的处理方案,不再大规模地裁员。怎么样呢?当订单减少的时候,减少工时、减少加班,和员工协商降低工资,不到万不得已企业不裁员。这样的柔性处理方法才使得我们的就业不至于像2009年那个样子,因为订单减少,因为出口减少而大量裁员,出现民工"返乡潮",现在是就业形势基本平稳。我觉得这是最主要的原因,因为目前的用工主体主要是企业。

当然,还有其他方面的原因。比如说当就业形势比较严峻的时候,像一些国家的机关、事业单位,还有国有企业,在这种情况下基本维持不变。目前的就业形态发生了变化,就是灵活就业人员增加。因为个体企业、民营企业,一些劳务派遣,等等,他们采取灵活就业的办法。也就是说就业总量没有多大变化,基本稳定,但是就业的形态发生了变化,就业的场所变化了,就业从比较稳定的单位就业现在更多的转变为质量更差一些的灵活就业和私营个体单位就业。再一个,近些年来,由于产业结构的调整,长期被忽视的服务业(第三产业),特别是生产服务业、生活服务业,这几年吸纳能力在增强。就业的增加,不再主要依赖传统的制造业,服务业对就业的吸纳能力更强,这也使得我们的就业不至于受到大的冲击,而是比较平稳。

最后我们还要强调什么呢?就业的变化,它是一个滞后现象,不是说你一冲击立马就反映出来了,而是也有一个滞后期,短则三个月,长则半年。对于目前的就业形势,有乐观的判断,也有悲观的判断。乐观的判断认为没有问题,就业形势基本稳定;但是也有悲观判断,就业有一个滞后期,如果就业的形势仍然这样子,经济增长继续放缓,恐怕就会出现严重的就业问题。会不会这样呢?我们还要进一步分析。

分析完总量,我们再看结构。恐怕目前我国的就业矛盾主要是结构性矛盾。周期性矛盾随着步入后危机时代,已经不再是主要矛盾,现在主要是结构性矛盾。也就是说,结构性矛盾当前非常突出。对于结构,我们从以下几个方面来分析,首先从城乡结构来看,怎么样呢?在农村,农村的就业城里人不怎么关注,但是这构成了我国总体的就业,农村的就业怎么样呢?大家可能老家就是农村的,或者亲戚朋友是农村的,都会明白一个简单的事实:你在农村种地,辛辛苦苦一年,不如出去打工一个月。这就导致了什么结果呢?青壮年劳动力都外出打工了,剩下的就是"389961 部队"——三八妇女节,九九重阳节,六一儿童节,老的老,小的小。在座的老同志比较多,在城市里面,你们可以安享晚年;如果在农村,儿子媳妇都打工去了,像这个年龄的恐怕还要从事一定的农业劳动,还要照顾小孙子、小孙女,这些老人和不能离家的妇女已经成为农业生产的主力。我们粮食的连年丰收是由这些人来完成的。这是很让人担心的事情。

农村的青壮年打工去了,现在的新生代农民工,所谓新生代就是"80 后"、"90 后",他们已经成为当代产业工人的主力军。大家会问了,为什么强调"80 后"、"90 后"呢?因为城里的企业用工非常苛刻,超过 40 岁、45 岁就不再用你了,只用小青年,小伙子、大姑娘,年龄一大就不要了。我们看到,近些年来,我们河南强调中原经济区,强调中部崛起,中西部各个省区都通过当地的发展,希望当地的民工不要再向东南沿海去了,就在家门口打工,因此近几年农民工回流中西部的人数在逐渐增多。"民工荒"从 2004 年在东部沿海地区出现以来,目前已经在局部成为普遍现象,包括河南、安徽局部地区也出现了"民工荒"。

从区域来看,可以说这些年来东部地区的增速在放缓,中西部地区的经济增速超过了东部,因此从就业创造角度来看,中西部地区的城镇新增就业人数增加,东部出现了明显的疲软。这是从区域结构来看。

第三个,从行业结构来看。从行业结构来看,这两年就业减少或者就业需求萎缩主要在哪些行业呢?主要是建筑行业、外贸行业,在一些中小型企业里面。为什么建筑行业就业人数会萎缩呢?受这些年出台的"国五条"、"新国五条"的影响,这个行业受冲击大一点。再一个,由于出口锐减,国外的贸易保护主义抬头,导致我国外贸行业中的中小企业就业也出现了萎缩。但是,总的来看,招工难问题依然存在,尤其是产业转移中转移过来的制造业、服务业,招工缺口仍然比较大。

我们进一步来分析结构性矛盾,从需求来讲,就业需求九成以上的用人需求集中在企业,企业是就业需求的主体,很多年轻人愿意进的那些机关、事业单位用人需求的比重不足 1%,这就说明了为什么有人招工难,有人就业难,那就是你想去的地方需求太少,你不愿意去的地方需求占绝大部分比重。随着技术的升级,对需求的技术要求、技能要求也在不断变化,我们看到受危机冲击,企业裁员最先裁哪些人呢?最先裁的就是缺乏技术、技能,很容易被替代的农民工,他们被最先裁掉。

那些技术人才,特别是中高级技术人才,是供不应求的。现在企业对技术等级要求越来越高,我们到劳动力市场调查会发现,企业对技术等级有明确的要求,大致占总需求的一半以上。这就提出一个问题,单纯靠体力打工的农民工,如果没有任何技术和技能,将来打工将越来越难。

我们看到,从需求来讲,是要求有技术,要求有技能,但是求职的是哪些人呢? 求职的人中失业人员比重超过一半;新成长的失业青年占了1/4,其中包括了应届高校毕业生,约占一半左右,实际上已经超过一半了;外来务工人员的比重超过1/3。我们看到,需求增加了,有需求的要求有技术、有技能,而真正求职的人呢,技术、技能可能达不到要求,这就导致一方面招工难,另外一方面就业难,结构性矛盾越来越突出了。

在这里,我们要看到哪些人受到的就业压力最大呢? 主要有四类或者四个就业困难群体:第一个是大学应届毕业生。第二个,农民工。第三个,"4050"人员。大家会说,什么是"4050"人员呢? 女性40岁以上,男性50岁以上。为什么呢? 因为这个年龄的人偏大,或者没有知识,或者知识老化,技术、技能欠缺。第四个,零就业家庭。因为这个家庭整体比较困难,或者身体健康问题啊,或者是整体上没有技术、没有技能啊,总之是一个零就业家庭,这种家庭特别困难,因此也特别受政府的关注。因此,政府往往说零就业家庭动态为零。并不是时时刻刻为零,而是动态为零。在这里,就业压力最大的群体不是农民工,不是"4050"人员,不是零就业家庭,却是大家想都想不到的,又年轻,又有知识,又有学历的大学应届毕业生,这是当前就业压力最大的群体。

大家恐怕不好搞清楚这个问题,为什么年轻,又有学历,怎么那么难以找到工作呢? 我们把两幅图放在一块看(PPT),右边这个图是2008年以来的经济增速,近两年经济增速放缓,目前已低于8%了。目前是经济增长放缓,劳动或者就业的需求略有减少,另一方面是什么呢? 高校毕业生的数量不断攀高。我们看到,2000年的时候,全国高校毕业生只有107万人。因为1999年高校扩招,2003年是扩招以来的第一届毕业生集中就业,2003年高校毕业生数量是212万人,这就是为什么在2003年这个箭头很高(PPT),这是由于扩招后的毕业生集中走向劳动力市场。从2003年到2013年,10年过去了,每年的高校毕业生数量不断攀高,今年又创了历史新高,达到699万人,近700万人。再加上历年没有就业的高校毕业生,其数量相当庞大。一方面是供给大量增加,另一方面是经济放缓对高校毕业生需求减少,这就导致了今年的"最难就业年"。说到底是什么问题? 最难就业年指的主要是大学毕业生,对这个群体来讲,确确实实是一个最难就业年。

我们来看它难到什么程度呢? 在2013年年初,也就是说大四半个学期过去了,因为学生就业主要以毕业为节点,向前半年,向后半年,这是高校毕业生主要的就业时间,找到工作找不到工作,主要从毕业时间算,前半年和后半年。当时调查的结果是,2013届高职高专毕业生签约率是35%,本科毕业生是38%,硕士毕业生为29%。无论是专科生,还是本科生、硕士生,我们看这个图,对比很清楚,深颜色是2013届,浅颜色是2012届,都比2012届减少了,就是更困难了,这就说明高校毕业生求职难度增加了。

我们根据一个数据又如何判断就业难不难呢? 咱们以高校比较集中的北京地区为例,在北京地区,高校集中,名牌高校也比较多,2013年的毕业生是22.9万人,截至4月中旬,毕业生的签约率不足三成,本科毕业生是26.6%,专科高职高专学生是16.84%,研究生的签约率也只是在35.69%。这个数据怎么来看它难不难? 我们可以用一个参照系来帮助我们分析,教育部高校学生司课题组提供了一个如何衡量大学生就业难度的参照系,就是签约率超过90%是供不应求,70%到90%是基本平衡,50%到70%是就业有一定的压力,30%到50%是就业有困难,30%以下是就业有危机。我们比较之后会发现,不足三成是就业有危机,刚刚过三成,说明就业有困难,说明今年高校毕业生就业是真的出问题了,真的难了。大家会说,老师,我看了,网上说某某学校就业率是95%,那个东西不可信。

除了看签约率之外,还看什么? 看期望的薪金。这个大学生要找工作,你心里的期望工资是多

少啊？低于什么标准你不愿意就业呢？大学生想拿到多少钱才愿意就业呢？（PPT）期望的月薪是逐年在降低，2011 年是 5537.5 元，2012 年降到 4592.5 元，今年进一步降到 3683.6 元，降幅接近千元。从学生期望工资看到就业难了，要价在降低。甚至会看到这样的情况，大学毕业生一个月的工资不够生活费，成为"月光族"、"啃老族"。大学生有几个不啃老的？工资养活不了自己，还要结婚，还要买房子，"啃老"已经成为普遍现象。

再一个，你说他的工资要价高不高？和谁比？拿大学生的工资和农民工比，行不行呢？不比不知道，一比吓一跳。大学毕业生的工资水平远远低于农民工的工资水平。我们看一幅漫画（PPT），这个看得很清楚，也是现实的写照。

从签约率的降低，从期望薪金的下降，再到和农民工相比较，他的薪金低，乃至于不够维持生活，我们看到，目前的大学应届毕业生的的确确成为就业压力最大的群体。这是我们从就业的结构角度来分析。

下面我们从第三个角度来看。从就业质量角度来看，目前我国的就业形势如何呢？我们概括了这么四个方面：第一个，劳动报酬低下；第二个，劳动条件恶劣；第三个，劳动关系紧张；第四个，就业歧视严重。我们逐一进行说明，先看劳动报酬低下。刚才我们看到，大学毕业生薪金降低，我们事实中也了解到了劳动报酬的低下了，总体来看，劳动报酬仍然处于较低水平。近些年来，我们感觉到工资在上涨，特别是近三年，增长还比较快，特别是普通工人的工资增长，还高于其他的职工。那就是说，表面来看劳动报酬在上涨，但是我们如果调查会发现，这里有一个调查数据，中华总工会课题组的一个调查，实际上，当前的劳动报酬和收入水平与当地经济社会发展和家庭个人基本需求相比，仍然处在比较低的水平。咱们知道，工资是上涨了，物价也在上涨啊，我们仍然感觉到自己的那点钱、那点工资含金量不够，在维持生活方面，没有感到更为宽松，甚至感觉到变化不大，对有些人来讲，甚至还紧张了些。

再一个，从结构来看，技术工人工资比普通工人工资要高一些，签合同的比没有签合同的工资要高一些，劳动派遣工和农民工收入偏低问题仍然是比较突出的。大家会说，老师，你刚才讲了，农民工工资比大学毕业生还高呢，怎么还说偏低，比较突出呢？大家想，农民工在城市里面工作，有几个农民工可以在城里面安家，能够过上正常的或者达到城市市民的生活水准的生活呢？不能说绝对没有，只能说是凤毛麟角，绝大多数农民工还是哪里来哪里去。这是他打工的地方，不是他家庭的地方。这就说明劳务报酬仍然偏低。这是第一个，劳动报酬问题。

再看劳动条件，劳动条件用"恶劣"这个词来概括丝毫不为过，这些年鼓励个体民营企业发展，没有问题，这是正确的，但是这些企业劳动条件方面确实存在很多安全隐患。像广东省某一个市，用什么数据来反映劳动条件恶劣呢？用这个市一年断了工人多少手指头来说明问题，各种安全事故频发。我这样说，可能比较泛化了，大家印象不深，我们来谈一下具体案例。

在 2005 年有一个新闻——《何春梅累死了，加班还在继续》，有一个四川籍的农民工叫何春梅，在广州市的一个公司加班，加班四天后，活活累死了。为什么呢？2005 年的 10 月 28 日，这个公司要完成订单，要经过制模、成型、研修、装配、彩绘等八个生产环节，时间短，任务急。当时公司的安排工作时间是 24 日早 7 时至晚 11 时，25 日早 6 时至 26 日凌晨 1 时，27 日早 6 时至 28 日早 6 时半。工作期间，吃早饭、晚饭、消夜的时间只有半个小时。何春梅是血肉之躯，即使她是一台机器，也经不几天几夜的连轴转。何春梅活活累死了，但是她累死并没有引起老板的同情，老板并不关注她的死活，关注的是什么呢？关注的是那批货能不能按时出单。我讲这个典型的案例，讲的是 21 世纪中国的事情，我们向往的经济发达地区——广州。

我们再来看一个案例，将二者进行比较，你会发现问题。这个案例是马克思《资本论》的第 1 卷的第 282 页到 283 页所谈到的一个案例。在《资本论》第 1 卷中，马克思谈到这样一个案例：1863 年 6 月下旬，伦敦的所有日报都登载了这样一个消息，题目是"一个人活活累死"。这个案例讲的是一个20岁的女时装工玛丽·安·沃克利怎样累死的,她在一个叫爱丽丝的老板娘那里做时装。我们看到,这个女工平均每天劳动时间是16.5个小时,在忙季,她们往往要连续劳动30个小时。沃克利同60个女工一起连续干了26.5个小时,活活地累死了。我们看到,当时她死的时候老板娘爱丽丝并不关心她的死活,关心的是她所做的最后一件礼服有没有做好。

一个是1863年,一个是2005年,相差一百多年,时间跨度如此之长,案例却如此相似。都是一名女性工人,都是在工厂里面做工,劳动时间长度大致差不多,都是活活累死的,她们的老板对她们的态度都是冷漠,说明什么? 即使在21世纪今天的社会主义中国,在我们一些企业里面发生的故事,却是马克思在100多年前早已批判了的。朋友们说,老师,你讲的是当前的就业形势,怎么谈到2005年的案例呢? 在这里就是想将二者比较,你会看到问题的严重性,今天也有今天的案例。

2013年6月25日的一个新闻报道,大家看到,一个23岁的高校毕业生在高温下加班12个小时,也活活累死了。2005年的案例并没有让有关人员警醒,也没有让企业多大程度上改善劳动条件,这种情况仍然在继续,现在仍然是这个样子。我们看到一个大学毕业生,上班才8个月,每天加班工作12个小时,自己已经预言到自己会累死。6月17日,在高温下连续上班12个小时后,当晚在家里再也没有醒来。我们看到,一个个鲜活的、年轻的生命,在如此恶劣的劳动条件下活活地累死了,这不就说明当前有些企业劳动条件恶劣吗? 有专家进行调查后发现,现在中国已经超过日本成为过劳死概率最高的国家。原来咱们基本上说日本工人过劳死,现在中国比日本要严重。这种劳动条件状况恶劣,我们中国的工人能忍,甚至活活累死还在忍受,而国内这样的一些企业,这样的人力资源管理模式,到了非洲,到了拉美,却遭到了抵制。我们关注新闻,经常会看到我们的一些公司在国外并不受欢迎,在非洲,在拉美,工人罢工,抵制中国企业这些情况,这种新闻不断出现。在中国这种惯用的人力资源模式,在国际上是行不通的,你要走出去,就你这样的管理,走不远,即使在落后的非洲,你也走不远。

第三个,劳动关系紧张。我们国家这些年来也颁布了一些维护劳动者权益的法律法规,比如说《劳动合同法》(《中华人民共和国劳动合同法》),近些年实施以来,劳动合同签订率明显提高,劳动合同期限在延长,还增加了无固定期限的合同数量,也促使企业招聘、解雇决策更加谨慎。这些企业为了规避越来越严格的劳动执法,特别是有关无固定期限合同的规定,不少企业纷纷采用劳务派遣、业务外包和非全日制用工方式,以规避劳动合同。再者,劳动争议明显增加,劳资群体性事件整体上呈现大范围集中爆发的趋势,这些年来,甚至未来若干年,劳资矛盾成为市场经济实践的主要矛盾。

这里我们看到这样一些情况,比如说人,一个个体,再也忍受不了的时候,一个无奈的选择是跳楼,因此富士康出现了连续跳楼事件,甚至成为家常便饭。即使在2013年的5月2号,咱们郑州富士康又出现了两名员工跳楼事件。前面都十几跳了,5月份咱们郑州富士康也出现了跳楼事件,跳楼是无奈的选择。因为我们中国人能忍就忍,为什么要忍呢? 因为你要生存,不能没有工作;你要养家,不能没有工作;你要惹事,别人要解雇你,怎么也要忍,因此能忍就忍。忍不下去了,一个无奈的选择就是跳楼。

一个个体忍受不下去了选择跳楼,如果一个群体都忍受不下去了,会怎么样呢? 那就会出现集体的劳资事件。(PPT)这是咱们新乡的新飞电器公司罢工场面;(PPT)这是2010年广州本田汽车公司罢工事件。为什么出现这种情况呢? 忍,忍,中国人好忍,能忍,吃苦耐劳嘛,忍耐力超强,国际社会少有,但是再也忍受不下去的时候,这个群体再也忍受不下去时,怎么办呢? 就采取极端的暴力形式。我们中国没有符合市场经济要求的工会组织,也没有完善的劳资双方协调机制,因此,一旦出现这种事件,往往就会失控。而且,这样的事件中国人和外国人不一样,你看他忍的时候非常可悲,但是一旦闹起来就会失控,就会极端化,就会出现暴力事件。工人一旦闹起来,人多力量大,胃口也就大了,大到什么地步? 大到脱离实际,大到劳资双方谈不拢。这是一个忍耐和爆发的过程,忍耐,忍耐力超强;爆发,爆发往往失控。这是中国工人的特点。这就使得我们要高度警惕,尽快建立集体劳动关系机制,千万不要让劳资争议的群体事件成为常态、集中爆发,这种情况不能出现,一旦出现,后果将不堪设想。

下面我们看就业歧视问题。目前,就业的不公平已经成为最突出的问题。咱们以高校毕业生为例,通过调查发现,54.05%的大学毕业生认为自己在求职过程中遭遇到就业歧视。就业歧视有很多,有性别歧视,女高校毕业生比男高校毕业生就业难;还有院校歧视,你找工作去了,感觉到很沮丧,因为用人单位标准只要"985",只要"211",一般高校一律不给你提供机会。甚至还要查"三代",不仅看你博士哪里毕业的,研究生哪里毕业的,还要看你大学哪里毕业的,这种就业歧视也很严重。还有长相的歧视,都喜欢长得帅的,漂亮的,长相一般的也歧视。目前的高校毕业生就业特别难,但是怨气最大的就是就业不公平,普通家庭的孩子找工作太难了,也有一些家庭的孩子由于老爸地位高、官职大,不仅迅速找到好工作,而且迅速提拔,20多岁就成为处级干部了,一般的家庭连一般的工作都找不到。因此,就业不公平在目前态势下成为就业歧视中最为突出的问题。高校毕业生这样子,其他的职工呢,当然在就业中也会遇到这样那样的歧视。

谈完这四个方面以后,我们以高校毕业生为例,看一看目前的就业质量究竟怎样。2009年,当时在人民大学社会学系读博士的廉思,现在是对外经贸大学的一个学院的党委副书记,当时通过调查,对一个高校毕业生低收入聚集群体调查后,用了一个名称"蚁族"来概括,在广西师范大学出版以后引起了强烈反响。为什么用"蚂蚁"来概括高校毕业生低收入群体呢?有这么几个原因,第一,蚂蚁具有较高的智商,这和高校毕业生受过高等教育特点相吻合。据说,在所有的昆虫中,蚂蚁是最聪明的物种。第二,蚂蚁属于群居动物,一个蚁穴里面有成千上万蚂蚁,这些低收入群体因为工资低,刚才讲了,都是"月光族",往往是老乡、同学一起联合租房,居住在一起,这种聚居的生活特征和蚂蚁也是比较吻合的。第三,大家往往瞧不起蚂蚁,高校毕业生这种弱势、低收入、不被人关注、易引发社会问题方面也极为相似。

大家想一想,现在高校毕业生多难,找工作难,收入低,还面临很多个人问题,要谈女朋友,要买房子,要结婚,靠他那点收入啊,想都不要想。目前城市的高房价,不要说高校毕业生,对一个普通的市民家庭来讲,也需要祖孙三代来买一套房子。我们有这样的情况,目前以35岁为分水岭,超过35岁的人,或者单位分房,或者福利改革中分房,或者自己买房,基本上有房子了,低于35岁的人已经很难再买到房子了,买不起了。特别是普通家庭,不要说买,想都不要想。有人担心买房作难,但是你连担心的资格都没有,因为离你太远了,你没有资格发这个愁。这是2009年的情况。

现在高校毕业生低收入群体的情况怎么样呢?通过调查我们发现,目前"蚁族"是这个样子的:从年龄上来看,他们主要是一些22岁到29岁的人,大约超过九成;从时间段来看,大学毕业3到5年左右,一般不超过5年,以本、专科生为主。为什么3到5年呢?因为通过调查发现,第四年是一个拐点。你一直在这个城市里面不愿意走,第四年的时候,人数下降加速了。全国"蚁族"300多万,咱们郑州"蚁族"大约是10万人,很多人愿意在郑州上班,待在河南的一些学生。待在郑州不走,工资少,工作难,收入低,如果挺了4年还没有希望的话,就不再挺了,该回老家回老家,该回乡里回乡里,该回县里回县里,挺不下去了,因此就是3到5年。现在来看,这个年龄有上升延伸的趋势,4年头上不走的人在增加,说明什么?说明现在的高校毕业生,你要想摆脱"蚁族"这种困境,难度越来越大。换句话说,也越来越艰难了。

从毕业院校来看,毕业于"211"院校的占28.9%,非"211"院校的占52.3%,专科学校的占18.8%。这说明什么?即使你是名校出身,也不敢保证你毕业后就有一个好的前途。你说考上北大了,很高兴,现在高考一本还在进行,一说考上一本了,全家高兴,亲戚朋友高兴,4年后,并不能保证这个孩子能找到体面的工作,能过上正常的市民的生活水准。咱们看到,28.9%,这个比例也不小。当然,对于一般高校来讲,比例更大了,一半以上。同志们会问了,为什么专科院校的少一点

呢？专科生自己感觉竞争力不大，熬也没有什么熬头。

第三个，我们看有这些人是哪些人呢？来自农村的最多，占42.9%，来自乡镇的占20.6%，来自县级市的是15.9%，地级市的是13%，省会的是5.5%，直辖市的是2.9%。从农村到城市，再到直辖市，这个比例越来越低越来越低，为什么呢？因为当今这个社会，不只看你的能力，看你的学历，不仅仅是你这些人力资本，还看什么？你的人力资本如果不借助于社会资本，是很难发挥作用的，要不然怎么有"拼爹"现象呢。要从"拼爹"现象来讲，自然是农村人拼不过城里人，小城市的拼不过大城市的，自然情况就是这个样子。在"蚁族"中，农村的孩子居多，这说明什么情况呢？一个让我们悲凉的结论，心里很悲凉，在目前"知识改变命运"这句话有可能会被打折扣。知识改变不了你的命运，你上大学也改变不了你的命运，你是农民的孩子，即使上了大学，还有可能要像你的爸爸一样去城市里面打工，甚至还要成为农民；你是一个普通工人家庭的孩子，恐怕你的命运和你爸爸，即使你上大学，也改变不了太多。这个社会阶层之间上下通道被堵死了，已经被固化了，在"拼爹"的年代被固化了。你老爸那个阶层决定了儿子的阶层，你想往上努力，难度很大，为什么？即使你上了大学，即使你上了名牌名校，你有了人力资本，但是没有社会资本给你支撑，你的人力资本难以发挥，没有机会。这个结论是很让人伤心的。"上学无用论"在这种背景下再度抬头，目前，一些农村的高中生已经出现大批的孩子拒绝参加高考。因为他们很清楚，高考考上又如何？一般的学校上不上没有多大区别，即使上了名校，也未必保证你的命运有多大改变。这个情况对咱们社会的前途是很不好的，不给人希望，不给人光明，让普通的群体，特别是弱势群体感觉到无奈，易对社会不满。

再一个，"蚁族"从事全职工作为主，占95%，换工作的频率非常高。还有，他们从事的工作是什么工作呢？简单的技术类和服务类工作，技术含量都不高，保险销售、电子器材销售、广告营销、餐饮服务、教育培训等这些行业。这些行业技术含量不高，收入又低，向上升迁的机会很渺茫。进一步来看，这些孩子工作单位的性质以个体私营企业为主，占63.6%，国有集体企事业单位只有12.4%，而且这个比例还在下降。现在都鼓励到企业去，鼓励个体私营企业发展，鼓励毕业生到个体私营企业工作，但是为什么那些孩子不愿意去呢？改变命运的机会不大，升迁机会几乎没有。从收入来讲，他们的收入在城市平均收入水平以下，低收入占比较大的比例，即使在经济复苏时期，情况也没有多大的改观。

进一步来看，为什么这些孩子守着大城市不愿意回到他的家乡呢？为什么会选择在大城市不走呢？因为他们最看中的是收入待遇和个人发展。为了达到这样的目标，这些孩子宁愿从事高强度、工作压力大、社会地位低的工作，换句话说，他们选择大城市的原因就是为了自己的梦想，为了实现自己的梦想，以及为了大城市良好的社会条件。现在的词很流行，都说"中国梦"，但是对大学毕业生来讲，首先找到一份工作，这就是他实现自己梦想的开始，这些有梦想的孩子选择了留在大城市。对于孩子们来讲，绝大多数是"月光族"，工资每个月花得一干二净，"负翁族"，是负数，需要家里补贴，需要啃老。这些孩子他并不把自己在劳动力市场、在就业中的失败原因归咎于个人，归咎于什么？归咎于这个社会，更多地把社会因素而不是个人因素看作造成他现在生活困境的主要原因。他不说自己学历低，也不说自己能力不强，也不说自己不努力，因为有的孩子确实很努力，但是改变不了命运状况。他们很清楚，我们某某个同学情况不如我呢，但是他爸是县长，现在他是什么什么干部了，谁谁老爸是市长，现在是副县长了，我25岁还没有找到工作，他已经是副县长了，找谁说理去？是我个人不努力吗？不是，是我"拼爹"拼不过他。当大多数孩子这样看问题的时候，我们这个社会是怎样一个社会呢？因此，我们从"蚁族"的身上看到了目前的普通劳动者就业质量的低下。这是我们分析回答的第一个问题，当前我国的就业形势如何。

展望未来，在未来的十年或者二十年里，我国的就业还将面临哪些挑战呢？这是我们要进一步回答的问题。我认为有这么几个挑战：第一个挑战，人口结构的转型。谈就业问题，不能不谈人口的结构，因为它涉及供给，也涉及需求。人口结构在转型，要谈人口，就业人口是人口的一部分，对于我国来讲,就业问题不是现在才有的,就业难也不是现在才有的,它一直存在,这么多年来一直广受社会关注。中国是世界第一人口大国,数量很大,就业困难也在情理之中,事实上,我们中国人口多,就业压力大,那些人口小的国家同样深受失业的困扰。有人称,21 世纪人类正面临着一场没有硝烟的战争,那就是就业战争。我们看到,各国之间,外交也好,经济往来也好,贸易保护主义抬头也好,争的是什么? 争的是稀缺的就业机会。美国总统奥巴马,美国的一些议员,经常指责中国,为什么? 一个理由就是中国人抢走了美国人的饭碗。

从全世界来看,情况是怎样的呢? 在 20 世纪 80 年代中期,美苏两国缓和的时候,在这种友好的范围内,来自世界政界、商界、经济界精英汇聚一堂,研讨 21 世纪人类就业状况。当时提了一个概念,叫 20:80,一个概念就是就业和喂奶生活。结论是:随着跨国公司统治全球时代的到来,21 世纪世界上将只需要 20% 在跨国公司及其相关公司里就业的人工作就足以维持全球人的生活和世界经济的繁荣,而其他 80% 的人都将会统统失业。也就是说,80% 有劳动能力的人要靠 20% 有工作的人来养活。如果单从工作需要来讲,20% 的人就业,80% 的人都要失业,就业战争并不是一个可有可无的概念,就业机会确实是非常稀缺的。

对于中国来讲,形势当然更为严峻,要以不到世界一成的资源,为超过世界 1/4 的劳动力创造就业机会。从资源上来讲,中国目前拥有世界 9.6% 的自然资源,9.4% 的资本资源,1.85% 的知识技术资源,1.83% 的国际资源,却拥有世界 26% 的劳动力,那就要求中国必须要以不到世界一成的资源为超过世界 1/4 的劳动力创造就业机会。可见,对中国来讲就业形势将更大,就业压力不是哪一年才大,是将长期存在。

刚才说的有点远了,说点眼前的事儿,现在是"十二五"时期,我国的人口将达到 13.9 亿人,劳动年龄人口的增长仍然处于高峰期,城镇需要就业的劳动力年均增长 2500 万人。在城镇,每年你要为 2500 万人来提供就业机会,这是新增的。今年是 2013 年,我们看前两个季度,第一个季度 7.7%,第二个季度 7.5%,可以说七八月份没有什么大的改观,平均是 7.6% 的样子,即使按"十二五"时期增长 7% 的经济增速来看,我国每年实际能解决的新增就业人数大致是 1200 万人。我们一比较就会发现,需要解决 2500 万,实际能够解决的只有 1200 万,不到一半。在这 1200 万人中,高校毕业生是主要部分,高校毕业生今年接近 700 万,在 1200 万人中占多大比例? 超过一半。为什么大学毕业生是就业最大的群体呢? 因为已经超过一半了。今天的大学毕业生已经不再是社会的精英,而是一个普通的劳动者,已经占一半以上了,怎么还不普通呢? 怎么还会是精英呢? 成为精英的只有少数高校毕业生,绝大多数不再是精英。因此我们的结论是:每年的劳动力供求缺口是 1300 万人。每年新增 2500 万人,供求缺口每年多出 1300 万人,这个就业压力大不大? 如果再加上找工作的农民工,那个压力就更大了。

这是从供求关系总量来讲,我们感觉压力很大,我们进一步来看,人口结构是在不断变化的,在现代化的过程中,人口的结构也在不断转型,为了更好地说明,我先把人口结构说明一下。(PPT)人口可以分为三个部分,按照目前我们国家的规定,劳动年龄人口男性是 16 周岁以上,60 岁以下;女性是 16 周岁以上,55 岁以下。就是说你低于 16 岁的,16 岁以前的属于被赡养人口,男性 16 到 60 岁,女性 16 到 55 岁,这属于法定劳动年龄人口。当然了,年龄超过 60 岁的,女性超过 55 岁的,也是被赡养的。对于一个经济体来讲,它的活力主要取决于什么? 取决于劳动人口的比重。劳动人口比重大,如果他能够获得就业机会,就会产生人口红利,干活人多,需要养活的人少,结果怎么样呢? 储蓄就会增加,投资可以增加,经济就可以更快地发展。这里有人口红利问题。

一般来讲,劳动年龄人口还有这样一个变化过程,像我们国家,新中国成立之后,劳动年龄怎么样呢? 迅速增长。为什么呢? 死亡率降低了,医疗技术进步了,人的寿命延长了,出生孩子的成活率也高了,劳动年龄人口迅速增大。随着人的生活水平提高,人们追求生活品质,孩子生活率提高以后,不要说咱们实行计划生育,即使不施行计划生育,一个家庭所希望拥有的孩子数量和家庭规模也在减少。你看现在，即使咱们河南放开计划生育政策，恐怕并不是每个家庭都会想生个十个八个的，过去有，现在不多了，现在一般来说生个两三个是正常的。按照国际说法，2.1是一个替代率，目前我们国家实行的过于严酷的计划生育政策，一个家庭只生一个孩子，已经导致或潜在将要导致非常严重的经济社会问题。这个政策如果不改变，对中华民族来讲，将会是一场灾难，家庭会出现问题的，这个国家社会也会出现问题的。因此，我们的计划生育政策要松动，即使松动，即使放开，一般来说，一个家庭要两三个孩子，有的恐怕要的少，有的干脆不生孩子，丁克，有的愿意生三个四个也正常，有的要一两个，总体来说，大致维持了一个替代率，现在我们过于严苛了，没有达到替代率。这会导致什么结果呢？导致我们劳动年龄人口迅速减速增长、零增长，很快会出现负增长，在很短的时间内发生这么大的变化，导致人口抚养比迅速触底，又开始升高，使得我们中国目前未富先老。这个问题很严重。人口红利到现在基本上可以说正式消失了，如果我们计划生育政策不是如此严苛，可能我们国家人口红利还可以再享受若干年，但是现在不行了，短短时间内迅速消失了。

改革开放以来，中国之所以有了高达两位数的高速增长，就是主要来自于劳动年龄增长、人口抚养比下降所形成的人口红利，这是我们经济高速增长的原因。刚才说了，人口抚养比触底了，又升高，人口红利消失，预示着2004年我们国家开始出现民工荒。我们看到，这个工资涨不涨价，最根本的决定因素是劳动力的供求态势。政府说了不一定顶用，工人闹事也不顶用，为什么？劳动力的供求是根本决定因素。在民众来讲，出现民工荒了，供不应求了，自然逼着企业给民工涨工资。工资什么时候开始涨？2004年民工荒出现以后才开始涨，工资持续上涨。在这个时候，学界就关注了，认为中国可能已经达到了刘易斯拐点，转折点。到2010年，劳动年龄人口达到峰值，随后出现负增长，人口红利消失。这说什么？高达两位数的高经济增长不再出现，我们中国将步入一个次高增长阶段，不可能是两位数了，因为人口红利消失了。

我们总结后发现，庞大的人口总量使得我们国家仍将长期面临巨大的就业压力，而人口结构转型，又使我国的廉价劳动力优势短时间内迅速丧失。人口结构的转型，必然使得我国从依靠人口红利取得高速经济增长向以人口红利消失导致的"十二五"时期潜在经济增长率显著降低。有研究机构研究结果是这个样子：2010年人口红利消失了，从2011年看，2011到2015年潜在增长率是7.8%到8.7%，个位数。潜在增长率是可能达到这个数，具体的实际情况呢，也可能高一点，也可能低一点。2016年到2020年，潜在增长率进一步下降，5.7%到6.6%。2020年到2030年，潜在增长率是5.4%到6.3%。潜在增长率是不断降低，不断降低，这就是导致的结果。一方面，我们需要为庞大的劳动人口创造就业机会，就业机会谁创造？根本上取决于经济的发展，你没有经济增长，怎么可能增加那么多就业机会呢？你经济增速不断下降，也就意味着我们创造就业机会的难度在不断加大。人口红利的消失，将使得潜在经济增长率不断降低，创造就业机会的难度不断加大，人口结构的转型也使廉价劳动力丧失。现在我们会发现，普通的，没有技术的这些劳动者，工资也在不断上涨，劳动力成本不断上升。

我们进一步来看，第二个挑战，实现技术进步，从技术引进向自主研发和创新转变。刚才我们说了，改革开放以来的高解决增长是因为人口红利导致高储蓄，进而高投资，因此我们中国是投资依赖性的经济发展方式。大家想，改革开放以后，我们经济增长是在不断加快，但是最快的时期是什么时期呢？20世纪90年代以后到21世纪初，这段时期经济增速最快。为什么呢？因为90年代初，我们国家搞了社会主义市场经济，到了90年代末21世纪初，我们又加入了世贸组织。在这样一种情况下，我们的投资不断增加，又引进了大量的外资，廉价的劳动力资源优势和投资结合，经济增长就很快。从产业结构和国际产业分工来看，我们国家是积极地融入国际分工，是依靠自身的劳动力资源优势来承接发达国家的产业转移，在国际产业分工链中定位在加工、组装这个环节。在全球产业链分工中，设计、研发、核心零部件、品牌，甚至售后服务这些环节，大多掌握在发达国家手中。像核心的设计、研发，主要是欧美国家控制，像日本、韩国这些国家也掌握了一些核心的技术、核心的零部件,连售后服务这个环节也被发达国家掌控了,我们国家主要是加工、组装这个环节。即使目前我国拥有自主品牌的一些产品,核心技术和关键零部件不少仍然是从发达国家高价进口。这就是我国在国际产业分工中,在国际产业链中的一个定位。

这种定位导致什么结果呢? 我们只干组装,只干加工,谁来干? 农民工来干,只需要农民工,不需要大学生。这种产业分工必然是这样子,像研发啊,设计啊,服务啊,这是大学毕业生擅长的事儿,咱们中国不干,不需要大学生,只需要加工、组装,需要吃苦耐劳的人来干,谁? 农民工。咱们用的电器也好,手机也好,国际品牌品好,国内品牌也好,都是我们的农民工生产出来的,所谓生产就是加工、组装出来的。我们一分析就会发现很多问题,目前我国的就业需求之所以主要需要农民工,不需要大学毕业生,造成大学生就业难的状况,就是由我国在国际产业分工和国际产业链中的定位所决定的。

这种定位给中国带来什么呢? 咱们来分析一下,像 iphone 手机,如果对它的成本进行解析的话,我们可以看到,(PPT)这些是由欧美国家,包括日本、韩国企业来完成的,而中国完成的环节就是这个环节(PPT),倒数第二行(加工和组装)。在一部苹果手机中,价值 178.96 美元,中国只能得到多少呢? 6.5 美元。而在一个 178.96 美元的手机附加值中,因为苹果手机是中国富士康生产的,咱们郑州就生产,咱们仅仅完成了组装、加工环节,仅仅得到 6.5 美元的加工收益,而这 6.5 美元还要包括厂房、人工培训、管理等各种费用,所获利润非常微薄,这意味着完成加工、组装的劳动力只能是非常廉价的。你想啊,从这 6.5 美元中你分给他多少呢,不是廉价劳动力根本不可能接受这个工作。从一部手机中,我们能够看出我国整体在国际产业分工中的地位,在国际产业链中的定位,我们看得很清楚。因为它要耗费大量的能源、资源,还要污染环境,还要剥削我们劳动者的血和泪,这种经济增长模式再也维持不下去了。因为我们目前进口的钢铁啊,石油啊,在国际上份额越来越大,我们中国的资源耗费地非常厉害,还要大量进口,我们的环境污染越来越严重。像郑州,雾霾天气,整天看不到太阳,这对人体健康会有好处吗? 河沟里面的水,你看看贾鲁河的水什么颜色! 我们所得不多,我们的牺牲太多,即便如此,欧美国家还指责我们,还对我们搞贸易保守主义,还对我们搞反倾销政策。从国际来看,从国内来看,都说明中国的这种经济增长方式再也维持不下去了,不允许它再维持下去了。

现实中,大学毕业生、研究生就业难和民工招工难并存,以及受过简单培训的技术工人工资迅速上升,大大超过大学毕业生工资的事实,就是这种经济增长方式所产生的劳动力需求结构的真实反映。现在很多孩子发现,上大学找不到工作,就工资来讲,还不如一个民工。如果一个民工受过简单的培训,开那种大型铲车什么的,工资绝对高过研究生,甚至博士生。这会教育人,也教育我们的学生,教育我们的家长,思想观念要转变,上什么学,上什么样的大学,你要理性啊! 传统的经济增长方式严重依赖外部市场,严重依赖外部技术,随着我国剩余劳动力的消失,廉价劳动力优势风光不再,这些条件将逐渐消失,传统的经济增长方式难以持续。

刚才我们讲了,人口在转型,从世界各国经济发展规律来讲,经济发展是分阶段的,在经济发展的第一阶段,由于拥有人口红利,由于拥有大量的剩余劳动力,因此一个国家合理的发展战略就是大力发展劳动密集型经济。我们国家之所以有三十来年的经济高速增长,就是因为正确地选择了这种发展战略。随着剩余劳动力的逐渐消失,我们国家的经济发展步入了第二个阶段,你就不能够严重依赖外来技术,搞技术引进,技术追赶成为追求发达国家的主要方式。大家会发现,过去引进技术,那个技术怎么样呢? 都是发达国家淘汰的技术,对不对? 再者,欧美发达国家在研发技术的时候有经验的考虑,根据本国的要素资源禀赋来设计的,因为他们国家资本多,劳动力少,因此他们的技术一定是节约劳动力型的。我们国家呢? 劳动力多,资本少,因此他们的技术和我国资源禀赋未必吻合,因此我们必须从依靠技术引进转向自己研发。更何况,从当前国际环境来讲,发达国家普遍对中国采取技术的封锁政策,前不久中国向法国引进一项军事技术,没有什么威胁,日本就动用外交资源阻挠。不要说欧美不给你出口,要是出口,日本也不答应。欧美国家向来是对中国采取技术封锁的。目前的技术越来越复杂,而且并不是每一项技术都会申请专利,有些技术不申请专利,要保密,不让外界知道。在这样一种情况下,经济发展阶段的转变,以及目前我国技术引进方面的国际环境,都决定着中国只有实现从技术引进向自主研发和创新的转变,才能够实现经济的可持续增长。

要实现从技术引进向自主研发和创新转变,从劳动力需求来讲,自然就需求一大批高端的、创新性的研发人才。但是我们国家呢,这种人才绝对是严重的供不应求,非常紧缺。我们的大学培养水平不高,包括北大、清华,在国际上都不在前列,还很难培养这样的人才。目前我们主要靠引进,最近有数据发现,我国每年派出的留学生流失非常严重,而我们从国外引进的所谓的专家,很多单位都是套取国家的相关政策的经费。这些所谓的高级专家,水平绝大多数是二流的、三流的,不是一流的,而且其功利性目的也很强,发挥作用有限,个人是为了套取中国的报酬、待遇,我们国内用人单位引进这些技术人才目的也不是让他发挥作用,也是为了套取上级部门有些政策、经费,这方面很严重。如果大家到河南省外国专家局了解就会发现这方面的情况,郭庚茂同志也讲道,中原经济区发展最需要的就是高端国际化人才。

我们的产业要升级,企业要技术创新,中国在全球产业链中决不能够永远固化在那个加工、组装环节,在这个微笑曲线中要向两端来提升,要搞研发、设计、品牌、售后服务,这就意味着中国的制造业、现代服务业将需要一大批高级的技术人才和技能人才,而随着加工、组装环节重要性的降低,对没有技术、没有技能的农民工将来的命运将要打了一个问号,没有受过培训的农民工将很难再找到工作。我们必须重视农民工的技术培训,才能适应技术的升级和产业的升级。

下面咱们再看第三个挑战,城镇化的快速发展。实际城镇化发展的规律表明,我国的城镇化正在从初级阶段步入加速发展阶段,未来的一二十年,城镇化将加速发展。在党的十八大报告中,也强调中国要走中国特色的新型城镇化道路。

对城市化进行分期,国际上的普遍经验是,国际化是一个S形,原来城市化速度慢,然后高速增长,然后将放缓,目前我们国家进入了一个快速发展的阶段。分析工业化和城镇化的关系,我们将看到,中国从改革开放初期村村冒烟、户户搞乡镇企业那样一个农村工业化,集聚功能发挥不了,到走向了"过度城市化",20世纪末是"过度城市化",城镇化速度低,那就是因为农村工业化,户籍制度限制农民向城市流动。到21世纪初期的今天,又有了"过度城市化"这样一个演变。可以说加速城市化的发展,不是现在才要加快,实际上我们现在就已经很快了。进入新世纪以来,我国城市是快速扩张,基础设施快速跟进,短短十年来,我国新增城市人口是2.54亿人,这个规模有多大呢?相当于欧洲"二战"以来到现在新增的城市人口,相当于现在美国所有的城市人口的总量。这个规模是相当大的。这说明什么?说明当今中国是全世界城市化速度最快的国家。

我们会发现一些问题,中国的城市化好像并不健康,速度很快,问题很多,体现在什么方面呢?体现在土地化速度两倍于人口城市化速度,造成建成区内城市人口密度急剧下降,城市化应有的集聚功能大打折扣,严重制约了服务业发展。城市化,从它的本意来讲,从实质来看,是人口的城市化,往往用一个国家、一个社会城市人口比重占全部人口的比重来衡量它,然而对中国来讲,中国的城市化是脱离了这种本义和实质的城市化,不是人的城市化,是城市摊大饼式的快速膨胀。土地很稀缺,而我们对土地的使用却是极端浪费的,城市和城市往往比谁建的楼建得最高,你有新地标,我有新地标,你是亚洲最高,我是世界最高。还竞争什么?你的广场气派,还是我的广场气派;你的亮化、美化现代化,还是我的亮化、美化现代化?我们的城市当家是以政绩为导向来搞城市化,不重视人的城市化,重视的是城市规模,规模越大越好,现代化程度越来越高,因此土地浪费很严重。

再者,与此相应的就是重视良好的基础设施建设。像我们到郑州,会发现变化很快,你看这个高铁、城际铁路、高速铁路、环城的高速,现在真的发展很快,广场越来越大,越来越气派,现在的郑州和过去不一样了,有点国际化范儿了。我们对这种现代化程度沾沾自喜的时候,我们不能不看到,我们重视良好的基础设施建设,我们的郑东新区不亚于发达国家的城市,但是我们却往往忽视了人,忽视了人所需要的非经济型的公共产品的供给、公共服务的提高,导致了经济发展和社会发展的脱节。城市大了,交通越来越堵了,生活越来越不便利了,污染越来越严重了,在越来越现代化的郑州,你变得更幸福了吗? 恐怕没有几个人可以肯定地回答。

再一个,我们中国的城镇化水平已经达到了51.27%,已经超过50%了,这个统计我们要搞清楚,这个统计包括了所有在城市工作半年以上却没有真正享受城市居民待遇的农民工。大家想,农民工在郑州打工,比如说在建筑工地打工,天天盖楼,一年到头在郑州打工,你说,走出建筑工地,当他端着搪瓷碗,以迷茫的眼光看着现代化的庞然大物的时候,他从心里认可自己是郑州人了吗? 认可自己是城市人了吗? 恐怕他只是把自己当一个匆匆的过客。他不是城市人,但是在统计中你却把他统计成城镇人口,这是真正的人口的城市化? 恐怕不是。如果把这部分人扣除掉,中国的城镇化水平降低到35%,可见中国的城市化是半城市化。下一步,让这些常年在城市打工的农民工尽量实现农民工的市民化,将对我们的就业提出挑战。

刚才我们讲了,经济增长越来越慢了,越来越困难了,怎么办呢? 我们新一届政府当家人李克强总理认为,展望未来,城镇化是我国经济增长的巨大引擎。李克强怎么论述呢? 他说,从现代化的发展规律来看,今后的一二十年,我国的城镇化率将不断提高,每年将有相当数量的农村富余劳动力人口转移到城市,这就将带来投资的大量增长,消费的快速增加,也给城市发展提供多层次的人力资源。城镇化并不是简单的人口比例的增加、城市面积的扩张,更重要的是产业结构、就业方式、人居环境、社会保障由乡到城的重要转变。李总理的意思是说,要积极稳妥地推进城镇化,这是他的思路。怎么搞城镇化呢? 注重提高城镇化的质量,科学规划城市群的规模和布局,促进大中小城市、小城镇合理分工、功能互补,集约发展。同时,努力为农民工这些家庭提供基本的公共服务,使农民能够转为市民。这是李总理既把城镇化当作下一步我国经济发展的主线,同时看到,和过去的城市化相比,不只是速度的加快,而是内容的转变,更多地转向人口的城镇化或者人的城镇化,回到其本义上来。

城镇化要加快,对就业会造成怎样的影响? 我们可以从两方面来看,先从积极方面来看,城镇化中,城镇化的过程也就是农村劳动力向城镇转移的过程,这就意味着由劳动生产率低的农村部门向劳动生产率高的城市部门转移,必然意味着经济发展的质量和效益的提升,也使城乡结构性矛盾得以缓解。第二个,城镇化需要通过产业的发展促进就业和创业,这样就促进工业化深入发展。这是“十八大”报告提出的新型工业化。第三个,伴随农村人口的转移,农业规模化经营成为可能,有利于农业科技的应用与推广,进而推进农业现代化进程。

我们国家的现代化水平已经走过了大半,沿海发达地区、少数地方已经完成了现代化,而我国的农业的现代化水平目前仅仅进行了1/3,从就业来讲,主要是传统就业,农业就业还没有从传统的就业发展到现代就业。这样就必然导致了青壮年劳动力向城市去,城市和农村,农村并没有成为现代就业创造的源泉。而要想成为现代就业创造的源泉,必须是农业现代化,而一个瓶颈就是农业规模过小。一家一口人一亩地,靠一亩地,你怎么折腾它,也达不到城市人口的水平,更不可能靠它发财致富。如果总是这样,总是“389961”部队的话,什么时候能实现农业现代化? 什么时候能提供给我们标准化的、现代化的、安全的、健康的食品? 因此,只有将新型城镇化、新型工业化、信息化和新型城镇化三者结合起来,才能最终打破既有的格局,实现农业现代化的提升,进而使三个产业现代化提升,使我们三个产业都能够成为现代就业机会创造的源泉。

当然,格局打破很难,挑战很大。现在我们看,上半年局势很紧张,七八月份还会很紧张,什么时候好转呢? 我估计下半年到十八届三中全会之后,我国的困局有可能开始改变,这半年干什么呢? 让之前没有干好的事儿暴露出来,让老百姓看看,不像说的那么好,问题很严重,新一届政府把这个问题暴露出来,择清了,这个问题就开始向好的方向发展了。负面影响是,片面追求城市化的高速增长,可能导致失业率的过快攀升,相关系数是0.94。新生代农民工转移就业要求提高待遇,中小企业成本上升的矛盾、要求融入城市体制性障碍矛盾更加突出,还面临农民工就业不稳定、职业培训不足、工资偏低、劳动条件偏差、社保缺失等问题。

第二点,城市化的发展还使得社保的参保人数、基金总量快速增长,有可能像拉美国家那样出现"福利赶超"现象。

第三点,因为城市化发展主要靠农民工和非公有制企业,农民工、非公有制企业作为劳动关系主体,劳资矛盾冲突这个群体性劳动事件将会大量增加。

最后我们谈第三个问题,如何应对就业难题。

对于就业问题,党中央历届领导人和政府都非常重视。(PPT)这是新一届中共中央总书记习近平5月份在天津视察时专门和大学生进行座谈,刚才我讲了,要求大学生志存高远、脚踏实地,转变择业观念,坚持从实际出发,勇于到基层一线和艰苦地方去,把人生的路一步步走稳走实,善于在平凡岗位上创造不平凡的业绩。

领导人非常重视,那又如何来解决就业难题呢?从数量角度来讲,我们的目标是要实现充分就业。要实现充分就业,就要求与过去相比,要把就业的优先发展战略放在更加突出的位置,实施更加积极的就业政策。这就要求我们政府要加大就业的资金投入力度,这要把扩大就业和稳定就业作为政府政绩的评估指标。过去评价政府就是看GDP,那是建设型的政府,那是把政府作为企业家来看待,已经偏离了政府本来的职能。政府要提供什么? 就应该提供安全、秩序、公正、公共产品、公共服务,就业也是就业机会,也是一种公共产品。

第二个,要实施更加积极的就业政策,要形成促进就业的综合性政策体系。

第三个,既然要城镇化,我们就要以它为突破口,加快经济发展方式转变、经济结构调整,千方百计地扩大就业和创业的规模。

再一个,创造就业,提供就业机会的,最有可能的是谁呢? 中小企业,是第三产业,这是吸纳就业的主渠道。因而,国家要对中小企业、第三产业给予更多的优惠政策,促进其更好发展。现在我们国家一方面鼓励创业,另外一方面创业的环境非常恶劣。对大学毕业生调查发现,20%的大学毕业生愿意创业,但是在目前环境下,最终创业的只有2%。创业成功的有多少呢? 在创业中只占10%,90%都要失败,这就是为什么我们不要片面地鼓励大学毕业生创业,因为目前的环境不利于创业。

刚才我们讲了,就业机会创造最重要靠什么? 经济增长。人口红利消失了,土地资源的红利消失了,改革的红利也即将消失,是不是意味着我们的前途是悲观的呢? 著名的经济学家厉以宁认为,任何国家在任何阶段都有自己的优势,一些优势和红利会逐渐消失,但是会有新的红利跟上去。比如说人口红利,我们廉价劳动力资源优势丧失了,不可能再有,怎么办呢? 如果我们抓好教育培训,让我们劳动力技术、技能比较高的话,就可以创造新的人口红利。土地资源红利,土地越来越稀缺了,资源越来越少了,但是科学技术将会改变这种情况。你比如说现在看《新闻联播》,山东省的盐碱地过去是不毛之地,现在呢,通过一项技术,已经变成了良田沃土。这项技术如果推广到全国的盐碱地中去,将使中国的耕地大幅增加。再一个,中国的西部有广袤的戈壁滩、沙化土地,在中国是不毛之地,是荒芜的,但是在以色列那里,这都会成为良田沃土,以色列可以做到,为什么中国不能呢? 科学技术也会改变我们的土地资源状况。再说改革红利,过去出台的改革政策作用已经发挥殆尽,如果不进一步改革,确实不利于中国的发展。"十八大"三中全会之后,新一届政府将会出台的改革政策又会提供新的红利,因此对于中国的经济增长,未来前途不要悲观。只要我们党、政府能够创造新的优势,就会创造新的红利,经济增长仍然会以一个较高的速度增长。这是从总量上来看。

从结构上来讲。要积极化解结构性矛盾,这是就业工作的当务之急。在解决这个问题的时候,一定要坚持市场就业的机制原则,采取针对性的措施加以解决。政府只能是提供政策手段鼓励企业吸纳就业,引导资源市场化配置,不能够替企业创造就业机会。

第二个,要完善就业信息发布,解决摩擦性失业、结构性失业问题。

第三个,要加强职业培训。像农民工的培训、在职员工的培训,技术的升级、产业的升级,对技能的要求越来越高,不进行培训你将失去就业机会。

第四个,对劳动力市场进行监管,维护市场秩序,来创造市场竞争、人才流动的外部环境。

刚才说了"上学无用论"的情况,这是教育相对回报率不高的情况导致的,政府应该继续扩大高等教育规模,加大高等教育激励,能够尽可能地根据财政承受能力,尽快把高等教育纳入义务教育范畴,降低家庭承担的教育成本。高校扩招是带来了高校就业生就业难,但是大家想一想,如果不上大学呢,大学毕业生可能没有这么难就业,但是中学毕业生就业难是不是会更严重?再一个,他们接受了高等教育,有了更多的人力资本,也会为我们国家下一步的发展和创新提供更好的人力资源。在这里要特别重视提高大学毕业生的就业率,还要特别重视大学毕业生的就业质量。

由于时间关系,我不展开讲,这里要求政府承担这个职责,要赋予大学更多的自主权。现在大学有"婆婆",就是政府主管部门。要创造条件,为毕业生提供更多的就业机会。对高校来讲呢,如果政府给了你更多的自主权,你该怎么办呢?芯片技术的摩尔定律,每18个月更新一次,且价格不变,这意味着知识更新很快。你高校培养的人才知识老化、技术陈旧,如何适应技术升级、产业升级对劳动力的需要呢?因此要求我们的高校能够及时跟着技术、产业结构变化的一些要求来提供更好的文化知识和技能水平,转换职业岗位的适应能力。

我国高校这些年来之所以在培养毕业生中评价不高,不能够很好地迎合社会发展,很大程度上是高校受行政控制过严,反应迟钝、滞后造成的。再者,高校还要及时根据就业市场需求,调整取消不合理的专业和课程设置,加强大学生的实习培训。我觉得过去的大学毕业生是天之骄子,是精英,现在的高校还这样培训,不行了。像我们河南省,高校整天忙着干什么?申请重点学科,申请学位点,申请博士点,耗费大量资源、人力、物力和财力,就是没有重视对人的培养。我们的高校雷同,培养的人质量都差不多,没有竞争力,没有特色,要技术没有技术,要技能没有技能,学的知识还陈旧,社会怎么会需要你?

一般的人力资本,毕业生严重供过于求,像河南,郑大(郑州大学)和河大(河南大学)以培养精英人才为主,其他高校要全部放开。放开干什么?转向高端的技术人才培养,应用型本科院校培养。为什么刚才看那个数据高职高专培养的技术人才就业率也不高啊?因为你是把那些质量参差不齐的中专升格为职业院校。你要把一批好的学校转而培养高级技术人才,这样才行。这个思想不解放,高校也活不下去了,现在不少高校已经出现生存危机。山东省几十所高校第一志愿报考人数为零,河南省也是出现了这样的情况。对学生来讲,学生考大学,为什么就业时用人单位不认账呢?为什么我国的大学毕业生学习成绩好,就业能力不高呢?为此,习近平总书记提出"智商重要,情商更重要"。

从经济学理论来讲,有一个数字,有一个模型,你的学历也好,你的各种证书也好,都属于冰山露出水面那一部分,大致占整个冰山的1/8,真正决定一个人的是水面以下别人不容易观察到的那7/8。

最后,要保障劳动者的权益,构建和谐劳动关系,让广大的城乡劳动者实现体面劳动,实现平等就业。"体面劳动"的概念是20世纪末国际劳工大会提出的概念,我们国家也积极跟进,像上一届总书记胡锦涛同志就进一步提到了这一点。当然了,我们中国很多事儿,很多好的理念还停留在文件上,停留在政策上,没有转变为行动,才使我们的就业质量长期低下。就业是民生之本、和谐之基,关乎着个人成长、家庭幸福。

谢谢各位今天来听我的讲座!

主讲人：樊洛平，女，郑州大学文学院教授，中国现当代文学学科带头人，硕士研究生导师，中国当代文学学会理事，中国世界华文文学学会理事，河南省文艺评论家协会副主席；河南省高校文学教学指导委员会委员，郑州大学客家文化与华文文学研究所所长，社会性别研究中心主任，中国作家协会会员。

主要从事中国当代文学、台湾文学、女性文学的研究。独立出版《当代台湾女性小说史论》、《台湾女作家的大陆冲击波》、《冰山底下绽放的玫瑰：杨逵和他的文学世界》等 5 部著作，合著《台湾新文学思潮史纲》、《简明台湾文学史》、《中国当代戏剧文学史》等 10 部，公开发表学术论文 80 余篇。主持国家社科基金项目 2 项，主持或主要承担国务院对台办、教育部、省厅级科研项目 10 余项，个人独立著述获河南省社科优秀成果一等奖、二等奖共 3 项。

时　　间：2013 年 10 月 27 日

地　　点：河南省图书馆研议厅

当代台湾文学面面观

非常高兴有这样一个机会和在座的朋友们一起走进台湾文学、文坛，让我们共同来了解台湾社会，从社会的事态人心变化、社会面貌的变化到文学的变化，也就是说，我们借文学这扇窗口来看台湾社会的演变。

我今天讲的内容是当代台湾文学面面观，在这样一个讲座里，我主要想跟大家分享两个方面的心得：一个方面是台湾及其社会历史，就是我们对台湾的历史及其现状做一个大致的了解。再者呢，我们重点来看台湾当代文坛半个多世纪以来的发展变化、演变历程。这是我们今天讲的重点。

说到台湾，在座的朋友首先会想起什么？我看有很多老年朋友，如果说是在 1979 年之前，说到台湾，我们最明确的认知是什么？台湾是我们神圣不可分割的领土，台湾人民生活在水深火热之中，我们一定要解决台湾问题。但是放在今天，大家的看法就有了很多转变。因为在座的朋友也许有一些人已经到过台湾，不管是旅游，还是参加各种各样的活动，对于台湾的认知，也不像多年之前两岸严重隔绝对峙的时候。现在说到台湾，我们首先想起台湾地标性的建筑，高达 508 米的现代摩天大厦,我们到台湾,到台北,一定要看的一景,就是101大楼。我们还会想起"故宫博物院",珍藏了无数文化瑰宝,这是我们到台湾首先要观赏的一个地方。我们还会想起一些自然景观,比如说日月潭,它的美丽风光,它的神奇的民间传说。当然了,我们也不会忘记阿里山,阿里山的日出,还有樱花丛中驶过的小火车。这是说起台湾定格的美好的一些印象。

当然了,我们更不会忘记,台湾自古以来就是中国的土地,台湾是我们国家神圣不可分割的组成部分,那么台湾文学毫无疑问也是中国文学的组成部分。与祖国大陆同根同源的台湾,就像我们共同的认知一样,它是一个物产丰富的美丽岛。同时呢,它也是人文荟萃的文化岛、人文岛,台湾的文学氛围、文学空气,说实在话,在许多时候,可能比大陆更浓郁。你到台湾,你要真正地感知台湾的文学这个韵味,你更多地到书店里面,到小巷子里面,你处处可以感受到源自中华民族传统的人文情怀,这是我们到台湾最为感动的一个方面。

1949年以来的台湾文坛,究竟留下了怎样的文学记录,出现过哪些叱咤风云的著名作家,它和社会的进程有怎样的感应、脉动?从文学这个窗口来看台湾,我想,我们在座的朋友也许能够领略到一个新的文学天地,打开一扇了解台湾社会生活的窗口。

我重点谈三个问题:第一个,祖国的宝岛台湾;第二个,台湾社会的历史回顾;第三个,海峡两岸的隔与通。

说到台湾,我们脑海里就会浮现出一幅辽阔的地图,在祖国辽阔的疆域上,台湾的形状像一片叶子,又像一只番薯,所以台湾人经常自称番薯人,这和台湾地貌的形状有关系。我们都知道,台湾位于祖国东南沿海的大陆架上,与福建省一衣带水,台湾作为中国不可分割的组成部分,古代有很多称谓,本岛面积3.5873万平方千米,由本岛和绿岛、钓鱼岛等21个岛屿,及澎湖列岛等64个附属岛屿组成。这些岛屿包括澎湖岛、马祖、金门,现在旅游路线就有到金门岛的,但是手续比较繁杂。

台湾人口大致2300万,汉族占98%,原住民占2%,它是一个典型的移民岛。说到原住民,我们经常唱一首歌,"高山青,涧水蓝,阿里山的姑娘……",我们通常称高山族等为原住民。高山族包括高山九族、平地十族,人口有40多万。原住民是最早在台湾开垦建设的一些人口,按理说是岛屿的原住人群。他们这些年的生活、旅游,包括描写他们的文学,都相当发达。作为一个移民岛,多数居民是从大陆和南洋一带移民过去,他们和台湾最早扎根的原住民一起承担了开发建设台湾的任务。

16世纪葡萄牙殖民者从澳门前往日本,经过台湾海峡的时候看到台湾这样一个岛屿,他们当时非常惊叹,就把台湾称为"福尔摩沙"岛,也就是美丽之岛。现在番薯人是台湾人的自称,"福尔摩沙"也成为台湾的别称。我们都知道台湾物产非常丰富,是世界上最大的樟脑产地,它的樟脑产量占全世界的70%到80%。台湾又以盛产蔗糖、稻米、矿藏、水果、茶叶、花卉、木材等丰富的资源而著称。稻米是一年两至三熟,又有"水果王国"之称,自然资源非常丰富。

20世纪90年代末期,我第一次到台湾参加学术活动,有一个著名的乡土作家黄春明,他家在宜兰,他邀请我们到他家乡去。旅行的车从街上走过时,路两边有高大的杧果树,树枝带着杧果从车窗旁边掠过,那会儿的感觉就是在水果王国里面穿行。特别是对于我们北方人,尤其是第一次到台湾的人,那个感觉特别新奇,让你心里面感觉非常美好,也非常向往。

你到台湾,你会看到在我们这儿很多放在厅堂里面的盆景,橡皮树啊,发财树啊,在台湾街上到处都是,那个感觉就是你插一根树就会发芽。可能去台湾的人不多,但是去海南的人不少,地貌环境也好,气候环境也好,它们都非常相似。台湾是物产丰富、资源丰富的一座宝岛,在诗人笔下,以文学的手法来描述是一种什么样的形象呢?我们这里列举两首诗的片断。

这里提到杨唤,他是台湾著名的儿童诗诗人,20世纪50年代非常著名,但是他的命运极为坎坷,最后的结局特别不幸。杨唤1930年生,1954年去世,仅仅活了24岁。小时候形同孤儿,好不容易流落到台湾,从军中开始创作。他的生活中缺少爱,但是他的诗歌传递的全是爱。他逝世那天,是急着去看一场电影——《安徒生传》,那个火车从市中穿过,他穿着的一双鞋子,一下子卡在铁轨

里面了,这时候火车过来,来不及躲避,死得非常非常遗憾。他的笔下对台湾岛的描绘特别让人感动。

你看他写的诗:

> 有蓝色的吐着白色的唾沫的海
> 小心地忠实地守卫着
> 寒冷的冰雪永远也不敢到这里来
> 有绿色的伸着大手掌的椰子树
> 紧紧地拉住亲爱的春天
> 美丽的花朵永远成群结队地开
> 在这里
> 小朋友们都像健康的牛一样地健康
> 在这里
> 小朋友们都像快乐的云雀一样地快乐
> 你来看
> 小妹妹是梦见香蕉和凤梨在街上跳舞了吧
> 要不怎么睡在妈妈的怀里
> 还在不停地微笑
> 你知道这里是什么地方吗
> 告诉你,她的名字叫台湾
> 是甜蜜的糖的王国
> 是童话一样美丽的,美丽的宝岛
> 这是诗人笔下的美丽岛

另外一个是女诗人,被称为姑妈诗人,年龄很大了还在写诗,她是台湾著名的诗社——笠诗社的第一位女社长。她的诗歌《台湾》里面这样说:

> 形如摇篮的华丽岛
> 是母亲的另一个
> 永恒的怀抱
> 傲骨的祖先们
> 正视着我们的脚步
> 摇篮曲的歌词是
> 他们再三地叮咛
> 稻草
> 榕树
> 香蕉
> 玉兰花
> 飘逸着吸不尽的奶香

我们看,台湾在诗人的笔下是非常美好的形象,养育了2300万在台湾生活的中国人。
我们接着来看台湾社会的历史回顾。

这么美丽的一座宝岛,但是在历史上,它数度遭受列国豪强的侵扰、掠夺,曾两次沦为荷兰、日本的殖民地。1624年至1662年,荷兰人进犯台湾,在台湾的安平附近修建了台湾城,荷兰人称之为热兰遮城。到了1625年,荷兰人用15匹粗布做代价,从原住民手里骗到一大片土地。怎么骗呢?他们欺骗善良纯朴的原住民,说:我们只借一张牛皮大的地方来堆放一些货物。原住民非常纯朴,就应允了他们的要求。结果荷兰人找了一个硕大无比的牛,把牛皮割下来,然后剪成最细的细条,把它连接起来,这一张牛皮的地方就是一片非常非常大的土地,从此呢,台湾沦为荷兰殖民地长达38年之久。直到1662年,民族英雄郑成功率领军队赶走了荷兰侵略者,收复了台湾。在座的朋友如果到台湾,除了台北的景色,一定要到台南看看,到台南安平古堡走一走,那里留下了郑成功收复台湾的很多历史遗迹。

1895年甲午战争失利,马关条约一纸割台,台湾从此沦为日本的殖民地长达51年之久。20世纪30年代的小学课本里面,不知道在座的老人还有没有记忆,那时候小学课本里流传着这样的民谣,"台湾糖,甜津津,甜在嘴里痛在心。甲午年,起纠纷,鸭绿江中浪滚滚,中日一战我军败,从此台湾归日本"。像我这个年龄,小的时候,我们不可能对台湾有更多的认知,除了政治上那样一些观念之外,我们所记的就是台湾是一座美丽的宝岛,台湾的糖特别甜,因为台湾蔗糖资源非常丰富。

1895年到1945年,日本殖民者对台湾人民政治上实行高压统治,经济上大肆掠夺台湾的资源。仅以制糖业为例,"台湾蔗农之穷困产生台湾制糖会社之荣盛",这是日本一个著名的左翼学者说的一句话。我们知道制糖会社正是日本殖民者在台湾所创建的,1917年光制糖业这一项收入高达一亿三千万元,占整个殖民经济总额的80%。台湾的糖源大量地被制糖会社掠夺,运到了日本。日本是一个资源非常贫困的国家,它从台湾大肆掠夺经济资源。

日本殖民者在文化上对台湾实行的是一种同化教育,就是把台湾人当成低等人,服从其统治,从小孩子教育开始。比如说日据时期,1895年到1945年,日本统治台湾的时期,小学生上学分三类:第一类是小学校,这是日本人的孩子在台湾上的学校,师资资源好,设备条件好,而且他们的学习和中学完全衔接,小孩子小学出来很容易读中学。再一种是公学校,这是台湾人的孩子读的,各方面条件非常差,小学毕业去读日本人开办的中学非常困难,除了教材很多内容不衔接之外,日本教育者还实行很多政治上的检查来压制。还有番学校,是针对原住民孩子,因为原住民多在高山居住,像高山族,还有雅美族,他们都在比较偏僻的高山峻岭居住。原住民的孩子上的都是番学校,都没有正式的老师,老师多数都是警察来担任,对原住民的孩子就是两个字,就是"洗脑",让你服从日本的统治。

日本发动对华战争、太平洋战争之后,对台湾政治、军事、经济各方面压迫,把台湾变成南进的跳板。这个时候在文化上推行一个运动,叫"皇民化运动",就是要消灭中华民族的文化,以日本的大和文化来替代中国的华夏文化。比如说所有报纸、刊物,汉文版全部取消,只能看到日文版的。1937到1945年只有一份报纸保留了一点点中文的栏目,这就是《风月报》,只谈风月,不论时局,这是在殖民统治下允许的报刊。其他的呢,像台湾的《新民报》,杨逵办的《台湾新文学》、《台湾文艺》全部被打压,学校里面全部取消汉文教育,民间取消私塾教育,一切教育全部日本化。

另外,它要求台湾人说日本语,比如说你到火车站买票,你不说日语,他们不卖给你票。你在机关任职,不说日语,他们不给你升迁。最恶毒的是1940年前后发动改姓名运动,让台湾人都改为日本人的姓名,台湾人极力反抗。我在国家图书馆看到一份资料,全台湾全家改姓名的也就1000来户,绝大多数人是完全抵抗的。到1940年之后,战事吃紧,他们还强行搞志愿兵制度,征集台湾的年轻人到祖国大陆打仗,到南洋一带打仗,让他们当炮灰、当车夫,这是日本殖民时代对台湾犯下的滔天罪恶,也是对台湾人各个方面的压榨。到台湾参加学术活动,有学者特别慨叹:大陆抗战8年,我们在异族统治下整整51年。台湾历史的一种悲情特别浓重。

1945年,台湾最大的社会运动就是台湾光复。1945年到1949年是台湾历史上一个非常独特的

过渡阶段，一般称为光复初期或者战后初期。据说1945年10月25日，当时的中国政府正式接收台湾，台湾就把这一天定为光复节。这一天呢，台北市各界民众数万人走上街头，举行环市大游行，欢庆祖国收复失土。可以说整个台湾家家户户都是张灯结彩、焚香祭祖，光复的狂喜波及社会的各个层面。

（PPT）这是台湾光复时台北市民欢迎大陆的军队收复台湾的一些历史照片。

（PPT）这是在台北中山堂举行庆祝台湾光复大会的场景。

国民党政府在对台湾的统治中，问题逐渐显露，政治腐败、经济衰退、文化限制带来了严重的后果，让台湾的社会矛盾不断恶化，省内外隔阂也日趋严重，这种情形引起了台湾知识分子深深的忧虑。到1946年8月15日，就是台湾光复近一年的时候，在台湾的《新建设》杂志上，一个著名的老作家杨逵写了一篇文章——《为此一年而哭》，哭什么呢？哭民国不民主，哭言论、集会、结社的自由未得到保证，哭宝贵的一年白费。他由此来传达台湾民众情绪、心态的一种转换，也就是说从光复时期的欢天喜地到光复后的悲天怜地，就是人的情绪、心态、社会走向发生了巨大的落差。这样就引发了1947年2月28日台湾非常大的一个事件，这就是"二二八"事件。

"二二八"事件是台湾历史上规模最大的官逼民反事件。1947年2月27日晚上，台北烟草专卖局的两个官员傅学通、叶得根假借稽查私烟为名，没收了台北街头一个女烟贩林江迈的烟摊，而且拿枪托把这个女烟贩打得满面流血，这个事情激发了台湾市民的愤慨。到2月28日，这个事情一下子蔓延开来，台北市民罢市，游行示威，这个过程中，很多人到警察局要求交出凶手，又遭到当局的枪杀，这样就酿成了台北民众工人罢工、学生罢课、市民罢市这样一个反抗暴政的事件。这个事件到了3月3日，台湾的著名文化人王添灯等人成立了"二二八"事件处理委员会，提出处理大纲32条，当时在台湾的陈仪政府拒绝接受这些意见。到3月8日，国民党政府从大陆调集了军队到台湾进行"二二八"事件的大镇压，"二二八"事件一下子就成为一个历史的隐痛。在这样一个事件中，各种各样的传说不断，有说被杀掉了两万多人，有说被杀掉两千多人。不管杀掉了多少人，由"二二八"事件开始，台湾进入了一个政治上白色恐怖的时代。在很多很多年里面，人们不能提"二二八"事件，因为这是一个历史的禁区、一种政治的忌讳。1987年7月15日台湾解除《戒严法》，"二二八"事件的问题重新浮出水面，从官方到民间，都有大量的对"二二八"事件重新审视的举动。

现在在台北，如果大家到那儿旅游时间稍微宽松一点的话，可以到原来的台北新公园也就是现在的二二八和平公园去看一看，这里面有很多"二二八"事件的一些纪念资料。

1949年12月7日，国民党当局正式宣布从大陆迁往台湾，也就是败退台湾。随同国民党政权到台湾的大概有200万人左右，其中60万是军队，另外都是依附于国民党当局的各界人士，从此海峡两岸开始了长达40年之久的对峙，也由此带来了台湾社会发展的不同形态，也引发了台湾文学进程的一系列变化。

1949年之后，欧风美雨轮番侵袭，台湾由农业社会逐渐转变为资本主义工商经济社会。国民党退到台湾时，蒋介石下令分三批从上海往台湾运黄金大概92万多两，白银3亿多两，银圆3000多万两，外币7000多万美元，还有1500船的重要物资，这些总价值在5亿美元之上，还抢运了4486箱国宝，共计26万多件，这些稀世珍品现在都珍藏在台北的"故宫博物院"，所以"故宫博物院"有一个珍藏馆，据说从开馆到现在展出的珍品没有重过样。台湾在这样一些背景下，到20世纪60年代经济开始起飞，到70年代步子迈得非常大，成为我们熟知的"亚洲四小龙"之一。

政治上呢，台湾当局政治统治相当严密，戒严时期充斥着反攻大陆、反共抗俄、清肃运动种种独裁专制的政策。1949年4月20日颁布的《戒严令》到了1987年7月15日，在实行了长达38年之后得以解除。2000年以来，台湾地区领导人轮番选举，可以说统独大战，蓝绿对峙，这种社会现象日益严重。陈水扁第一次上台之前，在大选揭晓前一天，台北街头一下出现了120桌龙虾宴，来吃龙虾宴的人没有限制，只要象征性地交120台币，你就可以堂而皇之地享受一顿龙虾宴。但是你在吃这个盛宴的时候,你不要忘记了,吃一会儿呢,桌子中间有一堆小旗,你要拿起这个旗子喊一个"当选",这就算为民进党站台了。120 台币是什么概念?现在台币和人民币(汇率)4 比 1。实际上就是说台湾那个年头,吃一碗牛肉面就是 120 台币,吃一碗牛肉面的价格可以享受一顿龙虾大宴。这就是拉票。陈水扁为了上台,为了胜选,有很多很多的花样,包括第二次选举时的两颗子弹改变了选举的进程,整个局势一下子逆转。台湾因为选举,从地方一直到台湾地区领导人选举,每次都是选战纷纷,搞得不亦乐乎,这种情形构成了 20 世纪 90 年代以来的政治乱象。

2001 年的 5 月 20 日,陈水扁上台一周年,当时我正在台湾,真的是看到那种乱象,三辆卡车呼啸而过,车身上都是很大的宣传口号,高音大喇叭喊着,独派分子很嚣张。统派人士也很坚强,以陈映真为首,那天是下着大雨,很多人是夫妻同行,有的是全家出动,大家也去参加和平示威游行,抗议陈水扁上台一周年。统独之间的斗争非常尖锐、非常激烈。现在我们去台湾,情况已经大为好转,马英九上台这几年,两岸和平往来有很大的推进,可是在这之前,陈水扁执政八年,绿派特别特别嚣张,有时候给统派人士寄子弹,斗争是相当尖锐的。

随着海峡两岸这些年多方面的交流、合作,两岸周末包机、大陆居民赴台旅游,我们郑州也成为可以(到台湾)自由旅游的出发城市。像两岸学子留学,现在到台湾,从桃源机场经常看到大陆学子到那儿留学,郑州大学也有很多学生跟一些台湾高校有留学的签约。空中直航、海上直航、邮政合作、食品安全协商,各种展览大力策划,两岸统一是一个不可阻挡的历史潮流。就台湾漫长的社会历史来看,从政治角度而言,台湾的问题,日据时期主要是殖民与反殖民的问题;戒严时期,1949 年之后到 1987 年 7 月 15 日解除《戒严令》之前,主要是"反共"意识的问题;戒严之后,统独的问题成为台湾社会政治的焦点。

我们接着来看海峡两岸的隔与通。

(PPT)这是台北二二八和平公园。

(PPT)这是国民党撤退到台湾时的一些历史照片。

我们说海峡两岸隔海相望,海峡两岸又一脉相连,一方面看,几十年的政治阻隔曾经使两岸彼此都感到相当陌生;另一方面,同宗同族、同根同源的民族心态和文化背景又让海峡两岸血脉相连、彼此相通。

在两岸对峙的年代里,海峡两岸都在唱着什么样的歌、读着什么样的书、做着什么样的宣传呢?在座有生活阅历的老年朋友们都有印象,20 世纪五六十年代我们唱的很流行的一首歌《我爱我的台湾》:"我爱我的台湾啊!台湾是我的家乡,兄弟们啊,姐妹们啊,不能再等待,我们一定要回到祖国的怀抱,我们一定要解放台湾。"同一时期,台湾在唱什么歌呢?"望大陆,思爹娘,何时反攻大陆回故乡?"两边的歌非常有意思,调子很接近,都有福建渔民歌的调子。因为我在这边会唱大陆这首歌,我到台湾那边听他们唱歌,我就很奇怪,调子怎么那么相似?

20 世纪五六十年代,台湾小学三年级语文课本第六册第 27 课,这一课的题目叫什么?"我们的家在大陆上"。(PPT)因为这个画面看得不太清楚,我把内容给大家说一下。他们课本这样写,"爸爸妈妈告诉我,我们的家在大陆上。那儿有吃不完的稻麦,那儿有数不尽的牛羊。爸爸妈妈告诉我,我们的家在大陆上,那儿有祖先的家园,那儿有美丽的田庄……"。这是他们对小学生们的宣传。

有一个出生于 1960 年家在苗栗的地道的台湾作家蓝博洲,他现在是统一联盟第一副主席,一个写报告文学非常知名的作家。我请他来郑州大学做报告,他特别讲一件事情,让我们很感慨。他说,小时候上课,老师在课堂上讲,大陆人民那个穷啊,水深火热!穷到什么地步呢?只能吃香蕉皮啊!他举手说,老师,那香蕉让谁吃了?老师说,你站墙根儿去。那个时候小学生中秋节写作文,最后一句无一例外几乎都是"月亮圆的时候我们就能打回大陆回故乡了"。

那个时候海峡两岸互看水深火热,我们说台湾人民生活在国民党的统治下,人民的生活水深火

热；台湾当局说大陆是铁幕重重的沦陷区，只有台湾才是自由中国。1999年7月，我第一次到台湾参加学术活动，在高雄文艺协会有一个座谈，挺大规模的一个文艺座谈，有一位台湾诗人感慨，"你们从我们认为水深火热的地方来到你们认为水深火热的地方"，就是海峡两岸互看水深火热，这是政治严重隔绝年代民众的一些认知。

从1949年12月7日国民党政府败退台湾，到1979年我们全国人大常委会发表《告台湾同胞书》，两岸严重的政治对峙长达30年之久，再到1988年台湾放开部分大陆同胞回故乡去探亲，长达40年"老死不相往来"的局面才真正被打破。包括文学的研究，学术的研究，都是这样。我们注意，1979年之前，大陆出版的所有现代文学史、当代文学史一律不提台、港、澳，到80年代以后，两岸开始有一些交流，学界有一些沟通，因为长期隔膜和资料的限制，两岸都出现了一些笑话式的硬伤。

大陆有学者望名生义把一个老作者尹雪曼说成女的，他是咱们河南老乡，是国民党文艺政策非常重要的一个执行者，也是一个写了几十部小说、文艺著述的老作家，到晚年是绝对地赞成统一，现在已经去世了，活到差不多90岁。我们大陆有的学者就把他当成女的。台湾说了，你们大陆研究台湾文学是男女不分。我们说，且慢，你们台湾研究大陆作家是生死不明。为什么呢？到了20世纪80年代，他们给张恨水发参加学术会议的邀请书。我们知道张恨水是一个文学大家，出版了120多部作品，改编的电视剧《金粉世家》、《啼笑因缘》大家都有印象，这个作家早在1967年"文革"中已经去世了，所以我们说他们研究大陆文学是生死不明。这都是隔绝年代出现的一些学术界的笑话。

在特定历史条件的限制下，两岸曾经相当隔膜，但我们应该看到，同根同源的民族心态和文化背景又使两岸彼此相通。因为五千年华夏文化的民族血脉、割不断的乡土情思，让我们倍感同是炎黄子孙、血浓于水的亲切，就像澎湖沟，它并不能够割断流动的空气，也无法阻挡弥漫的花香一样。这种民族情、文化的根源是什么力量都割不断的，我们从余光中的《乡愁》、痖弦的《红玉米》、纪弦的《一片槐树叶》，从这些诗歌里面体会到的那种故园情感，也是台湾文学在当代文坛上乡愁主题绵绵不绝的重要原因。

我们下面重点讲第二个问题，就是台湾当代文学面面观。台湾文学作为中国文学的一个特殊分支，渊源于中华民族的文化母体，使用同一母语作载体来创作，反映海峡两岸中国人生活命运。20世纪以来，台湾文学大致分为三个阶段，1919年到1945年是日据时期的台湾文学，这个时期台湾文学是一种抗争文学，是一种启蒙文学，是一种救亡的文学，它和大陆的新文学有许许多多相似的地方。在很多时候，既受到大陆文学的影响，也有台湾特殊地域发展的真实。再一个，1945年到1949年战后初期的台湾文学，是台湾社会承前启后阶段的呈现。再往后，1949年以来的台湾文学，我们称之为当代台湾文学。

日据时期的作家，我很简单地提一下张我军，他被称为"台湾新文学的清道夫"、"台湾文坛的胡适"。他第一个把大陆的新文学引到台湾，在台湾文坛发起了一场文学革命。赖和被称为"台湾新文学的奶母"、"台湾现代文学的鲁迅"，他一边行医，一边创作，仿效鲁迅，拯救国民的灵魂。这个作家后来被日本人抓到监狱里面，两次入狱，身心受到很大的摧残，活的时间很短。再一个是杨逵，他被称为"压不扁的玫瑰花"、"台湾社会的良心"。在日据日期作家里面，他算活得比较长寿，活了80岁，前40年是日据时期，后40年是国民党戒严统治时期。这个作家在日本统治时期坐了11次牢，在1947年因为一篇不足700字的《和平宣言》，从1949年到1961又在绿岛坐了12年牢。这个作家一生铁骨铮铮，他原名叫杨贵，后改名杨逵，就是仿效梁山好汉李逵，就是有一种抗争精神。这个人一生特别地传奇，他和他的妻子叶陶被称为革命的红色夫妻。当年，杨逵在台湾农民组织担任三个部的部长，叶陶担任妇女部的部长，两个人一见钟情，走过了一生非常坎坷的岁月。

吕赫若，这个人非常帅，这是台湾第一才子，既是一个男高音歌唱家，拥有无数的粉丝，又是一个文学才华非常高的作家，同时也是20世纪50年代初走向革命，参加地下党活动的一个革命者。1951年，他在台湾鹿窟一带从事地下工作，担任发报员，他到山区发报，不慎被毒蛇咬死。他的事情

很多年都没有人发现,到底死在什么时候都没有人知道,是蓝博洲到他身亡那个地区做了很多调查,发掘了历史真相。去年我到台湾有一个月访学,见了吕赫若的儿子,我们谈了很多,讲了很多他父亲当年的情形。

(PPT)中间这位是龙瑛宗,被称为台湾优秀的小说家,他的代表作《只有木瓜树的小镇》,特别写了日据时期台湾知识分子矛盾、痛苦的心理。

(PPT)另外一位是吴浊流,被称为"默默耕耘的铁血男儿"。他最重要的著作是《亚细亚的孤儿》,写了一个知识分子许台明(音)在日据时期那样一种不屈不挠的强烈反抗精神。吴浊流在台湾现代文坛和当代文坛都拥有非常高的地位。

台湾进入当代社会之后,它的文学阶段大致分为五个阶段,这五个阶段实际上跟台湾社会演进的历程都是呼应的。我们从文学发展的过程,其实可以看到台湾社会林林总总的一些事态变化。

我们首先看20世纪50年代,从战斗文艺到乡愁文学。50年代的台湾,我们要注意到它的文艺生态环境。1949年12月7日,国民党政权败退台湾,台湾从此进入一个非同寻常的历史时期,在50年代一片乱局中,内外交困的国民党急于突破困境,制订了一系列政治、军事、文化政策。在政治上,他们主要提出了"反共抗俄"的方针,确立反攻大陆的所谓"国策"。1951年1月8日,蒋介石训示全体国民党员,他提出一个口号——"一年准备,两年反攻,三年扫荡,五年成功",用五年反攻大陆。这是政治上。

在军事上,和反攻大陆相匹配,实行《戒严令》。1949年12月20日台湾地区实行戒严令,实行长达38年之久,造成20世纪50年代清肃运动的白色恐怖。在清肃运动中,大陆潜伏到台湾的地下共产党员几乎被一网打尽,其实已经是一网打尽了。在文化界、思想社会运动中成长起来的左翼知识分子几乎被一网打尽。

在文化上,国民党当局以对政工的态度来对待文艺,掀起了文宣战争。比如说禁书政策,凡是留在大陆的作家,国民党当局称之为"献匪"的作家,他们的作品在台湾全是禁书,从新中国成立前已经去世的鲁迅起,鲁迅、郭沫若、巴金、老舍、曹禺、赵树理、沈从文等,所有留在大陆的作家,你的作品在台湾都是禁书。

在文化运动上搞"除三害"运动,要消除共产党的影响,最大的运动就是战斗文艺运动。20世纪50年代,台湾的文艺生态环境是怎样一种情景呢?我们可以看看女作家利玉芳的《墙的刺青》:

> 母校含泪
> 为学子刺青
> 保密防谍
> 人人有责
> 右手
> 反共抗俄
> 左手
> 还我河山
>
> 墙
> 伸出
> 痛的胳臂

(PPT)这幅画就是"防谍"。20世纪90年代台湾的朋友帮我找学术研究资料,我一看信封袋上还印着"保密"、"防谍"。

台湾关押政治犯的地方在绿岛,绿岛原名叫火烧岛,每年冬春季节岛上的草木经常受到海风盐

分的侵袭,呈现枯黄的状态,远远看去,仿佛像火烧过一样,所以叫火烧岛。这个面积仅为16平方千米的小岛,先后建立有四座监狱,是世界上监狱密度最高的岛屿。台湾著名的作家,杨逵、陈映真、李敖,都曾经作为政治犯关押在这里。20世纪50年代的清肃运动,政治犯多数关到绿岛。

(PPT)这幅照片是绿岛关押的女政治犯。

(PPT)这位被称为绿岛最漂亮的女政治犯,她原籍是河北。我们看这些面孔,都很年轻,其实都是学生,成立读书会,爱读书,看了大陆的作品了,在清肃运动中被关进了监狱。

(PPT)这位是林书扬。林书扬在台湾是一个非常特殊的人,1950年,因为麻豆事件,他入狱到了绿岛,一直到1984年,做了34年的牢,几乎要把牢底坐穿,还不能够从监狱里面出来。民众非常愤怒,统派各种文化组织强烈抗议,林书扬这才从监狱里面出来。1968年,著名乡土文学作家陈映真因为阅读毛泽东、鲁迅著作被扣了一个涉嫌叛乱的罪名,也住进了绿岛。本来判了10年,后来蒋介石去世,特赦政治犯,改为7年。他在监狱里面遇到了很久就知道的林书扬,原来这么儒雅的一个人,这么有知识的一个人,竟是如此境况。陈映真先生被深深地触动。林书扬出监狱之后,一直在做两岸的统一工作,前一段身体不太好,在北京治疗。去年我在台湾时打听他的情况,他在北京治病。一生都要把牢底坐穿,为了理想,为了信仰,就是这样一个人。

20世纪50年代的清肃运动非常严重,大家可以从一个事例简单得知。我们看前一段最热播的电视剧《潜伏》,里面的余则成形象给大家留下了深刻的印象。福建党史办有专业研究人员告诉我,他说,余则成的原型就是这位吴石(PPT),不过这个有待考证。吴石是一个非常重要的人物,据说周恩来去世之前念念不忘的两个人,一个是还在台湾的张学良,一个就是吴石。吴石是什么情况呢?1949年8月,他被蒋介石在台湾任命为国防部参谋次长,抵台后开展大量的收集情报的工作。后来中共华东局的女情报员朱谌之奉命潜入台湾单独联系台湾地下党的最高领导人,一个是蔡孝干,一个是吴石,从吴石那儿取走了绝密情报——台湾战区战略防御图。1950年1月上旬的一天,这个绝密情报出现在毛泽东的办公桌上,毛泽东沉吟片刻,挥笔写下了一首诗:"惊涛拍孤岛,碧波映天晓;虎穴藏忠魂,曙光迎来早。"这个事情蒋介石当局发现了,因为蔡孝干被追捕的时候,人第一次没被抓到,但是落下了一个笔记本,上面写有"吴次长"这样的字眼,蒋介石勃然大怒,马上派人抓了吴石。当时吴石是国防部的参谋次长,中将了,还有第四兵站总监陈宝仓中将,吴石的亲信聂曦上校,华东局的情报员朱谌之,全部被抓,1950年6月10日全部被处决。吴石临刑前提笔写下了这句诗:"凭将一掬丹心在,泉下差堪对我翁。"后来我们正式追认他为革命烈士。

(PPT)这是朱谌之的照片。朱谌之死后骨灰葬在乱坟岗。前三四年,台湾的文学人士到处寻找,找到了朱谌之的骨灰。后来她的骨灰被迎回大陆的时候——她是南京人,在机场还铺了红地毯,非常郑重,表达对当年牺牲革命烈士的一种敬仰、一种尊重。

清肃运动从文艺界、文化界,一直到政界、军界,都是白色恐怖的氛围,在这个背景下,我们再来看20世纪50年代台湾的文学,这样就有一种历史语境的参照。20世纪50年代最大的文艺运动就是战斗文艺运动,这是一场由台湾官方倡导的服务于"反攻大陆"政治需要的文宣战争。

1949年,有一个从大陆到台湾的文人叫孙陵,他写了一首歌——《保卫大台湾歌》,他是受国民党宣传部代部长任卓宣的邀请,任卓宣给他谱上曲,在全岛传唱,一时间,高音喇叭里放的,各种场合唱的,都是《保卫大台湾歌》,这就成为战斗文艺运动拉开序幕的"反共"第一声。到了1956年,战斗文艺运动走向高潮,那个时候,可以说"战鼓与军号同鸣,党旗与标语一色",成为泛滥的局面,战斗文艺多是"反共八股",主要是为政治服务。重奖之下必有勇夫。台湾20世纪50年代经济是很贫困的,你要写一个稿子得了奖,可能这个稿酬相当于一个公务员半年的收入,所以很多人来写,也有经济因素考虑。

从事战斗文艺创作的作家主要是政界作家和军界作家,陈纪滢和姜贵都是政界作家的代表,他们的作品都是在虚构"反攻大陆回故乡"这样的政治神话,政界作家意识形态话语更为鲜明、更为强

烈,就是"反共"意识更强。像陈纪滢写的《荻村传》,姜贵写的《旋风》《重阳》,旨在探讨共产主义何以在中国兴起,但是他得出的结论是违背历史真实的一种结论。这种小说作为"反共"小说,今天再来读很有意思,这个意思是什么呢? 通过它看到20世纪50年代台湾那样一种政治生态。

再一种作家就是军中作家,以军中三剑客——朱西宁、司马中原、段彩华为代表。其中朱西宁年龄稍大一点。大家可能知道台湾朱家三姐妹,朱西宁是她们的父亲,朱西宁的妻子刘慕沙也是一个文学翻译家,全家五个人全部舞文弄墨,这就是台湾的文学家族,这种现象非常普遍。司马中原和段彩华都是1933年生,1949年到台湾的时候是地道的少年兵,现在16岁的孩子有多少政治很鲜明的东西,他们也是跟着国民党军队就过去了,最小的还有12岁的兵,还有6岁的兵。像司马中原,他是台湾著名的"四大名嘴"之一,写了一千多万字的作品,他的创作也是各个方面都有。作为带有"反共"意识、战斗文学色彩的创作,朱西宁的《八二三注》、司马中原的《荒原》《狼烟》,段彩华的《幕后》,都是那个特定时代下写的一些作品,后来他们的创作都有了比较大的转变。

在战斗文艺主潮之下,20世纪50年代的文坛还有另外的创作走向,那就是乡愁文学。乡愁文学很明确,主要是对大陆故土家园的回忆,表现出乡愁意识。在这方面,女作家的创作最为突出,大家都看过根据林海音的小说改编的电影《城南旧事》,还有於梨华的《梦回青河》,琦君的《橘子红了》也是大陆热播的连续剧,还有张秀亚的《杏黄月》《寻梦草》,还有20世纪30年代以女兵形象著称的谢冰莹,她到台湾写了《故乡》。这些作品今天看起来是纯正的乡愁文学,疏离战斗文艺的主潮,没有去表现那种很张扬的政治意识,而是以故土家园、人性、童年、亲情等人类情感的描述作为写作的主题。

(PPT)这是一些女作家的照片,大家可以感知一下。在乡愁主题的演绎上,我们特别说到林海音,她是台湾苗栗人,她写的《故乡》不是她真正的故乡苗栗,也不是她的出生地日本大阪,而是北平。《城南旧事》写的是北京城南的故事,以一个小孩英子的眼光看20世纪二三十年代北平底层社会生活的风貌。它的最后一个题目是"爸爸的花儿落了,我也不再是小孩子了"——在英子13岁那一年,她的父亲得病去世,得病去世的原因是因为英子的叔叔在大连从事地下抗日活动,被日本人打死,英子的爸爸去给他的亲胞弟收尸,回来之后一病不起。英子姊妹七个,她是家里的老大,在别人还是小孩子的年龄,她已经担当起许多大人的责任,因为父亲的去世,童年美梦顿然破碎。林海音写的《城南旧事》是具有强烈自传色彩的乡愁文学,这个小说写得非常好,改编成电影之后,获得戛纳电影节的大奖。演员沈洁演小英子,多年之后到日本留学,后来到台湾。我们看"小英子"和林海音,两个人非常像,气味特别相投。

林海音在台湾是一个非常重要的人物,她不仅创作出版了很多作品,还执掌台湾的文艺刊物,她是台湾联合报副刊第一位女主编。她在20世纪五六十年代培养了许多作家,创造了台湾文学的纯文学的黄金时代,林海音家的客厅被称为台湾文坛的半个天下。在林海音80岁那一年,很多朋友到她家里给她做寿,余光中是她的邻居。余光中就说了,如果再早20年,林海音一定是当文化部长的材料。就是说她太能干了,团结文人,又能写作,为人热心大度。马上有人站起来反驳,有了林海音,还稀罕什么文化部长? 全屋里的人热烈鼓掌,文化部长算什么,怎么能和林海音相比呢? 林海音在台湾被称为祖母级的文学人物,林海音当之无愧。

乡愁文学的绝唱,在国民党的元老派也是一个老文人于右任那里表现到了极致。我们都知道他的那篇《望大陆》,以遗言的方式写的一首诗:

葬我于高山之上兮,望我故乡,故乡不可见兮,永不能忘! 葬我于高山之上兮,望我大陆,大陆不可见兮,只有痛哭! 天苍苍,野茫茫。山之上,国有殇。

我觉得这真是乡愁文学的绝唱,在座的多是文学的爱好者,我不用过多地解读,你们可以体会

其中的感情和韵味。

在 20 世纪 50 年代战斗文艺的主潮之外,除了乡愁文学,还有乡土文学,主要表现台湾农村生活的矛盾,还有日据时期台湾人民的痛苦。这里面最重要的就是钟理和,他在台湾文坛上被誉为"倒在血泊中的笔耕者"。

钟理和 1915 年出生于台湾屏东县,青年时代受新文学的影响,18 岁随父亲到高雄的一个农场(美浓农场)工作,日据时期开始创作,他的价值是在他死了之后才被人认识。

(钟理和)这个人一生非常坎坷,他在美浓农场劳动时认识了同姓女工钟平妹。钟理和是客家人,客家人有一个风俗,同姓不婚。钟理和最后带着钟平妹逃到大陆。日本投降之后,他后来又在东北生活一年多,最后返回台湾。他的一生非常惨,自己因为同姓结婚的问题受到周围环境的排斥,身体又很差,因为肺病曾经一次割了 7 根肋骨,过着半疗养半写作的生活。他的长子钟铁民不幸摔伤致残,腰直不起来,后来成为钟理和纪念馆的馆长,他还送了我一套钟理和的作品全集。前年,钟铁民不幸去世。钟理和的次子因病不幸夭折。这个人的生活靠他的妻子劳动支撑,就像钟理和写的小说《贫贱夫妻》一样。1960 年 8 月 4 日,钟理和在床上修订他的中篇小说《雨》时大口吐血,不幸身亡,年仅 46 年。弥留之际,他给家人留下遗言:"吾死后,务将所存遗稿付之一炬,吾家后人不得再有从事文学者。《笠山农场》不见问世,死而有憾!"他生前只出版了一本作品集子,大量的创作都压在那里,不被人认识,贫困到了极点。

钟理和是台湾著名的作家,他的作品深刻地表现了台湾同胞原乡的感情。他的创作又有鲜明的自传色彩,默默的坚韧精神,还有浓郁的乡土风格。有台湾学者说,台湾新文学两种风格,它的背后是作家的两种人格,一种是赖和、杨逵、吴浊流式的金刚怒目式的抗争,再一种就是钟理和这种默默的隐忍的风格。温家宝在一次演讲中曾经引用钟理和《原乡人》中的一句话——"原乡人的血必须流返原乡才能沸腾"。钟理和临死前不让家人涉足文学,但是他的长子钟铁民成为新一代的乡土文学作家,他的孙女在美术学院毕业,现在也是一名年轻的作家。

20 世纪 60 年代台湾文坛主要的走向是现代派文学。现代派文学流行的原因跟几个方面的情形有关:第一,受西方文化思潮的影响;第二,跟祖国新文学的断裂。第三,失落感、逃避主义心理导致的内心转向;第四,对 20 世纪 50 年代战斗文艺自觉不自觉的反叛。

在现代派文学繁荣过程中有两本杂志起了大作用,一个是《文学杂志》,一个是《现代文学》。在这个过程当中诗歌的创作主要在军队中展开,军中诗人纪弦挑头成立现代诗社。纪弦也是个不得了的人物,2013 年 7 月 22 日去世,活了 101 岁。

(PPT)我们看他的形象,又瘦又高,喜欢叼一个烟斗,他的作品是自嘲与嘲人兼有。

我们看他的《七与六》:

拿着手杖 7
咬着烟斗 6
数字 7 是具备了手杖的形态的
数字 6 是具备了烟斗的形态的
于是我来了
手杖 7+烟斗 6=13 之我
一个诗人
一个天才
一个天才中之天才
一个最最不幸的数字!
唔,一个悲剧

悲剧悲剧我来了
于是你们鼓掌,你们喝彩

郑愁予的《错误》特别具有中国古典诗歌的底蕴,又有西方诗歌意向的境界。

20 世纪 60 年代的军中诗社,在覃子豪、钟鼎文、余光中策划下,还有一个蓝星诗社,这是军人拿起笔来写诗,这个诗社相对来说风格比较中庸,外界还能接受。其中大名鼎鼎的就是余光中,我们记得他的《乡愁》:

小时候/乡愁是一枚小小的邮票/我在这头/母亲在那头
长大后/乡愁是一张窄窄的船票/我在这头/新娘在那头
后来啊/乡愁是一方矮矮的坟墓/我在外头/母亲在里头
而现在/乡愁是一湾浅浅的海峡/我在这头/大陆在那头

这诗写得多好! 把海峡两岸这么多年的隔绝,两岸人民这种思念故乡的心理刻画得栩栩如生。

现代派诗社再一个就是创世纪诗社,1953 年 10 月成立于高雄左营,由洛夫、痖弦、张默发起,还有我们南阳过去的老诗人纪弦。他们当时很年轻,20 多岁,也没有钱,就是对文学心向往之。痖弦 2010 年来河南时告诉我:我们那时候的想法是什么呢? 当掉你的裤子,保有你的思想。为了一种信仰,为了思想,为了文学,不遗余力。当时没有钱,要打广告,怎么办? 创世纪诗刊这一期一出,痖弦说我到报纸打一个两角钱的广告:张默,你在哪里? 创世纪第几期已经出版,到处找你不到,你在哪里,赶紧回信。以寻人启事的方式把那个刊物宣传了。经常是把自行车或者手表当掉了,诗刊出了,再把东西当回来,以这种精神追求文学。

洛夫、痖弦、张默人称创世纪诗社的"三驾马车"。(PPT)中间这位就是我们南阳老乡,南阳话说得地道,他说他是南阳方言的活化石,他的方言止于 1949 年之前。现在南阳地区的方言都变了,因为新中国成立后有很多新词、新意。他说,他所说的是地道的南阳方言的活化石。他有很多想法,老先生也特别幽默,现在在加拿大,非常有文化涵养的一个人,他在台湾文坛是跺一脚震三震的人。

他的《红玉米》写得非常好:

宣统那年的风吹着
吹着那串红玉米

它就在屋檐下
挂着
好像整个北方
整个北方的忧郁
都挂在那儿
……
犹似现在
我已老迈
在记忆的屋檐下
红玉米挂着
一九五八年的风吹着

红玉米挂着

他有感于南阳故乡的红玉米写下了这首诗。中央人民广播电台或者电视台一到春节要表现乡愁主题的时候，如果选一首痖弦的诗，毫无疑问就是《红玉米》。

现代派小说的创作主要是由学院派作家为之，这些作家当年都是台湾大学外文系三四年级的学生，像白先勇、聂华苓、王文兴、陈若曦、欧阳子、林怀民、七等生、施叔青等，他们创造了大量的现代派小说，成为文坛一景。施叔青最初写现代派小说时才16岁。后来她的妹妹刚刚出道时写《花季》，也是16岁。她的大姐施淑是丹江大学著名的教授，施家三姐妹都是文坛的女文人，是我说的台湾文学家族。

现代派受到西方现代文学的影响，小说主要发掘现代人内心生活和潜意识，受到西方存在主义、弗洛伊德精神分析学的影响，寻找自我，在技巧上和现实主义文学有很大的不同。由于时间关系，只能比较快地过一下。

白先勇的著名之处在于两点：第一，他的家世。他是国民党著名将领白崇禧的儿子，他一生最大的成就就是文学写作。第二，白先勇是昆曲的爱好者，一来大陆就为昆曲的复兴而奔波。另外，他也是从台湾到美国的著名的学者，现在已经退休。

白先勇1937年生，他的创作最重要就是表现国民党上流社会的兴衰史、民国历史的伤心客，着眼于人类永恒主题的发掘，今昔之比、灵肉之争、生死之谜都是他探寻的主题。他认为古今中外的文学写来写去就是八个字，就是"战争""爱情""生老病死"，这是任何国家、任何时代的文学都不能逾越的一种人性的主题。在他的笔下，人世的沉浮、江山的兴废、生命的沧桑都是他反复表现的主题。他的作品非常精致，最初传到大陆时大家很吃惊，惊叹台湾有这么精细的作品。那时候文学写作语言都比较粗糙，但白先勇的《永远的尹雪艳》《游园惊梦》，这些文字的推敲、打磨都是非常高的。

聂华苓这个作家应该是1925年生，湖北人，1949年到台湾。她的父亲20世纪30年代在非常偏远的贵州地区当一个小专员，因为他原来是桂系，跟蒋介石系统明争暗斗，好不容易派去当一个小官，红军长征从那儿过时闹不清情况，把他当成蒋家的人给处决了。新中国成立前，出于对政治的恐惧，她带着全家到了台湾。到台湾之后，她在国民党元老雷震办的一份杂志《自由中国》当文艺栏的编辑。雷震因为批评蒋介石的人格，提倡民主，还想建一个党外党，最后被蒋介石以涉嫌叛乱罪处10年的徒刑，然后送到绿岛，整个《自由中国》解散，有的人被捕，有的人被杀，有的人被跟踪。聂华苓的生活非常坎坷。后来她认识了美国诗人保罗·安格尔，到美国在爱荷华大学创办了"国际协作计划"，这是一个面向全人类作家的文学机构，她为世界文学的交流做出了重要的贡献。有一年，全世界有27个国家和地区的作家，大概有400多名作家联名倡议聂华苓和保罗·安格尔夫妇为诺贝尔和平奖的提名人。

聂华苓的一生，一方面是文学的写作，一方面是文学的交流。她有一本自传体小说《三生三世》，她说，别人是一生一世，我活了三生三世，第一生一世是在中国大陆，第二生二世是在中国台湾，第三生三世是在美国。她写的《失去的金铃子》《桑清与桃红》，都是非常好的小说，我觉得是比较经典的文学名著。

（PPT）这是聂华苓的一些著作。

陈若曦这个作家在台湾具有特别的传奇色彩。陈若曦1938年生，是地道的台湾人，出生在一个世代的无产阶级家庭。她的父亲、祖父都是木匠，她从小跟劳动人民有联系，在台湾大学外文系读书。当时家里穷，走读，自己写书赚稿费养活自己。她到美国去留学，她的第一本英文小说集正好出版，作为她去美国留学的盘缠。陈若曦是一个热血作家，她对政治很敏感，对所有的事情特别热心，她到美国之后，正好20世纪70年代初，美国青年中掀起中国热，陈若曦非常狂热地阅读毛泽东著作,了解中国大陆的事情,希望有一天到中国大陆服务,报效祖国。她是一个地道的台湾人,她有一颗热烈的中国心。这个时候他认识了台湾在美国留学的流体物理学家段世尧。段世尧的老家是在四川,两个人在拿到硕士学位之后相约到祖国大陆来服务,这个时候是1966年。因为要来大陆,他们受到国民党特务的一路跟踪,几乎飞了大半个地球来摆脱盯梢,最后到了大陆。但是生不逢时,他们1966年9月到大陆,1966年5月16日毛泽东"我的一张大字报"正式拉开了"文化大革命"的序幕。陈若曦是在惊讶、困惑、迷茫中度过了7年,一颗报效祖国的心受到了极大的打击。她当初不愿生孩子,为什么呢?她希望孩子生在祖国大陆的土地下,一睁开眼就看到五星红旗飞扬。两口子历尽千辛万险到了大陆,但是不给他们安排工作,光在北京旅馆住了一年多,这时候生了孩子。孩子在幼儿园人家说他是小美国佬,因为他爸爸妈妈是从美国回来的。她的丈夫段世尧是一个很忠实的知识分子,没有合适的工作,人家说,你流体力学,不就是跟水有关吗,你就到华东水利学院吧!流体力学跟水利完全是两码事,就把他弄到南京了,然后是知识分子劳动改造。后来陈若曦写了一本小说叫《归》,都是真事儿:

老段跟知识分子扛着锄头干活回来,很饿,夕阳西下,看到那个巨大的夕阳正在缓缓地下落,老段很饿,就说,这么大的太阳,多像一个巨大的荷包蛋,现在要是有一个荷包蛋吃多好!这事儿被人揭发了,成为"吞太阳事件"。"文革"唱的歌是什么?太阳最红,毛主席最亲。毛主席是红太阳,你想把红太阳当荷包蛋吃了?老段不断地写检查。他还自卑在哪里?他父亲曾经在台湾做过看管张学良的工作,他老得写检查。

在大陆待了七年之后,没有办法待了,好不容易找了一个机会把信息传到周总理那儿了,周总理说了一句来去自由。他们先到香港,再到美国,然后再到加拿大。

大陆新时期的文学,说到伤痕文学,就是刘心武的《班主任》,卢新华的《伤痕》,说这是中国大陆伤痕文学的先河之作。不对,先河之作不在这儿,是在陈若曦那儿。陈若曦1974年写了《尹县长》、《耿尔在北京》等作品,全是写"文革"的,她是最早揭示"文革"世象的作家。这个作家心特别热,到了晚年,因为一些事情跟丈夫和平分手了,她把财产留给老段,也很感谢他。儿子是学法律的,他说:老爸老妈,我给你们商议离婚的事儿,不然你们还得出去交律师费。老爸爱房子,房子归老爸,其他的东西归老妈。陈若曦带了很少的东西回台湾,她要回台湾,为台湾服务。老段不喜欢那个统独大战、蓝绿对峙的氛围,他一回去住不下去,陈若曦自己回去了。回去一两年之后,她有一个学兄,也是独身,两个人结合了,但是那个人是"深绿",而陈若曦是"深蓝",两个人老因为政治吵架,他们是台湾文坛上第一对因为统独问题分手的夫妻。去年我专门到陈若曦家里访问她,说起这段,她是大家气象的作家了,她付之一笑:那个人来的时候是一个小出租车运的东西,走的时候运了好几汽车东西,这也拿,那也拿。我说,你拿走吧,人都不在一起了,还说什么东西呢!陈若曦晚年参加义工活动,保护台湾的生态,还为一些文学界的事情奔波,是非常有个性的一个人。我说陈老师,你这一生是性格决定命运,信仰决定人生。她说,你说的太对了,我的一生就是这样走过来的。这个作家的作品非常有意思,但是我们没有办法展开讲。

(PPT)这都是陈若曦的集子。

欧阳子是台湾南投县人,也是台湾大学外文系毕业,在美国爱荷华小说创作班得的硕士学位。欧阳子写婚姻爱情与众不同,别人写婚姻爱情悲剧经常是社会悲剧,或者是世俗风尚,或者是周围恶势力等,都是写外在原因造成的悲剧,他写的婚姻爱情悲剧都是人类自身的悲剧——性格的偏执或者人性的复杂造成的悲剧。他的作品对人性有非常深刻精妙的发掘,他在台湾被称为"心理外科医生",他的小说也引起了很多纷争。他的作品不多,非常坚持自己的文学主张,如果他的作品大家要读的话,可以读他的代表作,比如《花瓶》、《最后一节课》,这些都是非常有意思的小说。

(PPT)左边这位是欧阳子。

王文兴在当年从台湾到美国留学的知识分子中是很有知名度的。20世纪60年代台湾社会流行一个口号,"来来来来,来台大(台湾大学)。去去去,去美国"。青年学子以到美国留学为最高人生目标。我们都记得三毛的故事,她父亲给她700元钱,她就到西班牙去留学。现在想想,700元钱怎么周游世界,走那么远?那时候适合留学的,不适合留学的,家长一股脑都盼着孩子出去留学,那是欧风美雨侵袭台湾之后的社会风尚和文化走向。这个作家创作非常认真、严谨,而且非常烦琐,到哪种地步呢?每天最多写30个字左右,如果写100个字就是很高的产量。他要反复在纸上写来写去,每一个字都要精雕细刻。他最重要的作品就是《家变》。这个小说引起了很大的反响,一直到现在,你研究台湾现代派文学,不管你赞成不赞成这个作品,这个作品都是不可或缺的经典文本之一,写的是从对家非常依恋到对家非常恨这么一个家变的故事,最后出走的不是子辈,而是父亲。父亲不堪忍受儿子对他的虐待,最后出走,儿子寻父三个月,没有着落,作为整个书的终结。他对于西化风尚下台湾知识分子最远走到了什么地方,有一种非常真实的描摹。

20世纪70年代的台湾,最主要的文学走向是乡土文学的崛起。从社会原因来看呢,跟70年代一些重要的社会事件的影响有关系。1970年11月发生了钓鱼岛事件,我们知道钓鱼岛原来是台湾省附近一个海中小岛,属于中国的领海,因为发现地下石油引人注目,美国宣称钓鱼岛是琉球群岛一部分,要把它归还给日本,这件事引起了全世界炎黄子孙的愤慨,海内外同胞掀起了保卫钓鱼岛运动,台湾同胞的民族情绪大为高涨。1971年10月25日,"台湾"退出联合国。20世纪70年代,日本同"台湾"断交,美国与"台湾"断交,1978年中美两国发表建立外交关系的外交公报,"台湾"依附美国的外交体制逐渐瓦解。在这样一些大事件冲击下,台湾的社会民心发生了很大的变化,这种自我生存意识、批判崇洋媚外的意识都得到了新的提升,整个社会朝着回归民族、回归乡土这个方向来转舵。

从文学原因来看,20世纪60年代的现代派文学,对于打破50年代"反共八股"创作是一种反叛,但是后来由于它自身的一些弊病,比如说苍白啊,虚无啊,沉湎于自我啊,脱离台湾的现实生活土壤啊,造成了很多弊病。乡土文学崛起对现代文学的弊病也是一种文学的反叛。在乡土文学崛起的时候,1977年到1978年曾经发生乡土文学论战,极大影响了台湾的社会。它的影响力超过了文学的范围,波及台湾的思想文化领域,乃至整个台湾社会。在乡土文学论战中,陈映真、尉天骢、黄春明、杨青矗他们都是站在乡土派的立场上。王拓当时也是站在乡土派的立场上,但是多年之后,他站在了当年乡土派的对立面,担任了民进党的宣传部长,更多的有了"绿"的色彩。

乡土文学在20世纪70年代的文坛上有许多掷地有声的创作,代表了那个时代文学写作的高峰。这里面我列举一些集子,像陈映真的《将军族》、黄春明的《青番公的故事》、王祯和的《嫁妆一牛车》、杨青矗的《绿园的黄昏》,以及那个时代王拓的《金水婶》。

乡土文学首推陈映真,他1937年生,原名陈永善,台北县莺歌镇人。他不仅仅是台湾乡土文学的旗帜,也是台湾思想文化战线上最重要的左翼文化人士,也是最重要的统派。陈映真一心向往大陆,晚年做的所有事情都是为两岸的统一在奔走呼告。他写了很多文章,做了很多事情,与台湾的独派展开斗争。2007年,台、港、澳百人文化考察团,陈映真从北京和他的夫人一起来咱们这儿,在河南待了一个星期。回去后大概有三四个月不幸中风,现在脑子很清醒,恢复得很好,但是活动不太方便,一直在北京养病。说到台湾,陈映真是必须知道的事情,可以这么说,台湾社会的良心、台湾当代文坛的鲁迅非陈映真莫属。

陈映真早年喜欢读书,1968年被台湾当局以"组织聚读马列共产主义、鲁迅等左翼书册及为共产党宣传"等罪名,判了10年,7年之后出狱。他写了一系列的作品,对台湾的社会现实、底层的小人物,包括台湾的历史,日据时期的历史,都做了深刻的反思。我觉得这个作家是台湾一个非常重要的大作家。

(PPT)这是陈映真的一些照片。

(PPT)这是参加工人游行的照片。

（PPT）这位就是杨逵。

陈映真的作品非常多，我那书架上有一格全是陈映真的。他最新的作品就是《忠孝公园》，里面有三部中篇，这个写完之后他就生病了，写这个之前，在北京开他的研讨会，我们特别希望他的创作再继续，他写了这三部，写得非常有深度。

（PPT）这是他的作品封面影像。

我们很简单提一下《将军族》，这是大家认为陈映真写的最好的小说，他写台湾的一个乡村小姑娘，没有名字，叫小瘦丫头，可想而知，衣衫褴褛。大陆流落到台湾的一个老兵，也没有名字，叫三角脸，肯定也长得不太好，也比较老。三角脸已经四十来岁了，小瘦丫头还不到 20 岁，这一老一小，一男一女，一个大陆的，一个台湾的，他们在台北的康乐队相遇，成了莫逆之交。小瘦丫头是从家里逃出来的，为了还债，家里没办法把她卖到妓院，她从妓院逃出来，流落到三角脸所在的康乐队里面。他们的命运都非常坎坷，同是天涯沦落人，相逢何必曾相识，两个人结下了很深的情谊。后来呢，三角脸把他退伍时仅有的三万台币放在小瘦丫头的枕头下，三角脸离队远去，他希望小瘦丫头用这笔钱赎身，缓解家里的困窘。结果这笔钱也没能解救小瘦丫头，小瘦丫头后来被妓院的人找到，又把她带走，如果她不走的话，就把她妹妹卖到妓院。小瘦丫头没有办法，就去了妓院。又过了一些年，小瘦丫头用自己挣的钱赎了身，还被嫖客弄瞎了一只眼，之后小瘦丫头在一个康乐队里面当指挥，走遍天涯海角，只有一个心愿，要找到三角脸。在一个冬天的农田里，两个人相遇。小瘦丫头说，下一辈子吧，我已经不干净了！三角脸说，我这副皮囊比你还要不干净！他们相约下一辈子相遇，两个人都会吹吹打打，就在农田吹着《王者进行曲》，非常高兴他们有生能够相遇。第二天，农人发现了穿着整整齐齐的一对男女双双自尽在甘蔗田里。底层漂泊的小人物，他们对感情那种纯洁真挚的追求，相濡以沫的品质，比那些上等族类的将军族都要高尚得多，这就是小说《将军族》这个名字的由来。这个小说写得非常好，感伤、深刻、绵长，让你读了之后特别感慨，这就是陈映真的小说。

到了晚年，他写《忠孝公园》，对于台湾历史现实的反思和批判，极具力度，而且揭示了大陆学者许许多多根本不知道的历史事件。这些小说都是那种掷地有声、特别值得一读的。

黄春明被称为标准的乡土文学作家，他 1939 年生于台湾宜兰县罗东镇。这个人小时候很苦，8 岁没有了母亲，继母对他不好。他是 5 个姊妹中的老大，跟着爷爷奶奶长大，奶奶是一个客家人。黄春明一见我们就说，我要写一部长篇小说，叫《龙眼熟了的季节》。我们一见他就问，你的"龙眼"熟了吗？没有。他的长篇小说没有写出来，这点很遗憾，但是这并不妨碍他成为乡村文学的大家。为什么呢？因为他的作品完整记载了台湾从 20 世纪 60 年代一直到当下台湾由农业社会到资本主义工商社会这样一个转型演变的过程。大陆缺少这样的作家，20 世纪五六十年代我们有赵树理等，有的在"文革"中去世了，有的刚刚粉碎"四人帮"就去世了，他们没法完整写下中国大陆乡村的变化。后来的莫言也好，贾平凹也好，他们是从另外一个阶段起步来写。黄春明从 20 世纪 60 年代一直写到当下，他构成了台湾乡土社会的一副历史长卷。

他的作品跟陈映真不一样在哪里？陈映真是从一个市镇小知识分子的视角来写，黄春明是以一个地地道道的热爱故乡的这么一个作家来写作，他对宜兰故乡有非常非常深的感情。小时候他喜欢作文，他的语文老师给他一本沈从文的书，黄春明说，沈从文是我的文学爷爷，沈从文写乡村写得非常好。黄春明的老师是地下共产党，后来被抓去枪杀了，多年之后，在宜兰附近一个医院的福尔马林池子里发现了他的尸体。黄春明到大陆开座谈会的时候，经常说，希望大陆台办这些机构一定要查一查王贤春，他一定是你们大陆派去的共产党员，非常好的一个人。

黄春明写乡村变迁的过程中城市的文明、资本主义的经济因素侵入农村，让农村破产破败。其实很多这样的景象我们都不生疏，现在土地的问题，农民的出路问题，很多农民的现实症结问题，他写得比较早。最重要在哪儿？他说农村被侵蚀，有一些景象破败时，特别写了小人物的品质，他对乡土小人物极尽崇敬的心情，写他们人格的坚持，写他们人品的高尚，写他们人性的温爱，对这特别

感动。比如说他有一篇小说叫《鱼》：爷爷对孙子说，你到镇上当学徒，学木匠活，你学成回来的时候我用放羊的钱给你买一套做木匠的工具，但是你回来时给我带一条鱼——老阿公在山区没有吃过鱼。小孙子到比较远的地方学木匠，学成之后买了一条三斤半的鲹仔鱼，没有钱坐汽车，借了人家一个很破的自行车，除了铃不响，所有的地方都响。没有筐子，他把鱼用草绳绑起来，挂在车把上。山区的路很窄，小孩子迎面躲汽车时鱼掉了，汽车呼啸而过，鱼被压得粉碎。小孩子回到家里非常伤心，一而再再而三地对老阿公说，爷爷，我给你买了一条鱼，很大的鱼，三斤半的鲹仔鱼，但是它掉了，让汽车压碎了。老阿公说，我相信你，好孩子，你一定会给我买一条鱼，但是这鱼我没有看到。小孩子为了证明自己，一再给老阿公说，我真的给你买了一条鱼，没有骗你，多大的鱼，什么颜色。老阿公说，我相信你没有骗我，但是我没有见到鱼。两个人都是极力证明自己，反而产生了隔膜，这个说明了什么呢？城市、道路，还有到镇上学的工艺，都代表了一种新的经济因素对农村的侵蚀，它给农民带来的不只是新的人生，还有农民家庭、亲情之间的隔膜，互相的不信任。黄春明写出了小人物的自证，像《溺死一只老猫》《锣》《两个油漆匠》《苹果的滋味》等，全是写的小人物在城乡变迁中非常艰难的人格自证。

黄春明这个作家非常有意思，到老年时他写了很多老年小说，就是老人题材啊，我们社会越来越老龄化。他写有《死去活来》《最后一只凤鸟》《打苍蝇》。比如说《死去活来》，写了一个89岁的老女人粉娘，这次又生病，病入膏肓，家人一看，肯定是不行了，给她扎起了灵堂，把她放在棺材里面，把城里的孝子贤孙、亲戚都招来，干什么呢？等她咽最后一口气好发丧。这个粉娘在棺材里躺了一夜，又醒过来了，一看这阵势，很惭愧，说，实在对不起，这次又没死成。就是说这个老人前面已经有这种事儿，家里年轻的孩子都烦死了，觉得你老不死，怎么老不死呢，老让我们这么折腾？写了现代这种人情关系的冷漠，老人问题突出。

像《打苍蝇》，这个老人呢，儿子在台北做生意，怂恿老人把家里的地卖了，儿子说，每个月我给你们送生活费来。后来林从旺（音）老人没有事儿干啊，农民没有了土地就没有了生活的根基，每天坐在门口干什么呢？盼邮差，邮差来了，儿子的生活费就送来了。坐着百无聊赖啊，干什么呢？拿一只苍蝇拍拍苍蝇。最后训练到什么程度呢？拍无虚发，苍蝇飞过，不用看就可以把苍蝇打死，极其无聊的状况下，成就了这么一个高超的本领。这个背后是老人失去土地的辛酸，是父子隔离的一种距离。

黄春明到了老年说，我要写一写老人，老人的问题真的是全社会的问题，但是得不到重视。老年人的智慧、老年人的经验、老年人美好的传统都被人当作废物搁在一边了，其实老人那边有许多中华民族非常优秀的传统。比如说一个家庭里面，现在都是三口之家，不喜欢老人介入，其实这是最大的失误，一个家庭有老人，有子辈，还有孙辈，这是生命正常的轮回，而且老人的智慧和经验通过对孙子的这种照料和抚育得到了一种生命的延续，但是现在我们都把这种东西隔断了。

（PPT）这是黄春明的影像。

（PPT）这是黄春明的青年影像。

黄春明还是一个热烈的乡土文化的建设者，他出了很多的书，晚年成立了马大哈儿童剧团，领着小孩儿演戏，自己也在剧中当一个角色，他对乡土文化建设极具热情。

20世纪80年代，多元文学的格局形成。多元文学格局形成跟1979年的三件大事相关。第一件事儿，1979年元旦，全国人大常委会发表了《告台湾同胞书》，呼吁两岸统一，和平解决问题，这个对台湾民众民心震动非常大。再一个，1979年12月10号发生了"高雄事件"，就是"美丽岛事件"，国民党执政官方和地方的一些党外人士发生冲突，这个事情对台湾社会震动非常大，政治和文学由此发生了一些转向。另外，1979年元旦中美正式建交，这对台湾打击非常大。到80年代之后，解除了《戒严法》，马上就有小说出来——《解严时代的爱情》，这个之前是戒严时代。50年代是战斗文艺一统天下，60年代是现代派文学的繁荣，70年代是乡土文学的崛起，80年代是多元文学格局开始形成。因为"解严"了,很多原来不能被触及的文学题材、创作禁区现在作家都来触动了,很多文学现象纷纷出现,像政治文学、新女性主义文学、都市文学、后现代主义文学、新新人类文学,等等。比如说政治文学,这幅照片(PPT)是绿岛政治犯被押解。施明正是施明德的哥哥,因为施明德的问题还绝食抗议。施明正也坐过牢,他写《渴死者》《喝尿者》,就是讽刺监狱政治。《喝尿者》写什么呢?有一个金门先生(音),在他很红火的时期,经他手检举揭发的所谓几十个"匪谍"都被枪毙了,结果金门先生(音)后来又被别人揭发,也成了"匪谍"住进监狱,判了死刑。在执行之前这段时间,他每天早晨起来喝自己的尿,疗治刑伤。这个小说让政治小说、牢狱小说走进民众的视野。

写牢狱小说的作家都是坐过牢的作家,像陈映真坐了7年牢。像方娥真,她写《狱中行》,就是一个女子从新加坡过境,看到了大陆的影片《五朵金花》,回到台湾给人家说,大陆那《五朵金花》多好看,女主角多漂亮!别人把这个事儿传出去了,保安人员就把她带走,理由是为大陆的"匪片"宣传,所以她就有了狱中行的经历。

再一个是"二二八"小说,"二二八"在很长一个阶段是禁区,政治、生活、文学方面都不能触及,现在解严了,有作家编了《二二八政治小说选》,有这么一些作品来写"二二八"的真相。"二二八"给台湾人民留下了一种特别的伤痕。这里特别提一下,民进党的绿营一到什么事件就拿"二二八"说事儿,说大陆国民党过来对台湾人的统治、枪杀,其实在"二二八"事件里面被杀掉的不只是台湾人,也有很多大陆去台湾的左翼文化人士和共产党,我们要真实地来看待这个事情。

呼吁人权的也属于政治小说这一类。还有一类也是政治文学,但是它是政治预言,像宋泽莱的《废墟台湾》,他是用科幻的手段来为台湾做一种灾难的救赎、预言。《废墟台湾》写突然有一天这个岛灭绝了,因为环境污染,因为各种各样的癌症,因为社会的专制而灭绝了,又过了多少年之后,国际地理学家里来这儿考察,发现了一个摄影记者的一本日记,知道了这个岛为什么会十年繁盛毁于一旦,最后一场地震这个岛整个灭绝了。他为台湾所做的一种恐怖的"预言",时间放在了1999年,台湾遭遇了一场地震,然后引发了核事故,全岛灭绝。历史有时候的巧合让你感到可怕,1999年9月21号,台湾发生了里氏7.6级大地震,死了2000多人,那时候我们刚从台湾回来没多久,日月潭完全失去了当年的景象。过去有一个潭中的栈桥,特别美丽,还有一个光华岛。光华岛是蒋介石起的名字,光复中华。那里面有一个月下老人的雕塑,月下老人手里捧着红线,岛上松柏郁郁,非常美的一个小岛,"9·21"地震之后全部没有了。通往日月潭前面那个公路,很长的,望不到头的,非常长的一条裂痕,后来有诗人就写《大地的伤痕》。在南头一个山头上种的全是棕榈树,地震之后,一夜之间所有的棕榈树全部成为光头,那一带非常著名的埔里酒厂酒罐全部破碎,满地都是酒味。埔里酒厂是一个很大的酒厂,你现在到台中那一带旅游,有可能还让参观埔里酒厂,现在重建,已经很有成就了。

新女性主义文学崛起,这主要是女作家来创作的,它跟女性受教育程度提高、就业前景提高有关系。女作家写这些作品,对男权霸权话语是一种抗衡、一种质疑、一种颠覆。李昂写《杀夫》,她取了日据时期一个场景,写出了女性在宗法的压迫下,家族的压迫下,男权的压迫下,那个女主人公非常悲哀的人生,最后忍无可忍,在精神错乱中杀了那个一直压迫她的丈夫,最后她五花大绑被押赴刑场。《杀夫》的故事透视的是女性千百年来被压迫的一种历史真相。

廖辉英是台湾大学中文系毕业,她不是一个作家,后来因为怀孕保胎,看到《中国时报》征文,就用一个月写了一篇小说《油麻菜籽》,投出去之后就去上班了。三个月之后人家通知她,她得了《中国时报》的头奖。廖辉英说,当一个大腹便便的小女子站在台上领奖的时候,台下的观众都不知道她来自何方,她根本不是文学界的人,结果《油麻菜籽》得了头奖。后来又写《不归路》,又得奖,然后又写《今夜微雨》《红尘劫》《盲点》,后来她觉得自己可以做一个专业作家了,就辞了工作,在家里专职写作。台湾的文学界跟我们不一样,我们很多专业作家在文联,在作协,是有人给发工资的,台湾的作家全是靠版税的,一般当工人、教师、新闻记者,业余时间从事创作。像廖晖英专职坐在家里写作，是靠版税生存的，现在廖辉英的情况不尽如人意，比较多地去参加商业、娱乐的节目，出名之后经常在这方面做，当年她是一个地道的、温和的女性主义作家。

袁琼琼写的《自己的天空》对台湾婚姻问题做了很多揭示，包括朱秀娟写的《女强人》，都有她自己作为商界女强人这样一种经历。这些作家我绝大多数跟她们有往来，对她们的人生经历和她们的写作有很多对照，她们代表了 20 世纪 80 年代台湾女性写作最强的一种声音。

（PPT）这是李昂，施家三姐妹的老小，现在在台湾大名鼎鼎，每写一部书都在台湾文坛引起巨大的反响、争议。

（PPT）这是李昂的一些基本情况，出版的作品非常多。她最重要的代表作《杀夫》写的是吃不饱的文学，《暗夜》写的是吃得饱的文学，吃得饱之后，台湾中层的一些人作风很糜烂，败德事件。《杀夫》是女性在底层吃不饱，身体、性都成为交换食物的工具，人生非常悲惨。

（PPT）这是廖辉英，是一个非常高产的作家，平均一年两三部小说，非常勤奋。

（PPT）这是她的散文集。

台湾跟大陆有一点不一样，有些作家一写就是几十部。司马中原写了一千多万字，而且是"四大名嘴"之一，他说的话，你记下来就是文章，表达非常好！

（PPT）这是袁琼琼的情况，她的小说《自己的天空》成为台湾的一段流行语——"女人为家、为丈夫、为孩子燃烧了一切，但一定不要忘记给自己留下一片天空，这是女性独立自主的天空"。

（PPT）朱秀娟，写《女强人》的作家。

20 世纪 80 年代还有一种现象，就是都市文学涌现。台湾到了 1985 年成了一个都市岛，80% 的人口都是都市人口，所以都市文学大量出现。

（PPT）这个照片显示的是交通的拥挤，人群熙熙攘攘。

（PPT）这一块写的全是少年问题。

像都市的各种危机，最关键的是生态危机。我们讲美丽中国，其中之一就是解决生态问题。台湾生态比我们觉醒得早，因为他们工商业发展得比我们早，对生态非常惊醒，可是也有很多河流污染了，女作家首先来写。

还有反映都市百态的，像我们也是，股票族啊，电脑族啊，留学族啊，公寓族啊，商战啊，这些词，台湾在 20 世纪 80 年代已经大量出现，作品里面普遍描写，我们这一类的作品描写的比台湾大概晚 10 年左右。

20 世纪 90 年代是多元文学格局继续发展的年代。解除《戒严法》仍旧是一个重要的背景，这个背景造成台湾文坛仿佛众生喧哗，又好无顾忌，台湾整个社会言论非常自由，你批评马英九，随便说，在文学上也是这样。我们提及一下比较重要的一个现象——原住民文学，原住民原来是弱势生存，只占 2% 的人口，现在有很多作家他本身就是原住民。还有汉族作家写原住民的生活。

（PPT）莫那能是中国作协吸收的第一位台湾的原住民作家，他是一个盲人作家，诗歌写得非常好。

边缘文学方面很重要一个现象是眷村文学，就是 1949 年 12 月 7 日国民党政权败退大陆时带去了 60 万国民党军人，军人有很多家属，家属被国民党安插在了各种各样的村庄，成为眷村。对于眷村文学的描写，20 世纪 90 年代大发展，它的文化根基是中原文化，眷村流淌的是一种浓浓的中原文化韵味。眷村的人清明节时是没有祖坟可上的，因为他们的父老乡亲都留在大陆了。眷村的孩子多是在竹篱笆里面成长，跟台湾其他的孩子是隔绝的，但是眷村出来的孩子特别打拼，像邓丽君、朱家姐妹、苏伟贞等。现在台湾文坛非常知名的还有电视制作人王伟忠，他们全都是眷村出来的孩子。眷村文学现在是挺兴盛的一种。

（PPT）张大春（PPT）的《聆听父亲》，这是很好的一部长篇小说。

（PPT）客家文学。它的根在中原，历史上战乱不断，中原的人向边缘地带迁移。客家的女子是不裹小脚的,在历史上是大脚婆娘。客家的妇女格外能干,有"女中丈夫"、"大地之母"之称。客家人有四百万左右的人口在台湾,客家人都是生存在最偏僻、最艰难的环境里面,他们有硬颈精神,脖子是硬的,像开荒牛一样,特别能打拼。反映客家人生存、客家人生活的作品称为客家文学,这是 20 世纪 90 年代以来很兴盛的。有个女作家黄娟写了客家人的三部曲。

20 世纪 90 年代以后,情欲书写非常兴盛。像现在大陆也是,你说道德失范也好,感情价值多元也好,就是感情的现象非常复杂。台湾 20 世纪 90 年代从社会到写作都有这种情形,像写同性恋的问题,异性恋、自恋这些题材,过去不怎么涉及,现在比较多地出现。

情欲书写更往前一步就是酷儿小说,像邱妙津自己就是一个同性恋的女作家,很有才华,26 岁那一年写了《蒙马特遗书》之后,在巴黎自杀身亡了,《蒙马特遗书》成了她人生的绝唱,成为真正的遗书。

20 世纪 90 年代以来,多元文学格局还表现在女性书写的多元化,像李昂的《北港香炉人人插》,写性与政治的勾连;陈烨写《泥河》,触及"二二八"事件;凌烟写《失声画眉》;蔡素芬写《盐田儿女》,写盐农在经济大潮冲击下,就像我们大陆一样,脱离家乡去城里打工,人生的漂泊,感情的变异,看了之后活脱脱大陆现在的乡村生活图景,写得非常细腻。陈玉慧的《海神家族》,封面标的就是"我们台湾这些年",就是一个从大陆流落到台湾的这些家族的人生变化。齐邦媛写了《巨流河》,她是一个学者,她是写她一生的命运变迁。

施叔青写了著名的台湾三部曲。施叔青是李昂的二姐,写香港三部曲就很震动文坛,现在又写台湾三部曲。写完台湾三部曲,施叔青说,我不能再写这样的大作品了。为什么?以写白了头为代价,写完这三部书头发全白了。施叔青是大家气象,作品写得非常好,我看她也不可能封笔,文人的这种追求一直要继续下来。

台湾文学是在特殊的历史环境中发展,又有其特殊的形态和过程,它源于母体又异于母体,丰富了中华民族的文学宝库。在同根同源的民族心态和文化背景下,两岸文学的沟通与交流,参照与互动,会有共同的话题,彼此受益。

谢谢各位朋友。

历史文化

主讲人:王士祥,文学博士、历史学博士后,郑州大学古典文学与文献学教研室主任,河南省教学标兵。
时　间:2013年1月6日
地　点:河南省图书馆研议厅

科举与唐宋文人品格

各位朋友,非常高兴今天能有这么一个机会跟大家在一块学习! 到目前为止,我是第二次进我们河南省图书馆。第一次是我上研究生一年级的时候,2001年。北京大学一个老教授叫袁行霈,当时我替他来复印资料。十多年之后,再次来到这儿,不能说感慨良多,但还是有一些想法的,那个时候来是求学的,这次是来和大家一块学习的。

我们今天讲的内容是"科举与唐宋文人品格"。这个题目里面所用的案例是给中央电视台《百家讲坛》所讲内容的一部分,因为在跟《百家讲坛》签协议的时候有一个规定,不能把给《百家讲坛》所讲的内容拿到外面再讲了。我是把给他们讲的内容各挑出来一部分,串成一个新的题目,对他们也不算侵权了。

"科举与唐宋文人品格"从哪些方面来讲,按照提纲来说的话,我这儿是两个方面:第一个,科举与儒家思想;第二个,儒学与文人品格。我分这两个方面,但是首先需要对科举做一个简单的交代——什么是科举?

我们都知道今天有一个非常重要的活动,也是我们社会上很多人,尤其是年轻人非常关注的事情,就是考公务员。中国自古以来就是"官本位"的社会,今天的公务员考试被称为"中国第一大考"。我们今天讲的科举也就是古代的公务员考试,换句话说,科举指的是中国古代用来选拔官员,进行官员队伍建设的制度。"科"是考试的科目,"举"是推举、选举。"科"是手段,"举"是目的。

有的朋友可能会问,为什么要推行科举制度? 什么时候开始的呢?

啥时候开始的? 这个在中国学术上一直存在争议。如果从选官这个根本目的来说,自从有了人类社会,有了"官"这个字,就有了科举。如果从分科选拔这个层面来说的话,我们往前面推,就到了隋代。隋代主要有两个皇帝,一个是隋文帝杨坚,另外一个是隋炀帝杨广,这爷俩对中国的科举做出了巨大的贡献。隋文帝曾经设立了一个官——在三省六部制里面设了一个官员,归吏部管,这个官就是专门负责考试的,叫考功员外郎,专门负责官吏的选拔。那就说明在隋文帝杨坚的时候,科举已经诞生了,而到隋炀帝杨广的时候设立进士科。这爷俩做出了很大的贡献。

为什么要推举科举考试呢?自然是以前的传统选官制度、选官方法在隋代时候表现出很多弊病,或在科举史上,在中国选官这个历程之中表现出一些弊病。我们简单说一两个。比如说在中国历史上,由于原来选官主要倾向于某几个大家族,就从那几个家族里面出大官,时间长了出来什么问题呢?这家子弟不管有没有真正的行政能力,在今后的官场上都有他的一席之地。他就形成了这么一种"传统"的心理优势:不管我水平怎么样,反正将来我都有官当。

这些人有没有行政能力?会不会出现让我们出现啼笑皆非的事情呢?我给你举一个例子:王羲之,他是中国著名大书法家,曾经写过《兰亭序》,字写得非常漂亮。他有一个儿子叫王徽之,王徽之曾经给车骑将军桓冲做骑兵参军,当这么一个官。这个车骑将军桓冲有一回遇到了王徽之,不认识他,就问他:"你是谁啊?""我,王徽之。""你干吗的?"王徽之怎么回答的呢?王徽之回答说:"似是马曹。"(好像是管理马的官员)连自己什么岗位都不清楚。这个桓冲又问:"你管多少马啊?"王徽之说:"不知道。""马死了多少啊?"王徽之的回答更经典:"不知生,焉知死。"(活的我都不知道有多少,死的更不知道了)在其位,不谋其政,那没有办法,他是老王家的人,他是王羲之的儿子,他的家族势力很大,"王马共天下"啊,能不让他干吗?

在正常的选官途径之中,那个时候流行两个,一个是举秀才,一个察孝廉。人们在名利场上出现什么情况呢?造假。我们今天也存在一些造假,走到街上,树上粘贴着小广告,上面写着"诚信办证"。今天还有"诚信"两个字,那时候连"诚信"两个字都没有。怎么造假呢?《后汉书·许荆传》里面讲:许荆的爷爷叫许武,被地方官推荐为孝廉之后当官了,有吃的,有喝的,家境也不错。他想让自己两个弟弟也当孝廉,他又不能给地方官说让我俩弟弟也当孝廉吧!没有理由啊!许武有办法——分家,他把家产分为大小不等的三份,自己占有最多最好的一份,分给两个弟弟又少又差的一份,两个弟弟没有抱怨,依旧对哥哥表现出恭敬之心。这在古代是一种孝,叫悌,这是一种对同辈人,比你年龄大的人的恭敬,是一种美德。地方官一看,这两个弟弟不错,于是把他的两个弟弟也推荐为孝廉。曲线救家啊,这就是赤裸裸的造假,彻头彻尾的造假。当然了,还有其他的很多毛病,我们不再一一说了。

遇到这种情况怎么办呢?最着急的是一把手,那就需要改革,于是科举就走上了中国的历史舞台。科举都考什么呢?它要有一个主导思想吧!这个主导思想就是儒家思想。儒家思想在当年百家争鸣的时代,并不是一枝独秀,它并没有显示出它这一派独特的优势,反而经常受委屈,这个帝王不用,那个国君不采纳。一直到什么时候呢?到了汉代,董仲舒向汉武帝提出"罢黜百家,独尊儒术"之后,儒家思想才真的成了经,我们称"儒经"。"儒经"从哪儿来的?从汉代才开始的,以前不叫经,从此以后,儒家思想就成了历代帝王的统治思想。

我们今天讲的核心是在唐宋时期。唐代开国皇帝高祖李渊当皇帝之初,刚当皇帝头一年,他颁布了一道圣旨,在圣旨里面强调:"宜令有司于国子学立周公、孔子庙各一所,四时致祭。"这是一个信息,在当时最高学府里面建两个庙,一个拜的是周公,另一个供的是孔子。孔子是儒家学派的大师,周公之礼作乐于洛阳,这是中国儒家传统的根。这个信息是什么呢?——大唐王朝要推行儒家思想。

第二年,也就是公元169年,李世民当时既不是皇帝,也不是太子,他在自己的秦王府开文学馆广引文学之士。当皇帝第一年,置弘文学馆精选文儒之士。李世民时代也需要招考公务员,需要统一教材,这教材就是《五经》。《五经》是先秦时期的著作,大家读不懂,没有事儿。他找颜师古考定

《五经》,确定版本,然后再让孔颖达对《五经》进行逐字逐句逐段逐篇解释翻译。你读懂了,我就从这里面出题,考的是《五经》,考的是儒家经典。为什么李世民对儒家经典如此的信奉呢?他应该有一个最基本的认识吧!李世民认为儒家经典好在哪里呢?好在这儿——"朕今所好者,惟在尧、舜之道,周、孔之教,以为如鸟有翼,如鱼依水,失之必死,不可暂无耳"。在李世民看来,儒家思想、儒家经典就好像鸟飞翔离不开的翅膀,鱼生活离不开的水,离开一会儿就活不成了。

他光这样说不行啊,还得看看大家的反应,唐代的学者是怎么认识、理解儒家思想的呢?我们举两个例子,第一个叫杜佑,著名史学家,他曾经说过这么一番话:"皆父子君臣之要道,十伦五教之宏纲。"意思是,维护社会秩序的纲领,讲的是社会秩序,所以历代帝王都去学习,都去采用。再看看当时的组织部长,有人说是宣传部长,咱不管什么部长,反正是一个挺大的官,他就是赵匡,他说了这么一番话:"立身入仕,莫先于礼。尚书明王道,论语诠百行,孝经德之本,学者所宜先习立。"这段话中他点到三部经典,第一本是《尚书》,就是书经,这本书讲的是如何治理国家的王道。"论语诠百行",教我们如何为人处事。"孝经德之本",在古人看来,孝有大小之分,在家孝的是父母,在国忠的是帝王。因此,古人总结出另外一句话——"忠臣必出于孝子之家"。

既然如此,那就考吧!考完之后,它仅仅是一块敲门砖吗?考完之后,考上大学了,考上官了,这些原来学习的东西就丢掉了呢?不是。通过科举进行了思想的统一,又用这种方式强化了儒家思想对每一个当时参加考试的考生的人文品质的塑造。换句话说,所谓考试,你可能考一辈子到最后还没有考上,这样的例子很多。我看过一个例子:一个老头从年轻时候考,考到98岁,陪着儿子儿子考上,陪着孙子孙子考上,陪着重孙子重孙子考上了,连着考了三代,就他没有考上。98岁还考着呢,虽然他没有考上,可是我们可以肯定地说,他的人文品格必然受到儒家思想的巨大影响,这个人的品格就是儒家化的,就形成了他的品质。

我们根据儒家思想对人的影响,看看都会形成什么样的品质。首先来看一个,忠直。这个品质如果从理论上来说的话,不是几句话就能概括完了的,我估计各位先生、各位前辈们听了就打瞌睡了,怎么办呢?咱们举例子,你看这个人怎么样?(PPT)这个人叫上官仪,上官仪有一个孙女太牛了,叫上官婉儿。上官婉儿粉丝挺多的,老少皆宜,都喜欢她。为什么要举他呢?因为他能代表初唐时期文人忠直的品质。要想讲这个案例离不开这个人(PPT),就是武则天。这个人更牛!男人里面有模仿,女性里面也有代表啊!吕雉那么牛都没敢称皇帝,她当皇帝了。这个人一路发达,挺不容易的。

我们看看她的简单的发家史。

第一个例子,天生异相。我不知道各位今天咱们家里生一个孩子,你希望孩子长什么样,是不是希望孩子白胖胖的,五官端正,怎么看怎么让人喜欢。你要遇到这么一个孩子,你会怎么想?"龙睛凤颈",长龙一样的眼睛,凤一样的脖子,这样的孩子还能看吗?这就是武则天的相貌。武则天还在怀里抱着的时候,就是这个老头(PPT),叫袁天罡,袁天罡就给武则天相面了。袁天罡曾经和李淳风俩人曾经写过一本书,老先生都不陌生,叫《推背图》,就是他们两个搞出来的,算卦的。老头给武则天相面,看完之后惊呆了,就给武则天的爸爸说了一句话,"龙睛凤颈,贵之极也,若是女,当为天下主"。这孩子长相和别人不一样,这是贵相,如果是个女孩子,将来长大之后就是掌管天下的女皇帝。为啥说"若是女",她不就是个女的吗?小孩还小,怀里抱着,穿着小男孩的衣服,袁天罡没有分清是男孩还是女孩,所以说了这么一个预言。这是第一个,这就为她今后走上政治舞台当女皇作了一个很好的铺垫。

武则天14岁的时候——现在14岁干吗呢,上中学,可是14岁的武则天已经被选进宫中,当了当时皇帝李世民的一个才人,就是李世民的一个小老婆。别看这个姑娘年轻,级别不高,但是这姑娘有心思。她干吗呢?她就在李世民面前展示出,作为她武则天所与人不同的能力。武则天遇见一个事儿:李世民养了一匹马叫狮子骢(cong),这匹马肥壮、暴烈,一般人驯服不了,李世民没有招

儿了。武则天来到李世民跟前，跟李世民说了一番话，我能制服它，但是需要三样东西。第一个，铁鞭；第二个，铁抓；第三个，匕首。我需要这三个工具，干吗呢？我先用铁鞭抽它；打它不服，我再用铁抓抓它脑袋；还不服，那就别折腾了，用匕首吧，割断它的喉咙。什么意思呢？这个东西有了不能用和没有完全一样，别耽误事儿。就这一件事让李世民认识到这个女人了不得，了不得就容易出事。

没有过多久，民间有传言，老李家三代之后将会出现一个带"武"字的女皇。李世民坐不住了，叫过来李淳风，李淳风就是写《推背图》那个老头，会算卦啊！李世民问，有这回事儿吗？老头晚上夜观天象，对李世民说，有。不仅有，而且这个人已经进了你的皇宫，已经成为你的眷属了。更要命的是，不到40年，这个人对李氏家族李氏子孙痛下杀手。李世民更害怕了，怎么办呢？李世民赶紧给李淳风说，你既然看出她已经进宫了，你必然知道她是谁，咱们先把她找出来，先把她给宰了行吗？能宰吗？李淳风说，天之所命，不可非也。天命不可违啊！我们不一定能把她找出来，就是真的找出来把她给宰了，上天要完成对你李家的磨难，到时候再派一个年轻人过来，你不倒霉了吗？现在这个人已经20多岁了，40年之后，这个人60多岁了，由于年龄大，所以心存善心，对你李氏子孙，还可能给你留一棵苗啊！你现在把她给宰了，将来老天爷再派一个年轻人过来，没事儿杀着玩啊，你老李家千顷地里一棵苗他也给你刨了，你信不？就这样一咋呼，李世民没有再继续追究下去，武则天保住一条命。

自从武则天14岁进宫，一直到她26岁时李世民去世，她没有给李世民生养一男半女，按照当时的规矩，李世民死了之后，他的妃子没有生养的，要么进寺庙当尼姑，要么进冷宫。没有别的选择，武则天把头发一剃，当了尼姑。

后来没有机会了吗？有机会，后来居上。这个姑娘年轻、漂亮、有心思，在李世民晚年时，伺候李世民于床榻之前，高宗李治那时候还是太子，他非常仁孝，每天要到李世民病榻边来问候，发现这个姑娘长得漂亮，没事儿时候光想多看几眼，一看看出事儿来了，虽然这个时候没有成事儿。武则天进了寺庙之后，高宗登帝位五年来这个寺庙上香。怎么不去别的地方呢？有心思。到这儿来上香，和武则天秘密约会。武则天写了一首诗："看朱成碧思纷纷，憔悴支离为忆君。不信比来常下泪，开箱验取石榴裙。"什么意思呢？我想你啊！想的都不成人样子了，整天以泪洗面啊！你要不相信的话去看看，我当年所流的眼泪沾在衣服上都没有洗呀！就把当年思恋太子李治那一刻给做了永久的定格，太浪漫了。就这一首诗，就把高宗拿下了。没想到我光想她了，她也想我了。回家就出事儿了，高宗李治的皇后姓王，王皇后正在和萧淑妃争宠呢，为啥？王皇后没有儿子，萧淑妃有儿子，皇宫里面母以子贵，你没有儿子，将来有可能就下台了。高宗皇帝没事儿老往萧淑妃那儿跑，王皇后心里面就不舒服，怎么办呢？她听说皇帝偷偷约会武则天，眉头一皱，计上心来，有招了，她要用武则天对付萧淑妃。

王皇后来到这个庙里面对武则天说，留起你的长发，别的你别管。然后回到皇宫里面对高宗说，你不是喜欢武则天吗，把她接进皇宫吧！高宗一听高兴啊，正瞌睡呢，皇后送来一个枕头，以后不用偷偷摸摸了。就这样，武则天作为王皇后对付萧淑妃的一枚棋子进了皇宫。王皇后这一招走错了，她哪知道这枚棋子不好驾驭啊。武则天永徽五年进的宫，永徽六年就把王皇后给撬了。这个王皇后皇后位儿的确没有保住，不是因为萧淑妃的威胁，而是因为武则天的威胁。永徽五年进宫，永徽六年当了皇后，一年之间，就从一个底层的尼姑成了国母了。这是什么速度啊？说明这个女的有心计，有手段，高宗皇帝在她这儿根本就不是个事儿。

当了皇后之后事儿更大了，干吗呢？"政无大小皆与闻之。天下大权，悉归中宫，黜陟、生杀，决于其口，天子拱手而已。"也就是她当皇后之后没有多久，大唐王朝真正的当家人不是高宗李治，而是这个武则天。高宗皇帝可就有一点受不了了，才有了下面"武后得志，遂牵制帝，专威福，帝不能堪"。不管怎么说咱也是纯爷们啊，怎么整天被媳妇整得没脾气，冤得慌，屈得慌，怎么办呢？高宗皇帝自己就琢磨开了:为啥会这样呢?因为她是皇后。谁让她当的皇后?我让她当的皇后。如果不让她当皇后,她没有这个平台,就限制不了我了。理是这个理,能做吗?各位咱们替他想想,如果说高宗皇帝早就明白这个道理,他要不怕老婆也混不到今天这份啊。他自己不敢做决定,找来上官仪,把自己的心思一说,上官仪是个明白人,一听就明白了,不就是让我给你支招吗?"皇后专恣,海内失望,宜废之以顺人心。"皇后既然处处限制你,你把她给废了呗。换成今天的话,你跟她离婚。还没有听说哪个大臣鼓动皇帝和皇后离婚的呢,他就敢说。但是这个事儿你保点密啊,"君不密则失臣,臣不密则失身"。一件事一个人能搞定,绝对不能让第二个人知道,两个人能搞定不让第三个人知道,法不传六耳。这个事儿保密工作没有做好,既然你上官仪说可以跟她离婚,那你写圣旨啊!这边圣旨还没有写好呢,武则天就进来了——有人告密了,说有两个人正在那儿商量跟你离婚呢。武则天推门来到密室,直接来到高宗面前说,听说你要把我给废了?这听着也很吓人的!高宗皇帝你得扛着啊,当领导要有气度、有心胸,可高宗皇帝抗不住啊!上官仪正在那儿写圣旨呢,高宗说了,是上官仪教我的。他把上官仪给卖了。上官仪心里凉了,我刚给你支个招,你这会儿就把我给卖了,你俩肯定离不成婚啊,我肯定活不成了,什么时候死不知道,怎么死不知道。这就是武则天会玩啊,没有马上生气,后来到收拾废太子梁王李忠(就是高宗李治的哥哥,原来李治没有当太子,之前是李忠)的时候,顺手就把上官仪给捎带了。因为在抄李忠家的时候竟然抄出一封信,落款是上官仪。有也得有,没有也得有,这个真有,因为上官仪曾经在李忠家里做过咨议。

上官仪难道就不知道这个事儿一旦泄露他没有好果子吃吗?知道。为啥还要去说?这就是儒家文化所培养出来的文人品格,叫忠直。怎么说呢?我们从三个方面来总结。第一个,来自圣人之言,"达则兼济天下,穷则独善其身"。这句话我们都不陌生。皇帝既然问我,说明我在其位,必谋其政。第二个,还是来自圣人之言,"男正谓乎外,女正谓乎内"。男女有分工,互相不越位,武则天你本来掌管后宫,现在越位干预外政,这叫牝鸡司晨。第三个,谁给我发工资,我为谁说话。不管怎么说,正统心理,老李家给我发工资,就这么简单。

武则天走上政坛也和高宗李治有关系,他身体不大好,头晕眼花,看不清东西,没有办法办公,才把外政委给内宫,就把武则天给培养起来了,这个问题不再展开了。

这就是忠直的品质。古人说,"文死谏,武死战",跟这个是很相近的。

第二个,坚持。我们先看这个图片,孟郊孟东野(PPT)。他曾经写过一首非常著名的诗,叫《游子吟》,我们都知道吧!"慈母手中线,游子身上衣。临行密密缝,意恐迟迟归。"这首诗讲的什么?母子情深。对不对?对。我想告诉各位的是,孟郊写这首诗的时候是 50 岁啊!我看今天来听课的朋友们,有很多都是老前辈,有很多我们农村叫大婶、大娘,到城市里面叫阿姨的,有很多阿姨,咱想想,如果说您家的儿子在他 50 岁的时候,还要您给他缝扣子,您怎么想?这孩子活得太失败了吧!不是他的失败,是这个时代的病。什么病呢?文人,我们称之为"人才",文人在那个时代所面临的尴尬境遇。

要想了解这首诗,看一下这首诗——《叹命》。"三十年来命,唯藏一卦中。题诗还问易,问易蒙复蒙。本望文字达,今因文字穷。影孤别离月,衣破道路风。"这是孟郊写的《叹命》。为啥写这首诗呢?科举制度给下层知识分子进入上层社会提供了机会,提供了可能,但是每年参加的人多,考上的人少,很多人就是科举考场上的倒霉蛋。孟郊就是一个倒霉蛋,老考,老考不上,考了多少次他自己都记不清。本来想着三篇文章做得好,万岁称赞,然后任命我当一个官,多好啊!可是没有想到,怎么说呢?"题诗还问易,问易蒙复蒙",去考试之前自己先给自己算一卦,当时读的《五经》,《五经》里面有一经叫《周易》,《周易》是可以用来算卦的,当时读书人都会算卦。自己先给自己算一卦,一摸一看是下下签,再来一卦,还是下下签。在哪儿体现呢?"蒙复蒙","蒙"是蒙卦,就是我们说的下下签,摸一卦下下签,摸一卦下下签。不考呗!那也不行啊!

我们知道有一个故事叫《范进中举》,那么大年龄考上,真是他有水平吗?有水平早就考上了。

为啥这个时候考上呢? 主考官可怜他,怎么每年都有这个人的名字啊! 怎么样才能让他没有? 不能劝他不考啊,怎么办呢? 给他一个指标,让他考上,他明年就不来了。不坚持,放弃,这个肯定失败,坚持就有成功的可能性,就有机会,所以孟郊得坚持。我可能考不上,但是我的名字在主考官那儿又出现一次,排队也该排在我这儿了,这就是坚持的品质。可是孟郊真的很艰难,考了好多次,回家,穷啊! "影孤别离月,衣破道路风",穿的衣服,破衣烂衫,走到路上没有人跟他打招呼,一看就明白,整个一个丐帮九袋长老,就穷到这个份上。回到家里,自己给自己下决心,回家我就不考了,回家就种庄稼。真能做到吗? 真正做到就不叫牢骚了。为啥能写出如此悲愤的诗啊,你看看,当年相当于考高中时候没有考上,发牢骚,"因兹挂帆去,遂作归山吟",我不考了,我隐居山林。考大学时候第一次又没有考上,写了《落第》。没有考上接着考,结果第二次又没有考上,写了《再下第》。《下第》、《落第》这样的诗他一个人干了好几首,都写出境界来了。"一夕九起嗟,梦短不到家",一天晚上醒来九次,起床九次,每次都是因为睡的时间短,做梦都没有回到家里面。我给本科生讲的时候,一个本科生给我说,老师,这句话太漂亮了,做广告词都可以了。我说,做什么广告词啊? 尿频、尿急、尿不净啊!

这里面体现的是艰难,体现的是心里的煎熬啊! 不考了? 不可能。孟郊是一个孝子,46岁那一年他妈对他说,孩子,再考一次吧! 按照妈妈的命令,再次来到京城,没有想到最后一搏,他竟然拿到了"录取通知书"。如果没有他妈这一劝,没有他再次的坚持,孟郊,我们可能就没有认识的机会了。

"昔日龌龊不足夸,今朝旷荡恩无涯;春风得意马蹄疾,一日看尽长安花。"各位,咱们用一个字来概括一下,"爽"。太爽了! 爽的背后是什么? 这么多次进长安,没有转过,长安对他来说依旧是陌生的。还有什么呢? 成功的一刹那的喜悦。这首诗也告诉我们,人生的经历里面总会有一些挫折,不要因为人生的某个阶段的挫折放弃了自己,没有人替你坚持的。孟郊46岁考上之后,50岁才有岗位,50岁才把妈妈接到身边,让他妈妈给他补衣服、缝扣子,(因为)媳妇饿死了。这就是当时的人才,尽管艰难,依旧坚持,带给我们的是一种精神。成功的一刹那,让我们感受到人生很多的无奈。

"春风得意马蹄疾,一日看尽长安花",这两句我是这样理解的,这个"长安花"不是指长安的花朵,而是指京城的美女。那个时候有一种现象叫"榜下捉婿",考上进士之后,京城的达官贵人要从新考上的这帮子年轻人当中给自己家的姑娘找男朋友。很多姑娘来到街上,仰头往上看,家里有背景的站在楼上往下看,都看孟郊一个人,孟郊一下看一群。以前破衣烂衫的时候谁看他啊,这个眼光就是一种评价,只有在你成功的那一刹那,才能感受到这个社会对你的态度,成功了,大家是仰视,你失败的时候,恐怕连俯视都没有,是蔑视啊! 这就是大家为什么一定要成功、名利(的原因)! 我们不是生活在真空之中,有名利之心,我觉得不算太错,但是千万不可为了名利不择手段。对于这些科举的文人来说,他们所追求的名和利都包括什么呢? 有实的,也有虚的。

先来看个虚的,你看这首诗,作者是个女性,没有名,叫刘氏,她老公姓杜,叫杜羔。杜羔祖上很厉害,祖上在隋朝时候曾经出过一门三秀才——杜正玄、杜正伦、杜正藏。这个杜羔是杜正伦的五世孙,祖上很牛,很厉害,可是到他这一辈坏了,参加大学考试,考了好多次,他就是没有考上。考多少次,他也不知道,反正生生把一个不会写诗的老婆给培养成了诗人。这次又没有考上,还没有回到家呢,心情暗淡,就渴望有人安慰一下自己,收到一封家书,收到一看,就是这首诗(PPT),"良人的的有奇才,何事年年被放回。如今妾面羞君面,君若来时近夜来"。"良人"就是指老公。老公啊,你的确是一个奇才啊! 先是夸,紧接着转折了,可是为什么你年年都考不上呢? 不带这么说的,一点面子都不给老公留。后来说了,按照常理,多次没考上,你应该无颜再见江东父老,没脸回家,可是每次你都回来了。你知道吗,经过你这么多次的失败,现在搞得我都没脸见你了。真想回来的话,我给你一个建议,等到夜幕降临之后,天擦黑了,趁着夜幕的掩护,你悄悄进城,我跟你丢不起那人。

这首诗写完,杜羔接到之后心里不是滋味啊!本来我想求着有人安慰我一下,好家伙,现在没有人安慰也就算了,自己媳妇还带这样骂人的,骂的话你骂的爽快一点,你没带一个脏字,水平太高了!杜羔能回家吗?不能回家。在京城复习一年,第二年考上了。考上之后,连续三年没有回家,媳妇又写信,你赶紧回来吧。考上,考不上,和你最亲近的人——老婆,态度都不一样。得成功啊,要不然回家整天面对老婆,圆脸拉成长脸,不好受啊!

还有呢?作者是朱庆余,主人公叫李余,没有考上的时候没有人认识他,考上之后,"从得高科名转盛,亦言归去满城知。发时谁不开筵送,到处人争与马骑。剑路红蕉明栈阁,巴村绿树荫神祠。乡中后辈游门馆,半是来求近日诗"。人情冷暖、世态炎凉,就在你成功和失败的一刹那能让你充分感觉到。一夜成名天下知啊,考上大学之后,在京城长安马上交了很多朋友。李余刚说我要回家看看,京城刚结交的朋友纷纷表示,有人说,兄弟,你走的时候我请你吃饭。那个朋友讲,哥们,你走的时候别累着,我们家车在那儿搁着呢,你会开,开走;不会开,派司机。以前没有。现实的利益来了,这就是眼光,这就是评价。由于成功了,原来走在路上泪眼问花花不语,今天成功,看着路上阳光明媚,心情愉快,到处的景色怎么就那么美好呢?关键是在心情好!是把自己愉悦的心情转移到大自然上去了。回到家里面是什么状况呢?更是火热一样的热情,亲戚、朋友、街坊、邻居纷纷过来迎接,场面之热烈,就好像今天的奥运金牌得主归国一般。这个叫哥,那个叫叔,拉着手,抱着腰,哥,你写的诗送我两首,我回家学习学习,学习你的技巧,明年我就能考上;那个说,叔啊,你穿的破衣服别扔,送给我,明年我穿着你这件破衣服进考场,我照样能考上。早一点你们怎么不要呢?

每到这个地方我就想起我自己的经历,1995年参加高考,考得不太好,考了一个专科,班主任劝我复习一年,就没有去上,于是把录取通知书压在枕头下面。在农村,唾沫星子淹死人,有位老先生扛着锄头从我们家门前过,看到我蹲在门口吃饭。农村人没有啥讲究,家里有桌子不趴,端着碗在门口蹲着,到傍晚吃饭的时候,街上都是人,都是吃饭的。老先生扛着锄头到我面前就问,考上了吗?考上了。考上了怎么不去上呢?不想上,明年想上本科,枕头下面压着通知书呢。谁相信啊!你能一个一个解释吗?心里很不舒服。

更不舒服的还在后面,我们村里面有一个非常有本事的技术工人,我们是邻居,小孩上初一,一进门就吆喝,兄弟,给你侄子讲讲你失败的教训。一般人讲不来啊,但我真给孩子讲了,讲了半天,孩子走了。第二年,1996年,不管如何,考得再差,一定要走,因为老爸受不了了,老爸说,孩子,你早就该出去上学了。农村没有那么多讲究,只要离开家乡出去上学都叫念大学。第二年,考得分数相当不错,没有胆儿,报的郑大,第一批就被录取了,比我成绩差的都考上更好的学校了。我还想复习,老师说,你去吧,你就是郑大的命。1996年进来就没有再出去过。

这哥领着孩子又来了,一进门就吆喝,兄弟,给你侄子讲讲你成功的经验。我说,哥,去年讲过了。他说,不不不,去年讲的是教训,今年讲的叫经验。这个时候我才明白,当你成功的时候,你说的话叫经验,失败的时候说的同样的话叫教训。这就是现实啊!所以,我给我的学生说,为了让你的话变成经验,而不是教训,咱不能冲着失败去。但是成功是要付出代价的,这个代价就是我们的努力呀。古往今来,莫不如此,人活得挺累的,因为我们经常是活在别人的评价声中。

古人讲,人生有四喜,对于文人来说,非常重要的就是"洞房花烛夜,金榜题名时",能娶一个好媳妇。那时候婚姻和政治紧密相关,尤其是当官的。

我们来看看这个例子,卢储,公元820年的状元,819年进京城参加当时的国家级考试,叫省试。考试之前需要有相关地方官给保荐,给写推荐书。卢储不认识人,拿着自己的诗歌找李翱。他知道李翱,李翱不知道他,李翱是"父母官"。到这儿之后发现李翱出去办事了,不在家里,卢储就把自己的诗放在李翱的办公桌上。你让人家写推荐意见,人家不认识你,没有读过你的文章,不知道你的才情,不知道你的专长,怎么写啊?你得把你的诗,具有代表性的诗让人家看看,有一个大体的印象,这样才能写。李翱的女儿在丫鬟陪同之下来到爸爸书房里面找书看。古人说"女子无才便是德",那叫瞎胡扯,不认字(无才)的都是穷的,官家子女有几个不读书的?李小姐就读书,就认字,而且水平特高。老爸不在家,她来找书看,在书桌上看到一首诗,字不错,诗更不错,从头到尾读了一遍,她说什么呢?"我观此人之才情,必得状头。"说者无心,听者有意,小丫鬟暗自记在心间。晚上李翱回家了,这个小丫鬟给李翱述职,我今天陪着小姐都干吗了,我们都去了哪儿了,都看了什么了,小姐都说了什么话了,目的是什么呢?让老爸及时掌握小姐的思想动态。

小丫鬟说完了,李翱一听,什么,这首诗的作者能考上状元?不相信,拿过诗,从头到尾亲自读了一遍,真不错。那怎么办呢?小姐既然如此评价,看来她是慧眼识英才啊!这就是一个信号啊!肥水不流外人田,叫过来老家人,让他跟卢储说一下,我想把他招为家里女婿,问他愿意不愿意。老家人给卢储这么一说,咱们替卢储想想,答应还是不答应?你干吗来了,让人家给你写推荐信。我认识你吗,凭啥给你写啊?要是变成咱老丈人,就没有理由不写了,咱们得分清大小事儿。这个卢储推辞几句就答应了。为啥要推辞几句?你不能别人一说我们家老爷想把小姐嫁给你,你马上很高兴地答应,你难道娶不起媳妇吗?人家说我们家老爷想把小姐许配给先生,您愿意接纳吗?你说,不行不行不行,这个也不行,如果说不行,连信都没法写了。既要端着,还要拿捏好分寸,这叫度。最后,这件事就搞定了。卢储拿到两封信,第一封李翱写给他的推荐信,尽可能夸自己的女婿如何如何好,让主考官看到这封信先加一个印象分。这在古代很正常。

我们知道王维,那是大诗人,怎么考上状元的?有人帮忙。谁呢?唐玄宗的亲弟弟歧王李范,还有唐玄宗的亲妹妹玉真公主,两个人合伙帮忙。王维有本事,诗、书、画、乐四绝,我们今天谁能有他一项,吃喝不愁。画画儿画得好,一幅画卖给个几十万没有问题。字写得好,据说现在字都是论尺卖的。有他一项绝对吃喝不愁,他会四样。就这四样本事,先用画拿下歧王李范,给李范画了一幅画——山石。用的还不是画笔,用破毛笔在纸上画了一块石头,完了摁上一个手章。就这一幅画神了,歧王李范平时最喜欢游终南山,拿了这幅画之后再也没有进过终南山一步。想游终南山的时候,就把这幅画挂在中堂之上,搬把椅子往那儿一坐,看着那幅画,就像自己在游终南山,就好到这个程度。

一个《郁轮袍》拿下了玉真公主。玉真公主一听这个曲子,没有听过,宛如天上仙乐,就问是谁教的?王维说,我自己才谱的,昨天晚上谱出来的。什么名字?《郁轮袍》,您第一个听。两项绝技,拿下两个牛人。俩人说了,有什么事儿你说吧?我今年参加高考,您能不能给我弄一个特招啊?玉真公主就把这活揽过来了,说,你今年尽管考试,状元是你的,我看谁敢跟你争。你说国家一把手的弟弟、妹妹把这个活拦下了,谁敢争啊!

卢储考试时还带了一个老家人,还有一封书,是干吗的?让老家人场外活动。卢储只管在考场考试,外面人情要走到,老家人就活动了。公布成绩,吏部南墙放榜,是让人兴奋的日子,成功失败就在那张纸粘出来的时候。先粘出来的上面没有姓卢的,卢储心里就扑腾了,怀疑自己没有考上。又粘出来两张,还没有姓卢的,卢储汗就下来了,认为自己真的没有考上。老家人看着卢储的眼神就不对了,合着水货啊!我们家小姐说你能考上状元,什么也没有考上啊!我还陪你跑老半天,腿都跑细了,你干吗呢?卢储也不敢看老先生。就在你看我,我看你都不对的时候,里面又有声音喊出来,"状元及第者卢储"。怎么这么慢呢?这不是演戏,这就是古代的规矩,就像我们今天发奖一样,先发第三名,再发第二名,最后才是第一名。状元及第需要皇帝亲自给你圈一下,确定你是状元你才是状元,所以从吏部到皇宫这段距离是需要浪费时间的,所以出来得晚。考上状元了,卢储心里踏实了,老家人找不到了,干吗了?赶紧回家跟老爷说,商量结婚的事儿啊!你要不结婚,你知道跨马游街的时候谁把他拉走啊!先把事儿搞定再说。

不过,这个时候卢储心里忐忑了,没有见过自己媳妇什么样啊!当时答应是为了拿推荐书。古代那个恋爱跟我们今天不一样,凡是私订终身的都是被我们视为不正常的婚姻,是要批判的。一般情况是父母之命、媒妁之言。会说媒,有钱赚。我看到这么一个故事,一个媒婆特会说媒,特会说话,男方女方都求到她了,求她保一个大媒。女方嘴上有一个豁,男孩子呢,也有一点小残疾,相亲的时候双方各自掩饰缺点都没有发现。媒婆就跟女方说,男孩子一眼就相中你们家姑娘了。一眼就相中了,那不结婚还等什么啊?进洞房,掀开盖头,新娘发现,可不是一眼就相中了吗?他就一只眼睛管用。这就是会说话。你要是说,男方瞎了一只眼,剩下那只眼相中你们家姑娘了,如果这样说,这媒肯定成不了。你不管如何,还偷相了一次,现在这两个人根本没有见过面啊。卢储坐不住了,他要"催妆",意思是你赶紧出来吧,你到底长什么样,先让我心里踏实踏实。"昔年将去玉京游,第一仙人许状头。今日幸为秦晋会,早教鸾凤下妆楼。"不过,从这里面我们还能感觉到他还是有安慰的,因为在他看来,他的媳妇应该错不了,长得还是漂亮的,因此他用了一个"仙人"。两人还有自由恋爱的味道。

啥是比较荣幸的?皇帝能送一个媳妇就好了。有没有?有。靖康时期,中国两个皇帝——徽宗、钦宗被逮起来了。泥马渡康王,赵构在临安建立了南宋王朝。由于原来打仗,饿殍遍野,死了很多官,退休一些官,有些人跑了,一上班没有几个人,看着都打瞌睡,怎么办呢?扩招。赵构在他这个阶段每年录取人数是 200 人。我为啥强调 200 人?唐朝进士科考试平均录取人数一年不到 30 人,他一年 200 人。我们再想想,以长江为界,分为南北,长江以南是南宋领土,长江以北很多都不归他管了。考生明显少了很多,他还要录取 200 人,你可想这 200 人里面有一些特殊的案例。什么特殊呢?年龄大啊!

多大?这一年,录取 200 人,大家在朝廷上拜见皇帝,然后站在两边。赵构往下一看,有一位老先生还没有爬起来呢,正在往上爬,赵构不认识他,名单都在户部呢。赵构问道,卿如何称呼呢?老头抬头说,我叫陈修。一抬头,赵构发现这老先生眉毛、胡子、头发全白了,不知道多大年龄。他再问,爱卿高寿啊?老头一听泪下来了,哭了,老头哽咽着嗓子说,臣年七十三矣。赵构一听,扑哧乐了,73 岁,考上干啥呢?但是老先生考到这么大年龄让赵构感动,为啥呢?太宗皇帝真长策,赚得英雄尽白头。封建时代是官本位时代,要想实现自己的人生价值,必须去忘记小我,成就大我,把自己放在社会英雄谱系之中,老先生不就在追求这个吗?他的人生价值是什么?每个时代都有每个时代的追求,我们今天说实现共产主义,那个时候没有这么远大的理想,考上一个进士,有个岗位,发一点工资,娶个老婆,生点孩子,那就了不起了。这个老先生追求一辈子,放弃天伦之乐,这家孩子也真懂事啊!老先生想考就让他考,后勤支持跟得上,我得表彰表彰他们家孩子。赵构接着问道,卿有几子啊?这一问,老头趴在那儿哭开了,老泪纵横,哽咽着嗓子说,臣尚未婚娶啊!我还没有结婚啊!这一听赵构更笑了,笑完了,自己觉得心里不是味,老先生图点什么啊?人家不是为了这个国家才放弃了自己的幸福吗?到现在没有娶媳妇,再娶,谁嫁给他呢?想着想着,突发奇想,说,卿莫要哭了,朕赐你一个媳妇如何?老先生止住哭声,问道,真的?那就送一个呗!赵构回身一指身后打扇子的宫女,姓施,就你了,今天晚上跟他晚婚。这就定了。宫女能答应吗?宫女正打瞌睡呢,听到皇上送自己一个老公,没事儿偷着乐吧。能不乐吗?第一,皇帝说的话金口玉言,违背就是抗旨不遵。第二,皇宫女子过的都是很艰难的。你认为见着皇帝你就是妃子啊?当妃子的人寥寥几个,长得特别漂亮的根本近不了皇帝的身,直接就被皇后打进冷宫了。

在王昭君出生的地方,这个地方据说美女比较多,但是这个地方在封建时代还养成了一个不太让人舒服的风俗,孩子生下来之后,一看是女孩,怎么办?接生婆就会用香火或者火炭,在孩子的额头上烧一下。刚刚出生下来啊,皮肤吹弹可破,就烧这么一下会怎么样呢?烧伤皮下组织,长到老、长到死都是一块疤。为什么这么残忍?因为有一块疤的话皇宫不要,因为皇宫不要,所以她才能在民间找一个人嫁了。

进了皇宫你以为能跟着皇帝,没有几个。遇到一个好皇帝,30 岁把你放出去,放到皇宫外面,自己找一个人嫁了吧!30 岁啊,各位,封建时代,古代社会,唐宋时期女子 15 岁可以结婚,30 岁把你放出去,咱们赶得紧一点都当奶奶了。放出去之后,这些女性什么命运呢?因为我伺候过皇帝,我不能随便找人嫁了,当一辈子"剩女";有人是虽然找人嫁了,给人当偏房、当小妾,命运普遍不好。

这时皇帝送你老公,你不偷着乐啊!当天晚上完婚,陈修送走所有的宾朋,来到洞房门口,里面红烛高照,陈修推开房门往里面走,夫人就在床帐之内坐着,头上蒙着盖头,掀开盖头媳妇就是他的了。可是,姊妹们在个姑娘打扮的时候给姑娘说了一句话,你家先生年龄有点大。多大可没有说,也不敢说。姑娘就没有听到,她在皇后身后站着,非礼勿视,非礼勿言,非礼勿听。(我们脑袋上这些零件你别让它闲着,你要用的频率不是太高,它的功能就会退化。我最怕的是长的假期,超过七天不说话就会口腔溃疡。我一个朋友说,你假想你听不见,不用假想时间长,一周就见效。)这个姑娘非礼勿视、非礼勿言、非礼勿听,不能拔脖往前看,只要站着打瞌睡不拍到皇帝身上就没有事儿,所以听力下降。陈修一说自己年龄,皇帝、大臣跟着一笑,她根本没有听见自己老公多大年龄,反正是送给自己一个老公。姐妹们说自己老公年龄有点大,但是没有说多大,她心里就憋着想知道自己老公到底多大。陈修颤巍巍往新床跟前走,边走心里边打哆嗦,姑娘啊,你可千万别说话,你要说话无非就是一个问题,你多大了。姑娘心里想,我老公到底多大了?一个想问,一个怕问,就在陈修刚碰到盖头的一刹那,姑娘感觉到了振动,一撞,那盖头一振动,姑娘感觉出来了,不问没有机会了,娇滴滴的声音问了四个字:良人,贵庚?说好了不让问,你怎么还问呢?陈修心想,我还给你盖上吧,我怎么回答啊?

我在济南讲课的时候,济南国税局的一把手是个女同志,她说:你告诉他,37岁了。拦腰砍掉一半,够狠的。书记是个男同志,书记说:皇帝都说了这事儿成,你直接告诉她73了。20岁一代人,20岁一代人,到你这儿已经第四代了。怎么说都不行?老先生水平高啊,七十多年的内力没有白练啊!刚开始一惊,后来不急了,将着山羊胡,人家说的两句话太经典了,两句什么话呢?"新人若问郎年几,五十年前二十三。"这叫什么?这叫水平,这叫艺术。这加一块不还是73吗?是73,得看你怎么说了。这句话不可能咬着牙说,咬牙你得看咬哪儿。咬着牙说肯定不行,那也够吓人的。那怎么说?前面说的声音轻一点,后面说的声音大一点,没有听清不怨我。我们听的是一个故事,听着是追求名利,可是他有自己的水平,在自己的体制之内完成自己的追求。

为啥会如此?"古来名与利,尽在洛阳城。"这个地方有名利是为啥呢?因为体制在这儿。这些人有20岁考上的,有73岁考上的,有46岁考上的,有复习好多年考上的,既然有岗位,咱们就每人给一个呗!不行啊,岗位有限,需要优中选优,需要选拔适合这个岗位的人才。唐朝人说了这么几句话,"国家设尊官厚禄,在于得人,非为人得,在于求人,非为人求"。有岗位没有?有,就看你有没有适合这个岗位的才能,没有这个才能,这个岗位不是你的。

这些人所追求的名利,所要实现的自己的人生价值,是和这个社会的需求紧密相关的,也就是说,我们个人的价值追求,我们所追求的名利,千万不能跟这个社会拧巴了,不能社会需要什么你不干什么,社会不需要什么你非要干什么。失败的是个体,这是一个单元。来看看,不能光利己,还得利人啊。

2012年是杜甫诞生1300周年,这个人很厉害,我非常喜欢这个人,但是这个人活得太累了。他这一辈子总是在提倡着、追求着超越自我的人文关怀。都有什么?为什么会如此?我们看一下。他这一辈子,在唐朝时期是儒释道三教合流。杜甫也是各种思想都懂,但是他这一辈子追求的,指导他人生经验、人生经历的就是儒家思想。李白呢?懂的也挺多,什么都懂,但是他没有一个安身立命的东西。究竟这一辈子要干啥?当官。当官就按当官的规则来,他进了官场,还要用自己文人的浪漫冲撞官场的规范,所以他失败了。他是一个成功的诗人,但不是一个成功的官人。

杜甫一辈子以儒家思想指导自己的人生经历,在他的身上,你看不到他自己;在他身上,你永远看到的是他对别人的关怀。你看是不是?"公若登台辅,临危莫爱身。"他的好朋友严武进中央当官去,杜甫对他说,你进宫之后,执掌财政之后,千万记住,不要事不关己高高挂起,而要该出手时就出手,心系天下苍生。那是农业社会,怎么样才能让老百姓过好日子?少打仗,多种地。把兵器都烧化做成农器,大家都有田种,都有饭吃。

在冷兵器时代,战争不断,尤其是进入中晚唐时期,诸侯割据,势力之间相互斗争。在这种情况下,杜甫也经历了自己的艰难,回到家里,老婆号啕大哭,儿子被饿死了。杜甫在这种情况下没有埋怨政府,没有埋怨社会,反而想到的是不如他的人,"默思失业徒,因念远戍卒"。那些没有田产的人怎么办呢?那些戍守边疆的将士怎么办呢?我的儿子都饿死了,别人怎么能过下去呢?

凭啥杜甫你的儿子不容易饿死呢?杜甫他们家有十二代的官人经历,到杜甫这一代,虽然他没有当上什么大官,但是杜甫家享受免租税、免劳役、免兵役、免徭役,他们家不交税,不用当兵。你看看,《石壕吏》中老太太被抓走了,《新婚别》里刚结婚的丈夫没有进洞房就被攥到战场上了,小孩没有长大成人就当兵走了,为啥没有人抓杜甫呢?怀里揣着证明。我这儿有证明,我们家不用当兵,免了。就这样了他孩子还被饿死了,其他人呢?别人都是在自己力所能及的情况下帮助别人、关心别人,杜甫在自己力不能及的情况下心系天下苍生,这就是伟大。有人说杜甫是装的,谁能装一辈子也是圣人,装是很累的。

杜甫房子上的茅草被风刮跑了,几个捣蛋的孩子抱着就跑,都这样了杜甫还写呢,"安得广厦千万间,大庇天下寒士俱欢颜"。我怎么样才能有一个大房子,让天下老百姓都有地方住,过上安生日子?这就是杜甫啊!在他的身上,我们看到这是超越自我的人文关怀。

杜甫漂泊一辈子,死还没有死在自己家炕头上,死在耒阳县境,死在船上,埋在岸边48年,后来被孙子杜嗣业迎归故里。在河南巩义窑湾建了一个杜甫陵园,刻了杜甫雕像,刀法细腻,这个地方就成了大家拜谒圣人的地方。各国文人都到这个地方来,来了都会留下几句话,我非常喜欢这两句,克拉玛依党校校长写的,"忙看遗像如含笑,不似当年泪满襟"。活一辈子没有笑过,因为他心里太累了。儒家讲,"达则兼济天下,穷则独善其身"。对于这个老先生,一辈子没有达过,工资不高,经常饿得哇哇叫,没有饭吃。老先生过得非常艰难,可是他一直没有忘记还不如他的人。这里面没有心理优势,因为他是一个真儒者。所谓真儒,不管你是穷,还是达,都一直心系天下。

杜甫活得太累了,今天很多人说,我们道德底线沦落。早上来这儿之前,打开网络看了一下,又有一个老太太不小心滑倒,没有人救援,生生死去了。道德底线沦落,因为我们忘记了杜甫。假如说我们把杜甫的精神再拿起来,把儒家的精神再拿起来,我想,我们的道德底线会有所回升的。但是咱明白,个人之力太小,需要每一个朋友,需要每一个人投入,尤其是官方的投入,而不是吵吵几句,而要真的去做。

既然他太累,我们找一个不是太累的,仁恕。你看这个人(PPT),远看像张飞,近看像李逵,但他是一个文人,叫苏轼。(PPT)就长这样子,一点浩然气,快哉万里风。就他那性格,不长这样也不行,真长这样。这个人也是儒释道兼通,写的诗特好,就是嘴有点贱。怎么贱呢?你看他说他妹妹啥,他妹妹从后堂走出来,他说,"娇躯仍在屏风后,额头已到画堂前"。出门都不用打伞,贲儿头贲儿头,下雨不愁,人家有伞,咱有贲儿头。姑娘长这样够难看了。他妹妹说他,你长得好看啊?"去年一滴相思泪,今日始流到嘴边"。这两个人都长得够意思!

苏轼这个人张开嘴巴就是文章,张开嘴巴就是故事。曾经有一回,一个老和尚求他写一副对联,这个老和尚有点不招人待见,人家都是化缘,他是索缘。给他一块想两块,给他两块想三块,总想多要一点。化缘的人说了,出家人不爱财,多多益善。老和尚化缘的时候说,你不给钱,写一副对子吧?苏轼说,行呀,然后在山门上写了一副对联。上联是"日落香残,除去凡心一点";下联是"炉寒火尽,须把一马牢栓"。他这写好了,老和尚特别高兴,苏学士的墨宝挂在山门之上,那就是脸面。别人谁看谁可笑,苏轼确实够坏了,也是骂人不带脏字。"日落香残","日"字没有了,只剩下一个禾;"除去凡心一点",平凡的凡除去一点,剩下一个"几",对在一块,就是一个"秃"字。"炉寒火尽",炉子的火烧完了,没有火了,"须把一马牢拴",拴着一匹马,马户驴。上联是"秃",下联是"驴",谁看都知道是寺庙,这是骂人的。这就是苏轼,就这么聪明,但是这个聪明不招人待见。

这个人有时候挺服的,每个人自我评价过高往往会受人非议。有一次他写出一首诗来,"稽首天中天,毫光照大千;八风吹不动,端坐紫金莲"。这是一个偈语。真和尚,寺庙里面每天早上四点半上殿,冬天可能会晚一点,可能是五点,念经念的第一首就是这个。有法事活动,不管喜事还是丧事,第一首念的也是这个。这是对佛的歌颂。什么意思呢?就是这个意思,对佛的歌颂,普度众生,端坐莲台之上,外界荣辱根本打动不了我。苏轼写这首诗的本意既歌颂佛,也说了自己,我就像佛一样,外界荣辱打动不了我。这首诗写好之后,他就让家人拿着去金山寺找他的好朋友,当时一个著名的僧人,叫佛印。佛印看完明白了,苏轼这个人心里还是沉淀不下来,他还是有点浮,不是让我评价吗?评价咱就评价,他拿起笔来写了两个字,装信封里面又让家人拿回去了。苏轼回家一看,什么字呢?两个字,"放屁"。苏轼老生气了,我憋半天,憋出去一个屁来啊!我非得去问问去,我到底哪儿放屁了?自己亲自坐船到金山寺来找佛印,佛印就在家等着呢,禅房房门口早就应付好了,粘好一句话,苏轼一看就明白了,自己不该来,人家佛印说的一点都不错,我真是放屁啊!人家写的啥?"八风吹不动,一屁打过江。"你不是说你很淡定吗?你不是说你什么都放下了吗?你不是说外界荣辱打动不了你吗?我就写两个字"放屁"你就过来了,说明你还达不到那个境界。苏轼都做不到,咱们有的时候不淡定,还是可以理解的,但是尽可能要做到"八风吹不动,端坐紫金莲"。

我告诉大家这首诗的妙用,出去玩的时候,经常到景点里面,尤其寺庙里面,一不小心遇到假和尚了,假和尚特别多,剃个光头,披上那种衣服就能当和尚,还不用营业执照。怎么办呢?向你化缘的时候,给你算卦的时候,你给他对暗号,你背前两句,"稽首天中天,毫光照大千"。他如果能答出后两句,给他一块钱;答不出来不用给,肯定是假的。准得很,我用过好几次。苏轼要当官,当官就得考试啊,这讲的是佛家的。

你看看这首诗(PPT),"峨冠正笏(hu)立谈丛,凛凛群惊国士风。却戴葛巾从杖履,直将和气接儿童。"作者叫参寥,写谁呢?写给苏轼的。苏轼死了之后,这是挽诗,纪念苏轼的。说苏轼既有儒家的刚正之气,又有道家的谦和之气。你看,他骂和尚,和尚还老喜欢他,没有办法,有才啊!

想当官怎么办?考科举。今天的公务员考试,那时候是科举。到京城里面考科举,主考官是欧阳修,出的题目"刑赏忠厚之至论",要求考生论述执法应该宽,还是应该严?这是一个辩论赛的题目。只要是辩论赛,经常会出现两个极端,把一个问题无限拉向两端,其实都是错的。改卷的老师叫梅尧臣,他发现堆积如山的卷宗里面基本都把这个问题拉向两端,要么认为应该严,要么认为应该宽,怎么就没有从中间找切点的呢?改着改着,梅尧臣眼前一亮,出现一份卷子,那个时候有密封,看不到名字,梅尧臣发现这个卷子里面用了一个典故,因为考试时间有限,题目规定,又给你规定了各种条件,你不可能写长了。有限的字数之内,要表达更丰富的内容怎么办?用典故。一个故事,一个典故可能就两个字、三个字,或者一句话,但是它背后有非常浓厚的文化背景。我们的作者用了一个典故:"当尧之时,皋陶为士,将杀人。皋陶曰杀之,三。尧曰宥之,三。"这个故事说什么呢?尧帝时候,皋陶要处理犯人,要杀犯人,三次请求说要把这个人杀掉,尧帝三次都说把这个人给放了。作为执法官,代帝王执法,因为那是封建时代,所以要严,这个人给你两个香蕉,你把他放了;那个人给你拿两个苹果,你把他放了,那么将来受处理的必定是你。作为帝王,当的不仅仅是那几个官的帝王,更是天下苍生的帝王,不能这个人犯了一个错误你就把他宰了,那个人犯了一个错误你就把他给杀了,时间长了,杀的光剩下光杆司令了。怎么办呢?要给人改错的机会。给别人留下改正的机会,就是树立自己的仁德形象的机会。这里面有一个说法,仁者爱人。尧人如天,仁者爱人。他爱护天下苍生,不会动不动就杀人!一个故事,两个结果!当帝王应该宽,当执法官应该严。

梅尧臣拿着卷子去找欧阳修,这个卷子太漂亮了,怎么办呢?欧阳修一看也很高兴,高分录取啊!第一名。刚要判定的时候发现了问题。那时候虽然密封,但是那个字还没有腾抄啊,还是作者原笔迹。欧阳修说,我看这个字写得有点像曾巩写的。曾巩和欧阳修是好朋友,也是师生辈,如果说真判给了第一名,真是曾巩可就坏了。为什么呢?老师是主考官,学生是第一名,漏题了吧?这就是科场案啊！怎么办？往后拉一下，第二名。录取完了，一拆密封线，错了，是苏轼。

欧阳修不认识苏轼，以前苏轼没有出过川，1057年时候苏轼还年轻，20来岁，两个人第一次见面，欧阳修问苏轼，你这篇文章写得非常好，一个故事两个结果，我想说的是什么呢，我觉得我读书也不少啊，这个故事从哪儿来的，我怎么死活想不起来呢？苏轼回答说，我自己编的。什么考试？国家级考试，你敢自己编典故？当时梅尧臣汗就下来了，这孩子说话怎么这么直，你告诉他你看的那本书丢了，就那一本书上有，他没有看过，还孤本，你怎么说自己编的呢？苏轼说完这个话了，梅尧臣本想着欧阳修会生气，会收拾苏轼，但是没有想到，欧阳修根本没有生气，反而对苏轼非常赞赏，说这个人可谓善读书，善用书，他日文章必独步天下。

前一段时间有一个老师给我发短信，他一个学生问他：读书到底有什么用？这是很多学生困惑的问题，我们昨天晚上还写了一片小文章《给学生的一点建议——看我们的教材》。因为现在的学生上课都是，课上记笔记，考试背笔记，考后扔笔记，这叫三步走。毕业了，什么也没有学走。我就给学生提一条建议，就是读教材。学生问，我们读这个书到底有什么用？书和我到底什么关系？我说了这么一句话：书为我说，但我眼前无书。书传达给我的是我想要的信息，我得到这个信息我就是书。你不可能用的时候再搬一堆书来查啊！我给大家讲的就是我们屏幕上那几个字，但是我们讲的字数肯定要比屏幕上的字多不少倍。

我不可能拿着讲稿，然后说，各位，先等一下，这个地方我翻一下在第几页，那样的话我早就被骂下来了。要活学活用，真的把这个东西变成自己的。怎么样才能做到？中间我们隔过去了，时间不够了。

这是苏轼出川之前，他书房门口粘贴的对联——"发奋识别天下字，立志读尽人间书"。好大的气魄啊！我们现在就在省图书馆，能把苏轼拿到今天，他都不敢说这句话，"发奋识遍天下字"这个没有问题，"立志读尽人间书"，他做不到。那时候还不是十三经，还是九经，还有几部史书，然后就是文选、集子，还有一些范文。我们今天的书琳琅满目，你们到图书馆，进到书店，都不知道从哪儿下手，不知道从哪一本书看。

苏轼也告诉了我们怎么办，"好书不厌百回读，熟读深思事自如"。他原话是"旧书不厌百回读"，我改成"好"字。为啥说好书不厌百回读呢？一本好书，每读常新，每读一次都有新的收获，不同的心情，不同的时间，不同的感受，还有不同的人，不同的阅历，从这本书里面读出来不同的感觉、不同的智慧。很多老师都建议多读书，我总是讲一句话，要精读书。如果说你今年有读10本书的计划、10本书的任务，我建议你从这10本书里面找一本你最想读的，用读10本书的时间、读10本书的精力把这一本书读透了，那就足够了。为什么呢？因为人文类、社科类的书，除了专业的，有一个共同的特点，就是教我们如何为人处事，这是共同点。有人说他想当官，会做人就会当官，因为为官日短，做人时长，就这么简单。

这是我们今天所讲的，从科举切入，结合儒家思想，再结合这个时代唐宋时期所选出来的几个案例来考察这个时代人们在科举背景下儒学精神下所形成的文人品格，讲得好还是不好我就不管了，我的任务完成了。领导跟我说，让我11:20结束，好像馆里面还有别的事情要安排。我的课到此结束，非常感谢各位！

主讲人:景卫东,研究馆员、河南省档案局技术处副处长,郑州大学兼职教授,硕士生导师,中国档案学会会员,中国缩微摄影技术协会会员,河南省图书馆学会委员、编撰委员会副主任。

时　间:2013 年 1 月 20 日

地　点:河南省图书馆研议厅

揭秘档案——历史人物与舞蹈修养

　　为了节省大家的时间,我照本宣科,适当的时候,给大家作以注释和解释。

　　尊敬的各位来宾,大家好! 今天是"四九"的第三天,常言道"三九四九冰上走",也就是说现在是一年当中最寒冷的季节,昨天晚上一场皑皑的白雪又为我们今天的讲座增添了几分喜庆的气氛。大家忍受着寒冷的气温,放下繁忙的事务,汇聚在河南省图书馆研议大厅,来参加河南省图书馆举办的"豫图讲坛"文化活动。在此,我向所有来宾表示热烈的欢迎和衷心的感谢!

　　这次讲座得到了河南省图书馆的大力支持,省图书馆馆长杨扬先生、河南省图书馆书记孔德超同志,河南省档案局机关党委书记马天才同志、河南档案局科研技术处李宝铃处长等在百忙之中参加我们的讲座,并作热情洋溢的讲话,这正是"来的皆鸿儒,各个不白丁"。

　　"豫图讲坛"开办以来,已经举行了100 余场,其效果是名震全省,波及全国,口碑甚好,为把河南建成文化强省做出了贡献。当其他专家走上这个神圣讲坛的时候,都是气宇轩昂、筹措满志、满怀自信。今天,当我站在这里的时候,非常的忐忑,甚至是诚惶诚恐,但是尽管如此,我还是非常高兴,高兴的是,能够通过"豫图讲坛"这个平台把神秘的档案中涉及的历史人物与舞蹈文化作为专题介绍给大家。

　　"豫图讲坛"是学者、专家到此传授文化的地方,对"学者"的定义:一是做学问的人;二是在学术上有一定造诣的人;三是专门从事学术研究的人。"学者"的近义词是"专家","专家"是指在学术方面比较优秀,并且其思想能够影响社会发展的人。"访问学者"现在一般指曾经到国外就自己所学专业进行学术研究和学术交流的人员。

虽然我的头顶也有"国家公派访问学者"、"河南省档案局研究馆员"、"郑州大学兼职教授"、"硕士生导师"等多个光环,被划入学者行列,但我认为"学者"这个名分对我来说就是"学这而没有学那",因为自己才疏学浅,今天专题讲座错误和瑕疵难免,请大家多多海涵。

● 舞蹈文化与社会主义文化强国的内在联系

这次讲座的主题是"历史名人与舞蹈文化",因为中国提出了"建设社会主义文化强国"的新目标,河南省委也同时提出了"河南由文化大省向文化强省的转变",我认为这个非常重要,也非常明智。

我们国家的经济这些年发展很快,已经"坐二望一"了,离世界经济强国只有一步之遥,但是文化则很难说已经达到了相应的水平。对一个国家而言,经济只是个"壳",文化才是国家的"魂"。如果只是经济强,而文化不强,那么这个国家并不能真正地称为强国。对一个人来说,也是如此,不仅要有强壮的躯体,有文化、有才能、有智慧才是真正的强大。

从人类几千年的历史来看,一个国家的文化影响要远远比经济影响强大得多、持续得多。经济影响往往是暂时的、外表的,而文化影响则是长期的、内在的,因此,中国要想对人类做出更大的贡献、产生更大的影响,必须注重文化建设,把我国真正建成社会主义文化强国。

舞蹈文化是世界文化的一部分,而且是重要的一部分,相当于"根"或"核"的那一部分,建设文化强国、强省,学习和掌握好舞蹈文化内涵是不可缺失的。因此,我想利用这个机会,就"历史名人与舞蹈文化"这个专题讲一些鲜为人知的真实历史。

中国舞蹈文化的本身浩如烟海,不仅被收藏在档案馆、图书馆、艺术馆,其载体也多种多样,在我国目前的条件下,人民群众直接去利用和接受舞蹈文化教育的并不多,因此,需要一些专家、学者依据档案的真实记录,对档案进行筛选、加工、提炼、编纂,把舞蹈文化的原料转化加工成各种形式,变成覆盖面最大众化、最通俗化、最流行形式的文化产品,从而让更多的群众受到教育、熏陶、提高和感化。

舞蹈文化这种行业文化,当你参与其中的时候,不但可以凝聚大家的共识,鼓舞大家的斗志,为和谐社会增砖添瓦,而且可以通过与宣传文化部门相联合的方式,借助公共传媒走向社会,向公众传播,进而丰富全体人民的文化生活,提高全社会的文化意识、文明意识,把舞蹈文化变成精品,变成社会文化、大众文化,去宣传社会、感染社会,使舞蹈文化不仅仅是自娱自乐,同时也教人育人。

中国共产党十八大报告在文化方面的新亮点

2012 年 11 月上旬,中国共产党十八大在北京召开,胡锦涛总书记在十八大报告当中提出要把中国建成社会主义文化强国的目标,这个目标不仅需要满足人民群众日益增长的文化需要,同时还要增强中国文化在国际社会的影响力,所以社会主义文化强国有了新明确的内容。

舞蹈文化是文化的重要内涵,近代中国历史上,国内外英雄人物和国家领导人如何兼顾工作与舞蹈,怎么处理好情感与舞蹈的关系,现在我们通过对档案的真实记载作以解读,把英雄人物从"高大全"神人的色彩回归到人的本质。

● 盛世庆典与舞蹈文化

纵观中国历史或世界历史,国泰民安的盛世期间,任何重大的庆典活动都离不开舞蹈。特别是近百年来,圆舞曲在重大的盛世庆典中的呈现是一个国家、多个民族对文化多元化需求的真实写照,更是一个国家经济实力的具体体现。

2009 年,新中国成立 60 周年的庆典就是很好的见证。以下是当时盛况的新闻报道:中新社北京 10 月 1 日电,国家主席胡锦涛等领导人加入群众联欢活动,与群众共舞。10 月 1 日,新中国成立60 周年国庆之夜,21 时 21 分,在活泼的《青年友谊圆舞曲》的音乐声中,胡锦涛、江泽民、吴邦国、温家宝、贾庆林、习近平、李克强、贺国强、周永康等党和国家领导人信步走下天安门城楼,经过金水桥,来到广场各族民众中间,此时,广场上参加联欢的民众发出潮水般的欢呼声。就是我刚才一直放的视频,对我们档案人来说,这就是视频档案,或者叫音频档案。

胡锦涛左手牵着一位维吾尔族少女,右手拉着一位藏族姑娘,在《青年友谊圆舞曲》音乐声中,踏着欢快的节奏,与其他领导人和身边身着缤纷民族服装的年轻人围成圆圈,跳起了喜庆的集体舞,联欢晚会的气氛推向最高潮。首都各界庆祝新中国成立60周年联欢晚会的近6万各民族同胞,这时也随着欢快的舞曲翩翩起舞,绚丽的烟花照亮了夜空,整个天安门广场变成了一片欢乐的海洋。

下面这个文字主要介绍了一个给胡锦涛同志跳舞的研究生当时的感触。我们都知道,陪国家领导人跳舞也是一个心理负担很重的事情。当时,胡锦涛同她们两个人只说了两句话,胡锦涛主席说,"你是哪个单位的?"当跳了一段舞之后,胡锦涛同志准备休息,因为在排练的时候不可能让国家领导人到现场排练,他不知道这个舞曲还有一段,这个时候昂旺琼杰告诉胡锦涛同志,"还有一段"。胡主席笑着又跳了起来。这是当时女学生和胡主席说的两句话。

2009年10月7日晚上,在中央电视台一套《焦点访谈》栏目,对国家领导人加入群众联欢活动与群众共舞事宜进行导读。著名时事评论家杨禹由衷地感叹说,"跳舞使人手拉手,手拉手彰显心连心,跳舞使人同携手,同携手方能心连心",并再次指出,国家领导人加入群众联欢活动,与群众共舞,这是新中国历次庆典的首次,也是一个国家和谐社会的真实体现。

(PPT)这是当时的新闻照片,音频大家刚才已经听到了,视频也看了。

(PPT)就是这个姑娘,她是一个藏族姑娘。

● 《青年友谊圆舞曲》的由来

我们都知道,在60年国庆大庆的时候放的是《青年友谊圆舞曲》,为什么要放《青年友谊圆舞曲》呢?这是它的由来。1955年到1956年,当时国泰民安,群众安居乐业,人民情绪非常的饱满,这首歌是为了参加在波兰举行的世界青年联欢节创作的,内容是和平、友谊、团结,三段歌词是按照这个写的。当时提倡团结青年人,倡导和平,反对战争。江山和天戈同志在群众艺术科,也就是现在北京宣传部文艺处的前身,天戈同志写的曲子,江山同志填写的词,两个人一块修改定稿,那时候他们二十几岁,对世界和平、世界青年强调友谊的气氛都非常理解。

《青年友谊圆舞曲》后来入围了,但是没有获奖,后经《歌曲》杂志发表,舞蹈半年就流行开了,各地群众艺术馆纷纷转载,歌曲也传播开来了。随后编译成六种文字,其刊物将内容介绍到国外。非常滑稽的是,"文化大革命"期间,红卫兵拷问天戈是否拿过英镑,天戈说,我没有见过,也没有给过稿费。

60年国庆为什么用这个呢?当时北京市委书记点的,因为这个曲子是我们那一代人,或者像我这个年龄的一代人,是听着这样的歌曲长大的,对这个歌曲有深深的眷恋之情。在此,我再放一下,使大家回味一下历史。(播放音频)

● 圆舞曲与经济腾飞的渊源历史

世界博览会(世博会)被誉为经济、科技与文化界的奥林匹克盛会,中国2010年在上海举办世界博览会,这是第41届世界博览会,于2010年5月1日到10月31日期间在中国上海进行。此次博览会是由中国举办的首届博览会,以"城市让生活更美好"为主题,总投资达450亿人民币,创造了世界博览会史上规模最宏大的记录,同时也超过了7000万人的参观人数,创下了历史之最。

在每次世博会的开幕式上都要演奏《美丽的蓝色多瑙河》,但世界博览会与《美丽的蓝色多瑙河》圆舞曲舞蹈文化的历史渊源鲜为人知。1851年5月1日,世界上第一次博览会在英国召开,小约翰·施特劳斯是《美丽的蓝色多瑙河》的作曲家,本曲曾在1889年的巴黎万国博览会上获得作曲奖,然后誉满全球。当时的巴黎博览会是第四届世博会。

1863年,小约翰·施特劳斯任宫廷圆舞曲指挥,除了这个作品之外,还有《维也纳森林》圆舞曲,还有《春之声》圆舞曲,被誉为"圆舞曲之王",其父亲老施特劳斯被誉为"圆舞曲之父"。

● "圆舞曲之王"与当今中国文化的不期而遇

1872 年，施特劳斯已经 47 岁，早已功成名就，而渴望欧洲文化艺术的美国期盼大师的到来，于是，美国著名音乐人，也就是著名的大型晚会策划人吉尔摩，策划了世界和平大会庆典的音乐节，软磨硬泡，将施特劳斯拉到美国来。施特劳斯从他的家乡到达美国，需要远渡重洋，但是他晕船，发自内心地讲，他非常不乐意到美国去，但是有一个非常诱人的条件是，给他的"跑穴"费是 10 万美金，这在当时是难以抵御的。尽管如此，当他到达美国实地演练的时候又提出了毁约，当时吉尔摩发出了威胁，他的原话是"你小子胆敢毁约，就不要想活着离开美国"，我在这儿给他说得客气一点，"你敢毁约，就不要想活着离开美国"。

据美国档案记载，100 位著名指挥指挥 1000 人的乐队和 1 万人的合唱团为 10 万观众演出，这样的阵势早在 140 年前的 1872 年，在美国的波士顿就上演了。在这个音乐会上，很少被人提及的事情已经被中国编为一部音乐歌舞戏剧《美丽的蓝色多瑙河——1872 约翰·施特劳斯访美事件》，由姜昆等人演绎，2012 年 9 月 18 日至 21 日展现在中国国家大剧院的舞台上。

这个事情的由来是什么呢？故事的缘由起于李岚清撰写的《李岚清音乐笔谈》。李岚清是我们国家的副总理，1998 年到 2003 年任国务院副总理，主抓教育和文化工作。

小约翰·施特劳斯这趟美国之行充满了犹豫、猜测、奇遇和文化碰撞，笑料百出，令人捧腹，也就成就了《美丽的蓝色多瑙河》全局的幽默风格。为了完成这场演出，演出方甚至专门用了 16 门礼炮提醒观众遵守现场秩序，并用蒸汽机为巨大的管风琴鼓风，当时的音乐会为将其中的章节《游吟诗人》中的"铁砧大合唱"的震撼气氛表现到极致，还专门邀请了 100 名消防队员同时敲打铁砧。这个不是我们打铁的铁砧，他们的铁砧就是钢轨，30 厘米到 100 厘米，消防队的小伙子们同时敲打，由于声音巨大，一名孕妇当场被震得产下婴儿。这些极富戏剧性的喜剧色彩都经过艺术化处理，出现在中国国家大剧院的舞台上。门票价格是 650 元到 1800 元。

● 中国舞蹈的由来与河南的厚重文化

综上所述，任何重大的庆典活动都离不开舞蹈和舞曲。最早的档案资料是如何记载和描述舞蹈和舞曲的呢？"奏陶唐氏之舞，听葛天氏之歌，千人唱，万人和，山陵为之震动，川谷为之荡波。"这是《史记》描述过的远古音乐文化盛典，其场面之恢宏盛大，气氛之热烈狂野，歌者之沉醉忘我，数千年之下，令人心驰神往。

"昔葛天氏之乐，三人操牛尾，投足以歌八阕。"《吕氏春秋·古乐》中这段话是中国档案资料中关于音乐舞蹈文化比较早的记载。"葛天氏之乐"因此被视为中国音乐、舞蹈、诗歌的重要源头。挥舞牛尾，用脚在地面拍击出鲜明节奏的葛天氏之乐，如星星之火，照亮了中华乐舞文化的夜空。

● 中国"舞"字的由来

2012 年 12 月 1 日，"葛天氏故里"长葛市与中国先秦史学会、黄河文化研究会合作，举办"葛天氏与上古文明学术研讨会"，北京、天津、江苏、陕西、安徽、河南等省市高校、研究院所的 50 多位专家学者会聚一堂，深入研讨葛天氏文化内涵。我的朋友，郑州大学历史学院的王星光教授出席并主持这个盛会。非常高兴的是，长葛是我的故乡，对此文化我也略知一二。

在这次学术研讨会上，南开大学教授朱彦民先生认为：从甲骨文"舞"字入手进行分析，甲骨文"舞"字，字形就像一个人之正面，两手各拿牛尾之类下垂的舞具，欢乐舞蹈。甲骨文学家，将这个字中，人手所执的东西解释为牛尾，正是受《吕氏春秋》所记葛天氏之乐的影响，进而将这个字释读为"舞"。

（PPT）这是甲骨文有关"舞"字的写法，非常形象。

据我所知，甲骨文已经被发现的文字有 4500 多个，真正被解读的有 2500 多个，还有 2000 多个没有被解读。甲骨文是中国已发现的古代文字中时代最早、体系较为完整的文字。甲骨文主要指殷墟甲骨文，又称为殷墟文字。"殷契"是殷墟时代刻在龟甲、兽骨上的文字，19 世纪末，在殷墟都城

(今河南安阳小屯)被发现。甲骨文继承了陶文的造字方法,是中国商代后期,史前12世纪到11世纪,王室用于占卜记事而刻在龟甲和兽骨上的文字。殷商灭亡,周朝兴起之后,甲骨文还延绵使用了一段时间。

"一部河南史,半部中国史",这样说一点也不为过,河南的厚重文化体现在各个方面。如果大家有机会的话,到安阳殷墟去参观,注意看,他有一个甲骨墙,目前发现的甲骨文都在这个墙上刻着。我去看的时候留心看了一下这个"舞"字,这个"舞"字被摸得发亮。由此可见,热爱舞蹈的人们到这个地方朝圣的时候心中怀着什么样的心情。

(PPT)这是后期的发展,甲骨文对"舞"字的写法。

● 加拿大与中国甲骨文文化渊源

2008年8月,我因在国内出版《加拿大国家档案图书馆珍藏》一书事宜,应邀到加拿大驻华大使馆,当时文化参赞与我们座谈的会议室悬挂的不是加拿大总理的像,而是白求恩和明义士的像。据南京博物院公布,该院共收藏3000片甲骨档案,其中2000片为加拿大传教士明义士旧藏。明义士这个人是中国文化的传播者,对加拿大,对中国,影响非常巨大。

2004年到2005年,我在加拿大留学的时候特意对此事进行关注,目前加拿大有来自中国的甲骨档案10000余块,其中有5003块是带字的,按照联合国教科文世界公约的有关规定,人类文化遗产应该回到它的故乡进行保存,这是原则。我和中华人民共和国驻加拿大使馆的文化参赞杨学伦先生,向加方有关部门提出申请,这个事情我们仍在继续,因为世界公约的事情,我们参加的时间不一样,现在还没有成行。

明义士这个情况大家了解一下就可以了,我不再做过多的介绍。非常值得一提的是,由于明义士在中加文化方面的特殊贡献,1979年10月3日,当加拿大与中国正式建立外交关系的时候,他的儿子成为首位驻华大使。

这是本人(PPT),这是文化参赞(PPT),这是加拿大有关的官员(PPT),这是文化参赞的夫人(PPT),这是大使馆的二等秘书。

为了这个事情,为了把甲骨文要回我们河南,我们做了大量工作,我们希望把甲骨文档案要回到我们河南来,如果真的要不回来,我们将会采取其他的形式,对河南在这方面的欠缺进行弥补。

● 舞蹈文化由来的其他文献记载

中国学者认为,自有人类就有舞蹈,舞蹈是一切艺术之母,并引经据典,有案可稽地查找。见于文字记载的是在《诗经·大序》中,"情动于中,而形于言;言之不足,故嗟叹之;嗟叹之不足,故咏歌之;咏歌之不足,不如手之舞之,足之蹈之"。通过以上文献的解读得知舞蹈文化与社会生活关系密切,而且由来已久。

(PPT)这是甲骨文以后演绎的、演变的"舞"字的写法,由象形文字转变而来。

● 孔子与舞蹈

孔子对后世的影响深远,虽说他述而不作,但是他在世的时候被誉为千古圣人,是当时社会上最博学者之一。他曾经在仕途上的作为,人们知之甚少,他借舞化解政治危机的机智更是鲜为人知。孔子的像经过演绎,目前这个(PPT)确定为标准像,有机会的话到郑州市新华书店去看,当你走进这个大厅的时候,孔夫子的像就矗立在大厅,你们看了之后,会有新的感觉。

在2500年前,齐国的齐景公与鲁国的鲁定公在夹谷会谈,两国结盟。孔子作为鲁国司寇,相当于公安部长、司法部长,一同出席。其间齐国拟以"跳舞助兴"为由,企图加害鲁定公,紧要关头,孔子大喝一声,持剑仗言,阐明利害关系,使得齐国没有加害鲁定公。经过孔子说服,齐国归还了长期霸占的鲁国土地,"汶阳之地归还鲁国"。事后,孔子虽然仍然担任大司寇,由于鲁定公信任,令孔子"协相事",就是协助丞相(总理)处理国家大事。随后,在鲁国出现了"毁三都"之历史改革的大事。以上历史的真实性,在电影《孔子》中均有具体的艺术展现。

我们现在见面的时候夸一个人,说他文武双全,其实在"文武双全"之前还有前缀——"孔夫子挎宝剑",文武双全。孔子是一个文人,带一个宝剑,就是孔夫子带宝剑的由来(标准像)。以后同志们之间,特别是跳舞的同志们之间见面打招呼:老景同志啊,你真是孔夫子挎宝剑,能文能武啊!这就是夸你呢,是非常好的事情。

当代的体育舞蹈,是以人自身的形体动作为物质手段,通过充满生命活力的韵律,抒发人们内心情感的身体活动。其内涵集体育、音乐、舞蹈于一体,具有健身、竞技、消遣、娱乐、审美等文化价值。体育舞蹈的前身有多个名字,又叫"国际标准舞",它的原名为"舞厅舞"或称"舞会舞",也有人称之为"社交舞"、"交谊舞"、"交际舞"。体育舞蹈包含摩登舞和拉丁舞两大类,共10个舞种,其中摩登舞包括慢三步、快三步、狐步、探戈。拉丁舞包括伦巴、恰恰、桑巴、斗牛和牛仔舞。1992年体育舞蹈被列为奥运会表演项目。2010年第16届广州亚运会,体育舞蹈第一次成为亚运会正式比赛项目,下设10块金牌。

● 体育舞蹈盛会的巅峰时刻

在这次体育舞蹈盛会上,中国体育代表团囊括了10枚金牌。(PPT)这是当时获得体育舞蹈金牌冠军的合影。在这里,我非常高兴地告诉大家,这10名冠军当中有我们河南人,他的名字我记得不是很清楚,他老爷子名字我记得很清楚,就是目前我们河南省国标舞协会主席范新华,范新华的儿子和他的女朋友(现在可能是他的夫人)共同获得舞蹈的一个冠军。我们河南舞蹈的文化从远古到现在都做得不错,尽管如此,与我们河南省1亿人的大省还是有差距的。我们在座的,也可能成为将来世界上冉冉升起的舞蹈明星。

(PPT)这是狐步舞的照片。

我们讲了世界舞蹈、中国舞蹈、历史舞蹈,那么我们现在讲讲白求恩与舞蹈的密切关系。

诺尔曼·白求恩1890年3月3日生于加拿大安大略省,1938年3月31日到达延安,1939年11月12日在河北战地医院去世,享年49岁。

据档案记载,他最好的朋友之一是战地记者沙飞,这是我们历史上很有名的一名战地记者。沙飞给他拍下了很多照片,其中几张具有时代的印记,最具有个性的一张照片是在1945年4月《晋察冀画报》第八期上刊登的一组照片,其中一张是白求恩在延安时期的一张裸泳照片。

(PPT)从这张照片我们读到了白求恩同志作为普通人的另外一面生活。

(PPT)这是白求恩同志的标准像,中国政府发的。

当他八岁的时候,他自己强烈要求把原来的名字亨利改成诺尔曼。这是他的故居,被拍卖过,后来被他们的政府收回,现在做了白求恩展览馆。在大学期间,白求恩到英国参加第一次世界大战,由于受伤回到大学读书。大学毕业的时候,战争还没有结束,他又到英国参战。1922年到1933年作为英国海军上尉的外科医生,发表多篇学术论文,发明和改造至少12种医疗器械。其中一些设备,现在仍然被医学界所使用。

白求恩1916年在加拿大多伦多大学医学院毕业,1922年去英国考试的时候认识了小他11岁的妻子弗朗西斯·坎贝尔·彭妮。后二人到欧洲旅游,直到花完弗朗西斯·坎贝尔·彭妮的所有积蓄。在旅游期间白求恩先生的舞蹈技能得到长足的发展,也和舞蹈结下千丝万缕的情缘。

1923年他们在巴黎结婚。1924年白求恩到美国汽车城底特律开诊所,正式成为职业医生。他当时是一个富足的有钱人。在此期间白求恩和坎贝尔·彭妮的舞蹈水平又有显著提高。据坎贝尔·彭妮回忆录记载,当时她和白求恩的业余生活,参加舞会是他们经常的社交形式之一。

白求恩和他的妻子在此期间因白求恩患肺结核离异过一次,当时肺结核是不治之症,白求恩为了保证他的爱妻的身体健康而离婚,病愈之后白求恩又和她复婚,后来因为生活习惯迥然不同而分居。

史料是这样记载的,彭妮告诉白求恩,你去买一点菜,中午我回来做饭,白求恩说,好。等彭妮去工作回来的时候问白求恩,菜买了没有?白求恩说,买过了,在冰箱里面。其实他没有去,把这个事情忘了。当彭妮从冰箱里面拿出一团肉的时候问,这是你买的菜吗?白求恩说,不是,那是我从人体身上切的标本。从此彭妮大恼,感觉两个人生活习惯迥然不同,从此两个人就分开生活了。尽管如此,两个人没有再结婚,一直保持着非常亲密的朋友关系。

1936年,白求恩到西班牙马德里救助伤员,后被西班牙当局辞退,究其原因,西班牙当局怀疑白求恩与当时的女舞蹈家有关。2004年4月到2005年4月,作为国家公派访问学者,我在加拿大国家档案馆留学一年,趁此机会,我翻阅了有关方面的档案。据加拿大档案馆收集的文献记载,加拿大人迈克尔·彼得罗所著的《叛逆者 西班牙内战中的加拿大人》一书,该书详细记载了白求恩在战争中的优秀表现,并附有白求恩年轻时候的照片,按照现在的说法是"高富帅"。当时的媒体宣传报道,引起了一个名叫卡萨·赫琳·罗斯曼的西班牙女人的关注。她是一名记者,经常以采访为名和当时如日中天的白求恩接触,二人时常在闲暇之时参加一些舞会,西班牙共产党组织当局怀疑卡萨·赫琳·罗斯曼动机有问题,由于白求恩和卡萨 赫琳 罗斯曼关系密切,所以被西班牙当局拒绝入境。

后被证实卡萨·赫琳·罗斯曼是一个舞蹈家,她到欧洲各地演出,后经纪人携款逃逸,使她一文不名,不得已,被迫改为旅游经纪人,后改当记者。她愿意与白求恩多次密切接触,不仅是被他的人格魅力所吸引,深层次的内因之一,白求恩的舞蹈水平令她敬佩。

(PPT)这是2005年在加拿大国立档案馆库房进行考察(的留影),这个库房主要是音频档案和声像档案,一个库房里面有10万盘档案,用音像进行记录。

白求恩1938年3月31日到达延安,5月去抗日前线,直到去世,在中国时间不到2年。白求恩在中国的日子非常孤独,由于语言不畅,他交流的对象仅仅限于马海德医生(他是印度人)和他身边不太熟悉英语的翻译。1938年12月8日白求恩在给马海德的信里说,"天呀,我不得不习惯在给你写信以后的两个月里没有你的消息"。毛泽东同志深感内疚地说,"白求恩同志给我写过很多信,我仅仅回过一封,也不知道他收到没有。对于他的死,我是非常悲痛的"。

孤独难耐的寂寞,渗透在白求恩的每个细胞。1938年12月15日,他在寄回加拿大的最后一封书信中写道:"我梦想咖啡、烤肉、苹果和冰激凌,美妙的食物。音乐还在演奏么?你们还跳舞么?喝啤酒和看照片么?软床上干净的白色床单是什么感觉?女人们是否还是喜欢被人爱?"白求恩同志这封信原件被中央档案馆收藏,我们看到这封信的时候是一个复印件。白求恩估计这封信5个月才能到达加拿大,后他提出回国,但由于日本人开始打扫荡而放弃。

(PPT)这是本人2004年10月1日在加拿大蒙特利尔白求恩母校进行考察时候的照片。中华人民共和国是一个懂得感恩的国家,对于白求恩同志对我们的帮助时刻不忘,中国政府做了两尊大理石雕像,按照白求恩生前的身高,一个放在他的故乡,在展览馆里,另外一尊放在他的母校。

我去看的时候问当地人,你问"白求恩"没有人知道,你问"诺尔曼·白求恩"才有人知道。(PPT)这个广场非常冷静,这个照片放大的时候白求恩(雕像)头顶是一个鸽子,不像我们想象当中非常的热闹,到那儿朝拜的人很多,不是这样的。

(PPT)白求恩的母校是麦吉尔大学医学院,我们知道就行的,内容我们略过去。

(PPT)这是这个大学的鸟瞰图,非常的优美。

- 雷锋与舞蹈文化的真实记录

毛泽东主席题写"向雷锋同志学习",使雷锋事迹被中国人民乃至世界人民所耳熟能详。雷锋精神激励鼓舞了几代中国人,但是雷锋与舞蹈延续60年的情缘却鲜为人知。在此之前,我们大家不知道,没有报道过雷锋与舞蹈的事情,我们根据档案的记载,把这一段历史给大家回顾一下。

雷锋1940年12月18日出生,1962年8月15日不幸逝世,当时虚岁22岁。在北京军事博物馆有雷锋同志的一张身穿皮鞋和皮夹克的照片,这个照片是1958年12月20日拍摄的,买这个行头的目的就是为了参加舞会。

当时他在鞍山钢铁厂工作,这张照片寄回家里以后,家里人回信劝他艰苦朴素,从此以后他再也没有穿过。雷锋同志的原名叫雷正兴。也正是在单位举办的舞会上,认识了他的女友王佩玲,后改名叫黄丽,1958年的时候,王给雷锋同志写信,表达的是非常纯真的少男少女友情,事情发展到最后,成为青年男女朦朦胧胧的爱情。

(PPT)这是雷锋同志的照片,存在军事博物馆。大家看,这个皮夹克(PPT)在当时是非常时髦的。当时雷锋同志的皮鞋(PPT),大家看一下,非常有时代特色。我们在座的,特别是50左右的人对这个皮鞋影响颇深,当时的皮鞋就是这个样子。雷锋个子不是很高,但是非常精神,这是真实的雷锋的照片(PPT)。

这是雷锋在鞍钢参加舞会的经过的记载,为了节省时间,大家可以看一下,我不再一一赘述。

(PPT)这是雷锋同志平时的照片。我们在新闻媒体上看到的照片是没有这个提篮的,这个提篮上有印花,举个不恰当的例子来说,按照现在来说,不亚于你手中有一个"四代苹果"(iphone4),非常时髦。发表这个照片的时候,考虑到里面有小资思想的影响,就把这个照片做了处理。当你们翻阅报纸和期刊照片的时候,这个提篮是没有的。

(PPT)这个也是这个提篮,是雷锋同志在照相馆照的。大家一看都知道是在照相馆照的,如果在现场照的话,后面肯定是车水马龙,人很多。这就是雷锋同志当时的照片,我们档案人叫照片档案,档案和新闻媒体的报道是有不同的。

(PPT)这是雷锋的女朋友当时的照片、后来的照片和当今的照片。

我们谈了白求恩与舞蹈、雷锋与舞蹈,我们现在谈谈国家领导人与舞蹈。这是周恩来与舞蹈(PPT)。周恩来同志因为外交事务非常繁忙,到世界各地进行访问,外交活动和访问的时候跳舞是必不可少的一项政治活动,为了给当地的人民拉近距离,参与其中是非常惬意的事情,也是工作需要。

(PPT)这张照片是1959年周恩来接见中国第一个女子世界冠军邱钟惠时候的照片。邱钟惠同志的头烫着非常漂亮,而且还戴着墨镜,在当时是很时髦的,按照现在的说法,跳舞戴着墨镜那是不礼貌的。这就是历史。

再看一下俄罗斯普京的照片。(PPT)这张照片,普京看起来笑得非常甜,他作为总统,作为政治人物,这种笑脸是没有邪念的,非常好。这张照片和下一张照片比较,它们的意义截然不同,普京在同学三十年聚会上邀请当年的系花跳舞,好像看得非常专注,一般人认为他色迷迷的,我不这么认为。他好像在想:我原来崇拜的校花现在成了这个样子。普京的心情也是很复杂的。

● 美国总统与舞蹈

布什作为美国总统来说,他把跳舞与救灾、赈灾结合在一起。2007年4月25日,在美国华盛顿,总统布什在疟疾宣传日与舞蹈演员大跳"非洲舞",他去跳舞就是为了获得慈善家的资助。总统能够放下架子做这样的活动,舞蹈文化远远比你直接说捐款好得多。

(PPT)这是叶利钦,他的后任接班人是普京,在历史上可书写的一笔。

(PPT)英国王储查尔斯与巴西女孩跳热辣桑巴舞。

"我认为我这身打扮并不适合跳桑巴舞,我实在是太热了。"王子说了实话。2009年3月16日,英国王储查尔斯穿着西装、打着领带在巴西里约热内卢街头展示了一下自己的桑巴舞技。他不是展示,是被人拉着走不了了。后来查尔斯就说,我在街头被热情地邀请,跳了桑巴舞。查尔斯王储第一次展现自己的桑巴舞是在1970年,也是在巴西,当时他的舞伴是一位有名的舞蹈家。

● 戴安娜邂逅查尔斯王子是在舞会上

我们知道,戴安娜在英国非常受人们的尊重。戴安娜与查尔斯王子认识的时候是在小型的舞会上。1977年11月,查尔斯王子30岁生日举行小型生日舞会,戴安娜是人数不多的宾客之一,故

事从此开始。随后,最重要的章节要数戴安娜那番关切的话:"你在教堂的走廊上显得非常悲伤。这是我见到的最悲伤的情景。我看到你悲伤,我的心也在为你流血。我想这不公平。你太孤独了,应该有个人来照顾你。"他们谈的是不久前查尔斯的叔叔蒙巴顿的葬礼。这番话令查尔斯对这个小姑娘刮目相看。以后的事就顺理成章了,约会、订婚,半年以后结为百年之好。

1981年7月29日,英国王储查尔斯和戴安娜在伦敦圣保罗教堂举行婚礼。1997年8月31日,巴黎,英国威尔士王妃戴安娜永远地离去了这个世界。英国人对戴安娜非常怀念,她生前举办了很多慈善活动,参加了对地雷炸伤的人救助的协会,还有救助残疾小孩的协会,为这些协会捐助了很多的钱。

谈了外国的皇帝,再谈谈中国皇帝与舞蹈的关系。

我不知道大家看过《大太监》没有,没有看过的朋友可以找机会看一下。在这个影片里面,庄士敦是溥仪的英国老师,教他政治、经济等等,但是庄士敦这个人是一个文人,他写了很多书,在紫禁城皇宫里面写了一个描述教皇帝跳舞的事情。当时怎么讲得呢? 辛亥革命已经胜利,1911年,溥仪被囚禁在皇宫里面,就是现在的故宫。虽然没有三宫六院七十二妃,但还是有两个小妃子,他想去学舞蹈,当时庄士敦教他舞蹈。当时中国的文化是男女授受不亲,更不要说摸妃子的手了,怎么办呢? 庄士敦利用他的才智,拿了一张手绢,对面让妃子拿着,这边让他拿着。还要扶着腰啊,也不能摸妃子腰啊,怎么办呢? 用拐棍勾着妃子的腰。大家想想,这样子跳舞是多少滑稽可笑。你们有机会到英国旅游的话,可以看一下,这个庄士敦对末代皇帝感情非常好。他一生没有结婚,老年的时候,用其著作的版权费在苏格兰买了一个小岛,并升起了满洲国的国旗,在其住所开办了一个陈列馆,陈列着溥仪赏赐给他的朝服、顶戴及服饰的小配件。庄士敦1938年3月6日去世,享年64岁。这就是中国皇帝舞蹈老师的一些简历。

今天是2013年1月20日,也就是奥巴马总统重新任总统宣誓就职的日子,四年前,在奥巴马就职总统的舞会上,他是怎么跳舞的,我们展示给大家。在竞选过程当中,他要到一些社区进行演讲,在演讲过程中要参加一些舞会,有很多场,这是对其中一场的描绘。

(PPT)2008年10月8日时候他去参加舞会,这是奥巴马和他的夫人跳舞的影像,照我们现代的话说叫政治作秀,跳舞的时候不能十指相扣,你和你的舞伴仅仅是舞伴关系,但是奥巴马和他老婆这种关系另说了,这个叫十指扣。

(PPT)这是奥巴马上一次就职时候跳的,旁边站着仪仗队,非常严肃,奥巴马在跳舞。作为一个跳过很多舞的人来说,奥巴马这种跳舞是非常不成功的,弯腰、低头、佝背,表现得不好,但是他作为一个总统,跳舞是工作需要。

2009年1月,跟随美国情歌《终于》的经典旋律,奥巴马夫妇20日穿梭于首都华盛顿10场官方舞会,庆祝奥巴马时代到来。奥巴马夫妇首先前往华盛顿会议中心出席"街坊舞会",献上二人当晚的第一支舞。当时奥巴马夫人的衣服是一个中国人设计的,是中国26岁的设计师,叫贾森·吴,这个服装是6000美元。

• 舞步蹩脚

参加舞会前,奥巴马告诉《今日美国报》记者,他担心自己的舞技。奥巴马说,"我必须练习,免得踩上她的脚趾,忍受她无情的取笑"。跳当晚第一支舞时,奥巴马果然没踩到米歇尔的脚,不过,米歇尔整晚多次从奥巴马足下撩起她的裙摆。《终于》一曲旋律优美,节奏缓慢,奥巴马夫妇经常轻轻地摇摆,左一步,右一步地跳舞,气氛浪漫。出席前几场舞会时,奥巴马夫妇经常甜蜜地对视,贴面耳语,却不肯做出更显亲密的举动。在故乡人舞会现场,老乡们想为"第一家庭"增添一些浪漫气氛,齐声用西班牙语高喊"接吻""接吻""接吻",米歇尔摇了摇头,最后奥巴马控制了现场气氛。也许是"青年舞会"嘻嘻哈哈的风格使得奥巴马夫妇逐渐放开,浪漫的气氛达到顶点,到舞曲结束的时候,奥巴马和米歇尔终于深情地接吻。这就是政治与舞蹈。

● 美国国务卿希拉里与舞蹈

（PPT）2012年4月17日，希拉里在助手和保安的陪同下到街头酒吧去飙舞。飙舞之后，网络统计，希拉里的人气在美国人当中得到大大提高。

2012年11月7日，据报道，奥巴马看了"骑马舞"，还考虑和妻子跳一段，当被问及是否在就职舞会上跳的时候，奥巴马觉得不合适。奥巴马说，看过风靡全球的音乐视频《江南范儿》，考虑给妻子米歇尔表演一段，但是是在私下。当时电台进行了发布，奥巴马说了，"骑马舞"我应美国人要求可能会跳，会和夫人在私下里跳，在就职演说的时候肯定不会跳"骑马舞"。

（PPT）美国总统到印度进行访问，和当时的学生一块跳舞。作为一个政治家，作为一个总统，他到印度去的目的是什么呢？推销他的军火。当时印度订了一百多亿的军火，为了他们国家的就业人员，奥巴马也不惜赤膊上阵，跳了一曲舞。舞蹈与美国经济也有密切关系，为此他的夫人也做出了巨大的努力。大家看这个照片（PPT），他夫人是赤脚在跳舞，为了和当时的学生、孩子们玩到一起，尽情地跳舞。

当总统也好，总统夫人也好，国家领袖也好，他就是一个普通的人，他们跳舞和我们跳舞有截然不同的目的，我们去跳舞可能就是为了健身，自娱自乐，他们去跳舞，国家利益、国家经济包含在其中。

● 特工与舞蹈

根据张爱玲小说《色.戒》改编的电影给人留下很深刻的印象，观众对电影与电视剧中的"王佳芝"与"关苹露"这两个抗日时期女英雄在锄奸行动中深入虎穴刺杀汪伪"76号"特务机关头目丁默邨的壮举深表敬佩。有观众问现实中的除奸女英雄存在吗？我可以肯定地告诉大家，女英雄确实存在！她的名字叫郑苹如。为什么把这个作为单独的一章拿出来给大家讲呢？因为在刺杀特务头子期间，很多情报、事情是在舞会上进行了安排和获得的。

目前我们国家的国家级历史档案馆有两个，既第一历史档案馆和第二历史档案馆，在业内简称"一史馆"、"二史馆"。实际上中国还有第三历史档案馆。溥仪到东北之后和日本人生成的档案，当时叫中国第三历史档案馆，后来考虑到数量问题，把这部分档案合并到目前的辽宁省档案馆。

在这里，首先要交代一下"汪伪民国政府"。我们都知道中国共产党和国民党，一提到就知道，一提到"汪伪民国政府"很多人不太知道。当时是什么情况呢？汪精卫年龄和资格比蒋介石还要老，孙中山辛亥革命的时候他是元老，在日本人进攻南京的时候，国民党撤退到重庆，那个时间汪精卫是国民党二号人物。1945年抗日战争结束以后，当时因战争而迁都重庆的国民党政府不承认汪兆铭的国民政府及其行政院长职务，因而被民国政府称之为"汪伪政府"或"南京伪国民政府"，日本人称之为南京国民政府。这个大家要分清楚，不要混淆。

（PPT）这个就是关苹如的照片。她是有日本人血统的，她的母亲是日本人，她父亲是中国人。

（PPT）这是她年轻时候和日本人跳舞时候的照片，这些照片保存在南京第二历史博物馆。

（PPT）这是他的父亲，叫郑钺，留学日本，就读于日本法政大学，并在读大学时加入了孙中山领导的中国同盟会，同于右任等结为好友。她年轻的时候，就被很多他父辈的人看作自己的孩子，后来，由于政治的变化，国民党政府要求她对日本情报进行刺探。1937年，他的父亲称病在家里养病，其实国民党为他配备了电台，当时在秘密搜集日本人的情报。陈果夫是国民党人物，邀请郑苹如参加地下抗日组织，是因为她有日本血统。

1939年8月底，一个星期六晚上，日本驻沪"总领事"在"领事馆"的草坪上举办纳凉舞会，这是一个小范围、高规格的舞会，参加舞会的都是日本在沪的政界和军界要人。郑苹如应早水亲重之邀请赴会。舞会上，郑苹如成了日本大人物眼中的艳丽"樱花"，一个个抢着要与她共舞，郑苹如则有请必跳。在这次舞会上，早水亲重不无得意地向郑苹如吐露了一件机密：日本方面秘密派去重庆的人已经同国民党的"二号"接触了，"二号"人物表示愿意同日本人合作。这个"二号人物"就是汪精卫。翌日上午,郑苹如将二号人物汪精卫即将叛变的情报迅即密报重庆。然而,这一重要情报并没有引起上峰的注意。

1938年12月初,郑苹如再次从日本驻沪高层人物处得到"可靠情报":汪精卫已同日本人"谈妥事宜",准备离开重庆"变节投敌"。郑苹如再次发出绝密加急电报:"获悉大二号已与日本方面勾搭,近日将有异动,务必采取行动加以阻止。"这是当时她发出电报的原文,但是依然没有引起重庆大佬的注意,没有人相信国家二号人物会投敌,当汉奸。在郑苹如的这份密电发出后第三天,汪精卫突然失踪,去向不明。

1938年12月29日,汪精卫在越南河内公开发表投降日本的"艳电"后,重庆方面才如梦初醒,但为时已晚。这个"艳电"是发电报上的一个东西,就是说一个术语,比如说1938年12月29日,我们要用电报字数来说的话可能是很长的字数,当时电报在中国是非常奢侈的东西,惜字如金,就把12月29日用"艳"字代替。

汪精卫的公开投敌叛国,使中国人民的抗日斗争遭遇了极大的困难。1939年5月,汪精卫来到上海组织特务活动。她接受国民党指令,要铲除丁贼,要把这个特务头子干掉。

以下情况描述郑苹如接到总部命令,想尽一切办法除掉丁墨邨的一些经过。这些经过都是在舞会当中进行的,因为这个人他喜欢跳舞,这个时候容易下手。当时《色.戒》上影的时候我们都去看,我们对这个事情比较了解,一看知道哪些方面是真实的,哪些是不真实的,有哪些不足,同志们之间开玩笑,看了这个电影有什么感觉呢?女同志说,我只看到了戒,没有看到色;男同志也说,我也看到了戒,没有看到色。它没有把历史故事真实地还原给大家。

这是在刺杀特务头子当中的一些事宜,最后一次舞会,去参加舞会的时候,为了在舞会上把特务头子干掉,她把手枪藏在皮靴里面,趁着舞会旋转到柱子后面的时候,她准备弯腰取出手枪把特务头子干掉,但是这个特务头子是职业特务,而且是在日本留过学,水平很高,当她弯下腰拔手枪时候,他两个手紧紧抓住她的手。在这个情况下,因为他身边有警卫人员,在她身上进行搜索,从她上身搜索到腰部,没有搜索到手枪,在这样的情况下,郑苹如知道自己已经暴露了,借舞会中间休息的时候去了卫生间。去卫生间的时候,她把手枪拿出来,放在地上擦了一下,把手绢放在地上搞的很脏,然后把手枪包住扔出去。实际上她已经暴露了。郑苹如1940年2月离开人世,对当时的国民党也是非常大的损失。

我们再讲一下莫言获诺贝尔文学奖和中国舞曲的文化。大家都知道,在莫言颁奖的仪式上,当时奏了中国舞曲,中国舞曲文化是怎么来的?为什么要奏中国舞曲呢?作为瑞典当局来说,体现了中国的文化。实际上我们大家可能都听了,我也反反复复听了好几遍,好像中国文化体现得不太多。为什么呢?2012年12月10日,在瑞典首都斯德哥尔摩,莫言与夫人、中国驻瑞典大使兰立俊以及夫人出席诺贝尔奖颁奖晚会。

这个晚会大家都知道,颁奖以后要在这里举行盛大舞会的,这是一般人不知道的。过去,我们中国没有获得诺贝尔奖的人员,中国大使馆也去过人,但是不是很重点的报道。这次由于中国作家莫言获得诺贝尔奖,使得演艺大厅更加有意义。莫言先生领奖的时候,这个舞曲是怎么来的呢?1919年,丹麦著名剧作家写了作品,这个作品里面体现了中国文化。这是1919年写的,已经过去很长时间了,但是它没有更新,瑞典对中国人的看法还是比较守旧的,了解的还是比较单一的,与我们当今文化还是相差甚远的。

他们市政厅里面有个金厅,2012年,大家想象一下有多少人?有7000人。7000人参加颁奖,参加舞会,当时主办方为了减少秩序的混乱,要求大家尽量少去卫生间,害怕干扰秩序。这是对金色大厅的描述,我们略过去。

(PPT)这是瑞典国旗的颜色,这也是金色大厅和蓝色大厅的由来。

● 莫言与河南厚重文化的密切接触

莫言,1955 年 2 月 17 日生,真实姓名管谟业,生于山东高密。由于对现实社会感悟颇深,给自己起个"笔名"叫莫言。这两天大家可能注意到了,我们国家科技进步奖颁给了一个人,这个人名字叫王小谟,和莫言(管谟业)是一个谟。他是搞雷达的,是一个搞空中预警机的院士。如果现在我说莫言是河南的子孙,大家会非常惊愕,认为这是痴人说梦,甚至对我的学术水平产生莫大的质疑,如果莫言自己说他的根在河南,大家就会很有兴趣,这就是文化。

2004 年 6 月 26 日,郑州越秀学术讲座邀请了莫言。谈起这次郑州之行,莫言说,"管"这个姓氏和郑州的关系其实非常密切,"郑州历史上出过一个'管仲',据史书记载,这儿就是我们管姓的发源之地。所以来到郑州是真正地回到老家了"。说得非常感人。

管仲这个人大家都知道,公元前 723 年,或者公元前 716 年到前 645 年,为齐国上卿,即丞相。《三国演义》中诸葛亮自比管仲,就是这个人,这是我们的老乡,是我们的骄傲。莫言自己说,他是河南《梨园春》的忠实观众,每到星期天晚上,他都要找一个不写作的理由,因为要看《梨园春》。说这话让我们多么感动啊,莫言对河南还是很有感情的。

在郑州越秀学术讲座的闲聊中,莫言也谈到了"诺贝尔文学奖"。当时莫言用冷静的语言给了我们一个答案:"诺贝尔不是体育比赛,我们选的不是世界冠军。文字怎么能够衡量?对同样一位作家,不同的读者完全可以做出截然相反的判断。我好好写吧,争取成为一个赵树理。"赵树理是我们国家一个有名的作家,是莫言心中的偶像。

据当时参加其座谈会的其他人士讲,当主持人介绍莫言的时候,其掌声不热烈,明显含有礼貌的性质,当时除个别业内人士知道《红高粱》电影是根据其小说改编而成外,对于其他知之甚少,知道的也是其作品在地摊一元一本的尴尬局面。

● 杨振宁与莫言的中国文化

2013 年 1 月 17 日,在中央电视一台的"中华之光——传播中国文化"专栏里,杨振宁为莫言颁奖。莫言为杨振宁手书"仰天空之大,观粒子之微"。当时重播了视频档案,1957 年杨振宁获得诺贝尔奖的盛况。这是我们档案界的功劳,杨振宁在瑞典获得诺贝尔奖,当时的录像就在我们档案部门存着,对我们来讲,这叫视频档案。前面看到的是文字档案,当然,还有人事档案,等等。1957 年获得诺贝尔奖时,杨振宁的 5 分钟获奖感言题目是"我的中国文化情结",非常感人。文化贯穿在各个方面,在一些重大的场合、重大的场所是离不开文化的。

重读档案,再看历史,文化的影响远远大于其他的影响。当时给杨振宁颁奖的国王是给莫言颁奖的国王的爷爷,现在给莫言颁奖的人是当时给杨振宁颁奖的国王的孙子。

莫言获奖的政治背景和政治原因,我们在这儿一掠而过,不再讲了。

中国对瑞典的反制措施,这个简单提一下。瑞典前总理到中国来被拒签了,为什么?当时中国政府认为他在政期间对中国政府进行了粗暴的干涉。为什么呢?诺贝尔奖有两个人获得和平奖,一个叫达赖,一个叫刘某某,这个刘某某现在还在监狱里面关着呢。当时中国政府对瑞典有很大的看法,马上进行了反制措施,当其领导人到中国来开会的时候,拒签,没有理由。这里有文字解读,大家看一下就行了,中国人的反制措施使瑞典人大伤脑筋。

● 史沫特莱与延安舞会的风波

史沫特莱是美国著名作家,是中国人民的老朋友,半个多世纪前她不远万里来到中国宣传中国人民的抗日民族解放战争。她与毛泽东、周恩来、朱德等老一辈无产阶级革命家结成了深厚的友谊。1937 年在延安期间,在她的带动下掀起了一股跳交际舞热,然而也引起了一场小小的风波。

1937 年时候,毛泽东和贺子珍同志到了延安,贺子珍同志不喜欢跳舞,更反对毛泽东和别的女人一起跳舞。毛泽东平时工作非常忙,只有在周末跳跳舞,休息一下脑筋或在暂时写不下去的时候,出去散散步,或到史沫特莱那里谈一会话,学几句英语单词,然后回到住处阅读公文继续进行写作。在这种情况下,贺子珍产生了一种孤独感。她的文化程度比毛主席低,这样的精神生活,这样的思想交流,过去虽然不多,但总是有的。而现在同人家双双对对的夫妻相比,就显得太少了。因毛主席晚上工作,白天睡觉,和她在一起的时间很少。在这种情况下,贺子珍感到很苦恼。她把这种苦恼的原因,完全归罪于史沫特莱和吴莉莉。吴莉莉是史沫特莱的翻译。

有一天,毛主席刚刚休息起来,贺子珍气呼呼地走来,要毛主席不要跟史沫特莱和吴莉莉接近。毛主席说史沫特莱是中国人民的忠诚朋友,她为中国人民的革命做了大量的工作。吴莉莉很有艺术才华,革命需要这样的人才。贺子珍不同意毛主席的看法,便和毛主席争论起来。贺子珍认为史沫特莱在延安刮的交际舞风会腐蚀共产党,败坏军风。

第二天,许多人都知道了这件事。史沫特莱闻讯后,并没把这件事放在心上,她对共产党和毛主席依然一往情深。她高兴地说:"我虽然得了一个败坏军风的恶名,但是交际舞在延安兴起来了,这是我的一大胜利!"这是外国人的性格,跟中国人截然不同。

• 1937年延安"吴光伟事件"

这个"吴光伟事件"就是前面提到的吴莉莉,她是咱们河南老乡。有一天,贺子珍找到史沫特莱住的窑洞,发现毛泽东与吴光伟坐得很近,面对面地正在谈话,两人都眉开眼笑。贺子珍一腔怒气地冲了进去。这时,窑洞里的气氛骤然紧张起来,毛泽东一下愣住了,屋子里显出了极为尴尬的局面,吴光伟也不知所措。毛泽东仍然坐在那里,吴光伟起身招呼,让座:"贺子珍,请坐,来,来。"贺子珍却厉声厉色地回道:"还来呢,我就是为你才来的。我不是为你,我也不来这里了。"贺子珍马上转向毛泽东发火,说着说着,手就挥舞起来,手打到吴光伟的耳朵和脸颊上。"怎么,你打人还了得?"吴光伟也很厉害地吵开了。吴光伟是吵,没有打,因为她对毛泽东和贺子珍从内心来说有一种惧怕的心理。

吴光伟(1911—1975),河南人,北京师范大学外语系毕业,在美国留学期间认识史沫特莱等著名记者。"七七事变"以后回国参加抗日,在延安期间,是史沫特莱的英语翻译。史沫特莱见状为自己的翻译抱打不平,她不懂中国话,她光看到别人打她翻译了。站在门口的警卫员听到屋里面有吵架的声音,不知道怎么回事,就连忙进来,看到这个外国人当着毛泽东的面打贺子珍,就赶紧过去阻拦。这个小战士没劝架的经验,本想保护贺子珍,这样的话他应该拉打人的史沫特莱,但是他却把贺子珍紧紧地抱住,贺子珍动弹不得,使她失去了保护自己的能力,无法抗拒对方的攻势,小战士帮了倒忙,于是人高马大的史沫特莱一拳打在贺子珍右眼上,她的右眼顿时黑了一圈,肿了起来。正当史沫特莱要挥出第二拳的时候毛泽东说话了,他先对贺子珍说,子珍,你干什么,你疯了吗?然后对史沫特莱说,你不能再打了,有什么话对我说。从此以后,贺子珍被送到苏联进行疗养。

(PPT)这是毛泽东和贺子珍当时的合影照片。大家看,他们都非常瘦。

(PPT)这是毛泽东、朱德、吴莉莉和史沫特莱的合影。

1937年贺子珍被送走了,这时候江青作为文艺青年到了延安。她论资历没有资历,论年龄没年龄,论战功没有战功,做事非常谨慎小心,但是她有三个优点:第一个,字写得非常好;第二个,喜欢拍照、摄影;第三个,喜欢驯服烈马。大家看近代影视片的时候,现在多已经还原历史的本来面目。在延安被胡宗南包围的时候,毛泽东说:"周恩来同志怎么样?""请江青同志照顾好周恩来"。现在的影视作品已经和过去截然不同。

在这个时间,在延安,你只要看到有人骑着高大的白马飞驰,那就是江青。1949年江青进入北京,35岁的她有另外一番感悟。新中国成立以后,江青坐上专机到莫斯科去了,尝到了做"第一夫人"的荣誉。在莫斯科期间,她非常高兴地见到了斯大林。斯大林请她吃饭,江青站起来向斯大林敬酒说,"斯大林同志的健康,就是中国人民的健康"。斯大林听了非常高兴,还是第一次听人这么说,感觉江青很会说话。斯大林也就说,我也祝毛泽东同志身体健康。

江青在苏联的待遇跟贺子珍在苏联的待遇有天壤之别。

1946 年,王稼祥来到苏联治病,他的夫人也同时到苏联了,因为他夫人是个大夫。王稼祥到苏联后,从朱德的女儿口中得知贺子珍竟被关在远离莫斯科的一个疯人院里,娇娇(贺子珍的姑娘)也在苏联。王稼祥跟贺子珍是老战友,听到这消息异常震惊。他再三向苏方交涉,苏方才不得不同意把贺子珍和女儿娇娇送来莫斯科。相见之时,贺子珍热泪纵横,哭诉她的痛苦经历:原来,失去爱子,加上家庭变故,双重的打击,使她陷入极度苦闷之中。她又身处异国他乡,言语不通,举目无亲,于是形成了忧郁症状。苏方把她当成精神病,送进伊万诺夫市疯人院。她想念女儿娇娇,可是,她却见不着娇娇。无尽的思念和内心的痛苦,日夜折磨着这位当年叱咤井冈山的红军女英雄。

王稼祥再三交涉,才使贺子珍跳出了苦海,结束了疯人院两年多的囚禁。临去莫斯科之前,娇娇回到了她的身边。见到被剃成光头,憔悴,目光忧郁,连讲话都结结巴巴的贺子珍,王稼祥的心在震颤。王稼祥和贺子珍是老战友,和毛泽东也是老战友。1949 年 11 月 3 日,王稼祥担任了中国驻苏联的首任大使。

(PPT)这是江青和毛主席的照片。

● 毛泽东对舞蹈的执着和情有独钟的向往

1937 年到 1969 年,延续 30 多年,这种情有独钟的爱好能够使毛泽东在顶住政治压力的情况下,不弃不离,足见舞蹈的魅力无限。20 世纪 50 至 70 年代,毛泽东同志利用到全国各地视察工作和调研的时间,借舞会这个机会,先后为在他身边工作的卫士等工作人员,以"红娘"和长者的身份介绍对象,是那样的亲切,那样的家常。当时江青也经常一同出席舞会,与她跳舞的是那些卫士。观其舞,知其德。舞蹈的文化内涵与精髓,被一代伟人毛泽东同志体现得淋漓尽致。

(PPT)这是毛泽东跳舞时候的照片,旁边是他的卫士,非常漂亮的小伙子。他(卫士)经常跟着毛泽东,跟社会接触很少,搞对象都成了问题,所以说毛泽东在视察各地的时候,也不忘为他身边的卫士介绍对象。这里面花絮还有很多,非常滑稽可笑。当时物资匮乏,送人一块手表,谈不成又要回来,毛主席说他,你不要太小气了,一块手表能值几个钱!在这样的情况下,毛主席是以一种长者的身份跟工作人员打交道的。

(PPT)对历史熟悉的人以及年龄大的人,对这个人的照片很熟悉。

我们讲讲功夫巨星李小龙的舞蹈天赋,李小龙的传奇故事在中央电视台开播以后非常热,李小龙舞跳得怎么样呢?大家不知道。我告诉大家,李小龙的舞跳得非常好,而且他初到美国去开的并不是武馆,而是舞馆。我把一些历史档案给大家翻出来,给大家看一下。

电视剧《李小龙》在中国热播以后,一个和他跳舞的伙伴给观众留下深刻印象。在升中学的时候,李小龙有一个一起跳恰恰舞的要好的女朋友,可以说是他的初恋,但是没有人知道这个女孩的名字,工作以后,两个人纯属工作伙伴。李小龙有好几个女朋友,还有一个丁佩,在后面,我会为大家逐一介绍。

(PPT)这是我们档案部门搜集的档案照片,也就是李小龙获得舞蹈冠军的照片。旁边这个是他的胞弟,叫李振辉。为什么带他胞弟呢?因为他当时女朋友太多,和任何一个女朋友去跳舞,其他的女朋友就会不乐意。在无奈之下,李小龙就带他的胞弟去跳舞,获得了冠军。据李小龙的胞弟回忆,李小龙有两个特点,少年李小龙爱跳舞,爱泡妞。日前,为了纪念李小龙逝世 33 周年,香港"李小龙会"和档案馆向媒体公布了 11 张珍贵的李小龙旧照,其中一张是李小龙跳舞的照片。

李小龙初到美国开的是跳舞的舞馆,而不是武馆。至于李小龙为什么会学习功夫,李振辉说,"我哥哥一直要做帅哥,有一次他被人欺负了,他回来说,我以后要学习武功保护自己才能保持好的形象"。

1973 年 7 月 20 日,著名的功夫巨星李小龙不幸去世,年仅 32 岁。这是他去世时候的档案记载,这是一个真实的情况,大家都知道,1973 年是在"文化大革命"当中,我们对台湾,对香港,从政治上说,都有高度警惕的,而且李小龙去世的晚上是在台湾一名女演员的家里,再具体一点,是在床上去世的。当时的中国当局怀疑这个人是一名国民党特务,这个女人叫丁佩。其实不是那个样子,这里面文字有记载,时间关系,不给大家念了。

(PPT)这个就是丁佩,李小龙最后去世的时候和这个人在一起。

(PPT)这是当年李小龙和丁佩的合影。

(PPT)这是丁佩出席李小龙纪念馆的照片。

大家非常期待一个事情,就是丁佩目前正在著书立说,已经皈依佛门,她要解读几十年前李小龙去世的详细情况。这本书什么时候公开发表,在这里面有一个介绍,大家看一下,知道就行了。

- 维也纳歌舞剧院与舞会

我们大家都知道,世界上比较大的歌舞剧院和歌舞会,比较好的就是维也纳歌舞剧院。维也纳歌舞剧院与我们河南省厚重的文化有什么联系呢? 这是我要告诉大家的。在这篇文章当中,有很多关于歌舞剧院的诞生、演奏等文化知识,我们由于时间关系,不再一一赘述,我们重点讲一下它与河南的文化关系。

- 河南文化挺进金色大厅

大家看这个照片(PPT),非常熟悉,但是你们并不认识她,她叫王惠,是河南省豫剧一团的团长。前几天,张泰昌回来的时候我们在一起聊这个事情,这张照片是去年夏天他给我的,我为此写了一篇文章,叫《河南文化挺进金色大厅》,准备往中国档案报上投。

"2006年维也纳·中国新春音乐会"1月15日在维也纳金色大厅举办。跟往届不同的是,中国著名的京剧、豫剧、越剧、沪剧表演艺术家与奥地利著名的乐团进行了公开献艺。这次主题是"文化河南·魅力东方",就是河南主题的文化。文化内涵和事情的经过我就不再讲了,现在讲一下这里面的花絮。

据王惠同志讲,她现在是河南省人民代表、国家一级演员、常香玉最后一个关门弟子,这是她的文化背景。当时演出之后,市长夫人在市长的陪同下特地到舞台后面与她见面,表达三个意思:一是非常期待穿一下演出行头;二是教她唱一句豫剧;三是非常认真地问是否能把一些道具卖给她,不要考虑价钱问题。就是刚才那张图片上那个。这就是河南文化挺进金色大厅的联系。

- 唐诗对舞蹈的描述

唐代,我们河南出的专家怎么对舞蹈进行描述呢? 在这里简单做一下提示,这个人是我们河南人岑参,"美人舞如莲花旋,世人有眼应未见"。

白居易也是我们河南人,他是河南新郑人,纪念馆建在河南洛阳龙门石窟景区内,大家有机会可以去看一下。他也写过一些跳舞的东西,这是他写的一些诗(PPT)。因为白居易和前面的河南老乡错了几十年,他对舞蹈的体会有不同的理解。

- 舞蹈与河南文化的悠久历史

目前情况下,河南南阳博物馆有一块"镇馆之宝",也是国家一级文物,就是一个墓志铭。这个墓志铭上面记载有一些有关舞蹈的事情,大家看一下图像,文字上不再赘述。

(PPT)这是一个小孩,一个富人家的子弟,5岁的时候夭折了,墓志铭上记载这个小孩叫许阿瞿。这个画面当中有很多人为他跳舞、歌唱,这个墓碑目前属于河南省南阳博物馆的"镇馆之宝",也是河南发现的实物的舞蹈文化比较早的记录。

- 河南艺术中心与舞蹈文化

过去一提到郑州市,大家就知道郑州的标志性建筑是二七塔、郑州东站等等,在新的时期,中国评出了60个地标性建筑,我们河南省入围两个:第一个是林县红旗渠,这代表一种精神,代表林县人民战天斗地、艰苦朴素、创业的精神;另外一个就是我们河南艺术中心。可能很多人不太知道河南艺术中心在哪儿,在郑东新区会展中心的旁边,这个艺术中心投资10个亿。

(PPT)这是河南艺术中心鸟瞰图。从这个图形我们可以理解河南的文化,这五个球形体是什么意思呢？就是代表河南出土的一种乐器，叫埙，根据这个设计的。这是一个大剧院，1800 席，这是音乐厅，这是展览馆、博物馆。（PPT）这是一面玻璃墙，原形是在河南出现的石箫，吹的一种东西，也是一种乐器，在河南出土的。（PPT）这个是竖立的一个旗杆的标志，原形是在河南出土的骨笛。

（PPT）这是对它的规模的介绍，加拿大人设计的，下面对图形做了详细的解释。

如果说大家有机会到河南省博物馆去的话，你会看到河南省博物馆的"镇馆之宝"就是这个骨笛。骨笛是 6500 年前在我们河南舞阳出土的，在全国、在全世界人类音乐历史上是首屈一指的。

● 焦裕禄是怎么处理好工作和舞蹈关系的

大家都知道焦裕禄同志非常辛苦，他初当（兰考县）县委书记的时候，人们还吃不饱，穿不暖。

在 2012 年 9 月份的时候，中央电视一台播出了《焦裕禄》，对焦裕禄同志生平历史做了详细的解读，如果你们看过的话，焦裕禄在这个剧里面有跳舞的镜头，这是鲜为人知的，过去宣传焦裕禄没有这一点，现在恢复了历史。

为什么焦裕禄同志要去跳舞呢？他曾在洛阳一个矿山机械厂当科长，是业务骨干，也是厂里面的中层领导，对工作非常敬业，非常认真。为了培养他，组织上派他到沈阳重型机械厂进行学习，在这期间，焦裕禄一头扎进了业务学习里面，礼拜六、礼拜日的时候跳舞他也不去。俄罗斯专家都在跳舞的时候，他拿着图纸去向专家请教问题，专家说，你不会休息，你要想工作好，必须先把舞蹈跳好。在这样的情况下，焦裕禄同志参与了舞蹈学习。当然，在这里我可以告诉大家，焦裕禄同志舞蹈跳得不是很好。

（PPT）这是他参加舞会的一些情况。

目前，在我们国家，从小学到中学，对舞蹈的教育都做了大量的培养工作。

（PPT）这是我选的一个照片，山东省昌乐二中学生跳交谊舞的情况。

● 彭定康的忧伤探戈

这个地方一定要提一下，1997 年香港回归的时候邓小平定出大的方针，"外交军权归我，港人治港"。实际上就是十四字方针，"股照炒、马照跑、舞照跳、博彩业照搞"。所谓博彩业就是现在的卖彩票，合法的博彩业要给国家上税，没有给国家纳税，那就是黑赌场。

彭定康在撤离香港的时候，中国政府对他的态度不是很好，他当时搞了一些活动，不太符合中国人民的要求，在这样的情况下，新闻媒体以"彭定康最后的忧伤探戈"为题送走了英帝国主义在港的第 28 任总督，也是最后一任总督。彭定康这个人非常有意思，后来我们把他请回来到中央党校做报告。

2002 年 4 月 4 日，他的身份不一样了，是欧盟对外事务专员，彭定康到中共中央党校发表演讲，说我们中国和英国、欧美经济贸易方面的问题。后来记者提出来了，当时有人说香港回归的时候你是"千古罪人"，你对这个事情怎么看呢？彭定康打断记者的问题说，时代过去了，我对当时的批评并不是很难堪。但是彭定康说，我已经忘记了那段历史，但是说实话，我的探戈确实跳得不怎么好看。作为一个政治人物，作为一个政治家，在政治事件中，拿舞蹈说事儿，在谈笑的过程当中就处理了很多的大事。

这是最近的事情，万人齐舞，创世界纪录。中央电视一台的节目"闻鸡起舞"，中央电视五台的节目"炽热的地板"，"体育舞蹈"专栏，如果你热爱舞蹈的话，你会发现那是非常高雅化、大众化的舞蹈文化。在中央电视一台和五台做了连续多年的热播。有时间我很高兴，早上六点钟给我的舞友打电话，赶快打开电视，现在正在播什么什么比赛。目前在世界上进行的大赛有很多，每年年末都有大赛，我们要关注一下，我们中国离世界舞蹈（水平）还有一步之遥，我们在亚洲已经成为老大，这个没啥说的，但是在世界顶尖水平上还是缺乏我们中国的选手，我们对此有很大的期待。

（PPT）这是上万人舞蹈的一个场面。

如果您今天对"历史人物与舞蹈文化"专题讲座满意，那是档案、图书馆中真实记载的结果；如

果你对今天的讲座不满意,那是我学术水平不高、能力欠佳的原因。您的期待将是我今后努力的动力源泉。

再次谢谢大家!

主讲人：**谢晓鹏**，河南孟津人。2001 年南京大学历史系研究生毕业，获历史学博士学位。现任郑州大学历史学院副院长、近现代河南与中国研究中心副主任，教授、硕士生导师，主要从事中华民国史及中华人民共和国史的研究及教学工作，曾获得河南省高校青年骨干教师、教育厅学术技术带头人、郑州大学"三育人"先进个人等荣誉称号。自工作以来，先后发表学术论文 30 余篇，出版著作 7 部，主持和参与完成省部级以上科研项目 6 项。代表作有《理论、权利与政策：汪精卫的政治思想研究（1925—1938）》《中华民国史论集》。主要学术团体兼职有中国现代史学会常务理事兼秘书长等。

时　间：2013 年 3 月 17 日

地　点：河南省图书馆研议厅

1954 年河南省会迁郑始末

大家好！半个多世纪以前的 1954 年，河南省的省会由开封迁至郑州。现在，人们对这段尘封已久的历史感觉比较陌生，对其来龙去脉也知之不详。今天，我就借助"豫图讲坛"这一平台，给大家讲讲这段历史。

开封在历史上长期是河南省的政治、经济和文化中心。明清两代，河南省的"省会"一直在开封。民国时期，河南省的省会大部分时间也在开封。抗战期间，因开封沦陷比较早，河南省政府曾先后于 1938 年 6 月迁至镇平，1939 年 10 月迁至洛阳，1942 年 4 月迁至鲁山，1944 年 5 月迁至内乡，1945 年 4 月迁至卢氏。直到抗战胜利之后，河南省省会才于 1945 年 9 月迁回开封。1948 年 10 月，随着开封被人民政府接管，原国民党河南省政府被迫迁往信阳。1949 年 5 月，河南省人民政府成立后，仍确定开封为省会。1954 年 10 月，河南省人民政府又将省会由开封迁至郑州，从此，郑州就成为河南省的政治、经济、文化中心。

目前人们对 1954 年河南省会由汴迁郑这一历史事件缺乏系统了解，也没有发现有关河南省会迁郑的专题论文或者论著，所见到的多是一些回忆文章或者报纸文章。这些文章有关这一事件的叙述也不甚准确，有些是明显的错误。故此，本人在充分利用有关档案及报刊资料的基础上，对该事件的原因、经过及影响作了比较深入、系统的考察，希望有助于人们了解该事件的来龙去脉。

今天我主要讲三个问题，第一，河南省会由汴迁郑的原因；第二，省会迁郑的经过；第三，省会迁郑的影响。

首先讲一下第一个问题，河南省会迁郑的原因，为什么要从开封迁到郑州。

第一，从地理环境和交通条件上进行分析。我们看一下河南省的地形图，郑州位于河南省中部偏北，北临万里黄河，西依中岳嵩山，东、南两面为广阔的黄淮平原。郑州是中国历史文化名城，3000多年前商王朝曾经建都于此，后来历朝历代多在此设立州县。中日甲午战争以后，清政府向比利时借款修筑了由卢沟桥经郑州到汉口的卢汉铁路，以及由开封经郑州到洛阳的汴洛铁路。1906年4月，由卢汉铁路改称的京汉铁路全线通车。1908年底，汴洛铁路也全线通车。后来汴洛铁路又向东西延伸，改称陇海铁路。大家可以看一下河南省的交通图。

这样，京汉、陇海铁路在郑州交会，使郑州由一个交通落后的中原小城一跃成为中国中部地区的交通枢纽。位置适中和交通便利不仅为郑州城市的崛起带来了难得的发展机遇，而且成为河南省在选择省会新址时的重要参考因素。

相比之下，我们再看看开封，开封位于河南省的东部，地理上偏离河南省的中部。在历史上，开封虽为七朝古都，并且长期作为河南省的省会，但到近代随着郑州铁路交通枢纽地位的形成，开封交通的相对劣势就更加凸显出来。顺便说一下，当时修卢汉铁路的时候，最初设计卢汉铁路要经过当时的河南省省会开封，毕竟当时开封的地位比郑州重要，郑州当时叫郑县。后来发现，开封地基不稳，特别是修建跨黄河的铁路桥，技术上难度太大，技术问题解决不了，后来卢汉铁路就改经郑州。当然，如果是现在修建铁路，这完全不是问题，这些难题都能解决，但是当时技术条件比较落后，所以我们看到京汉铁路到郑州的地方是有一点打弯的。原来设计的，从安阳直接经开封、漯河、信阳到武汉，这基本上是直的，后来改了。

还有一个因素，什么因素呢？就是黄河的因素。开封地段黄河已成"悬河"，河床高出地面许多，黄河的安全隐患始终无法摆脱。据开封黄河河务局实地测量，柳园口黄河段的河床底部比宋金时期皇宫遗址处的龙亭公园地面高出11.49米。

我们看一下黄河悬河示意图（PPT），大家看一看，这是黄河的河床，高出铁塔公园地面13米。我们知道，铁塔在开封是比较高的建筑，黄河河面竟然高出地面这么多，我们可以想象一下，如果黄河决口，那对开封将会是毁灭性的打击。自12世纪以后，黄河南徙，夺泗入淮，黄河充溢汴河，这曾经给开封带来一派水陆繁忙、都市繁华的景象，同时也给开封带来无穷无尽的灾难。

据统计，从1194年至1949年的750多年间，黄河在开封境内决溢达338次，使开封城15次被洪水围困，数次遭灭顶之灾。这样频繁的黄河水患不能不影响到开封的城市发展，进而使开封在与郑州的省会竞争中处于相对不利的地位。

这是自然条件方面。

第二个方面是经济及政治因素。

郑州周围矿产资源丰富，主要有煤、铝土、耐火黏土、石灰岩等，其蕴藏量大、分布广泛，具有较大的开发利用价值。1948年10月郑州解放以后，经过6年的快速发展，已经是一座拥有50多万人口的新兴工业城市，并成为河南省的经济中心和全国重点建设城市。郑州首先成为经济中心，然后成为政治中心。"一五"计划期间，郑州被确定为国家重要工业基地和中南区9个重点建设城市之一，工业化的动力成为省会迁郑的另一个关键因素。

当时，国家对郑州建设的投资是巨大的，仅以1953年来说，就比解放4年来（1949—1953）用于恢复、改建和新建工业投资总和要大3倍，较国民党统治时期生产最高年份的公私工业资产总值约大5倍。一般是和1936年的数据相比，1936年各项经济主要指标一般都达到中国历史的最高点。1954年的投资又比1953年多55.5%，工业建设正大规模展开，尤其是郑州的纺织工业发展最为迅速。

国家在经济恢复时期,就计划发展郑州的纺织工业,因为郑州的纺织工业在民国时期就有一定基础,我们知道有一个著名的豫丰纱厂。1951 年建立了国营郑州纺织机械厂,1952 年建起了国营第二棉纺织厂。1954 年国营第一棉纺织厂正式投产,同时又在兴建国营第三棉纺织厂。当时的郑州已经成为中南区最大的纺织工业城市。

我们再看看开封,开封境内以农副产品资源为主,当时已探明的矿产资源相对比较缺乏,再加上黄河水患的严重威胁,所以,"一五"计划时期,开封并未被确定为国家重要工业基地和重点建设城市。此外,当时国家和河南省在选择省会的时候,还有政治方面的考虑,也就是要选一个最便利于省领导机关更有效地领导全省人民开展社会主义建设事业的城市。而郑州从各方面条件来看最适宜作为省会,特别是便利的交通和相对适中的位置使郑州和全省主要城市及广大农村有机地联系在一起。

我们看一下河南省的主要城市,都在铁路沿线,都和郑州是相连的。这个条件是其他城市难以具备的。

正如 1952 年 8 月河南省人民政府呈交中央政务院及中南军政委员会关于省府迁郑的报告中所说,"我省省会原于开封,鉴于位置偏于全省东部,指导全省工作,多方不便;郑州市则为中原交通中枢,为全省经济中心,将来发展前途尤大,如省会迁往该市,则对全省工作指导及上下联系均甚便利,对该市发展也大有裨益"。故此,河南省会由开封迁至郑州已属势在必行。

第二个问题,省会迁郑的经过。

先讲一下迁郑前的准备。为适应河南省经济建设的需要,及加强城市建设、工业建设和农村生产建设的领导,早在 1951 年,河南省级领导机关经请示中央人民政府政务院批准,即初步决定将河南省会由开封迁至郑州。但是我到河南省档案馆查阅有关档案的时候,没有发现当时中央政府政务院的批文。1951 年,河南省政府提出了这样的一个想法,中央政府也原则同意,但是找不到正式的批文。后来这个事儿又拖延,为什么呢?因为后来发生"三反"运动,主要工作是进行"三反",所以省会迁郑就停顿了一段时间。1952 年 8 月,省会迁郑再次提上议事日程,河南省人民政府委员会第十三次会议暨省协商委员会常驻委员会第十次联席会议一致通过,决定将省会迁往郑州市,并成立省直建筑委员会,在省政府的领导下,驻郑州对新的省会进行修建与筹备工作。当时制订了一个目标,争取在 1953 年完成省会的搬迁。随后,河南省人民政府向中央政务院及中南军政委员会呈文请求将省会迁往郑州市。按照程序,首先要报请中南军政委员会,中南军政委员会驻地在武汉,当时河南省受军政委员会管理。军政委员会批准之后,还要再上报政务院。9 月 19 日,中央人民政府政务院复函中南军政委员会,同意河南省会迁址。这是在档案中能够查的,有明确的批文。这样,河南省会迁址一事正式确定了下来。

省会迁郑对河南省和郑州市来说都是一件大事,其影响大,任务重,时间紧,要求高,有关的各项工作都必须做好。河南省委、省政府以及郑州市委、市政府对此都极为重视,具体工作分两部分进行。

其一,省委、省政府成立筹建处,通常称为"省府工地"。筹建处主任巩法亭,副主任吴克己,筹建处具体负责省直机关的办公用房、职工宿舍等方面的建设事宜。省直工程包括省委、省政府、省政协、省军区、黄河水利委员会及下属的各职能机构、专业公司、干部学校、招待所、门诊部或医院、部队营房等。在此前后筹建的还有迁来或新建的一些高校、医院等。比如说当时郑州大学也是在筹建之中,并且最初计划是将当时青岛的山东大学直接全部搬迁到郑州,但是后来没有能够完全实现,只是一部分师资力量和设备搬到郑州,成为郑州大学的一部分。另外,还有一些医院也在筹备搬迁。

其二,郑州市负责为省直机关服务的工程建设,比如邮政、电信、银行、书店、商业、修理、理发、

洗澡、照相等设施的建设,以及与各项工程相关的道路建设、绿化、上下水、电力供应、人员组训等。以上项目的建设任务十分繁重,而需要先行的是所需土地的征用、被占土地农民的安置、建筑施工的排队、建筑材料的调拨及供应等。这些都必须精心组织、统筹安排、分秒必争、一丝不苟、保质保量、如期完成。

省会迁郑工作千头万绪,特别是省直建筑工程任务量大,并且开工比较晚,致使省会未能如期于1953年实现迁郑。最初定的目标是1953年完成搬迁,但是后来因为工程太大,加上我们知道建国初期政治运动很多,这都会造成影响。1953年5月,中央人民政府内务部曾致函河南省人民政府,提及政务院批准河南省省会于1953年由开封迁移郑州,想了解一下当时进展怎么样。函文是这样说的,"现在已否开始迁移?预计何时迁移完毕?"内务部向河南省政府提出这样的疑问,你们现在是不是已经开始迁移?预计什么时候完成迁移?河南省人民政府随即复函中央内务部称,"查我省郑州新址建筑工程今年开工很晚,且主要为平房宿舍,办公大楼现还正在设计,至于何时迁郑,尚难确定,需待确定后报告"。

1953年7月,省直属机关郑州新址建筑工程正式开始施工。该工程位于当时郑州市的东北隅,于1951年就拟定初步计划,着手筹建。在工程设计、施工过程中,注意贯彻了"照顾经济条件、实际需要及将来发展远景"的原则,并强调建筑物结构要坚固实用,设备便于工作和生活等要求。省府工地的职工也明了本身工作的重要意义,劳动热情十分高涨,在施工期间曾涌现出200多个模范小组和模范人物。正是这些普通劳动者的辛勤努力和无私奉献,保证了省直属机关郑州新址建筑工程的顺利完工。

在省会迁郑工作紧张筹备的过程中,为使郑州的城市建设做到统一规划、合理布局,以适应作为省会城市的需要,1953年,在苏联专家穆欣的帮助下,郑州搞了一个城市建设总体规划草图。那个设计专家是苏联人,叫穆欣。该规划的基本思路是以火车站作为郑州的大门,以火车站至省政府办公大楼的马路为主轴线,使人一下火车就能看见省政府大楼。这个设计很气派,一下火车就能看到省政府大楼。再由主轴线向周围辐射,修建道路和建筑物。这个后来没有完全付诸实施,今天的人民路实际上是当时设计的一部分。我们知道今天的人民路是斜的,不是直的,这就是受穆欣那个方案的影响。这样看起来这个方案虽然十分壮观,但是许多道路和相应的建筑物都成了东北、西南走向或西北、东南走向。都成斜的了!

1954年春,时任河南省委第一书记潘复生来郑视察工作。(PPT)左边这张照片就是20世纪50年代担任河南省委第一书记的潘复生。潘复生到郑州之后,他曾经特意视察了正在施工中的省府工地,当即发现已建成的楼舍朝向不正。随后,在郑州市委召开的专门研究省府工地建设问题的会议上,潘复生发表了重要讲话。他在肯定筹建工作成绩的同时,也指出了工程进度慢、工地管理混乱、领导不统一等不足之处,并着重讲了建设布局不合理的问题。他认为,按照苏联专家的规划进行布局不适合中国的国情和民情,因为中国人的传统习惯是住正面朝南、朝北或朝东、朝西的房屋,尤以坐北朝南的房子为堂屋,古代的皇宫都是坐北朝南,其他朝向的则被视为次要的房屋。这样的传统习惯已有几千年的历史,深入人心。另外,如果把整个建筑群和街道都建成斜的,就会导致大多数房屋冬季向阳时间少。我们知道,冬季的河南郑州是非常冷的。还有一个弊端,道路建成斜的使人不好辨别方向,不利于工作和生活,将来子孙后代都会骂我们。他强调指出,学习苏联的经验必须与我们的实际情况相结合,绝对不能生搬硬套、盲目模仿。最后,他要求立即停止施工,改变布局,重新规划,纠斜改正。

与会人员根据潘书记的讲话精神进行认真讨论,一致认为潘复生的意见非常正确,并当场商定了省委、省政府、省军区三大单位的具体位置,其他省直单位的布局也依次作了安排。会后,有关单位和部门按照潘复生的意见,改变了省直机关的整体布局,并改组了省府工地的领导班子,统一了领导,改善了管理,加快了进度,最终保质保量提前完成了任务。

(PPT)我们看一下,这是20世纪50年代的郑州城市规划图。这是从网上下载的,看起来有点模糊不清,但是大致的框架轮廓应该能够看清楚,基本上沿铁路来布局。东北部是省直机关区,西南部是市直机关区,西北部是工业区,主要几个棉纺厂都建在西北部,东南部是老城区。这个规划方案、布局设计基本上奠定了今天郑州市的城市格局的基础。

1954年5月18日,随着省直机关在郑修建房屋首批任务的即将完成,为加强对省直机关迁移准备工作的领导,省委决定成立迁移委员会,并决定杨蔚屏、毕占云、齐文俭、姜鑫、王均智等18人为省直机关迁移委员会委员,齐文俭为主任委员。除了省领导,还有有关的职能部门领导参加了这个迁移委员会之外,另外姜鑫是时任开封市市长,王均智是时任郑州市副市长,也参加了这个迁移委员会。同时还决定由郑、汴两市分别成立委员会,以迎接省直机关迁移任务。

为加强迎接省会迁郑的组织领导,郑州市委于1954年6月5日决定,成立郑州市欢迎省会迁郑委员会,时任郑州市副市长王均智为主任,时任省政府秘书长杨宏猷、时任郑州市政府秘书长张北辰等为副主任。

(PPT)大家看一下这张照片,右起第二人就是在20世纪50年代曾先后担任郑州市副市长、市长的王均智。在省会迁到郑州之前,王均智是郑州市副市长,郑州成为省会之后不久,王均智担任郑州市市长,他对郑州城市发展做出了较大的贡献。

郑州市欢迎省会迁郑委员会遵照郑州市委制订的"为生产服务,为劳动人民服务,为省会服务"的指导方针,为迎接省会迁郑进行了积极的筹备。具体的筹备工作包括以下几个方面:第一点,制订《欢迎省会迁郑的筹备工作方案》。欢迎省会迁郑委员会成立当日召开的第一次全体会议,讨论通过了这一方案,并对方案的具体贯彻进行了研究。在1954年6月28日召开的市人大一届一次会议上,张北辰作了《关于欢迎省会迁郑的筹备工作方案》的报告,会议通过了相应的决议。

第二点,在全市广泛深入开展宣传教育工作。市里为此专门召开了群众大会,就迎接省会迁郑进行了动员工作。欢迎省会迁郑委员会办公室还编印了《宣传提纲》,通过报纸、有线广播、报告员等形式,在全市范围内进行了广泛深入的宣传,教育全市人民树立省会意识,树立全省的窗口形象,提高主动性和自觉性,在不同的岗位上为省会迁郑更好地工作。

第三点,组织落实各项具体任务。根据河南省委和郑州市委的要求,郑州市各部门都组成专门领导班子或确定专人负责此项工作,保质保量按时逐项完成,以确保省会迁郑后各机关能够立即开始正常的工作。

当时,对于省会迁郑筹备工作的重要性和艰巨性,郑州市的领导层应该说是有思想准备的。正如时任郑州市政府秘书长张北辰在《关于欢迎省会迁郑的筹备工作方案》中所说,"由于省级机关的迁郑,无论固定人口或流动人口必将增加。据了解省级机关工作人员下半年将有五千名迁郑,若加上家属,我市固定人口或流动人口将增加一万五千人左右"。现在看来好像一万五千人不算多,但是当时对郑州市来说,一下子增加一万五千人不是小数。"反映在城市内部的供求关系方面必将发生新的变化,一切物质文化生活的供应工作必将更加繁重。再一方面因为省会迁郑,我市不仅是国家工业建设重点之一,而且将成为全省的军事、政治、经济和文化的中心,因而敌人在我市的阴谋破坏活动也必将随之更为加紧。这就是说,因省会迁郑必将引起我市政治、经济、文化情况的重大变化,对此必须做充分的估计和准备,切实做好各项准备工作,才能胜利完成这项艰巨繁重而又光荣的任务。"

为此,郑州市各部门都迅速行动起来,积极准备,各负其责。市建委、郊区协助省会筹建处搞好建设的具体规划和土地征用;市建设局组织专门力量修好通往行政区的道路和供水、排水设施;粮食、商业、供销、手管(手工业管理)等部门负责建成花园路市场,设置粮店、百货、五金交电、煤炭、建材、日杂、蔬菜、肉蛋禽、糖烟酒等商业网点,并组织货源,保证供应;商业、手工业管理部门(手管)负责建立饭店、旅馆、理发、洗澡、照相、缝纫、洗染、修车、修表、修鞋等店铺;铁路局负责设立火车售票处;商业、手管、市管部门制定市场管理办法,订立《守法公约》,保证市场秤平、斗满、尺码足,服务态度好;交通、公安、民政、建设部门负责在全市普遍开展交通规则教育,实行车辆管理。当时郑州市汽车很少,好多郑州人没有见过汽车,所以不知道遵守交通规则,所以要进行交通规则教育。另外要加强治安管理,整顿户口,遣送盲流人员以及进行消防设施建设;房管处制订私房管理办法和私房租金标准,并建一批新房;文教部门负责在行政区新建学校、电影院,并在附近一些原有学校适当增加班次;卫生部门负责加强环境卫生管理,制定《卫生公约》,建立卫生责任区、责任制;郊区负责增加蔬菜和副食品生产;邮电部门负责建立行政区邮电所;电业部门负责完善供电设施。

由此可以看到,当时事情非常烦琐,方方面面都要考虑到。

随着省会迁郑日期的日益临近,郑州市的各项准备工作都在加速进行。我查阅了当时的《河南日报》,在10月份报道中是这样说的:截止1954年10月中旬,自来水的干道工程已全部完成,并进行过冲洗。下水道工程的雨水管、污水管、明沟也都即将完工。主要道路将灌柏油,一般土路正进行平整。省直区的绿化工程也正在进行,完工后,将使未来的省会环境更加幽美。供应工作是筹备欢迎省会迁郑工作的重点,在保证供应的要求下,各有关部门进行了分工。合作社在省直区设立了菜场、布匹、百货、副食品等门市部;在河南饭店门口设立了零售糖果、糕点、纸烟等物品的小木房一座。这些主要是服务省直机关人员。另外,又在菜场北边盖了照相、理发、洗染、自行车修理等门市部(当时有自行车的人也不多),十月中旬可开始营业。食品公司特在菜场设了肉类门市部,已开始供应。煤建公司也在省直区建立了煤场,充分供应燃料。同时,对市场又进行了一次整顿,继续贯彻明码实价,树立新的商业经营作风。十九家私营菜行在合作社的领导下建立了议价制度,使全市人民可以吃到合理价格的蔬菜。关于交通管理、公共卫生等工作,市公安局、卫生局协同有关单位,在群众中已进行系统的宣传教育。为了满足省直机关迁郑后文化娱乐生活的需要,除原有影剧院外,又新建了河南人民剧院、郑州剧院和德济路戏院,这些工程本月即可完竣。这是报纸上的报道,1954年10月这些就可以完成。

由于各级领导高度重视,各部门、各行业积极配合,广大人民群众大力支持,省会迁郑的各项准备工作都有条不紊地进行,并按要求及时完成,从而保证了省级领导机关陆续顺利地迁到郑州,基本达到了"保证安全,保证供应,增强团结"的目的和要求。

大家看一下(PPT),这是20世纪50年代郑州城区的建筑。这是老照片,不太清晰。

(PPT)这是20世纪50年代郑州的二七广场。大家看这个二七纪念塔,最初的二七纪念塔是1951年建的,是一座木塔,到1971年时,经历风雨倒塌了,在原来的基础上建立了钢筋水泥结构的纪念塔,就是今天的二七纪念塔。

(PPT)这是20世纪50年代郑州的建设路,几个大的棉纺厂都在这条路上,这是郑州的工业区。

(PPT)这是20世纪50年代郑州的街道。大家可以看到,街道上骑自行车的人都很少,只有前面一个人骑自行车。

下面讲一下迁郑州的过程,刚才讲的是迁郑的准备。

1954年8月8日,河南省委同意组织部关于省直机关迁郑的安排,初步确定了省直各单位搬迁的时间表。是陆续迁的,不是一下子把所有的都搬过来。此外,省会迁移过程中干部的调整本着"从工作出发,适当照顾夫妇关系,有计划、有步骤地分期分批"这样的原则进行。

1954年9月23日,省委决定省直机关分4批迁移:第一批11个单位,共1035人,10月6日至9日走;第二批7个单位,共1096人,10月7日至9日走;第三批省军区2275人,10月12日至15日走;第四批18个单位2015人,10月13日至16日走。

同时,省委在工作指示中对省直全体人员强调:必须正确认识省会迁郑的意义,要批判那种住好房子、贪图享受的个人主义思想以及平均主义思想;省级领导机关装修房子绝不能铺张浪费,脱离群众;到郑后,必须尊重郑州市委、市政府的领导,遵守市政管理秩序。

9 月 28 日,河南省人民政府为省政府及部分省直机关迁郑步骤及日期事宜报告中央人民政府政务院,同时报告了内务部及中南行政委员会,原来叫军政委员会,这时候已经改名了。到当年 10 月底,包括省委、省政府、省军区等省直和部队机关的将近 7000 名工作人员全部迁往郑州。当然,还有一些后续的单位和部门是在 1954 年年底,甚至到 1955 年才陆续迁移,这将近 7000 人是首批。

10 月 14 日,开封市举行欢送省领导机关迁郑大会。到会的有省、市党、政、军负责同志,开封市人民政府委员会委员,开封市协商委员会委员,开封市和各区人民代表及省、市机关代表等 1500 多人。在这次会议上,时任开封市市长姜鑫致欢送词,他指出:省领导机关迁郑是有关加强对全省工作的领导和与全省全市人民利益攸关的重大事情,是随着国家经济建设的发展,根据加强重点城市建设的方针,加速社会主义工业化的重大措施,标志着河南建设进入了新的时期。他号召开封市全体干部和人民要认识与宣传省会迁郑的政治意义和建设意义,并要以开展爱国增产节约运动、支援重点建设、加强团结、帮助省直迁郑、防止与打击敌人破坏的实际行动,来热烈拥护这一重大措施。

紧接着就是时任河南省人民政府主席吴芝圃发表讲话,右边的这张照片(PPT)就是当时担任河南省人民政府主席的吴芝圃。吴芝圃代表省直各机关全体同志对开封市全体人民和开封市全体工作同志欢送的盛意表示感谢,并以万分留恋的心情向全市人民和各机关干部告别。大会自始至终充满着团结、热情和留恋的气氛,都不希望省会搬走。当晚,在开封还举行了联欢晚会。

大家记住这个日子,1954 年的 10 月 30 日,中共河南省委、省人民政府及省一级群众团体等省级领导机关由汴迁郑,从此郑州这个新兴工业城市成为河南省的省会。当天,省级党政领导机关负责同志及大部分工作人员均由汴来郑,受到郑州市人民的热烈欢迎。郑州市委、市政府负责同志亲往火车站,迎接省党政领导和迁郑的省直干部。

11 月 3 日晚,在省会郑州举行了省、市直属各机关及各界代表 1400 多人参加的联欢晚会。前面是开封的联欢晚会,郑州也举行联欢晚会,但气氛不一样,前面是留恋的心情,郑州是非常兴奋的心情。时任郑州市市长宋致和在联欢晚会上首先致辞,他代表郑州市全体人民对省会迁郑表示热烈欢迎。接着,时任省政府主席吴芝圃发表了重要讲话。他代表省直属机关全体干部对大力支援省直机关迁郑的郑州市全体人民和各机关、团体的干部深表谢意,并号召省直机关全体干部和郑州市的全体干部、全体人民紧密地团结起来,为建设新郑州、新河南,为建设社会主义社会的远大目标而奋斗。整个会场上充满了热烈、亲切、兴奋、团结的气氛,至此,省会迁郑工作基本完成。

这是省会迁郑的大致过程。

下面讲第三个问题,省会迁郑的影响。

这个影响我从三个方面来讲,第一,对河南省的影响;第二,对郑州市的影响;第三,对开封市的影响。

省会迁郑是河南全省人民政治生活中的一件大事,对河南省产生了重大而深远的影响。我查阅了当时的《河南日报》,《河南日报》当时发表了一篇社论,社论是这样说的,"郑州是国家的重点建设城市之一,是京汉、陇海两大铁路的交叉点,在全省地位适中,交通方便。省会迁移郑州后,对于密切省领导机关和全省各地的联系,提高省领导机关的工作效率,加强对全省工作的领导,以及对于及时接受中央指示和接受其他地区的先进经验,都是非常有利的。特别是随着国家经济建设的发展,郑州已逐渐成为新兴的工业城市,它又直接联系着洛阳、新乡和焦作等地的工业建设。省会迁移郑州后,对于加强全省工业建设和城市建设的领导,对于团结和动员全省人民支援国家的重点建设,更为有利。所以,省会迁移郑州,乃是适应国家社会主义建设需要的重要措施,是逐步实现国家社会主义工业化,保证完成国家'一四一'项工程在河南省的建设任务的重要措施,是完全符合全省人民的要求和利益的"。这是当时《河南日报》的一篇社论,题目是"河南迁移郑州的重大意义",讲的非常全面。总而言之,省会迁郑后,河南省领导机关对全省的领导加强了,省会与全省各地及首都北京的联系更加便捷和密切了。开封离北京还是稍微远一些,坐车也不方便。即便是现在,在开封买一个始发车票都买不到,现在可能还没有始发车,好多人出差到郑州买车票,买卧铺。另外,河南省的整体发展和城市布局也更趋平衡与合理,全省的社会主义建设事业从此进入一个新的发展阶段。这是对河南省的影响。

第二点,对郑州市的影响。省会迁郑后,郑州成为河南省的政治、经济、文化中心,特别是成为全省的政治中枢。而在行政权力主导经济社会资源配置的国家——我们国家现在仍然是这样的国家,在这样的国家里,城市的政治功能永远是城市发展的关键要素,也是城市最重要的竞争力。国家和省里面在这里投资最多,不说别的,就说重点高校,我们看一下全国重点高校,在非省会城市或者说中小城市里面,有没有?有几个?很难找到。河南大学在开封是河南大学的悲哀,当然河南大学在开封又是开封的骄傲。河南大学如果在20世纪50年代搬迁到郑州的话,那河南省进入"211"的第一所院校可能是河南大学,而不是郑州大学,甚至会成为"985"高校,因为河南大学的底蕴非常深。

一个城市一旦成为一个区域的政治中心,它就具有不可抗拒的竞争力、吸引力,从而也就有了巨大的活力。对于郑州城市地位的这一变化及省会迁郑带给郑州市的重要影响,当时的郑州市领导是有清醒认识的。当时的郑州市副市长的王均智在《河南日报》上专门发表了一篇文章,王均智说,"郑州解放六年来,已有了重大的发展和变化,省会迁郑后,又将成为全省的政治、经济、文化中心和交通枢纽。既是省会所在地,省的领导机关在政治、经济、文化等各方面的活动都很自然地以此为中心,全省的城市和农村与省的联系都会集中到此地,因此,它是和全省四千余万城乡劳动人民有着紧密联系的;我们直接为省会服务,就是间接为全省人民服务,为省会服务和为生产服务,为劳动人民服务完全是一致的","对郑州市来说,省会迁郑,更可以使我们取得中共河南省委、河南省人民政府、河南军区等领导机关更直接更及时的领导和指示,增强我们完成任务的信心和条件,及时发现和纠正我们工作中的错误和缺点,顺利地完成任务。因此,省会迁郑是全省人民,尤其是郑州市人民生活中具有重大历史意义的事情,完全值得我们以欢欣鼓舞的心情和实际的行动来热诚欢迎"。他还特别强调,"省会迁郑给我们带来了一个最为有利的条件,就是能更及时地取得省委、省政府、省军区及其他省级领导机关的领导,也给我们带来了和其他兄弟城市、兄弟地区经常联系、相互学习的机会"。王均智这篇文章写得很好!

关于郑州城市发展,以前我主持过一个河南社科规划课题,题目是"近代中原城市发展变迁研究——以郑州为例",时间段是从1908年当时京汉铁路和汴洛铁路在郑州交会到1954年河南省会迁郑。今天我给大家讲的就是我这个课题成果的一部分,根据我的研究,我认为在近代以来,郑州城市发展过程中,应该说有两次重大的机遇,第一次机遇就是铁路交会,第二次机遇就是省会迁郑。与第一次机遇相比,第二次机遇我觉得更具有决定性意义。因为它必将使郑州由一般城市上升为省会城市,对郑州后来的发展带有决定性的意义。

这是第二个方面,对郑州市的影响。

最后一个方面是对开封市的影响。这次省会迁郑对开封市的影响也是深远的,没有做过省会城市不可能理解开封的失落。不做省会,就意味着自己无论历史上多么显赫,都将屈尊于新省会之下。不做省会,不仅在重点建设资金的安排上得不到中央政府眷顾,即便现在的快速列车也往往到站不停,呼啸而过,把这些不做老大已经太久的老城市远远地甩在身后。国家计划布局因此调整,它们的区域影响力必然受到严重削弱,因为不再是省会了。对于省会迁郑给开封市带来的某些负面影响,当时的开封市领导是有预料的。时任开封市市长的姜鑫曾于省会迁郑前夕在《河南日报》发表一篇文章,题目是"热烈拥护省会迁郑,支援国家重点建设",他在这篇文章中指出,"我们也应该预料到省会迁移郑州对开封发生的一定的影响和产生的某些困难。譬如城市人口的部分暂时减少、购买力有所降低,某些服务性行业营业暂时下降和某些劳动群众固定职业或临时收入受到某些影响等等"。他们也认识到了这些消极影响,当然为了使开封市不因为省会迁郑受到太大的影响,也为了安抚当时的开封市干部群众的情绪,在省会迁郑的同时,中共郑州地委及专区一级机关由荥阳迁往开封。

1954年11月,经国务院批准,郑州专区改名开封专区,专员公署驻开封市。这也是有失有得!当时的开封专区下辖巩县(今巩义市)、荥阳、新郑、密县、登封、中牟、开封、尉氏、通许、杞县、兰考等县,综合实力相当可观。

(PPT)大家看一下,这是河南省政区图,这当然是现在的。我们可以看一下,这是郑州市现在管辖的范围(PPT),这是现在开封市管辖的范围(PPT),当时这一片(PPT)都是开封专区管辖的范围,现在这些受开封管辖的县都划归开封专区管辖,所以还是实力相当可观的。但这仍不能平息开封人的"怨气"。1957年7月,河南省委召开党代会,当时的开封地委和开封市委领导都在会上发表了一些不合时宜的意见,甚至出现了"省会都迁郑州了,为什么还把铁塔留在开封"的言论。当然,开封的这些"小动作"当即受到了驳斥,并且开封地、市主要领导都做了检讨。然而,开封毕竟不再是省会,河南省还要不断加强郑州的省会地位。于是,先有荥阳于1971年11月划归郑州市领导,后有巩县、新郑、密县、登封、中牟5县于1983年9月划归郑州市管辖。由开封划归郑州管辖的这6个县长期以来都是河南省比较富裕的县,到现在这6个县市国民生产总值在全省100多个县市里面,排名基本都在前20名。留给开封的5个县则相对贫穷,这无疑削弱了开封的综合实力。

省会迁郑后50多年的历史发展表明,开封市因此受到的负面影响远远超出了人们的想象。随着河南省会迁往郑州,开封因为城市政治功能的剥离而大伤元气。从城市历史地理学的角度来看,城市功能变迁是城市兴衰的决定性因素。开封失去了省会政治功能,这就意味着郑州从其手中拿走的不仅仅只有人气,开封还会失去更多。多年来,开封市在国民生产总值、人均国民生产总值、经济增长速度、财政收入等方面,均处于河南省辖市中比较靠后的位次,应该说这与当年省会迁郑不无关系。

不过,将近60年的风风雨雨,并没有割断新老两个省会间深厚的渊源关系。进入21世纪以来,随着"中原崛起"战略的提出,"郑汴一体化"进程的加快,以及"中原经济区"建设的推进,开封终于迎来了一个难得的发展机遇。目前,对于那些习惯沉湎于古都荣耀和省会情结的开封人来说,正是到了勇敢地甩掉包袱,进一步解放思想,紧紧抓住"郑汴一体化"和郑汴新区建设的契机,积极探索具有自身特色发展道路的时候了。

顺便给大家讲一下郑汴新区规划和郑汴交通规划,这是郑汴新区总体规划图(PPT),这个郑汴新区规划是2011年2月河南省政府正式批准实施的,规划的全名叫《郑汴总体规划(2009—2020)》,该规划主要内容如下:第一,规划期限是2009年到2020年,远景展望规划至2050年。第二,规划范围。规划范围非常大,西起郑州市中州大道、机场高速公路、京广铁路,东至开封市金明大道,北起黄河南岸,南至中牟县及开封市区南界。包括郑州新区、开封新区,这一片(PPT)属于郑州新区,这一片(PPT)是开封新区。郑州新区包括郑东新区、经济技术开发、航空港,这些共同组成了现在的郑州新区。这是开封新区(PPT),是以汴西新区为主体。中间是中牟县。总面积多少呢?总面积2127平方公里,相当于现在郑州市区的7倍大。现在郑州市区大概300多平方公里,建成之后的郑汴新区是2127平方公里。第三,基本定位。基本定位是中原经济区新型工业化、新型城镇化、农业现代化"三化"协调科学发展先导示范区、国家综合交通枢纽物流中心、区域服务中心、河南省经济社会发展的核心增长极和改革发展综合实验区。第四,发展目标。把郑汴新区建设成为"五区一中心","五区"是现代产业集聚区——这将是中南地区最大的现代产业集聚区,还有现代复合型新区、城乡统筹改革发展实验区、对外开放示范区、环境优美宜居区。"一中心"是什么呢?区域服务中心。这样就形成北部旅游,在黄河南岸,中部是城市,中心区在中部,南部是农业区,发展现代农业,发展这样一个城乡经济发展格局。郑汴新区要成为中原经济区最具活力的发展区域。到2020年,郑汴新区总人口将达到500万人,光这个新区人口将达到500万人,城镇化水平达到

95%,基本上实现城市化。这样一个区域性的大都市的美好前景将会展现在世人眼前。

我们可以看到,这个新区建成之后,把郑州市区、开封市区紧密地连在一起,这就出现了郑汴融城的局面,实现郑汴一体化。

下面再介绍一下规划中的郑汴交通,这也是大家比较关注的。(PPT)左边是郑州市区,右边是开封市区,规划中这几条交通线路,我们从北边来看,这条线路(PPT)是郑徐铁路客运专线,现在已经动工了。这是连霍高速(PPT),这是郑开大道(PPT),这条是规划中的郑汴城市轻轨(PPT),这条路是310国道(PPT),这是陇海铁路(PPT),最南边的这条是规划中的郑汴高速(PPT)。通过这几条重要的交通线,把郑州、开封这两座城市紧紧地连在一起。

我记得郑汴一体化这个方案得到省政府批准之后,开封市的市长和郑州市的市长有一个对话。郑州市的市长说:我们将成为开封的西郊。开封市的市长说:我们将向省会靠拢。

需要说明一点,现在河南省省政府已经搬到郑东新区,省委规划中也是要迁到郑东新区,而郑州市委市政府规划中要向西搬迁,搬到中原西路,大概是搬到西流湖公园附近。我们知道现在郑州和开封之间有郑开大道,非常方便,开车很快,所以有人说,开封市的市领导去省政府开会可能比郑州市的市领导去省政府开会还要早,用时还要短。为什么呢?郑开大道不堵车,速度很快,郑州市区堵车是非常严重的,从西部到郑东新区,路上堵车也会浪费很长时间。

我们完全有理由相信,随着郑汴一体化建设步伐的加快和郑汴新区纽带作用的加强,郑州、开封这两个新老省会将会更加紧密地携起手来,努力实现互利共赢的局面,共创中原经济区建设的美好明天。

今天的报告到此结束,如果有讲的不对或者不到的地方,欢迎大家批评指正。如果有人需要本次报告的文稿可以查阅参考一下《当代中国史研究》2011年第六期上我的一篇论文,题目是"1954年河南省会由汴迁郑的历史考察"。

谢谢大家!

主讲人：高凯，历史学博士、教授、硕士导师，兼任河南省九三学社经济工作委员会委员、中国人天观学会常务理事等社会职务。1999 年被确定为"郑州大学校级骨干教师"，2001 年被确定为"河南省高校青年骨干教师"。主要从事秦汉魏晋南北朝史、简牍学、中国人口史、历史地理学和生态社会史学的研究与教学工作。

从 1985 年至今，已发表相关论文 50 余篇，其中在全国中文核心期刊和《光明日报·理论周刊》等报刊发表《关于实行超生人口税的建议》、《论中国古代人口性比例失调问题》、《从吴简蠡测孙吴时期长沙郡临湘侯国的疾病人口问题》、《从居延汉简看汉代的"女户"问题》、《中国生态社会史学刍议》、《从人口性比例和疾病状况看汉晋时期西域在佛教东渐中的作用》、《从麻风病的传播蠡测汉唐时期中印佛教应对措施的差别》等论文，论文观点被《文摘报》摘要两篇，人大复印资料全文复印 3 篇，《高校文科学报文摘》摘要 2 篇，《新华文摘》摘要 1 篇，《社会科学文摘》摘要 2 篇；专著有《地理环境与中国古代社会变迁三论》、《〈三国志〉精言妙语辞典》等。曾独立承担并完成国家及省级项目 10 余项，在研省级项目 4 项，获国家及省市级各种科研优秀成果奖励 10 余项。

时　间：2013 年 5 月 26 日

地　点：河南省图书馆研议厅

中国古代人口性比例问题产生的原因和特点（上）

大家好！非常感谢在这个暴雨来临的时间大家仍然能够来到这儿，我非常感动，因为一般人都做不到，至少我做不到。今天在座的各位能够来到这儿，我太激动了，（激动的）说不出话了，我只有用我的行动表示感谢！（鞠躬）

今天我来谈的问题是中国古代人口的性别失调问题，性别失调应该说是今天的一个问题，我好像听到前面的老先生说我打错了，应该是"性别比"，学术界一般说是"人口性比例"，也可以简称"性别比"，这是两个说法，当然您（听众）的说法也对，对您的批评我很诚挚地接受。

人口的问题,从历史到现在,都是各级政府,包括统治者都非常关注的问题,不仅仅是这样,国外对人口的问题也非常关注。前一段时间,我们听到美国在网上宣布,或者在报刊上宣布中国人口的性别失调问题非常严重,它引证这个东西,说这将来会成为社会不安定的重要因素。

　　我们从这个角度来看,美国人实际上对中国的人口性别失调,认为可以成为一个借口,成为一个反击中国或者挑动中国内讧的一个问题。历史上有没有这样的问题? 同样也有这样的问题。历史上出现这种人口的性别失调问题有什么原因呢? 历史上产生这个问题的原因和今天有什么关系? 实际上历史的研究可以为我们提供一种借鉴。

　　今天我们首先谈的问题不仅仅是产生原因,还要谈一些概念。首先要谈几个概念,然后谈自古到今学术界是怎么研究人口史的,跟人口史相关的人口性别国内是怎么做的。

　　首先我们进行前言的部分,第一,概念。什么是"人口"? "人口"这个说法在中国古代起源很早,复旦有一个人口学专家叫葛剑雄,他曾经对"人口"这个词的出现进行检索,发现在唐以前出现的"人口"基本上是人之口。唐以后,这个"人口"又变了,以前有叫"民口",因为要避讳李世民的名字,所以"民口"变成了"人口"。现代意义上的人口呢,是由英文单词 population 翻译过来的。这个不是由中国人来翻译的,而是由日本人来翻译的。因为日本明治维新之后最先接受西方观念,日文是中国传统文化的系统,它用这个翻译的时候,就把"人口"这个概念介绍进来了。"人口"这个概念在日本出现比较早的时间是 1898 年,或者 1896 年这个时候,一直到 1920 年左右,"人口"这个概念才被中国旅日的学者介绍进来。可以说,从 1920 年中国学者才开始去研究人口及与人口相关的学问。这是第一个,我们讲"人口"的概念。

　　第二个,人口史。人口史可以简单地说是人口的历史,具体讲一讲呢,是对某一特定区域内全部或者较长时间人口的规模、构成、分布、迁徙等变化过程的论述。这个概念见于《中国大百科全书·社会学·人口史》。我们研究人口的历史,讲的是对某一特定区域内全部或较长时间人口规模、构成、分布和迁徙这个变化的过程。当然了,这个东西很重要,非常重要,比如说我们经常说咱们河南人,十几年以前,很多人都说我们河南人不好,应该说河南是中华民族的非常重要的起源地,但是今天的河南人不是原来生活在河南的人,而是来自于中国的北方,或者是西北,这些人是属于我们以前说的"五胡乱华"的匈奴、鲜卑、羯、羌、氐的后代。为什么是属于他们的后代呢? 因为北方民族往南迁了,为什么那个北方的民族往南迁呢? 因为气候变化,气候变了,逼迫他们不得不迁往中原。他们在中原生活下来,中原的老百姓迁到南方去了,一次一次地迁。这次迁徙的过程从汉代就开始了,中原一发生饥荒,政府就让老百姓"就食巴蜀",就是到四川这个地界去吃饭,或者是迁到会稽,就是今天的长三角地区。东汉的时候迁的更多了。东汉时候政府的典籍当中记载,像今天的江西、湖南、广西这一带,人口的增长远远超出人口自然增长的比例,基本上都是北方人往南方去,到三国就更多了。

　　后来我们见到地下出土的文献,三国孙吴时期的简牍,就是政府的户籍材料,发现很多来自于我们河南的一些姓氏,比如说姓李的,姓黄的,姓蔡的,姓谢的,等等等等,包括姓高的,中华民族 100 个大姓里面大概有 70 个都是源自于河南。比如说李姓,鹿邑这一带,中国道教的祖师爷李耳在一棵李子树下活了命,所以姓李,在豫东地界。姓黄的,春秋战国时候的黄国,被楚国灭了,国人以黄国为姓,黄国应该在咱们今天的潢川这一带。姓谢的在南阳这一带,还有姓申的,等等等等,基本上在今天的淮河流域。这些姓氏我们现在看一看,在台湾,在福建,在马来西亚这一带,非常多。

　　这些人是从汉代开始(迁移),从东汉开始,一直到三国,西晋时候又迁了一大批,西晋灭亡以后,大量的人迁到南方。有学者对这个问题进行过研究,比如说谭其骧先生。谭其骧先生认为当时中原人迁到南方的有 90 万人。当然,还有一些学者研究认为,至少有 200 万人,这个规模是相当大的。现在来说,很多人说 200 万人或 90 万人没有多少,大家知道,历史上中国有多少人? 见于传世文献最早的记录,就是来自于正史系统、国家承认的系统,公元二年,就是西汉平帝元始二年,全国人口 5900 万。相当于多少？相当于今天河南省人口的 60%。当时有 200 万人迁过去,这个规模是非常大的。这还是刚才说的数字,还是西汉末年,东汉时候人口更少,只有 5700 万。

经过东汉末年,到了三国时期,到了西晋短期统一的时候,全国的人口,见于户籍记载的人口只有 1500 万。什么概念呢？这里面有 200 万人迁到了南方。可以想象,平均 7 个人就有 1 个人往南迁了,大家可以想象人口迁徙的规模有多大！

去年我拿了一个河南省中原经济区的项目,就是谈怎么样重建河南的影响力,再造河南的影响力。我当时就提出来,今天的河南人跟过去的河南人是两回事,怎么样把海外的人勾回来,再给你重新投资,联系这种感情？只有以地缘作为唯一的纽带,而不是通过"你是河南人,我也是河南人,你的根在河南,我现在就在河南",这个勾不回来。要换一种方法,换一种理念,这种理念是建立在人口史的研究基础上。这是一部分,谈到迁徙的问题。

再谈第三个问题,就是人口的性别比。人口的性别比又可以叫人口的性比例,或者叫男性比,它是指一定时间、一定范围内同一年龄组每 100 个女性对应的男性数。以前我们谈人口的性别失调,总是说到 2020 年时,中国男性比中国女性多,就是育龄男性比育龄女性多 3000 万。这是什么概念？很多人会找不到老婆。中国的男人太苦！我经常给我的学生开玩笑说,为什么我们男生一定要把房子买好,把车买好,家里要有 N 多的存款,才能把媳妇娶过门？为什么呢？有人认为一个重要的原因就是我们实行了计划生育政策,都想要一个孩子,都想要一个男生,认为男生是唯一能够传宗接代、反映这种血缘的唯一的载体。实际上不是这么回事。

咱们可以举个例子看,历史上有一个王,这个王叫长沙王吴芮,就是西汉时候的一个人,他是秦始皇时候的藩君,是少数民族的头领。到秦末农民起义的时候这个人参与进来了,参与进来以后,汉初封异性王长沙王,长沙王传了三代,国除,为什么？无嗣,就是没有可以继承他爵位或者王位的人,所以国除。到三国时候,曹魏有一个人叫诸葛诞,诸葛诞的长使叫吴纲,这个吴纲到孙吴去,给孙吴建立关系,因为诸葛诞想联合孙吴。孙吴有一个老者跟他说:君何类吴芮？吴纲问:你怎么知道我是吴芮的孙子呢？我是吴芮的十六世孙,你怎么知道我像吴芮？他说:你就是比吴芮微矮。这个例子说什么呢？你怎么知道吴芮比我稍微高一点呢？他说,我们曾经为孙坚立祠,缺少砖头,我们把长沙吴芮的墓挖开了,发现吴芮像刚刚死去一样。我看吴芮和你太像了,就是个子比你高一点。

我们再回到前头,吴芮既然只传了三代,无嗣,那他何来十六世孙呢？那就很可能是吴芮有女儿,女儿留下来的后代,所以像。当然,也可能是吴芮有别的儿子。那就是说历史上女儿一样可以继承爵位,一样可以继承家统。为什么说女生一定不行呢？

事实上是不是女生可以去继承爵位呢？历史上确实有这样的记载,而且是法律规定,女性可以继承爵位。20 世纪 80 年代在湖北张家山汉墓竹简里面有《二年律令》,学界对它进行研究,认为这个"二年"是吕后二年。这个里头就规定,如果家里父亲死了,母亲也死了,家里没有嫡长子继承,谁来继承爵位？女儿。女儿是可以继承父亲的爵位,可以去当户主的,历史上都那么开明,为什么我们现在还这些愚昧呢？对不对？这个道理说不通。男孩和女孩都一样,很可能这个男孩接受母亲的基因会多一些,女孩接受父亲的基因更多一些。女孩在继承父系的基因过程中比男孩更有优势。

还有一条,男性和女性的染色体是不一样的,女性染色体是 XX,男性是 XY,就是说男性的染色体一个出了问题,另外一个不能修补,在他的一生当中,男性的死亡率、耐病率、得病率和死亡率都要比女性高 N 多个百分点。女性比男性应该更有生活和生存的优势,我觉得女性在继承家族血统方面也有自己的优势。

还有一个问题,既然男性不如女性有优势,凭什么社会要进行这么严格的性别教育,让我们更多地给女人以关怀呢？应该是女人给男人更多的关爱才对。我觉得这里面有很多的不公平,不公平的一个原因是因为我们的性别教育有问题,就是让男人身上承载了太多的社会责任。

据研究,不同时期、不同地区和国家出生的婴幼儿的性别比是相对稳定的,一般都在 106 至 107 之间。这个是什么概念呢?就是说每出生 100 个女婴,对应的有 106 到 107 个男婴。人首先是动物,符合动物界的普遍的规律,他有这种选择。正因为男性的染色体出现问题不容易得到修补,所以人类给了自己一个选择,我生男婴的时候,就自然而然地比女婴多。如果你不去故意干扰它,一般会是 106 或者 107 个男孩对应 100 个女孩。这种人口的性别比会发生变化,一种变化就是随着时间的推移,男孩子或者基因出了问题或者怎么样,妇女发生流产的问题,一般都是因为基因出了问题,而且一般的情况是男婴居多。男婴因为出生的时候头比较大,男婴带给母亲的痛苦会比较多。我经常给我的学生讲,正因为你是男孩子,你出生的时候比你母亲生你姐姐或者妹妹的时候带来的痛苦更多,所以每当你过生日的时候,你应该多想想你母亲的痛苦。我经常拿我自己的例子给他们讲,每当我过生日的时候,我首先想到的是给我的母亲打一个电话,感谢她把我带到这个人世间,给了我这么丰富多彩的生活。我会跑到家里,请我母亲、父亲吃饭,而不是让我的父母请我吃饭,或者是赏我两个鸡蛋。孝道的观念是中国最传统的观念,应该是给我们年轻人,给我们年轻的同学多提倡。

我个人认为,研究人口的性别比应该包括几大部分,一个是妊娠人口的性别比,这个国内外做的人都很少,因为涉及的不单单是人口学了,还包括了医学的成分。

第二个是出生婴儿的性别比,这个研究的人很多很多,现在国家非常关注这个问题,已经开始干预了。首先是私人去干预,私人干预就是很多人在妊娠过程当中去做 B 超,发现是女婴就把她拿掉,所以使得今天全国很多的省市出现了出生婴儿的性别比高这个问题。比如说咱们河南,大概是 131,就是每出生 100 个女婴对应有 131 个男婴。全国范围内最低的是西藏,男的是 98 左右,女的大概是 100。这个原因应该是跟高原地区缺氧有关,生育男孩子比较困难,容易出现难产,应该跟这个有关系。

第三个方面,儿童人口的性别比。这个研究的人不多,因为有出生婴儿的性别比,很多人对儿童的人口性别比关注的不多,因为现在小孩子在 0 到 5 岁之间是容易得病的时间段,比如说脊椎灰质炎,还有其他一些病,都是男孩子得的多,其中一个重要的原因还是跟染色体有关,男孩子的身体比较弱,比较容易得病。

研究的另外一个重点是育龄人口的性别比。我们经常谈人口学,谈的比较多的就是育龄人口性别比,现在实际上这个问题非常严重,不单单是育龄人口当中男性的绝对人口比女性要多得多,还有一个问题,就是现在很多人不太愿意结婚,现在"单身贵族"比较多,这是一个问题。

还有一个问题,现在的生育困难问题。美国在这方面的研究做的比较多,20 世纪 50 年代,美国人就开始对成年男性的精液进行统计,50 年代的时候,美国人平均每毫升精液含的精子量大概是 1.2 亿到 2 亿,到 70 年代下降了,大概是 1 亿到 8000 万,到 90 年代更低。中国大概也是这么一个情况,一个是跟现代生活节奏有关系,另外一个跟污染有密切的关系,尤其是塑料制品,这些塑料制品加热以后,雌性激素挥发出来。另外是在饮食当中大量雌性激素的使用,人吃了以后,在人的身上发挥了作用。

还有一个,美国对中国的研究,以前是遏制、欺诈,现在是想让中国人亡种。这个问题不是危言耸听,像转基因食品对中国的加大投入。因为我是做历史的,我们对这个问题比较关注,比如说解放战争时期,什么兵最狠、最能打?我想在座的很多老同志都会知道,广西兵、湖南兵。"无湘不成军",湘兵很凶悍。还有广西兵,像白崇禧,他们那个广西兵很厉害。但是我们看到,这十来年,美国人在这两个地区推广转基因粮食,推广的深度是最大的,很多人不能生孩子,这应该是我们的一个危机。我们研究历史是为了更好地服务现实,历史和现实有一座桥梁,我们学历史、学人文社科的有一种责任,这种责任是承担着中华民族兴亡这么一种责任,必须有这种责任,你才有那种学术上的自觉性,才能把你的学术研究和现实社会紧密结合在一起。

还有老年人口的性别比，这也是这几年关注比较多的。一般来说，我们说前面是男性比女性多，但是到了 60 岁以上的人，我们去看 60 岁、70 岁到 80 岁以上的人口性别比，男性人口开始逐步减少，尤其是 80 岁以上，女性人口远远多于男性。在座的有很多老年朋友，老年的男性朋友，我对你们的健康问题也很关注，希望你们多保重。

第四个问题，关于中国古代人口性别比例的记录，历史的记录最早应该是《周礼·职方》。《周礼》这个书以前在学术界有一个定位，有人说这个书是伪书，有人说它不是伪书，产生的时代比较晚，不是西周，而可能是春秋战国。还有一说，《周礼》产生于西汉。不管怎么说，至少这个书里面最早显示了中国政权所统治区域当中人口出现性别失调。比如说到扬州，扬州五女三男或者五女二男，女的比男的多得多。这个问题怎么解释？说到咱们河南就比较平均了，五男四女，或者五男三女。在中国的北方地区，有可能五男三女，这比较常见。

从历史的角度来看，中国人解决男女性别失调问题是经验非常丰富的，我们不会因为男的比女的多几千万人就很焦虑。当然，这个可能会造成性犯罪的问题比较严重，但是我们可以老少配嘛，这样出来的孩子更聪明一些。这个话虽然不好听，但是它是一个很好的方法。另外，男性比较多的时候，显得国家比较朝气蓬勃一些，因为男孩子都去打工了，都拼命地干，看谁娶的老婆好，谁娶的老婆漂亮，那就凭本事吃饭呗，多干一些，所以整个社会是昂扬向上的。国际社会，以美国为首，对中国产生忧虑是因为中国平白无故多出 3000 万"光棍军队"，他们担心中国在男性比女性多的时期特别富有侵略性，这是美国人最担心的。

《周礼·职方》有这么一个东西，涉及当时九州人口的性别状况。从东汉班固写《汉书·地理志》以后，历代的正史系统当中都会有关于户口的记录，指出当时全国有多少户，有多少人口。这好像是一个笼统的东西，实际上见于政府的原始记录，男女性别是分别记录的。当时的东海郡（PPT），东海郡在今天的连云港这一带，西汉平帝元始二年，东海郡有一个人口数，这个东海郡在 1999 年的时候出了一个尹湾汉简，当时的"集薄"上面记载了东海郡在元始二年的一个户口数，除了涉及总人口以外，还涉及男女各有多少人，还有各个年龄段有多少人，60 岁以上有多少人，70 岁以上有多少人，80 岁以上、90 岁以上有多少人，全部都有记载。也就是说，最初的政府户口统计簿就像今天的户口簿一样，非常详细。当然了，今天的户口簿还包括了职业，还包括你受教育的程度，还包括了籍贯等等，当时那个时候户口控制比较厉害，就是当地人在当地生，在当地住，有自己的职业。当然，东海郡的户口本还有一个获流人口，就是说当时有很多流民在东海郡被收留下来。我们可以看到，很早中国户口的统计就非常完备。

这是地下出土的材料（PPT），可以给正史材料以印证。除此以外，明清以后出现了大量的地方志，实际上宋、元以后地方志比较多，因为版本的问题，或者是保存和收藏的问题，明清时的地方志存世比较多。我们在日本也看到了宋本，看了唐本，那些东西国内保存的不是特别多。这些珍本、善本被搜刮到日本，日本侵华的时候，或者是日本在侵华之前跑到中国购买，或者是历代日本给中国交流过程当中把中国书籍搜集运到日本。我们很多珍贵的材料只有在日本能找到。在国内保存比较多的是明清时期的地方志，在明清时期地方志里面记载人口的资料很多，明代就很清晰地记载了男女的性别问题。另外，我们一些家谱当中也有，当然了，家谱当中也有例外，比如说记男不记女等等，但是毕竟这里面保存了一些东西，保存了一些宝贵的材料。

还有，刚才我谈到的地下出土的简牍材料，现在已经有了简牍学。这个简牍一般用在商代以后，但是因为时代久远的问题，商代到西周、春秋这个简牍留下来的很少，比较常见的就是战国楚简，然后就是两汉时期的简牍，一直到魏晋南北朝，一直到西晋。有一个成语叫"洛阳纸贵"，就是出现于晋朝。晋朝以后，纸张大量使用，简牍就很少了。简牍就是从战国秦、楚开始，一直到三国时期，或者是西晋时期，基本上结束。这是中原地区。在边远地区，像西藏啊，青海啊，或者是新疆这一带，唐朝依然有简牍。这是非常重要的史料来源，因为这一时期正史的东西很少，地下出土的材料可以大大补充我们的研究。

还有一个易为人们所忽视的方面，就是考古发掘当中的人骨材料也是我们研究中国古代性别比例的一个非常重要的材料。利用人骨材料进行研究的，首先是做考古的。以前挖到一个人骨以后，仅仅判断他是男的还是女的，现在随着体格人类学的发展，现在人骨出来以后，除了鉴别他是男人女人外，还要鉴别骨龄，就是他死亡时的年龄是多少。运用这种古代的人骨材料是有一些限制的，以前研究人口的时候，比如说新石器时代的人口遗址，像我的师兄袁祖亮，他们去研究原始社会的人口问题，发现哪一个遗址，里面几百个人骨，用这几百个人乘以5，基本就出来一个部落的人口。

当时这种研究方法好像是合理的，因为没有别的材料，没有文字的材料可以说明，但是这个里头有非常大的弊病。弊病在哪儿？很可能这么一个遗址是这个部落沉淀了几百年的遗址，你怎么可以拿沉淀几百年的人骨乘上5就说是整个部落的人口数呢？肯定有问题。但是这个材料可以怎么用呢？可以把这个人骨材料做一个统计，按年龄段，15岁未成年死亡占多少比例，男性死亡在15岁到60岁之间有多少人，60岁以上有多少人，女性15岁到30岁是一个断口，30岁到45岁是一个断口，45岁到60岁一个断口，为什么这么分？是根据实际的情况来的，因为我们发现，在古代遗址当中，人骨材料里面反映，一个是女性的人骨比男性的人骨少得多，这是第一；第二，女性即使成年了，15岁到30岁，或者30岁到45岁，死亡的人口占70%或者90%，活过60岁的人寥寥无几。女性人口为什么这么少？妇女的妊娠是一大关，那个时候妇女在妊娠过程当中非常容易出现难产，出现难产就可能死亡。有什么破伤风啊，这个风啊，那个风啊，还有大出血啊，那个时候没有什么技术，不像现在，发现有难产现象有剖宫产，过去哪有什么剖宫产啊，女性生孩子的过程对她人生来说就好像是生命的一大关口。我们从人骨反映的资料来看，女性死亡率非常高。

前一段我写了一篇文章，谈历史上的母系社会，历史唯物主义的母系社会是怎么显示的？母系社会是因为妇女在采集过程当中采集的粮食比男人打猎打的多，女性的社会地位才高。反过来想一想，如果说在这个部落繁殖或者是在家庭繁殖当中，女性成为重要的因素的话，为什么母系社会不是因为女性少而成为母系社会呢？我们去看中国古代姓氏产生的过程中，最初的几个姓氏多是带女子旁的，比如说姜姓，下面一个女，还有姬姓、嬴姓、姞姓等等。最初的姓氏多是带女子边，因为不同女人生的孩子才有这种姓氏，我说的这种可能性是完全存在的，我认为母系社会很可能是因为女性比较少，女性死亡比较多，女性在家庭的生育过程中占有绝对的地位，所以母系社会一定是有男女性别失调的因素在里面。我当时还说了另外一个问题，中国的母系社会分布的区域，还有分布的特点，这个东西不在咱们的论述里面，因为文章还没有发表，我只是谈一下我的观点。

人骨材料是我们的一个重要因素。历史上我们说了，匈奴、鲜卑、羌、突厥、满、蒙古，他们都有一种婚俗，叫收继婚。收继婚是什么意思呢？就是儿子可以收继庶母，兄弟可以收继寡嫂。以前中原说匈奴、鲜卑都是蛮夷，自己的儿子怎么可以把自己父亲的小老婆收继了？比如王昭君嫁给单于了，老单于死了以后，小单于把她收了，还生了孩子，中原人认为这是耻辱。为什么会这样呢？实际上匈奴它本身存在人口性别失调，男的多，女的少，一个健康的女子，一个没有血缘关系的女子，对这个家庭来说，不仅是一种劳动力，更重要的是一种财富，因为她生出来孩子没有问题，血缘上没有什么问题。他母亲不能去收继，但是他父亲的小老婆可以收继，因为中间没有血缘关系。一个健康的女子是一个家庭的重要财富，所以我们看到，因为性别失调出现了一种特殊的婚俗。当然了，也会因为一种性别失调，因为女性少，使得女性在社会当中地位很高。

同样有例子，西汉建立以后，汉高祖曾经被匈奴围起来，围在白登山，围了以后，他的谋臣陈平就给他出主意，你去找匈奴单于的老婆阏氏，你找阏氏说话：如果你把汉朝打下来了，汉朝的女子都进到匈奴，你的地位就下降了。匈奴的阏氏皇后就说，那就把他放了吧！就这样解围了。如果说这个女人在家里没有地位的话，她吹枕边风不是白吹吗？女性在游牧民族，在这些容易出现人口性别失调的民族当中，她的地位非常高。

据《大宛列传》记载,在西域这个地方,就是今天的新疆,包括巴基斯坦和阿富汗,这个地区女性少。《史书》当中记载,男人都听女人的话,男人凡是办什么事儿,基本上都要问女人。考古发现,这一时期的很多女性,头上戴一个帽子,帽子上插两根羽毛,有的插三根羽毛,民俗学解释,女人头上这个帽子插几根羽毛就有几个丈夫。她们有一种特殊的智慧,怎么判断这个老婆生的孩子老大属于谁,老二属于谁,老三属于谁呢?有一种说法,生出来孩子老大就归老大,生出来老二归老二。我们从她这个帽子或者从历史的记载来看,考古发现的人骨材料和历史记载是相吻合的,它确实存在男女的性别失调。过去妇女地位相当高,不是像我们说的,明清以后说妇女贞节啊,多少年不嫁呀,苦不堪言啊!在汉唐以前,中国妇女地位相当高。

我们再谈下面一个问题,中国人口史的研究。我们说了这么多关于人口性别的问题,记录啊,概念啊,所有研究的问题统统归在中国人口史的研究当中。中国人口史的研究在中国来说起源很早,这种研究既包括人口的思想史,也包括人口的理论,同时也包括具体人口数量的记载和研究。比如说孔子、管仲、墨子曾经讲过增殖人口对于社会发展的影响。刚才也说了,汉代全国正史记载的人口有5900万,春秋战国时期学术界也有研究,人口也就是两三千万左右。大家可以想象这个规模,只相当于我们一个地区两个地区这个样子,人口不多。在冷兵器时代,就是使用刀枪剑戟,没有工业化的文明,就是非工业革命时代,那时候人多力量大。这就是毛泽东说人定胜天,不怕中国人口多这个问题,人多就意味着力量大。这些老的思想家很早就意识到这个问题,比如孔子宣传孝道,管子提出"地大国富、人众兵强,此霸王之本也",墨子在孔子死了之后十多年提出鼓励早婚。当然,太早了也不好,现在小孩子五六年级就早恋,这样不好,我们农村十五六岁就生孩子也不好,很多人现在也开始要离婚。自己本身就不成熟,生的孩子就可能有一些问题。

还有反对纳妾。春秋战国时期,春秋最初有72国,然后逐步分封,大概有几百个小国,很多个国的国君都纳妾,有的是几个,有的是几十个,当一个群体他们占有的女性多的时候,这个社会上相应会有很多男性到死没有老婆,这个很可怜。要想这个社会上男女能均衡,使人口增长,就是要使每个人都有老婆,都有自己的家庭。

还有一个,墨子提出久丧对增殖人口的影响,久丧涉及尽孝道的问题。中国古代,一般母亲生了孩子会给孩子吃三年奶,哺育他三年。再说丁忧。丁忧一般都是三年,民间守孝一般都是守孝三年,这是很传统的东西。在社会安定时期,守丧是一个非常好的制度,但是在特定时候它又是比较迂腐的。怎么讲?实际上在春秋战国时期就已经形成了一些习俗,父母死了以后,儿子在父母的坟前立一草庐,形如枯槁,每天都要起来哭一场,你不能吃肉,不能喝酒,不能唱歌,不能跳舞,不能结婚,不能生孩子,等等,当然这种感恩的思想没有问题。但是如果说你碰到了疾病,比如说瘟疫,比如说灾荒,或者战争,你也是这么守,等于你自己把"粮本"也交了。为什么历史上发生很多瘟疫时一死全家都死呢?就是因为这种很规范或者是很迂腐的守丧制度。父母死了,得的是瘟疫,孩子也去守,一守守了那么长时间,一个挨一个,一锅端。

医圣张仲景在写《伤害杂病论》的时候说,原来一个家族500多人,经过东汉末年发生的瘟疫以后,家里死的剩200多人,人丁减了60%。这里面会不会有久丧的问题?很可能会有这个因素。这个东西好不好?好,宣传孝道,宣传这种礼节,真好,但是也要区别对待。这是早年的增殖人口对国家治理的重要性。

唐代杜佑和清朝洪亮吉提出人口适度发展的思想。古代中国人口虽然总量不多,但是在局部地区出现了地狭民众的问题,就是土地比较狭窄,人口比较集中的问题。比如说"三河流域",比如说今天山西南部、河南西部和关中地区,在先秦、秦汉时期就是土狭民众的地区。在今天淮河以南,甚至是长江以南,在很早的时候,那个地方是地广人稀。什么时代?汉朝,司马迁写《史记》的时候,长江以南地区还是地广人稀,火耕而水耨。就是说要开荒的话,先烧一把火,烧完之后用肥料肥田,然后在那个基础上再去耕田。很多人认为这是一种落后的生产方式,现在看一看,错了。火耕水耨在中原地区也曾经实行过。

在整个仰韶温暖期,河南这个地界非常温暖湿润。温暖湿润到什么程度?年平均气温比现在高3℃到5℃,冬季气温高2℃以上,这就是说亚热带一直推到今天的燕山南麓。河南的简称是豫,豫是什么?抓到了象,今天的亚洲象只存在于西双版纳以南地区。就是说今天西双版纳的境况,很多老年朋友去旅游过,到了西双版纳看到热带雨林,那个热带雨林在几千年前在我们河南就有,山西就有,陕西也有。环境不一样,环境有一个大的变迁。汉代,今天的长江以南地区,经济比较落后,到处都是河、湖,河里面长的东西都可以吃,饿不死你。在局部地区出现了土狭民众的情况,使得学者提出来人口应该适度发展。

到了清朝洪亮吉那个时代,中国人口已经有了很大的发展,这个发展我们不妨回顾一下,汉代的时候,西汉末年人口5900万,东汉人口5700万,三国人口1000万左右,西晋统一以后,人口大概1350万,整个魏晋南北朝时期,南北方人口基本上没有什么记载。到了隋朝,隋朝统一的时候全国人口5600万。到了唐代天宝年间,全国人口最多的时候是6600万。到了宋代,北宋人口大概8000万,如果加上北面的辽、金,人口大概在1亿左右。到了元代是9000万,到了明代又回到1亿,到了清朝初年,人口回落到7000万。康、雍、乾期间,人口急剧升高,1亿,2亿,3亿,4亿,到了民国时,"四万万五千万"人,这是中国人口大致变化的规律。

这个中间有一个问题,就是为什么清朝人口增加这么快?我曾经在很早的时候写过一篇文章,为什么说很早呢?我父亲对我的教育方式很奇特,上大学就不再给零花钱。我上郑州大学的时候,我一直上到大学三年级还穿布鞋,我一个同学就说,你父亲是教授,高级知识分子,你干吗那么喜欢穿布鞋?实际上我是有苦说不出,我父亲不给我零花钱,当时一双皮鞋至少15元钱。我从1985年开始写文章,从这么大的豆腐块文章写到3000多字的文章。我在网上有一个简历,写的第一篇文章是《关于实行超生人口税的建议》,那篇文章对我的意义非常大。那一篇文章我拿了30多元钱(稿费),毫不犹豫买了一双皮鞋穿上。中国有一句老话叫"富养女,穷养子",我父亲做得很好,逼着我不得不从小养成不吃父母饭的习惯。

当时我那一篇文章写的什么呢?就是谈中国人口为什么从清朝初年的1亿到3亿增长那么快,就是因为康熙六十年实行"摊丁入亩"。"摊丁入亩"是干什么呢?以前中国是按人口收税的,都有人头税。比如汉代,汉武帝以前,15岁以前不抽税,15岁到60岁,每年交120个钱。当然了,汉朝还规定,如果女人15岁到30岁不嫁"五算",就是600个钱。就是说女人不结婚,你想玩"单身贵族",对不起,罚!逼着你去结婚。我们在汉代看到,女人再婚离婚现象非常普遍,甚至皇帝老儿为了多生孩子,找一个特别能生孩子的女人,把她娶进来,给别人生过的也无所谓,给自己当老婆。汉朝为什么这样?因为经过春秋战国以后,到了秦朝,秦朝又死了很多人,到汉朝建立的时候,人口衰减很厉害,有学者研究说当时人口有800万,有人说1200万,也有人说1400万,还有人说1800万,即便是1800万,也和后面的5900万差得远啊!皇帝就想,我要想发财致富,除非我人多,我人多了收的税就多,所以拼命鼓励生育。到汉武帝时,为了打仗,他采取了一系列措施,包括7到14岁的孩子也要收"口钱"。汉武帝时,因为一收"口钱"家庭负担就重了,很多家庭生了孩子就把他灭了,杀婴杀得很厉害。这个问题以后再谈。

这种制度一直到什么时候?到了康熙六十年有了一个变化。这个变化是什么呢?康熙说了,我实行仁政,以前你是有地我收税,没地我也收税,按人头收税,从我康熙六十年开始,有地就收税,你没有地随便你生。这个人口很快起来了,1亿,2亿,3亿,到4亿,这是一个原因。

这个东西当时给我一个想法,1986年我写这个文章的时候人口是10个亿,我在想,2000年的时候达到12亿或者13亿,怎么样限制这个人口?我就把那个概念,以前历史上收人口税的概念借过来,我建议政府加收超生人口税。当时这个文章写出来,两年都没有地方发啊!为什么?很多人不愿意得罪人……大家可以想象,一个本科生写的文章,你找人发表,难得不得了。我不得不感谢我父亲,我父亲在这个时候帮我了,把我这个文章拿去发了。发了以后给我 30 多元钱(稿费),买了我人生的第一双皮鞋,所以在我的简历当中把它列为我的第一篇文章。

这篇文章引起了学术界的轰动。这篇文章有两个观点被《文摘报》摘要,这对我来说,是一种鼓励。当时《文摘报》很少,全国只有两种,一种是人大复印资料,一年才出三四本,另外一种是《光明日报》主办的论点摘要,当时能够上《文摘报》,我估计郑州大学那个时段一年当中有一两篇就不错了,结果有一篇出自我一个本科生之手。到我本科毕业那一年又来了一篇,又被摘要。

我觉得我父亲那种教育方式确实是对的,当然我现在在做的东西,虽然我们是做同一段,但是我们做的东西是完全两样的东西。我本科是中文,研究生是历史,博士是地理,我现在做的是历史疾病地理,又通到医学去了。学术只有在不断给你压力的情况下,你才能往前走。

清朝洪亮吉提出人口适度发展的思想,此外,西晋时候还出现了一个人,叫皇甫谧,他写了一个《帝王世纪》,里面谈到了他对历史上的人口与土地开发的一种观念。当然了,他的这个书经常被做人口史的一些学者所引证,但是经过后人考证以后,认为皇甫谧所写的《帝王世纪》以及当中引的人口数字以及土地开发的数字都是不准确的,就是与史无据。比如说皇甫谧《帝王世纪》写到,周武王灭商纣王时候有多少人,谈到夏王朝建立时候中国有多少人,说是 1600 万,周武王灭商纣王的时候也是 1600 万人,但是这 1600 万人比夏禹平天下的时候多 16 万人,你这个数据从哪儿来?在他之前有正史,夏商周三代,到春秋战国,从西周开始就已经有国史,有《春秋》,有《战国策》,还有后面的《史记》,在其他先秦古籍基础上写的《史记》,后面的《班固汉书》,都没有关于夏禹平天下或者是周武王灭商纣时候的人口数,你的数字从哪儿来?这说明先秦典籍损毁很严重,数字与史无据。一个认真或者很严肃的学者是不会引用皇甫谧的这种数据的。但是毕竟皇甫谧在历史上是有贡献的,这个贡献在于什么?他把人口的发展与土地开发这么一种东西结合起来进行研究,在理念上,他先进。

近代以来,中国人口发展比较快,比如说严复是最早把马尔萨斯理念介绍进来的。今天在座的很多先生听说过的他,他说人口是造成战争最直接的祸根,人类要削减人口最好的方法是通过战争手段,这是很反动的一个东西。他是最早把马尔萨斯理论介绍到中国的学者。另外呢,严复也提出,早婚现象要扭转,提高人口的质量。

还有梁启超,这是无戊戌变法当中一个重要的代表人物,以后他也开始进行学术研究,他提倡晚婚,他认为马尔萨斯的理论是错误的,他认为要合理的开发土地,人口增长多少都没有问题。

到了建国初期,马寅初写出了《新人口论》,提出了要进行人口普查等措施,毛泽东是反对这种意见的。也有人说,新中国成立以后,如果我们进行一定的人口限制的话,今天人口规模不是很大,但是我们现在享受的这种经济发展的繁荣实际上是中国成立以来人口增长的红利。你想一想,如果没有这个红利,没有这么多的人口出来,改革开放以后我们大量的廉价的劳动力从哪儿来?去年国家的一个统计资料显示,新的劳动人口的增长第一次少于社会可提供的新的劳动力的人口数字,说明中国人口红利已经在消失,而且消失的速度很快,已经进入老年社会了。人们的福利啊,压力啊,都会增大。是不是在这个时候调整一下人口的政策,显得非常迫切。

从 1920 年以后,由日本介绍来西方的人口学的理论开始进入中国,中国有大量的学者开始研究中国的人口史。比如说谭其骧先生,这是中国历史地理学的创始人之一,另外一个创始人是顾继刚。谭其骧先生,非常注重中国移民史的研究,注意到移民带给中国社会的非常深厚的影响。还有,我们的老先生非常有名的国学大师吕思勉先生,他注重民族人口史研究,胡焕庸先生提出了中国人口分布的"瑷珲腾冲线",这个是在 1935 年提出来的,中国人口现在仍然是按照"瑷珲腾冲线"来分布的。

我提供一个地图,大家可以看一看(PPT),瑷珲在今天的黑龙江这一带,腾冲在这一带(PPT),这一条线基本上是中国人口的重要的分布线。这个意思就是说,在这条线以南以东地区,它的面积只占中国面积的30%，但是它承载了中国人口的70%；这个线以西以北地区，虽然占中国面积的70%，但是它所承载的中国人口只有30%。这个规律从宋、元以后就是这样，一直到现在就是这样。

我们看一看，这条线实际上是什么呢？基本上是中国经济的分布带，这条线以东以南地区是中国经济发展最重要的地区。中央提出来西部开发，西部开发这个成本会高，因为在以西以北地区是半干旱地区，水资源少。在这种有限的、自然条件比较恶劣的、水资源比较少的地区发展重工业，或者发展化工业，对下游人有来说不是很理解。这条线不仅是中国人口的分布线，而且是中国经济的分界线，这条线我觉得应该进一步去研究。之所以产生这条线，胡焕庸先生实际上从三个方面去讲的，一个最重要的因素就是气候的差异很大，还有人口数量的变化，再有经济发展的程度不一样。根据这三个因素去画"瑷珲腾冲线"，但是我们今天来看这个"瑷珲腾冲线"这种价值的话，应该从更深的角度去考虑。因为牵涉到全国均衡发展的问题，牵扯到21世纪人口重新分布的问题，牵扯到中华民族千秋万代的问题。

我要上升到这个高度，是因为从历史的情况来看，边疆少数民族人口总是比较少的，这个人口少不单单是他们是游牧民族，需要的人口少，还有一个原因，土壤承载有限。中原一亩地我们打2000斤粮食，在西部地区，10亩地或者20、30亩才能养一口人，土壤承载力有差别。它虽然面积大，但是养的人口不多，你非要在那个养不起的人的地方去安那么多人，你不是跟自然规律对着干吗？你对环境的破坏和影响就远远超出在东部地区带来的危害，这个问题是需要权威部门或者相关国家政策部门密切注意的。

还有就是梁方仲老先生，对中国历代户口、土地和田赋进行统计。还有一位过世的搞历史地理出身的老先生，叫王育民，写了中国的《人口史》，现在研究中国史的很多思想或者结论什么的都是来自于王育民老先生。现在做中国人口史做得最好的是复旦这个群体，葛剑雄做得最好，葛剑雄著作里面很多观点来自于王育民，他关于移民史的很多思想来自于谭其骧。

我们谈这些，实际上是谈学术回顾，我们看看前人做了什么，我们才知道我们今天做的东西有没有价值。说大了是为了学术研究，说小了是一种学术品德，我们今天做的研究是建立在前人的基础上，站在前人的肩膀上去做，我没有道理、没有理由不去尊重前人所做的研究。学品即人品，学品好，人品就好，或者说人品好，学品也会好，反之亦然。如果说他认为他的东西、他的学问是天外之物，生来就有，那种人在社会上也是不牢靠的。无论是做学术、做人，都要讲"孝道"，这实际上也是一种孝道。

从目前的情况看，学术界研究中国人口史大致分为几个区域，当然了，首先是上海对中国人口史的研究，以复旦大学已故的谭其骧先生、华东师范大学的胡焕庸先生、上海师范大学的王育民先生等为代表的海派学者。我个人也可以算是海派，为什么？我本科生和研究生在郑州大学做的，我博士是在复旦——复旦历史地理研究所。我导师不是当中的其中任何一位，我导师是邹毅麟先生，邹毅麟先生是谭其骧先生的助手，做了36年的助手，老先生现在已经年近80岁了。他们这个下面有一些人，像吴申元，吴申元是做中国历代人口思想的一个权威，大概20世纪80年代初写了传记，然后是葛剑雄，吴松弟是我师兄，还有曹树基，还有他们的弟子安介生、侯杨方、陆伟东、樊如森等人，他们是一个研究群体，这是一个最主要的群体，也是水平最高的群体。

第二个群体是北京的研究群体和研究基地，这里面最早有范文澜，他很早开始关注人口问题，他在写《中国通史》的时候就已经研究过。然后是宋镇豪，他是现在中国先秦史学会的会长，这个人很严谨，我们有两次开会在一起。他是很严谨的一个人，不会轻易对某一个人、某一种观点持肯定态度。让很多人去评论一个学术观点，都是老好人，犯不上得罪你，不管怎么样都说好，都是这样。但是这位先生会很直接，当面提出你哪一点不对，我觉得这是真正的学者。宋镇豪做夏商时期的人口史，这也是老大，对新石器时代人骨材料的统计，对夏商殷商时期墓葬人口的统计，人家走在全国前列。

然后是郭松义先生,他专门研究清代人。我们有一次开会碰面,我跟他说,我也喜欢中国人口史,他就从北京给我寄了一本《清代皇族人口研究》,研究什么? 研究《玉牒》,研究宗族人口。皇族人口有一个专门的管理机构,像爱新觉罗氏,爱新觉罗溥仪,还有他兄弟,他兄弟家里有几个人,全家都有一个记录。他是研究这个的,这是清史档案中最完整的东西。人家做得很好,也很谦虚。

　　还有姜涛、杨子慧。杨子慧做中国的人口统计,做了一个表格,想仿效梁方仲的方式去做,实际上学术成就,照我看来是超不过梁方仲老先生的。还有中国人民大学人口研究中心,还有中国社会科学院人口所,这些都是群体。

　　第三个群体,湖北及中南地区。我还有另外一个身份,就是唐派弟子,我父亲的导师是武汉大学的唐长孺先生,我父亲是唐长孺先生的大弟子,唐先生做过魏晋南北朝隋唐时期的人口(研究),他的弟子当中,我父亲也做过人口的研究,唐先生的一个关门弟子叫冻国栋先生,研究隋唐时期的人口。我父亲门下有袁祖亮,十几年前是河南省的人大副主任,后来是河南省政协常委,现在退了,他是做人口的。

　　还有袁祖亮和我们的学生袁延胜,下一周给你们做讲座的袁延胜,还有其他的一些人。我们主要是做哪一段呢? 我们主要是做秦汉魏晋南北朝隋唐时候人口的研究。这是第三个大的群体。

　　第四个是西南地区的赵文林、谢淑君,在20世纪80年代人民出版社出了《中国人口史》这个书。最近跟我同辈的一个学者,四川省考古所的所长,叫高大伦,他用简牍材料做过人口的研究。

　　第五个是山东省社会科学院人口所的路遇、滕泽之,他们写有《中国人口史》,是个两卷本。

　　第六个是以山西大学行龙为首的、陕西师范大学薛平栓为代表的和兰州大学西北人口研究所为中心的研究群体和研究团队。

　　第七个,今天台湾地区的严耕望先生,跟谭其骧先生是同一辈分的,蒋介石到台湾以后,他跟着去了。严耕望先生研究历史、地理,研究人口。还有他的学生马先醒先生,做过秦汉时代的人口研究。还有中央历史语言研究所,曾经有人跟郭松义一起研究清代的档案材料。

　　最后一个群体也是不容忽视的,就是海外团队。海外团队这些人都是华裔出身,像何炳棣,何炳棣研究明清时期人口是非常独到的。因为中国历史上人口概念有很多变化,最初是"户口",多少多少户,然后是多少多少口,又有一个"人口",有多少多少人,有多少多少口,还有一个"民口",当然了,前面也有"民口",再往后,就是"人丁",有多少多少人,有多少多少户,有多少多少丁。明清时期,地方志里面有"丁口",这个"丁"是什么概念? 不是多少壮丁,是一种赋税的单位。这个问题发现比较早的是谁? 何炳棣。

　　还有李中清,他也是研究清代皇族人口的,跟郭松义他们是合作关系。他是李政道的儿子,他父亲是诺贝尔奖获得者,他儿子搞文科去了,没有跟着他父亲做。

　　我们对近百年人口史的研究做一个总结。近百年以来,学术界出现了很多的大家,比如说谭其骧先生、吕思勉先生,我们不难发现,就人口史的研究与现代人口学相比,仍然存在着某些盲点或者误区。这种盲点或者误区很可能是因为观念上的问题,或者是因为数据上的问题,或者是因为他不愿意那么去做的问题,反正是由于某种原因存在着一些盲点或者误区。例如说近百年以来,我们谈人口史研究,备受关注的是历代人口的规模、数量,而人口消长的规律、人口消长的原因、人口移动的轨迹,还有家庭规模,这是不一样的。

　　刚才我给大家说的那些数字是学术界最权威的,学术界已经承认的那种观点。比如说谈家庭规模,我举个例子,我们老说中国历史上是五口之家,这个概念说了几千年了,这个概念有一个头没有? 有。春秋战国时期,魏国有一个大臣叫李悝,他说,一家要有多少地能养活一家人? 一家五口是最合适的。这个概念为历代学者,为很多人所继承,一谈到多少多少户,比说正史当中记载,户籍材料当中说有多少户,没有说有多少人的时候,马上就有人写"以五口计"大致会有多少人。但是这个概念是不是说中国历代都是一家五口呢? 肯定不是这样。我们这么多"单身贵族"也可以立户,他是一个人。"单身贵族"占的比例为百分之七八,或者百分之十。两口之家,丁克家庭有多少? 北京、上海、广州占的比例是不一样的,十年前7%,现在15%、20%都有。有人说40%,40%不大可能。比如说我,我就是丁克,我今年48岁了,一直没有孩子,我是丁克,我一直在玩,我是在玩学问,玩的方向不一样。

有的老同志该批评我了。我回家压力很大,我父母老批我,你都特聘教授了,没有孩子,将来怎么办? 我当时想得很开,老了嘛,老年馆一待,工资一捐,该干吗干吗去,无所谓! 像我这样的,生了孩子,脾气又不好,长得又赖,要不要都无所谓! 现在有同志说我,你傻吧! 是傻,但是现在后悔可能还来得及,可能也来不及! 不好意思,不应该谈这个话题。我只是说这个社会上并不都是五口之家,所以用五口之家去统计人口数肯定是不对的。这是一个。

第二个,我们古代也欣赏四世同堂、五世同堂,我记得以前有一个电视剧叫《四世同堂》,挺经典一个片子。我们也有大家庭,用五口之家去做中国人口史就不对,我只是说他这个人口规模研究方法是有问题的。

虽然近百年以来受关注的都是这些问题,而且现在出了很多《中国人口通史》、《中国人口史》,但基本上都是关注人口,关注有多少人的。还有,与现代人口学的研究相比较,历史人口学的研究对人口的性别比、出生率、死亡率、人口数量等相关问题关注很少,实际上这些问题跟我们日常生活关联很大,而且非常密切。

比如说现在医院里去统计你为什么不生孩子时会调查几项,我们跟医院有联系,也关注他们研究什么。比如说问你,你不生孩子,小时候有没有吃过棉籽油啊? 一般农村孩子有吃过。现在我们还在用棉籽油吗? 现在市面上的油是见不到棉籽油的,但不等于棉籽油不进入我们饮食系统里面。举一个最简单的例子,大家冬天爱吃蘑菇吧? 尤其是平菇。平菇的胚胎芽的培养基就是用棉籽壳做的培养基,你想想,用棉籽壳培养出来的平菇,你还在吃。为什么很多中国人生不了孩子,多从你的饮食习惯去找一找。是不是这样? 要吃木头上生出来的木耳啊,香菇啊,这会好一些。

关于人口的质量和人口的性别比,或者是死亡率这些问题,关注的很少。为什么? 很多是隐讳的因素,很多是史料当中不涉及的因素,很多是人们不愿意去谈的因素,但是这些东西确确实实和我们的日常生活密切相关。我们学者,虽然我可以丁克,我可以这样,我可以那样,虽然我可以不负担我那一份社会责任,但是我想我有更重要的社会责任在这儿。对于地理环境与人类之间的关系,和人类自身因素对人类再生产的影响也没有给予足够的关注。这个问题我们以后会谈,下一次课我们再谈。

地理环境和人类生产之间的关系,我们说了,匈奴、鲜卑为什么会出现人口性别失调? 为什么中国过去的妇女在妊娠当中容易出现难产问题? 我们现在简单地归结为医疗条件太差,但是这个医疗条件太差再进一步具体地谈一谈是什么问题? 是因为你饮食习惯当中微量元素失衡。

中国的微量元素失衡也有特定的区域,比如说在中国北方地区,土壤里面缺了一种微量元素锌,妇女在怀孕过程中,锌的含量应该是正常人的2倍以上,这样才能保证你的孩子不出现畸形,不出现生理问题,包括妊娠以后不出现难产问题,或者是伤口愈合当中不出现破伤风问题。正因为饮食习惯不好,或者土壤里面缺了这种微量元素,使得妇女在妊娠过程中子宫平滑肌失去张力,不易收缩,所以导致难产。环境和人类妊娠的关系非常密切,我们做研究,不仅要研究这个问题,而且要研究怎么样解决这个问题,给更多人以关爱,给更多人以幸福。

好,今天上午时间到了,谢谢!

主讲人:高凯,历史学博士、教授、硕士导师,兼任河南省九三学社经济工作委员会委员、中国人天观学会常务理事等社会职务。1999年被确定为"郑州大学校级骨干教师",2001年被确定为"河南省高校青年骨干教师"。主要从事秦汉魏晋南北朝史、简牍学、中国人口史、历史地理学和生态社会史学的研究与教学工作。

从1985年至今,已发表相关论文50余篇,其中在全国中文核心期刊和《光明日报·理论周刊》等报刊发表《关于实行超生人口税的建议》、《论中国古代人口性比例失调问题》、《从吴简蠡测孙吴时期长沙郡临湘侯国的疾病人口问题》、《从居延汉简看汉代的"女户"问题》、《中国生态社会史学刍议》、《从人口性比例和疾病状况看汉晋时期西域在佛教东渐中的作用》、《从麻风病的传播蠡测汉唐时期中印佛教应对措施的差别》等论文,论文观点被《文摘报》摘要两篇,人大复印资料全文复印3篇,《高校文科学报文摘》摘要2篇,《新华文摘》摘要1篇,《社会科学文摘》摘要2篇;专著有《地理环境与中国古代社会变迁三论》、《〈三国志〉精言妙语辞典》等。曾独立承担并完成国家及省级项目10余项,在研省级项目4项,获国家及省市级各种科研优秀成果奖励10余项。

　时　间:2013年6月16日
　地　点:河南省图书馆研议厅

中国古代人口性比例问题产生的原因和特点(下)

大家好!上一次是5月26日来给大家做的报告,那次是大雨倾盆,今天天气好一些,却是赤日炎炎,感谢上一次的老年朋友,就是你们的关怀才使我有勇气、有决心往下走。谢谢!(鞠躬)

上一次我们对接近一百年以来的中国人口史的研究做了一个回顾,今天我们继续往下走。上一次我们讲到这个位置(PPT),一百年以来,中国史学界关于中国人口史的研究已经开展得很好了,但是仍然有一些问题没有完善解决。这一百年以来,做的比较多的研究是关于历史上有多少人口,研究的是这个数量,这个数量问题非常重要,从学术界目前出来的一些著作来看,基本上都是研究

人口数量的,这个人口数量既有来自于正史的记录,也有来自于出土文献的记载,更多的是学者的研究,或者是研判。

史前中国有多少人?不知道。关于世界在新石器时期有多少人,不知道,学术界有一个估计,全球大概是1.6亿人。中国有多少人?有人说是2000万,有人说是1600万,当然,这个说法是根据皇甫谧的《帝王世纪》得来的,之前有班固的《汉书》、司马迁的《史记》,在他们的书里面都没有说夏禹平天下时有多少人,周武王灭商纣时有多少人,我们看皇甫谧的《帝王世纪》说夏禹平天下时全国人口数大概1600万,而周武王灭商纣时是1600万,但是比夏朝建立时多16万。很多人不认可这个数字,认为这个是胡编乱造的,于史无据。

之后,到了秦朝,学界认为秦朝时期比较通行的观点是2000万人左右。我们知道秦王朝对外战争很多,对劳动力的使用非常频繁,人口损耗很严重。到了秦末农民起义,之后又是楚汉战争,楚汉战争之后又是汉高祖刘邦灭异姓王之战,然后是同姓王之战。汉朝刚刚建立的时候,国家经济凋敝得非常厉害,当时史书上说,皇帝找不到四匹同颜色的马——坐这个马车找不到同色的马,王侯将相只能坐牛车。可以想象,当时社会经济破坏到什么程度。

经200年的休养生息,到了西汉末年,全国人口大概是5900万,到了东汉大概是5700万,再到三国,这逐渐是一个少的过程。到了隋朝,全国人口又回到5600万,到了唐朝达到6600万,人口最多的是天宝年间,有6600万。再往下走,到了宋朝,宋朝虽然比较软弱,但是人口还是比较多的,据学术界的研究,北宋政权统治的区域人口达到8000万,如果再加辽、金,当时全国的人口有1亿左右。宋以后,元朝的人口又有下降,大概八九千万。然后是明清,明代是1亿左右,清朝初年,在清军入关之前有李自成、张献忠农民起义,人口损耗比较大,清朝初年人口比较少,经过康、雍、乾盛世以后,中国人口很快从七八千万到1个亿、2个亿、3个亿,一直到4个亿。到新中国成立初期,中国的人口是"四万万五千万",就是4.5亿人,这是大致的过程。这些数字是我们研究的基础,但是我们去看,研究多少套书,都是去谈到底是多少人口,很多是推测的成分。

实际上人口数量、人口规模都是跟这个有关系的,人口的消长规律,无非是加上战争,加上各种各样的损耗因素,包括疾病啊,灾荒啊,等等,消长的原因跟消长的规律大致是一样的。我们看到中国人口从最初的1600万,然后上升到2000万,然后又下降接近6000万,再下降到5700万,然后下降到三国时期1000万,西晋时期1500万,然后逐步上升,它有一个抛物线形的消长规律。

还有人口移动的轨迹,就是研究人口重心到底在哪个地方分布。比如说新石器时代,中国人口的重心主要在三河流域,河南的西部、山西南部以及关中盆地。到了汉朝,中国人口重心开始有所变化,开始往东移,当时的人口重心在今天的三河流域以及今天山东和河南的周口、驻马店这一带。再往下走,中国的人口重心又有所变化,这种变化基本上是跟中国都城逐渐地从西往东走,然后从南往北走,跟这个轨迹是一样的。这个轨迹实际上跟历史气候的变迁有关系,随着环境的逐步破坏,中国的都城从西边,从最初的咸阳啊,长安啊,然后到洛阳,洛阳待不住了就到开封,开封待不住了就往杭州啊,南京啊,往那边走,到那边也不舒服了,就又往北走。

中国的人口态势、人口重心也有变化,大致以北宋为界。北宋以前,中国人口重心主要是在北方,而从北宋灭亡以后,河南人很多迁到了今天的杭嘉湖平原,就是今天的杭州附近。实际上今天浙江那一带,包括上海,还有浙江北部这些人,那些人很多是正儿八经的河南人。我们今天河南的居民主要来自于西北和北方,是原来匈奴、鲜卑、羯、氐、羌的后代。北宋的时候,人口最初从北方占70%、60%、50%,到南方人口开始占到50%这个比例,另外就是国家的赋税、徭役主要也是南方来提供。这里面有很多深层次的原因,除了都城的变化以外,还有环境的变化,大的变迁,下面我谈别的问题的时候会有涉及。

还有家庭规模。家庭规模是必须要讲的,我们经常会讲到的一个概念,就是一家五口,实际上一家五口不是中国古代社会人口规模的一个常态。为什么呢?一家五口最初是学者的一个设想,比如说孟子在论述他的观点的时候讲道，井田里头一家五口，分这900亩地是怎么来的。当然了，当时的一亩比不上今天一亩的面积。后来到李悝的时候——在开封定都的魏国有一个改革家叫李悝，他也是按照他的理论提出了一家五口的说法。但是随着时间的推移，这个一家五口并不是中国理想社会的一种常态。比如说秦，商鞅变法的时候规定，秦朝的一家当中不能有两个15岁以上的单身成年人。什么意思呢？就是说父亲、母亲必须要在15岁结婚，结婚以后，如果说长到30岁，31岁，他们的这个孩子15岁了，是男的必须娶亲，是女的必须出嫁，不然这个国家就会对你这个家庭收两倍的赋税或者徭役，压力很大。我们看到，在秦汉，大量的家庭规模是两口之家或者三口之家，五口之家的情况不多。再往后走，正史之中关于五口之家也不常见，而在长沙走马楼吴简里面记载，有一口之家、两口之家，当然，五口之家也有，也有十几口的。这个五口之家只是一个理论上的概念，家庭规模实际上是跟过去封建国家的税制实行方针有关系。如果是以人来收税的话，很可能这个家庭的规模会缩小，如果是以户作为征税单位的话，人口会四世同堂、五世同堂，这是一个经常变化的数字。

近百年以来，人口史备受关注的是我刚刚所谈的问题，从整体上来看，仍然没有改变人口史研究的模式。同时与现代人口学研究相比较，历史人口学对人口的性比例、出生率、死亡率，以及人口数量等相关问题很少去研究。为什么我要谈这个问题呢？人口性比例为什么重要？我们研究人口数字有多少，如果不知道男女有多少，这个问题就没有办法谈。即便你知道这个社会上有多少男的和多少女的，他们一定会结成夫妻吗？这是第二个未知数。第三个未知数，即使他们同在一起，他们的感情也有自由恋爱的成分在里面，中国古代并不都是媒妁之言，还有自由恋爱的成分，如果没有媒妁之言，他们一定会结成夫妻吗？有很多未知数在里面，这些东西因为缺乏数据或者缺乏理论上的构架，很多人视为畏途，不愿意去做。实际上，我们去研究，无论是研究人口数量、人口规模或者是消长规律，或者别的怎么样，都离不开对人口性比例的研究。这是一方面。还有，出生率有多少，死亡率有多少，实际上都和人口性别有关系。

还有人口的质量，实际上人口的质量是非常重要的话题，我们从世界范围来看，很多国家对人口的质量都非常关注。比如说古希腊文明里面有斯巴达这么一个国家，斯巴达的孩子出生以后，一定要放在山顶上冻一夜，如果孩子没问题，再把他抱回来养。就是说他要经过自然选择，冻了一夜，感觉他可以，他就有资格活在这个世界上。我们现在的孩子可不是这样处理的，当成宝贝一样。现在为什么部队不敢去打仗？部队当中百分之七八十是独生子女，含在嘴里怕化了，勒在怀里怕勒坏了，这孩子生存能力就差一些。人口的质量是身体素质问题。

人口质量还和遗传病有关系，现在发现人主要的疾病基本上都是可以遗传的，包括心脏病、癌症，等等，都是可以遗传的。比如说父母有癌症的话，子女易犯癌症的比例比平常人高35%的可能性，说明有遗传的倾向在这里。怎么样去判断这种人口的质量，或者怎么样提高人口的质量呢？我觉得这应该是中国人口史将来研究的一个重点。当然，我现在也在这个方面做努力。

还有对地理环境与人类之间的关系，以及人类自身因素对人类再生产的影响等方面没有给予足够的认识。我们以前老是说人定胜天，我们鼓吹了多少年，实际上很多环境因素在决定着我们今天的很多方面的事情。比如说河南林州这一带食道癌很严重，这在世界上都是有名的，为什么这个地方食道癌这么严重？学术界做了很多研究，最后发现当地土壤有问题，这个地方的土壤中钼的含量只有平常地面的1/23。正因为有这个因素，就影响到当地人遗传基因，形成了遗传缺陷，一代一代承袭下来，他的癌症比例就高。这实际上就是人类与环境关系在疾病上的反应。

除了这些以外，地理环境还影响到这个人的性格，影响到很多东西。比如说影响到你个人的人格魅力，我说的有些东西很多人认为是风水、看相，实际上不是这么回事，比如说早上出生的人和晚上出生的人，他的性格、语言表达能力、情绪控制能力都是不一样的。比如说，我以前举过例子，属兔、属龙、属蛇这三个年份出生的孩子形象思维的能力比别的年份出生的孩子要好，当然，不是说都是这样,是说一般的情况是这样。为什么呢?这个实际上跟太阳黑子的活动有关系。在兔年的时候,太阳黑子活动期开始走抛物线,走极大值,是一个上升期,到龙年的时候是最高点,到蛇年的时候是下降点。太阳黑子活动带来的电磁线对人的脑电波有一个刺激,这个脑电波的刺激比平常年份多,所以使得这个婴儿脑组织的褶皱增加,这个人就聪明一些。但是,这三个年份的人很容易出精神上的问题。这种情况说明,我们人长在这个世界上,他不是一个孤立的、单一的东西,一定会受到周围环境的影响。现在关于这方面的研究,学术界是非常薄弱的。因为这个牵扯到跨学科的知识,没有这个知识背景,做不下去。

我上一次说到我以前要挣钱,要挣稿费,我在1988年的时候写过一篇文章——《300年来太阳黑子的活动与思想家的诞生》,我发现像马克思、恩格斯、弗洛伊德、黑格尔他们都是出现在太阳黑子活动极大年周期。实际上有一些话题值得我们做中国人口史的或者我们做历史研究的人去做,去学习,重新去探讨这些问题。以后你做人口策划或者相关的人才储备的时候,你有意识地在这些年份生一些孩子,可能对你将来学科的发展会是一个很好的促进。这是一个方面,在这方面学术界没有给予足够的认识。

另外,作为中国人口史研究当中一个重要的内容之一,就是人口性比例产生的原因,或者是这种发展和政治、经济、军事、文化、外交、民俗这些方面的影响或者相互作用,对这些问题,学术界很长时间以来没有人来做。我从1995年开始,我开始关注这个问题,一直到2001年拿到这个国家的社科基金,就是国家科学研究的一个资助计划,当时拿这个国家社科基金的时候,整个河南省只有七项,我拿了其中的一项,在我36岁的时候。当然,我今年又拿到了一个新的项目,这个也是一个非常专的话题。今年拿的国家社科基金是"麻风病与汉唐佛教社会"专题研究,这又进入到另外一个学科了,进到我们的历史疾病地理学科,谈疾病与社会信仰及与社会稳定之间的关系。

既然我们谈到人口的性别比,近二十年来,学术界对人口的性别失调问题有过一些研究,这些研究值得我们为它去做一个总结。我们去看看二十年以来,学术界是怎么样来研究人口性别失调问题的。

首先我们谈的第一个方面是1990年到2010年这20年的研究综述,我把这20年分为两个阶段,第一个是1991年到1999年。有同学会问我,你为什么1991年之前不去做?1991年之前人口性别失调问题的研究非常薄弱,基本上是把人口学里面的性别失调问题直接挪进来,研究的成分还不具备。很简单,人口学里面怎么谈,研究人口史也怎么谈,比较浅显。从1991年以后,这个东西有一个变化,就是葛剑雄写的《中国人口发展史》,我在谈中国人口史研究团队的时候谈到的第一个就是谭其骧,然后是胡焕庸,他们之下的这一代学生辈就是葛剑雄,他应该说是今天研究中国人口史的在世的最顶尖的专家,他是政协常委,每年全国政协开会,都会到大会上去"放大炮"。

葛剑雄在他的《中国人口发展史》当中有"性别构成"一章,他用两页的篇幅谈了对中国人口性别失调问题的初步认识。他认为《周礼·职方》所载的人口数不可信。《周礼·职方》是什么书呢?是西周时期一部史书。有人认为这本书不是周代的,而是后来战国时期写的,这是一种说法。有人认为《周礼》是伪书,还有人认为《周礼》是西汉时候的人伪造的。现在看一看,应该说是先秦时期的,就是秦建立统一王朝之前的作品。《周礼·职方》里面谈到当时九州,除了雍州和冀州以外,其他地区存在程度不同的人口性别失调。这一时期的人口性别失调主要反映出什么呢?是女多于男。当初我是不理解的,现在我理解了为什么是女多于男。

建立在后面的研究基础上,我们发现西周这个时期,咱们中原是非常温暖湿润的,商代我们是热带气候,在西周我们应该是亚热带气候,水面、湖泊都很多。我最近在写一篇东西,就是从历史气候因素看历史时期血吸虫病分布的北界问题,就是说今天在南方的血吸虫病很可能存在于北方地区。一个重要的因素就是当时我们中原的气候温暖湿润,是亚热带,甚至是热带的气候,如果说它是热带和亚热带气候,血吸虫病完全可能在这一带分布。为什么呢?因为今天血吸虫病分布的北界是北纬32°。为什么不能过这一条线？因为北纬32°线冬季水面要结冰，如果说结冰几天，藏在钉螺里面的血吸虫的虫卵会冻死，所以这个血吸虫病不可能超过这条线，曾经做科学史的在江苏宝应做过冬季的测试。所以我就想，如果历史时期的中原气候非常温暖湿润，是热带或者亚热带的气候，血吸虫病为什么不能跑到中原？一样是可以的。正因为在这种环境下，当时男性劳动力要去捕鱼，要去劳作，他们得病概率就高，男性死亡比较多，女性可能比较多地保留下来。

过去我不能够理解，现在我可以理解。但是当时葛剑雄认为，这个数字是不可信的，他认为有关性别的统计数始见于明代以后。他认为中国古代人口的数量，就人口的性别比而言，是男多于女，同时他在第十三章"性别状况"一节当中用了两节篇幅讲了讲他对人口性别或者初婚年龄等方面的影响，他认为造成人口性别失调问题的主要原因有这么几点：一个是多妻制，一个是战争直接杀死男丁，使男女出现性别失调。同时，他认为性比例会因为时间、地方、民族、阶层的差异而有所不同。后面这句话非常对，非常正确。这是葛剑雄的研究。

冻国栋主要是做隋唐时期人口研究的，他的研究是建立在敦煌学的基础上，也就是出土文献的基础上。我们知道历史学四大显学——甲骨学、简牍学、敦煌学、徽学。这些最高级的、最好的学问都是对地下出土文献的一个再利用，包括对甲骨文这个最早、最成熟的文字材料的研究。简牍主要集中在楚文化以后，战国楚、战国秦，然后是秦王朝、两汉王朝，一直到三国、两晋时期，这个之后由于纸张的普及，简牍的材料才逐渐少了。到了西晋时期，简牍已经很少了，只是在边境地区才有，比如说在新疆简牍用得比较多。在青海地区，唐代的时候仍然有简牍，这时使用简牍的主要是吐蕃。中原地区从西晋开始纸张就大量地使用了，竹子、木头作为书写材料已经很少见了。

冻国栋先生主要运用西州和沙州墓葬当中出来的一些典籍材料，西州和沙州就是今天的新疆吐鲁番地区，这是一些纸质文书，他根据这些文书分析了里面的性别状况。他认为从吐鲁番文书来看，唐太宗、唐高宗时期，吐鲁番地区男多女少的现象十分严重。这样一个现象实际上和历史上的一些东西是相吻合的，因为这个地方是沙漠地区，降水量小，但是蒸发量一般是降水量的很多倍。比如说中国降水最少的地方是吐鲁番地区的托克逊县，年降水量只有11毫米，但是这个地区的年蒸发量在3000毫米以上，所以在这个地区出现了大量的木乃伊，就是干尸，人埋下去以后，还没有腐烂呢水分就蒸发了，成为干尸。到武后、中宗、睿宗时期，又出现了女性人口明显多于男性的现象。为什么这一时期女性人口比男性人口多呢？有人认为，因为朝廷是武则天当皇帝，所以人们在生育孩子的时候有可能出现性别选择。这样也可以解释这个问题，但是冻国栋先生不是这样人为的，他认为是户籍造假。这是他的一种说法，肯定也有道理，但是我说的另外一种说法也是有道理的，比如说现在大家的生育习惯已经开始有所改变，以前都想要男孩子，现在男女都一样了，有人觉得生女孩子更高兴一些。我们看到冻国栋先生开始利用出土文献来研究人口的性别失调问题。

到了1993年、1994年，宋镇豪先生也承担过国家社科基金项目，做了一个《夏商社会生活史》，在它的第二章第三节里面"夏商王邑人口分析"当中，他主要利用安阳殷墟的一些墓葬材料进行研究。他认为殷墟王邑的人口性别以青壮男性为多，女性以青年为多，壮年、中年、老年三个级别的女性呈极速减少的趋势，男女的性别比大概是183:100。

另外，他在学术史上有特殊的地位，他是比较早的对新石器时代墓葬进行研究的，比如大汶口文化啊，龙山文化啊，之前的仰韶文化啊，对墓葬群当中的人骨材料进行统计，统计以后计算人口的性别比。他是做得最早的，也是做得最好的。经过他的这种很详细的统计以后，他认为当时的新石器文化遗址当中人口性别比达到190.4，就是每100个女子对应约有190个男子。很多人找不到老婆，很着急。反映在那个时期，反映在新石器时期，无论仰韶文化、龙山文化，还是大汶口文化，部落与部落之间的战争非常频繁，除了争夺地盘以外，掳掠人口也是一个重要的因素。我们看到，这一时期除了炎帝和黄帝打了一仗外，炎黄结合起来打蚩尤也是一仗，这些都可见于史籍当中，这些战争非常大。我们今天在座的是炎黄子孙，为什么？两个势均力敌，发现打的不是事儿，干脆两个人融合在一起，所以才有了我们。

我前面还说了，今天河南人基本都是西北或者是北方的人，难道我们就不是炎黄子孙吗？实际上在更早的时期，应该说在春秋中期以前，今天的黄河以北地区基本上都是无人带。我们大量的人居住在哪个地方呢？今天的伏牛山的山前平原，以及太行山的山前平原上，就是在今天的卫辉以西，京广铁路以西地区，有山地区，丘陵地区。因为当时的气候温暖湿润，在今天蒙古国南部和今天的内蒙古地区是人口非常稠密和集中的地区，我们都是从北边来的，不过就是随着时间的推移、气候的变迁，我们开始从北边一步一步地挪过来。

关于先秦时期，包括仰韶温暖期、新石器文化时代的人口的性别失调问题，宋镇豪先生认为有三大因素：一个是自然受精，女少于男。第二个，史前妇女早婚早育，加上卫生条件差，容易造成过早的夭亡。第三个，商代有重男轻女的社会痼习，妇女地位比较低下。这个我是不同意的。宋镇豪先生我也认识，他是我很尊敬的一个学者，现在宋镇豪先生是中国先秦史学会的会长。我们之前在开会时聊过这个问题，我说，你对新石器时代墓葬人骨的统计资料在全国是研究最早的，也是做得最好的，但是你这里面有一个致命的问题，这致命的问题在于什么呢？这个墓葬很可能是持续几百年，你怎么可以把一个几百年死亡的人口加在一起，然后去算他的人口的性别失调问题呢？当时宋镇豪先生一惊，宋先生很谦虚，后来就说了，你个意见是对的，当时我没这么想。实际上我们做的这个研究是在他的基础上，我发现他那个不太合理，我就在想，怎么样使他这个东西具有更高的可信度。

商代是不是真的重男轻女？这是一个未知数。今天在座的有很多饱学之士，应该有来自安阳的同志，应该去看过殷墟，我们去看看妇好墓，妇好墓里面的青铜器有多少精美！妇好曾经是领兵打仗的将军，如果妇女的地位很低，她怎么可能去领兵打仗呢？说商代有重男轻女这种倾向，我不太认可。但是人家是在20世纪90年代做的研究，当时做出来就是结论，我们只能看，我现在怀疑是我自己的事儿，这说明我们的研究已经向前推进了。

然后是姜涛，他做了一个《中国近代人口史》，在它的十二章里面谈到"性别与年龄结构"问题，他的认识主要来自于美籍华人何炳棣《1368—1953年中国人口研究》，以及陈长蘅《清末民政部户口调查之新研究》、江桥《清朝前期宗室人口状况的初步统计与分析》，是对人家的学术研究进行整理和分析。他认为前面那些学者做的研究一个是提取材料的时候会有问题，另外还有一个，有些结论不足以支持清代整个人口性别偏高的原因，更不能轻易否定普遍存在的女婴少报或者溺杀女婴的问题。中国历史上杀婴问题很严重，很早就有杀婴问题，这个问题以后再讲。

然后就是李中清、郭松义主编的《清代皇族人口行为和社会环境》一书，前面我们说了，李中清是李政道的儿子，李政道没有因为他是诺贝尔奖获得者而逼迫自己的孩子去研究自然科学。李中清主编的这个书，后来由郭松义先生送给我，很早的时候。现在郭松义是中国社会科学院的学部委员，非常谦和的一个人。涉及的问题他们研究的材料主要是玉牒，就是皇室的宗谱。大家看《甄嬛传》，里面十八爷犯了错误关到宗人府去，实际上清朝的爱新觉罗氏的直系亲属、旁系亲属都是由一个宗族管理的机构来管理，他们结婚、生子、死亡的事情都是有记录的，这个记录的材料叫玉牒。这个里面有一个台湾学者叫刘素芬，"中研院"的，她通过玉牒来谈清代皇族人口与宗法制度，研究了这里面的性别失调。她经过量化的分析以后发现，18世纪中叶以后，皇族男性可能有晚婚的倾向。19世纪以后，重男轻女、匿报女婴或者是性别选择现象日趋严重，造成男女性别失调。我们不禁要问，为什么18世纪之前没有这个问题，而在18世纪之后清代皇族口开始进行性别选择呢？因为清兵刚刚入关的时候可以大量抢地，跑马圈地，家里的钱用不完，所以他可以拼命生孩子，很早就结婚，一生生多少个，然后每一家都分很多地。随着政权的稳固，随着无主的地变成有主的地，随着子弟逐渐地浪荡下去，家里的钱财少了，他们开始节制人口，才开始有了这种选择性别的问题。

然后就是我的师兄袁祖亮，1994年出的《中国古代人口史专题研究》，他在"中国古代人口的自然增长率"部分利用别人的一个材料谈到了他对中国人口性别比例的一个初步认识。他认为中国与世界上男女的比例大致相仿,一般是男略高于女性,这亦反映了每个家庭在性别比上都有一个基本的固定数额。这个固定数额是100个女婴对应107或者106个男婴,这就是出生婴儿的性别比,这个研究只是一个最初的数字,我们上一次也说了,随着年龄的增长,性别比会有变化。到老年人口,60岁甚至70岁以上的老年人口当中,一般是女性人口多于男性。一个原因就是因为性别染色体的问题,男子在一生当中的耐病率、死亡率要比女性高十几个百分点。正因为是这样,我也请在座的听我课的女性朋友应该给你身边的男性更多的关爱,因为你在生理上具有生理优势。

袁祖亮认为,平场一个家族的性别比与一个地区或者一个国家乃至全世界的性别比基本上是一个常数。事实证明,这个说法是错的。我们可通过研究来证明,人口性别比会因为时间的不同,因为地区的不同,因为民族的不同,因为阶层的不同,或者是因为别的因素,因为环境的不同而产生变化。毕竟他是在最初的时期给了一个判断,在比较早的时期给了一个判断。

1997年,我发表了《从人口性别失调看南越国的建立与巩固》这么一篇文章,实际上我个人关于中国人口性别失调问题的第一篇文章发表在1996年一个国际学术讨论会上。当时那个文章一出来,学术界就轰动了,都说这个文章写得好,当时我从八大因素去解释人口性别失调原因以及特点。但是那个文章写出来以后在我手里存了两年,一直在修改,到1998年发表。在那个文章发表之前,这是(我写的)第二篇文章,但是从文章发表的早晚来看,这个文章是第一篇。这个文章应该是国内学术界最早的把人口性别失调问题的研究与政治史、民族融合史结合起来的一篇文章。这个文章谈的什么问题呢?秦始皇三十三年时候征岭南,打岭南地区是派了50万人,这些人都是中原人,到了那边之后打得很快,一打,人家就往两边退,把大路让出来了,秦朝的军队很快就进去了,但是左占右占,就占了五个县。我大概能查出来三四个,第一个是番禺县,就是今天广州的前身,广州最早叫番禺,现在番禺是广州一个区。第二个是龙川,龙川在哪个位置呢?在今天粤北地区,河源地区的一个县,这个县我也去过。后来南越第一个皇帝叫赵佗,赵佗是河北真定人,他曾经就是龙川县的县令,他的军队到那个地方以后就被周围的越人围起来了,他当时的军队就在龙川城打了一口井,那口井日夜出水啊,多少万人靠那个井来饮水,因为周围河里面被下毒了,只能靠井水存活。这个井现在还在,里面还有水。还有揭阳,还有四会。

以后呢?中原发生了农民起义,就是陈胜吴广起义,陈胜吴广起义是在五岭以北到黄河流域,他们这一闹腾,就把秦始皇派的后勤保障部队与南越国,就是今天两广地区的军事保障线给打破了。赵佗就在任嚣死了以后,把这个五岭口一守,拥兵自重,自立为王。在汉高祖刘邦建立国家的时候,建立中央王朝的时候,他在割据岭南地区,成了南越国。他们进去时候是50万人,打仗死了一些人,在秦末农民起义还没有开始之前,秦始皇又派了一些人跑过去屯田,或者戍守,之后战争一来就南北对峙了,形成一个孤岛。还有一些人是很特殊的,据史书记载,当时南海尉赵佗向秦始皇提出要求,"求女无夫家者三万人,以为士卒衣补"。秦皇帝"可其万五千人"。什么意思呢?当时因为有几十万人在那儿,后勤保障洗衣服、做饭没有人来完成,南海尉就向秦始皇提出,能不能派3万没有出嫁的女子来我这儿为士卒缝缝补补啊?秦始皇给了15000人,这15000人是没有出嫁的女子。

大家想一想,秦始皇派过去的人,军队50万人,虽然打了败仗了,后来去了一些屯田,就以50万来说,50万人对15000人,这个性别失调非常严重。但是秦灭亡以后,南越国存在了一百多年,存在了很长时间,一直到汉武帝时期才被中原收复。这么长时间没有中原的女子过去,而且我们前面也说了,商鞅变法时期,秦朝规定家庭当中一家不能同时有两个15岁以上的单身成年人,如果有15岁以上的人,一定要娶妻或者嫁夫,或者是入赘。这个秦朝里面有七科谪,七科谪里面有找郎入赘的赘婚。赘婚等同于债务奴隶,现在赘婚是倒插门的女婿,那是另外一回事,过去那是等同于债务奴隶,地位很低。

我们看到,在岭南50万人,只有15000女子可以与之相配,南越国自从建立以后,很快就发展起来,和当时的中央集权,同汉朝政权产生了很久的对峙,南越王赵佗一度称帝。他要是实力不强,怎么称帝?史书介绍,南越王赵佗没有因为他是中原人或者是没有因为他在中原有妻子儿女而排斥越人,他重新在南越这个地方找了老婆,找的老婆是什么人?当地的越族。50万人进去以后,慢慢地在当地固定下来,发展起来,慢慢地强大,才有了与中原对抗的这么一种实力。我认为南越国之所以得到建立或者是得到巩固,政权一直延续了三代,到了赵建德时代,到汉武帝时期才被灭掉,就是因为他很好地和当地的老百姓和南越地区,就是今五岭以南的地区保持了很好的关系,兵源才得到了补充,我们看到了这种秦朝军队性别严重的失调而造成的中原老百姓与南越地区少数民族之间的融合。

有学术界人士说,今天的粤语实际上是保留了战国、秦这个时代中原地方的普通话的元素,我们老说"天不怕,地不怕,就怕老广说普通话"。实际上"老广"说的普通话含有很多中原在先秦时代中原普通话的元素,这种说法是有道理的。

在1998年,第一期的《史学月刊》上发了这么一篇文章,李晓玲的《人口动态平衡的历史分析》,她将现代生态学的逻辑斯缔方程运用到历史人口学的研究当中,对人口的性别失调做了一些分析。她认为性比例的这种变化既有生理的因素,也有社会的因素,引起性比例失调的原因很多,既有生活贫困、卫生条件差和战争频繁的因素,又有多妻制和宗教信仰的因素。这个文章是在《史学月刊》我发那篇文章之前的一篇文章。

1998年第三期我发了这一篇文章(PPT)。这一篇文章出来以后,学术界还是轰动。除了人大复印资料权威复印以外,当时很多的重头刊物,《改革开放》等,都来复印它,把它收入《辞典》,我个人也开始进到《世界名人录》,当时这篇文章就是作为一个重要依据。这一篇文章我大概从八大因素、两个特点上来论述中国古代人口性别比例产生的原因和特点,一个是自然环境恶劣,还有战争、徭役、统治者多妻、杀婴行为、人牲、人殉及守丧习俗、婚姻制度或婚姻习俗、古代社会宗教信仰以及刑法制度。我对它的总结是什么呢?在这些因素里面,既有自然因素,又有社会因素,而且经常占主导地位的是社会原因。这个问题同时又反映出两个显著的特点,第一个显著的特点是绝对化与相对化的区别。什么是绝对化?比如说战争、徭役、杀婴、杀殉是直接杀死人口,或者是杀死男性,就造成了永久性、绝对化的人口性别失调。这个人随即就死了,他已经可能结婚了,因为他被杀死了,生育活动就结束了,所以形成绝对化的因素。这种绝对化的因素是学术界研究最多的,很多人的研究都是朝这个方向走,因为这样来研究人口的性别比最容易。另外一个就是由于战争、徭役或者别的什么原因,在一定时间、一定范围内占用劳动力,或者是因为守丧习俗,或者是婚姻制度,或者是婚姻习俗,延缓了婚嫁的时间,从而形成暂时性、相对化的性比例失调。

大家可以想一想,一个战争,打一仗不是五天,不是十天,很可能要准备半年时间,这个战争结束以后要用很长时间去休养生息,大量的部队囤积在边境地区,这些人就不能够回来。历史上这种战争多的是,比如说南北朝的对峙啊;北宋与金的对峙啊,与辽的对峙啊,都是几十年上百年,占用了大量的人口。并不是说我打一仗,我打完了扭头回家生孩子去了,不是这么回事。他很可能结婚了,因为战争,战了五年十年,完全有可能。很可能这个社会上男女性别是不失调的,100个男人,100个女人,因为这个男人去做别的事情了,根本不能回家,所以一样生不了孩子。性别失调还有这种相对性的、暂时化的,或者是暂时性、相对化的性别失调,占用了他的婚姻时间,形成了性别失调,这种暂时性、相对化的失调可能是影响中国人口发展的一个最重要的因素,而且这种情况是贯穿中国历史始终的。今天仍然有类似的问题,比如说因为一个大的工程出去了,几年不回来,很正常;比如说一个海员,出一次远航,半年不回来,正常。他们都可能结婚了,但是他没有婚育行为。这个问题我并没有展开讲,为什么没有展开呢?因为后面我们会有一个比较详细的论证。

姜涛在他的《人口与历史——中国传统人口结构研究》一书中谈了他对性别和年龄结构的研究,他认为中国传统人口的性别结构是处于不断变动之中的,这个观点是非常正确的。这种变动是

有规律可循的,是可以认识的。他的这种观点是可以的,非常正确。姜涛的问题就是他的研究基本上是综述性的,在别人的研究之上来进行分析,而自己所做的研究比较少。他谈到男女的性别(失调)产生的原因是因为男尊女卑、重男轻女的思想,然后是溺杀女婴,以及育龄妇女卫生条件差,以及女性人口漏报。我们看他跟前面学者所谈的,包括宋镇豪谈的,基本上是一样的,但是他增加了一条,增加了"女性人口的漏报"。这个女性人口的漏报实际上在冻国栋的研究中也谈到了。学术界对人口性别失调产生原因的研究基本上就是三条或者四条,或者两条,或者几条,就在这儿重复,没有突破。

再往后就是高大伦,这个人是四川省文物研究所的所长,当时他是四川大学的一个教授,他运用的材料或者研究的对象是 1996 年尹湾汉墓出土的《上计》簿,这个《上计》簿是什么东西呢?《上计》是先秦时期、秦汉时期的一种官吏考核制度的一个东西。当时看官吏的政治能力、政绩如何,一般是每三年有一个统计材料,这个统计材料当中会反映什么内容呢?反映你统治区域——郡的总人口,总人口里面会有每年增长的人口,比如说男的增加了多少,女的增加了多少。以后呢?还有春种树多少,就是春天种了多少树,人口税增加了多少,税收有多少,你的人口里面还有多少户,15岁以下人口有多少,60岁以上人口有多少,70岁以上多少,80岁以上或者 90岁以上得到政府赏赐或者政府奖励、安抚的有多少。这个《上计》簿里面还有"获流"多少,就是收拢流民的数有多少。《上计》簿实际上是反映郡太守的政绩的。尹湾汉简里面出来了这个记录,出了《上计》簿,这里面谈到了当时人口的性别问题。在汉平帝元始二年之前的十几年,东海郡总人口是多少,男女分别有多少人,得出的男女比例是女性 100 人,男性是 102 人。我们前面也说了,世界出生婴儿的性别比一般是女性 100,男性是 106 或者 107,与那个相比,东海郡人口性别比是 102,明显是跟世界上的数字不吻合的。针对这个数字,高大伦写了这么一篇文章,他认为这个不大对,东海郡反映的人口性别比是错的,为什么呢?造假了。

他之后还有一些人写文章,后来到 2007 年,我写了一篇回应的文章,解释了他这个问题,解释了为什么当时的性别比是那么低。实际上没有那么低,不是 102,而是 103 多,因为他少统计了一个数字,少统计了 9000 多人。即使是 103 的性别比,为什么男的比世界平均的规模少?是因为他处在东海郡。东海郡是一个很特殊的地方,这个地方就是今天的连云港附近,因为当时的人吃海产品吃的多,海产品里面含有丰富的钙、磷和锌,使妇女在妊娠过程中出问题的比例下降了,妇女死亡的人口少了,人口性别比自然就抬升了。这是一个重要的方面。

另外,在汉代,我们以往的研究都认为只有男性才是政府服役的对象,所有的徭役、兵役都是男子来完成,但是我们根据最新的材料研究发现,这个结论是错误的。我们说了两千年的说法是错的,根据最新的材料研究,从先秦、秦汉、魏晋南北朝,一直到隋唐,女性也是重要的服役对象,也服兵役、徭役,每年都缴纳口钱。为什么这一时期人口规模始终都不大,总是在五六千万上下浮动,到了北宋以后,中国人口一下上到 1 个亿,感觉说不通。实际上有一个原因在这儿,北宋的时候,国家的户口政策有变化,在户口的统计当中,女性不作为家庭人口记入总人口当中。所以我们看看,在中国思想史方面,程朱理学发展起来了,妇女慢慢地大门不出,二门不迈了,我们看到中国古代的三寸金莲,这个缠小足的习俗从北宋开始了。你想想,妇女开始不计入全家的人口数,就是可以不缴税了,可以大门不出,二门不迈了,只要把家务事做好就行了,要那么大脚干什么?很多女性开始以取悦丈夫作为生存的一种技巧,开始自己缠小足,变得婀娜多姿。但是正因为中国古代开始摧残女性,我们可以看看中国的历史,从宋朝开始,我们的军队打过几回胜仗?你指望一个被摧残的女性生出一个健康昂扬向上的男儿出来?有那么容易吗?这是题外话。

我们回到《上计》簿当中,我给出了一个解释,因为东海郡处在沿海地区,他们经常吃那些食物,营养丰富,富有钙、锌等,妊娠出现问题的概率下降了,妇女的比例提高了。相对地,因为这一时期有一次战争,一下牵扯了十几个州,有一些人战死了,男的少了,女的没有死很多,在妊娠当中死亡率下降,所以这一时期其人口性别比是女性100,男性大概是103,低于世界范围的107的人口性别比。

　　然后是我个人写的《从人口性比例失调看蜀汉政权之败亡——兼评刘备、诸葛亮为政之失》,这是1999年发表的。《三国演义》,在座的很多朋友都熟悉,刘、关、张,多少脍炙人口的故事。诸葛亮历来被认为是智圣,但是我个人不看好他,我认为他是一个奸臣。之所以这么认为,有一系列的原因,我们不细谈。我们的很多人在演讲的时候都要讲"鞠躬尽瘁,死而后已",出自于《前出师表》里面,但是《前出师表》里面有很多东西是造假的。比如说诸葛亮老说"三顾茅庐"的故事,"三顾茅庐"实际上是诸葛亮当了丞相以后的说法,你怎么能相信那样一个为政者在台上讲的话呢?就像很多人说自己没有贪,是清官,一抓出来就是几千万元。有些为政者讲的话,是假话。诸葛亮说的"三顾茅庐",《三国志》里面有一个裴松之做的注,说诸葛亮当时是毛遂自荐,自己推荐自己。正因为是自己推荐自己,所以诸葛亮最初的时候做的官很小,诸葛亮到什么时候才升为丞相呢?刘、关、张里面刘备要死了,关羽和张飞也早都死了,张松啊,法正啊,庞统啊,都死了,没有人才可用的时候诸葛亮才显现出来。他显出来的时候,刘备还说了一句话,你觉得刘禅可以扶持你就扶,你要觉得他不能扶,你就取而代之。这个时候诸葛亮是跪在地上痛哭流涕,说自己怎么着怎么着,但是刘备死之后,刘备当时托孤之臣有两个人,一个是诸葛亮,诸葛亮是主内政,另外一个人叫李严,是主军事。刘备一死,诸葛亮立马就把李严踢到一边,说我是亚父,或者说我是刘禅的干爹,或者说我是他爹,然后就把李严踢到一边,把军政大权握在一起。我们看《前出师表》里面,"先帝创业未半而中道崩殂,今天下三分,益州疲弊,此诚危急存亡之秋也……"后面有一句话叫"宫中府中,俱为一体",我想问在座的各位,宫中和府中能俱为一体吗?宫中是人家刘禅自己家里的家事,府中是丞相府的事儿,是国家的事儿,宫中、府中能俱为一体吗?就是说你就当你的皇帝,你玩就是了,什么事儿我全盘操纵,我是你爹!实际上虽然诸葛亮没有取而代之,但是实际上他是取而代之了,他不是一个奸臣吗?他死之前蜀汉政权定了几个丞相候选人,费祎、蒋琬、姜维,到姜维的时候蜀汉政权就灭掉了。蜀汉国家的政权是由他指定的人来掌控,灭也灭在他指定的人手里,所以我认为诸葛亮这个人不是什么智圣,而是一个玩弄权术的人,他《前出师表》里面的大公无私有待考证。

　　三国时期,实际上存在非常严重的性别失调,这个性别失调就是因为诸葛亮采用的不恰当的军政手段。蜀汉国家人口不多,最开始是100万人,到蜀汉灭亡的时候人口没有增加,反而有所减少,蜀汉国家灭亡的时候只有94万人,但是他的军队却有10万人,就是几个人当中有一个兵。诸葛亮在最初制订的政策是什么样呢?穷兵黩武。

　　我说诸葛亮对蜀汉政权不是太忠诚,实际上还有一个重要的原因。诸葛亮曾经出使东吴,提出孙、刘联军问题,曾经有一个人向孙权推荐诸葛亮,但是诸葛亮说了一句话,"孙权可谓仁君,但是他能贤亮,而不能尽亮"。什么意思呢?就是他能以我为贤人,但是他不能让我尽情地发挥作用,所以我要离开他。如果我们反过来想想,如果孙权是那个既能够"贤亮",又能够"尽亮"的人,既以你为贤,又能让你充分发挥作用,那你诸葛亮是不是会弃刘投孙呢?诸葛亮实际上是很会玩弄权术的人,不是什么智圣。因为他上到丞相这个位置以后,掌握了主导权,掌握了台面上宣传的气场以后,他可以把自己描画得很好,上千年以来一直被误读,给大家留下一个印象,说诸葛亮是一个鞠躬尽瘁、死而后已的人。历史的研究要还历史以本来的面目,不要被表象所迷惑。

　　因为他的穷兵黩武的政策,造成了非常严重的人口性别失调,一直到邓艾把蜀汉打下来以后,到了王濬控制巴蜀的时候,王濬发现蜀汉有一个不好的风俗,就是生了孩子立马杀了,生了孩子不养,为什么?生了孩子养大以后就去当兵了,死在外面连个面都见不了,还不如最初不养他,直接干掉。王濬就坚决地制止。王濬后来沿长江下来,一直把这个孙吴也灭掉了,是很有名的一个人,曾经有一首古诗描述王濬这个人,"王濬楼船下益州,金陵王气黯然收。千寻铁锁沉江底,一片降幡出石头。人世几回伤往事,山形依旧枕寒流……",就是说王濬楼船从长江上游往下游冲,一直把孙吴政权给灭掉。

我们老说这个诸葛亮治蜀的时候把南中地区给平了,这个南中地区是在今天什么地方呢?就在今天云、贵、川交界这一带,这一带实际上在秦汉时期就已经归中央政权来管辖了,很多人被迁移到这一带。比如说这一带有不韦县,不韦是谁?实际上就是吕不韦。吕不韦死了以后,嫪毐发生叛乱,秦始皇一怒之下把吕不韦的后人以及参与嫪毐叛乱的人迁徙到这一带。我们看南中地区的一些姓氏,姓李的,姓王的,等等,都是中原人的姓氏。我们以前研究这段,觉得南中这些汉姓是少数民族,姓氏读音跟我们相似,但是又不好用什么字代替,所以用汉字代替。实际上不是这么一回事,从秦汉开始,一直不断地把一些囚徒、商人迁到这一带来,所以在这一带保留了很多的中原汉族的成分。有些人不懂,才误说他们是少数民族,少数民族怎么可能有汉姓呢?

诸葛亮打了南中以后,把那些大的贵族留下来,把金银财宝全部收了,然后把贫民老百姓抓去当兵,打仗的时候让这些人往前冲。这个从当时的情况来看,南中地区是颇为反抗的,经常发生叛乱。历史经过一段时间,经过上千年的演变以后,我们搞历史研究的人总是说,那个是促进了民族的融合,因为他是七擒孟获,怎么掩饰怎么来,但是要还历史以本来的面目。

我进一步做了研究,在2000年,实际上是1998年,在第六次中国社会史学会上写了一篇文章,就是《从性比例失调看北魏时期拓跋鲜卑与汉族的融合》,这个在中国魏晋南北朝史的研究当中是一个非常重要的问题。我前面也说到,咱们今天河南人很多是鲜卑的后代,尤其是今天洛阳和豫北地区,很多的姓氏是原来鲜卑留下来的姓氏。比如说三门峡有一个姓,"元旦"的"元"没有上面的那一横,姓兀,这个姓在三门峡地区有。这个是拓拔元改姓以后变成的拓拔兀,为什么呢?他原来是拓拔族,是皇族,迁到中原以后改了汉姓,改成"元旦"的"元"。后来为了避仇,把上面那一横去掉,姓兀。安阳、林州有姓于的,有一支是拓跋鲜卑留下来的。林州这一带有姓路的,也是拓跋鲜卑改姓留下来的。在咱们河南留下来很多。河南有一些话说得很急,比如说豫北地区林州这一带,有一些山里头的方言,说得很急,而且咱们中原人也不易听懂。他们发音很急,很有意思。中原有很多的语言文化积淀在这儿,无论是学语言的,还是学民俗的,没有(人)潜下心去总结、探讨,或者是研究,或者是把它整理出来。

北魏民族融合一般都认为北魏孝文帝是一个重要的时期,一个什么重要的时期呢?北魏从大同迁都迁到洛阳,改汉姓,说汉话,穿汉服,促进了民族的融合。学术界怎么来理解拓拔、鲜卑到汉族这种融合途径的呢?一般有三句话:一个就是说北魏从游牧民族到中原定居民族,在生产劳动的过程当中产生的融合;第二个,统治阶级联姻产生的融合;第三个,在北魏破六韩拔陵农民起义当中,鲜卑族的老百姓和汉族老百姓在共同反对统治者过程中所产生的融合。正因为有这种融合,拓跋鲜卑在魏晋南北朝时期才完成与汉族的融合,在今天甚至找不到鲜卑这个民族,但是实际上鲜卑民族还是有的,比如说锡伯族实际上是鲜卑的后人,满族里面有一些鲜卑的后人。我不是这么认为的,我认为在这个研究当中他们没有发现一个问题,就是在北魏文成帝和孝文帝曾经下过三条诏令,严禁当时的王公侯伯及士民之家与百工、伎巧、卑姓为婚。

我们分别来解释"王公侯伯、士民",拓跋鲜卑中心的部落大概有100个,后来这些人基本上成为北魏国家建立的王公,三公九卿等大官;"士民之家"是什么人呢?就是有一定知识水平,是自由人的身份,他可以交一点钱买一个官,可以出任官吏,是自由民身份,这些人一般都是拓跋鲜卑时从上层到中层、到普通老百姓。当时的孝文帝和文成帝下令不准这些人与百工、伎巧、卑姓为婚。"百工、伎巧"是什么人呢?"百工"就是当时城市里面的手工业工人,"伎巧"是那些唱歌、跳舞、鼓吹的人。"卑姓"是什么人呢?就是卑微的姓氏。从汉代开始,从秦汉时期开始,国家实行重农抑商的政策,你商人有再多的钱,你不能够当官,不能够穿丝绸的衣服,不能够乘马车,你再有钱,你也是政府贬斥的对象。

在秦汉时候有"七科谪",这个"谪"是什么意思呢?就是罪责!凡是国家打下一个新的地区,那

个边远地区的城防,戍守边关很可能去了回不来的徭役或者兵役,首先从这七种人里面抽调过去,这七种人里面有四种人都跟商人有关。第一种人是商人。什么是商人?行者为商,就是做异地贸易的,比如说我发现郑州的物价比较贵,开封物价比较便宜,我把开封的东西倒腾过来卖到郑州,这叫商人。他走在路上,叫行者为商。坐者为贾,七科谪里面的第二种人就是贾人。我开个门房,往外卖东西,这叫贾人。这两种人我们现在都认为是商人。还有两种人是父母有市籍的人,先秦、秦汉时期,凡是从事商业活动的人有专门的户籍记录,你的户籍材料跟别人不一样。现在有农业户口、城市户口,那个时候分得更细,你是商人,有专门的户籍,你父母做过商人,对不起,你是有市籍的人,也是罪责的对象。还有大父母有市籍的人,就是你的爷爷奶奶做过生意,是进到特种户口当中的人,对不起,你也是国家要惩罚的对象。秦汉时期是以农业为本的,对商业经济控制得很严,有商业行为的人是政府惩罚的对象。这些人他的子弟是不能够当官的,不能穿丝绸衣服的,不能够坐马车的,你是卑微的姓氏。北魏政权孝文帝他爹和孝文帝本人都下过诏令,严禁王公、候伯及士民之家与这些身份不好的人、门不当户不对的人结婚,这就影响了民族融合的深度。我认为,通过这个人口的性别失调来看,北魏的民族融合基本上完成于孝文帝迁都洛阳之前。孝文帝迁都洛阳以后,穿汉服、说汉话、起汉名,仅仅是把以前的那种民族融合的成果法律化了,仅此而已,而不是拓跋鲜卑与汉族的融合开始于迁都洛阳之后,而是在那个之前就完成了。法律规定汉族与拓跋鲜卑有婚姻关系只能是门当户对才行,只能是汉族的高门地主、大地主,只有与王公候伯身份相对,这样才能够通婚,身份有别,不能通婚,这就限制了民族融合的范围,是一种历史的倒退。

北魏虽然迁都洛阳了,好像民族融合这种成果固定化了,但是到北齐、北周时期,很多人仍然说"我是鲜卑贵族",既然你的民族融合已经完成了,按照传统的观念,已经完成了,为什么还有人说"我是鲜卑贵族"?实际上这就是北魏孝文帝实行政治联姻限制这种民族融合所产生的后果。我认为它是一种倒退。

这个文章当时出来以后,《史学理论》发表以后,人大复印资料也复印了,在史学界已经成为定论的基础上,又增加了另外一说。很多人都认可我这个,觉得我说的还是有一定道理的。但是,这个里面还是有一个问题,有一个什么问题呢?我所做的推导仅仅是根据这三条诏令来进行的,实际上拓跋鲜卑有没有存在人口的性别失调,我不知道,我只是通过理论推导进行的,这就为我后来做博士论文的时候埋下一个伏笔。我博士论文做了一个东西,我跑到鲜卑的墓葬里面去统计,发现原来结论真是那样的,从另外一个层次论证了我这个观点是正确的。这是后话。

我们做一个总结,从1991年到2000年,中国人口性别研究,我们看到有一些特点,首先是葛剑雄、袁祖亮对它的推断,再到姜涛对前人为数不多成果的评价,到冻国栋利用敦煌吐鲁番文书对唐前期西州以及沙州人口性别的研究,宋镇豪利用人骨材料进行的研究,高大论利用简牍材料做的研究,还有李中清、郭松义利用档案材料进行的研究,很多的东西都不是用正史系统来做的,肯定是推动了相关的研究工作。这是一方面。其次就是我个人对人口性比例产生的原因以及人口性别比与当时政治、经济之间的关系,还有姜涛对人口史史前社会到清朝末年的总结,都要比20世纪90年代以前相关的研究有所推进。还有就是我们对这种比例的研究都要有所拓展,这种研究为2000年以后的研究奠定了相当的基础。

今天上午的课就到这儿,耽误大家时间了,谢谢!(鞠躬)

主讲人：**高凯**，历史学博士、教授、硕士导师，兼任河南省九三学社经济工作委员会委员、中国人天观学会常务理事等社会职务。1999 年被确定为"郑州大学校级骨干教师"，2001 年被确定为"河南省高校青年骨干教师"。主要从事秦汉魏晋南北朝史、简牍学、中国人口史、历史地理学和生态社会史学的研究与教学工作。

从 1985 年至今，已发表相关论文 50 余篇，其中在全国中文核心期刊和《光明日报·理论周刊》等报刊发表《关于实行超生人口税的建议》、《论中国古代人口性比例失调问题》、《从吴简蠡测孙吴时期长沙郡临湘侯国的疾病人口问题》、《从居延汉简看汉代的"女户"问题》、《中国生态社会史学刍议》、《从人口性比例和疾病状况看汉晋时期西域在佛教东渐中的作用》、《从麻风病的传播蠡测汉唐时期中印佛教应对措施的差别》等论文，论文观点被《文摘报》摘要两篇，人大复印资料全文复印 3 篇，《高校文科学报文摘》摘要 2 篇，《新华文摘》摘要 1 篇，《社会科学文摘》摘要 2 篇；专著有《地理环境与中国古代社会变迁三论》、《〈三国志〉精言妙语辞典》等。曾独立承担并完成国家及省级项目 10 余项，在研省级项目 4 项，获国家及省市级各种科研优秀成果奖励 10 余项。

时　间：2013 年 7 月 28 日
地　点：河南省图书馆研议厅

中国古代人口与性别分析

大家上午好！最近这一段忙河南省图书馆这次邀请来谈中国古代人口失调的问题与中国人口的关系，本来这个话题两次课就结束了，但是没有想到咱们这个东西是懒婆娘的裹脚——又臭又长，今天不得不再讲，希望能把它讲完。看到下面还有这么多老朋友，特意表示感谢！（鞠躬）

前面我们之所以拖了那么长时间，是因为我们前面的"过门儿"太长了，这个"过门儿"太长是因为我们必须要做学术回顾，所有的学术研究，我们都是站在前人的肩膀上来做的。为什么要一而再再而三地感谢我们的先人或者现当代的老一辈的学者呢？就是因为他们的研究为我们今天的研究奠定了坚实的基础，必须在我的研究当中有所体现，我的这个研究大致是总结一百年以来学术界前辈们做的这种努力。你只有把前辈们做的努力说清楚了，或者是说得比较清楚了，那么你才能知道你的研究是不是有意义，或者你的研究在前人的基础上有哪些推进。

前面两次课我们都是总结 20 世纪七八十年代学术界的研究，我们今天主要谈 21 世纪以来关于中国古代人口性别或者与中国人口史有关系的一些东西，同时介绍我自己的研究和心得。

2000 年以来，关于人口性别失调问题有一个综述，首先是山东社科院人口所的路遇、藤泽之编的《中国人口通史》，三卷本，还有薛平栓的《陕西历史人口地理》，这是两部新的人口史专著，但是这些没有关注中国古代人口性别问题。

这里面有一个大部头的东西，就是 2002 年葛剑雄主编的《中国人口史》，在这本书里面的第一卷，在《导论、先秦至南北朝时期》和《两汉时期的人口数量》"人口结构"一章中，对与中国人口性别比例相关的内容做了回顾。基本上还是在 1993 年他的著作的基础上提了那么三点，但是在他的著作里面，又吸收了这一时期包括我个人的东西在内的一些研究成果，谈到了战争死亡率、灾害死亡率、刑法导致的死亡率，还有其他一些主要的方面。

还有谭平，他谈到"性比例失调与国家的治乱兴衰"的关系问题，着重从两方面来谈。关于中国古代和近代历史上的性比例失调问题的产生原因，还有多妻制，重男轻女的传统，藐视下层老百姓或者弱势群体，倡导"节烈"，这些都加剧了人口性别失调。他认为性别失调的危害就是造成了中国历代发达的娼妓行业。现在我们大家都知道，入夜之后，有些城市有"红灯区"，有"小姐"，有"站街女"，这个实际上跟人口性别失调、女性人口比较少有一定关系，并不是说有绝对的关系。另外，还有拐卖人口，以及暴力犯罪。

我个人针对出土文献所作的研究，里面有女子当户主怎么去解释的问题。我认为一个是已婚妇女过剩，另外一个就是还有很多女人根本没有找到丈夫，所以才有女子来充当户主的现象。我认为至少可以从两方面来解释，其中已婚妇女过剩是因为她结婚以后，男性出去打仗，战死了，妇女再也不能出嫁，或者是身边没有合适的男人，所以这个妇女就成了寡妇。这是已婚妇女的过剩。另外一种情况是在南方地区，成年男性比成年女性少得多，所以妇女就沉淀下来了。为什么少得多？在我要讲地理环境与人口性别失调的关系的时候我会谈到这个问题，这里就不说了，因为自然灾害或者自然环境恶劣因素，造成成年妇女不能够结婚，而家庭的继承不得不由妇女来承担。

另外就是在湖南大学岳麓书院有一位学者叫于振波，也是根据走马楼吴简的文献去研究历史上的人口性别失调问题。他做了详细的统计报告，但是有一个问题，他没有做学术回顾，他的东西实际上是在我的研究的基础上来做的，但是把我的成果隐去了，等于是抄袭。他认为产生人口性别失调的原因，除了自然因素以外，主要是社会因素，后面我有一篇文章回复他。

我 2001 年承担了一个国家社科基金，就是秦汉魏晋南北朝人口性比例专题研究，随着时间的推移，从 2002 年以后，一直到 2008 年，我相继发表了一系列文章，全部是跟人口性别失调问题有关系的，如人口性别失调与政治、军事、民族融合、文化现象之间的关系，每一篇文章我都有涉及的重点，2007 年发的《从人口性比例失调看汉初的人口政策》，从七个方面谈了西汉为什么实行人口政策，以及它与西汉初年的人口性别失调的关系。

还有《从人口性别失调看汉魏时期道教的兴盛》，我们说了，中国很早就有道家，我们说的老庄，老子和庄子，这是中国道家最初的两个重要的代表人物。老子是咱们河南鹿邑人，为什么姓李？据说是因为他有一次饿肚子，坐在一棵李子树下活了命，就姓了李，名耳，叫李耳。有兴趣的朋友可以去鹿邑县的太清宫看一看，拜访一下老子的故里。

道家形成很早，道家的思想也非常丰富，但是道家一直到了东汉时期才形成了道教。道教形成的一个重要的代表就是出来了一本书，叫《太平经》。当时于吉写了《太平经》之后献给皇帝，希望他对东汉中期以后的社会局面做一个修正，他认为社会上出现了一些"贱杀女子"的现象，使得天地失去平衡,造成社会动乱。为了改变这个社会动乱的局面,他提出了一些政策建议,其中谈到了"一男二女"法。他说,一个男性和两个女性组成的家庭是一个稳定的家庭,对于社会稳固有一些重要的意义。但是从东汉以来,社会上溺婴的现象很重,很多女孩子出生以后就被溺死了,社会上产生非常严重的性别失调。这种性别失调一直延续到什么时间呢? 延续到三国,延续到西晋时期,仍然是这样。这个产生的结果就是,中国文化史上一些很有意思的话题或者典故,与东汉时期溺杀女婴这个现象有关系,因为时间关系,我们不具体去谈。

如果从这个角度去解释,关于历史上关羽为什么离开曹操可以提出一个新的看法,曹操为什么去抢人家的妻子去做自己的后妃,也可以有新的解释,关于中国古代(一段时期)为什么有那么一个习俗,嫁女儿要在傍晚时候,天擦黑时候去嫁女儿,也跟这个有关系。很多文化现象跟这个性别失调有关系。随后看看我们时间有没有剩余,如果有剩余,我们略微谈一下。

在道教的经典当中,谈的最中心的部分就是兴国广嗣之术,就是说怎么使这个国家兴旺,同时使人口飞速发展。毛泽东时代老是说人定胜天,人多力量大,在工业文明没有推进时期,人口多就意味着力量大。中国古代延续几千年的一个重要的话题就是怎么样增殖人口,怎么样使人口质量增加,怎么样使国家的军力、国力得到强盛。道教在它最初产生的时候就是谈兴国广嗣之术。我的文章是从回顾这种研究,来谈人口性别失调与中国道教产生发展的原因。

再然后是秦代人口比例与人口繁衍之间的关系,也是以秦刑徒墓的发现来谈。在秦始皇陵兵马俑出土附近有一个村子,那里发现很多乱坟岗,挖开一个墓后,发现有十几个人或者几十个人同处一个墓室,这些人是什么身份呢? 过去认为是刑徒,其中还有一些是服劳役的,他们在修秦始皇陵的时候累死了,就在乱坟岗一扔,当时的人为了纪念他,就找一块墓砖,秦砖汉瓦啊,拿一块砖,很潦草地写上这个人叫什么名字,来自什么地区,是什么身份。秦始皇暴虐,在修秦始皇陵时用了几十万人,还有他修阿房宫时用阉工七十多万人。从"阉工"这个词汇当中可以品位它的味道:本来一个正常的人,把他的睾丸或者阴茎去掉,把他变成一个太监,叫阉工。有记载说秦始皇这时候有阉工七十多万人,把男子阴茎或者睾丸取下来,那个东西都堆成山,这个比较残忍。

我的文章是从刑徒墓的刑徒进行分析,然后看当时这些服劳役、服刑徒的人是什么人,发现这些刑徒99%或者说98%都是男性,当然,这里面还有一些个别的女性。就是说可以从这个角度来看,当时服役的对象,重要的劳动力是男性,当然也有个别的女性,也有被累死的。从这个角度可揭示秦朝的人口比例,人口是呈下降的趋势。

还有这一时期郑州大学中国古代史带的一些博士,这些博士也有以中国人口史来作为研究对象的,这些人是怎么进行研究的,也在我所关注的对象里面。我发现他们的研究针对中国人口的性别比是一个空白,没有人做,因为这个比较难,相关的材料比较少。

我个人从走马楼吴简里面去总结那些户籍材料当中的疾病人口。通过对疾病人口的研究,我知道原来今天湖南长沙这个地方在历史上存在什么疾病,存在血吸虫病、麻风病、心脏病、眼睛盲,或者耳朵聋等等,反映在户籍材料,这些严重的疾病都是免役的对象。什么意思呢? 这些人因为得了严重的疾病以后,他失去劳动能力了,或者劳动能力有所减少了,劳动能力不强,所以国家把他作为免除徭役的对象,在当时的户籍当中有详细的记载。

这种记载甚至比咱们今天的户口本当中的记载要详细得多。我们最近这两年做过人口普查,会调查你的姓名、性别、年龄、受教育程度等这些信息,还有迁徙的过程,你老家是哪儿的,现在在哪儿,有这个过程,但是不涉及疾病,没有说你得没得心脏病,没有说你有没有残疾什么的,这些没有。但是中国古代的户口登记有这些内容,有你的年龄、籍贯,还有什么? 还有你的爵位,爵位的高低。秦汉时期,一直到魏晋南北朝时期,很多人是有爵位的,这跟军功赐爵,跟商鞅变法的二十等爵制有关系。这也是很有意思的话题。

为什么秦朝的军队那么能打? 实际上跟二十等爵制有密切的关系。以你当了兵杀敌的多少作

为赏给你爵位高低的一个依据,不是光给你一个荣誉头衔,给你一个全国劳模什么的,不完全是这样,还有一个物质刺激,政府还会赏给你土地,根据你建立功勋的多少,赏给你土地,赏给你宅基地,而且这个宅基地和你父亲所得的爵位是可以继承的。如果你父辈得的军功高,杀敌多,得的土地多,宅基地多,你财富有,荣誉有,你儿子可以继承;没有儿子,女儿可以继承;如果没有儿子、女儿,老婆可以继承;如果老婆也死了,父母也可以享有。在这种奖励机制下,秦朝的军队奋勇向前,以一国之力灭了东方六国。这是非常好的奖励机制。我们在简牍材料里面看到,很可能是多少代之前建立的军功,到他 N 多代以后还有爵位继承下来。

我做的这个疾病的研究,发现当时的青年男性死亡率非常高,可能在最初的人口性别当中男性只是略微多于女性,但是到了成年以后,我们发现,成年男性是成批成批地死去。在户籍材料育龄人口的统计中,我们就看到女性很多都没有结婚,是由女性来承接这个户主的地位的。我就归纳了,为什么男性死亡那么多? 除了战争的原因以外,另外就是生活环境当中血吸虫病流传的很广。在湖南这个地带很热,小孩子(主要是男孩)很小就下水,生活场景当中有大量水体,下水之后就被疫水感染了,得了血吸虫病之后就是大肚子。血吸虫病主要有三种类型:一种是经常拉肚子,干瘦干瘦的;另外一种是肝腹水,大肚子,男人也是大肚子,不是因为胖,是因为内脏不断排出体液,不能够流出腹腔,所以形成大肚子;还有一种是形成侏儒,因为小的时候感染了,感染一次就拼命拉肚子,第二年天气又热了,他又进到水体,不是说得了一次不再感染,是周而复始地年年都感染,所以营养物质就少了,成年的男性长得像个四五岁或者七八岁的小孩子,形成侏儒症。得了血吸虫病,他的死亡率相当高,达到 45%。这样之后,成年男性就比成年女性要少得多,这样就形成了性别失调。

在司马迁的《史记》当中就有记载:汉武帝时期,今天长江以南,"江南卑湿,丈夫早夭"。司马迁讲了这么一句话,讲了这句话以后,我们仅仅是把它当作史料来用,为什么出现这种原因? 根本不知道。后来出了走马楼吴简,我通过疾病统计材料一点一点分析出来,原来是因为男性更经常下水,更容易被感染,所以男性死亡率高,所以才有后面的"丈夫早夭"这种现象。

这一时期,不只是普通的老百姓得这个血吸虫病。我们知道 1972 年出来的长沙马王堆一号汉墓,墓主人是一个湿的尸体,保存很好,这个墓主人叫辛追,死亡在 55 岁左右。在对墓主人进行解剖的过程中,在墓主人的肝组织、动脉组织的拐弯处,以及脾脏的血管交界处,都发现了血吸虫病的虫卵,这说明什么? 即便是当时养尊处优的贵妇人,她也没有办法使自己不去接触疫水,不去得血吸虫病。我们再去考虑一下天天劳作在外面,暴露在疫水当中的普通老百姓,他们得这种血吸虫病的比例有多高!

在座的老同志应该能够隐约想起来 1959 年毛泽东主席在江西一个地方写的一首诗——《送瘟神》,这个《送瘟神》谈的问题就是血吸虫病。今天血吸虫病在中国仍然有分布,中国血吸虫病的患者有 80 万人左右。在今天的湖南,沿长江一线,仍然有传播。另外,在今天的云南也有传播。今天在座的各位朋友,如果到那些地方去旅游,不要轻易下水,不要见了水就亲近。

另外我的研究还跟咱们南水北调工程有关系。我们都知道近二十年来都是暖冬。我们冬天的水到零度就会结冰,零度结冰以后,连续几天结冰,这个血吸虫病虫卵的寄宿钉螺就会冻死,钉螺冻死了,血吸虫卵也会被冻死。如果是暖冬现象,冬天水体不结冰,这个钉螺冻不死,这个病就很可能带到咱们河南。河南的老百姓会因为这个想亲近水体,看到水很亲,会下去接触这个疫水,可能会得这种病。我将来会从我九三学社这个口给中央打报告,在南水北调工程款或者收益里面建立一个基金,为我们河南的老百姓谋福利。我们的学术研究一定要服务河南人民,服务中华民族。

当然了,我这个文章被我的"学生",当然,不是我教的学生,被我们的一些所谓的教授抄袭,在这里我们不点名。

我个人在尹湾汉简看西汉末年东海郡的人口性别失调问题,也谈了一个新观点。1993 年,在江苏连云港这个地方发现一批汉简，在这批汉简里面记载了西汉末年东海郡的一个《上计》簿。《上计》簿就是当时中央政府对地方官的一个考核制度，三年一上报，看看你这个郡或者县增殖了多少人口，其中男人多少，女人多少，60 岁以上有多少人，70 岁以上有多少人，死亡者有多少人，80 岁以上或者享受政府待遇或者是享受照顾制度的人有多少人，"获流"有多少人，"获流"就是你收了流民多少人，还有你每年种了多少树，收了多少税，新开辟了多少荒地，等等，应该说不比我们今天的 GDP 差多少。这个报告出来以后，里面显示有一个人口的性别对值，当时的性别对值是多少呢？女人 100，男人 102。这个数据出来以后，史学界包括海外的学者都很轰动，针对这个问题有一些讨论，就是出来这个讨论以后，似乎在历史研究上有一篇文章，就是高大伦发了一篇文章，形成了定论，多少年都没有人反驳他，因为找不到更好的证据。2007 年我发了一篇文章，对他文章当中的一些观点进行了批评，或者说是进行了一些讨论，我认为尹湾汉简记载的事实是对的，只是你不理解为什么当时妇女的死亡率那么低。是因为她接近东海，经常吃海产品，可以使她因为妊娠而造成的难产或者妊娠后遗症的死亡率降低，所以显得男女的比例比较均衡，从自然科学、从医学的角度来解释这个问题。这个文章出来以后，我们搞秦汉史的，很多人说这个观点是对的。

1998 年，我在《史林》杂志发表《从人口的性比例失调和疾病状况看汉晋时期西域在佛教东渐当中的作用》，我们一直认为佛教传到中国以后都是"放下屠刀，立地成佛"，修身养性，或者是怎么样了，等等，实际上不是这么回事。原来印度佛教是讲究什么呢？你是社会当中得了病的人，你到森林里面去自生自灭。得病的人多了，他们在森林里面抱成团，相互去治疗，找各种方法来治疗。释迦牟尼本身是麻风病人，按照印度教当时的规则，对不起，你得了麻风病，这个是恶性传染病，你到森林里面去自生自灭。这就牵扯到印度佛教是怎么产生的。今年，我拿了一个国家的社科基金，重新又拿的，题目是"麻风病与汉唐佛教社会专题研究"，我相信在未来，通过我的研究，实际上这个课题已经做完一多半了，随着我的成果不断地推出以后，我会给大家一个解释，就是佛教是怎么产生的，佛教在中国传播带来了什么影响，这个影响是我们现有知识系统所无法解释的一种东西，我会告诉你真正的佛教是什么。希望今后有机会向大家继续汇报。

佛教僧人为什么不能结婚呢？在印度佛教里面，僧人是可以结婚的，为什么产生这种变化？很多人解释不通，我的文章给了解释，有兴趣的朋友可以网上搜索我这篇文章，看看我说的有没有问题。

（听众：文章叫什么名字？）

这篇文章是《从人口性比例和疾病状况看汉晋时期西域在佛教东渐中的作用》，西域就是今天的新疆地区，它在佛教传到中土过程当中发挥了特殊的作用。

然后就是郭林生的博士论文，也没有谈性别失调，我们只是简单做一个学术回顾。

我们的学术回顾到了什么呢？我们把从 2000 年到 2010 年中国古代人口史或者人口性别的研究做一个综述、总结的话，我们发现，这里面既有创新之作，又有比较严重的学术品德问题。我前面说了，我们的研究是站在前人基础上，不是说跟我平辈的人他们的研究我不关注，就是说平辈的人，甚至比我小的人，他们做的研究我都会关注，如果觉得对我的研究有帮助，我会加注，你尊重别人，别人也会尊重你。人品即学品，做人的品质怎么样，也决定了他的学品怎么样，学品好，人品也好。为什么我这么重视这种学术回顾，就是在这个地方。

其次呢，在 21 世纪初的 10 年当中，关于中国古代人口性别失调问题也有一些新的进步，即性别失调与国家治乱，与国家安定兴衰之间的关系。还有我们利用出土文献对历史上以女子为户主的女户现象的研究。中国古代女性的地位不是说历来就低，而是说先秦、秦汉、魏晋南北朝，一直到隋唐时期，中国妇女地位都相当高，家里男子死了，女子可以继承户主，女子具有服劳役的义务，也有司法的权利，等等，这一时期我们中国出现了"女皇"，先是吕后当政，后来是武则天当皇帝，再看后来也只有慈禧。

女人的地位在什么时候有一个下降呢？北宋。北宋的户口统计当中是不予女口。什么意思呢？女性人口不再作为家庭人口进入户口的登记当中。看起来这种措施在当时是减轻了妇女的负担，你不用去劳动了，可以大门不出，二门不迈，可以在家里相夫教子了，但是你没有劳动的权利了，自然就没有继承的权利了，没有继承的权利了，自然就没有话语权了，我们就看到，中国妇女的地位开始有了一些新的变化。比如说我们历史上有裹小脚的习俗，从什么时候开始呢？从五代开始，它原来是宫廷妇女争宠的一种方式，北宋以后，我们看到中国妇女裹小脚的现象越来越多。妇女原来经济地位是很高的，法律地位也很高。我们再看，正因为妇女的地位变了，孩子的教育出现了一些问题，自北宋以后，中国有几个王朝打过胜仗？尊重妇女，保护妇女儿童的权利，为什么提到一个国策的位置上，我不是说仅仅尊重妇女儿童的权利就OK了，双方应该相互尊重。女性人口的染色体是XX，男性是XY，男性一个染色体出了问题不能修补，女性就不一样，可以修补，所以在生育上，在死亡率、得病率、耐病率这些方面占有优势，男性比女性的死亡率、得病率高十几个百分点，也就是说女性在生理上具有更多的优势。无论是男性和女性，都应该相互尊重、相互体贴，这样社会才能走向和谐。

再回过头来，我们利用出土文献对中国古代人口或者性别失调做了一些研究，都超越了前人。我们做完学术回顾以后，知道一百年来学术界关于中国人口性别失调谈了一些什么东西，无非是谈多妻制，谈战争直接杀死人，谈徭役怎么样，或者是谈因为重男轻女的思想造成的性别失调，无非是三大原因或者四大原因。我个人的研究在这个上面有所推进，我是从十个方面来谈这个问题的，因为时间关系，我们今天一定要把它结束。

首先是因为自然环境恶劣而造成的性别失调。《史记·货殖列传》记载，"楚越之地，地广人稀，饭稻羹鱼，或火耕水耨"，什么意思呢？今天广大的秦岭淮河以南的地区（PPT）是楚越之地，地广人稀，饭稻羹鱼，吃的饭是大米，吃的菜是鱼，最后出现了丈夫早夭的现象。今天来分析的话，汉代时候，整个中国还应该是比较温暖湿润的区域，这一地区是地广人稀，在这里，你想发财，没有那么容易，因为人少，不能够沟通，不能够交流，不能商品沟通；你想饿死，不容易，因为你生活环境当中有很多可以食用的食物。

反映在《周礼》当中，有人说《周礼》是伪书，实际上随着出土文献的不断面世，一些先秦、秦汉文献都是伪作这个结论是可以推的，很多东西都有书，而且那些书都是真实的。反映的情况，那个时候就记载了今天的扬州，就是长江以南的扬州，这个地方男女的性别失调，男人只有40，女人是100，大概是两个半女人一个男的，这说明什么？《史记》里面说了，"江南卑湿，丈夫早夭"。从文献的角度仅仅是这么一些例子，后来我们发现的走马楼吴简确确实实反映了男性死亡率远远超过女性。

这种现象一直延续很长时间，这又涉及什么呢？生产方式的问题。到唐代有樊绰写《蛮书》，说云南这个地方也有血吸虫，云南大理国几个女的养一个男的，男人就是弄一个躺椅，在躺椅上指挥指挥，叫别人干活。这个原因就是因为环境的因素造成的性别失调，家里有一个男丁，宗法制度保证这个男丁传宗接代的这么一个作用。

在中国的北方地区，在匈奴、鲜卑、羯、氐、羌，这说的是"五胡乱华"，这里面的匈奴、鲜卑、羌，他们都是游牧民族，还有魏晋南北朝后期的突厥啊，再往后的辽、金，都是游牧民族，再到蒙古族、满族，这些民族都是游牧民族，这些游牧民族都有一个共同的习俗，就是收继婚。真正出现收继婚是在元代，但是它实质上在匈奴当中就有收继婚。所谓的收继婚是什么呢？儿子可以收继庶母，比如说他父亲是单于，是大王，可以有N多个老婆，有正妻，类似于皇后，皇后可能生了几个王子，同时父亲又有几个小老婆，父亲死了以后，儿子可以收继庶母，可以把父亲的小老婆收继。我们汉代时候有王昭君入塞，王昭君就是在第一任丈夫死了以后，他的儿子把她收继了，重新当人家的老婆。中原汉人不能理解，认为是禽兽之举，怎么能够儿子收继庶母呢，这是乱伦了？但是游牧民族有这个习惯。为什么有这个习惯呢？多少代人，两三千年，很多人解释不通，国外学者研究，国内学者也研究，都认为是传继子嗣，或者说妇女也是家庭人口重要的劳动人口，一定要继承下来，或者跟匈奴、鲜卑的继承制度有关系。

我给了一个不同的解释。我认为匈奴、鲜卑他们生活在远离海洋的半干旱干旱地区，他们的土壤基本上都是沙壤，或者戈壁滩，缺少植被，或者植被很少，因为降水量很少，使土壤微量元素缺乏，土壤微量元素缺乏使他的整个食物链也缺少微量元素，缺少微量元素以后，人吃了这种食物也缺少微量元素。现在医学研究表明，妇女在怀孕过程当中，她的微量元素的需求是正常人的两倍。她在怀孕的过程当中，她需要更多的营养物质来维护她自身的健康，保证胎儿的供给。当时的这些民族生活环境当中，因为土壤缺少微量元素造成食物链缺微量元素，再到生孩子过程当中母亲也缺少微量元素，非常容易发生难产，即使是生了孩子以后，因为缺了微量元素以后自身免疫能力降低，血不容易止住，容易感染，增加了母亲的死亡率。正因为育龄妇女的死亡率增加，从而使健康的、没有血缘关系的妇女成为宝贵的财富，对他的家族，对他的部落，对他这个民族来讲，都是宝贵的财富。又因为在茫茫的草原上，除了人畜以外就是大量的野兽，如果你让这个妇女回娘家去，走上上千里或者几百里，很可能被野兽吃掉。既为了这个家庭的继承制度，更为了家族或者部落或者是民族的繁衍，他们就把这个妇女收继下来，成为自己的妻子，如果有生育能力，让她继续去生孩子。如果大家从这种角度去理解，你会发现匈奴或者鲜卑这些游牧民族这种收继婚实际上是非常合理的，有它的合理性，有它的人文关怀的情节在里面。理解一个民族的禁忌，或者理解一个民族的一种特殊的习惯，需要有一种达观的、更人性的、更理性的态度，不应片面地认为这是禽兽之举，这样不对。

匈奴为什么产生这个问题？产生这种风俗？是因为生活环境的原因。我通过什么材料来说明这个问题呢？（PPT）中国古代在仰韶温暖期，在今天的西辽河流域，今天的蒙古国南部、内蒙古北部，还有今天的黄土高原，密布着新时期时代的文化遗址，就是说原来中国人口重心在哪儿？不在咱们河南，在河南以北、以东、以西这个地区。秦汉时代，匈奴主要生存的地区在这一带（PPT），东汉、西晋时候进到了今天的陕西、山西，一直到这个地方（PPT），有一个大的变化。在先秦、秦汉时期，匈奴生活在这个区域（PPT）里头，气候应该像我们这个地方一样，是暖温带气候，随着气候的变迁，他们逐步南迁挤压，在这个过程当中，因为挤压的次数多了，和中原王朝产生了对峙。实际上我们的老祖先，就是原来的河南人，是生活在这个区域（PPT）的，后来汉族逐步南迁，其生活的区域被匈奴、鲜卑南迁又填补了，在中原文化统一以后，随着北宋的灭亡，这些人继续南迁，今天北宋时期的河南人主要集中在这一带（PPT）。我们去看一些姓氏的产生，为什么河南根文化这么发达，姓氏文化这么发达，中国百家姓里面大概有六七十个姓源于河南，比如说姓林的，姓李的，姓王的，姓张的，等等，其中有一些姓氏只在今天的台湾，或者福建，或者东南半岛能够找到，它是随着逐渐的移民潮迁过去的。

咱们都知道广东省有一个东莞，东莞这个地方历史上在哪儿？在山东。后来为什么叫东莞？山东莞县这个地方的人往南迁，聚集在一起，叫东莞。当地的人聚集在一起，还是原来的地方官，还是同样的习俗，还叫当地的名字。南方的地名往往跟北方的地名有关系，那个牵扯的更多了，咱们今天就不再谈，有机会咱们再聊这个话题。实际上中国的移民史也很有意思，希望有机会再跟大家汇报。

我们去统计生活在这个区域，从仰韶文化、龙山文化，一直到历朝历代的人骨材料，分析当时的男性最多活过 60 岁，但是我们去看女性人口，百分之五六十或者百分之七八十都死在 15 岁到 40 岁，活过 40 岁以上的只占总人口的 5%。通过这个死亡人骨的鉴定，我们发现在育龄人口当中，男性的育龄人口是 15 岁到 60 岁，女性育龄人口是 15 岁或者更低一点到 40 岁左右，在这个男性育龄人口和女性育龄人口当中，我们发现女性的育龄人口死亡率超过了男性 N 多倍，这必然形成一个育龄人口当中的人口性别失调。如果这个家族有一个女的能够存活下来，又跟你自己没有血缘关系，是一个健康的妇女，他怎么能让这个人口流失掉呢？所以收继婚产生了，这是因为环境恶劣造成的。缺什么微量元素？缺锌。有朋友说缺了锌以后妇女的子宫平滑肌失去张力，容易发生难产。我们挖出一个人骨的材料，女性人口在上，下面一个婴儿，一半身子在里面，一半身子在外面。考古资料当中给我们提供了非常重要的研究人口性别史料的实证材料，这是文献材料所不能拥有的。关于环境恶劣造成的性别失调就谈到这儿。

第二个原因，因为战争造成的性别失调。这个原因在我们以前的学术回顾里头，我们看到很多人都做了，但是我跟别人做的不一样的是什么？别人谈的是战争直接杀死多少人，我谈的是什么？战争虽然可以直接杀死人，但是一个古代的战争，一个战争起来，不是说一分钟两分钟就能结束的，不像今天，打个伊拉克三个月就结束了，先用导弹攻，然后轰炸机过，然后人再进来，美国还打了几年了，进去是几个月，占领用了十来年。历史上的战争很可能一起来就是十年二十年，甚至五十年，还在打。这些出兵的人，多数是结婚成了丁的人，15岁成丁，只有你成完丁，你才可以成为兵役和徭役征发的对象。这些人看起来结婚了，因为战争持续多少年，他多少年不能回家，虽然他结了婚，但是没有机会生育人口，我认为这是占用了成年男性的婚育时间，造成了性别失调。我谈的占用成年男性的婚育时间，这个在以前学者的基础上有推进，人家是直接杀死，我的观点是因为战争占用他的劳动时间，占用他的婚育时间，造成了性别失调。这种性别失调是相对性的，如果他不战死，他回去了，还可以再去生育。

我们举个例子，匈奴的战争持续了多少年，动用了多少人，这是一个。这种例子在中国古代，从先秦秦汉一直到魏晋南北朝，一直到明清时期，一直都是这样，我们不再举例子。

（PPT）这是秦王朝的地图，比较重的线这一块是秦王朝的统治区域，今天朝鲜半岛的一部分，还有今天越南北部的一部分，当时都是中国的。

第三个原因，因为徭役造成的性别失调。徭役这个东西非常重要，这么说吧，我们前面对中国人口做了一个回顾，中国人口从最初秦时候两三千万，汉末时候人口最多5900万，到东汉时候5700万，到三国时期1000万，到了西晋短期统一的时候1500万，到了魏晋南北朝基本是没有记载的，到了隋朝时候5600万，到了唐朝人口是6600万，到了北宋人口是8000万，再加上辽、金，中国人口达到一个亿，到了明代时候，还是一个亿左右，清初是八九千万，随着康、雍、乾盛世以后，尤其是康熙五十年实行"摊丁入亩"取消人头税以后，中国人口从七八千万到一个亿，两个亿，三个亿，到民国时期四万万五千万，这是整个中国人口数字的变化。从这个变化来看，实际上有一个重要的东西——人口和当时的徭役制度有着密切的关系。

我们前面所得到的观点就是中国历来男性是服役的对象，只有男性才是服役的对象，男主外，女主内，实际上这是一个非常大的误解，通过我个人的研究，研究先秦秦汉一直到魏晋南北朝，一直到隋唐时期，男女都是服役的对象，到了人丁满了多少岁以后，到了政府法定户人口数以后，你都要交人口税，都要服劳役、服兵役。比如说秦汉时候，女人一定要去服役。我举一个例子，秦始皇三十三年打岭南，派了五十万军队打岭南，打下岭南以后，岭南的军事首领向秦王朝提出要求，提出什么要求呢？求"女无夫家三万人，以为士卒衣补，秦始皇可其万五千人。"什么意思呢？我现在把岭南打下来了，我五十万人的后勤保障不能正常运行，士兵衣服臭了要洗，要做饭，等等，打岭南的人就说，你能不能派三万女子来，这三万女子是没有出嫁的——求女无夫家三万人，以为士卒衣补。秦始皇说，给你，但是我不能给你三万人，我给你一万五千人。我们看到，这个一万五千人是什么？应该是成丁的人，成年的没有出嫁的女子一万五千人，在我们秦王朝扩张领土的过程当中，就是打下今天广东、广西、越南北部这个过程当中，她们起了特殊的作用，她们从事后勤保障。这个材料反映出，妇女也有服劳役的义务。

这个情况再往后走，汉高祖刘邦和项羽对峙在荥阳的时候，汉高祖刘邦自己带着军队跑了，荥阳城是谁守呢？两千女子，穿着汉服，跟项羽对打，女子也当兵。

到了魏晋南北朝时期出了《木兰诗》——"唧唧复唧唧，木兰当户织。不闻机杼声，唯闻女叹息"。我们读时觉得这个女子居然能穿上军服替父出征,我们觉得很惊奇,但是实际上那个时期是很正常的事情。不过就是孤零零的一首诗或者一首词在反映,给你一个印象,好像女子替父出征是很偶然的事情。从先秦秦汉魏晋南北朝,一直到隋唐时期,妇女都是政府徭役的对象,同时男子也是服役的对象。他们服役很可能是不一样的,地区不一样,品种不一样,男人可能是服更重的徭役,像修城,或者别的什么,女人可能是治安方面,或者后勤保障方面,或者是给人缝缝补补及做饭方面,夫妻两个也是不能团聚的。即使她结了婚,也不可能有婚育的时间,也是一种相对性的性别失调。没有直接杀死,但是她没有婚育的时间,不能去生孩子。为什么中国古代人口规模一直都这么小?因为男女都是服役的对象,没有婚育的时间,没有生孩子的时间。就像今天为什么人口增长的数开始少于死亡的数了,很多人不愿意再去生孩子,不是她不愿意生,是因为年轻人压力很大,都去工作了,根本没有时间、没有精力谈情说爱,或者说没有时间去生育孩子,或者说因为经济压力大了,不愿意去生孩子。同样的情况在古代也有,只是这个方面前人研究得很少。大家有听过三次学术回顾的老朋友,看看前人有没有做研究,应该是空白,我在这方面有突破,我的研究跟前人是不一样的。

第四个原因,因为统治者多妻造成的性别失调。这个部分是前人谈的很多的,很多人都谈这个东西,这个问题不再多说了。比如说一个人占有很多个老婆,跟现在官员养"二奶"、"三奶"不一样,很可能这个"二奶"、"三奶"还都是别人的老婆,过去是完完全全的占有。比如说秦始皇,秦始皇每打下一个国家以后,都会把这个国家的宫室照模照样画下来,在他的关中盆地重新盖起来,盖个一模一样的,把你长得漂亮的宫人搜罗过来,放在他的宫里面。秦始皇死之前,他的宫女妃嫔有多少人?一万多人。一个人他能兼顾那么多吗?真正跟他有性关系,真正拥有生育权利的只有为数不多的几十个人,或者是上百个人,仅此而已。秦始皇死了以后,秦二世就把除了有生育能力的,就是跟他父亲有生育行为的人留下来,其他的统统杀死陪葬。这个非常残忍,但是这可以看出来,当时的后宫制度有多么严酷,有多么残酷,对人口的增长、繁衍影响有多么恶劣。

比如说一个人,他一夫一妻制,在没有计划生育之前,像我兄弟姊妹三个,至少有三个,今天在座的一些老年朋友,你可能有四五个孩子,像我的父辈就更多了,我母亲姊妹九个人,我母亲是最后一个,我父亲姊妹七个。大家可以想一想,在没有限制人口之前,一对夫妇所生的孩子可能有 N 多个,但是现在呢?你只能生一个,有的甚至一个都没有,丁克,一个也没有,实际上我们很多的资源浪费了。比如说我们古代生孩子,一般是三年一个,因为这个小孩子在出生以后到 3 岁以前,他的消化能力有限,一直都在吃母乳,吃母乳的过程当中,女性自然也是一个不能产生卵子的过程,那么这个妇女的卵巢是处于一个休眠状态,那种资源是保留着的,存在着的。妇女排的卵子是有定数的,现在排排,排的很多。古代时候很可能生育期会很长,会拖到 40 岁或者 45 岁,或者更长,但是现在有些妇女,很可能因为一直不怀孕,卵巢不断地排卵子,等卵子排到一定数时,她就不再排了,就绝经了,所以现代社会往往出现妇女不能生育的问题。当然,也有很多是因为年轻时候不大注意这个问题,很早怀孕,然后流产,流产次数多了,使这个功能丧失。实际上这个问题都应该进入我们人口研究的领域当中去,我们现代人浪费了很多的资源。我们也希望通过我这个讲座,告诉年轻的朋友,应趁着身体健康,趁着你各方面机能都好的时候早点把孩子生出来,不仅仅满足父母的愿望,更多的是你承载着中华民族的责任。

回到我们课堂上来,多妻制不仅仅是因为皇帝占有那么多女性,我们去看那些达官贵人,三妻四妾,多的是,他拥有那么多妇女,但是对那些妇女来讲,她只拥有一次,甚至一辈子都不能够拥有生育的机会,所以浪费了资源,浪费了宝贵的生育的机会或者权利。普通老百姓很多无妻,没有老婆,西汉时期,曾经在燕赵地区出现了一妻多夫现象,主要是因为什么?统治者占有的妇女太多了,使同一年龄段很多的人没有妻子,或者是这些女人进到宫廷以后不能够出来。这个是大家很熟悉的话题,我就只谈到这儿。

第五个原因,因为杀婴而造成的性别失调。杀婴的行为很早就有了,从春秋战国就有杀婴现象,甚至西周、殷商时候就有这种现象。我们去看《诗经》里面有一首诗,说到生了男孩儿就把他放到床上,给他玉石让他玩;生了女儿,放在床下,拿一个瓦片给她玩。在社会当中,在宗法制度当中,家族对男性的重视,从先秦时候就已经产生了,并没有因为男女都是这个政府或者国家的服役对象而放松对女性的漠视。

中国历史上,并不完全是溺杀女婴,溺杀男婴的现象也有。比如说汉武帝时提高人口税,比如说秦汉时期,0到15岁没有成丁,小孩子不用交人口税,但是15岁到60岁成丁以后,每年要向国家交120个钱。这个比例相当高,因为在当时,120个钱可以买好多粮食。在汉武帝时期,为了增加皇帝的车马费,他对7岁到14岁这个阶段的孩子加收口钱,23个钱,不多,但是老百姓觉得生活压力很大,很多人生了孩子,无论男女都杀。因为增加人口税产生了杀婴现象。

20世纪80年代我写了一篇文章——《关于实行超生人口税的建议》。人口税对中国人口的增长有非常重要的意义,正因为有人口税,使得中国人不敢放开生。在康熙五十年实行"摊丁入亩"之后,你有地,你可以生孩子,交税;你没有地,你也可以生孩子,不交人头税,你可以放开生。我们可以看看,真正从康熙五十年实行摊丁入亩以后,中国比较大的家庭结构、家庭的人口就出来了。像我的父辈们,家里七八口人,我母亲这一支,兄弟姊妹九个人,这种规模在中国历史上是非常少见的。五口之家是一个理想值,但是在秦汉时期,或者魏晋南北朝时期,一家一口、两口或者三口是非常普遍的,占总的人口的户数统计的40%到50%。很可能四世同堂、五世同堂是大家孜孜以求的对象,所以才会成为人们喜闻乐见或者经常谈论的一种良好的祝愿。

从北宋以后,中国人口开始增多了,人口压力也开始大了,尤其是在局部地区,在福建这个地方,是七山二水一分田,土地非常少,一般富裕人家大致是养二男一女,家里生再多的孩子,只养两个男一个女的,其他孩子怎么办? 直接扔在马桶里面杀了。当时为了形容这种习俗,溺婴有一个特殊的说法,叫"洗儿"。看起来这个名字很平常,但是非常血腥,一个呱呱坠地的可爱的孩子就这么杀了。为什么会这样? 因为环境。福建本土是七山二水一分田,为使家里有限人口生活得更好,他不得不杀婴。正因为平常人口都是养二男一女,就形成了育龄人口当中两男一女非常严重的性别失调问题。

在宋朝,福建这一地带出现了同性恋现象。不要认为现在我们才有同性恋,过去也有,只是我们不知道而已。我们通过研究,复原当时的生活场景,发现原来那个时候就有。实际上魏晋南北朝时期也有同性恋现象,汉朝的宫廷里面也有同性恋现象。历史和现实有一座桥梁,不是说我谈的是历史上的问题跟现在没有关系,实际上历史的一天和今天的一天同样是一天。因为杀婴而产生的性别失调,上面举的一些例子大家可以看,其实这个话题也可以深谈,时间关系,我们也不去展开了。

第六个原因,因人牲、人殉和守丧制度造成的性别失调。我们说了,历史上很多时候都有人殉。殷墟很多的建筑物下面都埋的有人,那是一个祭品,杀人是作为祭品的,所以先秦很多的建筑物下面都埋的有人。现在我们盖房子,我们觉得房子下面如果是坟场的话觉得不吉利,但是古人观念跟我们不一样。春秋战国时期,当时的典籍记载,"天子杀殉,众者数百,寡者数十,将军、大夫杀殉,从者数十,寡者数人",当时人牲、人殉现象很普遍。被杀的这些人既有男性,也有女性,各个时期不同,比如说殷商前期杀殉主要是男性俘虏,到了后期,女性的人口也比较多了,也偶尔有婴儿了。因为杀殉的对象不一样了。我们也有一些研究,这个研究我们也不展开了。

另外还有守丧制度,这个守丧制度对中国人口影响非常大,它既是一种传统的美德,对中国又是一种很沉重的负担。怎么说呢? 两方面,一方面传统美德,父母养了我,我应该对父母尊重,父母走了以后,他的儿子啊,子孙啊,都要在他父母的坟墓之前搭一个草庐,在这里面守着父母的坟茔守三年。在守丧的过程中,不能结婚,不能生子,不能穿鲜亮的衣服,不能吃肉,不能喝酒,不能喧哗,每天都要形如枯槁,站在那儿哭,如果你不去哭,不去守孝,有很多社会的舆论盯着你。尤其是做官员的,如果你不守丧,不守礼教的话,马上有人向中央打小报告,说你这个人品质不行,就把你免了,所以它成为一种传统美德的重要内容。我们经常看电视剧,丁忧期间他表现得好,回到朝廷以后可以继续升官。很多人对守丧、对父母的孝敬做得很好。

今天我们社会当中,很多老人都是空巢家庭,子女十天二十天,甚至一年半载都不给父母通一个电话,这是不对的。我们希望这个社会能够呼唤一种良知,关注我们老年人,关注我们老年朋友。人人都有父母,我就对我的父母非常尊重,经常会跟他们通电话,很多的力所能及的事情帮他们去做。尽管我工作很忙,就算是我出差,我也会让我的爱人,或者让我的学生去代表我向父母致意,让他们不担心,让他们幸福,陪他们说话,这是一种美德。我觉得我工作忙,我做得不好,我希望听课的年轻朋友比我做得好,这是传统美德的一个东西。

这种传统美德,这种守丧制度,它在一个特殊的时间又是一个不好的东西。什么时间?比如说中国发生了瘟疫,发生大的瘟疫的时候,如果父母得了瘟疫,孩子如果去守丧,一个挨一个,全家都有生命危险。我们河南有一个很著名的医学家,大家都耳熟能详,叫张仲景,东汉末期的人,他写了一本非常有名的书——《伤寒杂病论》。他在书的序言里面说,他的家族原来有 500 多人,经过东汉末年一场大的瘟疫之后,家族死的只剩下 200 多人,一半多的人都死掉了,为什么?我想这个里面除了瘟疫的肆虐流行,跟瘟疫的恶劣性有关系之外,还跟守丧制度有关系。对于这种传统的美德,这种传统的思想,好的东西我们继承下来,对于一些不好的东西,我们应该有所保留。

第七个原因,因为等级婚姻制度或婚姻习俗而造成的性别失调。中国古代,除了同姓不婚以外,还有一个重要的习俗,就是良贱不婚。社会中人群是分等级的,既有皇族,有达官贵人,还有普通老百姓,有商贾之人,在过去,因为你的阶层不一样,实行的政策也不一样,就是说门第高的和门第低的人是不能够通婚的。比方说秦朝的法律规定,如果你跟你自己的奴隶有了孩子,你的孩子可能是自由人的身份;但是如果你把别人的奴隶占有了,生了孩子,对不起,你的孩子也是奴隶,别人家的奴隶。社会上对不是一个等级的婚姻是不予承认的,讲究门当户对。当然了,我们不能说这个门当户对是完全不对的,它有一定的合理性,而且在中国古代是延续了多少年的。

跟这个话题有关系的我是必须要谈的。我们老说北魏孝文帝迁都洛阳以后,鲜卑族改汉姓、穿汉服,促进了民族融合,实际上根据我的研究,不是这么回事。在孝文帝的父亲和孝文帝这个时期,他们是主张等级婚姻制的,北魏形成的民族融合主要在孝文帝之前已经完成了,孝文帝迁都洛阳实行汉化改革,无非是把那种成果继承下来,并法律化了。

第八个原因,因为古代社会宗教信仰而造成的性别失调。我举了一个例子,就是佛教。中国现在传播的佛教和以前印度传播的佛教是两回事,印度佛教里头是允许结婚生子的,但是禁止夫妻以外的性生活,为什么?一个重要的原因是防治疾病的传播。到了南北朝时期的南朝时期,梁武帝舍身佛寺,实行佛教改革,禁止僧侣结婚。印度佛教和中国佛教是两回事,这里头有内在的联系,今天时间有限,不能展开,希望有时间跟大家再做汇报。因为宗教信仰,很多人不能结婚,历朝历代都是这样。

第九个原因,因为古代社会男女坚守单身而造成的性别失调。不仅是同性恋有,单身贵族也有,这通过出土文献已经得到证明。在魏晋南北朝时期,做吏的是没有什么利益的,小的官吏是一种劳役,非常穷,十一二岁就替政府服劳役,这种人一般没有人愿意嫁给他,所以他就不得不单身。

第十个原因,因为魏晋南北朝的刑法制度形成的性别失调。前面举了一个例子,秦始皇时代阉工人数有七十多万,成年男子七十多万人被变成了太监,肯定是不能生育了,相对应的也可能就有七十多万女人是找不到老公的,这就形成了性别失调。或者是因为刑期,过去的刑期是要去服劳役的,有时候是累死的,有时候是杀死,等等,都会形成性别失调。

我认为中国古代普遍存在人口性别失调问题,虽然直接的数字材料很少,但是间接的材料非常

多,形成性别失调里头既有地理方面的因素,也有社会方面的因素,而且给人的印象经常占到主导地位的是社会方面的因素。从中国人口性别失调的特点来看,有两大特点,一是绝对的杀死人口形成绝对性的性别失调,二是因为占用了他们的婚育时间,延缓了他们婚育过程形成的相对性性别失调。研究绝对性性别失调的人很多,研究相对性性别失调这个问题的人极少,而且创造人是我,我自己也做得不多,现在个人兴趣也在发生转变。这两种性别失调贯穿中国社会始终,到现在为止,这两种性别失调,育龄人口当中的性别失调还在延续,这种东西对中国人口繁衍起了巨大的作用。

此外,从另外一个侧面讲,不同历史时期的性别失调可以分为一定阶段的、一定民族的、一定区域的、一定时间范围内的性别失调,这几种类型的性别失调或者同时出现,或者单独作用,无不以自己的形式影响了中国的人口繁衍和社会发展。

最后,我通过研究中国人口性别失调,觉得还有几个方面是值得大家注意的,比如说通过古代人口的研究,可以让我们重新认识中国的徭役制度与中国人口规模的密切关系,可以通过人口的研究,了解人口性别失调与中国人口质量的关系。我们说了,老来得子,这孩子聪明,但是这个孩子比较弱,遗传病比较多,所以我提倡,通过这种研究,希望我们年轻的朋友要孩子不要太晚。通过性别失调,我们可以看到国家的强盛跟这个有关系。

还有性别失调给粮食安全造成的问题。研究中国的人口性别失调问题,对整个国家的强盛、对我们社会的安定都有特殊的意义。

今天我是给大家做了一些汇报,但是挂一漏万,耽误了大家宝贵的时间,在此我表示感谢!

（鞠躬）

主讲人:袁延胜,历史学博士,教授,硕士生导师,河南省高校青年骨干教师。主要从事中国古代史研究,出版《中国人口通史·东汉卷》、《人口研究论稿》等著作多部,发表论文 40 余篇。主持国家社科基金项目"秦汉三国简牍中户籍资料研究"。科研成果先后获河南省社科优秀成果二等奖、郑州市社科优秀成果一等奖等。现为中国秦汉史研究会理事、河南省老子学会常务理事、河南省姓氏研究会副秘书长。

时　　间:2013 年 6 月 30 日

地　　点:河南省图书馆研议厅

光武帝刘秀与河南

　　各位听众,很荣幸今天到河南图书馆给大家讲一下光武帝刘秀的事儿。刘秀的事迹在我们中原大地传播非常广,主要与河南的事迹有关,讲这个目的主要是我们民间有好多关于刘秀的传说,这些传说实际上和事实的历史有很大出入。出于这个目的,我首先介绍一下现在民间的传说,然后结合一下历史上的记载,对这些传说的真实性给大家做一个解释。

　　讲座主要分三个部分:第一个,传说中的刘秀;第二个,真实的刘秀;第三个,刘秀对后代的影响,或者后代人对刘秀的评价。下面我们首先介绍一下刘秀。《后汉书》里面记载,他是高祖九世孙,南阳郡蔡阳人,就是今湖北枣阳人,当时属于南阳郡管。刘秀从公元 25 年称帝,到公元 57 年去世,在位 30 多年。刘秀这一生中做了很多的事,我们一般把刘秀当皇帝之后进行的一系列改革称为"光武中兴"。"光武中兴"在中国历史上是一个历来被后代史学家称赞的一件事。关于刘秀这样一个伟大的人物,在我们河南的,包括河北的传说中,有很多神化的地方,我们首先了解一下关于刘秀的传说。

　　关于刘秀的传说影响最大的就是"王莽撵刘秀",大致的意思,各地的说法不一样,就是说王莽的女儿嫁给了西汉的汉平帝,后来生下了刘秀,因为王莽要篡汉,他认为刘秀是将来自己篡汉的一个障碍,所以派兵追杀刘秀。换句话讲,王莽撵刘秀的一个基本依据就是,王莽是刘秀的外公,刘秀是王莽的女儿王皇后所生,这个传说今天来看是没有什么依据的。这是一个王莽撵刘秀的传说,在河南,在河北,在山西,包括整个北方地区,都有这么一种说法。

在河南也有很多关于刘秀的传说,比如说河南的项城。项城也在王莽追杀刘秀过程中留下很多历史典故,比如说钦马池、晾马台、跑马岭、扳倒井、白果树等等。特别是扳倒井,我到南阳、平顶山等地,洛阳、三门峡这一带,好多地方都有扳倒井,好像流传比较广,很多附会到刘秀的身上。

比如说还有豫西大峡谷,如河南卢氏县、嵩县,或者其他一些山区的县,包括西峡,今天可能是景区造势,一块石头啊,一个池子啊,很多和刘秀扯上了关系,这是人文上为景区制造一点文化气质,像挡箭石、挡箭崖、濯足池、晾旨崖,还有沸水潭,等等。实际上这些都和刘秀没什么关系,整个豫西山区刘秀基本没怎么去过。刘秀在打王莽的时候,曾经在平顶山一带活动,但是整个三门峡一带可能没有怎么去过。

还有先亡庙,这是在伏牛山地区,就是今天的豫西地区,说刘秀逃亡的时候有老两口来救助,刘秀当了皇帝之后来拜谢两位老人,发现两位老人已经去世,刘秀很伤心,修了一个庙祭奠两位老人,叫先亡庙。这个似乎跟历史没有多大关系。

另外,还有一些传说,比如说白狗所救,在今天的驻马店一带流传比较广,说刘秀带着母亲逃难,最后被一条白狗救命。因为王莽一路追杀,刘秀困得睡着了,追兵放火,一条白狗来回跑,跑到一个河边,把身上弄湿了,把刘秀身边的一堆草打湿了,最后其他地方都烧了,刘秀醒来的时候发现自己安然无恙。今天来讲,事实依据也不大。

还有商水县,咱们河南商水县有许村白果树,除了白果树之外,还有扳倒井、下马石等等,说白果树上还有刘秀拴马的痕迹。这些都是附会的。各地为了发展旅游,要编造一些历史故事,也有民间的基础。2012年,商水县修了一个刘秀的坐像,大家可以看一下(PPT),这是白果树(PPT),这个到底有没有一两千年,还不好说。总之,这些说明大家对刘秀这个人物非常关注。

除了这些传说之外,咱们说一下历史上真实的刘秀,这个不单单是我们讲的一些传说,他的事迹远比我们知道的传说要丰富一些,先说一下历史上的刘秀。

首先介绍一下刘秀的身世,早期的身世可以用几个字来介绍,"九世皇孙、少年孤儿"。在《后汉书》里面开头记载:"世祖光武皇帝讳秀,字文叔"(刘秀的字叫文叔,"叔"就是排行较小的,一般说伯、仲、叔、季,一般老三叫叔),"南阳蔡阳人"(就是今天的湖北枣阳市吴店镇这一块),"高祖九世之孙也"(从刘邦那里算,算到他是第九代了。他的始祖是谁呢?汉景帝),"出自景帝生长沙定王发"(汉景帝一共14个儿子,除了汉武帝当皇帝之外,其他13个分封为王,其中有一个刘发,封到长沙,叫长沙王刘发),"发生春陵节侯买"(长沙王的儿子后来在汉武帝时期也封侯了,叫春陵侯,叫刘买),"买生郁林太守外"(刘买又生了儿子后来当了郁林太守,就是今天广西一带,叫刘外),"外生巨鹿都尉回"(刘外又生了巨鹿都尉刘回,巨鹿在今天河北一带),"回生南顿令钦"(刘回生了南顿令钦,钦是刘钦,这是光武帝的父亲。南顿就是河南的项城,刘秀的父亲曾经当过南顿的县令,所以叫南顿令),"钦生光武"(刘钦生了光武帝),"光武年九岁而孤,养于叔父良"(他九岁时候父亲就去世了,他的叔父曾经在萧县当县令,就是今天安徽萧县一带,后来他叔父把他们姊妹几个抚养长大)。

我们下面对汉朝皇帝做一下对比,大家可以看一下,(PPT)这个序号是我们按照他的世系排下来的,从始祖开始,第二代惠帝刘盈没有后代,包括吕后死了之后,大臣们拥立刘恒,刘恒是刘邦的第四个孩子,和惠帝刘盈是一代的,所以刘盈就没有再列。刘邦的第二代就是惠帝刘盈和文帝刘恒。第三代是汉景帝刘启,第四代是汉武帝刘彻,第五代是昭帝刘弗陵。大家可以看一下,这里面没有六,只有五,下面七是宣帝刘询。这里怎么讲呢?从辈分来讲,昭帝刘弗陵二十多岁就去世了,没有孩子,怎么办呢?当时的辅政大臣叫霍光,霍光又从汉武帝的后代里面找,按照道理来讲,昭帝死了以后,他自己没有儿子,应该从他的侄子里面找,确实找了一个侄子,就是刘贺。来了之后,到中央当皇帝当了不到一个月,霍光看这个皇帝不怎么样,品行也不好,后来就把他废掉了。再找一个皇帝的话,汉武帝那几个儿子大部分不成气,这个时候找到了一个原来汉武帝的一个太子刘据,刘据早年因为小人的陷害被杀掉了,刘据死了之后有一个孙子,也就是汉武帝的曾孙,就是刘询。刘询这个时候已经十八岁了,在民间长大。霍光听说刘询很有才华,就把他从民间找来当了皇帝,就是汉宣帝。从辈分上来讲,他是昭帝的孙子,尽管他年龄和昭帝差不多,从汉武帝那儿来讲,是汉武帝的曾孙。从辈分上排,中间少了一位,因为宣帝刘询的父亲也死了,辈分上来讲,是第七代。第八代是汉元帝刘奭,第九代是成帝刘骜,第十代是哀帝刘欣、平帝刘衎。因为汉成帝也没有孩子,汉成帝宠爱赵飞燕姐妹,但是她们没有孩子,汉成帝暴亡之后,他的母亲太皇太后做主,从汉元帝的孙子那里面找,从汉成帝的侄子里面找,找了一个汉哀帝刘欣,刘欣没几年也死了,也没有孩子。后来又从汉元帝的孙子里面找,找了一个汉平帝刘衎,后来被王莽所杀害。从辈分上来讲,大家可以看看,从高祖到刘秀是九世,刘秀和皇帝世系里面谁辈分相当呢?是第九个成帝刘骜。换句话说,光武帝刘秀和汉成帝从辈分上来讲是兄弟,对汉哀帝和汉平帝来讲,光武帝就是叔叔了。我们说王莽撵刘秀,王莽的女儿后来嫁给了汉平帝,辈分上显然是不合适的,刘秀已经是汉平帝的叔叔了,也是王莽女儿的叔叔了。刘秀当皇帝之后,在祭祀西汉的皇帝时候,他只祭祀到汉元帝,因为这是自己的长辈,后面汉成帝、汉哀帝、汉平帝,那是自己的平辈和晚辈,他就不怎么祭祀了。大家可以从世系上看到。

当然了,我们在说到春陵侯刘买的时候要插一句,刘秀的祖先原来是封在春陵,春陵是在湖南这个地方,什么时候徙封到的南阳呢?原来不在南阳,他的老祖先封在长沙,长沙国里面又分出一个春陵侯国。一直到公元前 45 年,春陵节侯刘仁给皇帝上了一个表,请求自己往北方迁徙,因为南方太湿了。"以春陵地势下湿,山林毒气,上书求减邑内徙,元帝初元四年,徙封南阳之白水乡。"在这个过程中,刘秀的祖父巨鹿都尉回也迁过来了。原来的春陵乡在今天的湖南宁远县,迁往南阳郡白水乡,也就是今天的湖北枣阳,这是刘秀高祖的时候迁过来的。春陵侯国早期是在湖南,在长沙南边,这是他的徙封。

我们说到王莽撵刘秀,一般会说王莽的崛起和他的姑姑王政君有很大关系,王政君是谁呢?汉元帝的皇后。王政君生了一个儿子,就是汉成帝,大家看第一个表,汉元帝下面皇后王政君生了成帝,汉元帝还有冯昭仪,生了中山王刘兴,傅昭仪生了定陶王刘康,刘康又有了儿子,就是哀帝,卫姬生了儿子平帝。哀帝和平帝都是汉元帝的孙子,也就是汉成帝的侄子。从这个里面来讲,王莽的父亲叫王曼,王曼的父亲叫王禁,王禁一共生了十来个儿子,其中王莽的父亲王曼早亡,他的叔叔伯伯们都很厉害,都封为列侯了,都是在西汉后期权倾朝野的人物。从辈分来讲,从王政君这里算,王莽和刘秀要扯亲戚关系来讲,从刘邦那里算,他们还是平辈呢。

(PPT)这是刘秀的身世,大家可以看一下,我们从这个里面可以看出他是王莽外孙的说法是没有依据的。

下面我们说一下刘秀和河南的一些关系。刘秀的老家是南阳郡,南阳郡管辖今天湖北襄樊以北的地方,一直到今天鲁山一带,南阳郡当时管辖是非常大的,管三十多个县,比现在南阳地区要大。他和河南的直接关系是,他的出生地、生长地都是在河南。刘秀出生于河南兰考北边的济阳县,就是公元前 6 年,十月甲子夜。刘秀出生于济阳县,就相当于今天县政府的后院里。这个济阳县现在并到兰考县里面了,因为历代的行政区划不同,它在现在的河南兰考北边。当时刘秀的父亲是济阳县的县令,据说,刘秀生下来的时候赤光满室,满屋子发红光,也可能是后人附会,说刘秀有一些超常的地方。为什么叫刘秀呢?因为这一年他父亲治下这个地方风调雨顺,获得丰收,庄稼地里面出了一个奇异的现象,一个麦茎上长了九个穗,说明庄稼长得非常好,所以给刘秀起了一个名字叫秀,大致说丰收这么一个意思。

刘秀的母亲叫樊娴都,是哪里人呢?湖阳人。南阳的湖阳,就在今天的唐河,今天河南唐河还

有湖阳镇,就是当年的湖阳县。樊家在当时的湖阳是当地的大户,樊娴都的父亲樊重,用今天的话说也是千万富翁了,有地三百顷,牛马成群,是当地很有势力的一个大地主兼商人,樊重也是很有品德的一个人。

根据关于汉平帝的记载,大约在这一年,公元前6年或者公元前5年的时候,王皇后这一年也出生,汉平帝的王皇后和刘秀的年龄大致差不多。当然了,这就更不可能跟刘秀有什么关系了。刘秀在咱们河南兰考出生,在哪里长大呢?汉代的县令一般三年一换任,三年期满,考核合格,就要换一个地方,为了避嫌,防止在地方上形成势力,经常轮换。后来到南顿当县令,就是今天的项城。刘秀在这里大约长到9岁,刘秀的父亲就是在南顿当县令时去世的。史书上记载不明确,到底刘秀几岁在济阳,几岁在南顿,这个没有明确的记载,大致来看,9岁之前从今天的兰考到河南的项城,刘秀少年时期是在这里度过的。汉平帝元始三年,刘秀的父亲去世,刘秀一共姊妹六个,还有一个妹妹,一块被他的叔父收养,后来离开了河南,在安徽长大。这是刘秀的大致情况。

刘秀当皇帝之后,后来到了南顿去,把南顿这个地方的租税都减免了。建武十九年,"进幸汝南南顿县舍,置酒会,赐吏人,复南顿田租岁。父老前叩头言:'皇考居此日久,陛下识知寺舍。'"。"皇考"就是指刘秀的父亲刘钦,你的父亲在这里当了好多年的县令,你也熟悉这里。从这句话里面来看,刘秀可能在项城这个地方居住的时间最久。过去的县令尽管是三年一换,干得好还可以在当地,最长的县令也好,太守也好,最长可以干一二十年,刘秀可能在项城这个地方居住的时间长一点。

下面我们说一下刘秀的家庭,刘钦一共有六个子女,刘秀兄弟姊妹六人,大姐叫刘黄,二姐叫刘元,他的妹妹叫刘伯姬,刘秀的大哥叫刘縯,二哥叫刘仲,他是老三。刘縯在反对王莽起义时是一个领袖。刘秀弟兄三个,刘縯是一个豪杰之士,王莽当年篡汉的时候刘縯一直愤愤不平啊,结交天下豪士,准备反对王莽。刘秀这个人,史书上记载,天天种庄稼,不喜欢惹事,所以他大哥经常笑话刘秀:你没有什么出息,就知道当个种庄稼能手,没有什么大志。刘縯在反对王莽的起义中,早期当了领袖,后来被更始皇帝刘玄所杀害。

我简要把几个人介绍一下。二哥刘仲后来在反对王莽的起义中被王莽的军队杀了,被杀的还有二姐刘元。刘元后来嫁了新野县的邓晨,邓晨也是有名的功臣。刘秀和二姐刘元关系非常好,刘秀年轻的时候经常到新野去,据说新野有一个大美人叫阴丽华,刘秀一生有两大志愿,娶妻当作阴丽华,仕宦当作执金吾。执金吾就是今天的三军仪仗队队员,非常威风。后来,刘秀起兵之后,到公元23年的时候娶了阴丽华,就是后来的殷皇后。二哥刘仲和二姐刘元在刚刚起义不久就被王莽的军队杀害。

刘秀的大姐是刘黄,刘黄的丈夫是谁不知道,史书上没有记载。在建武二年的时候刘黄的丈夫就死了,刘秀想给大姐再找一个丈夫,问她朝中大臣看中谁了?刘黄说,听说有一个宋弘很有学问,人样子长得也不错,我看他不错。刘秀就把宋弘叫过来,业余时候问宋弘,人说富贵易妻,你富贵之后换换妻子怎么样?宋弘坚决回答,糟糠之妻不下堂等等。刘秀对他大姐说,这个人不可能,因为宋弘是很正直的一个人。

妹妹刘伯姬后来嫁给了李通。李通是宛人,就是今天南阳人,后来也是刘秀的开国功臣。

这是刘秀的家庭,其中二哥和二姐在起义初期被杀害了。

下面我们来讲一下刘秀的第二个阶段,叫长安求学。史书上没有明确是哪一年,只是说王莽天凤年间。王莽的天凤年号大约是公元14年到19年,刘秀作为一个年轻的学子到长安太学读书。太学是从汉武帝时候创立的最高等学府,相当于今天的北京大学,到这里面去学习,师从庐江许子威。当时的太学里面是五经传授,其中《书》就是后来的《尚书》。刘秀在这里学习了到底有几年时间,史书上不明确,但是《后汉书》上明确记载,刘秀略通大义,学习非常优秀。在这个学习中间,他结交了很多同学,在起义过程中也帮了很多的忙,这其中又在长安结识了不少人物。

刘秀也很有经济头脑，当时的学费可能也要交一部分，在这种情况下，刘秀业余时候也给人打零工。他还和同学合伙买了一头驴搞运输，交学费，有时候帮人卖一点粮食。汉代的时候，太学国家是不管的，衣食住行是自费的。刘秀他父亲不在了，家庭条件也一般。

长安求学之后，刘秀就回到了家乡，回到家乡之后，各地反对王莽的风声越来越大，各地纷纷爆发了农民起义，其中我们知道绿林赤眉起义，还有山东的赤眉起义、河北的铜马等。河北农民起义的武装大大小小有十几个，其中铜马这支起义军最大，其他地方农民起义也非常多，在这种情况下，刘秀也和自己的大哥刘縯，还有当时的邓晨、李通弟兄等人商议，也要起兵反王莽。

大家看一下这个图（PPT），绿林军后来分为几支，其中绿林军起义范围涵盖了春陵，今天湖北北部都是丘陵山区，那个地方是当时绿林兵的几支起义兵活动的范围。在他们的影响下，刘縯，包括他们的同祖兄弟刘玄共同发动了起义。

下面讲一下刘秀的起兵。公元 22 年 10 月，刘秀起兵于宛，这一年刘秀 28 岁。起义不是在一个地方起义，他大哥在春陵起义，他的姐夫邓晨在新野起义，刘秀和李通在南阳起义，在不同的地方同时起义。起义之后，宛这个地方是王莽控制比较严密的地方，拿今天的话说，首府所在地，刘秀在那里待不下去，因为自己刚刚开始的时候也没有几个人，后来回到家乡和他哥合兵一处。刘縯发动了刘仁迁过来那一支姓刘的宗室，大约发动了两三千人，王莽随即派军队镇压。为了联合对抗王莽的军队，刘縯又派人联络当时的几支绿林军。人家起义早，公元 17 年就起义了，在那里有几万人马，刘縯联络他们联合起来对抗王莽。早期打了几仗，其中进攻湖阳县的唐子乡，杀了湖阳县的县尉。刚刚起义的时候很仓促，当时都没有马，杀了湖阳尉之后得了一匹马，原来刘秀打仗时骑着牛，也说自己是一个将军，杀了湖阳尉才得一匹马。唐子乡胜利之后，他们又大战棘阳，棘阳在棘水的南边，棘水今天到底在哪个地方，有不同的说法，大约在今天的唐河、新野和南阳市宛城区交界的地方，也就是南阳油田那一带。

刚开始时起义军打了胜仗，结果刘縯有一点麻痹了，王莽的军队进行了反扑，毕竟人家正规军比较厉害，兵马也多，一下子冲散了起义队伍。在这次起义中，刘秀骑了一匹马，路上碰到妹妹刘伯姬，兄妹两个人骑着马跑，跑到半路又看到自己的二姐刘元，刘秀让自己二姐骑马，刘元让刘秀赶紧跑，说马驮不了那么多人。刘元还有三个女儿，后来她们都被害了，刘秀的二哥刘仲也在这次被王莽的军队杀害了。春陵的刘姓宗族里面同时被害的还有几十人。王莽军队占领了他的老家。

棘阳失败之后，刘縯重整人马，在公元 23 年正月初一，在一个月之后又和王莽军队在沘水这个地方进行了一次大决战，这次取得了胜利，这个具体作战地点大约在唐河和今天社旗交界的地方。这次经过起义军的精诚团结，终于打败了王莽的军队，取得了战场的主动权。沘水大捷之后，大家看到形势大好，在二月份，大家都到南阳郡的首府宛立刘玄为天子。刘縯刚刚起义时兵力是有限的，和绿林军合作时军队的主要成分是人家绿林军，是那些草莽英雄们，草莽英雄们看到刘縯是非常有能力的一个人，这些人在推选领袖的时候都不愿意让刘縯当领导。为什么呢？他约束太严，法纪太明。他们要找一个懦弱的人，他们好控制的人，后来就找了刘縯的族兄刘玄，刘玄这个人比较懦弱。当领导，有时候不是有才才能当，有的时候要选庸才，刘縯尽管在军队里面很有威望，但是投票的时候，草莽英雄们占了主导成分，人家要立刘玄，刘縯可能也想反对，后来也表示同意了，后来立刘玄为天子，让刘縯当大司马，管军队。

沘水大捷之后的下一个大战就是昆阳之战，是公元 23 年 5 月。这次昆阳大战是和刘秀有关系的，也是我国历史上以少胜多的著名战役之一。昆阳主要位于叶县北的昆水北岸。我们知道，沘水大捷之后，当时的起义军兵分两路，一部分要围攻南阳郡的首府宛，刘秀的大哥刘縯去打宛，刘秀和其他一些绿林的领袖等人往北打洛阳。过去主要是沿着今天到许昌那条线，沿着伏牛山的东边往洛阳进发，向北进发，过了方城之后到了叶县，在这个地方和王莽的军队遭遇。这个地方也是一个遭遇战，因为王莽当时听说南阳起义之后，刚开始不在意，后来声势越来越大，王莽在 2 月份征集天下所有精兵强将,征集了42万,实际上要到南阳打刘玄,一看到起义军把昆阳占领了,当时的统帅就决定先把昆阳打下来之后再打宛城,在这种情况下和刘秀他们发生了遭遇战。原来王莽的军队想着这个弹丸之地可能一两天就把它消灭了,但是昆阳这个地方城虽然小,但是城墙比较厚重,不好打。5月份的时候,王莽的兵力重重包围了昆阳,当时城中兵力只有八九千人,后来刘秀带了13个将士突围出去,到今天的平顶山一带找起义军的联合军,后来刘秀找了几千人,和城内的几千人联合夹击打击王莽的军队,6月份进行了昆阳大战。大家有时候想不通,历史上1万多人怎么把人家40多万人打败的?根据《后汉书》的记载,有很多历史的机缘。据说当刘秀带着外面军队往里面打,准备和城内接济的时候,王莽军队的统帅看到刘秀的军队不多,就命令各个营不要动,自己在那儿对付。结果刘秀带着几千人一下子把他冲散了,其他部队一看,主要领导发话了,没有命令不让动,眼睁睁看着被对方打败,城内的人也敲着鼓打着锣往外面冲,这个时候刚好雷电交加、暴雨如注,不知道谁喊了一声兵败了,王莽的军队本来就没有什么斗志,扭头就跑。王莽的军队也不是被打败的,各种因素都有,人心涣散,溃败过程中,被踩死的,掉到水里淹死的不在少数,总之,经过昆阳之战之后,王莽的主力被消灭。在昆阳之战的同时,刘秀的大哥刘縯也攻破了南阳。

(PPT)这个是今天叶县的刘秀庙(PPT),明清的建筑,后人修的。

当昆阳大战结束,王莽的败局已定的时候,起义军内部发生了内讧。当时刘縯的功劳比较大,他攻下了宛城,绿林军的首领对刘縯很嫉恨、嫉妒,他们和更始帝刘玄商量,觉得刘縯势力越来越大,不如把他除掉。在这种情况下,刘縯的大哥被更始帝杀害。刘秀听说这个消息之后,马上从大战的前线跑到今天的南阳去,向更始帝承认错误,说我大哥原来反对你当皇帝是不对的,是罪有应得,我一定效忠你,不断地表忠心。因为刘玄和刘秀、刘縯他们原来都是同宗同族的兄弟,刘玄也觉得不好意思,后来看刘秀没有什么意见,拜刘秀为破房大将军,封武信候。杀了刘縯之后,当时的刘玄派了两路大军,一路攻占洛阳,一路从西峡、淅川一带往北,要攻破长安,两路大军同时并进。当两路大军还没有到达长安的时候,长安城里面也发生起义,一些人起来反对王莽,王莽的王宫被包围了,后来有人冲进去把王莽脑袋砍下来了。

在9月份的时候,关中的豪杰冲进王宫把王莽给杀掉,当时天下都承认更始帝刘玄是天下的主人,把王莽的脑袋送到宛,送到更始帝刘玄那里。据说王莽的脑袋在南阳的城头上挂了几天几夜,老百姓对王莽也非常痛恨,后来把他的脑袋揪下来,有的把他耳朵吃了,有的把他舌头吃了……王莽落了这么一个下场。

王莽死了之后,更始帝刘玄要向北进发,他要到首都去。当时有两个建议,一派主张定都洛阳,你得有人打前哨啊,先把洛阳收拾收拾,这时候有人推荐刘秀到洛阳去当司隶校尉,用今天的话讲就是首都的市长啊,先把宫殿整理好,皇帝去了好住。更始帝派刘秀到洛阳去整顿各种政务,刘秀做得很好,更始帝到洛阳之后停了一段时间,然后向长安进发。当时的起义风起云涌,刚刚起义几个月的时间王莽就死了,刘玄就当了皇帝了,其他的地方并不是刘玄打下来的,得需要人去变换一下,拿今天的话讲,革命政权变更,原来的任命要作废,现在要重新任命。更始帝刘玄派了好多人到各地区重新更换郡太守,更换官员。河北这个地方,包括铜马等地方的起义军,大的有十几股,有的还没有臣服于更始帝,得派人去黄河以北安抚这些地方,让这些地方归顺新生的更始政权。派谁去呢?经过争论,派刘秀去,这就是后来的持节北渡。刘秀建立帝业,他的成功就在河北这个地方,就是黄河以北的地方,这是刘秀独立发展的一个重要的开始。

原来是刘玄直接控制,刘秀没有独立发言权,但是你持节北渡,你到北方可以安抚百姓、安置官员,拿今天讲,刘秀到北方去就是一个钦差大臣。这是刘秀势力发展的开始,更始元年十月,刘秀持节北渡,镇慰州郡。他每到一个地方都去慰问,"除王莽苛政,复汉官名"。王莽那时候把很多汉朝的官名、地名都改了,现在恢复过来。"吏人喜悦,争持牛、酒迎劳。"大家听说汉朝又复兴了,而且来了一个钦差大臣,大家向刘秀表示臣服。刘秀去河北刚一个多月的时间发展非常迅速,各地都来向更始政权表示归顺。那时候归顺也很简单，无非就是说，你原来是王莽的官员，现在再重新任命，只要你没有作恶，原来干啥还干啥，比如原来是太守，经过考察还不错，你继续当太守。

在河北发展也有不利，刘秀10月去的，12月发生了王郎之变，你说你是天下合法政权，但是好多地方不承认啊，尽管大家说天下思汉，立一个姓刘的都行，但是姓刘的多了。刘邦一共弟兄四个，经过西汉二百多年的发展，到了西汉末年时，刘邦的子孙，包括他哥哥、弟弟的后代，一共发展到多少人呢？发展到十余万人。从西汉后期与皇帝血缘最近的来讲，刘秀这一支是很远的，这种情况下，有的人借刘家的旗号来另立新君，这其中就有王郎之变。

公元23年12月的时候，河北有一个赵缪王之子刘林。刘秀来的时候他见了刘秀，给刘秀也出了一些主意，山东不是有赤眉军吗，我给你出一个妙计把他们消灭了。刘秀问他是什么妙计，刘林说，咱们把黄河给掘了，把山东给灌了，山东的赤眉军就被消灭了。刘秀一听，这个馊主意不怎么样，不人道，有点瞧不起刘林，没有对刘林表示欢迎。刘林一看刘秀对自己不感冒，转身反对刘秀，找谁呢？找了一个占卜者叫王郎。王郎姓王，怎么和姓刘扯上关系了呢？"乃诈以卜者王郎为成帝子子舆，12月，立郎为天子，都邯郸，遂遣使者降下郡国。"大家不知道你的身世，他制造了一个舆论，说王郎姓刘，他叫刘子舆，是汉成帝的儿子。赵飞燕是皇后，没有生孩子，但是史书上记载，后宫的其他嫔妃曾经多次怀孕，因为赵飞燕不会生孩子，凡是怀孕的就被她害死，所以成帝一直到死都没有孩子。王郎诈称是汉成帝的一个嫔妃的孩子，那个嫔妃怀孕之后逃出来了，逃到巴蜀，后来逃到河北，我现在长大了，我是汉成帝的亲骨肉，我的血统最近，我是最有资格的，因为我是汉成帝唯一一个在世的儿子。大家也没有什么意见，反正姓刘的就行。王郎向河北各地发诏书，大家竟然都相信了，归顺了王郎。

好多河北的地方势力归附王郎之后，王郎视刘秀为眼中钉，要把刘秀除掉，因为刘秀代表更始政权。更始帝二年正月，"光武以王郎新盛，乃北徇蓟"，就是往今天的北京一带跑。"王郎移檄购光武十万户"，拿今天讲是发通缉令了，谁要把刘秀逮住封为万户侯，当然，还有赏金多少万，就像当年追捕本·拉登一样，高额奖赏。这期间刘秀非常狼狈，河北很多地区归附了王郎，只有几个县仍然拥护更始政权。刘秀借助这几个地方慢慢地发展。刘秀为了发展自己的势力，曾经到河北真定，有一个大族叫刘扬，刘扬有一个女外甥女叫郭圣通。刘秀为了取得河北大族的支持，娶了郭圣通，就是后来的郭皇后。得到了河北大族支持以后，刘秀逐步地打败了王郎。到了更始二年五月的时候，经过半年的时间，刘秀终于把王郎给消灭了。这是王郎之变，对刘秀影响非常大，刘秀多次差点被王郎捉住杀掉，很狼狈。

消灭王郎之后，刘秀在河北的势力大了。更始帝一看刘秀势力大了，就下诏让刘秀回长安做官，河北这地方另外派人。刘秀一看，苗头不对，感觉更始帝对他有了猜忌，所以他就不听更始帝的诏令。"光武辞以河北未平，不就征。于是始贰于更始。"和更始帝闹矛盾了，让你回来你不回来，这就得罪了更始帝。更始帝刘玄到长安之后没有做什么好事，天天饮酒作乐，也没有什么政治才能，把长安城搞得乌烟瘴气。更始帝到长安的第二年，赤眉军就杀进了长安，又立了一个小皇帝叫"刘盆子"，把更始帝撵出了长安，双方进行了拉锯战。刘秀在这种情况下有一个战略思想，就是割据河北，争夺天下。在这期间，更始帝也封刘秀为萧王。

刘秀在平定河北的时候，天下不止一个更始政权，也不止一个赤眉立的"刘盆子"，全国称王称帝的不下十几个。（PPT）大家看一下，这是史书上记载的。"梁王刘永擅命睢阳"，睢阳就是今天河南的淮阳。刘永是梁孝王的八世孙，人家的血统比刘秀还要高贵一些。"公孙述称王巴蜀"，公孙述在四川这个地方称王；"李宪自立为淮南王"，在今天安徽那个地方；"秦丰自号楚黎王"，秦丰在今天湖北那个地方；"张步起琅琊"，张步在哪儿？今天山东半岛。"董宪起东海"，在今天江苏北部和山东半岛南部。"延岑起汉中"，今天的汉中地区。"田戎起夷陵"，就是今天的湖北三峡一带。除此之外，还有诸如诸贼铜马、大肜、高湖、重连、铁胫等割据政权。

在河北地区,刘秀平了王郎之后就要消灭当时铜马的起义军。刘秀不听更始的召唤之后就开始平定河北的铜马起义军,后来刘秀经过努力,到秋天,终于打败了铜马的各路起义。在铜马得了多少兵力?得了几十万。刘秀到河北的时候只有十几个随从,没有一兵一将,经过在河北短短一年的发展,自己拥有兵力几十万,大部分来自农民起义军的改编。刘秀一下有了几十万人马,胆气就壮了,在这种情况下,刘秀就开始称帝(光武帝)。

公元25年正月,光武把河北其他的起义军打败了。刘秀为什么称帝呢?因为这个时候其他地方纷纷称帝了,更始帝刘玄已经败亡了,被人家赤眉军赶出长安,四处流窜,后来被赤眉军杀害了。刘盆子也是一个15岁的小娃子,什么也不懂,赤眉军的将领也就是为了找一个姓刘的立起来。这个也很有意思,刘盆子弟兄三个,让他们谁当皇帝呢?抓阄,谁抓住是谁的,刘盆子最小,他抓住了。这些都不足以领导全国的政权建设。在这种情况下,刘秀的很多手下劝刘秀称帝,刘秀早期是拒绝的,一直到建武元年六月,刘秀的大军行至鄗的时候,鄗就是今天高邑县东南。光武帝在长安读书时一个同宿舍的同学叫强华,他拿着一本《赤伏符》来劝刘秀当皇帝刘秀才同意。《赤伏符》有几句话,"刘秀发兵捕不道,四夷云集龙斗野,四七之际火为主"。"刘秀发兵捕不道"这句话流传非常广,在刘秀没有起义的时候就有这句话。在王莽当政的时候有一个刘歆,刘歆当年是王莽的理论专家,也是刘邦的后代,但是他拥护王莽。刘歆曾经找人推算,说下一个当天子的可能叫刘秀。刘歆早在十年前就把自己的名字改成了刘秀,他想自己将来当皇帝。"刘秀发兵捕不道"这个谶语可能王莽那个时候就出现了,但是叫刘秀的人多了,就像今天重名重姓的多了,应验到谁身上了呢?今天看来是应验到光武帝刘秀身上了。"四夷云集龙斗野",天下大乱,各路诸侯都在那儿争斗,最后只有一个真命天子,那就是刘秀。"四七之际火为主",四七二十八,这个说法也不一样,有的说法是28岁刘秀起兵,也有的说刘邦称帝到228年之后重新一个天子出来了。大家可以算一下,从刘邦建立汉朝到公元25年,比228稍微多一点,有的会去掉王莽那几年,或者去掉某几年,然后228就出来了。不管怎么说,说明上天安排你刘秀要当天子,你不能推辞,这叫天命不可违,古人相信这个。在这种情况下,大臣们再劝,后来在河北高邑县"鄗南千秋亭五成陌即皇帝位",就是6月份时候即皇帝位。这一年刘秀31岁,在刘秀当皇帝这个月,赤眉军立刘盆子为天子。

刘秀当了天子之后,下一步就是攻占洛阳,大军经过艰苦的冲杀,最终打败了更始的残部,夺得了洛阳。建武元年,公元25年冬10月,刘秀到了洛阳,后来定都洛阳。为什么不定都长安呢?绿林赤眉军去了之后把长安城搞得乌烟瘴气,好多宫殿被烧毁了,所以刘秀定都洛阳。就在刘秀称帝这一年,赤眉杀了更始,而隗嚣据陇右。另外一个割据政权叫隗嚣,在哪儿呢?在今天甘肃一带割据。"卢芳起安定",卢芳在今天内蒙古一带进行割据。这是这一年大致的情况。

刘秀定都洛阳之后,做了另外一个事儿,这时候更始已经败亡了,赤眉军势力比较大,要击败赤眉军。建武二年的时候,刘秀派了几路大军,派邓禹先到关中去,后来又派岑彭等人往南打,几路大军围剿赤眉军,中间战役非常多。建武三年的时候,赤眉军在长安待不下去了,在东归的时候,刘秀在今天的洛阳西边的地区以逸待劳,降服了赤眉军。到建武三年瑞正月,赤眉军投降刘秀,刘秀对他们也还不错,给予了安置,没有杀。

赤眉消灭之后,刘秀着手消灭各地的割据势力,这个战争陆陆续续进行了多少年呢?一直进行了十来年,一直到建武十二年,才平定了各地的叛乱。当时叛乱非常多,比如说李宪、隗嚣、公孙述、卢芳等等,刘秀在这十来年里面马不停蹄,东挡西杀。建武六年的时候把董宪、庞萌等势力给消灭了,把今天的山东、河南东部、安徽一带割据势力消灭。又经过四年征战,平定陇右的隗嚣、隗纯。建武十二年,把最后一个割据政权公孙述给消灭,这中间非常艰苦,也损失了不少的兵将。

我们可以看一下,这个过程在《后汉书》和《资治通鉴》里都有记载,通过这十二年,加上没有称帝的那两三年,大致有十五年的时间,刘秀一直在东挡西杀,最终建立了一个汉政权。我们今天叫东汉,当时仍然叫汉,我们为了区分和王莽篡汉之前的汉朝,我们把前面叫前汉,后面叫后汉,后来因为都城的不同，前面叫西汉，后面叫东汉，但是从人家刘秀本身来讲，我就是汉。包括今天的诸葛亮，我们叫汉丞相诸葛亮，这是对的，蜀汉是后人的称呼，汉献帝被废了之后，曹丕当皇帝，刘备是不承认的，汉代没有灭亡。汉献帝被废了，我当汉朝的皇帝，我仍然是汉，我们为了区分叫蜀汉。东汉也是一样，刘秀人家还是汉皇帝。

各地的起义，各地的争斗，很多都是以河南为中心，比如说刘秀在平定天下的时候以洛阳为中心，以焦作一带作为自己的根据地，向东打，向西打，向南打，都是以河南中部作为根据地。

关于刘秀的功绩，不仅在于平定了天下，更多在于建立了很多的制度。我们下面简单说一下刘秀强化皇权的一些措施，刘秀治理天下很有一套。刘秀曾经跟别人说，我治理天下，以柔道行之。我对大家用柔的一套，不用刚的一套，所以刘秀基本上没有杀过功臣，不像刘邦，把韩信、彭越等人杀害了。刘秀也是柔中有刚，他这个政权得之不易，他为了防止各地的割据，平定天下之后，他不断强化自己的皇权，防止后来的作大。

我们根据这个简单说一下（PPT），刘秀起兵和建立政权与人心思汉是有很大关系的。当时王常曾经说，"民之讴吟思汉，非一日也"。王莽篡汉以后倒行逆施，搞了很多法令，搞的人们对王莽有怨言。在王莽的后期，大家都想着恢复汉朝的天下，刘秀因为姓刘，也沾了光，因为是皇室的身份，他这个旗号还是有一定号召力的。

当时各家起义军都说自己要拥汉，是反对王莽的，比如说刘玄是一个宗室，当了更始帝；刘盆子，那是刘邦大儿子的后代，也是皇室的身份；另外一个平陵人方望立了一个天子孺子刘婴，也是姓刘的；卜者王郎当时不叫王郎，说自己叫刘子舆，自称汉成帝的儿子，也是打刘家的旗号；卢芳当时说自己姓刘，说自己是汉武帝的曾孙刘文伯，我的母亲是匈奴人，后来嫁给汉武帝，生了我之后我跑到北方了，我是汉武帝的后代，也说自己是汉家后代；割据淮阳的刘永是梁孝王的八世孙。当时各家都称自己是汉家的后代。

下面讲一下刘秀当皇帝之后的一些措施，今天简单归纳一下，他的措施有这么几个方面。一个是轻刑薄赋。王莽的时候制订的法律太严酷，历史上法律严酷的朝代一个是秦始皇的时候，他提倡法制，另外一个是王莽的时候。严到什么程度呢？比如说在秦朝时候，你在地上倒个垃圾，如果倒的不是地方，要么罚款，要么肉刑，把你鼻子割了，或者把你脚剁了。秦朝法律规定，桑叶是养蚕的，是经济作物，用今天的话讲，那是国家战略经济，你不小心摘 1 片桑叶，1 片桑叶要罚款多少，3 片桑叶的话，不但你要受到处罚，你的左邻右舍都要受到处罚，摘 10 片，县令都要受到处罚。王莽的时候也是这样，王莽经常变更法令，有的大家不小心写错了名字什么的，或者他规定的货币大家没有用，那你就是违抗中央的命令，可能就要被抓进监狱了。因为不使用王莽的钱被抓进监狱的就有几十万人。在这种情况下，刘秀当皇帝之后，赦天下，省刑法，把苛刻的法律废除了。另外实行薄赋，实行三十税一。一般是十五税一，或者十税五，这个税率就非常低了，不到百分之五，百分之四左右。

在西汉后期有大量的奴婢，奴婢没有人身自由，刘秀在平定天下的时候先后六次下令释放奴婢，让她们变成普通人，和她的主人没有隶属关系。另外重申"卖人法"、"略人法"。"略人法"拿今天讲就是抢人，就像拐卖妇女儿童一样，这些都是严令禁止的。另外卖儿卖女法律也不允许。这都是在维护社会的安定。

西汉后期的时候天下土地兼并非常厉害，好多人有很多土地，有的人家贫困，没有土地，有的人占田无限，但是不纳税，刘秀当皇帝之后下令度田，丈量田地，按土地来交税。还有就是核对人口，看看到底有多少人。经过刘秀的度田，基本上把家底摸清楚了，就像今天的经济调查一样，到底有多少地，有多少税，有多少人，这得搞清楚。史书上记载，西汉汉平帝的时候，全国人口最多时有5900 万人。到刘秀的时候，直到他统治了二三十年，到他晚年的时候，全天下才有 2100 万。在他统治的早期，我曾经写了一篇文章，根据我的推算，可能只有 1500 万到 1800 万人口，全国人口是非常少的。中国封建社会人口非常有限，当然了，这与我们当时的经济条件是有关系的。毛泽东曾经在度田这一条史料上写了一条批语,"刘秀是最早进行土地改革的皇帝"。这是一个过高的评价。你多的土地得退回来,封给无地的人,就是这样一个思想。

另外受到后代史家称赞的是刘秀的另外一个做法,就是"退功臣而立文吏"。跟随刘秀打天下的主要有两部分人,一个是河北的豪杰,因为他在河北发家的,河北当地人支持刘秀;还有一部分是南阳人,他老家的人。在他28个功臣里面,南阳的功臣占了十几个,大约占了一半。除了河北之外,还有关中的,还有山东的,等等,但是主要以河北和南阳为主。汉代的时候已经讲乡情了,一说老乡就感到亲切,所以刘秀重用南阳人。不管河北的功臣也好,南阳的功臣也好,刘秀平定天下之后,没有让他们当丞相、太尉、廷尉什么的,而封他们一个列侯,封一个县这么大的地方,你很有钱,你就回家抱孩子算了。具体的事儿啊,收税啊,管理城市啊,搞搞卫生建设啊,你们别干这个,你们打仗行,这些活你们干不了,刘秀有一个主导思想,如果你干得好,我得奖赏你;如果干不好,有考核制度,我要处罚你;你要贪污受贿了,我把你下狱了,咱们多年的情分就没有了。为今之计,具体的事务你们不要干了,让其他人来干,找一些没有资历的人来干,他们干不好,关也好,杀也好,都可以,你们就好好地养生吧!多活几年,高高兴兴的,在家教育教育孩子。他有这么一个思想,就是退功臣而进文吏,文吏就是一般的办事人员。这个制度后人给予了很高的评价。

刘秀还有一个思想就是削弱功臣的权力。你是功臣,天下平定之后仍然让你兵权在握,你的势力肯定大啊,我要对你进行猜忌,现在你把兵权都给我,交给中央,我对你放心,你也对我放心。你没有权力,咱们互相不猜忌;你要天天当个大将军,我当皇帝的心里天天提防着你也不好。

刘秀主要有两个思想,一个是"不欲功臣拥众京师",你们回到封地去,"高秩厚礼,允答元功,峻文深宪,责成吏职"。刘秀的做法很有意思,一方面对功臣非常优待,从来不杀功臣;另外一方面,给他办事的,后来提拔的没有军功的小吏,当了丞相,当了廷尉,三公九卿,动不动就斥责他们,动不动就罢免了,让你们具体干活的、招募来的公务员,干得不好,立马罢职。刘秀是两套做法,既保证了功臣的权益,也保证了国家行政的运转。好多功臣打仗的时候有一套,搞政务不一定行。

刘秀还有一些强化皇权的措施,比如说压制宗室外戚。刘秀吸收了西汉末年的教训。汉元帝以后王家的势力大了,王莽最后篡汉,王莽就是靠着他姑姑王政君的势力,王家的势力越来越大,最后成了外戚篡汉。刘秀非常注重这一点,他规定自己皇后的家族,包括嫔妃的家族,不得封侯与政。不给你封侯,你也不能到政府里面做官,拿今天来讲,顶多给你一个有职无权的职位,关键的、重要的岗位不让你们干。另外他对他自己的孩子们也防范,害怕诸侯王威胁中央的政权。他又制订了"阿附藩王之法",收捕诸王宾客。

他还精兵简政。刘秀在建武六年裁并了400多个县。西汉末年,全国1500多个县,他一下裁掉400多个,而且把很多的行政机构也精简了,说吏职减损,十置其一。他还废除了郡国都尉和都试制度,就是把地方军分区取消了,不让拥有地方武装,这也主要是为了加强皇权。

这些措施之后,刘秀还加强了尚书台的权力。拿今天的话来讲,尚书台就是秘书机构,尚书地位非常低,尚书台的首长叫尚书令。在汉代,尚书令的级别只有600石,什么概念呢?和县令、县长的级别是一样的,拿今天讲就是一个处级干部。尽管你在皇帝身边,给皇帝起草东西,但是级别非常低。这时候刘秀抬高了尚书台的权力,凌驾于三公九卿之上。因为他是自己的秘书,听命于自己,不需要讨论,这就削弱了三公的权力。三公没有什么权力,只是在那儿做做样子,权力是秘书机构掌握着。

另外,刘秀提倡以法制精神来治理天下,就是用文吏,文吏的实际含义就是文法之吏,按照法律、规定来治理天下的官吏叫文吏。一个基本的行政原则就是法制精神,按照政府规章制度严格办事。史书上记载,"中兴以来,追踪宣帝,汉家中兴,唯宣帝取法"。在西汉后期的几个皇帝里面,汉宣帝是一个非常有意思的皇帝,汉武帝晚年的时候严刑峻法导致天下一部分农民起义,汉武帝后来改变了法令,主张宽大一点。汉武帝死了以后汉昭帝继位,昭帝的时候,霍光基本上是以宽大为主。

前面说了,昭帝没有孩子,找了汉宣帝,汉宣帝也崇尚法制精神,有时候对大臣们也非常苛刻,所以在汉轩帝时形成了一个汉家的制度。汉家治理天下有两个法宝——霸道和王道杂治,一方面推崇儒术,孔子那一套;一方面实行法家那一套。宣扬五常、忠孝、礼仪,但是在行政机能上还是要严格依法办事,法和儒相互表里。

作为国家行政来讲,最基础的一个就是规章制度要完善,要依法办事,这个属于法家的思想。刘秀基本上继承了宣帝的做法,所以说汉家中兴,唯宣帝取法。刘秀当皇帝之后非常勤奋,经常太阳落山了还在办公,任命个县令都要亲自见一见,感觉不好就换人。拿今天来讲,我们今天行政层级太多了,还做不到这一步,别说任命个县长中央领导没有见一见,任命个再高一级的厅级干部估计也不会见。

另外,刘秀重要的一点还注重儒家教育。清代的史学家赵翼写了一部书叫《廿二史札记》,"西汉开国功臣,多出于亡命无赖。至东汉中兴,则诸将皆有儒家气象,亦一时风气不同也……是光武诸功臣,大半多习儒术,与光武意气孚合"。刘邦建立的西汉和刘秀建立的东汉气象是不同的,刘邦本身没有多少文化知识,他们当初的功臣,萧何是一个县政府的办公室主任,樊哙是卖狗肉的,周波原来是卖布的;但是刘秀不一样,刘秀的功臣里面大部分都上过学,拿今天的话来讲都是大学生。他的不少同学,还有在长安结交的人,后来都跟随他,不少都是有学问的人。刘秀当了皇帝之后对教育非常重视,整个东汉时期,尽管后来外戚宦官专权,但是太学办的规模越来越大,后来出现了东汉后期的党锢之祸,太学生形成了一股政治势力。郡有郡学,县有县学,中央有太学,形成了一整套完备的教育体系。

东汉的时候,慢慢有一个士族崛起,这是后话了,我们知道,魏晋南北朝一般是士族门阀政治,它们的源头在哪儿?源头在东汉,所有做官的都在读经书,有的经书世代相传。比如说这一家,老子教儿子,儿子教孙子,经书读通了,将来就可以做官,拿今天的话讲,你必须有一个大学文凭才能做官。士族,首先你读书人,然后你世代做官,这样才能形成一个士族。东汉的时候,从刘秀开始逐渐形成这么一种现象,三公世家,官僚世家、豪强世家、文化世家,你要形成士族的话,必须有文化,像豪强世家,光有钱,那是不行的。东汉后期出现了名士。名士,首先是你有学问,再一个是世代官宦,有钱是其次的。

刘秀重视教育开启了魏晋南北朝以后的门阀士族政治,形成了世代传经、世代公卿。比如说袁氏,汝南袁氏,形成了四世三公、四世五公的局面;弘农杨氏也出现了五公四公的情况。像杨家,弘农杨氏,杨震之后的杨秉、杨赐、杨彪,杨彪的儿子叫杨修,后来被曹操杀了。曹操当丞相之后,还让杨彪当太尉,笼络名士嘛,但是曹操也杀名士。

总之,刘秀在他一生里面做了很多的事情。刘秀在公元 57 年去世,后来葬于河南孟津。

(PPT)这是孟津的光武帝祠。

(PPT)这是光武帝原陵,在孟津县白沙乡铁树村。当然,今天这个坟头到底是不是刘秀的有不同说法,因为我们知道,经过汉末的大乱,历代帝陵多次被盗掘。刘秀和西汉皇帝不一样,西汉皇帝是因山为陵,把墓建在山里面,把山凿空,棺材放进去。刘秀很有意思,在黄河滩里挖了坑放进去了。东汉有十几个皇帝,一般来说,皇帝葬在哪儿,他的功臣死了之后也葬在皇帝旁边,都是大大小小的黄土堆。时代久远,兵荒马乱的,经过五胡乱华,北方游牧民族来了,这里人都死光了,后来来一拨人,分不清哪个坟头是谁的,张冠李戴的事情也非常多。发掘吧,好多墓被盗过,像董卓之乱时,曾经把东汉皇帝的陵墓都给挖了。在西汉末年的时候,绿林军、赤眉军到长安之后,把吕后、文帝的墓都挖了。那个虽然被挖了,在山里面,坟头还在,这个一挖,原来的大土堆就变成小土堆了,搞不清了。现在说原陵,可能是刘秀的墓,也可能是其他皇帝的墓。

(PPT)这是后代阎立本画的光武帝像。

(PPT)这是清代姚文瀚画的光武帝像。

（PPT）这是东汉时期全国的地图。

最后我们简要介绍一下后人对刘秀的评价。

范晔在写《后汉书》的时候对刘秀做了一个评价，"虽身济大业，兢兢如不及，故能明慎政体，总揽权纲，量时度力，举无过事，退功臣而进文吏，戢弓矢而散马牛，虽道未方古，斯亦止戈之武焉"。就是说刘秀尽管当了皇帝，却好像做什么事儿没有做好一样。刘秀非常谨慎，也非常谦虚，刘秀晚年的时候，大臣们多次说，你得宣传宣传自己，说自己做得多好，刘秀说，不要宣传，我没有做什么事情。一直到死的时候，大臣们还要写一篇表彰称赞称赞刘秀，刘秀说，你们写的表彰有什么意思？我也没有什么事情啊！刘秀其中有一句话说，天下现在也没有治理好，老百姓怨声满腹，你要我向上天报告，我欺骗谁啊？吾欺民，吾欺天乎？我尽管当皇帝二三十年，但天下还没有达到我想象的那么好！刘秀一直到去世，总觉得自己做得不够。

刘秀以柔道治天下，他还有一个总的措施，做事内敛，不像汉武帝要扩张，要征伐四夷。刘秀当皇帝之后，西域曾经要求内服，匈奴重新占领了西域，刘秀说，你们回去自己看着办吧，我现在管不了你们。我中原地区还要治理呢，你那块地方我管不了。匈奴侵边的时候，有人说，把匈奴打一打。刘秀说，不要打，内地老百姓这么苦，还要征兵、征粮，那块地方给匈奴算了。光武帝建武多少年的时候，公元48年的时候，匈奴发生了内乱，归附了刘秀。刘秀不像汉武帝，动不动征伐四夷，打朝鲜，打西域，打匈奴，向外扩张。刘秀是内敛的，他要量时度力，举无过事。刘秀平了公孙述之后，他就不再讲打仗的事情，天天和大臣们商量怎么来治理天下，把好多军队给裁撤掉了，让他们回家务农，所以说"止戈之武焉"。

（PPT）这是后人诸葛亮的一个评价。诸葛亮对光武帝刘秀非常推崇，他认为一般人都称赞刘邦是雄才大略，有汉初三杰，张良、萧何、韩信，好像很高明一样。你看刘秀，身边的二十八将好像没有特别突出的，一群人，好像没有一个标杆，而且刘秀得天下也是有惊无险的，不像刘邦，被项羽追得落荒而逃，多次死里逃生。诸葛亮对这种说法是不赞成的，他说，有一句成语叫"曲突徙薪为彼人，焦头烂额为上客"。人们对哪些人特别敬仰呢？比如说为难的时候，我要生命垂危了，有人救我，我就说你是个英雄。如果说平时我们防微杜渐，我当一个领导，我就不搞那危险的事儿，不能说我突然生命垂危了，部下救了我我就说部下是功臣。你作为领导来讲，你就应该好好养好自己的身体，不要出现生命垂危的事情，那说明是你的问题。

他讲了，"光武上将非减于韩、周"，就是说光武帝的上将并非逊于韩信、周波，"谋臣非劣于良、平"，他的谋臣并非不如张良和陈平，"原其光武策虑深远，有杜渐曲突之明"。就是说他不会做到像刘邦那样不考虑很多，出现很危险的情况让别人来救他，刘秀没有这样，自己考虑得非常周密，不做危险的事儿。诸葛亮说，"高帝能疏，故陈、张、韩、周有焦烂之功耳"，就是说高帝考虑的不周密，所以陈平、张良、韩信、周波有烂额之功，刘邦差一点被活捉了，这边有人来救他。诸葛亮说这个意思是说刘秀有先见之明，谋略深远，要比刘邦高明。这是诸葛亮的一个评价。

刘秀一个主要功绩就是定鼎和中兴，定鼎就是重新建立了汉政权，中兴就是衰落的汉朝重新兴盛了。司马彪也写一个《续汉书》，他评价"至于光武，承王莽之篡起自匹庶，一民尺土，靡有凭焉"。我们现在好多的历史著作都说刘秀是豪强，好像他原来家里很有势力，我对这个说法是有保留意见的。刚才说了，刘秀在汉代宗室里面是不起眼的一个宗室，刘邦宗室十来万，你算老几！尽管他父亲当过县令，但是他父亲在他九岁的时候就死了，还是他叔父把他养大的。你说他豪强吧，他外公樊重家里很有钱，但是那也不等于他家里有钱啊！刘秀多次到南阳去贩卖粮食，做生意挣点钱，在家里好好种地，拿今天的话讲，还是自谋其力的人。司马彪说，他出身是一个普通的老百姓，他刚刚起义的时候，身边也没有人，自己骑个牛去参加战斗。"发迹于昆阳，以数千屠百万，非胆智之主，孰能堪之？"昆阳之战是刘秀才能的一个充分表现。"号称中兴，虽初兴者，无以加之矣。"所谓中兴，就是说这个王朝原来衰弱了，现在又振兴了。比如说昭宣中兴，那时政权没有改变。汉武帝晚年的时

候，由于多年征伐，天下财政困难，他死了之后，汉昭帝、汉宣帝之后又慢慢恢复了国力，这叫"昭宣中兴"，没有政权的改易，但是刘秀是政权改变了，而且打了十几年。

司马彪又说，"中国既定，柔远以德，爱慎人命，下及至贱，武功既抗，文德术修"。"柔远以德"就是说对四周的少数民族不征伐，让他们自动地归附。"爱慎人命"就是说不让随便杀伤奴婢，而且释放奴婢。原来主人是可以杀奴婢的，刘秀多次下令，谁要是杀了奴婢，你们与之同罪。"武功既康"就是说天下安定之后文德术修，就是以儒家那一套来治理天下。

袁山松也写了《续后汉书》："数年之间，廓清四海，虽曰中兴，与夫始创业者，庸有异乎"。虽说是中兴，实际上就像刘邦一样是开国皇帝。"又等太宗之仁，兼孝宣之明，一人之体，其殆于周，故能享有神器，据乎万乘之上矣"。就是说刘秀有汉文帝的仁爱，又有宣帝的聪明，宣帝是用法制，太宗是汉文帝，汉文帝是讲仁爱的，这些都在刘秀一个人身上体现出来了。

李世民也曾经说光武帝当皇帝时非常年轻："朕观古先拨乱反正之主，皆年逾四十，惟光武年三十三"。刘邦举事时已经 40 多岁了，当时已经是长者了，过去寿命比较低。刘秀起义的时候 20 多岁，当皇帝时才 31 岁，33 岁可能是指到洛阳之后的年龄。

清代王夫之曾经写了一本书叫《读通鉴论》，王夫之说了一段话，"光武之得天下，较高帝而尤难矣!"实际上刘邦从起义到他当汉王一共打了 3 年，后来又进行了 4 年的楚汉战争，但是刘秀打了 15 年，光武帝取得天下非常难。"三代而下，取天下者，唯光武独焉，而宋太祖其次也"，就是说取天下非常难的，光武帝可能是独有的一份，宋太祖是另外一个人。"自三代而下，唯光武允冠百王矣"，光武帝刘秀取天下跟其他人不一样，完全是再造的，而且造得非常好，比其他历代的皇帝都做得好。

现代的学者黄留珍曾经写了一本《刘秀传》，她是西北大学的教授，她说："在中国的历代帝王中，汉光武帝刘秀是唯一一个同时拥有中兴之君与定鼎帝王两项头衔的皇帝。刘秀的中兴是重建了一个新的王朝，只不过这个新的王朝仍然沿用了汉的称谓罢了。"

还有一些评价，比如说司马光《资治通鉴》中有一段评价："自三代既亡，风化之美，未有若东汉之盛者也"。所有的王朝中，风俗、教化最好的是东汉，独一份。"偃武修文，崇德报功，勤政治，养黎民，兴礼乐，宣教化，表行义，励风俗。继以明章，守而不失，于是东汉之风，忠信廉耻及于三代矣。"从孔老夫子那里就有一个理想，什么时候我们的国家像三代一样？三代是什么？尧、舜、禹。尧舜禹时候天下什么样？没有争斗，没有刑法，老百姓都是尊长爱幼，可以天下大同了，是原始共产主义社会了。后代的儒生，包括孔老夫子都想达到那样一个状态，但是实际行政不是这样。在实际行政里面，看看各个朝代的做法，只有谁做得好呢？只有东汉做得好，风俗最美。

这个含义在这里稍做一下解释，就是司马光说的是什么呢？偃武修文——不讲武，讲文这一套，这个文主要讲儒家教化。你有德行，我们都要给你表彰，就像今天评选品德高尚的人或者"最美的人"一样，品德好要报功，你有功劳的话要给你一些奖赏。当时是农业社会，你不用发号施令，人家该种地就种地，该收割就收割，过去的官员要干什么呢？你到这个地方首先要立风俗，比如这个地方风俗不好，爱分家，都爱不养老人，怎么办呢？你要去引导、教化。谁家不孝敬母亲，你郡太守也好，县令也好，你到家里去教育他。教育的一个途径是当面训导他，另外一个就是办教育，拿这个《四书五经》让他们来读，读了之后给你讲讲道理，为什么要讲孝，为什么要讲义，为什么要讲信。东汉就是这样做的，首先是兴学校。一个地方经常闹分家，比如原来许昌这一块（颍川郡）好生分，兄弟长大娶了媳妇之后就分家，分家是自然现象，但是容易闹财产纠纷。皇帝派了一个太守去，你德行比较好，你去教化教化。去了之后，太守或者县令发现谁家有孝子贤夫就大力表彰，谁家不奉养父母就批评，然后给他讲道理。在这里面治三年五年，或者十年八年，大家都知道分家不好，知道对父母不孝不好，形成这样一个风气，这个叫美风化。

东汉一直是这样做，所以东汉大义之人非常多。兄弟俩互相有点利益的时候，哥哥让兄弟，兄弟让哥哥，谁也不要。有的时候出现为难情况，比如说灾荒年景，家里只有一点粮食，如果自己孩子吃了弟弟的孩子要饿死,怎么办呢? 宁可让自己的儿子饿死,也要养弟弟或者养姐姐的孩子。这种行大义的风俗在东汉屡见不鲜,这和刘秀提倡儒家教化有很大关系,在其他朝代这种情况比较少。

现代学者梁启超曾经也说过一段话,"汉尚气节,光武、明、章,奖厉名节,为儒学最盛时代,收孔教复苏之良果。尚气节,崇廉耻,风俗称最美"。东汉和帝之后,由于皇帝比较小,外戚掌权,后来宦官掌权,尽管政治比较黑暗,但是正直的士大夫一直和他们做斗争,像弘农杨氏,一直和外戚、宦官做斗争,宁死不屈,为天下争一个正义。

你要看《后汉书》,烈女非常多! 这个烈女不像后来的节女,儒家讲的"血亲复仇",比如说有人把他父亲杀了,他要报仇,必须把仇人给杀了。儒家讲这一套,孔老子说,血亲之仇,父母之仇,不共戴天,子女有义务为自己父母行报仇这样一件事。像有些仇家把他全家杀了,只留下一个女孩,大家都轻视女孩,仇家说,不担心,这家没人了。结果这女孩长大以后,天天在那儿强身健体,练刺杀,某一天,或许十年二十年,突然仇人从桥下过,这个女孩儿上去一下子把仇人给杀了,然后到县政府来自首。县令如果受过儒家教化,就会大力表彰,这个女孩儿好,为父母报仇,这是儒家提倡的,有气节,有胆气呀,他们称这种女孩为烈女。今天来讲,按照法制那一套,杀了人不好,按照儒家那一套来讲,那是有道理的。东汉的时期,这种风气弥漫下来,一直影响到整个汉末。我们说关羽爱读《春秋》,《春秋》就是讲大义的。东汉一个是讲孝,一个是讲义,道义、仁义,这些都和刘秀有很大的关系。

最后我们说一下毛泽东对刘秀的评价。毛泽东在读光武帝事迹的时候曾经做了一个眉批,他说,"光武才明勇略,非人敌也"。这个主要讲他打仗的事儿,昆阳之战,后来的平定各地的叛乱,还有陇西的割据,刘永的割据,刘秀都有一套政治的手段。毛泽东又加了一个评语,"历史上最会用人、最有学问、最会打仗的皇帝"。这个评价非常高! 根据不同的人来任用他们。刘秀也很有学问,本身上过太学,拿今天讲,也是很有学问的人,另外也会打仗。毛泽东还说,"光武帝是历史上第一个进行土地改革的领袖",这就是讲刘秀的度田。当时好多地方反对,刘秀杀了十来个郡太守,把这项制度推行下去。史书上记载,杀了十余太守。当时各地豪强反对,有的地方弄虚作假,刘秀下令追查,凡是弄虚作假的一律处死,推行度田这个事儿。毛泽东对这件事评价非常高。

顺便说一下,整个秦汉时代,大家对东汉的理解,好像除了光武帝之外,其他时间东汉一团糟,这个需要再说明一下。因为东汉的皇帝,从光武帝之后,他的儿子汉明帝、汉章帝,这三朝一共有80年,我们叫光武明章之治,国力蒸蒸日上。到章帝之后就是小孩子即位,章帝的儿子和帝十来岁,怎么办呢? 太后掌权,过去女同志不能出面,委命自己的娘家兄弟,这就形成了外戚专权。皇帝长大之后,外戚权力不给,又发生冲突,宦官压制外戚。这些皇帝死得比较早,和帝20来岁了,没有孩子,又找了几岁的小娃娃。下一个皇帝也是一二十岁二三十岁死了,又找了一个小娃娃,一直持续到桓帝、灵帝的时候。东汉后期的一百多年给大家一个印象,好像比较黑暗! 但是,那是政治斗争层面的。从制度建设,从文化建设来讲,东汉的经济发展、文化建设不亚于西汉。因为史书上记载的多是上层宫廷的斗争,从今天考古发展来讲,东汉经济的繁荣啊,风俗啊,还是值得肯定的。在这一点上,有兴趣的同志下去可看一下《后汉书》或者《资治通鉴·汉纪》部分。

今天讲到这里,讲得条理有点不太清楚,希望多提宝贵意见,谢谢!

主讲人:李绍连,先后在河南省文物研究所、河南省文物管理局、河南省社会科学院搞科研工作。原任河南省社科院历史所副所长兼研究员。1992 年被河南省相关部门评为对国家有突出贡献专家。多年来独著有《华夏文明之源》、《河洛文明探源》、《永不失落的文明——中原古代文化研究》等,主编并撰稿的著作有《河南通史》(第一卷)、《中州文化》等。

时　间:2013 年 8 月 4 日

地　点:河南省图书馆研议厅

河洛文明与中华文明

　　各位朋友,老年朋友、年轻朋友,大家好! 因为我也是年龄不小了,我也可以说是老朋友了,我今年 74 岁了(掌声)。"文化大革命"初,我从北京大学毕业以后一直在河南工作,所以说我是半个河南人,以河南为第二故乡,对河南的老乡感到特别亲切。另外我也很喜欢读书,我从上大学的时候,除了礼拜天,几乎每天都在图书馆,因为我们没有固定的教室,下完课就钻图书馆,所以我跟图书馆很有缘。我来河南以后,省图书馆原来在省体育馆,经常去,现在省图书馆搬到这边了,来得少一点,其实我是省图书馆的老读者,今天同大家见面,我是非常高兴的。

　　河南人杰地灵,河南的文化在中华文化中占有重要的地位。我虽然是南方人,但是我非常尊重和喜欢中原文化、河南文化。河南在最早的时候,在大禹的时候,分九州的时候叫豫州,因为它在九州之中,所以也叫中州。但是这个中州因为在中原,是中原的核心,所以有时候又以中原为代称。近几年来,因为考虑对外交流的关系,强调移民文化对世界文化的影响,河洛移民散布全国和世界各地,影响很大,现在兴起河洛文化研究。

　　什么叫河洛呢? 大家都很聪明,"河"就是黄河,"洛"就是洛河。河洛就是黄河与洛河交汇的地方,在《汉书·地理志》里面讲,因为黄河从内蒙古流到河南这边以后,在陕西、山西之间是南北向垂

直的,山西部分叫河东郡,山西与河南之间那个地方叫河内郡,在现在郑州、洛阳、开封这一段叫河南郡。河洛地区就是三河交汇的地方,实际上就是以河南为核心,包括山西的东南部分和河北的南部,但是还是以河南为基础。

河洛东到豫东,西到豫陕边界,北到河北南部、山西南部,南到信阳、南阳这一大片地区。我们为什么要用这些词呢?所谓文化,地方文化,不能以现在的行政区为标准,所有研究先前的地方文化都不能以行政区划为界。我们现在研究古代文化,就是以古地名为准。关于这方面,我们河南的学者乃至全国的学者都做了很多研究。

有关河洛文化研究,因为大家喜欢读书,我可以把书介绍给大家看一下。这是我刚刚出的书,我主编的书,叫《中州文化》(展示)。这是迄今为止,关于河南文化最系统、最完整的一本书。当然了,这本书是在《中原文化大典》之前出的,《中原文化大典》是倾全省之力编的。我并不是推销我的书,因为大家都喜欢书,你要想了解河南过去的文化,你如果是读这本书的话,大体可以了解,这是我们现在唯一一本关于河南文化的书籍。

刚才那本是《中州文化》,这本是《中原文化》(展示),这是我1999年在上海出的一本书,是关于中原古代所有文化的一个研究著作。这里头以河南为核心,"中州"和"中原"实际上都是大同小异的,但是我这个"中原"是大中原,包括陕西、山东、河北的一部分,但是是以河南为核心。这本书涉及的东西多了,除了文学外,还有兵法、宗教等,也涉及《易经》。

这本书是我1992年出的,叫《华夏文明之源》(展示),研究中国古代文明的起源,也是以河南地区为中心的文化起源,同我们要讲的河洛文明有好多是相通的,为什么我要出这个书呢?不同角度,不同地名,实际上研究意义都是差不多的。

刚才我们讲了,我们今天要讲的就是我2007年出的这个书,叫《河洛文明探源》,这部书讲在河洛地区从古代原始社会进入文明社会这一段的发展变化。为什么要讲这个呢?我们习近平总书记提出"中国梦"就是要复兴中华文明,那么中华文明从哪儿来呢?最早的起源在中原。中原的核心就是河洛。无论是老同志,还是年轻同志,了解河洛文明以后,就知道中华文明从哪儿来;了解河洛文明以后,就了解了中华文明的来源和发展脉络,因为河洛文明是中华文明的基础。

这是我的一个开场白。

我也不了解老同志和新同志的文化水平以及爱好,说实话,河洛文明与中华文明这个题是比较高深的一个学术课题,另外呢,这个题目要一本三五十万字的书才能说清楚,要我一个小时讲清楚,我没有这个本事,我就是简单地提纲式地讲讲,大家有兴趣的地方我多讲一点。

你们知道河南人的祖先是谁吗?在一百多万年以前生活在河南这个地方的古人,具体来讲是什么呢?大家知道我们河南南召县发现了一个猿人头骨,五六十万年以前的猿人头盖骨。这是我们河南地区最早的原始人,这个猿人跟猿猴、猩猩差不多,还没有进化到现代人这种地步,在60万年以前。最近在河南许昌发现了离现在十几万年的"许昌人",比"南召人"晚。最晚呢?安阳小南海那个地方有一万多年前的住在洞穴里面的猿人文化。总的看来,今天的河南人应该是从"南召人"、"许昌人"、"安阳小南海人"逐步发展过来的。

我们现在觉得好简单,实际上人的进化,过去说人是猴子变来的,其实是类人猿,是一步一步发展变化来的,这就是我们今天河南人的远古祖先。要讲起来很复杂,但是我们要了解今天河南人的祖先,就是"南召人"、"许昌人"、"安阳小南海人"变化来的。这是有考古证据的,不能乱说。

人类是由一个没有阶级、没有国家、没有人剥削人、没有私有制的原始社会逐步发展过来的,这个社会从六十万年前的原始人到距今一万年以前,在那么长的时间,都是人类自身发展变化。我们讲生物进化论,人本身也是进化的,由愚昧无知到现在有聪明的头脑、什么都可以干,这经历了一百多万年。了解这段历史是有必要的,虽说不能当饭吃,但是作为一个人,我了解人从何而来是有作用的。

另外还讲到,人最早是从类人猿进化来的,过去不是说一开始就会吃粮食、会种粮食、会吃肉、会养殖家禽,其实也有一段时间没有这些社会内容。大概从一万多年前,从神农氏(炎帝)开始会种粮食。粮食种子从哪儿来呢?从野生的粮食开始,东一个,西一个,稀稀拉拉的,经过长期的经验观察,他说这个可以种,种在地上可以长出来,人工种出来之后产量比较高,而且可以食用,对人体很好,因此就发展了农业,所以炎帝也叫神农氏。

新郑裴李岗文化就是最早的农业文化,从那个时候起,过去是东游西逛采摘果子、打猎,弄一点野猪啊、野羊啊,弄一些肉食来吃,一旦种粮食以后就得定居,就得住房,考古发现在新郑裴李岗这个地方有相关的遗址。最早的居民学会了种地,学会了种粮食,把那些打来吃不完的野猪、狼的幼崽养起来,慢慢进化,就变成猪、狗。

因为过去刚刚学会种粮食,不会施肥,不会灌溉,所以产量很低,那个时候一个人种地要养活一个人根本不可能。怎么办呢?依靠大家的力量,依靠氏族,一个姓氏,一个母亲带了一群人,三五十人在一起,一块种地,一块养牲畜,有粮,有肉,这样就慢慢可以过生活。这个就是氏族社会,又是有些人所说的原始共产主义。原始共产主义是什么意思呢?大家一块劳动,我们种地都是种地,妇女没那么大体力,那就在家里喂猪、喂鸡、纺纱、织布,人人都有工作,人人都有饭吃,大家都有一份工作,那个就是氏族社会早期的所谓的原始社会主义。这个是真有其事,我们可以从考古发现中看到,从墓葬发掘可以看到,大家的随葬品一样,你一个罐,我也是一个罐,你一个石斧,我也一个石斧,大家好像很平均,没有富人,也没有穷人,这就是早期的原始社会。

原来从原始社会又出现了阶级,出现贫富分化,出现国家呢?这里头就需要从一万年以前到距离现在五千年说起,中华文明五千年就是这个意思,从一万年到五千年,这五千年的发展,生产发展了,原来没有家庭的,现在出现家庭了,原来没有矛盾斗争,后来有矛盾斗争了,这个变化就是社会变化。原来是氏族公社,一个母亲带着一群人,大家都能生活、生产,后来分开成一个一个小家庭,各自种地,因为人的能力不同,就变得有富人、有穷人,就有了阶级斗争,就出现了国家,出现了政权。这个发展了五千年。

人类从猿到人是一百万年,从种地到原始社会,到发展为阶级产生文明是五千年。这个社会发展越来越快,这个社会为什么要这样发展呢?为什么有这个变化呢?我们过去好像老生常谈,马列主义里头说社会生产决定一切,就是物质生产。恩格斯说,人类发展,归根到底是两个生产的发展,一个是物质生产,过去来讲,就是农业、手工业和家庭副业;还有人的生产,人的生产是什么呢?人的生产就是人口发展。

现在我要讲一下生产发展的事儿。过去的生产工具很简单,一个石器,一个青铜器,这两个工具的改进提高了生产效率。比如说开方挖地,你用石铲能一天挖多少地?我用青铜金属铲效率就提高很多,很少人就能耕一两百亩地,粮食就多了,生活就好了,这就是生产发展。你要从考古学来讲,一点一点分析啊,那就很难了。

另外呢,生产工具、生产效率,所谓生产力就是人的劳动力加上生产工具,加上生产原料和土地,这几个要素构成了生产力。特别是生产工具,人没有变,土地没有变,周围的条件没有变,生产力的提高就以生产工具的改进为前提。原来那个石器打得非常粗糙,后来非常精细,后来由石器变成青铜器,这些都是发展。原来只种河南地界,只种小米,后来种水稻,河南也是水稻一个最早的基地,舞阳贾湖就发现了较早人工栽培的稻谷,可见河南的农业最早也比较发达。

我们当时社会发展很快,同周围的地区相比,山东啊,山西啊,河北啊,比他们发达,也比江南那些地方农业发达。那些地方虽然有种水稻,但是他们土地面积大,气候好,所以不用改进生产技术,条件越好,人越懒,不需要什么改进。我们人多,气候环境不如他们那些地方,但是我们非常勤奋,不断改进生产技术,我们的提高还是相当快的,我们的进步都比周围地区高。

还要讲人的生产问题,这要谈到氏族社会,原来都是一个母亲带一帮人生产,最早人没有婚姻。

人大概有一百万年左右没有婚姻，就是不聘不媒，为什么呢？这个反映了当时是群婚的时期。实际上新中国成立前，我们一些少数民族根据民族志的记载，他们还有群婚的习俗，就是说这个族的一批男子和另外一个族的一批女子可以通婚，不分你一个我一个。不可回避，在人类发展史上有群婚时代，河南这个地区发展比较快，早就没有这种现象了。大概是八千年前就已经转为对偶婚时期，所谓对偶婚，就是一个男人和一个女人对着，这个会构成婚姻，会构成家庭，但是不是固定的，一个男人可以同几个女人结婚，一个女人可以同几个男人结婚，但是有一个主要的，这都是临时家庭。

男方氏族嫁到女方氏族去，在女方家里建立家庭，这是对偶婚时期，这种婚姻制度下生出来的孩子不知道父亲是谁，所以中国古代知母不知父。在这种情况之下，这种婚姻制度不利于人口生产，不利于后代的健康。后来，大概在中原仰韶文化晚期，距离现在六千五百年之前，变成一夫一妻制，建立个体家庭。一夫一妻制可以确保子女知道其父亲是谁，这是血统问题。过去以血统为标准，所谓母系、父系，知母不知父时候以母亲为中心，知母也知父就以父亲为中心，这是父系时代。这个父系在古代非常重要，一对夫妻及其子女组成的小家庭就变为社会的细胞，这个细胞代替了过去一个氏族公社组织，变成一个新的社会细胞、新的社会结构。

在母系社会，子女没有任何财产继承权，不管父母的什么东西，都得留在母方的氏族，子女不能继承，妻子也不能继承丈夫的东西。个体家庭建立以后，以家庭为中心，以父亲为中心，他的子女就可以继承他的财产。这就是我们讲的，从原始、野蛮到文明，从原始社会到阶级社会，最关键一条就是私有制的确立。如果子女都不能继承父亲的财产，你这个家庭财产就不存在，为什么？因为不继承，这代人死了就什么都没有了。没有私有财产就没有掠夺，就没有贫富悬殊，就没有阶级斗争，就不需要国家去控制这个社会的稳定。

在距今五六千年前就产生了个体家庭，这个是有考古证据的。郑州青台遗址发现夫妻合葬墓，一男一女。为什么考古学的人能认定他们是夫妻呢？因为在对偶婚时期，姐弟是不可能埋葬在一个墓里面的，这是社会规则问题，只有一夫一妻确定以后，男女才能合葬。另外，在许昌一个仰韶墓地里面有几十个墓，一家人五口、三口、六口，有男女老少，在一个墓里面，排得非常整齐，一看那个照片就知道是一家人，这就是个体家庭出现的一个标志。

另外，咱们离郑州大河村很近，大河村遗址里头房子有套间的，一个家庭有一个火灶，一家一户做饭，变成一家一户生产之后，我生产了粮食，我一家一户做饭，个体家庭变成社会的一个单元。过去吃大锅饭，现在一家一个灶台，这表明了一夫一妻家庭的出现，也表明了私有制的出现。这个出现以后对社会变革起了关键作用，就是说人有了对财产的贪欲，就想多占一点财产，多捞一点钱财，多捞一点粮食，这就需要掠夺、需要暴力，这就产生了富人阶层、穷人阶层，这就是阶级斗争了，有富人集团，有穷人集团。

到这个时期以后，所表现的东西就是不同的掠夺。我们为什么看到战争呢？我们在西山发现仰韶古都，距离现在五六千年，现在存在的有两百多米的城墙，这是中国发现的最早的城墙。别小看这个城墙，河南的祖先非常聪明，主城墙几米宽，好几米高，怎么垒上去呢？这就需要板筑，在平地盖房子的技术基础上盖起来的。盖这个城墙干什么用呢？就是防止别人来掠夺我们的财产，防止战争，就是自卫的。这是六千多年前最早的城墙。再晚一点，四五千年前呢，这属于河南龙山文化时期，有好多古城，这些城的出现反映了战争的存在。一个古城就是过去一个一个地方政权或者小方国，这个就表明了我们走过了这一段从原始社会进入了文明。这个是别的地方不可比拟的。周围的河北、湖北、湖南、山东，一直到广东，没有一个地区能够与之相比，我们社会发展变化至少比他们早一两千年。地方有很多方国，最晚的还有宋代以后出现的。现在一些人说他们那儿是文明起源地，实际上他们所有方国都是春秋时代。还有一些人说文字起源于他们，他们发现了一点符号，我说，那个东西是原始文字不假，但是比起仰韶文化，特别是甲骨文，根本没法比，这期间他们的发展都是比较慢的。

还要说一点，河南地区是全国所有地区中最早进入文明时代并建立国家的。我们在洛阳的一些遗址有发现，经考古学证明，从仰韶、龙山到二里头这个叠加关系，考古学大家知道，时间早的在下面，晚的在上面。三个关系证明，夏代的产生是集结在河洛文化的基础上发展起来的，这个是有证据的，有文献证据，有考古学证据。

你要提到将来所谓的中华梦，梦之源应该是河洛，没有汉唐盛事，没有宋代的繁荣，中国文化会对世界文化有那么大影响吗？没有以河洛文化为核心的中华文化的强劲的发展，这是不可能的，而且这个发展是非常稳步的。世界四大文明古国，只有起于中原、起于河南、起于中州、起于河洛的中华文明才一直不被外族所灭亡，这是世界唯一的文明古国，岿然不动，这就是功劳，这就是我们最引以为豪的地方。当然了，里头有好多学术问题需要研究，有好多需要开展，可以写好几书。

下面讲另外一个问题，河洛文明与中华文明的关系。前面讲过一点了，先解释一下中华文明，我们了解历史的人知道先秦诸子、《尚书》《史记》《汉书》等等，所有书翻过来，你都看不出一个叫"中国"这个名字的，或者叫"中华"这个名字的，所谓中国就是外面对中原国家的总称，偶尔出现一次，"中华"更没有。中华由两个方面组成，一个"中"就是中原这个地区，"华"就是华族，黄帝那个华夏族。当时我们中原地区有几个部族，一个是以黄帝为首的华夏部族，还有以蚩尤为首的东夷族，南有南蛮，西有西戎，北有狄族，华夏蛮夷狄，华夏族是最主要的。从族群来讲，我们河南也是华夏族的子孙，黄帝的后裔。因为时间关系我不能讲，我的书里面有。

汉族是什么时候产生的呢？中国56个民族，汉族产生最早，汉族产生于西汉。怎么来的呢？刚才我说了，黄帝的华夏集团跟炎帝打了一仗，后来同其他部族打，统一中原以后成立华夏部族集团，这是华夏族的开始。另外黄帝、炎帝联盟以后把其他部族逐步征服，消灭之后统一了中原。后来，大禹成立夏族以后，在登封阳城建立了夏政权，又发展了当地的文化和人口。商灭夏，不是把夏民族的人消灭了，而是收拢同化了。周代灭了商代，三族都是在我们这个地方相继建立了政权，夏商周三族在原来华夏族的基础上融合成一个有共有地域、共同语言、共同文化、共同心理的族。所谓一个民族，它有几个特点，血缘是一个。部族、民族的融合很难说是谁谁谁的血统，但是族的血统是有的，一个血统有共同生活的地域，有共同语言、共同利益、共同心理。比如说你是中国人，你生在外国，你是"洋人"吗？不可能！一个是血统，一个是心理，决定你永远成不了外族。民族它是非常有特点的。

在西汉时期，"外国人"把西汉国家的国民都称为汉人，过去西汉这个国家当时没有族，他就把汉朝人称为汉人，久而久之，汉人就变成汉族人。汉族就在夏商周三族融合的基础上形成，所以汉族是最早形成的民族。因为汉族本身由不同民族的血统融合在一起，汉族是一个融合体，并不是单纯某一个祖先，所以汉族从来不排斥外族人，外族人来了我们欢迎。不像有些少数民族，你是外族就把你弄到一边，不跟你交往。汉族本身作为混合体，吸纳不同文化，后来发展壮大也有这个因素。

中国古代汉族人占人口的百分之七八十，他们有共同利益、共同文化，由他们作为国家主体，所以任何外族侵略中国都不可能灭亡中国，即使名义上灭亡，但是这个人是征服不了的。我的《中原古代文明》其实就研究一个问题，中华文明古国为什么长盛不衰，其中就有中华民族中汉族作为主体民族的支撑，人口占80%，有时候到90%，那么多人，有久远的文化，你能同化的了吗？你能征服的了吗？

另外还有一个原因，比如说儒家思想，君君臣臣父父子子，我们现在看来非常不好，但是在长期的封建社会里，这就是"定海神针"，所有篡权的叛逆者，或者外来的人，都要打着正统的口号，说自己是皇帝子孙，是正统，如果没有这一点，他根本无法立足，这也是中华文明古国长盛不衰的第二个原因。当然，还有其他的，地大物博啊，有强大的兵法啊，军事力量啊，等等。这些东西都基于河南的河洛文明。

当然了，夏商周三代以后，国家版图扩大了，同外国的交流频繁了，我们汉族甚至吸纳了西域的

好多文化因素,所以说以汉族为主体民族的国家没有任何的强烈的排外思想,认为好的东西我就学习。从古代开始,所有文化悠长的因素都为中原文化所吸纳。你要单纯讲一个问题,中华文化如何吸纳西方文化作为中华文化发展的一个因素、一个动力,这是非常重要的,但不是今天的主题。

汉族的产生,在中原地区,这个优势也是其他地区所没有的。因为我是南方人,有好多东西同我们无关,听起来也不太理解,感觉都非常遥远,即使汉代统一,也就是北方的一些移民传达一些信息过去,要完全赶上中原文化,还需要很长一段时间。我们要珍惜中原文化的传承,河洛文化的传承,中华文化的传承,这几个词虽然有差异,实际上都是一个意思。

中华文明实际上是在河洛文明基础上发展起来的,包括国家文化。所谓国家文化,就是典章制度啊,国家政策啊,上层的官方的一些宫廷文化等等,这些咱们不说,这里面对传统文化的影响都发源于我们这个地方。

第一条,中华文化最突出的、最有影响力的是什么呢?祖先崇拜,尊敬黄帝,这是所有研究中华文化的最突出的特点。中华文化特点就是祖先文化。这个黄帝从哪儿来呢?从夏代开始,大禹祭拜祖先的时候头一个就是黄帝,夏商周一直延续下来。我们每个人都崇拜祖先,我们每个人都尊敬祖先,现在新郑每年的祭祖大典,我作为学者每年都去几次,但是一般老百姓去的不多,因为不可能所有人都去、所有人都参加。老百姓就把对祖先的崇拜、对黄帝的尊敬变成祭拜直系祖先,祭拜我的祖父、曾祖父,这个是对的,这是中国文化一个优秀的地方。尊敬祖先有几个好处,一个是不忘祖、不忘本,另外要光宗耀祖,不要为祖先丢脸,这个就勉励大家更努力。中国人为什么都很努力,这个很重要,这是中华文化的优秀文化,黄帝做出了很大贡献。

第二条,产生于河洛地方的占卜和算卦。占卜、算卦反映在后来的《周易》里面,当作儒家著作之首,《易经》放在第一位。为什么呢?有好多人把它看作迷信,但是我讲,大家不要把它看作迷信。为什么?有些居心不良的人靠占卜、算卦骗人钱财,这不是它的本义。伏羲创八卦的时候上观天文,下察地理,结合了好多东西。《易经》里面有数学、天文学、中医等好多自然科学,我在我的书里面把《周易》看成综合学科。我们现在的未来学就是根据一些现在的现象的观察,以及社会规律来预见未来,实际上《易经》也能预知未来。

我给大家讲一个故事,在甲骨文发现一百周年的时候,我在安阳参加一个会,第一天下雨,第二天还下雨,问问学周易的人,刚好有学周易的人来开会,我们问他明天有没有好天,我们赶会场。搞周易的有好多老同志,他们掐指一算说,明天九点到十点没有雨。你信不信?但是我们宁可信其有,不可信其无,就是信了。结果到时候就有一个钟头没有下雨,我们会开成了。我这个人开始是怀疑周易的,后来信了。它有规律,里面有天文学知识,可以预测,预测的有道理,根据很多天象来看的,但是不是准确到一个钟头,十点多以后慢慢下了。我不是要宣扬《易经》多神奇,它有它的科学性,是一个综合性的科学。它是边缘科学,所谓边缘科学就是几个学科的知识融合在一块,不属于任何一个学科,但是哪个学科都沾边,就是一种科学。我们不要一概否定,也不要盲目相信什么占卜算卦,但这是我们中原地区一个优秀文化。

现在在巩义有伏羲台,在周口有太昊陵,尽管原来是传说,但是有一些痕迹,这是一种文化,对古代文化的产生不要轻易怀疑,它有它的道理。我们不要随便说那是迷信,不相信,如果是非常迷信,一钱不值,它根本不可能流传到今天。任何的科学能够流传,它必有它的积极的一面,有它有价值的一面,所以大家对待知识应该要端正态度。

中医是传统文化,也是中华民族文化里面最重要的一个东西,中医的起源应该追溯到神农氏尝百草,一天试几毒,他亲自品尝哪些草药对身体有好处,可以治病。所谓中草药,中医就是从草药起源的。另外最重要的一点,河南人在中医学上发展也有很大贡献。张仲景被誉为"医圣",他的《伤寒杂病论》是以中医学的理论基础写的,这推翻不了。有一些文化起源于河洛地区,对中华文化影响很大。

另外是天文学,中国是农业国,天文地理对农业影响非常大,自古对天文学就有很大研究。我们在郑州那个文化遗址里面出现了很多太阳纹,其中有一幅画画了 12 个太阳,就是 12 太阳纹,什么意思呢?就是一年会分 12 个月,这是最早的天文学的记录。你看我们现在农历,一年就是 12 个月。当然了,闰月除外,闰月是后来发展的结果。最早的天文学知识比较丰富的就在河南。后来,其他的很多传说不足为凭。夏代有夏历,就是我们说的农历。在殷墟,我们总结出了阴历,殷代的历法,一年 12 个月,闰月 13 个月,大月 30 天,小月 29 天。

历法里面最重要的是二十四节气,这也是在河南这个地方产生的。我们可以看《周礼》,看《淮南子》,二十四节气大概在周代就已经产生了。现在我们都知道二十四节气,二十四节气对农业生产非常重要,不误农时,过一天种出来的东西就差多了,有可能绝收。中国是农业国,历法的二十四节气对我们非常非常重要。这是传统文化,你们不要把很宝贵的东西不当一回事,其实这个东西是民族文化中的优秀文化,你在外国听说过二十四节气吗?中国是长期的农业国,通过对天象的观察,对农业生产的经验,得出了二四十节气,反过来指导我们的农业生产。包括我们穿衣也要看节气穿衣,春分清明,每个节气大家穿衣服都不一样,这是非常重要的东西。这些我们不要忘记,这些源于河南,在全国推广,甚至推广到全世界。

除了这几方面比较重要外,还有文字,我再给大家讲一下文字,你怎么知道过去的文明呢?都是看历史文字记载。美国一个人类学家摩尔根说,没有文字,就没有历史,就没有文明。为什么呢?你不知道。你不知道前一段人什么事儿,那是传说,不是历史,所以文字是非常非常重要的。现在有好多考古学家在争这个,争文字起源地。我要说,文字主要以中原起源为主,但是不能说其他地方没有份。人类智慧有共通之处,人的感受、人的创造有共同规律,摩尔根曾经说过,所有人类历史都是共同的,共同的步骤、共同的发展方向,人嘛,都是人,向往好的,往好的方向发展,哪个地方欠缺就改进。人都思考,大脑思维方式都是同样的,但是有早有晚。我说的就是我们中原地方的人先走一步,不是其他人不走,不是他们没有发明。

为什么说安阳殷墟发现了甲骨文是我们中国汉字的一个基础呢?现在在很多地方,包括在很偏僻的地方,都发现一些符号,南方也有,好像各地都有。你要发展为文字,有些时间很长,有些很短,那就看你的智慧,看你的社会需要,因为中原多交流,因为中原有天下之中之说,交流比较多,交流就产生需要,语言交流和文字交流。文字交流非常重要,客观条件证明我们需要发展一种文字,需要就产生发明的动机,有动机,有智慧,就有发明创造,这是一个规律。

到现在,甲骨文发现了十万片,记的都是占卜,我今天能做什么,不能做什么,都要占卜一下,甲骨文记录的都是这些东西。这个发展非常广泛,包括皇室和老百姓的生活,包括农业能不能丰收,这些都有记载,能够记录历史的文字,现在在我们十万片的甲骨文里面,大家可以认识的或者公认的有三千多,不到四千个字。我们现在的汉字,一般老百姓认识三四千字足够用了,你写信什么的就可以了,三千个汉字足够你用了,但是搞研究的需要更多。甲骨文这个文字已经达到了成熟的程度。各地都发现有古代符号,甚至山东丁村发现了十几个排列字,但是大家谁也不认识这是什么字,虽然不认识,但是相信是字,因为几个字联起来表明记录一些什么事儿,那也是古代文字。同甲骨文相比,它落后一步。甲骨文的百分之五六十我们都认识,文字有一个特点,表示某种意义,一个杯就是一个杯,能读,这个声音能读,能认识,能流通,就是大家一看就懂。能看,能读,知道什么含义,那个符号好多你就看不懂,读不出,为什么说刻画符号也是文字呢?因为在河南北部一个遗址发现了这几个符号,我在南阳或者信阳也发现了这几个符号,有很多相同的符号,证明有共同性。大家看了某个符号,大家都认识,都知道是什么意思,很原始,很简单,你看认识,我看认识,可以用来交流。

为什么说甲骨文是现代汉字的基础呢?文字发展,从甲骨文、金文、小篆、大篆,一直到宋代楷书,大篆、小篆或者金文,你不认识,为什么?因为接触得少。过去我们说仓颉造字黄帝城,我们这里有一个仓颉墓,这种传说表明文字产生了。甲骨文主要集中在首都,但是证明这是中心。另外一个最重要的问题,甲骨文里面有现代汉字的造字法。所谓六书就是六种构字法,这个字是怎么来的,怎么造的。比如说象形文字,有些人一看就懂,日就是一个圆圈,月像一个月亮,大家一看就懂,像河流啊,山啊,一看就懂,这就是象形。会意就是上下,或者一左一右,有一个指示的意思,大家一看就懂。当然了,还有形神等等。这些东西讲起来比较复杂,但是那个构字法跟现在比起来是一模一样的。

甲骨文里面有六书构字法,和现在构字法一样,证明甲骨文是现代汉字的基础,或者是母体,别的地方,所有文字都不可能是这个。文字是文明的象征,从几千年一直发展来,没有大的变化。像埃及的文字,它们都灭亡了,只有我们的文字延续几千年不断,这是很可贵的。有些人说过,用拼音文字代替古汉字,这是不可能的事儿,这是传统文化,不可能代替,代替也不愿意啊!如果有拼音文字代替象形汉字,那中华文化就没有了,延续几千年的中华文化没有了。现在的年轻人都用电脑,现在写字的少了,都不大会写了,现在中央台弄了一个汉字听写,有些人会听不会写,有些人是会写不会听,有些写不出来。还有一些是懒得动手,电脑打字跟动笔写不一样,我写文章的话,我用稿纸写,电脑打字时候,因为是同声词,或者同偏旁的话,哪个字忘记删了,或者哪个忘记改了,很容易出差错,电脑打的差错很多。当然了,各有利弊,我一本书稿,我用一个礼拜,或者三天就可以全部打完一遍,但是手写的话一个月也不行,电脑有电脑的好处。

作为一种艺术欣赏,你写写画画,特别是老年朋友,这是一种涵养。现在好多人没有学过书法,可能很多年轻人拿笔都拿不好。我要拿支笔,你拽都拽不走,我练过。你要是没有练过,没有写过,轻轻一弄就没有了,什么东西都有功夫。书法是一种艺术!河南书法也是自成一体,现在书法(协会)主席不也是河南的嘛!

另外,雕刻艺术、绘画,这些东西都是起源于河南的,比如说南阳市的画像砖,这都是非常有影响的。总之,河南文化属于河洛文化核心,河洛文化就是中华文化的基础,是中华文化发展的主流。了解了河洛文化,了解了河洛文明,非常有助于了解中华文明。如果不了解河洛文化,你没法了解中华文明。作为河洛人,我们是值得自豪的。河洛人也是中国人,大家都为中华悠久的文化辉煌而骄傲。

我们今天要复兴中华文明,要重圆中华民族复兴的梦,应该从研究河洛文化、中原文化开始,在实际工作中为文化发展做一番努力。因为时间关系,我讲得非常省略,我讲得大家也没有听好,耽误大家的时间,非常抱歉!

主讲人:程有为,河南省洛宁县人,河南省社会科学院历史研究所原所长,资深研究员,享受国务院政府特别津贴的专家。主要从事中国古代史与河南地方史、中原文化研究,独著有《中国古代人才思想史》、《河洛文化概论》等,主编并撰稿的著作有《河南通史》、《河南通鉴》、《中华通鉴·河南卷》、《黄河中下游水利史》、《中原文化大典·大事记》、《中原文化通史》等。

时　间:2013 年 8 月 11 日

地　点:河南省图书馆研议厅

河洛文化和客家文化、闽台文化

我今天到这里来,看到在座的有很多中老年朋友,也有一部分青年朋友,在这么个高温、盛暑的天气下,这么多朋友来到这里进行学术的交流,我感受到大家对知识的渴望,对中国传统文化的热爱,我为此很受感动。

这些年来,咱们这个文化的热度和咱们今天的气温一样,热度不减。从 20 世纪七八十年代以来,在中国兴起了一个文化热,这个热度逐渐增加,原来提的口号是"文化搭台、经济唱戏",后来文化成了生产力,文化成了软实力,各级领导对文化的重视程度越来越高,学术界对文化的研究也越来越深入,在社会上确实掀起了一股文化热。

河洛文化是中国传统文化之一,河洛文化近年来在全国产生了很大的影响,这主要是由于政府部门的推动。大家知道,河洛文化开始进行研究、传播是在改革开放初期,首先是在咱们河南省洛阳市搞起来的。洛阳市在 1980 年前后连续开了三次河洛文化研讨会,邀请港澳台及海外的一些同胞来参加这些会议,后来有一段时间的中断,然后又在巩义开过一次河洛大会。

世界客属恳亲大会在郑州开的时候,全国政协副主席罗豪才来河南考察,他要求河南要搞河洛文化研究,河洛文化对于联络海内外侨胞、港澳同胞有很重要的意义,这样的话,河洛文化研究就是咱们河南省掀起了一个高潮。从那个时候起,河南省每年开一次河洛文化国际讨论会,一直到今年,已经连续开了 11 年。前几年在咱们河南省内,在郑州、洛阳、平顶山、安阳等几个城市开,前年开到广州,去年开到了江西赣州,河洛文化在全国的影响是越来越大。

河洛文化是一个地域文化,中国的地域文化很多,但是在全国成立一个国家级的学术研究机构——河洛文化研究会,这在全国是第一,其他省,像楚文化、晋文化都没有,我们省成立全国唯一一个地域文化研究会,就是中国河洛文化研究会。河洛文化研究也取得了很多成果,有很多国家项目,出了很多书,逐渐的,河洛文化不但在全国产生了影响,而且在港澳台、在全世界产生了很大影响。

今天,我想和诸位交流的是"河洛文化和客家文化、闽台文化",重点讲河洛文化,附带讲讲河洛文化和客家文化、闽台文化的关系。

我先说第一个问题,河洛文化的界定,就是说什么是河洛文化。河洛文化是传统文化中的一个地域文化,顾名思义,河洛文化就是河洛地区的文化。我们首先要明白什么是河洛地区。河洛地区就是黄河和洛河流域,洛河就是伊洛河,从陕西洛南起源,经过河南的卢氏县、洛宁、宜阳、洛阳、偃师、巩义入黄河,这条河叫洛河,南北的伊河也包括在内。这条河和黄河中流干流(交汇),就是从潼关开始黄河向东流,在兰考转向东北,和这一段黄河干流交汇的地区就是河洛地区。洛河在黄河南边,黄河以北属不属于河洛地区呢? 也属于,因为一条河,我们不能只讲它的一边,河的两岸都属于这个流域。河洛地区不仅包括黄河南边这一部分,黄河北边的山西南部、河南北部地区也属于河洛地区。河洛地区的范围西边到潼关、华山一带,因为这个地方正好是黄河转弯的地方,也是洛河发源的地方。东边到哪里呢? 到现在的京广铁路。这个地方是豫西丘陵和豫东平原的接合部,东边的平原地区文化和西部的山地文化以前还是有一些区别的。河洛地区的北边包括山西省的临汾、晋城、运城这一块,还有河南的安阳、新乡、鹤壁;南边一般以伏牛山为界,到平顶山,再往东一点到许昌这个地区。人们认识不一致,一般来说就是这么一块,郑州是在里面,开封也基本上可以包括进去,这就是河洛地区,河洛文化就是这么一个地区的文化。这是河洛文化的范围。

河洛文化的时间。河洛文化可以说是一种很悠久的文化,从河洛地区有人开始就产生了河洛文化。后来到什么时间有不同说法,一种说法就是我们现在河洛地区的文化仍然是河洛文化,一种说法河洛文化是一种传统文化,传统文化不包括当代文化,现在的文化和古代的传统文化有很大的区别,我们不应该把它们归为一谈。河洛文化是传统文化,可以到清末,或者到鸦片战争这个时期。我倾向于河洛文化是一个传统文化,咱们现在的文化内涵和古代的河洛文化差别太大了,我认为河洛文化还是以传统文化为内容。这是河洛文化时间的界限。

研究河洛文化、弘扬河洛文化有什么意义? 有两点,第一点,河洛文化是中国传统文化的重要组成部分。关于它的重要性怎么样,我们后面再详细说。我们研究河洛文化就有利于了解中国的传统文化,这是一个意义。第二个意义,咱们南方的很多人,包括台湾的闽台人,都是从河洛地区迁去的。闽台文化、客家文化,它的根是河洛文化,所以研究、弘扬河洛文化有利于加强咱们大陆和港澳台地区和全国华人的凝聚力,这是血缘的纽带,有利于我们祖国统一大业的实现。当然,河洛文化还有很多具体内容,对于我们当前开展社会主义建设,对我们当前建设和谐社会都是有意义的。

河洛文化的研究和弘扬有极其重要的意义,这是我讲的第一点,这是河洛文化的界定和研究它的意义。

我想说的第二个问题,是河洛文化的内涵。河洛文化包括什么内容? 什么是文化? 现在世界上对"文化"这个概念理解差异很大。什么是文化? 人类的答案就有一二百种,大家相对比较公认的文化主要包括三个方面。第一个方面是物质文化,我们能看得到,比如说这个房子,比如说树,这是物质文化。第二个方面,制度文化。我们现在有很多规章制度,这个制度是人创造的,它属于文化。第三个方面,精神文化。精神文化包括的内容比较广,比如说我们的思想,我们的哲学;宗教,你信仰佛教、伊斯兰教、基督教,这也是文化;文学作品、诗歌、散文、小说,这都是文化;艺术,现在咱们各种艺术,戏剧啊,舞蹈啊,书法啊,绘画等等;还有科技,科学技术也是文化;还有教育,教育是文化的不可缺的东西,因为文化的传承靠教育,所以教育也是文化;还有风俗习惯,人们的风俗习惯也是文化。精神文化的内涵可以分很多方面。

作为河洛文化，它的内涵很丰富，刚才我讲的这些文化内涵河洛文化都有，比如说物质文化，河洛地区几千年，河洛先民创造了丰富的物质文化，比如说咱们农业生产、手工业生产，咱们的商业，长期在全国处于领先地位，在北宋以前，河南的经济在全国是处于领先地位的。中国的原始农业，河南地区、河洛地区是产生地之一，因为河洛地区地面上覆盖有黄土层，这个黄土层松软、肥沃，在原始人没有先进农具的情况下可以耕种，所以中国原始的汉族农业，就是种小米，这个就起源于河洛地区。水稻起源于南方。中国原始的汉族农业就起源于河洛地区。到春秋战国时期，随着铁器的发明，河洛地区先民开始用铁犁来耕地，用牛作动力来耕地，这样农业就进入了传统农业阶段——犁耕农业阶段，这在全国也是比较早的。秦汉以后，当时五谷已经发现了，不光是小米一个品种了，而且河洛地区是丝麻的重要产区。一直到唐代，河南地区有更深入的开发，在河边、池塘边、山区开发起来了，都用来种地，河洛地区农业生产在全国是处于领先地位的。这就是河洛先民创造的一方面的物质文化。

手工业也是这样，原始人使用石器、石头作为工具，到原始社会后期出现了小件的铜器，到夏朝，在河南的偃师二里头出现了大量的青铜器。铜具与石头(工具)相比，生产效率高很多。在河洛地区创造了丰富的青铜文明，咱们看到郑州商城那地方有铜鼎，那就是代表，能够铸造非常大、难度非常高的青铜器，当时河洛地区出现了辉煌的青铜文明。到春秋战国时期出现了铁器，铁器也是在河洛地区最先出现，铁器的出现使生产力出现了很大的提高，一直到现在，我们主要使用铁器。这是关于手工业，在当时全国都很先进了。

商业也很先进，商业是怎么出现的？在什么时间出现的？在夏朝。在咱们河洛地区除了夏族以外，还有商族，商族发明了车，用马来拉东西，商族人驾着车拉着货物到现在河北易县这个地方卖东西。到那儿以后，当地有易部落的人把这些东西抢了，把他们的人给杀了。商族的首领叫王亥，他去了，被杀了，他的儿子叫上甲微，他去报仇，把有易氏那个首领杀掉了。这个故事说明什么呢？商业最早起源于河洛地区，是由商族人首先来进行的，所以后世经商的叫商人。为什么称他为商人呢？因为商族人首先搞商业，搞贸易。商人起源于河洛地区。

到春秋战国时期，河洛地区商业非常发达，咱们知道范蠡，范蠡帮助越国灭吴国，后来他和西施一起隐居下来，到山东定陶经商，三次致千金，有钱之后送给他的亲戚朋友，然后再创造财富。现在的商人尊他为始祖。

到秦汉时期，洛阳、南阳等很多河洛城市是全国数一数二的商业重镇，到魏晋南北朝隋唐时期，开放了，丝绸之路修通了，洛阳成为丝绸之路的起点。关于丝绸之路，以前都说西安是起点，后来经过研究，人们认为洛阳才是丝绸之路的最东边的起点。因为东汉时期首都在洛阳，曹魏时期、西晋时期、北魏时期首都也在洛阳，隋唐东都在洛阳，所以丝绸之路东边的起点在洛阳。这样的话，洛阳这个城市和周围地区不但在国内搞商业交流，当时的陶瓷、丝绸一直贩卖到欧洲。当时印度、伊朗这些西亚、中亚的商人都到洛阳做生意，当时洛阳是世界上著名的商业城市。到北宋时候，开封成为国际性的城市，当时开封就有100多万人。商业方面，河洛地区也是很发达的。

这就是河洛地区先民创造的物质文化，这些东西现在大部分都看不到了，但是从现在考古发掘出来的东西还可以证明这一点。咱们经常说河南省是文物大省，河南地下文物在全国是第一位的，地上保留的文物在全国是第二位。为什么有这么多文物？就是河洛先民创造了丰富的物质文化，这些文物就是见证。河洛地区物质文化在全国是很先进的，当然了，北宋以后，咱们慢慢落后了，这个咱们也要承认。

再一个内涵就是制度文化，中国古代很多制度也是在河洛地区起源的，哪些制度呢？咱们说周公制礼作乐，礼乐制度、等级制度，都是从周公开始的。周公在哪里制的？西周时期，洛阳当时叫洛邑，称为东都，三门峡以东这个地区由周公管的，周公坐镇洛阳，在这个地方制订了西周的礼乐制

度,礼就是等级制度,乐就是当时的一些音乐,中国最早的礼乐是从这个时候开始的。当然,后面有不断的发展。

再一个是国家制度,在原始社会,在夏代以前是没有国家的,国家的出现是在夏朝。最早的国家是谁建立的?大禹和他儿子启。现在在登封发现有禹都阳城,这是大禹活动的地方,他的儿子启在禹州。后来夏朝都城迁到洛阳偃师二里头,国家就是在这个地方产生的。为什么会产生国家呢?当时出现了阶级,出现了贫富,要打仗,这就需要国家的出现。咱们知道大禹治水,黄河水,包括其他河流的水,范围很广,靠一个小的部落是治理不了,需要很多地区一盘棋来治理,这需要一个统一的指挥机构,这就促进了国家的形成,所以夏代就有国家了,有了官,有监狱、有军队、有法律,所以夏朝成立了国家。国家是先在河洛地区出现的。

再一个,科举制度。古代选拔人才不像现在,他们去考科举、考进士、考举人,考中了就可以做官。科举制度在哪里兴起呢?也是河洛地区。科举制度是隋朝隋炀帝首先开创的。到唐朝中期,武则天在洛阳实行殿试,就是她亲自在皇宫面试考生。同时她还在洛阳开武举,让会各种武艺的也来考试,选拔军事人才。后来到宋朝,科举制度就更加完善了,一直延续到宋、元、明、清,到清末时期,袁世凯和张之洞他们提议废除科举。科举在中国上千年,它的兴起、完善、形成也是在河洛地区。北宋时期首都在开封,当时王安石变法,就是当时的改革,这个改革也是在开封,在河洛地区,所以制度文化也是河洛文化的重要内涵之一。

再一个就是精神文化,精神文化河洛地区更为丰富,我这里简单点一点,比如说思想、哲学。春秋战国时期,河洛地区出现了很多思想家,比如说老子,河南鹿邑人,他在洛阳当官。当时周王朝乱了,他不想再做官了,往西走,走到灵宝的函谷关,当时守官的人叫尹喜,他对老子说,你给我写一本书吧!老子就在这里写了《道德经》,又称《老子》,所以老子是道家创始人。到战国时期,庄子是现在河南民权这个地方的人,他弘扬了老子的道家学说,写了《庄子》这本书,"老庄"就是道家学派的代表人物。道家起源于河洛地区。

墨家,墨子,墨子是哪里人?现在有争议,有人说他是鲁人。这个鲁在什么地方?最早是在河南的鲁山,后来迁到山东的曲阜。说墨子是鲁人,一个说河南鲁山人,一个说山东滕州人,鲁山更可靠一些。还有一种说法认为墨子是宋国人,就是现在的商丘,总之是河洛地区的可能性大一点,起码来讲他在宋国当官,在宋国活动。墨子创立了墨学,它和儒家不同,它主张兼爱、非攻,它的理论和儒家有区别。墨家学派在战国时期也是很重要的一个学派,当时天下学位不是儒家就是墨家,它是数一数二的,是可以和儒家相提并论的。

还有法家,法家最先变法的是魏国的李悝,他最先在魏国变法,后来申不害在韩国变法,这都是河洛地区的。商鞅在秦国变法,但是他是河洛地区人。韩非是韩国的贵族,是法家学派的集大成者,是咱们河南新郑人。法家学派也起源于河洛地区。

其他还有纵横家,这个代表人物是苏秦、张仪,苏秦是洛阳人,张仪是豫东这一片的人。苏秦、张仪他们的区别就是对秦国的关系,张仪主张东方六国和秦朝联合,东西联合,这叫连横;苏秦主张合作,南北国家合作对付秦国,这叫合纵,纵横家就是这么来的。这两个人学说不一样,但是他们两个都是鬼谷子的学生。鬼谷子在哪里呢?现在河南有几个鬼谷子纪念地,一个是鹤壁淇县,那里现在称为"中国第一军校",说那是鬼谷子讲学的地方。可是从历史记载的话,鬼谷子真正活动的地方应该在登封。纵横家的代表人物,从鬼谷子到苏秦、张仪,都是河洛人,纵横家也起源于河洛地区。

只有儒家不是起源于河洛地区,但是儒家是受周礼影响的,它的思想根源还是源于河洛地区的周公礼乐制度。同时,儒家在它创始时期开始就在河洛地区传播。咱们知道孔子周游列国,哪些地方?魏国,现在河南的濮阳;郑国,现在的新郑;宋国,现在的商丘;陈国,现在的淮阳;到蔡国,现在的上蔡。一直在河洛地区转,在这个地方讲学,在这个地方弘扬他的儒学。孔子学生有很多是河南人,像子贡是浚县人,子张是商水人。还有子夏,他也是河洛地区人。儒学虽然不起源于河洛地区,但是首先在河洛地区传播。后来河洛地区出了很多大学问家,时间关系,我不再多说了。

宗教方面,中国本土宗教是道教,在东汉时期兴起。黄巾起义,张角是河北人,也在河北传播,也在洛阳传播,因为黄巾起义是要造反的,是要推翻东汉王朝的,他在都城活动,当时在南阳、洛阳、濮阳这一块,当时叫太平道,首先在这些地方传播。道教起源地河洛只是其中之一,还有四川等地。

佛教最先传入河洛地区,汉明帝时期,派蔡愔等人到西域求佛教,西域就是现在新疆那个地方,取得了佛经和佛像,还带来了两个高僧——摄摩腾、竺法兰。在洛阳建白马寺,让两位高僧翻译佛经,所以佛教最先从西域传到洛阳。洛阳是汉传佛教的发源地,一直到南北朝、唐朝,大家知道唐僧取经,唐僧就是玄奘,他是现在的偃师人。

唐朝道教也有很多著名人物,像司马承祯,济源的阳台观就是他建的,他是唐朝道教的著名代表人物。一直到宋代,道家不断发展。像开封,以色列人最先到开封住,1000 年前到开封,把西方的宗教传过来了。

像文学,中国最早的一部诗歌总集《诗经》,《诗经》的国风(音)有 15,15 个国家的诗歌,9 个就是河洛地区的,像郑风,现在的新郑一带;卫风,现在濮阳一带;陈风,现在的淮阳;当时的王风,现在的洛阳一带。《诗经》里面的诗歌一大半是河洛地区的。

当时出现了著名散文家,像庄子、老子,他们的书都是著名的文学作品。到汉朝,贾谊是洛阳人,他写了很多著名的作品。像张衡,他是科学家,也写过很多著名的著作。到魏晋时期,曹操和他的儿子曹丕、曹植,曹植是很有名的诗人,才高八斗,他们(三曹)都在河洛地区活动。首先在许昌活动,后来在邺城活动,现在河北的临漳,临漳和安阳是一个地方的。临漳这个地方一直到新中国成立初都属于河南,后来划归河北,之前它一直属河南。咱们讲建安文学、建安的诗歌,"三曹"是在河南地区活动的。河南还有阮瑀,建安七子里面有两个在河南,是河南籍人。还有著名的女诗人蔡琰,就是蔡文姬,蔡文姬是杞县人,她是著名的女诗人,咱们看一些戏剧,曹操把她从匈奴那里赎回来的。

唐朝河洛地区文学家特别出名,诗人特别多,像杜甫,那是"诗圣",他的诗被称为史诗,记载了一个时代的历史,他是巩义人;像李白也在河南(活动);白居易是山西人,在新郑出生,晚年在洛阳居住,很多诗就是在洛阳写的。还有元稹、李商隐、李贺,当时河洛诗人特别多。

散文家韩愈是唐宋散文八大家之一,唐宋散文八大家,宋代有六家,唐代两家,这两家是韩愈、柳宗元。韩愈是现在孟州人。唐代到宋代,到北宋开封,聚集了很多文学家,宋代时候,外地文学兴起了,河洛地区的本身不多,但是他们都在开封活动、创造。从文学来讲,河洛的文学也是非常兴盛的。时间关系,其他的不再详细说了。

刚才讲了河洛文化内涵很丰富,最有代表性的、带有标志性的河洛文化的内容有两个,一个就是河图洛书。咱们现在在这里搞这个讲座是在图书馆,图书馆这个"图书"从哪里来的?就是河图洛书,河图洛书简称图书。由此可以知道河图洛书的影响。

河图洛书,人们说它是中国文化的源头,我简单介绍一下这个河图洛书。河图洛书带有神话性质,是原始社会后期的一些传说,不一定是真实的东西。什么意思呢?在"三皇"时期,三皇五帝那个三皇,其中里面有一皇叫伏羲氏,伏羲氏在黄河边,河里面跳出一匹龙马,它的背上有图,伏羲看到了,这就是河图。什么是洛书呢?咱们知道大禹治水,在洛河边,他看到一个乌龟从水里面爬出来,它的背上有一些符号,这就是洛书。这是神话,是传说。出现这些有什么意义呢?伏羲和大禹根据龙马背上的图和乌龟背上的符号受到启发来搞政治,来治理国家,有文献记载,"河出图,洛出书,圣人则之"。河里面出了图,洛河里面出了书,"圣人"就是伏羲和大禹,"则之"就是他们效法它,用它来治理国家。就是这么个意思。

河图洛书到现在起码上万年了,它出在什么地方?现在人很关注这个事情,特别是咱们河洛地区很关注,有几种说法,一种是河图出于孟津旁边,现在孟津有一个龙马负图寺,那就是河出图的地

方。洛书出在什么地方呢？洛阳市的洛宁县，那里有两个古碑，上面写着"洛出书处"。这都是洛书纪念地。除了这两个还有巩义，这个地方是洛河入黄河的地方，叫洛汭(rui)。人们说洛河水流到黄河水里面，洛河水清，黄河水混，在那里形成漩涡，这个漩涡就是河图洛书。还有一个说法，洛书出在洛河发源地，出在陕西洛南县。当然了，因为太遥远了，究竟出在哪个地方很难说，这些地方都是河出图、洛出书的纪念地。

古代人把河出图、洛出书作为祥瑞，就是说平常是见不到的，只有圣人出现时才会出现河图洛书，或者说只有一个国王，上一个国王老了死了，新的国王即位了，这个时候才出现，所以说河图洛书是祥瑞之物，是吉利的事情，一看到河图洛书感觉很吉利。孔子到快死的时候说："凤鸟不至，河不出图，吾以矣夫！"什么意思呢？凤凰不来了，河也不出图了，我要完了！这是祥瑞啊，他见不到祥瑞，所以他觉得不行了。"凤鸟不至"是什么意思呢？就是洛书。原来说是龟背，还有一种说法，就是说黄帝时期有一只凤凰来了，它的嘴上衔着一个纸，上面就是洛书。所以说孔子说"凤鸟不至"，凤凰不把洛书衔来了，我看不到了。从这里可以看到，河图洛书在先秦时期、春秋战国以前都被看作祥瑞。这是河图洛书最早发现的阶段。

往后面，到了汉朝，人们继续研究河图洛书，把它发展了，怎么发展呢？比如说洛书，把洛书和《洪范九畴》联系起来，这个《洪范九畴》据说是大禹的治国大法，大禹治国的依据就是《洪范九畴》。洛书的内容就是《洪范九畴》，九畴就是讲九点，九项内容，包括阴阳五行，怎么样治理国家，怎么样发展生产等等。他们还把河图和八卦联系起来，八卦是伏羲创造的，河图也是伏羲发现的，所以把它们联系起来，后来又和《周易》联系起来。《周易》是中国最早的哲学著作，有了《周易》才有了中国的哲学，之前都是零碎的，《周易》把它系统化了。大家想想，河图洛书，《洛书》和政治联系起来，成为国策；河图和《周易》联系起来，成为中国的哲学，它当然成为中国文化的源头了。大家是不是到过北京中华世纪坛，中华世纪坛一个厅里面周围有文化的雕塑，第一幅就是河图洛书，大家承认河图洛书它的重要性。这是在汉朝。

到了宋朝，当时出现了象数学派，他们对河图洛书继续进行研究，继续进行发展，发展成什么呢？把河图洛书变成这个样子了(展示)，上面是河图，下面是洛书，数字化了。我给大家解释一下，白的空心点是奇数，就是一三五七九；黑点是双数、偶数，二四六八十，河图就是从一到十这个数字组成的。同时，这个是代表方向的，(展示)代表四方，正南、正北、正西、正东、东北、东南……。这个"5"在中间，大家看看洛书，上面是9，下面是1，左边是3，右边是7，这边一个是2，一个是4，这边一个是6，一个是8，5在中间。大家看看，它有奇妙的地方，(演示)这几个点加起来是多少？这边是9，这边是1，中间是5，加起来多少？15。这个加起来是15，这个加起来也是15，这个加起来也是15。当时象数学派把它象数化了，进行研究。当时人们认为术和命运联系在一起的，过去说术数，数和命运联系起来成了这么一个图。

也有人从另外的角度研究，就是说河图洛书从原始社会后期，一直到清代，到现在还有人研究，我的同事写有《河图洛书探秘》，现在好多认识也有分歧，总之河图洛书是河洛文化标志性的内涵之一。

第二点，关于河洛文化内涵的第二个代表是洛学，也叫伊洛之学，或者叫理学。指什么呢？北宋时期，洛阳有程颢、程颐二兄弟，简称"二程"，他们是洛阳人，就在家乡研究学问、著书立说、教授弟子、传播洛学。洛学是中国儒学发展的一个新阶段。咱们知道中国的儒学，孔孟那个时期是一个阶段，儒学创始人孔子提倡"仁"，仁者爱人，提倡礼；孟子提倡"仁义"。孔子、孟子、荀子这是一个阶段。到了汉朝，董仲舒把儒学神学化，天人合一，这是一个阶段。到了魏晋时期，玄学兴起，对儒学有很大冲击，另外佛教也传进来了，佛教也对儒学进行了冲击。到了汉朝时期，儒学是老大，是第一位，当时汉武帝"罢黜百家、独尊儒术"，儒家当时是处于统治地位的思想。到了魏晋南北朝，道教、玄学都兴起了，儒学衰落了。到了唐朝，刚才我提到的咱们孟州人韩愈，他起来想重新恢复儒学，他提出要搞新儒学,对佛教思想进行批判。

当时唐朝皇帝想从法门寺把佛骨迎进宫里敬起来,韩愈写了一片奏章,说不要敬这个东西,佛教这个东西不好。早上把这个奏章呈上去,下午皇帝一个圣旨把他贬到潮州,现在广东东南边。韩愈是反佛教的,他要兴儒学。大家对韩愈的评价是"文起八代之衰",从文章上来讲,八代以来文章衰落了,韩愈把它兴起来了,在文学方面有贡献。从思想角度呢,"道济天下之溺",韩愈提出的理论,整个天下都灰暗了,韩愈起来济世、来拨乱反正,这是对韩愈的评价。

韩愈要兴起儒学,但是没有完成这个任务,谁来完成呢? 就是北宋的"二程"。"二程"创造了理学,他们为什么能够创造"理学"呢? "二程"是反对儒学的,但是他们不激烈地反对,他们去学儒学、道教、佛教,学了以后吸收了佛教有益的东西,然后把儒家学说进行改造、进行发挥,创造了新的儒学,这就是理学,他们完成了韩愈没有完成的任务。他们把"天理"作为一个哲学概念,世间万事就是一个"理",这个"理"是什么呢? 就是世界的客观规律,同时也是人们要追寻的一个道德规则,同时还讲辩证法,讲对比,讲统一等东西。

"二程"在他们的学术建立以后有很多弟子,他们有四大弟子,也有河南的弟子,但是对"二程"学说传播做出最大贡献的是一个福建的人,叫杨时。这个人既跟过程颢学习,又跟过程颐学习。有一次到程颐讲学的地方去,当时中午,程颐年龄大了,精力不支,趴在桌子上休息,他不敢打搅他的老师,就在门外站着,当时正是三九寒天,外面大雪,等程颐醒来以后,杨时已经在外面站了好几个小时,地上的雪已经半尺厚,这就是程门立雪的故事。杨时对他的老师特别尊重,杨时后来到福建去,他老师说"吾道南矣",就是说杨时走了以后,我的学说要传到南方了。杨时到南方以后继续做官,同时搞学问,来传播这些。杨时传给李侗,后来经过三四次传,传给朱熹,朱熹是理学的集大成者,他对"二程"的理学进行了发挥、弘扬,后来称为程朱理学。从元代开始,一直到明清,这三代几百年,一直是中国封建社会后期占统治地位的思想。

洛学非常重要,是中国儒学的一个新的发展阶段,而且这个理学不但在中国有影响,还一直传到日本、朝鲜半岛、东南亚。现在日本啊,韩国啊,他们现在主张信奉的虽然说是儒家学说,实际上就是理学。这是关于河洛文化的内涵,特别是刚才重点讲的带有标志性的。

下面就讲讲河洛文化的特点。咱们经常感觉到,比如说边境地区,比如说云南,比如说蒙古、新疆,那些地方的文化都有明显的特点,你说河洛文化、中原文化有什么特点呢? 大家不好说。有没有特点呢? 河洛文化还是有特点的,我们要注意来看。河洛文化比较有特点的是前后两部分,前面就是先秦时期,就是秦朝统一以前,当时咱们中原地区也是有很多小国家,战国时期有七雄,春秋有五霸,大国就有几个,小国更多。这些不同的国家有不同的文化,这是有差别的。到秦汉以后,因为河南成为都城了,全国文化都是都城文化扩散出去的,所以区别不大。一直到北宋,元、明、清以后,都城不在河南了,不在河洛地区了,河洛文化的地方性又显出来了,有一些特点了。

河洛文化和其他省的文化,其他地区的文化相比,有什么特点呢? 我觉得有四点:

第一个就是根源性。河洛地区文化历史悠久,它的文化都是根。咱们举个例子,中国音乐发展很早,河洛地区更早,有什么证据呢? 在我们舞阳的贾湖出现了十几根骨笛,距今有八千年了,用大鸟的骨头做的笛子,七个孔,能够奏乐,现在还能吹奏。这是在音乐方面,既然有笛子,说明当时有音乐。八千年前就有音乐了,这很早了。

从画来说,在六七千年前,在汝州阎村发现一个彩陶缸,缸外面画了一个鹳鱼石斧图。鹳是一种鸟,这个鸟嘴上叼着一个大鱼,左边是这么一幅。右边呢? 一个石头做的斧子,石头做一个斧子头,后面有一个木把,上面缠一些东西。这是现在看到的中国较早的画。

再一个,中国的哲学是河图洛书,《周易》是在哪里先兴起的? 商朝末年,殷纣王把周文王逮捕过来,拘禁在汤阴的羑里城。周文王被关在监狱里面没有事儿,研究学问,搞周易,《周易》是在咱们河洛地区出现的。

比如说教育,什么时候中国开始有学校,有教育? 夏朝就有。夏朝都城在哪里? 偃师二里头。商朝都城,咱们说郑州商城、偃师商城、安阳殷墟,学校首先在这里,那时候学校主要是教贵族的,平民没有受教育的权利。东汉时都城在洛阳,洛阳有太学,当时学生有三万人,现在学校三万人常见了,在2000年前,河洛地区的大学就有三万学生,这在世界上首屈一指。河洛文化是中国文化的根源,是源头。

第二个,融合性。河洛地区的民族很多,不是一个,在先秦时期,夏商周时期,主要民族是华夏族,华族起源于现在的华山周围,包括三门峡那一块。夏族,刚才讲大禹了,大禹的父亲鲧封在嵩山,夏族是在嵩山周围,所以中国最早的民族华夏族西起华山,东到中岳嵩山。这是华夏族的发源地和生活的地区。后来,商族从现在的河北南部、河北北部往郑州、洛阳一带迁移,扎根在这个地方,也成为华夏族的部落。后来周族从山西中部东下来到洛阳,也融合到华夏族里面。除了他们以外,还有一些其他民族都在中原地区生存。

人群是文化的载体,什么样的人群有什么样的文化,比如说现在非洲来的人,他代表的是非洲的文化,那个时候也是这样,从不同地方来的人都来到河洛地区了,把他们的文化带到这里来,这些文化不一致,区别很大,语言也不一致,生活习惯也不一样,居住时间久了,慢慢融合为一体,所以说河洛文化是一个有融合性的文化。

在春秋战国时期,南方的楚文化,山西的晋文化,河北是燕赵文化,山东是齐鲁文化,这些文化都和河洛文化进行交流,这样河洛文化有一个融合性,它能够互相吸收,它的优势在于居天下之中,可以吸收四方的文化,所以它的文化就先进。

第三个,它的传承性。河洛文化是一个长期传承延续不断的文化。前面讲了,从华夏到夏商周,一直传下来,到秦汉统一,也传下来,到魏晋时期,北方的少数民族进入河洛地区,当时有匈奴、鲜卑、羯、羌、氐,还有其他民族,他们进入中原了,他们是少数民族,他们的文化不是华夏文化,不是汉族文化,他们认为汉族文化先进,而且这里汉族人仍然占多数,必须吸收汉族文化,必须用汉族文化,他们都自称是黄帝的后代,是炎黄子孙。你看魏孝文帝改革,你们不要说鲜卑族的话,不要穿鲜卑族的衣服,必须穿汉族衣服,必须说汉语,他们把河洛地区原有的汉族文化继承下来。到宋代以后,女真人(金国)、蒙古人都打到中原地区,他们也传承了河洛文化。一直到清代,统治者强制搞满族文化,比如说剃头啊,留辫子啊,让你搞这些东西,但是时间一长就不行了。河洛地区文化传承不断,尽管有其他民族来统治,河洛文化依然能传播,这个是不简单的,这是中国独有特色。像世界四大文明古国,那些文化都没有连续传下来,就是中华文化能够传承不断,河洛地区起到了重要作用。

第四点,辐射性。就是向四方辐射,向四方传播。第一个,河洛文化它本身先进;再一个,它居中部;第三个,封建王朝都城多在这个地方,封建王朝一些制度文化多出现在这个地方,它开全国风气之先。比如说现在学习北京、上海的,那个时候就是这样,他们首先学习洛阳、开封的文化,全国各地都来学习。封建王朝推行了,把这些文化向少数民族、向边境推广了,咱们很多河洛人到外地做官,就把河洛文化带过去了。像辐射,强势文化才能够辐射,弱势文化不行。当时河洛文化是强势文化,是先进文化,是正统文化,它向周边辐射。

现在说一下了河洛文化的历史地位,河洛文化的历史地位很多学者有不同说法,但是都是肯定河洛文化重要性的。刚才我提到的全国政协副主席罗豪才,他曾经说过,河洛文化是以洛阳为中心的古代黄河和洛水交汇地区的物质与精神文化的综合,是中原文化的核心,也是中华传统文化的精华和主流。简单说就是这样,河洛文化是中原文化的核心,也是中华传统文化的精华和主流。咱们现在经常说中原文化,中原文化和河洛文化什么关系呢? 河洛地区相对小一点,中原文化它有两个方面的概念,一个是广义的中原文化,广义的中原文化包括整个黄河中下游地区,陕西、山西、河南、河北、山东,包括安徽、江苏北边,这是广义的中原地区,大中原。还有一个狭义的中原,就是河南,河南就是中原。河洛文化和中原文化比较起来,从广义来讲的话,河洛文化比中原文化小,但是它是中原文化的核心。狭义来讲，河洛文化主要是河南的西部、中部、北部这一块，东部、南部当时还有另外一些文化。像春秋战国时期，信阳、南阳一带楚文化占优势。这个地方是中原文化的核心，同时是中华传统文化的精华和主流。精华、主流都好理解，比如说是一条河，有很多岔，流水最多那个叫主流。其他一些文化都是支流，比如说楚文化，兴盛一时，后来没有了，融合进去了。其他很多文化，形成一段之后衰落了。因为河洛地区长期建都，它的文化成为主流文化。

关于河洛文化，我就介绍到这里。

最后说一个问题，河洛文化与客家文化、闽台文化的关系。

前面我提到了，河洛文化是个根文化，它是闽台文化、客家文化的根，为什么呢？因为客家先民和闽台先民都是从中原地区，从河洛地区过去的。在中国历史上，由于战乱，由于灾荒，河洛地区的汉族人向南方、向其他地方迁徙，迁徙次数很多，最主要的有三次。第一次是西晋末年，当时"五胡乱华"，匈奴、鲜卑、羯、羌、氐五个少数民族进入中原把西晋王朝灭亡了，当时西晋王朝都城在洛阳，把洛阳城攻下了，把王室杀掉，老百姓被迫南迁，那是在永嘉年间。当时王室南迁，老百姓也南迁，迁到江苏南京了，建立东晋。从中原迁过去的人非常多，当然，也有到西北、东北的，主要是向南。这是一次大的迁徙。

第二次是唐朝时期，唐朝高宗时期，在南方福建那个地方发生叛乱，唐王朝就派陈政、陈元光父子平叛，他们是固始一带的人，让他们平乱，他们带的有军队，有家属。到唐末发生黄巢起义，黄巢起义军队三次进入河南攻打洛阳等地，中原汉人继续南迁。唐中期到唐末期是一次大的移民高潮。

第三次是北宋时期，金兵攻占东京开封，河洛汉人第三次南迁，后来蒙古人进来之后也南迁，金元时期第三次大规模南迁。

这三次大规模南迁，使南方人口增多了，经济发展了。同时，这些南迁的人在南方形成了一些民系，虽然都是汉族人，但是形成了不同的集团、系统，其中比较卓越的就有一个闽南人，一个是客家人。闽南人称福佬系，闽南人居住在福建南部的漳州、厦门一带。客家人通过安徽、湖北，沿着江西往南边走，客家先民迁到现在的江西南部、广东北部、福建西部这一带山区。因为平原地区都被人占领了，只能在山区立足了，因为他们相对闭塞、独立，他们就保留了河洛地区的风俗习惯，形成了客家民系。在赣州、梅县、河源一带，形成以后往东、往南发展。很多人迁到台湾，像孙中山、洪秀全，他们都是客家人，很有活动能力的民系。客家人和福建闽南人在明清时期，特别是明末反清，郑成功在那里，他们到台湾去了，后来很多移居在台湾。台湾人70%到80%都是从大陆迁过去的，他们少数民族有高山族，其他人大多是从福建、广东这边迁过去了，他们的先人就是河洛的中原人。

客家民系形成于河洛汉人南迁，福佬民系形成于河洛汉人南迁，他们在血缘上和河洛地区有这么一个血缘关系。从文化上，他们保留了较多的河洛文化因素。这些因素有哪些呢？第一，讲的是中原话，讲的是河洛地区话。刚才讲了，咱们中原地区、河洛地区，因为北方少数民族不断过来，过来以后，他们首先讲的是他们的民族话，像魏孝文帝让他们讲中原汉话，但是他们语言不很纯粹，而从中原迁到南方的闽南人、客家人，他们保留的当时河洛话、中原话比较多，从语言上保留着。正因为他们的移民，他们移民的时候把自己先辈的骨头背在身上带过去，把他们的家谱带过去，这都是不能丢的，保留他们的血统。现在他们有些知道自己是河南固始的，或者是什么什么地方的，他们都知道，就是因为他们有家谱。

再一个，比如说他们的住房，现在江西、福建、广东都有一些文物，整个一个大圈子，大家可能去看过，还有土楼，都很坚固。为什么建这个东西呢？当然，也是与安全有关，同时，由于北方战乱，少数民族打来了，当时北方人要想安全就在比较险要的地方修碉堡。北方人进来以后，汉族人要生活，要保证生命安全，要生产，就在一个险要的地方修一个碉堡，当时叫坞壁。平时在周围生产，一旦有战争了，我们就在这里守。中原的坞壁传到南方后稍微有一点改变，就成为他们的文物，成为他们的土楼。

还有他们的民歌,像咱们固始大别山一带的民歌传到南方去,客家的民歌都是固始的,包括他们的衣服啊,他们过的节日啊,习惯啊,很多都保留下来了。他们保留了很多的中原文化因素,所以河洛文化是闽台文化、客家文化的根,他们都认这一点。

台湾人、福佬系他们自称是"河洛郎",河洛地区的孩子。这些年来,他们不断地到河洛地区寻根,首先寻到福建、广东,第二拨就到河南来了。河洛地区主要是咱们整个河南地区,和福建、台湾有浓重的血缘关系。同时呢,血缘是文化的纽带,这样就成为两地进行文化交流、经济活动的精神纽带,一谈到这个地方就很亲切,一说起来就说我们都是什么地方人,我们都是本家。河洛文化与闽台文化和客家文化的关系非常密切,我们这里是根,是源,他们也都承认。这样的话,我们弘扬河洛文化,宣传河洛文化,可以增加咱们大陆和港澳台及海外华侨的凝聚力,增强关系,增强认同感。一个是能够造福于咱们大陆、港澳台的人民,同时,也有利于反对"台独",促进国家和平统一的大业。现在与台湾的经济交往比较多,文化交流比较多,政治难一点,经济、文化是前提。

由于时间关系,我今天就简单给大家说到这里,大家如果想有更多的了解,我原来出过《河洛文化概论》这么一本书,河南人民出版社出的,大家可以看一看。另外我在超星图书馆,他们也和这个性质一样,我在那里讲过 30 个小时的河洛文化,大家如果有兴趣可以看,在网上可以看的。天气很热,大家能在一起进行交流,我很高兴,谢谢大家!

主讲人:**刘德萍**,郑州师范学院思想政治理论课教学部马克思主义研究室主任,教授,河南大学历史系毕业,硕士学位。多年以来从事毛泽东思想理论的教学与研究工作,先后出版著作 3 部,发表论文 20 多篇。

时　间:2013 年 12 月 1 日

地　点:河南省图书馆研议厅

一代伟人毛泽东

大家好! 今年是毛泽东 120 周年诞辰,我刚从湖南回来,参加了两个会议,一个是湖南大学组织的全国高校纪念毛泽东 120 周年诞辰的学术研讨会,另一个是湘潭大学组织的纪念毛泽东 120 周年诞辰的一个国际性的学术研讨会。到了毛泽东家乡,到了毛泽东曾经学习和工作八年的第一师范学校去看过,更加感受到伟人的伟大。

给大家的报告是"一代伟人毛泽东",我觉得这样的人物是不可能一代有一个的,甚至五百年,上千年也难有一个,所以我们就叫"伟人毛泽东"就行了。

我没来之前,我听说听众都是一些上年龄的,所以对我来说也有压力,有的比我年龄还大,亲身经历过毛泽东的时代,对毛泽东时代的一些事情记忆犹新。年轻一点的就未必了,我当时就想做一个学术上的一个讲座,讲比较专一点的东西,后来说还是讲普及性的东西,这个月是"毛泽东月",而且我是第一场。

我今天就讲三个方面:第一个,我们介绍一下毛泽东的生平。他的家乡,他一生的主要工作,有些听众不是太熟。第二个,毛泽东的贡献。第三个,讲一下对毛泽东的评价问题。

我们首先看一下毛泽东的生平简介。大家可能知道,他字润之,1893 年 12 月 26 日出生,也就是说今年的 12 月 26 日是他 120 周年诞辰。出生在湖南韶山,他的家乡非常美。他这一生中交叉起来可以分为 3 个 28 年:1893 年出生,28 岁的时候参加中国共产党的建立;1949 年 56 岁建立新中国,然后到他去世,是交叉算的,不交叉是没有那么长时间的。

（PPT）这是毛泽东的家乡韶山。这个图片我没有取我这次照的，因为这次照的照片是冬季，下面是没有荷花的，都是比较萧条的水，这是夏季的照片，前面都是荷花。上面的房子就是他们家的房子，这个图片大家看一下，这边是瓦房，是毛泽东家的，是这边是几间草房，是他邻居家的，我没有去之前我也不知道。这边的瓦房是他们家的，一进门儿，堂屋（正屋）是两家合用的。这样一个群山环抱的非常秀丽的一个村子，你去了这个村子就知道，这个地方出现了这样一个伟人，你会觉得是非常自然而然的事情。

（PPT）这是毛泽东的父母。他的母亲叫文七妹，姓文，因为旧社会妇女只有姓没有名，排行老几就叫几妹。这是他的父亲毛顺生。

（PPT）这是毛泽东几个兄弟与他母亲的合影。他们家弟兄三个，没有女孩儿，有人说不是有一个女孩儿叫毛泽建吗，实际上那是他叔叔家的，过继到他们家的。他的大弟弟毛泽民，小弟弟毛泽覃，还有妹妹毛泽建。毛泽东一家为中国革命牺牲了六位烈士，可谓满门忠烈。除了两个弟弟、一个妹妹之外，还有一个侄子，以及他的妻子杨开慧和他的长子毛岸英。

我这次去了毛泽东小时候读书的那个私塾，现在保存得还不错，原址原貌。实际上他13岁就辍学了，在家里耕地。因为他是农民出身，他父亲当时让他去学习，就是让他学几个字就行了，能管管账就可以了，也没有想让他怎么着。他就上了几年私塾，从8岁到13岁。13岁时他父亲不让他上学了，他就辍学在家，在家期间他仍然坚持自学。后来呢，他听说有了新式的学校，不再学习四书五经那些东西了，他又想上学。因此他说服了他的父亲，又到新学校去上学。后来辛亥革命发生了，他当了半年兵，当兵期间他并没有拿枪，毛泽东一生中是没有拿枪的，他指挥中国革命是用文房四宝打败国民党的。

1914年到1918年，他在湖南第一师范求学，我这次专门去了他求学的地方。他在那读了五年书，在那儿又工作了三年，等于说八年的时间。那个地方保存的不是太好，今年进行了大修，修得也很漂亮，但是修旧像新，应该保持原汁原味，这样才能有历史的厚重感，才能感受到伟人的足迹。这次去了那里，说实话，我觉得保存得不好。毛泽东在1919年到北京去了，大家都知道，他在北大图书馆当馆员，这期间"五四青年运动"发生，他接受了马克思主义，回到长沙之后创立了长沙的共产主义小组。

在1920年，毛泽东跟杨开慧结婚，这是他的第一个妻子。有的可能听说过，网上也有，毛泽东之前家里有一个包办婚姻，一个姓罗的女孩子，但是毛泽东反对他父亲包办婚姻，跟她有夫妻之名，没有夫妻之实，后来过了三年，那个女孩子有病去世了。

（PPT）杨开慧跟毛泽东生了三个孩子，这是1924年杨开慧跟毛岸英、毛岸青的合影，后来有了第三个孩子毛爱龙。毛岸英大家都知道，为革命牺牲，毛岸青前几年去世了，他有个儿子叫毛新宇，也是毛泽东唯一的嫡孙，在中国军事科学院，去年被授予少将。

1921年，毛泽东参加了中国共产党的一大，所以我们说毛泽东是中国共产党的创始人，那是当之无愧的。当时他28岁。在中国共产党创立之后，他就投身于农民运动。1925年，他在湖南做了3个月的调查，然后写了一篇非常有名的著作——《湖南农民运动考察报告》，这个在《毛泽东选集》上面有。毛泽东的文笔是非常好的，写的文章通俗易懂，善于用中国老百姓的语言表达自己的思想。

（PPT）这是当时的毛泽东。大家可以看一下，早年的毛泽东下面有没有痣？没有。什么时候有的？遵义会议之后，1935年之后长出来的痣，一开始没有痣。

蒋介石、汪精卫在1927年叛变革命之后，中国共产党在湖北武汉召开了著名的八七会议，这里就是八七会议的会址（PPT）。毛泽东参加了这次会议，提出了一个著名的论断，"政权是从枪杆子中得出来的"。他认识到，要想革命，必须开展武装斗争，认识到武装的重要性。中国共产党一开始没有认识到武装的重要性，它一开始成立的时候主要是从事工人运动和农民运动，包括第一次跟孙中山国共合作创立的国民革命军，国民革命军的总司令是蒋介石，包括著名的北伐战争，虽然是国共两党共同进行的,北伐军总司令还是蒋介石。中国共产党人用血的教训认识到武装斗争的重要性,因此呢,他在八七会议上提出了著名的论断。有些书上给他归纳为"枪杆子里出政权",实际上原话是"政权是从枪杆子中得出的"。

八七会议之后毛泽东回到了自己的家乡,领导了著名的秋收起义。秋收起义之后,他带着只有几百人的部队上了井冈山,一开始秋收起义有 5000 人,那是不少的。最初是计划攻打长沙的,在攻打长沙的过程当中军队损失惨重,在这种情况之下,毛泽东果断地决定不再攻打长沙,开了一个会,把军队转移到农村,后来就带上了井冈山。带到井冈山的时候,军队是没有多少人的,不到 1000 人,这些人建立了中国第一个农村革命根据地,就是井冈山根据地。

(PPT)这是毛泽东跟朱德会师的油画。"朱毛"会师之后,朱德成立了第四军,朱德任军长,毛泽东任政治委员,称"毛委员",那时候称"主席"就不对了。

在井冈山期间,毛泽东开始了探索中国革命的道路。中国革命的道路大家都知道,就是农村包围城市,武装夺取政权。这个道路是中国共产党人,尤其是以毛泽东为代表的中国共产党人根据中国实际,把马克思主义与中国实践相结合探索出来的。为什么说马克思主义理论与中国实践相结合探索出了中国革命独特的道路呢?因为马克思和恩格斯的著作是西方的思想,马克思在原著中对中国提到的并不多。"十月革命"走的是以城市为中心的路线,而中国的国情跟俄国是不一样的。因为中国是农业大国,中国农村人口占到人口的 80% 以上,你在城市里面是站不住脚的。像八一南昌起义,还有秋收起义、广州起义,一开始都是想攻打、占领城市的,但是都没有能够在城市站住脚跟。1927 年到 1928 年中国共产党领导了大大小小一百多次起义,只有少数队伍生存下来了,为什么?只有少数的学习井冈山这个样子把军队带到农村,建立根据地的生存下来了,否则的话,大部分都是失败的。通过中国革命的实践告诉我们,中国革命必须要把我们的立足点放在农村。农村里面有广大的农民,因为农民受压迫比较深,所以他们有很强的革命性。再一个,蒋介石的力量主要集中在城市里面,农村里面反革命的力量也比较薄弱。最后我们走的是农村包围城市的道路。不管是土地革命时期,或者是抗日战争时期,或者是解放战争时期,中国共产党走的都是这条道路,都是在农村建立根据地,然后在农村发展壮大力量之后再夺取城市。大家都知道著名的解放战争,解放战争一开始蒋介石占据着主要城市,占据着重要的交通线、战略要地,中国共产党就是在农村建立解放区,发展壮大力量之后再攻打城市。一开始是小城市,最后才是大城市,著名的三大战役实际上就是已经到了攻打大城市的阶段了,然后取得全国性的胜利。这条道路是以毛泽东为代表的中国共产党探索出来的。这个过程中毛泽东起到了重要的作用,总结他在井冈山斗争的经验,写了几篇著作——《红色政权为什么能够存在?》、《星星之火,可以燎原》等等,从理论上认识了这个问题。

(PPT)毛泽东在井冈山期间和他的第二位夫人贺子珍结婚,这是贺子珍年轻时候的照片。(PPT)1937 年她去苏联养病,这是她养病期间跟她的女儿李敏的照片。

(PPT)这是在延安的时候,1937 年春天,毛泽东跟贺子珍的合影。贺子珍是红军的女将军,个性非常强,毛泽东也是个性很强的人,他们两个人个性都很强,在一起难免有磕碰。1937 年秋天,贺子珍离开了延安,去苏联治病,在长征途中,她受过伤,身体里有十几个弹片,身体非常不好,她生了六个孩子,只存活了一个,叫李敏。贺子珍去了苏联之后,毛泽东他们也就分开了。

1931 年,中央苏维埃共产党临时政府成立,选的主席就是毛泽东,这个时候毛泽东就有了"主席"这个称呼了。这个主席是担任中华苏维埃临时政府的主席,这是毛泽东那个时候的照片(PPT)。从照片可以看出,那个时候毛泽东是比较消瘦的。

在中央根据地期间,毛泽东、朱德多次打退国民党的"围剿",当时国民党的兵力是非常强的。毛泽东指挥取得了前三次反"围剿"的胜利,第一次蒋介石派了 10 万军队,第二次是 20 万,第三次是 30 万,都是毛泽东、朱德一块指挥的,红军大概多少人呢?大概就是 3 万人左右。可以说,这是以弱胜强的非常典型的战例。之所以能以弱胜强,就是有正确的战略战术,后来归纳成为十六字的游击战术。从战术内容可以看出,不是跟敌人硬打硬拼,在实力悬殊情况下——人数悬殊,武器装备更不用说了,更加的悬殊,我们那时候甚至每个战士一条枪都难以保证,而国民党有飞机、有大炮,我们用这种正确的战术,打退了敌人的三次"围剿"。

第四次反"围剿"不是毛泽东指挥的了,因为毛泽东受到"左"倾错误的排挤,被剥夺了军权。第四次反"围剿"我们还是胜了,是朱德和周恩来指挥的,还是用的这种方式方法。第五次反"围剿"大家都知道,失败了,为什么?第五次反"围剿"的指挥者是李德和博古,李德是共产国际派来的军事顾问,博古当时是我党的负责人,他们执行的是王明"左"倾教条主义路线,就是不考虑红军当时的实际,跟敌人硬打硬拼。第五次"围剿"是蒋介石亲自挂帅,有100万军队,有飞机,有大炮,武器装备非常精良,你再跟敌人硬打硬拼,无异于鸡蛋碰石头。最终,我们1933年10月到1934年10月,整整一年的时间,没有打退敌人,根据地越来越小,人员也是越来越少,剩下的只有一条路,就是放弃根据地,进行战略转移,用我们今天的话来说就是长征。

毛泽东参加了两万五千里长征,在长征的途中,我们党出现了一次重要的转折,就是遵义会议。遵义在贵州,我去年去了遵义,去看了这个地方,会址就在这个楼里面(PPT)。那个房子不大,参加会议的人也就是十几个人。遵义会议是我们党在非常关键的时刻开的一次会,为什么?因为红军长征之后,一开始指挥者还是那个博古和李德,他们一开始把转移的目标放在了湘西。为什么?因为那个地方有贺龙领导的红军,想到那里与贺龙会合。蒋介石已经明确地判断出了红军前进的方向,所以在前进的路途上围追堵截,布下了重兵,红军损失惨重,尤其是湘江一战,红军损失的人太多了。中央红军长征的时候8万多人,后来过了湘江之后剩下3万多人,损失一大半。在这个紧要关头,如果再继续向湘西前进的话,后果无疑是非常严重的。在这种关键的时刻,毛泽东就提出我们不能向湘西前进了,应该向敌人力量比较薄弱的贵州前进,这个提法得到了周恩来、王稼祥、张闻天等人的支持,改向贵州前进。这是出乎蒋介石预料的,我们很快占领贵州北部的军事重镇遵义,在这个地方我们召开了政治局扩大会议,也就是现在我们说的遵义会议。在这个会议上,批评了博古和李德的错误指挥,不让李德指挥军事了,同时毛泽东被选为政治局常委。我们说遵义会议开始确立毛泽东的领导地位,实际上他是常委之一,还不是我们党的总书记。遵义会议没有让博古再负总责了,负总责的是张闻天,毛泽东是常委之一,后来毛泽东在实践过程中逐渐确立了在我们党的领导地位。

遵义会议开了之后组成了三人军事指挥小组,毛泽东、王稼祥和周恩来,他们负责指挥军队。在战争年代,核心的就是军事,对于毛泽东,在三人军事小组中他也起到了决定性的作用。遵义会议在我们党历史上是非常重要的,甚至说是挽救了党、挽救了红军、挽救了中国革命。为什么这么说?我觉得这种对遵义会议的定位是非常准确的。我们可以算一下,中国共产党成立是1921年,中华人民共和国成立是1949年,一共28年,刚好1935年是一个中间点,前面是1921年到1935年共14年,从1935年到1949年又是14年。

从1921年到1935年,可以说中国革命是坎坎坷坷。为什么这么说呢?后来归纳成两次胜利、两次失败。为什么这么说呢?我们中国共产党成立了,好不容易第一次国共合作,北伐战争形势大好,但是呢?由于我们党内出现了右倾错误,导致中国革命失败,蒋介石、汪精卫叛变革命,中国共产党人遭到屠杀。中国革命陷入低潮的时候,我们的党员由蒋介石、汪精卫叛变革命之前的六万多人下降到一万多人。我们在这个低潮中重新兴起,发动武装起义,创立红军,建立根据地,重新兴旺起来。1931年我们还成立了中华苏维埃中央临时政府,它的首府、都城在哪里?在江西瑞金。所以我们直到现在说瑞金是红色的都城,得重新兴旺。王明的"左"倾错误又使革命成果丧失殆尽,你长征走了,根据地重新被国民党占领了,革命成果又一次丧失殆尽。红军经过长征,参加红军长征的除了红一方面军之外,还有二方面军,还有四方面军,加起来到达陕北的红军也就那么几万人。从遵义会议之后，我们顺利到达陕北之后，我们靠这几万人取得了抗日战争的胜利，建立了新中国。这个统计不一样，有的说 3 万多人，有的说更多一点，大家公认的是 3 万多人。

遵义会议之后，有了毛泽东的正确军事指挥。毛泽东军事很厉害，他并没有上过专门的军事院校，他是师范院校出身的，但是他有一种军人所没有的思想，他打仗有战略眼光。我们知道蒋介石是真正学军事的，上过日本著名的士官军校，世界上非常有名的军校，但硬是被毛泽东打败了。蒋介石打仗跟毛泽东相比较，毛泽东有战略眼光，蒋介石是缺乏战略眼光的，他光是看到一城一地的得失，开庆功会，很高兴，最后被毛泽东打败了。当然了，蒋介石被毛泽东打败，被中国共产党打败，除了毛泽东高超的战略眼光和战术指挥之外，蒋介石的失败更重要的是失败在丧失民心上。大家都知道，中国有一句话，得民心者得天下。抗日战争期间，蒋介石的威信是很高的，不管怎么说，他是中国抗日的领袖，但是后来国民党逐渐失去了民心。失去了民心，你的政权就无可挽回了。

有了正确指导之后，渡大渡河啊，抢夺泸定桥啊，(PPT)这个是泸定桥，红军就从这个铁索上过去。原来桥上是有木板的，后来蒋介石把木板全部撤掉了，对面还有碉堡，红军从这儿冲上去了。后来过雪山，走草地，终于在 1935 年 10 月，毛泽东领导的红一方面军，也称中央红军，到达陕北，长征胜利结束。毛泽东为此写了一首诗，非常有名的七律《长征》。

到达陕北之后呢，毛泽东接受了一个著名记者的访问，就是美国的著名记者埃德加·斯诺。这是第一个到延安访问的外国人，他向世界报道了红军的长征，写了一本书叫《西行漫记》。

(PPT)这是斯诺跟毛泽东照的照片。斯诺后来跟毛泽东、周恩来等人成了好朋友。斯诺去世的时候，他的一半骨灰埋在北京大学，北京大学里面是有斯诺的墓地的，他把中国看成自己的第二故乡。在中华人民共和国成立之后，他多次来中国，跟毛泽东、周恩来等我们党的一些领导人成了朋友。

接下来就是抗日战争了，中国共产党在抗日战争中，虽然是国共两党合作，军队虽然改编为八路军和新四军，但是八路军和新四军仍然属于中国共产党领导的军队。在抗争战争中，我们实行独立自主的原则，发动人民群众，挺进到敌人的后方，建立敌后抗日根据地。敌后抗日根据地就是敌人占领区广大的农村，日本占领中国东北、华中、华南、华北大片的国土，日本是一个小国，它的兵少，不可能在所有占领区都是重兵驻扎，主要兵力驻扎在城市里面，还有重要的交通线啊，战略要地啊，在农村没有固定的军队驻扎，所以我们就挺进到敌人力量薄弱的农村，等于说在敌人心脏里面进行抗日，这样对敌人的打击就非常重。我们建立了大大小小很多块根据地。毛泽东在抗日战争期间写了大量的文章，其中非常有名的就是他判断了抗日战争的战略，写了《论持久战》，直到现在，这还是世界各大军事院校必读必学的，包括美国著名的西点军校，中国的军校就更不用说了。

(PPT)这是毛泽东当年所住的窑洞。

在《论持久战》中，毛泽东分析了敌强我弱的形势，他说，正因为敌强我弱，所以抗日战争不可能速胜。但是呢，日本是小国，我们是大国；日本是侵略者，我们是正义的一方，得道多助，失道寡助，我们的战争是持久的，而最后的胜利一定是属于中国的。他预测抗日战争要经过三个阶段，第一个阶段是我们在防御，敌人在进攻；第二个阶段是战略相持；第三个阶段，我们反攻，敌人灭亡。后来抗日战争果然是按照这样一个发展态势去进行的，所以我们说毛泽东是非常有远见的战略家。因为时间关系，不可能完全展开。

在延安期间，1937 年 10 月，贺子珍去了苏联治病，走的时候没有通知毛泽东，毛泽东曾经让人带信让她回来，她没有回。因为这个贺子珍也是红军将军，个性非常强。贺子珍走了之后，1938 年，江青跟毛泽东结婚。对此，有的网上说江青是插足，这个说法是不对的。实际上江青到延安是 1937 年 10 月，但是当时她不可能跟毛泽东见面。为什么？因为她是从上海去的，我们党要对她进行审查的，那个审查的过程大概有几个月的时间，所以说贺子珍跟江青根本没有见过面，在贺子珍走之前毛泽东也不可能见过江青。1938 年春天，江青才出来工作，1938 年 10 月，毛泽东跟江青结婚。

对于这三次婚姻,毛泽东后来曾经说,杨开慧是他的挚爱。贺子珍呢? 毛泽东说,枪林弹雨真情在。贺子珍从1928年跟毛泽东结婚到她离开,有十年的时间,这十年真是枪林弹雨的十年,长征就在这期间。毛泽东在中央根据地时受"左"倾错误的排挤也是在这期间,他们是有真情的。但是跟江青的婚姻,毛泽东曾经表示,他是有"悔意"的。新中国成立之后,大家曾经说过,毛泽东跟江青是长期分居的,作为党的领导人,他不可能再去离婚。

　　江青给毛泽东生了一个女儿,叫李讷,现在还健在。我看过一些延安时期的老的回忆录,在延安时期,毛泽东怎么会选江青呢? 在延安时期,江青表现还是不错的,而且她总的来说还对毛泽东的生活照顾得不错。后来,随着地位的变化她变了,不能说一开始就怎么怎么样,我想那样的话毛泽东也不会跟她结婚。

　　在抗日战争期间,我们的延安曾经遭受过非常严重的困难,在这种困难中,毛泽东号召自己动手丰衣足食。(PPT)这是毛泽东的亲笔题词,开展轰轰烈烈的大生产运动。大家知道有一首歌非常有名,叫《南泥湾》,这就是歌颂大生产运动的。你现在去延安会发现,毛泽东、周恩来等我们党的领导每个人都分有一块地,这块地他们自己耕种,从上到下,上面带头,都是这样做的。延安大生产运动非常成功,不但解决了当时我们在延安的机关,还有士兵的生活,而且为抗日战争的胜利打下了物质基础。

　　1945年的七大,在我们党历史上也是非常重要的一次会议,因为七大把毛泽东思想写入了我们党的党章,而且毛泽东正式被确定为中共中央主席,毛泽东担任中共中央主席一直到1976年他去世。现在国家已经没有"党中央主席"这个职位了,现在最高领导职位就是总书记了,毛泽东那个时候有中共中央主席。

　　(PPT)这是七大会场。现在七大会场保持的还是原汁原味的。

　　抗战胜利之后,毛泽东曾经亲赴重庆跟蒋介石谈判,为了争取和平。实际上毛泽东赴重庆谈判是非常危险的一件事情,很多人反对,担心毛泽东被蒋介石扣押。因为人们对蒋介石的信用问题存在着怀疑,大家都知道,"西安事变"之后,张学良陪同他回南京,一下飞机就把张学良扣押了,判了监禁。后来虽然以领袖的名义特赦,但是特赦并没有释放,先在大陆,后在台湾。蒋介石死的时候没有解禁,蒋经国死时也没有解禁,一直到20世纪90年代才解禁,后来张学良去了美国,在美国夏威夷去世。张学良高寿,活了100岁。

　　很多人担心毛主席的安全,不让他去,但是毛主席为了国家、民族的和平,还是去了。去了之后呢,一个著名的诗人柳亚子称毛泽东为弥天之大儒,柳亚子向毛泽东要诗,因为毛泽东会写诗。毛泽东抄了他1936年写的一首诗词,就是《沁园春·雪》,让重庆的人们不仅领略了毛泽东的胆识,而且领略了毛泽东的诗人风采。

　　1946年,毛泽东的大儿子毛岸英从莫斯科到达延安,这是他们当时的合影(PPT)。毛泽东在1946年蒋介石发动全面内战之后,开始指挥著名的解放战争。毛泽东指挥解放战争同样是采取的集中优势兵力,各个歼灭敌人的策略,不是跟敌人硬打硬拼。当时在延安,军队说要誓死保卫延安,最后党中央决定主动放弃延安,为什么? 因为当时胡宗南20万大军进攻延安,延安只有10万多人,硬拼肯定是不行的。毛泽东说,我们放弃延安是为了打到西安,然后得到全中国。胡宗南得到的是一座空城。主动放弃延安之后,毛泽东当时预测说,我们少则一年,多则两年,一定要收复延安。1947年3月份撤离延安,1948年4月份收复延安,一年多点的时间。收复延安之后,毛泽东没有回去,朱德回去了,毛泽东从他离开延安之后没有再回去。

　　毛泽东离开延安之后转战陕北,指挥中国革命。在1948年,到了河北省平山县的西柏坡。

　　(PPT)这是开国大典的照片。

　　新中国成立之后,我们首先在1950年到1953年进行了抗美援朝,抗美援朝的胜利打出了中国的威风,在国际上打出了威风,为什么这么说? 当时美国是世界上头号强国,我们刚刚建国一年的时间，可以说国家是百废待兴，当时实力还是很差的。尽管在那种情况之下，我们为了我们国家的和平还是出兵朝鲜。美国打朝鲜目的就是想以朝鲜作为一个跳板，想从战略上包围中国，我们不出兵的话，在美国包围之下日子也不好过。所以朝鲜战争的胜利为我们国家建设赢得了一个和平的环境，可以不夸张地说，直到现在，美国要想动中国可能就会想一想，为什么朝鲜战争那么样的情况之下，我们就胜了。有人说打了平手，平手对我们来说就是胜了，因为我们的实力跟它们比太悬殊了。美国支持蒋介石跟我们共产党打了三年，蒋介石没有赢，美国照样败了。后来美国打越南，我们虽然没有正式出兵，但是我们也是抗美援越的，支持越南。现在，哪怕将来，它要想动中国也要考虑考虑，跟共产党打仗，它是没有沾过光的。

在抗美援朝的同时，中国进行了土地改革。通过土地改革，中国广大农民获得了土地，这就是共产党为什么能够获得政权的重要原因之一。蒋介石曾经说过，谁得到北京，谁得到上海、南京、武汉这些大城市，谁就可以控制全中国。毛泽东跟他看法不一样，毛泽东说，谁能够赢得农民，谁能够解决农民的土地问题，谁就能够得到全中国。事实证明了毛泽东的真知灼见。为什么？中国几千年历史，农民是没有土地的，农民梦寐以求的就是能够得到土地。共产党让他们实现了这种愿望，所以中国共产党解决农民土地问题之后，农村的农民为了保卫他的胜利果实，要拼命当兵，要打仗，要保卫自己得到的土地。否则的话，蒋介石打回来了，得到的土地就没有了。中国共产党为什么能够取得政权，这就是一个重要原因，就是得到了广大农民的支持。中国共产党领导的军队实际上就是穿着军装的农民，我们大部分军队的来源就是农民。新中国成立之后我们同样进行土地改革，全国老百姓都得到了土地，所以说能够得到老百姓的支持。到现在，我们中国人不管是经历过毛泽东时代的，还是没有经历过毛泽东时代的，对毛泽东依然有很深的感情，因为他真的使广大劳苦大众翻了身，做了主。

紧接着是对社会主义改造，改造什么？改造生产资料所有制，由私有制变为公有制。按照马克思主义理论，社会主义应该以公有制为主体。新中国成立初期，我们是私有制为主，为什么呢？当时土地分给谁就是谁家所有，手工业啊，店铺啊，作坊啊，分给谁就是谁所有。个体经济属于个体私人所有，私有制经济占到主导地位，我们要确立社会主义制度，必须对农业、手工业、资本主义工商业进行改造。我们从 1953 年到 1956 年成功地进行了社会主义改造，使公有制为主体的地位在我国确立起来，标志着我们国家确立了社会主义制度。

当然了，在新中国成立之后，毛泽东也犯了一些错误，也有一些失误。人民公社化运动是一个失误，为什么？他是想尽快在中国建成社会主义，只是开展了不切合实际的一些做法。人民公社运动给我们造成了一些损失，后来毛泽东自己发现了问题，尽量纠正了。

（PPT）这个图片是毛泽东参观河南的新乡七里营人民公社。大家知道第一个人民公社在哪儿搞的吗？在咱们河南嵖岈山。不过毛泽东没有去嵖岈山，去了新乡市的七里营，说了一句"人民公社好"。这一说不得了，毛泽东那个时候有很高的威望，他这一说，以前的合作社也都改成了人民公社。人民公社讲究"一大、二公、三全"，就是公有制，规模越大越好，公有制程度越高越好。人民公社里面有工厂啊，学校啊，什么东西都有，人民公社的特点就是这样。我们国家大概在 1983 年取消了人民公社，把人民公社改为乡，现在在某某某乡，过去肯定是某某某公社。

后来是"文化大革命"，从 1966 年到 1976 年。我们现在对它的评价是否定的，可以说是脱离了中国的国情，犯了错误，当时中国的阶级矛盾还存在，但已经不再是主要的，但毛泽东仍然认为阶级矛盾非常尖锐，提出以阶级斗争为纲，而且说要防止资本主义在中国的复辟，等等。实际上毛泽东发动"文化大革命"的初衷是防止资本主义在中国的复辟，针对当时国际上出现的一些情况。当时国际上出现了什么情况呢？当时东欧的社会主义国家，像罗马尼亚、匈牙利这些国家都出现了一些问题，而当时我们跟苏联的关系也是很不好的，在这种情况之下，西方国家，像美国提出了对社会主义国家要进行和平演变。当时也出现了一些人搞官僚主义，反对官僚主义是对的，但是用群众运动这种方式后来失控了。对"文化大革命"就说这么多吧，现在对"文化大革命"的研究有一些，但是不是很深入。

（PPT）这是毛泽东在天安门城楼上接见红卫兵的照片。他曾经八次接见红卫兵，通过红卫兵运动把"文化大革命"迅速推向全国，在座的一些老同志说不定还经历过那场面。1976 年 9 月 9 日，毛泽东去世。毛泽东去世之后，全国悼念毛泽东。我当时还记得，我都参加了追悼会。

（PPT）现在毛泽东的遗体保存在北京毛泽东纪念堂，大家以后去北京的话可以去看一下。我上一次去北京没有看到，因为它关门很早，我四点去那儿已经关门了。我 6 号还要去北京，我这次一定要去看一下，瞻仰一下毛主席。

这是毛泽东一生做的一些大的事情，给大家简单概述一下，不可能讲很详细。

下面我们看看第二个部分，毛泽东的功绩。

毛泽东的功绩很多，我们不可能说很详细，我归纳了一些方面。首先，毛泽东是中国共产党的创建者。

（PPT）这是中共一大的会址，现在保存的很完好，大家去上海的话可以去看一下，而且是免费的。

我们刚才说了，毛泽东是中国共产党一大的参加者，一大的正式代表有 12 个人，再加上陈独秀的私人代表一共 13 个人，毛泽东是其中之一。在一大召开之前，他已经在湖南成立了我们党早期的共产党组织，所以说他是共产党的缔造者、创建者，这是当之无愧的。

毛泽东是中华人民共和国的缔造者。毛泽东把我们一个任人宰割、任人欺凌、四分五裂、半殖民地半封建社会的中国变成了一个强国，而且是具有否决权的联合国常任理事国。在旧中国，中国人是任人欺压的，任何西方列强，哪怕是西班牙、葡萄牙那样的国家都欺负过我们。新中国成立以后，谁再敢随随便便来欺负我们？凡是涉及国家主权、民族利益，毛泽东是毫不让步的。在新中国成立之后，敢跟美国叫板，抗美援朝；跟世界上第二强国苏联叫板，珍宝岛之战；1962 年跟印度进行边境战争，还有跟越南的西沙之战，所以说毛泽东在维护国家利益上是从不让步的。因此有人说毛泽东是中国历史上最大的民族英雄，这是毫不过分的，这种评价是当之无愧的。他为了维护国家利益，为了维护民族利益，他抛弃了个人，大家都知道，刚才我们说了，他一家牺牲了六位烈士，满门忠烈。

（PPT）这是开国大典的油画。

再一个，他也是人民军队的缔造者。他指挥几百人的军队，秋收起义之后只剩下七百多人，长征之后红军只剩下三万多人，靠这个军队，我们打败了日本，打败了蒋介石八百万军队。后来我们军队壮大了。抗日战争之后我们军队壮大很快啊，抗日战争结束时，我们军队发展到一百多万。后来我们又有发展，我们先后打败了蒋介石领导的八百万军队。毛泽东写的文章，像《论持久战》，直到现在还是世界各大著名军事院校的必读的教科书，所以说他是中国历史上伟大的军事家。

再一个，毛泽东领导中国人民走上了社会主义道路。"三大改造"是在毛泽东的领导之下进行的。有人可能会存在着疑问，就是说"三大改造"是消灭私有制，建立公有制，有的说了，为什么改革开放之后我们国家又允许私有制的存在呢？这个我是这样看的，"三大改造"是确立社会主义制度，公有制为主体，这是正确的，是必要的。如果不进行"三大改造"，社会主义制度不可能确立起来，不可能走上社会主义制度。现在呢，改革开放之后，我们在公有制为主体的情况之下，允许一部分私有经济存在，是为了更好地调动人民的积极性，适应当前我们国家存在的生产力发展的状况。我们生产力的水平还不是那么高。在这种情况之下，我们以公有制为主体，允许一部分私有制经济存在，有利于我们的发展。今天的改革不是对社会主义改造的否定，今天的社会主义改革是为了更好地发展社会主义、完善社会主义。不要认为现在社会主义改革对毛泽东时代社会主义改造是否定的，不是这样的，是为了更好地完善发展社会主义。

"三大改造"中存在一些什么问题呢？操之过急。当时毛泽东、周恩来、邓小平等人，设想用更长的时间，用15年到20年的时间来实现。最后呢，操之过急，3年多就实现了。为什么？一个来说是我们领导层的操之过急，另一个是老百姓的积极性。经过那个时代的老同志会知道，那个时候，人们只要党中央一声号召，就不讲任何条件地执行，真是一个激情燃烧的岁月。国家号召走社会主义道路好，大家都愿意走社会主义道路，都抢着去加入合作社。操之过急必然会出现一些工作做得不扎实，必然会出现一些问题，我们现在的改革是为了更好地完善社会主义、发展社会主义。

在中国，社会主义的领路人是毛泽东，毛泽东把中国人领上了社会主义这条道路，为我们国家现在乃至今后的发展奠定了坚硬的基石。

毛泽东是毛泽东思想的主要创立者，毛泽东思想是把马克思主义与中国实际相结合的一个结晶。毛泽东这个人有一大特点，什么特点？一切从实际出发。我们党的思想路线是毛泽东亲自题的四个字——"实事求是"。毛泽东做什么事情，不唯书，不唯上，只唯实，不是说照搬课本，不是说看看那个权威人物说什么，而是从中国实际出发。毛泽东思想就是马列主义理论与中国实际相结合的产物，毛泽东虽然是主要的创立者，但是毛泽东思想不是毛泽东个人的思想，毛泽东思想是中国共产党集体智慧的结晶，包括毛泽东、周恩来、邓小平、刘少奇、朱德等党的第一代领导集体，他们都是毛泽东思想的创立者，所以毛泽东思想是集体智慧的结晶。谁也不能否认，毛泽东是毛泽东思想的主要创立者。

刚才我们说了1945年七大，七大把毛泽东思想写入党章，作为我们党的指导思想。在七大正式召开之前的预备会议上，毛泽东就说，大家把好事情挂在我的名下，这个思想哪是我一个人的思想啊，是大家共同概括出来的。

毛泽东思想是当时，也是今后我们党和国家人民的精神财富。你现在看看我们党章，我们党章的指导思想是什么？马克思列宁主义、毛泽东思想、邓小平理论、"三个代表"重要思想、科学发展观，还是这样写的。

再一个，毛泽东确立了社会主义制度。我们现在十八大不是讲"三个自信"嘛，哪三个自信？社会主义道路自信。刚才我们说了，毛泽东是领导中国人民走上社会主义道路的带头人。还有理论自信，毛泽东思想是我们党的理论基础。再一个，制度自信。我们的社会主义基本制度是毛泽东时代奠定下来的，哪些是最基本的制度？比如说我们国家最根本的制度——人民代表大会制度，我们国家第一届人民代表大会是在1954年开的。这是我们国家根本的政治制度，所以我们国家最高的权力机关是全国人民代表大会。政治制度，基本的政治制度是中国共产党领导的多党合作政治协商制度，这是我们国家的政党制度。外国有些人别有用心，说共产党一党专制，谁说共产党是一党专制？中国主要有九大党，除了共产党之外还有八大民主党派，八大民主党派都可以参加共产党的政府，所以我们现在的政府里面有很多民主党派人士。再一个，我们实行民族区域自治，对少数民族实行自我管理制度，自治就是自我管理的意思，管理本民族的事务。我们国家的基础经济制度是公有制为主体，也是毛泽东时代确立的。基本分配制度是按劳分配为主体，也是那个时候确定下来的。当然了，像现在除了公有制为主体，后面还有多种经济形式共同发展，按劳分配为主，多种分配形式共存，但是这是因为改革开放之后又有了多种经济形式，毛泽东时代是以公有制为主体，按劳分配为主。

再一个，毛泽东确立了全心全意为人民服务的宗旨。毛泽东一生坚持自己的信念，就是为人民服务。他不光是这样说的，也是这样做的，身体力行，并且把"为人民服务"确立为我们党和军队的宗旨。直到现在，我们的党和军队的宗旨依然是为人民服务。从民心上来讲，毛泽东是中国绝大多数老百姓、底层民众的大救星。毛泽东从1976年去世到现在快四十年了，但是大家仍然非常怀念他。尤其是毛泽东时代的人，像我这样的，对他有很深的感情。

毛泽东还树立了为人类造福的典型榜样，新中国成立之前的张思德，新中国成立之后的雷锋，

这都是他树立的榜样。毛泽东善于用榜样的力量调动人们的积极性。他树立的榜样是始终能够被人们记住的,张思德啊,雷锋啊,党的好干部焦裕禄啊,铁人王进喜啊,几十年过去了,现在我们还记得。

在老百姓的心中,毛泽东就是人民大救星,有一首歌,年纪大的都听过,我们现在重温一下这首歌曲。(《东方红》音频播放)

毛泽东可以说是中国最廉洁的一个领袖,我们现在不是说领导干部要公开自己的个人财产吗?毛泽东可以说是新中国成立以来我们党和国家领导人第一个完全公开个人财产的领导人,堪称楷模。他的工资收入不高,他一个月工资收入404.8元,作为党和国家最高领导人。他的收入分两部分,有工资,有稿费。关于他的稿费,现在大家都知道,不是他家的亲属个人拿的。关于毛泽东的稿费,我专门查过,非常多,上亿了,但是不属于他的亲属个人。他在世的时候,一个月四百多元钱的工资,用于交党费啊,日常开支啊,大家可以看一下(PPT)。毛泽东一生是最痛恨贪官污吏的,新中国成立之后斩了高级贪官刘青山、张子善。毛泽东时代,总的来说是比较清廉的,可以说是非常清廉的一个政府。现在很多人怀念毛泽东时代,就是怀念毛泽东时代那个清廉,那个时候干部真的是以国家、公家的利益为第一利益的,以权谋私的现象是极少的。可能大家也都记得,虽然那会儿生活上比现在要苦,但是大家都一样,差不多,你心里没有什么不舒服的,现在我们吃得好了,穿得也好了,生活也富裕了,但是差距比较大,你反而觉得心里不平衡。

(PPT)这是我这一次在参观韶山毛泽东家乡的毛主席纪念馆时拍的照片,这件睡衣一共打了七十三块补丁。这个睡衣料子很薄,有的人真得数过,七十三块你数不过来,大补丁上面有小补丁,上面说的七十三块,应该真的就是这样。像袖子上,大的补丁上面摞的小补丁,不过毕竟是领袖穿的衣服,熨得很平,不是皱皱巴巴的。七十多块补丁,作为党和国家的领导人,他如果想做一件新衣服,没有吗?那个时代再困难,也不至于那样啊!他带头节俭,最奢侈的就是改善生活时吃一顿红烧肉而已。这次去了毛泽东家乡,吃了他家乡的红烧肉,味道是很好的。

他使中国成为世界主要的工业强国,新中国成立初期是一穷二白,就像毛泽东说的,我们能生产什么?能生产桌子、椅子、茶壶、茶碗,顶多能磨磨面,我们连个拖拉机也生产不了,更别说汽车、飞机、导弹、原子弹,后来这些东西我们都有了。我们有了这些东西之后,起的名字都很响亮,第一台卡车是东风牌,第一辆轿车是红旗牌,导弹啊,原子弹啊,都有了,这些为我们今天奠定了基础。为什么?这些东西当时不搞,现在想搞搞不了了。现在伊朗、朝鲜想搞这些核武器,要制裁它们,因为世界上早就签订了《核不扩散条约》,你再搞这些东西,世界要制裁你。我们搞出来了,可以说这些东西很花钱啊,勒紧裤腰带搞出来的。当时国家就那么一点钱,花到这个方面,别的方面就要压缩啊,国防开支扩大,这些东西不搞行不行?肯定不行。中国假设说没有导弹、氢弹、原子弹,能有现在这样的国际地位吗?有人说有钱再搞,但是有钱再搞搞不成了,这就叫"过了这个村就没有这个店了"。我觉得那个时候搞出来的这些东西,为我们国家奠定了坚实的基础。

再一个,毛泽东时代建立了完善的医疗体系。毛泽东时代,城市的人享受到公费医疗,农村也有"赤脚医生"。我家是农村的,他们虽然医术不高,但是他们有24小时服务的态度,而且便宜。现在我们都知道,大医院多了,看病也贵了。当时还消灭了一些传染病,性病啊,血吸虫病啊,麻风病啊,等等。新中国成立前,我们被称为"东亚病夫",寿命很短,新中国成立之前我们国家人均寿命三十多岁,到毛泽去世时,增长到68岁,差不多27年增长了近一倍,这在世界上都是一个奇迹。

我在参加过的会议上有一个美国的学者,他也说到了中国的医疗体系,他说中国毛泽东时代的"赤脚医生"体系是非常完备的。他说,有过这样一件事情,我们某一个卫生部门找他们,给一百万元,要他们做一个中国的公共医疗体系系统。他就说了,中国有医疗体系啊!你们的医疗体系比我们美国好多了,很完备啊!你们早在毛泽东时代就有了"赤脚医生"啊,很好啊!在美国,如果你没有医疗保险的话,看病很贵,住一天院一万美元。相当于咱们多少钱啊,你可以想象。没有医疗保障你住得起吗？美国奥巴马政府提倡医疗改革,美国的医疗要占美国 GDP 的 16% ,但并不是所有美国人都有医疗保险,还有 4000 多万人没有。很多华人不是美国国籍,更没有了,在那里,是不敢生病的,生病治不起的。还有一个台湾大学的教授也提到,他说毛泽东时代的"赤脚医生"很好。

中国的中医是毛泽东时代给它发扬光大的。在新中国成立之前,国民党的时候,我们是反对中医,限制中医的,医学界的知道。毛泽东带头践行中医,他晚年眼睛有毛病要开刀,不用西医,用中医开刀,开刀之后马上就能看东西了,不像西医,有伤口,要慢慢长。现在的农村合作医疗,我觉得是在那个基础上发展的,为什么这么说? 现在农村的医生还是当地的医生,有多少本科毕业生跑农村去的? 在农村,每个村都要有医务室,有多少大学毕业跑到哪儿的,不还是当地的医生吗? 我小时候给我看病的医生,我们当时称"赤脚医生",现在就负责我们村里的医务室。

再一个,毛泽东建立了教育体系。毛泽东非常重视教育,我觉得那个时候的小孩子,像我有亲身体会,上学没有这么大压力,回到家里该给我妈妈干活还是干活,到学校里面就学习,我也没有觉得我学得不好。我现在"童子功"是很厉害的,当年的小学课本,现在我还是能够背的。现在的孩子,家长说了,只要学习好,什么都不用管。虽然有的学习是好,但是品德上有问题啊! 毛泽东时代讲究德智体全面发展,现在也提素质教育,但是现在的家长好像说只要孩子学习好,别的什么很少管。

在当时我们国家非常困难的情况下,仍然坚持义务教育,那时候是五年。小学学费一块五,这个不是学费,而是课本费。义务教育不收学费,收课本费。我们国家 2007 年课本费也不要了,现在义务教育期间课本费也不收了。当时大学是免费的,而且还给师范生等特殊生发放补助,虽然不多,但是够吃饭的。

多亏了那时候大学不收费,有补助,要不然的话我大学是上不下来的。我上大学第一个学期我父亲去世了,我妈妈是农村妇女,我家姊妹五个,我是老二,我姐姐已经出嫁了,下面还有三个,怎么办? 我上大学的时候,包括我的同学,虽然过得很艰苦,但是很快乐,一般都是不需要从家里要钱的。有生活补贴,一个月大概 11.5 元,吃饭的时候省一点,买买日常用品,也算够了。虽然很艰苦,但是可以生存下去,可以把你的大学上完。

毛泽东同时是非常高明的外交家,他打破了西方对我们国家的外交封锁。新中国成立初期,以美国为首的资本主义国家不承认我们。美国承认中华人民共和国是在什么时候? 尼克松访华时。西方其他国家也都跟着主要的资本主义国家美国跑啊,但是毛泽东打破了西方对我们的封锁,在中美没有建交的情况之下让美国总统尼克松到中国访问,改善中美关系。

毛泽东水平非常高超,弄了一个著名的"乒乓外交",以小球推动大球。美国的乒乓球队访问中国时周恩来跟他们合影留念,毛泽东没有接见他们,毛泽东是中国外交总的策划者,但是执行者是周恩来,周恩来是中华人民共和国第一任外交部部长,外交工作主要是他负责的。邀请美国的乒乓球代表团访华,这个板是毛泽东拍的,等于给美国释放了一种友好的信号。尼克松马上心领神会,紧接着邀请中国乒乓球代表团访问美国,他也亲自接见了,然后中美之间秘密磋商访华。在尼克松没有来之前是磋商,先是基辛格秘密访华,商讨尼克松访问中国的一些事情。尼克松 1972 年年初访华,打开了中美对话的大门。中美关系改善之后,其他的国家看到美国都改善中国关系了,它们也都跟中国建立外交关系。1972 年跟中国建交的国家最多,去年中国跟很多国家都是建交 40 周年,都是尼克松访华后跟中国建交的,包括日本。

跟美国关系的改善,为我们后来的发展甚至改革开放确定了一个好的国际环境。假设说中美还在对抗,中国还在被封锁,你能对外开放吗? 不可能的。有的人就说,那为什么毛泽东时代不对外开放啊,对外开放的话中国不是发展得更好吗? 开放得有开放的环境、有开放的条件啊,那种条件下,他们封锁你,不跟你交往,不跟你来往,你向他开放,他来吗? 中美关系改善之后有了这种环境,为我们后来的改革开放创造了国际环境。而且我们也敢于对苏联的无理要求说不,赫鲁晓夫时

苏联的无理要求,毛泽东都给它顶回去了,后来中国跟苏联关系破裂,就是因为苏联干涉中国的内政,这是原因之一;

我们还恢复了在联合国的合法席位。中华人民共和国在尼克松访华之前,基辛格已经到中国来了,中华人民共和国恢复联合国合法席位,美国投的弃权票,因为尼克松还没有来中国,就是说它不反对了。我们恢复联合国合法席位这是非常了不起的外交行动啊,从此之后,世界上公认的、代表中国的只有一个政府,那就是中华人民共和国,台湾是中国的一部分。我们恢复了联合国的合法席位,台湾代表就得离开联合国。毛泽东跟第三世界国家也建立外交关系。毛泽东把世界分为三个:第一世界是超级大国,美国、苏联;第二世界就是发达的资本主义国家,如英国啊,法国啊,日本啊,等等;第三世界是广大的亚洲、非洲、拉丁美洲国家。尤其是非洲国家,在毛泽东时代访问过中国,他们对毛泽东非常崇拜。毛泽东对它们这些国家以礼相待、平等相待,他们非常感动,没有说一个大国领袖像有些国家一样以大国自居,现在毛泽东在非洲还非常有威望。很多国家来中国就是为了获得毛泽东的接见,因为毛泽东健康的原因接见不了,他们还哭鼻子。我这次去毛泽东的家乡,还有非洲的国家领导人到毛泽东家乡韶山去参观的 20 世纪 60 年代的照片。

(PPT)这是毛泽东会见尼克松的照片。1972 年,毛泽东已经显得苍老了,但是他的思维非常敏捷。

(PPT)我建议大家看一个视频,网上有,名字叫《走近毛泽东》,非常好,是一个新闻纪实片,可以全方位地了解一下作为伟人的毛泽东、作为诗人的毛泽东、作为平常人的毛泽东。

(PPT)这个照片是联合国投票宣布结果,说中华人民共和国获得了 2/3 的多数票。当时,联合国大会任何国家是没有否决权的,有人向联合国大会提提案,然后投票,获得 2/3 的多数票才能通过。投我们票的大部分都是亚洲、非洲的一些朋友。后来毛泽东曾经说,我们是被亚非的朋友抬进联合国的。不要看他们国小,我们国家对一些非洲国家搞援助,有的人不了解,就说,我们国家国内还有这么多问题,干吗要把钱给它们啊?你在国际上得有朋友啊,投票时得有人支持你啊!在联合国大会上,国大国小都是一票啊,你指望美国投你的赞成票吗?我们大部分赞成票都是他们投的,包括现在投票,大部分投我们票的还是亚非拉这些朋友。

毛泽东敢于维护民族的利益,在国内,他尊重少数民族,实行少数民族区域自治,但是对分裂势力是坚决打击的。1959 年西藏达赖"叛变",他果断下令平叛,人民解放军进驻西藏"平叛"。西藏是和平解放的,和平解放之后,达赖仍然是西藏领袖,1959 年达赖跑到国外去了。对台湾,明确提出我们一定要收复台湾。后来根据形势的变化,毛泽东晚年又提出了和平解放,一开始提出武力解放,武力解放跟和平解放有区别没有?还是有区别的。一开始提出武力,一看形势发展,原因不再多说了,改为和平解放。改革开放之后,邓小平在这个基础提出了"和平、统一、一国两制"。

(PPT)这是那个时代的一个宣传画——《我们一定要解放台湾》。

再一个,毛泽东还是一个博学多才的领袖。大家都知道,他既是诗人,又是哲学家,还是一位军事家,他的著作到现在还被人们所喜爱,长久不衰。他还是一位书法家,他的字写得很好。(PPT)这是毛泽东的亲笔,《沁园春·雪》。

(PPT)这是毛泽东写的七律《长征》,也是亲笔。

(PPT)"人民英雄永垂不朽"也是毛泽东题的。他的字非常有个性,被书法界称为毛体,据说模仿起来很不容易。

最后一个问题,我们说一下对毛泽东的评价问题。现在网上有很多人非议毛泽东,有的是编造事实,有的虽然细节可能是真的,但是我们知道,作为一个人,毛泽东是伟人,但不是圣人,人都会有错误,谁敢说一生中没有犯过错误?那是不可能的。有些人说的很不客观,我也看到一些,关于这种"非毛"的现象,在毛泽东去世之后,"文化大革命"结束之后就有了。对于这种情况,邓小平在接受外国记者采访的时候就说,评价毛泽东不是个人问题,而是政治问题。

我们党在 1981 年十一届六中全会上通过了一个决议,这个决议就叫《关于建国以来党的若干历史问题的决议》。这个决议实事求是地评价了毛泽东在中国革命中的历史地位问题,怎么评价的? 这是决议上的原话,"伟大的马克思主义者、伟大的无产阶级革命家、战略家和理论家。虽然在'文化大革命'中犯了严重错误,但是就他一生来看,他对中国革命的功绩远远大于他的过失。功绩是第一位的,错误是第二位的。为党和中国人民解放军的创立发展、为各族人民的解放事业胜利、为中华民族的缔造和社会主义事业建立了永远不可磨灭的功勋"。这是决议中对毛泽东评价的原话,这个评价是很高的。

为什么对毛泽东的评价要我们党来通过一个决议来定出一个调子,原因是什么? 客观地、实事求是地评价毛泽东的地位,是非常重要的。这不是个人问题,如果是个人问题可以随便说。大家都知道,中国有一句话,"千秋功过,任人品说"。但是对毛泽东的功过,我们党为什么要确定一个调子呢? 他的评价像邓小平说的一样,不是个人问题,而是政治问题。

为什么是政治问题? 首先,它关系到如何看待党和国家几十年奋斗的成就。为什么呢? 因为毛泽东长期担任党和国家的领导人,你能不能把他的工作与党和国家的工作截然分开? 不可能的。你要肯定毛泽东,就等于肯定了我们党和国家几十年的努力,否则的话,你就否定了我们党和国家几十年的历史。第二个,关系党的团结和国家安定。反对毛泽东必然造成人们思想上的混乱,也关系到党和国家未来发展的前途。我们知道,我们以毛泽东思想作为我们党的指导思想,而且我们要坚持社会主义,虽然我们现在是中国特色社会主义,实际上我认为中国特色社会主义从毛泽东时代就开始探索了,他也是想走出中国自己的建设道路,只不过有些探索是不成功的。因为探索嘛,难免出现失误,难免出现错误,正因为有了"文化大革命"的错误,我们接受了这个错误,接受了这个教训,所以我们才能有改革开放的正确的做法。有些人的"非毛"言论是别有用心的,他们是想通过否定毛泽东来否定党的领导,否定社会主义制度,造成人们思想上的混乱。如果说我们听之任之,甚至在那儿以讹传讹的话,那后果是很严重的。

为什么? 我们大家都知道,世界上第一个社会主义大国苏联已经不存在了,解体了。1991 年苏联解体,如果要追根溯源的话,可以说从 1956 年就开始了。1956 年,苏共二十大,赫鲁晓夫否定斯大林。否定斯大林造成人们思想上的混乱,斯大林虽然犯了错误,但是斯大林长期作为苏联党和国家领导人,领导苏联人民抗击德国法西斯,领导苏联人民搞建设,使苏联由一个农业国成为当时仅次于美国的第二大强国。赫鲁晓夫把斯大林否定以后,人们思想上混乱了,对苏联党和国家的历史产生了动摇。同样,苏联也是在斯大林领导之下走上了社会主义道路的,因此人们对社会主义的前途就充满了失望,所以思想动摇了。在苏联思想动摇、混乱的时候,西方势力就开始介入了,对苏联进行和平演变。

在苏联思想混乱的时候,美国干了什么? 美国在苏联周围设了几十个长波电台,用各种语言向苏联进行 24 小时不间断地广播,宣传苏联领导人这不好那不好,否定苏联。你说苏联它没有思想教育吗? 我们国家现在像有思想教育啊! 但是问题是它的思想教育严重脱离了实际,它把西方说的一团糟,把自己说成一朵花儿。我们知道,那么大一个国家,比我们还要大,就像我们中国,一个国家怎么可能不存在问题呢? 那不可能。你把自己说成一朵花儿,你的宣传失去了可信度。而相反,美国的宣传很高明,它怎么高明? 它找一些人,搞访问啊,搞会议啊,不管真的假的,说得跟真的一样,跟苏联假大空的宣传对比起来,美国的宣传显得更加可信,慢慢地人们的思想倾斜了。再加上赫鲁晓夫的改革出现了问题,内部出现了问题,更有外部势力,最终导致了苏联的解体。

我们一定要接受这个教训,不要在那儿网上说什么你就完全信什么传什么。现在有一些势力,西方的势力,千方百计地通过否定我们国家领导人来否定我们的党,否定我们的社会主义,西方的和平演变不是结束了,而是仍然在继续,而且中国是它们的主要的目标。所以呢,我们一定要客观地、实事求是地评价毛泽东的作用和地位。看一些书,看一些比较可信的书,因为我知道,现在有些人,"非毛"的一些人,他们在国内出不了书,就弄到港台去出,到外国去出,有的偷偷带到国内来了,大家一定要有这个鉴别能力。

关于毛泽东,因为时间关系,我就给大家讲这么多,有什么问题我们可以接下去继续探讨。

主讲人:张运洪,汉族,河南新密市人,毕业于华中师范大学,中共党史专业博士,现为防空兵学院政治理论教研室副主任,副教授,硕士生导师。主要从事中共党史、海峡两岸关系和中国周边形势的教学与研究。在《当代中国史研究》、《西北大学学报》和《党史研究与教学》等全国中文核心期刊及其他期刊上发表论文 20 多篇,出版专著 2 部。近些年来,曾在武警指挥学院、河南省交通厅、河南大学等多家单位进行过讲学,所讲问题内容丰富,条理清晰,言语风趣幽默,受到大家的一致好评。

时　　间:2013 年 12 月 8 日

地　　点:河南省图书馆研议厅

毛泽东与长征

今天很荣幸跟大家共同交流一下学习毛泽东思想方面的一些体会。今天我讲的题目是"毛泽东与长征",单单讲毛泽东的话,他事儿很多,后来感觉到跟长征联系起来会更精彩一些、案例更多一些。长征的胜利是离不开毛泽东的,没有毛泽东,中国革命不可能这么快成功,长征也不可能走到延安,中间就不行了,毛泽东与长征有很多值得我们学习的话题。今天我要讲的东西有些是正统的教材上没有的,有些是学术探讨性的。

"毛泽东与长征",长征通常指的是什么呢? 1934 年 10 月到 1936 年 10 月,中国共产党领导的工农红军第一、第二、第四方面军和红二十五军从各个革命根据地撤出,向陕甘地区的战略大转移。首先我们了解的红一方面军,就是地图上的大红箭头(PPT)到了延安,然后还有一个红六军团到这儿(PPT)与二军团会合,称为红二六军团,后来改名为红二方面军,最后到了西北。还有红四方面军,从这儿绕了一圈(PPT)。红二十五军从这儿(PPT)出发,它绕了一圈也到了延安,这支部队也走了 5000 公里,到了这里(PPT)。这是我们通常说的几大方面军。

我们今天讲的主要内容有三个,主要是第一个,后面两个简单叙述一下。第一个,毛泽东与长征的历程。第二个,第五次反"围剿"的失败,以及毛泽东与长征中的情报工作。第三个,毛泽东与长征的历史叙述。

首先我们看长征的背景。长征的背景是什么呢？我们要讲的第一个主题有七个方面，需要讲的第一个问题就是长征的背景。长征的背景我们从中学教材、大学教材上都知道，就是第五次反"围剿"的失败。我们通常理解的第五次反"围剿"的失败是因为我们党的政策出现了失误，尤其是博古和李德瞎指挥，导致了第五次反"围剿"的失败。历史是很复杂的，不像我们想象的那么简单，纯粹就是领导失误的问题。我们党的领导人就是当时不失误，当时的中央苏区也不易保住。为什么？我们可以看，在第五次"围剿"之前，国民政府是什么对策呢？国民党政府当时是集全力来对付我们，叫全力以赴。

怎么全力以赴呢？首先是国民党的作战准备和作战方针。蒋介石为了做好这次"围剿"，第一个方面是举办军官训练团，注重部队之间的协调和统一。以前呢，他的部队犯一个毛病，跟红军打仗时不团结，经常互相扯皮，蒋介石感觉这个问题很严重，后来专门在江西庐山举办陆军军官训练团，让这些军官们朝夕相处，吃在一起，住在一个宿舍里面，大家都熟悉了，熟悉之后再打仗就好办了，大家都认识。互相了解互相熟悉成了朋友之后，打仗就互相帮忙了。蒋介石在庐山从 7 月份到 9 月份，办了三期军官训练团，培训了 7500 多人，加强了部队的协调性。各部队也加强了训练。

后来，周恩来说过一段话，"蒋介石对于这些军官的训练，不能说是没有相当的结果……他们懂得了如何防备我们打埋伏，如何避免运动战中被整师整旅地被消灭，如何加强其侦查搜索与通信联络的工作，如何依靠堡垒与我们作战而很快地缩回堡垒去，这些都要算是他的进步"。我军的很多将领也看到，第五次反"围剿"时，很少看到国民党部队成建制地被俘虏，或者说起义，打仗还是比较勇敢的。

第二个，改变战略战术。蒋介石这次战术跟以前完全不一样，以前是长驱直入啊，分进合击啊，这次是什么战术呢？步步为营，处处建堡，你来我守，你去我追，逐步推进。我们有十六字游击战方针，跟这个有点类似，当时他们称我们为"匪"。"不先找匪之主力，应以占领匪必争之要地为目的"。争哪个要地呢？战略据点，我们的红色首都瑞金。在这种思维的主导下，蒋介石开始在中央根据地周围大量地修筑碉堡，后来德国军事顾问团也给他出这个主意，他大量建碉堡。建了多少碉堡呢？中央苏区建了 14294 座碉堡。碉堡中间是公路，公路之间有汽车，碉堡慢慢围，稳扎稳打，一天推进几里地，给我军的活动造成非常大的负面影响。

再一个，国民党军作战基础的增进。蒋介石在第五次"围剿"中选择持续消耗战的方针，和当时国内外相对有利的环境也有关系。当时的外部环境是什么？当时《塘沽协定》签订以后，日本在华北侵略活动告一段落，北方压力暂时有所减轻，南京政府获得相对稳定的外部环境。蒋介石在对中央苏区第二次"围剿"、第三次"围剿"、第四次"围剿"时，后方都有日本人在步步紧逼。比方说 1931 年"九一八事变"，1932 年的上海"一·二八事变"，1933 年日本人进攻长城，进行了长城抗战。蒋介石有后顾之忧，对付红军时总是感觉到力不从心，而第五次"围剿"时外部环境稍微好了一点，他可以集中精力对付中央苏区。在这种情况下，南京政府开始与美国签订了 5000 万美元的棉麦借款合同，向西方国家大量订购武器装备。1933 年到 1934 年间，购买的军火费用达到 6000 多万元。

（PPT）这是当时进口的先进装备，20 世纪 30 年代的飞机，当时进口了 50 架飞机，组织了 5 个飞行大队。

他从德国进口装甲车和火炮、山炮。国民党这些新式飞机、火炮、装甲车的使用给我军带来了很大的麻烦。什么麻烦呢？粟裕是我们军最能打的将军之一。他回忆说，"19 师是红 7 军团的主力，战斗力强，擅长打野战，但没有见到过装甲车……部队一见到 2 个铁家伙打着机枪冲过来，就手足无措，1 个师的阵地硬是被 2 辆装甲车冲垮"。1 个师好几千号人，两辆装甲车过来这个阵地就不行了。

彭德怀是元帅，最能打的元帅之一，他当时说，"蒋军技术装备比以往几次有所加强。每连有多至 6 挺的机关枪,至少也有 1 挺。我们在敌机枪下除非不接近,一接近一冲就是伤亡一大堆"。

这是我们当时的状况,国民党装备改善以后,我军的装备没法跟他们比。

就国家内部环境来看,内部形势趋于稳定。蒋介石在第二次、第三次、第四次"围剿"中央苏区时,内部是纷争不断。你比方说第二次"围剿"的时候,广东就出现了胡汉民事件,他跟蒋介石有非常大的矛盾,最后蒋介石把他软禁了。第三次、第四次"围剿"的时候,也是这样的内部纷争不断,跟各地军阀之间有矛盾。当第五次"围剿"的时候,内部要好得多,好到什么程度呢? 福建事件很快遭到镇压,地方实力派的反蒋公开活动偃旗息鼓。

1933 年 11 月,蔡廷锴和李济深在福建举行事变,我们统称为"福建事变",宣布独立。在这种情况下,蒋介石很快从"围剿"红军的前线抽了 10 万中央军去镇压他,1933 年 11 月爆发,1934 年 2 月成功摆平,并且蒋介石牢牢控制住福建,很快把许多杂牌军团吓得不敢动弹了,实力派再也不敢跟蒋介石叫板了。

当时除广州的陈济棠以外,国民政府从东、西、北三面完成对中央苏区的包围。无论是军事展开,还是经济封锁,都获得更好的内部环境。尤其是当时中央根据地的两个左膀右臂,一个是鄂豫皖、一个是湘鄂西,两个苏区的红军相继转移,长江中游地区基本稳定。在进攻中央苏区的时候,我们当时有三大根据地,一个是中央根据地,一个是鄂豫皖根据地,一个是湘鄂西根据地,这两个已经被蒋介石打败了,军民已经转移了。长江中游地区基本稳定,蒋介石可以全力以赴筹划对中央苏区的围困。

第三个,蒋介石采取"三分军事、七分政治"的措施。蒋介石第五次"围剿"定为什么? 军事、政治、经济、社会总体战。他是怎么实施呢? 首先对苏区民众和红军展开攻心战术,改变国民党政权和国民党军的负面形象。南京国民政府成立后给人什么形象呢? 富人维护者的形象。它的统治基础就是地主资产阶级,他想改变这种形象,怎么改变呢? 专门出台了惩治土豪劣绅条例,对一些民愤极大的地主恶霸予以处决,然后在农村也搞一些土地改革,做一些实际的活动。在国民党军中设立秘查委员会、考验委员会,就是秘密查访军中有哪些违纪的、营私舞弊的等等,严格查处,改变国民党军的负面形象。第二个,在经济上采取一系列措施,纾缓民生,企图动摇中共的民众基础。承认地主对土地的所有权,但对农民有一定让步。他当时对农民所欠地主的田租啊,房租啊,予以减免。还建立了四个银行,在四个省建立农民银行,蒋介石亲自担任银行董事长,展开金融救济农村活动,在农村建立合作社,这个时候也采取了措施。第三个,进一步严密对苏区的全面封锁。第五次"围剿"期间,对粮食、食盐、煤油、药品、布匹、燃料等统统实行禁运。这些措施对红军后来的斗争产生了重要的影响。第四个,严密政治组织,加强行政控制。有些省和县之间不好联络,后来省与县之间专门设置了专员公署,就像我们的地级市一样,加强省与县之间的联系。在几个县交界的地方设立特别行政区,在乡村设立保甲制度。咱们知道,保甲制度这是封建社会采取的制度,蒋介石给它强化了,一家通"匪",全甲同罪。

看了这次国民党进行的准备,从各方面进行了准备,反观我们是什么样的状况呢? 我们的状况不容乐观。

第一,没有在战略上配合好蔡廷锴的 19 路军。1933 年 11 月蔡廷锴在福建成立了福建人民政府,又称为中华共和国。1933 年很奇怪,中国出现了四个"国家",一个是中华民国,一个中华苏维埃共和国,一个中华共和国,一个东北伪满洲国。蔡廷锴在发动"福建事变"之前曾经跟共产党有一个协议,共同反日反蒋的协议,双方订好,一旦蒋介石打他,红军要帮他。但是,当蒋介石真正进攻蔡廷锴的时候,我们主力红军从东线调到西线,没配合好他,看着蒋介石把他给灭了。我们为什么不帮他呢? 因为蔡廷锴当年参加过南昌起义,后来带着一个师跑了,就是咱们说的有"前科"。谁让你当年背离革命呢,关键时候你这个军阀也靠不住,不搭理你。这一败有一个问题,第五次反"围剿"的时候,我们统一战线政策没有搞好。毛泽东后来就反思,当时如果帮他,可能不会失败,或者不会败那么快。

第二,红军的战略战术没有得到充分发挥。我们红军最喜欢打什么仗呢?游击战、运动战,前四次反"围剿"都是运动战的胜利,诱敌深入啊,迂回啊,包抄啊。第五次反"围剿"时,首先国民党军修了大量碉堡,并且兵力占优势,他们有 50 万人,中央红军只有 10 万人,人家兵力占优势,装备占优势,又是碉堡战术,在这种背景下,我们运动战时出现很大麻烦。你当时没有办法运动,人家把你包在狭小的区域里面,你怎么运动?以诱敌深入为例,我们以前可以集中优势兵力各个歼敌,当时他们用碉堡战术,一点一点来,不冒进,严密配合,我们抓不住他的突出方向。第二个,运动战区域太小。当时的中央军委不是没有想过要搞运动战,当时曾经尝试过打到外线去,就派一部分红军绕到后方去。结果呢,没根据地作战,到那儿之后不但没有策应中央苏区红军的活动,反而经常后路被敌军切断,后来就撤回来了,不能在外线作战。

对这种很被动的局面,毛泽东当时说了这么一段话,"红军主力无疑地应该突进到以浙江为中心的苏浙皖赣地区去,纵横驰骋于杭州、苏州、南京、芜湖、南昌、福州之间,将战略防御转变为战略进攻,威胁敌之根本重地,向广大无堡垒地带寻求作战。用这种方法,就能迫使进攻江西南部、福建西部地区之敌,回援其根本重地,粉碎其向江西根据地的进攻"。毛泽东同志有非常好的建议,就是我们彻底放弃苏区,一下跳出去,到敌人的后方去。毛泽东下这个决心是没有问题的,他是战略家,不按常规出牌,他是非常有创造性的战略思想家,问题是当时毛泽东他没有实权。1932 年 10 月,他被剥夺了红一方面军总政委的职务,军权不在他手里,他说话不算数。这个大胆的建议,当时中央苏区的领导人是不敢或者认为是不可接受的。比如说博古,他当时是我们中央最高领导人,他才 24 岁,像王稼祥、张闻天都很年轻,这些中央领导人,这么大一个举措,放弃我们经营多年的中央苏区,跳到外线去,进行无根据地作战,在没有人民群众支持的情况下作战,他们没有这个决心,下不了这个决心。再说,当时中央苏区已经成一个政治符号了,这就是我们中国革命的象征了,你放弃这个象征符号到那边去,一旦出现闪失,这个严峻的政治后果是年轻的中共领导人不能承受的。他们还有一种幻想,因为前四次"围剿"我们都打赢了,我们这次好好打,能不能打赢呢?在多种因素作用下,他们没有打算撤出中央苏区,导致第五次反"围剿"的失败。打不出去,或者不敢在外面打,只能在根据地打。运动战发挥不了威力,只好在苏区边界搞短促突击,这也是防御背景下的一种运动战。敌人来的时候,我们集中兵力守一个据点,大部队放在两边,敌军上来就包抄把他消灭掉。关于这个短促突击,李德、彭德怀、林彪都写过文章,论短促突击。但是短促突击也有问题,首先你得迅速消灭国民党军,但是国民党军步步为营、稳扎稳打,你不容易抓住突出之敌。第二个,你要打他,要尽可能减少红军伤亡,杀伤敌人,这个问题当时也做得不好,我军不论怎么打短促突击,伤亡还是比较大。当时的这种情况下,短促突击实际上是一种在整体战略处于守势的情况下,试图靠局部地区的突破来打破这个"围剿"形势,这实际上是做不到的,因为整个大背景受局限。

(PPT)这是当时年轻的中央领导人博古。

(PPT)这是共产国际的军事顾问李德。我们以前都怪罪他,说第五次反"围剿"失败怪他,实际上也不能全怪他。

第三,在与国民党打消耗战中资源日益枯竭。蒋介石主要是搞消耗战,消耗你的人力、物力、财力,把你慢慢困死。在这种消耗战背景下,我们人力资源陷入死胡同。中央苏区当时多少人呢?300 多万人。国民党政府多少人呢?全国几亿人。苏区的人力资源很快出现问题,中央苏区不是偏远地区,属于南方经济比较发达的几个省份,离南京很近,蒋介石是坐观,不给你端掉他睡不着觉。怎么办呢?他"围剿"根据地,我们就反"围剿",第一次、第二次、第三次、第四次,战争的规模越来越大。后来形成恶性循环,什么恶性循环呢?首先是人力资源出现问题。蒋介石作为执政者,他有的是人,我们根据地人少。很多青少年红军战死在前线了,后方田地荒芜了,没有人种,粮食很快出现问题。前方红军战死了,后方要扩充红军啊,青壮年死了,扩哪些人呢?老人、儿童、妇女,让这些人上。他们的战斗力明显减弱了，并且训练还不足，有的一星期，新兵一星期就拉到前线去打仗，打枪都打不准，并且畏缩不前。打靶时十个人九个人脱靶，当时非常被动。有个别作战部队作战中伤亡损失的人数有时候高达50%，就是非常被动的局面。红军的素质严重下降，人力资源陷入困境。

我军跟敌人打，你一次歼灭敌人1万，损失了5000，或者3000；第二次，消灭敌人20万，我损失1万或者8000，表面看我军打赢了，因为占了便宜。但是你要考虑我军整体人力规模的话，我们实际上没有占便宜，为什么呢？你总体人数少，打一个少一个，人家有全国的资源。

其次，物质资源十分困窘。困窘到什么程度呢？当时的物质困窘主要表现为粮食和食盐极度短缺，赣南闽西的中央根据地本来粮食就不是很足，勉强够用。当国民党用堡垒战术围困我们的时候，粮食很快就出现短缺，当时一个青壮年红军，一天最多给你半斤粮食，粮食出现很大问题。食盐更别提了，更紧缺了。当时的食盐一块银圆买一斤盐，到1934年中旬时一块银圆买半斤盐，再到1934年8月时，一个人一个月只给发一两盐。战士没有体力，浑身浮肿，没法作战。

再者，主要武器来源受到限制。武器也是一个大问题，以前红军对敌作战，主要是俘获国民党军的武器弹药。第五次反"围剿"时，因为敌人兵力占优势啊，稳步推进，我们很难得到大批的武器弹药。怎么办呢？我们红军的兵工厂自己不会造子弹，不会造枪，只会修理子弹、修理枪，修的枪也不是很好。

刘少奇当时说过这样一段话，"兵工厂做的子弹，有三万多发是打不响的，枪修好了许多，拿到前方不能打，或者一打就坏了"，"手榴弹都是我兵工厂造的，质量太差，落地只炸成两三块，杀伤力很低。敌人上来后，只有拼刺刀了，可有的刺刀也不顶用，捅几下便弯了"。

很多红军拿的枪不能连发，连发五枪就炸膛，这是很大的问题。当时国民党军有1500多门迫击炮、野战炮，我军只有20多门，并且这些炮由于缺乏弹药，多数没法使用。拥有机关枪数我们跟敌人的比例是一比二三十，人家三十挺，你只有一挺。在装备上，我们非常落后。

再一个，政治资源逐步削弱。这个政治资源历来是我党我军的优势，第五次"围剿"时政治资源慢慢丢了，哪些政治资源？首先是查田运动造成农村普遍紧张。1933年中央苏区搞大规模查田运动，查什么呢？查地主恶霸隐瞒的土地。实际上当时苏区已经没有什么地主恶霸了，已经查了好几回了，但是在阶级斗争或者战争非常严峻的情况下还要查，地主富农没有了，查谁呢？中农，把中农划为地主、富农，有些贫农也给划了。一划为地主富农，那立刻要没收财产，有些个别的要枪毙。这就出现一个问题，引起了很多农民的紧张，紧张到什么程度呢？他们拼命地吃穿，不想扩大生产，田地宁肯荒了也不种。为什么呢？一种田就发财了，一发财就变为富农了，一变成富农就要被干掉了。后来呢，一些中农，还有一部分贫农，跟着地主、富农往国统区跑。1933年到1934年，苏区有大批群众向国统区跑，蒋介石那边有很多的诱惑，这边搞"左"的土地政策，很多人受不了。一直到1934年6月这种现象才得到减弱，当时很震撼人，苏区有些百姓居然跟共产党不一条心，跟国民党一条心。

还有肃反，当时苏区肃反也是很严重的。肃反是一个沉重的话题，苏联当年搞了三年的大肃反运动，中国的肃反和苏联的肃反有某些共同之处。苏区存在各种困难需要肃反，也有内在合理性，由于经验不足，再加上环境紧张、恶劣，各个苏区在肃反过程中过高估计了敌人的力量，采用了什么手段呢？逼供手段。肃反的发展常常先从自己内部斗起来，互相怀疑，自我损耗。赣西南的反AB团运动，还有闽西整肃社会民主党的运动，规模很大，很典型。我们在教材上经常看到"富田事变"，红一方面军在吉安发现了一些"AB团"的资料，红一方面军派社会保卫部去查这些AB团分子，什么叫AB团分子呢？就是反布尔什维克。一查查了几百号人，后来又查，查了红二十八团，实际上这是人为的，后来出现了乱子。红二十军中少数一些将领带领一批人把错抓的人给放了，并把部队带到赣江以东去了，当时项英出面，很快给摆平了。后来中央又判断失误，说AB团分子处理不彻底，重新查，把红二十军缴械了。张国焘当时在鄂豫皖搞得最典型，鄂豫皖根据地的领导人许继慎等人就给杀了。

综上所述，我们第五次反"围剿"失败有多种因素决定，我们当时很困难，要是根据毛泽东当时那种跳到外线去的思想，让毛泽东来指挥，搞外线运动战，也许我们能打赢，但是我们中央领导选择了错误的内部消耗战的战略，最终没有打破敌人的"围剿"，被迫进行转移。

1934年10月，中央书记处决定转移，共产国际打电报说，同意你们转移。我们进行各种筹备。为了转移，红军是怎么准备的呢？首先在宣传上、组织上做了一系列的准备工作。当时组织了"三人团"，博古、李德、周恩来。（PPT)这是红军时期的周恩来。红军时期的周恩来留着大胡子，跟我们想的很帅气的周恩来不太一样。什么时候开始留胡子呢？国共合作之后，跟蒋介石分手，他跟蒋介石有一个约定，咱们从此是对手了，你抓住我可能砍我的头；我抓住你的时候，我不那么残酷，我把胡子割了。蒋介石在1936年"西安事变"时被张学良逮住了，周恩来同志去西安谈判，见蒋介石时把胡子刮了。

当时为了暗示我们苏区要转移了，张闻天在《红色中华》报上发表了文章《一切为了苏维埃》。《红色中华》报当年是中央苏区最大的报纸，相当于现在的人民日报。《一切为了苏维埃》就是说我们要到新的地方去，创建新的根据地，这篇文章暗示红军要转移了，一读就知道。

其次在武器弹药、筹粮筹款、兵员发展上做了大量工作。有人当时写道，"我们的帽子、衣服、布草鞋、绑带、皮带，从头到脚，都是崭新的东西"，"师部不断通知我们去领棉衣，领银圆，领弹药，住院的轻伤员都提前归队，而重伤员和病号，则被安排到群众家里。地图也换了新的，我一看，不是往常的作战区域，这说明，部队要向新的地域开进"，"中共中央、中央政府、中革军委机关和直属部队编为第一野战纵队、第二野战纵队"。

第三个，我们与广东地方实力派陈济棠进行接触，他是个军阀，他不想跟红军好好打，怕消耗自己的实力。他把中央苏区作为对抗蒋介石中央的缓冲区，一直跟红军私下有往来，周恩来、朱德想办法跟他接触，派潘汉年等人跟他联系。后来跟陈济棠达成一个让道协议，我们红军突围时要经过他的防区，陈济棠说，你到我的防区可以，提前告诉我，然后我的部队后撤20公里，你打过来时我们对天放枪，让你过去。这是红军的准备。

为什么强调红军准备呢？以前我们有一种说法，说红军转移是仓促准备的，逃跑主义。实际上作为大部队战略转移，有些是军事机密，不可能让每一个普通战士都知道，那样达不到隐蔽性。当时转移命令中央"三人团"知道，中央军委委员知道，没有告诉毛泽东，他没有实权。我们命令下给了高层，基层动员，武器装备筹措啊，"扩红"啊，弹药准备啊，种种迹象表明，我们要转移了。什么时候转移，到哪儿转移，这也是一个大问题。

具体什么时候转移呢？当时说到转移，我们要提到一个人，这个人是江西省第四保安司令部司令莫雄，他参加了蒋介石"围剿"红军的计划，搞到一份情报。蒋介石当时部署了"围剿"中央苏区的一个绝密行动，代号"铁桶围剿计划"，他得到这个情报之后交给了他司令部的项与年，把这些资料装到一个字典里面，然后往中央苏区送。送的时候敌人封锁很严格，他化装成教书先生，那肯定送不过去，后来又把自己打扮成一个叫花子，一个乞丐，穿得破破烂烂，脸上抹了灰，走到交界的地方感觉还是不行，国民党防守非常严，有一点可疑就抓起来。他干脆装哑巴，拿石头对着自己的嘴砸，把自己的牙全部砸掉，嘴唇砸得流血，脸肿得跟茄子一样，不说话，掂着一个垃圾袋，里面装几个死耗子。国民党兵审问他，他说不了话，想搜他的袋子，里面有死耗子，十几米外都闻到臭味了，就让他过去了。后来周恩来看到这个情报非常感动，动员红军赶紧走。这个人很有意思，七天走了七百公里，完全是不要命，就像搞马拉松赛一样，昼夜不停地走，非常值得我们敬佩。

再说红军转移时的对策。红军要走，往哪儿走。北面是重兵，东边是大海，南边是陈济棠的部队在那儿，西边怎么样呢？按理说围得那么严，往哪儿走？后来向西边走。蒋介石知道不知道呢？当时国民党一个将军叫李宗仁，当时就上书说，"就战略的原则来说，中央自应四方筑碉，重重围困，庶几使共军逃窜无路,整个就地消灭……但此次中央的战略部署却将缺口开向西南,压迫共军西窜"。国民党军西路军"围剿"司令何键,桂系军阀白崇禧、陈诚、贺国光,他们多次向蒋介石建议,西部有一个缺口,这个缺口兵力比较薄弱,我们应该大量修筑碉堡,加强兵力,以把共军围死在苏区。蒋介石什么反应呢? 统统没有做回答,反而是当红军即将转移的时候蒋介石离开了,到西北视察去了。大家都搞不清楚,"领袖"到底想什么啊? 蒋介石真正的意图是什么呢,蒋经国在日记里面说了,这是他老爸故意放水的,就是让红军往西边走呢。他就是趁着红军向西边走的时候顺便把西南几个军阀给收掉,或者灭了,他的意图是一箭双雕,一方面"围剿"红军,把红军在长征路上搞掉,另外顺便把西南军阀摆平,所以有意识地留了一个缺口。不是说蒋介石不知道,他那么聪明,这是他有意的。

红军最初转移的目的,准备到哪儿去呢? 我们看看地图(PPT),非常清楚,我们红军最初准备到西南去。因为在第五次反"围剿"不能打赢的情况下要转移,到西南去比较合适。当时斯大林看了中国地图说,最适合发展的就是云贵川,尤其是四川,四川周围都是山,中间是平原,天府之国,在这个地方有利于发展。当年张献忠在四川,三国时魏蜀吴的蜀也是在四川。当时红军不叫长征,叫西征,后来由于战局变化到了西北去了。

我们的最终目的地是到西南去,走得容易吗? 也不容易。我们当时沿着红六军团的长征路线,经过广东军阀陈济棠的防区,突破了三道封锁线,过第四道封锁线时出现问题。在哪个地方呢? 就在全州、灌阳、兴安这一带,国民党部署重兵。实际上当时湘江边上李宗仁的部队让出了一个 120 华里的口子,他不想跟红军打,杂牌军团嘛! 红军的主力部队已经首先过了湘江,让大部队赶紧走,但是我们的中央直属纵队走得速度太慢,一天行军 20 公里,80 公里的路程走了四天,这个太要命了。我们长征时实际上速度很快,300 多天的时候,走了两万五千里,大部分路程走得很快,中间还不包括雪山草地,平均每天走六十多里是很正常的,一天走四十多里这是很少见的,恰恰在这一段时间走得很慢。为什么走得慢呢? 带的坛坛罐罐太多,影响了行军速度。蒋介石后来通过空军侦查发现这儿有一个缺口,严令军阀堵上,红军直属部队到达湘江边上时已经陷入重围。出现了什么问题? 过了湘江,8 万多人的中央红军一下子变为 2 万多人。当时中央苏区有一个少共国际师,有一万多人,这个少共国际师主要是青少年组成的,刚才说了,红军后期"扩红"时把小孩儿"扩红"了,最高年龄不超过 18 岁,小孩儿打仗还是蛮勇敢的,初生牛犊不怕虎,过了湘江之后全军覆没。打得最惨的是红三十四师师长陈树湘,他一个师全部打光,只剩下他一个人,肠子打得流出来了,昏迷了。保安团打扫战场把他简单包扎了一下,用担架抬着去县城请赏。他在半路醒过来,不愿意当俘虏,他把绷带解开,肠子流出来,他自己咬着牙把肠子扯断几节,死在路上,后来他的头被割下来挂在城头。

湘江战役之后有一种说法,叫什么呢? 三年莫食湘江鱼,十年不饮湘江水。湘江的鱼都吃人,水都被鲜血染红了。湘江战役的失败给我们这个红军上下带来极大的震撼,8 万多人的红军过了一次湘江剩下 2 万多人。南方地区很多红军参军时往往是一个村一个村的,或者一个家族一个家族的,或者同学、朋友一块来的。后来刘伯承说过,"广大干部……逐渐觉悟到这是排斥了以毛泽东同志为代表的正确路线,贯彻执行了错误的路线所致,部队中明显地增长了怀疑、不满和积极要求改变领导的情绪。这种情绪,随着我军的失利日益显著,湘江战役达到了顶点"。大家怀念毛泽东,前三次是毛泽东指挥的,为什么换一个领导人就打不好呢? 大家开始反思,尤其是湘江战役之后。

湘江战役之后,红一方面军还坚持原定计划到湘西去跟红六军团会合,当时蒋介石已经在湘西部署重兵,去就必然会失败,等于直接钻到人家布好的口袋里了。在这个紧急关头,毛泽东向中央政治局提出,应该放弃原定的转移计划,改变战略方向,立即向敌人统治比较薄弱的贵州去,不能再往北走了。在这种背景下,1934 年 12 月,中共中央在湖南通道举行了紧急会议,紧急会议的时候,李德和博古因为战争失利,也不好多说什么。当毛泽东坚定地提出我们一定不要向北走了,向西边

去打贵州时,周恩来也同意了。在这种情况下,红军转向了,向西边走了,走到哪儿了?在黎平时中央政治局根据毛泽东的意见通过了一个决定,这个决定就是"新的根据地区应该是川黔边区地区,在最初应以遵义为中心之地区,在不利的条件下应该转移至遵义西北地区"。就是我们准备在遵义那个地方建一个根据地,这是毛泽东提议的。

后来部队走到猴场,在这里面政治局做了一个新的规定,关于作战方针时间与地点的选择,军委必须在政治局会议上做报告。什么意思?就是排斥博古、李德这些权力太集中的人。今后军委一切作战计划要报中央政治局,因为党是指挥枪的,一定要彻底贯彻这个方针。

在这个会议之后到乌江,乌江有一个贵州军阀叫侯之担,他有八个团,每个团不到一千人,装备很差,都是土枪,打不准,很快我们就把乌江占了。一直往西边走,后来到了贵州,到了遵义,遵义这个地方更好打,这儿有一个王家烈,他的部队号称"双枪军",拿一个步枪,拿一个大烟枪,我们很快把遵义占了。当时国民党追兵还没有上来,所以我们在遵义这个地方休息了几天,开了中央政治局会议。

在这个会议上,博古先发言,主要为第五次反"围剿"和湘江战役失利发言,他主要强调客观责任,就是不承认自己的错误。第二个做报告的是周恩来,周恩来很有意思,他人缘好啊,"左"的"右"的"内"的"外"的,周总理一生朋友很多,敌人很少,人缘比较好。他上去以后主要不是强调客观原因,首先强调主观原因,说自己做得不好,对不起大家,大家很快原谅他了。为什么呢?他人缘本来就好,又诚恳地道歉,大家原谅了他,但是不原谅博古。再上去的是谁呢?王稼祥。王稼祥上去也做报告,王稼祥是政治局委员,系统地批判博古、李德军事上的瞎指挥。最后是毛泽东做报告,毛泽东发言跟人家不一样,他指出,第五次反"围剿"失败和大转移严重损失的原因,主要是军事上的单纯防御路线,表现为进攻时的冒险主义,防御时的保守主义,突围时的逃跑主义。还驳斥了博古用"敌强我弱"等客观原因为第五次反"围剿"失败进行辩护的借口,同时比较系统地阐述了中国革命战争的战略战术问题和此后军事上应该采取的方针。

毛泽东在长征前身体非常不好,得了一种病,叫疟疾,是一种伤寒病。长征前中央领导原计划准备把他留下来,博古建议把他留下来,当时很多人留下来了,项英啊,陈毅啊,毛泽覃啊,瞿秋白啊,都留下了。周恩来、朱德说,不能把他留下来。中央苏区本来就是人家创建的,后来我们来了给人家架空了,最后我们要走了,把人家留下,国民党军上来了,谁留下谁危险。给他留下的话,国民党军把他逮住了,把他枪决了,那中国革命不就是失败了?他当时还有一个头衔,中华苏维埃共和国临时中央政府主席。长征路上,王稼祥也有病,张闻天也有病,他们经常在一块,他俩是在莫斯科留学回来的,毛泽东经常做他俩的工作,把他俩的工作做通了,他们坚决支持毛泽东的主张。

这时候有一个人反对毛泽东,这个人叫凯丰。他说,你毛泽东也没有什么了不起,我看你打仗主要靠两本书,一个是《孙子兵法》,一个是《三国演义》,靠这个你没有什么本事。毛泽东说,你给我说说《三国演义》总共有几章?你看过《孙子兵法》没有?没有。毛泽东说,你没有看过怎么说我看过,或者没有看过呢?后来毛泽东说,当时他确实没有看过《孙子兵法》,小时候看过《三国演义》,没有看过《孙子兵法》。凯丰提出来说他靠《孙子兵法》打仗,后来他专门研究《孙子兵法》。

(PPT)这是张闻天起草的《关于反对敌人五次"围剿"的总结决议》,《决议》充分肯定了毛泽东等指挥红军多次取得反"围剿"胜利所采取的战略战术的基本原则,指出博古、李德"在军事上的单纯防御路线"是不能粉碎敌人第五次"围剿"的主要原因。

部队后来继续行军,1935年2月5日,在川滇黔交界的一个叫"鸡鸣三省"的村子,中央政治局常委进行分工,毛泽东为周恩来军事指挥上的帮助者。什么意思呢?在遵义会议上,毛泽东虽然批判了"左"倾教条主义,被选举为中央政治局常委,在最危急的时候挽救了党、挽救了红军、挽救了中国革命,这个大家都知道。当时的中央领导事实上是毛泽东,表面上不是他,是谁呢?周恩来同志是党内委托的对军事指挥下最后决心的人,毛泽东只是中央政治局常委。在1935年2月,明确让张闻天代替博古当中共中央总书记,周恩来仍然是军事上的最高领导人,毛泽东只是帮助周恩来。

1935 年 3 月中旬,中共中央成立了周恩来、毛泽东、王稼祥三人组成的党内最高军事指挥小组,即新的"三人团",代表中央全权指挥军事。为什么呢? 遵义会议之后,周恩来、朱德在前线打仗,他们打仗时有一种顾虑,毕竟有湘江战役的失利在先,再说中央军委重大决策必须向中央政治局汇报。周恩来在前线不能自作主张,必须向政治局汇报,汇报给谁呢? 汇报给后方的张闻天。张闻天不能打仗,不懂军事,他又请教毛泽东,体制不太顺。后来张闻天说,泽东啊,你到前线去吧,跟周恩来在一块。毛泽东就去了前线帮助周恩来,周恩来做人比较谦虚,当时就问毛泽东意见,就以毛泽东的意见为主。这样就很奇怪,张闻天不懂军事,让毛泽东来,在前线周恩来又听他的,遵义会议实际上形成了以毛泽东为核心的第二代领导集体。

"三人团"以毛泽东为核心,那就打吧,红军一出来就开始打,从贵州的遵义往北边走(PPT),准备到四川去。在庐州和宜宾之间过长江,准备到四川去,但是蒋介石的部队很快就围上来了,到那儿去也不可能。为什么呢? 因为那儿有一个地方叫土城,这个土城很有意思,就是一个小县城,红军打这个地方,一打打不下来,原计划红军判断驻守土城的敌军很少,很容易拿下来。当时侦查认为是四个团,但是真正打起来发现不是四个团,是六个,原计划 6000 人,实际上是 10000 人,因为情报失误,打得非常辛苦,中央机关差点被人包围了,还是陈赓带着干部团猛打猛冲给解了围。毛泽东看陈赓能打仗,说,陈赓行,可以当军长。土城也没有打好,国民党又围上来了,红军没有办法,只好到西面去,到了一个地方叫扎西。到扎西之后国民党又围上来了,我们又二渡赤水河,奇袭娄山关,二战遵义。二战遵义歼灭了国民党军 3000 多人,取得了遵义会议以来最大的胜利。毛泽东当时很兴奋,写了一首词——《忆秦娥·娄山关》:西风烈,长空雁叫霜晨月。霜晨月,马蹄声碎,喇叭声咽。雄关漫道真如铁,而今迈步从头越。从头越,苍山如海,残阳如血。

二战遵义以后,国民党又围,我们又要往北走,三渡赤水河,敌人又压,我们又四渡赤水河。再到哪儿去啊? 到贵州去。当时的蒋介石正在贵阳城内督战呢,他听说红军大部队来了,吓得要死,立马命令云南的龙云调部队来救驾,龙云就把云南的部队调到贵阳了。实际上主力红军并没有打算打贵阳,从贵阳的边上擦着过去了,直接到云南去了。到了云南这个地方,龙云的部队已经调到贵阳去了,很快穿过云南,到了一个地方,叫金沙江。到了金沙江以后,实际上不好过,红军侦察部队先侦查江边,找不到一条船,都被国民党收了,要么烧了,要么到对岸去了。他们正奇怪呢,对面过来一个国民党侦查团,来看红军有没有来,被我们先头部队逮住了,正找不到船呢送来一条船。一个民工还藏了一条船,最后搞到两只船,过了金沙江。

过了金沙江之后继续往北面走,走到哪儿呢? 四川的会理。这时候开始休整,当时部队出现一个问题,四渡赤水,大幅度运动,大幅度迂回,有人很不满意,说部队太累了,打得也不好。再加上土城战役打得也不是很好。这个时候有人想不通,以林彪为代表,他说毛泽东不会打仗。你毛泽东还是下来吧,你瞎指挥,累得要死。你光走弓背,不走弓弦,不走捷径,让彭德怀上去指挥吧! 毛泽东批评林彪,你还是一个娃娃,打仗你不懂,不是你想的那么简单。

会理会议之后走到大渡河,大家都知道强渡大渡河,首先去一个渡口,叫较平度(音),也是过不去。因为什么呢? 我们虽然搞到了船,当时国民党军在那儿封锁比较严。当时只有一条船,后来又搞了三条小船,国民党机关枪在封锁。关键时候有一个人出来了,就是这个人(PPT),叫赵章成,原来是西北军的一个小连长,后来 1931 年参加了中央苏区的起义,这个人外号"神炮手",他实际上只有一门炮,三发炮弹,他不用观测仪,他用手工瞄,瞄得很准,就那三发炮弹炸中敌人三个火力点,然后敌人吓跑了。原来是一个小连长,新中国成立以后是炮兵副司令、少将。

(PPT)这是当时的 17 勇士过大渡河的画面。1936 年斯诺采访的时候他们照了一个合影相,这个合影相有 21 个人,实际上大渡河战斗时除了 17 勇士外还有几个负责火力封锁的机枪手。

因为船太少,大部队还是过着挺麻烦的,国民党追兵快过来了,过河能力不够。后来到另外一

个地方——泸定桥，我们小时候都知道飞夺泸定桥。现在讲一个问题，泸定桥要是当时被炸了，红军还能过去吗？太平天国期间，石达开全军覆没在泸定桥边，蒋介石就是要让红军做第二个石达开。结果红军过去了，怎么过去的呢？当时守卫泸定桥的是国民党四川军阀刘文辉，刘文辉负责守泸定桥，他当时说，我把泸定桥桥板给撤了，机关枪一封锁他就过不来。他不想跟红军好好打，大意了，蒋介石让他炸桥，他不舍得炸。为什么没炸呢？因为这个大渡河泸定桥方圆几百里就这一座桥，是清朝乾隆年间造的，花了很大代价，如果把桥炸了，方圆几百里就没有路了，他统治下的老百姓要骂他！因为他没舍得炸，红军就过去了，也是红军命不该绝。

后来过了夹金山，这里常年积雪，人迹罕至，过了夹金山之后和红四方面军会师，到四川懋功地区。红四方面军当时人多，8万多人，中央红军只有2万多人，张国焘见周恩来时问他，你到底多少人啊？周恩来说2万多，实际上1万多人。当时中央红军里毛泽东很瘦，周恩来胡子拉碴，跟个瘦老头一样，四方面军兵强马壮，每一个师级干部都有十几个背篓，背篓里面放的腊肉啊，香肠啊，就我们中央红军过得不好。张国焘一看中央红军这么一个局面，内心产生了新的感觉，什么感觉呢？中央政治局就在四川懋功附近两河口开了一个会议，会议上，张国焘不是兵多、枪多、人多嘛，向中央要权，要求中央封他为中革军委主席，同时扩大中央领导机构，他当军委主席。毛泽东说，中央军委主席给他不太合适。最后谁当的呢？朱德当的。给他什么合适呢？当时张闻天说，把党的总书记给他算了。这更不能给了，我们的原则是党指挥枪，要是总书记给他，他用党的命令挟持红军，那更麻烦。周恩来说，我把红军总政委职位让给他算了，给他太小了不接受，太大了也不接受。他提出中革军委要改组，增加他的下属陈昌浩、徐向前进入中革军委。

满足愿望之后继续北上啊，红军当时制定了一个计划，往北打，争取在川陕甘建立一个根据地。红一方面军开完会北上了，张国焘按兵不动，他不北上，他主张南下。一方面军先走，走了七天六夜，到达了草地边，那儿有一个地方叫班佑，在这儿等着张国焘。

因为两河口会议之后红军变成一个左路军，一个右路军，张国焘编在左路军，毛泽东、周恩来、陈昌浩、徐向前编在右路军，共同北上，右路军先行北上，到达班佑，等着左路军上来，张国焘又不上，他反对北上。这时候他又提出新的要求，要求增补中央政治局委员，他提出一个十个人的名单，当时中央政治局委员总共九个，他一下弄了十个名单，不可能满足他，后来中央政治局增补了两个，是他的部下。张国焘不但不北上，居然还另有野心，什么野心呢？他挟持中央南下。红军右路军刚刚过草地在等他时，他居然命令陈昌浩挟持中央南下，给陈昌浩发了一个密电——"南下，彻底展开党内斗争"。当时值班的副科长叫吕黎平，他接到电报以后，就告诉了当时的红右路军参谋长叶剑英。叶剑英跟陈昌浩送这个电报，陈昌浩正在开会，他在那儿闲着没事儿把电报翻开看，一看吓了一跳，"南下，彻底展开党内斗争"。我们当时的党内斗争是很残酷的，他感到很震惊，立马一路小跑把电报送给毛泽东了。毛泽东一看大吃一惊，这下麻烦了，告诉他，你赶紧电报还给他，然后找周恩来商量对策。当天晚上就走，这个地方不能待了。带着谁走？带着自己从瑞金带出来的老部下走。1935年9月9日晚上，毛泽东带着原一方面军的人单独走了。

毛泽东一辈子有好多9月9日，他是1927年9月9日领导了南昌起义，然后1935年9月9日就是这个密电，1949年9月9日修改《共同纲领》，1956年9月9日修改八大政治会议决议，1971年9月9日林彪准备刺杀他，他把专列由杭州转往绍兴，单独北上，林彪没有炸成他。1976年9月9日毛泽东逝世。他这一辈子有很多9月9日，是一个传奇。

叶剑英当时很有意思，他看完告诉了毛泽东，毛泽东带人走了。天亮时陈昌浩发现红一方面军走了，就追，堵着呢，左路军、右路军怎么编都是他人多，他堵着一方面军不让走。关键时候出现了一个问题，当时的红四方面军参谋长李特，他骑着马追过来了，指着毛泽东说，你怎么敢跑？四方面军的人不要跟着毛泽东北上，我们南下，我们吃大米去，北上没有出路。他是带枪靠近毛泽东的，毛泽东身后恰恰有一个李德，李德一看李特带着枪过来了，李德个子比较大，估计2米多，上去一下把李特摁在地下了，李德做了一件好事。人家说，李德为什么这么勇敢呢？李德说，虽然我在苏区打仗不行，但是北上我还是支持的，我不愿意南下。关键时候怎么办呢？徐向前作为红右路军前敌总指挥，他说了一句话，红军哪有自己打自己的，他们愿意走就让他们走吧！放了他一马。这件事给毛泽东留下了深厚的印象。

后来到了俄界，出了一个批判张国焘的决议。继续往北边走，后来翻越岷山，毛泽东有几句诗：更喜岷山千里雪，三军过后尽开颜。

再往北走有一个天险，叫腊子口，两边悬崖有500多米高，有大概8米宽的一条路，中间一个小石板桥，国民党两个团守着这个山口。刚开始冲的时候损失很大，后来派部队从两边悬崖峭壁爬上去，从上面往下面打，击溃了敌人，过了腊子口。过了腊子口之后，到了另外一个地方，叫哈达铺，哈达铺改变了中国历史走向。原计划，在俄界时毛泽东说，中央红军到哪儿去？到西北去，到中苏边境去，得到苏联援助以后再打回来，还有几千里呢。能不能走到那儿搞不清楚，国民党追兵很多的，要经过河西走廊到西北去？在这儿出现了一个很奇妙的现象，这些地方毛泽东发了一批报纸，哈达铺商业比较发达，这个地方产什么呢？产当归，中草药。上海啊，广州啊，陕西啊，山西啊，很多商人来这儿买这个草药。这个商人很想家，他们经常订一些报纸看看家乡的情况，在这个小镇上有一个邮政所，毛泽东说，长期爬雪山、过草地，消息不灵，就让警卫员找点报纸看。警卫员在邮政所搞了一批旧报纸，上面登的有新闻——"陕北军事形势转变刘志丹徐海东有合股趋势"，"陕匪势猖獗"。毛泽东原来不知道这儿有一个根据地，突然发现这儿还有一个根据地啊，这么近，到这儿去。他临时决定把根据地扎在延安，就是陕北这个地方。后来榜罗会议正式决定，我们就在这个地方，就把延安作为我们未来的根据地了。毛泽东为此专门写了一首词，《长征》七律，这个不是长征胜利之后写的，就是在1935年这个榜罗会议之后写的。

1935年10月红军过了六盘山，毛泽东心情很愉快，秋天嘛，天高云淡，他填了一首词《六盘山》：天高云淡，望断南飞雁。不到长城非好汉，屈指行程二万。六盘山上高峰，红旗漫卷西风，今日长缨在手，何时缚住苍龙？

到了陕北，国民党在西北有很多军阀部队，有西北军、东北军，西北军是杨虎城的部队，东北军是张学良的部队，还有一些杂牌部队，还有阎锡山的部队，还有国民党马步芳的部队，马步芳的骑兵威胁很大，一直追着我们，毛主席让彭德怀把骑兵打掉，彭德怀消灭了2000多国民党的骑兵，毛主席很兴奋，表扬了彭德怀两句话：山高路远坑深，大军纵横驰奔。谁敢横刀立马？唯我彭大将军！

后来到了吴起镇，中央红军说要到吴起镇去找刘志丹，当时刘志丹、高岗什么状况呢？他们是陕北根据地的创建者，包括习近平的父亲习仲勋，就在这个地方。当时谁控制着这个地方的实权呢？徐海东。徐海东是从鄂豫皖根据地走了5000公里的路程偶然到达延安的，他是红二十五军的，后来二十五、二十六、二十七三个师会合组建了红十五军团，徐海东当了军团长。毛泽东想去，因为徐海东是鄂豫皖根据地出来的，是原来张国焘的部下，他去不去呢，心里犯嘀咕。他写了一封信派人给徐海东送过去，信中说，中央来了，现在没有钱花了，海东啊，能不能借一点钱花啊？这是试探徐海东。徐海东立马就回信了：首先，坚定拥护以你们为首的中央，不承认他的老上级张国焘在四川卓木碉成立的中央；第二，我感觉借给你3000块钱哪够用啊，我借给你5000块钱。毛泽东一看，徐海东表现不错啊，立马就去了。徐海东这件事儿表现很好，后来抗战时期，包括解放战争时期，他身体不太好，基本上没有打什么大仗，1955年授衔时授予大将，排名第二。毛主席亲自说了，谁不服气跟他谈。徐海东对中国革命有功，而且是大功。

到了延安以后，张国焘带着左路军南下，徐向前没有跟着毛泽东北上，带着部队二过草地跟张国焘会合，在四川卓木碉成立新中央，宣布毛泽东、周恩来的中央是伪中央，通缉毛泽东、周恩来，并开除党籍。这是公开分裂中央，谁把这件事情摆平的呢？这要感激另外一个人，这个人叫林育英，是林彪的堂哥。张浩是1935年10月从莫斯科回来的，传达共产主义七大关于建立反法西斯统一战

线精神的,他一个人穿越蒙古大沙漠走回来的,也是一个传奇。他带来了共产国际给的密电码,他跟毛泽东关系不错,也跟张国焘关系不错,他电令张国焘必须北上,说是共产国际让你北上的。你不服气的话,我有密电码,我告诉你。张国焘他不怕毛泽东,但是怕共产国际,因为共产国际是上级领导机关,张国焘没有办法了。张国焘南下过程中,他8万多红军很快变成4万人,因为牵连到损耗,二十六军团会合之后也督促他北上,种种压力之下张国焘北上了,后来出现了红一方面军、红四方面军在陕北会师。张浩因为这件事表现比较好,1944年得肺结核病去世时,毛泽东给他抬棺材。"中央政治局常委"给他抬棺材,这是毛泽东一生中唯一一次为自己部下抬棺材,就这一回,太感激他了。他避免了红军的分裂,避免了党中央的分裂,并且承认以毛泽东为核心的党中央,当然得感激他了。

红军长征的胜利有多种原因,第一个是坚持党的领导是根本原因。第二个,广大红军指战员有坚定的共产主义理想和坚定的革命胜利信念。第三个,红军的团结,各个部队之间的团结协同。我们再回过头来看长征,长征要是离开了毛泽东,长征就不会胜利;要是没有毛泽东,就钻到国民党口袋里面了,那是必死无疑;要是没有毛泽东,四渡赤水河,不可能摆脱国民党的追兵;要没有毛泽东,我们很难想象我们能跟张国焘的部队抗衡,当时张国焘有军阀野心,分裂中央,是毛泽东为核心的党中央发挥了高超的智慧,避免了分裂。这是多重因素导致的,但离不开毛泽东的智慧。

第二个讲毛泽东在长征中的无线电侦测工作。我们看长征时有一个奇怪的现象,什么现象呢?我们经常打破国民党的各路"围剿",而我们红军一次也没有钻到敌人的包围圈里面,为什么啊?跟我们的情报工作有关系。我们以前有一个电影叫《永不消失的电波》,我们小时候很多人看过,一个老电影,就是说明这个无线电工作的。当时电影上有一个李侠,地下党员,跟敌人美女间谍柳尼娜斗了11年,最后以我方的斗争胜利告终。

看电视剧《潜伏》,我们红军情报工作很厉害的,我们提前培训电讯人员,掌握破敌密码独特技术。我军的密码技术是比较高超的,世界上第一部无线电台发明于俄国,苏联的无线电谍报技术世界领先,共产国际给我们提供了很多电台密码,培训了很多谍报人员,中共中央也特别注意培训我们的谍报人员。中共中央有一个特殊的机构叫中央特科,里面分总务科、行动科、情报科等几个科,其中情报科负责情报,我们在这方面力量还是比较强的。

我们在长征途中破译敌军的密码成功率达到100%,多次避过危险。第一次反"围剿"的时候,我们搞掉了国民党十八师的收报机。第二次反"围剿"时搞了更大功率的电台——100瓦的电台,当时就是这部电台和上海的中共中央联系上,又跟莫斯科联系上了。红军长征前,莫斯科、上海、苏区是一个三角关系,因为我们能够跟上海中央联系上,上海能跟莫斯科联系上。长征前夕,上海地下党中央遭到国民党中统特务四次大破坏,电台都没收了,人员都逮捕了,红军带的电台功率比较小,打不到莫斯科,失去联系了。在失去联系的情况下,遵义会议召开了,这是独立自主召开的。为什么叫独立自主召开呢?因为跟共产国际失去联系了。中央红军带了14部电台,每一步电台昼夜监听,每一部电台监听敌人的一举一动,敌人平时用明码,我们用暗码,国民党不知道我们破译能力这么强。我们有一批谍报精英,像王诤、刘寅他们几个,他们原来是从国民党俘虏过来的,后来参加红军了,破译密码很厉害。

红一、四方面军接力值班,几乎截获敌军全部电报。一方面军在长征途中,因为白天行军作战,作战很忙,没有时间侦听电报,四方面军侦听敌人电报,晚上红军休息时四方面军把破译的电报交给一方面军。后来一方面军在延安时四方面军北上,一方面军截获电报再传给四方面军。昼夜轮班,截获敌人全部电报。

比方说当时一个电报是什么呢?非常有名的电报,红军计划不到湘西去,准备到贵州去,就是因为从电报里知道了国民党的动向,然后就不去了。四渡赤水河也是那样,比较大的战役都是我们截获敌人情报,知道了信息。我们红军有一种说法叫"人在密码在,人亡密码亡",国民党不知道我们密码技术这么高。中央红军,包括四方面军有几个比较"牛"的无线电侦听人员,一个叫王诤,一个宋侃夫,还有一个中央军委二局曾希圣,还有一个钱壮飞。

要不是钱壮飞中国革命也很难想象,当年钱壮飞救过周恩来一命。当时中央有一个最大的叛徒叫顾顺章,顾顺章在武汉被捕,他知道中国共产党上海地下党所有人的名单,武汉中统站的站长蔡孟坚号称"铲共专家",他逮住顾顺章了,顾顺章说,把我押送到南京去面见蒋介石。临走前说,你千万不要跟南京打任何电报,南京有中共地下党分子。蔡孟坚把顾顺章送走之后心里很兴奋,对总部上级领导机关打了一个密电,总部那个头头徐恩增不在,当时值班的贴身秘书钱壮飞在,他一下截获六份加急电报,就用自己的密码把它破译出来,发现顾顺章叛变了。他让女婿当天晚上坐火车到上海告诉周恩来,周恩来通知上海地下党人员一夜之间全部跑了。这几个人都是搞谍报工作很厉害的,密码技术很高的。

有些人号称"活密码本",破译敌人密码不用对,自己脑子都记着呢,看着电报直接就念出来了,很神。

毛泽东后来说了这样的话,"没有二局,红军长征是不可想象的。有了二局,我们就像打着灯笼走夜路"。叶剑英在 1953 年回忆长征时说,"毛主席指挥英明,多谋善断,把蒋介石的军队调来调去,就像放在手中玩那样……很重要的一条,是靠二局军事情报的准确及时。如果没有绝对准确的情报,就不容易下这个决心"。主要是情报准确。当然了,同样的情报放在不同的人手里效果是不一样的,放在博古、李德手里就不行了,同样的情报看你怎么判断了。

第三个谈毛泽东长征的历史叙述。我们现在每个人都知道长征,长征最初是干什么的?长征最初不叫长征,叫西征。1937 年遵义会议之后,中央派了陈云绕道上海,然后到巴黎,然后到莫斯科,向共产国际汇报我们长征的一些情况。因为失去电台联系了,人工去传递情报,毕竟我们中共中央领导机构发生了重大的变化,不让上级领导机构知道也是不合适的,就派陈云去。陈云在 1935 年的 8 月到了莫斯科,他给共产国际做了一次汇报,说我们领导层换了,毛泽东出来了。1936 年,他在共产国际机关报《动荡不宁的中国》里面发了一篇文章,叫《英勇的西征》。1935 年 9 月,我们通过了关于张国焘同志错误的决定里面提到"两万余里的长征",这个决议里面出现了"长征"这个词。

中共中央瓦窑堡会议时,毛泽东做报告,他写了一本书叫《论反对日本帝国主义的策略》,里面就提出"长征是历史纪录上的第一次,长征是宣传队,是宣言书,是播种机,是以我们的胜利和敌人的失败而结束"。

长征最初宣传是在什么时候呢?1936 年下半年,毛泽东号召红军长征回忆。起因是什么呢?当时美国有一个记者叫斯诺,斯诺在宋庆龄的帮助下,准备到西北来采访红军的活动。

(PPT)这是斯诺到延安时跟毛泽东会面的画面。

斯诺要求,要让外国人知道,我们要争取外来援助。毛泽东说,"现因进行国际宣传,及在国内和国外进行大规模的募捐运动,需要出版《长征记》,所以特发起集体创作。各人就自己所经历的战斗、行军、地方及部队工作,择其精彩有趣的写上若干片段"。毛泽东、杨尚昆共同发了一个布告,就是一个征文。为了什么呢?为了国内宣传和募捐。

"文字只求情通达意,不求钻研深奥,写上一段即是为红军做了募捐宣传,为红军扩大了国际影响。"最初是这样的目的。

当时大家写了 200 篇文章,最后编辑成小册子,编了一百篇,由著名作家丁玲当编辑,给润色润色。当时的军委总政宣传部部长徐梦秋是主编。这个徐梦秋很有特色,他参加过长征,很有文采,宣传部长嘛,过雪山时双腿冻坏锯掉了,毛泽东很心疼他,说把他送到苏联去装一个假肢,苏联说,我们技术不够,给你送到德国,德国假肢技术比较高。走到苏德边境时苏德战争爆发了,他又不去了,待在那儿没有什么意思,他又回来了,到了新疆。后来新疆军阀盛世才叛变革命,他把毛泽东的弟弟毛泽覃杀害了,徐梦秋当时经不住严刑拷打,当了新疆教育厅厅长,这个人很可惜。他被捕以后毛泽东本来说派人营救他,没有想到他叛变了。新中国成立以后跑到重庆,向人民政府自首,长期被关押。

《红军长征记》编出来以后,当时因为抗争爆发了,为了不和国民党搞得那么僵硬,一直没有公开发表。到1942年11月的时候,由总政治部复印,并且专门要求接到本书的同志妥为保存,不得转借他人,不得再行翻印。它就是描述长征到底是怎么回事,每个人都是历史的见证者。

外界是如何知道长征的呢? 首先是陈云,他当年在共产国际以"廉臣"的名义在巴黎的中共刊物上写了一个《随军西行见闻录》,以一个国民党的俘虏医生的角色随着红军长征,谈他对长征的感受,实际上是表扬长征。1936年8月,《大公报》一个记者叫范长江,他写了《中国的西北角》。陈云写的是在巴黎发表的,国内很多人不知道,范长江的《中国的西北角》当时轰动比较大,曾经再版九次,发行十几万册,风行全国,被誉为和《西行漫记》一样是一部震撼全国的杰作。

斯诺采访完毛泽东以后回到了英国,1937年抗战爆发时他出版了《红星照耀的中国》,1938年中文版的《西行漫记》发行,后来慢慢被国人所知道。参加长征的还有一个传教士叫薄复礼,当时在贵州传教,被红六军团逮住了,押着他,一直押到延安,最后把他放了,他回去之后也写了对长征的感受,后来解放军出版社给他出版了《一个外国传教士眼中的长征》。1937年7月5日,上海《逸经》杂志第33期刊出了《红军二万五千里西引记》,里面还有图,"国统区"很多人从这个上面了解了不少长征的一些事情。

通过国内的、国外的各种途径,长征慢慢被大家所知道并接受,真实的长征是怎么回事呢? 咱们红军编了《红军长征记》,里面有些东西是被删掉的,原稿上有,后来被删掉。1954年中宣部党史资料室将《红军长征记》更名为《中国工农红军第一方面军长征记》,在内部发表。

在这儿说一个画面,红军长征的时候,我们以前有一种错觉,红军长征两万五千里生活非常辛苦,是不是? 草根、树皮、牛皮带,都啃这些。咱啃一点试试,别说走两万五千里,走25里就倒下了,光吃这些肯定不行。实际上红军长征的时候,除了过雪山草地的时候比较艰难外,大部分时候生活还是可以的,不是想象的那样,他们一路打土豪不断得到补充。

长征最初是宣传我们革命英雄主义、乐观主义的,20世纪50年代到90年代主要宣传红军的革命英雄主义和艰苦卓绝的精神,后来慢慢宣传主题变了。总结长征历史经验,颂扬领袖的丰功伟绩和党内两条路线斗争。最初的《红军长征记》是前一部分,后面慢慢选择这个了,最典型的就是新中国成立后我们写了很多关于歌颂长征的一些事情,比如说《东方红》大型音乐舞蹈史诗,萧华作词的《长征组歌》等等,通过电影电视各种各样的回忆了解长征。长征在"文化大革命"十年时完全纳入到两条路线斗争的框架,长征就是以毛泽东为代表的正确路线和以张国焘为代表的反革命路线的斗争。"文化大革命"结束后,长征的真貌被全面真实地反映。比方说《西行漫记》、《彭德怀的自述》、《长征:闻所未闻的故事》、《历史的回顾》,等等,人们开始对长征有一种全面的了解。

你比方说,我们以前长征,都知道是中央红军的长征,我们对四方面军的长征了解不多,对二方面军了解也不多,为什么啊? 这里有一个奇怪的现象,为什么主要描写中央红军呢? 首先中共中央是随着中央红军长征的,它有合理性、合法性。第二个,中央红军里面知识分子比较多,会写。第三个,四方面军有个问题,首先是"文盲"比较多,很多人不识字,不会写,张国焘搞愚民政策,排斥知识分子,很多人不会写字,不能记录下来。再一个,四方面军又犯了所谓的错误,长征路线错误,搞了南下,没有北上;还有四方面军的失败。种种原因吧,四方面军留下的记载很少,一方面军留下的比较多,所以我们了解的更多的是中央红军对长征的记忆。

长征后来成为重要的精神遗产,革命理想主义和党和军队的高度统一保证了长征的胜利。1935年9月12号,毛泽东在俄界会议上说过这样一段话,只要保留了数百名干部和几千名战士就是很大的胜利。红军从瑞金出发的时候有多少人呢? 有86000多人。最后走到延安时剩下多少呢? 7200人。从江西瑞金出来的红军几乎没有当逃兵的,更没有哗变的事情发生,这个是很忠诚的。长征结

束以后,毛泽东专门发话,凡是不是党员的,集体入党,每个士兵都是党员。抗战爆发以后,老红军成为革命的种子,在他们的带动下,革命力量大发展。

在这儿我穿插一个小故事,红军到达延安以后,当时的东北军、西北军、马步芳、阎锡山在"剿共",我们马上把张学良的部队打败了。东北军有三个主力师,我们一下子歼灭了两个半师,把张学良打败了,我们托话告诉张学良,老实告诉你,你打不过我们红军,我们给你们的领导蒋介石打了一年多,我们也没有被灭,不是照样活得好好的,你打不过我们。第二个,我们背后有"老板",共产主义苏联,你把我们逼上绝路,我们"老板"要修理你的,苏联红军在你东北老家修理你,你永远回不去。第三个,你跟我们打仗没有意思,你东北也丢了,你父老乡亲都在东北,你不跟日本人打,跑到我们这儿打,没有意思。怎么才有意思呢? 我们牵个线,苏联是我们后面的支撑者,帮你打回东北去,怎么样? 苏联红军往东北出兵,你再往回打,两面一打,日本人不是完蛋了吗? 张学良一听,很感动啊,这倒是一个好办法。经过我们地下党的努力,统一战线工作一做,张学良居然被说感动了,全线停战,不跟红军打仗了,还私下援助我们红军很多物资。张学良被感动以后还提出一个强烈的要求,要求加入中国共产党。中共中央居然开会同意了,说可以入党,但是我们要经过上级批准。上级是谁呢? 共产国际。就把这个请求告诉共产国际,共产国际 1936 年 8 月 15 号打了一份电报,里面明确表态,张学良坚决不能加入中国共产党。为什么? 什么叫中国共产党,那是工人阶级的先锋队,张学良是军阀出身,哪是先锋队啊,坚决不能入党。后来告诉张学良,没有办法,领导没有批准。

张学良入党没有入成,他跟红军也不好好打仗,蒋介石到西安督战,告诉张学良,你要不好好打仗的话,把你调走,我中央军来打仗。在这种情况下,实际上红军压力是很大的,当时毛泽东提出,不行我们打到外线去,摆脱类似于在中央苏区被围困的境遇。在这种背景下,张学良害怕了。为什么? 他希望红军帮助他打回东北去呢。如果红军走了,他连个说话的人都没有,他团结谁呢? 他憋不住了,1936 年 12 月 12 日,在蒋介石的压力之下发动了西安事变,把蒋介石软禁了。西安事变之后,他立马发电报给红军,说逮到蒋介石了,强逼他抗日。当时我们苏区听到蒋介石被抓后大家狂欢啊,终于逮住了,开万人大会,枪决他。中共中央一度很高兴,很快感觉到这个事儿不是这么简单,给共产国际发电报,让他们赶紧拿个决定,看看怎么处理西安事变。共产国际电报迟迟不来,12 月 12 日得到消息打给他,12 月 19 日共产国际才答一个复电,说"西安事变和平解决"。电报打过来翻译不出来,又打过来,20 日才打过来。这一星期多是中国共产党独立处理西安事变的,派周恩来为代表的中共代表团到西安跟蒋介石谈判,最后跟蒋介石达成联盟抗日的协议。

毛泽东有打到外线去的思想,促使了张学良发动西安事变。1947 年解放战争进行期间,蒋介石的部队集中兵力打我们两个地方,一个陕甘宁边区,一个山东。当时蒋介石说,西北战场是中共的政治根据地,山东战场是中共的军事根据地,只要把这两个地方端掉,共产党就完了。毛泽东当时压力很大啊,1947 年时我们发现,两头沉,中间兵力空虚,毛泽东部署了三路大军挺进中原,打到外线去,占领国民党的统治区,刘邓大军一下子打破了蒋介石的"围剿"。毛泽东对运动战有自己独到的见解。

再说红军,到了延安剩下 7000 多人,毛泽东把这些人作为"播种机",中国革命全靠这些人了。我再给大家说一个秘密,大家可能也不知道,平型关作战时我们歼灭了日本最精锐作战部队板垣师团的 1000 多人,销毁汽车 100 辆。现在有历史学家经过多方面考证,我军损失 400 人。林彪的 115 师打这次伏击损失 400 人,损失了十分之一。这场仗打完之后国内外哗然,打破了日军不可战胜的神话,非常值得中华民族自豪。回去之后毛泽东跟林彪说,你这个仗打得不好。为什么呢? 损失太大了。这 400 人都是长征骨干,从瑞金带过来的,抗战刚一爆发,1937 年 9 月你一下死掉 400 多人。我们总共 7000 多人,你一战死这么多人,抗战什么时候结束啊,打不了几仗人就没了。你们不要这样打,打得过就打,打不过就跑,用游击战。毛泽东的意图就是说化抗争的胜利为人民战争的胜利,别把日本人消灭了,我们也完了,你作为革命政党要夺取政权的,最终让日本人完蛋,我们来壮大。后来我们的红军将领听了毛泽东的教诲,到1945年8月日本人投降的时候,我们原来的三大主力红军3万多人,变成正规军120万人,民兵22万人。

长征也是一笔巨大的财产,长征的干部,我们党新中国成立后是高度重视的,参加过长征的人,极少有人叛变投敌的。

总体来说,长征的干部还是很坚定的,长征的战士也是很坚定的,后来成为共产党各个战线上的骨干。

我们今天讲的是"毛泽东与长征",以长征和毛泽东为主题对这个问题做了系统的阐述,时间恰好也到了,今天就讲到这里。

主讲人：鹿林，河南沈丘人，河南农业大学马克思主义学院副教授，哲学博士。1997 年毕业于河南财政税务高等专科学校国有资产管理专业，2004 年毕业于郑州大学马克思主义哲学专业，获哲学硕士学位，2007 年毕业于中国社会科学院研究生院马克思主义哲学专业，获哲学博士学位。

主要从事马克思主义哲学、近现代西方哲学、价值哲学研究，尤其注重马克思哲学革命、认识论、思维方式、文化与价值、康德价值论思想等方面的研究，近年来着重从马克思主义哲学角度阐释"生活世界"理论，提出了一些自己的观点，先后在《郑州大学学报》、《哲学研究》、《世界哲学》、《河南大学学报》、《中国政法大学学报》等核心期刊发表学术论文 10 多篇，主要观点分别被《光明日报》、《山西日报》、中国人民大学复印资料《哲学原理》、《文化学刊》、《高等学校文科学术文摘》全文转载或摘要转载，在学术界逐渐引起关注。目前主持厅级以上课题 2 项，参与省部级以上课题 8 项。论文《论人的生活世界》获 2008 年度河南省教育厅人文社会科学优秀成果一等奖。

时　间：2013 年 12 月 15 日

地　点：河南省图书馆研议厅

毛泽东对时代问题的哲学解读

我非常感谢"豫图讲坛"再次邀请我来！前面我来过几次，但是前面讲的东西都是我个人的一些研究，这一个（课题）呢，虽然我也做了这方面的研究，但不是专家，尤其是刚才我与一些同志交流了一下，我这个年龄远远没有资格来讲毛泽东，更没有资格来讲更深刻的毛泽东哲学思想。但是呢，作为一个学生，作为向毛泽东以及他们那个时代革命的专家、领袖们学习的学生，我在这个地方只是一种学习的汇报，因此呢，讲到讲不到的地方，我依然请大家多提醒一下，甚至讲错的地方，也跟我交流一下，让我得到更进一步的学习。

我们知道，今年是大家缅怀伟大领袖毛主席 120 周年诞辰，从中央到地方搞了一系列的活动，轰轰烈烈的活动。虽然说我这个年龄的人没有亲眼见过毛泽东，我是 1973 年的人，今年正好 40 岁，我对那个年代基本上没有什么感悟，但是我生活在"文化大革命"的晚期，最起码我还有一点认识。在讲之前，我也谈一谈自己的一些想法，包括我对那个年代的想法。

我们那个年代,在我上小学的时候,曾经参加过一个活动,那就是点了四根烟,让四位领袖给我们算命,我们跪在那儿磕头。两个人偷了一个笤面的笤,笤上插了一根针,两个人托着笤在那儿晃动,如果下面变出来一朵花来,那么你的愿望就实现了,如果说画得不成形,那么你的愿望就没有实现。这个时候,我们实际上对那些领袖人物,尤其是对毛主席,是把他奉为神的,但是任何一个人都不是神。毛泽东100周年诞辰之际,开始重新认识毛泽东,更科学地认识毛泽东,我也开始逐渐读一些毛泽东的东西。

我在这个地方也拿出来一个当年大家比较熟悉的红宝书,这个红宝书是我父亲当年在当大队干部时发的一个活学活用毛泽东思想积极分子(奖励)。我这个小本本经常伴随我,我平常没事儿的时候就翻开看一看,这个小本本非常小,我也有一个小本的《毛泽东选集》,非常容易携带。我讲的东西大家都比较熟悉,尤其今天来了很多老同志,有些老同志当年就是参加革命的人物。我在郑州生活也有好多年了,在我身边的很多人他们就是当年的革命家,因此呢,我向各位老同志们表示敬意。

我今天所讲的东西,不是全面地评价毛泽东,我只是侧重于哲学方面,就是侧重于毛泽东对哲学问题的哲学解读。这个题目看似有一点小小的抽象,好像是一种哲学的文章,但是我这个地方尽可能地结合历史事实,描述、阐释毛泽东成长、发展的过程。他为什么能够成长为一个伟人?其他方面有很多细节我不过多讲,很多历史事实我也不过多讲,我侧重于从思想的层面、从哲学的层面看一看,他对社会问题、对时代问题是如何去解决的。

讲座大致分为四个方面的内容:第一个是一个引入的问题,毛泽东遭遇的时代问题。第二个,毛泽东解决时代问题的哲学思考。这个稍微多一点。第三个,毛泽东哲学思想的基本特征与历史局限。第四个,科学继承和发展毛泽东哲学思想的时代意义。这个内容也少一点。

咱们进入第一个话题,就是毛泽东遭遇的时代问题。

我在这个地方特别强调一个时代问题,任何历史伟人,他的产生都不是纯粹偶然的,他之所以能够成为一个伟人,成为一个历史人物,载入史册,有他自身的因素,更有时代的因素。他往往是这个时代问题的解决者,时代任务的组织者、领导者,是时代促进了他的成长,使他成为一个伟人。我们研究毛泽东哲学的时候应该明白那个时代的特征,那个时代具有什么样的特征,也就会决定他会成为一个什么样的人物。毛泽东之所以成为一个那样的人物,是由历史因素决定的,任何人不应该去否定这一点。

马克思曾经说过,"问题是公开的、无所顾忌的支配一切个人的时代之声。问题是时代的格言,是表现时代内心状况的最实际的呼声"。这是一个决定性的问题,意思就是说,如果说你是一个有觉悟的人,你就会感悟到一个时代的时代问题,就要主动地去揭发时代问题、回应时代的呼声。实际上毛泽东就是一个自觉地去回应时代之声的人,他表现了这个时代的那种呼唤。因此我们应该认识到,对于任何一个人都是如此,毛泽东也不例外。

毛泽东对时代问题是有觉悟的。毛泽东的早期文稿,实际上是他在上中学的时候。他当年上了好几个学校,其中在湖南全省高等中学读书的时候曾经写过一篇文章,在这篇文章中表达了一些想法,就是《商鞅徙木立信论》,他认为这个政府竟然用立木这样一种方式让人相信它的立法,这说明政府太悲哀了,人民也太悲哀了,竟靠这种方式才能实现让大家去信任政府。为什么不信任政府呢?这就是一个问题。

当时国文教员给他一个评论,这篇文章600多字,评论了120多个字,你想想这篇文章当时的影响,也在全班进行传看。其中一条评语就是,"实切社会立论,目光如炬",就是说他的思想具有深度,超越了一般的同学。当时他对社会的认识是,国家、人民正处于沦丧之中,经历沦丧之惨,因此他主要面对的问题就是一个救亡图存的问题。他在悼念自己好友的时候曾经说过"胡虏多反复",这个地方也是讲西方列强侵略中国、欺凌中国。因此当时一个重大的问题就是这个国家、这个民族如何发展起来,如何不灭种。因此这个就是他面对的时代的课题。关于这个问题,我在这个地方不做过多的探讨,咱们引入这个话题就行了。

毛泽东不仅对时代问题有强烈的意识,而且问题意识始终伴随他的一生。他在其各种著作当中提出过很多问题,具有战略意义的问题,比如说在《中国社会各阶级的分析》这篇文章中他一开篇就说,"谁是我们的敌人? 谁是我们的朋友? 这个问题是革命的首要问题",紧接着又说了,"中国社会各阶级的情况是怎样的呢?"。这篇文章深刻分析了各阶级状况,分清了敌友,分清了革命的领导阶级、依赖阶级,以及同盟者,还有革命的对象。这些都说明他是以一种问题意识来看待问题的重要的思维特征。其他文章也是如此,比如说《中国的红色政权为什么能够存在?》、《怎样分析农村阶级?》、《中国革命的战略问题》,以及其他的,如《抗日游击战争的战略问题》,回答了为什么提起游击战争的战略问题,等等,后期的《南京政府向何处去?》、《为什么要讨论白皮书》、《"友谊",还是侵略?》,等等,这些都说明一个问题,就是说毛泽东具有这样一种问题意识,从问题出发来解决问题的,他的哲学思考是有针对性的,而不是空谈。他经常讲"有的放矢",要找到靶子,他就是针对问题解决问题的。

咱们看第二个问题,毛泽东解决时代问题的哲学思考。这里面探讨一下哲学是什么的问题,还有一个,他是如何接触哲学问题的,如何发展,以及思想成熟的一个过程。第一个方面,哲学是时代精神的精华。哲学在中国最初是没有概念的,中国只有哲,还有玄学,等等。"哲学"这个词是日本人翻译出来的,是翻译的古希腊的一个概念。在古希腊说的是"爱智慧",因此哲学实际上是智慧的象征,研究哲学本身就是一个高度抽象的东西。它的典型特征就是靠理性的反思,反思常人并不去思考的东西。比如说人,大家平常都看到过,比如说人是什么呢? 你一谈这个问题就抽象了。人的本质是什么呢? 平常很多人谈美,说这个人真漂亮,但是你要说美的本质是什么呢? 这些问题就不是一个简单的日常生活问题了,它是一个高度的抽象的哲学问题。因此呢,哲学的根本特征在于理性反思,即打破和超越日常思维,从抽象的高度对事物进行全面的、整体性的思考和把握。这是哲学的基本特征。

马克思对哲学做了进一步的描述,他说,"任何真正的哲学都是自己时代的精神上的精华"。这个论断具有重要的意义,实际上我们应该看到,任何真正的哲学,比如说毛泽东哲学,它实际上就是那个时代的精神的精华。它之所以发展起来,并且能够领导中国人民走向胜利,是因为它是那时代世界的哲学。我们应该认识到,毛泽东哲学实际上是毛泽东思想中的哲学部分,或者说是它的精华,是纯粹的理论部分。

1943年7月8日,王稼祥在《解放日报》上最初论述了毛泽东思想,他也是党内正式提出"毛泽东思想"的这一科学概念的第一人。我们知道,对毛泽东思想进行全面系统论述的、大力倡导的实际上是刘少奇,关于这个话题我们在这儿不做讨论。

1958年8月,复旦大学的严北溟教授首次正式运用了一个科学概念,就是"毛泽东哲学思想"。从这个时候开始谈毛泽东哲学思想,以前都是毛泽东思想。严北溟认为毛泽东哲学思想是时代的精华,是马克思主义哲学运用在中国革命具体条件下的创造性发展。我们探讨的问题主要是从哲学的层面来探讨的,并不特别关注其他的历史事件。

在这里我们具体看一看毛泽东思想的形成、发展。刚才说了,毛泽东对问题的思考始终是有问题意识的,是解决时代问题的,因此我们应该认识到,毛泽东之所以能够创造出完整的哲学体系,就是因为他进行了深刻的哲学思考,因此他的哲学是真正的哲学,是时代精神的精华。毛泽东在《论人民民主专政》这篇文章中曾经提到过洪秀全、康有为、孙中山这些先进的人物向西方学习理论,但是老师老是欺骗学生,总是没有学好。毛泽东呢? 他是继这些人之后继续为国家、为民族寻找真理的"先进的中国人"。在毛泽东看来,他终于找到了,那就是十月革命一声炮响,给他送来放之四海而皆准的马克思主义真理,并且自觉地去运用这些真理与科学去研究,创造性地发展出了中国特色

的、中国风格的、中国品质的毛泽东哲学思想。

第二个小问题，毛泽东青年时期的哲学问题，就是毛泽东早期哲学思想的萌芽与发展。对于很多人来说，可能没有专门去研究过毛泽东的一些哲学问题，因此对他的青年时期不太熟悉，实际上毛泽东在青年时期就表现出哲学方面的天赋。19 岁那一年，咱们刚才讲了《商鞅徙木立信论》，那个教员给出了这样的评语，"精理名言，故未曾有"以及"具哲理思想"、"言之凿凿"等等，这些说明毛泽东一开始就养成了学习哲学的思维习惯。

在湖南一师求学期间，毛泽东更加关注社会时务，喜欢哲理、政论，尤其是当时受康有为、梁启超等人的影响，针砭时弊，激扬文字，既锻炼了理论思维、哲学思维，又培养了深厚的爱国情感。特别是他和他的一些伙伴们共同组建了哲学小组，请他的导师杨昌济担任指导，他认为读书自己读效果不明显，不如大家互相质疑问难，这样能够促进学问。在这样一个过程当中，他慢慢地形成了自己的思想，但这个时候的思想还远远不够成熟。

1917 年 4 月 1 日，经杨昌济向陈独秀推荐，毛泽东的一篇文章发表了，发表在《新青年》上。这个《新青年》大家都知道，毛泽东当年读这个思想受到很大启蒙，他发表的文章是《体育之研究》。虽然说是研究体育之问题，但是不是简单的体育问题，是一篇哲学文章，从哲学的高度研究体育。他是从什么角度呢？体育运动在国家和人生中的重要作用，他探讨这个问题。他认为体育与国力、养生存在着紧密的关系，体育是增强国力的前提，每个人只有身体强壮，国家才能强盛，是养生之道。他首次提出了"德智体"，后面有"美"，那时候已经提出来三方面统一的问题，这也是"身体是革命的本钱"这种思想的渊源。

在这篇文章中，他强调"动"（中国哲学也强调动），他认为"动"就是天地运动，既然天地都在运动，身心也要进行运动，只有身心进行运动，身心才能并完，意思就是全面发展，因此他提出了著名的命题——"文明其精神，野蛮其体格"。

毛泽东上学期间非常注意锻炼身体，他认为这是当时君子的最高境界，这个时候他还是站在中国传统的伦理范畴中谈论君子的形象。这篇文章反映了毛泽东在某一个领域的一种哲学思考，虽然还没有全面去探索世界问题，尤其是世界的根源问题、本源问题，以及世界的存在问题，也就是说世界观、宇宙论这样的问题。

1917 年 8 月，他致信黎锦熙，又开始涉及一些更具体的哲学问题。在这封信中他说："夫大源者，宇宙之真理。"又说："只将全幅工夫，向大本大源处探讨。"这个"大本大源"是什么呢？是中国传统哲学，尤其是宋明理学一些基本的概念。因此在那个时候，他是唯心唯物并存的，他的思想还远远没有成熟，远远没有摆脱宋明理学一些僵化的思路，"天理"、"天道"也是他探索的问题。不仅有"二程"的学说，中西的学说，而且还有"陆王"心学的一些特征。比如说，"夫本源者，宇宙之真理。天下之生民，各为宇宙之一体，即宇宙之真理，各具于人人之心中"。咱们知道，朱熹认为，"宇宙之间，一理而已，天得之而为天，地得之而为地，而凡生于天地之间者，又各得之以为性"。这是一个理学的思想。心学的思想大家知道，"宇宙便是吾心，吾心即是宇宙"，那是心学的观点。下面他从"宇宙之真理"马上跑到了"各具于人人之心中"，说明在这个地方他是受心学的影响的。理学和心学都有，归根到底它们都是宋明理学，只不过是两个流派。

他又说了，"一个之我，小我也；宇宙之我，大我也；一个之我，肉体之我也；宇宙之我，精神之我也。我之界当扩而充之，是故宇宙一大我也"。我们应该认识到，在这个时候谈的哲学思想，归根到底就是唯心与唯物并存的。他这个"大我"、"小我"的问题也是中国传统哲学的"天人合一"的问题，体现出这样一种理念，这种理念在后来的发展之中也不断得到深化。

在中国传统的知行问题上，由于那个时候还没有确立科学的理念，因此他有一种"性三品"说。这个"性三品"说是从孔子那个地方发展出来的——"愚人，不得大本者也"。比如说，"圣人，既得大本者也；贤人，略得大本者也；愚人，不得大本者也。圣人通达天地，明贯过去现在未来，洞悉三界现象"。我感觉这个就像释迦牟尼一样了,这个地方显然就是唯心的一种观念。后来有所改变,他后来说"圣贤是可学的"。孔子当年也说了这么一个话,孔子说"我是需要学习的"。我们应该认识到这一点,毛泽东青年时期的哲学思想实际上是中国传统的儒家思想,他的历史感也是典型的英雄史观。

青年毛泽东的思想兼有唯心和唯物两种倾向,这也体现了他读德国的哲学家、伦理学家泡尔生的《伦理学原理》的感悟,他在这里面做了一些批示——"吾人之心灵本之自然,其范围有限,安能有一毫之创作"。这就是既有心灵,又有自然,这就是两个方面的东西了。因此从根本上来说,那个时期他的思想是唯心、唯物并存的,也就是说他是二元论者,还不是彻底的唯物主义者。

无论是《体育之研究》或《伦理学原理》批注,都已经表现了毛泽东的哲学思维,他思考的问题是深层的,是大本大源的,是纯粹的哲学问题,尽管他有唯心也有唯物。《体育之研究》反映的是毛泽东的"万变不穷,天地唯动"这样一种思考,《伦理学原理》批注理想人格就是知道通达、知大本大源。他那个年代非常强调"三立"问题。咱们知道有一个相声表演艺术家叫马三立,中国很多人叫三立,实际上就是立德、立功、立言,立功就是立行。这个应该说非常重要,对中国人来说,每个人要么做了这一面,要么做了那一面,从根本上来说,还是传统的"内圣外王"之道。

在毛泽东看来,他认为曾国藩太了不得,既有思想,而且能够具体地解决问题,因此是圣人。他评价拿破仑,说拿破仑是豪杰也。豪杰是豪杰,但是还不够高,还不是圣贤。他非常佩服曾国藩,当然了,从这个意义上来说,他不是说佩服那个屠杀洪秀全太平天国的曾国藩,而是从哲学高度来谈论的,要明白这一点。

在湖南一师期间,他已经表现出了比较突出的那种哲学思维的特长,杨昌济称他为"异材",黎锦熙认为他"可大造"。在学校期间,他也比较注重思想道德、修身、哲学、国文、历史和地理等文科的东西,对图画不太感兴趣,考得比较差。毛泽东专注于思想理论,专注于哲学思考,开始大量阅读先秦诸子,以及到明清时代各个思想家的著作,读《二十四史》、《资治通鉴》、《昭明文选》、《韩昌黎全集》等,实际上他当时还阅读了大量翻译过来的西方文献,比如说关于达尔文的《生物进化论》等。他感觉到他的英语不行,他认为读英语太费劲了,直接读翻译过来的东西更迅捷,很容易就掌握住了,因此他研究了很多东西,扩充了自己的知识,这些对于他形成自己的哲学思想具有重要的意义。尤其是他那个地方比较特殊,晚清以来,湖南已经形成了注重实践的湖湘学风。有一些大人物,曾国藩就是他们那里的人,这些深深影响了他,他在岳麓书院读书时养成了一个实事求是的思想风格,后来的路线就是这样提出来的。

青年时代的毛泽东接受中国传统思想的影响,特别是宋明理学的影响,同时还受西方的一些影响,比如说西方的《伦理学原理》。那个时候唯心与唯物并存,科学性还不是太强。不过从总体上应该看到,毛泽东倡导的是积极向上的人生哲学,所向往的理想人格呢,就是达到立德、立言、立行,进而成为与宇宙融为一体的悟大本大源之道的人。我们应该认识到,毛泽东后期的哲学思想不是无源之水、无本之木,它是有渊源的。

青年时代毛泽东的思想很快与五四运动、新文化运动相结合,因此又有重大的意义。他又是一个自觉地去觉察、认识时代问题的人,他自觉地思考了时代问题,他的思想逐渐成熟起来。毛泽东思想是一个发展的过程,青年毛泽东的思想在湖南一师期间就开始慢慢发展了。在他身边聚集了一批人物,他有一个招友启事,比如说蔡和森、萧子升等等,大家都在上学,风华正茂,乐于指点江山、激扬文字,粪土万户侯,并且相约大家一定要谈论学术问题、社会问题,不要讨论个人身边的琐事。这些人具有一种很好的志向,后来都发展起来了。

1917 年的冬天,他们受新文化运动的猛烈冲击,思想上发生了剧烈的变动,认识到我们不要做学术,不要坐在办公室、图书馆里研究静的学问,我们一定要有一种"动"的生活,要过团体的生活,他和邹鼎丞起草章程,1918 年 4 月 14 日,在蔡和森家里成立了新民学会。新民学会成立不久,他们

这一帮子人当时就讨论,一定要学习先进的思想文化,因此他们想派一些会员到法国去勤工俭学。其中萧子升去了法国,蔡和森也去了法国,之后会务主要由毛泽东主持,这个社团也是五四运动中主要的社团。

新民学会成立之初,强调的是个人的修身,在毛泽东和蔡和森的努力之下又变成了一个具有明确目标的政治性社团。他们不满足于杨昌济那样只埋头做学问、读书、教学,或者培养学生。实际上杨昌济当时某种意义上回避政治问题,他想做一个清流,就是社会上的清流,不沾染官场上的习气,不愿意做政治活动。蔡和森想改变这样一种社团的性质,他说,"三年之内,必使我辈团体成为中国之重心点"。这个得到了毛泽东的大力支持,他们为了探索中国的出路在研究学问,因此毛泽东的哲学思想是与时代问题、时代任务紧密联系在一起的。

1918年,湖南政局混乱,这个时候毛泽东从湖南一师毕业了,面临找工作的问题,这个时候他响应杨昌济、蔡和森的建议,通过蔡元培、李石曾等人在北京组织的华法教育会,组织同学到法国勤工俭学。对于毛泽东来说,他是一个组织者,他感觉到研究中国的问题还应该立足于中国,因此他虽然出力最多,但是他并没有去法国勤工俭学,他当时也没有按照杨昌济的建议报考北大。他认为上学还不如自己自学呢,因为他养成了自学的习惯。

在杨昌济的介绍之下,他成为北大图书馆的助理员。可见,图书馆确实具有重要的意义,我在这里也向图书馆开展公益活动表示感谢!在图书馆是一种勤工俭学的方式,研究学问。当时北大是新文化运动的中心,很多人物都聚集在那个地方,一些著名的人物,新文化运动的人物,李大钊、陈独秀都在那个地方呢,还有胡适,等等。他参加了两个学术团体,一个新闻研究会,一个哲学研究会,新闻研究会对他办《湘江评论》具有重要的意义。

在哲学研究会他又接触了当时很多哲学界的高人。哲学研究会由杨昌济、梁漱溟以及胡适、陈公博等人发起,其目的就是"研究东西诸家哲学,开启智慧"。他对这些他亲眼见到的新文化的领导人物非常佩服,刚才说了蔡元培、陈独秀、李大钊、胡适,能够当面向他们请教,还开展了很多见面会形式的会议,当时探讨了很多问题。对于陈独秀,毛泽东也非常崇拜他,认为他是五四运动时期的总司令,整个运动是他领导的。在李大钊的手下工作,李大钊对他也有很大的影响,可以说是有直接的影响。尤其是他还亲耳聆听了李大钊在天安门发表的《庶民的胜利》的演说,并直接阅读了李大钊在《新青年》上发表的《布尔什维克的胜利》。这都是当时传播马克思主义的重要文献,也是最早的文献。马克思这个名字、马克思这个思想实际上在1898年就已经传到中国了,在上海的《万国公报》那个时候就已经介绍了马克思的思想了,像梁启超就已经介绍过马克思的思想了,但是那个时候的马克思思想并没有普及,并没有产生影响,只是在少数学者之间相互传阅,因此并没有发挥真正的作用。恰恰是1917年的十月革命,一声炮响,送来马克思主义,这个是具有真正意义的马克思主义。

毛泽东深入地研究了十月革命,研究了马克思主义,在这个阶段他认识了一些人物,比如谭平山、王光祈、陈公博、张国焘等,还认识了邓中夏、朱谦之等。1919年春天,毛泽东因母亲病危不得不回湖南老家,并且经同学周世钊的介绍到修业小学任历史教员。这个时候他又与湖南长沙的新民学会会员加强了联系,投身当时的革命活动。五四运动期间,湖南各个学校组织了学联,就是湖南学联,根据他的建议创办了《湘江评论》,并且他亲自担任主编和主要撰稿人,宣传马克思主义思想。

在此期间,毛泽东的思想已经发生了很大的变化,已经从教育圈子转向社会现实,当时他的思想还有传统儒家思想的影响,因此向往那个时代应该出一个大哲学家、大伦理学家,或者大圣人,能够担当解决社会问题重任的人物。那个时代他依然还处于幻想之中,他认为,近代以来世界上发生的社会变革可以归结为一点:各种改革,一言蔽之,'由强权得自由'而已。各种对抗强权的根本主义为贫民主义,这时候他也认识到人民群众的重要意义。这也是群众路线的一个基础,一个前提。

这个时候他不仅关注社会现实问题,而且认识到社会的物质基础的决定性作用,不仅讨论修身养性的问题,谈论圣人的问题,而且认识到世界上什么问题最大?吃饭问题最大。咱们知道马克思的理论就是创造唯物史观,恩格斯曾经说了,马克思揭示了被掩盖的基本事实,就是人必须吃喝住穿,满足这些需要之后才能从事政治、科学、文学、艺术等等。唯物史观主要强调经济基础决定上层建筑,因此毛泽东在这个地方认识到经济制度是社会制度的最重要的部分。

毛泽东不仅认识到今后必须"踏着人生社会的实际说话"、"研究实事和真理",而且认识到"民众的大联合"在革命中的重要意义。这篇文章具有重要的意义,连续在《湘江评论》发了三期才发完。这个重要的意义胡适也做过高度的评价,咱们待会说。他在这儿提出,实现社会改革的根本的方法就是民众的大联合。后来他非常强调群众、群众路线,或者统一战线等等,都是强调大联合。十月革命、五四运动所爆发的群众力量使他充分认识到人民群众有一种潜在的巨大的革命的力量,因此他就说了,历史上的运动不论是哪一种,无不是出于一些人的联合。较大的运动,必有较大的联合。这个思路影响他的始终。

这篇文章刚才说了,胡适做了高度评价,认为他眼光很远大,议论也很痛快,确是先进的重要文章。你想想,能得到"胡大博士"的赞扬,还不得了!当时毛泽东思想也是有矛盾的,一方面看到了十月革命改变社会历史的巨大作用,另一方面又担心暴力革命会引起大的社会扰乱,因此又不太赞成。他主张群众应该向强权者进行一种忠告运动,他认为强权者也是人,我们何必把他打倒呢?我们如果用强权打倒强权,结果得到的还是强权,还是不公平。毛泽东这种温和的改良道路在当时是根本行不通的,因为什么呢?当时的湖南督军张敬尧以宣传过激主义的罪名开始强迫《湘江评论》停办,并解散湖南学联。这件事强烈地刺激了毛泽东,他决定发动一场"驱张运动",并把它视为爱国运动的继续和深入。这个"驱张运动"时间持续了近一年,从 1919 年 9 月份到 1920 年 6 月份,在这个过程中,毛泽东的思想发生了深刻的变化,但还不是根本性的变化。在这个过程中,他经历了无政府主义者、新村主义者,然后才逐渐靠近马克思主义。

1919 年 3 月,周作人在《新青年》发表《日本的新村》,说新村"实在是一种切实可行的理想"。北大的王光祈又组织了一个"工读互助团",试图以这种和平的、典型示范的方式来创造新生活和新社会。毛泽东受其感染,在"驱张运动"前夕,他自己也给湖南草拟了一个颇为详细的新村建设计划。在"驱张运动"期间,他对这个新村主义仍然抱有热情,并且参加了王光祈领导的少年中国学会,参观了王光祈试办的"工读互助团",并且非常有热情,向长沙的新民学会会员介绍它,还亲自拜访了周作人。这些就说明这种无政府主义或者新村主义起到作用了,对他产生了影响。

他对新村运动既喜欢又漠然,但是将来的成绩怎样?还要看他们的能力和道德力如何。那个年代,非常庆幸的是,他与李大钊接触得更多,在他的帮助之下他也成了马克思主义者。正是受李大钊的影响,尤其是经常留意报纸上介绍的马克思主义著作,他也想法搜集马克思主义著作,因此阅读的东西越来越多,交往甚密的邓中夏、何孟雄、罗章龙等举办了一个共产小组,就是"亢慕义斋",实际上就是共产主义英语单词的汉语名字(音)。他也读了《共产党宣言》,这个《共产党宣言》是他接触的最早的马克思主义文献之一,对他影响非常深刻。

他的老师黎锦熙和他进行了长谈,讨论了选择哪一种社会主义的问题。当时社会主义太多了,有温和的,有激烈的,还有自由的,还有民主社会主义,等等,到底应该选哪一个呢?黎锦熙对他说了,中国的问题应该从根本上解决,做一个根本解决。在这个时候,他一面想去根本解决,另外一面思想比较模糊,对问题没有深入,尤其是他那个时候还比较强调社会实践、群动运动,尤其是学生运动。他意识到好多人讲改革、改造,却只是空泛的目标,究竟要改到哪一步田地,用什么方法达到,这些问题有详细研究的很少。他自己都认为还是"睡在鼓中",对社会主义一点不了解。他说种种主义、种种学说,都还没有得到一个比较明了的概念。

1920 年 4 月 1 日,由彭璜、毛泽东等新民学会会员发起,由旅沪新闻界、教育界人士组成的、旨在改造和建设湖南群众性团体的"湖南改造促进会"成立了。成立的时候毛泽东还在北京,他决定到上海去参加这个活动,在走过山东时还专门下来到孔庙看了一下,孔子在他心中的形象还是比较高大的。

他们一方面要探讨新民学会的建设问题、改造问题,一方面还有第二批赴法勤工俭学的会员要送的问题。在送他们的过程当中,他们开了一个讨论会,这个讨论会也是送别会,非常激烈,送别之后,毛泽东与彭璜、张文亮等人也想尝试一下工读互助生活,毛泽东负责洗衣服、送报纸,很快认为这种组织不可行,它的弊端非常大。就是没法把握它,控制不了它。

毛泽东上海之行主要是讨论湖南的建设问题,并且草拟了《湖南人民自决宣言》,在上海的《天问》周刊和《时事新报》上发表。

1920年6月11日,"驱张运动"终于取得胜利,张敬尧被驱逐出了长沙,形势大变,很多人回到湖南。回到湖南之后毛泽东当了湖南一师附小的校长,当时称主事,后来又被聘为湖南一师的国文教员,他写信给胡适,兴奋地说,"湘自张去,气象一新,教育界颇有蓬勃之象"。形势好了就着手办两件事,一方面着手创办"文化书社",宣传马克思主义,一方面宣传、推动"湖南自治运动"。

"文化书社"主要传播从俄国传过来的,以俄国十月革命为榜样的马克思主义。咱们应该明白,这个时候主要传播的还是经过俄国人咀嚼过的马克思主义。当时他就认为,"湖南人现在脑子饥荒实在过于肚子饥荒,青年人尤其嗷嗷待哺"。"文化书社"主要实现一种思想上的成熟。"文化书社"邀请新任湖南督军谭延闿书写招牌,正式挂起了牌子,也出版了一系列的刊物,比如说《新俄国之研究》、《劳农政府与中国》、《马克思资本论入门》、《社会主义史》等著作,这些著作具有重要的意义。毛泽东还组织了一些文章发到上海《劳动界》。

这个组织逐渐从内部开始分化了,一部分还是原来的民主革命主义者,另一部分呢,开始在新民学会内部成立了一个小小的团队,这就是共产主义小组,后来就发展起来了。在文化书社内部他们又成立了一个俄罗斯研究会,专门研究俄罗斯,尤其是他们的思想已经发生改变了,不是赴法勤工俭学了,而是到俄国去学习,学习俄国。因此呢,文化书社具有重要的意义。

另一个活动呢,就是湖南自治运动。当时面对北洋军阀的腐败、无能、专横,以及南北战争连年混战造成的社会动荡不安,很多人寄希望于地方自治,或者联省组织。当时的一些大人物,比如说李大钊、陈独秀也曾表示赞同这种观点。李大钊甚至说,"依我看来,非行联合主义,不能改造中国"。在这个时候,毛泽东就非常相信这样一种东西,他和罗章龙也曾经讨论过,想把湖南改造成中国的先进地区,就像古希腊的斯巴达,德国的普鲁士。德国的普鲁士是最终统一德国的一个小诸侯国。我们应该认识到,当时的毛泽东是想通过这样一种自治运动来实现中国的改造。张敬尧被逐出湖南,不是迫于学生的压力,是军阀的压力,主要是迫于直系军队和湘军的武力威胁,才促使他离开湖南。

1920年7月22日,新任湖南督军谭延闿发表通电,宣布"湖南自治",并做出姿态,说"还政于民",以笼络人心,这种活动受到社会各界欢迎。但是他混淆了一个问题,他提出"湘人治湘"。毛泽东提的不是"湘人治湘",而是"湘人自治",他提出这样一种观点实际上就是为本省的官僚重新包办湖南的政治打下基础,或者开路。

毛泽东深入、系统地探讨了湖南自治问题,提出了许多具体主张。他认为,湖南人民要求的不是"湘人治湘"而是"湘人自治",因为前者依然是少数特殊人是治者,是主人,而一般平民是被治者,是奴隶,真正的"湖南自治"理应是发自下层的政治运动。

在这个时候他很大程度上接受了马克思主义,但是他对社会改良的思想依然抱有期望。他提出了一个概念,这个概念具有空想性质,就是"湖南共和国"。他认为如果摆脱军阀的控制,湖南就可以从整个混的中国中摆脱出来,因此可以建立以民为主的真政府。自办银行、自置实业、自搞教育,健全县乡自治机关,成立工会、农会,保障人民集会、结社、言论、出版自由等。这些想得很美,实际上这种想法只不过是新村设想的一个翻版,近乎惊世骇俗,近乎空想。尤其是当时自治运动已经引起影响了,声势已经很大了。谭延闿担心自治运动控制不了,提前召集自治会议,由省政府和省议会推荐人组建"湖南自治委员会",草拟"省宪法",以召开"制宪会议"。这个自治恰恰是官办的自治,是官僚们组织起来的,毛泽东等人想搞一个民办的自治,因此在《大公报》上发表了一篇文章,这篇文章名字比较长,等会儿提到。"我们想搞一个实在是一个革命政府",应召开人民宪法会议,按人数实行直接的平等的选举,5 万人选出一个代表,最终根据宪法产生湖南的议会、政府以及各级自治机构。

为了落实《由"湖南革命政府"召集"湖南人民宪法会议"制定"湖南宪法"以建设"新湖南"之建议》这一民办自治文件,毛泽东多方奔走,很多人搞了"双十节"自治请愿活动,规模很大。谭延闿也接受了由毛泽东起草彭璜递交的《请愿书》,事后呢,不愿意去力行,拒绝各种要求。

1920 年 11 月,赵恒惕取代谭延闿,直接撕下开明的伪装,诬陷毛泽东在游行中扯下省议会的旗帜,试图捣毁省议会,派警察把毛泽东召去询问。毛泽东不害怕这种手段,因此在《大公报》上发表了《辩证函》,郑重声明,"无论何人,不得于我之身体及名誉有丝毫侵犯"。他维护自己的形象、人格。

青年毛泽东思想发生根本的改变也就在自治运动活动之后,这种和平请愿的形式进行的自治活动其实是不了了之的。当时毛泽东身心疲惫,他终于认识到社会改良的道路在中国是行不通的,必须为中国开辟一条新的道路。1920 年 11 月,他去江西萍乡休养,25 日这一天写了 5 封信,给向警予、欧阳泽、罗章龙、李思安、张国基等新民学会的会员,谈了谈自己的想法。他提出来,"政治改良一途,可谓绝无希望。吾人惟有不理一切,另辟道路,另造环境一法",要做"长期的预备,精密的计划",只要养成实力,就自然有效果,"倒不必和他们争一日的长短"。他这个时候认识到,改良已经不行了,他在这个时候也强调必须重新改组新民学会,必须营造新空气,确立新主义,树立新旗帜。主义譬如一面旗子,旗子立起了,大家才有所指望,才知所趋赴。毛泽东真正放弃了社会改良的思想,尤其是"驱张运动"和自治运动之后,他认为就是权宜之计,新民学会应该从根本上改造这个社会,应该确立一个新的理论,这就是蔡和森所主张的马克思主义。

这个时候的蔡和森正在法国勤工俭学,他到那个地方猛看猛译马克思革命书刊几十种,接触了很多新思想、新观念,确立了马克思主义的立场、观念,这个时候已经比较明确了。当时新民学会一些其他的成员呢,比如说萧子升、李维汉他们还是温和的改良主义,两派进行了激烈的论证。蔡和森把当时的两派论证写给国内的毛泽东,明确地提出中国必须走社会主义道路,进行阶级斗争,实现无产阶级专政,他认为这就是实现社会主义的必要方法。

我们应该认识到,当时的蔡和森具有先见之明,毛泽东那个时候在家里(国内)实践的,蔡和森在外面,两边结合形成一个共同的思想。蔡和森当时认为党和工会、合作社、苏维埃是无产阶级革命之四种利器,党又是革命运动的发动者、宣传者、先锋队、作战部。尤其结合中国的情况,他认为先要组织党——共产党,希望毛泽东在国内不可不早有准备。这封信路途遥远,送得比较慢,毛泽东收到手里时已经放弃了社会改良的最后幻想。1920 年 12 月 1 日,他回信,对旅法新民学会两派意见表达了明确的态度,他说,"我于子升、和笙(李维汉)二兄的主张,不表同意。而于和森的主张,表示深切的赞同"。在这个时候,他确立了自己的马克思主义信仰、共产主义信仰。

毛泽东强调,温和改良主义实属理论上说得通,事实上做不到。历史上凡是专制主义者,或帝国主义者,或军国主义者,非等到人家来推倒,绝没有自己肯收场的。俄国式的革命,是"无可如何的山穷水尽诸路皆走不通了的一个变计,并不是有更好的方法弃而不采,单要采这个恐怖的方法"。这一句话就说明了中国当年毛泽东领导的革命斗争、武装斗争具有历史的合理性。它并不是说那是最好的方法,杀人的事儿谁也不愿意去做,但是这是山穷水尽诸路皆走不通的一个变计,不得不走的一个方法。

1920 年 12 月底,萧子升回国带回蔡和森于 9 月 16 日写给毛泽东的长信,信中详细阐述了成立

共产党及其国际组织的必要性，并主张"明目张胆正式成立一个中国共产党"。毛泽东在这个地方说了，"唯物史观是吾党哲学的根据。你这一封信见地极当，我没有一个字不赞成"。在这个时候，毛泽东确实认识到中国革命，我们的党，确实要学习一种更高的、更科学的哲学作为基础，这个基础就是马克思主义，就是唯物史观。

他这个时候已经建立了自己坚定的信仰，他就说这样的话，"革命不是哪里想干不想干的问题，我最初就没有想过干革命。我那时当小学教员，当时也没有共产党，是因为形势所逼，不能不干"。我感觉到毛泽东1961年时候说的这句话具有重要的意义，因为我们应该认识到，现在很多人说当年说如果不搞革命，不推翻国民党政府，蒋介石跟美国和好，也发展得很快，很快进入资本主义社会。但是很多都是如果，历史不允许如果，历史就是这样发展的，这是形势所逼，不得不干的。任何一个人应该认识到，正是历史事实、客观趋势造成了我们这样，不得不这样。

毛泽东能走上革命道路，能够成为一代伟人，从根本上说，并不完全取决于他个人的禀赋，还取决于客观社会历史形成的一种趋势，造成了这样一种发展，是形势所逼，不得不干的一种结果。因此啊，他最终放弃了各种幻想，选择了马克思主义唯物史观。因为什么呢？因为只有马克思主义，只有阶级斗争，才能够彻底解决那个时代的中国问题。

咱们看毛泽东哲学思想的形成与成熟。咱们前面讲了青年时期的毛泽东的思想，毛泽东在1921年的时候他回信蔡和森，正式表明自己对马克思主义的坚定态度，那个时候他刚刚过了27岁生日。这个时候思想已经"成熟"了，这个成熟是相对而言，并不是说相对于他后期的哲学思想。我们知道，在马克思主义的内部实际上分为两个主要的内容，一个是唯物史观，一个是剩余价值学说。恩格斯称它是马克思的两大发现。唯物史观的创造，在社会思想史上具有重要的意义，因为它科学解释了人类社会历史发展的基本矛盾、动力源泉、基本规律，社会形态演变的规律，它为人们自觉推动历史发展提供了科学的理论指导。历史就是如此，规律就是如此，就看你认识到没有认识到。一方面，你认识到了还不够，还要自觉地运用规律去推动社会历史发展。中国共产党人，包括其他的共产党人，其实上都是一个自觉运用规律推动历史发展的人。

唯物史观是毛泽东最先接触到的马克思主义。1921年7月毛泽东参加了中共一大，回到长沙后，他领导了长沙等地的工人运动。1924年到广州参加了国民党共产党第一次合作，参加了第一次全国代表大会，那是国民党的代表大会，那个年代共产党全体以个人名义加入国民党，有这样一个历史。当时毛泽东当选为中央执行委员会候补委员，1925年8月任国民党代理宣传部长，12月主编《政治周报》。

从1925年起，毛泽东把主要精力转向农民运动。1925年春至8月，在家乡韶山冲休养期间进行调查，开展农民运动。1926年5月，在广州主办第六届农民运动讲习所，编辑《农民问题丛刊》；11月任中共中央农民运动委员会主任。1927年1月4日至2月5日，在湖南省五县进行实地考察；3月在武昌主办中央农民运动讲习所。这些活动对于毛泽东的思想的形成具有重要的意义，对于中国的革命问题、社会问题，他认识到，农民、工人才是最重要的力量，他认识到这个问题，他运用自己的一些理论去分析中国的社会问题、社会矛盾。

为了反击国民党右派、地主资产阶级思想家戴季陶对唯物史观的攻击和对农民运动的诬蔑，比如说诬蔑成"痞子运动"、"惰农运动"，抵制陈独秀的动摇（陈独秀当时也认为农民运动搞得有点过火），毛泽东就开始搞一些实际的调查研究，发表一系列政论，比如说《中国社会各阶级的分析》、《湖南农民运动考察报告》。这些政论不直接是纯哲学的文章，但是它具有重要的意义，因为它成功地运用了唯物史观分析和解决中国革命的实际问题，因此具有重要的意义。

这句话毛泽东说了，"记得我在1920年，第一次看了考茨基著的《阶级斗争》，陈望道翻译的《共产党宣言》和一个英国人作的《社会主义史》，我才知道人类自有史以来，就有阶级斗争，阶级斗争是社会发展的原动力，初步地得到认识问题的方法论。可是，这些书上，并没有中国的湖南、湖北，也没有中国的蒋介石和陈独秀。我只取了它四个字:'阶级斗争',老老实实地开始研究实际的阶级斗争"。我们应该认识到,毛泽东所接触的唯物史观,从根本上来说就是"阶级斗争"这四个字。我们知道这个阶级分析方法、阶级斗争理论对于俄国的十月革命、对于列宁都具有重要的意义,认为它是一条分析社会问题的思想的线索,毛泽东就相信阶级斗争具有重要的意义。在《中国社会各阶级的分析》和《湖南运动考察报告》中,他成功地运用了阶级分析方法,这篇文章也成为中国革命的一个重要文献。

咱们刚才提到了,谁是我们的敌人?谁是我们的朋友?这个问题是中国革命的首要问题。中国过去一切革命斗争成效甚少,其基本原因就是因为不能团结真正的朋友,以攻击真正的敌人。阶级斗争分析方法他运用得得心应手,阶级分析方法主要是从阶级的经济地位出发的,它明确了敌、我、友的大问题,指明了斗争大的方向,尤其是他认识到中国革命的基本问题实质上是农民问题。

紧接着我们看唯物辩证法,毛泽东最终找到了马克思主义,他认为这才是最终的马克思主义。刚才讲了唯物史观,唯物史观只是一个大框架,在实际的指导革命过程之中,他发现很多人对待马克思主义存在着一个思想路线问题、思想方法问题。如何解决大家的思想方法问题,就是一个重大的问题了。当年很多到苏俄去留学的学生,回来满口都是马克思主义,但是这些都是教条的马克思主义,并不能成功地指导中国的革命。因此对于思想方法的问题,他就比较重视。尤其是大革命失败之后,中国共产党高举革命的旗帜,相继举行了南昌起义、秋收起义、广州起义,走上了武装反对国民党反动派的道路。但是中国革命斗争到底如何搞,中国革命走什么样的道路,以及部分同志提出"红旗到底打多久"这样的问题,这些问题都急需得到解决,都需要高度的理论去解决。

1928年到1930年期间,毛泽东先写了《中国的红色政权为什么能够存在?》、《井冈山的斗争》、《关于纠正党内的错误思想》和《星星之火,可以燎原》等著作,他成功地运用了唯物辩证法,科学地总结了红军建设和革命根据地建设的实际经验,分析了中国社会特点,正确地回答了上述问题,为中国革命运动奠定了正确的理论基础。

尤其是毛泽东不仅从整体上创造性地提出了一些中国革命的特点,就是必须走农村包装城市,武装夺取政权的道路,而且更强调了必须端正思想方法。思想方法问题就成为他关注的要点,在《星星之火,可以燎原》这篇文章中他说,"我们看事情必须要看它的实质,而把它的现象只看作入门的向导,一进了门就要抓住它的实质,这才是可靠的科学的分析方法"。这句话是纯粹的哲学话语,但是下面这句话就是结合中国的实际问题了——"如问中国革命高潮是否要到来,只有详细地去察看引起革命高潮的各种矛盾是否真正向前发展,才能作决定"。对思想方法的重视,使毛泽东善于从认识论的高度总结党内斗争的经验和教训,最终确立了党的思想路线。

毛泽东思想的成熟。咱们知道,《中国社会主义各阶级的分析》是早期的文章,进入1930年5月,毛泽东为了反对党和红军中存在的主观主义、教条主义,他又提出了新的观点,就是"没有调查就没有发言权",专门撰写了《调查工作》和《反对本本主义》。《反对本本主义》这篇文章实际上丢了,没有找到,后来把《调查工作》改名为《反对本本主义》。这是纯粹的哲学概念,他是结合着调查工作来说的。后来毛泽东又撰写了《中国革命战争的战略问题》、《论持久战》、《新民主主义论》、《改造我们的学习》、《农村调查》、《整顿党的作风》、《在延安文艺座谈会上的讲话》、《论联合政府》等等。这些都是一些具有高度抽象性,又结合当时的问题所撰写的文章,这实际上标志着毛泽东思想的成熟。毛泽东思想的成熟有两篇主要的著作,1937年7月和8月分别写的《实践论》和《矛盾论》,就是为了揭露批判党内的教条主义和经验主义,特别是主观主义。《实践论》和《矛盾论》集中反映了毛泽东的哲学思想,可以说是毛泽东思想,特别是毛泽东哲学思想形成的标志,也是毛泽东哲学思想的代表作。

新中国成立之后,毛泽东结合中国革命和建设的实际,先后发表了《论十大关系》、《在省市自治区党委书记会议上的讲话》、《关于正确处理人民内部矛盾的问题》等文章,还有一些文章大家应该很熟悉,《人的正确思想是从哪里来的?》、《学习马克思主义的认识论和辩证法》等文章和著作,进一步丰富和完善了他的哲学思想。

咱们看第三个大问题,毛泽东哲学思想的基本特征与历史局限。

咱们刚才说了,毛泽东哲学思想之所以能够在20世纪三四十年代发展起来,成熟起来,到50年代丰富完善,成为马克思主义中国化的主要形态,它是有历史的背景和原因的。当然,正是如此,也呈现了那个时代特有的时代特征、特色,打上了那个时代的烙印,它有自己比较科学的、正确的思想方法和原则。当然了,也有一些无可否定的弊端、毛病。我们应该认识到,任何人都是如此,不要过于指责前人。

我们首先看毛泽东自己是如何认识哲学的,哲学观实际上就是哲学家对哲学的认识,一个成熟的哲学家有自己的思想体系,他就会养成一些自己的观点,形成自己的哲学观。毛泽东从青年时期就比较关注哲学,在后来的发展中,他对任何的问题思考总是从经验的层面上升到哲学的高度,要做一个哲学的概括,因此他形成了自己特有的哲学体系。刚才咱们讲了,毛泽东哲学思想是他的整个思想体系的理论部分,比较抽象。不过,他又结合一些具体的革命实践,创造性地提出了一些策略、方法、战略战术,这些都是他的哲学思想的成功运用。

具体来看,第一个方面就是哲学是宇宙观。我们知道,他一开始就强调"小我"和"大我",强调宇宙和个人之间的关系,当时就写了,"盖我即宇宙也",形成了一些宇宙论、宇宙观,是唯心主义的。前面也说过,他这个宇宙论是一个总体的概念,他好用宇宙观、宇宙论这样的说法。当然了,尤其是他认为辩证唯物主义所涉及根本问题实际上就是在解决两个宇宙观的问题,就是形而上学或庸俗进化论的宇宙观,和马克思主义的唯物辩证法的宇宙观。他强调,辩证法的宇宙观,主要地就是教导人们要善于去观察和分析各种事物的矛盾运动,找到解决矛盾的方法。

第二个,他强调哲学就是认识论。实际上我们现在说,哲学应该有三大基本分支,存在论、意识论和价值论。对毛泽东而言,认识论就是哲学精髓。他自己说,什么是哲学?哲学就是认识论。我们应该认识到,一方面毛泽东把哲学视为认识论,我们说他是指广义的认识论,就是认识的方法。与认识论这个观念相关的就是哲学是认识工具,毛泽东始终把哲学视为一种思想方法的工具。马克思、列宁都曾经说过类似的话,马克思说,"哲学把无产阶级当作自己的物质武器,同样,无产阶级也把哲学当作自己的精神武器"。列宁也说过,"马克思的哲学是完备的哲学唯物主义,它把伟大的认识工具给了人类,特别是给了工人阶级"。毛泽东就是把马克思主义作为认识思想问题、解决国家问题、观察国家命运的工具。

1939年"两论"已经出了,他说,"我的工具不够,今年还只能作工具的研究,即研究哲学、经济学、列宁主义,而以哲学为主"。在《论人民民主专政》中,他又说了,"谢谢马克思、恩格斯、列宁和斯大林,他们给了我们以武器。这武器不是机关枪,而是马克思列宁主义。十月革命一声炮响,给我们送来了马克思列宁主义。十月革命帮助了全世界的也帮助了中国的先进分子,用无产阶级的宇宙观作为观察国家命运的工具,重新考虑自己的问题"。对他来说,哲学更重要的是一种工具。

哲学是工具,也是方法论。咱们知道,马克思主义哲学实际上是世界观、认识论和方法论的统一。恩格斯曾经说过,"马克思的整个世界观不是教义,而是方法。它提供的不是现成的教条,而是进一步研究的出发点和供这种研究使用的方法"。毛泽东非常强调方法论。龚育之曾对这个地方做过论述,他就说了,实际上毛泽东把马克思主义中国化,中国的革命十年中掌握和运用了科学的思想方法和工作方法。

这种观念也贯彻在他的生活当中,比如说他后来强调,关于理论方面,暂时以研究思想方法论为主。他的《反对本本主义》、《实践论》、《矛盾论》主要在于解决党内的思想方法。尤其是整学风,实际上就是整思想方法。在《改造我们的学习》中,他主要在批评党内盛行过的主观主义的思想方法,强调学习马克思主义,不应该照搬照抄个别字句、个别结论,而是学习它的内容、方法。后来他要求人们去读《资本论》、《"左派"幼稚病》、《新哲学大纲》等著作,去体悟其中的思想方法。他非常注重思想方法的问题。

1942 年 2 月,中共中央做出关于在职干部教育的决定,其中要求读书,列了一个科目叫"思想科学"。其中指出,"思想科学以马克思主义的思想方法论为理论材料,以近百年中国的思想发展史为实际材料"。1942 年他还建议编一本书,把马克思、恩格斯、列宁、斯大林有关论证思想方法的观点编成一本书,直接定名为《思想方法论》。这些都说明他非常注重方法。咱们作为一个研究者,或者说作为一个普通人,咱们看马克思主义或者看毛泽东思想,应该看看它自身有什么特色。

毛泽东思想的基本特征,学者们是怎么认识的? 第一个,学者们认为毛泽东思想是马克思主义哲学在中国的运用和发展。马克思主义这些东西都被毛泽东接受过来了,是与中国革命实际相结合的。再一个,学者们认为,毛泽东哲学思想是对中国传统哲学的批判和继承。毛泽东运用的很多概念都是中国化的,比如说实事求是啊,比如说一分为二啊,等等,这些都是一个运用和发展。第三个,毛泽东哲学思想是马克思主义普遍原理同中国具体实践相结合的具体产物。这个也是强调毛泽东虽然作为革命的领袖,但是他一直进行着哲学思考。他的哲学思想不是玄想,而是来自中国革命和建设的具体实践,都是针对实际问题而阐发的,不是空想,不是玄想。

学界如此,我在这个地方也表达一下自己的看法。我认为第一个问题,首先应该强调它具有鲜明的时代特征、时代特色。任何的理论思考、哲学思考,离不开对时代问题的解决。在这个时代,他就受这个时代的影响,受这个时代的制约,这个时代达到什么水平,他只可能达到那个时代的最高水平,我们应该考虑这样一个问题。

在那个年代,在甲午海战之后,有人已经把马克思主义介绍到中国了,但是那个时候没有做宣传,五四运动虽然也介绍了马克思主义,介绍唯物史观,翻译《共产党宣言》,但那个年代只是翻译、宣传、普及。普及是一个问题,没有人深入研究,尤其是没有与现实革命之间相结合,因此这个地方应该认识到,马克思的著作传播到中国非常有限,毛泽东当时读到的书也特别有限。当时苏联正开展对德波林的哲学批判,一些批判也传到中国,因此中国的哲学思想运动与外国哲学思想运动是息息相关的,这些都反映了毛泽东思想的创造上,也留下了深深的痕迹。我们应该明白,他的局限是存在的。

第二个,具有宏大的理论视野。毛泽东作为一代伟人,他不仅具有革命实践,而且他的理论视野比较宽广,不仅是一个思想家、哲学家、政治家,更是一个高瞻远瞩的战略家。比如说 1921 年在新民学会新年讨论上就这样说,"至于用'改造东亚',不如用'改造中国与世界'。提出'世界',所以明吾侪的主张是国际的;提出'中国',所以明吾侪的下手处;'东亚'无所取义。中国问题本来是世界的问题,然从事中国改造不着眼及于世界改造,则所改造必为狭义,必妨碍世界"。他认为应该把中国的问题放在更大的视野中来看待,放到世界范围中来看待,不应该局限于中国。你说中国的问题只说中国,那是狭义的。

他说,"他们必须懂得,消灭阶级,消灭国家权力,消灭党,全人类都要走这一条路的,问题只是时间和条件。全世界共产主义者比资产阶级高明,他们懂得事物的生存和发展的规律,他们懂得辩证法,他们看得远些"。在他看来,党和国家,或者人民民主专政,都是一个要消亡的东西,因此他看得非常远,他做的活动就是主动推动这些东西的消亡。开展阶级斗争就是为了消灭阶级,毛泽东这个人宏大的理论视野在新中国成立之后也体现为他创造性提出"三个世界"的理论。"三个世界理论"大家都知道,美国、苏联是"第一世界",日本、欧洲、加拿大是"第二世界",咱们现在是"第三世界"。"三个世界"理论现在一直影响着咱们,第一个就是发达国家,第二是发展中国家,第三个就是落后国家、欠发达国家。

第三个,具有鲜明的中国气派和中国风格。毛泽东在青年时期读了大量的书,先秦诸子、历代思想家的著作,《二十四史》、《资治通鉴》,等等,这些东西对他影响非常深远。他写得一手很好的古

诗词,我在这里不再强调。从文化背景上来说,毛泽东思想是继承、批判、吸收中国传统哲学的精华,并且进行了革命的改变,它有很多术语概念都是具有中国话语特色的。这个地方很多人比较熟悉,我不做过多的讲解。

第四个,具有鲜明的简约风格。这是我自己的一种认识,我认为毛泽东对问题的叙述,不是像那些专业哲学家一样咬文嚼字,他善于直奔主题,善于抓住问题,抓住关键问题。他一分为二的思想方法,或者矛盾分析方法,具有重要意义,再大的问题不就一分为二吗?一分为二,然后抓住主要矛盾,然后解决问题。他强调两点论,同时强调重点论,这就是他的重要的思想方法。这些哲学思想还在一些具体的策略、原则中抽象出一些公式出来了,说的话语比较简单,很容易记。比如说"实事求是"、"为人民服务",这些口号很好记,"团结——斗争——团结"等等,非常简洁、明了,不复杂。

第五个,具有鲜明的实践品格。实践是基础,毛泽东的思想不是纯粹的哲学论证,不是哲学沉思,而是具有中国革命具体实践的特征的,是具体实践的观念的升华。尤其是经过大革命时期和土地革命战争时期,中国革命已经积累了丰富的斗争经验。复杂的抗日战争时期,这个社会矛盾和斗争形势又需要新的理论指导,这个理论指导也是有实践品格的。比如说在《实践论》里面,"你要有知识,你就得参加变革现实的实践。你要知道梨子的滋味,你就得变革梨子,亲口吃一吃。你要知道原子的组织同性质,你就得实行物理学和化学的实验,变革原子的情况"。这种经验不是间接的经验,而是直接的经验。

第六个,注重对客观规律的认识和把握。他强调干革命必须掌握规律,不能老是靠主观能动性。比如说军事的规律,和其他事物的规律一样,是客观实际对于我们头脑的反映,等等,谈了很多。我们一定要按照规律去行动,不能盲目,这个地方是他对规律的认识。

第七个,非常注重发挥人的自觉能动性。刚才讲规律,现在他又想认识了解规律,要注重发挥人的自觉能动性。只有充分发挥人的自觉能动性,才能够充分发挥人的潜力,使人突破动物的状况,能动地改造客观世界。他说,思想等等是主观的东西,做或行动是主观见之于客观的东西,都是人类特殊的能动性。这种能动性是自觉的能动性,是人之所以区别于动物的特点。因此,有没有自觉能动性,人就可以区别于动物了。这是一个标志。因此无论在战争中,以及新中国成立后,他都比较强调发挥人的自觉能动性。

对知识分子改造,也就是改造你的思想,提高你的自主能动性。他就说了,"我们知识分子得把自己的思想感情来一个变化,来一番改造。没有这个变化,没有这个改造,什么事情都是做不好的,都是格格不入的"。他本身就是知识分子,这句话他不仅说给别人,也说给他自己。新中国成立之后他自己已经思想上改造好了,然后去改造其他的知识分子。《在延安文艺座谈会上的讲话》中他说,"为要领导革命运动更好地发展,更快地完成,就必须从思想上组织上认真地整顿一番。而为要从组织上整顿,首先需要在思想上整顿,需要展开一个无产阶级对非无产阶级的思想斗争"。这个话咱们知道,对后来影响非常深远。他强调共产党人要善于开展批评和自我批评,实质就是发挥人的自觉能动性。

第八个,注重人的道德觉悟。刚才是思想觉悟、政治觉悟,除了这个还有道德觉悟。毛泽东非常强调从道德的角度来发挥人改造世界的自觉能动性。尤其是这句话咱们应该都知道,"白求恩同志毫不利己专门利人的精神,表现在他对工作的极端的负责任,对同志对人民的极端的热忱。每个共产党员都要学习他。……要学习他毫无自私自利之心的精神。从这点出发,就可以变为有利于人民的人。一个人能力有大小,但只要有这点精神,就是一个高尚的人,一个纯粹的人,一个有道德的人,一个脱离了低级趣味的人,一个有益于人民的人"。这句话确实影响深远,我们现在都很难说自己是一个脱离低级趣味的人,因此道德的觉悟他非常重视。对道德觉悟的重视对中国革命产生了深远的影响,咱们后面提出"一不怕死,二不怕苦,吃苦在前,享受在后"、"忍辱负重,任劳任怨"、"严于律己,宽以待人"、"诚恳坦白,团结群众"等等,都是从那个地方来的。毛泽东对道德的重视,实际上与中国传统的文人、君子这种道德观念是非常一致的,也符合当时中国人的心理习惯。

刘少奇在《论共产党员的修养》中做了进一步的发挥,为了党的、无产阶级的、民族解放和人类解放的事业,能够毫不犹豫地牺牲个人利益,甚至牺牲自己的生命,这就是我们常说的"党性"或"党的观念"、"组织观念"的一种表现。这就是共产主义道德的最高表现。我们知道,这个东西对于任何一个党员来说,应该说都应该去做到,争取做到。有些革命者不惜牺牲个人的性命,具有重要的意义。

第九个,既注重身体健康,又重视人格尊严。身体是生命的前提,只有拥有健康的身体才能从事革命工作。青年时期毛泽东曾经病过一次,这一病他就指出,身体万宜防,重病时始识健时乐也。你得病了才知道健康是非常快乐的。由于这一场病,他终于认识到,后来所说的那一种观念——"身体是革命的本钱"。当然了,除强调身体之外,他还强调人应该有自己的人格尊严。咱们前面讲过,他维护自己的尊严,在《大公报》上发表过声明。实际上毛泽东在湖南一师学习期间,曾经有一个学生因为抗议她父母包办婚姻,在花轿抬的过程之中拿剪刀自杀了,血淌了一路,抬到家里已经死了。毛泽东发了三篇文章论述这个赵女士的人格尊严问题,他认为赵女士是受到侮辱了,是受到"强奸"了,是被谁"强奸"了?被他父母"强奸"了,人格被强奸了。他非常强调一种人格的独立尊严问题,在抗日战争期间独立自主啊,新中国成立之后的自力更生啊,这些概念都是由此发展过来的。

第十个,充分认识到人民群众的力量。咱们知道,一开始他就写了一篇《民众的大联合》,后来呢,他又调查了中国社会各阶级,终于认识到人民群众内部隐藏着无穷的革命力量,只有相信群众、依靠群众、充分发动群众,特别是广大农民,才能够实现中国革命的胜利。后来咱们都知道,这个思想和其他思想结合到一块,实事求是、群众路线、独立自主三位一体,构成了毛泽东哲学思想活的灵魂,是时代精神和民族精神熔为一炉的光辉结晶。

这是我对毛泽东思想的几个认识,有些不成熟,不完善。

第二个方面,毛泽东哲学思想的历史局限。它是一个时代的产物,注定要打上时代的烙印,因此既具有那个时代的典型的特色,又有那个时代的局限性。新中国成立之后,毛泽东思想成为大家学习的热点,都在学习毛泽东思想,都在讨论毛泽东思想。但不能只有毛泽东一个人在"思想",其他人都不"思想"了。这就易出现问题。

咱们首先看第一个方面,时代问题制约毛泽东哲学思想的总框架。当时的时代问题刚才说了,亡国灭种,这样一种民族深重危机决定了他要解决什么问题,那就是救亡图存,消除军阀造成的内乱,这就是他那个时代所应担当起来的历史使命,需要解决的历史课题。

当时有很多思想理论,咱们前面讲过,他选择了激烈方法的共产主义。当时有很多观念,比如说社会政策。他认为:社会政策,是补苴罅漏的政策,不成办法;社会民主主义,借议会为改造工具,但事实上议会的立法总是保护有产阶级的;无政府主义否认权力,这种主义恐怕永世都做不到;温和方法的共产主义,如罗素所主张的极端自由,放任资本家,亦永世做不到;激烈方法的共产主义,即所谓劳农主义,用阶级专政的方法,是可以预计效果的,故最宜采用。为什么选择了激烈方法的共产主义呢?因为可以预计效果。其他的方法解决不了,不知道什么时候可以做成。

他主要记住了四个字,就是"阶级斗争",认真地扎扎实实地把阶级斗争搞下去。新中国成立之后,他也相信阶级斗争的作用,在许多领域搞阶级斗争,经济领域、文化领域、文学艺术领域,等等,都把这些东西上升到阶级斗争层次,甚至说"阶级斗争,一抓就灵",这个就造成了阶级斗争的扩大化。

我们应该认识到,他那个年代接触到的东西,读到的书太有限了,看到的东西非常少。马克思、恩格斯的经典著作他基本上就看到了《共产党宣言》、《资本论》、《反杜林论》,他读的书大量是从俄国传过来的,是列宁的书,是斯大林的书,因此我们应该认识到,斯大林、列宁的书较大影响了中国的历史发展,对那个时代具有极大的促进作用,也具有很多的片面性。尤其是列宁,马克思有很多书,他们也没有读到,列宁死之后很多书才被发现,因此他们对马克思主义的理解也有片面性。

列宁的《两个策略》、《"左派"幼稚病》、《国家与革命》、《帝国主义是资本主义的最高阶段》、《哲学笔记》等,斯大林的《论列宁主义基础》、《论列宁主义的几个问题》、《苏联社会主义经济问题》,这些书毛泽东是非常熟悉的,但是毛泽东读的书除了这个之外还有大量的大学使用的教材,是革命当中培训的教材。比如说苏联学者编写的《辩证法唯物论教程》、《辩证唯物论与历史唯物论》、《政治经济学教科书》,以及学者李达著的《社会学大纲》,艾思奇著的《思想方法论》、《哲学与生活》,等等,都是一些普及性的书,不是纯粹的马克思主义原著,因此他对马克思主义的理解是有限的。

再一个,他习惯于军事斗争,无论政治、经济,特别是意识形态,文学、艺术,等等,都给你搞成军事斗争。在哲学上,他强调唯物论与唯心论的"两军对战"、"两军对垒",在历史上强调地主阶级与农民阶级的"两军对战",在文艺上他强调现实主义和反现实主义的"两军对战",而"百家争鸣"实际上只有"两家"。在生活中也有很多大量的东西充斥着军事用语,"战略"、"战术"、"制高点"、"突破口",等等,这些都是一些军事化语言。

第三个,注重哲学逻辑的推演。他注重阶级斗争,阶级斗争确定了敌、我、友,然后打倒敌人,但是问题也就出来了。原来"三座大山"推倒了,推倒之后打谁? 就是民族阶级、小资产阶级了,然后一个一个地消灭掉。建立新中国之后,当时确立的社会主义制度形式是新民主主义社会,在他看来,新民主主义社会本来至少也要几十年,甚至上百年的活动,但是在他那个时代很快就结束了,很快就进入"三大改造",进入社会主义。社会主义改造完全运用的就是阶级斗争的逻辑推演,超越了社会现实,从思想观念上去推演,消灭这个阶级之后下一个阶级是谁,下下一个阶级是谁,他走的是这样一个逻辑推演的过程。

第四个,强调主观意识,突出政治挂帅。刚才强调了政治意识、政治觉悟、道德觉悟,他在这个地方过于强调主观的能动性,政治变成了道德,道德变成了政治,政治和道德成了一个东西。你思想觉悟高了,道德觉悟高了,你政治觉悟就高了,你就是革命者,谁穷谁革命,这里面出现一种政治挂帅,特别突出大公无私的牺牲精神,认为它是推动社会进步、生产发展、人类进步的砝码。在他看来,群众中蕴藏着一股极大的社会主义积极性,每个党员都要具有无产阶级的彻底革命精神,不为名,不为利,不怕苦,不怕死,一心为革命。"文化大革命"期间,强调"头脑里面闹革命"、"狠斗私字一闪念",都是这种观念的结果。

第五个,过分注重群众运动。他迷信群众运动,处处发动群众运动,搞一些大规模的活动。咱们知道,什么东西都搞活动,"文化大革命"期间,发动学生、红卫兵,这些都是一种群众运动。经济建设、国家建设不能光靠群众运动来解决,这是对群众路线的一种错误的运用。

这个问题基本上讲得差不多了,接下来讲最后一个问题——科学继承和发展毛泽东哲学思想的时代意义。

毛泽东哲学思想实际上是马克思主义与中国革命实践相结合的产物,是对马克思主义基本原理的成功运用和发展,它代表着毛泽东时代最高的思想结晶,科学地指导和推动了中国革命的发展,为实现中华民族的复兴和独立,为创建新中国做出了无可估量的历史贡献。

但是呢,它产生于革命战争的年代,也受那个时代问题的制约,有时代的特色,同时也具有时代的历史局限性。我们站在新的历史时期,应该科学地看待毛泽东哲学思想,尤其是看待马克思主义、发展马克思主义,赋予马克思主义新的历史使命,不断推动马克思主义哲学与中国建设和发展相结合,创造性地发展马克思主义哲学。

当前,全国各族人民都在纪念中华民族的伟大历史人物毛泽东。我们应该科学地评价毛泽东,正确地对待毛泽东的哲学思想的历史地位和意义。党关于《关于建国以来党的若干历史问题的决议》中曾经正确地评价了毛泽东,"他在犯严重错误的时候,还多次要求全党认真学习马克思、恩格斯、列宁的著作,还始终认为自己的理论和实践是马克思主义的,是为巩固无产阶级专政所必需的,这是他的悲剧所在"。这个地方确实出现问题,他认为他干的就是正确的事儿,历史已经如此了。他犯了一系列的错误,但是他毕竟是中国特色社会主义的奠基人,没有他,我们不可能有现在。可以说,正是他运用激烈方法的共产主义结束了那个战乱的年代,使中国人民从此站立了起来,中国人民从此开始了实现中华民族伟大复兴的梦想。

今天,我们应该认识到,片面的"斗争哲学"已经为以"和谐哲学"为实质的"科学发展观"所取代,如何在以习近平为总书记的党中央的正确领导下,全面建成小康社会,促进人与自然、人与社会、人与人的和谐,加速实现"两个百年"梦想,已经成为我们这一代人的历史使命。我认为,对于毛泽东哲学思想应该有一个科学的、客观的评价。我这个年龄学习的东西很少,我刚才讲的东西也可能有很多不正确的地方,希望大家多指点、多批评。谢谢大家!

主讲人：刘金鸽，河南中医学院思想政治理论教研部副教授，硕士生导师，中国人民大学法学硕士，河南省思想政治理论课优秀教师，河南省委宣传部"科学理论进基层"优秀宣讲员，河南中医学院连续三届被学生评为"我最喜欢的老师"，河南中医学院"三育人"先进个人。

时　间：2013 年 12 月 22 日

地　点：河南省图书馆研议厅

毛泽东游击战争思想的形成及其特点

在座的各位领导好！刚才美女（主持人）首先祝大家冬至快乐，我也祝各位领导冬至快乐。非常荣幸今天有机会在这里，在毛泽东 120 周年诞辰来临之际和各位分享我对毛泽东游击战争思想的一点心得体会，不正之处，还请各位领导斧正。

今天是我们冬至节，也是毛泽东 120 周诞辰年即将到来的日子，作为一个思想政治理论课老师，提起毛泽东我有很多感触。首先我这样评价毛泽东，他是一个什么样的人呢？我们首先简单概括一下：掌上千秋史，胸中百万兵。眼底六洲风雨，笔下有雷声。

各位领导一定听过关于毛泽东的系列讲座了，首先讲第一句话——"掌上千秋史"。在当时谁最了解中国的历史呢？答案只有一个，那就是毛泽东。毛泽东最喜欢的一本书，翻烂了的一本书，放在他床头上的一本书，被他读了 17 遍，这本书 300 多万字，这本书就是《资治通鉴》。今天我们提倡终身学习，每一位在座的领导都酷爱学习，我相信是这样子的。谁最爱学习？邓小平曾经有这样一句话，"我一辈子读书不多，我最佩服一个人，这个人就是毛泽东"。我们说毛泽东掌上千秋史，在当时的中国，谁最了解中国的国情呢？毛泽东。正是因为他了解中国国情，他才可以找到一条通往胜利的道路，找到一条异于苏联、区别于苏联的革命道路。

我们在座的领导都知道，苏联的革命道路是先占领中心城市，进而夺取全国政权，而我们是反其道而行之。当时三大武装起义都失败了，唯独秋收起义结出了一个丰硕的成果，就是井冈山革命根据地的确立。为什么毛泽东会选择井冈山革命根据地作为自己的第一个革命根据地、立足点呢？毛主席对中国历史的了解这样一个优势就显现出来了。

据井冈山图书馆馆长介绍，毛泽东在去井冈山之前从未到过井冈山，为什么他会选择井冈山作为自己的第一个立足点呢？有两个理由，第一，就是他曾经读过一本书，这本书叫《范文正公集》，北宋的文学家、政治家范仲淹写的一本文集。其中有一篇文章谈到，北宋年间，朝廷派部队到井冈山一带剿匪，结果无功而返。第二，他在写《湖南农民运动考察报告》的时候走访了六个县城，最后一个就是衡山县城。在采访的时候，当时有一个妇女主任在聊天时无意间说到一件事情，她的表兄在湖南当兵，因为和上司关系不好，把上司干掉了，自己逃跑了。很久很久过去了，家人都对他的安全非常担心，后来一个操着外乡口音的人到家里捎话给她，"不用为我担心了，我在井冈山当土匪，日子过得好着呢"。在这种情况下，两条信息结合在一起，毛泽东得出一个结论，那就是井冈山适合土匪生存。很多老领导也去过井冈山，考察红色革命圣地，中外很多人都到那里去考察过，大家英雄所见略同，得出一个结论，毛主席选择井冈山是一个天才的选择。

中国名山大川非常非常多，但是适合革命的不是最美的黄山，不是最险的华山，也不是具有宗教氛围的嵩山，而是井冈山。毛泽东选择井冈山是因为什么呢？因为他对历史的了解。后来迫不得已离开井冈山，到了江西，为什么离开井冈山呢？因为杀了袁文才和王佐。

刚才我讲了，毛主席了解历史，才选择井冈山。后来呢，由于在执行政策的时候，由于当时中国共产党的不成熟等等原因，我们误杀了袁文才和王佐，迫不得已离开井冈山。要走的时候去哪儿？中国很大，何处才能安身呢？在这个时候，毛主席对历史的了解这个优势再次凸现出来。毛主席说，自古以来没有湖南人不成军队，没有江西老表不成买卖，浓缩成一句话：湖南人善战，江西人善贾。湖南人擅长打仗，江西人擅长做买卖，不同的地域造就了不同的人。就像我们说不到北京不知道自己官小，甚至说娶个北京女人会累死你，为什么呢？在北京房价高啊，出行难啊，是不是女人拿个"小鞭子"在后边抽着你，会觉得很累？不到深圳不知道自己钱少，因为南方经济发达，它是改革开放的前沿阵地，经济比我们内地发达，到那儿之后才知道自己口袋里钱不够多。不到成都不知道自己老婆老，不到重庆不知道自己结婚早，这些和地域文化有关系。

我们河南是中原腹地，积淀的文化很厚重，一提起河南我们首先想起两个字"厚重"。我对我们的学生说，我们出去代表河南、宣传河南时，要给大家介绍几张名片：第一张名片，舞好一根少林棍；第二张名片，唱好一台梨园春；第三张名片，育好一朵牡丹花；第四张名片，游好一座云台山；第五张名片，看好一座大佛像；第六张名片，用好一片甲骨文。这六张名片把我们河南厚重的历史凸现出来了。

另外一方面，我们河南地域很辽阔，地势很平坦，自古以来适合农耕，所以河南人相对来说温饱基本上能够解决，所以河南人热情好客就显示出来了。河南人特别大方，来个客人喝酒一定要喝醉，吃饭不停地往人家碗里夹菜，见面就问"你吃了吗？"，但我们河南人做生意确实还不太擅长，我们河南农民兄弟一外出务工总是出苦力，是不是这样子的？出苦力比较多。

河南相对靠南方的信阳人民，他们对吃文化有很高的研究和造诣，最不济人家也要做个鸡蛋灌饼。我们郑州有很多信阳的甲鱼村啊，信阳食府啊，信阳炖菜啊，等等，这说明不同的地域造就不同的人，造就不同的文化。

湖南人好打仗，应该和吃辣椒多少有点关系；江西老表爱做买卖。于是毛主席说，我们就来一个"半夜偷桃子"，什么意思呢？专捡软的捏。雷公打豆腐，专捡软的欺。去哪儿？毛主席说，我们去江西。于是他带着部队走S形路线甩掉追兵，在1931年11月7日，中华苏维埃共和国在江西瑞金诞生。这些例子足以说明毛主席对历史的了解也是成就他一番伟业的非常重要的因素。

掌上千秋史，胸中百万兵。我想在座的老领导更能了解，三次反"围剿"胜利之后，彭德怀把毛主席描述成头戴纶巾，手拿鹅毛扇，是那样一个谈笑间樯橹灰飞烟灭的孔明先生在世，胸中自有雄兵百万。我们在座的领导都知道，毛泽东一生从未上过一天军校，只在旧时部队里当过半年兵，他怎样能够成长为享誉全球的军事家、战略家呢？我们说毛泽东应该是无师自通的一个军事奇才。

据很多人研究结果表明,毛主席实际上在湖南长沙第一师范学校读书的时候他老师就推荐他读一本书,这本书据说也是美国著名西点军校必修课中的一门,就是《孙子兵法》。还有一本书。有人问,你从来没有上过军校,靠什么打仗呢? 毛主席的答案是,一部半兵书打天下——"一部"《孙子兵法》,"半部"《三国演义》。《三国演义》是小说,它和《西游记》《红楼梦》所不同的是,它描写了太多的战例,而且很多是以少胜多的战例。毛主席作为一介书生,他曾经说,指点江山、激扬文字,我行! 军旅之事,未可知也! 打仗这一套我不行,不懂。没有想到,他在战争中学会了战争,后来享誉全球,成了一个著名的军事家。

尤其是今天在这里,我想分享的是游击战争的思想。就世界各国来讲,游击战争不是主旋律,不是主角,充其量是一个配角。举一个不恰当的例子,像我们河南说的一句话,三十晚上打个兔子,有它没它都过年。游击战争在世界各国充其量小打小闹,以袭击、扰乱敌人为目的,没有想到在中国却具有战略地位。中国共产党 1921 年诞生,1949 年建国,这中间 20 多年的历程当中,很多的时间都以武装斗争为主要形式,武装斗争以什么为主要形式呢? 游击战争。为什么要打游击战争? 第一,敌强我弱,要想生存,必须和敌人周旋。毛主席游击战争思想的启蒙来源于他上井冈山之后和一个收编的土匪头子袁文才的聊天。袁文才说,我老师教给我两句话,不要会打仗,只要会打圈。会不会打仗不要紧,只要会转圈就行了。毛主席说,你的老师只说对了一半,我给你改两个字。改的结果是"既要会打仗,又要会打圈"。毛主席的哲学思想非常巧妙地运用到游击战争当中,"游"的目的是为了"击",我们通常把它形容为什么呢? 猫盘老鼠战术。猫抓到老鼠之后不是一口把它吃掉,而是盘它,把它盘疲之后再去吃掉它。中国共产党在革命的斗争过程当中,长期敌强我弱,要想生存怎么办? 必须玩猫捉老鼠这个游戏。毛主席曾经在井冈山会师时说,蒋介石是 10 个人,我们 1 个人。蒋介石占领中心城市,全国唯一的合法政权,有帝国主义的支持。毛主席说,得道多助,失道寡助。我们得到什么支持呢? 工人、农民、群众的支持,包括城市的资产阶级、小资产阶级的支持,而且我们是有主义、有政党,为群众打天下的这样一支军队。

我们讲"三个代表",始终代表最广大人民群众的根本利益,实际上最广大人民群众的根本利益这个代表之一来源于毛泽东思想当中的一个灵魂、一个精华、一个精髓。

正是因为中国共产党代表了全国老百姓的大多数,80% 以上的人民,最后才形成了这样的一种人民战争。

抗战最艰苦的岁月,毛主席说,我送大家几句话,我们的祖先刀耕火种能够养活自己,我们为什么不能呢? 他送给大家的办法是什么呢? "自己动手,丰衣足食",后来发展为"发展经济、保障供给"。而老百姓发自肺腑地做到最后一口粮做军粮,最后一块布做军衣,最后一个儿子送去当解放军。中国老百姓对革命的奉献、贡献,那是全世界任何一个国家的老百姓都做不到的,所以中国老百姓是最最可爱的。

我们今天为什么要反哺农民,对老少边穷地区,为什么在政治、经济、文化等很多方面给予大力的扶持呢? 其中原因之一就是他们对中国革命做出了巨大的贡献。毛主席就是依靠人民,打了一场人民战争。毛主席说,得道多助,失道寡助。他依赖人民战争,才能做到胸中自有雄兵百万,用兵如神。比如说三大决战,我们历时四个月零十九天,消灭了国民党 154 万多人,我们的伤亡呢,只有 6.9 万人。当时被捕的一些国民党高级将领在北京的秦城监狱接受改造,后来为了体现我们党宽大为怀的政策,改造好之后让他们服务社会,只要不乱说乱动,还是给他们出路的。这个时候问他们,你可以离开监狱了,回归社会时有什么要求呢? 其中有人斗胆提出一个要求,要到西柏坡毛主席指挥三大战役的指挥部看看,看看那个神奇的地方。在西柏坡一个普通的农家院落里,由讲解员给他们详细讲解了毛主席指挥三大决战的经过。我想,在座的各位领导很多也比较清楚。我们的结论是什么呢? 这是世界上最简陋的一个军事指挥所,一个最简陋的农民的土坯房,最落后的,它不像今天美国的情报大楼,任何一个触角都可以伸到全世界任何一个地方,监听 35 个国家的领导人的电话，包括默克尔的，监听 10 年之久。斯诺登一爆料，美国觉得面子上挂不住了。毛主席当时没有监听世界上任何国家的核心情报，但是他发了 190 多封电报，三大决战就这样打完了。190 多封电报是加密的，比较落后，就靠一个收发报机。人员较少，勤卫员啊，警卫员啊，加起来不过 30 多个人，最核心的就是五大书记，五大书记集体熬夜。毛泽东、朱德、周恩来、刘少奇、朱德、任弼时，集体熬夜，配合毛主席，集中全党的智慧来指挥三大决战。听完看完之后，这些人走到天井里，仰天长叹，就从这个小小的军事指挥所得出一个结论，中国共产党必胜，国民党必败。毛泽东为什么会在一个小小的指挥所，远在千里之外，能够运筹帷幄指挥三大决战呢？尤其是淮海战役。淮海战役结束之后，斯大林在日记里写道"不可思议，太不可思议了，60 万对 80 万"。毛主席确实用兵如神，后来人们戏称"一部半兵书打天"。

怎么说他"眼底六洲风雨"呢？毛主席一生只出过一次国，那就是苏联。他坐在房间里不动，比诸葛亮还要聪明、智慧。诸葛亮只是知道三分天下，毛主席对世界大势，包括趋向等等了如指掌。更重要的是，毛主席有无比的胆略，用我们河南话说，这个人憨胆大。穷的怕横的，横的怕不要命的，毛主席就是属于那种不要命的，但是他这个不要命加上他的智慧，就是无比的革命胆略。他敢与以美国为代表的西方资本主义阵营为敌，后来和苏联闹反，20 世纪 60 年代我们的外交是两只拳头打天下，用一句话来形容就是"四面楚歌"。但是毛主席我自岿然不动，他相信帝国主义不敢把中国怎么着，依然有条不紊地搞原子弹、搞经济。毛主席当时敢与强者为敌，说明什么呢？他对世界格局的把握，他做到胸中有数，他相信美国不敢把他怎么样。

我们小时候有一首歌，"东风吹，战鼓擂，世界究竟谁怕谁？不是人民怕美帝，而是美帝怕人民"。今天我们把它浓缩为"who 怕 who"。我们中国今天在世界上成为第二大经济实体，在国际上的战略地位、经济地位、政治地位有了巨大的提升，一句话，"我们唱着东方红，当家做主站起来"。吃水不忘挖井人，饮水思源，如果没有毛泽东让中国人民成为一个站起来的民族，我们怎么可能"唱着春天的故事，改革开放富起来"呢？那是不可能的。我们只有站起来，才能富起来。关于改革开放的问题，虽然我们今天的经济实力有巨大的提升，我们每个人的日子有一个质的飞跃，用宋祖英的歌来说——《越来越好》，真的是越来越好，房子越大，钞票越来越多，是不是越来越好？把工作做得更好一些。

人们形象地说，"毛泽东给个碗，人人都有饭吃"。工人做工，农民种田，学生读书，战士保家卫国，每个人都有饭吃。到邓小平时搞改革开放，邓小平说每个人都有个碗，你过得太安逸了，怎么办呢？把你的碗钻一个眼儿，碗开始漏了。什么意思呢？危机意识，引入竞争机制，不让你吃大锅饭了。过去干多干少一个样，干好干坏一个样，干和不干一个样，现在不行了，这个时代一去不复返了。刚刚闭幕的十八届三中全会，是一个改革的盛会，继续改革、深化改革。

我们再回到刚才的主题，毛泽东"掌上千秋史，胸中百万兵，眼底六洲风雨，笔下有雷声"。我们形容鲁迅先生的著作为刀枪啊，匕首啊，读了毛主席著作呢，有什么感觉呢？豁然开朗。

读毛泽东的著作总是能够解决问题，比方说在和平时期，依然对我们有意义。有一男士和妻子发生口角了，妻子一怒之下骂了一句他的母亲，男人一巴掌就打过去了，妻子说，你打我？抱着孩子回娘家了，男人觉得过得很嗨啊，老婆走了，再也没有人唠叨了，小孩儿再也不吵了不闹了。一连三个晚上请朋友来家里打牌，闹个通宵，第四天晚上谁也不来了，为什么呢？人家说了，我再去你家你老婆也该回娘家了。这个男人觉得生活秩序被打乱了，房子不叫房子，日子不叫日子了，这个男人电视不能看，网络不能上，随便去书架上拿一本书坐下来看。看书的时候拿一本《毛泽东选集》，随便翻到一篇文章，结果是毛泽东 1957 年 2 月写的《关于正确处理人民内部矛盾问题的讲话》，毛主席告诉我们，大量的是人民内部矛盾，人民内部矛盾是什么呢？它不是敌我性质，不是你死我活，要怎么办？要靠说服、教育，对同志要有春天般的温暖，要和风细雨、春风化雨般地来进行慢慢教育，最终达到解决问题的目的。丈夫是什么呢？一丈之内为夫啊！我怎么能打老婆呢，我把她当成敌我矛盾来处理了。男人穿上衣服就到丈母娘家敲门。丈母娘说了,你打了俺闺女几天不来接,电话没有一个,回去吧,不跟你过了!男人说,我错了!你知道错了?我知道。谁让你知道错了?毛主席。当时岳母"啪"的就把门关上了,毛主席让你知道错了,你咋不说江泽民让你知道错了?当时江泽民同志是我们的总书记。他说,你开开门,真是毛主席让我知道错了。于是岳母开开门,他给她讲了怎么读这篇著作,讲了感受。讲完之后,他发现妻子衣服也收拾出来了,抱着孩子夫妻双双把家还。最后呢,涛声依旧呗!就这么简单!这说明什么呢?我们说毛主席的文章确实可以解决问题。

毛主席具备什么呢?无比的革命胆略,高度的理论修养,非凡的概括能力和组织能力,还有什么呢?过人的勤奋。虽然说毛主席铁肩担道义,妙手做文章,他的文章涉及很多方面,政治、经济、军事、文化等等,还有一系列关于中国革命如何用军事的方法就是武装斗争的形式来解决中国革命的问题,比如说中国革命的战略问题,抗日游击中的战略问题,等等。刚才讲到游击战争,但当时全世界认为游击战争并不是主旋律,并不是主角。今天国际军事家认为世界上有四大战略:第一,大陆战略;第二,海洋战略;第三,航空和宇宙战略;第四,毛泽东的游击战略。为什么我们中国要打游击战呢?长期敌强我弱,没有办法。能不能打呢?能。为什么呢?毛主席说,东方不亮西方亮,黑了南方有北方。为什么呢?我们中国地域辽阔,可以和敌人周旋,我们具备游击战争的客观条件和主观条件。最重要的是,毛泽东能够活学活用,在战争中迅速成长,最后成了游击战争的开山鼻祖。

1958年,在古巴密林深处,有一队身穿迷彩的军人在接受训练,训练内容就是游击战争。将军就是切·格瓦拉,出身于阿根廷,后来为玻利维亚民族解放斗争做出巨大贡献,被人称为红色罗宾汉、共产主义的堂吉诃德。他说,今天我告诉你们,我们训练的内容就是游击战争。怎么打游击战争呢?有十六个字,"敌进我退,敌驻我扰,敌疲我打,敌退我追"。有将军问:报告,这是您的发明吗?因为切·格瓦拉在战士心中就是英雄,就是神话。切·格瓦拉说:不,它来自中国,来自毛泽东。

我们接下来分享毛泽东是怎样由一介书生成为游击战争专家的,并且凝练出游击战争的16字口诀。它是怎么凝练成的呢?是在战争中逐步形成的。刚才把内容跟领导们进行分享了,说白了就是你打你的,我打我的,打得赢就打,打不赢就跑,赔本的生意不做。

毛主席说,为什么我们能够取得胜利呢?为什么得道多助呢?蒋介石别说没有孙悟空的本事,蒋介石有我们也不怕,有群众的支持,我们就是如来佛。蒋介石怎么也跳不出如来佛的手心。第二点,毛主席又说,我们跟蒋介石玩捉迷藏,条件不好、形势不利的时候就玩捉迷藏,条件好的时候就在他屁股后面狠狠地揍他一下,然后就跑。打得赢就打,打不赢就走。后来进一步浓缩为"敌进我退,大幅度的进退,不以占领一城一地为目的"。毛主席为什么敢放弃延安,蒋介石是没有这种气魄的。毛主席秋收起义时放弃长沙,就是为了将来得到长沙;毛主席放弃延安是为了将来更好地回到延安,一样的道理。毛主席不计一城一地的得失,有全局意识,这样才能进退自如。敌人进来怎么办?放他进来,敌进我退。敌人住下来怎么办?不能让他安安生生住下来,不能让他日子过好了,怎么办呢?捣乱、扰乱他。敌人跑的时候怎么办?疲惫了怎么办?再去打。敌退了再去追。

游击战争思想到底怎么形成的呢?是在三次反"围剿"当中形成的。在座的各位领导都知道,国共两党历史上一共有过五次"围剿"和反"围剿",蒋介石"围剿",我们反"围剿"。前四次"围剿"蒋介石都大败而归,我们得胜还朝。前四次反"围剿"中毛泽东亲自指挥了三次,第四次毛主席靠边站了,被剥夺了军权,由于王明的"左"倾冒险主义错误还没有完全渗透,推广的力度和幅度还不够大,朱德、周恩来、彭德怀依然按照游击战争思想去打,所以我们说第四次反"围剿"的胜利依然应该归功于毛主席。

毛主席一生当中胸有百万兵,他一共指挥大大小小的战役战斗多少呢?250次,胜率99%。大家都知道拿破仑,国际上的军事奇才之一,拿破仑和毛主席比那真是小巫见大巫,拿破仑一共指挥了 58 次战役战斗,50 胜,1 平,7 负,胜率应该在百分之八十多。毛主席怎么做到百战百胜呢?毛主席的大局意识啊,情报工作啊,等等,那是综合因素取得的。

第一次反"围剿"在什么时候呢?1930 年 12 月。这个时候我们已经离开井冈山到了江西,蒋介石取得了蒋、冯、阎中原大战的胜利。1930 年 12 月 7 号,蒋介石占领了中原重地——我们脚下的这片风水宝地郑州,宣告胜利。蒋介石腾出手来对中国工农红军进行第一次"围剿",派了 10 万人,又增派了航空编队,以造成空中优势。说实话,别说是蒋介石,当时国民党的高级将领没有谁把毛泽东当作对手,当成真正的敌人。蒋介石到南昌面授机宜,当时敌方将领是谁呢?鲁涤平和张辉瓒。张辉瓒最后忠实地执行蒋介石的战略方针了,被我们取了首级。蒋介石的策略方针是什么?这样一个去日本留过洋,后来成为国民党军事统帅的蒋介石竟然提出这样的战略方针——"长驱直入,外线作战,分进合击,猛进猛打"。后来,他为第五次反"围剿"请了一个德国人做顾问,这个人叫塞克特,听了之后说,我代表联合国对你的策略方针彻底晕倒。为什么呢?你犯了兵家大忌。你怎么到人家地盘作战时化整为零呢,你被毛泽东像敲牛皮糖一样吃掉了。毛主席的十大军事原则之一就是集中优势兵力,各个歼灭敌人。毛主席说,伤其十指,不如断其一指。击溃敌人 10 个师,不如歼灭他 1 个师。针对这 10 万来敌,当时我们的战士没有底儿,人马乱纷纷。这个时候毛主席不急不躁,还坐在房间里面读书。人们都说,毛委员啊,你赶紧想想办法吧!毛主席说,着什么急啊!最后针对蒋介石的 16 字战略方针,他在战前动员大会上提出了自己的方针,毛主席提出了,"敌进我退,敌驻我扰,敌退我追,敌疲我打,游击战里操胜券","大步进退,诱敌深入,集中兵力,各个击破,运动战中歼敌人"。写的上联和下联,我们后来把它浓缩为 16 字方针,来源于哪儿呢?《孙子兵法》当中的八个字,"避其锐气,击其惰归"。后来大家就戏称,"老毛"就在那儿翻翻《孙子兵法》、《三国演义》,就这样指挥打仗了。活学活用很重要,我们反对教条的学习。太多人读过《孙子兵法》,但是能活用活用的估计不多。关于第一次反"围剿"的过程,我就不再详细讲了。

最后的结果呢,张辉瓒竟然被活捉了。张辉瓒说,别杀我,我和你的毛党代表是老乡。他们都是长沙人,北伐时两个人还认识。由于道不同,所以两个人始终没有建立友谊。张辉瓒被带到毛主席面前时毛主席说,你放心,我不杀你,我还要用你。这个时候介绍一下,毛泽东另外一个思想又在萌芽,这就是统一战线思想。

当时毛主席为什么不杀张辉瓒呢?蒋介石虽然骂张辉瓒无能、无耻,但是蒋介石听说张辉瓒被活捉了依然放出口风,只要共产党交出张辉瓒,他给我们 20 万大洋,并且放出一部分政治犯作为交换。还有,张辉瓒的妻子听说丈夫被抓了,急于救人,我们给她提的条件是给我们买药品、买枪,等等。他妻子在做准备,蒋介石也放出了这样的口风。毛主席把张辉瓒交给朱德好生看管,毛主席并不天天在山上,下山发动群众去了。大冬天没事儿,大家说把张辉瓒叫过来开个批斗会呗,大家历数张辉瓒的罪状。张辉瓒这个人太反动了,人们称他为屠夫。朱德看大家群情激昂,就问大家,你们说怎么办?大家说一个字,杀。朱德说,好,你们说杀就杀,于是张辉瓒首级被割下来了。

这件事情到此就算结束吗?当然不是。1938 年,在延安,美国女作家史沫特莱采访朱德,朱德讲到这件事情时说,我们后悔的肠子都悔青了。我们当时确实没有毛泽东站得高,看得远,我们就觉得杀了张辉瓒痛快。没有想到,别说那 20 万大洋没有给,别说我们急需的药品,蒋介石恼羞成怒,杀了大批的政治犯进行报复。毛主席听了之后也说朱德胡闹,有了这样的一个经过,毛主席的统一战线思想就开始萌芽了。

有一句名言,政策和策略是党的生命。毛主席为什么能够取得革命的胜利?他有一天跟延安的孩子讲话:你们要下山要到全国各地做工作了,在座的学生有没有读过《封神演义》啊?大家说都读过!姜子牙要下昆仑山了,元始天尊送给他三样宝贝,你们知道是什么吗?在座的领导有的知道,那就是打神鞭、四不像、杏黄旗。毛泽东说,我也送你们三样宝贝。孩子们都很兴奋,主席要送我们什么宝贝啊?毛主席说,我送你们这三样宝贝就是统一战线、武装斗争、党的建设。中国共产党为什么能够克敌制胜,为什么能够百战百胜,为什么能够打下一个新中国？西方认为这是奇迹,是神话,是不可思议的。

新中国成立之后,蒋介石在台湾自我安慰说,共产党坚持不了两年,共产党没有办法解决这么多人的吃饭问题,两年以后就要内乱,一内乱我就可以在美国支持下反攻大陆了。当时蒋介石对共产党的评价是什么呢？共产党搞政治,不用说,100分。为什么能搞政治100分呢？并不是政治工作有多大生命力,而是中国共产党的政治工作扎根于群众,而且是全心全意为群众服务。比方说我们宗旨就是全心全意为人民服务,我们官兵一致,我们发动群众,组织生产,这是国民党做不到的。毛主席说国民党的军官是"三四五":"三"指三金,金戒指、金牙、金丝边眼镜。"四"是什么呢？四菜一汤。"五"是什么呢？五皮,皮手套、皮腰带、皮枪套、皮绑腿、皮靴。我们解放军是官兵一致,朱老总也好,毛泽东也好,和战士们吃的一样,住的一样,没有像我们今天说的腐化、腐败问题。

我们说腐败是政治之癌,是肿瘤。我们孩子们每个人都热爱自己的祖国,但是有时候他们会对我们今天一些腐败问题深恶痛绝,甚至会影响他们的爱国主义情感。

政治100分,军事呢？蒋介石对我们的军事评价不是特别高,马马虎虎60分。作为一个科班出身的人,蒋介石认为毛主席是半路出家的,开玩笑讲,出牌不按套路,想怎么打就怎么打,反而是蒋介石不适应了,尤其是四渡赤水河。有人认为毛主席军事思想的体现是三大决战,打得昏天黑地,几百万人在那儿打,摧枯拉朽,但是他的孙子毛新宇认为,最能体现他爷爷军事思想的是四渡赤水。渡来渡去,连蒋介石都不知道为啥了,没完没了的。毛主席四渡赤水是为了什么？变被动为主动,打破蒋介石的一盘棋思想,在运动中寻机歼敌,后来娄山关大捷,和湘江之战形成强烈的反差,湘江之战是谁指挥的呢？共产国际的顾问华夫指挥的。湘江之战我们损失了30500人,碧绿的湘江江水都染红了,我们战士的尸体,门板、马匹的尸体等使湘江江水断流,老百姓后来怎么形容湘江之战呢？三年不饮湘江水,十年不食湘江鱼。因为湘江的水都染红了,三年都不能喝,它的鱼十年都不能吃,因为太多的战士都喂鱼了。华夫是谁呢？毕业于伏龙芝军事学院的高才生。世界上两大著名军事院校,美国的西点,苏联的伏龙芝。毛主席这样一个从来没有上过军事院校的,在蒋介石看来不按套路出牌的毛主席,蒋介石打了60分。

蒋介石对我们的经济评价多少呢？共产党搞经济不行,零分。共产党养活不了几亿张嘴,我走了,把几亿张嘴扔给老毛了,看他靠什么来解决问题。我们发自肺腑地讲,中国共产党是一个伟大的、英明的、正确的党。它不但能解决4亿人吃饭,还能解决13亿人吃饭,吃好。我们中国在2010年超过日本成为世界第二大经济实体,我们在国际战略方面,我们的外交战略是遍地开花,我们的朋友遍天下。

当时杀了张辉瓒,虽然遭到了报复,这时候毛泽东另外一个思想完善了,那就是优待俘虏。蒋介石逮到俘虏之后,看着杀了痛快,造成了很严重的后果。中国共产党抓到俘虏之后做工作,愿意留下的欢迎,不愿意留下的给你发路费,让你回家。你想想,虽然他回了,没有参加红军,但是他将来还会与红军为敌,与共产党为敌吗？这就是共产党的统一战线的高明之处,动员了一切可以动员的力量,尤其是淮海战役当中,我们60万人对80万人,我们人不够用,现抓的俘虏,一动员,一讲,上战场就打。穿着自己原来的服装,拿着原来的枪,上战场就打。对面的敌人喊,打错了,我们是一家人。新投诚过来的战士就说,老子打的就是你,老子现在已经是华野的人了,老子现在已经是四野的人了,老子是中野的人了,打的就是你。我们可以及时补充兵力的不足,而且毛主席优待俘虏,团结一切可以团结的力量。

张辉瓒被杀了,但是他有两个发报员留下了,就是王诤和刘寅,经过做工作,愿意参加红军。我们看过太多的谍战剧,包括孙红雷演的《潜伏》等等,我们在敌后进行发报,可以说我军最初的收发报员就是王诤和刘寅,国民党培养的人才。王诤和刘寅给我们培养了很多优秀的收发报员。在第一次反"围剿"当中,公秉藩再来进攻时,王诤和刘寅说,毛党代表啊,最好别把他100瓦特的收发电报弄坏了，我们只有一部 15 瓦特的，功率太小，还坏了。光有收发报员没有机器也不行了，后来如愿以偿，公秉藩 100 瓦特的收发报机功率很大，信号很强，两个人试着和上海联系上了，这样建立起了空中走廊。当时毛主席抓到张辉瓒的时候，上海中共中央派地下交通员来江西，告诉他别杀张辉瓒。结果人还没有走到长沙呢，张辉赞已经被杀了。后来有了收发报机，信息交往就方便多了。我们虽然误杀了王佐、袁文才，但是毕竟取得了第一次反"围剿"的胜利。

毛主席诗兴大发，写了一首词——《渔家傲·反第一次大围剿》。毛主席特别浪漫，与其说他是军事家、战略家，伟大的马克思主义者，倒不如说他是一个诗人，因为毛主席具有浪漫的诗人具备的素质，那就是浪漫的情怀。在新中国成立以后那样的百废待兴的形势下，他依然如此浪漫，一张白纸没有负担，好写最新最美的文字，好画最新最美的图画。我们的嫦娥三号登月了，传回来非常精美的月球照片。毛主席说，"敢上九天揽月，敢下五洋捉鳖"。

比方说我们建国的时候放 28 门礼炮，我们放完了，过瘾了，开心了，结果全世界一片哗然。到现在为止，西方依然想知道为什么要放 28 响礼炮。法国的解释是和毛主席的感情生活有关，因为毛主席太浪漫了，爱写诗，浪漫的人感情丰富，所以说建国时放礼炮都跟感情生活有关系。毛主席想到他的妻子杨开慧，杨开慧和 28 有什么关系呢？毛主席初识杨开慧时，杨开慧豆蔻年华，二八少女十六岁，所以放 28 响礼炮。美国人也想知道，尼克松访华时问周恩来，为什么放 28 响礼炮。周恩来说，你有机会见主席问吧！1972 年毛主席身体状况非常糟糕了，尼克松的女儿和女婿作为代表也参与了会见。毛主席非常幽默、非常风趣，他一开始就说，我长着一张中华大脸。这让一个来自西方阵营的国家元首觉得不可思议，那叫英雄相惜。当最后因为主席要吃药了，身体不好，所以会谈结束了，尼克松走到走廊里一拍脑门才想起来，哎呀，忘了问主席，为什么放 28 响礼炮了。你想想，来自两个世界的领袖，有太多的问题要交谈，竟然连为什么放 28 响礼炮都要问问。韩国人说了，八卦呗，太极呗！中国八卦太极一推一算，有两个数字，一个是二，一个是八。这两个数字在两个地方最好，这两个地点共产党拿到了，所以共产党才会胜利。这两个地方一个叫生门，一个叫景门，这两个数字一个是二，一个是八，就是延安和北京，所以放 28 响礼炮。我们是为了纪念 28 年来为革命牺牲的烈士们，我们要缅怀英雄的事迹，不忘怀英雄的牺牲，毛主席亲自在英雄纪念碑书写了碑文说明这样一种情况。

你看毛主席写的，"万木霜天红烂漫，天兵怒气冲霄汉。雾满龙冈千嶂暗，齐声唤，前头捉住了张辉瓒。二十万军重入赣，风烟滚滚来天半。唤起工农千百万，同心干，不周山下红旗乱"。这里又为第二次反"围剿"埋下了伏笔。第一次反"围剿"刚刚结束，蒋介石又调集 20 万军队再次到江西，所以毛主席形容为"二十万军再入赣，风烟滚滚来天半"。

我们接着介绍第二次反"围剿"的情况，1931 年 5 月，蒋介石兵力增加到 20 万人，我方这时候由 21000 人增加 35000 人。针对毛主席诱敌深入、集中兵力的战略无可奈何，蒋介石是稳扎稳打，步步为营，紧缩包围。面对 20 万来敌，毛主席依然提出诱敌深入，毛主席本身是一个"口袋专家"，我先把口袋口打开，等你进来，进来之后我再扎上口袋。有太多这样的例子，比如说辽沈战役打锦州，在座的老领导都知道。锦州是连接关内和关外的门户，当时林彪要打长春，毛主席非要打锦州，结果拿下锦州之后形成关门之势，东北无战事。后来连林彪也不得不佩服，毛主席确实比他站得更高，看得更远。这是一个例子。

第二个例子，刚才讲到湘江之战，我们说否极泰来，物极必反，牺牲了这么多人，大家开始怀念毛主席指挥时笑谈凯歌还的日子，群众的呼声很高，要求毛主席重掌帅印。而且，一批觉悟的从苏联回来的高级领导人，如张闻天、王稼祥等人也支持毛主席，所以说后来在遵义会议上毛主席重新掌握了中国革命的军事领导权。我们进了遵义之后，蒋介石还不知道我们跑到哪儿了。蒋介石布好了口袋等我们去钻，毛主席本身是口袋专家，怎么可能钻别人的口袋呢？毛主席没有侦察机，也没有情报网，我们的收发报机也扔在湘江了，毛主席依然利用他的游击战争法则，这个时候怎么办呢？跑到大山里。我们干什么呢？先动起来，不能坐以待毙，我们在大山中穿行，蒋介石的飞机找不到我们的踪影。当蒋介石发现我们的时候，我们已经进行了修整，以逸待劳。我们的重伤员变成轻伤，轻伤痊愈了，疲劳的战士也恢复了体力。蒋介石在贵阳时心有余悸，差一点成了俘虏，当蒋介石回过神时我们已经远走高飞了。关于第二次反"围剿"的情况，毛主席依然是诱敌深入。

第二次谁来打的呢？敌方将军为何应钦。这个仗怎么打的呢？在这里分享一个小故事，我们每个人人生当中总是有这样那样的意外，出这样那样的状况。毛主席的精心设计差一点毁在一个反叛的红军排长手里，毛主席后来想了想还觉后怕。在座的各位领导都回忆一下，我们一生当中也会有后怕，当时不害怕，后来想想特别害怕。毛主席精心策划，把35000人放到山上，只让少部分人充当诱饵来牵着敌人的鼻子走。我们有一个反叛的红军排长竟然投靠了何应钦，告诉了何应钦，毛泽东、朱德的35000人都在东部山上埋伏着呢。何应钦不敢贸然相信，电告蒋介石，蒋介石说共产党太狡猾了，不能相信。怎么办呢？派飞机侦查。我们的战士有严明的纪律，古人行军时衔枚而行，为了怕说话，衔枚而行，我们的战士趴在地上，头上别着树枝，口里衔着木棍，当飞机来侦查时绝不发出声响，最后侦察员得出结论，山头别说有35000多人，平静的像水一样，连一只小鸟都没有。

像在朝鲜战场中的邱少云，他就地打一个滚就可以把身上的火扑灭，但是为了不暴露目标，他被烈火活活烧死，这就是我们铁打的人民军队。飞机飞行员最后告诉何应钦，这是毛泽东的苦肉计。当时蒋介石很生气，说毛泽东迷惑我们，故意让一个人来投诚，告诉我们假消息。怎么办呢？把这个反叛的红军排长枪毙了。如果国民党当时相信这个情报，毛主席三面受敌，历史有可能将被改写。但是历史没有被改写，从另一个角度印证毛主席确实用兵如神，特别胆大，就在你眼皮底下布兵。毛泽东这个人如果没有高超的军事指挥艺术，如果没有非常强大的内心世界，那他是不敢的，所以我们称他有无比的革命胆略。

在这里我想到另外一个事情，蒋介石邀请毛主席到重庆谈判，我们延安的老百姓听说毛主席要去谈判了，在他窑洞前长跪不起。为什么这样？因为毛主席在延安待了这么多年，和群众已经形成一家人了。他们已经习惯看着毛主席背着手、抽着纸烟，毛主席喝着延河水，吃着小米，我们在延安发展壮大了。毛主席要去重庆谈判了，重庆就是狼窝啊，就是鸿门宴啊，老百姓说，你不能去。毛主席说，我一定要去，人家邀请我了，必须去。这是不是说明老百姓对毛主席的感情？蒋介石到死也没有搞明白，为什么在那个不毛之地毛泽东发展了，壮大了。胡宗南占领延安之后，蒋介石一定要飞过去看看，蒋介石去了一天，依然没有找到答案。毛主席在延安整整住了13年，喝的是延河水，吃的是小米饭，听的是信天游，住的是窑洞，而蒋介石呢？到延安一天，坐的是飞机，喝的水是南京空运过去的，解手的马桶都是从南京空运过去的。他怎么可能用旱厕呢？他怎么可能喝延河的水呢？谁是英雄？古人就知道，水可载舟，亦可覆舟。毛泽东得到群众的拥护，我们打的是人民战争。

我们再回过头来看，当时蒋介石下令枪杀了反叛的红军排长，当敌人的几万大军向东进发的时候，我们从天下降，五战五捷，缴获了大的电台。战争结束之后，毛主席心情非常好，又写了一首词——《渔家傲·反第二次大围剿》。

毛主席心情好的时候写诗词，心情不好时也写，其中一首特别著名——《清平乐·会昌》，这样提可能在座的领导想不起来，其中有两句话知名度特别特别高，一共只有八句，"东方欲晓，莫道君行早。踏遍青山人未老，风景这边独好。会昌城外高峰，颠连直接东溟。战士指看南粤，更加郁郁葱葱"。这是什么时候写的呢？就是长征前期，我们打得非常惨，包围圈逐步缩小。这个时候怎么办？必须要走了。在临走之前，毛主席当时满身的疾病，在会昌养病时登上会昌山，写了这著名的绝句。

我们来看看《渔家傲·反第二次大围剿》，尤其是后面两句，"有人泣，为营步步嗟何及！"就是蒋介石又哭了。原来是长驱直入，不行；现在稳扎稳打还不行，到底怎么才能行呢？第二次反"围剿"我们取得了完胜，大胜，这个时候蒋介石依然不以为然。蒋介石这个时候并没有重视共产党的力量,他认为不是共产党太狡猾了,而是他的将领不行,鲁涤平不行,张辉瓒不行,何应钦不行,谁行呢?蒋介石要亲自出马了。

第三次反"围剿",蒋介石不但亲自挂帅,而且不给我们任何喘息的机会,刚才大家都注意到了,1931年5月打的第二仗,1931年6月又打第三仗,车轮战术。这次蒋介石征兵30万不说,还是嫡系部队,装备精良,养尊处优。当然了,嫡系部队也有它的缺点,轻易不用嫡系部队,嫡系部队不能爬山,不能打疲劳战,出门就要坐汽车。面对蒋介石的这种情况,蒋介石提出的策略方针依然是长驱直入,分进合击。蒋介石说,三个月,最多六个月消灭共军。在这样的情况下怎么办?我们战士就那35000人,打了15天,五战五捷。虽然气势恢宏,但是我们的战士太疲劳了,太急需休整了,怎么办?毛主席的游击战争思想就灵活在什么地方呢?游和击巧妙的、完美的结合。把红12军的军长罗炳辉叫到跟前,像诸葛亮一样,给他一个锦囊,然后让他出去。接着大家发现罗炳辉这个小子学"懒"了,过去都是昼伏夜行,现在可好了,天光大亮时还撅着屁股睡觉呢,天刚刚擦黑就吹熄灯号了。这怎么回事呢?而且罗炳辉这家伙"败家子",走一路丢一路。当蒋介石飞机来侦查的时候很配合,用竹竿把我们的花床单都举起来,而且队伍拉得老长老长,马尾巴上还绑上树杈,哪儿的尘土多去哪儿。走到三岔路口还留下我们的标记,如某某军向此进发。毛主席告诉罗炳辉,部队的番号随意创造,不治你的罪,你爱怎么着就怎么着。

我们过去看老电影有一个人背着大锅,到营地之后要挖灶做饭。我们就迷惑敌人,我们没有这么多人,大家做好多灶,把灶烧黑,走的时候用大树根在那里燃。敌人追上来发现有这么多锅,认为是主力部队,走远没有呢?不远。为什么呢?烟灰还是热的呢。在座的领导都听明白了,毛主席所做的就是一点,让罗炳辉的红12军充当主力部队,牵着敌人的鼻子走,我们主力部队依然跑到东部山头进行休整。毛主席告诉罗炳辉,敌人不会走山路,你就要走山路,哪没有路你就走哪儿。又告诉罗炳辉,当敌人追不动了、不追怎么办?你要刺激他,让他欲罢不能。

在这儿我举一个例子,我在给大学生讲课时说,大学生正处于恋爱期,你追我,我追你。如果一个男孩子向一个女孩子表白,这个女孩子当面羞辱他:你看看你,还癞蛤蟆想吃天鹅肉,也不撒泡尿照照你那样子,我当老姑娘,一辈子当"剩女"也不嫁给你!你就是矮矬穷,我就是白富美。如果这个女孩子斩钉截铁地羞辱这个男生,这个男生将来还会不会再追这个女生呢?基本不会了。为什么呢?没有希望了。话都说这个份了,哪还有希望呢,没有希望了就不去追了。如果女生这样说:谢谢你对我的爱,现在我还小,我要好好学习,将来要为祖国做出更大贡献,现在不考虑个人问题。看起来是拒绝,实际上男生觉得有希望,有门儿,怎么办呢?男生又像打了鸡血一样献殷勤。是不是男生觉得有希望啊?反正你没有对象,你又不准备找,现在我先感动你,对你好,关爱你,将来你有可能会选择我。什么意思呢?希望。有希望才去追,没有希望不去追。如果我跑得太快了,我们会走山路,我们两条腿可以赛过敌人的汽车轮子。你就跑吧,人家不追了行不行啊!毛主席说了,不追不行,他走不动了你就等一等他,他不追了你刺激刺激他。怎么刺激他?往后放冷枪。让他觉得,都追这么远了,二十四拜都拜了,还差这一哆嗦吗?国民党士兵就说了,我的鞋子丢了,有的说我的行李丢了,有的说我的脚烂了,等等。共产党在哪儿呢?不知道,你听,又在前面打冷枪呢。怎么办?追呗,再接着追。追的结果呢?肥的拖瘦,瘦的拖垮,垮的拖死。什么意思呢?以逸待劳。

我们一小部分人充当主力部队,牵着敌人的主力部队走,也就是避其锐气,击其惰归,依然是《孙子兵法》中的八个字。重伤员变轻伤了,轻伤员恢复了,疲劳的战士各个像小老虎一样,再下山,我们可以想象,那是风卷残云。毛主席会活学活用,比如说他看《三国演义》,会用空城计。他放弃延安,又留在陕北,是不是唱了一出空城计?比如说挥泪斩马谡,刘青山、张子善,立过功的红小鬼,我们不学李自成,一定要斩了这些人,是不是挥泪斩马谡?

我们一辈子做很多事情,有可能不是所有的付出都有收获,不是所有的耕耘都有回报,但是两种事情是必然有回报的。第一,学习。第二,锻炼。比如你爱一个人,这个人一辈子可能都不会爱你。但如果你学习了,你学了东西,总是有用的,我们说用知识武装起来的人是难以战胜的。

第三次"围剿",因为我们以逸待劳,所以蒋介石的 30 万嫡系部队疲惫不堪,我们游到一定程度了,罗炳辉的任务完成了,我们的主力部队从天而降,第三次反"围剿"取得大捷就是意料之中的事情了。蒋介石不得不发出哀叹,我们 30 万人打不过人家 10 万人。第三次反"围剿"结束之后,蒋介石才开始把毛泽东当成对手。并不是何应钦不行,也不是张辉瓒不行,而是毛泽东太行了,所以第三次反"围剿"我们取得了完胜。

这次战争结束之后,有一首歌流行起来,那就是"三期战争获全胜胜利要记清;第一莫忘共产党,共产党主张样样灵。第二红军团结紧,十人团结胜千人。第三群众力量大,群众拥护一定胜。学此经验与教训,不愁百战不百胜"。老百姓编的歌曲,战士们广为传唱,这说明中国共产党是人民的军队。我们全心全意为人民服务,从最初的不拿老百姓一个红薯,到后来不拿群众一针一线。我们的军队为什么打不垮,为什么打不烂,为什么我们是钢铁军队?就是因为它植根于人民群众之中,在于它的灵魂、宗旨,在于它有一个舵手,有一个领袖,毛泽东用兵入神。我们说时势造英雄,毛主席是一介书生,但是沧海横流,方显英雄本色。毛主席在那样一个广阔的时代背景下,铁肩担道义,妙手做文章的同时,他在战争当中学会了战争,游击战争思想日臻成熟和完善,以至于共产主义的堂吉诃切·格瓦拉说,毛泽东才是游击战争的开山鼻祖。

还有一点时间,简单再讲几句。说毛主席游击战争思想讲了这么多,它有什么特点呢?

第一个,主动性。什么时候该打,什么时候不该打,什么时候怎么打,完全掌握主动。游到什么时候打?就像邓小平说,发展是硬道理。毛主席一个宗旨,打胜仗才是宗旨。我们丢了延安,胡宗南占领了延安,蒋介石非常得意,有什么用呢?我们掌握主动权。

第二个,灵活性。比如说抗日战争时期的麻雀战、地雷战,那更是花样百出了。我们说的杀鸡焉用宰牛刀,你还别说,毛主席说了杀鸡就要用牛刀,为什么呢?一刀下去解决问题,短平快啊。有时候就是零打碎敲,有时候就要叫花子打狗,有时候就是猫盘老鼠,这说明什么呢?非常灵活。

第三个,进攻性。防御也是这样子的,防御分为两种,一种是积极防御,一种消极防御。我们都看过一部电视连续剧《亮剑》,里面李云龙说过:老子不知道什么叫防御,老子只知道进攻就是最好的防御。在生活当中,如果你的另一半找你麻烦了,这个时候别往自己身上揽,要主动找他(她)的麻烦。有时候我看我先生想找我的麻烦,这个我不先说我不对,你别说我是不是哪儿做错了,你为什么不开心啊,千万不要这样说。应该这样说,我发现你最近一段都不对劲,你行动诡秘,你天天干啥呢?打个电话跑到卫生间,发个短信跑到卫生间里,洗个澡还拿个手机。这都是我瞎编的,只管瞎编!你天天心不在焉,你对自己这么形象更讲究,更在意了,外面有情况了还是怎么回事,怪不得看我不顺眼。他为了洗清自己要反复辩解,最后就忘了要找你麻烦了。这就叫进攻,进攻是最好的防御。你拳头打他身上,他必须护着自己,还哪有机会打你呢?主动出击,先下手为强,任何时候都是真理。

第四个,分散速决性,绝不恋战。打得赢就打,打不赢就走,赔本生意不做。打了就跑,绝不恋战,因为我们是小股的人,持久战对我们不利,速战速决。不要再扩大战果,有时候达到目的就撤。生活当中,我们在处理关系时不要得寸进尺,点到为止,有些事见好就收。本来你自己很有利的事情,别弄到最后别人说你矫情了,得理不饶人了,你反而弄得里外不是人。小战果就可以,小战果最后可以积成大战果。今天学到毛主席游击战争思想,希望各位生活中活学活用,把日子过得更好,这才是我们的目的。

第五个,分散性,化整为零。都是小股的人,非常分散,遍地开花,敌人摸不着头脑,神出鬼没的。当然了,最后目标是向正规军发展。我们的目的不是一直要打游击,在战争中壮大自己,最后要用阵地战、运动战来解决问题。那就是三大决战。

中国共产党就在三次反"围剿"当中游击战思想形成,抗日战争过程当中进一步扩大战果,取得了抗日战争的胜利,当然了,有国共两党和全国人民共同努力的结果,还有国际援助。

三大决战就这样打响了,刚才讲了,历时四个月零十九天,歼灭敌人 154 万人。三大战役结束之后,蒋介石赖以生存的蒋家王朝,他的政权的根基动摇了,他灭亡的日子指日可待了,于是新中国就成立了。1949 年 10 月 1 日下午 3 时,毛泽东用他浓重的湖南口音向全中国、全世界庄严宣告:中华人民共和国中央人民政府今日成立了。白鸽放飞,礼炮齐鸣,北京几十万市民和领导人来庆祝新中国的诞生,全国人民普天同庆。中国共产党的诞生是开天辟地大事件,没有共产党就没有新中国。而毛主席是什么呢? 大海航行靠舵手,万物生长靠太阳。毛主席是历史唯物主义者,他说,历史是人民群众创造的,但是英雄、领袖往往起着非常重要的作用。毛主席成了新中国的缔造者,为我们打下了一个新中国。

改革开放的领路人接过党的接力棒,继续传承、发扬、壮大。改革开放的领路人带领我们在奔小康的路上,可以说大步地向前进。刚才我们讲了,我们唱着东方红当家做主站起来,我们唱着春天的故事改革开放富起来。1979 年是一个春天,1992 年又是一个春天,有一位老人在中国的南海边画了一个圈,于是天地间荡起层层春潮,崛起了座座金山。我们说我们今天的日子是什么呢? 芝麻开花节节高。我们还可以形容为吃着甘蔗上楼梯,步步高,节节甜。在座的每位领导,包括我,我们都是改革开放的受益者。我们还是不要忘记,因为我们只有唱着东方红当家做主站起来之后,我们才可能前进在改革开放的大路上。

尤其是刚刚闭幕的十八届三中全会发表了一个公告,这个公告结尾告诉我们,要求全党同志紧密团结在以习近平同志为总书记的党中央周围,锐意进取。我们说,中国虽然取得了成绩,中国是一个人口大国,任何一个数字乘以 13 亿都非常惊人,再庞大的数字除以 13 亿都变得非常渺小。新中国刚成立时有这样一句谚语:三四亩地一头牛,老婆孩子热炕头。我们中国人喜欢小富即安,小富即满,我们现在怎么样呢? 锐意进取,富而思源,富而思进。

共产党最怕“认真”二字,世上无难事,只怕有心人。我们能够打下一个新中国,难道我们不能更好地建设一个新中国吗? 还有什么比打下一个新中国更艰难的吗? 我们可以说创业容易守业难。不管怎么说,我们赶上了一个伟大的时代,谱写改革开放事业的新篇章,为全面建成小康社会,不断夺取中国特色社会主义新胜利,实现中华民族伟大复兴的中国梦而奋斗。我们相信,明天会更加美好。因为什么呢? 因为我们的领导,我们中国共产党越来越成熟,它的能力在逐步提高。这个能力包括很多,比说防腐拒变的能力。如果让大家说一个 2013 年的关键词,2013 年应该是反腐力度最大的一年。这一年即将接近尾声了,违反“八项规定”的将近有两万高官受到处理。即将过新年了,北京昨天晚上新闻联播说了,很多高级饭店没有生意。过去都是单位宴请,现在公款吃喝是不是少了? 虽然看到有这样那样的问题,但是在进步,有希望,而且是越来越好! 这就是最好的。我们相信,在习近平同志的领导下,全国人民齐心协力,我们相信,中国的明天会更加美好,我们的中国梦一定能够实现!

谢谢大家!

主讲人:程明欣,郑州大学马克思主义学院思想政治课教学部主任,教授,中共党史专业研究生导师。1984年南开大学历史系毕业,长期从事马克思主义理论研究与教育、宣传工作。历任郑州大学及河南省科学理论宣讲团成员。河南省教学标兵,国家级教学优秀成果奖获得者。

时　间:2013年12月29日

地　点:河南省图书馆研议厅

毛泽东与中国特色社会主义的历史、现实和未来

　　各位同志,各位老师,大家好!今天是受咱们省图书馆的委托,围绕毛泽东120周年诞辰做一个讲座,做一个报告。我当时琢磨了半天,到底讲什么题目呢?因为毛泽东这个题目平时涉及的比较多,但是讲什么题目可能有现实意义呢,我当时自己觉得有一个问题值得讨论,对我来讲很长时间以来也是一个困惑。

　　因为1984年毕业从南开大学来到郑州大学(郑大)教政治理论课,教马克思主义理论课,这都二三十年了,由于当时跟马克思主义理论的关系,跟中国社会主义的选择,思想当中整天纠缠的就是这个问题。说句实在话,因为这个是省图书馆的公益活动,在这儿政治宣传的意义也比较大,在座的很多同志是长者,是老同志,我觉得我们还是实事求是地讨论一些问题,我也愿意把我三十年来从事马克思主义理论课,从事马克思主义理论宣传教育研究过程中自己的一些真实的想法跟各位同志交流。

　　最初选择毛泽东和中国特色社会主义这个主题,至少在我的心目当中,不是因为觉得中国特色社会主义理论体系、中国特色主义道路的选择、中国特色社会主义制度做的选择跟原来咱们理解的毛泽东之间没矛盾,相反,在我心目当中曾经是有矛盾、有困惑的。平时在交流过程当中,在跟周围的人交流过程当中,也总是有各种质疑。毛泽东过世后今天的选择,跟毛泽东当年的方向是一种什么关系,对我来讲,内心都是一个困惑,有好多问题不理解。我愿意跟大家交流我内心认为是问题的问题,所以选择了这样一个题目,选择了"毛泽东跟中国特色社会主义的历史、现实、未来"。

　　选这个题时有一个背景,因为比较早,最少是一个多月前预约的,没有两件事,没有三中全会,没有十八届三中全会。因为没有十八届三中全会,我觉得中间有一个困惑对我来讲没有解决,所以

我选择了这样一个题目。但是呢，三中全会我觉得学的结果对我来讲解决了心中好多的问题，比如原来一直觉得耿耿于怀的，认为这样的选择跟毛泽东那个时代的选择很大意义上是一种背离。

我先说我准备讲的内容，我准备讨论这么四个方面（PPT）。其中刚才说到了，原来选择这个专题愿意跟各位交流，是因为在我心目当中这些问题都是长期困惑的，总觉得像市场取向的改革，跟原来毛泽东时代的革命变革，跟原来脑子里面的社会主义概念总是有些矛盾。

市场如果是人类文明的一项优秀成果的话，肯定市场经济体制的孕育有些背景咱们不能忽略，任何人类文明的优秀成果肯定是一定制度下的产物，都是服务于一定的社会制度的。

这个社会制度是什么意思呢？比如说社会主义制度、资本主义制度，说是制度，咱们琢磨一下是不是这个意思？说是制度，还不如说是人和人的关系，人和人比较重要的关系用制度的形式来保证。制度就是关系，制度是人和人之间比较重要的关系。人和人之间什么关系重要呢？有一种关系肯定重要，叫血缘关系，比如说谁是谁的孩子，谁是谁的父亲，在人类关系当中，这个关系肯定重要，是谁的孩子就是谁的孩子，是谁的父亲就是谁的父亲。人和人之间有好多关系，同学关系、同乡关系、邻里关系，什么关系重要呢？血缘关系就很重要。制度是什么呢？制度就是把这些最有力的关系用制度的形式来保证。为什么要用制度这种形式保证呢？因为制度有权威，制度都有国家机器作为后盾，上升为制度最可靠。

人和人除了血缘关系还有什么重要呢？经济联系当中哪几种关系最重要？生产资料占有上。这个说起来太空洞。我是农村出身的，我爱讨论农村的问题，对农村来讲，什么叫生产资料占有上的关系呢？农村最重要的生产资料就是土地。大家可以想一下，在这个问题上，人和人的关系重要不重要，土地的占有上，不同的人到底什么关系重要？土地占有上不同的人有不同的关系。农村人种地为生，在土地占有上至少有两种情况。一种是农村人种地为生，自己家就有地，自己就是土地的主人。还有一种情况，两千年来，中国绝大多数农民遇到的共同的尴尬，我的祖辈我也了解了一下，也是这样，什么尴尬呢？种地为生，就是家里没有地。在土地这样的生产资料占有上，人和人的关系太重要了。

大家什么关系呢？有人有地，有人没地。大家都是土地的主人这样的关系特别重要，重要到能超过血缘关系。谁是谁的父亲重要，谁是谁的孩子重要，谁的父亲有地跟谁的父亲没地活着的状态马上不一样。什么叫制度啊？制度就是人和人之间最重要的关系，影响生存的关系，在土地占有上的关系。

市场经济体制是人类文明的一项优秀成果，市场经济是一种体制，按照1992年邓小平的理解它是工具，不具有制度属性，工具肯定是为人的意志服务的。曾经我总觉得今天的选择跟原来理解的毛泽东时代的变革，跟原来理解的社会主义之间，在我的心目当中总觉得有背离。今天这个选择当中，就像三中全会说到的，改革特别坚定方向，坚定什么方向呢？坚定市场取向的方向。

而原来在我心目当中，市场经济要是一项人类文明优秀成果的话，肯定有具体的孕育的环境。什么叫孕育的环境呢？市场经济肯定存在这样的问题，到底是社会主义培育出来的成果，还是资本主义培育出来的成果。存在不存在？市场经济万一是人类文明的优秀成果的话，到底是资本主义培育的，还是社会主义培育的？现实当中，肯定不是社会主义中国孕育成熟的，市场经济体制肯定不是社会主义国家孕育成熟的，它活生生就是资本主义五六百年的历史孕育出来的一个成果。

提到这点有什么意义呢？既然是资本主义孕育出来的最有力的核心成果之一，资本主义能不能孕育出一个特别在意的成果不为资本主义制度服务，可能不可能？它最在意，但是就是不为制度服务？哪是制度啊？制度就是人和人的关系。咱们老同志比较多，咱们不是在这儿讲概念，咱们实实在在地讨论概念背后是一种什么样的关系，资本主义和社会主义哪个空洞呢？不知道大家怎么理解资本主义道路，谁起的名字，中国语言因为进化时间比较长，所以表达力很强。给西方社会做一个定义，跟西方在三百年前二百年前做了选择，中国人起的名字叫资本主义，后来证明中国人的语言智慧确实值得恭维、值得骄傲。

什么叫资本社会呢？资本主导的社会。这个社会当中人和人最正常的关系是什么关系呢？谁掌握资本谁强势。每个人活得舒服还是不舒服，难熬还是不难熬，主要取决于你对资本占有上面是什么关系。你有资本，你就有资格剥削人；你没有资本，你就只有一种选择，那就是出卖劳动。私人开工厂、办商店，到底是什么关系？私人开工厂、办商店，然后工厂主跟在厂里面干活的工人之间到底什么关系？因为他有资本，所以他能剥削人；因为你没有资本，你要活，就得跟资本结合。自己家里没有资本，你只能跟别人的资本结合，跟别人的资本结合是有代价的，就是创造出来的东西是人家的，人家给你多少你就要多少，就是这么一种关系。

我觉得资本主义一点也不空洞，咱们今天看得很清楚，有人剥削人，有人受剥削。有人剥削人这个讨论起来很困难的话，我觉得这点能成立，多数人活着什么状态？多数人靠出卖自己劳动活。靠劳动活也行，劳动以后，劳动创造的价值是不是都给你了？劳动创造的价值只有一部分给你了，多大一部分给你了？马克思分析说了，资本家给工人的工资够三份，哪三份？既够工人自己吃，也够工人养活家属子女，还够工人受教育受培训。咱们学了马克思主义经济学基本原理，资本家给工人的资本分三份，既够补偿劳动力的消耗，就是工人自己吃，又够工人养活家人子女，还有工人受教育受培训。为什么资本家对工人这么好呢？资本家不会傻得像地主一样。资本主义跟封建旧文明不同，地主想不开，你剥夺农民把农民剥夺到连养家糊口的能力都没有，剥夺的活都活不下来。万一剥夺的活都活不下来，今天剥夺完劳动他不吃饭，第二天长不出来劳动力，第二天没有剥削对象。资本家聪明，剥削到正好可以活，要不然今天剥削完了，第二天工人没有吃的，长不出来劳动力，就没有剥削对象了。为什么让你有家属子女啊？万一给你剥夺到连繁殖后代的能力都没有了，这一辈剥削完，下一辈没有剥削对象了。这是马克思教的。

为什么欧洲的工人不看马克思的《共产党宣言》和《资本论》，特别是《资本论》？欧洲工人活得难受，但是好歹能忍受，一看完《资本论》欧洲工人再也不能忍受了。因为《资本论》把工人的命运描写得那么可怜，一生活着就是这么一个意思，什么意思呢？为什么要吃饭呢？为了受剥削。为什么要孩子？为了孩子将来受剥削？你听着难受，但是说的是不是事实呢？实际上就是这样的。《资本论》有三卷，咱们哪听说哪个工人还有心思看完三卷，看完一卷就受不了了。看完一卷知道自己活着就是这个意思，最有意义的就是吃喝，还有要孩子。对咱们一生来讲，吃喝和要孩子这两件对咱们一生意义多大，经马克思一分析，你的吃喝对资本家来讲就是这个意思，就是为了受剥削，要孩子是为了让孩子受剥削。谁要是不知道自己活着是这个意思，估计活着也没事儿，一知道一辈子活着这个意思就再也活不下去。《资本论》第一卷1867年一发表，1871年巴黎公社就造反了。等你看了第二卷更难受，第二卷一描述还不如今天呢，万一资本主义不发展了，你的状态是这样的状态。资本主义不发展了，肯定不是现实，那是理论上抽象，回到现实中资本主义要发展。马克思一考察说，资本主义不发展就算了，一发展就是资本积累，资本积累就要把上个阶段榨取到的剩余价值用到追加的劳动当中，你活着的命运更残酷。别人积累财富，你是积累贫困，你明天命运还不如今天。看完第二卷更受不了，就没听说哪个工人还看第三卷。

中国第一代马克思者信马克思主义，为什么那么坚定呢？通过读马克思主义的书来信仰马克思主义，这种道路是最可靠的。我感觉在座的应该有党员，我也是党员，怎么样信奉共产主义的道路最可靠啊？读马、恩的书，哪怕只读懂一本。《资本论》难懂，《共产党宣言》好懂。邓小平自己说，他看了三本书就信了共产主义，看完《共产党宣言》就信马克思主义了。在座的是没有试过，可以再读读试试看，《共产党宣言》到现在170年过去了，用来解释今天人类遇到的问题效率特别高，比好多专家费那么大劲弄出来的理论解释问题说服力强。

为什么选择这个题？因为在我的心目当中，市场取向的改革总觉得跟我理解的不一样。在座的有不少长辈，我是幼辈，"文革"最多也就是小学经历过，就那时候的印象，我觉得社会主义跟毛泽东对我的印象应该不是这样的状态。因为毕竟市场经济是资本主义计划出来的。它是资本主义计划出来的,它是工具,工具最核心的要服务于什么呢?服务于资本主义制度下的人和人的关系。资本主义制度下人和人什么关系呢?就是有人剥削,有人出卖劳动的关系。

我觉得可能会有人不同意,私人开工厂、办商店,咱们认真想一下到底是什么关系?你给他劳动,他给你工资,你给他创造多少价值,他给你多少价值,那价值都怎么来的呢,财富谁创造的,创造财富的渠道只有一个,那就是劳动。资本自己带不来价值,资本只是带来价值的条件,阶级社会再先进,工厂再完备,如果不经历劳动,它不是价值源泉,不是财富源泉。财富分配的时候,本来社会主义最初原则就是共同劳动,按劳分配。因为马克思是从古典政治经济学家那儿继承的这一套学说,说财富都是劳动创造的,价值都是劳动创造的,那分配财富的时候,谁提供劳动,按劳动的质和量来获得财富。社会主义最初的核心原则是共同劳动,按劳分配,因为财富来源只有一个,其他的不是财富来源。比如说房产不创造财富,自己家里有房产不创造财富,权力也不创造财富,没有听说权力是生产力,房地产是生产力,劳动才是生产力,劳动是价值和财富的唯一源泉。劳动不至于是唯一参与分配的权重因素,但是劳动应该成为最重要的财富分配的权重因素。今天要听马克思最初那一套,要听这套就不会出那么多问题。

只要在分配的时候劳动占的权重大,别说劳动是唯一权重了,就是劳动占的权重大,社会肯定不会出现收入差距拉大了。因为一个人劳动能力跟另外一个人劳动能力能差多大,能不能差几千倍,或者几万倍?不可能的。市场是个什么取向呢?维持这样的关系。

市场还有一个孕育的背景,我是说我内心的困惑,面对在座的不少长者,我更多的心思是把我内心的困惑向各位请教、求教,咱们共同讨论,看我这种困惑怎么解释,我这个困惑是不是正常的。市场还有一个因素,什么意思?除了资本主义制度孕育的结果,本质上服从于资本主义制度,中国拿来用的时候能不能不加入中国社会主义制度的因素。你肯定得让它为社会主义的人和人的关系来服务,不能回过头来让社会主义关系服从于市场的要求,不能关系颠倒了。不能对市场盲从,不能把关系弄颠倒了。市场是工具,是东西,是让它为人和人基本关系服务的,如果拿过来之后,把市场看得绝对化,那不是本末倒置了吗?

还有一个,市场经济再优秀,市场经济体制哪怕是20世纪人类进化出来的最优秀的成果,任何一个文明成果都有具体的孕育的文化环境,什么意思呢?市场经济存在不存在这样的提法,什么提法呢?到底是中国和印度这样东方国家培育的,还是西欧北美的西方国家培育的?市场经济体制存在不存在这样的提法?我觉得存在这样提问题的办法,肯定不是中国和印度培育出来的文明成果,就是西欧北美孕育出的成果。提这个有什么用呢?它孕育出的成果,肯定会打上西欧北美人的智慧,它反映西欧北美人解决人和人关系的思维方式,反映他们的思维逻辑。我们民族进化的历史时间很长,我们民族处理各种矛盾的经验很丰富,我们民族积累的处理什么样的矛盾的经验最丰富呢?处理人和人矛盾的关系最丰富。咱们回忆一下是不是这样?

我们传统当中占比重比较大的儒、道、法,哪个不是教大家怎么处置人和人的关系的?中国人特别富于处理人和人基本关系的经验。人和人关系最重要体现在人对物的占有关系。咱们中国人富于智慧,进化了这么多万年,拿西方来的市场经济为我们服务肯定不能不加入中国人的智慧。如果直接照搬照抄,那我们民族进化那几万年干啥去了,后来发现执行过程中只要跟人家不一样,就是咱们这儿不发育,就是咱们这儿市场经济体制不完善。为什么不能加入中国人的智慧?中国人又不是没有发言权。我说这个是什么意思呢?我原来觉得这个问题是大困惑,而市场经济这个选择在中国特色社会主义的概念当中占的比重有多大,这是具有核心性的。这个是一个矛盾,讨论起来有异议。

(十八届)三中全会开以前,确实比较关注,因为整天都是理论宣讲,省委的理论宣讲都要参与。今天我在这儿也没有跟馆里面负责同志交流,我在这个场合,我不是以理论宣讲团成员的名义出现,咱们有一个民间服务的性质。既然是民间服务,我也不是说没有纪律,也得实事求是,我更愿意把自己内心真实的想法跟大家交流。读完三中全会决议之后,我发现这些问题都可以解决,对我来说至少解决了这十几年的困惑——最少从十五大开始选择的,鼓励、支持、引导非公有制经济发展的政策选择。刚才讲到了,因为非公有制经济包括个体经济,个体经济是个体劳动创造价值,但是也包括私营经济啊,私营经济就是私人资本主义。蒋、宋、孔、陈是国家资本主义,本来就有这样的区别,只要是资本主义,管它是国家资本主义、官僚资本主义,还是私人资本主义,本质上体现人和人的关系就是这样的关系。

还有一个,刚才也提到了社会主义理想,社会主义有一些基本价值,基本价值就是公平正义啊,像平等啊,按劳分配啊,自由民主啊,这是基本价值,为什么现在会出现跟社会主义基本价值理念反差这么大呢?然后就是三中全会开始之后,最揪心的就是农村的土地政策怎么改。一直听到网上一些学者,一些所谓的专家,天天酝酿出各种名堂,我特别害怕,害怕今天中国社会主义当中最值得珍惜的部分,就是农村的生产资料,就是农村土地公有制、集体所有制,中国被叫作社会主义国家,在我心目当中,中国这个制度好歹人和人关系是基本正常的,就是因为农村的土地、生产资料公有制在,农村生产资料公有制一动摇,有可能这个社会主义就剩下一个躯壳,就剩下一个旗帜。因为在我的心目当中,公有制还是私有制,拿农村做例子,农村土地是公有的还是私有的,公有的那个平等是最实在的平等,只要土地是私有的,再没有资格谈平等了。

什么逻辑呢?农村人是种地为生的,有人有地,有人没有地,再谈平等,你不是自欺欺人吗?咱们也不用设想,整整一百年前,中国政治舞台上最活跃的孙中山,咱们怎么解释孙中山的尴尬。孙中山品质特别高尚,境界特别高,要操心自己吃喝,要像今天一般多数人的选择,就为自己吃喝,那孙中山没有他的长兄出去打工,最后发迹变成农场主,没有那个事儿,他光有穷成那样的没有一分地的爹,估计孙中山一辈子想追求正义也没有机会。有了他哥哥发迹,孙中山要想过今天人理解的世俗的幸福生活,孙中山完全可以做那样的选择,因为他哥哥成了当地的首富。他只管享受,不管正义不正义,管他耻辱不耻辱呢?能过那样的日子。

但是最后选择什么呢?整天在意一个事儿,国家是君主的还是民主的?"君主"、"民主"一般当成名词,我在心目当中认为应该当作动词,"君主"是皇帝主宰社会,主宰每个人的命运;"民主"就是老百姓主宰国家命运,老百姓主宰社会,主宰个人命运。什么君主民主,一点也不空洞。孙中山就在意国家是君主的,还是民主的,有君主的话他觉得是羞辱。这么大一个国家,进化这么长时间了还是君主制,什么叫君主制啊?这个国家是一家的天下。因为中国共产党革命革得比较彻底,所以到我这辈出生时候从来没有机会感受什么叫君主制。没有听说国家是哪个家的国家,就像今天的英国、荷兰、比利时,今天多数西欧国家还是一半都是君主制国家。什么是君主制国家?这个国家是一家的,哪怕是象征性的。

我举个不太好的例子,假如说今天国家是谁谁家的,假如说是某某家的,我肯定不服气。万一是我家的,我听着不好意思,国家这么大,能是我们家的,那怎么好意思?咱们没有过那个社会,没有活在那个时代,没法想象,要是国家是一家的,那意味着什么?那咱们就找不到认同感、归属感了。别说孙中山在意,我是没有跟孙中山生在一个时代,我不受教育,想不通这个道理算了,一受教育,别说大学毕业了,初中就业就觉得我要生活的国家是这么一个概念,号称进化几千年了,有文明史都五千年了,人家都是大家的,咱们是一家的,要是这个不改,活着没有一点意义。孙中山干的事儿就是特别在意这个国家是一家的,还是大家的。

是君主就是有皇帝,孙中山心目当中,他最少忙了一辈子,身边整整一辈人牺牲了,为了所谓的共和死了,好歹自此中国没有皇帝了。要说孙中山干的事儿正义吧,为什么孙中山不能得到绝大多数人的理解?中国绝大多数人是什么人呢?80%以上是农民。农民为什么对孙中山干的事儿不感兴趣?别说农民不感兴趣,咱们当时要是那个农民的状态也不感兴趣。当时农民什么状态呢?种地为生,就是没有地。孙中山干的事儿是,有地没地,只要是国家主人就行。实际上共和成国家主人是忽悠人啊,农民是种地为生的,我没有地,天天靠给别人种地过日子,但是我是国家主人。农民再不受教育,再不知道思考问题,他也知道这个不行。

相反的,共产党为什么能够成功?因为共产党觉得共和有意义,共和也是一种平等,大家都是国家主人,都是平等的。但是不如一样平等最实在,什么实在?靠种地为生的得有地种,这平等才是最实在的。毛泽东为什么成啊?为什么一百年中那么多显赫的人没有成功,比如说蒋介石啊,孙中山啊,陈独秀啊,为什么总是有人成功,有人不成功啊?为什么蒋介石不成,为什么孙中山不行?孙中山斗了半辈子发现不成功,后来总结教训,说是没有农民参加,想动员农民。因此他在同盟会纲领当中多了一个口号,就是平均地权,就是分地。农民一听说孙中山要分地很高兴,提着锄头镰刀正准备跟着孙中山一块干呢,结果还没有跑到孙中山跟前呢,被孙中山一句不了解民情的话又堵回去了。孙中山说了,分地是分地,分地不是现在的事儿,分地是遥远社会主义的事儿。你不能简单说农民见识短浅,我是种地为生的,我就是没有地,你让我境界远一点,这一轮改革完了,下一轮改革再给我地,我觉得我的境界做不到。我父辈也是农民,你说民目光短浅、狭隘,谁是那样的农民谁都狭隘。农民一说分地是遥远社会主义的事儿,那农民说了,干脆等你革命革到社会主义的时候我再来,农民又提着镰刀锄头回家了。

孙中山一辈子为什么不成啊?中国绝大多数人不站在他这一边,觉得你干的事儿跟他没有关系。毛泽东为什么成啊?不用毛泽东总结,蒋介石总结了。1949 年一被赶出大陆,蒋介石也痛定思痛,他也难受啊,想了一个多月,怎么就败给毛泽东了,怎么就败给共产党了?因为他觉得论个人条件,他好多方面比毛泽东强,论当时两党条件国民党比共产党强。论个人条件怎么强啊?论学历,毛泽东专科,他本科,还是俩本科。保定军校当时没有本科、专科的概念,今天看看保定军校,那是全国最高军事学府,保定军校的高才生才被送到日本士官学校学习,蒋介石是保定军校毕业被公费送到日本士官学校学习的。论打仗,毛泽东是学师范的,业余的;蒋介石两个本科都是学打仗的。蒋介石为什么不难受呢?是谁都难受,因为本科打不过专科,专业打不过业余的,能不难受吗?一开始想不通,想了一个多月,最后想通了,为什么毛泽东赢了,共产党赢了。咱们一听就是蒋介石的话:毛泽东和共产党会耍滑头,毛泽东和共产党给农民一分地,农民全跟着共产党跑了,全跟着毛泽东跑了,所以毛泽东赢了,他输了。总结的对不对啊?对啊。

蒋介石 1975 年死的,万一活到 2000 年,能干什么呢?能赶得上听江主席发表"三个代表"讲话,蒋介石肯定不那么总结了。为什么毛泽东赢了,为什么共产党赢了?因为共产党代表了中国最广大人民的根本利益。

为什么农民跟共产党感情深厚呢?中国出乱子,哪个阶层都可以出乱子,你再怎么对农民不公平,他就是不会出乱子。农民比较诚实,他就是记得住历史,你对他不好,他也能记得,但是会忘,会理解、谅解;你对农民有恩情,什么恩情呢?种地为生,祖祖辈辈没有地,盼了两千年没人满足,父母也满足不了。为什么在农民心中共产党是那样的形象,什么形象呢?歌里面唱的共产党比爹亲、比娘亲,为什么比爹娘亲?因为爹娘满足不了他的土地要求,共产党满足了。这就是毛泽东的思维。毛泽东认准了,农民毛病再多,农民有一点是最根本的,是主要方面,什么方面呢?农民喜欢革命,关键是跟农民说清楚什么叫革命。什么叫革命?孙中山说,革命就是颠覆清王朝,别让国家是一家天下,那是读过书的人才在意。对农民来说,种地为生没有地种,他不在意。毛泽东说了,革命是什么呢?革命就是分地,分地就是革命。你听着粗糙、幼稚,你想想是不是这个道理。

对中国来讲,近代革命就是反帝反封,把外国人赶走,把封建主义推翻。这两个任务不平衡啊!反封带有根本性,什么意思呢?这两个只要打一个,另外一个就垮了。把外国人打走,中国封建政权就垮了;还是把中国封建政权打垮了,外国在中国的统治就结束了?你只要把中国愿意卖国的封建政权推翻了,清王朝推翻了,北洋军阀政府推翻了,蒋介石推翻了,外国在中国统治就没有基础了。要不然为什么1949年把蒋介石赶走了,毛泽东说"中国人民从此站起来了"。蒋介石统治为什么不说站起来了呢?蒋介石统治代表外国人统治。反封是根本任务,怎么反封呢?封建的经济、政治全部制度都建立在一样东西基础上,哪样东西呢?封建地主土地所有制。你只要把地主土地所有制推翻了,封建就全垮了。怎样才能把地主所有制推翻呢?把地主斗斗,把他们家的地分分,封建地主所有制就推翻了。这是白话,要用专业术语就叫土地革命。

你跟农民说什么叫革命他听不懂,你要说分地就是革命,革命就是分地,他们听得懂。共产党也难,因为农民受欺负惯了,从有记忆就没有地,一追问,祖祖辈辈都没有地。干脆有人内心很坚定地说,有人有地,有人没有地,这是自然法则,人类就是该有人有地,有人没地。他分了地主的地肯定是本村的,或者临近村的,最少是他认识的地主的地,在他有记忆的时候人家就有地,突然跟人家分了,合适不合适呢?共产党难啊,还得先讲这个道理。有不少农民,红军在的时候分地要得比较坚决,共产党一走,他怕不合适,比如说胡汉三、南霸天万一回来了,那么落后群众找他们检讨:你看,分你们家地不合适,给你送回来了。等哪天红军或者八路军回来了,发现农民又成没地的了。问怎么回事啊?说给人家送回去了。共产党赶快讲道理,不是说天生有人该有地,有人没有地,本来谁都有活着的资格。共产党不讲谁都有活着的资格时候,中国人民哪知道什么叫平等,天生就该不平等,共产党造反,或者孙中山和共产党的两辈人造反的有益的结果就是人们知道讲平等了,原来什么时候讲过平等啊,就认为天生人就该分等级。

在三中全会开以前,一直酝酿各种预言形式,那些理论也不知道从哪儿泛滥的,就是想动农村土地公有制,这个我觉得特别担心,怕农村土地公有制一改,那等于说毛泽东那辈革命成果全没了。我还有一个比较狭隘的、自私的想法,那就是我的政治课再也没法上了,前面吹共产党该让人爱戴,共产党追求的是在中国建立基本正义的制度。什么叫作基本正义的制度呢?都是农村人,都是土地主人,这就是人和人之间的关系。农村种地为生,有人有地,有人没地,你再说人和人是平等的,全是欺骗。

有没有可能动摇?你联想到最近的几年,就是最近两三年所谓的城镇化,夺农民宅基地,这个事儿也特别恶劣,为什么三中全会对我来讲解决了好多问题呢?至少城镇化不逼农民了。两千年来,我们的文化就是这样的文化,一家一户有一个院,就是一个院落文化,现在非得逼着农民上楼,非得城镇化。说是城镇化,在中国全成城市化了,没有见到镇化,都是城市化。光见发展大城市,没有见哪个地方突然出一个镇。我还是怕动农民的土地,谁知道三中全会这一轮这么明确,习近平讲了三句话,关于农村的选择,叫坚持所有权,所有权不动;维护经营权;增加收益权。

咱们农村问题的尴尬是什么呢?土地是特别稀缺的资源,是特别重要的财产,有财产就可能就有财产性的收入,有好多种收入方式。市场经济有一种收入方式叫财产性收入,什么叫财产性收入呢?比如城市人,多两套房子,两套房出租,那叫财产性收入。但是农民也有一种特别重要、特别值钱的财产,就是耕地、宅基,特别是耕地。农民手里这么重要的土地握了半个世纪了,就是不见收益,是共产党替农民揪心,共产党觉得肯定有问题,土地这么重要的财产掌握在农民手里,半个世纪了,就是不出效益。不是不对国家出效益,而是农民作为财产的主人,就是得不到收益,所以要增加收益权。三中全会要增加城乡居民的财产性收入,农民有什么财产呢?宅基地,除了房子就是土地。农村的宅基地跟城市是两种价格,同地不同价,对农民来讲不公平。房子也是财产,但是农民的房子万一财产权保护得不好,谁想拆就拆,农民的财产别说收益了,作为财产主人的权利都不一定能够得到保证。这一轮的动向主要是增加农民的财产性收入,耕地上的财产性收入,宅基地上的财产性收入,要城乡同地同价。

尤其是三中全会里面没有过多提城镇化,当时说要专门开城镇化会,后来城镇化专题会议跟经济工作会议套着开了,经济工作会议同时又是城镇化会议。后来发现这个动向纠正了,以人的城市化为中心,以人的城市化为核心。什么叫人的城市化呢?最近这几年怎么城市化啊?活生生地硬是把农村变成城市。对农民来讲有什么好处啊？农村什么都不变，就是原来住一个院子，现在住在楼上了，是反映农民的愿望吗？我老早就说过，谁要是剥夺农民的庭院权，这能写到历史上。你记住，谁要是在历史上干这个事儿，把农民的庭院权剥夺了，肯定写在历史上，祖宗八辈都会挨骂。中国人比较惬意的，比较有人性化的生活就是有一个院，农民就剩下这么一点优越性了。几千年有记忆中就有一个院，如果活到这个社会，进步了，进步之后院被剥夺了，比英国圈地运动恶劣多了。谁干这个事儿，真是挨骂不是一辈儿的事儿了。

三中全会精神学过之后，其他的中央的重大活动，我们是教政治课的，再加上从2000年开始，从江泽民那时候开始，一直到现在，河南省重大宣讲都参加，从没有像这次这么主动，这次我愿意主动去跟大家交流，主动去学，这次确实反映决策方向，不用习近平自己说，不用中央自己宣传，确实是反映民意，解决的全是过去有困惑的问题，并且解决的方向是朝好的方向发展。

为什么现在不犹豫呢？现在中央是怎么解释原来市场起基础性作用、起决定性作用呢？他举一个例子，按照交换的规则办，交换跟政府没有关系，跟谁有关系？跟买的人和卖的人有关系。土地是农民的，农民愿意卖就卖，不愿意卖就不卖。有人愿买农民的土地，那你问农民愿意不愿意给你，什么价钱愿意给你是农民的事儿，跟政府没有关系。农民作为土地主人、财产主人的感觉就没法动摇了。市场来决定不如说让所有者决定，就是让农民来决定，我的财产，我的东西，肯定我当家，就是这样一种关系。

今年的活动主要是一些纪念毛泽东120周年诞辰的活动，我觉得咱们在讨论毛泽东的时候还是有一些余地，这些是我整理的东西（PPT）。

刚才说了三中全会前我给咱们这儿报的题目，三中全会开完之后，这题目上的一些理解出了一些新情况。原来觉得毛泽东跟今天的中国特色社会主义选择之间矛盾很大，对我内心来讲是特别纠结和困惑的，所以我愿意跟大家交流。结果三中全会开过之后，我觉得好多问题不像原来理解的，好多问题不像原来的错误理解，也不像许多学者的恶劣导向。今天一些学者起的作用比较恶劣，出什么大决策都是学者出的一些主意，既坑国家，又坑老百姓。提的名堂也不是自己创造的，也不知道从哪儿泛滥出来的，就是为了个人利益，忘了这个政策的基本关系是让人越过越好，不是越过越难受。

（PPT）这是李敏和她女儿孔东梅。

（PPT）这是毛泽东的侄女，这个叫毛小青。

（PPT）这是毛岸英，这个照片可能过去见得比较多一些。

（PPT）这是在毛泽东铜像前瞻仰、鞠躬。

从我报这个题目，到今天讲这个题目，中间经历两件事儿，一个是三中全会，一个是大前天中央开的（毛泽东）120周年诞辰座谈会。习近平做了讲话，习近平在讲话当中对毛泽东有了一些新的概括。习近平的新的概括肯定更有说服力，更权威，咱们在这儿与其说听我讲，还不如咱们集中精力把习近平那些讲话当中体现出来的怎么评价毛泽东新的东西讨论一下，那样更有意义。

接下来讨论一下毛泽东跟中国特色社会主义之间到底什么关系，再就是看一下习近平大前天座谈会上讲话当中的内容。习近平讲的内容比较多，其中有一些明显是发展的东西，值得咱们去重视，值得咱们去学习。咱们既然在这儿听得这么认真，我相信大家私下也比较关注这些问题，对毛泽东的评价中央是怎么做的，肯定值得咱们去学。我觉得中央这次座谈会提到毛泽东时，除了像过去说毛泽东是中国共产党的缔造者、中华人民共和国的缔造者、人民军队的缔造者，完成新民主主义革命和社会主义革命，为今天社会主义建设奠定政治前途、制度基础，这都是过去的，毛泽东是伟大的战略家、思想家、马克思主义者，这回又加上了一个"伟大的民族英雄"、"伟大的爱国主义者"。

毛泽东过世几十年了，为什么突然这么说呢？肯定不是无缘无故的，跟今天的对外一些对立，特别是跟日本一些纠葛有关系。咱们也同时关注了日本，日本确实比较恶劣，比较无聊，专门选择毛泽东 120 周年诞辰那天去祭拜靖国神社,一听就是挑衅。时间也没有仔细考察,日本首相去祭拜跟习近平讲话时间上谁先谁后,尽管都是一天,但是谁先谁后,在时间上差一个小时还是差半个小时,这个没有确认。习近平历史性地强调毛泽东是伟大的民族英雄,是伟大的爱国主义者,几十年来在历史上没有怎么听到,这么说肯定有新的含义,值得咱们去关注。

下面是毛泽东跟中国特色社会主义的关系,这是过去的一些图片(PPT),我个人比较"自私",我觉得这些形象在我小时候印象很亲切,看到这些场合我会比较激动。我 1963 年出生,"文革"结束都是小孩儿,但是就凭小孩儿那点记忆,从小我记得很清楚,父母亲对毛泽东的敬畏不是外面有人要求的,因为家里孩子不小心有什么动作,家长觉得对毛泽东不敬畏了,那要惩罚孩子的。

过去在家里的正堂有一个条凳,桌子上摆一个条凳,上面挂祖宗牌位,过去那是放毛泽东像的地方。毛泽东像下面一个有桌子,有时候小孩子不注意,用的剪刀啊,菜刀啊,用完之后放在毛泽东像下面,父母看见之后直接动手打。我说的意思是,那是在自己家里面,又没有外人,后来发现他们是自觉的。

我母亲现在快九十岁了,我们兄弟姐妹多,八个,我发现我们母亲对毛泽东感情非常深厚,我们家里面信教的特别多,她们逼着我母亲信教,我母亲能够跟女儿翻脸。她一个字也不认识,因为信毛泽东,所以不信任何教了。1980 年刚刚恢复高考,我们双胞胎弟兄两个同时考上大学,在当时也比较稀罕,《河南日报》也登了消息。家里边人没有受过教育,我母亲后来给我说,你们在考大学之前家里面偷偷给你们算过命,算的结果是一个人考得上,一个人考不上。后来为什么不信算命的呢?就在我们俩通知书来之前,她晚上做了一个梦,早上八九点钟,半空中出个毛泽东的像,并且是光芒四射的。当时是 1980 年,毛泽东过世四年了。结果就是那天我们俩通知书来了。在座的信教的朋友,万一我说的不合适你们原谅我。有信主的吧,有一段她们逼着我母亲信主,说的很难听,不信的话怎么怎么样,我觉得信教不能那么说,你善意劝劝就行了,为这个事儿我妈跟我姐姐之间很难对话,很影响感情。原来我姐对我妈感情特别好,现在因为劝信教,我妈都不愿意去她们那儿,因为她心目当中觉得有毛泽东就够了。

这是习近平讲话强调的,讲到了对毛泽东评价的一些新的提法,其中讲的一大段这是有针对性的。有一段文字说是评价历史人物,在纪念毛泽东 120 周年诞辰纪念大会上的讲话,核心是怎么评价毛泽东的问题。他强调一个观点,把所有人都放在一定的历史环境当中去考察,本来每个人都有属于他的历史环境,他的成就不能简单记在个人头上,万一有什么错误或者毛病也不能简单归结为个人。前面说成就不能写在毛泽东个人头上,但是更多强调的是什么呢?联系到后面,历史就是历史,历史没法去选择,没法否定,历史一否定民族就失去活着的根本了,你把毛泽东否定了,历史就没有来源了,今天所有的选择都没有来源了,就不合法了。

另外一个,我听到周围有人议论,什么议论呢?刚刚过去两个月,习仲勋 100 周年诞辰,跟毛泽东 120 周年诞辰时候的讲话比,在那个讲话当中,肯定不会讲这段文字——"领袖也会有失误",只有在讲到毛泽东时才会提这点,纪念邓小平诞辰的时也肯定不会说"领袖也会有失误",只有讲到毛泽东时才会说"领袖也不是神"。我再说得直白一点,我表达清楚一点,大家也别曲解我。习仲勋诞辰时肯定不会说他会有什么失误,或者说邓小平有什么失误,只有在纪念毛泽东时强调有功有失误,为什么一提别人光讲成就,为什么讲毛泽东时除了功绩还有失误,为什么这么选择?我后来想通了一个道理,对毛泽东的要求跟对别人的要求不一样,对毛泽东的要求是一个伟大的历史人物。像这样一个伟大的历史人物,就应该看到,就能够想象到,他肯定有失误的地方。对一般人纪念的时候,不会说他有什么什么失误,肯定是总结成绩。对伟大历史人物的评价当中,应该会让人想起,他也有一些失误,这不是对毛泽东不公平,那是对毛泽东看待的等级不一样。这是习近平讲话当中讲的几个有所指的观点,有典型意义的观点。

这是最后的结论,什么结论呢?历史不能任意选择,历史就是那么走过来的,一个民族安身立命的基础就是民族历史,不能把民族历史否定了。把什么民族历史否定了?咱们也听到过否认五千年文明史的。那是 20 世纪 80 年代末 90 年代初的议论,说五千年的中华民族文明有毛病,很畸形。也有否认 170 年的近代史,说孙中山革命革错了,有什么正义要求不能商量商量,非得动手,非得流血。说孙中山革命革错了比较恶劣,这个危害大到超过直接说共产党不好。

咱们想一下共产党和孙中山的关系,共产党和孙中山什么关系呢?共产党直接从孙中山手里接过旗帜,共产党完成了孙中山未成的事业。孙中山革命要是不合法,共产党就不应该出生。到共产党出生为止,好多人智慧都用上了,孙中山那一辈人都拼死了,解决不了问题,所以才交给共产党人。孙中山的革命要是不合法,共产党的出生就没有合法性。对毛泽东的时段来讲,完成了两个阶段的任务,新民主主义革命、社会主义革命。新民主主义革命是建立新中国,建立一个独立的政权。这个独立政权不空洞,有人民代表大会制,有强大的人民军队,有人民民主专政的国家政权。要把 1949 年新民主主义革命否定了,今天的政治制度就全是非法的;要把社会主义革命否定了,就是否定了社会主义制度。1952 年底到 1956 年底,"三大改造"就是在造公有制,要是把那场革命否定了,今天社会主义制度最核心的部分就被否定了。要光读字面会以为习近平对毛泽东做批评,实际上习近平最终结论是为了更有说服力,为了讲道理。不能否定毛泽东,毛泽东有错误,但是不能否定毛泽东时代的一些选择。

下面讲一下毛泽东跟今天社会主义选择之间的关系。毛泽东一生当中经历的事儿,一个是领导新民主主义革命,就是咱们说的推翻三座大山,一个是领导社会主义革命。新民主主义革命一点也不空洞,1949 年推翻"三座大山",建立新中国,在这之前,基本制度、代表性制度就是中国国家不独立,怎么不独立呢?从《辛丑条约》签订以后,从进入 20 世纪的第一年,中国就过上了羞辱的生活,外国军警出现在中国。赔款多也是耻辱,从来没有像 1900 年数目那么大,连本带息 9.8 亿两银子,一共 4.5 亿人,赔了 9.8 亿两银子。我是没有活在那个时代,那个国家是那样的国家,赔那么多钱,一个人赔二两银子,一个国家都是这个样。《辛丑条约》当中最羞辱的条款就是允许外国军警进驻山海关以内。你可以想象,外国的军队、警察驻在天津或者北京,那成什么样了。天安门广场跑的是外国军队,再没有民族自尊心,也肯定觉得羞辱,好歹中国共产党领着把这个问题解决了。

蒋介石的封建政权一定也不空洞,坑老百姓坑得厉害得很,咱们今天抱怨什么通货膨胀啊,或者其他的高利贷啊,或者是其他一些不健康的东西,跟蒋介石那个时代比差多了。那个时候的通货膨胀速度创世界纪录,亏了后来南斯拉夫解体了,南斯拉夫的货币贬值速度确实创世界纪录,它把中国的记录破了。1937 年发行的新法币,比较值钱,1939 年 100 元钱能买两头牛,后来一年降一个台阶,1941 年,100 元钱从两头牛变成一头猪,到 1943 年能买一只鸡,1947 年能买一个鸡蛋,1949 年法币崩溃前夕,100 元钱连一盒火柴都买不了。

李敖本来说话夸张,李敖说为什么机器做的面一到中国翻译成汉语叫快餐面?机器做面条的技术传到中国大城市的时候正赶上法币崩溃,货币贬值非常快。为什么叫快餐面呢?你到街上面馆要一碗面,端上来你嫌太热,你想放凉了再吃。那不能放,端上来时候是一个价钱,等放凉了又是一个价钱。这是李敖说的,李敖说话本来就有点夸张,不知道到底可靠不可靠?那肯定叫快餐面,再烫都得快点吃,要不然就得涨价。一条食品街,街这头一个烧饼 4 角,你嫌贵,走到那头 6 角,再回来就是 8 角了,就是这么快。通货膨胀有什么可怕的?就是典型的合法坑人,坑老百姓,当时人民日报登的是《通货膨胀是人民的大敌》。在座的长者有积蓄,晚年用的,应付养老啊,医疗啊,好比半辈子积蓄是几十万元,哪天共产党政府不负责任了,你几十万还是几十万,账面还是几十万,购买力一口气相当于几元或者几百元钱,怎么办?蒋介石就是这么干的,高利贷也是这么干的。1949 年毛泽东的成就确实是翻天覆地的,毛泽东对今天中国特色社会主义最大的贡献是什么呢?应该是社会主义革命。

社会主义革命是造公有制,马克思是没有活到 20 世纪 50 年代,马克思要有机会看到 20 世纪 50

年代中国社会主义改造时候中国共产党的表现，马克思肯定激动死了，绝对没法想象。社会主义革命是剥夺人家私有财产的，把人家财产拿来充公、没收。有两种方法，一种是和平商量，一种是动手、动武。哪个估计更好啊？是跟人商量商量人家就把财产拿出来了，还是一般就得动手啊？肯定就得动手啊。

从理论上来讲，私人开工厂、办商店，不管最初投入多少，到最后你的资产都是剥削工人的结果，你是"偷"工人的劳动成果，只不过这个社会鼓励"偷"，这个社会说这是受法律保护的"偷"。工人掌权了，你本来说拿工人东西，现在工人要拿回来，这是合理的吧！合理是合理了，你把人家私人财产拿过来也得商量商量，讲讲道理就拿出来吗？马克思倡导干的事儿，社会主义革命就是一般规律，除非不懂规律，懂规律肯定暴力，哪有商量商量就拿过来的啊？今天说马克思就是喜欢暴力，一暴力就得人头落地，就得血流成河，就得死人。毛泽东的选择硬是靠商量，兵不血刃，不丢一兵一卒，不伤一条人命，社会主义改造完成了，那是人类历史上最深刻的变革。为什么那个变革最深刻啊？那是历史上唯一的一次用公有制代替私有制，也是用平等制度替代剥削制度的革命，历史上只发生了这一次。其他的革命，比如说封建制替代奴隶制，资本主义替代封建制，无非就是用一种私有制代替另一种私有制，或者说用一种剥削制替代一种剥削制，只有社会主义革命是用公有制替代私有制，因此还不如说用平等制度替代剥削制度，因此遇到的反抗会更强烈，所以那个革命最深刻。

一般一革命就会引起社会震荡，革命是解放生产力，是解放人，但是革命得先死人。中国社会主义革命是最深刻的革命，毛泽东智慧，中国共产党智慧，靠做灵魂工作，对内叫作思想政治工作，对外叫统战。我总觉得从本质上来讲都是做灵魂工作。中国共产党宣传的水平确实比较高，就是靠跟50多万民族资本家商量、讲道理，说你也有双手，人家也有双手，人家靠双手劳动活，虽然活得艰苦，但是活得心里边踏实。你靠剥削人活，虽然活得富庶，但是那是耻辱。有人说耻辱归耻辱，我不怕耻辱，耻辱一点没有关系。问题是经不起说的时间长啊，天天去跟你说，说的时间长了心里受不了。改造的后期，一边是工人上街游行庆祝自己公私合营了，一边是工厂主、资本家灰溜溜地跑到市政府省政府门口排队，排队干吗呢？要求能不能早一点自己被合营，说公私合营还不如说自己家资产被剥夺了。今天对中国人来讲最难想象，还有申请自己家财产被剥夺的？这就是毛泽东那一代的水平。

咱们想一下这个道理啊，为什么可能和平剥夺成功啊？理论上是不可想象的。毛泽东领导的新民主主义革命没有白完成，让工人成了这个国家的主人，或者这个国家成了工人的国家。国家机器最有力的是军队、警察、法律、法庭，军队、警察、法律、法庭是执行工人意志的，工人就可以把自己是什么意志就变成国家意志。工人觉得保障自己利益的办法也是保障所有人利益的办法，就是都成社会的主人。工人1949年以前想，1949年后也想，1949年前想也是白想，变不成现实，今天工人掌握了国家机器，工人就可以把自己的意志转换为国家意志，变成现实。说是没有动手，民族资本家哪那么简单啊！还是看到万一不配合，共产党万一动手，那是什么结果？再加上前面民族资本家跟着共产党已经干了两场，反帝反封，抗日，反蒋，有了这些经历，民族资本家也领教了共产党的威力，也知道真跟共产党动起手来不是对手。还是毛泽东当时看到了这一条，并没有简单对人家动手。

毛泽东时代对今天带来的最大的成就是创造了基本制度。什么政治制度呢？人民民主专政、人民代表大会制、一党领导下多党合作的政党制度、民族区域自治制度。什么叫人民民主专政？人民代表大会怎么体现我的利益？共产党怎么体现我的利益？如果觉得这样的政治制度稍微有一点空洞的话，还是公有制，生产资料公有制，这是最实在的制度。这是今天中国被叫作社会主义的最主要的内容，是今天中国社会进步发展的基础，这个一动摇，中国就再也没有条件讲自由平等了。

毛泽东过世几十年了，对毛泽东评价最高的是十八大。为什么呢？原来只承认毛泽东1949年前的新民主主义革命，以及1952年到1956年的社会主义革命，只承认毛泽东这两个阶段的成就。

一提到毛泽东社会主义建设道路探索，咱们回忆一下看看，一提到1957年，咱们老是这样描述，是失败的，遇到挫折了，失败了，留下的只有经验教训。十八大再评价毛泽东社会主义建设时提到，那个只是一个前提，是为了说后半句，"虽然经历了挫折"，咱们过去说"虽然有成就，但是过去失败了"，这次说"虽然经历了挫折，但是为今天的中国特色社会主义道路探索准备了三样东西。一是理论准备，二是物质基础，三是宝贵的经验"。

毛泽东社会主义建设道路探索虽然经历了挫折，但是提供了三样东西，哪三样东西？理论准备、物质条件和宝贵经验。原来叫经验教训，现在叫宝贵经验。

我特别在意的是理论准备，为什么十八大对毛泽东这么评价啊？毛泽东过世几十年了，历史离毛泽东时代越久远，沉淀的时间越长，可能问题认识得越清楚。咱们看今天中国特色社会主义的基本理论，你会发现，那个源泉是什么时候创造的？都是毛泽东时代创造的。比如说中国特色社会主义理论当中哪个理论具有核心性？就是改革的理论。

中国特色社会主义理论当中改革理论是核心的，但是改革理论是怎么酝酿的呢？改革理论的实质关系，三中全会开以前，政治局专门开专题政治学习，这个一直坚持得比较好，集体学习时专门学了一个专题，叫历史唯物主义。历史唯物主义里面讲什么思想呢？生产关系、生产力、经济基础、上层建筑。改革的基本依据是生产力、生产关系，生产关系要适应生产力，生产力决定生产关系，经济基础决定上层基础，上层基础为经济基础服务。改革是为了调整生产关系，适应生产力的发展要求。这样的理论是什么时候讨论的？是毛泽东那个时代讨论的问题，并且毛泽东那个时代已经提了改革的要求。

咱们再聊一个问题，说到毛泽东对邓小平的态度，咱们听到身边有人说毛泽东坏话，但是说毛泽东坏话的时候回忆一下试试看，无非是提两个方面，一个是提毛泽东晚年多黑暗，多阴毒，因为害怕刘少奇威望增长威胁到自己的位置，所以打了一个很冠冕堂皇的理由，说是"文革"，说到底是怕刘少奇影响到自己的权力，"文革"是权力之争。这是一个。还有一些年轻人，一些学者比较恶毒，说毛泽东早年怎么堕落，品质低下，对人不负责，怎么不对人负责呢？对女人不负责，杨开慧活着就跟贺子珍结婚，贺子珍还活着就跟江青结婚。

"文革"确实是毛泽东非得把刘少奇打倒，只有把刘少奇打倒了"文革"才结束。咱们想一下，到底毛泽东跟刘少奇的争执是什么争执呢？我觉得今天的有些人比较恶毒，是自己的境界低，老想着别人跟他一样，也在意权力，以为是毛泽东在意权力。"文革"确实是看到毛泽东非得把刘少奇、邓小平赶下台，为什么呢？是因为毛泽东发现让刘少奇、邓小平他们俩一当家，他们在第一线，一制订政策总是这样的思维。什么思维呢？他们俩总是以承认个人利益来调动人的积极性。他们俩制订政策思路是靠给人利益来调动人的积极性。毛泽东说刘少奇、邓小平爱那么干，刘少奇、邓小平爱不爱那么干？刘少奇爱不爱那么干我觉得没有机会检验，邓小平爱不爱那么干？有机会检验。毛泽东过世后，邓小平的选择就是用物质利益调动人的积极性。邓小平爱那么干是对是错是另外一个概念，毛泽东觉得不理解。

毛泽东当时不理解啊，你看咱们革命了两辈，就是为了要建立公有制，消灭私有制，消灭私有观念，你又给人个人利益，承认物质利益，又复活人的私有观念，几辈人牺牲，4800万人的生命换来了公有制。毛泽东一家死了六口烈士，贺龙他们家牺牲更多，牺牲这么多换来了公有制，你又去承认个人利益，就会成为消解公有制基础的腐蚀剂。一承认个人利益的话，公有制基础会动摇，精神就会动摇。大家别忘记了，咱们改革开放以后揪心在哪儿，老是这么一种导向，公有制基础会腐蚀掉。毛泽东老是担心邓小平他们俩那么干的结果。我们共产党有批评自我批评的作风，批评批评呗，毛泽东批评了。1962年七千人大会结束以后刘少奇的一次表现让毛泽东彻底觉得没有办法。一号首长刚讲过清阶级、清财务，清工分；二号首长刘少奇说了，清政治，清阶级。这就把矛盾公开化了。毛泽东觉得你刘少奇是顺着这条道路要走到底，你当权的话要走资本主义道路，我没有办法，我怎么办呢？我只有动员老百姓。

"文革"贯穿始终的最实质的口号是"打倒当权派"，为什么非得打倒当权派啊？打倒走资本主义道路的当权派。当官的要走资本主义道路，我（毛泽东）怎么办啊？我只有动员群众，我自己斗不过。我总觉得毛泽东不至于留恋权力，为妻子孩子吗？他那还有妻子孩子啊？是今天人非得这么理解毛泽东。"文革"看起来是权力之争，"权力"之争背后毛泽东说那是路线斗争，两种路线。谁对谁错，咱们今天再说。我觉得毛泽东是这么理解刘少奇和邓小平的。

邓小平那么做对不对，那是咱们今天的认识问题，毛泽东觉得那样会动摇公有制基础，根本不像咱们有些人说的那样。有的人是糊涂问题，有不少人是恶意的，专门在那些方面丑化毛泽东，非得论证成权力之争，他不是认识水平低，我总觉得是主观上故意，这些人中学者多，一般的老百姓不多。学者多有什么可怕？学者是影响青年人的。给他学者的地位，他说话不负责任，引起思想混乱，将来国家要出事儿。你记住，农民不会出事儿，城市不会事儿，学生也不会出事儿，学生出事儿是背后是有学者捣鬼，只要没有学者捣鬼，思想不会混乱，所以我觉得中央抓得紧一点是对的。

至于前面说的，杨开慧活着就跟贺子珍结婚，贺子珍活着跟江青结婚，这是有具体背景的。杨开慧活着，谁知道杨开慧活着？杨开慧到死才28岁，凭什么说她还活着啊？这不是都怪蒋介石。蒋介石跟毛泽东正面斗斗不过，三次"围剿"，蒋介石一次比一次败得惨，第一次是蒋介石不重视毛泽东。蒋、冯、阎中原大战结束，蒋介石威望达到顶峰的时候，国民党内的新老军阀都不是他的对手，他觉得要收拾一个毛泽东，用他的话，一个穿布衣草鞋的，师范专科毕业的，那还用得着多大劲！他用10万人对毛泽东的3万人，够悬殊的了。一个月后战事一结束，蒋介石后悔了，为什么战争一结束蒋介石后悔成那样啊？人家3万人没有损失，这边去的时候10万人，回来时候8万多人了，连副总指挥也被活捉了，还丢了一部电台。当时红军比较落后，红军战士不知道什么是电台，觉得是一个铁疙瘩，给砸了，过了多少年了才知道那是电台。这样就知道当时红军的条件。

第一次失败蒋介石觉得大意了，比较痛心，第二次不敢大意了，派了科班出身的军政部长何应钦，仅次于蒋介石的二号军事人物，蒋介石士官学校的同班同学。何应钦一口气带了20万人，还以为毛泽东还是3万人呢，后来蒋介石窝火的就是，别的军阀是越打越少，没有见过红军这样的，几个月前来打时3万人，再去时长成4万人了。何应钦觉得委屈，你说人家3万人，我去了人家长成4万人了。要是早知道红军是4万人，何应钦带25万人是可以想象的。20万人打4万人，还是失败了。何应钦失败后蒋介石气得泪都流出来了。20万人打4万人，4万人影子没有见到，就出去两个礼拜，一口气丢了3万多人，连红军影子都没有见到。去的时候20万人，回来剩16万多人了，被打死3万多人，蒋介石窝火的就是，你打不死毛泽东，你见到人也行啊，影子也没有见到。何应钦说，我不是打不死毛泽东，我确实是见不到。15天里，4万人牵着20万人鼻子跑了750里，一口气跑了两个省，山区啊，从江西跑到福建。何应钦窝火，前面追了八天八夜没有休息，都追不上，既然八天八夜都没有追上还不如休息一个晚上，结果休息了一个晚上，第二天正好赶上大雾，雾大到10米远都见不到人，光听到枪响。何应钦觉得就不到40分钟哪能多大事儿啊，谁知道天一亮一点兵发现一个师都没有了，连师长都被打死了。何应钦再笨，好歹上过两个军校啊，这么大火力，肯定主力在，既然主力好不容易有了影子，赶快追。又追了七天，追着追着又找不着了。毛泽东水平高，你不是找我拼命吗，我让你永远找不到我，就是这个水平。

第三次蒋介石亲自出马，他说这次我要亲自出马，不把穿布衣草鞋的毛泽东消灭了，我自杀以谢国人。他一口气带了40万人，因为毛泽东方面长成6万人了，40万人打6万人。为什么蒋介石树不起威望？亏了当时没有电视，没有现场直播，你通过电视对全世界喊我要打死毛泽东，不打死我自杀，你肯定要打死，不打死不好意思活。40万人打人家6万人，比何应钦强一点，蒋介石倒是见到毛泽东了，但是就跟泥鳅一样，在身边游来游去，就是抓不住。带着40万军队到根据地了，一看山头一堆红旗，肯定是主力在，你费半天劲上去，结果没人了。这时候发现那边又有红旗了，又往那儿爬,过去了又没有人。这时候旁边山上又有一堆红旗,还以为跟前两次一样没有人呢,结果一上去,没人就算了,有人可能就是几倍或者十几倍于蒋介石先头部队的主力在,一个师、一个旅瞬间就消失了。蒋介石一总结,肯定是主力所在,又开始往上面上,上去之后又找不到了。蒋介石能不窝火吗?

杨开慧跟蒋介石什么关系啊?他正面冲突打不过毛泽东,就来了一个损招——瓦解军心。天天对着根据地造谣,说共军首要毛泽东的妻子已经被处决。对着杨开慧母女时天天说,共军首要毛泽东已经被击毙。要是现在造谣不管用啊,通讯比较发达,都有手机。造杨开慧死的谣真不真咱们先不讲,造毛泽东死的谣消息真不真啊?要不真能轻易干这个事儿吗?什么事儿?毛泽东 1976 年过世的,1976 年开追悼会。毛泽东哪是光 1976 年开追悼会啊,毛泽东过世前的四十多年就开过追悼会了——1930 年莫斯科共产国际给毛泽东开追悼会,不是为了表演,实在是消息传得太真了,说一个一米八多的大个子,一口湖南话,长得怎么看怎么像毛泽东的被处决了。你看看造毛泽东死的谣真不真?

当时毛泽东不知道杨开慧活着呢,再加上贺子珍有政治联姻的需要——没有上井冈山之前井冈山已经有占山为王的农民起义领袖,占山为王的农民起义领袖最忌讳的就是又有一帮人上来,几乎武力火拼不可避免。毛泽东要拉关系啊。贺子珍本身也是起义军领袖之一,结婚是为了政治联姻。毛泽东老是动员毛泽民在家里打听,打听半天发现杨开慧关在监狱里面,营救不出来,顶多去一封信,杨开慧三年见不到毛泽东。杨开慧这一辈子也亏,教授家女儿追毛泽东,追的代价多高,一共活了 28 岁,跟了毛泽东几年,还有三年见不着,不知道死活。好不容易盼到毛泽东一封信,心里十分激动,给毛泽东写回信,写了送不出去啊!最后塞到自己家墙缝里面,什么时候才被发现的?1984 年。这时毛泽东已过世八年了,重修毛泽东故居的时候在他们家墙缝里面发现一封信,一打开之后发现是杨开慧半个世纪以前给毛泽东写的最后一封信。毛泽东牺牲太大了,毛泽东最后知道杨开慧死的时候也激动,毕竟也是男人,能多激动啊,肯定不能坐在地上哭一阵子啊!他就说了一句话:开慧之死,百身莫赎。杨开慧的死,我毛泽东就是死一千次一万次也赎不清自己的罪过。我觉得那个时候的毛泽东除了对杨开慧惭愧外,还对他岳父杨昌济惭愧。

今天讲的太没有质量保证,没有把握,方向说的是毛泽东与中国特色社会主义,也讲到了,但是里面内容没有讲完。水平确实有限,并且有点太感性,不对的地方请大家一定多批评指正!

谢谢大家!

豫图讲坛

——2013年讲座选集（下册）

河南省图书馆 编

郑州大学出版社

郑州

图书在版编目(CIP)数据

豫图讲坛.2013年讲座选集/河南省图书馆编(上、下册).—郑州:郑州大学出版社,2014.12

ISBN 978-7-5645-2067-0

Ⅰ.①豫…　Ⅱ.①河…　Ⅲ.①社会科学-文集②自然科学-文集
Ⅳ.①Z427

中国版本图书馆 CIP 数据核字(2014)第 285151 号

郑州大学出版社出版发行

郑州市大学路 40 号　　　　　　　邮政编码:450052

出版人:王　锋　　　　　　　　　发行部电话:0371-66966070

全国新华书店经销

河南省天和彩彩印有限公司印制

开本:890 mm×1 240 mm　1/16

总印张:36.5

总字数:1082 千字

版次:2014 年 12 月第 1 版　　　　印次:2014 年 12 月第 1 次印刷

书号:ISBN 978-7-5645-2067-0　　　总定价:81.50 元(上、下册)

序言

　　21 世纪,人类进入信息化时代,中华民族古老文明作为现代文明的源头越来越受到重视,也吸引了更多的人从中寻找现代文明发展的动力。公共图书馆作为保存人类文化遗产、传播知识、传递信息、开展社会教育活动的重要文化场所,既承载着传播历史文明的重任,也为广大民众通向知识之门、构建国家知识创新体系提供着知识与智力支撑,这种职责、职能不仅没有随着信息时代的到来而消减,而且随着人民群众精神文化需求的不断增长,其地位和影响日益彰显。公共图书馆已不仅仅是一座知识的殿堂,而是逐步演变为广大人民群众获取知识、交流信息的一个文化空间。图书馆工作者突破长期以来以文献服务为主的传统服务模式,注重精神文化的传承与各种文化之间的交流融合,结合时代需求,面向广大群众推出了丰富多彩、个性迥异的公益文化讲座。

　　百余年来,河南省图书馆以"读者至上,服务第一"为理念,以"精致服务、引领学习、激扬智慧"为核心价值观,在保存文化遗产、传承科学文明、启迪民众智慧等方面发挥了重要作用,为河南的经济和社会发展做出了巨大贡献。近些年来,河南省图书馆为进一步拓展服务功能,延伸服务领域,最大限度地满足公众的精神文化需求,邀请省内外专家学者,先后开展了"世纪论坛"、"中原大讲堂"等公益讲座。2011 年 5 月,河南省图书馆将公益讲座制度化,更名为"豫图讲坛",在每周周日上午定期举办。截至 2014 年底,"豫图讲坛"已连续举办 200 期,它以内涵丰富、受众面广、风格独特等特点赢得了广大读者的青睐,听众场场爆满,已成为河南省文化界乃至全国图书馆界有一定影响的文化品牌。从 2013 年 4 月开始,"豫图讲坛"走向基层图书馆,全省 15 个省辖市图书馆、12 个县(区)图书馆已经加入"河南省公共图书馆讲座联盟","豫图讲坛"的受众将进一步增加,影响也将进一步扩大。

　　细雨润物,春华秋实,暮然回首,"豫图讲坛"已走过 1000 多个日日夜夜,有近 200 位专家学者走上"豫图讲坛"的讲台,讲授他们的学术成果,有 3 万多人次的听众走进"豫图讲坛"的课堂,分享专家学者的智慧。为了让更多的读者了解"豫图讲坛"的精彩内容,现将 2013 年 43 期讲座内容结集出版,以满足读者需求。

　　我们有理由相信,在社会各界的共同努力下,"豫图讲坛"将会作为社会大众终身教育体系的一部分,会像所有人期待的那样,"播下一颗文化的种子,在适当的条件下,它将会生长发芽"。

河南省图书馆

2014 年 12 月

目录

上 册

1

下　册

下 册

文学艺术

主讲人:刘宏志,文学硕士,郑州大学文学院副教授,硕士生导师,中国作协鲁迅文学院第九届高研班(文学理论评论家班)学员,《语文知识》编辑部主任,中国现代文学研究会会员,河南省作家协会会员,河南省评论家协会会员。主要从事中国当代文学研究、作家作品评论,已在《光明日报》、《文艺报》、《文艺争鸣》、《南方文坛》、《莽原》、《山花》等报刊发表学术论文50余篇,有多篇被人大复印资料转载,获得省级社科奖5项,厅、市级社科奖2项。另外,曾获河南省教学大赛二等奖1次,郑州大学文化素质课教学大赛二等奖1次。

时　间:2013年4月14日
地　点:河南省图书馆研议厅

莫言、中国当代文学与诺贝尔文学奖

　　谢谢各位!今天很高兴有这么一个机会和大家做一个交流,关于中国当代文学,关于莫言,关于诺贝尔文学奖相关话题的一个简单的交流。因为莫言去年获得了诺贝尔文学奖,让中国当代文学一下成为一个比较热门的话题。在莫言获奖的当天,我的一个学生在《新闻联播》刚刚报完就给我打电话,说,老师,莫言获奖了。我说,不会吧。按照原来的预测,我平常也很关注这个奖,按照原来的预测走势,莫言的戏应该不大,应该是美国的菲利普·罗斯可能性更大,或者说阿姆斯·奥兹可能性更大。莫言获奖了,我学生第一时间就跟我反映,远在我老家的同学也给我打电话,说,莫言获诺贝尔文学奖了,诺贝尔文学奖是个什么东西? 我说,你怎么也关注这个话题? 他说,你不是搞文学的吗? 中国当代文学因为莫言获得诺贝尔文学奖一下子热闹起来了,莫言本人可能获得更多,比如他立刻当选为最新一届的全国政协委员了。我们可以预料到的是,莫言在当下或者在未来,他会获得更大的话语权,可以说更多的话。而且我们还可以预料到,莫言从此将走进文学史,这个毫无疑问。和他同档次的作家还有(很多),有些作家也许在文学史日后的延宕过程中会被忽略掉,但是获得诺贝尔文学奖的作家一定会被记录的。

诺贝尔文学奖让莫言获得了,这对于中国当代文学到底有什么意义?应该说,莫言获奖之后,我和很多作家朋友都有一个交流,大家一致认为很有意义。最大意义是什么呢?是为中国当代文学正名。因为这些年出现一个问题,平常大家好像读小说读得很少了,特别是中国当代小说读得更少。这个时候大家就会分析或者抨击,大家不去考虑我为什么不读这个小说,主要的矛头或者目标指向了中国文学本身,说你写得太不好了,所以无法引起我观看的欲望。年龄大一点的都知道,20世纪80年代中国当代文学何其兴盛,那时候那么热闹,到现在,文学没有人看,这说明什么问题?说明你出问题了。

我们可以看一下近年来对中国当代文学的批评,有很多人好像很专家的样子对中国当代文学进行批评,说中国当代没有大师。一说现代文学立刻提起鲁迅、矛盾、郭沫若、巴金、老舍、曹禺等人,这一二十年又经典化了两个作家,就是沈从文和张爱玲,包括钱钟书也在一定程度上被经典化了。你说当代你有什么?这让搞中国当代文学的很汗颜,我有什么呢?其实当代东西很多,我一会儿再分析这个问题的荒谬性。

在前几年还有一个事件影响很大,就是这个老头(PPT),德国的汉学家,叫顾彬,他主要活动在中国。他前几年说了一句震惊中国文坛的话,他说,"中国当代文学都是垃圾"。这句话在网络上被疯狂地引用,甚至在文学圈内也是被频繁讨论的话题。他这等于说把中国当代文学一下否定完了,就一个德国老头,一个外国人,一下否定完了,而且很多中国网民很认同,这让中国作家很尴尬。你说你不是垃圾,你怎么说,你凭什么不是垃圾?

之所以顾彬这句话看起来很荒谬的话能引起大家的共鸣,可能有一个现实的基础,我关注到这样一个事情,在2007年,新浪网做了一个关于文学的调查,一个有意思的选项是,"你觉得文学在当下生活中的意义",很多人认为文学有"很大"的意义,占67%。在"你觉得文学有什么价值?"这个问题之下,有61%多,将近62%的人认为文学的价值是帮助认识社会人生。文学有意义,文学有价值。具体到一个问题,"你觉得中国当代文学",大家认为"一般"的占了将近50%,"很没有意思"的占了将近40%,认为"了不起"的占11%。也就是说,这里面可能存在这样一个问题,关于这个调查,我觉得它可能反映出这样一个问题,这个调查本身可能在选项设置方面有问题,但是它的确能反映出一些问题。什么问题呢?第一,中国读者对文学仍然有很高的期望。第二,大家公认中国当代文学无法满足他们对文学的期望,所以中国当代文学很不好,

其实在某种程度上我们可以这样承认,中国当代文学客观上的确是无法满足当代读者的很多期望,客观上存在。而且呢,对文学的热衷这一点,中国人仍然显得很迫切。有一个例子,中国网络文学现在特别热,在国外,在线阅读是不存在的,美国不存在在线阅读,它可以自由出版。比如说我写了一本书,有一个网络平台,我传送上去一些章节,有人说点击率不错,就有出版社联系你,可以给你出版。不像我们中国当代文学,一段一段往上贴,贴的过程中读者不断反馈,和作者互动,作者适应读者的要求去调整,这个庞大读者群也是国外读者没有的。这说明客观上中国读者的确对文学有热衷,另一方面也说明对中国当代文学很失望,当顾彬说出来那句话之后,大家觉得说出心声了。

这些评论真的有道理吗?我们首先得承认,莫言虽然获奖了,中国文学仍然处于某种困境之中。你说莫言的书卖得好,是,那只是莫言的书卖得好。因为我现在周边的朋友是作家的很多,就我们省的在全国知名的作家,一般来说,你出一本小说的话,你辛辛苦苦写两三年或者三四年,写一本小说,你还是知名作家,出版社可能会给你两三万元钱的稿费。这还是知名的,如果你说我是非知名作家,或者说是相对一般一些的作家,可能都要申请项目,申请中国作协的出版项目去出版,就是国家给你掏钱。再差一点的作家,相对业余一点的作家,也写长篇小说,你想出版得自费出版,出版社不给你出,因为卖不动。你说我喜欢文学,我写的作品不弄出去心里不舒服,那就自己掏钱吧!

中国文学处于这种状况。有市场号召力的作家不是很多,像莫言获得诺贝尔奖之前也并不是说特别有市场号召力。目前中国有市场号召力的主要有几个,像刘震云,写《一九四二》那个,是我们河南人,像余华啊,贾平凹啊,这些人是有一定的市场号召力。有市场号召力的作家不是特别多,这是我们中国的现状。

很多纯文学期刊也是需要国家拨款,纯粹靠卖杂志卖不动,这和 20 世纪 80 年代不可同日而语。可能也正因为这样,很多对当代文学没有价值的批评才会谬种流传,才说有道理。真的有道理吗?我们先说第一个问题,中国当代文学是否真的就跟现代文学比起来没有价值? 我觉得这个问题是很荒谬的问题,表面上很懂,其实很荒谬的话题。你让王毅和鲁迅去 PK,让贾平凹和老舍去 PK,没有意义啊,他生活的时代不同,语境不同。在这种状况之下,你拿这个时期的文学和那个时代的文学对比,没有意义。总的来说,我个人认为,中国当代文学在文学的写作技巧的运用、现代语言的运用、语言技巧的运用各个方面都远远超过了中国现代文学。

我这里面做一个简单的解释,当代文学主要指 1949 年以来的文学,现代文学主要指 1919 年新文化运动之后到 1949 年新中国建立这三十年的文学。在 1919 年新文化运动之前,文学属于什么? 古文文学。新文化运动之前的文学属于古文文学,文学家写文学作品的话都是用古文写才能有价值,白话文文学是 1919 年之后才成为正统的文学。直到 1919 年之前,中国人的小说的地位很低下,过去一谈文学就是诗文歌赋,你说我写小说,这显得你很没品位,没有品位的人才搞小说。就像明清时候就出现小说,江南士大夫家里一般都放很多小说,但是出去的时候大家绝不说我在家里读小说。这个比喻有点不太恰当,往前推十年,就像那时候大家看金庸、古龙的小说那种感觉,大家也喜欢看,说出来时候往往说"我不看这些东西"。你说《红楼梦》等四大名著不是经典吗? 错了,所谓四大名著在当时也属于不很"阳春白雪"的东西,这是我们今天追认的,我们今天说这个古代文学很有价值。在当时,当时的文学评价体系还是以古文作标准。

我们注意这样一个状况,其实所谓的现代文学就是中国文学从古文一下子转成白话文的时期,大家对白话文的运用都不是特别熟练。不知道各位有没有读过像鲁、郭、茅、巴、老、曹这些人的小说,比如说巴金的小说,带有很明显的欧化的气息,句子很长,一段一段的很长很长的大句子。我本人非常不喜欢读巴金的小说,今天看起来很多小说觉得太"幼稚"了,包括冰心的小说,在当时那个时段有它独特的价值,因为任何文学在初创时期总是写得很"幼稚"。

我们今天都写白话新诗,我举个例子说明这个问题,为什么说文学在初创时期显得很幼稚。我们在座的各位也有可能读过,可能会读不懂,诗歌发展到这种状况,你可能读不懂。在新文化运动的时候,最先写白话新诗的是谁呢? 学者胡适,他推动了新文化运动。他有一首新诗叫《两只蝴蝶》,诗大致的内容我还记得,我给大家说一下,"两只黄蝴蝶,翩翩飞过来。不知为什么,一只忽离开。剩下那一只,也无心上天,天上太孤单"。这是胡适的白话新诗。今天看,这如果算诗歌的话,我们每个人都可以当诗人了。问题的关键在于胡适之前没有人写过,初创时期往往比较粗糙。我们就可以理解现代文学时期,文学语言、文学技巧相对来说比较粗糙的。比较成熟的,像张爱玲的语言,钱钟书的语言,鲁迅的语言,这是比较有特色的,沈从文的语言很有特色,很有个人气息,老舍的也很好,像巴金的语言就不是特别好,像茅盾的语言相对一般化。在这种状况之下,大家拿着现代文学作家和当代作家比,没有可比性,可能确实存在一些问题,当代作家在关心时政这个方面,就是对民族生命的关切上远远不如现代文学作家。你看鲁、郭、茅、巴、老、曹都是很努力地对民族现状进行批判,然后渴望一个崭新的中国的诞生。20 世纪二三十年代中国状况我们可以理解,有良知的作家都会忧心忡忡,我们现在的状况呢,在新闻媒体承担了这种政治话语叙述的情况之下,你小说还天天叙说那些大的政治道理,谁还去看?

20 世纪五六十年代有一个红色经典系列,有《林海雪原》、《铁道游击队》这样一些小说,我是 20 世纪 70 年代人,我小时候是读这些连环画长大的,我对这些东西很有感情,我现在偶尔还看一些。

我给学生上课，"80后"、"90后"他们不看这些作品，要说这些东西和时政关系很密切，但是他们不看这些作品，他们觉得没有意思。时代不同了，文学的趣味肯定要发生变化，你拿现代文学评价体系评价当代文学，这不合适。拿现代文学贬低当代文学，貌似合理，实际上没有道理。

顾彬说，"中国当代文学是垃圾"。这句话一看就很荒谬，太荒谬了，你能一句话就把一个国家的几十年文学全部给否定了？但是这句话在中国居然流传了好多年。这句话直到2010年被李洱做出了一个强有力的驳斥。李洱是一个著名的作家，是我们河南人，济源的，现在在中国作协任职，他的代表作是《花腔》，还有一个长篇小说叫《石榴树上结樱桃》。他的作品在德国特别火，德国总理默克尔访华的时候拿着《石榴树上结樱桃》的德文本送给了温总理，作为国礼来送的。李洱在2010年写了一篇文章，《关于赵勇教授〈顾彬不读中国当代小说吗?〉一文的回应和说明》，发表在《作家》杂志2010年13期，对顾彬的"垃圾论"做出了强有力的驳斥。顾彬不是说当代中国文学是垃圾吗，李洱记述了一件事情，在德国开会，顾彬又在那儿发表"垃圾论"，李洱问他，你说中国当代文学谁的作品是垃圾？举个例子来说，王安忆，他的作品是不是垃圾？他问顾彬，你很推崇张爱玲，但是在我看来，王安忆也许在某些地方不如张爱玲，但是在广度和深度上，可能比张爱玲还要深入，你怎么来看王安忆？顾彬说，我不看。这时候李洱说，你不看的话凭什么说我们是垃圾？李洱这篇文章写得很有意思，在他的描述里面，顾彬在德国文学界属于一个大嘴式的人物，老放空炮，平常好喝酒，整天酒气醺醺地"放炮"去了。

李洱也提出了这样一个问题，他对我们中国人进行了一个反思，顾彬也说过美国文学是垃圾，美国人不把它当一回事，为什么一个人德国人说中国文学是垃圾中国人就当一回事？还老是扪心自问，我是不是垃圾？李洱说，其实我们中国人在这里面也许有一种很强烈的、很典型的后殖民情节。我解释一下这个词，"前后"的"后"，"殖民"就是"殖民地"的殖民。什么意思呢？就是帝国主义在侵略落后国家的过程中，它有三重殖民过程，一开始是直接的奴役，就像八国联军进中国，或者日本进中国，直接把你的地盘占了，你就是我们的殖民地，就像我们香港一样，直到1997年才弄过来，这就是直接殖民。后来呢，在20世纪50年代前后，全世界的第三世界国家掀起了一波独立革命，国家独立了，帝国主义被迫从这些国家撤军，就是没法直接控制了，但是这些第三世界国家在经济上仍然受帝国主义的控制。这个状况到了20世纪七十年代左右，第三世界国家把经济收归国有，又摆脱了，大家觉得我们终于没有被殖民了。到20世纪90年代，西方学家提出这样一个问题，其实西方对第三世界国家还有殖民，叫后殖民。那么典型的殖民之后的一种殖民，简单解释是什么呢？文化殖民。文化殖民是什么意思呢？就是这个时候它在文化上处于强势地位，借助它的这种强势的文化地位向全世界的弱势国家推销它的价值观、价值理念，然后以它成为文化的中心。这样的话你会发现，你仔细观察一下，其实我们中国有很强烈的后殖民的状况。你比如说，我们现在一过情人节过得很热闹，过圣诞节过得很热闹，一到情人节、圣诞节街上热闹得很，美国人过中国的春节吗？你说我们有文化交流，我学习人家东西，这可以，你学习西方国家的情人节、圣诞节，你为什么不学非洲国家的节日？你为什么不学越南、缅甸、菲律宾这些国家的节日？因为西方国家最强大，所以它对你的文化构成影响，你有意识地向它靠拢，这就是殖民影响。

这还隐含着一种民族不自信感，就是西方人说的话很有道理，像顾彬弄这么一句话，他就会说，你看，"洋大人"说了，我们有问题，我们要反思啊！如果一个越南人说中国当代文学都是垃圾，你会相信吗？你会说，你才垃圾呢！德国人这么一说你有点不自信了，我是垃圾吗？这就是有一种后殖民的情节在里面。背后隐含一个问题，我们文化相对来说不够强大，我们的原创性太差，当我们原创性很强大的时候，我们自信感、自尊感自然就出来了，这个不是说喊两句口号就出来了。打个比方，我给大家讲后殖民，当我们在讲后殖民的时候我们正在被后殖民，因为后殖民这个概念本身就是人家西方提出来了。我们的观察能力、分析能力、文化原创能力是有问题的，我们必须提高这方面的东西，才能建立民族自信感、民族自尊感。当顾彬这个人被消解之后，顾彬这个人立不住了，他的话还能立的住吗？他的垃圾论就消解了。

还有一个问题，我们不得不面临这个问题，我刚才让大家看到新浪网的调查，中国作者本身就对中国当代文学有意见。这个时候你没法解释，你怎么解释？这里面我们必须得承认，我刚才也说了，这个意见是客观存在的，而且客观上我们必须承认当代文学作品的确是没有满足到读者的很多要求。但是这不是中国人独特的问题，这是世界性的问题。

我们看这个图（PPT），这是莫言（PPT），莫言现在很火，大家都认得，这个叫库切（PPT），他是生活在南非的白人作家，现在定居在澳大利亚，这个照片是前几天库切带着澳大利亚作家和中国作家互相座谈交流，这是这两个获得诺贝尔文学奖者联袂主持最后一场读者会的照片。在这个双方作家交流中，大家都提出一个问题，澳大利亚也面临这个问题，作品没有销路，大家不喜欢看。也就是说纯文学作品读者的减少现在是一个世界性的问题，而不仅仅是中国的问题。你这时候单单批评中国当代文学是垃圾，那是有问题的，你要说是垃圾的话，那世界文学都是垃圾，它不是中国单独的问题。

在这样一种情况之下，面临着几重疑问，在某种程度上我们可以这样来讲，中国作家一直生活在诺贝尔文学奖的阴影之下。我刚才已经解析了，说中国当代文学不好、有问题在某种程度上是一种误读，如果说中国当代文学有困境的话，那也是世界性的困境。现在中国读者不给你说那么多，就你中国是垃圾，你有问题，中国当代作家也没法说，你说我不是垃圾，我不错啊。读者说了，你不错的话你拿一个诺贝尔文学奖我看看。有点像我们抨击中国足球，你行你怎么不进世界杯啊？现在莫言获得诺贝尔文学奖了，其实最大的意义就在于回击了对中国当代文学的蔑视和诋毁，恢复了中国当代文学应得的地位，这是它的价值。

刚才我说了，当代文学有那么多的问题，但为什么会存在这样一些问题？就像我们在座的各位，可能我们平常都不怎么读小说了，我这句话可能还有一定道理，因为我在中文系任教，我经常给学生做一些调查，我总是建议他们看一些什么书，下一节课我问他，看了没有？没有，都不看。为什么不看呢？后来我开通了微博，我的一个学生跟我微博上互动说得很有意思，"老师，上了你的课之后，我开始看一些小说，看一些作品了，有时候觉得看一些书比玩手机还有一点意思"。就是玩手机远远超过了看小说，这是现代人的观点。我说这样一个问题，为什么中国当代文学面临问题？这个问题可能不仅仅是当代文学本身的问题，还有时代的问题，时代到这么一步了。时代、技术改变了人们的很多价值观念，导致传统的纯文学有点落伍了。为什么？首先是发达传媒对小说叙事的影响。这个问题可能有一点过于学术化了，我不展开了，这个命题是大家公认的，现在纸本的小说是印刷文化时代的产物。就是原来没有网络，电视也不是特别普及，这种状况称为印刷文化时代。在这种状况之下，你平常娱乐消遣你消遣什么？看小说是最方便的选择了。

我举一个例子，中国现代文学史上一位著名的通俗小说家叫张恨水，大家有没有听说过，张恨水当年的小说销量不得了，当时热到什么程度呢？民国时期的文学作品都是在报纸上连载，（张恨水的小说）以连载的方式出版了，最后再出书。不像我们今天，很多都是先出书，然后再在报纸上连载，那时候以连载的方式一段一段往下写。张恨水写小说就是为了养家糊口，他可能同时开三部小说，给三家报纸开三个专栏，同时写三部小说。这样出现一个什么情况呢？曾经出现这种情况，张恨水的小说在连载的时候，读者看了上一节的内容，就像我们听评书"欲知后事如何，且听下回分解"，这时候肚子里像猫抓一样，痒，急于知道下回的情节如何。下午五点报馆出报纸，读者三点就跑到报馆门口排队买报纸。今天会出现这种情况吗？谁的小说写得好，写得再好会出现这种情况？不可能，娱乐方式多了去了，我玩手机去，哪还用非得排队看你这个东西。小说是印刷时代的产物，我们现在已经进入电子媒介时代，媒介空间的变化必然的要对小说产生巨大的影响。

（PPT）这些东西明显比书页上写几个字看上去要鲜活、生动得多。前几天我们聊天，咱们省作协主席李佩甫讲了一个事情，我觉得特别有意思，这个事情就说明了现代媒介对现代小说的冲击。

他看到一个例子,他说,这要是小说家写的多么好啊,可惜不是:有一个年轻人痴迷于电子游戏,然后日没日没夜地泡在电子游戏厅里面打游戏,打了一年多,骨肉如柴,面无血色,奄奄一息,临死之前感慨了一句,"真有意思啊"。这个故事太有意思了,你发现没有,只有在电子媒介时代才会出现这么有意思的事情啊!他都快死了还说太有意思了。李佩甫主席当时特别遗憾,要是小说能达到这种境界该是多么伟大啊!

现在出现一个问题,电子媒体客观上对小说构成巨大冲击,就是生活超越了小说家的想象力。生活的丰富性超越了小说家的想象力,你能想象到这种事情吗?想象不到。

还有一个很特殊的问题,有很多读者他读书就像刚才让大家看的调查一样,抱的目的是了解社会人生,这个时候如果说没有电视,没有网络,你读小说能满足你了解社会人生的目的。可是现在你打开电视,我们河南八套有《百姓调节》,原来他们还有《DV 观察》,都是八套的王牌栏目,受众很多,我家老人也喜欢看这种节目,纪实的,真的,甚至还专门挑一些纪实栏目去看。我告诉他,那都是假的。他们说,真的。我说,这都是演的。他说,即便演的也是真的。在这里有这样一个问题,现代媒介给大家传递的是一种真实的东西,真的东西,你要了解社会人生的话,小说在这里面有一个先天的弱势,那就是虚构。你假的,你假的东西,就是根据现实改编,你能真到什么程度?更何况现实如此丰富多彩,如此出人意料。一看《DV 观察》,那个地方怎么还有这种人啊?猎奇感满足了,认识社会生活满足了,"阅读"过程中很愉悦,还看小说干吗?这就是我们现代小说面临的一个巨大的困境。这个时代赶到这一步了,你认识社会人生这个方面看上去远不如现代媒体有价值。

当然了,话又说回来了,我们必须得客观承认,真正有价值、帮助我们认识社会人生的还是小说,现代媒体恐怕帮助我们认识社会人生的价值非常有限。我们经常说这样一句话,"小说是虚构的真实,媒体是真实的虚构"。它看上去是真的,但是它在选材过程当中就已经把这个东西给虚假化了,更何况现代媒介追逐利益的本能也会导致它有意去造假。可能大家现在已经看到很多消息了,那些所谓的纪实栏目、调解栏目都是演的,它为了获得收视率故意制造出这种噱头。这是一个问题,现代小说客观上的确有这么一个问题。

还有一个问题,就是现代传媒时代娱乐技术的发达,对娱乐需求的提高,已经不是传统小说所能满足的了。刚才我说了,现代媒介导致我们小说在认知社会人生方面落伍了,其实不光这个方面,娱乐方面也不行。为什么不行呢?(PPT)这个人叫尼尔·波兹曼,是一个美国的学者,他提出一个很著名的概念,"我们现在所处的一个时代是娱乐至死的时代"。"娱乐至死的时代"是什么意思呢?在我们今天这个时代里面,娱乐、快乐成为所有人重要的追求。这个对娱乐、快乐的强烈的追求会导致我们进入另外一个死胡同里面去,它会带来另外一种形式的专制。

说到专制,有两部著名的书都很有名,一个是赫胥黎的《美丽新世界》,它就说未来是这样一种状况——娱乐至死的状况,让你觉得各方面都很好,其实你已经陷入它的专制之中了。还有奥威尔的《1984》,它提到的专制就是苏联老大哥那种专制。他还有一本著名的书叫《动物农场》,不知道大家有没有读过?他就是说集权专制,我命令你不准做这个,不准做那个,这是一种专制方式。波兹曼指出,未来世界的专制方式其实就是赫胥黎指出的那种让你很娱乐地、很快乐地遵从它的指向。

我为什么说今天娱乐至死呢,为什么说娱乐至死也是一种专制?我打一个比方,你比如说,现在就各个方面我们都在强调一种娱乐性。比如说上课,老师一定要讲得好听,能娱乐大众,让听众觉得很好玩,你这个老师才可以。如果你做不到这一点,不行。比如说《百家讲坛》选择老师的一个重要的标准,它不是看你的专业性。我们学校的周文顺老师去《百家讲坛》讲课了,他的专业是研究党史,《百家讲坛》看中了他的讲课的风格,很激情澎湃。他后来去给《百家讲坛》讲焦裕禄,自己把自己都讲哭了。他想讲长征,他擅长这个,但是已经有人讲了,给他的题目是讲焦裕禄。不一定要求你特别擅长这个,但是你讲课的风格特别重要,这就是娱乐的需求。包括我们看电视,我们会发现电视主持人都很漂亮,你说我很有思想,我很有想法,我能够带给电视屏幕之前的观众更多思想的启迪。对不起,我们不需要你。为什么呢? 你往那儿一站,观众都跑了,你还咋给人启迪啊? 必须要好看,首先带来一种审美的愉悦。

比如说当下流行的各种"门","艳照门"层出不穷,你注意到没有,每次的"门"都要火一个人,虽然是丑闻,但是她火了,接下来可以挣钱了,因为她满足了大家的娱乐需求。你也要注意一个问题,凡是各种"门"出丑闻的人都是美女,比如说你长得五大三粗的,男的,你上去也玩个什么"门"传到网络上,谁看你啊? 你无法带给大家娱乐性,这就是娱乐的需求。

这个娱乐反过来带来一种专制,比如说大家有没有看到这样一种问题,在某种程度上,现在大街上漂亮的女孩子越来越多了,为什么呢? 因为首先你会发现大众媒介不断地给你宣传美女的形象应该是什么样子的,女孩子们自觉地照着这个方向去努力。打个比方来说,比如说女孩子要减肥,穿高跟鞋,你说穿高跟鞋舒服吗? 某时尚界的人士自己都说,她穿高跟鞋特别害怕下楼,弄不好就摔下去了,那东西不好控制平衡啊! 但是还要穿,家里面都是高跟鞋,各种各样的,什么场合穿什么鞋。这个东西是原生的吗? 我觉得不是,是娱乐给它塑造成这种形象了。现在大众已经告诉你美是什么样子了,你说你要追求这个美,你往这方面努力去吧,它是让你心甘情愿地进入到这个大众专制的套套之中。

在这种娱乐至死的时代里面,小说的空间,一方面可以说正好给小说提供了另外一个有价值的空间,打破这种娱乐至死,带给大家一种思考的启迪;另一方面,它这个环境不好了,给小说的环境不好了,大家都娱乐至死去了。就像我刚才说到的,我的学生在微博上跟我互动说,老师,我上了你课之后觉得看书比玩手机还有意思。他原来从来不知道读书比玩手机有意思,而且到现在只是觉得有时候读书比玩手机有意思,大多数时候还是玩手机有意思。现在手机功能越来越多了,现在已经 3G 了,马上 4G,欧洲发达国家马上要 4G 了。我专门问过电信行业从业人员 4G 是什么概念,他们的意思好像就是说网络各个方面更加便捷发达了,比今天的 3G 更进一步,更加发达。技术发展如此地更迭快捷,而这个东西不断提供给你一种崭新的娱乐方式,就像刚才我说的那个孩子打游戏打死了,说"真有意思",这就是周边的世界带给你的诱惑远远超出了小说,它已经远不是大家排队去买连载张恨水小说的报纸的时代了,这也是小说面临的困境。

当然,还有一个问题,客观方面的问题,客观环境给小说带来一种冲击,大家不看它了。还有一种问题,现在小说艺术表达能力超越了普通读者的理解能力。你们读小说的话可能会有这种情况,你有可能会读不懂小说,现在客观上存在一个问题,首先我们普通读者一般来说都已经习惯了这样一种阅读方式,什么阅读方式呢? 一个作品表达一个主题,主题鲜明。我们从小都是这样训练孩子的,你写作一定要主题鲜明,课文读完了,然后段落大意、中心思想,就要求你这个文本必须指向一个方向、一个点。可是这种东西用作应用文的标准是合适的,比如说议论文、公文,指向一个专题、一个方向是合适的,但如果用来指向艺术文本是不合适的,因为那样的话艺术就太偏狭了。

小说是艺术,现在大家对小说的理解是什么呢? 西方有一个著名的小说家,捷克的,叫米兰·昆德拉,他有一本著名的书叫《生命中不能承受之轻》。现在我看很多报纸、很多媒体都用这个书名作为新闻的标题,其实对这个话理解得不是很透,意思理解得不是很正确。昆德拉曾经提到一个问题,小说的精神就是复杂的精神,小说就是要告诉你生活远远比你想象的要复杂。现在大家有一个共同的概念,小说应该是带给人更多的思考,你读完这个小说,它让你想到很多东西,让你发现你原来没有认识到的东西,这就是现代小说的价值所在。这个我们一般接受不了,因为我们传统的读者一般都习惯读完之后总结一些东西,总结不出中心思想就觉得没有意思。他们觉得没有一个统一的中心思想就没有意思,这个是很滞后的。如要找中心思想的话你就去看新闻故事,看百姓调解,那有中心故事,但是那个只能带给你一个确定的价值观念,而小说在很大程度上是在挑战很多确定的价值观念。有一个西方学者提出这样一个很有趣的观点,小说其实就是反叛性的东西,它所宣扬的东西都是那种大逆不道的东西。打个比方来说,在世界文学史上名气很大的,比如说俄狄浦斯王,就是那个杀父娶母的故事。这个在世界文学上很有名,它把人潜在的、隐在的欲望表现出来了,它成名著了。举一个大家都知道的,比如说《红楼梦》,《红楼梦》至少表现出和当时主流意识形态不一样的东西,所以才能受到大家的追捧。一般认为小说是一种异端的、不符合主流的东西,这样才能带给大家更多的思考。

现在问题的关键在于,我们普遍的读者首先更习惯于从抓明确主题的方向理解小说,再一个,又习惯于从政治正确的角度去理解小说。就是说你这个主题表达好不好,主题表达好就好,不好就不好。打个比方,莫言的小说《蛙》获得了最近一届的茅盾文学奖。我前一段和几个朋友在聊天,有一个朋友是律师,学法律的,谈到这部小说。我读莫言的小说很多了,从专业人士的角度来讲,这个小说在莫言小说里面写得并不好。他说,不,这个小说好。我说,为什么好?他说,他(莫言)写的是计划生育。计划生育这么多年没有人写过,没有人敢写,莫言写出来了,写得好。如果说从探讨计划生育这个角度来评价小说的价值的话,我觉得那这个小说未必有一篇论文写得好,我系统研究一下中国计划生育的得失,写一篇论文,不比这个小说表达的更真切、更深刻吗?小说的价值不在于这个地方,可是我们很多读者习惯于从这个角度来体会这个文学的价值。一旦你这个小说没有表达一个我关心的话题,或者说政治正确的话题,他们就说你这个小说有问题。

现代读者,特别是年轻读者理解力太差了,我现在也在做一个相关的研究,发现这样一个问题:现代传媒,就是影视影像资料对人的阅读理解能力影响很大。特别是现在的"90后",以后的"00后",将来阅读理解能力是成问题的。为什么呢?像我们都是从小阅读文字长大的,阅读文字时你会发现我们文字是特别强调一个逻辑性的,一句一句、一段一段衔接的很紧密。现代的影像资料在电影学术语里面有一个词叫蒙太奇,蒙太奇就是画面的剪接拼接,从这个画面跳到那个画面,逻辑上可以连过去,但是中间跨跳很大,现在年轻人存在的问题就是你看电视、看电影看多了,影响了他们的文字阅读理解能力。

我可以举几个例子来支撑这个观点,我一个外甥是1995年出生的,再有两年就要考大学了,他前两年学历史时候有困境,什么困境呢?他背不会,背这个东西背不会。最后怎么背会呢?我姐姐干脆不上班了,在家里陪着他学习,给他念历史书,他听着能背,自己读背不会。这是为什么?这种思维方式已经不习惯了,不习惯这种文字的阅读思维方式了。包括我现在有时候去参加一些公务员阅卷考试,考生写的议论文普遍都有一个逻辑不严谨的问题,写着写着就写跑了,缺乏严谨的逻辑感,这都是现代传媒带来的问题。现在年轻小孩看的书都是什么书,如果说这个书是这么大(手势),两边空白要留这么多(手势),上面弄一幅大画,下面弄几行字。现在他们进入读图时代,这个也影响大家对传统小说的理解。

我们显然不可以用政治正确的角度来评价小说,因为小说和现实有关,但是小说不是现实,我们不能用评价现实的标准来评价小说,其实所有的小说都是语言的虚构,现实也是一种话语的构造。有一个著名作家叫纳博科夫,他有一部著名的小说,叫《洛丽塔》,年轻一点的应该听说过,描写一个四十多岁的中年人追求一个十三四岁的小女孩,然后和她发生性关系,一直到这个小女孩长到十几岁离开。他表现出人的变态的一种情节的东西,这个小说影响很大。纳博科夫这个小说把他带红了,他有一个著名的观点,"文学和现实没有关系,就是一个内部完整的构造"。他这个观点有一点过于绝对了。客观来讲,文学肯定是源于现实的,可是又和现实没有关系,它从现实中来,但是它有一套它的评价准则。你不能说他写计划生育了,他写改革开放了,这就对了;另外一个人写家庭夫妻情感关系,没有意思。这未必,这就不对了。

现在还有获得诺奖呼声很高的一个作家叫阿摩司·奥兹,他的很著名的一个作品叫《我的米海尔》,这个小说成篇讨论的就是夫妻情感。开篇就以女主人公的口吻来叙述,"我的米海尔已经死了"。刚刚读这句话,你以为这是一个悲剧,接下来说了,"米海尔并没有死,但是心已经死了"。这个故事从两个人一见钟情写起,生活中的磕磕碰碰,这个小说里把两个年轻人从相爱到结婚这样一系列很细小的细节给放大了,让你看着惊心动魄,你突然发现有可能你一见钟情的人也许并不是最理解你的人。在现实生活中,即便和你过一辈子的人也许并不是最相爱的人,最适合你的人。它会让你思考很多问题,这时候和国家、民族、计划生育没有关系,但是我们不能说它没有价值,它对我们人生做出一种体察。文学的评价不能用社会学的评价来评价,应该有它自己的准则。

我们现在的读者对现代小说有一些难以理解的地方,很重要的地方就在于现代小说已经在好几个方面都做出了努力,一个方面就是在强调表达的丰富性,反对叙事主旨的确定性。(PPT)这个老头就是米兰·昆德拉,他说,"现代小说精神就是复杂的精神"。

表达的丰富性,重要的地方在于,在这个叙事里面,不给你指向一个明确的主题指向,而让你最后揣摩思考很多东西。这样一个小说,表面叙事也许非常的平静,如果能投入进去的话,你会发现它可能指向了你日常生活中很多没有体悟、没有思考过的问题。我们现在都在强调这样一个主旨:小说的价值在于发现。自然科学家他们对社会的价值是什么?发明专利,制造产品,推动社会的物质进步,汽车、飞机、网络等等,这是自然科学家做的。我们人文学者的价值在什么地方?给世界提供观念。马克思给世界提供了一个社会主义观念,改变了世界。像马克思这样的人太少了,当然了,太多了世界就乱套了。我们每个搞人文研究的都会对日常生活发出一种反思,提出自己对生活的一些观点,对我们现实生活做出一种置疑。小说家对世界提供什么?提供疑问。他就要指出这个世界上很多合理的东西也许是不合理的,或者说这个世界上其实存在很多东西,你其实是熟视无睹的,但是它的确存在,你应该关注到它,小说家很大的价值就在于发现的能力、提出疑问的能力。

像鲁迅,我们说鲁迅伟大,鲁迅发现了阿Q,提出了精神胜利法,对我们每个人是多少贴切啊!鲁迅写了《狂人日记》,发现了封建社会是人吃人,人吃人的特点在于每一个被吃的人同时也是被吃的人,把人的互相的倾轧以及制度的残酷性揭露出来了,这就需要独到的发现能力。现代小说重要的不是给你提供一个确定的主旨,不是说我就表达这个事儿是对的,那个事儿是错的,那是媒体做的,现在小说不搞这个,它给你讲不确定性。这样可能会带来一些问题,表面太过于平淡,这需要你仔细去发掘。或者这样来讲,通俗一点地解释,现代小说很大的价值在于发现生活中的超隐喻。"超隐喻"是我一个朋友提出的概念,就是超级隐喻,就是生活中有很多的话语,已经形成了一种固定化的意识形态思维方式。你的语言里面,话语里面带有了意识形态的思维方式,固定化的思想方式,你一提这个话,你思想就奔到那个地方了,就跑不出这个窠臼了。

我打个比方,我给大家虚构一幅图片,假如说这儿有一个图片,背景是大山,近景是一个小孩儿,红领巾,脸上脏兮兮的,穿着破破烂烂的,扛着书报,哭着。你怎么想?大山里的孩子,上学机会来之不易,感动得哭了。希望工程都是这样宣传的,久而久之,我们可能就形成了固定的思维方式。为什么不可以是这个大山里的孩子疯惯了,不想上学,被家人打得哭了。并不是所有上不起学的孩子都想上学啊,也有不想上学的。我们长期的舆论宣传把你的思维方式给固定化了,一谈这个就想到那儿了。一说长城,立刻想到"伟大"啊!在我们的话语方式里面有很多固定化的语言方式把我们的思维给固定那儿了。

一个作家,就应该发现生活中的隐喻之处,这样的话也可能显得你的写作不是那么的带给人冲击感,甚至读完之后一头雾水,不知道书里说的什么。我举一个简单的例子,我提出喜欢美国一个小说家,叫卡佛,美国小说家卡佛的小说特点就是语言特别"干",从来不做任何的渲染,直接就进入这个生活场景描述,但是带给你很多思考。他的一篇小说《家门口就有那么多的水》,小说一开始就讲道两口人怄气,妻子对丈夫很不满意,丈夫既愤怒又压抑,跑到院子里面坐着。这个家庭属于美国典型的中产阶级家庭,妻子为什么愤怒呢,为什么对丈夫有怨气呢?因为当天一个报纸报道说她丈夫是一个强奸杀人的嫌疑犯。为什么说是嫌疑犯呢?她丈夫讲了这个事情,她丈夫和他的另外几个朋友,也都是中产阶级,都是有名的爱家护家的中年男人,大家注意这个细节,几个人周末一块跑到一个离城很远的溪流边去钓鱼野营去了。到那儿之后出了一个事情,准备安营扎寨的时候居然发现在那个溪水里面有一具裸体的女尸。要说这种情况应该立刻报警，小说写的是 20 世纪五六十年代的事情，那时候家里有电话，但是还没有手机。这个时候几个人面临一个选择，立即开车出去到镇上报警，但是几个人却不约而同地选择了明天再报警。一般来说，我们对尸体是有一种本能的恐惧感的，但是这几个人居然还把那个尸体捞出来，捞到河边，然后又在河边安营扎寨睡那儿。第二天一大早出山到镇里报警，这时候警方怀疑他们，说是他们干的。因此妻子特别讨厌丈夫，作为一个中产阶级家庭，卷入这种不好的氛围当中，妻子很郁闷，很痛苦，她和丈夫怄气，沿着丈夫走的路去看看是什么状况。在走的路上出了一个问题，他妻子刚一出城，在离他家不远的地方有一条小河，她就说，家门口就有这么多水，你还跑那么远！在走的过程中她出事儿了，什么事儿呢？她的车有一点问题，她停了下来，这时候有一个开面包车的中年男人，看着像蓝领工人，那人问她是否需要帮助，她说不需要，之后那个人走了。那个车开得很慢，她修好之后开车走，那个车跟着她走，她觉得事儿不对，她把车往路边一停，那个人也把车停下来敲她的车窗，她就不开车窗，然后开车跑了，接下来就回家了。

它和我们传统理解的小说多么的不同啊，没有故事的高潮，似乎不知道在说什么，但是你仔细想一下，家门口就有那么多水，好像就是一种隐喻。这显然指向是一种对几个中年男性的隐含的情欲的分析。注意，还有一个词，都是家教良好，有名的爱家、爱老婆、爱孩子的良好的中产阶级男人。他们看到一个裸女的尸体，就冲淡了他们对死亡的恐惧，然后还在裸女尸体的旁边住宿一夜，这里面是不是有一种潜在的、隐含的性本能的满足呢？包括后来那个蓝领工人开车去追她，不也是男性对女性的扩张性的、侵略性的表达吗？这些中年男性，她们的丈夫都属于良好的市民，中产阶级，爱家、爱老婆、爱孩子，但是这只能说让他们的表达不那么有侵略性，但他们内心深处也潜藏有这样一种欲望。这个时候说家门口就有这么多水显然还有一个隐喻，你家里就有老婆，你偏偏跑那么远，为一个裸女的尸体卷入一桩案件当中。你仔细想一下，其实是对这个中产阶级男性，家教良好的，似乎应该是模范市民的男性，社会骨干的男性的潜在一些思绪的表达。它可能也暗含这样一些东西，这些人也一样可以成为罪犯，在合适的时候，所有的道德良好的、中流社会骨干都有可能会成为罪犯。它可能有这样一种东西在里面。

你看一个小说，你说它明确表达了什么？没有。你仔细分析，它可以让你想很多东西，越想越有意思。现在小说就有这样一种价值，让你主动参与进去，而不是被动地让它告诉你什么，而是你想它能带给你什么，它能帮助你想到什么。这就是现代小说能带给人的，而这些东西是现代传媒、报纸、电视无法带给人的。这些东西都是确定化的表达，而小说是疑问的表达。这是复杂的、精神的表达。

还有强调陌生化的表达方式。陌生化的表达方式这个词是俄国形式主义者什克洛夫斯基提出来的。它是什么概念呢？我简单解释一下。按照他们的观点，我们平常在生活中，观看生活中的事物都是自动化的眼光在看，自动化的眼光看事物会带来什么特点呢？对一些新变化可能会熟视无睹，你看不到任何新的东西的发生。陌生化就是什么呢？陌生化就是你换一种眼光，从自动化看事物的角度跳出来，换一种眼光看世界，带来一种新奇的表达方式，从而带给读者美学的震动，引发读者对这个事件表面看上去司空见惯的事件的思考。

我打一个比方，像郑州这个城市，我们都生活了很多年了，我原来一直生活在郑大（郑州大学），就是老郑大校园里头，在里面生活了将近 10 年，老郑大周边那一块我是很熟悉的。有一年出了一个事情，就是我们单位到年终发年终奖的时候发了一个兴业银行卡，钱直接发到卡里面了，让自己拿着去取钱。我当时就懵了，郑大周围没有兴业银行啊，我到哪儿去取钱啊？后来又出门坐 102（公交车），无意间发现就在那个金水河边，离郑大不远，也就是一站路的地方就有一个兴业银行，但是我不知道它什么时候在那儿设立的。为什么我不知道？因为我原来看这一块自动化了。这是我生活的城市，我长期生活的城市，所有东西在我眼睛里面都是没有变化的。就像我们家人，你看你家人，你们生活在一起,你觉得大家都没有变化,十年之后一见面你觉得对方变化好大啊,哪儿哪儿变了,但是你和她生活十年没有觉得她变化,天天都自动化了。你一想到十年没有见了,见面时你本能地就用陌生化的眼光去看,看看对方哪儿变了,区别就在这儿。大家不信的话你再上街的话留心一下,你在街上走的时候,假设自己是第一次来到这个城市,这个街道我第一次来,你用这种眼光,这种思想去看周边的景物,你可能会发现,和你原来看到的东西有不一样的地方,这就是自动化的眼光。

什克洛夫斯基点出了陌生化的主张,我们一般人都缺失了陌生化看事物的能力,我刚才举城市的例子大家会比较容易发现,我们现实生活中很多事儿,你都觉得很自然很合理了,你给它自动化了,你觉得很合理了,你用陌生化的眼光去看它的时候,你可能就看出这个事情的不合理之处了,我们一般人就缺乏这种能力。什克洛夫斯基说,作家就要以陌生化的眼光来看待这个世界,同时用陌生化的方式给它表现出来,让读者一看,懵了,懵了之后一想,这不就是那什么什么嘛,这是它起到的作用。这样的话会带来一个问题,可能很多小说你一读就觉得读不懂,难读,讲的什么意思?这个人疯了吧!

我们中国有一个作家叫余华,名气很大,他写的《活着》当年影响很大。他的成名作叫《十八岁出门远行》,这个小说讲表面上看很荒诞的事情。这个小说一开始就说有个十八岁的青年,山里的青年,他爸爸给了他一个背囊,说,你十八岁了,成年了,应该出去闯荡世界了。他说,我走在山路上,山风轻抚我下巴上几棵长长的胡须,这是第一批来我这儿定居的,我不忍心把它们拔掉。这个时候你可以看到,这是一个孩子,只有孩子才舍不得拔胡子,他要强烈地表达出男人性的东西。我念高中的时候,老师三令五申不准抽烟喝酒,我同学在课桌下偷偷弄酒喝,现在我们都在郑州,在一块聚会时,让喝酒的时候谁都不喝,谁都不抽烟,这时候不需要用这个东西证明你是男人了,但是那个时候他需要。他走在山路了,他很兴奋,后边不断有车从身边过,他也没有拦车搭便车,他想搭便车很容易。他看天要黑了,心想,我要搭辆便车,要不然天黑出不了山。他开始招手,出乎他意料的是,没有一车辆给他停下来。按照他的设想,你停一下把我捎出去,不碍你什么事儿,他觉得不是问题,但是这成问题了,没有人捎他。直到又过了一段,他看到前面有一辆大卡车趴窝了,车上拉了一车苹果,司机在车下修车。他赶紧跑过去,一拍司机的肩膀,师傅,抽烟!这是男人化的标志。司机也不客气,接过烟就抽。抽完了,车也修好了,司机往驾驶室里一趴准备开车,他赶紧说,师傅,我搭一下便车吧!司机说,滚!给他推下去了。青年疯了,你抽我的烟,还让我滚?青年拉开车门就冲了进去,喊道,你嘴里还叼着我的烟。他做好了打架的准备了,司机笑嘻嘻地对他说,坐。青年坐了,司机又说,有苹果,吃不吃?车继续走,这时候两个人还聊聊天,感觉很愉快,又走了一段,车又坏了,司机又下来修车。在修车的时候过来了几个骑车的人,他们好像是附近的山民,他们先掀开帆布棚一看下面是苹果,几个人嘀咕了一阵子走了。又过了一会儿,一堆人过来了,开着三轮车什么的,跑过来抢苹果。他们抢苹果?青年虽然觉得一个人干不过这么多人,但是又想司机对自己不错啊,人家让咱坐了他的车,他有事儿了,咱不能袖手旁观啊!他冲上去,虽然司机在那儿袖手旁观,但是青年冲上去了,保护司机的苹果,和那些人打。他一个人打不过那么多人,被人打了一顿,遍体鳞伤,苹果也抢完了,那一堆人一看车还是囫囵的,把车轱辘等能卸的都卸了,拉上跑了。在他们跑的时候,这个司机突然做出了一个很奇怪的举动,他冲过来夺走了青年的书包,然后跟上那群人跑了,只剩下青年和这辆被拆除了轮子的汽车,而且遍体鳞伤的。此时已经红日沉下,山风阵阵,遍体鳞伤的青年感觉很寒冷。青年看了一下,这个车窗还没有被砸破,他冷啊,拉开车门进去了,发现车座还在,坐上去,感觉很温暖。

这个小说叫《十八岁出门远行》,读完这个小说,你的第一感觉就是荒诞,司机疯了吧,不符合我们的常规理解。这就是一个典型的陌生化的小说,用陌生化的方式把我们生活中看上去司空见惯、很正常的事情表现出来了。用这种方式表现出来后你就会发现,原来我们生活中司空见惯的事情其实是不正确的。它是什么状况？我们从前面细节来分析你会发现，首先，青年是一个孩子。孩子的世界有一个特点，相对公正。一般来说，孩子理解事物相对会比较简单，他想，我拦一个车应该不是问题，你我捎一段，惠而不费。你帮助了我，又不费你什么事儿。但是没有人给他停车，为什么？因为成年人的世界是复杂的，我本来一个人开着车跑不会有任何问题，我拉上你，万一你是劫匪呢？即便你不是劫匪，我凭什么带你，捎你一段对我有什么好处？这是成年人的思维逻辑，和孩子的逻辑是不同的，所以孩子就注定找不到车。到接下来，他看到司机在修车，先给人上烟，这个时候他觉得他可以坐车了。你都抽了我的烟了，你要是不让我坐你的车的话你不抽我的烟，你抽了我的烟的话肯定会让我坐你的车，所以人家发动车时他提出要坐车。他觉得没有问题，司机让他滚，这是儿童逻辑和成年逻辑的一个碰撞。什么碰撞？儿童逻辑是等价交换的原则，我给你一块美丽的玻璃片，你给我一根彩色的羽毛；我给你这个玩具，你让我玩你那个玩具，这是儿童的世界。成年人的世界未必是等价交换原则，在现实逻辑中，比如说在菜市场买菜，你这个菜五块钱一斤，我给你五块钱，你给我一斤，这是等价交换。大家注意，这个等价交换是建立在国家强制的原则基础之上的，如果我给你五块钱，你不给我五块钱的菜，你给四块钱的菜，我找市场管理处告你。可能很多人并不愿意给你五块钱的菜，只是不得已，可能有这种情况。成年人的等价交换原则是在社会控制的基础之下进行的，一旦脱离了这种社会控制，成年人世界的逻辑本性是弱肉强食。我抽你的烟了，不错，我就是抽了，但是我就不带你，我凭什么带你？滚！但是接下来青年再冲上去，要打架了，司机这个时候就害怕了，弱肉强食的逻辑还在发挥作用，司机想，这家伙很厉害，要和我搞事儿，我不想搞事儿。不想搞事就得屈服，这就是成年逻辑、现实法则。我接受你，让你坐，对你好就好到底，我服你了，苹果也让你吃。在我们现实生活中，不是有很多这个状况吗？

我们老是说这样一句话，"不是你改变环境，而是环境改变你"。当你面对强大的势力跟你对抗的时候，你的现实的选择是投入这势力当中去，而不是继续对抗，继续对抗通常没有好果子吃。所以我们都习惯去追寻一种更强大的实力，让某种更强大的实力作为自己的后盾。前两年网络上疯传的"我爸是李刚"，这不就是弱肉强食的强盗逻辑的赤裸裸的表达吗？我爸是李刚，公安局局长，你把我怎么着？这个话不喊出来可能会发挥很大作用，有些话属于潜规则，不喊出来可能发挥作用比较大，喊出来之后，被大家盯住了，可能就不好起作用了，这种现实的原则其实凸现出来了。到后来，到司机再遇到这种问题，又修车，有人去抢苹果，这时少年还没有长记性。你注意，一个人从天真的儿童少年成长为一个世俗、势利的中年人、成年人需要多少漫长的、曲折的过程啊！这个少年还没有醒过劲，还没有把逻辑关系理清楚，他觉得俺俩是哥们了，人家对我够意思，让我坐他的车，他苹果被抢了，那我能不去帮忙吗？我得上。现实原则是什么？咱俩是朋友没错，但是关键时刻，有好处的我可上，没有好处我就不上。最近网络上刚刚报一个消息，两个出租车司机平常是把兄弟，称兄道弟，一块买彩票，结果一个人买彩票中了 600 万元，出问题了，一个司机说，你明明借我钱说咱俩一块买的。这个司机说，我自己买的。现在打官司呢。这就是成年逻辑、成年法则，平常都很好，关键时刻、利益攸关时刻，可能就要撇清楚了。这个少年他还属于儿童思维，就觉得要够义气。他可能没有意识到，那个司机拉他是不得已的，他（少年）觉得你对我好我也得对你好，还是等价交换，然后被打了一顿。接下来那个匪夷所思的情节更具有现实意味，司机不但不去阻止别人抢他的苹果，而且还抢少年的书包跟着那群人跑了。那你说这个司机疯了吧？没疯，司机的行为就反映我们现实社会中一些人的原则。

就像刚才所说的，我们把这个状况挪到现实中的话，其实就是这样一种状况，你这个人，你的利益可能和一个强权者的利益构成冲突，接下来，强权者要保护他的利益，要对你进行打击，这时候你还有朋友替你出头对抗强权者，你会怎么办？你还很明确地知道一个结果，你的朋友去对抗强权者已经遍体鳞伤，死无葬身之地，你要上去的话也是一样的下场和结局，你怎么做？现实法则是投降。我干不过你，你虽然对我进行欺压，你剥削我，打击我，如果我打不过你的话，我还认你当头，你就是我的领导,你打我是应该的,我跟着你混。现实中很少有人会去"宁为玉碎,不为瓦全"。

我们这样解读的话,你会发现,余华的小说它不正是通过少年出山的一系列经历,不正是写出了一个青年人走向社会的过程当中所遭遇的那种现实社会逻辑和法则,以及对个人生命精神的一种重大冲击吗?当然了,问题的关键在于,每个少年人在这个过程当中都已经把这种血肉模糊的伤痕淡忘了,你在这个现实法则当中,你生活得越久,你越忘记。现在还有一个很现实的问题,现在年轻人成熟得越来越早了,不到十八岁了,十几岁都是人精了,都知道什么事儿该怎么做了,很自觉地、很主动地融入成人社会逻辑法则里面去了。

这种成人逻辑法则我们平常其实就生活在其中,但是你其实原来都觉得它是正常的,你觉得它是合理的,没有发现它里面的荒谬性,你没有发现它里面不合理的地方,你觉得这都是自然的,生活就是这样的。可是作家用他寻找陌生化的眼光发现了这里面不合理的地方,而且又用陌生化的表述方式给你表达出来,这个时候它就会给你美学震惊。从美学上感觉我无法理解,无法理解就想象去吧,你可能想到很多东西。我们搞文学的都不太喜欢一个词,叫传统的现实主义,传统的现实主义特别强调什么呢?这种小说我们平常无法接受,但是传统的现实主义是什么东西呢?它往往是更加强调对现实表象的模仿,例如张三花了两块钱买了一斤豆腐,你说,真实啊,一斤豆腐就是两块钱。他要是说张三花 500 块钱买了一斤豆腐,你会说这是虚构的。你可能光抓这个东西了,他可以把这个现实描绘得很"真",但是如果把没有发现任何真相的现实生活给你搬出来,就会像新闻故事一样。

我们看新闻故事,都在给你讲述这么一个事情,然后特别真,但是它能带给你什么东西呢?什么也不能给你。看上去很真实的事情,可能背后有很多东西。过于强调对现实表象模仿的小说,可能并不是真正的现实主义。像这种余华的小说《十八岁出门远行》,从表象上看,从叙事技巧上看,好像和现实主义离得很远,但是从精神上来讲,你会发现它表达出了一般的现实主义小说所没有的、所不能表达出来的东西。有些时候它是这样一种问题,什么问题呢?我刚才已经说到这样的话,你余华有这种想法,你用那种表达方式表达出来不是更能理解吗?不是。我刚才说过那句话,大家可能不是很理解,确实是一种情况,这是另外一种学术讨论的话题了。我们的日常话语里面,我们日常语言里面都是有意识形态的,都是有固定的意识形态思维方式的。你用这些既定的语言表达,有些东西你表达不出来,你很难把它清晰地表达出来,这是一个很现实的问题。因为那个既定的思维方式就会直接控制语言,控制你的思维往那个方向走,你没法去表达这种独特的感觉。在这种情况之下,没有办法的事情,就是你去寻找一种新的美学表达方式,这种新的美学表达方式带给大家一种新的美学观感,带给你陌生化的感觉,从而引发你的思考,从而对作家所要表达的东西有一个更深的理解。

话又说回来了,刚才我对余华的《十八岁出门远行》的解读未必正确,可能还有其他的解读方式。就是你结合你自己的生活经验,你可以从其他角度去解读它,这是可以的。我们现在的评价标准是作品出来之后和作家没有关系,作家不是最权威的解读者,你可以凭你的经验去解读,关键是它能带给你一种什么样的阅读感觉,让你想到什么东西。中国古代画妙在似与不似之间,好在什么地方呢?又像又不像,这样就让你的思考、让你的思维、让你的想法不断发散,不断延展,从而带给你更多的思考的空间。

对余华小说的解读是我个人的解读,你觉得有道理就有道理,你觉得没有道理,可以有别的解读,你可以按照你的解读方式来。好的小说是可以让你从不同的角度、从不同的方面进行解读的,它不需要带给你一个固定化的、程式化的思维方式。小说就是要告诉你更多的想法,让你想起更多的东西,这个陌生化就是文学表达者的一种很主动的选择和追求。

现在作家很强调对叙事文学性的强调,就是一个作品,怎么样是文学?同样是讲述一个故事,新闻和小说有什么区别?新闻都是讲故事,现在小说一个很大的困境就在于现代传媒的发达。为什么？现实生活中我们都是需要故事的。我小的时候电视在农村还没有普及，我小时候的娱乐方式就是听老人讲故事，一群小孩找一个老头，听他讲故事。听故事是人的天性，在印刷传媒时代，小说充当了这种功能，到了现在这个发达传媒时代，无所不在的传媒已经把故事泛化了。我们现在是泛故事时代，到处都是故事，看报纸，每一个新闻都是一个故事；看电视，都是故事；看网络，到处充满骇人听闻的故事。故事太多了，你没有必要去小说里面读。

现在问题来了，故事和小说有什么区别？一方面，小说应该表达出那么一种作家主动追求的东西，有那种有意识的追求，这是在表达指向上。另外一方面，文学性。就是你这样的东西作为一种文学作品，作为艺术品，你这个艺术的特点在什么地方？你相比较一般的叙事语言，你文学性的特点在哪里？小说文学作品是语言的艺术，好的作家，在语言上都一定是很讲究的。差的作家，一般的作家语言就不行了。好作家看语言可以看得出来，像我们河南的作家刘震云，他前两年获得茅盾文学奖的作品是《一句顶一万句》，里面充满饶舌的句子。比如张三恨李四是因为买肉，其实张三恨李四也不是因为买肉，而是因为买肉的时候李四的媳妇说了一句什么话，其实也不是因为李四的媳妇说了这样一句话，而是因为……它不断地绕，它点出了生活中的复杂性。这个语言很有特点，艺术性出来了。好的小说都有自己独特的艺术感觉。

现在的文学作品，有意识地做了这么多的选择，这是好作家做的，一般的作家不行。我接触的作家很多，普通的作家，还有很多作家观念相对滞后，还在像过去一样写简单的故事，这个很成问题。好的作家表达出这样一种东西之后，可能对我们普通读者来说是一个巨大的阅读障碍。一方面，我们处于电子媒介时代，到处都是图像影像，故事读得很多了，阅读方式也已经固定化了，现在突然跳出这样一种东西，你可能觉得难以接受。在某种程度上，我现在也一直认同这样一种观点，在未来，纯文学的精英化是一种不可避免的选择，必须有一定文化水准。你有一定的文化水准了，然后你开始喜欢上文学，喜欢那种智力的游戏，然后你会去选择这种东西。文化层次相对低的读者，你的故事的满足在于网络、电视、新闻，这些已经完全满足你了，你就不会去寻求小说了，这也是小说今天面临困境的原因。总的来说，小说在当下面临这样的困境，是时代原因。技术的变化、时代的变化带给很多东西一个巨大的变化，比如说画画，画画艺术很抽象，看不明白，像毕加索的画看不明白。过去的画多有特点，画一个老虎栩栩如生，问题是现在有照相机了，你再画得栩栩如生能有照相机照的真吗？这个时候就不能追求形似了，在现在技术的冲击之下要追求一种神似，追求一种现代技术不能表达的东西。所有的现代艺术，它都要受到技术的冲击，在现代技术冲击之下，它必须寻找新的表达方式。像电影院，小时候我们看电影，现在电视都普及了，电视越来越大，很多情况下还可以插 U 盘、联网，大片什么的都可以看，你电影院起什么作用？电影院它也不断调整自己，从技术上搞 3D（现在电视机也 3D 了）；另一方面它屏幕大，有视听震撼。还有很重要的一个东西，约会场所。它给你提供一个社交空间，这是它很重要的意义。男女两个人谈朋友，你说现在有一个新大片，到我家里看电视吧？这不合适吧！现在有一个新大片，咱们去看电影吧！它提供了交流、约会空间。其实你要看什么片子的话，你哪有自己在家里拿着遥控器看舒服啊！技术对一切都构成一种冲击，小说毫无疑问也在被冲击之列，在冲击之下，小说艺术在发生变形，这个变形又和我们传统的阅读感觉不一样，这就导致我们的小说和普通观众、读者之间距离有一点远。普通读者不理解的地方就觉得小说出问题了，小说确实出问题了，但是读者本身可能也出问题了。

我们再回到诺贝尔文学奖上来，莫言获得了诺贝尔文学奖，我们之前抨击中国作家、中国文学是垃圾，现在诺贝尔文学奖拿回来了，是不是中国文学就开始很厉害了呢？其实也不是。诺贝尔文学奖的确非常重要，但是它并不是文学唯一的、权威的评价标准。很多影响文学史的大作家，或者殿堂级的、诗史级的大作家都没有获得诺贝尔文学奖，比如说大家熟知的托尔斯泰、陀思妥耶夫斯基、普鲁斯特、乔伊斯、卡夫卡、博尔赫斯等等，这些人都是深刻影响世界的作家。像卡夫卡，卡夫卡的《变形记》开篇第一句话，"葛里高利一觉醒来发现自己变成了一只甲虫"，在卡夫卡之前没有人这样写小说，是卡夫卡开辟了这种小说的写作道路，对世界文学影响巨大，但是卡夫卡没有获得诺贝尔文学奖。莫言获得诺贝尔奖了，但是莫言相比这些人，还不在一个层次上。这么多重要的殿堂级的、宗师级的大作家和诺贝尔文学奖失之交臂，说明什么？不能说明他们水平低，只能说明诺贝尔文学奖有问题。有人做一个分析说，诺贝尔文学奖只给二流作家颁。当然了，这个话也有一点过于偏激了。

西方有一个文学表达方式叫意识流小说，就是整体来说，传统小说都是描写行动，像中国的《水浒》《三国演义》，光写他怎么说怎么动，现在先小说怎么想开始写的多了，意识流小说完全都是他怎么想，完全是意识流动，一部小说就这么流完了。像乔伊斯是最经典的作家，他的小说《尤利西斯》翻译成中文是这么厚（手势）的三本。假如说开始是这个叫布鲁诺的中年男子凌晨五六点钟从家里出门，小说结尾时是他深夜两点回家。不到24小时，这么厚（手势）他写了三本，怎么写？意识流动。我们很多无意识乱联想的时候思维就是这样走的，遐想的时候就是这样走的，从一个触点走到另外一个触点上。乔伊斯是这方面写作的最权威的，但是没有给乔伊斯诺贝尔文学奖，给了美国的小说家福克纳。福克纳也很伟大，莫言就深受福克纳的影响。

可以这样来讲，诺贝尔文学奖是在全世界范围内影响力最大的一个奖，但是作为小说家来讲，权威的奖还有很多，像英国的布克奖，它在公众之间，在普通读者这方面影响力不是那么大。我们可以说这个奖非常重要，影响很大，但是我们并不能说你获得了这个奖了你就比别人高多少。比如说莫言获奖了，在我看来，在中国当下作家里面，比如说刘震云，他的《一九四二》《手机》《我叫刘跃进》等作品都非常不错，他是与市场结合的比较好的作家。刘震云、贾平凹、阎连科、王安忆，我觉得基本上和莫言是一条水平线上。因为中国有一条古话说得很好，"文无第一，武无第二"。武谁第一，谁第二，我说我第一，不服咱俩打，打三天三夜，不行的话打四天四夜，总要有一个人败下来。文没有办法比，你说你写得好，我说我写得好，怎么比？没法比。大致来说，这些人的水平都差不多。并不是说莫言获奖了莫言就是中国作家里面水平最高的，不是这样的，他只是这一个群体当中的一员，顶尖作家当中的一员。大致的判断，这么一拨人水平明显比其他人水平高，他是这一拨人中的一个。这并不能说明中国文学一下就很高了，一下领先世界了，并非如此。我们不能说因为中国没有作家获得诺贝尔文学奖中国就落后于世界了，我们也不能说中国获得诺贝尔文学奖了就领先于世界了，就是一个大致的水平线。

我们对诺贝尔文学奖也要有一个清醒的认识，我觉得中国人太荒诞了，莫言获奖了，他的旧居的墙皮都被抠光了。大家跑他家里旅游，把墙皮都抠抠，你说你抠墙皮干吗呢？再说了，莫言家有什么好看的，他家在农村，全国到处都是农村，你非得跑那儿看，有什么意思？莫言自己也说，现在太累了，天天都是采访，希望能给他个平静的空间进行写作。原来没有人理他，现在大家都去找他，这也是很荒诞的一个事情。

莫言他应不应该获奖呢？我觉得他也有这个水平。因为我这些年在系统地阅读获奖作家的作品，我觉得中国作家也都在这样的水平层次，水平不低。但是也必须指出，莫言他们这些人也并不是像马尔克斯、卡夫卡那样一种开一代文风的宗师级的作家，远远达不到那个水准，所以莫言获奖并不意味着中国文学比以前强了很多。

客观上来讲，中国很多作家并不是很自觉，写作时不是很清醒，他的水平比读者高不了多少，这会影响作家的写作。客观上来讲，我们虽然获奖了，我们也要对中国文学保持平常心，还是那样，和获奖前没有本质的变化，获奖前和获奖后一个样。它的价值在什么地方？价值在于说明了中国当代文学在经过几十年的追赶之后，已经赶上了世界文学的脚步。

新中国成立之后，从1949年一直到1979年，中国多处于闭关锁国的状态，文学的整个观念都很落后，随着改革开放，我们文学思想各方面开始大跨度地往前进。经过这几十年进展，我们已经赶到了世界前列，赶上了世界文学的脚步，它说明了这个问题，这是它的意义。

这个意义还在于缓解了中国读者、中国作家的诺贝尔焦虑症。读者一焦虑,作家没有办法,也只好焦虑了。他说你垃圾,你说你不垃圾,那你拿一个诺贝尔奖! 我在很多场合和作家交流,他们常常不自觉地谈到诺贝尔文学奖,说西方对我们有偏见,现在不再提这个话题了,大家可以安心地去写作了。我们也必须承认,它客观上有这些东西,对中国文学界它也并不是一件太大的事情,因为它并不能证明太多的东西。

    关于这节课我们就说到这儿,谢谢大家!

主讲人：孟宪明，毕业于河南大学中文系。现为河南文学院一级作家、民俗学家，河南省儿童文学学会会长，河南民俗学会副会长，河南大学文学院兼职教授。多年来致力于文学、影视剧本创作及民俗文化研究。著有长篇小说《双筒望远镜》、《大国医》等 4 部，影视剧本 20 多部，专著 3 部。其作品多次荣获国际、国内大奖。

时　间：2013 年 2 月 24 日
地　点：河南省图书馆研议厅

中国民间的经典话语

谢谢！姑娘（主持人）刚才说今天是元宵佳节，这是一个很美好的节日，都要闹元宵，是一个最热闹的时候。在这样一个时刻，各位先生、各位女士和朋友们来到这个地方听我来讲"中国民间的经典话语"，我感觉这是一个很有意思的话题，也是一个很有趣的事情。去年的时候，我在这里讲"民间的智慧"，讲回来一大群朋友，他们给我打电话，询问、讨论这些事情。

我感觉在我们中华民族五千年的文明史上，我们说过无数的话语，没法用火车拉，也没法用船来装载，因为太多了。但是，这么多话语里面，哪些话语是最经典的？在我们一生中说的很多话语里面，我们要挑出来很经典的几句话，这几句经典话语是什么，对我们有什么意义和价值？这是我多少年一直思考的问题。我们现在习惯于说"经典"，什么叫经典呢？咱们考虑一下。咱们经常说"小和尚念经，有口无心"。他念的是经，这就是说"经"是可念的。另外，经还可以挂起来。"经"应该这样理解，现在说的《诗经》、《尚书》叫书经，《周易》叫易经，伊斯兰教有《古兰经》，基督教有《圣经》，佛教有《佛经》。这个"经"必和我们能看的书本连在一块，我们知道经是固定的。什么是"范"呢？什么是"典"呢？"典"就是典范的意思。看作典范的书叫经书。

我说如果我们这样界定的话，民间的话语没有记载，它不写，那么它是不是经典呢？这好像就违背了我现在这个定义，我认为它也是经典，它叫"不经之典"。比如说蒸馒头，这个肯定不是经典，但是据我考证，在北宋的时候，蒸馒头的技术跟今天就一样了。用经典的办法蒸得馒头好吃，现在在大街上买的馒头不好吃，我一看家里从大街上买的馒头我就不吃。为什么呢？因为不好吃。这个经典有的是大的,有的是小的,我感觉咱说的民间的经典都属于"不经之典",没有记载,但是它是经典。

我认为经典有三个层次,一个是人人皆知是经典,比如《四书五经》、《古兰经》、《圣经》等;还有一些经典不说不知道是经典,我要不说你不知道是经典,但是你一直在用,比如说很多佛教的一些经典,《心经》啊,很多人不知道《心经》,还有很多类似的经典,你不知道它是经典,这是一类经典,比较专业;还有一种经典就是我说的,经典到不可以当经典来使用的经典,但是天天都在使用,我称它为"超越经典之经典"。我还卖一个关子,暂时不说我今天讲的"民间经典话语"哪些是经典。

经典具有四个特点,如果没有这四个特点,它不能称为经典。

第一个特点是什么呢?"短"。经典很短,好记。我告诉你,你很快就能明白了。这个咱们现在用经典用得太多了,比如说盖房子,叫经典房,这是借用、套用、或者比喻,这可以,但是不能这样说。我们做文学,经常出一套书,叫"经典名著",我认为这个话细细考究也不对。它是名著,但是不能看作经典。为什么呢?咱们以《红楼梦》作例子,《红楼梦》肯定是经典了,我们都说它是经典名著。因为文学是个特殊的门类,我当作家我知道,在所有"家"中间,作家是比较难当的。比如说要当歌唱家,胡松华唱《乌苏里船歌》,一首歌唱赢了,唱一辈子。胡松华要站在今天我这个位置,大家一定鼓掌让他唱《乌苏里船歌》,为什么呢?这是他的经典。一个画家,徐悲鸿、黄胄、齐白石,他们画马、虾、驴,画一辈子。但是一个作家不行,一个作家写一本书就得改一个样子,如果你这部小说写完了,下一步还跟着这个写,那大家就诟病你,说你这个作家江郎才尽了。《红楼梦》我们只能看,只能学,但是没法当经典。你要照着它一些,那是模仿,立即就知道了,所以作家难当。我对我孩子说,你别当作家,作家不好当。比如说人家卖小凳子,人家做得好,你悄悄学学他,不要紧。但是就文章不能学,我承认它是名著,但不能看作经典。经典是可以学的,可以让大家越学越光荣,你照着做,大家都说你对,这叫经典。它有一个特点,我刚才讲了,经典都短,所以《红楼梦》那么长,怎么能当经典呢?

还有一个特点,经典很"长"。经典"长"指历史长。现在出了一套小说集,叫《新经典》,我说他就不脸红,要是过去兴打板子,先把你拉到大堂上打一顿板子。你怎么能叫《新经典》呢?经典必须经过时间的考验,很长一段时间来考验,大家认为它好。所以经典有一个特点,就是要时间长、历史悠久,被认可。

经典还有一个特点,"少"。什么少呢?它讲的内容少,一下盯住一个但谁都明白,它说完了你就知道它讲的什么意思,是你关注的比较重要的事情。

经典还有一个特点叫"多"。这四个特点正好反着,经典长、经典短、经典多、经典少。哪个地方多呢?注解很多,只要是经典,注解就很多。比方说《诗经》有305首诗歌,它的注解就远远比它多得多,汗牛充栋。我们如果把《诗经》的原著和它后来的注释放到一块做对比,一比一百都不止,今天还有很多人在研究《诗经》。它的多是注解很多。

你想一想,如果有一句话,千百年来有千百万人说了千百万次,你说这句话能是小话吗?肯定是大话。如果有一件事,千百年来被千百万人做了千百万次,这个事儿能是小事儿吗?一定是大事,谁都躲藏不开的事儿。

关于经典的话我找了好几句,我今天讲一句,哪一句呢?"吃罢了吗?"这是我们民间的经典。我说这个大家可能会笑,你要这样讲就没有不经典了。这个话很经典,经典到什么样子?我接着讲。

我上大学四年级的时候,我有一个小师妹想跟着我到我家去,她是城市人,我是乡村人,她没有到过乡村。她就说,你能不能带我到乡下去?20世纪70年代末,80年代初,我们乡村还是很穷的,她一个城里姑娘到我家去,我感觉对我是一个"伤害",我也不能说不让她去,那样有失厚道。我对那个姑娘这样说,你到我们家去,我们那个地方的人很俗气,一见面就问吃罢了吗?你碰到一个人他就这样问,碰到 20 个人就问 20 次,你能受得了吗?那个女孩说,我们那里也这样。没有吓住她。我接着说,我们那儿比较脏,那个大粪堆就在吃饭的饭场上,我们都蹲在粪堆上吃饭。她说,这个很好玩,没有见过。坏了,又没有吓住她。

她长得那么漂亮,我就说,下了公交车到我们家里还有八里路,有六里路都是玉米地,那个玉米的叶子像长刀一样,毛毛的,然后呢,你要从那里钻六里地的玉米地,你身上就会被玉米叶子割得像斑马一样,一块红一块紫。这个女孩说,没有别的路可以走吗?我说,没有。她说,那它不割你吗?我说,我们都被它割惯了,它割不出印子来了。她犹豫了一阵说,那我不去了。我把她打赢了。

到了后来,我已经得了国家几次奖了,我和写《外来妹》的编剧待在一块,她是南方人,是女同志。一听我是乡村的,她下过乡,她就说,宪明,你能不能带我到你的老家去看看?她这个提法一提,我不敢说不行,因为我的书都是她责编,我不能得罪她,但是我真的不想让她去,她去了之后我会有很多麻烦。但是河南人是厚道的,我又不能失厚道,我就说,你要到我们家,你要耐住三条。她说,你说。我说,第一,要耐得住俗。你见 20 个人,20 个人问你吃罢了吗?你要不停地回答这个问题。她说,我们广州也这样。又没有吓住她。我说,我们那个地方很脏,我又把这一套说了说。她说,我下过乡,我知道。她说,能有多脏呢?我说,一个驻队干部到我们村里去了,我们村里人说,到我家去吃饭吧?他说,行。这家只有一个人,是个"光汉条"(光棍),他一看驻队干部来了,他下好面条就把筷子拿出来,夏天很热,在胳肢窝里一夹,那个人不敢接,嫌脏。他又拿住在嘴里过(舔)了一下,然后说,给你。他就这样把驻队干部吓走了。她说,你说的这是湖北吧!我下乡就在湖北。坏了,又没有吓住她。她说,这些尴尬事儿多少年没有见了,遇到这些事儿还很好呢!她是作家,感觉新鲜呢。我又对她说,我说我们那个地方特冷,不像你现在在北京,北京再冷有暖气。她说,你不是在北京南边吗?我说,错一千里。她说。那有多冷?我说,你那儿有暖气,我们乡下什么都没有,就有冷。冷到程度呢?我给你说说,我上高中的时候,我们 23 个男生住一个铺板,夜晚睡觉太冷,我们每天晚上有一个值日的,从水管里接水。大家睡好了以后他往我们被子上面泼水,泼完我们立即冻上冰了,我们都钻在冰下睡觉。我说,你没有在冰下睡过觉,那是很暖和的。她说,那要不出气怎么办?我说,不会不出气。我们每天早晨起来,出气那个地方冒两股蓝烟,23 个男生,46 股蓝烟。她说,最后那个人他咋办呀?我说,你真聪明,你能想起最后那个人。因为他最后端一盆水,大家都睡下了,剩下他自己,他往头上一倒,钻到被窝里面去了。她想了想,可兴奋。我心想,坏了,这回她肯定跟我去。结果她说,我还是到夏天去吧!结果把她吓走了。

我吓这两个女生,我发现吓走她们的都不是因为俗,都不是因为"吃罢了吗",把她们吓走了,都是因为另外的原因,也就是说"吃罢了吗"这句话是全国都说,不可能吓住她。

这样一句话,你咋知道它说了千百年?比如说有人站起来给我考证,说,孟老师,你说经典要经过历史考验,这句话究竟说了多少年?"吃罢了吗"这一句话是哪一年开始说的,离今天有一千年、两千年,还是三千年的历史,你能不能给我说说?你如果提这样的问题,我认为提得很好,因为我也在提,我一直想找这句话先从谁的嘴里说出的、从哪个年代、谁先提出来的。我一直在想,说实话,我到现在也没有找到,因为古书没有记载,可是我还是找到了它的源头,我认为它至少在一千年以前就说,两千年以前就说,甚至三千年以前就说。

你知道吗,朋友们,咱们今天坐在这儿,我来这样讲话,大家听,这种情况至少在三千年以前就决定了我们今天这种说法的方式,只是它不能决定我们今天讲话的内容。我们作为今天的一个人,事实上我们身上被很多东西所左右着,我们并不是想说什么就能说什么,想做什么就能做什么,都不是。因为我们受文化的左右,我们被它严格地界定着,它只能这样说。

我曾经在 2003 年"客家万里寻踪"的时候到福建的永定县客家土楼,我在这个地方发现了我们河南所有的一种风俗,我才知道我们这种风俗至少有一千年以上了。我用这个证明一下我们话语的悠长,当时在河南有一个风俗,把道路的"道"下面拉这一横,像走之底一样,当成子丑寅卯(地支)

当中的"酉"上面的一横,这两个字连写,贴在我们的柜子上。我小的时候我爹说,今年纸张买得比较少,多写几个"倒酉",再多写几个小"倒酉"。这个"倒酉"是什么呢?就是道路的"道"跟下面连着的子丑寅卯(地支)中的酉加在一块,叫"倒酉"。河南很多地方都贴。小"倒酉"是什么呢?比方说写一个字,写一个"吉"、"祥"或"春",这样就叫小"倒酉",就是一个字。严格来说,这个"福"也属"倒酉"的范围。什么叫"倒酉"?我追寻了它十几年,我不知道,我已经猜到它的意思了,但是不能证实它。我为啥猜到它的意思了?因为"倒酉"的"酉"对着十二生肖的鸡,"倒酉"就是"倒鸡",这个"鸡"的音和吉祥的"吉"是一个音。"倒鸡"就是"倒吉",就是春节粘贴在显著的位置,告诉我们是向你祝福的。

我到了永定县客家土楼,陪我的老先生70多岁,他告诉我,我们客家自己认为还是很高贵的,所以我们来到这个蛮荒之地,我们的祖先要求我们一代一代地要严格保留着我们的风俗,爷爷的爷爷怎么做,孙子的孙子还怎么做,一点不能改。我去的时候,我指着他们贴的东西说,先生,这叫什么?他说,这叫"倒酉"。我当时非常感动,因为这一家人姓江,是江万里的后代,江万里是南宋的宰相。他家是太康的,我家是豫东杞县的,太康和杞县离得那么近,他们走了900多年了没有回来过,却严格保留着900多年前的风俗。我们呢,没有离开故土,我们也保留着900年前的风俗。

贴春联说是从五代的孟昶(chǎng)开始的,现在我看不是。因为"倒酉"是一个文字游戏,文人的文字游戏如果能被民间广为接受、流传,在那个信息不发达的年代,没有一百年二百年是不可能传播得全国都知道的。我就发现,我们的风俗,我们的老百姓的口语中的东西,是最历史化的东西,它是历史的化石。

我在方言里面读到一字叫馘(qiān),秦汉时代,在战场上杀对方一个人,把他的头割回来,在马上带回来,要请功,证明自己斩首多少,叫馘。后来杀人太多了,怎么办呢?割耳朵,规定只割右边的耳朵。拿回来之后,他们拿一个假头放在那儿,拿耳朵比一下,如果两个耳朵都割回来,一比就比出来了,这个要罚你的,这个割耳朵的行为也叫馘。

我在乡村长大,经常见到这样的描述,冬天的时候老鹰撵兔子,我们经常见到它们搏斗,我们是这样描述的:老鹰到那儿就把兔子的眼睛给馘了。生产队的队长这样喊,"男劳力砍蜀黍,女劳力馘蜀黍"。砍蜀黍是把高粱砍倒,高粱穗那么大,要一个女劳力拿一个刀把它的头割掉,叫馘蜀黍。两千年了,这个字一点没有改变意思,并且还在用。

后来我明白了一句话,事实上这是军事术语放在了老百姓的生活话语里面。就像我们今天说的"打一场城市卫生的人民战争",实际上借的是军队的术语。我要老听到这样的词,我就知道战争刚刚结束不久,因为他老用战争做比喻。我们今天的一些话语,事实上是很久以前就有的,我用这两个例子来说,"吃罢了吗?"这句话估计有两三千年的历史,一点点都不多。

现在说上了大学、上了研究生就很有文化了。文化是有病毒的,并且文化的病毒很大。文化最大的病毒就是谎言。比方说咱们一见人说"你又变年轻了,你用什么办法了?"不可能又变年轻了,今年比去年还年轻,这不可能。但是人们不愿意听说自己变老了,那样听了会很生气。有一次我参加省里一个会,有个记者看见我,老远就跑过来说,孟老师,你咋老成这样了?周围的人说他,哪有这样不会说话的?因为我已经有免疫力了,我说,他说的是实话,只不过他太激动了,表述有一点问题,不符合礼仪。我说,你都从孩子变成青年了,我怎么就不能老呢?大家说,你的回答很好,你变相也说他老了。是啊,他从孩子长成了青年,我怎么就不能变老呢?我们的文化是有病毒的。

再有一个,老子早就说过,"信言不美,美言不信",就是说好听的话都不准确,准确的话都不好听。

再说文化的"文",鸟身上的漂亮的叫"文";风一吹那个水纹叫"文";色彩鲜艳的叫"文",文化要把美好的东西画下来,让大家知道美者为美。这样一来就出问题了,老百姓经常说,你姓啥?我姓张。这是他们两个人的对话,文化人就不这样问。贵姓?免贵,姓张。三句。你姓啥?我姓张。

六个字,两句话。实用的东西和文化的东西有差别,所以说文化它身上有很多东西。我们作为文化人,如果你老信书,你就是小文化人,你要穿透书本,你看那些大家们,就不把书当回事。两千年前孟子就说了,"尽信书不如无书"。我也是在20年前发现,我很多朋友都写书,他自己都是一个糊涂孩儿,自己话都说不清楚,他还能写本书送给这个送给那个。我就开玩笑,这书不能读,只能放起来,如果哪一年纸张涨价了就拿出来处理掉。为什么呢?他自己都糊涂,他还写书,你越读他的书越糊涂,所以不能太相信书。

我为啥说很多话语是多余的呢?这样说有点刻薄了。我教过小学一年级,小学一年级的课本这样说,"春天来了,温暖的阳光照耀着大地,冰雪融化,小草发芽,果树开花",我一遍就记住了,这文章写得多美啊!但是你想了没有,这都是废话。春天来了,温暖的阳光照耀着大地,那冬天温暖的阳光照大地吗?春天来了,肯定是温暖了。小草发芽、冰雪融化、果树开花,你不说它就不开花、不发芽了吗?这都是说的废话,但是好听。如果我们刻薄一点考究的话,很多书简直没法读,但是它是好东西。文化的缺点导致了另外一个问题,最重要的事情常常脱落掉,因为它老是追求一种美的、有文化的东西、变形了一点的东西、被修饰了一点的东西,重要的东西它忽略掉了。

忽略掉了哪个最重要的东西呢?人性,人性常常修改文化的缺点和不足。为啥爱读小说呢?小说是从人性出发。比方说你是理论家,你研究了很多东西,你把很复杂的东西、谁都说不清楚的问题你说清楚了,一篇文章说清楚了,大家都鼓掌,都说这道理说得多透彻啊!这时候来一个小说家,他又给你讲一个故事,大家又被讲糊涂了。小说家的本事是把你清楚的弄糊涂,理论家的本事是把你糊涂的弄清楚。小说家就弄这个,他从哪个地方把你理解的东西,把你认为是真理的东西给你弄糊涂了呢?他就是从人性出发来说,可见人性就是修饰文化的。人性关注什么呢?吃。你说俗气不俗气,俗气地很,但是吃是人生之大欲。

我小的时候,我爹娘都说过这样的话,你说你饿了,他们说,你睁开眼就是吃,睁开眼就是吃,你会干什么?后来,我长大了发现,他这句话不对,岂止是睁开眼就吃啊,不睁眼就吃。小孩刚生下来的时候都不睁眼,但是一生下来就找奶头吃。我小时候养过猫、狗、兔,刚刚生下来的小的都不睁眼。我们说"那人能的狗瓣眼",我们要把狗的眼睛瓣开,如果不把狗的眼睛瓣开,超过这个时间狗眼就瞎了,据说是这样,但是我没有见过狗瞎眼的。大人教导说,狗瓣眼。"狗瓣眼"不是狗自己瓣,是你给狗瓣,要把狗的眼睛瓣开。我养过小兔,小兔的眼睛不用瓣,它长到第五天的时候自己睁开。小孩的眼睛开始生下来,有人说,这小孩眼睛瞪得很大,你很惊讶,他一生下来会瞪着眼睛,一般他也不睁眼。所以说不睁眼就会吃,这叫人生之大欲。

我们人生还有大欲没有?有,性。但是性没有吃重要,吃是没有睁开眼就吃,一直吃到自己睁不开眼了才结束。性不同,性是到青春期,到了一定时候。这么重要的事情,你见过谁写过一本《食经》没有?告诉你怎么吃,吃得怎么好。很少有,顶多现在叫食谱,弄上几个怎么炒菜什么的。现在食谱很盛行,你坐公交车,老是播放那种视频,你坐一路他菜炒了好几盘。为什么呢?说明吃很重要。人们开始关注这个了,但是没有《食经》,这就是说我们的文化对这个东西关注得不够。

色、性有没有经典呢?有。在座年龄大的比较多,是我兄长的比较多,咱们很多人看过道家的《素女经》、《玄女经》,它主要是研究性的。道家有一个很重要的流派,重要的内容就是做这个。性为什么值得研究呢?因为它牵扯到传宗接代。中国人很有意思,我刚才说中国民间经典的时候说了"吃罢了吗",这是一句经典。还有一句经典很重要,就是一见面就问你,"你跟前几个?"他问你跟前几个不是问女孩,而是问男孩。我现在从城里回到老家,我家里的老同学、老朋友一见面就问,你跟前几个啊?都在哪个地方啊?"跟前几个"就是性。当我们的经典作家,像孔子、孟子用书写下来教育一代人又一代人的时候,我们的民间呢,把它挂在嘴上,一见面就问"吃罢了吗"。孟子说,"食色,性也",人的本性两件事。老百姓呢,见面问"吃罢了吗",再见面问,"你跟前几个",这样的事情,绝对是我们民间的大智慧,它把经典通俗化到不是经典的程度,让你以为俗气得很,可是却是我们的经典。

现在咱说到它俗气,但是它的价值和意义比我们今天问候得好。一见面就是"你好"、"你好"、"嗨"、"嗨",这都是啥东西,简直不是东西!我一听到谁给我"嗨"我就烦了,你"嗨"什么啊?这个"嗨"可以换成很多种,你说"哼"也行,大家只要认为这是问候,没有我们这个"吃罢了吗"温馨。

这句话注解很多,它符合经典的要求。我不是说它少吗?"吃罢了吗",一句话把问题说清了。还有一个多,注解很多。我给你说说它的注解有多少。"民以食为天",第一个注解。第二,"千里去做官,都是为了吃和穿"。厉害啊!还有,"娶妻娶妻,吃饭穿衣","嫁汉嫁汉,穿衣吃饭","开门七件事,柴米油盐酱醋茶","酒肉朋友,米面夫妻"。这都是注解啊!

我再说一点,"有奶便是娘","能吃能喝是好汉",还是说吃。再说,"十个胖子九个富,剩下一个没屁股",还是说吃,十个胖子里面有九个是富的,就一个没有显示出来那是屁股没有长大。"十个瘦人九个贫,剩下一个有精神"。十个瘦人里面有九个是贫穷的人,就一个没有看出来,那是精神比较好。这些老百姓的话语,你听听,都是这样。

我小的时候干活,那活儿累啊!你累得不行的时候都问你,还能吃吗?能,一顿吃四个馒头没有问题。这就没有问题,就是说能吃能喝不算败。我们古时候说,看看廉颇行不行?"廉颇老矣,尚能饭否?"一顿还能吃一斗米呢,那没有问题。

我们在乡村去瞧看老人,这个瞧看的"瞧"也是古语啊,古得不得了,它有特殊的含义,有尊敬之意,并且瞧只能上午去,不能下午去。现在到医院看病人什么时候都去,这有违民俗。我们瞧看病人,去的时候不问你得的什么病,都问你今天吃了什么。他说,我吃了两个馒头、两个鸡头,又喝了一碗米汤。旁边人就说了,出院吧,在这儿干啥?你能吃这么多东西,那就没事儿。你要是说他这病不大,但是没有吃饭,昨天就没有吃,今天又没有吃,那该说准备有麻烦了。两天水米没有打牙,那就不行了,这说明吃是很重要的事情。

在我们一生中,跟我们最近的、最重要的不是生死,而是吃。我是1955年出生,在我小的时候赶上了自然灾害,那个时候(物资)紧张,我深刻地理解这一切。我常常说,作为一个写作的人,作为一个作家,在经历了水深火热的岁月以后,简直是上帝给了我财富。那时候,我奶奶领着我,她这样说,睡觉吧!床是一盘磨,躺下就不饿。那时候就瞌睡,整天睡不醒。我五六岁时,那时候是大锅饭,要领饭,大家都这样问,领了吗?如果对方领了,声音都理直气壮,领了,领过了。如果说,还没有领,我现在就去。说"还没有"的都是很慌张,恨不得现在就跑到食堂里。

我奶奶带着我,吃什么呢?找到了一种蓖麻子(蓖麻子大家肯定都知道),用一个针穿起来,把我们家的煤油灯点亮,然后在火头上点,烧炸了开始吃。那东西往下流着油,它的肉是白的,非常白,壳是花的,很好看,在我印象中我很喜欢那个东西,小孩拿着可以当玩具。一燎好了我就吃,我奶奶她舍不得吃,我吃了一颗又一颗,吃了多少记不住了,最后开始呕吐,吐得一塌糊涂。我奶奶说,这么好吃的东西怎么能吐呢?她还舍不得吃呢。

后来,有一天我奶奶在大粪堆上找到一个红薯头尖,只有一点点,她就用指甲抠啊抠,把它抠干净了塞到我嘴里,我感觉好啊,就含在嘴里,像吃糖一样,也不咽,睡着了。睡醒以后,感觉嘴里有东西,一吃,哎呀,这么好,是红薯!然后我就一点一点地、很珍贵地把它吃到了肚里。五十多年过去了,我认为天下最好吃的东西就是红薯,并且我对它有刻骨铭心的记忆。我吃过很多东西,记不住,就记住了这个,直到今天,对红薯情有独钟,一看到街上有卖烤红薯的就买几斤,走着吃着。为什么?你潜意识里对这种红薯极有好感,你不知道从什么时候来到了,但是你知道它。你想想,对一个孩子来说,我感觉它很好地培养了我的味觉。要是在现在,那就不是这么回事。

我再讲一些我的感受,比方说我很小就知道我们院里放有一个高粱皮编的拍子,我每天躺在那个拍子上。我们有一棵椿树,太阳从东往西走,什么时候走离那个椿树的时候我们就该领饭了。我就趴在那儿等着太阳走,睡醒一觉,一看,还没有到,接着睡,一直睡到太阳走出这个树。有一天,我过门槛的时候摔倒了,就躺在那儿,我奶奶就说,"春要暖,椿头大似碗",意思是说椿树的头像碗一样大的时候,天就暖和了。那时候还没有到,我躺下起不来,感觉地下的寒冷透过小棉袄一点一点往上走,透过你的肚皮,再透过你上面的小棉袄。在我的感觉里,寒冷这个东西有翅膀,它像蚂蚁一样,钻过去以后它就张开翅膀,在你身上踩一会儿飞走了。等到你能起来的时候,你就趴在拍子上等着。这种东西一生中伴随着你,让你知道吃对你多少重要。

后来我们条件稍好了,我奶奶的做派是什么呢?我们家来了客人,她总是在人家吃完饭的时候悄悄从人家背后再舀一碗饭,哗一下倒人家饭里。干什么呢?人家是客人,我奶奶说。我很恨她,我都想吃,你非舀了之后倒到人家碗里。我奶奶知道我恨她,我奶奶说,自家吃了填坑,人家吃了传名,人家吃了会说咱家好。我说,我要填坑,我不要传名。当时对吃很贪婪。

我奶奶活到90多岁,后来我们家庭状况慢慢好起来,我哥哥是乡村的医生,每年给老太太过生日的时候很隆重,有很多人。乡村的生日和节日是乡村的狂欢节,像我们家,一遇见这种事儿,平时那些邻居们都不怎么说话,说话也都不怎么幽默,但只要两杯酒喝下去,个个容光焕发,豪爽的像梁山好汉,酒瓶子空的越来越多。好了,等空酒瓶子东倒西歪扔一地的时候,我们这些邻居们也开始出现东倒西歪了,有哭喊的、打滚的、吹大话的、拍胸脯表态的,还有的一声不吭,在那儿低着头,你说什么他也不吭,还有的干脆躺在地上不动。一到这个时候,我们就知道行了,家家扶着醉人归。我读李太白写的诗"唯有饮者留其名",我特别理解这句话,为什么呢?有一年,我一个远房的叔叔参加我奶奶的寿礼喝多了,就注定这一场寿礼必留下故事。平时生活烦躁无味,有什么故事呢?我这个老叔喝多了,先是得脑溢血,后来就过世了。我开给他的玩笑,我说,我这个老叔死得还是很值过的,一千多年前李太白都给他写过诗,"唯有饮者留其名"。我们一次又一次说,"那一回他喝得可真多啊"。在我们这个村庄,在我们这一代,多少年还说这一场豪饮,所以说"唯有饮着流其名"。这也说明,吃对于我们过去那个年代是很重要的。

到(20世纪)八九十年代的时候,台商们来投资。我们那儿有很多打仗时到台湾去的,到了八九十年代时候回来了。一说要回来投资,我们乡里面先请,请完了县里面请,然后村里面接过来再请。本来人家来五天,喝了五天,那个人成天喝得晕晕乎乎的,到最后签合同时,人家说,现在脑子都没有想清,怎么签啊?人家走了,我们村里咋说呢,还是没有招待好啊,要是招待好了怎么也要签一个。

后来,我到广州去,广州珠江电影制片厂要拍我的一个片子,要拍的是一个女导演,请了一群女人陪我吃饭,都是写作的、写诗的,她们人多,我人少,吃着吃着她们开始说广东话,我一句也听不懂。我想,我听不懂我就耍赖,我就坐在那儿打瞌睡。我一打瞌睡她们说了,孟先生,孟先生,你咋天晚上一定熬夜了?我说,没有熬夜。她说,夜里没有睡好?我说,我睡得好。那你怎么老是瞌睡?我说,你们说的话我听不懂,我听着像外语,我就瞌睡了。她们赶紧说普通话,说什么呢?她说,你们河南人好喝酒,我们去了不喝多不让我们走,这个毛病是哪个年代形成的,你对历史那么有考究,你考究过这个事儿没有?我听了之后给她们说,中原这个地方,事实上人是厚道的才让你喝酒,酒很少,他希望让你喝。不管怎么解释,对于这些吃饱喝足的人来说,她们根本听不懂。哪有这样的人,你不喝酒让我们喝,你不喝多让我们喝多,认为这是河南人奸诈,不厚道。到今天,厚道变成了奸诈,我也得让她们知道河南有哪些地方厉害,我就跟她们说,你知道吗?我们村后面有一条路,那条路上走过老子、庄子。哇,你咋知道?我说,有考证。

我说,我们那个地方还是这条路,李白、杜甫、高适在汴梁三雄会的时候也是从我们这条路上走的。厉害!我们那个开封,晚上你要跟着我走,晚上10点钟,如果"叮当"踢响一个东西,咱俩都不弯腰,可以打赌,我告诉你,一千年以上。那么厉害!如果你坐飞机在凌晨3点掉下来,正好掉在开封,马上端着烩面让你吃,小吃特别多。又说到吃了。她说,那我得去!那我得去!我说,你不喝我们的酒,吃我们的小吃愿意?

第二天，这几个女人的丈夫联合起来要请我吃饭，就在门外等着，因为会没有开完。吃饭的时候，第一次让我吃榴梿，我没有吃过榴梿，他问我，好吃吗？我说，好吃。他说，你感觉有怪味吗？我说，没有。我真不知道有怪味，人家做得太好了。最后他故意让我再品品，我才知道原来榴梿是这个味。最后我才知道请我干什么。我给他们讲了一个故事，讲了一个白玉棋盘的事儿，棋子在棋盘里面拿不出来，最后把棋子拿出来了，棋子卖了，棋盘还在我们家，他要买走。我说，像你们广东人，连咱们这些人吃饭，吃到这样子都来做买卖，你们不富谁富呢？吃饭到今天跟过去不一样了。

我不知道在座的有没有谁知道，这个柳树的柳絮有甜的、有苦的，苦柳絮是凉性，按中医的说法是性凉，甜柳絮性是温的，你胃寒可以吃甜柳絮。春天来了，弄点柳絮拌拌吃。你要是胃寒，你吃苦柳絮，越吃胃越疼，它不养胃。在我20岁的时候，知道柳絮如此，我为什么知道呢？我给你说说跟吃柳絮有关的事儿。

因为柳絮，我们邻居两家人全完蛋了。因为什么呢？跟我隔墙的邻居姓李，这家人跟另外一家姓李的两家地挨着，地塥沟没有一尺高。有一棵柳树是自己长的，从沟这边长出来，斜着长到地沟的那一边，这个树等于变成两家的。我们邻居家呢，他家有一个老奶奶，娘家有一棵甜柳树，小时候吃过，几十年没有吃过了。这个时候她突然发现这个柳絮是甜的，她胃寒，不能吃柳絮，但是嘴馋，又想吃，最后发现这棵树。她挎个篮子到那儿摘柳絮做菜吃，她一摘对方不愿意了，对方说，你摘我们家柳絮是可以的，但是你得给我们说一说，你一声不吭就来这儿摘我们家柳絮，这是不能允许的。老太太说，你们家柳絮？你看看这个树在谁家长着！他说，是在你们家长着，但是树头都在我们地上，我们的庄稼几年不成，那这个树不就是我们家的吗？两个人越吵越厉害，吵到最后，有一家很厉害，说了一句狠话，等着吧，别看是棵柳树，让你们家非得付出代价不行！这个话暗含杀机，因为那一家有三支枪，两支长枪，一支短枪。在乡村的(20世纪)三四十年代里，敢一家有三支枪，那可不得了啊！老太太这一家也有枪，是一支短枪，那边话语一出，这边紧张啊！人家有三支枪，咱们才一支枪，人家提出要给咱们颜色看看。老太太回来一说，他儿子说了，这是大话，不能容忍。然后他就开始准备，准备了半年。

那一家日子过得好，地又多，在家门口弄了一个秋千，12个月想什么时候荡就什么时候荡。八月十五，月色很好，他的三儿子开始荡秋千。这一家已经决定对他实施打击，这一家的老五，后来是我们当地很有名的一个土匪，他想收拾有三支枪这家，他借了一支长枪，买了二十发子弹。然后，他把短枪给了他侄子布袋(音)，布袋那一年十五。那天晚上，这个人说，布袋啊！这个事儿今天晚上就看咱爷俩了！布袋说，五叔，你说吧！他把手枪掏出来，对他侄子一扔，这小子跟着他五叔干了不少坏事，对这个事儿心领神会。一把就把枪抓在手里，打开一看，只有一发子弹。他五叔说，你去打那个荡秋千的老三，我听你枪响，然后我打他们家其他人。那家人有三个儿子，那家主人和另外两个儿子在家里喝酒，门儿开得很大，可是有院子，看不见。他五叔趴在对面的柴垛上，柴垛很高，枪架起来，正好越过他们家的院墙可以打到他们家。

多少年以后他给我讲这个事儿，杀过人的人说杀人跟我说杀人完全两回事，他一说杀人两眼发光，我说他有邪气。他对我说，你知道我怎么打的吗？我藏在一家的门后，两扇门，我把一扇门关住，一扇门打开，我藏在关住的那扇门背后，拿着枪，月色很好，像水一样从门外泻过来，干净得很。他说，我一定要在他荡秋千荡在最高处，和横梁荡平的时候开枪，我这一枪要打住他，他必死无疑；要是打不住他，他会吓下来，掉下来摔也摔死。每荡到最高处的时候有一个短暂的停留，讲得很好啊，不是下过功夫你都记不住这些细节。这个老三荡到最高处的时候一停，他开枪了，那个老三比他大两岁，叫唤一声就从上掉下来了。他枪一响，他五叔在那边打人，先一枪把老大打倒。老大正在那儿喝酒，被打中之后马上倒在地上，他参和他弟弟还不知道怎么回事呢，又是一枪，又把老二打倒了。他参傻了，站起来了，目标更好，三枪把他们爷仨全部打倒。这个家就完了！

他家还有人吗？他家剩下一个媳妇逃在外面，当时怀着孕，不敢回来。后来生了一个男孩，又后来又有孩子,她的孙女和我是同事,我们俩都当老师,一讲这个故事她就两眼含泪、浑身哆嗦。尽管这个事儿好像跟她没有关系,她不知道,我不是有意要刺激她讲这么细的事儿,是这个打枪的15岁的这个人后来当了土匪,他被共产党镇压。要枪毙的时候他逃跑了,他个子小,当时手铐是死的,他把手上的皮扒掉。他老是跟我吹这个,叫我表弟。为啥叫表弟呢?农村不知道从哪儿表的,全是亲戚,一喊表弟显得亲切。他说,表弟,就我这个个儿(比我还矮),一丈五的墙,我跑两步我就上去了。我说,你很厉害啊!他说,不在话下。

他后来又说,我跑了以后干什么呢?后来又被抓住了,再抓住的时候,他说他干过八路军。他真干过,全国快解放的时候,他当土匪的叔叔说,布袋啊,咱们得投靠一方啊,现在天下大事不明,你看咱们怎么弄,要不你跟着八路军吧!后来又派了一个人,让他跟着新五军。然后看看哪一家情况好,然后再投靠。三个月以后布袋回来了说,五叔啊,八路军是不能跟啊!咋不能跟呢?不让抢钱,不让抢女人,你说跟他们干啥?他五叔说,算了,咱们跟着新五军吧。又过了半年,被八路军抓过来了。因为他干过三个月八路军,要审查呀,可是他原来的部队已经打仗跑到海南岛去了,审过来审过去,到最后过去了,给他判了一个无期,"文化大革命"时从那地方放到家里,放回来了,这就和我有了关系。

那时候我十八九岁,爱听这没有影的事儿。因为他是杀人犯,杀了很多人,没有人理他。为啥我理他呢?他刷牙。这个老头刷牙,这在乡村不得了啊,因为那时村里人一般都不刷牙。像我,我刷牙,我高中毕业以后啥没学,学会了刷牙,每天在那儿刷。我奶奶在后面很不满意,说很难听的话,当然是玩笑。她说,小孩,你那嘴里有屎吗,整天刷过来刷过去?再刷就又说了,你嘴里那是啥,跟牛似的,沫子吐出来吐过去,恶心人不恶心人?这个老土匪刷牙,我们两家隔一个小矮墙,每天早晨我在墙这边刷,那个老土匪在墙那边刷。

当时我的小侄女有四五岁,趴在矮墙头上说,你是土匪!我是土匪,乖乖,你去玩吧!你是坏人!嗯,我是坏人,你去玩吧!我感觉这个老头还刷牙,对孩子说话还这么好。他被劳动改造,我虽然没有被劳动改造,但是我们干活在一块,我就问他,他开始给我讲,比方说走一步路怎么样能打三枪,再比如说两把手枪怎么轮着打子弹不断气,再比如说打日本时日本人怎么回事,他怎么回事。

有一年,大河报社的朋友听我讲这个故事,一定要拉着我去找他,说,宪明,咱们这个题选好,就叫"最后一个土匪",咱们合起来写,这么有意思的人还不写?我们决定去写。我说我先打电话问问。一问,死了。咋死的?上吊。他年轻时把他的太太打走了,他抢了一个别的女人,抢人家的时候惊心动魄,最后呢?到他老的时候,他仅有的一个儿子把他接过来了,不管怎么说,他年纪大了。他是坚决不去,接过来一次跑一次,接过来一次跑一次,到第三次他再跑把腿摔断了。他认为他不能拖延孩子,他对我说,表弟,咱年轻时没少欺负人家娘俩,咱老了哪还有脸到人家家去?最后,当儿子和媳妇非要把他接走伺候他的时候,他干脆弄一根裤腰带吊死了。是个人物啊!把其他色彩去掉,这个人是有个性的!

这两个家族的灭亡,你想想缘起什么?就缘起于那棵柳树,就缘起于那一把菜呀!我考究过,那个柳树在哪儿长的呢?他说,现在没有了,我去找过。因为经过合作化以后,地都平得不像样子了,找不到那棵柳树了。我就感觉,有的时候吃是一个大事情,我把它当成一个吃的故事来给大家讲一讲。

你说,有没有不问"吃罢了吗"的人家呢?有。我还有一个邻居,他们家从来不问"吃罢了吗",这个事儿很有意思,别人家都问,他家不问。他们问什么呢?他们一见面说,今儿天怪好啊!人家都抬起头看天,哎,天怪好啊!天下雨了,他们就说,今天下雨了。要是不下雨,也不晴,他们怎么说呢?今天风不小啊!我们后来就说,这一家人是研究天气预报的,怎么一见面就问这个呢?

乡村是不隔,你家没有秘密,谁家都没有秘密,但是老这样问就有秘密。我就问我爹,这个谁家怎么不说"吃罢了吗"?我爹说,人家这一家过去祖上有过秀才啊!秀才是哪一年的事儿?好像好几代了,反正他们家有过秀才。我听了听,这个秀才跟他们家不问这句话也没有多大关系。

我还有一个小伙伴,我们决定跟着那家人看看。他们出来走,我们在后面跟着。小孩子的好奇心是很强的,他们一出来,我们悄悄围上去看他们问什么。最后我们找到了一种解释:这一家的饭食比较坏。当人家收麦以后都吃白面条的时候,他家还吃杂面条,他家好像从来都不吃肉,春节的时候才稍割些肉。这一家饭食不好,人家问"吃罢了吗"是表示人家吃得好,他家不问是怕提醒了别人。我想,这肯定也有道理。

后来我们渐渐长大,再后来我就开始写作,长大以后就出现了一些故事,比如到"文化大革命"时,要破"四旧"立"四新",这个"吃罢了吗"是最先破掉的。我们那时候十几岁,一见面就是"为人民服务",对方回"纪念白求恩",再问就是"凡是敌人反对的我们都要拥护"。后来发现这也不是文化啊,这个东西问起来别扭。农民很有创造力,他们这样问,"凡是敌人反对的,吃罢了吗",然后回答"我们就要拥护,吃罢了"。他说,"为人民服务,你上哪儿去?"这边回答,"纪念白求恩,下地去"。这样也感觉别扭,可是年轻人不在意,感觉好玩,每天要变着招问。我的小伙伴比我大两岁,他特兴奋,比我们都兴奋,每天变着招问,比方说他一见面就问"我们的共产党和共产党所领导的八路军、新四军是革命的队伍",我们都不知道这是什么话,站着等,他看看这个看看那个,不吭声,他再重复一遍,我们知道是问话呢,就回答"张思德同志就是这个队伍中的一个同志",然后皆大欢喜。

后来他倒霉了,倒霉在哪儿呢?因为革委会主任,那时候不叫支书。革委会主任都是村里边厉害的人当的,一般人当不了。革委会主任他爹八十多岁了,一走路一歪,一走路一歪。他想讨好人家,就说"人总是要死的"。人家不吭声,人家也知道他可能是问他,这是毛主席《为人民服务》里面的一句话,"人总是要死的,但是死的意义又不同,或重于泰山,或轻于鸿毛",人家如果回答说重于泰山之类的他就满意了。人家不太懂,问到第三声时,人家站住骂开了,"你家的人也是要死的"。你说这个事儿还不该结束吗?不结束,一见面还是这样。我们感觉新鲜两天就没有意思了,他热情高,一直在问,后来都不问了,他才感觉没有意思。

等到我们再长大,成人了,我开始写作,他也写,有一天,我们要合写一个东西,我们住在县里的一个招待所里,那天天很冷,刮着北风。我说,咱俩干什么?弄瓶酒吧?他说,行。弄了一瓶酒、四个小菜,然后喝酒讨论怎么写,讨论着讨论着就说起这个事儿了。我问他,你们家怎么不问"吃罢了吗",我们都这样问,你们家的人还是很有学问的,比较清高,你们老是问天好天不好,好像你们家都是气象学家?他说,你不知道,开始我也不知道我们家为什么不问,后来我想透了。

他给我讲了一个事儿,这个事儿一讲,我就知道他讲的有道理了。他家的故事很悲惨,有些话我都不好讲。我讲一个大画家,叫吴昌硕,写书法的,吴昌硕说了这样一件事:在饥饿的年代,他遇见了一家一家的人都饿死光了,吴昌硕的奶奶这样说,咱们家就剩下咱三口人了,再饿死就饿死我;如果我死了,再饿死饿死她的儿子,一定要留一个能上坟的人。吴昌硕说,他奶奶饿死了,轮到他爹的时候,还没等到饿死,灾荒过去了,吴昌硕回忆起这样的事情非常难过。我这个朋友也遇到了这样的事儿,只是比他更悲惨了而已,后来他把奶奶吃了。他爹活到80多岁,他爹死的时候给他这样说,孩子啊,有个事儿我想跟你说,我想说说咱俩和你奶奶的事儿。我这个伙伴说,爹,我知道。他爹说,你知道啥?他说,我知道俺奶奶和咱俩的事儿!他爹就不说了。他说:我爹晚年得的什么病呢?他瘦得不行,我想着他会有肝炎,我领着他到县医院去看,没有。从我记事起我爹就不吃肉,咱们村有人特别孬,有一回村里人盖房子,盖房子的时候都要请大家吃饭,有一个人趁我爹看不见的时候故意夹一块肉放到他碗里,后来我爹病了,不知道为什么,就和这样的事情有关系。你想一想,我不想讲得太细,细了我受不住。

吃,在最艰难的时代,在最可怕的时候,会吃成另外一种情况。我就想,我们中国人、我们中华民族见面就问"吃罢了吗"、"吃了没有",这个东西有深意,中国五千年历史,真正吃饱饭的时间不是很多,大多数时候都吃不饱。

我再讲一些很贪婪的事情。我十几岁了,跟着生产队的成年人到地里看庄稼。看什么呢?红薯要出了我们就看红薯。其实数不到我,我年龄太小,为啥我要坚决去呢,为什么要讨好我的上辈呢?因为这些人一到地里就弄一个炉子架起来烧红薯,一烧烧一大堆。那个炉子我会垒,垒得很高。我不知道在座的有没有这个体验,最好吃的红薯是烧的。烧红薯怎么好吃呢?红薯本来有甜的本质,这是特点,你不相信的话你把红薯蒸蒸,你吃不出甜来。红薯一烧就香了,我们很知道这个红薯咋样烧得香。一到晚上我就跟着过去,然后把高粱砍回来几个,垒起来就烧,烧好之后拼命吃,吃好之后烧的红薯还没有吃完,就把它闷在火炉里面,第二天早晨起来,谁起得早谁吃。为了能吃那个红薯,我们早早地五更天就爬起来,到外面抢红薯吃。

20世纪70年代,我们那时候玉米面是好膜,红薯片面是不好吃的,吃红薯干面很多。我有个同学姓车,那天改善生活,他吃了五个玉米面的卷子。他说,我还能吃十五个。我们就问,你吃罢几个了?他说,吃了五个。当时就有三个同学把自己的省出来让他吃,这个老车毫不客气,把这个十五个玉米面卷子又吃下去了。一吃下去事情就出来了,我们老师知道了,几个老师骑着自行车找我们,我们逃到路边的沟里面,最后被找到了。先把我们叫过去教训了一顿,你要把他撑死了,你们就那么快乐吗?然后训老车,你的命就值十五个卷子吗?都被吵得低着头。接下来怎么办呢?老师说,没有别的招,给你一个篮球,去操场。然后对我们五个人说,你们每个人在那儿陪他半个小时,五个人两个半小时,还有半个小时我来陪。我们六个人陪他三个小时,他在操场上跑了三个小时,不能停,一停老师就不愿意。为什么?怕撑死了。这是什么时候?1972年、1973年。

咱们有一个歇后语,塌了屋子砸死牛——有吃的了,也有烧的了。我们就遇到过屋子塌掉把牛也砸死的事儿,我们那儿失火把生产队的牛烧死了,我们是大锅煮牛肉。煮完之后,我一个叔叔说,我能吃五斤牛肉。旁人说,五斤牛肉有多少,先称一称有多少。一称,一大块。别人问,这些你都能吃完?能吃完。人都有恶作剧,或者不好的心思。那个人说,把这个牛肉控一控,把水控掉,切五斤牛肉让他吃。你要吃完了,你们家今天还分牛肉;你要吃不完,这个牛肉你们家就别分了,你吃的就是你们家的。行,我要吃完了我们家还要分。一切,他就把这五斤牛肉吃下去了。他母亲只有这一个孩子,他傻乎乎的吃了五斤牛肉,他母亲听说了,年纪很大了,过来哭了,撑死人我都见过了,五斤牛肉你能活吗?咋办?这一夜,他在我们生产队的地场里翻石滚。他当时年轻力壮,在那里翻石滚,他母亲说,孩儿啊,你一定要翻200次。他在那儿翻石滚,他娘在那儿数数。

我们人对食物的贪婪就到这种情况,现在要跟很多人讲,他们不会相信,不知道这个。你说这个吃,问你"吃罢了吗",这是表示礼貌,也可以表示对你关心,还可以表示对你祝福。问"吃罢了吗"还可以表示恶毒:他家过得好,有吃的,你家过得不好,没有吃的,他一见你问"吃罢了吗",你心里很难过。

在我的家乡有一个故事专门讲这个事儿。咱们知道孔夫子孔先生,他周游列国,正好走到宋国(我们那个地方挨着宋国)。他得罪过宋国的司马桓魋,桓魋这个人是很厉害的。孔子走到这个地方,桓魋派兵把孔子包围起来,因为孔子骂过桓魋,说这个人怎么不好。桓魋派兵把孔子包围起来,不让孔子吃饭。饿了一天、两天、三天,不但包围你,还威胁你,把孔子讲学地方的大树砍倒,意思是你要再不走,我要砍你的头。饿到第三天的时候,孔子的弟子受不住了。最先受不住的是子路。子路说,这是咱们没有弄对吧,人家到处都恨咱们?孔子说,咱们做得不错。他的弟子一个一个问,后来孔子干什么呢?一方面讲学,一方面弹琴。这个时候桓魋来了,他说什么呢?孔先生,你吃过饭了?孔子三天没有吃饭了,桓魋的一嗓子把孔子的学生问散了,这些学生就分开不跟他了,都出去要找吃的了。这个时候"吃罢了吗"就是问得很恶毒的。

我讲这个"吃罢了吗",不知道将来会不会还存在,因为现在我们都有饭吃了,有饭吃以后人们把这个事儿忘了。比如说浪费,习近平总书记说要让大家厉行节约,党中央现在又这样讲,让我们老百姓响应"光盘"行动。我们每年浪费的粮食可以养活两亿人。微博上说,朝鲜人一听中国这个消息都恨得要命,因为他们吃不饱。这个吃饭的问题会解决成什么样子呢? 我有一个朋友在美国,因为他一直没有拿到绿卡,所以他不能回来,因为一回来就回不去了,可是他又非常想念祖国。他这样给我打电话:宪明啊,我看报纸上都说中国发展得很快很好,是真的吗? 因为他走的时候是20世纪80年代末,我们国家当时真的不好,他的印象还停留在那个时候。我就想,我要是如实对他说不错,他会说,哎呀,现在连宪明都这样了! 他会说你光说好话,不说坏话,我知道他的心理。他这样问我,咱们现在怎么样? 听说咱们国家GDP什么的都起来了,老百姓房子都换了几回了,真的假的? 我说,我这样跟你说吧,如果你从美国回来,再回去,这样你要花很多钱,如果你拿不起钱来,我来给你做一个活动,我让我们村的糖尿病患者每人给你拿一百块钱,这样你回来和回去的路费就全有了。他说,哇,这么多啊! 这个糖尿病不是谁都有资格得的,20世纪80年代得这个病的,起码是县里的局长,市里面得是副处长以上,这是个"资格"。我哥是医生,我回到家问我哥,我哥在那儿配治疗糖尿病的药,他说效果很好。他说,现在那个村子里面都有几十个人患糖尿病了。糖尿病是一个指标。我说,你要是什么时候再回来一回,我让乡里面抑郁症患者每个人给你出一百块钱,这样呢,你来往的路费就凑够了。哇,现在真厉害啊,糖尿病和抑郁症患者都能给我拿路费了! 因为什么呢? 这都是现在的"文明病",以前得不了。

他在那边感慨,哎呀,什么事儿一让中国人都用,什么珍贵的东西都要变成萝卜白菜了,中国人就是多啊! 我说,是啊,连糖尿病都发展到这种地步了,还有什么不能变成萝卜白菜呢?

今天有了很大变化,是不是我们不需要再讲吃的问题了呢? 我不这样看,我认为仍然需要讲。比方说我们写作的人习惯把自己摆进去。我儿子很小的时候我带着他,一有剩饭他就说,让我爸爸吃,我爸爸爱吃剩饭。为什么我爱吃剩饭呢? 就是舍不得扔一点东西。我一打电话就问,你吃了没有? 孩子怎么说,你烦不烦,你会改一点别的吗? 现在弄得我们没有什么问了,给孩子打电话,你说"嗨"、"你好",这也不是话啊! 你问什么呢? 我感觉我们中华民族把一个最重要的问题当成礼貌用语,耳提面命,念念不忘,这不光表现我们的俗气,尤其还表现了我们的智慧。

我在养孩子的过程中发现一个问题:在我的小的时候,我特别喜欢的两件事,一个是吃,一个是睡觉。我们现在的孩子呢? 最烦的是吃,最烦的是睡觉。我们的邻居喂小孙子,奶奶端着碗,爷爷攮,小孩不吃,他奶奶说,让你爷爷再学一声狗叫,你吃一口吧? 小孩说,好! 然后他爷爷学一声狗叫,小孩吃一口。小孩弄成这样了,吃饭没有一点食欲。孩子困了,眼睛却瞪得很大,在那儿栽头,该睡觉了吧? 就是不睡。

我刚才讲了吃,我对吃的贪婪,我对吃的珍爱,我们睡觉也是。很小的时候要收麦子,父母用棍子把你打起来,布谷鸟叫着你都能睡着,深夜三点钟把人喊起来,到麦地里搞伏收。你起来了,一个手拉一个耙子,一个手挎一个篮子,跟着哥哥姐姐往地里走,走着走着一晕掉路沟里了,从路沟里睁开眼睛爬起来接着走。干了一段活了,天还没有亮,自己实在困,就说,我只坐在麦堆上休息一会儿,坚决不睡。往那儿一坐,做起梦来了。后来又被大人吵醒了,叫你出来还睡觉? 在地里睡哪胜在家里睡啊? 我们对睡觉是非常贪婪的。

讲到今天的幸福感问题,我考证过两个字。幸福的"幸"什么意思呢? 上面像是一个木头夹,下面像一个人举着两个胳膊,他的头被木夹夹着。这是什么呢? 犯罪了,木夹牵着你赶赴刑场,要砍头。到刑场的时候,突然接到赦免的命令,你可以不死了。怎么解释这个字呢? 叫死而得免,为之幸焉。万幸啊,都杀了,剩下我没有被杀掉,死而得免了。"福"呢? 这边(左边)一个"礻",就是祭祀祖先,这边(右边)是一盘一盘的,像东西。我们老百姓怎么理解"福"呢? 我小时候写对联,写完以后要写"倒酉",写了"倒酉"之后什么都写,比方说牲口槽上写"槽头兴旺",院子里贴"满院春光",缸上写"清水满缸",井台上写"清水长流",都有地方写,我大概要贴二十多个,最后一个要贴"身居福地"。贴在哪儿呢? 粘贴在爷爷奶奶等家庭尊长的床头上。大床挨着墙,一定要贴在墙上。有时候土墙贴不上,我们贴在床腿上,敷衍了事。

我长大以后问"身居福地"什么意思呢？我爹不认字，我给他念念，给他指指。他说，这个庄稼人一年四季在地里干活，风刮日晒，出牛马力，能躺在床上的时候很少，所以一躺在床上那就是享福的，所以叫"身居福地"。我感觉这个解释好！后来又遇到一些事情，我以为是玩笑：我的邻居生病了，生产队干活时找不到人了，队长问，谁谁谁呢？旁边人说，享福了！那就是说生病了，在床上躺着。你想想看，在床上躺着就是享福。幸福的"幸"是死而得免，幸福的"福"是躺在床上。我这样理解幸福的意思：活着，能睡觉地活着，能享受睡眠，这就是幸福。古人很聪明，比我们今天人聪明。

今天你开一个车 20 万元，他开一个车 60 万元，你心里立即难受了。你今天住一个房子多少平方米？120 平方米，谁谁家 200 多平方米，谁谁家 500 多平方米。现在都攀比这个，你哪儿还有幸福感呢？没有了。

古人对这个幸福是要求很低的。有一次孔子周游列国时遇到一件事情，快回到山东的时候，车子正走着，遇见一个老先生，很大年纪了，穿得破破烂烂，在那儿复收人家的谷穗，他唱着歌。孔子停住车说，你们谁去问问，这个老人值得一问。子路说，我去问吧？孔子说，你别去，你去吓住人了！让会说话的子贡去，子贡是做买卖的，很会说话。子贡问，老人家，你今年高寿啊？老人家不理他。子贡心想，这话问错了，是不是因为我年轻，他年长啊！老先生只管唱歌。他再问，你这个年纪了，不在家里享福，还在这里复收人家的谷穗，为什么啊？老先生说，天下万物人最贵，我能生为人，我为啥不唱歌啊？脱生为人就值得唱歌。子贡感觉老先生话没有说完，他又接着问，这就值得唱歌？老先生说，还有呢，天下男尊女卑，我身为男人，我为啥不唱歌呢？话好像还没有说完，他继续唱歌，子贡跟上去又问他还有什么理由？他说，人家很多人生下来就死了，我今年都活了八十多岁了，我为什么不唱歌呢？子贡就回来给孔子回复。孔夫子说，真是高人啊，这个人比我们都强。为什么？他怎么幸福的？人家脱成人，脱成男人，一直活了八十多岁，就这三条，就是人家幸福的理由。

这个时候我想到宋朝有一个人，他长了白头发，就写了一首诗，"人见白发愁，我见白发喜，父母生我时，唯恐不及此"。人家看见头上长了白头发就很发愁，我知道我头上长了白头发很欢喜，为什么呢？我的父母生我的时候，光怕我不能白头到老，我现在白头到老了，这是对我父母最大的安慰，为什么还要发愁呢？这样一种看法事实上是一种人生智慧。在今天，我们就是有两个钱了，有一点东西吃了，也别忘乎所以地不把吃当一回事。我就想，如果我们真的把我们的吃忽略了，我相信，惩罚我们的日子也不会太远。

本来还想多讲几个，比方说讲一讲"吃罢了吗"，还要讲讲"你跟前几个""你到哪儿去啊"。我在乡村长大，以前咱们一见面就问，你到哪儿去啊？我去灌一点酱油，这家酱油不行，虽然我多走两步，我也要去灌老张家的酱油。他跟你说说。后来你再问他，你到哪儿去啊？我到那边去。他不告诉你了。到今天再问，像城里说"你好""你好""嗨""嗨"，人的关系已经远之又远了。你以为这个问是简单的吗？你问他一句，他把他内心的话告诉你，我要干什么。我要去看闺女，闺女生了个孩儿等，他站着给你说一说，那是对你的信任。现在呢？你再问到哪儿去，他嘴里没有说，但是心里烦：我到哪儿去关你什么事儿，你这人真多事，老打听事儿。你问他，你吃罢了吗？他心想：我吃罢不吃罢管你什么事儿，又不吃你家的饭。到这个份上了，事情就没法弄了。我讲一讲我们民间的经典，我们要知道，我们多少年生活的民间有很博大的东西，我们不能把它简单地认为没有文化，我们这里面全是生活文化，我们一定要有一个崭新的眼光，在我们日常的、冗长的生活里发现文化的闪亮之处。我这个题并不好讲，但是我对这个问题思考了好些年。我为啥讲了这么多故事，因为这是我们的生活，生活充满了故事，所以我今天讲这样一个题。

他们说让我准备两个小时，我讲一个半小时，剩下的半个小时呢，朋友们可以互相聊一聊，提一些看法，这样就使我们今天的活动变得更有意思一些。我就讲这么多，谢谢大家！

（互动交流）

主讲人:**何炜**,毕业于南昌大学,从 2008 年至今,任教于河南艺术职业学院,2009 年荣获校级先进个人荣誉称号, 2010 年参加省级骨干教师培训并获得证书,同年取得普通高等学校教师资格证,2011 年担任郑州大学新闻与传播学院播音主持专业外聘教师和河南省主持与播音专业统考评委。

时　间:2013 年 5 月 5 日

地　点:河南省图书馆研议厅

语言表达之情景再现

谢谢大家! 刚才安老师已经介绍了,我来自河南艺术职业学院,我姓何,何炜。今天很荣幸能在这里和在座的各位前辈、各位老师、各位朋友来一起探讨我们的语言表达的艺术。谢谢大家!

我们 PPT 上面写的是"语言表达",对于语言,我相信对于每个人来说,已经是再熟悉不过的一个常用的技能了,我们今天不是讲文字,我们着重要讲的是表达。我们平常生活当中运用最多的就是我们的语言,和人交流,我们办事、处事都离不开我们的语言,语言的功能是非常之强大的。今天我也不希望把播音主持太理论化的东西告诉给大家,我想从一个我们(普通人)的角度来探讨我们的有声语言。

首先,我们有声语言分为哪几个部分? 首先是声音。我们先来了解了解,为什么播音员要学习发声技巧,不光是播音员,我们平时生活当中也需要学习发声技巧。我们先来看看播音员、主持人为什么需要学习发声技巧? 首先,我们是以有声语音为表达手段的名广播工作者,我们大家都知道,播音主持专业是咱们中国的特产,别的国家没有播音主持专业,这是我们国家特有的一个产物。播音主持的发展距今只有五六十年的时间,是非常年轻的,非常短的,在这五六十年的时间里,我们形成了一个系统的播音主持专业的一个教学理论基础。播音主持人掌握了这样的有声语言,是为了更好地把我们的稿件播给各位听,让我们赏心悦目地去听。发声是我们播音员的基本功,当然了,声乐,还有其他的艺术领域也都需要发声,我们的播音发声也是从各种领域当中吸取发展来的。

我们接着往下来看一看播音发声的基础,我总结了八句话,我们来看一下(PPT)。"气息下沉"是第一句话。想必在座的同学老师有唱歌或者喜欢戏曲的经历和练习,我们经常说过的一句话叫

"气沉丹田",这个大家应该有共识。"气息下沉"是我们的源泉。

第二句是什么呢?"喉部放松",我们喉部是非常重要的,这是我们发声器官的重要的一个环节。有时候我们经常发现在说话情绪非常激动的时候经常会出现破音,这是什么造成的呢?就是我们的喉部太紧张了,情绪太激动了,所以我们要保证喉部的放松。

"不僵不挤"是什么意思呢?"僵硬"这也是说喉部,说情绪。"不挤"是指喉部紧张程度的一种状态。

"声音贯通",说明声音非常通畅。平时说话我们会有一种反应,有些朋友说两分钟或者说五分钟声音就干得受不了,声音就会出现嘶哑,或者说是劈的声音状态,为什么呢?说明咱们的声音属于易疲劳(那种)。又说明什么呢?咱们的声音不持久,说明声音的通畅度和气息结合得不是很好。我们可以一会儿跟大家做练习,可以去尝试尝试,看看声音是如何贯通的。

"字音轻弹",就是说话不需要那么费劲。也不能像我们北京方言一样,我们都知道北京人说话的习惯,处在天子脚下,他们说话非常懒,喜欢吃字。我们不需要这种吃,但是我们要轻弹,很轻巧地用语言把我们要表达的目的告诉给别人。不需要声音非常地重,字很轻,声音具有弹性。

下面的"如珠如流"就是告诉别人要连贯。在平常说话的时候,每个人喜好不同,我们的声音有些是一股脑全部说出来,有些是断连非常多,让人听着非常费力,这要求我们什么呢?很自然地流露出来,要"如珠如流"。

"气随情动,声随情走",这句话是我们今天的重点句。我们看完这句话可以得出一个共识,什么共识呢?它的核心点就是情感。情感是我们有声语言最重要的,我们表达情绪的时候,情感是核心。我们不要受到技巧的拖累,我们一定要跟着自己的感情走,把自己的有情的语言给表达出来。

我刚才说的几句话对大家来说可能有一点太笼统,或者专业性太多,下面我们会逐步地、慢慢地用白话文和大家一起来了解和练习。毕竟我们这个专业是属于技巧性的专业、实战性的专业,我们说的再多,不如我们大家互动练一遍重要。

我们来看看发音呼吸的控制,播音的呼吸控制可以分为三个部分,第一个部分是吸气。在座的各位老师,我们可以先来感受感受我们吸气是怎么样来吸的,我们现在都可以来吸一吸,感受感受。大家听我的指挥,我们一起来感受一下。(互动)

我听到有些朋友已经跟随我的节奏来吐气和吸气了,我想问一问在座的朋友们,你们吸气的时候感觉气吸到哪个地方了?这位阿姨指腹部的位置,前面那个阿姨指胸部的位置,刚才是大家吸气的感受,我们把这个位置(胸部)叫什么呢?叫胸式呼吸。这是平常最常用的一种呼吸方法,为什么呢?简单、省事、轻松。对播音或者是声乐来讲,我们把呼吸分为三种方式,第一种就是我们最常用的胸腔的呼吸。这种呼吸方式我们刚才说了,非常省事、省力,但是也带来了一个不好的效果,说话有点像大喘气,叹息声非常强,让人感觉你很累,我们经常看到用这样的气息方式来配一些可乐、饮料之类的广告。

第二种呼吸方式是腹部呼吸,就是我们说的肚子、小腹。这样的呼吸方式大家不经常运用到,我们可以想象到一种运动状态,比方说我们每个人都去操场上跑了800米,这个时候你们想一想,这个时候呼吸是怎么样的?全部都是弯着腰,你会感觉肚子起伏是非常大的。腹部的呼吸是非常多的,我们想一想,平常我们回到家里,晚上睡觉时你平躺在床上,我们的呼吸方式也不是用我们的胸腔来呼吸的,如果你躺在床上用胸腔呼吸,那是非常累的。为什么呢?因为它要耸肩,非常费力。平躺在床上,我们是用腹部来呼吸的。大家晚上可以做一个实验,拿一本《现代汉语词典》,拿一本厚的,放心吧,压不坏!我们的肚子相当于一个千斤顶,非常有力,躺在床上,拿一本《现代汉语词典》,没有的话可以用《辞海》,压在肚子上,很轻松地就把它给顶起来了。这是我们说的第二个——腹式呼吸,专业的用声技巧就是腹式呼吸的运用。

第三种是胸腹联合呼吸,要联起来。这是播音主持运用的最正确的、运用的最多的一种呼吸方式。什么叫胸腹联合呼吸呢？我们PPT当中可能没有出现，我想给大家讲一个口诀，就像练武侠秘诀一样，大家知道这个口诀以后，对于我们胸腹联合呼吸就会有一个更深的体会了。大家可以听一听、记一记、练一练。

第一句叫吸气诀，怎么样呼吸，怎么样使气息更好听，怎么样使气息声音更长。第一句话叫"轻松从容两肋开"。我给大家做个示范，展示一下如何"轻松从容两肋开"。肋骨在哪儿？这位朋友说在肺两边，这个太专业了，很多人不知道肺在哪儿。肋骨在哪儿？大家都去菜市场买过猪肉，都知道排骨，就是排骨的位置。大家都知道排骨非常好吃，而且我们分大肋排、小肋排，在座的阿姨应该都是非常清楚的，小肋排非常好吃，肉多一点，骨头少一点。胸腔上面这个位置属于"大肋排"还是"小肋排"啊？骨头越往下越粗，上面属于"小肋排"，下面的骨骼是越来越宽，越来越大，属于"大肋排"。"轻松从容两肋开"说明肋骨要打开，我们可以做一个姿势，我们来感受感受肋骨是否打开。我们用手触摸胸腔的侧面，坐直，先吸一口气，感觉胸腔有一种扩张的感觉。大家呼吸的时候是不是感觉到了肋骨的打开？

（听众：打开了。）

第二句叫"小腹微收肩莫抬"。这句话有意思，刚才说的是我们两肋打开了，这是重点之一，重点之二是小腹微收。"微收"就是往里面收。"肩莫抬"就是说现阶段我们的气息是吸在我们的胸腔，但是不能吸得太过了，吸过了就显得难看了，肩膀抬高了。我们都知道，我们说话要说得好听，我们的站姿、我们的表达，外部的形象也要好看。如果平常说话，两个人聊天时就像吸皮球一样，那样太夸张了，太累了。我们有一个衡量标准，肩膀不要抬，为的是美观，也为了往下进一步深入我们的气息。我们一起来试一试，一只手放在腹部，要感觉到小腹微收，你往胸腔吸气，胸腔抬起来，腹部收进去，但是肩膀不能耸肩。耸肩的话就显得非常难看，就像练健身的架势，或者像打架一样，气势太强了。（互动）我大致看了一下前排的朋友，后排的有可能看不清楚，前排的我感觉没有抬肩膀，还是很自然的、很美观的。

胸腔有了，我们要求的是什么呢？胸腹联合呼吸，我们气息要往下移，这个时候才能把握住你的气息的力度源泉所在。

第三句叫"扩展腰背七分满"。我想问一问，腰背在哪个位置？腰背在后半部分。我们经常说腰肌劳损，这个地方（手势）不舒服，椎间盘突出也在这附近。"扩展腰背七分满"告诉我们的是什么呢？我们气息要往下移，移到我们的腹部。下面的气如何吸进来，我们可以感受感受。这不是我们经常运用的，可能会感觉到很别扭，很生疏，我们先努力往下吸一吸。大家把手放在小腹，感觉像吃饱了打嗝一样。大家一起来体验一下。（互动）有没有感觉？大家感觉明显吧？如果说没有人回答我的话，我就默认为都有，那就是非常好了。"七分满"是什么意思呢？我给大家解释解释。腰背在我们后方的位置，如果说这个地方的七分满，拿到我们前方肚子这个位置，呈现出来的效果就是八分到九分，我给大家吸一个，大家可以看一下，正面侧面都做一下。（演示）

最后一句，"不觉吸气气自来"。刚才我说了胸腹的联合，可能有些人说这个是分解运动，怎么联呢？我们想，我们可以把我们的胸腔和腹部当成一个沙漏，比如我们想象这个杯子是沙漏，中间这个节点就是我们胸腔横膈肌的节点，这个节点上面有沙子，下面没有沙子，我们倒过来的话，沙子是不是要往下面漏。我们会发现一点，这个沙漏里面的沙子永远是不满的，总是要留有一点的空隙，这样沙子才能往下漏。如果要把这个沙漏填满，我们倒过来的话，下面是有压强的，顶着上面的沙子，应该是不易流下来的。我们小时候做过一个实验，什么实验呢？鸡蛋掉在杯子口里面的实验，当我们拿一个熟鸡蛋放在杯口里，它会卡在那儿，进不去。当我们拿一个火柴，把杯子里面的空气燃烧尽的时候鸡蛋会掉进去。这说明什么呢？说明我们的杯子里面是有一定压强的。我们的气息也是一样，上胸腔的气不能吸得过满，如果吸得过满的话，就意味着你下面的腹部气息就会被完全地吸住，吸不进去了，所以上面的气息只能吸到肩膀不能抬，这是很好的标准。当吸完以后呢，我

们的腹部才能很好地、自如地往下面来吸。我们现在可以做一个联合运动,把四个口诀连起来感受一下。(互动)

大家要先感受胸腔的变化,然后气息慢慢往腹部里面去延伸。希望大家可以没事儿的时候感受一下,吸气的要领不需要每天专门花时间去练,在你说话的时候,在你在家跟孩子交流的时候,就可以适当注意这个吸气的感受。吸气很重要,是我们任何语言的一个基础,包括朗诵、声乐等。

我们再来看呼气,我们的PPT也讲到了,呼气要稳,要持久,要有变化。我们练声的、呼气的方式有两种,这两种呼吸的方式适用于两种不同类型的朗诵或播讲。第一种叫长呼长吸,我相信在座的有一些朋友喜欢早上去练声、唱歌,我们唱一些抒情歌的时候,我们经常会发现我们的气息是非常绵的,很长。这是我们的一种呼吸方式,吸得满,吐得慢,吸得深,吐得长,适用于唱戏曲、唱歌(抒情类的歌),还适合朗诵。比方说我们朗诵过很多的文章,抒情的,比方说朱自清的《春》,第一句话——"盼望着,盼望着,东风来了,春天的脚步近了"(演示),很柔,很舒服。

第二种呼吸方式是急促的,叫快吸快吐,吸得快,吐得快,就像吹蜡烛一样。如何把一支蜡烛吹灭?用长的气息是不行的,必须是一口就给它吹灭,这种吸气方式非常急促,非常之快。这类型的气息的练习方式适合什么呢?适合喊口号。我们经常在跑操的时候,经常在喊口号的时候我们喊"一二三四",运动会时候喊"锻炼身体,保卫祖国",这种重音非常多。这种练气、练声的方式适合什么呢?播新闻,这种气息运用是非常多的。

不管这两种气息如何变化,它们有一个共同点,就是要均匀,要平稳。我们如何去练这种均匀的、平稳的气息呢?一会儿在下面给大家讲两种方式,让大家感受感受这个气如何练得更均匀和平稳。气息是很重要的,包括跑步也是一样的,调整呼吸就能够影响你跑步时间的长短。

第三个,换气的要领。我们说话要学会换气,我们经常说"千万不要大喘气",因为换气就意味着停连,有时候你的气息停连的不准确,就会使你的语言表达出来的意思产生歧义。我给大家举一个例子,一个新闻的例子,比方说"阿拉法特指责以色列企图破坏中东和谈基础"。(演示)不同的停顿就会产生不同的意思,这是不是发生歧义了?我们平时说话时感觉不到,但是在读文章、读新闻的时候,如果不注意停连,一句话就会出现两种意思,谁是谁非,立马就翻天覆地了。

语言是非常重要的,要讲究停连。为什么我们经常说大家、名家朗诵我们古人的诗,比如《将进酒》啊,还有《我的自白书》啊,等等,朗诵得非常好,为什么呢?他的停顿非常奇妙,能够让人根据停顿——产生这样的画面,所以说换气非常重要。换气是我们一个非常重要的生理上的停连,也是一种物理上的停连。换气的要领,两句之间、顿号、句号之间,可以轻松从容地换气,因为我们说完一段话了,可以轻松从容地换气了。句首换气一定要没有声音。我们现在看到《新闻联播》,看很多的新闻类的节目,我们会发现一点,这个主持人的换气声音非常小,让人感受不到,为什么呢?因为他们气息练得非常扎实。如果说你换气的声音很强,就会给人一种体会,让人感觉你这个人很累,我们听着也非常累,不舒服。他们经常练气时有这样一种感觉,就是要吸气无声,特别是在句首时,不要让人感觉你在喘粗气。"句首换气,吸气无声,换了就用,留有余地",我们说话的时候不但话要有余地,我们的气也要有余地。

我们练过一个绕口令,包括曲艺也经常练,叫什么呢?憋死牛。就是看你一口气能说多长,憋得脸红脖子粗的。说话的时候可不能这样,我们说话时要留有余地,当我们看到很长一段话的时候会感觉这段话一口气读不完,没有关系,别急,我们在某一个点上停顿一下,换一口气,不要给人感觉说得那么急。"句尾余气托送"让人感觉你说得很自然、很轻松,没有什么着急的事情。

在句子中间可以进行少量补气,就像我刚才说的,那么长一句话,补气是必需的,这里面有一个括号,是偷气。这个和胸腹联合的气息是相关的,我们刚才说了,腹部要有变化,能看到我们腹部的隆起的变化。我们怎么偷呢?用腹部去偷,我们偷气绝对不允许用胸腔去偷。为什么呢?如果说《新闻联播》的主持人读新闻,他们的新闻稿件是非常长的,如果他们偷气的话,你们会发现整个电视节目中他就不是坐得那么四平八稳了,而是看到他的肩膀一耸一耸的,不好看。当你吸完之后吐气,吐到差不多时,我们感觉没有气了,立马回弹,就像打球一样。当你的皮球砸在地上的时候,那个皮囊是软的,凹陷下去,当弹起来的时候,立马又回弹进来了,补了那么一丁点气,不过足够用了。偷气的练习,它的基础在于把胸腹联合呼吸,特别是腹部呼吸掌握住,练熟了,我们就会很自然、很轻松、从容地偷气了。

这是大致给大家讲一下呼吸的控制。

我们来看对呼吸的训练,要想声音洪亮、饱满,播音时不能光靠嗓子,嗓子它就是一片肉,很薄的,它是有寿命的。我们都知道声带,我经常打一个比方,像什么呢? 像皮筋,它是有寿命的,年轻的时候声音是非常有弹力、非常尖的,随着岁月的流逝,声带呈现这种松弛的状态,听着声音非常浑厚。我们不能光靠声带,如果光靠声带来说话的话,我们的声带的寿命就会减少得非常快,需要我们整体地呼吸来调动。不单是呼吸,说话的时候气息是一部分,我们的口腔也是一个非常重要的部分。下面给大家介绍一下四个口部的动作,教大家把我们的声音变得很甜美,说话的状态很积极。

给大家四个字,第一个字,提。提哪儿呢? 提颧肌。颧肌在哪儿呢? 在面部。颧骨上面的肌肉叫颧肌,就是我们通常说的脸蛋。提颧肌告诉我们什么呢? 要笑着说话。我们可以很明显地感觉到,虽然说我们播音主持这个专业发展的时间不长,不像美术、音乐、舞蹈有上百年的历史,甚至数千年的历史,我们播音专业也就是五六十年的历史,我们也是吸取了它们当中的一些精华,特别是声乐当中也有提颧肌的感受,笑着去说话,这样说话给人感觉很亲切。我们可以看《新闻联播》的主持人,他们也是发生了很多变化。早些年间,特别是 20 世纪五六十年代,新中国刚刚成立时,《新闻联播》的主持人开头不说“观众朋友们,大家好! 欢迎收看今天的新闻联播!”,他们说什么呢? “同志们,你们好!”这是两种概念,“同志们”是严肃的,“同志,你好!”这是过去经常看到的景象,电影里面经常出现这样的资料。现在说“观众朋友们,你们好!”这种情感和亲切度就会大大增加,用词是很关键的。你们看现在《新闻联播》的主持人,他们的笑容非常亲切,已经不再是原来那么严肃的一种状态了。他会笑着说“观众朋友们,大家好!”,很亲切,很舒服。这是第一个——提,提颧肌,说话时要把你的笑肌提起来,显得亲切。

第二个字,打。打(开)哪儿呢? 打(开)牙关。牙关在哪儿呢? 如果说用医学专业术语的话,牙关叫挂钩。我们在闭上嘴的时候可以去摸一摸,耳朵前方这个位置是平的,张开嘴的时候再摸一摸,是不是有一个槽,有一个凹槽,这个是我们的牙关。告诉我们一点,说话时要张嘴。河南人,北方人,说话很懒。我们经常会开玩笑,我们这个专业有一些专业的表象性,就是专业的特色,就像我们说学生去食堂吃饭,经常给食堂的师傅说,“老板,我要一个西红柿炒蛋”(很夸张地说)。大厨就说:“同学,你是学播音主持的吧?”很明显,这带有一些很浓重的专业特色,这是我们前期必须要练的,我们叫夸张的练习。必须要夸张,你不夸张怎么去松弛呢? 如果说你先松弛了,谁又能夸张呢? 我们必须要先练成一个极致,等极致完了以后再慢慢地去松弛,去自然,去平易近人。

第三个字,挺。虽然说是“挺胸收腹”的“挺”,但不是指我们身体上的状态,而是口腔中的状态,挺哪儿呢? 挺软腭。我用我的手给大家做一个比方(用手模仿口腔),我们现在看到的是什么呢? 上下口腔。用我们的舌头去感受一下,先用我们的舌头去舔一舔上方的位置,就是隆起非常高的位置,给我回馈一下你们的感觉,应该是硬的。而且还能感觉到里面有一些坑坑洼洼的东西,这个叫硬腭,动不了,就是一层皮,是死的。大家跟我做一个动作,把你的嘴往里面收缩,收的同时用你的舌头往里面翻,把你里面那块肉往前面顶,去舔一舔,是不是有推进来的一块肉啊? 很软,这个就是我们的软腭。很多时候我们在平常说话时没有注意到什么是软腭,也很难注意到。我们可以再做两个练习,可以去找一找软腭的感觉。

我们做两个动作,第一个动作叫吞拳头,就是握紧你的拳头,使劲往嘴里塞。

(听众:塞不进去。)

是塞不进去，绝对塞不进去，塞进去就出事儿了！我们是不是感觉这里面非常撑啊？刚才我们舔到那块肉时有一种撕扯的感觉，很胀，很撑，这是软腭。还有一种是最自然的软腭，就是半打哈欠，这时候会感觉里面的软腭打开了。半打哈欠，这也是挺软腭找感觉的一种方法。

这个软腭挺起来的感觉是不一样的，我可以给大家做一个示范，看看有和没有挺软腭是什么样的。（演示）长期的练习要求我们的软腭24小时成一种挺起的状态，所以现在有的时候让我去把软腭放下来，还真是找不到这种感觉，这种感觉已经不是特别明显了。我们这个专业一定要求我们软腭是挺起的，说话时也一直是挺起的。

最后一个字，松。松哪儿呢？松下巴。别人说了，说话不用嘴，不用下巴，怎么说话呢？用，但是我们的点不是集中在下巴上。我们在提颧肌的时候，大家看我的手（模仿），我们放松的时候上齿和下齿是对位的，当我们提颧肌的时候，一笑，你们会发现上齿前延伸了，牙关往回缩。举一个很形象的例子，就像啃苹果一样，拿苹果怎么吃，如果按照我这样来吃的话（手势），你永远也吃不到苹果，只能吃到苹果皮。我们啃苹果怎么啃？把这个苹果放到我们下巴上，上颚立马突起，基本上是撕扯下来的。我们要这样说话，微笑着打开牙关，挺起软腭，放松下巴，这样非常亲切。

我们经常会听到一些配音演员配很厚重的声音，比方说我们听过一个广告，非常有名，叫"佳能，感动常在"。这个是李毅配的，是配音界泰山级的人物，非常厉害。有的同学想模仿他的声音，把下巴用力。我们永远看不到配音演员的表情，他们都是幕后英雄。因为你看不到他的表情，所以他想怎么表情就怎么表情，我们要的是什么呢？声音。这个声音虽然模仿得有点像，但是这个声音是毁声带的，声带就像搓衣板，拿一个砂纸在打磨，增加它的厚度，不好听。这是对于技巧的把握点不好，这个点应该归到我们的胸腔共鸣，在胸腔里面去翻滚。

这是我对大家说的吸气的四个字，提、打、挺、松。这四个字对大家非常有用，平常说话时，如果按照这样的状态来说，我可以很负责任地告诉大家，这样说前期是很累的，但是后期当你养成一种习惯的话，你的声音，比方说原先你说半小时可能就累了，按照这样的练习来说的话，再延长10分钟没有问题，会感觉不是那么疲劳。

再给大家讲几个口部操，大家没事儿时可以练一练，平常利用说话啊，练习啊，走路啊，买菜啊，在这些时候把我们的口腔放松放松，练习练习。第一个叫按摩式的口部操，我们看过一个广告，巩俐做的欧莱雅的广告，上面说了几个字——提、拉、紧致。就像我们经常涂护肤霜一样，如果方法不对肌肉就会松弛，我们要求皮肤是很紧致的，有些专业老师不用爽肤水，她们经常靠口部操来锻炼皮肤的弹性。首先要按照纹理来运动，从上搓到脸颊，往上提，每天往上反复地去提拉，有助于纹理往上走。特别是在冬天，练声的时候非常忌讳什么呢？不热身就练声，就是一到那个地方就开喊，这是最毁嗓子的，还不如不练呢。我们怎么办？先用手指放在鼻腔，捏紧，反复地揉搓，来回地揉搓，要把鼻腔搓得很热，这就到位了。还有一个是什么呢？我们非常注重喉部的保养，还是用这样的动作（手势），放在我们喉部这个位置，反复地揉搓，达到喉部的热身和升温，这样才能让我们喉部很好地运动。就像我们开车，开车必须要热车才能开，否则对机器损耗是非常大的。

还有我们唇部的练习，我们叫绕唇，把唇撅起，360°地绕圈，由慢到快。还有一个舌，舌头在口腔中360°地绕圈。这是分别练习我们的唇舌，让你的口腔活动起来，不至于你说话的时候笨拙。

胸腹式联合呼吸已经给大家介绍过了，刚才我也给大家说了，今天晚上就可以放一本厚书压在我们的腹部，字典、辞典都可以，可以去感受一下，很神奇！非常有意思，能够感受到呼吸的快慢。我们游泳的时候经常练习憋气，我们一般憋得气比别人长，因为我们是两个器官来储存气息的，所以会比别人长一点。

我们看腹肌的弹发，我们可以一同来练习练习，感受感受。把双手卡在腰部，感受到腹肌的弹发，在你发出每一声的时候，你要感觉腹部非常给力，往里收，就像打气一样，往下压的时候出声。吸气时不要用你的胸腔去用力，这个力气是永远使不上去的，会感觉到力不从心，用腹部你会感觉

到这种源泉非常非常之大。这是腹部的弹发,包括哈、嘿、嚯、呵(发声),都是一个道理,就是把我们的腹部练得很有力度。

刚才也说过了,我们呼气吸气是有感觉的,刚才给大家介绍的两种气息的不同,一个是吸得长,像闻花一样,像非常饿的时候闻饭菜一样,这个时候吸气吸得是最深的。特别是饿的时候,闻饭香的时候,这个感觉就像是吸到了肺腑一样,吸进去的是"鸡肉",吐出来的就是"鸡骨头"了,非常非常之深。我们平常没事儿的话,特别是早上的时候,现在早上天气还是不错的,找一个非常安静的地方,现在空气污染非常严重,不建议大家在马路上呼吸,对肺是不小的损失,我们去公园找一个绿树成荫的地方,我们在那个地方找吸气的感觉,你会发现闻到泥土的清香是非常舒服、舒畅的,这也有助于我们的练习,特别是放松我们的心情。

这是告诉大家我们吐气时的两个小窍门(PPT),第一个叫吹纸条。你怎么样去检测你的气息的均匀程度呢?用一个小纸条是非常好检测的,我们幻想成它(纸张)就是一个纸条,怎么吹呢?吸完气之后,均匀地吹,基本上纸条是比较平稳的,这是检测你的气息的均匀程度的。如果纸条忽上忽下,那说明你的气息不均匀,可能吸得有一点靠上了。

第二个是什么呢?数枣。就像曲艺里面的"憋死牛",我们不把它当成曲艺来练,按照很自然的状态来练,"出东门过大桥,大桥前面一棵枣,拿着竹竿去打枣,绿的多,红的少,一颗枣,两颗枣,三颗枣,四颗枣,五颗枣,六颗枣,七颗枣,八颗枣,九颗枣,十颗枣,十颗枣,九颗枣,八颗枣,七颗枣,六颗枣,五颗枣,四颗枣,三颗枣,两颗枣,一颗枣"。这种练习使你的气息很匀;慢慢慢慢来练,是非常匀的,在有限的文字的情况下,让你的每一个字的气息很均匀地出来。我们说话常见的一种现象是什么呢?话很短,有些时候基本上前两个字你的气息就出去了三分之一,甚至三分之二了。特别是读新闻时,我们在练新闻时经常能够看到这样的现象出现;如果前面的字咬得太重了,将导致气息浪费的太多。我们一开始讲过了"句首换气要无声",字音要轻弹,为什么呢?就像我们现在讲公开课一样,我们是有话筒的,我们不用那么大的力气,当我们抛开话筒的时候,我们还是要加把劲的,不一样。

我们再来看播音的发声器官,有四个,胸腔、喉、口、鼻。大家会说还有别的,确实还有,声乐里面还讲究一种共鸣,叫头腔共鸣,戏曲里面也讲究一种共鸣,叫胸腔共鸣,它和我们声音出来的方式是不一样的。我给大家说几个区别,比方说我们说普通话,要求说得很清楚,我们用舌尖来说话,声音非常靠前。英语发声的位置是舌根,汉语是舌尖,一定要区别开来我们中文和英文的发声的方法,也会有助于大家口语的提高,也是非常重要的。

我们不单单有几个共鸣点,我们的发音是口腔多,口腔的共鸣点非常强,有些老师可能想问,到底我们发声的时候我们是要胸腔多一点呢,还是口腔多一点呢,还是鼻腔多一点呢?按照专业理论的解释,我们要求口腔是最多的。共鸣点要达到哪个地方?我们要达到硬腭的前端,就是声音要靠前。我们发一个声让大家来听听共鸣点有什么不同。(演示)是不是不一样?一个是前面的,一个是后面的。如果按照理论解释,第二个是正确的。当然了,在实际运用当中,我们练习的时候按照正规的练习方式,但是在我们实际的运用当中,这种方式我们经常会产生一种模糊的状态,可能有一些声音靠前,有一些声音靠后,当然,还是尽量地要靠前,这样说话的声音不费力,声音还亮,还大。

这是胸腔、口腔、鼻腔,我们以口腔为主。我们再来看口腔的练习,口腔又分唇和齿。刚才给大家说了唇齿的口部操和练习,双唇也可以来练,例如练 bo、po(发音)。我们练的最多的是什么呢?"吃葡萄不吐葡萄皮,不吃葡萄倒吐葡萄皮……"。绕唇、绕舌已经练过了,前面给大家说过了。练习嘴唇的运动非常重要,这也是我们的根源。

还有综合的练习,开嗓,发咽音。在座的老师们可能喜欢唱戏,我们叫吊嗓,没事儿的时候在公园里面吊嗓,大石桥这个位置票友非常多。吊嗓一般用咽音,这可以成为我们练声方式的一种,这个不常用,我们经常练习的是声乐或者播音里面专用的一种方式。咽音的练习必须要有专业人士的指导;这个咽音能够把声音练得非常好,但是如果不经过专业指导的话,也能够把这个声音练得非常差,这个咽音练习是非常有难度的。

大家记住一点,在练的时候最好不要超过半个小时,因为我们的声带都是肉长的,它也是有使用寿命的。练习半个小时,循序渐进会增强增加它的使用寿命。大家一定要保养好,不要超过半个小时。

下面我们说说我们说的普通话。首先,发音准确是我们专业的必修课,我们专业分为四本书,第一本书叫语音发声。我们说的第一节就是正音,我们在教学生的第一堂课就是正音,在这一堂里面如果要正音的话非常非常难。我想说一种现象,昨天一天,我在郑州大学测了一天的普通话,上午是来自洛阳中心医院的一群医护人员来测普通话,发现不少问题。在座的老师应该都测过普通话,评职称啊,考一些证件可能需要用。可喜的是什么呢? 咱们省普通话推广得非常好,但是有一些不好的现象是什么呢? 我们北方方言和普通话太接近了,导致什么呢? 导致我们分不清楚什么是普通话,什么是方言。特别是一些年轻的同学打电话,他们这一代普通话是非常好的,但是他们有一些字音从小就会被影响,他用普通话的语音说方言,这是最可怕的。因为这个东西已经根深蒂固了,非常可怕。包括我们还喜欢用“可”这个字,“可好”、“可得劲”,这是非常严重的方言。北方人会把这个词当普通话来听,外地人可能就听不明白什么意思。北方人喜欢说“可”,南方人喜欢说“蛮”,“蛮好的”、“蛮不错的”,我们普通话说“挺好的”、“不错”、“非常好”,这是我想说的。在座的父母,包括爷爷奶奶,在培养你们的孩子和教孩子的时候,要慎重地去运用你们的语言。当然了,首先第一点要先交流流畅,但是我们在培养孩子的时候也要选择正确的、正规的普通话来教你们的孩子,否则的话以后很难改。

当然了,不是说我们不能教方言,我们现在这个专业一直要求我们的学生最少了解或者学习两种方言。方言是什么呢? 方言是我们这个地域、这个地区非常优良的精髓、文化,我们必须要学,但是我们一定要分清我们的方言和我们的普通话的不足,这也是非常重要的。我们回家再教孩子时也是一样的,包括我在说话的时候也会很容易“入乡随俗”,说着说着就进去了。当然了,这是难以避免的,因为我们的语言环境在这里,但是我们一定要清楚地知道什么是对的,什么是错的。

我们来看看声母、韵母、声调,这个不再多说,我们只需要知道普通话的 22 个声母,还有零声母啊,16 个元音啊,这些太专业了,或者太系统了,我想说什么呢? 我们河南方言最容易出现错误的是什么呢? 声调,我们叫调值。大家看看这个图片(PPT),我们小学生只知道四个声调,现在把这个声调变成了线型图,让大家更好地去理解。普通话有四个调值,分别是阴平(一声)、阳平(二声)、上声(三声)、去声(四声)。大家能记就记,记不住也没有关系,这个是专业术语。我要说的重点是什么呢? 是我们的调值。就像我们唱歌,我们一唱就知道有没有跑调,我们的声调也是会跑调的,特别是方言。河南的方言语尾普遍往下坠,导致在说话的时候,在说声调的时候,我们的语尾很容易往下滑,就像坐滑梯一样,前面是正确的,后面降下去了,这是不对的。

第一个,阴平,一声是 55,最高音。阴平就是(声音)很尖、很高,是平的,我们叫一路高高平,很平稳。我们在发一声的时候不要发得那么快,稍微拖长一点。二声是什么呢? 阳平,是往上走的。我们带一种感情去说,什么样的感情呢? 惊讶的感情。它的调值是 35,尾音是在 5 上面,是高音,它的语速相对于一声的语速要稍微快一点,要轻快。三声是我们最容易出错的,它的调值是什么呢? 214。请大家看图(PPT),为什么说画图? 画图有一个标榜式的作用。大家看这个地方(PPT),这是它的转折点。最后一个是 51 调,从最高到最低。

我们一起动手划着念,一定是高的,有些朋友画的时候自己给自己降调了,画的高,你的声音就会高,画的低,你的声音就会低,很形象的。(互动)我们会发现一声和三声是相对慢的,二声和四声是相对快的。

这个调值很重要,很多人会说了,我们在说话时也需要这样吗?不需要。说话是一种,单音节是一种。我大致给大家介绍一下普通话考试的内容,它分为四部分,第一部分是单音节,第二部分是双音节,第三部分是朗诵课文,第四部分是说话。单音节就是我们看到的这个(PPT),双音节是一个词,像"好的"、"警察"等等,我们在读双音节的时候和读课文的时候声音会发生语流音变,原先刻意的、规矩的线型图会发生一些语流变化。

我们来看看阴平、阳平、上声和去声,对着后面的字读一下(PPT)。我们来看一下,大家一起来读一下。(互动)

单音节必须这样来练,考试的时候也是这样。现在正在推广一个普通话的测试系统,现在是由人来测,以后将升级成一个软件,这个软件是什么呢?会请很多的普通话语委的老师来共同录制,生成一个软件,以后我们只需要对着话筒来念字就可以了。南昌、江西已经开始实施这样的普通话测试了。播音主持专业,我听说学到大三的同学,过一级乙等的人目前只有三个人,因为它的辨识度要求非常高,你的声音稍微有一点不平稳,它就会按照"模糊"或者"读的有误"来判断,错误的扣0.1,有误的扣0.05,这也是不小的分值啊!要求非常苛刻,应该说是要求越来越规矩了,要求越来越规范了。

现在来说一下我们的声音形象,先说一下声音的主体性别,分为两类:男性的声音和女性的声音。男性的声音带出的这种感觉是什么呢?浑厚的、粗放的、有磁性,具有一定的气场。当然了,我们男人的声音也是可以柔中带刚的。这是第一个,男性的声音。第二个声音是女性的声音,她是凭借她的温柔的性格,展示出她的声音形象的变化,多变,能够营造出一种梦幻的效果。

男生的声音和女生的声音会分为不同的领域,特别是在我们的影视类当中,或者广告当中,它会挑一些声音性别的类型广告,比如说我们看的尿不湿啊,奶粉啊,大多数还是以女性的声音为主。为什么呢?因为其主体群非常广泛。像汽车,像男生用的剃须刀,等等等等,它都会展示出男人刚强的、有气场的一面。这是性别上的分类。

下面我们再说一下声音年龄的分类,不同年龄阶段的分类。分成四类,第一类是婴幼儿和少儿的声音。我相信很多朋友在家里都有孩子,有婴幼儿,婴幼儿不会说话,他们还没有学会语言,但是他们是有声音的,也有语言,婴儿的语言。他们的声音是什么呢?是最原始的、最天真的,这类的语言也会被用在很多的影视作品当中,我们来看一个影视类的。

(视频播放)

这是婴幼儿的声音,没有任何语言和文字,我们通过他的哭声就知道他想要什么,是饿了,还是渴了。

第二个声音是青年人的声音,青年人声音是什么呢?很有朝气,用现在的词来说的话是很时尚的,很潮流的。我们来听一个年轻人的声音,非常有活力。

(视频播放)

你会发现年轻人的声音很动感,很有活力,听了他的声音,就能感受到他穿着非常时尚。

第三个,中年人的声音。我们都知道中年人经历了很多的东西,他的声音是比较厚重的,特别是他的性格非常稳重,对于某些事情,是不紧不慢的一种丰度。我们可以来感受一下。

(音频播放)

这个声音就是非常具有代表性的中年人的声音,声音是非常浑厚的,只有这样的声音驾驭这样的广告才相称。

第四个声音是老年人的声音。老年人的声音,因为时间的流逝,声带,包括上面的各个器官,会随着年龄的增长变得稍微松弛一些,他们的声音略微带着一些沧桑的感觉。我原来听我的长辈说话,也是有一种非常明显的感觉,就是声音非常小,你需要尽量靠近才能听清楚他在说什么,给人的感觉是有气无力。我们欣赏一个我认为朗诵得非常好的片断,叫"给孩子的一封信"。这个是当年

311

张艺谋在拍摄《千里走单骑》电影当中开幕的一个朗诵片,很短,但是能够让我们感受到人生的轮回,让我们潸然泪下。我们共同感受一下。

(视频播放)

这是一篇感触很深的朗诵,也是一位老者通过这样一种声音,让我们更好地去体会作为父母的辛苦和在我们身上花费的心血。应验了一句话,人生为贵,丝竹次之。古人也说过,何为贵? 以情为贵。用情感来朗诵文章的话,我们觉得能够直击人们心中最脆弱的、感触最深的东西。我觉得这个声音确实能够让我们想起很多很多,包括我们这些年轻人也是一样的,对于我们来说的话,我们要更好地去孝顺我们的父母。

如何确定适合我们的声音的形象呢? 对于我们来说,受众是一般非常广泛的群体,就拿刚才这一篇文章来说吧,这样的文章就能够包含出,能够感动到什么呢? 不同思想、文化、背景、职业、爱好这样的一个团体,为什么呢? 因为他们内心当中共有一个情,内心当中共同承载了我们中华文明的一个美德,就是孝,就是情,所以说我们都会被感动,情感是我们唯一的,也是最根本的一个核心。

第二个是什么呢? 情景再现。如果说我们在看视频的话,我们不看视频,光听声音的话,我相信我们每个人在我们脑海当中都会展现出我们小的时候,或者各位老师年轻的时候带孩子一步一步成长的经历,都会在我们脑海当中历历再现,一幕一幕地再现,这个就是我们要说的情景。这种情景不用我们去刻意地设定给你,而是通过你的声音触及别人的脑海,让他们产生一种共鸣。产生什么样的共鸣? 产生到他们原先做过的、亲身经历过的这样一种画面,这个就是我们的目的。我们不需要画面一致,希望让他们产生到发生在他们自身当中的故事,最能够感动到别人这样的语言。情景再现是一种心理活动,用情、用生命在朗诵、在演讲。

第三,极具个性。我们听不同的朗诵,都是带有不同的个性色彩,小孩的天真、年轻人的潇洒和时尚、中年人的稳重大气以及老年人的坦然和坦荡,这都是一种个性。我们在每到一个年轻阶段,或者说每经历一个人生的转折点的时候,我们的个性都会发生变化。当我们拿到同样的稿件的时候,我们在不同年龄阶段的时候,我们对于稿件的领略,对于稿件的表达都会有不一样的感受。就像我们经常说的哈姆雷特一样,一百个人读哈姆雷特有一百种感觉,同样的,我们读哈姆雷特,在不同的时间段会出现不同的感受,这种感受是千变万化的,抓住你现在最本质的、最原始的感受,你读出来的文章就是最感人的。

我们最后再让大家看几个图片,我们可以去感受感受,我们要形成一种图画感。我们都听过这样的歌,"蓝蓝的天上白云飘,白云下面马儿跑,挥动鞭儿响四方,百鸟齐飞翔",很多人唱过这样的歌,但是唱火的很少很少,为什么这个人唱火了呢? 因为这个人唱出来的歌能在你的心目当中形成这种画面与之相对应。

最后我们以一首歌来结束我们今天的"语言表达之情景再现"讲座。(音频播放)

今天的主要内容讲完了,剩下的时间,如果在座的各位老师有哪些问题,我们可以交流交流。

今天就是这些内容,谢谢大家!

(互动)

主讲人:侯运华,河南大学文学院教授,文学博士,中国民主同盟河南大学委员会副主委,中国近代文学学会小说分会副会长,国家级精品课"中国近代文学史"主讲人,国家级教学团队中国现当代文学教学团队骨干成员。主持或参与国家社科重大基金、省社科基金等项目8项;出版学术著作有《晚清狭邪小说新论》、《西方文化与中国近代小说》等;在《文艺研究》、《中国现代文学研究丛刊》等学术刊物上发表论文40余篇。

时　间:2013 年 5 月 12 日

地　点:河南省图书馆研议厅

众生喧哗　何若"莫言"
——莫言小说创作的多维阐释之一

大家好! 很高兴我们又在这儿相见了。

讲莫言是从去年他获得诺贝尔文学奖,当时我在"河大名家讲坛"讲,本来定好的讲张爱玲,后来学校领导说莫言刚得奖,能否讲讲莫言? 我从 20 世纪 90 年代关注莫言,不是说因为他得奖关注他,其实莫言的创作整个质量在中国当代作家中一直位于第一梯队。作家里面我们没法说谁最好,莫言得奖以后,河南作家刘震云有一个说法,说"莫言一得奖,中国当代作家里面至少有十几位都能得奖",这句话说得很聪明,说啥,至少达到莫言这个水平或者比他高的有十几位,没问题。

莫言有一个基本的创作量,质都可以,他的《丰乳肥臀》发表以后,我把他的前期作品一块儿做过研究,后来我的精力主要放在近代文学和现代文学,没有继续写关于他的文章,但还是关注他了。

今天的题目是"众生喧哗　何若'莫言'",什么意思? 中国作家很多,作家协会里面大概就有五六千(人),各省有作家协会会员,各专业里面还有,有人说有两万多名作家。这里面很多人自命不凡,说"我应该得诺贝尔文学奖",还有的说他给马悦然送过字画……莫言这个人比较低调,他本人来过郑州,在越秀酒家,大概2004年的时候讲过一次。而且他自己还自称是郑州人,为什么呢? 他姓管,郑州管城区嘛,管姓起源于郑州。

这个诺贝尔文学奖的设立本来是想影响大部分人,奖给那些为人类做出重大贡献的人,而文学奖是要颁发给表现出理想主义倾向,并写出优秀作品的人,这个资料告诉我们,诺贝尔当年设置这个奖的本意是要奖励给有理想主义的人。我们可以看一下莫言的作品符合不符合? 后来我们可以看到,并不是典型的理想主义,写出优秀作品这个是可以说的,有优秀作品,但是为什么颁给莫言? 这个不是我们讨论的重点,但是可以说一下。

莫言的作品得奖前面有一个铺垫,之前有一个中国人得了诺贝尔文学奖,是法国籍的,这个咱们基本上不宣传,因为是法国人了。还有一个中国人,刘晓波得了诺贝尔和平奖,因为判了刑,也没宣传。因为授诺贝尔和平奖给刘晓波,导致中国和瑞典关系很紧张。莫言正好在这个时候,他自己说是纯文学因素,其实我们圈子里人都知道,不完全是文学因素。

莫言这个人整体上讲,他是比较低调的,不张扬,因为他自己应该说早期也没有张扬的资本,有的人出身名门他可以张扬,有的人有一个高位也可以张扬,莫言一直是从低起点一步一步走上来的,所以他不张扬,所以我们讲他一直比较低调。

(PPT)这是莫言很难得的一个比较张扬的照片。

(PPT)但更多的莫言是这样一个形象,就是很少说话,讲话也是语速不快的一位作家。

他自己说"我这个人不太合群,总喜欢讲自己想讲的话,写自己想写的东西。我是很反感那种高调的文学理论,照那种高调的观点来看,文学无所不能,但是现实生活中你去看看真是这样吗?"这意思说什么呢? 这是他的原话,他讲:我喜欢写什么就写什么,我不是赶时髦、随大溜。有的人是什么流行、什么时髦写什么,这一点在中国当代作家和现代作家里面是最典型的,政府倡导什么,比如现在倡导环保,很多人写;我们倡导反腐败,你看前几年的官场小说非常流行。咱们在座年龄大的比较多,像20世纪70年代提倡计划生育的时候,一哄而上写计划生育,人们赶时髦,这个作品好发表,也容易产生影响。但莫言认为"这不行,我不这样做",他说"你看那些高调的理论家自己那种可怜的生活处境,大概是对他的理论的最大嘲讽"。一方面"我"的调子定得很高,但是很多人实际上活都活不下来,这是实际情况。

当代作家里面有的靠富婆包养着,有的是给企业家写传赚钱,都有,但是莫言是靠写作活了自己,还活得很好。河南也有比较成功的作家,比如刘震云,刘震云写电影剧本,他活得也很好。他说,"写电影剧本可以使我活得有尊严",在北京买一套房子得几百万,再买辆车,你要没有钱就麻烦了。通过文学创作使自己的生活质量比较高,莫言对于这一点很自信。

是不是说不随大溜就一定写不出有深度、有高度的作品呢? 也不是。所以我专门引用了他的一段话谈一下高度问题,就是自我的不一定是低,随大溜的未必就高。我们研究文学也是站在这个角度来看,因为莫言2002年在美国哥伦比亚大学有一个演讲,演讲的时候他提出来一个作家应该怎么做? 这里他提到"到21世纪,一位有良心、有抱负的作家应该站得更高一些,看得更远一些。他应该站在人类立场上进行他的写作,应该为人类的前途焦虑或者担忧"。这里你看他提到的就是说你写作的时候要站在人类立场上,不是说我写我自己。咱们当代好多作家写"自我",自己的喜怒哀乐,自己的私生活,写这个有没有价值? 有,在这个时代里单个人怎么活,你能够表现出来,但是这样一个相同的时代里,整个人类面临的什么问题? 我们在他的作品里看不到,所以莫言说"站在人类立场上为人类的前途担忧"。

比如现在的环境问题,我来的路上还和图书馆的同志谈这个问题,国家已经意识到环境问题、食品安全问题,这些都是人类面临的问题。食品安全方面美国做得好一点,但美国的环境照样有问题,总体环境比我们好,但是也有环境污染问题、有气候问题等等,这是人类共有的。一位作家应该思索的是"人类的命运"，作为60多亿人这个整体，它将来往何处走？它现在的生存状态有怎样的问题？这也是作家应该关心的。所以莫言说"一个有良心、有抱负的作家应该把自己的创作提升到哲学的高度"，说"只有这样的写作才是有价值的"。他提这个，"哲学"这个词好像大家觉得很悬乎，其实不悬乎，我们经常说有形而下的吃喝拉撒睡，有形而上的，我活着除了这个日常生活，还有所追求，还有所寄托，我对这个问题有比较深的思考，这就是河南话说的"有念头"。

然后他说，"一位作家如果把注意力放在研究政治和经济的历史上，那会使自己的小说误入歧途"。过去我们有一个说法，作家的作品应该把历史再现出来，他说如果你只盯着历史，这样你将误入歧途，"应该关注的始终是人的命运和遭际"。这是一个方面。另外一个方面是"在动荡的社会中，人类感情的变异和人类理性的迷失"，人的命运和遭遇，就是一个人在不同的时代里，在这个社会环境里，他怎么活着？这是需要关注的，回头我们会讲到莫言小说里面有很多这一类的。其他作家也有，像河南的作家李佩甫，他关注河南人、中原人怎么活的；像河南的作家阎连科，他关注豫西人怎么活的；像莫言，更关注的是山东他的故乡这些人的遭际。

"人类感情的变异和人类理性的迷失"指什么呢？人类的感情，就自然来讲每个人都有情，但这个情会变。就爱情来讲，不是专门讲爱情，这是情感的重要组成部分。远古的爱情和唐宋时期的爱情，咱们20世纪70年代的爱情和当下的爱情都不一样。河南的古代人怎么生活的，《诗经》里面都有。唐宋时期，在中原大地有怎样的爱情故事，很多文学作品里面也有，实际上那个时候人们活得也不像我们想的那么压抑、那么拘束。因为唐宋时期，尤其宋代，礼学刚兴起，礼学家本身也不是很相信这些东西。像"二程"的程颐怎么说的，"只要心中无妓，不妨座上有妓"，只要你心中不想妓女，旁边坐着妓女也不要紧。另外一个礼学大家朱熹提倡礼学，他本身却不讲"礼"，历史上记载的也有——他有学问，人家请他演讲，和尚尼姑都请，听了以后两个年轻尼姑没了，找来找去，跑哪儿了？跟他私奔了。他讲礼吗？后来大臣上奏弹劾他，他是皇帝的老师啊，最后只好辞职了。他讲礼吗？他不讲礼。礼教真的形成束缚是清代最严重，明代已经有了，明代后期经过思想解放也不是很严重。

我们20世纪80年代上大学，谈恋爱都奔着婚姻，现在年轻人谈恋爱就不完全是这样了，他只要大学四年，彼此快快乐乐度过，至于将来是不是在一起，那是另外一回事，所以情在变化。

理性的迷失，是在行为中容易受感情左右，丧失理性，做事情不想那么多了。我们刚才路上还看郑州市容环境，走了一大圈，基本上一个面貌，都是高楼。我们在谈这个问题，而且这些高楼的寿命远远比不上古建筑。比如河大（河南大学）最久的楼是1915年建成的，现在质量还相当高，一点问题没有。现在普通建筑一般30年就完了，问题连连，甚至不到30年。我们新校区（的房子）3年以后就裂了，好多楼，为啥出现这种情况？人们不再理性地思考问题，只思考他自己的利益，我得到这个建筑我赚钱了，至于它能撑多少年我不管。要扒可以，主管人员招标还有收益，扒楼的人还有收益。人类总体的物质财产损失多少不考虑，只考虑个人得到多少，这其实就是理性的迷失，不是做全局观，不是做整体观。所以莫言说"这些东西要写"。

现在我们看莫言的生平和创作概况。他是1955年出生的，原名管谟业，2岁掉进粪坑差点淹死，5岁方才断奶。莫言的小说里多写他的母亲，小孩儿吃奶吃到5岁的一般不多。再一个是困难时期差点饿死，童年时期很坎坷，对于饥饿的感觉他印象特别深。

上小学时因为偷一个红萝卜结果被队长发现了，遭遇了大队200多人批斗，因为一个萝卜挨斗，这个经历他一生都忘不了。人一生可能经历很多事，但是童年的经历会影响人的一生。3至5岁情感期，5至12岁感情和理智刚刚形成的时期，所经历的喜怒哀乐、成功挫折都会影响他的一生。1961年到1966年上小学，莫言小学毕业以后就没有再继续上学，因为他发现校长和一位民办教师偷情，就把这个事儿画成漫画贴出来了，后来那个偷情的老师负责招生，就不让他上学。之后到棉油厂做临时工，这期间跟公社武装部的儿子是同事，靠他帮忙在1976年参军，1978年报考郑州大学,因超龄了,没有录取。1984 年才在解放军艺术学院拿到一张大专文凭,现在莫言牛了,现在好多大学聘他,山东大学把他由原来的兼职教授改为客座教授,前一段莫言还说"我来到这儿很忐忑、很不安"。2011 年 11 月,莫言当选为中国作家协会副主席。

(PPT)这是他老家的故居,自从他获奖以后,被很多人膜拜,这也是中国很俗的一种现象,以成败论英雄,一旦谁成功了就趋之若鹜。清明节的时候我看报道,有人把莫言故居房子上的泥土抠一块带回家,让孩子沾沾文气,这就是另外一种迷信,现在迷信也很可怕。

他在《我的中学时代》就提到他很想上学,但是因为郑红英的事情(受了影响),小学升中学时候谁能上是郑红英来检查。他姐姐和郑红英关系还不错,他姐姐找郑红英的时候,她说了,"上边有指示,从今之后,'地富反坏右'的孩子一律不准读书,中农的孩子最多只读到小学,要不无产阶级的江山就会改变颜色"。他家是中农。

因为这个很偶然的因素,莫言失去了上中学的资格。我这儿有一行红字(PPT),在当代作家里面,小学毕业和小学没有毕业就当作家的只有他们两个,莫言是(小学)毕业了,沈从文是小学都没有毕业。1984 年考解放军艺术学院的时候,徐怀中认为他的作品写得很好。徐怀中说,"这个学生,即使文化考试不及格,我们也要",那时候他发现莫言从他的语言到作品写的内容,与其他人有不一样的地方,也是慧眼识英才吧。熬到 30 岁,莫言总算成为大学生了。

(PPT)这是莫言的创作。

莫言的前半生,到目前为止主要是长篇小说,他写得很快,一天一万字,他不用电脑,就是手写。像《生死疲劳》46 万字,写了 46 天。2011 年凭借长篇小说《蛙》,他获得第八届茅盾文学奖。2012 年 10 月获得诺贝尔文学奖,还是《蛙》这个作品。今天最后一个单元我重点讲这个作品。

他主要的长篇小说从《红高粱家族》开始到《蛙》,共 11 部,这个量也是相当大的,就是有《红高粱家族》、《食草家族》、《酒国》、《四十一炮》、《檀香刑》、《生死疲劳》、《天堂蒜薹之歌》、《十三步》、《红树林》、《丰乳肥臀》、《蛙》。这 11 部里面写得比较好的,假如要看的话,《红高粱家族》可以看,再一个《檀香刑》可以看,中国古代行刑文化是非常特殊的。还有《生死疲劳》要看,人们喜欢用魔幻现实主义来概括莫言的创作,而魔幻现实主义表现最充分的是《生死疲劳》,这个我们今天不讲,由于时间关系。它是写一个地主死了以后,投生为猪、狗、驴等四种动物,反映新中国成立以后的四个历史时期。再一个是《丰乳肥臀》,写女性的命运。最后一个是《蛙》,咱们后面要讲,所以我就不再说了,这是他的主要创作情况。

莫言为什么有这么大的影响? 在海外的影响情况如何? 我不想用自己的话说,我借王蒙的话说,因为王蒙在当代地位很高,当过文化部部长。他说,"我统计过中国一些活跃的作家作品在国外发表的情况,结果是发表种类最多、出的书最多的是莫言"。这个具体原因查建英和王蒙对话中也提到了,张艺谋起到很大的作用,因为他把《红高粱》拍成电影以后,在柏林获奖了。西方因为电影知道了张艺谋,也记住了莫言,所以莫言的作品一出来就有人翻译,翻译好以后欧洲人就看,看得多了就记住了莫言。所以刚才我讲了,莫言不一定是中国最好的作家,但是为啥他会拿下诺贝尔奖? 人家知道你,读过你的作品才可以。因为西方人读中文跟咱们读英文还不一样,咱们从幼儿园抓起学英文,大多都能看一些,西方人看中文跟看天书差不多,认为特别难懂。莫言由于张艺谋给他带来的影响,还有他的作品被翻译的多,成全了他的诺贝尔奖这样一个理想。

下面我们讲第二个问题,就是莫言的童年经历对他创作的影响。

我们先看一下莫言笔名的来历,他是把"管谟业"的"谟"字拆开了,叫莫言。成名之后,发现"莫言"还有不要多说不要乱说的意思,还不错。

莫言的童年如果用一句话概括的话,应该是一个非常孤独的童年。农村孩子多,包括我小时候我家姊妹七个,我小时候都是没人管、没人带的,在黄土窝里爬长大的。他掉在粪坑里面没人管。所以他说,"我的家庭成员很多,有爷爷、奶奶、父亲、母亲、叔叔、婶婶、哥哥、姐姐,后来我婶婶又生了几个比我小的男孩。一家老小十几口,一直坚持到'文革'后期才分家。我们的家庭是村子里人口最多的家庭。大人们都忙着干活,没人管我,我悄悄地长大了。我小时候能在蚂蚁旁边蹲整整一天,看那些小东西出出进进"。莫言在孤独中度过了童年,童年的孤独对他一生都有影响。

对他创作的影响,我们结合他的陈述来看一看。在他的一篇文章里,这篇文章题目叫作"我的故乡与我的小说",他说,"当我作为一个地地道道的农民在高密东北乡贫瘠的土地上辛勤劳作时,我对那块土地充满了仇恨"。你注意一下"高密东北乡"在他的小说里经常出现。咱们上过中学都知道,有一篇散文叫《土地》,作者写世世代代中国人对土地的爱,艾青有一首诗,也写了"为什么我的眼里常含着泪?因为我对土地爱的深沉"。都是爱,中国人很少有人说恨的,但是你看莫言说起他的故乡是充满了仇恨。为什么呢?"它耗干了祖先们的血汗,也正在消耗着我的生命。我们面朝黑土背朝天,付出的是那么多,得到的是那么少"。莫言比我大十来岁,我小时候在农村,辛苦一年,其实整天为怎么吃饱而发愁。一直到我工作了以后,每到春节我父亲都给我写信,就是先把工资寄回去买粮食,为吃发愁。

我们现在理念在发生变化,我们过去总说"中国人民是勤劳善良的人民"是歌颂,但是现在也有一些变化了,如果勤劳还不能致富,还不能解决温饱问题,你的勤劳有多大价值呢?有些人不勤劳,做生意利用差价倒卖一次可能比你辛苦挣一年的钱还多,不好吗?现在我们知道了,是好的。但是我们传统观念里离不开土地,而莫言仇恨土地恰恰是一种觉悟。

"我们夏天在酷热中挣扎,冬天在严寒中战栗。一切都看厌了:那些低矮、破旧的茅屋,那些干涸的河流,那些狡黠的村干部……当时我曾幻想:假如有一天我能离开这块土地,我决不会再回来。"由于故乡的贫穷导致的对故乡情感的变化在莫言的小说里面有很多描写。其实不光莫言,我一直在跟踪研究李佩甫,李佩甫写的作品里你看农村孩子一旦走出黄土地,谁愿意回来?我大三回母校实习的时候,老师说回来吧,我说回来,但是到大四我就不回来了。莫言写得很真切啊,看着那些茅屋,包括那些土皇帝们,你不愿意看到那样丑恶的嘴脸。他对故乡的感受,一方面是受故乡的哺育,更多的是恨故乡的贫瘠。因为恨得深,在作品中,你越是恨,你越是离不开,一提起笔来的时候还是写故乡。如果要理解莫言的小说,理解他对故乡的情,知道他的故乡是怎样的状况是我们的一个突破口。

他自己概括,故乡和他的创作有怎样的关系呢?有这几个方面,他说一个是"故乡的风景成了我小说中的风景",这个是很自然的现象,任何一个作家,就是我们不当作家,当学生写作的时候,也是选自己最熟悉的事情来写。故乡的风景,像河流、桥洞、大片的红高粱,还有荒草甸子,等等,都是他经常写到的。这个现象年纪大的还有印象,"80后"没有印象了,现在没有多少荒地了,过去有些地荒芜着,就是放羊的地方,有很大很大一片一片的,这些在他的作品里都有。

第二个方面,他说"我在故乡中的一些经历变成了小说中的材料"。像他13岁的时候在桥梁工地上当小工,给打铁的师傅拉风箱,在《透明的红萝卜》里面有非常详细的描写,还有《蛙》中姑姑的经历也是这样。

故乡的很多事情,童年的很多经历他忘不掉,这个随着年龄的增长,越是年龄大就越是忘不掉。我印象中40岁以后提笔写散文时,不知不觉地就回忆童年的事情。哪怕当年挨爸爸的揍,包括大孩子领着我偷学校的西红柿,他偷的,他扔过来我给他拾,最后他跑了,抓住我了,我被校长批了一顿,当年很悲惨的事情现在回忆起来很温馨。莫言写作也是这样,回忆过去那种贫瘠也好、黑暗也好、丑恶也好,都变了味,为什么?因为他有感情的投入。文学还是抒情的产物,把情感投入进去以后那种意向就变了。

(PPT)这是莫言故乡的河,和河南的河没有什么区别。区别在哪里呢?他写的小说里都变了。河南的河也有作家写,但是给人印象好像没有他这么深。在他的小说里,河里面发生了很多很多的故事,包括咱们后面讲的《蛙》里面也有很多。

第三个方面,他说"故乡的传说与故事也变成了小说中的素材"。莫言只上过小学,他的很多知识不是来自于课堂,现在的乡村变化太大,乡村文化我看也是游戏、电视、网络,跟城市部分的相同了。我的童年跟他有几分相似,我是听老人讲故事,听年龄大的老人讲历史故事,像我知道的程咬金啊,李逵啊,都是听老人讲的,不是看小说,这是乡村的生活。而他的故乡由于离蒲松龄的故乡很近,聊斋的故事很多。

再一个《红高粱家族》的抗日故事。莫言写的抗日既不是以共产党为主,也不是以国民党为主,是民间的土匪抗日,这个不能说他错。我在上大学的时候,搞地方志的调查就接触到,其实咱们当时很多土匪,他既不跟共产党,也不跟国民党,但是日本鬼子来了他打,而且作战很勇敢,莫言把这些民间故事写出来了。像《蛙》这个小说里面娘娘庙的传说,你去娘娘庙求一求,不能怀孕的就怀孕了,像现在的淮阳太昊陵就有类似这样的功能。他把这些传说融合到自己的故事了,使这个故事就有了自己的特点。另外洪水和青蛙的叫声,这是他小时候印象最深的,咱们一会儿看《蛙》这部小说的时候就有大量这样的描写。我想他得诺贝尔奖的小说《蛙》,与这个记忆有关系。

还有一点他提到:小时候最难忘的是什么?母亲的叹息。他母亲有胃病,一到犯病的时候就叹息,叹息说"这日子没法活了",他说,"那时候家里穷,自己也无能为力,听到母亲的叹息内心非常难受,不知道怎么办好"。这个场景如果你有 40 岁以上年龄的话,在乡村生活过,都有类似的场景。做父母的作难或者作难的父母的印象你很难忘。

刚才也讲到了我写回忆童年散文中印象很深,每年到春节父母都很晚很晚不睡,要考虑村里面谁家有多余的粮食,不是说有多余的粮食都能借,借的时候还要保证他能借给你。三更半夜不睡觉,这个印象我特别深,所以我从上大学开始我不要家里的钱,我勤工俭学,有时候还帮家里,一直持续到 2000 年左右,我的弟弟们都能独当一面了我才不管。这就是父母太累了,假如自己能够承担的时候,不让父母再受罪了。莫言这方面印象特别深,他吃的还不太成问题,主要是他母亲觉得日子没法过,这个对他印象很深。

他这里提到一个事,他回忆中提到"孩子们的形象",你注意一下,就是"小时候对饥饿的感觉特别深,孩子们都是细胳膊细腿,顶着一颗大脑袋,肚子大大的,呈透明状,隔着薄薄的肚皮仿佛能看到里边的肠子在微微地蠕动",这就是典型的从小饿过的孩子。我刚当教师的时候,夏天穿了一个汗衫,我的邻居老太太说,一看你就是从小没有奶吃的孩子。因为没有奶吃的孩子就是逮住红薯啊,生茄子啊,逮到什么吃什么,胃撑得很大。他说的是典型的这种形象,很像电视里面非洲饥民的孩子。

"1961 年的春天,村里的小学校拉来了一车煤块,那种亮晶晶的东西我们不知道,一个孩子跑上去拿起一块就咯嘣咯嘣地吃,香得很,大家伙一见就扑上去,每人抢一块吃起来,那味道的确好,直到现在我还能回味出来。大人们也来抢,结果一车煤块就这样让大家给吃完了。"现在我们觉得匪夷所思,而且不可思议,那个煤炭能吃吗?但是 1961 年的时候,咱们通常称为三年困难时期。河南深受其害,信阳事件嘛,死了多少人?现在也没有一个官方数字,但是网上有几个数字。

去年刘震云编剧的《重温 1942》使人们想起了民国时期河南的灾难,但也有不少人想起了这个时候。其实莫言写的就是这个困难时期,吃煤,这是对他创作影响非常大的一个真实的事件。

(PPT)中国的灾民没留下照片,或者有但我没找到。你看非洲的灾民,还有更惨的,有些视觉效果不好,我删掉了。一个小孩快要饿死了,光一个大头,脑袋翘着,腿都很细,一个秃鹫在他后面等着他死后要吃他呢。照片网上有,你们可以自己看。

他说饥饿、孤独这些童年经历对他的影响,一个是饥饿成为他创作经常出现的题材,在饥饿状态下人们是怎样的,《蛙》中描述了饥饿,就是吃煤这件事。煤炭拉来以后有一股香味,确实有,我也有这样的经历,松木刚锯开的时候就有香味,因为煤的前身就是松木。

"陈鼻首先捡起一块煤,放在鼻边嗅,皱着眉,仿佛在思索什么重大问题。……思索了一会,他将手中那块煤，猛地砸在一块大煤上。煤块应声而碎，那股香气猛地散发出来。他拣起一小块，王胆也拣起一小块；他用舌头舔舔，品咂着，眼睛转着圈儿，看着他幸福的表情，慢慢地别人也开始跟着吃了。"先闻一闻、舔一舔，动作非常细，就好像面对一个陌生的东西。动物也是这样的，先尝试一下，再开始吃。

"他一开始吃，有了感觉以后，当我们惊讶地看着他的时候，他竟然把煤咽下去了，他压低声音说，'伙计们，好吃'；小女孩也说，'哥呀，快来吃啊'。这些人就开始吃起来了，然后我们也学他们的样子把煤砸碎开始吃。虽然有些硌牙，但感觉味道还可以。陈鼻是第一个吃的，吃出经验了，告诉别人半透明的、浅黄色的，像琥珀一样的更好吃。"你看，一个人开始吃，大家都吃。

"我们班三十五个学生，除了几个女生不在，其余都在。我们每人攥着一块煤，咯咯嘣嘣地啃，咯咯嚓嚓地嚼，每个人的脸上，都带着兴奋的、神秘的表情。我们仿佛在进行一场即兴表演，我们仿佛在玩一种古怪游戏。肖下唇拿着一块煤，翻来覆去地看，不吃，脸上带着蔑视的神情。他不吃煤因为他不饿，他不饿因为他爹是公社粮库保管。"

第二点，童年的孤独成为莫言思考社会与人生的动力。孤独这种情绪整体上是负面情绪，但是人要是有机会，有较长的时间享受孤独的话，它可能产生正能量。现在流行一个词，就是现在人过得太匆忙，假如有一段时间没有任何人干扰你，这叫什么呢？叫享受孤独。莫言享受孤独的结果就是他有时间，有充分的时间思考社会和人生。他这样说，"什么人说什么话，什么藤结什么瓜，我是一个在饥饿和孤独中成长起来的人，我见多了人间的苦难和不公平，我的心中充满了对人类的同情和对不公平的愤怒，所以我只能写出这样的小说"。他不是养尊处优长大的，他不是不了解人民的疾苦。有些在大城市长大的，连庄稼禾苗都分不清。咱们看过《朝阳沟》，王银环初下乡时是韭菜和麦苗分不清。不光是王银环，我的同学看芝麻开花，他们问，这是什么东西啊？做小磨油的芝麻。他们知道小磨油是芝麻做的，但是芝麻从哪儿出来的他不知道。社会底层的不公平，到现在我们知道乡村里面还大量存在，我的同龄人，大概十多年前那个女孩子被婆家人打死埋掉了，过两天告诉娘家人。娘家人竟然也没有说什么，死就死了。她的家人愚昧到什么程度！我是回到家无意问到了，我们是同龄人，跟家人聊到她，问她过得怎么样，家人说她死了。怎么死的？婆家人给打死了，埋了以后才告诉家里人，一点法制观念都没有，不像城里人，你碰一下我就打官司。底层的很多人活在非常不公平的、非法制的状态下，这种情况莫言知道，所以他要写。咱们前面提到有一本小说《天堂蒜薹之歌》，就是莫言看到《大众日报》报道的山东头一年蒜卖得很贵，好多农民都种蒜，种蒜是双重收获，可以卖蒜薹，可以卖大蒜。没想到种的多了卖不出去，有点丰收成灾的味，他开始写这部小说，用小说为百姓鸣不平。

所以在他笔下的这些人物身上，往往承载有莫言自己的思想。这个思想使他在孤独中思考所得，其实这种思想使得莫言的作品有了更高的价值。我们讲一个人老重复别人，重复的再好没多大价值。你看现在电视台，搞模仿秀，你模仿赵本山，他模仿潘长江，模仿来模仿去，就跟美容院做的一样，那是你自己吗？你自己在哪里呢？而文学是强调这一个，就是个性的，就是莫言把他的思想投入到创作中，反而使他的作品具有了个性。

比如我们结合《红高粱》来看一下，《红高粱》讲啥呢？以他故乡流传的一个真实的事、一个土匪抗日的事为原形写的。通过"我"第一人称这个角度写我爷爷和我奶奶的故事，你们可能看过电影，电影改编的是截取片段。余占鳌本来是给人抬轿，结果给东家娶媳妇的时候发现这个媳妇很漂亮，就动了念头。等到新娘子嫁到婆家以后，由于这个丈夫是麻风病，很失望。结果三天回门的路上，余占鳌就把新娘子半途抢走了，两人发生了关系。为了长期占有戴凤莲，他们就结合着把她的丈夫杀了。因为杀了人，余占鳌就当了土匪，拉起一支队伍来。等日本人打来的时候，他这支武装是共产党、国民党都争取，他谁也不跟，我打日本鬼子，我单独干，写这样一个故事。

这里面他所写的戴凤莲这个女性形象敢爱敢恨。按说一个新娘子，当初一个轿夫劫你，你就跟他走？她就跟他走，当然这里面也有对丈夫的极度失望。后来打日本鬼子，戴凤莲不是躲起来，一打仗都是妇女儿童躲起来，她不是，她是做饭，做饭了以后挑着这个饭给抗日队伍送，她死也死在这个时候，被炸飞的。这就使得这个女性的人生跟那个时代普通的女性不一样了，为什么？她对她和余占鳌的野合是怎么想的呢？作者写了她临死时候的一段话，就是她的想法，说"天，你认为我有罪吗？天，什么叫贞节？什么叫正道？什么是善良？什么是邪恶？你一直没有告诉我，我只有按照我自己的想法去办"。天，咱河南话叫什么？老天爷啊！这是咱河南民间最信奉的一个对象嘛。天，你说我有没有罪？就是临死以前，我这样活一生想爱就爱，想恨就恨，有罪吗？什么是贞节、什么是正道、什么是善恶，你没有告诉我，我就按照自己的办，我的身体是我自己的，我不怕罪、不怕罚，我不怕进你的十八层地狱，我该做的都做了，该干的都干了，我什么都不怕。这种生存观和一般人不一样。我们知道河南的传统文化积淀很厚，对人的束缚特别多，做事前怕狼后怕虎，有的人还没做呢就想我这样做了得罪了领导怎么办、得罪了邻居怎么办？就是瞻前顾后很多很多，但是你看她不是，我该做就做，想干就干，我死也值了。就是风风火火活一生，值！

这里面其实有莫言自己的思想，就是说活得很自我，这方面在中国人的人性中是很难得的，我们做什么事更多考虑的是他人的评价，领导会怎么看？邻居会怎么看？别人知道了怎么看？想了很多，而不是说我只要快乐我就做。

莫言笔下这个戴凤莲跟我们普通人就不一样了，人们往往一看她就能够吸引住，张艺谋为啥从那么多小说里选择了《红高粱》来拍？就是他这个小说写的人物活得很真，里面有一种生命的张力。生命本来善和恶是怎么做的？可是现在的社会规则太多，你注意到没有，要按幸福指数的话，现在这个社会相对来讲幼儿园的小朋友幸福，他还不是最幸福的，最幸福的是退休的老人。可能在座的一些老先生不认同我的观点，我简单说一点你就知道了。因为你退休了，单位领导管不住你了，你到了这个年龄，相对来讲家庭该管的事、该做的事也做完了，没有什么社会禁忌了，你可以按照自己的意志来做，今天我想来听讲座听讲座，我今天不想听我去钓鱼，也可以，哪儿有一个好饭店我去吃一顿也行，没有太多人干涉你，这就是自由，自由很难得。在自由的状态下，你才能彰显你的个性。如果层层压着你，你说我想自由，那顶多是局部的自由、戴着镣铐的自由。莫言把"我奶奶"写得非常泼辣、非常鲜活，等到她死的时候，作者把她的死写得非常浪漫。这个死亡过程是一个飞翔滑升的过程，死了不是下沉，是上升，是到天堂里。这个死后的安排，他其实显示出了莫言对待戴凤莲这个人物是什么态度。在莫言笔下你可以看到戴凤莲毫无畏惧地活，潇洒泼辣地死，生生死死中演绎出的是人的本性、本真。跟她相比，看小说的人、活在生活中的人可能就没有那么潇洒了。

第三点，就是莫言童年时期的初恋对象也屡屡出现在他的作品中。像《初恋》中9岁的我暗恋张若兰，那是20世纪60年代，属于困难时期，跟他娘要了好长时间终于要了一个苹果，准备送给喜欢的人。躲在草垛后，张若兰来了，想把苹果给她的时候拦着人家不让走，又表白不出来，紧张地说不出话来，僵持了一会儿，张若兰骂了他一句神经病走了。这是描写小孩子情窦初开的状态。

《白狗秋千架》中初恋对象变成了"暖姑"，因为她丈夫是个哑巴，跟我相见以后想跟我发生关系，希望留下一个质量优秀的种子。像《爱情故事》中的女知青何丽萍，《丰乳肥臀》中上官家的那六七个女儿，这些都有他初恋对象的影子，这个也是早年生活对他创作的影响。

第四点，他童年生活的故乡成为他独特的文学世界的来源。凡是成功的作家几乎都有自己的文学世界，沈从文写湘西，老舍写北京，李佩甫写许昌（他老家是许昌的），刘震云写延津，阎连科写嵩县，莫言也是这样，他一直以他的老家高密东北乡开始写，主要作品像《白狗秋千架》、《红高粱家族》、《丰乳肥臀》、《檀香刑》、《蛙》等，他的11部小说里面我让你看的主要就是这几部，都是以他的故乡高密东北乡为原形写的。

在莫言眼中，高密东北乡是一个什么样的地方呢？红（色的）字是他的原话（PPT）。他说"无疑是地球上最美丽最丑陋、最超脱最世俗、最圣洁最龌龊、最英雄好汉最王八蛋、最能喝酒最能爱的地方",他写了很多,这是莫言的特点。莫言写的对象就跟黄河决河一样,滔滔不绝,我们把它概括为一句话就完了,故乡在他的心目中是什么形象?矛盾体,既有非常好的一面,也有丑陋的一面。概括起来讲,高密是他生命的摇篮,他在这儿长大,这其实也成为他文学创作中的精神源泉,也是他的灵魂栖息地,因此"高密"就不再是一个地理名词,而成为他的精神家园,那么他对乡土的认知,他对中国社会的认识,还有他对自我的感知,都与故乡有关。

你不要说我们离开故乡了好像故乡就不存在了,很多人一生摆脱不了故乡的影响。许世友,你们知道吧?河南出来的将军。许世友当军区司令员的时候,给他安排到当年宋美龄、蒋介石住的别墅,小楼很漂亮,里面种满了名花异草,一进去就说"警卫班,来!把这些花花草草都给我砍掉"。砍掉干什么?种菜、种红薯。他儿子去看的时候,弄了一麻袋红薯让他带走,老爹给的也不敢带,非常为难。警卫班的人说,许司令啊,老家的红薯几分钱一斤,多得很!这才给他解了围。他种那些不是为了生存,只是为了吃,他离不开那个乡土。就跟你在郑州一个很高级的小区里,绿地刨掉一块种几棵菜,这里种几棵菜,那里种几棵豆角、玉米,他不是靠这个生存,他就是忘不了故乡那种记忆。所以说故乡对莫言来讲是影响非常大的。

接着我们来看第三个板块,莫言给人留下的印象非常深,就是莫言的作品写的对象往往很丑。描写事物的时候,他也喜欢从丑的方面来写,这点也是莫言遭来很多非议的地方。我们怎么看待问题,客观事物本身可能有美、有丑,但是文学创作,或者扩大艺术创作,它本身是一个审美活动,正确的做法应该是不管对象怎么丑,刻画出来应该是美的。

一会儿我让你们看一下罗丹(的作品),以一个老妓女为模特雕的一个塑像,老妓女形象很丑,但是你感觉到的不是丑,是审美。鲁迅、闻一多也有类似的手法,就是以美的意向写丑。当年很多人要保存"国粹"的时候,鲁迅写文章讽刺他们说,国粹就像你身上的疮,"红肿之处,艳若桃花;溃烂之时,美如乳酪,国粹所在,妙不可言"。这样形容以后,美和丑的极度逆差就给人强烈的印象,让人看了之后难忘。闻一多写诗也是这样的。

(PPT)这是罗丹的雕塑,它有几个名字,叫《欧米哀尔》或《老妓》,欧米哀尔是诗歌里的一个形象,年轻时很美,老年以后就风光不再了。罗丹抓住人生到了暮年,尤其像一个妓女,付出了青春,坎坷一生以后,她所剩的还有什么?她的生存状况又如何?你看弯腰的形象把她一生可悲之处就写出来了。干扁的乳房,松弛的肌肉,一道道在身上布着。她想起的是什么呢?年轻的时候恰恰靠这些来吸引人的这样一位女性,到了老年,她人生是多么可悲、多么悲恋,它引发的是我们对人生的悲悯之情。

莫言从《透明的红萝卜》开始就审丑,到《红高粱》、《红蝗》达到高潮,这两部作品审丑最明显。一会儿我们讲《红高粱》里面剥人皮的场面,你看一下就知道了。《丰乳肥臀》、《檀香刑》、《蛙》里面还有,但是少得多了,他也在变,因为评论界一直在批评他。《透明的红萝卜》写的是一个小黑孩,有人说这个原形是莫言本人,以他的角度来反映20世纪70年代初中国社会的情况。小黑孩的父亲因为家里没有吃的,像他的祖辈一样闯关东了,他跟着继母,继母虐待他,身上经常是伤痕。后来生产队为了照顾他,让他到工地上去,因为在工地上相对吃得好一点。按说13岁的小孩在工地上是不能干活的,但是队长把他派去了。因为不能干其他活,只好在那里给小铁匠拉风箱。小铁匠也折磨他,用烧红的铁钳烫他。只有一个菊子姑娘关心他,在菊子姑娘这里,寄予着莫言对人类善良人性的一种寄托。最后他要找自己曾经见过的一个透明的胡萝卜,但是没有找到,这个透明的胡萝卜是一个象征,就是那个小黑孩在那个贫穷,相对黑暗的70年代对理想的一种追求。一度梦见过,最终也没有得到,这种状态其实是人类对理想的一种状态。我们都做过梦,我们都有梦,但不是所有的梦都能实现,这跟理想一样,曾经有过,但没有得到。

他写小黑孩儿的时候把握了两个方面,一方面这个小孩子身世非常不幸,你想啊,妈妈不在了,爸爸又下关东了,如果继母待他好的话还好,继母是虐待他,这样的小孩儿活得很可怜,现在报道有类似的情况。

另外一方面这个小孩非常聪明、非常机敏，在很多时候他有和年龄不相称的自尊和要强，别人还以为他是小孩呢，但是很多时候他表现得很成熟，这个特点是莫言抓住了小伙伴们和他自己的特点来写的。

这里面已经有了审丑的倾向，你看他写"秋天到来的时候，我们都已经穿夹袄了，但是这个小孩没人爱，只穿一条污渍斑斑的大裤衩，这条大裤衩还是他父亲留下来的，那数得出肋巴骨的鸡胸脯，脊背上、腿上闪亮的伤疤。他拉大风箱时，瘦身子吃力地前倾后仰，左胸脯的肋条缝中，他的心脏像只小耗子一样可怜巴巴地跳动着"。他通过小黑孩儿这两个侧面的描写，抒发作者对小黑孩儿的不幸童年的一种悲悯之情。你写一个人在特定社会背景下的悲惨遭遇，那个社会，这种悲悯的背后，则是对特定历史时期社会生活的批判。这个小孩应该享受的他没有享受到，那这个社会、这个时代没有给他提供。

在那个相对悲惨的环境中，这个小孩还一直有一个梦，还一直希望得到晶莹透明的红萝卜，这个红萝卜就是对他一种理想的享受。他梦到了，他似乎见到了，他要去苦苦追寻，最后为了找那个红萝卜，把人家种的一地萝卜都拔掉，最后看萝卜的逮到他了，打他，队长也要惩罚他。小孩子对理想的追求多少悲惨，最终也没有得到。实质上是整体上象征性地写出了莫言那一代人的童年生活，这里面有审丑的手法。

《红高粱》里面审丑更多，主要是两个情节，一个是土匪武装打日本的汽车队，那个是很乡土化的。用什么来弄日本的汽车轮胎呢？把农村耙地的耙齿磨得尖尖的、光光的放在汽车经过的地方，汽车跑得很快，一下把轮胎扎得没气了，跑不成了再打。再一个是就是写余占鳌和戴凤莲的爱情故事。

（PPT）这是电影里面的画面，姜文和巩俐演的，张艺谋导演的，这个电影对莫言走向世界贡献很大。

（PPT）这是审丑的片断。

像罗汉大爷死了，"他死的时候尸体被割得零零碎碎，扔得东一块西一块，躯干上的皮被剥了，肉跳，肉蹦，像只蜕皮后的大青蛙。父亲一想起罗汉大爷的尸体，脊梁沟就发凉。罗汉大叔被杀的时候，剥皮是从上开始剥的，头上还在流血，他蹲下抓起一把黑土按在伤口上。头顶上沉重的钝痛一直传导到十个脚趾，他觉得头裂成了两半。这是回忆他父亲看到杀猪的孙五被抓来剥罗汉大叔，他的刀子在大爷的耳朵上像锯木头一样锯着。罗汉大爷狂呼不止，一股焦黄的尿水从两腿间一蹿一蹿地滋出来。父亲的腿瑟瑟战抖。走过一个端着白瓷盘的日本兵，站在孙五身旁，把罗汉大爷那只肥硕敦厚的耳朵放在瓷盘里。父亲看到那两只耳朵在瓷盘里活泼地跳动，打击得瓷盘叮咚叮咚响"。真实的我们知道不会那样，但是莫言这种写法让我们读的心惊肉跳的，有一种很恐怖的感觉。这种感觉一方面写出日本人逼迫中国人剥中国人，很残暴；另外一方面，从阅读感受上，我们意识到了莫言这个写法审丑能强化你的阅读意向，读了之后忘不掉。

这是他的回忆，"开始割的时候，从头顶上外翻着的伤口剥起，一刀刀细索索发响。他剥得非常仔细，罗汉大爷的头皮褪下。露出青紫的眼珠，露出了一棱棱的肉……脸皮被剥掉后，不成形状的嘴里还呜呜噜噜地响着，一串一串鲜红的小血珠从他的酱色的头皮上往下流。孙五已经不像人，他的刀法是那么精细，把一张皮剥得完整无缺。大爷被剥成一个肉核后，肚子里的肠子蠢蠢欲动，一群群葱绿的苍蝇漫天飞舞"。你看到有一种恶心的感觉，而莫言要达到的就是这种感觉，你恶心罢之后忘不掉。他的审丑有一种很强的感官刺激性。

有些更不雅了，他把大便形容像贴着商标的香蕉，莫言善于这样弄。我不再一一举了，《红高粱》、《红蝗》里面达到极端。以美的日常生活中很亲切的、很认可的事物来写丑的对象，在美和丑逆差中形成一种强烈的印象，记住了它。

（PPT）你看《红蝗》这一段，"我被她用一根针剜着血管子，心里幸福得厉害"。不可能的也变成了可能。"老沙把嘴噘得像一个美丽的肛门！"写这些东西，从当年的学术界就一直有争论，但是莫言坚持了好多年，这是他的一个特点。

我们姑且不说他的好和坏，我举几个小例子，你看看有没有自己的评判。学术界对他的审丑也是对立的观点，我把学术界的观点简单给你们介绍看看。1988年，一个学者叫颜纯钧，他写文章是肯定他（莫言），"以丑为美，使美变丑的独特趣味，在表现出一种人格样式的同时使小说处处显示出狞厉的美"。这种美虽然拉开了与读者的距离，但是莫言本身就是要与读者为敌。在对读者进行冲击和征服的地方，从根本上讲，就在这儿。能冲击你，让你看了忘不掉。他最后的结论是什么呢？不仅仅是某些艺术手法的模仿和探索，更重要的是他为中国的读者提供了一种新的审美经验。

过去没有见过，或者见过，没有像他这么典型，这是肯定他的，但是也有不少否定他的。像王干认为，"他似乎要把有生以来所感受到的、经历的、听到的、想象到的全部龌龊全部抛出来，竭尽刺激感官之能事，仇恨、诋毁、诅咒既有的一切文化，包括他曾经满怀激情所歌颂过的红高粱、土地、野性、性。而把当年的那股热情全部倾注给人间的种种丑恶，以玩赏丑恶为快事"。他说，莫言在反文化的旗帜下干着文化的勾当。莫言在亵渎理性、崇高、优雅这些神圣化了的审美文化规范时，却不自觉地把龌龊、丑恶另一类负文化神圣化了，也就是把另一类未经传统文化认可的事物"文化化"了。我个人对莫言的过分审丑也不赞同，以前写文章也说到这个问题。如果你让人读了以后从感官上觉得恶心、反胃，这个读起来起码不是一种愉悦感，不太合适。

第四，我们看看莫言小说中的性描写。莫言文化不高，来自乡村，把乡村那些负面的东西表现得很充分。这里有个方向的问题，就是莫言的性描写达到一个什么样的程度？对这个度的把握好不好？我选他的代表作《红高粱》，写余占鳌在戴凤莲三天回门的路上，把她劫持到红高粱地里发生性爱。在发生性爱之前，小说里写"余占鳌把大蓑衣脱下来，用脚踩断了数十棵高粱，在高粱的尸体上铺上了蓑衣。他把我奶奶抱到蓑衣上"。这是性爱前的准备。他写"奶奶"的感受是"奶奶神魂出舍，望着他脱裸的胸膛，仿佛看到强劲慓悍的血液在他黝黑的皮肤下川流不息。高粱梢头，薄气袅袅，四面八方响着高粱生长的声音。风平，浪静，一道道炽目的潮湿阳光，在高粱缝隙里交叉扫射"。这里没有直接进行性的描写，他写的是当时的一种感受，一种感觉。在那个神圣的时刻，两个人结合了，结合的时候非常安静，因为她能听到高粱生长的声音，类似于咱们中国道家提倡的天人合一的境界。

换一个角度，从余占鳌的角度写的时候，"余占鳌一截截地矮下去"，刚才我们看的画面，姜文也是跪下去。"双膝啪嗒落下，他跪在奶奶身边，奶奶浑身发抖，一团黄色的、浓香的火苗，在她面上毕毕剥剥地燃烧。余占鳌粗鲁地撕开我奶奶的胸衣……奶奶低沉暗哑地叫了一声'天哪……'就晕了过去。"这段描写在当下文学环境里不算露骨的描写，他通过这个过程主要表现什么呢？不是性本身，而是蕴含着两性交往中人的原始生命力蕴含的野蛮与冲动。在这一瞬间，他会凸显出无所畏惧和气吞八荒的气势！除了爱，这个世界什么也没有了。为了得到爱，我什么都不顾了，什么法律啊，道德啊，什么都不顾了。这实际上写的是人性中本性的原始生命力，是带给人的性爱的一种改变，目的不在于性本身。

他的另外一部代表作《檀香刑》，写孙眉娘喜欢钱大老爷，做梦都梦到钱大老爷每天和她相会，最后实在忍不住来到县衙找县太爷，这个时候莫言写到他们接吻，"只有四片热唇和两根舌子在你死我活般地斗争着，翻江倒海，你吞我咽，他们的嘴唇在灼热中麦芽糖一样炀化了"。这个性爱场面以热吻为高潮，没有具体写，对性爱还是有把握的度数的，没有很过分。

（PPT）这是《生死疲劳》里的男主人公，40多岁了，从来没有经历过热吻，当一个远亲20多岁的姑娘爱上他以后，他们在接吻，也是到接吻为止。别的小说也有，像《丰乳肥臀》也写到性爱，那个性爱描写与人的生存结合起来。上官家的女孩子被卖出去之后，被一个白俄罗斯贵族养大，很高雅，一般男人都看不到眼中，20 多岁还没有找对象。到 1961 年、1962 年时，因为饿了，食堂里做饭的厨师拿了几个白馒头把她诱惑到一个柳树林里，把馒头往地上一扔，那个叫莎莎的女孩子去拾那个馒头，这个厨师从后面把她奸污了。他重点写那个馒头拿过来狼吞虎咽，噎得慌，吃不下去，伸长脖子咽下去，这个厨师很坏，从兜里又拿出一个小馒头，往前面地上一扔，她爬过去拾馒头，厨师在后面奸污她。那个也是写性爱，但是那个性爱目的不在于性爱，写什么呢？如果人的基本生存满足以后，温饱问题解决了，这时候人们才会讲贞洁啊，道德啊，自爱自尊啊。在即将饿死的时候，即便是像贵族一样的莎莎，她也顾不得自尊自爱了，被厨师奸污了。基本生存问题解决了，你才能讲礼貌、讲道德。莫言写这个场景目的不在于写性，而是通过性反映社会，反映人的生命力。

我认为他这个描写以第二性特征为止，还是有一定度的。《丰乳肥臀》是受人们议论最多的，这个小说曾经被查禁过。为什么查禁他呢？因为里面性描写多一些，尤其对于女性第二性特征（乳房）写的很多。他写什么呢？山东高密有一个女性叫上官鲁氏，姓鲁，出嫁到上官家，叫上官鲁氏，没有名字。她丈夫是一个很懦弱的人，她瞧不起她丈夫，但是也没有办法，结果她经常与别人偷情。生的几个孩子都不是一个爸爸，生了六个女儿，一生没有生下男孩子，最后与一个外国牧师结合，终于生下一个男孩叫上官金童。这个男孩儿从生下来以后一直很迷恋他母亲，吃奶吃到很大。前面我们讲过，莫言吃奶吃到 5 岁。这个小孩儿吃到六七岁，一边吃这个奶，一边手摸他妈妈那个乳房，习惯以后将来恋乳，很不成气。他那几个姐姐都很能干，几个女儿有的嫁给共产党干部，有的嫁给国民党军官，有的嫁给土匪头子，通过一个家族把抗日战争时期各种政治力量都写出来了，各个政治势力汇到这个家，汇到女主人公上官鲁氏身上，来反映这个时代。因为性描写多了一点，曾经被禁过。

尤其写上官金童，她唯一的一个儿子是性无能，还是恋乳癖，小说里写，上官金童当选为"雪公子"，摸遍了一百二十个女人各式各样的乳房，还有各种各样的比喻。最后一直摸到独乳老金，这个女人有病，只剩下一个乳房，在摸她的时候达到高潮。这个写法花了好几百字写独乳老金的乳房怎么怎么样，而且写上官金童抚摸她的时候有什么感觉。这个写法当年就遭到了批评，觉得不应该。这是莫言在 20 世纪八九十年代时作品很集中出现的一种现象。

基本特点是从《红高粱》开始，通过性爱写社会，这个还把握得比较好。通过性爱来讴歌自由叛逆的两性关系，到《生死疲劳》时还有这样一个特点。这以后，在《丰乳肥臀》里，对两性间的接吻啊，女性的乳房啊写的比较多，但是直接的性行为描写还是很少。在他获得诺贝尔文学奖的《蛙》里面几乎没有了，莫言也在变。通过这个页面我们来了解一下莫言小说中的性描写的特点和变化，基本上是三个阶段。

最后我们来看看他获得诺贝尔文学奖的长篇小说《蛙》，我把它作为一个单元，我们来讲一下。这部小说是以剧作家蝌蚪回乡跟他的姑姑万心交往，从万心那儿得到姑姑一生的经历。这个万心是小说的女主人公，是一个著名医生的后代，因为她爸爸是一个医生，给八路军的高官都有交往，出身还是很高的。因为这样的出身，20 世纪 50 年代被培养成第一批妇科医生，用现代方法给人接生，被人称为"送子娘娘"。

从 1965 年开始，她的身份换了，1965 年开始计划生育，由于出身好，又懂技术，姑姑在给别人堕胎方面是先锋，当年人们称她为"送子娘娘"，后来称她为"魔鬼"。她主要干啥呢？计划生育啊，她去抓人啊，给人结扎、堕胎，就干这个。到晚年，到了新时期，计划生育政策放松了一点，她开始变了，嫁给了郝大手，郝大手捏泥娃娃，她跟丈夫学会捏泥娃娃以后，按照自己给人做掉的孩子的模样捏泥娃娃。这个孩子已经死了，我捏娃娃就是要留住他们。通过万心的一生在反思中国的计划生育政策，这也是他得奖的原因之一。

我们知道，20 世纪从 60 年代到 70 年代，一直到现在，这几十年的计划生育一方面有很好的正效应，控制了我们的人口过度膨胀，为中国的经济发展提供了条件。另一方面，在强行实行计划生育政策过程中，出现了很多野蛮执法，非人性的、反人性的东西，一直被西方社会批评为不太重视人权，这是负面的。咱们在乡村生活过的都知道，因为城里违反计划生育的相对少一点。我知道我的故乡，像扒房子，牵人家的牛都有，村里抓计划生育的干部和普通群众的矛盾相当激烈，好像西平县也发生过，把人家的房子扒了，人家在他家的房子里埋上炸药，把他一家炸死了。现在我们在反思计划生育政策，现在河南也允许"双独"夫妻生二胎了，莫言在通过小说反思计划生育。反思计划生育是一个表面的，表面的叙事背后他其实在思考生命的存在。

我们刚才讲到了，作家必须站在人类的高度去思考问题，那些被毁掉的生命，他曾经是生命啊！我问过计划生育的干部，好多生下来已经是7个月了，我们说七活八不活嘛，这孩子只要不人为地处置他，都能活，但是那些人往往一针下去就打死了，有的针也不打，往桶里一塞就溺死了，这里面有对生命的一种漠视，不重视生命。我们每个人都是作为一个鲜活的生命存在，你作为一个生命，如果你不重视其他生命，就是对生命本身没有一种敬畏。一个人文明程度的差异不在于你有多高的学历、你有多高的官位，你是否尊重生命本身就是文明的一种体现。你看有的人为了两毛钱，为了两块钱就把人给杀了，有没有？为了喝酒产生一些争执，多喝一杯、少喝一杯，为这个把人杀了，这些人不懂得珍惜生命。

还有一些极端的，像云南的马加爵把同寝室的其他大学生杀掉，被枪毙了，好多人欢呼。还有西安的药家鑫被判了死刑，好多人欢呼，值得欢呼吗？他杀人不该，但是他也是一个生命啊！不管这个生命干过什么坏事，但是当这个生命被毁灭的时候，如果你幸灾乐祸、如果你山呼万岁，证明你本身不懂得生命。

现在很多国家都已经废除死刑了，香港已经废除死刑了，就是这个人他犯了罪，他毁灭了别的生命是一个严重的罪恶，但是如果我们还这样毁灭生命，合理吗？他们是这样一种观点。莫言通过这个小说就在反思生命应该是一个怎样的存在？这本书分五部分，以一个作家跟日本友人杉谷义人的五封信作为引线，引出了不同时期姑姑的故事。这里面有什么影子呢？有莫言与日本一个得过诺贝尔文学奖的作家交往的影子。主人公万心也有原形，是他大爷家的女儿，他叫她姑姑，叔伯姑姑，一生经历了给人接生和堕胎这样一个过程。到退休了，莫言回去跟她一聊，发现她这个很有意思。

（PPT）这是里面的主要人物。

你看他的人物取名，眉、鼻、腮，还有手，都是用器官来取名的，因为他要整体反思生命、反思人，所以这个名字起的有含义，都是各个不同的器官。按照我的理解，可能他暗示我们每个人只是众多人中的一个，只是人的一部分，有这样一个含义。

（PPT）这是她的原型，当了50多年的乡村医生，已经70多了。最初被人视为"送子娘娘"，是圣母级的人物，到后来她不得不把很多已经成形的孩子给毁掉。你要有机会跟乡村医生接触接触，他们都有类似的经历。

莫言说姑姑的命运有悲剧性，一方面她珍视、敬畏生命，她自己对强制性的流产有意见，但是她没有办法，因为她是计划生育干部。莫言通过姑姑这个形象，认识到了对生命的尊重和关爱。

（PPT）这是万心的原型。蝌蚪实际上就是莫言的影子，所以通过蝌蚪这个形象，莫言说是在自我剖析和反思中萌生了对生命的期待与虔敬，就是尊重生命这一点。

他写的是计划生育政策，这是一个政治性很强的话题，但是最终他落到了反思生命，反思生命的存在和对生命的敬畏，这个超出了中国人或者中国这样一个范畴，具有全人类性，这个我们讲是莫言站的高度。

小说里对姑姑忠于职守有很多细节。像第二部，小说中的蝌蚪是万心的娘家侄儿，她的侄儿媳妇叫王仁美，刚一结婚给她姑姑说，听说你那里有生双胞胎的药，你不是抓计划生育吗，我不能生二胎，给我一个生双胞胎的药，这也不为难你，让我多生一个孩子。万心说："姑姑是共产党员、政协常委、计划生育领导小组副组长,怎么能带头犯法呢? 我告诉你们姑姑尽管受过一些委屈(这是说啥呢? 她的恋爱对象是一个飞行员,这个飞行员叛逃到台湾去了,因为她的恋爱对象把她也审查了一段,委屈指这个),但一颗红心,永不变色,姑姑生是党的人,死是党的鬼,党指向哪里我走向哪里。"她的表态你看? 很具有那个时代的特点,代表那一代共产党员的干部。"现在有人给姑姑起外号叫作'活阎王',姑姑感到很荣光,对那些计划生育的,姑姑焚香沐浴为他接生。对那些超计划怀孕的(姑姑对着虚空猛劈一掌),决不让一个漏网!"

这(PPT)是姑姑带领其他计划生育人员去抓张拳的老婆——张拳因为生了两个女儿了,还要再生。"她直视着张拳那张狰狞的脸,一步步逼近。那三个女孩哭叫着扑上来,嘴里都是脏话,两个小的,每人抱住姑姑一条腿;那个大的,用脑袋碰撞姑姑的肚子。膝盖感觉到一阵疼,是女孩子咬了她一口;肚子被撞了一头,身子朝后跌倒了。小狮子是姑姑的帮手,也是计划生育人员,女孩子还用她的脑袋撞她的肚子,结果撞到腰上的铁环了,鼻子碰流血了,小女孩把血往脸上一抹,恐怖与悲壮并生。张拳看女儿流血了,就冲上来对小狮子下狠手,姑姑一跃而起,纵身上前,插在小狮子与张拳之间,额头替小狮子承受了一棍,一棍被打倒了。然后小狮子喊,你们都是死人吗? 大队干部带着几个民兵上去把这个人捆起来,妇女干部把这三个女孩一一制服。"这哪儿像乡村干部对待百姓啊,这跟一场战争一样,这是莫言笔下的乡村计划生育干部怎么样执行计划生育政策的。写得很逼真,乡村里你问一问,有很多这样的场景。

小侄子跟他姑姑谈计划生育的政策,她说,"你知道我们的土政策是怎么规定的吗? 喝毒药不夺瓶,想上吊给根绳"。蝌蚪说,这也太野蛮了! 姑姑说,"我们愿意野蛮吗? 在你们部队用不着这样野蛮,在城市里用不着这样野蛮,在外国更用不着野蛮,那些洋女人们只想自己玩乐享受,国家鼓励着奖赏着都不生。可我们是中国的农村,面对的是农民,苦口婆心讲道理、讲政策,鞋底跑穿了,嘴唇磨薄了,哪个听你的? 你说我们怎么办? 人口不控制不行,国家的命令不执行不行,上级的指标不完成不行,你说我们怎么办? 搞计划生育的人,白天被人戳着脊梁骨骂,晚上走夜路被人砸黑砖头,连五岁的小孩,都用锥子扎我的腿"。姑姑一撩裤脚,露出腿肚子上一个紫色的疤痕。"看到了吧? 这是不久前被东风村一个斜眼小杂种扎的!"这个写得非常真实啊! 就像刚才我讲的,在生活里把计划生育干部炸死的都有,作为基层政策执行者,她也知道这个不那么人道、不那么温柔,但又无可奈何。同时对那一代干部来讲,"生是党的人,死是党的鬼,尽管伤痕累累,我还得干计划生育"。

到晚年姑姑开始反思了,"姑姑这辈子吃亏就吃在太听话了,太革命了,太忠心了,太认真了"。她这一说,做侄子的说,你现在觉悟还不晚啊! 姑姑一听怒了,"呸! 你这是什么话? 什么觉悟? 姑姑当着你——自家人说两句气话,发几句牢骚,姑姑是忠心耿耿的共产党员,'文化大革命'时受那么多罪都没有动摇,何况现在? 计划生育不搞不行,如果放开了生,一年就是三千万,十年就是三个亿,再过五十年,地球都要被中国人给压扁啦。所以,必须不惜一切代价把出生率降低,这也是中国人为全人类做贡献"。这其实很多话都是莫言的姑姑亲口给他讲的,据说那一代计划生育干部就这样认为,虽然有时候她也会牢骚,感觉吃亏,觉得太忠心了,但是如果你让她"觉悟",她又烦了。

丁玲被打成几十年的"右派",后来到美国去演讲的时候,人家问她,共产党让你受这么多年的罪,你不后悔吗? 丁玲说:"党是母亲,我像儿子,母亲打了孩子,你能够记恨一辈子吗? 你不能记恨。"

这个是姑姑在她娘家侄媳妇怀二胎的时候,她强迫她侄媳妇去堕胎,因为孩子大了,堕胎时大出血死了,然后他的岳母跟他说:"你姑姑不是人,是妖魔。这些年来,她糟蹋了多少性命啊! 她的双手上沾满了鲜血,她死后要被阎王爷千刀万剐!"这是一般的人对计划生育干部的认识。

按照当时的规定,谁要是藏匿怀孕的女儿的话,也要受牵连。王金山是他女儿怀孕躲在他家,先推倒他家四邻的房屋,他们的所有损失,概由王金山家承担。如果不想房屋被毁,就请立即劝说王金山,让他把女儿交出来。如果王金山不把女儿交出来,按照政策,要把他的邻居家的房子推倒算拉倒,如果你不愿让推倒,你劝他出来。这在我们今天看来是很不讲理的一种做法,当时就是这样。那时候逃计划生育的,很多不敢住家里,都睡到野地里,一听到狗叫声赶紧跑。

我们看看它的社会内容,说起计划生育,还有一些其他社会内涵。1961年春天,姑姑从她未婚夫逃台湾的事情中解脱出来,又重新工作了,但是那两年40多个自然村里没有一个婴儿出生,原因是什么呢?饥饿。因为饥饿,女人没有例假;因为饥饿,男人成了"太监"。在那个特殊的岁月里,你们如果有谁家是农村的,回去统计一下,我问过,我们村那两年只生了两个女孩。她们的妈妈都在食堂做饭,大食堂嘛,其中一个还跟仓库管理员有私情,所以她们才能生下孩子,其他都没有。他以这个视角侧面写出了三年困难时期的乡村。到1962年秋天,3万亩红薯获得了丰收,有吃的了,终于吃饱了,这个时候人们又活跃了,1963年初冬迎来新中国成立后的第一个生育高潮,仅我们公社就生了2868名婴儿。这批被称为"地瓜小孩儿"。

"在这个形势下,计划生育政策更严厉了,做出了两项决议:一是男子结扎要从公社领导开始,然后推广到一般干部和普通职工。村里则由大队干部带头,然后推广到一般群众。二是要对那些抗拒结扎、制造和传播谣言的人实行无产阶级专政,对那些符合结扎条件但拒不结扎的,先由大队停止劳动权,如果还不服从,就扣掉口粮。干部抗拒,撤销职务;职工抗拒,开除公职;党员抗拒,开除党籍。"

现在看看这个政策,感觉好像一场梦,其实这就是40多年前的事儿。我是1965年出生的,70年代还没有那么厉害,咱们河南省是80年代厉害,抓得很厉害,莫言写的那个时候就很厉害了。

陈鼻也是他的老婆怀孕了,躲出去了,把他抓到乡里,把他的钱都分给人家了。谁去寻找他老婆,一天给多少钱。他的女儿也被抓起来。蝌蚪跟他是同学,当蝌蚪劝他去乡医院(乡医院就他姑姑在的医院)看看的时候,陈鼻怎么说呢?"那是医院吗?那是屠场。"

到20世纪80年代末,计划生育政策松了,有这样一个说法,蝌蚪(就是作家)回到故乡以后见人说,现在怎么样?过去是关在笼子里,现在只要有钱,想干什么就可以干什么,只要不犯法就行。咱们知道,现在相对的偷生的人多了。交罚款?行啊,你要多少,我交!户口也管得松了。这里面还有一个议论,"现在是'有钱的罚着生'——像'破烂王'老贺,老婆生了第四胎,罚款六十万元,头天来了罚款单,第二天他就用蛇皮袋子背了六十万元送去了"。咱们这两天知道,网传张艺谋生了七个孩子(听众:八个),咱们不知道到底是几个,但是肯定是超生了。你就罚吧,他有的是钱,这就是有钱的罚着生,没钱的偷着生,当官的让二奶生。这其实都是莫言从生活中接触到的,现在只有那些既无钱又胆小的公职人员不敢生,你生吧,"双开"!中国政法大学一个老师就是因为二胎被开除了,还要罚款,要收什么社会抚养费。

我大哥家的侄子也是生了女孩想生男孩,他还不到结婚年龄呢就生了三个孩子了。我大哥打电话说,大队干部找事儿呢,说要交6万元社会抚养费。我说,你有钱就交吧!你有钱吗?再说了,有钱也不用搭理他,现在连结婚证也没有,连户口也没有,收什么社会抚养费啊!现在好在不会强制让你结扎了,我们社会毕竟在进步,人道了。

最后是写姑姑的灵魂,姑姑讲,有一次她吃过饭回来,在路上想跑跑不动,小路上的泥泞,像那种青年人嘴巴里吐出来的口香糖一样。在跑的时候,先说姑姑像青蛙在地上爬,在她爬的时候,姑姑说,从那些茂密芦苇深处,从那些银光闪闪的水浮莲的叶片间,无数的青蛙跳跃出来。绿的、黄的、大的、小的,眼睛像金星的、红豆一样的都拥过来,它们愤怒地鸣叫着,从四面八方拥上来,把她团团围住。姑姑说她感觉到了它们坚硬的嘴巴在啄着她的肌肤,它们似乎长着尖利指甲的爪子在抓着她的肌肤,它们蹦到了她的背上,脖子上,头上,使她的身体不堪重负,全身趴在了地上。姑姑说她感到最大的恐惧不是来自它们的咬啄和抓挠,而是来自它们那冰凉黏腻的肚皮与自己肌肤接触时那种令人难以忍受的恶心。它们在我的身上不停地撒尿,也许射出的是精液。这个时候姑姑还没有结婚。现实中不可能，你说青蛙快把她压倒了，不太可能，但是莫言的魔幻现实主义也好，审丑也好，就是这样写，他把这种恶心的感觉写出来。

"她想跑，跑不动，青蛙开始抓她的头发、衣服，有两只用嘴巴咬她的耳垂，她往前奔跑的时候，一边抖动身子，一边用双手在身上撕扯着，每抓住一只青蛙她都会尖叫一声，然后把青蛙猛力摔出去。从耳朵上往下撕那两只青蛙时，几乎把耳朵撕裂。它们牢牢地叮住耳垂，像饥饿的娃娃叼着母亲的奶头。她一边跑，一边叫，身后青蛙难以摆脱，千万只青蛙组成一只浩浩荡荡的大军，叫着，跳着，碰撞着，拥挤着，像一股浊流，快速地往前涌动。"这场面只能在作家的想象中，电视拍都拍不出来。但是我们可以感受到，这么大的青蛙队伍，身上还有好多，耳朵上还有两只，这种难受感正是姑姑晚年感觉自己曾经让人堕掉那么多小孩而产生的心灵的恐惧。这时候"还有好多青蛙跳出来撕她的裙子，裙子被一条一条地撕去，然后青蛙把裙子吃掉，直噎得举前爪挠腮，打滚露出了白肚皮。最后一身裙子被青蛙吃完了，她成裸体的了"。裸体尤其是女性裸体是非常难堪的状态。实际上这写出啥？晚年的姑姑，因为早年的经历导致她特别恐惧，特别后悔，感觉像一个女性裸体呈现在人面前一样，有一种窘迫感。最后姑姑跑到小桥上，遇到在月光下捏娃娃的郝大手，投到他的怀中，最后只好嫁给郝大手，小说这样结束。

在小说叙事完以后，作品几乎是一部剧本，剧本里面有些点睛的语言，既说到了为什么叫《蛙》，"蛙"谐音"娃"，她堕掉了那么多娃娃，她后悔，这些娃娃化作无数的青蛙在追击她，她惭愧，她恐惧。也可以改为"女娲"的"娲"，什么意思呢？女娲造人，早年的姑姑给人接生，相当于女娲造人，被称为"送子娘娘"。另外也可以是青蛙的"蛙"，青蛙产子大家都知道，不是一个一个生，青蛙的卵一弄一大片，是多生的象征。另外蛙还是东北乡的图腾。

据说作品命名为《蛙》，既有谐音，也有它的多重含义，中国人本来是以多子多福为理念的，你看古建筑，石榴也好，蝙蝠也好，都是这个寓意。到了当代，我们不得不以人为的手段把这些娃娃们一个一个做掉。当初女娲造人是创造人类，而现在我们是在毁灭生命，毁灭人类，有多重的内涵。这多重的内涵告诉了我们莫言小说题目是怎样的含义。

最后我们简单说一下，我们通过对莫言的基本情况、童年经历对创作的影响、他的审丑、他的性描写以及他获得诺贝尔文学奖的小说《蛙》进行分析，通过五个方面对莫言有一个基本的认知。我这个讲座其实是两讲，像他的女性崇拜、语言特征、叙事特征、文化价值，还有他得奖以后引发的"莫言效应"，政治、经济、文化多重效应，实际上还有一讲的内容，如果咱们有缘、有机会下次再讲，谢谢大家的光临！

主讲人：梅启波，比较文学与世界文学专业博士，郑州大学文学院副教授，硕士生导师。主要研究方向：西方文学与戏剧研究、跨文化传播学。主持和参加多项国家和教育部社科项目，并发表相关论文多篇，专著有《作为他者的欧洲》。

时　间：2013 年 7 月 7 日

地　点：河南省图书馆研议厅

古希腊神话孕育下的西方文学和电影

今天我很荣幸到这里来给大家做讲座，非常感谢大家在这么炎热的夏天来到这里，还有很多老先生，心里非常激动。在这里谢谢大家！（鞠躬）

我来的时候，一看有很多老先生，我感到诚惶诚恐，我一看之前的很多题目，都是讲的中国传统文化和历史，我就想，我们这期讲古希腊，不知道在座的老先生有多少人知道古希腊？肯定有人知道，在爱琴海，地中海这儿，很多年轻人知道的是拍婚纱照、度蜜月的好地方。其实古希腊是作为四大文明古国之中心，大概在公元前 500 多年的时候，人类历史出现了一个轴心时代，就是四大文明古国，中国、印度、巴比伦，然后就是埃及。古希腊，弹丸之地，全是海岛，就这么一个小地方，当时有多少个国家呢？200 多个城邦。现在希腊那么小一个地方，别小瞧这个地方，当时两次战争，在公元前480 年和公元前 490 年，两次打败了当时的波斯帝国，波斯帝国为什么不是四大文明帝国呢？因为被希腊打败了。波斯帝国是现在谁的前身呢？伊朗。大家都知道伊朗，美国一直喊打他，有没有打呢？不敢打。美国都不敢动他，但是弹丸之地的希腊，在公元前两次打败它，特别是公元前490 年的时候。当时是薛西斯，大家可能看过《300 勇士》这个电影，他把文明古国之一的埃及给征服了，他的领土西边到埃及，东边一直到印度，是当时世界上版图最大和人口最多的国家。他统领 50 万大军去征服希腊，结果铩羽而归。大家可以看看电影，当时希腊人很自豪，感觉很了不起，说自己是全世界的学校。怎么说呢？我连波斯都打败了。当时希腊最大的城邦雅典只有 5 万人，而当时波斯派 50

万人来打，失败了。

当时希腊有多少哲学家呢？苏格拉底、柏拉图、亚里士多德。他们实行城邦民主制，就是没有国王，国家领导人都是选出来的，全民选，因为他们人很少，可能就是几千人来选。同时，他们的文艺发展得特别好，有神话史诗，有戏剧，当时他们看戏剧都是免费的，甚至还有补贴，我们现在看电影都要门票，但是公元前四五百年的时候，古希腊看戏剧不仅不要门票，像老先生来了，还有免费的茶水补贴，他们拥有高度发达的文化。孕育这个文化有一个重要的因素，就是古希腊的神话，就是我们要讲的。可能我们不是很了解，但是我们试图来聊一聊远古的神话故事。

（PPT）我们的讲座分为三个部分，第一个是导论；第二个是简单介绍一下我们用的理论；第三个就是以古希腊神话作为原型，对现代西方文学和影视的影响。

我们先说导论的第一个部分。

关于导论，我们讲的是中间的一部分，首先说神话的起源。神话是怎么来的？马克思有一句话，"神话是在人类生产力极其低下的时候，对大自然想象性的描述，对大自然的恐惧"。电闪雷鸣是什么？是神。大海波涛汹涌是什么呢？也是某种神。这是神话的起源。

另外一个就是古希腊神话的谱系和艺术特征，这个没有时间给大家多讲。古希腊神话有一个特征，跟我们中国有一些不同，他最早的神话，人和神都是一样的，人神同形，形体都是一样的。我们中国远古的神话，像女娲，蛇身；像刑天，没有头。但是古希腊的不是，都跟我们人长得一样，性格也是一样，都有喜怒哀乐。比如说古希腊的战神受了一点伤，疼得哇哇大叫，赶紧逃跑。我们想，战神应该是很英勇的，不是的，他跟普通人没有什么区别，这就是古希腊神话的特点，很富有人的特色。

我们今天的讲座主要是讲一讲神话的意义，以及对西方文学和电影的影响，对当代的意义和影响。关于神话对西方文学或者西方文化的影响，人们往往用一句话来形容，马克思的一句话——"希腊神话不仅是希腊艺术的武库，而且是它的土壤"。一句话概括了！它怎么样影响希腊其他的艺术，比如说影响希腊的戏剧，影响希腊的哲学，影响希腊的文学，这些没有讲。

我们有一个说法，不了解希腊的神话，就没办法读懂希腊的文学，因为很多文学直接引用希腊的神话典故。像英国的作家拜伦，他写了《哀希腊》，整个就是写希腊的神话典故，不了解历史看不懂。我们中国人看的话，本来对西方文学就不了解，对希腊神话也不了解，所以看不懂西方文学。更多的文学是对希腊神话以另外一种形式、以原型的模式出现的，潜移默化的。这里涉及原型理论，（PPT）这个是原型批评理论，我简单地给大家说一下。原型是什么呢？在希腊叫"archetypos"，"arche"是"最初"的意思，"typos"是"形式"，这个词就是说最初的、最根本的形式。这个词最早是柏拉图说的。理念是最根本的原型。柏拉图有一个例子，我们唯物主义说，这个桌子是物质的，是第一系，柏拉图不是这样说的，桌子是建筑师、工匠头脑中的图本的影子，而图本是模仿什么呢？理念。理念才是最初的原型，它先产生图本，然后才产生桌子，所以这是一个原型的最初来源。

文学批评上的原型有几个概念，有几个人，一个是心理学家荣格，1875 年到 1961 年。朋友们可能都知道弗洛伊德，他讲究无意识，但是他讲的是个人的心理。荣格讲什么？集体无意识，神话就是一种集体无意识。比如说人类都会有共同的神话，比如说大洪水，中国关于洪水的神话是什么呢？大禹治水。希腊也有大洪水，《圣经》中间也有大洪水的故事，说明人类在远古时期都有这种时代，发生天崩地裂、大洪水肆虐的时代，这就形成了一种神话，历史记忆沉淀下来。比如说在座的各位都有做梦的经历，梦中被别人追杀，或者被野兽追，或者做梦掉下悬崖，中国人会做这样的梦，外国人也会做，这会反映出集体无意识。人类在远古时期，原始时代，猛兽肆虐，祖先经常被野兽追，不得安宁，这个留下了深深的恐惧感，在你睡着的时候，作为潜意识出现，这是一种集体无意识。这种集体无意识会反复以各种形式出现，神话就是其中之一。这是荣格说的。

荣格总结了很多原型，人类出生是一种原型，再生是一种原型，英雄模型、魔鬼原型、阿玛尼、阿尼姆斯。阿玛尼是什么意思呢？男性当中的女性原型，我们每一个男人当中都有一个女性的形象在里面，虽然是男性，但是人类始祖留下了女性的形象。我不知道(大家)有没有看过《我知女人心》这个电影，刘德华和巩俐演的，剧中刘德华被闪电击中了，激发了他男性当中女性的能力，结果可以听到女人在想什么，女人说话时心里想什么，这样就能设计出一些适合女性的产品。

荣格提出的第二个就是一个一个的原型可以组合起来，成为长篇的故事，比如说英雄的原型加魔鬼的原型可以组成残酷的领袖的故事。后来我们会讲，原型可以组合。

第二个，弗雷泽的《金枝》，这个也是把荣格的原型用到文学批评当中来。这个不多说了，这是人类学的一个著作。

第三个，弗莱，这是加拿大的一个批评家，他有一个文学批评的作品，叫《批评的解剖》，对原型分析了四层含义。第一，原型具有符号性。它像文学中可以独立交际的单位一样，一个词一个词组合，然后连成一个文学作品。第二个，它有历史性。原型是反复出现的，体现了文学传统的力量，它在古希腊会出现，在中世纪会出现，在文艺复兴还会出现，把人类历史联系起来。第三个，原型具有社会性。原型的产生是有时代历史背景的，在不同时代，同一个原型会有不同的历史原因。第四个，象征性，特别是神话，最能体现这个原型。这是关于原型的基本理论，我们就了解这么多。

我们总结一下古希腊神话，这就是总结了(PPT)，女性神话原型、男性神话原型、英雄原型、漂流原型、寻找原型、父子冲突原型、母子冲突原型、两性冲突原型。我们总结了八个，今天给大家介绍一下它对于西方文学和电影的影响。

首先，女性神话原型。古代希腊它的神话体系包括两个，一个是前奥林匹斯神系，一个是奥林匹斯神系。希腊有一个山叫奥林匹斯山，包括我们说的奥林匹克运动(发源于此)，古代希腊的神仙都住在奥林匹斯山上。前奥林匹斯讲的是什么呢？天地是怎么诞生的，神是怎么产生的，这是神话最初的来源。古代希腊人认为天地是怎么产生的呢？混沌的一片，黑乎乎的，像一个鸡蛋一样，这跟中国的很类似，这个神叫卡俄斯，混沌之神。在这浑浑噩噩中间产生了一个地母盖亚，大地之神，这个神在西方很重要。现在和地球有关的词语英文字母都是以"G"开口的，这就是源于盖亚。盖亚生出了天神，天空之神，大地生出天空，乌兰诺斯。她和她的儿子结婚，生了克洛诺斯，还有12提坦巨神，还生出很多独眼巨神，还有100个手臂的神。这个反映第一代神都是人类原始时期对大自然的恐惧，像百臂巨神，走起来地动山摇，一走火山喷发。人类对远古时期自然的恐惧，这是一种情况。

克洛诺斯和他的妹妹瑞亚(时光女神)生了这么多神(PPT)，但是天神乌兰诺斯很害怕克洛诺斯，还有提坦巨神，为什么呢？(因为)他们力量非常强大。乌兰诺斯就把地劈开一条缝，把12提坦巨神都关到地狱里面去了。地母看到之后很心疼，她就把自己的小儿子克洛诺斯给救出来了，交给他一把刀，把自己的兄弟都给救出来了，并用这把刀推翻了他父亲的统治。克洛诺斯推翻他父亲统治之后，和他姐姐瑞亚又结婚，这好像是乱伦，生下了后来我们说的奥林匹斯中的众多神，像宙斯、赫拉、波塞冬、哈德斯等。

克洛诺斯又害怕孩子像自己推翻自己父亲一样，把这六个孩子吞吃了，唯独宙斯幸免于难，因为地母盖亚把他藏起来了。等宙斯长大以后，在地母盖亚的帮助之下，逼迫克洛诺斯吐出了自己的兄弟姐妹，推翻了克洛诺斯，做了新一代的天神，就是奥林匹斯的天神。整个神话体系看起来很乱，地母盖亚和自己的儿子结婚，乌兰诺斯又和自己妹妹结婚，这其实是母系氏族社会的一种反映。

在这个过程当中有一个人很重要，谁呢？地母盖亚。在原始社会，父亲和子女之间没有感情联系，父亲可以杀死自己的儿子，可以吞吃自己的儿子。这反映了远古社会的这种情况，在母系氏族社会，伦理还不是很清晰。母系氏族社会父亲和子女之间没有多少情感，联系这种情感纽带的，维系家庭的是女性，女性的地位是很崇高的。

在这个家庭当中有两次叛乱，一个是克洛诺斯推翻乌兰诺斯，是谁在策划呢？地母盖亚策划。

宙斯推翻他的父亲克洛诺斯,这个叛乱谁策划的? 他的祖母地母盖亚策划的。在母系社会,女性地位极其崇高,这个影响了西方的文学,很多文学里面歌颂女性的崇高。比如说中世纪的骑士文学,每一个骑士必须有一个崇拜的女性,大家都知道堂吉诃德这个骑士,他说骑士必须要崇拜一个女性,他找不到一个贵族夫人去崇拜,怎么办呢? 他找了一个养猪的村姑,每次出去游侠的时候,每天给她写一首诗,歌颂她,崇拜她,写的诗歌很肉麻。这是中世纪时,还有骑士文学。到 19 世纪的文学,像托尔斯泰,把女性写得很美。还有 19 世纪的很多文学。但是我们注意,这些文学都是父权统治之后产生的,都是父系氏族社会之后产生的,实际上母系社会达到一万多年,我们父系社会才多少年? 才三四千年,时间很短。

现代很多的小说仍然是来描写女性,但是它只是一种审美上的观潮。恩格斯说得非常好,"现代女性地位的丧失,母权制被推翻乃是女性具有世界性意义的失败"。女性不掌权了,怎么办呢? 在文学中歌颂女性,这种歌颂有两种意义,一个是审美层面上对古代神话的呼应,古代神话作为一种原型留下来的心理影响,歌颂盖亚多少崇高。第二个,反映了不平等,因为女性仍然是作为依附地位的。包括很多文学作品,最著名的《简·爱》可能是一个反思,里面有一段独白:如果上帝赐予我美貌和财产,我将会让你像现在我离不开你一样让你离不开我。呼吁男女之间平等。《简·爱》塑造了一个什么女性? 不是传统意义上的美丽女性,简·爱长得不漂亮,丑小鸭。她靠什么呢? 靠她内在的美。这与以往的文学不同,以往的外国文学里面都是美女,金发碧眼,非常有教养,非常漂亮,但是简·爱不一样,这是《简·爱》的划时代意义。

19 世纪文学对女性神话的批判并不多,到 20 世纪有一个女权主义的思想家,叫西蒙·波伏娃,她有一个作品——《第二性》。她是一个法国人,她是"二战"时期法国存在主义哲学家萨特的伴侣,不是妻子,很多中国人认为他们是夫妻,其实不是,他们一辈子在一起,但是没有结婚。因为萨特在"二战"的时候地位很高,很多女性追求他,波伏娃也不阻止他,她认为两个人不必结婚,只需保持这种情感。她反对把女性作为男人附属的观念,她在书中有一章专门批判女性神话,她说女性神话是不折不扣的父权话语,特别是将女性的社会角色局限为男性无私奉献的妻子和完美的母亲。这规定了很多女性的气质,比如说女性在家里必须要做家务、贤良淑德、温柔善良、相夫教子,不光我们中国有,西方也有,只有这样才是好女人,必须奉献。这些规定潜移默化地影响了她们,因为是男权统治下对女性的规定。这积垢了很多文学作品,比如说骑士文学中的骑士爱情诗歌,歌颂女性怎么样在家里忠贞,她的丈夫出去打仗了,很多年……骑士文学怎么产生的? 十字军东征,出去打仗十多年,妻子在家里照顾孩子,照顾家园。得歌颂女性是多么伟大的母亲,多么坚贞的爱情,等待丈夫回归。那就是男性对女性的要求啊! 女性在这中间做出的牺牲有没有考虑到啊? 早期文学中没有考虑到。

现在的电影开始考虑了,特别是女性地位越来越高了,有一些女强人了,开始反思这样一些情形。比如说《绝望主妇》,这是 2004 年到 2012 年美国非常流行的一个电视剧。它讲的是四个家庭主妇,一个很年轻,离婚了,带一个孩子,很辛苦的。她要不要再组织家庭,要不要追求自己的爱情? 波伏娃说了,"母亲"是这个男权神话中规定的把女人作为奴隶的最伟大的一个幌子,"母亲"要为丈夫服务,要带孩子,而且你很崇高,不需要钱。这个女人不能嫁人,因为要照顾孩子,但是她又要找爱情,这两个比较矛盾。另外还有一个女强人,她在婚前做到高管,结婚之后有孩子了,必须要照顾孩子,但是她本身确实有成为高管的能力、做大事业的能力,现在社会呢? 她能不能比她丈夫更强? 是不是要回到家里做家庭主妇? 就是描写了这种情形。

美国还有一个电影叫《女人邦》,国内好像也有一个类似的电影。《女人邦》里面女强人比其丈夫要强。其实很多电影是受外国的影响,美国开始播了,中国也赶紧拍。还有一个叫《欲望都市》,讲四个大龄"剩女",现在社会"剩女"特别多,刚才司机带我们过来的时候,在博物馆外面有那么多人,我问他们是干吗的,他们说是征婚的,有一些父母为自己的孩子(征婚),很热闹,我看比我们这儿还要热闹。现在"剩女"特别多，为什么呢？女性越来越独立了，独立的问题就是怎么样解决自己的婚姻问题，这种矛盾是不可回避的问题。这个电视剧第一集的问题就是男女不平等，她即将结婚，她提出一个问题，女人能不能像男人一样无所顾忌地寻欢作乐？因为她结婚之前她的丈夫还到处花天酒地，跟别的女人谈恋爱。女人能不能这样？很显然，现在社会是不行的，女人要恪守妇道，必须讲究贞洁，怎么能这样呢？父母会规定女孩子必须晚上十点钟之前回家，不能第二天早晨喝得醉醺醺的回来。《欲望都市》里面的第一个问题就是，女人能不能像男人一样寻欢作乐，演了90多集，各种方面的问题这四个女人是怎么解决的，这是肥皂剧，但是很现实。

还有一个《丑女贝蒂》，这是2006年获得美国金球奖的作品。这个女人是一个"三无"女人，无相貌、无身材、无品位。她去找工作，当了一个时尚杂志的总编的助理，为什么找她呢？因为这个总编的父亲是一个大亨，传媒大亨，他儿子是一个花花公子，为了断绝他这种念头，专门给他找一个实在没有念头的女人当助理，所以她才得到那个岗位。在时尚界很多人瞧不起她，把她当空气，经过她的一系列奋斗，她表现出了她确实是有能力胜任这个职位的，而且赢得了别人的尊重。女人不能仅靠漂亮、温柔，还要有女性气质，传统文学就是这样规定的。美国这个电影流行了，我们国内接着拍，湖南卫视拍了《丑女无敌》。这是我们讲的，女性神话作为一个原型反复出现，前面是歌颂的，后面开始积垢。

我们再看看男性神话原型。前奥林匹斯神系反映的是母权制社会，奥林匹斯神系完全反映男权社会的一个神话，在这个神话体系里面，宙斯作为神话的一家之主，高高在上，坐在椅子上，他掌管天空和雷电。他的姐姐赫拉也是他的妻子，掌握婚姻；他的兄弟波塞冬是海神，掌管海洋；哈德斯掌管地狱；德墨忒尔是农业之神；阿波罗是太阳神；雅典娜是女战神和智慧之神；阿瑞斯是战神；赫菲斯托斯是工匠之神；阿耳忒弥斯是月亮之神；阿芙洛狄特是美神。我们可以看一看，这个上面有打红色的（PPT），宙斯、波塞冬、哈德斯这兄弟三人，宙斯掌管天空，波塞冬掌管海洋，哈德斯掌管地狱，兄弟三人把海陆空权力部门垄断了。像他的妻子管管婚姻家庭；还有美神阿芙洛狄特，掌管美貌，照照镜子，取悦男人。像赫拉应该地位很高，掌管婚姻，但是她对她丈夫的婚姻没有办法。如果了解古希腊神话就会知道，宙斯就是父系社会的一种反映，非常好色，经常在外面有"小三"，赫拉能够管她丈夫吗？管不了，只能把气洒在这些"小三"身上或者洒在她们的孩子身上。我们说"女人何苦为难女人"，但是赫拉只有这个办法。

有人可能听说过古希腊金手指的故事，德墨忒尔是农业之神，是掌管丰收的。在原始社会，采集果实是非常重要的，衣食住行里面吃是最重要的。在神话中，他有一个金手指，可以点石成金。有一次一个国王救了他，德墨忒尔说，我要感谢你，你想要什么？国王胃口很大，说，我要金手指。他说，好，我给你。国王有了金手指之后，别人说，国王，你要吃什么？他一指，那些吃的就变成了金子。你要喝什么？他一指，也变成了金子。他周围的一切都变成金子了，最后饿死了。德墨忒尔作为一个女性神，连她女儿都照顾不周。当冥王哈德斯看中她女儿，要抢她女儿去结婚时，她无能为力，任凭哈德斯抢走了。这是一个男权社会的反映。

有人说，雅典娜在古希腊是很了不起的，我们年轻朋友可能听说过《圣斗士星矢》，崇拜雅典娜，雅典娜在古希腊神话中是什么地位呢？她不是宙斯正常生下来的，是从宙斯的头里面跳出来的，宙斯都害怕她。她是女战神，不怕她父亲，也不怕波塞冬。传说，希腊有一个重要城市叫雅典，希腊每一个城市都有一个守护神，崇拜一个神，雅典这个城市的守护神是谁呢？雅典娜。最初波塞冬想当这个城的守护神，希腊是一个海洋的世界，很多地方崇拜海神，海神的权力很大。两个人都想成为雅典的守护神，僵持不下，他们让宙斯来评判，宙斯其实也害怕他兄弟，又害怕他女儿，两个人都不愿意得罪，宙斯说，我没有办法，你们找雅典民众，看看他们愿意你们谁做保护神。波塞冬拿着三叉戟在海水里面一搅，海啸就发生了，铺天盖地席卷而来，整个雅典眼看就要被淹没了，民众跪拜波塞冬，求波塞冬来拯救他们。这个时候，传说当中的雅典娜身穿一个白色的长裙，拿着权杖，冉冉地从天空降下来,把权杖往地上一插,海水就退去了,风平浪静。这个权杖长出一个绿色的植物,就是橄榄,希腊人很喜欢。橄榄象征和平,另外橄榄可以榨油,因为希腊这个地方是地中海气候,作物不好长,而橄榄适合生长。我们中国现在很多高端饮食崇尚橄榄油,特别是希腊的,这个给希腊人带来长久的财富,所以希腊人很崇拜她,雅典娜很了不起。

雅典娜对男性权力是怎么说的呢?她是拥护男性权力的。当时有这么一个案例,一个叫阿瑞斯特斯的杀了他的母亲,要审判他,他为什么要杀他母亲呢,这个故事有点长。大家看过电影《特洛伊》没有,希腊攻打特洛伊这座城的时候,希腊的司令官是谁呢?阿伽门农。阿伽门农率领一千艘战舰准备扬帆出航,出海去攻打特洛伊。出海那一天风平浪静,一点风都没有,怎么回事?占卜,发现要祭旗,要用血。不光中国这样,西方也这样。一般人的血还不行,必须是阿伽门农的女儿的血,阿伽门农二话不说,杀了自己的女儿。这实际上也反映了父系社会,或者原始社会,父亲跟女儿没有多少情感联系,杀了。经过战争,夷平了特洛伊,阿伽门农得胜归来,他的妻子摆开仪式迎接阿伽门农,阿伽门农是得意满满,结果他的妻子迎接他之后杀死了他。先是父亲杀死女儿,然后女孩的母亲杀死她丈夫,后面这个阿瑞斯特斯不满意了,你怎么能杀死我父亲?他跟他姐姐杀死了他的母亲。母系社会向父系社会转变的时候,这种伦理的冲突,其实我们中国也有很多,但是并没有把它作为文学作品来反映,实际上是一个很深刻的变革。母系社会向父系社会转变,这种冲突极其血腥。

在主持这个杀人事件的时候,一共7个人在这个庙里面,先是三比三,最后由谁来投票呢?雅典娜。雅典娜是一个女性,通常应该站在女性的角度,因为女人被杀了,她应该同情啊,而且阿伽门农杀死了他的女儿。雅典娜关键的一票投给了谁呢?阿瑞斯特斯。她说,"我不是母亲所生的人。我一个处女,是从我的父亲宙斯的头里跳出来的。因此我拥护父亲和儿子的权利,而反对母亲的权利"。大家看看这些字眼,"父亲的权力"、"母亲的权力",赤裸裸地表明了这是权力的竞争。这一票彻底宣告了父权制完全战胜了母权制,最强有力的女性支持男权,拥护男权。在西方文学,现代人类史文学里面,无一不歌颂男性的权力、力量,骑士文学,骑士的英勇,包括《哈姆雷特》、《奥赛罗》,女人都是配角。《哈姆雷特》里面,女性忠贞她的爱情,最后自杀。

一直到20世纪,英国文学出现了劳伦斯,还有托马斯·曼,特别是美国的海明威,他有一本书《老人与海》,塑造了一个老人——美国人最怕人家说自己老——60多岁了,好长一段时间没有打到鱼,人们就说这个老头老了,不中了。美国人最痛恨这个,他要证明自己,他就出海打鱼,打了一条大麻哈林鱼,好大的一条鱼。打鱼的时候大家都知道,手拉着鱼线,鱼在海里游,船必须顺着鱼,鱼拉着船在海上东跑西跑,老人手都勒出血了,他说,"尽可能把我打败,但不能战胜我"。六七十岁了,在海上好几天,几天几夜,死死地拉着它,就是一种硬汉精神,不服老,不服输,这个读起来荡气回肠,确实了不起。这个作品中间也是说了,最后回去的路上一群鲨鱼把大麻哈林鱼吃得精光。回去之后,谁也不知道他打了一条鱼回来了,在垃圾堆里面,苍蝇把它围满了。人生只不过是一场虚空,但是他这个努力的结果是令人敬佩的,海明威就是塑造了很多这种硬汉精神,很多人到非洲打猎,跟狮子搏斗。海明威本身参加过"一战",当汽车兵,一个炮弹过来了,身上200多片弹片,所以他塑造了很多硬汉精神,这个影响了后来很多的文学作品,还有电影。

(PPT)这个大家都知道,帅气又智慧的"007",一拍再拍,这个不多见。

(PPT)这个是施瓦辛格,很生猛的,像《终结者》等一系列的电影都是宣扬男性的力量。

其实男权神话反映、歌颂的是什么呢?英雄。希腊神话大篇幅地讲述英雄的传说,这些英雄都是神和人生的,就是半人半神。还有很多神话的体系,有兴趣的可以看《古希腊神话故事集》,德国人写的,围绕不同英雄形成了不同的神话体系,比如说阿尔戈英雄,还有七雄攻忒拜的故事,还有俄狄埔斯王的故事,特洛亚战争的故事,忒修斯的故事。英雄分为海盗式的英雄,比如说偷金羊毛的伊阿宋,其实古希腊的很多英雄就是海盗。还有漂流英雄奥德修斯。特洛伊战争中有一个计策叫木马计,双方打了好多年,战争没法结束,谁想的这个办法?奥德修斯,他说,把人藏在一个大木马里面,半夜时我们都撤,特洛伊人以为咱们跑了,把这匹马牵回去,半夜时人从马里面跑出来,从内部把城门打开。"特洛伊病毒"就是进去以后从内部攻击你。他完成使命之后回家了,在海上漂了十几年,克服了重重困难,是非常聪明的一个人。

还有战争英雄阿喀琉斯,也就是特洛伊战争里面希腊的一个主将,非常英雄,打不败,唯一的弱点就是他的脚后跟,叫阿喀琉斯之踵。他母亲生他之后,为了使他刀枪不入,倒提着他把他放在冥河里面泡,像药水炼制一样,刀枪不入,但是他的脚后跟没有泡到。在特洛伊战争中,特洛伊城的王子哈里斯射了他一箭,正好射中他的脚后跟,死了!他非常英勇!

还有一些非常聪明的商业英雄,伊阿宋、奥德修斯,这些都是古希腊神话的英雄。希腊人歌颂这些英雄,反映了什么呢?反映了在人类远古时代,希腊是一个海洋城市,我们中国为什么不像古代希腊一样崇拜英雄?他出去航海,他产的是橄榄,没有粮食,必须到埃及换粮食,要有一个船长,必须要有力挽狂澜的人。我们中国不是,我们中国是讲究集体的,我们是黄土地文明,大河文明,我们不需要出海,出海就是茫茫太平洋,我们在黄河边上洒一把种子就可以丰收。唯一要做好的就是把黄河治理好。我们中国是把很多人集中起来办事,不崇拜个人英雄,崇拜集体的力量。

希腊英雄的特点就是,他往往有超人的力量,而且往往以自我为中心,追求享乐。像我们说的阿喀琉斯也是,他往往以自己为中心,大家如果看过《特洛伊》这个电影就会知道,还有,《荷马史诗》第一句话是什么?阿喀琉斯的愤怒是我的主题。阿喀琉斯为什么愤怒呢?因为希腊联军司令官把他的一个女俘虏抢走了。在中国古代,不用抢,自己就送了。西方人不是,你抢走我的,我跟你对着干,我不出战了,看你怎么办。最后希腊打不过特洛伊,司令官亲自求他,他说,我不出战,就是不出战。最后他怎么出战呢?是因为他朋友的儿子穿着他的盔甲上战场和特洛伊人打,结果被打死了,别人都以为把阿喀琉斯打死了。这涉及他的荣誉,涉及他和朋友的情谊,他把荣誉和朋友的情谊放在第一位,他出战了,把特洛伊打败了。最后,阿喀琉斯的愤怒平息了,故事结束了。他把个人荣誉排在第一,歌颂这个英雄。他往往缺乏道德观念,比较少,西方人不是说没有,是较少。像西方人崇拜的酒神,放纵自己的情感。西方的酒神叫狄奥尼索斯,在古希腊时地位非常高。

中国也有酒神,是谁呢?朋友们知道吗?有先生说是杜康,河南的,我们一般称酒祖杜康,但是酒神是谁?或者第一个真正创建酒的是谁呢?传说是大禹身边的一个人,叫仪狄,大禹是一个重道的人,为了治水,三过家门而不入。这个人呢,他把高粱放时间长了,出来了酒,发现喝了之后别有一番风味,还很提神,呈献给大禹。大禹说这个东西好,很提神,很来劲,但是有两点不好:第一,浪费粮食;第二,喝多了还烂人心性。中国有酒祖示人,但是没有像西方那样崇拜的酒神。西方崇拜酒神的时候,一般喝酒就是狂欢,然后游行,喝到最后衣服都脱了,很乱的一个场面,放纵自己。

西方是不是不讲道德呢?不是,也有讲道德的,像建十二大功勋的赫拉克勒斯,有的人也翻译成海格力斯。在座的也有小朋友,不知道有没有看过动画片《海格力斯》。海格力斯是怎么回事呢?他其实是宙斯和一个人间女子生的孩子,在赫拉看来,就是一个"小三"生的一个私生子。像这样的太多了,宙斯留下了很多这样的英雄,这是其中最著名的一个。他生下来之后,赫拉要报复他,要把这个孩子铲除,她去的路上,看见有人把孩子扔在路上,在摇篮里面胖乎乎的,哇哇地哭,她看到之后感觉孩子很可怜,很心疼,就喂了她一口奶水,这个孩子饿疯了,把赫拉咬疼了。赫拉把奶头拔出来,洒的满天都是奶水,就成了我们中国人说的银河,这个英语中叫"milk way"。为这个事儿,20世纪30年代翻译界还闹得很大,鲁迅先生和一个英语翻译家赵景深,赵景深先生直接翻译成"milk way"(音),鲁迅先生说翻译成"银河"。其实"milk way"(音)是直译,如果翻译成"银河",我们就知道是中国神话传说,如果翻译成"milk way"(音),我们就会发现中间还有这么一段西方的神话故事。赫拉后来找到了这个孩子,再想杀他可不容易了,因为他喝了赫拉的奶水,一方面他又是宙斯的儿子,力大无穷。她派两条巨蛇去杀他,这个孩子还在摇篮时就一手一条把两个蛇掐死了。他力气大也不好,出手没有掂量,在村子里面碰到什么打烂什么,到处惹祸,别人都讨厌这个孩子,认为他是混世魔王。这里面有一个问题,就是一些年轻时调皮的孩子,后来会不会成为好孩子的问题。他一个人生闷气,决定出去闯天下。在一个岔路口,在一个人生的岔路口,两条路,他不知道走哪一条。这个时候出现两个女人,两个女人都长得很漂亮,一个是美德女神,她说,你跟着我,生活会很艰苦,我会训练你,让你学习种种武功,还有道德,你可能成为盖世英雄;另外一个女人也比较漂亮,举止有些轻佻,她说,你跟着我一辈子轻松,吃住不愁,冬天不用怕冷,夏天不用怕热,我给你扇扇子,很轻松!这时候他面临选择,本来是别人讨厌的一个坏孩子,走哪一条路呢?在古代,他选择了美德女神,最后成了一个英雄,当12提坦巨神攻打奥林匹斯山,要夺取他父亲的王位的时候,满天的神灵没有办法,最后他拯救了他父亲,拯救了整个天庭。一个私生子,一个被抛弃的人成了大英雄。这里面其实有一个问题,有一个原型,就是人做出选择的问题,往往人在不同阶段有不同的选择。年轻的时候,我们选择读理工科、文科,考大学的时候,婚姻的时候,往往有很多悬念,很多电视节目也是,像《非诚勿扰》,一到做选择的时候进广告。为什么?选择是一个很吸引人的东西,它代表着生命的不同可能性。你做出这个选择,你的人生道路完全是另外一种,可能回过头来讲,我如果选择那一条路会怎么样呢?这是人生的一个悖论,人的生命有多种选择,但是只能走一条路,这是在西方文学当中形成的众多原型之一。

有一个米兰·昆德拉,朋友们可能知道他的《生命不能承受之轻》,不知道看过没有。它里面有一个选择跟这个类似,里面有一个男主角,他有两个女朋友,一个是女记者,跟她在一起,来无影,去无踪,跟她生活在一起很有挑战性,每一天都很新奇。另外一个,跟她在一起生活很安定,就像躺在母亲怀抱里一样,就像左手和右手一样。男人都会面临红玫瑰和白玫瑰的选择,到底选择哪一种?米兰·昆德拉考虑的不是道德问题,他是讲,如果选择某一个,他的生命可能会呈现完全不同的面貌,人生会不会有另外一种可能性的存在,这就是一种原型的思考。神话作为原型,不断反复地出现,给人以思考。

这种原型在西方文化中不断延续,可以歌颂英雄的崇高精神,发展的脉络有古代希腊神话,还有中世纪的骑士,像亚瑟王,骑士的勇敢、忠诚、护教、忠军四大原则;文艺复兴时期的贵族英雄,像哈姆雷特;17 世纪的熙德;18 世纪的鲁宾孙,他一个人在海岛上,那需要有英雄气魄;还有《红与黑》中的于连,他就说他要做像拿破仑一样的英雄。到 19 世纪后期,有一些心理实验英雄,如拉斯科尔尼科夫。到 20 世纪,人类不崇尚英雄了,相反,西方文学,从神话英雄到骑士,到贫民,慢慢到 20 世纪现代小说,反对当一些什么英雄。人类的英雄精神是不是失落了?现在都追求平俗,特别是 20 世纪的西方。这是什么问题呢?我们以前经常歌颂雷锋,现在只有某一天来歌颂雷锋。这是为什么呢?其实可以思考一下,不是我们中国是这样的,西方也有这样一个过程。

英雄还有一个相关的经历,他们都在到处漂流,与英雄相关的主题还有一个漂流的原型。《荷马史诗》和希腊神话中有很多的篇幅写希腊人到处漂流,像奥德修斯,他在特洛伊打仗完了之后,在海上漂流回家。因为他要结束战斗,他说这个战斗不应该由神来主导,应该由人来结束。他鞭打海神,凭什么由你们神来操控人的命运呢?这可了不得,打了海神,在他回家的路上,海神让他不得平安,漂了很多年才得回家。也有这个电影,大家可以看一看,拍得还不错,有各种海怪。陆地上漂流的是忒修斯,雅典国王的儿子,他到克里特岛杀了一个怪物。整个漂流的故事显示了西方人的冒险精神。古代希腊到处航海,要冒险,克服困难,改变命运的意志力,特别是征服自然的英雄气概。这种漂流原型在后来的文学中反复出现,从古到今,《荷马史诗》里面有《奥德修记》,好多万字,就是一种史诗,歌颂他克服困难。到罗马帝国时期,维吉尔写了《埃涅阿斯纪》,这是写的什么呢?特洛伊被攻破之后,其中有一个贵族的后代埃涅阿斯在海上辗转漂流,一直到埃及,埃及女王要和他结婚,他说,不,我有更神圣的任务,要光复我们的国家。然后到意大利,在罗马这个地方建了一个城市。他是罗马人的祖先,罗马人的祖先是特洛伊人。到中世纪的骑士传奇,最著名的丹丁的《神曲》,从地狱、炼狱到天堂，也是一个旅行，其实这是一个宗教意味的旅行，人怎么样不断地由下、由苦难走向天堂。

还有一些流浪汉小说，像西班牙的《小癞子》，一个孤儿跟着一个瞎子到处流量，但是他很聪明。这个瞎子带这个小孩，让他带路，不给他吃，不给他喝，小孩子想办法怎么吃饱。瞎子喜欢喝酒，但是不给小孩喝，小孩在酒壶边上钻了一个孔，平时拿一个锡给堵上，瞎子喝一口放下来，还烤烤火，他把酒壶移到旁边，弄一个洞，躺在桌子底下一滴一滴的喝。饭都吃不饱，喝一点酒提神啊！就是一系列的通过斗争获得生存的权利。

塞万提斯的《堂吉诃德》也是到处去旅行、游侠，还有拉伯雷的《巨人传》。到 17 世纪、18 世纪大航海以后，西方人视野扩大了，开始航海，像笛福的《鲁滨孙漂流记》，这个大家可能看过，一个英国人，年轻啊，听说外面的世界很大，按捺不住，从利物浦租了船到非洲，看到了狮子，还有黑人，把黑人当野人。然后辗转到美洲去，看到大片的甘蔗地没有人种，他想：我在非洲看到很多黑人啊，我去非洲把那些野人弄过来种地。他弄了一条船到非洲去运黑人，途中遭遇风暴，到了一个岛上，孤身一个人在一个荒无人烟的岛上生活了 28 年。28 年间怎么活啊，什么都没有？最后克服了重重困难，活下来了，而且还带着这些黑奴到美洲贩卖，形成了欧洲、非洲、美洲这样一个大三角的航海贸易。

当然，欧洲人是通过血腥的贸易来赚钱，到非洲贩卖黑奴，到美洲去挖黄金，黄金挖了之后，从非洲经过马六甲海峡的时候，中国人很聪明，他们在马六甲休息的时候，中国人用茶叶和瓷器跟他们换，黄金有很大一部分就流到中国来了。在这个大三角贸易中间，中国其实赚了很多，而且中国人不买他什么，中国人都能生产。17 世纪、18 世纪，他们发现中国人只卖东西给他们，挣的黄金很多，他们辛辛苦苦贩黑奴，杀了人，美洲辛辛苦苦挖的黄金都让中国人赚了。怎么办呢？英国人想了一个办法——鸦片，到 19 世纪用鸦片打开了中国的大门。

19 世纪英国还有狄更斯的《匹克威克外传》，他是一个老先生，随着生活好了，喜欢和朋友雇上一辆马车到全国游历，有点像今天的"驴友"，到处去逛，见识各种风俗人情，整个社会画面就打开了，读起来非常轻松、非常愉快。这个作品可以看一看，狄更斯就靠这个作品出名。这个作品是在一个报纸上连载的，之前这个报纸发行量只有 400 份，就相当于我们一个内部的小报一样，这个作品一连载，2 万多份，他成了这个报刊的摇钱树。报刊老板看中了他，把女儿嫁给了他，狄更斯也是一个商业史的英雄。

马克·吐温的《哈克贝利·芬历险记》、《汤姆·索亚历险记》，在座的小朋友们可以看一看。《汤姆·索亚历险记》讲的汤姆就是我们中国人眼中的一个调皮的孩子，不好好学习，整天到处掏鸟洞，从来不走大门，有门不走走窗户，窗户锁了就走烟囱，从来不走正道，不学习。他很调皮，故事开头就是老师罚他，让他星期天刷了一面泥巴墙，太阳下很辛苦的，让一个几岁的孩子刷泥巴墙。别的小朋友拿着玩具、苹果走过来问他：汤姆，你这是干吗啊？他生闷气呢，一声不吭。又过来一个孩子，手里拿着苹果，一边啃苹果一边问：汤姆，你干吗呢？他还是不吭。后来他想了一个办法，他说：这是老师专门给我的一个工作，只有我能干，上面可以画很多东西。小朋友们说：能不能让我玩一下？那不行！然后大家求他，拿苹果跟他换，怎么样？可以是可以，但是只能一分钟，你们要排队，拿玩具和苹果来跟他换。他躲在树下，其他的孩子在那儿卖力地刷，把墙刷完了。完了之后老师很生气，把他赶跑了，他在路上碰到两个强盗，他很勇敢，跟踪强盗，把强盗藏在山洞里面的两袋金币给弄回来了。这种冒险和传奇的故事，在西方文学中有一种英雄的元素，西方人就是崇尚这样的。

20 世纪还有很多作品，西方文学特别喜欢在路上的文学，美国人有"汽车轮子上的民族"之称，有些文学作品就是在路上，有很多这样的作品，像索尔·贝娄的《奥吉·玛琪历险记》、《雨王亨德森》全是写的这种在路上的故事。拍成电影，我们看，也是很多这样的作品。（PPT）比如说左边这个《鲁滨孙漂流记》，另外一个是现代版的"鲁宾孙漂流记"，讲的是一个快递员，他送快递，结果飞机失事了,掉在一个岛上,只有几件他要送的快递伴随他。鲁宾孙有一个野人"星期五",他什么都没有,他把送的快递中的一个足球找出来,他用手上的血把它画成一个人,然后跟他说话。很艰苦,但是他克服了重重困难,最后他又脱离了这个境地,又把他的快递送到客户手中。这种坚韧不拔的意志,看起来很让人感动,很有英雄气质,普通人的英雄气质。

另外还有一个,2001 年伊朗有部电影叫《坎大哈》,美国人天天喊打伊朗,实际上伊朗有很多电影很深刻。《坎大哈》讲的是什么呢?伊朗的一个女记者,她收到她妹妹的信,说自己活不下去了,实在难以忍受。她要去救她妹妹,她在一路上看到了很多的灾难,比如说喝水啊,在井里面长的都是虫子。(PPT)大家看这个画面,看起来很美,沙漠,带着头巾,很多人,实际上这个背景是什么呢?一架飞机来了,联合国的,从飞机上伞降了大批的义肢,这些人全是断胳膊断腿的,都是战争中的地雷造成的。旅行中间显示了作家的人道主义精神,很感人。

在旅行的途中也不是漫无目的的,这涉及第五个原型,寻找原型。比如说奥德赛旅行的目的是什么呢?回到家里。他出去征战十多年,他出去打仗的时候他儿子还没有出生,十多年了,他孩子在家里,他妻子在家里,我们说母系神话就是歌颂女性多么伟大。你看,奥德修斯出去了,她一个人管理大片的国土,还把孩子带大,母系神话歌颂女性的牺牲。而且他的妻子当时家里有一百多个求婚者,他妻子漂亮,还有大片的财产,都想追求她,但是她坚贞,一定守到奥德修斯回来,这是歌颂女性牺牲,最后他的儿子也是出去找父亲。

寻找原型表现了两种精神,第一个是征服和探索精神,第二个是积极入世的精神。古希腊神话里面,一个是寻找财富的伊阿宋;一个是寻找父亲,情感上的追寻。中世纪的骑士文学中间,很多骑士找的是什么呢?圣杯,一共有两个圣杯。圣杯是什么呢?就是耶稣被罗马人抓住了,被钉在十字架上钉死了,两个手臂上的血淌下来,有两个杯子接着。传说,用接耶稣血的两个杯子喝水可以治百病,长生不老,骑士都是要找这个圣杯给他的君王。还有文艺复兴时期的《巨人传》,他找知识,文艺复兴是中世纪,渴望知识。

19 世纪的俄国文学,托尔斯泰的三大长篇小说,《战争与和平》、《安娜·卡列妮娜》、《复活》,他寻找的是什么呢?社会的出路,人生的价值。这个就显得更加广阔。20 世纪,经过两次世界大战,很多人在战争当中遭受苦难,"二战"以后他们现在反思什么呢?什么是真正的自己,什么是真正的自我,寻找一种精神的理想。

我们注意,荣格说了,原型和原型之间可以组合,我们所看到的文学作品也好,电影也好,不是单独讲一个,往往是英雄加寻找,加漂流,组合在一起的,一个一个组合在一起。比如说这个电影,像《夺宝奇兵》,还有《星球大战》。《夺宝奇兵》中间就是英雄加旅行,加漂流,其中有一集主角就是找什么呢?找圣杯。这是古代骑士寻找的(好像希特勒也想寻找圣杯)。他从美国大学里面坐飞机、漂流、航行,先到欧洲,然后到非洲,中间还贯穿另外一条线索,他父亲是一个考古学家,他和他父亲两个人之间有矛盾,父子之间有冲突,他不相信父亲。在最后,马上要寻找到圣杯了,他父亲被人一枪打中心脏,就要死了,圣杯在悬崖的对面,面前是无底深渊,他父亲的考古小册子上说,要踏过这个深渊,这叫信仰之路。这不是送死之路吗?一开始他不相信自己的父亲,但最后他还是坚定地迈出了一步,在浓雾下面有一个很窄的石梁,他顺着石梁走过去,找到了圣杯。他相信了他父亲,他回来用圣杯把父亲救活了,通过这个旅行,不仅找到了圣杯,还找回了父亲的爱。

另外还有一个电影,法国的电影《蝴蝶》,它讲的是什么故事呢?讲的是一个老先生,六七十岁了,他是一个标本学家,他就爱搜集一些蝴蝶标本,他很想找一种彩蝶。这种彩蝶只有在阿尔卑斯山有,他一大把年纪了,能到阿尔卑斯山吗?在去的路上他碰到一个小孩,这个小孩跟他母亲闹别扭了,离家出走,没有人照顾,他说,我带着你吧!一老一小向阿尔卑斯山去了,一路上充满温馨,也有欢笑,两个人感情很好。他们找到彩蝶没有呢?没有。但是经过这个旅行之后,小孩儿懂事了,他还是很想他的母亲,最后回到他母亲身边。老先生是无功而返吗?他回到家里,发现标本房里满屋飞的都是彩蝶,非常震撼,非常漂亮。他发现,人要寻找的很多东西其实就在他身边,是他有一次把它带回来了,那个蛹就是彩蝶的蛹,只是他不知道而已。寻找其实就在身边,要珍惜身边的。

还有一个动画片叫《赛车总动员》,也拍了好多部,美国人喜欢汽车。(PPT)这个红色的小汽车唯一的目标就是发令枪一响,以最快的速度冲到终点,有一次参加一个巡回赛,从东部到西部,要路过中部的沙漠,路过中部淘金热时候留下的一个破落的小镇时,车坏了,百无聊赖,修车的人(大板牙车)完全不专业,太可恨了,修半天也修不好,没有办法,在这儿待了很长时间。但是在这个修理过程中,他怎么了?收获了友情,特别是收获了爱情。这也是讲旅途当中的故事。

像《伊丽莎白镇》,(PPT)电影开头是这个小伙子要自杀,他是一个设计师,设计鞋的,可能是耐克鞋。开头是公司告诉他,你的设计让公司损失 1 亿美元。什么概念?六七亿人民币。他要自杀,设计了一个很精巧的自杀装置,正准备自杀时电话来了,挂掉,又来,又挂掉,又来,他决定临死之前接一下电话,原来他父亲死了,他妈妈和他姐姐给他打电话,让他把他父亲的骨灰和衣服送回家参加一个葬礼。他心想,好吧!我就把这个事儿办了再去死。在这个处理过程中,他开着车,拿着一罐骨灰,在路上认识了旁边这个女孩(PPT)。在葬礼的仪式上,美国人的葬礼仪式其实很人性化,每个人讲一讲他父亲以前的经历,讲一讲他小时候怎么样。通过这一串的经历,在这个过程中收获了亲情,也收获了爱情,在旅行过程中间也是一个寻找的过程。看美国电影看多了你会发现,好像都是很老套的桥段,不是婚礼就是葬礼,特别是婚礼,或者去旅行什么的,怎么反复用这些桥段呢?其实这些桥段就是原型,用这些原型反复讲述不同时代的故事,不同的情感,这就是原型的力量,把这个东西联系起来。

我们再来看一看父子冲突原型。前奥林匹斯神话中,天神吞吃自己的儿女,儿子夺取父亲的王位,这就表现了父子冲突的端倪。父子冲突最典型的是什么呢?俄狄浦斯杀死自己的父亲,娶他的母亲。弗洛伊德把它解释成俄狄浦斯喜欢他的母亲,恋母嘛,所以杀死了他的父亲。弗洛伊德这种解释有一点牵强,从根本上来说,弗洛伊德要表现的是什么呢?父权制社会父亲和儿子之间的权力争夺,父亲要让位。最根本的是,社会制度下,儿子要取代父亲,父亲代表着过去的权威和秩序,儿子代表着新的方向,要摆脱父亲的统治。这是一种文化上的权威与反权威。

现在生活中也有这样的,儿子老是不服管教,反叛,这在西方有一系列的作品,像《俄狄浦斯王》。文艺复兴时期的《哈姆雷特》是不是这样的?也是这样的。剧本是这样的:哈姆雷特留学回国了,回来发现一切都变了,他的父亲死了,他的母亲要嫁给他叔父,他不认这个继父。他的父亲托梦给他说,他叔父杀死了他,要他报仇。按照弗洛伊德的解释,这个孩子一回来难以接受,母亲改嫁,嫁给另外一个男人,他不接受,非说这个男人杀死了他的父亲。弗洛伊德的解释是,这个男人做了他想做而没敢做的事情,他不认同母亲嫁给另外一个男人。而且是鬼魂告诉他的,实际上是他精神上有一些幻象,心理上难以接受,所以他恋母是肯定的。实际上他叔父也是他父亲了,已经和他母亲结婚了。

还有 17 世纪莫里哀的《伪君子》、《悭吝人》,这两个戏剧没有时间讲了,是非常好笑的戏剧。戏剧中,父亲和儿子争夺一个亲人,非常有意思,法国人演的,极富浪漫的喜剧。

还有 19 世纪司汤达的《红与黑》;还有巴尔扎克的《高老头》,高老头其实像基督一样,他养两个女儿,女儿想要什么就给什么,以为用钱可以买到女儿的爱。十几岁的时候女儿要马车,他就给她们一人一辆。最后女儿们认为她们从父亲那里只是要钱,高老头以为用钱可以买到女儿们的爱,其实这个老高头这个想法是错的,最后两个女儿对父亲没有任何感情,当她们的父亲临死之前头疼欲裂的时候,当他想要看这两个女儿的时候,没有一个来看他,实际上是一个悲剧,父亲的悲剧。

到 20 世纪,20 世纪文学很荒诞,像罗伯-格里耶的《橡皮》,儿子竟然去追杀自己的父亲,很荒诞的故事。实际上说的还是一个反权威的事情,隐讳地、曲折地表达这个意思。这个电影也很多,像俄罗斯拍这种电影很多,父亲和儿子的主题电影,有人说这可以追溯到俄罗斯文学中。大家知道屠格涅夫，老先生这一辈可能知道这个作家，他有一个作品叫《父与子》，封建社会或者传统社会特别讲究，我们中国也一样，君君臣臣，父父子子，讲究这种等级。俄罗斯有很多这种电影，2000年前后拍了四五部这种电影，描述了父亲失散多年以后回来了，两个孩子面对突然出现的父亲难以接受，孩子正处于叛逆期，父亲又回来了。父亲要管教他们，要组织一次远足，要锻炼锻炼他们，孩子被母亲带的太女性化了，现在要让孩子表现出坚强的意志，孩子反叛，商量着逃跑，中间父亲接到一个电话，可能是因为有什么事儿要走，两个孩子要逃跑，为了拯救两个孩子，父亲掉下悬崖死了。这个死给孩子一个惊醒，父亲的形象原来是这样的。这个影响很大，获得威尼斯最高荣誉奖金狮奖。中国的电影也有很多，像《洗澡》，围绕一个澡堂，老一辈的喜欢在澡堂里面洗澡，年轻人不习惯，非常有意思的戏剧。还有一些电影写的更加隐讳。

（PPT）这个人是谁？郭富城。他在演《三岔口》之后拍了一个电影，电影开头画面是很美的，父亲骑着自行车，儿子拿着风车，风吹过来很美。这个父亲并不是一个好父亲，好赌，整天赌，屡教不改，最后妻子走了，剩下两个人相依为命。这个父亲的口头禅是"我也不知道怎么办"，面对生活种种，他感觉无力，确实是无法掌控，他想爱自己的孩子，但是不知道怎么表达，也不知道用什么样的方式爱。有一次，他的儿子不懂事，拿了别人的金表，他没有教育，而是马上把表当了，自己去赌博。后来还强迫自己的孩子去偷，最后他儿子偷东西时被抓住了，判了十年。电影里面，经过十年，儿子从监狱里面出来，又回去找他的父亲，但是他又不敢见他父亲，感情很细腻，让人觉得父子之间的情感很打动人。为什么这种电影反复出现？因为这是一种原型，人类原始的情感。无论是矛盾，无论是忧伤，或者是喜悦，往往纠缠在人的心中，这就是原型的力量。

与父子冲突（类似）的还有母子冲突的原型。母子冲突的机制是什么呢？弑母，就是刚才讲的阿瑞斯特斯为他的父亲报仇，杀死了他的母亲。弗洛伊德把这个解释为恋父妒母，就是"厄勒克特拉情结"。他说了，阿瑞斯特斯杀死他母亲是谁教唆的呢？是他姐姐，因为他姐姐非常崇拜他的父亲阿伽门农，因为女孩子都喜欢父亲多一点。弗洛伊德的观念影响了很多人，女儿跟父亲亲近，儿子跟母亲亲近，他把它归结为性的吸引力和性的矛盾，显然是牵强的。实际上反映了一种什么呢？男性社会子女和母亲的冲突。为什么呢？在男权社会，妇女的地位相对要弱，女性她所能掌控的是什么呢？她管不了丈夫，唯一能管教的是谁呢？自己的孩子。上了年纪的都知道，你嫁到一家去，要听婆婆的，婆媳关系难处理的，要听老一辈的。好不容易媳妇熬到婆，那就可以管管儿子了，好好管教，翻身做主了。你管得太严了怎么办？他自然要挣脱母亲的管教。母子冲突的这种原型发展线索，有古希腊的阿瑞斯特斯三部曲，还有《哈姆雷特》，最出名的是劳伦斯的《儿子与情人》，还有米兰·昆德拉的《生活在别处》。

《儿子与情人》，我们早年的时候觉得这是一部黄色小说，里面的情感我们难以接受，讲了一对母子，一个女性，她丈夫早年去世了，她把自己一生的情感放在儿子保罗身上。这很正常，相依为命。她把爱情也寄托在儿子身上，儿子越长越大，越长越帅，儿子和她之间不仅是母子关系，感觉还像恋人走在一起，这种感觉非常美好！他的儿子要找对象的时候，她感觉找了对象儿子就被抢走了，心里不舒服，几次莫名其妙地干涉，慢慢地久了，儿子找不到对象了。找对象时他儿子也出现了问题，老以他母亲为模板，感觉女孩不像他母亲一样会做家务，不会照顾他，找了一个又一个，也不合适。早年看，这是一种畸形的情感，现在看，我们是不是可以这样理解？其实是这种环境下生成的。我们说"女儿是父亲的小棉袄"，儿子和母亲也是这种关系，只是我们中国人没有把它很细腻地表现出来。

另外还有米兰·昆德拉的《生活在别处》，讲的就是作家昆德拉，他母亲处处管教他，他要摆脱这种管教，他一定要挣脱、反叛。后来成了作家，他把这些写进小说里面，还形成了文学理论，了不起！

最后一个，两性冲突原型。我们说母子冲突、父子冲突，其实最根本的就是男人和女人之间的冲突,两性之间的冲突。奥林匹斯神系和前奥林匹斯神系就是母权制和父权制的冲突,是不是? 我们中国人说两性之间的战争,不是东风压倒西风,就是西风压倒东风。在有些家庭里面,父亲、母亲潜移默化地教导自己的孩子,一定要怎么样压倒对方。

在西方文学中,两性冲突最具代表性的故事就是美狄亚这个戏剧。这是怎么样的故事呢? 伊阿宋是希腊的一个英雄,国王让他出去找金羊毛,完成一项任务,一个不可能完成的任务。到别的国家去找,其实是去偷、去抢。金羊毛有毒龙和野兽把守,去了之后,那个国家的公主美狄亚爱上了英雄,帮他盗取了金羊毛。盗取金羊毛的时候,她背叛了自己的国家,在她兄弟追他们的时候,伊阿宋还杀死了她的兄弟;实际上她抛弃了祖国、兄弟、家庭,跟随伊阿宋。伊阿宋到了希腊之后怎么样呢? 伊阿宋要娶这个国家的公主了。美狄亚给他生了两个孩子,美狄亚为伊阿宋付出这么多。后来要抛弃她,美狄亚做何感想? 报复。怎么报复呢? 人家都已经是驸马了,你一个外乡来的女孩子,孤身一人,怎么报? 她抛弃了自己的父兄,谁还能帮助她? 幸亏她还有一些法术,她就亲手做了一个婚纱,涂满毒药,让两个儿子在婚礼时送给那个公主,公主穿上之后就中毒了。她自己在后面亲手掐死了两个孩子,为什么要掐死自己的孩子? 两个理由,第一个,担心她走后两个孩子被报复;第二个,她报复伊阿宋。因为在父权制社会,孩子跟父亲姓,像母系氏族社会,像盖亚,她们是绝对做不出这样的事儿的,是要保护自己的孩子。在父系氏族社会情况变了,她无法掌控男性,唯一能报复男性的就是自己手上掌控的两个孩子,杀死他们是最大的报复。我们现在很多人离婚,有人要挟,一定要把孩子留在手上,女性没有别的可以保留,只有孩子,这就是父权社会两性冲突的根源。

这个原型在古今中外一直这样流传,其实美狄亚还有一个问题,西方被抛弃的女性也是一个原型,反复地出现,西方被抛弃的女性,被抛弃之后往往是极强烈地反抗,反抗之后,西方文学把这一类女性在父权制社会塑造成女巫。你不服男性的统治秩序,你就是女巫,像蛇发美女啊,还有一系列,塑造成这样一种形象。中国被抛弃的形象在文学中也非常多,但是跟西方不同,中国的女性还在这儿歌唱、怀念,没有像美狄亚那样。像戏曲里面的王宝钏,都是苦心地等待,传统的贤妻良母型,跟西方这种反抗形式不一样。反抗最激烈的就是杜十娘,其实我觉得杜十娘很傻,她怒沉百宝箱,沉的都是自己的东西,对男性有没有起到报复作用呢? 没有。西方对男性报复的文学,在中国文学中有影响,像《雷雨》中的繁漪,实际上是受美狄亚的影响,这种性格受西方文学的影响。

像我们现在文学当中也有一些,像路遥的,他写有一本《人生》,里面的男主角叫高加林,20世纪80年代时候他和巧珍在乡下恋爱了,最后高加林要回城了,巧珍决定牺牲自己成全他,中国女人都是这样。20世纪80年代,我看文学批评时,很多人说高加林就是现代陈世美,批评他。过了几年,这个风气又变了,道德观念变了,说这个高加林是真正的有道德的表现,他不爱了,他追求自己真正的情感了,这是真正的道德,否则,维持一种虚假的虚婚姻,是不道德的。道德是在不断地变化的,男女冲突的原型在人类文化积淀中是反复出现的。

实际上还有很多神话原型,还有男女之间追求爱情的原型,像阿波罗追求女孩子,追得太猛了,女孩子受不了了,就跳到悬崖下,变成一棵树——月桂树,叫达夫妮。现在女性穿的鞋有一种(品牌)叫达夫妮,为什么取这个名字? 穿上这个高跟鞋跑得快,阿波罗都追不上。很多故事都有西方神话里面的一些原型,但我们现实生活中都没有。

关于两性冲突的原型,中国文学中的弃妇原型,实际上是贯穿文学始终的。我们可以思考,男性和女性怎么样才能达到和谐平等。包括我们教育自己的子女,我们很多的电影,婆媳关系的很多电影,怎样才能真正和谐,仍然是我们所要探讨、思索的问题。

好,关于希腊文学的原型就讲到这里,非常感谢大家冒着炎热的天气来听我的讲座,谢谢大家!

主讲人：武艺，中国著名沙画艺术家，中原沙画第一人，"武艺沙画"品牌创始人，河南沙如艺文化传播有限公司艺术总监，美协会员，河南国画家协会会员，擅长中国传统山水、人物写意画。从事绘画艺术二十多年，近年来潜心于前卫的沙画领域，将 20 多年文化艺术积淀与新兴的表演形式相结合，将国画的精髓贯穿在每一把沙子中，沙画创作既具中国古风灵韵又融合了现代时尚气息，形成了独具特色的手法及画面表现形式。

时　间：2013 年 8 月 18 日

地　点：河南省图书馆研议厅

沙画艺术的视听魅力

受邀来咱们"豫图讲坛"是第一次，很感动。因为我有些准备的工作需要早来一点时间，但是我看到八点半之前有很多朋友已经到场了，尽管沙画是一个新兴的艺术门类、新的艺术形式，但是能够受到这么多朋友这样的欢迎，这么热的天，大家兴致高昂地来到现场，牺牲了休息、放松和其他娱乐的时间，我很感动，在此真诚地谢谢各位！谢谢你们！

现在我们就开始正式介绍，我准备用大概 45 分钟左右的时间把这个沙画是什么，能够带给大家什么，它有什么特质，在国内沙画发展是什么样的状况，把这些给大家浅显地介绍一下。后面一个小时左右的时间，放几个小小的视频，就是我们曾经做过的一些活动。再有就是有音乐，我现场展示。接下来，如果在座的各位朋友、长辈，还有兄弟姐妹，咱们这样统称我觉得更亲切一些，如果你们有兴趣，我们可以交流，在沙画台前大家可以切磋一下，你们也可以亲自来尝试一下，找一下童年的乐趣，找找玩沙子是什么样的感觉。

我的课件是这么准备的，叫"沙艺术"。在给黄河科技大学的创始人胡大白做生日沙画时，黄河科技大学有一个工艺美术老师，我们在交流过程中，他给了一个定义，我非常认同，他说，你这个沙画我觉得叫"沙画视觉艺术"可能更准确一点。因为它的的确确囊括了多方面的因素：第一，它结合了绘画。第二，作为一个沙画的从业者而言，沙画师要带有一定的表演性质在里面。第三，它要跟音乐有机地结合在一起。再接下来，它是通过一些现代的仪器，比如说 DV 啊，投影仪啊，或者说是做大的活动的 LED 屏,通过这些展示出来,是一个相对综合的视觉艺术,我觉得这样会更准确。

接下来我就把这个新兴的视觉艺术给大家做一个浅显的介绍。这里面谈到几点:沙画的起源;在中国的发展、分类;在河南的状况,包括我们自己这个工作室是一个什么性质。关于这些给大家做一个介绍。

第一点,沙画起源。(沙画)现在是一个新兴的门类,它进入国内应该是在 2003 年左右,实际上在我们国内老早以前也就应该有沙画的雏形了,比如我们的艺术大师侯宝林,这些老的艺术家们都用白沙在黑板上去写字,如果用沙子画画,那岂不就是沙画了吗?现在大家比较认可的说法,比较统一一点的,是匈牙利的一帮子搞前卫艺术的沙滩玩客玩出来的。匈牙利它有自己的海岸线,有很多沙雕爱好者,还有其他的形式,有一些搞前卫艺术的在沙土地上画一些各种形状的东西,慢慢地吸引的人很多。接下来大家考虑一个问题,如果到晚上我们怎么样把它展现出来?这时候寻找了一个像灯光箱一样的设备(我们称之为沙画台),这个时候大家又可以看到了。因为它也经过了一个时间段,慢慢接触到之后,被大家认可之后,围观的人越来越多,在这个前提之下,围得里三层外三层,有小孩儿,动不动碰翻了,碰扭了。像咱们现在一样,通过一个 DV 的镜头、视频的连线传送到一个设备上,然后投放出来,这样大家不至于在前面围观,离老远就可以看见。

在这个玩的过程中也结合了很多新的元素,比方说音乐,比方说有的沙画师会秀手法,把手法弄得很炫,就是这样一个感觉。后来沙画得到推广也跟一位工艺美术的老师有关系,这位老师做什么?做电影动画。像我们当初的电影动画,举例说明,《哪吒闹海》啊,《大闹天宫》啊,《小蝌蚪找妈妈》啊,在国际上都获过大奖。匈牙利有一个从事美术动画的艺术家,他就把沙画结合自己的艺术做了一个沙画的动画片,而且在国际电影节上获了大奖,动画类的大奖。它有表演的形式,有这种看点,而且大家会觉得稀罕。完了之后,这位老师经常受邀约去参加一些重大的活动,娱乐的活动啊,包括政府类的,等等,经常有人邀请他去做一些表演,这个老师叫弗兰克·库科,是一个匈牙利的艺术大师。

现在大家一提到沙画,特别像传媒类的,因为他们(沙画师)经常跟企业做活动,有联系,企业首先会说,能不能给找一个美女沙画师?是因为现在网络上传的有很多画沙画的都是我们的女同胞,而且长得很漂亮,这个样子的话给大家的印象就是好像这个沙画特属美女沙画师,有这样一种感觉。实际上做出一定贡献的是苏联的一个女孩子,叫西蒙·诺娃,她在国家的大剧院里面创作了一个沙画作品,这个沙画作品在网上被我们疯传为"感动的让我们流泪的沙画"。这个沙画有它的历史背景在里面,表达的是一个什么故事呢?表达"二战"期间,一对新婚恋人,因为战争来了,不得已,这个小伙子当兵走了,后来两个人彼此寻找,一直到老。在这个沙画表演的过程当中,结合了一些音效,比如说飞机飞的声音,炸弹炸的声音,的的确确蛮感动人的,它形成了一个固定的节目。在去年浙江舟山一个中国沙画师邀请赛当中,我们见过面了。坦诚地讲,沙画来自于国外,我们当初本身就有的东西,我们再深一步,到国内之后,不谦虚地讲,我们现在已经远远比外国人做的好得多了。我们中国人太厉害了!就像印度佛教一样,起源于印度,但是现在在我们中国的天地之中反而发扬光大了。这是简单聊一聊沙画的起源,它是怎么来的。

(PPT)这是我们创造的一些作品。你可以画成卡通类的,也可以画成写实类的,这是一些表现的形式。这也是我们做过的一些活动,之所以觉得神奇,是因为它可以通过折光成像和透光成像来展现。直白一点讲,可以说翻手为云,覆手为雨,这样画对,那样画也对,这是它神奇的地方,它的变换速度非常快,有人说这个沙画在短短的十来分钟当中,你可以不停地画七八幅或者十来幅,这个一点没有虚说,一会儿咱们可以展示。

(PPT)这是刚才我讲的沙画的雏形,咱们追溯一下它是怎么来的。这儿有一些文字考证,有一些东西难免有一点牵强,但是我们也在寻根求源,我们并没有说在宋朝就有沙画了,它只是一些雏形,比如说岳飞在沙子里面练字,有这种意思在里面了。还有刚才讲到的,侯宝林大师的艺术表演。

搬上舞台的就是这个人（PPT），弗兰克·库科。

现在聊一下沙画在中国的发展。2004 年的时候沙画进入北京，到北京之后，据说在一个很大的演出当中，可能是因为飞机的原因，或者是其他的客观原因，咱们邀请的这位沙画大师没有来成，大家觉得很遗憾。完了之后，毕竟我们国内圈内的一些玩艺术的人就知道沙画是什么了，接下来需要提到一个很重要的人物，这个人叫高赞民。在国内的沙画圈里面是我们公认的，如果沙画将来可以分为实力派和偶像派的话，这个老师就是实力派了，他是靠自己的手艺来说话的，靠画面来证实自己的能力的。高老师原来是中央戏剧学员舞美系毕业的，就是唱戏的时候给人家画舞台布景的，他毕业之后没有从事自己的专业，从事的是漫画月刊。他的沙画表现特点是，第一，画面有很大的冲击力，很有张力，很厚重。另外一点，他是搞漫画的，画面变换起来非常丰富，灵光一现，马上就会往下去变，这是他的特点。

高赞民老师有一些代表性的作品，其中能奠定他在国内沙画地位的是 2008 年他做的一个关于奥运圣火传递的沙画视频。很重要的是，机缘巧合，因为关键词是"奥运圣火传递"，他设了这么一个关键词，完了之后，在网络上，在当下的时间里，一天、两天、十天，就被疯点了上万次，几十万次，上百万次，奥运会圆满成功之后，国内也会搞一些评比，高赞民老师这个奥运圣火传递作为宣传奥运的一个奖项颁发给他了。实际上高赞民老师在 2004 年的时候也做了一个被中央电视台播放的儿童教育的小沙画，这个沙画就他当初来讲，认为这个作品做得非常好，播出之后反响也蛮不错的，可是我们大家都不知道它能干什么，接下来能干什么，只是觉得是一个很炫的艺术形式，原来真的没有看到过，感到太神奇了，仅此而已，再往下走没有了，热了那么一小段时间，马上没人问津了，赞民老师也很郁闷。2004 年做了这个东西，时隔 4 年再画奥运圣火传递，然后一夜成名了，所以我们说网络是个好东西。

我相信在座的长辈们，还有年轻的朋友们，大家看到沙画更多也是在网络上，甚至在电视上，如果现场有一个真人做沙画，可能很多朋友还没有见到过。没有关系，咱们今天来着了，一会儿咱们就玩。

咱们继续往下聊，还有一位，如果说他是一位唱歌的或者表演的，我们称他为偶像派的，这个老师叫苏大宝。因为他本人不是从事美术专业的，在这儿有一个很有意思的事儿，沙画不是从事美术专业的一样可以玩，一样可以玩得很好，苏大宝老师就是一个很典型的例子。他有一帮推客，有一帮宣传的人帮他宣传，现在人家号称"中国沙画第一人"。是不是第一个画的最好的值得考证，但是至少这个宣传做得非常好。苏大宝在早两三年的时候，央视的一些节目啊，湖南卫视啊，甚至很多电台的，我相信可能也不收费，就是借助于这样的媒体宣传铺天盖地地宣传下去了，完了之后，这也一样对沙画艺术的发扬起到了一个推波助澜的作用。

在北京，苏大宝老师沙画事业也做得非常非常好，他后来很接地气，把沙画跟更多的贫民老百姓和孩子接触到一块了，他做的有沙画的体验馆，而且曾经还把这个沙画直接引入高校里面去。我相信真正的从事美术专业的艺术类的大学生没准刚开始觉得神奇，一入门之后可能心里就会不服气，"中国沙画第一人"也不过如此！因为他的东西的的确确有点简单了。如果说我们把他归纳到绘画的一个品类里面，比如拿中国画打比喻的话，就是中国画的"小品画"，画得很轻松，很随意，博人一乐，就这样子。高赞民老师的作品都是实实在在的，画的从构图上、表现形式上、音乐配合上、等等等等，各个方面都非常棒，实际上在夸别人的同时也是夸自己，因为我们属于一类的。

这是沙画在中国的发展。

目前在北、上、广，沙画艺术发展得很好，北京本来就是搞艺术的、玩艺术的经常聚集的地方。爆料一下，本人前几年时候也在北京，像琉璃厂啊，潘家园啊，宋庄啊，画家村啊，也算北漂，如果挂个名就是北漂艺术家，实际上那时候也没有人认可，混得挺惨的。那时候我曾经认为绘画是穷途末路了，除非你是某某大师的入室弟子，除非你怎么怎么怎么样，否则的话，画得再好，我估计也就卖个辛苦钱,那时候我真是这样认为的,认为搞绘画真的很难。说起来有点心灰意冷,毕竟我也在上海国画院进修过两年,教我的老师是陆俨少的儿子陆亨,那是享受国家津贴的。陆俨少是陆派山水的开创人,很厉害的人物,教我山水的是陆派的。画人物的是毛国伦,搞艺术的朋友可能知道,绘画类的,现在上海的美术家协会的主席是施大畏,施大畏的老师就是毛国伦,我跟施大畏算是师兄弟关系,大家天上地下,但是我现在玩沙画玩到国内一把手能数的着了。再有一个,画花鸟的是杭英老师,往上追溯的话追到王个簃,再往上就是吴昌硕,我们这一支下来是很厉害的。那时候我拜的老师都是国家级一流的老师,我将来还愁自己日子过得不好吗?那时候还真的挺难。

沙画在中国市场,在北、上、广发展得很好,北京是因为得天独厚的条件,有这么多从事绘画的人才在那儿,而且有这么多高校在那儿,再加上有好几年成熟的运作,市场已经孕育成熟了。像高赞民老师收学生都是讲条件的,他会先问你是不是美术院校的专业艺术类的学生,如果说,老师,我不是,我就是特别喜欢这个。他就跟人讲,这个沙画你别碰,你这样耽误工夫。他这么做主要的原因是他要带很多徒弟,带完徒弟之后,他是嫁接了北京的一些上层建筑,比如说北京很好的酒庄啊,高端的俱乐部啊,企业家聚会的地方啊,他直接把沙画嫁接到那个地方去了。他给人家签约,我来签你这个酒庄一年的活动,你有这个酒,有那个酒,你要做高端的品鉴会,你所有的活动我承包了。沙画因为它的这个特质的原因,在北京很成熟的地方,是企业家很追捧的一个热饽饽类的东西,因为其他艺术门类没办法很有机地跟企业的东西结合在一块。我原来也是单位的,我们企业自己员工说,我干脆写个相声吧,这个周期相对长,就算我写个三句半,时间也不短,但是沙画从我接触到这个东西,我用绘画形式结合表演,结合音乐,甚至结合主持人的旁白,把你企业的产品、宗旨、文化等展现出来了,所以这是企业用得很热的一个主要的原因。

高赞民老师从事这个行业比较早,而且靠实力来说话,画得非常非常好,这样子的话,人家邀请他去做沙画也觉得很不容易,因为总是撞车。今天这个传媒说,高老师,我们有个活动想请你去做沙画。他先问,你这个是几月几日啊?人家说,8月18日。对不起,我现在在"豫图讲坛"呢,我没法去。老碰车,来不了,鉴于这种前提,他就要带徒弟。徒弟带完之后,有些朋友出谋划策,我们要怎么怎么做,他嫁接的都是高端市场,所以他对徒弟要求比较苛刻,一定是从事专业美术类的。实际上也解决了一些艺术类大学生的就业问题,四年学完了,或者研究生学完了,就业是一个老大难问题,再加上搞艺术的骨子里多少带一点傲气劲,究竟是不是将来会成为一个艺术家咱们先不说,但是搞艺术的,长发一留,那种服装一穿,你说给两三千(元),得了吧您的,不去!在这个前提下,沙画正好迎合了他们:其一,它很前卫、很潮流,迎合了年轻人的口味。其二,我当初下了一个定义,它的的确确是既有钱又有闲的行业,我做几场活动,我做一场活动八千元钱或者六千元钱,北京市场更好,一万多(元),两万(元)。另外一个,它涉猎的面非常非常宽泛,我可以去给你走表演,也可以给你画视频,天南海北,你宣传的东西给我了,我用全新的艺术形式来权衡你的产品,我给你画一个视频类的宣传片是可以的,画得非常非常好,这些专业功力很扎实的沙画从业者都画得非常非常棒。这是高赞民老师。

接下来说苏大宝老师,他比较接地气。他也想了,我本身不是美术专业的,说直白一点,我在演艺圈里面跟跑龙套的差不多。人家说,大宝,咱们这儿有一个节目,缺一个演员,你来配一角吧?行行,没问题。今天有一个小节目,你要两下吧,弄两个节目?行行,来一个!他原来是干这个的,哪是弄沙画的啊!苏大宝非常有眼光,而且有胆识,据说他们接了一个什么活动,距离活动开始还有一个礼拜的时间,结果不知道因为什么原因,不知道那个人耍大牌还是什么情况,也来不了了,艺术总监难为的够呛,怎么办啊,节目都发出去了,到时候沙画这一块没有人,给人报那么高的价格,怎么弄啊?苏大宝一拍胸脯,我会啊!我行!会什么啊,那时候他都不知道沙画是什么。这是我们自己圈里面传的,我相信无风不起浪,一定会有这个事儿。完了之后,人家苏大宝直接回到家,先在网上可劲搜,看看什么叫沙画,搜的更多的就是小孩儿粘贴的东西,感觉不是,再搜,后来搜出来一段视频,估计可能是这个东西。但是怎么成像呢?那时候也挺郁闷的,沙子挂在顶上,怎么画呢,怎么粘在那儿啊,大家一头雾水,都不知道怎么搞的。但是难免会有朋友出主意,估计是这样,估计是那样,一个礼拜时间,人家真的琢磨出来了,上面弄一个 DV 拍着,一连不就出去了吗?接下来第一场沙画,谁见过啊,大家都没有见过,如果画的什么不是你也会觉得很好玩。没有见过就好来事儿,就像我说英语,你会不会啊,不会,那我放心了,说错了也没有关系。他弄完了之后,下面还真的掌声雷动。完了艺术总监说,大宝,辛苦,要不是你救场,这回砸了,给了那么多钱!大宝心想,机会来了,将来这个东西一定会有市场。

他行动也快,就开始做这个事儿了,再有一帮推手帮他推。他曾经也参加了央视一个挺大的娱乐活动,当时国内很著名的一些评委专家也跟他说过,这个沙画真的很神奇,就冲着用沙子画画,我相信将来就一定能火怎么怎么样。现在造势也造好了,有自己的专业,也有自己的名号了,"中国沙画第一人",好歹人家先把这个位置给占了,你画的比人家好你也占不了。高赞民老师一听很生气,我画得比他好,弄得比他还早,现在你第一人了!北京外贸活动也多,他跑国外再溜达一圈,新加坡啊,新马泰啊,等等,管人家邀请不邀请呢,哪怕白演一场呢,演完了拍一些东西再回来,号称"亚洲沙画之父"。人家名号也有了!因为我原来在北京北漂,咱也接触到沙画了,我就潜心玩了半年,因为那时候我觉得他们画得也不好,我就把沙画和中国艺术元素结合到一块,弄完之后大家交流,他们说,武老师,你很厉害啊!当初也在别人的工作室做过。前两年,我们家老爷子过世了,没有办法,我回来了,他们说,武老师,你回去之后也得有个名号啊!怎么封呢?干脆你整一个"中原沙画第一人"吧!人家是"中国",我弄一个"中原",我觉得也挺好,得中原者得天下,"中原沙画第一人"就是这么来的。这是笑谈!

实际上在上海所有的幼儿园里面,现在已经有干沙区和湿沙区了,就是小朋友来玩沙子。回想一下我们童年的时候,大家也挺喜欢玩沙子的,这边儿盖房子,有一堆沙子,你看小孩子玩得多 high,叫都叫不走,玩沙子真的是一种天性。上海现在建立了干沙区和湿沙区,但是沙画还没有引进来。广州更注重于生意,有一个叫刘建宁的,他给自己的定位是"中国商务沙画呈现画面更丰富的",刘建宁的沙画成像也非常简单,完全是透光成像,画得很快。广州市场非常好,广州人有钱啊!人家说,你要是到北京嫌官小,到广州嫌钱少,广州人有钱,尽管他画成那个样子,但是也非常非常有市场。

在咱们内地,说心里话,我回来之后挺受打击的,原来吃白馍的,现在改吃窝窝了,原来是金子,现在都成铜价钱了。实际上在咱们河南,在咱们内地,近两年大家才刚刚开始,我很幸运的是什么呢?也是直接走的电视台,河南的"你最有才"、"民星在行动",一些电视台的朋友交流的比较频繁。从北京邀请过来价格高,沙画师还挺牛,还得报销飞机票什么的,太贵了,后来一搜,居然河南也有沙画师,就找了我。我回来之后先给自己弄一个新浪网的微博,弄一些东西上去,他们感觉画得还不错。

我走的路线是先走电视台,也是很有意思一个事儿,是《你最有才》邀请我们参加节目的,做一个大众活动,一定要有这么多艺术形式参与进去,这样才觉得丰富。那次邀请的一位是画沙画的,一位是画水影画的,画水影画的小姑娘叫徐静(音),从北京邀请过来的。我们的节目是录播,实际上放到最后,大家弄到了一两点,一点儿精神劲没有了,最后才是沙画台,摇臂是对着机器俯拍的,在这个前提下,当你做这个节目时,别人就不会影响了。沙画成像必然是快啊,而且很丰富,线啊,面啊,块啊,层次啊,等等,非常丰富,这是我喜欢沙画的一个重要的原因。水影画慢,你想啊,用水用油导来导去的,你画一个方的什么的根本不可能实现,它只能是一个表演类型的,导出一个花可以,导一朵云彩可以,弄一个水纹也可以,它将来只能是一个固定节目。有意思的是,你本来是被邀请了,人家给了你费用了,估计在河南我算第一个,弄完了之后居然过关了,意味着还要再给钱,把水影画 PK 的回北京了。再邀请还得给人钱,第二次糊里糊涂又给弄过关了,接下来不好往下走了,干脆也不通知了,不了了之了。

通过这样一个形式,后来参加了很多电视台的活动,甚至国庆节、春晚等咱们郑州的活动也都参加了,弄了很多这样的节目,现在好歹有一点知名度,很多搞传媒的,甚至企业啊,也会经常邀请我们演出,但是远不及北京。

刚才说了苏大宝,他非常接地气,他完全走的是儿童沙画体验馆,有一些美术教育的帮他来出谋划策,所以他在这一块做得非常非常好。坦白来讲,从做生意的角度上,一点不亚于高赞民,而且对中国将来沙画的发展,我认为他一定是做出巨大贡献的人。

咱们就聊到这儿,这个说得有点多了,我把后面的简单一点,后面一定要留一点时间大家一块玩一玩。

(PPT)这是沙画的分类。这是我们国内自己订的,因为还没有一个专家来给我们评定,中央美术学院啊,中央工艺美院啊,这些国内大的院校,沙画都没有进到课程里面。我认为过不了多少年,一定会进去,因为这个形式真的很新颖,它的艺术生命力也非常非常强。因为咱们自己是画中国画的,搞写意的,所以画了一些梅兰竹菊啊(PPT),马啊(PPT),等等等等。

(PPT)这一类是一些动漫的,画的很卡通,很可爱。有很多从事画卡通类的,他们也是一样,最后画沙画,完全是画卡通这种表现形式的,现在也有自己的市场定位,也有自己的市场价值,而且他们跟很多婚庆公司合作。

(PPT)这是画的一些所谓的写实的东西,我们参加西凤酒的发布会,还有成龙的《十二生肖》电影的首映式,包括咱们嵩山少林寺的一些活动。尽量写实一点,把美术所有的元素,透视啊,质感啊,空间感啊,体积感啊,等等等等,都展现出来。

河南的市场应该说非常非常好,这么大一个基数,从事沙画行业的寥寥无几,我掰着手算了算,也就十来个人,这还是现在。我们2008年、2009年做的时候更少,几乎没有人。我曾经异想天开,既然我也是河南省国画家协会的,我为什么不办一个沙画协会?通过朋友的关系找到了咱们民政局的负责申办的领导,把这个情况给他介绍了一下,人家也很迷茫,沙画是什么东西,没有见过。我就拿着东西给他展示,甚至(请他)到工作室来看,人家觉得这个形式真的很不错。他们问我,现在从事这个行业的有多少人?我挺认真地算了算,我说,还没有十个人。他说,还没有十个人,开什么玩笑!弄一个协会,连十个人都没有,你弄一个会长,他弄一个副会长,他弄一个秘书长……连一个最基本的从业人数都没有啊,没有根基啊!我说,办协会还得这样啊!

接下来一定要让大家知道这个事儿,坦诚地讲,当初自私一点,那个时候不容易,受过难,我就想,学会一门手艺之后一定把这门手艺练精,不传给徒弟,不传给别人,独一份,这样市场没有竞争,谁跟我比啊!很自私的想法。等你后来恍然大悟的时候你会发现,将来要想让更多的人知道它,想把这个市场孕育成熟,需要有更多从业的人,这样才行。你一个人,就算你是这么粗(手势)的木头,你能烧多少时间啊?众人拾柴火焰高。后来思路就转变了,我们自己也做了很多推广的活动,大河网啊,中原网啊,不要钱,白给人家做,不外乎就是做宣传。我们去绿城广场也做了好几场宣传,后来绿城广场方面说要收费,后来就不去了。今年我们在绿城广场做了很多场,今天晚上还会在曼哈顿广场,会在一些大的广场做沙画的推广活动,当然,也是借助于其他的载体一块去做的,就是为了让大家知道什么是沙画,沙画带给我们什么,带给孩子什么,我觉得这个真的非常非常好!

再往下,这是自己画画的一些东西(PPT),这是我的一些作品。

我现在简单给大家介绍一下。有人说,武老师你在台上说得挺热闹,我学沙画能带给我什么?从两个角度来讲,如果说将来我们从事沙画专业的话能带来什么,这个市场非常非常宽泛,很大的一个市场,如果说到年底,我个人,包括我工作室的几个沙画师都会忙得焦头烂额的,因为企业到年底都会做年会,而且大的企业都要做经销商的答谢会。我前面讲了,沙画是一个表演形式,它很好看,这是第一点。第二点,它有神奇度。你一提用沙子画画,兴趣度就有了,怎么画的,看看!别的艺术形式，比如说跳个舞、唱个歌，司空见惯了，我们见得太多了，如果请一个歌星，更多的是来看歌星，不是真正听他的歌；如果你听他的歌，还是录音棚里录出来的最好。我们都到现场去，有的也是假唱，为了保证效果，真唱的时候的确很难听。如果音响再不给力的话，更是大打折扣。沙画不一样，你走的是一种表演的形式，这种形式可以跟企业的东西有机结合在一块，企业会觉得很好啊，这种形式非常非常好。这是我们来做企业的年会。

另外，任何一个企业都有自己的产品，有的时候很奇怪，比方说我们做一个可口可乐，接下来就是加多宝，再接下来就是韩国的酷儿。比如说房地产，房地产挺有钱的，你一个沙画给人家开几千元钱不算个啥，对人家来说只是地下车库一个角，非常有钱，你去做沙画也是很有机地把他的东西全部展示出去了。我举一个简单的小例子，我们当初做一个房地产的活动，开封的橄榄城，这个房地产公司很有实力，楼盘盖得非常非常漂亮，中间一个传媒公司承接了这个活动，当初房子设计的时候是邀请上海的一个设计师，这个设计师说，在上海我们做新品发布会，包括品鉴会、推介会，人家会用一个很新颖的形式，叫沙画，我不知道咱们河南市场有没有这个？房地产公司说，你们传媒公司有没有沙画啊，我们觉得这个形式很好？后来他们就找到我了，因为中间传媒也不太懂，人家要什么他就给人家承诺。人家说，沙画很神奇，画得很快，能不能到那天让沙画老师给我们画一个清明上河图啊？接下来咱们再画楼盘。传媒公司答应人家了！他答应了，我疯了！你拿我当神仙啊，我洒一把沙子清明上河图就出来了。宋朝大画家张择端画了多少年，十年磨一剑才画出清明上河图，传世之宝，你让我 10 分钟画清明上河图，不可能的事儿。武老师，怎么弄啊，我把你吹的这么大，说你是国内名列前茅的沙画师？再名列前茅也不成啊，你把高赞民弄过来他也是哭啊，根本画不成，给钱再多也不成，不是钱的事儿！他说，怎么办呢？我说，跟人家再聊啊，我来听听人家要什么感觉。后来人家把感觉说出来了，不外乎想表现开封在宋朝时候那种万国来贺的景象，清明上河图很真实地反映了当初宋朝那个全貌，有多么繁荣，有多少奢华！我直接给人沟通，你让画清明上河图不实际。他说，能不能画一块？我说画一块可以，你得给我半个小时画。他说，不行。沙画它不是万能的，有些企业家这样要求，那样要求，不能乱承诺。我说，要不然这样，清明上河图我们小学课本里面就知道，是张择端画的一个手卷，一个长卷，传世之宝。咱们能不能先画一个龙亭出来，然后画出来一个画家的像出来，然后是一个手卷，卷轴画出来，接下来卷轴打开一部分，这几个字（清明上河图）给你写上，再往下走，走出来一个角，这个好画啊，有水系啊，有柳树啊，这个可以。再往里面不画了，人们都知道了，时间也不允许。然后再说今天的开封城，汴梁的城门我给你画出来，敞开胸怀，接纳八方，迎来新的发展契机了。再往下走说你的房地产公司，你的房地产是什么格局的，什么特色的，还有人文景观，包括其他的。他说，可以，这个创意好，就按这个走吧！最后十几分钟搞定。如果找其他的节目，或者说拍片子，你说怎么拍，就没法去实现？你通过绘画的形式，找一些原有的素材，你是可以解决的，它还是流动的，这种感觉挺好。

接下来是车类，4S 店，我们做了大量的活动，奔驰、宝马、劳斯莱斯等等。他们每年要答谢自己的经销商，像奔驰、宝马的 4S 店，厂家给的有几十万元的广告费往外花，要做大量的活动，你直接跟他接洽就 OK 了，我们沙画完全可以体现这些东西。

另外就是酒类的，我举个例子，杜康窖藏 12 年，他们在全国做品鉴会，邀请的有政界的、军界的、商界的，等等等等，选一个四星级五星级以上的酒店办这样的活动，一年广告费要花出去一两个亿，全国巡回做品鉴会。那一年杜康跟我谈的时候是这样子，我们给他做了一个宜宾的，做完之后现场特别火，他说，武老师，要不这样吧，我们给你签一年的约，我们今年一共有 80 多场活动，往后还有 74 场全部交给你了，我们谈一个价格就 OK 了，下一站我们就去澳门了，你就当跟着我们杜康酒全国旅游了一圈，好不好？我当时想，个人行为挺好的，但是我现在是工作室，我还有学生，还要教课，外地还要来学员呢。我一算，到岁末年初时，我自己一个工作室就挣了那么多了，还跟着你满世界奔波着去跑？我后来告诉他，我们保证不了，原因也给他们说了。你要到其他的地方，以我现在接触的国内沙画师，我可以给你推荐，如果当地没有，我可以推荐最近的沙画师给你，也可以给你一个合作价。北、上、广的价格比较高，画的不如我，但是价格比我高得多。

再有一点，婚礼。婚礼也一样啊，大家可能有些长辈自己孩子结婚了，甚至同事结婚，街坊邻里结婚，但是也去看了，似乎没有什么稀奇点，都是那么一个形式。北京的沙画界做婚礼高端做得非常非常好，我们河南现在也有一些意愿了，但是价格给的太低。不是说咱不愿意去，前提是我本来就是卖方市场，如果我把价位弄低了，自己也累晕了。再一点，你原来的合作伙伴，大家会觉得心里不平衡，你给我们做一场要好几千(元)，你说婚礼你要多少？人家说了，我们一个婚礼办下来才5000(元)，你怎么要那么贵？如果说你有徒弟什么的话，我坦白地说，1000元钱就可以了，如果1000元钱的话，仅郑州市婚庆公司在册的有2000家，我只选择一线的婚庆公司把沙画输入进去，这是多么大一个市场，这就够了。还有其他的化妆品之类的，等等，这些都不说了。

再有一点，它没有区域性，我可以走表演，可以画视频，画视频的话我可以面对全国销售，它的前景非常非常好，只是大家还没有认识到它。包括工艺美术学校，我们去做公开课的表演，郑州市所有中专类的美术老师，我觉得对大家是一个非常非常好的一个信息，传递给大家了，大家也兴致非常高昂，我不明白的是，为什么这个温度升得快，降得也快，跟股票似的，马上就没有后续了。可能大家也不知道接下来该怎么去走，我觉得这是一个重要的原因。河南市场咱们就聊这么多。

(PPT)这是我们做的活动的一些媒体。

如果说你是一个老师的话，举个例子，你是一个小学的美术老师，可能专业素养没有那么高，但接下来你完全可以用沙画来教儿童，教小孩子画沙画，你不知道小孩子会有多喜欢，这样抹啊，那样抹啊！北京教孩子画沙画完全是引导型的，而不是灌输型的。国外美术教育，孩子画画，给了一个很大的教室，各种美术材质统统都有，纸、麻、布，什么都有，各种颜料也都有，老师只会说，孩子们，放开手，发挥你们的艺术天分去做大事吧！小孩们就下去随便弄了，弄完了问老师，老师，你看我画的好吗？老师说，你就是未来的达·芬奇！老师几乎不教东西，就是让孩子信马由缰地放开去玩。国外的艺术门类很丰富，这就是人家开放式教育教育出来的。

当然，有些东西我们国人根本不可能接受，我也不接受，什么达达派啊，野兽派啊，有些前卫的，那是什么玩意儿？大象甩甩鼻子晃晃也能卖钱，小孩儿屁股上摸一点颜色，往纸上蹲一个屁股墩，这也卖钱，不是瞎扯吗？有一种东西我是认可的，你从事美术教育这一块的话你会发现，音乐也好，美术也好，孩子在一个既定的年龄层里面，这个时候他的艺术天分是最容易被挖掘出来的、最容易被激发出来的，在这个年龄段里面，让他接触到这样的艺术门类，同时又是引导型的，这是多么好的一个事儿！

我们是中国人，我很尊重老祖宗的传统文化，我觉得老祖宗很厉害，坦白来讲，也是这样子。像中国画，光说山水的皴法有多少种，披麻啊，荷叶啊，折带啊，马牙呀，豆瓣呀，雨点啊，等等等等，把大自然所有有机的东西几乎概括完了。

其实我喜欢沙画的原因是因为它像中国国画，它是写意的，是流动的，有速度，快，灵感突现，然后马上顺势而为，画面就成了。如果它和儿童教育结合在一块了，是非常非常好的一种形式。齐白石老先生说过一句话，"太似则媚俗"。画的像真的一样，那你还不如拿一个相机直接一拍，又快又直接，你何苦熬三个月眼睛都熬花了画那么一个东西，最后还没有相机拍的好！这叫太似。"太不似则欺世"，画的什么都不是，然后说，我是艺术家，你们看不懂是因为你们层次不够，欣赏不了我的艺术作品，这跟欺世有什么区别，不是糊弄人吗？这个东西也不可取。"妙就妙在似与不似之间"，是这个东西，又不是客观的东西，这就是中国画。有人说我们老祖宗传统文化守旧，我觉得一点不守旧，第一是传统。因为大量的技法啊，太丰富了，国外油画有多少种技法，能跟中国画比吗？中国画一根毛笔，中锋、逆锋、拖锋、散锋、侧锋，你看看有多少！一滴墨调上水，浓、淡、干、湿、焦，等等，结合上笔法，再结合上皴法，太丰富了，国外根本不行。难怪毕加索说艺术在东方，真的是这样子。

现在中国的油画发展也非常棒,那是因为跟中国传统文化结合在一块了,如果完全引用西画的话,我相信那也只是一个门类。这就是中国人的厉害。

齐白石老师的话很好,我可以让沙画跟孩子结合到一块,通过孩子很喜欢玩沙的天性,因势利导去引导他。举个简单的小例子,比如说我们跟北京的沙画界的朋友交流,你们教孩子画沙画怎么教啊?老师教小朋友:小朋友们,老师来画一个太阳。老师是这样画的,抓一把沙子画了一个圈。小朋友,你们想想,太阳还可以怎么画啊?小孩儿拿着沙子堆一个圆堆,我这是红太阳。OK,这是太阳。旁边的孩子堆成圆之后中间镂空,这也是太阳!太阳可以放光,老师的太阳是这样放光的,孩子们,你们的太阳怎么放光啊?各种各样的形式都有,有的真的就像装饰的工艺美术画一样。孩子们,这一节课来画冰淇淋,冰淇淋上面像什么啊?回答各种各样,课堂很活跃。底下那个像火炬一样那个东西可以画多少花纹啊?一样一样,小孩儿画的特别特别好!你只需要因势利导就 OK 了。沙画如果结合进去的话就是这样去结合的。

一样画了一个圈,如果在这边画一个三角,那边画一个三角,老师会问孩子这个像什么,小朋友说像鱼。如果鱼头那个部分画一个疙瘩,像什么?像金鱼。孩子们,你们想想看,你们可以用它来画什么?孩子在上面画一个方框,下面画一个穗穗,灯笼!就是这样子,非常非常丰富,完全让小孩子信马由缰地去画。

我觉得沙画也分几个境界,第一个境界是我们照着画,画山像山,以后可以画山不是山。所谓不是山就是不是具体的某一个山。有很多朋友纳闷,学沙画是不是需要有很扎实的美术基础,其实跟这个没有关系,一会儿演示时你会知道,我这么一拨就自然成像了,就出来了,一应俱全,所有的元素都在,你只需要取舍就成了。这是第一个阶段,就是手法,你要用手跟沙子建立很融洽的关系,要能掌控这个沙子。这是第一点。我经常用一个比喻,就像我们开车一样,教练这样那样教你,你也学会了,驾照也拿到手了,是不是就能上路跑得很快了,就能不熄火了?不是,一定要跑够多少公里,烧了多少油,到最后你才能驾轻就熟。沙子也一样,只是我们把毛笔换成沙子,把油画换成沙子,仅此而已,当然,它比那个更丰富一点,很有意思。到了第二个阶段,这是需要你有造型的时候。很多朋友说,我没有造型能力,没有美术基础。学沙画一样是在培养造型能力啊!难道非得拿铅笔画素描,画几何形体,这就叫造型吗?其实不是的,沙画是很丰富的。在北京已经有些老师在做这个尝试,如果我只是把空间、透视、光源等等讲完之后,用沙子去表现来得更快,学生马上就理解了,没有必要非得拿 HB、1B、2B 去画,有必要吗?有些老师就大胆地做这个尝试,特别是画版画的,太觉得没有必要了。到第三个阶段,可能就需要你驾轻就熟了,一定要有足够的美术素材在脑子里面的积累,就是我见过这种东西,见过那种东西,脑子里有,这样才能画出来。到最后一个阶段,很随意的,拨什么,动什么,就是什么。甚至我有时候做表演,我都不知道要画什么,脑子里面提前不构思,在那儿随便拨,画完以后一看像什么改成什么,就到了人们所说的那个境界了,当然了,我还不够,也需要继续摸索。

(PPT)这是我们做的一些活动的东西。

(PPT)这是授课的一些东西。现在也有这种想法了,也没有那么自私了,大家愿意来学,我也教。

23 日下午,就在咱们郑州市的妇女儿童活动中心,它一个大剧场,有一个 LED 大屏,我会带着我的学生们在那儿做一个公开课,学生也好,老师也好,现场做表演。如果大家今天听我讲完了,依然对沙画很有兴趣的话,我欢迎各位长辈、各位朋友到那天去捧个场。先谢谢你们!

就在淮河路兴华街交叉路口西南角,就是原来的二七(区)中级人民法院,现在法院搬到东区了,法院那个大厅就改成郑州市妇女儿童活动中心,我在那儿也有教室,可以坐 400 多人,就像电影院一样。23 日下午的 3;30 到 5;30,在二楼。

课件部分就讲到这儿,朋友们要不要休息一下?(听众:不用)。咱们接下来直接往下面走,我直接做一个切换,完了之后咱们做表演。

(沙画演示)

主讲人:刘志伟,郑州大学文学院教授、博士生导师、书法博士后导师、教授委员会主任,郑州大学古籍整理研究所所长,校学部委员,青岛崇汉轩汉画像砖博物馆顾问、客座研究员,青岛崇汉堂汉画艺术交流中心顾问、客座研究员,"中国《文选》学研究会"理事、副秘书长(主持日常会务),教育部21世纪人才计划评审专家,教育部重大招标项目评委,国家博士后基金评审专家。曾为北京大学高级访问学者,北京大学核心期刊评审专家,清华大学哲学博士论文仲裁专家,中山大学哲学博士论文评审专家。曾兼任台湾佛光大学人文学院客座教授、马来西亚华人公会(MCA)中央党校学术顾问兼客座教授、河南省中原文化与资源研究中心特聘教授等。曾在《文学遗产》、《光明日报》、《中山大学学报》、《中国典籍与文化》等发表论文多篇,著有《魏晋文化与文学论考》、《汉魏六朝文史论衡》等专著多部,主编兰州大学系列重点出版项目《两岸文化星系》丛书(首辑收入所著《"英雄"文化与魏晋文学》),主编《陇上画师张维垣》,总编中华书局七卷本《文选资料汇编》等。

时　间:2013年11月3日
地　点:河南省图书馆研议厅

武松形象的"文"化与《水浒传》的创作

主持人、各位朋友,大家早安! 非常高兴第二次到"豫图讲坛"。这一次我给大家提交这样一个题目——"武松形象的'文'化与《水浒传》的创作"。先讲几句开场白,武松这个形象在我们中国是一个著名形象,我想他在我们中国的知名度在古代、在现代,恐怕比成龙还要大,脍炙人口,妇孺皆知。今天我们不能说妇孺皆知,是大家皆知。

选择这样一个题目,非常有挑战性,难度很大。因为大家都很熟悉,而且在座的各位道友在很多方面有研究,甚至研究的还蛮精深的。为什么讲这样一个题目呢? 我个人觉得我们当代的《水浒传》研究还处于一个比较低的层次,我们中国文化的传统和《水浒传》的关系,我们触及的比较少。这是什么原因呢? 20世纪的学科分工,我们大家走向了专家型,比方说我们研究古代文学的,研究元明清的可能就是元明清,我们不会往前走。中国传统文化的整体和《水浒传》的关系,这其实是研究《水浒传》最大的问题,最根本、最关键的问题。

《水浒传》是我们中华民族对世界文化贡献很大的一部书,但是我们研究的质量、层次都非常不尽如人意。所以我今天特别就武松这样一个人作为对象,谈一下《水浒传》的创作问题。它到底有多深,到底有多高明,我想谈一些自己不成熟的想法,跟各位道友来分享。

关于《水浒传》,第一个问题,武松形象塑造。这里面有两个小问题,一个是关于"武十回"的问题,我想,熟悉《水浒传》的朋友都知道,《水浒传》有七十回本,有一百回本,有一百二十回本,不管是七十回、一百回、一百二十回,武松整整占了十回,这就是很奇怪的《水浒传》创作现象。大家可以想一下,如果七十回的话,他占了七分之一的篇幅;一百回的话,他占十分之一(的篇幅)。《水浒传》一百单八将里面,武松实际上才是位居第十六位,这是一个什么概念呢? 说明他不是《水浒传》里面最主要的角色。

一百单八将,晁盖在外面,第一位是宋江,后面是卢俊义、吴用、公孙胜,这是四大领袖。还有五虎上将,关胜、林冲、秦明、呼延灼,还有董平。这是九位了。然后有三位,天贵星柴进,天富星李应,还有一位是对梁山泊的事业有极大帮助的,帮了晁盖的朱仝。然后武松前面还有一位,跟他是双子星座的人物鲁智深。武松排在多少位呢? 第十六位,这里面就出现一个《水浒传》创作非常大的问题。七十回里面有十回是写武松的,而他又不是最重要的人物,这是怎么回事呢?

现在学术界基本上有一个推定,大概是这样的,武松的这个故事在古代,大概在山东地区,或者是江浙地区,历史上武松这个人是真有的。以前人们认为这个人是浙江临安府人,是浙江人,但是山东地方志里面有记载武松这个人,可能就是这样的,他是一个北方人,祖籍在河北,后来山东,最后在浙江,他的主要事迹在浙江。也可能真的有打虎和杀嫂的事情,也可能打虎和杀嫂的事情有虚构性,很有可能是武松的故事太好了,太成熟了,宋江的故事里面,大家觉得把他拉进来,对后来叫《水浒传》的《宋江故事》有很大帮助,后来合流,最后放到《水浒传》里面来了。这里面有一个我们关切的问题,《水浒传》怎么样来改造武松的故事,使它成为这个小说的有机部分? 这就是一个很大的学问了。

另一个问题,无论在民间传说中,或者在《水浒传》里面,其实我们能够看出来,武松是一个江湖豪侠的杰出代表人物,甚至是第一代表。因为鲁智深实际上是一个军官,是所有普天下的妹妹们的一个大哥哥;李逵呢,是一个本色的农民;《水浒传》里代表侠义类型的,武松是一个杰出的代表。

这里面我要说一下,关于《水浒传》的人物组成,我个人的看法来给大家报告一下,它主要还是以知识分子为领导的,宋江叫及时雨,"及时雨"含蓄地表示宋江在《水浒传》里是知识分子。这不是我们今天的讨论重点。这是一个以知识分子为领导的阶层。《水浒传》怎么样把一个侠义代表人物纳入到由知识分子做大首领的改过自新集团,这也是一个很大的学问。因为他的故事太知名了,大家都太熟了,他的故事就是那样,怎么样把他改成《水浒传》里面的人物? 这是我这个题目关注的重心所在。

我今天要给大家汇报的是,我对《水浒传》怎么样改造武松原先的形象,变成《水浒传》里面非常重要的有机组成部分的人物形象。我们重点是要讨论这个,武松必然要经过被"文"化的改写。这要求作家具有巨大的才气、力量,他有很大的才子之笔才能做好,因为这是太难的一个挑战。宋代我们太熟了,大家心目中都有一个武松,现在要把他改掉,怎么改? 不改变他的基本故事,又要把他变得跟《水浒传》的系统完全整合起来,这是很难的,所以我们很佩服《水浒传》的作者,非常伟大。

(PPT)这是我在网上拉的一些《水浒传》的图。关于武松的哨棒,大家先有一个概念,一会儿给大家说。

第二个问题,我们就从《水浒传》的大系统里面来看作者怎样对武松进行定位。我们首先来谈"师"与武松的"文"化。

从某种意义上讲,《水浒传》是一个老师的故事,如果大家不信请看这里(PPT)。

《水浒传》里面体现了明确的师徒关系,开篇第一人王进教了史进。史进遇到王进之后跟鲁智深一块遇到了他之前的老师打虎将李忠，这是不是师生关系？林冲有一个操刀鬼徒弟叫曹正。宋江教的孔明、孔亮，正宗的孔子的后裔，我们后面会讲。因为宋江是及时雨，是知识分子的总代表，所以说他有资格做孔子后人的师父。鲁智深是智真长老的徒弟；公孙胜是罗真人的徒弟；秦明有一个徒弟叫黄信；薛勇有一个徒弟叫候健；索超有一个徒弟叫周谨。洪教头是柴进请进来的一个师父，是不是柴进的师父难说，但是林冲认为他是柴进的师父。栾廷玉，为什么朱家庄非有一个总教师，为什么曾头市要派两个师傅呢？蔡京也好，童贯也好，这些人都有自己的门生。《水浒传》对师徒关系非常关心，主打的就是这个。宋江呢，当他有困惑的时候，九天玄女、苏太尉、智真长老、罗真人都可以是他的老师啊！

前面几个是非常明确型的，接下来是非明确型的。宋江和武松，武松结拜宋江为义兄，但是武松对宋江是那样的崇拜！当他对柴进很不满的时候问，我去投奔谁？显然不仅仅把宋江作为一个兄长，而是说作为自己精神的、灵魂的一个导师。卢俊义和燕青，燕青是他抱养的一个孩子，燕青的武艺是卢俊义亲自点拨的。李逵收复了焦挺，也收徒弟了，还收了唐龙。至于说蔡京，梁中书是他的女婿，蔡京和梁中书是翁婿关系，实际上是化用王安石和蔡京的堂弟蔡卞，蔡卞是王安石的女婿，他对宋代的文官制度是彻底否定。《水浒传》里面七十二地煞星第一条好汉叫朱武，我的理解大概是"驱逐"的"逐"。宋代亡国的根本原因是文武之道失衡，重文轻武导致了国家的灭亡。神机军师朱武本来应该是大将军，但是他是一个神机军师，他的武功比史进都差很多。还有蔡京和童贯。这是非明确型的，但是可以是师徒关系。

还有单一型的，我们如果把《水浒传》读得比较细的话，邵雍是开篇第一人物，第二个陈抟，吴用是梁山泊所有人的老师，这是没有问题的，他的起点是穷学究吴用。

这里面我们要探讨一个问题，《水浒传》为什么要写这么多的师徒关系，而且是开篇就是以老师的身份出场？武将里面最厉害的林冲也是八十万禁军教头，王进就是他的化身。为什么是这样的？其实《水浒传》有一个很大的政治学问，它立足于中国政治文化传统，以一个很高的政治学思想为指导来写的，所以《水浒传》高度才高。

是怎么样一个情况呢？我们中国古代社会是一个政治社会，而这个政治社会是政教社会。从理想的设计来说，古代王朝的最高领袖就是第一导师，最大的一个老师，但是大家知道，封建王朝是血统、血缘，所以说封建王朝有帝王师或者太师、宰相来教化社会。师教系统成为一个渗透到社会每一个人的文化细胞里面的一个认知。朝廷给宋江封的官是什么呢？保义郎。他的绰号叫什么？呼保义。那里面那个"保"是什么意思？传统的研究，大家都在那儿绕圈圈，典故在《周官》、《周礼》。《水浒传》立足于中国政治社会的大系统，从这个教化天下大的政治理念出发来构建《水浒传》，气魄宏伟。高俅就是一个无良子弟，史进是可以改造好的青年。宋江这个造反集团三十六人，当时也是比较厉害的，纵横山东、陕北、淮南，十万官兵不敢抵抗，甚至已经比较大了。但是一个海州太守——我们解释一下海州，海州跟孔家有关系——海州太守张叔夜就可以把他平定了。他仅仅是一个地区级的造反团伙，如此而已，但是《水浒传》把他上升成一个国家的一等二等人才，第一等人才以三十六将为代表，第二等人才以七十二人为代表，都变成了国家的罪犯。那样的时代是什么样的时代？这个《水浒传》很厉害了。

关于《水浒传》人才的问题，这里给大家报告一下我的研究，它已经超越了封建士大夫阶层，认为知识就是最高明的，知识层是社会的精英。《水浒传》已经完全打破了这个概念，这也是个了不起的解放。李逵是不是人才？凡是代表社会的创造能量活力的，比一般人有本事的就叫人才。人才不是知识分子的专利，其实我们现在社会，我觉得有些人才的认识方面不见得就是很理性的。比方说我是一个教授，在学校里面的知识分子知识承载多一点，但是很有本事吗？这是要打很大问号的。《水浒传》把这个问题讲得很透，108 人是代表中华民族各个阶层有本事的人的一个整体。但是呢，在那样的时代，第一流、第二流的人才都变成了国家的罪犯，这个国家是不是病得很厉害了？大家知道,《水浒传》是从一场瘟疫开始的,不是说这个社会瘟疫真的怎么样了,是双向的,更重要的是政治的瘟疫,国家的政治之病病入膏肓,都不好救了,人才全部成了罪犯了,这还得了。《西游记》里面孙悟空在天上当弼马温,那个马是千里马,是龙马,实际上他到天上是"组织部部长"或者"人事部部长"的职务。但是天上的组织部长、人事部长是什么职位啊?九流之位,不入流的,这和《水浒传》完全是一样的。我们中国的长篇小说有很多很深刻的东西,需要我们很认真地对待、思考。怎么样让社会的智囊达到最高层次?怎么样集中社会的智慧和创造能量?有明确关系的,或者没有明确关系的,三人行必有我师,这是儒家讲的。《水浒传》就是这样一个想法。

下面我们就提"师"、"保"文化传统里的武松。《水浒传》把这样一个"天人"拉进来跟宋江集团发生关系,第一笔怎么开笔?太难了,但是《水浒传》写得非常棒。第二十二回的末尾它就已经开始了,写宋江的狡兔三窟之行,什么叫狡兔三窟呢?他跟朱全两个人商量,宋江说,我如今思量起来,有三条路可走:一个是到柴大官人家里避难;一个是到孔太公山庄避难;一个是清风寨。这正好代表了宋江的三条政治路线选择,柴进不见得复辟,他是柴世宗的后代,要报仇是没有任何问题的。他外号小旋风,他把各种罪犯都结交起来送到梁山泊是干什么?要向大宋报仇。第二个孔太公庄,连知识分子都举旗造反了,这个社会怎么了?这是第二条道路,加入到知识分子造反集团里面去。第三条道路,招安的铁卫队队长花荣。宋江思考得很清楚,三条道路。

宋江由郓城县走出来了,到江湖了,他应该碰到江湖人物,为什么不碰到别的江湖人物,为什么碰到武松?这就是一个绝大的学问。宋江走出郓城县,要成为梁山泊领导的起点是柴大官人庄上,这是《水浒传》的一个学问。武松第一次现身也是在柴大官人庄上,这两个人,一个"天人",一个《水浒传》的第一领袖,他们有一个遇合。怎么样来写呢?把柴大官人的地方设定在沧州。沧州大家都知道,在宋代是真有的,在今天还有,在天津和渤海之间。沧州又是一个特指的、隐居水边的地方,在野隐居者的地方,柴大官人在这儿隐居着,就是这个意思。

它写武松什么时候出场?他年龄多大?他这时候是三十岁左右,选择武松而立之年,不写他前三十年打了一个人逃走了。从他三十而立而写,遇到一个名师宋江。这是写他的三十要立而未立,三十本该立,但是没有立,这时候他遇到了他的老师。宋江是《水浒传》里面第一大英雄,他的政治眼光很独到。"两孟尝"就很有意思了,柴大官人号称"小孟尝",宋江也号称"孟尝君",这两个人乐善好施,救人急难,有共同点。但是战国四公子的孟尝君养士养什么?有"鸡鸣狗盗之徒"。如果这样的话,宋江出山先认得时迁好不好?他认识的第一个人,第一眼就认准了"天人"武松。武松在柴大官人这里一年多了,都慢待他,柴大官人的眼光恐怕不好吧?他很含蓄地暗示这种富和贵,说明柴进是不太有本事的人物。甚至大刀关胜居五虎上将第一,但是最有本事的是林冲。林冲有本事把晁盖推上梁山的领袖地位,第二次又把宋江推上梁山的领袖地位,但是即便是在梁山泊的五虎上将里面,他都是第二位。《水浒传》是一个大写的"感士不遇"的升华版。

沧州是有一个特指的。(PPT)这首诗大家很熟的:"当时万里觅封侯,匹马戍梁州。………鬓先秋,泪空流。此生谁料,心在天山,身老沧州!"心在万里功业,而生老在一个没事儿干的地方。沧州就是这么一个地方,这是一个感慨。什么意思呢?武松这样一个人,有超人的武学禀赋的人,年轻时候打死一个人,实际上没有死,逃到江湖,三十岁还在那儿混,这个社会不大正常,是写这个的。而且这个沧州还有林冲、朱全,这些都是很厉害的人,不约而同都被流放到沧州了。什么意思?这是一个适合罪犯流浪的地方。武松这个时候打死人逃了,也是一个准罪犯,在沧州和宋江、柴大官人相遇。这个开端很了不起。

第二点我们谈一下,这个武松一开场不但是三十人未立,而且写他病了,还是患了打摆子的病。《水浒传》写病非常有学问,开篇三月三日,三月三上巳节,干什么的?洗除不吉祥病的节,《水浒传》从洗除国家的瘟疫之病开始,连包拯都救不了的政治之病。顺便给大家点一下,《水浒传》真了不得,它写哪一年呢?嘉祐三年三月三日。大家知道嘉祐三年是什么年号吗?王安石向宋仁宗皇帝上万言书的一年,王安石的变法思想发端于这一年。王安石变法什么时候开始的?宋神宗开始。《水浒传》从宋仁宗开始写起,这学问大得了不得。武松他的年龄,他的生病跟《水浒传》的整体联起来,个人得病怎么病的?谁也打不倒你,只有自己把自己打倒。武松为什么病了?一年多了,在柴大官人庄上很冷落、潦倒,脾气也很大,拳头动不动就打人,人际关系也不好。有本事的人就是这样。他在逆境里面遇到宋江,他的事业有了变化。这里是政治之疾和事业之病,不是单纯的身体之病。

宋江狡兔三窟,他在柴大官人府上遇到了武松,然后武松醉酒打了孔二郎,到孔太公庄上,宋江出来了,宋江到孔太公庄上是用了倒叙的办法,武松先出场。武松在白虎山孔太公山庄仍然是接受文化的积蓄,为什么呢?武松在柴大官人庄上跟宋江盘桓了十多天,朝夕相处,一个床上睡觉。大家想,每天24个小时在一块,十天十夜,请朋友们给我算一下是多少小时?240小时。我曾经算过,现在我们活到八十岁太平常了,古代活八十岁是高寿了,整个活下来是不到三万个日子,两万九千多个日子。我对大学生一年的净学习时间做过一个统计,一年大概三十多天,大半是浪费了,我们说的是纯时间。如果说二百多天的话,宋江教武松可不可以把他培养成一个速成的博士后啊?宋江思想的熏陶让流浪江湖的只讲究自己武艺的武松改变了,这很像孔子遇见子路改造子路的过程,文质彬彬,然后君子。武松是在宋江这儿学了这一套。在白虎山庄,两个人又见面了,就是说经过一个假期又开学了。白虎山庄实际上武松和宋江见面比较重要,至于说和孔二郎打是比较好玩。

白虎山庄在哪里?海州。正是历史上真实的张叔夜太守抓了宋江的地方?正是孔子失意的时候,"悟道不行,兴乘浮槎于海"。兴乘浮槎于海时谁做他的侍卫或者跟随他最好呢?子路。因为子路重武,当时子路很高兴。很含蓄地借用了这个故事,所以海州孔子的后人在这个地方落了脚。

孔子望海,"兴乘浮槎于海"是什么意思呢?事业上没有着落,失意,想逃到一个地方去。孔太公山庄是一个政治贻害很重要的地方。白虎山庄是孔子的后人,孔子是一个文化血统的世家。跟大家说一个小花絮,在韩国,我跟孔子的第七十五代传人孔祥颖住在一起。前不久,在世界儒教大会上,跟孔祥颖二度相逢,很高兴。据说孔子后人现在从七十三代到八十多代,相差很多代,刚刚出生的一个呱呱落地的小孩子,有可能是一个九十多岁的老翁的祖祖祖祖爷爷,孔子家族就是这样的。《水浒传》里面讲,孔子的后人,由一个文化世家居然沦落到一个农家庄主。想一下,这是多么巨大的反差!旧时王谢堂前燕,飞入寻常百姓家。

更重要的是,这里面有典故,武松到店小二的店里面,白虎山庄里面,他要酒喝,要肉吃,人家不给。一个小伙子来了说,你给我准备的青花坛的酒准备好了没有?那个鸡准备好了没有?武松呢,把人家打了一顿,自己吃了,那些人跑了,把孔二郎也打倒了。一个武二郎打一个文二郎,很好玩吧!然后自己喝醉,倒在小溪里面,连黄狗都来欺负喝醉了的武松,武松想打那个狗,结果自己掉水里面了,后来被绑起来了。故事很好玩,我要给大家表达一个非常强烈的信息,中国古代小说虚构的本事现在几乎是完全失传了,比大熊猫还要珍贵。

中国的文化这么博大精深,还要多少虚构啊?像这样的故事背后是有典故的。什么典故呢?孔家绝不愚忠于一代王朝,而是要做万代师表。陈胜吴广起义时发生一个事儿,孔家掌门人把孔家礼器抱上投奔了陈胜、吴广。这里面正用这个典故,孔家的礼器换成了精致的食器。他们是钟鸣鼎食的家族啊,食器还是要精致的。《论语》里面讲饮食的最高境界,咱们中原人是烩面、胡辣汤,这个跟古代的饮食文化的最高境界还是有一点距离。因为我们是农业大省,可能我们经济不是特别好,我们只是希望肚子能吃得饱一点。我们河南饮食文化很高明,但是刚才说的这两样不是特别最精致的那种。《论语》里面讲食物的最高境界是什么?食不厌精,脍不厌细。

第二呢,因为它是一个等级社会,君子远庖厨。为什么呢?因为杀牛啊,杀猪啊,你看了心里面会别扭,会怎么样,君子虽然不能避免吃动物的肉,但是尽量还是眼不见为净。这里面孔家为什么不亲自来做饭，让店小二来整那个精致的鸡，正好让武松这个人吃。这点我给大家讲，请大家想想，如果把李逵请过来会怎么样，如果把鲁智深请来会怎么样，这三个人是并列的，但是武松要精致一点。李逵更粗糙了，宋江碗里面剩下来的，连渣带汤一起吃，桌子上掉的全都抓起来吃。武松稍微有一些讲究，所以派武二郎打文二郎，文武相打，这里面关键的是孔二郎叫什么呢？孔二郎叫独火星，他的哥哥叫毛头星，这都是很凶险的星。《水浒传》在中国小说史上是很重要的，儒家的鼻祖孔子的家人也参与造反了，成了强盗，而且是很凶险的强盗。宋江是他们的武术老师，教一些拳棒，所以宋江白虎山之行的目的就很值得考虑。

这个地方要讲一下，《水浒传》里面有一个王定六，有一个郁保四，宋江对于招安还是不招安这个思想摇摆了很多回，但是我们现在简单来读，我们觉得宋江一心想招安。如果一心想招安，喝醉酒了为什么"敢笑黄巢不丈夫"？为什么血洗浔阳江口？为什么要号称玉皇大帝的外甥呢？那是遮人耳目的。只反贪官，不反皇帝，那是一个皮，我们要深到里面来看。写白虎山庄跟宋江的关系，而且把它写成孔家，有很深的政治机遇。武松就是在白虎山庄和宋江相遇，接受宋江的熏陶。

大家看一下PPT。宋江选择招安路线，他的第一铁卫队队长是花荣。大家知道宋代科举制度，有文状元，有武状元，三甲怎么讲的？状元、榜眼、探花。宋代的武状元、武榜眼、武探花，考上武探花以后，朝廷给他分的初次的官是什么官呢？保义郎。宋江是什么？呼保义。为什么花荣是他的第一铁卫队队长？中国古代小说创作好像跟我们现当代的、西方的创作不太一样。

宋江的招安理念第一次是讲给武松，你想，如果"天人"武松如果辅佐他招安，那将怎样？就是这个意思。所以他们结拜，这是宋江有意的。武松虽说是第十六位，但是《水浒传》对他的笔法是特别特殊，用第一人的水准来写武松，很敬畏地写武松。招安这个事儿，宋江第一次谈是跟武松叮咛的，当然，至于说武松后来成为坚定的反招安者那是后话。

以前在民间传说中武松打虎、杀嫂同样脍炙人口，同样生动非凡，但是《水浒传》写的话就不然，它要写另一个。是什么呢？接受了孝义黑三郎的思想价值观。如果通俗地说，武松被"洗脑"了，或者说有了新的价值观、世界观、人生观、人生追求目标以后才来打虎、杀嫂。请大家想一下，这个和没接受之前打虎、杀嫂一样不一样？打虎、杀嫂，它把它的意义，它把普通的民间纠纷和江湖侠义故事改换成完全变了的一个故事，这是我今天特别要给大家报告的。

宋江的"师"教是什么呢？封建社会的两大理论支柱是什么？忠和孝，为国家尽忠，为家庭尽孝。孝义本身就是忠于国家的一种具体表现形式，封建伦理纲常的原则。武松肯定跟了宋江以后，随即一出手一拳头把人打昏或者打死的事情恐怕就少了。他哥哥第一次见他怎么讲？以前我总是又想你，又不想你；喜欢你，又不喜欢你。为啥呢？喜欢你是因为有你在我很安全，可是你又惹的麻烦太多。你今天闯了祸，逃了，人家把我拘去，代你坐几天牢出来了，明天又有什么事儿了，总是我给你处理麻烦。总之武松是这样一个剩余精力比较多的人，多余的精力要合理发泄，这个需要正常地引导，让他合理发泄。他那么多剩余精力怎么办？遇到老师之后，可能会约束一下，都30岁了总不能瞎混啊！宋江讲，你这一身武术的天赋，不发展不是可惜了？宋江用鼓励的办法来鞭策他，你将来是干大事儿的，一定不要妄自菲薄。这个是了不得的！

15岁的曹操遇到了乔轩，当乔轩死了以后，官渡之战以后，曹操特意到乔轩墓上去哭：没有遇到你的话，我这一辈子都没有什么出息。他们结成亦师亦友的关系，两个人约定，谁先死了，另一个人到他的坟上去祭奠，如果说不去祭奠，走三步马上肚子疼。悼文里面写这个也很生动。一个人生命很短暂，我们也不讲什么正确的道路，错误的道路，但是在特定一个点上永远地改变了你的世界观、人生观、人生观，那个决定性的人你遇到没有遇到，这太重要了，武松遇到了。

武松打了人，被赦免了以后回家，后来又成为罪犯，他需要以准罪犯的身份自我救赎。招安是一个理念，想象中他是能接受的。再一个，也希望不光是在江湖上打打杀杀。当然，他还是一个江湖人士，但是建功立业的思想可能有了。武松见到宋江被"文"化以后，武松打虎，我们再来看打虎事件可能意义就不一样了。这个老虎当然是自然之虎了，但是请大家想一下，从先秦孔子以来，苛政猛于虎，武松打虎打得那么坚决，以这样的拳头打贪官污吏如何？动物之虎和苛政之虎都在武松所打之列。

这里面特别解释一下，前面那个哨棒大家都在图上看到了，关于这个哨棒有些人专门写了一些文章，对这个哨棒理解不一样。一种理解就是大家挑柴的担子，西北叫肩担，我们这儿叫挑担、扁担，武松扎捆的行李就是一个"梢棒"。这个"梢棒"的"梢"是一个"木"字旁，一个"肖"，跟"哨子"的"哨"谐音，有的《水浒传》版本就是"梢"。这样"梢棒"的理解就是挑柴的担子。第二个，防身的一个随便的器具。第三个，哨棒，就是军队里面的器械，是武器了。第四个，两头都有响器，响着哨，棒子上有哨，可能是军队里面巡逻队用的，像我们吹的口哨一样。武松的这个哨棒作者居然写了16次，但是真正用的时候一棒子打到树干上了，打断了，最后还是用拳头解决问题。写16次哨棒是什么意思呢？恐怕是暗示武松武都头他将来肯定是要拿武器的，他这个武器是要断的，因为后面是悲剧性的，最后武松连左臂都被砍断了。

武松打了虎之后，被封了都头，如果在江湖事件里面，也可能是这样的。如果是"文"化了以后呢？当一个县的武装部的部长，或者公安局的局长，类似于这样一个科级干部，是不是也是一个事业的起点呢？

关于这个打虎，给大家提供一点大家看不到的材料。一个老虎，普通的老虎，这是网上搜的信息，重200到350公斤，这是多重？近700斤的动物。体长是2到3米，前肢的回击力量达到1000公斤，爪子刺入的深度是十几厘米，就是三寸。如果从肚子、心脏中心抓进去的话，心不就抓出来了吗？一次跳跃最长达6米。施耐庵写武松打虎恐怕是他虚构的，但是就是写得好，从艺术的角度来说写得很棒，是经典片断。现实里面，一个人遇到老虎，最好还是不要学武松为妙。像李逵打4只老虎就是闹着玩，没像写武松那么郑重其事，李逵是《水浒传》里面谐趣式的人物。

打虎过程用不着写了，他成了打虎英雄以后被提成都头。按说他终日也忙忙碌碌，他上下班很正常，武松也很正常地习惯公务员的生活，享受公务员的生活，心情很平静了，拳头也不会时不时举起来了。他在任上做的最出彩的事情是什么？跑到京城里面给知县打了官牒，就是年终送礼去了，送得比较好，知县很满意。这是武松的事业，但是《水浒传》这样写是什么意思呢？是一个反讽的笔调啊！像这样一个人，真是大材小用了，才非其用。

武松打虎后正好碰上他的哥哥，事业和家庭好像都有了。没有打虎以前是一个流浪汉，也没有什么名声，现在有地位了，有职位了，也有家庭的温暖了，遇到了移家阳谷县的兄嫂了。这一切是武松很渴望的，因为他妈妈早死了，他们哥俩相依为命，他经常惹事，家庭生活很不安定，也缺乏母爱。金圣叹讲，当武松跟柴大官人、宋江、宋清这四个人一块喝酒的时候，宋清侧坐着，正对着武松，用金圣叹的话说，直接扎到他眼里面了。你看人家弟兄们，出逃都在一块，弟兄那么和谐！这刺激了武松赶紧还家，去看哥哥。他也渴望家庭，享受长兄半父、长嫂半母的这种状态。

这里我要特别强调一下，我觉得武松和潘金莲这个故事改了很多，我个人是这样看的，我们首先要尊重传统文化，在这个基础上来改。至于说怎么来改，思想观念我们是当代人，没有那么迂腐，都是可以的，但是不能胡改。武松和潘金莲，有的人好像讲得很乱，甚至是两性关系都发展的比较远了。敢问各位，长嫂半母这个状态我们学术界怎么看，我们大家怎么看？他的亲嫂子很漂亮。你看曹丕、曹植，《洛神赋》当时也是很有争议，但是那个情况跟这个还是有所不同。因为曹丕不是老大，长兄在家里的位置是不一样的。武松要寻找儿时在父母跟前那种感觉，和哥哥、嫂子的感觉，这是武松对家庭的期许。

我们延伸出来一点，武松这个人期待爱情吗？像鲁智深，显然不食人间美色，是所有普天下女生的大哥哥。还有另一个——李逵，完全是本色农民，但是剔除了两性思想的李逵，根本没有怜花惜玉之心。但是武松不是，要不张都监就不会把他害得那么惨。我们有一个结论，"文"化后有了新的世界观、人生观、事业观的武松,回到家乡打虎之后,他既有事业上的追求,也有家庭生活的需要。这是两点。

接着就是杀嫂事件。在江湖故事里面,纵凶也没有问题,哪怕是没有受到宋江这样的教导,民间的戏曲啊,家庭的家教很自然会有这些。但是我们觉得他伦理纲常维护的意识、遵守的意识要更自觉,更内在化了。他虐杀潘金莲,这个见仁见智了。

武松杀西门庆,在里面用的名字都是非常讲究的,写潘金莲:鲁智深救金翠莲的时候,"金"已经出现了,金老;翠莲,"莲"也出来了;潘楼上喝酒,这个是在狮子桥下那个楼上武松杀西门庆,西门庆也是个很伟岸的男生,武松以狮子一样的勇力来杀西门庆,这是杀了一个人狮,大家明白了吗?这是打虎的升级版,大家明白了吗?

"天人"武松如果在一个正常的封建社会里面,我们假想一下,会不会培养成一个自觉、坚定的坚守和维护封建纲常伦理准则的人?这是封建统治者所希望的,也是宋江所期许的,所以说"文"化的武松从政治学的意义上来说,他的功用应该是这样。

我经常讲,如果我们在座的愿意,写小说的朋友,我愿意跟你讨论,甚至我们可以交流,我们当代的人,包括莫言,他们对咱们这一套是不懂的。中国小说的写法,起码古代传统小说的写法,到《水浒传》、《红楼梦》是了不得的。我经常讲,《红楼梦》有一个爸爸,有一个妈妈。昨天还有一个朋友跟我论辩,爸爸应该是《金瓶梅》吧?不对,"爸爸"是《水浒传》,"妈妈"是《金瓶梅》。

讲到打虎、杀嫂以后,武松主要的业绩,民间传说的应该没有了,这就是《水浒传》,它很有本事。司马迁写《史记》,他是非常笔长好奇,那支笔能拉得很长很长,然后写特异的,别人没法写的,这就是司马迁的本事,《水浒传》也是这么学的。司马迁写项羽,人要死的话几秒钟就死了,但是《史记》怎么写项羽之死?写了霸王别姬,溃役三战(音),"此天亡我,非战之罪也",宝马送给亭长,头送给吕马童,他的故友,一回一回地写,一个史学家完全变成伟大的文学家了,几秒钟要写完的,他却不停地延伸。这种本事《水浒传》学到了,像晁盖之死,夺马时候一下就死了,这正是反其道而用之。晁盖一下山就死了,但是死的整个过程玩了很多花招,这是要跟司马迁比水平,大概是这么一个用心。

《水浒传》写(武松)十字坡与母夜叉、菜园子结交,大家有没有把他们的名字连起来想过?他们是开夫妻店的,这两个名字连起来想过没有啊?母夜叉,在座有很多女性,开个玩笑,《聊斋志异》蒲松龄在里面开玩笑讲,人人床头有母夜叉也!什么意思呢?天下所有的男生不可能对自己的妻子所有的方面百分之百地满意,某个时候吵了架就觉得她是母夜叉了。他把貌美的亲嫂给杀了,认了一个貌丑的母夜叉做嫂子,他对家庭的热情和盼望从来没有停止。

事业呢?林冲从京城没事儿干,逆向啊,能跟高太尉比刀的人是什么人呢?国防部长的备选啊!但是他被迫出走。他的好朋友鲁智深在边关按说应该有事儿干啊,但没事儿干,先是当和尚,后来跑到京城的大相国寺,这当然是一个和尚庙。请大家想,难道没有文化的象征意义吗?京城是宰相居住的地方啊,鲁智深跑去干吗?是不是去做菜园子去了,管种菜园子的,跟二三十个泼皮无赖交朋友。这是说啥?京城和边关,当时整个大宋王朝,英雄已经绝无用武之地。《水浒传》的笔力彻底坚决到什么程度了?武松拜了一个长兄叫菜园子,"菜园子"就是闲扯淡的意思,没事儿干的意思。张青和孙二郎夫妇实际上是为武松的事业和家庭而写的,这是余音袅袅杀嫂事件的一个回音!这是写小说的本事。我们现在看到太多的,白白地讲一个故事完了,古人的写作技巧还是值得学习的,还是相当高明的。

武松的原型底色是江湖啊,他的本色是侠义,在《水浒传》里面他的定义还是侠义,《水浒传》专门写了快活林。中国的江湖游侠重在义,不问是非,但是论感情。"报君黄金台上意,提携玉龙为君死。"这是谁的诗啊?李贺的。江湖跟政治不是绝缘体,它们也互相有交合,《水浒传》里面是以政治文化来统和侠义文化。武松是一百单八将里面侠义之士的杰出代表,他是第十六名跟这个还是有

原因的。

武松被"文"化后杀了嫂,儒家的伦理那个处理的相当细致。杀嫂事件那么冷静,先请何九叔,然后把街坊邻居找来,让王婆和潘金莲写自供状,然后让大家把她们圈起来,让大家先不要走,接着跑到狮子楼下把西门庆的头割了,然后才找知县来投案。在做这件事情之前,他是先通过官方渠道,让知县来帮他,知县不干,他用江湖的办法。他是用儒家伦理的方法来做,绝不乱来,如果他之前没有遇到宋江可能会乱来。他犯罪以后又成了罪犯,在孟州行侠仗义。人名字都是"施恩"、"快活林",这不就是侠义的两大主题吗?"施恩"是途径,"快活"是目的。两下就把武侠之士的本质搞清楚了。在这几回里面,第二十八回"武松威镇安平寨 施恩义夺快活林",还有第二十九回"施恩重霸孟州道 武松醉打蒋门神",还有第三十回,淡化"文"化的色彩,体现武松的江湖侠义、英雄本色。中国社会是一个政治社会,这个江湖实际上在中国社会结构里面,说到底是代老百姓来解决官场不能解决的问题,也有黑社会的加入,是一个比较复杂的东西。江湖与官府抗衡,可能官府才有最后的话语权,是行政的决定者,这样呢,侠义武松就再次入狱了。张都监和张团练又是同僚,他们又合谋设计陷害武松,武松就成了张都监设计的"贼"了。由准罪犯还乡,到杀嫂罪犯,再到张都监捏造罪名让他成为所谓的贼,武松大概是走了这么一个人生道路。

这样写下来武松形象的饱满度不怎么样,可能大家比较感兴趣的除了打虎、杀嫂之后就是下面这个。事业、爱情的双重毁灭由"文"化、人性走向"兽"性。我曾经多次问我们的研究生、博士生,如果你写小说,你要写最厉害的杀人之夜、杀人之昼,你会选什么时候?《水浒传》把它选在中秋月圆之夜。我们知道,风高放火,天黑杀人,是不是这样的?一个亮晃晃的月圆之夜,一年之内最具备温馨、团圆的夜晚成了他杀人的夜晚。武松杀了多少人啊!但是这个杀人是直接在他心里深层受到刺激杀的,一个是关乎他的事业,一个是关乎他的"爱情",我给他一个副标题"血夜月"。

《水浒传》让我们特别敬佩的很厉害的文化修养和笔力在哪里呢?苏东坡的《水调歌头》(明月几时有)这个词,在《水浒传》里面,它没有献给宋江,没有献给林冲,没有献给李师师,没有献给其他的任何人,献给谁了?献给武松了,为什么要献给武松?(PPT)这是我收藏的一块石头,我叫他"苏东坡"。送给海外的朋友当贺年卡,他们高兴得要死。这个石头,大家想一想,三百万年以前如何?三十万年前如何?三千万年前如何?如果真的石头上有一个苏东坡(影像),会怎么样?不会心跳加速一下吗?这个石头是在大西北的兰州黄河边上捡的!中秋月夜。《水调歌头》词大家非常熟,它的内涵大家琢磨过吗?实际上它写了三个东西,一个是生命不朽性的问题。人活在世界上很短,人活一世,草活一秋,但是都希望活的时间长一点。人同此心,古今一致。还有呢?事业——"只恐琼楼玉宇,高处不胜寒"。那是旷世的寂寞。苏东坡这样一个大文豪,他刻骨铭心地会体味到那种"寂寞沙洲冷"的感觉。还有爱情——"但愿人长久,千里共婵娟"。"婵娟"都是女子旁,柔美的、祥和的。事业、爱情、不朽,我们人生关注的几件大事啊,如果有一个事业,有一份爱情,活得长一点,还需要什么呢?

古人有一个说法,"腰缠百万贯,骑鹤下扬州"。"腰缠百万贯"是钱很多,"骑鹤"是长寿,"下扬州"是什么?"烟花三月下扬州",那里多美女。如果这样,人生足矣。

(PPT)我们把这个重温一下:明月几时有?把酒问青天。不知天上宫阙,今夕是何年。我欲乘风归去,又恐琼楼玉宇,高处不胜寒。起舞弄清影,何似在人间?转朱阁,低绮户,照无眠。不应有恨,何事长向别时圆?人有悲欢离合,月有阴晴圆缺,此事古难全。但愿人长久,千里共婵娟。

《水浒传》把这一首很神圣的心情献给了武松,就是配合月夜的凶杀吗?张都监陷害武松何其残忍啊!张都监是一个在高点上的悲剧,我们当代中国小说缺的最大的是中华民族的精神高度没有了,这是非常悲伤的。从这个意义上讲,现代的作家应该反思一下,他们应该有使命感、责任感,应该有所担当。

即便是写凶杀,《水浒传》是这么写的。张都监请武松怎么请啊?家人之礼。把上下级同僚,甚至是罪犯，先给放了，让他不是罪犯，然后变成家人的规格，八月十五，后厅设宴。这是极高的礼遇了。请大家读《水浒传》的时候注意，端午节、三月三、八月十五、元宵节、九月九，这五个节《水浒传》都是极端讲究。有时间，如果省图书馆愿意的话，我愿意给大家讲五场。就是在这样一个跟他的家人共享、欢度八月十五家宴的特定时分，请大家想，月光高挂，一片银白世界，那样一个高楼，高楼是什么楼啊？鸳鸯楼，由狮子楼变成鸳鸯楼了。张都监亲口对武松谈了两件事：第一件，把自己的养女玉兰许给武松为妻；第二件，做自己的体己亲随人，做他的铁卫队队长。武松是都头，张都监是一个地方的军事首脑，开玩笑讲，是由科长提为处长了，事业上升了一级，他对事业充满了希望。玉兰是什么意思呢？什么叫"玉"？其温如玉，君子如玉，古人不就是这么讲吗？什么叫"兰"呢？比方说孔祥颖，我跟她开玩笑，你们孔家的兰花还种吗？她说，蛮多的，什么时候你拿一盘？兰花者，王者之花也！大家知道，郁达夫，现代的郁达夫，他的妻子本来是家里面许配的，也有自己的名字，他认可了这一个婚姻，但是他提出了一个要求，名字必须改，把他妻子的名字改叫孙荃。玉兰，从这个名字上看，武松在《水浒传》里面跟李逵不一样，李逵只懂得用手画押，不认字。武松受过初级文化教育，有一定的文脉。爱情、事业，幸运之神在这一夜似乎给他带来了美好的前景，好像是这样！因为我们讲了，武松杀嫂，但是《水浒传》写武松不弃绝男女之情。这个玉兰可能很端庄，长得也很漂亮，武松会很喜欢，从名字到形象他都喜欢。但是呢，这其实是昙花。夜宴完了，张都监指使玉兰把武松引入歧途，但是玉兰也是很无辜的，她只是一个仕女。从内心来讲，嫁给武松这样的大英豪，她能不愿意吗？在那样一个骗局里面，她保命要紧，玉兰是很不幸的。现在大家都在关注潘金莲，其实把玉兰关注一下，是可以做一点文章的。

张都监从武松房子里面挖出赃物，那都是事先放好的，然后说他是贼，当地知府就把他收押了。这时候武松被动地到监狱里面去，在飞云浦可以看出来，那个夹对他有什么用啊？在飞云浦，一个狱卒拿出鸡扔给他，他不管那些，他吃，这时候他已经下定决心要"吃"这些人了。他在飞云浦把那两个押送他的两个官人和蒋门神的两个徒弟杀死了，然后回去到鸳鸯楼凶杀。

武松原来是一个一般的武人，后来变成有文化的人，然后呢，变成了一个杀嫂的罪犯，到这儿事业、爱情又有一个一波三折，然后是高潮。你看他杀人，一下了杀死了许多人。飞云浦4个，鸳鸯楼4个，马槽1个，丫鬟2个，张都监和亲随3个，张团练和蒋门神2个。特别注意的是，武松打虎之后有一个口头禅，言必讲打虎。即便是杀人也不忘，这可不是一般的人杀的——"杀人者，打虎武松也"。楼下是张都监夫人和玉兰，你看对玉兰，他一点也不怜香惜玉，他也许可以给人家解释的机会，这些是可以改变的。还有奶娘和张都监的儿女3人。我们一般写小说，甚至一些二流作家就写到这儿了，绝对要有后面这一集，这样才是一流的作家。为什么呢？故事要有一个收回，收什么呢？他跟张青、孙二娘讲到鲁智深，讲到武松成为行者，这时候你不能放冷啊，后面突然出来就太突然了，在这儿用戒刀杀死王道士于蜈蚣岭。这样呢，武松的江湖、事业、爱情三鼎足就饱满了。要不的话就写了两个，第三没有了。

武权因为无用武之地，还是上梁山吧！为什么不上呢？他到了二龙山。我把这个用意讲一下就可以了。在《水浒传》里面，人要上山，暗示什么呢？武松既可以在梁山接受招安，也可以另创一个新的王朝。

到梁山之后，他位居第十六位。因为梁山泊的英雄，排一个座次不追求名位，宋江才是一个保义郎，都不入流了。有一个很重要的点，宋江第一个给武松谈招安，武松当时也想做国家的良民，但是经历对张都监的认识，随着在梁山看到高俅这些人，对政治黑暗的本质认识得很清楚了。"我爱我师，但是我更爱真理"，他成了坚定的反招安路线者。他和李逵从梁上跳下来大喊，召什么鸟安？鲁智深也是。武松已经对梁山招安事业冷了心。这个就是说由武松道出了宋江改过自新团队这样一个官本位结构体系里面英雄是没有任何出路的现实。

《水浒传》之所以了不起就是它没有像鲁迅说的中国传统写大团圆，它以大悲剧结场。武松的下场也不好,也没有捉住方腊,捉住方腊的是鲁智深,而武松被包道乙砍掉了胳膊。武松是被包道乙砍伤了胳膊,还连着一块肉,武松自己就把它砍下来了,这是《水浒传》一贯的写法。所有有本事的人,都因为他的本事而死亡。你像林冲,林冲是天雄星,是小张飞,但是他反倒是得了风瘫;武松是靠拳头打人的,拳头是最厉害的,胳膊被砍了;霹雳火秦明,悄无声息地死了。《水浒传》对每个人都有一套它的写作程式。

最后大家都知道,武松的结局是在六和寺里面当道人,宋江就把风瘫的林冲分给他,你胳膊残着,但是你身体还好着呢,就看护林冲吧!不及半年,也就死了。这样一个打虎英雄,最后死成这样,看完心里也是蛮辛酸的。

我们对武松做一个最后的回应,我们心目中还是他打虎的事迹,他死亡的那些我们就不要讲了。《水浒传》中的武松形象塑造反思,这个时间不够了,以后再给大家讲。因为《水浒传》让武松形象走遍了我们古今千家万户,脍炙人口,但是我要提示的一句是,《水浒传》借武松的形象,提出了一个质疑,对封建王朝的政治体制提出了非常深刻的质疑:这样的王权存在的合理性在哪里? 这些英雄可以在梁山干出一番想象中的事业,但是呢,回到现实里面会怎么样呢? 这就是一个问题。《水浒传》幻想出了一个英雄用武之地,也让李俊到海外去称王,这个思想直接受到唐代传奇《虬髯客传》的影响。我前天正好给香港大学提交的论文就是《〈虬髯客传〉形象的考究》,跟这个《水浒传》也是有关联的,应该说《虬髯客传》直接启示了《水浒传》。

限于时间,也限于水平,就给大家报告到这里,谢谢大家!

主讲人：周九常，河南正阳人，管理学博士，教授，曾任郑州航院信息科学学院副院长，现任郑州航院计算机系副主任。入选"河南省高校科技创新人才支持计划"。主持国家社会科学基金项目 2 项，主持教育部人文社会科学基金、中国航空科学基金等省部级项目 7 项，出版学术专著 3 部，发表学术论文 100 余篇，获得省级奖励 5 项。1988 年参加工作，曾在信阳师范学院图书馆工作，1998 年到郑州航空工业管理学院任教，主讲《知识管理学》、《竞争情报》。主要研究方向是图书馆管理、知识共享、竞争情报。

时　间：2013 年 11 月 10 日

地　点：河南省图书馆研议厅

休闲阅读及其方法

各位朋友，大家上午好！我是第二次来到咱们"豫图讲坛"来跟大家进行交流，巧的是，上一次我来"豫图讲坛"是去年的 11 月份，刚好是整整一年。去年到咱们"豫图讲坛"，给"豫图讲坛"题赠了一首诗，美言了几句。大家都知道，美言和反面的话都比较好写，但是中间的话往往不好说。今天这个诗比较难写，命题作文不好写，简要地解释一下。

"梅开二度登豫图，可堪回首又一秋。"大家注意，不是不堪回首，而是可堪回首。从大的方面来讲，一年来，咱们国家发生了很大的变化，中央领导集体换届了，新的领导层上台以后采取了继续改革、亲民、惩治腐败等等一系列举措，所以一股新风扑面而来。这一年来，咱们国家发生的变化可圈可点，就是咱自身，我觉得咱们一年来绝大多数人还是往好的方向在发展，无论是工作上，还是我们的家庭上，等等，都有所前进、有所进步，所以我说"可堪回首又一秋"，千万不要说不堪回首。我们国家的形势，总体来说一片大好。

"去岁题赠犹可忆，今载无诗常犯愁。"去年讲的题目叫"阅读的境界及其提升"，它的主旨是劝大家多读书、用功读书、刻苦读书。但是不能总是劝别人用功学习啊，总得让人有张有弛，这样才是科学的、合理的、可持续的，不能让人总是弦绷着，总得让人有休息的时候。咱们今年换个题目，不再让人沿着原来的思路刻苦、用功下去了，换成什么题目呢？换成"休闲阅读"。"宜将休闲付阅读，有张有弛乃天道，弦绷太紧难持久。"这个不需要多解释，弦绷紧了容易断。

今天围绕五个方面来进行汇报（PPT）。有的老师、朋友可能说了，你给我们讲休闲阅读，你为什么开始安排这一部分内容呢（读书的作用）？本来我也没有考虑安排这一块，为什么要安排这一块呢？原因在于目前社会上出现了一股不大不小的"读书无用论"。这股论调在整个社会都在蔓延。我想，作为一个高等教育工作者，我有责任在不同的场合，包括今天这样一个比较正式的场合，反击、抨击这种论调。尽管我个人的作用是渺小的，但是我总觉得会起到一点纠正的作用。

关于"读书无用论"，咱们就找三个案例。第一个案例，成都的一个女孩叫玲玲，今年考上了大学，这个大学不是专科，还是本科，可是她的糊涂爸爸不让她上。为什么不让她上？他还有理由呢，什么理由呢？他认为上大学没有用。为什么上大学没有用？他看到了周边一些现象，不读大学的，直接去打工的，很可能也能够挣到钱。他就想，我花这么多钱让我闺女读大学，到头来可能也找不到好的工作，那就不合算，就赔了！所以，他不愿意让他姑娘读书。尽管最后由于社会媒体的介入、社会的干预，他闺女上成了大学，但是起码反映了一部分家长的思想。

第二个案例，一个12岁的小男孩儿开始给人当婚礼主持人，这个事儿是他妈妈力推的，他妈妈有什么理由呢？只要能赚到钱，学习怎么样不重要。怎么来评价这个妈妈？我真的说这个妈妈是非常短视的一个妈妈。你想一想，这个12岁的小男孩乳臭未干，你就站在那儿当婚礼主持，能主持出什么水平来？能说出多少子丑寅卯来？这个妈妈在我看来也是不明智的妈妈。

第三个案例，这个妈妈逼迫她的女儿不上学，干什么？参加《红楼梦》剧组的选秀。这个不是我们知道的1987版的《红楼梦》，1987版那个《红楼梦》是一个经典，这个是2011年播放的那个《红楼梦》，大家一直抨击它拍得不怎么样。即使这样，当初选演员的时候，她妈妈逼着女儿去参选，说，演丫鬟都值。这个妈妈呢，当然也不是一个高明的妈妈。你想，这个孩子读书学习是她的权利，你连她的权利都不顾了，甚至想让她沿着这条道一直走下去。

这是三个典型的"读书无用论"的案例，当然，社会上还有许许多多类似的案例。"读书无用论"有三句话体现地最为典型，刚才是案例，（PPT）这边是三句话，我相信这三句话大家不会感到陌生。第一句话，"拼自己不如拼爹妈"。社会上流传一种论调，现在进入到所谓的"拼爹"时代。在社会竞争当中，这三句话总体上有背景，社会竞争。工作上的竞争、学习上的竞争，等等方面的竞争，在竞争当中，不仅是靠自身直接来竞争了，延伸到背后了，延伸到背后拥有什么样的资源。什么意思呢？就是说有一个好爹妈对于自己在竞争当中胜出太重要了。社会上不是有典型的活生生的例子吗，有个别的官员，他的孩子读大学时已经私下里安排到某个单位工作了，当然了，不是实际去参加工作，私下里已经偷偷在领薪水了，媒体上都报道了，已经是在编人员了。进一步延伸，将来他孩子的工作、事业，他的路都铺好了，甚至他孩子的婚姻都给安排好了。在这种情况下，你说其他的那些人，你能跟这样的小孩儿竞争吗？这句话一定程度上是有道理的。

第二句话，"好脑瓜不如貌如花"。这句话尤其多用在女孩子身上，我曾经开玩笑地跟朋友讲，现在进入所谓的以貌取才的时代，一个人长相如何，对他的工作、事业起着越来越重要的工作。我是高校老师，我就见过一些女生，她说那些学习用功、长相一般的女生：别看她学习用功，将来说不定还不如我呢。我就想，你不就是自己脸面好看，身材好看一点吗？但是现在社会上人就认这一套！大家看一下，空姐啊，银行的服务员啊，这些人都长得很漂亮，他们招人时就要这漂亮的，我感觉有点过了。

第三句话，在大学生当中尤其流行，"不把自己的未来寄托在用功学习上，而寄托在婚姻上，寄托在将来所嫁的对象身上"。嫁一个好男人，有一个好的长相，有一个好的爹妈，对于自己的未来就建立起了比别人更好的基础。这是三句话。

前不久,我去泉州出差,我在一个大街上溜达,看到一个书报摊,这个书报摊的名字叫"阅角",意思就是一个读书的小的角落。开这个书摊的是一个老太太,我问她,这两句话(PPT)是谁写的?她说是她家里的老伴写的。这两句话是"读书不会输,爱读才会赢"。我把第二个"读"理解成学的意思。这个体现了闽南人敢闯爱拼的精神,反映了地域的风貌。第二呢,我觉得也反映了这一家人,甚至这个老太太对于读书的作用的认识。虽然其貌不扬,年龄又那么大,但是人家就认识到了读书的作用。我觉得在"读书无用论"弥漫的今天,这个老太太的表现是值得表扬、提倡的。

读书还有什么作用?它可以让女人变得有味道。什么叫有味道?我们都知道,喝水终究没有喝茶有味道。喝水什么味道?淡而无味,喝茶才让人可以品,让人能够回味,是不是这个道理?读书对于女同志来讲就可起到这样一个作用,能够让人"品",觉得她有内涵、有素养,觉得她举止优雅。

我选了一首歌,名字叫"读书的女人最美丽",限于时间关系,我们听一节。

(音乐播放)

这个歌在网上可以听,可以下载,大家听得出来是谁唱的吗?在座的有不少中老年朋友,我相信对这个歌唱者,甚至听她的声音都可以听出她是谁?这个歌手叫张也,我平时也是比较喜欢听她的歌的。

读书有什么作用?过去,尤其是在旧社会,我们都说祖宗最爱读书郎,就是读书的孩子最能够获得祖宗的喜爱、大人的喜爱。为什么?因为在过去,一个读书的孩子才有希望让一个家庭光宗耀祖。怎么能够让这个家庭光宗耀祖呢?靠读书取得功名是最通畅的一条道路,走这条道路是最轻松的,最容易走得通的。我在很多场合经常提到,过去人们上升的路很窄,在战争年代呢,你可以是从军取得功名;非常有钱的人,捐钱可以取得功名。舍此之外,一般的贫寒的学生怎么办?只能靠读书这一条道。还有什么好处呢?一人得道,鸡犬升天。你后代的子孙也仍然可以享受这份荣耀带来的诸多好处,有的爵位是可以世袭的,多少辈都能够享受。

在我小时候我老母亲给我讲了一个故事,我查过这个资料的来源,也没有查到,大概意思就是这么两句话(PPT)所表达的。在古代,有两家比邻而居,一家贫,一家富,富裕的一家爱财,贫穷的一家家风比较好,一直在给孩子灌输读书的好处,让孩子们读书。这两家还有一点小矛盾,虽然大面上过得去,却私下里互相看不起,你看不上我,我也看不上你。有一个官员跟富家是朋友,他回老家探亲时经常到这个富家串门,他也了解这两家暗地里较劲的背景,他有一次来就住在富家,到了五更的时候,他就被一阵朗朗的读书声吵醒了,他就发出一声感叹,这两家较来较去的劲,未来谁能胜出呢?在邻家。虽然人家家里比较穷,但是有两个读书郎,喜欢读书,成绩也不错。反观富家,他的孩子正好相反,危害乡里,走鸡斗狗。果然,十年之后,经过十年寒窗苦读,邻家孩子考取了功名,富家还是那个样子。从这里我们可以看出来,读书确实能够给人以希望,给一个家庭带来希望。

一个家庭,读书假如说是绵延多少代,成为所谓的世家,在这种情况下就形成了所谓的书香门第。如果是书香门第,对家庭、对孩子的培养会更有好处。从书香门第当中走出来的人才,相对来说就更多。施耐庵在《水浒传》里面有这样两句话——"家有余粮鸡犬饱,户多书籍子孙贤"。这两句话一看就是大白话。顺着他的思路,我也说了两句话——"门风尚读出才子,诗书传家养学人"。谁家读书风气比较浓,尤其是多少代一直延续下来的家族,他的才子出得比较多。大家都知道金庸,查家,大家回去可以查一下资料,他们家出了多少人才?出了七个进士,一门七进士,太了不得了。他们家是典型的门风尚读。诗书传家养学人,这样的家庭出的学人比较多。一个家庭如此,一个地区同样如此,比如说在江南文化荟萃、文化发达的地区,20 世纪 90 年代的时候,人们统计过江苏省的某一个县,人家出两院院士出了一百多(人),为什么出那么多?因为这个县人文荟萃。

由此我们不得不想到,20 世纪 90 年代以前,年轻人找对象看重什么?那时候不像现在,当时主要是看重你的人品，第二个是看重你的文凭。文凭标志着什么？标志着你读书的程度，你读的研究生、博士，那更是表明读书多、读书深。尤其是老丈母娘，更看重这些方面，跟我们今天有些反差。这也表明了当时人们对于读书的重视。

台湾都叫他(PPT)文化大师，我们大陆更多的叫他"狂人"，李敖。李敖找女朋友有五个标准的要求，这五个标准用五个字来表达，分别是瘦"、"高"、"白"、"秀"、"幼"。"瘦"更多的可以理解为苗条，也不是特别特别瘦，瘦成排骨那样他也不喜欢。

第二个是"高"。其实呢，我们目前一般社会上对身高也很有要求，不光是李敖有要求。这个高一般限制在多少呢？李敖说，起码得1.65米以上。照我的理解，我们今天找朋友，除了看着顺眼以外，背后还隐藏着一个隐秘的东西，这个隐秘的东西是什么呢？高往往意味着体格强壮，是"良种"，有利于自己遗传基因的遗传。这个我们不大容易说出口，但是确实背后潜藏着这么一个想法。

"白"，我们今天的小青年讲白富美、高富帅，也有对白的要求，为什么对白有要求呢？我想啊，我们俗话说"一白遮三丑"。我记得有一出戏，我忘记它的名字了，他的孩子比较黑，取了一个长得比较白的女孩儿，他得了一个长得比较白的儿媳妇，非常骄傲，欣喜之情溢于言表，"咱们黑孩儿还娶一个白妮呢"，多少自豪的一件事儿！白就是说漂亮。面对男人对白的要求，女人们马上行动了起来，拼命想让自己美白起来。我们看，社会上推出了多少关于美白的产品、美白的护肤品和药品。好多时尚的女孩子，她想让自己美白起来，花费了多少时间和精力。

"秀"，李敖这个"秀"我理解有两层意思，第一个是外秀，第二个是内秀。外秀指的是长相清秀，我们经常说一个人长得眉清目秀，十分清秀，等等，这说的是长相，外秀。光有这方面还不行，还要求有内秀，这个内秀体现在哪里呢？我们就有必要把这个照片(PPT)说一下。李敖的现任老婆叫王小屯，当年他追求王小屯时人家才19岁，他比人家大了整整30岁，比他丈母娘还大了两岁。他第一次是怎么遇到他老婆的呢？在车站里面，这个小屯姑娘在等车，抱着一本书在那儿读，整体形象轮廓在李敖看来非常美丽。大家注意一下，她读的是一本书，李敖再凑近一看，读什么书呢？再一看，乐了，读的是自己的书。这个书的名字叫《李敖千秋评论》。他凑上前去搭讪，他说，你觉得这个书写得怎么样？小屯姑娘说，李敖大师的书当然写得好！那你觉得李敖这个人呢？小屯姑娘说，人没有见过面，书写得好的人应该也不错吧！李敖说，我就是李敖。有这样一个开始，一来二去，他就把这个姑娘的心给俘虏了。人家家里不同意，说年龄差距太大，小屯姑娘很坚决，如果不让我嫁李敖，我就出家去当尼姑。大家注意我刚才的叙述，他为什么对这个小屯姑娘那么欣赏？除了长相，她还在那儿安静地读书，整体形象让他十分心动。试想一下，假如李敖遇到一个女孩儿在跳街舞，袒胸露脐，李敖大师还会对这样的女孩儿动心吗？我想，情景就会不同，甚至截然不同。内秀从何而来？从读书那里来。内秀的来源会很多，读书是基本的。

最后一个标准是"幼"，就是找小女孩，就是"老牛吃嫩草"。有的人好这口，我对这个是不大认可的，尽管社会上有82岁娶了一个28岁的，我也仍然认为这不和谐、不自然、不匹配、不般配。牵着手出来，人家都以为是孙女呢，你好意思吗？

假如说男青年质问你，你怎么回答？用这些话(PPT)质问你，你怎么办？这些话是我写的，"男大当婚未有配，老汉娶个娇滴滴。小伙怒从心头起，愤愤不平骂老鬼。你是人家爷爷辈，咋就这么没出息"。有的人想法刚好相反，我这么大年纪，我娶这么一个小姑娘，人家可能认为我有出息、有本事！"女孩一掐一冒水，瞧你老脸干厚皮。"你凭什么不娶与你年龄相当的，你抢我的小妹妹，中国男人本来就比女人多一千多万，你还来抢，不是越来越造成我们婚恋上资源紧张吗？所以，面对如此的质问，我想，大科学家也不好回答。

今天会来一些女同志，她们的孩子可能也是女孩儿，我这首诗如果能对你们女孩儿的培养有一点启发，那么我将会非常高兴。《好女》："一家有女百家求，家有好女挤破头。"在传统的社会，女孩儿嫁人不是自由恋爱，是靠媒人介绍。我小时候有这个经验，谁家有一个好姑娘，一个村子的人都知道她是好姑娘，请注意，一到晚上，尤其是夏天，刚走了一个媒婆，又进去一个媒婆。如果是十里八乡都有名的姑娘，那去的媒婆更多。"由来育儿重家教，家教不可少读书。""有品有德君子慕"，有品有德的姑娘君子才对她产生爱慕之情。大家都知道《诗经》里面有这么几句话，"关关雎鸠，在河之洲，窈窕淑女，君子好逑"。试想一下，你仅仅是一个窈窕俗女，君子还对你那么倾心吗？还那么爱慕吗？我想就不一样了。仅仅靠长相，仅仅靠身材，那不行。还必须把自己培养成淑女，这样才是好的女孩儿。"色艺俱全成佳偶"，长相好，内在、气质、技艺都好，综合的才是好的。"容颜易改弹指老，唯有芳名世长留。"不知道大家注意没有，在明清的时候，江南地区有一些妓女，名妓，她们的文化素质是非常高的，像柳如是啊，李香君啊，这些都是色艺俱全的，她们的名字为世人所知，载入史册，这仅仅靠她们的长相吗？绝对不能。我们再扩展一下思维，中国古代四大美女，闭月羞花、沉鱼落雁，她们仅仅靠自己的长相吗？不是，除了长相之外，还有她们的艺，技艺。棋文书画，她们都懂。为什么她们能获得皇帝的宠幸呢？就是因为她们是在综合技能当中胜出的。

这里我再举两个好女的例子。一个是张兆和，张兆和大家对她知道得少一点，这个张兆和她们家有四个姐妹，当时社会上流传了一句话，张家的四个女子，谁娶到一个都会幸福一生。四个女子除了长得好外，还非常有内涵，有教养，都受到过高等教育。我延伸一步想，如果在旧社会，谁能一个人娶到她们家两个姑娘，会让他三生有幸；如果再走极端一点，假如一个人把这家四个姑娘都娶了，那不是幸福死了！后来这位张兆和嫁给了谁呢？嫁给沈家"溜溜大哥"，就是戴眼镜的这位先生（PPT），中国的文学大家沈从文先生。沈从文费了很大劲才把她追到手。在他的家庭当中很有意思，沈从文终生也不喊她"老婆"，喊她什么呢？无论在家里，还是在外面，都亲切地叫她"三姐"。我想，这可能在中国家庭生活当中是绝无仅有的一例。这是一个好女的典范。为什么她是好女？主要是她的内在、内涵。

再举一个更有名的例子，风华绝代、秀外慧中的林徽因，她一生和这三个优秀的男人（PPT）联系在一起，第一个优秀的男人对她追得如痴如醉，徐志摩。但是我用一句话来表达，爱之痴狂终无缘。为什么无缘？因为林徽因的爸爸觉得徐志摩虽然才华横溢，谈恋爱可以，要过日常生活就不行了，性格不稳定，不一定能给他的姑娘带来幸福。正好，梁思成是搞学问的，不是诗人，性格比较沉稳；虽然谈恋爱时不像徐志摩那样写一首首情诗，搞得风花雪月，但是能够给林徽因终生的保障。最后让姑娘嫁给梁思成了。

第二个大家是著名的哲学家金岳霖先生，我用一句话来表达，"逐林一生无悔怨"，什么叫"逐林一生"？就是你走到哪儿，我跟到哪儿，就像跟屁虫一样。林徽因、梁思成他们家搬到哪儿，金岳霖就搬到他们那儿做邻居，以解相思之苦。有意思的是，梁思成竟然就能够允许一个男人这样来追求他的爱人。在外人看来，人家不急、不恼。金岳霖先生因为追求林徽因，终生没有娶。这两个男人确实是非常之人，非常之人才可以行非常之事，一般人做不到这个涵养。你一直跟着我们家，什么意思？要是我们现代人，谁能忍受得了，打不起来也骂起来了。

由此我想到了，对女孩子要进行贵养。我很赞成这句话，怎么贵养呢？相反，男孩子不要那么贵了，不要给他那么好的物质生活条件，要锻炼他在艰苦环境当中打拼的素质。"男孩贱养女贵养，兰心蕙质气自芳。""知书达理为淑女"，光靠长相不能成为淑女，还必须知书达礼。另外我还觉得要有独立性；在工作上、事业上有独立性。社会上有一些不好的现象，有的女孩把自己的终身寄托在男人身上，为了他放弃工作、放弃事业，有很多比较幸福的，但是也有一些很反面的教训引人深思。最后那个男人变心了，一脚把这个女人踢出去了，离婚了，这个女人弄得悲悲戚戚。时间长了，工作也丢了，也不适应社会了，怎么办？孩子不跟她，你说怎么办？有的甚至就没有孩子，弄得很难受。"贫贱不弃永相守，孝敬公婆美名扬。相夫教子贤内助，上得厅堂下得厨房。"如果能满足这些要求，当然就是我们心目当中的淑女了。当然了，这个标准是比较高的。

相反，切忌不要富养和娇养。有的人认为贵养就是富养，这是两个概念，一定不能混为一谈。

人家说了，三代才能出一个贵族啊！贵气不是马上就能获得的。一个贵族，要通过多少代的积累、传承，在一个世家里面，一个人通过谈吐，浑身散发出一种气质，这种气质让人难以描述，让人感觉到他不俗、非凡。"贵气并非天生有，皇家不乏荒唐妇。君若不信且请看，太平安乐使人仇。""太平"指的是太平公主，"安乐"指的是安乐公主，唐朝的两个非常有名的公主，这两个公主以荒唐而留名史册。太平公主的荒唐大家都了解，她有一些男宠，她先尝试之后再送给她的妈妈武则天，好像显得她对她妈妈多少孝顺。但是这个孝顺呢，不符合中国的传统伦理道德，所以很荒唐。第二个，安乐公主更荒唐，她也是唐朝的。她被人认为是中国历史上最不孝顺的公主，为什么最不孝顺？因为她爸爸唐中宗李显对她非常疼爱，疼爱到什么程度呢？含在嘴里怕化了。在他流亡当中有了她，所以非常疼爱。最后呢，为了权力，她把她爸爸给杀了。她还荒唐什么呢？跟太平公主一样，她也有男宠，也献给她妈妈，就是韦后。历史上类似的公主还有，像刘宋王朝的山阴公主、汉朝馆陶公主，等等，按说她们出身那么高贵，受到的教育那么好，本该不那么荒唐，但是确实有这么荒唐的人。

由此我想到，好女是怎么修成的？女作家毕淑敏说，好女必读书。这句话我非常认可。第二，气质美女多爱读书。这里面我提一个问题，气质从何而来？我们说气质的培养是多方面的，这句话是对的，但是最基本的是读书。只有多读书，充实我们的内在，才能够培养我们有好的气质。你说我书读得不多，通过其他方面来弥补，那就很难。就像我们的"林妹妹"一样，她天生弱质，靠后天多吃营养品使她身体健壮起来，可能吗？当然不大可能，效果不大。林妹妹是一个药罐子，这个场景经常出现，你读《红楼梦》时，细查一下，这个场景很多，动不动给她煎熬熬药。第三，社会上的才女，她读的书非常多。咱们不说她受的正规高等教育，业余读的书也非常多。这个我们不再多举例子，网上有很多，可以查。

我曾经把中国的女孩儿按两个时代来划分，这个时间点就放在20世纪90年代。90年代以前，如果我们要求不那么高的话，我们甚至可以说，满大街看到的都是淑女。以当时的整体来讲，中国社会还是比较传统的。到了90年代以后，网络化之后，如果我们不降低自己的标准的话，我们甚至可以说满眼都是欲女。什么叫欲女？(PPT)两个图片分别表达了两种不同的欲，第一个表达了对物质财富上的欲望，这样的欲女，非常追求物质财富。在婚恋上，尤其要求对方有钱，希望自己傍上大款。我曾做打油诗一首："一心想富有，哪怕找大叔。钓个金龟婿，终身不用愁。"这样的女孩现在太多了。第二个方面的欲是什么呢？指的是人生的身体的欲望。我们国家总体而言，在这方面相当于美国的20世纪六七十年代，性开放。大家注意一下电视上的相亲节目，好多女孩子公开表达这方面的诉求。我们经常看到一些报道，一个小姑娘、小女孩，一些中学生，用微信摇一摇，就被人家摇走了，跟人家开房去了。像我们这种年纪的人，都不好理解，你说家长没有教育她吗？不可能，都是大环境所致。

老外有一句话，我觉得说得比较典型，所以就把它用在这里了，这句话是从网上一个叫逸明的人的博客里面选取的。"中国女孩最开放、最大胆，把外国男人当成有腿的钱包。"什么叫有腿的钱包？会走的钱包。为什么傍老外？不就是看中了人家的钱吗？中国人现在也有钱了，开始傍国内的大款、国内的富人、国内的土豪。

(PPT)大家看这两位，在大街上招摇过市，还有一点中国传统的淑女的影子吗？找不到了。

面对此情此景，我改编了一首歌的歌词，也没有经过允许。谁唱的呢？刚才已经听过了(张也)。

总想对你表白
我的心情是多么纠结
总想对你倾诉
我对生活是多么无奈
君不见

金钱膜拜

嫌贫爱富

以貌取才

喜新厌旧

好似长江滚滚来

浩浩荡荡向东海

红字标的那四样东西（金钱膜拜、嫌贫爱富、以貌取才、喜新厌旧），我相信大家都有切身的感受。

嫌贫爱富，刚才我说了，中国进入了以貌取才的时代，也进入了嫌贫爱富的时代，你穷的话往往被人看不起。有的人甚至认为笑贫不笑娼，为了钱不惜出卖一切。这不就是嫌贫爱富典型的体现吗？有位女作家写过一部文学作品，名字叫"我爱美元"。现在美元越来越贬值了，估计将来要写《我爱人民币》了。

为此，我有一些感慨。"海阔天空竞风流，八仙过海显神通。衮衮诸公为利来，纤纤小女奔钱程。人人争当陈世美，个个要做陶朱公。"陈世美有两大罪名，一个是喜新厌旧，一个是嫌贫爱富。不知道大家知道这个背后的故事不？顺便多说一下，其实这是天大的冤枉，陈世美跟秦香莲是完全不相关的人物，秦香莲是杜撰的、虚构的，而陈世美是清朝的人，一个官员，实际上他做官非常清廉，做得很好，为什么有人编这么一出戏，安排了一个虚拟的秦香莲来丑化他呢？他得罪了一个人，这个人他写了一出戏天天骂他，不光当时骂，还一直骂到现在，估计会永世骂下去。他们两个在一起就像关公战秦琼一样荒唐。陶朱公大家可能不太了解，如果说他的另外一个名字大家马上就知道了，范蠡，春秋争霸时候的范蠡，南阳人。"图利有计千条狂，谋财顿生主意疯。"为了谋财图利，什么样的馊点子都能够想得来，什么样的诡计都能够使出来。"你且炫富坑老爹，我为脱贫裤带松。"目前社会上这种情况很多啊！最后两句话我是有特指的——"自行车上闻女笑，何如宝马传哭声"，这句话谁说的呢？就是图片上（PPT）这个女孩儿说的。在《非诚勿扰》上，她因为这句话而天下闻名。咱们不好意思说她的名字，大家回头查一下都会知道她是谁。大家看一下，她不就长这个样嘛，哪个正经的、有为的男孩子敢娶她呢？"我宁可坐在宝马车里哭，也不会坐在自行车上笑"，赤裸裸地表达了对金钱的欲望，谁敢娶她？你敢娶吗？你现在有钱，将来你生意失败了，家道中落了，她还会跟你过一辈子吗？你就该好好想一想了。

目前社会上有一个小的群体叫嫩模，我把她们看作是"坏女孩"，这个坏主要不是她们造成的，是家庭的教养不够、社会大环境等多方面的原因。今年6月份，海南搞了一个富豪、演艺界明星参加的海天盛筵，有一个女孩参加了这个派对，最后变成了性派对。"无知常无畏，无耻没脸皮。"正常的人，只要脑筋正常的，你卖身了，生怕别人知道，她不以为然，还宣扬。她怎么宣扬呢？在微博上宣扬，在那里怎么好做，跟她的同伴炫耀，拉拢她的同伴也来。"三晚陪人睡，赚的差不离。哗哗六十万，数钱来不及。"就是陪一个富豪睡了三天，一个晚上二十万。对于工薪阶层来讲，这个钱挣得太容易了。典型的要钱不要脸的这么一类。

面对这样一些女孩子，我有忠告，"炫富也罢，但愿炫富不坑爹"。这个坑爹有的是坑亲爹，有的是坑"干爹"。像这个图片（PPT）里面显示的是坑"干爹"，大家注意她的衣服，她"干爹"费了一些周折，托了一些关系，给她买了一个连衣裙。这个连衣裙叫连体钞票衣裙，不知道是不是钞票做成的，反正这么写的。骄傲之情溢于言表，"我干爹费了多大劲给我买了这么一件几乎是独一无二的衣服！"这不是把"干爹"给坑了吗？大家马上网上人肉搜索她"干爹"是谁，一片骂声。现在坑亲爹的更多了，网上报出更多了，你怎么那么有钱？一查，从他爹那里来的。再查他爹当了多大的官，一个月多少工资，怎么那么有钱？晒个名包十几万元，晒一个名表几十万、上百万元，把亲爹给坑了。

进一步来说，演艺界那些当"干爹"的人，起码具备两个条件：第一个，有钱有资源；第二个，有地位。不然的话没法给"干女儿"的事业铺路啊,谁找这样的"干爹"啊?演艺界的"干爹"90%不是好东西,为啥找"干女儿"?不就是那点原始的欲望在作祟吗?我们都知道大眼睛美女范冰冰,有一个记者曾经提问她,演艺界的"干爹"现象你怎么看?你有没有"干爹"?范冰冰眼睛本来就大,听了这个提问眼睛一瞪,眼睛更大,说了一句话,我很欣赏这句话,她说:"我有亲爹还疼不过来呢?"

下面一句话:"嫌贫也好,只求嫌贫不自卖。"你再不满自己的极贫的那种状况也不要去卖身,这也是人的底线,但是好多女孩子突破了这个底线。刚才我说了,嫩模这个小群体是坏孩子,她有什么特点呢?一般来讲,年龄很小,老早就出来混了,出事儿非常多,负面的新闻不都是体现吗?还有一个很关键的原因,读书少。为什么她们缺少廉耻心啊?就是因为读书太少了,基本的廉耻都不讲了。一个正常的受过高等教育的女孩子,即使是卖身也生怕别人知道,不会宣扬,这都是典型的读书少造成的,反过来也证明了读书的价值、作用。

还有一个,2012年"两会"期间,某一个政协委员抽出时间来给他"干女儿"庆祝生日,这个网上也报出来了。这个嫩模跟我同姓,是本家。大家想一想,这样的"干爹",这样的政协委员,他坐在台下听国家领导人做报告,他会有心吗?你让他提有价值的提案,他能提出来吗?他把心思都用在"干闺女"身上了。

刚才说了坏女孩,因为读书缺乏造成她们的一些不良行为,下面咱们再说一下好儿郎,好的男孩子。什么是好的男孩子?我不在这儿下文绉绉地定义,咱们从一首歌里面来找。

(《爱江山更爱美人》播放)

后面的两句话就是这两句话(PPT),"浑身是胆,壮志豪情"。当然,这不是全面的表达,好儿郎需要具备的条件多了,还有责任啊,担当啊,等等。好儿郎是怎么练成的呢?最基本的一练是读书。十年寒窗之苦,为你未来的发展奠定良好的知识基础。限于时间关系,咱们不多做解释。

我用了将近一个小时的时间对社会上的弥漫的"读书无用论"进行反驳。到这里我们正式进入今天的主题,休闲阅读。休闲阅读有三个性质,第一个性质是非工作所需。我因为工作需要来读书,那不叫休闲阅读。比如说一个维修工去修东西,临时把一个维修手册拿出来看看,这种阅读不叫休闲阅读。第二个,不是任务逼迫着进行阅读。上级给你布置一项任务,你去完成,临时抱佛脚,看一看书,以便更好地完成任务,这也不是休闲阅读。第三个,读书不是为了追求名利。不是为了追求名利的才是休闲阅读。

进一步来说,休闲阅读就是以读书的方式来进行休闲,这句话也可以反过来讲,以休闲的方式来读书。意思是说,通过这种阅读,把我们的身体放松下来,在激烈的竞争当中,尤其是中年的男同志,我们压力都比较大,在这种情况下,长此以往,我们身体越来越僵硬。加上电脑的普及,网络的延伸,电脑带来的各种职业病越来越多,我们身体越来越有问题,不然的话社会出现那么多洗脚店、按摩店,都是为了让大家僵硬的身体得以放松。请注意,除了社会上提供那些放松身体的办法外,我们读书也可以做到,我们的休闲阅读也可以做到,还可以滋养我们的心灵。我刚才说了,社会上很多人嫌贫爱富、膜拜金钱,在这样的时代,我们的心灵生锈了。我们心灵生锈了怎么办?我们要对它滋润,靠什么滋润?方法很多,读书就是一个很好的办法。这个办法好长时间以来,渐渐被人们忽视了或者看轻了。现在我们要正本清源,要把它找回来。

休闲阅读是一种完善性的阅读。什么叫完善性阅读呢?它和另外一个概念相对,另外一个概念叫发展性阅读。什么叫发展性阅读?我们正规的学校教育,那些为了提供人们将来的发展的阅读都叫发展性阅读。除了正规的学校教育的阅读之外,剩下的,为了让我们放下身心的阅读,都可以看作完善性阅读,完善我们的身心,完善我们的人格,完善我们的心理。第二个,它是一种乐读,或者悦读,它是让人读起来身心感到舒服的一种阅读。第三个,和刚才所说的发展性阅读比起来不那么深,不那么系统,因此是浅阅读。第四个,它是一种学习式的休闲。

目前休闲阅读处在一个什么样的状况呢?总体而言,非常不乐观,大家都读"闲书"相当相当的少。网上有一个调查，我们一个正常的人，除了工作、睡觉、吃饭，一个人大概剩下不到 4 个小时的时间，这不到 4 个小时的时间怎么分配呢？绝大多数分配在看电视、打麻将、唱歌等等方式上，平均一个人用在读书上的时间就十几分钟。这十几分钟就显得太少了，严重的不均衡，它不敌其他的娱乐方式。大家看一下，麻将室里的生意火爆，歌厅里的生意也非常火爆，网吧里面人流耸动，人们关注点在哪儿呢？三大屏幕上。小的有手机，大的有电脑，还有电视。

（PPT）大家看一下，在这个图片里，地铁里面玩手机的人，如果让我给他一句话来评论，我会这样说："多少投入啊！"

（PPT）等地铁的人都在玩手机，如果再让我用一句话来表达我的感慨，我会说："多少惜时啊！"

（PPT）第三张图片是坐车的时候玩手机的美女，我再用一句话来表达："多么动人啊！"大家看一下，一串都是美女，尤其这个女孩确实长得不错，但是我想，如果刚才的三个图片不是看手机，统一换成书，我的感慨会上一个层次。如果是看书的美女，她的层次就上去了，她给人的感受是更加的美丽动人，而不是我刚才发出的感叹。

第三个方面，网上的休闲阅读。大家都在看什么呢？简单地归类一下，文字型的阅读、影视剧的观看、玩游戏、欣赏 MV，还有拍客等等，不同的人兴趣不一样。像我的兴趣，主要是在网上看一个连续剧，尤其是反特片的连续剧。

这里需要注意的是，要避免过度阅网。过度阅网对我们的身体甚至心理会造成一些不良的后果。对身体造成哪些不良影响呢？我归纳了一下，心疲、身累、腰酸、背驼，等等，这些对我来讲，都已经出现了，只不过不同的方面程度不同而已。我们每年有两次体检，医生说，你现在不该有啊，怎么现在出现了？我说，都是电脑惹的祸。

我写了一个过劳阅网歌，尤其是那些熬通宵上网的那些人，尤其描述的是这一类人。"似鬼迷"，鬼迷心窍吗，最爱的就是上网，饭可以不吃，觉可以不睡。"沉醉不知家归，夜以继日不分离，委身曲附却为谁？恰便如，宴儿新婚黏胶漆。"我们都知道新婚的，感情好，她黏人。通宵上网的人，就像新婚夫妇一样。委身曲附说的是螳螂捕蝉的故事，我用的是它的形，而不是它的意，我们躬身上网时那个样子确实像捕蝉的形象。

通宵熬夜什么结果？人憔悴。你看熬通宵那些人，从麻将室、网吧出来的人，你看他们的脸，都不像脸，像鬼一样。"昏昏哪辨东西，脚下虚浮没根底，形容枯槁无神气。"像什么呢？狐仙吸髓附上体。就像书里面写的狐仙，它把人的灵魂吸走了，只剩下躯体了，经常熬通宵的人就像这种情况。我自己也有亲身的体验，我有时候看连续剧也熬通宵，欲罢不能。自己也有毛病，但是平时还说别人！

面对这种状况，我们有必要合理地安排休闲阅读，怎么合理安排呢？一个是要加强传统阅读。多读一读书，把书从书柜里面抽出来。把我们身体和电脑有所分离，我们不说完全隔离，那是不可能的。网上的阅读呢，不要沉湎，沉湎下去坏处太多了。

我刚才说了，除了对身体造成伤害外，对我们心理也会造成不良影响。好多青少年不是有网瘾综合征吗？许多专家，包括大专家，开出了非常繁复的衡量人是否有网瘾的标准。在我看来，那很不适用。我弄一个简单的，就四句话，如果你用这四句话衡量一下自己，能对照上，你就是有一定的网瘾了。这四句话是："入门无由先开网"，不是到办公室，你回到家里，完全是不由自主地先走到电脑那边，把电脑打开，把网络打开。没有任何理由，没有任何人提醒你。"有事儿没事泡在网上，一天不上有点想"。心里有点念头，就像小的酒瘾上来了。"隔了三天心里就发慌"，无所适从，像个没头苍蝇一样，到处乱撞。

大家看一下我配的一个图（PPT），这么大一个小屁孩儿，他上网的姿势，比见他妈吃奶时都亲，这样发展下去得了吗？对于网络的沉湎，严重地影响青少年的身心健康。这个照片也费了很大的劲在网上找出来的。

读"闲书"可以让我们走上正道,我们说了读书的好处,读"闲书"也可以显示出来。"闲书正道"这个词是我提出来的,学术界还没有人这样提过,什么意思呢?读"闲书"可以改变我们的人生志向,读"闲书"可以变成我们正式的专业。有的人他的大学,甚至研究生,不断地学习,最后跟他从事的工作不是相匹配的。要找一个非常典型的例子,就是叶永烈。我们对他不是很陌生,他原来学什么的呢?学化学的。后来干什么呢?当传记作家。写哪些人的传记呢?尤其写林彪、江青等反革命集团的重要成员的传记,因而享誉全国。写得非常好,变成了自己的专业,原来学的化学丢了,赚了很多钱。这就叫"闲书正道",通过读"闲书"走上了另外一条有别于自己专业所学的道路。当然,这条道因人而异,我倒是不愿意过多提倡。叶永烈虽然学化学,但是文笔非常好,大家都知道《十万个为什么》这套书,这套书里面化学那个分册据说就是叶永烈与人合写的。

"闲书正道"还体现在我们两个共产党领袖那里,毛主席在读"闲书"当中读出了军事。什么叫读出了军事?在战争年代,指导、指挥战争显得更加重要,毛泽东的一整套战略战术从哪里来?据说是从中国古代的那些书里面来。哪些书呢?《水浒传》《三国演义》,等等,还包括一些兵法。在遵义会议时,有的将领看不起毛泽东,他说,你懂什么?你不就是读了一本《三国演义》吗,就号称会指挥作战?他讽刺毛泽东,毛泽东说了,只要把这些书读好了,那还真有用。瞿秋白,他通过读"闲书"启迪了他的革命道路。他读哪些"闲书"呢?读造反故事,尤其是读洪秀全太平天国的那些连环画册,这让他走上了革命道路。这都是"闲书正道"的典范。

网上有哪些休闲阅读的栏目呢?三大门户网站,它们所共有的休闲阅读栏目有这样一些,情感啊,养生啊,励志啊,育儿啊,我们在日常上网中都不同程度浏览过,个人兴趣在某个方面有所不同。目前,综合性门户网站的读书栏目有哪些呢?范围进一步限定,是读书栏目。这几个网站读书栏目共有的有电子书,什么叫电子书呢?原来不是电子书,数字化之后放在网上。然后是原创,直接发表在网上,没有相对应的纸质的文本。还有排行榜之类的,读书会啊,书讯啊,书评啊,书摘啊,如果喜欢在网上读书,就读这些读书栏目。

第四个方面,我们对休闲阅读应该持一种什么样的态度?首先我们要如何认识它,才能够谈怎么对待它,更进一步谈怎么进行休闲阅读。怎么认识呢?有三点,第一点,我们要把它看作是对专业阅读的补充。专业阅读刚才说了,就是我们在大学、研究生、博士那个阶段所学的专业知识。我们的休闲阅读要把它们相互弥补、相互协调起来,既不忘我们的专业,又有利于我们的身心、人格健全发展。第二点,把它看作对辛苦工作的一种调剂。我们都知道,大家都很辛苦,压力也很大,怎么调剂呢?除了刚才说的娱乐方式之外,把读书也找回来一些。第三点,要把它和其他的休闲方式结合起来。

对待休闲阅读,我们在目的上不需要多么明确,最好是难得糊涂。大家想一想,假如说是休闲阅读,如果目标很明确,哪还能称为休闲阅读吗?那反而让你累,不会让你休闲。因此我们的态度应该是不必认真,舒服即可,打发时间而已。这就够了,不需要把它搞得太繁复。

我们人生有三个不同的阶段,三个不同的阶段阅读侧重点有所不同。在青少年阶段,由于我们为了将来的发展,需要系统地学习专业知识,在这个阶段以专业阅读为主,休闲阅读为辅。到了中年阶段呢?我们不能一概而论,中年阶段的人主要的是休闲阅读,有的中年人怎么样呢?还在读书,三四十岁了还在上研究生,读博士,可能以专业阅读为主,这个视情况而定。到了老年,无论如何都应该以休闲阅读为主了。工作都已经退了,还需要围绕工作来读专业书吗?不需要了,颐养天年,侍弄儿孙,让自己过得很舒服、很快乐,这才是我们应该做的。

第五个方面,如何读?两个方面,首先让我们的心静下来。你要读闲书,进行休闲阅读,心里总是想着事儿,总是挂着一个什么事儿,心里不安静,你能够进行很好的休闲阅读吗?可想而知,根本不行。其次,把我们的身体放松下来。不是像刚才所说的那样僵硬着,整天躬身趴在电脑上。要把心静下来,要把身放下来,为休闲阅读做准备,做好身心上的准备。然后按照不同年龄,选择不同的闲书进行阅读。在学生时代,由于处在成长阶段,青少年要多选一些励志类的书,看看成功人士成功的道路会给我们怎样的启发,选这一类的书。此外,还可以选适合年轻人心性特点的书,年轻人不是爱刺激、爱冒险吗? 选一些文艺类满足他们爱幻想要求的,选择科幻、探险类的书,这样才是匹配的。

我们要避免激情阅读,什么叫激情阅读? 从四个方面来进行限定:第一,满怀激情的阅读。第二,全心投入。第三,时间不长。为什么不长? 因为全身心的投入,时间长了受不了。第四,效果不佳。这种阅读效果往往不好,所以我们不提倡,避免这种激情阅读。

为了更好地表达什么叫激情阅读,我们用一首小诗来诠释。《激情阅读》:"倾尽身心意何求,让我一次读个够。"就像我刚才说的,我自己看连续剧,有的连续剧拍得又臭又长,拍了 50 集,我中间不愿意停顿,要一直看完,必须得熬通宵。这是典型的激情阅读,当然,读的对象不是书而已,而是"电脑屏幕"。"来去迅忽三五天,心疲身累旷日久。"搞了一次激情阅读之后,三五天还恢复不过来,你说划算不划算? "原为放松读闲书,却把悦读陷苦读。"不但没有起到放松身心的效果,而且走向了它的反面,读得很苦很累,这就影响了正常工作和学习。大家注意最后两句话,"懒情多由极情生,激情常伴滥情舞"。当我们极度投入到某一件事情之后,全情投入到某一件事情之后,由于我们过度的投入,身心非常疲惫,造成什么结果呢? 紧接着做其他事情的时候非常懒散、慵懒,没有情趣,没有力量,身体条件也不够。当我们在某一个方面太激情投入的时候,如果这个激情不加以控制,往往最后会走向滥情。我们曾经听到一句话,"中国革命激情似火,如果没有像周恩来这样的理性政治家存在,中国革命之火可能会烧成灰烬"。激情是需要加以控制的,让它沿着正确的轨道来发展。

人到中年,我们应该进行的休闲阅读应该是怎么样呢? 我们首先要批驳两种观点,就是两句话:"人到三十不学艺","人到中年不读书"。它的背后体现的还是现在人的压力比较大,工作比较紧张,哪还有工夫来读闲书、学艺呢? 这两句话作为两种观点的代表,我们不批驳它,我们中年人还谈什么读"闲书"呢? 总是可以抽、挤出来一些时间的,像这位老兄(PPT),理发的时候还在读书呢? 古人不是说开卷有益嘛!

中年人选书倾向于这么三个方面,一是以兴趣来进行取舍。我想读什么就按照自己的兴趣来选择,不喜欢的就不选。二是从书的主旨内容来看,应该是以舒缓我们的压力为主。刚才不是说我们压力大吗,我们选哪些书呢? 像西方的《寂静的森林》等一些小清新的书,我们看过之后心里就像拂过一阵清风,有这种感觉,压力自然就舒缓了。三是以实为主,人到中年,激情消退,不再富有幻想了,再读那些探险之类的书,意义一般不大了,以实用、实践之类的书为主。

中年人的"闲书"一般都是哪些? 传记啊,游记啊,回忆录啊,男人往往喜欢看这一类的。女人呢? 女人不一样,她们围绕美容、时尚、理财、育儿来看,完全可以理解。

到了老年,往哪里选书呢? 三个方面,一是选择轻松的书,因为人老了,精力往往不济,身体不那么好了,眼神也不那么好了,所以选择一些看起来比较轻松的书,比如说一些画报之类的。二是选择短篇的书,读完之后感觉不累。三是选择一些经典的书,社会上刚刚出现的一些不成熟的书,我估计入不了我们老同志的法眼。

老年人喜欢读哪些"闲书"呢? 我也归纳了一下,两个方面,第一个方面是时政、法制、历史这一类的。在座的有不少老同志,大家回想一下,平时是不是喜欢看这一类的书? 第二个方面,围绕养生来选择"闲书",书法,摄影,等等。大家经常说,看这一类书有益于我们身心健康。老年人退休之后,有的练起了书法,有的是画起了画,有的到户外钓鱼啊,摄影啊,搞这些活动,对自己的身心健康很有好处。

我们休闲阅读什么时候来读呢? 我们选择什么样的时间来读,这也是我们如何读的一个重要方面。第一个,要选择闲的时候来读。什么叫闲? 首先是心态闲。心里没有事儿,这就叫心态闲。在这个时候选择我们喜欢的书来读。第二个,身态闲。我们身体感觉比较轻松、比较舒服的时候来

读。累得不得了,上网累得不得了,本身就需要休息,你再看半夜书,肯定更累。不过,要是在床头看上十几分钟,那倒是可以。

就具体的时间而言,(PPT)这些时间都可以选择。有的人喜欢睡觉之前看看书入睡,过去我也是这样,有了孩子之后就不行了,影响小孩儿,没有持续下来。然后在业余时间、节假日,还有退休之后读,尤其是退休之后,时间比较长,如果好好规划一下进行休闲阅读,退休之后的读书就会变得简单,条件有利了。条件非常简单,仅仅需要一把椅子、一杯茶,品着茶,躺在一个很舒服的藤椅里面,拿一本自己喜欢的书,安安静静地来看,读得有滋有味。平时我们可以做准备,怎么做准备呢?遇到好书,我没有工夫来细读,不要紧,把它放在书柜里,退休之后再把它拿出来。

如何读?以什么样的姿态来读?我们用这首小诗来表达:"闲来读书如何状,或卧或坐或斜躺。"你觉得怎么舒服,你就怎么来读。不过我还是奉劝老同志,咱们年龄大了,尽量少躺在那儿看书;年轻的小孩因为正在成长阶段,也不要躺着读书,对眼睛不好;中年人相对自由度、宽裕度大一些。"不管白天和黑夜,车上枕上亦厕上。"我刚才给大家看了三个图片,如果大家还有印象的话你会注意到,目前大家在等车时,都在看手机、翻手机,大家知道吗?在西方发达国家,人家正好翻过来,人家在等车时,在航空港里面等飞机时,人家一般干什么呢?主要的都是在看书。在这方面,我们国家总体上太不像话了。不像话到印度人都来讽刺我们,嘲笑我们。怎么讽刺呢?中国人这样天天把注意力都集中到手机上、网络上、网吧里、麻将室里,长此以往,远离了灵魂。一个远离灵魂的民族将来会有前途吗?我们都知道习总书记上台之后提出了实现中国梦的伟大蓝图,我们天天要把精力都用在手机阅读、电脑阅读上,这是什么阅读啊?我叫它支离破碎的阅读,碎片化的阅读。长此以往,靠这种阅读,用著名作家王蒙的话说,我们的精神生活就完蛋了。谈什么强国梦、中国梦的实现?什么时候我们刚才看到的三个图片变成了读书,整个社会就会有一个大的、好的转变。"无须净手又焚香,何必正襟危坐样。"正襟危坐地读书是我们青少年应该做的,我们在学校读书期间,我们在图书馆里面读书,都需要正襟危坐。不能躺着来看,也耽误别人看啊!"任尔随手执一册,且自逍遥没商量。"我读书轻松惬意,这个达到了休闲阅读的目的。

(PPT)你看这几位,有躺着的,有坐着的,有靠着的,或坐或卧或斜躺。

(PPT)在进行休闲阅读时,不必讲究。我们采用打油诗的方式来表达,"我想读啥我读啥",当然也是有前提的,我们不会选择那些坏书来读。什么坏书啊?黄、赌、毒,反人类的那些书,像李洪志那些书。我就遇到过这种,有时候骑着自行车出去了,忽然有人扔筐子里面一个光盘,回去打开一看,里面是李洪志法轮功那些鬼东西。我们到这个年龄了,不需要什么专家来给我推荐什么好书了,自己就有判断,不需要做指导。"不用你来管闲事,我自乱翻不讲究。"我只要感到自己读着舒服快乐就够了。

《乱翻书》,(PPT)就像这个小狗一样,都可以读。"随心所欲乱翻书,微言大义无所求。"我们进行休闲阅读,不要试图从书中读出什么微言大义来。如果你试图这样读,那就走味了,变调了,就不叫休闲阅读了。"翻到哪里是哪里,东西南北全不顾。"我们的心态就像落花流水一样,漂到哪里是哪里,把自己读忘了才好呢,这才是真正的休闲阅读。"三五奇书慰平生,莫叹惬意不常有。"假如我们一辈子真正有你所喜欢的几本书陪着你,不时拿出来翻一翻,尤其是心情不好时拿出来翻一番,那真是一种幸福。我没事儿时翻一翻金庸的武侠小说,读起来有滋有味的,很舒服。

上次我去泉州的时候,在等飞机时,随手抽出来一本杂志,泉州一个作家叫洪泓,他写了一本书,《风吹哪页读哪页》,背后体现的心情非常闲适愉快。风吹到哪页就读哪页,连翻页都不用了,多么轻松自在啊!我也给他配了七个字,"哪本入眼读哪本"。哪本首先进入我的目光扫视的范围,我就读哪一本,只要它不是坏书。那里都可以选择到、找到我们可以读的休闲书。

到哪里去读呢?(PPT)这些都是我们可读书的地方。(PPT)这是我推荐的地方,你看人家国外这位先生选的地方,这个情境是多少动人啊!看着书,在河边有小动物陪着你,读得津津有味。

我最推荐的是到图书馆里面去读,我是去年去了一趟天津市图书馆,人家图书馆新馆看着很堂皇,面积很大。有一种情景让我很感动,爷爷奶奶带着他的小孙子小孙女一泡就在那儿泡一天,中午不回家,因为那个图书馆提供了很方便的休息、快餐等服务。在那里既玩了,又学习了,多好啊!我们带孩子去哪儿呢?去图书馆,即使泡不了一整天,那总体上也是比较好的。这可以引领孩子对于读书的关注,对于图书馆的关注,在他未来的成长当中,他自然会把读书看得更重要一些,而不是把主要时间和精力全耗在手机、电脑上。

《有惊喜》这首小诗是我的感受和体验,我曾经在图书馆工作了整整十年,我这个感受不是凭空而发的。"岁月斑斑如锈迹",有好多事儿都回忆不起来了,但让我回忆图书馆那些人,那些事儿,那些场景,我还会栩栩如生地回忆起来,好像就如昨天。所以"搜肠刮肚强说项,图书馆里有惊喜"。怎么有惊喜呢?到了图书馆里,好像进入一个宝库一样,总会有新发现,找到我所喜欢的某一本书,兴高采烈地抱回去,甚至在我的同伴、朋友面前炫耀,然后推荐给他们。朋友之间的交往,通过书来联系。"书似青山叠叠起,人人书山陶陶醉。风景最是这边好,图书馆里尽朝晖。"这是我的亲身体验。

和谁在一起读呢?可以找我们的同学、朋友、家人,甚至找我们的小宠物。(PPT)你看这位小姑娘,她跟小宠物一块看,不也看得很好吗?有人说,我去图书馆,一个人去没劲。那就找人一块去!我经常动员我儿子跟小朋友一块去图书馆,但是动员不了,现在的孩子确实比较难教育。

对我而言,值得回忆的一些"闲书",小时候见到的比较少,主要是连环画册,当时读得非常入迷,小伙伴们经常在一起争论,像《三国演义》里面那个英雄最厉害,谁在谁面前能走多少个回合,争得面红耳赤,甚至打起架来,所以留下了深刻的印象。

对我影响比较大的"闲书"是这些(PPT),《毛泽东选集》啊,《人间词话》啊,《红楼梦》啊,《百年孤独》啊,等等,这些都是好书。

现在偶尔翻的"闲书",像《唐诗三百首》、《二月河文集》,都是挺好的。

将来我打算细读的书我也规划好了,工作之余读一读金庸、梁羽生的武侠小说,节假日里时间多一点,像暑假、寒假,可以把曹雪芹的《红楼梦》拿出来不断地进行欣赏、品读,把《儒林外史》等书拿起来细读一下。退休之后读谁呢?读高阳,台湾已故的著名作家,就是写《红顶商人》那个。高阳非常高产,写了3000多万字,不是一时半时能读完的,所以我准备退休之后首先把那一套书借过来好好读读,细读、品读。

最后,我以《休闲阅读》这首小诗来奉献给大家,希望对大家有所启发。

"闲来无事读闲书,何须用心无旁骛。"我们进行休闲阅读的时候不用心无旁骛,不像我们年轻时候那样,试图读出黄金和美女,这种读法是功利性的阅读,功利性的阅读在青少年时代有它的合理性,我们不去说它。但是到了我们中老年的时候,就不需要了,尤其是到老年时,彻底地去除了这种想法。现在社会上提供了很多的娱乐方式,所以"欲海纵情无尽头,声色犬马何时休"。有一些非法的娱乐,不要在这些场合多出现,多留恋。尤其是最后两句话是送给我们中老年人的,"收心归来夕阳下,且把闲情寄书读"。我把它完整地读一遍:

> 闲来无事读闲书
> 何须用心无旁骛
> 不似当年少壮时
> 黄金玉颜悄然走
> 欲海纵情无尽头
> 声色犬马何时休
> 收心归来夕阳下
> 且把闲情寄书读

今天的汇报就到这里,谢谢!

主讲人:**何进喜**,郑州大学党委宣传部副部长、副编审,曾担任《科学时报》大学工作站站长、中国医学高等院校校报研究会副理事长、河南省高校校报研究会副会长、河南医科大学校报编辑部主任、《河南医大报》主编。从事高校校报编辑和摄影工作20年,先后负责河南医科大学和郑州大学的对外宣传报道工作,连续两年获得河南日报报业集团"十佳网络通讯员"和"十佳好新闻"获得者称号,在国家级媒体和省市媒体及医学等专业报发表刊登了很多新闻稿件和新闻图片。著有《照片拍摄与欣赏》、《家庭摄影技巧》。

时　　间:2013年9月8日

地　　点:河南省图书馆研议厅

摄影与欣赏

刚才主持人介绍了一下我的情况,原来我一直在河南医科大学从事校报编辑,(校报)就是大学的报纸。作为我们来讲,实战能力比较强一点,不是专职教师,讲课的能力相对弱一点。我在讲课中间尽量普通一点,实用性强一点。

在讲课之前,咱们先来看几幅照片,这是我在网上下的习近平主席到基层走访调研的照片(PPT),说白了,这个照片让人感觉很亲切。

(PPT)这几张是新闻照片。

(PPT)这是郑大(郑州大学)的校园,学生早上在读书。

(PPT)这个图片老同志可能知道,应该很亲切。能看出来吗?这是原来的河南医学院第一附属医院,现在叫郑州大学第一附属医院。现在这几个楼基本上不在了,刚刚扒没有多长时间,这个是老病房楼,苏联设计的。这是《河南日报》一个很有名的记者航拍的。我印象中是在"文革"前拍的,老同志看到很亲切,我现在看到也很亲切,我小时候也到这里看过病。

我是这样想的,咱们在具体介入到摄影知识之前,先给大家讲一下相机的基本维护保养。我刚开始学摄影时上了一节摄影课,第一节课是什么内容呢? 大家都知道,又都不知道,就是相机的使用和维护。我给大家示范一下,当时就是那个老师示范了一下,我到现在都没有忘,就是相机一般的用法和保护。好多人对自己的相机特别珍惜,但是有些方法是错误的,不是保护的,而是破坏的,我给大家示范一下。

我今天带了一个相机,一般称为单反相机。这个相机的保护一般人都知道,拿着就可以了,但是拿的时候一定要注意,因为经常拿的人无所谓,怎么弄都不要紧,不经常拿的人,特别是大相机,一定要拃在脖子里,另外一个是手缠着。包括大家拿的卡片机,为什么带一个小绳子? 不是平时让拃的,就是让你照相时候拃的,害怕掉地上。一般说白了,现在的相机质量特别好,不怕用,用不坏,怕的就是摔。第二个,调节的时候,不能调的地方、调不动的地方一定不要调。还有一个,好多人很爱惜自己的相机,一看脏了就拿镜头纸或者眼镜布擦,这是错的。一般情况下,最基本的、常用的工具就是吹气球,用吹气球来吹镜头。如果吹不掉,那再用小刷子刷,刷完之后再用吹气球吹一下。如果还不行的话,最后一步怎么办呢? 找一张镜头纸,撕开,然后重叠,然后再撕,最后把它卷成一个小刷子的形状,然后刷镜头,可不能拿擦镜纸擦,那不行。

咱们的卡片机,就是现场老同志拿的小相机,可能没有 UV 镜,像我们的单反相机大部分配的有 UV 镜,UV 镜的作用原来不是保护镜头的,现在都把 UV 镜用来保护镜头。一个 UV 镜好一点的就是百十块钱,如果镜头坏了,那就不得了了。不到万不得已的情况下,不要用镜头纸去擦。如果夏天手出汗了,手印弄上了,你怎么弄也弄不下来,那个时候再用纸去擦。一般情况下,上面即便有一点脏,基本不影响成像效果。

这是基本知识,我也听过很多课,一般人不讲这些东西,以为大家都会了,我发现我自己有时候还弄不好,我估计有些同志也弄不好,建议大家用吹气球吹,不要擦它。

刚才跟馆里的同志交流,这个照相说白了,很简单,但是又也很复杂。现在几乎每个人手里都有相机,刚才一个老师还说呢,现在的手机甚至比一般的相机照相还好。但是里面有一部分技巧,如果想深入探讨的话,确实里面有很多窍门,有好多技巧,一个是理论方面的东西,不要说你们掌握的不是太理想,就连我掌握的也不是很理想。刚才我说了,我实战性强一点,关键是要琢磨。一般的相机,我们现在用的都是数码的,不存在胶片的东西,过去说学照相就是胶片喂出来的。胶片喂了我二十年,我现在也不敢保证每张照片都好,一定要多照、多看、多想、多琢磨,这样才能出好照片。

刚才我选的照片为什么选一般的? 就是大家都能办到的,有些照片看起来很漂亮,说实话,咱们学不来,也照不来。我选的照片,都是大家可以办到的,用心的话,都是可以照下来的,这样才有用。如果把特别特别漂亮的照片弄下来,看着欣赏着特别好,但是咱们弄不来。这是我的出发点。

(PPT)这个照片很亲切,但是咱们照不来,因为它是航拍,就是所谓的俯拍。现在《大河报》才有直升机,前半个月《大河报》登了几个版,全部都是郑州市航拍的照片。什么意思呢? 他们现在才有第一架直升机,河南公安系统有一架直升机,最近跑得也少了。这个航拍特别不容易,代价特高,危险性也特别大。

照相的摄影知识,首先接触到的就是镜头。镜头是相机最主要的部分,也可以说是相机的中心元件,我们这里只探讨 35 毫米的标准镜头。现在由多种镜片组成,这个不具体说了。在某种程度上来说,主体在画面上的大小可以由镜头来控制。当相机固定于一点时,我们所观察到的景像范围取决于镜头的焦距长短,长焦啊,短焦啊,固定镜头啊。当用 15 毫米镜头的时候,就是超广角的镜头,就是照得很大很大的,面积特别特别大,咱们慢慢介入。还有 600 毫米的超远镜头,就是长镜头,一般照运动会的时候会用,体育活动基本上是用这种镜头。我带的有 200 毫米的镜头,也算是比较大的了。这些都是专业的,咱们也不会用到。600 毫米的超望远镜头,在一点上能看到树上的一只老鹰。拍一个点,很远,老鹰在树上,谁也够不着,离得近了老鹰就飞走了,就用这样的长镜头给它拉过来。另外，足球赛咱们都看过，一个球拍下来，那并不是跑到场地里面拍的，镜头特别特别大，在一般的电视里面看到的，用的就是这种特别长的超远镜头。

我们平时可以买到的镜头特别特别多，有鱼眼镜头，就是刚才说的超广角镜头。为什么叫鱼眼镜头呢？鱼的眼睛看的是最广的。一般用这样的镜头照大型的建筑，比如说很高很高的一个楼，就用一般的镜头也能拍下来，从很远的地方拍也能拍下来，但是效果不是太好，不带艺术性，如果用鱼眼镜头拍，拍完以后，房子的边基本上是圆的。用鱼眼镜头拍的时候，你自己如果没有招呼好的话，就有可能把自己的脚拍进去。这个鱼眼镜头特别特别地广，一般用来拍艺术照，可以变形，很有特色。

广角镜头是在鱼眼镜头的基础上稍微广了一点，比标准镜头大一点。超远镜头就是远的了，像足球比赛用这个拍摄。还有微距镜头，它干吗用呢？拍花，拍很小的昆虫。我是（河南）医科大学的，在医院里面用的显微镜，显微镜就可以说是微镜头。因为显微镜里面带有一个相机，细菌咱们（人眼）是看不到的，但是在显微镜里面可以看得到，怎么拍下来呢？医学的学术讲座里面幻灯片打出来这细胞那细胞的，这细菌那细菌的，用的就是这种镜头。

刚才这些都是固定的，鱼眼也好，广角也好，超远也好，微距也好，都是固定标准的镜头，作为咱们老百姓来讲，谁也买不起。就是我这种所谓的半专业的人员也买不起。现在出现了变焦镜头，什么意思呢？既有广角的作用，又有标准的作用，还有中焦和远焦的功能。有些相机是28到200，一般老百姓用的话买一个套机，28广角的，70相当于中焦和长焦了。像我们搞室内照相比较多一点的，就是广角和中焦，就是60和70就可以了，可以照一个同志的单独的照片就行了。如果经常出去照，买一个套机，就是刚才说的变焦镜头，28或者200，基本上所有场合都可用。

有人给别人参谋，让买几个镜头，咱们不是专业的，一个是买不起，太贵了；另外是用不上。我现在带的有200的镜头，待会大家可以看，但是很少用。如果出去的话还可以用，如果在单位里面，会议照片，或者一般性的场合，基本上也用不上了，但是又很贵。我这个相机还不怎么样呢，就一万（元）了，如果比这个高档一点的，防抖的就一万三四了。我也经常帮朋友参谋买相机，我不这样推荐。

现在好多卡片机，刚才有一个老同志拿的我就看见了，镜头可以伸缩，所谓的伸缩实际上就是一个变焦镜头在起作用，只是变的角度大小不一样，根据相机性能。对于现在大多数普通数码相机用户来说，镜头不可更换，一般指卡片机。过去说的所谓的傻瓜机一般不能更换，我刚才拿的单反基本上可以更换，现在基本上一般的相机都可以更换了。因为价钱昂贵，备一堆镜头的可能性不大。对长镜头和短镜头之间的主要差别，其实主要在于视角的不同。我用白话来讲，就是照得远一点，近一点，照得广一点，局部大一点，特写，就这么一个区别。

（PPT）这是标准镜头。现在标准镜头比较少了，过去买相机的时候，都是上海"海鸥"的，刚开始有的时候500多元钱，基本上都是标准镜头。标准镜头好多人还看不上它，为什么看不上呢？觉得很小气。但是我原来在河医大（河南医科大学）的时候，说实话，我也买不起相机，就有一个镜头，所谓的变焦镜头，我照人像的时候，哪个报纸或者杂志要某个人的学习照或者头像的时候，我就用标准镜头，在35规格相机中间，50到55的镜头被称为标准镜头，它的视角在45°左右，和一个人眼的视角差不多。这样照出来的效果特别好，使用这种镜头所得到的效果很自然，和人看到的一样。刚才我说了，想当年，我们条件不好，买的相机买了这样一个，后来有钱了，花一千多元钱，20年前已经很贵了，买了一个变焦镜头。但是在照哪个人的学习照时，只要镜头能控制进去，就是你需要的东西够用了，我建议还是用标准镜头，千万不要扔掉，好多人都把这个镜头扔掉了，标准镜头质量非常非常好。标准镜头也叫固定镜头，200也好，50也好，固定镜头照相效果特别好，成像特别好，但是太贵了。如果有人还有标准镜头的话，我希望你们在外面照相时尽量用标准镜头来照，照出来的成像要比变焦镜头要好。好多人是为了好看，为了大气，拎在身上，别人都很羡慕，那是让别人看的。

（PPT）广角镜头。所谓广角镜头就是焦距55以下的镜头，都称为广角镜头。还有超广角，刚才间接地已经说出来了，可以达到比较宽的画面。我现在拿一个相机，你这个屋大，我既能照到最后面的人，我还能照到两边的人；我如果拿一个长镜头的，只能照到后面的人，不能照到两边的人。这个广角作用非常大，我们在单位里面照会议照，那么大一个会议室，不像人民大会堂，站在后面怎么照都行。还有小型的会议室，如果拿一个长镜头或者标准镜头，确实没有办法照下来，如果照不下来完不成任务，这就需要广角镜头。特别是在河医大，他们的房间不知道怎么回事都特别小，现在一附院的门诊稍微大了一点，过去的门诊小得很，过去苏联建的实验室都特别特别小，设备特别特别大，特别有活动时，一个房间进去之后，光领导就三四个人，还必须要完成任务，这个情况下就要用广角镜头了。

广角镜头还有一个好处，大家可能知道，也可能不知道。有一次卫生部长陈敏章突然到我们学校来访问，因为当时就我一个人接到通知，需要照相，又需要采访，我拿了一个录音笔，直接放到我们校长兜里了，可以把声音录下来。只有我一个人拿着相机，每一个地方要照，这个一定要多照，就是专业人员也不敢保证每一张都照得好。现在是数码的，不存在照片的问题了，照多少都可以，过去一个胶卷36张，在河南日报社，我发你一个胶卷，照完以后，你给我拿出来4张照片就可以了。所谓的4张就是比较好的，能用的照片，这样你的任务就算完成的不错了。什么意思呢？专业人员也不能保证每一张照片就是好的，一定要多照。多照到什么程度呢？36张照片取4张就算完成任务了。那一天我突然进入走廊——现在的房间好啊，走廊也是亮堂的，过去那个房间是筒子楼，两边都是房间，中间根本没有窗户，也没有灯，一下子就黑了——这就用到广角镜头了。我当时不知道，因为刚开始学会照相，照下来之后一看，每一张都清楚。那时候是人工对焦，你看不见怎么对焦啊？结果出来以后都是清晰的，现在我知道了，这是广角镜头的特点，广角镜头就不用对焦。

过去傻瓜相机普及的时候，也是用照片，傻瓜相机的原理就是这个原理，它用的都是广角镜头，不存在对焦的问题。过去都是对焦啊，有几种形势，人为对焦，后来出了傻瓜相机，傻瓜相机最大的好处就是拿着就照，不用对焦。现在相机高档了，自动对焦，长焦也好，短焦也好，广角也好，包括你们手里拿的卡片机，它一直在响，那是它在自动对焦。如果有广角镜头，或者设置到广角镜头的话，那就不吱吱响了。广角镜头有这么个好处，我也是无意间知道的，咱们不是搞专业的，也可能不知道这一点。

变焦镜头，刚才我间接说到一点，一般情况下在很多数码相机里面都有变焦镜头。单反也好，还有刚才那个同志拿的就是变焦的，只是不知道倍数是多少，现在基本上都是了，流行的3倍到12倍不等，不算数码变焦。数码变焦很有意思，猛一看，看着不大气，可瘦小。刚才我拿的都是机械相机的变焦镜头，不是数码的变焦镜头，数码变焦镜头很便宜，这个很贵。变焦镜头有大有小，一个镜头什么情况都可以照，对一些很专业的人士来说不太适合，我们的肉眼几乎是不能辨别的。我们用广角镜头，如果照的照片不是专业人员，就是所谓的一般的专业人员，用我们的眼睛也辨别不出来的区别，和固定镜头和变焦镜头照出来没有什么区别，一般的照相都是变焦镜头，除了那些搞广告摄影的，那个不得了，那多少灯光，多少镜头，那用的都是固定镜头，我们一般的人，包括我们这些人都是用变焦镜头。

还有一些特殊的镜头，包括放射式镜头，增倍式啊，鱼眼啊，等等，有些连我也没有见过。增倍镜我给大家说一下，我这个镜头是200的镜头，870到200，这个镜头就9000多元了，所谓的贵的镜头，这是日本的，如果上面带红线，这一般都称为专业镜头，相对是比较贵的。我这个镜头是70到200的，这个镜头最大的好处，我站在这个位置可以把最后一排的人照下来，最大的缺点的是，我想把前一排照下来，那就没有这个能力了。如果在室内照相，基本上用不到这个东西。

顺便给大家提一下什么叫增倍镜，比如说这个是200，如果有一个接圈，接到相机的座上，加一个接圈，接上去以后可以增倍，200的可以变成400，如果买一个400的镜头，这么长，谁能买得起啊？

一般的单位也买不起。加一个接圈，就变成增倍了。这是增大，增得更远一点。还有一种情况，在标准镜头上接一个接圈，照得更大，让它变成放大镜。花钱少，作用大。

刚才我拿的就是变焦镜头，小的也是变焦镜头，它是广角，还没有到标准。小的镜头好处是照得很全，缺点是我站在这个位置（讲台），想照第一排的一个人就不行了，就是我刚才拿的广角镜头。如果你拿一个28到200的镜头，既能照第一排的人，也能照第一排的某一个人，特别方便，就用一个镜头基本上就可以满足所有需要了。一般的同志，我建议你们买相机的时候买一个套机，有广角，到200的，去哪儿都可以用，不用带那么多东西。带那么多东西的就是专业人员了，那是发烧友，他们才会这样干，咱们一般同志没有必要这么干。

望远镜头。刚才我说了，焦距大于60，大于标准镜头，据说最大的有2000。我们也没有见到过，只是在电视里面见过。越长照得越远，缺点是视角越窄，想照前排的人就照不成了。看着很大气，但是没有用。关键看你干什么用了，一般室外照动物，像照老虎，谁敢跑到老虎跟前去啊？照动物啊，照小鸟啊，飞虫啊，照蛇啊，用这个镜头。

光线。光线是为了照好照片，这是最基本的东西，你没有光线，黑暗的话什么也照不成。光线在摄影中是一个重要的课题，也是一个难点。这部分很难说，各有各的看法。光线有很多参数：质感、方向、光源、颜色等等，咱们主要看一下如何控制修整强光，关于光的一些物理知识，大家自己去翻翻上学时候的物理书，知道一点就行了。

光的质感，主要受太阳、云层、大气的情况左右。为什么说照相要在早上八点呢？就是因为这个。过去买胶片时，胶片盒上写一个大概的参数，一般都是早上八点，下午五点以前，这个情况下光线比较好一点。另外，下雨了，有雾了，有云彩了，这都影响照相的效果。一般来说，特殊的照相，要求比较高的标准照相，一定要记住，在单位接受任务时，有些领导不懂，他说，抓紧时间，今天急需这个照片，质量还得好，赶紧把哪个楼照一下，马上要用。你如果照不好，不是你照不好，而是光线问题，如果都是雾，汽车都看不到，光线都看不到，这时候领导能看出来。一般情况下领导不懂，咱们懂，你告诉他，这个条件不能照相，照出来效果不好。你别勉强去照，别领导一交代任务，你就说好，我去照，照出来效果特别差，领导说你水平不行。如果不行，你就告诉他，今天天气不行，不能照。有些人不懂，12点去照相，那叫顶光，叫鬼影。为什么12点不能去照？12点时太阳在正中间，刚好人头下来，不管照什么东西，人的一圈都是阴影，人们说鬼影。照相的最忌讳12点照相，刚才我说了，就是光线的问题。如果天气不好也是这样，在座的老同志多一点，自己照着玩可以，如果在单位接受任务，你刚开始学照相，别以为领导很威严，他说出来的话你一定要办到，办不到一定要告诉他。不是说我水平不行，而是光线不行。

有一次我们领导安排任务，我在单位搞照相搞了几十年了，我有行政职务，是宣传部的副部长，关键时候才出面，并不是因为我的技术最好，是"拉不开栓"了。有时候领导告诉我，安排一下，弄几个人，咱们去照什么什么。我有时候都不好意思说，郑大（郑州大学，下同）摄影高手太多了，人家说，不行不行，现在不能照，光线太强，光线太弱，或者雾太大。人家给我说，我就说，咱们某某老师说了，雾太大，不能照。我要是说不能照，领导该说我不想干活了，就是这么一个意思，怎么找一个借口把这个话说出来，不要承担下来；如果承担下来了，照片出来之后效果不好时领导埋怨水平不行，埋怨你不好好干活。提醒大家一下，退休的人员无所谓，谁也管不住咱们，照不好咱们再照。新闻照是另外一回事，今天国家领导人来了，不能说等天气好了再来。新闻摄影关键是要抓下来，领导来了，你抓不下来，你照的效果再好，搭了。

它里面分的有硬调光，光线来自一个小点（闪光灯），现在闪光灯用的少了，现在私人照相用的也不是太多了，但是也还用，这叫硬光。太阳直射的叫硬光。还有软光，就是扩散的光源，日出啊，阴云的天气发出的光比较软一点。还有雾，这是空气中悬浮的离子，在镜头前加上了滤镜，会降低反差，柔和色彩，使整体看上去更柔和一点，同时会降低清晰度。光线有几种，一种硬调光，一种软调光,还有雾。硬调光大家都知道,闪光灯打出来的光线比较硬。

(PPT)这个是硬调光,基本上用闪光灯打的,一看就看出来了,基本上反光。

(PPT)这个也是硬调光,(上面的猫)挺可爱的,不知道怎么照的。

(PPT)这也是硬调光。

(PPT)这是软调光,就是早上的日出,照得挺漂亮的。

(PPT)雾。咱们去山里面知道,照日出的照片都知道,那些专业人员,你看他的照片出来了,因为一张照片跑了好几天,有时候住在山上,就住在这个位置上。早上起来一看雾大了,照不成,下山了,第二天再跑上去,经常干这样的事情。照一张照片需要很多天,我们都干过这事儿。

(PPT)这样的雾咱们都见到过,在山上雾蒙蒙的,像电视上的画面。

光圈——相机镜头内有一组重叠的金属叶片,其所围成的孔径大小和开放的时间决定了一次成像的曝光量,也产生了相机的光圈和速度。在曝光时间一定的情况下,光圈越大,那么胶片的曝光量就越大。用 f/数值来表示。一般相机的光圈值有 f/1.4、f/2、f/2.8、f/4、f/5.6、f/8、f/11、f/16、f/22。越高档的相机,它的范围越广。像我们的长镜头相机,基本上比较小,广角的相机数字比较小一点。一般在室外用,我们为了保证效果,一般 8 和 11 的景深比较大一点。利用这个光圈,控制光圈,调整这些数字,控制进光量的多与少,景深的深与浅。

光圈每向上或者向下跳一格,曝光量也会相应地加倍或者减半。光圈如果动了,速度也要动,为什么呢? 因为它要保证一个最佳的组合。什么意思呢? 光圈动完以后,速度如果不动,速度变成 1/60 秒了,手就端不住了,照出来就虚了。过去的相机不是自动曝光,基本上靠手动,说白了,就连我也不太容易掌握住。有时候确实一下子掌握不住,特别是刚刚有彩色照片的时候,曝光值要求非常高,必须正确曝光。以前是黑白照片,洗过像的都知道,一共分一二三四号相纸,宽容度是比较大的,彩色的不行,宽容度特别小,过去自己洗的时候根本洗不成,就是因为曝光组合掌握不好。过去照相没有自动曝光组合的时候,一般拿一个测光表,咱们可能见到过,过去照合影像,有个人拿一个小方东西趴在人的脸上测一下。现在广告摄影的话,也用测光表,为了更准确。

(PPT)这个叫光圈。

快门。快门和光圈是结合在一起的,上面已经提到了,有金属叶片的开放时间来决定。现在很多相机的快门速度都由相机自身的电脑片控制。在传统相机或一些半专业以上级的相机中,相机的快门速度仍需手动。咱们所谓的按快门按快门就是指的这一点,由手来控制,主要包括以下,由慢而快,1、1/2、1/4、1/8、1/15、1/30、1/60、1/125、1/250、1/500、1/1000 秒,在一些更专业的相机中,还有比这些更长或更短的快门速度设置。同样的,快门速度每向上或向下跳一格,曝光量加倍或减半。

我和大家说一下常识性的东西,咱们一般照相,现在特殊的数码相机,包括我现在的数码相机,你只要把闪光灯打上去,一般的相机都是这样,闪光灯一开,马上自动调到 1/60 秒,为什么呢? 闪的时候有一个速度,它这个速度和快门速度是一致的,按专业话叫同步。有些人不懂,或者不知道的情况下,有一种相机也不是太高档,他把闪光灯一打,需要人为地把快门的速度调到 1/60 秒。好多人当时不知道,闪光灯打开以后,他把速度调到 1/120 秒,或者 1/250 秒了,照完出现一个什么情况呢? 一个照片从中间劈开了,一边曝光正常,一边曝光不正常,成阴阳照片了。一般的相机,闪光灯一开,它自动调到 1/60 秒了,和闪光灯是同步的。咱们要记住这一点,一旦用闪光灯了,要调到 1/60 秒。

我现在的水平可能达到了这个水平,我不用闪光灯,我可以在 1/15 秒的时间照出来,还是比较清晰的。照相有一个基本的原则,不管照的再不好,再好,构图再好,基本的一个原则就是清晰。如果照的模模糊糊的,看不出来是谁,总让人家感觉很别扭,最基本的就是要清楚。好多人说专业的摄影师,你看人家照的多好,多清晰! 如果评价专业人员照的可清楚,那就说得有点外行了。对一般人的要求,最基本的就是清晰。

怎么能清晰?第一,对焦清晰,对好焦才能清晰。第二,按快门的同时不能晃动。现在相机再高档,速度再高档,照相的一瞬间,手动了,那就没有用。照相就好像打枪,在打枪瞄准的时候可以呼吸,在扣扳机的一瞬间要停止呼吸。照相有时候也是这样,在按快门的时候憋气,这样手不动。有人拿着卡片相机有一个习惯,离眼睛很远,我们专业相机搁在眼上,我们实际上是三个点来固定,两个手,一个眼睛。有些人拿卡片机离得特别远,我不知道他什么意思。卡片机里面有防抖功能,它防抖,只是在原来曝光基础上,好比说现在测光,如果是1/15秒,你用的卡片机是防抖的,只能在原来1/15秒里面增加一到两档,什么意思呢?原来是1/15秒,你用的东西比较高档了,也只是增加了两档,变成1/60秒了。什么概念?就是一般人都能端得住。我的相机是必须用眼睛来看,有些单反相机在后面看,好多人用单反相机,既能用小窗口来看,又可以用大窗口看,有一部分同志好用大窗口看,我劝大家别这样照,相机太重了,你端不住。因为它是自动曝光组合,光线暗了自动调过来,如果调到1/60秒了,我可以肯定地说,你这样端绝对端不住。我们这样照的话1/60秒都会虚,一般也虚不了,就是这么一个意思,提醒大家,如果是单反相机,尽量离眼睛近一点,用小窗口看,不要用大窗口。这是知识性的,经验性的,提醒大家一下。另外用卡片机,特别是关键的照片,特别是去外地照相,可能一辈子就去一次,千万不要这样照。为什么?就因为速度太低,你要晃动。

第二个,在水平掌握不住的情况下,咱们尽量速度往上调,越往上照得越快,清晰度越好。如果有一点晃动了,也可以避免一下。很可能会出现什么缺点呢?你的速度快了,你的光圈进光量可能相对小一点,要达到一个最佳的组合。这种情况下,一般的咱们的相机都是傻瓜式的,不用调,包括现在所谓的专业人员,也是搁在P挡。有两个挡位,一个P挡,一个小绿方框,一般人好用绿方框,稍微专业一点的用P挡。

我有一次去香港,咱们要去香港的人都知道看香港的夜景,夜景特别特别漂亮,结果没有拿三脚架,就拿了一个一般的相机,很简单。拍夜景嘛,从高处往下面看,无所谓,你找一个地方,往里面一看,对住要照的东西,自动按一下快门,自动曝光,什么时候开就什么时候开了,照的效果就一样了。如果低于1/60或者1/30秒了,那就用三脚架。三脚架在按快门的一瞬间也会抖动,好多专业人员基本上拿一个快门线,有三脚架,还有快门线,目的也是为了防止抖动,保证成像质量。

光圈和快门的关系。光圈开得越大,相对的曝光时间就需要越短,特殊条件下的情况不算。有很多种,不同的快门速度和光圈的搭配可以得到相同的曝光值。就是你两个搭配,曝光值是一样的,这个减少了,那个增加了,那个增加了,这个减少了,总值都是一样的。曝光结果都是一样的,但是曝光的效果未必一样,因为涉及景深的问题。具有最大光圈的镜头被称为快镜头,因为这种镜头可以搭配比较快的快门速度。

(PPT)这就是光圈和快门的搭配。

(PPT)这是光圈和快门的搭配,数字越小,进光量越大,数字越大,进光量越小。

这里我就顺便讲一讲,越小的,它的景深越长,就是说从第一个人到第十个人都能清晰,如果光圈越大的话,它的景深越深、越长。光圈开得小的话,景深很模糊。现在有数码了,可以制作照片了,照哪个人,特别是经常看到画报或者杂志的封面,咱们都知道,过去照人头像,一般在室外照,后面的背景都是虚的,模模糊糊的,用的都是这一种。现在好办了,现在我不管你照什么,我把背景给你裁掉,过去不行,没有这个条件,就靠光圈来控制景深。如果突出人,或突出一个东西,不要背景,把背景全部虚化的话,就用这一种。我们有时候照实验室,为了突出一个专家,还要有那么一点背景,用这个。我们照合影像,用四五排,七八排,你要用这个就麻烦了,第一排清楚,第五排不清楚了,他能愿意吗?这就需要把光圈开的大一点。如果是去外面照纪念照,比如说一个大山,一个大沟,一个大海,还想照到对面的画面,怎么办呢?咱们就要用f/22了。特别是照纪念照,既要照到人,还要照到景,就要用这个,不一定要用到22,基本上就是这个意思。

（PPT）这是在镜头上的一溜数字，一般的单反相机都可以看到，你来调整，人为地来调整。现在好多人也不用了，好多人搁在P档上它就自动曝光了，咱们去外面旅游的情况下，或者是纪念照，基本上都没有问题，它取的都是中间值，一般都是8或者11，既能照景，又能照人。4就很少了，光线暗的话可能会出现4，一般光线好的话就是11、16或者22，自动排列组合。你从相机里面可以看到，虽然你自己没有调，它上面显示这个数字基本上都在8、11、16，目的就是照人可以，照景也可以，照人和景也可以，这就是现代相机的功能，把人都变懒了。

现在的一些数码相机的低档型号，也就是所谓的家庭用型，大都还都是全自动对焦曝光的傻瓜机。中档以上的相机则存在手动模式和半自动模式两种基本的曝光模式。这和传统的相机基本相同。大部分同志的相机都是这种，基本上够用了。现在我拿的这一种属于中档以上的，我这个也算中档的，我这个镜头是比较高档的，这个相机里面存在手动模式和半自动模式。我这个相机还可以当你们的相机用（傻瓜型的），像照风景啊，运动啊，夜景啊，等等，我一调就可以了。也可以手动，光圈优先啊，速度优先啊，手动啊，还可以调整。在特殊情况下，我会这样弄，现在我也很少弄。包括刚才说的光圈优先、速度优先，这些我也很少用，不能说应付工作，一般都是保证把工作完成，除非自己去搞创作，单独出去是另外一回事。

手动模式。并非所有相机都可以，大家用的一般的家庭型的没有这个，过去的相机基本上都是手动的，没有自动的，你可以不用理会。选择手动模式时，你可以不用理会测光表所提示的组合参数。你用手动调整时，它有一个测光部分，它自动给你调整一组数字，你别管它，因为你照的老练了，你有你的要求，根据你自己的经验，我想故意强光，故意暗下来，都不能曝光组合，这是特殊情况，但是一般用不上。曝光要看当时的具体情况和自己的爱好以及自己的目的。

半自动模式。很多相机提供了半自动曝光模式，像固定光圈和快门速度中的一项，这就是刚才说的光圈优先、速度优先，让你调整其中的另一个。就是你把光圈固定以后，速度自动调整到一个速度，它自动配合；或者你先把速度固定下来，随机地产生我们说的光圈优先。两个区别在于先选定光圈，还是先选定快门速度。

这个半自动给大家提醒一下，也是我的经验，好比你出去照相，你想照一个大人物，背景虚，你选择光圈优先，光圈调整完以后呢，开得越小越好，但是小到什么程度是标准呢？光圈定完以后看速度了，刚才我一再说，速度不能低于1/60秒，一旦低于这个，你的相机出现一个小灯在闪，提醒你。提醒你什么呢？速度太慢了，光线不够。这就是一个标准。如果在室外呢，固定光圈固定完以后，快门速度的小灯在闪，怎么办呢？你把它调小一点，往高数字调，调到这个灯不闪了就可以了，这是经验之谈。我想照一个人，想突出人，背景虚一点，咱们先把光圈固定下来，自己要求一个光圈。

还有一种情况，快门速度，好比说开运动会了，一个骑自行车的过来了，我想把这个人照得清晰一点，用1/30秒，还没有照呢，人跑了，那就不行了。怎么呢？用1/125秒，或者1/250秒，或者1/500秒，先把它定下来，再看看光圈，这个完全可以不考虑光圈了，但是可以考虑光线。如果下雨了，天特别阴，你还把速度提得那么高，光圈进光量不够了，里面的小灯又在闪了，你把光圈开得大一点，进光量大一点，里面的小灯不闪了，这说明曝光组合就完成了，出来的曝光就正常了。我们要保证照片的清晰度，如果不考虑这个问题，你照得再多，照得再好，背景虚化了，骑自行车的人的动感出来了，那统统没用，废纸一张。两者的区别在于先选定光圈，还是先选定快门。

情景模式或者特殊题材模式。这种模式现在很流行，在很多中档半专业相机当中设置一个旋钮，我们可以采用风景、运动、人物等模式，而省略手动的步骤，风景模式一般会考虑到景深的问题。照风景的时候，把光圈调得稍微小一点。好多人拿的相机都是半专业的，上面有一个设置旋钮，你想照风景，就调到风景的图标上，景深比较深了，光圈它已经提前给你固定了，速度它来调整。运动呢，速度必须要快一点，它把速度这一块先提前调整好了，光圈自动来配，搭配好了。就跟咱们买菜一样，人家搭配好了，你回家一炒就可以了。还有夜间摄影，统统把速度调起来了，这样就很省事了。现在的相机一般都有这种功能。

　　比如说你买一个好相机,我现在有点懒了,买这么一个好相机,你要不利用利用手动功能或者半自动功能就太浪费了,没有发挥它的功能。我们单位有一个老师,照了几十年了,他把相机的说明书一直放在背包里面,什么意思? 功能太多,一旦用起来自己都掌握不住,翻翻说明书。一般的话就用这个,如果你买了好相机,如果不是特殊情况,或者去完成领导安排的任务,你在没有保证的情况下,刚才我说那个,你搁在P档上,让它自动组合一下。如果自己去玩了,搞创作了,照好了就好,照坏了就坏,无所谓,这个情况下一定要用手动部分,如果不用的话太可惜了。相机跟电脑一样,不用了,放到一定程度就坏了,不怕用,怕放,怕摔。

　　我刚才说了景深。有时候可以看到一些照片的主体和背景都很清晰,也看到过只有主体清晰,就像刚才的照花啊,某个人啊,画报啊,主体很清晰,而周围失焦,这就是没有对住焦。要产生这些效果,就要涉及景深的问题。当选择比较快的曝光速度时,通常我们需要采用比较大的光圈,这时候景深就会比较短。刚才我说了,照一个人,照主要的人,景深比较短了,相片的清晰范围会比较小,有些景象可能会比较模糊。如果把快门速度调慢的话,光圈就可以调小,这时候就可能使画面出现杂乱的部分,因此如何控制景深是摄影一个初步而又重要的技术。就像对面的绿城广场,你要对着大街照,太乱了,如果非要对着大街照,哪个花,或者哪个景比较好,这种情况下你要把景深短一点,后面就不乱了。不断地提高,大家就会有所了解了。

　　(PPT)这是特殊的景深效果,主体比较清晰,其他的比较模糊。现在照现场,基本上就是玩这个快门速度结合,这个玩好了,全部清楚。为什么全部清楚呢? 刚才我说了,景深比较长了,近处清楚,远处也清楚。第一张照片它的目的是为了照这个塔,第二张照片既要有塔,还要有周围的环境。这个景深比较长,刚才我说了第一排清楚,最后一排也清楚,跟这个道理一样。

　　简单说一下,景深是相片景象的清晰范围。理论上说,只有处于对焦平面的物体才是清晰的,但由于肉眼的辨别率问题,所以一般情况下焦平面前后的一些物体也会表现得很清晰。

　　景深的相关因素。镜头的焦距,广角不一样,镜头的焦距不同,就会产生不同景深。长焦镜头可以产生比较短的景深。刚才我说那个,我那个长焦200的镜头,我要去照动物,它的背景就很虚,不用调,它自动就很虚了。

　　前景就是照片前面的东西。前景就是照相时前面的东西,看着很舒服,咱们照这个景物,照个大楼,前面有一棵树,这个叫前景。

　　构图。理论不再说了,构图有好几种方法。(PPT)咱们所谓的照片,万变不离其宗,都是在这几个范围之内的构图。好多人讲,不要管构图,不要让它限制你。就像我们《大河报》第一任总编跟我们讲课,写新闻,导语、主题、背景等等,他不让我们按照这个弄,但是讲课时还是按照这个讲。我知道他的意思,在你出去的时候首先掌握这个,在你理论基础熟练后,你再打破这个规定。我们先熟悉它这个基础,在这个基础上咱们再发扬光大,根据自己的特色、想象去创造,在没有学习好之前还是用这个。

　　(PPT)对称式,两边一样,具有平衡、稳定、相对的特点。

　　(PPT)这个图片也是对称,都一样。

　　(PPT)这个也是对称(两幢大楼)。

　　(PPT)照风景时,经常出现这个,两个狮子很漂亮,或者两个对联很漂亮,抄又抄不下来,就照对称式,风景照下来了,对联也照下来了。

　　(PPT)交叉式。这个很简单,这个属于交叉线构图,大家知道什么是交叉就行了。

　　(PPT)X形和十字形。铁轨照得很漂亮,如果换一种照法没有这种漂亮,它把交叉照出来了。

　　(PPT)对角线。咱们照花的时候,照动物的时候,照蝴蝶什么的,你这么弄一下,很漂亮。

　　(PPT)S形构图。这个经常用到,河流啊,山村啊,草坪的小路。我提醒大家,山路是很漂亮的,一定要利用那个曲线,特别漂亮。

(PPT)这个是山间小路。

(PPT)三角形构图。

(PPT)这个是仰拍的树林。

(PPT)水平线构图。这个很典型,不好照。

(PPT)垂直式构图。

刚才提到了,曝光要准确,还有曝光组合,现在基本上都能达到曝光的准确,因为用的是傻瓜型的(相机)。决定曝光量的因素还是快门速度。我顺便提一下感光度,这个很关键。过去的感光度,普通的感光度都是100,那个最柔和最好了,200的也有,400的也有,越往上越贵。现在数码相机出现之后,随时调,出的越新,感光度越高,感光度高的目的是干什么呢?是把速度调上来。现在很多人照相,包括演出照相、晚上照相都不用闪光灯,人家照得也很好。在过去办不到,现在可以办到了。我这个相机买得早了,可以达到1600,如果过去买胶卷买1600,那就不得了了,现在可以达到3000多。感光度解决了光圈速度的问题,如果光圈速度达不到的话,把感光度提高。但是有一个缺点,感光度越高,相对的颗粒越粗,感光度越小,颗粒越细腻。如果照广告照片,他绝对不敢用高感光度。我一般用200、400,800都不敢用,高档的相机会好一点。一般情况下,我喜欢搁在100或者200,特殊情况下搁在800,为了保证清晰,保证速度。感光度对曝光的影响就不说了,还是排列组合的问题。

(PPT)调整感光度的照片。

(PPT)速度优先也是刚才说的,把速度放在S上,光圈自动就变了,这叫半自动化。

(PPT)常用的自动曝光模式。好多相机都是这一种,上面给你注明了人像、夜晚、运动等模式。

曝光补偿,这个用的很少,连我现在也没有用。曝光度、快门速度调整不好的情况下,用它来减少、增加曝光量。我基本上很少用,我估计大家会用的更少。

拍摄点与画面变化。拍摄点有远景、全景、中景、近景、特写。远景就照得远一点,照到最后面。全景就是把这个屋全部照下来。中景,我取中间的一些同志。近景,前面第一排对我来说就是近景。特写,我想照前面一个老同志,他很有特色,我就照他一个人。一般的偷拍抓拍就是这种,你不能去人家跟前,特别是照美女,你跑到人家跟前人家不愿意,就用长镜头。你看那些画面很漂亮,都是用长镜头抓拍或者用偷拍。我干过一次窝囊事儿,20年前偷拍算卦的,算卦的是瞎子,前去算的人不是瞎子,人家看见了,我骑着自行车跑,人家在后面撵我。那时候年轻,金水分局一个办公室主任,他说,你照相,我写稿子,就是登报纸,我也不懂,镜头太短,我就跑到跟前照。20年前啊,他要是把相机给我砸了我回单位怎么交代啊!

为什么叫偷拍?抓拍好听一点,偷拍就是不敢让人家知道,要么你挨揍,要么人家骂你。偷拍分几种,有些是偷拍不好的事情,有些是监督,好比你违章了,违法了,现在有些退休的老头,头上戴一个摄像机,骑着自行车在大街上转悠。回家把摄像机一放,发现哪个人违章了,就寄给相关单位,会给他们奖励。台湾好多干这个的,台湾文明程度的提高,其中有他们的功劳。咱们郑州市有些举报电话,违规违章,时间长了,咱们也可以干这个事儿,但是这种叫偷拍,偷拍的好了可以挣钱,这是好事儿,不是贬义词,社会毕竟需要监督嘛。特写的好处,正面的叫特写,不好听的叫偷拍,还有干了坏事的也叫偷拍。

特写,对被摄人物或景物的某一局部进行更为集中突出的再现。方向是指拍摄的角度。一个是平视拍摄,这是咱们常用的,两个人高度一样,你坐在那儿拍,那叫仰拍啊,站起来叫平拍,从高往下叫俯拍。(PPT)河医大那个叫俯拍。我在上面,下面的同志给我拍照叫仰拍。还有一个侧拍,我站在这儿,侧面一个同志给我拍叫侧拍。根据不同的情况、不同的效果,有人正面拍很漂亮。照一个比较胖的同志,正面拍他不愿意,脸形特别大,从侧面拍,哪儿好从哪儿拍,回避他的缺点。

（PPT）这个叫仰拍，从下面往上拍。

（PPT）还有俯拍，这个是从上往下拍，这个郑大的钟楼就是俯拍。

（PPT）这是从上往下。

基本的知识就是这样了，下面看一部分照片。

（PPT）这是郑大的一个校区，这是樱花，每年我们举行一个樱花节，报纸一登，好多人去看，这是风景照片。

（PPT）这是我们学校一个湖。我为什么拿这些照片呢？就是我们都能办得到，都会照。

（PPT）这个说一点难听话，一般人照不了，咱们欣赏一下。

（PPT）这个也是我们学校的一个湖，这是一个老师照的，也是个业余人员，照得很漂亮。

（PPT）这是校园的景。

（PPT）这是老照片。

（PPT）这个是从上面往下照的，这个前景有点大了，他是为了突出这个花，这个是利用曝光速度的组合了。

（PPT）这个是照景的，不是照纪念照的。

（PPT）刚才我们看的一个女孩儿在那儿看书，那个叫摆拍，这个也是摆拍。该摆的一定要摆，一般的新闻照不允许摆拍，不过也有摆拍的。

（PPT）这个是学校大门，照得不是很理想，这个大门太大了，不好照。

（PPT）这个照片本身好照，但是没有把这个大气照出来。我们领导一直说照一个很大气的照片，我们郑大搞摄影的太多了，但是没有人敢照，因为楼层太低了。我们准备搞一个摄影比赛，请全市的人去照，谁照的好奖励谁，我们的人不敢照，照不出好照片。

（PPT）这个突出了线条，三角形构图。

（PPT）这是我从台湾回来在飞机上照的。

（PPT）这个一反一正，这边乱了，那边不乱，为什么呢？背景太近了，拉拍，虚化不了。

（PPT）这是农家小院。

（PPT）这是郑东新区，有点一般化。

（PPT）这个是照片不好，早上雾太大。我们早上六点多去的，是冬天，还穿着棉衣呢，光线不行。

（PPT）这个花是在我的家门口照的。实际上花并没有这么大，我离得比较近一点，背景比较虚了。注意这个水珠，我听了一个课，哪儿有水珠啊？拿矿泉水瓶往上洒一点就可以了，买菜还洒一点水呢。

（PPT）这都是虚化了的。

我一张照片获奖了，在崂山。我第一次有相机，省摄影协会的秘书长在我跟前，我不知道干吗？他就让我照，他在一边不停说，快照，快照。那时候彩色照片没有啊，十几年前买不起啊，他就让我照，让我摁，回家一看才知道，太阳升起来后，有一个船从这儿过，刚好形成一条直线，非常漂亮。有一天我和几个教授一块，我也是让他们快照快照，当时跟这个差不多。

（PPT）这是我用了200的长镜头，自动的背景就虚了。这个（莲花）照可以平拍，可以俯拍，还可以仰拍，缺点是离岸太远了，不好照，离岸太近的话保证不了这么近的花，咱们的文明意识还不到位。

（PPT）这个是照得远了一点，光圈速度开得大一点。

（PPT）这是我们校园的一个景，这个照片照的一般，为什么拿出来呢？好多单位有出入证，照单位的一个主要建筑，在上面打字。开重要会议了，给他们配影集，给他们打上这个单位主要的建筑物，打上某某某某会议纪念，下面是年月日。在单位里面一定要照一个标准像，这个不是为了艺术照。好多单位要开会，要拿一个主要照片，在上面打字，我们经常打"郑州大学党代会"或者什么什么学术会议,用它弄一个封面图,就是这个意思。

(PPT)这是去云南,云南跨境大瀑布。我弄这个照片是角度,我们在木筏上面拍的,大家要注意角度的不同,都是一个地方,各有各的特点。换一个角度,哪个漂亮就多照,只管照,回家再选。我照了这么多,我能选一张挂在家里,或者拿出来展出就行了。12月基本上没有水了,这是中越大瀑布。

(PPT)这是在云台山照的,当时是元月份,已经结冰了。

(PPT)这是内蒙古早上日出的情形。

(PPT)这是摆拍,这个姑娘照得一般化,要的是大草原的风光。

(PPT)这是台湾蒋介石、宋美龄的住所。

(PPT)这是台湾的阿里山,树都被砍了,只剩下树根了,因为是旅游照片,不可能在那儿琢磨着照,看着特别漂亮,但是照下来之后也就那么回事,不是想象中那么漂亮。因为搞创作照片,你必须琢磨、构图,不能是随意拍的。

再看人物影像。

(PPT)这个带有政治色彩,如果旁边人给他(习近平)打伞就麻烦了。好多人因为照照片出问题了,有人因为照相出问题了,有人因为被照出问题了,像"表哥",刚刚判了十几年,因为"笑"出名了。有人说他是笑面虎,判刑时候还笑,倒霉就倒霉在脸上了。

(PPT)这个很有艺术,艺术在哪儿,你能看出来吗?这是艾滋病红丝带的标志,这是一个艾滋病人,习近平和他握手。

(PPT)这个老先生照出来了(侧面习近平拿着被子)。

(PPT)这统统都是摆拍(习近平和士兵共同就餐),这是必需的,也是必要的,不是做作,该摆还是要摆。

(PPT)这是在我们学校,这是一个院士,院士是主角,如果不照他,其他人都不算什么了。

(PPT)这个是省委书记,这两个是学校领导,如果光有书记,没有学校领导也不行,既要有书记,还要有学校领导。省委书记在哪儿,这两个人都跟得很近。

(PPT)这是学校运动会。

(PPT)现在的宇宙飞船的头盔是我们学校做的,申长雨院士做的,是咱们河南的骄傲。这个头盔高温180 ℃没有问题,一转眼低温一百多也没有问题,不能说高温化了,低温崩了,这个既耐高温,又耐低温。

(PPT)这是小学生,很可爱的孩子。

(PPT)这是学校的校旗护卫队,也是郑大(郑州大学)的特色。

(PPT)这是医学大比武。

(PPT)这个叫摆拍,如果头完全低下去也不好。过去照标准照不好照,干脆拿一个书,就不看,头抬起来。

(婚礼照片欣赏)我找了几个婚礼照片,咱们看几个,结婚是家庭的大事儿,不管父母也好,孩子也好,那是最漂亮的一天。注意照合影,这些在照相馆是照不出来了,这一天他们是最漂亮的,不管家长长得如何,打扮的是最漂亮的。我去给别人帮忙时都是照合影,不照那些场面。

(PPT)这个稍微有一点近了,这个景好一点,要离景远一点,如果太近的话,人太大,景太小。

(PPT)这个照片上人是前景,后面的建筑是主体。

(PPT)大家千万注意,可不能把后面的亭尖和人头照在一个高度上,一般人不注意,看不出来。经常有人把旗杆、树照到人的头上。另外一个,离景一定要远一点,这样景也大了,人不大不小。

再看文艺照片。

过去相机胶卷有日光型的,有灯光型的,如果不打闪光灯的话,胶片出来有色差。现在好一点,白平衡,可以自动调整,每个照片基本上色调都很好。

(文艺照片欣赏)

(PPT)照特写情况下,以主体人物为主,有的暗了还漂亮。如果是大特写,有一个人在跳独舞,就照一个人,背景就让它暗下来。

(PPT)这是马街书会的照片,很有意思。

(PPT)这是照我们学校的五四青年节演出。文艺照片可不好照,这都叫抓拍。

因为时间关系就讲到这里,谢谢大家!

主讲人：**何炜**，毕业于南昌大学，任教于河南艺术职业学院新闻传媒系，艺术学硕士，河南省省级普通话测试员，兼任郑州大学新闻与传播学院播音主持专业外聘教师，河南电视台艺术培训中心外聘教师。2009 年荣获校级先进个人荣誉称号，2010 年参加省级骨干教师培训并获得证书，同年取得普通高等学校教师资格证，2011 年担任郑州大学新闻与传播学院播音主持专业外聘教师。

时　间：2013 年 11 月 17 日
地　点：河南省图书馆研议厅

幕后的好声音

　　谢谢各位！今天是我第二次站在咱们"豫图讲坛"，第一次也是给大家交流一下关于播音主持专业的一些基本的内容和知识。如果我们把播音主持学科当成一个金字塔的话，我第一次给大家讲的是金字塔的地基，就是语音发生、语音表达，今天我又给大家带来的是播音主持当中的一个新的领域，我们把它叫作配音。这个在金字塔的构建中应该属于金字塔的顶尖，对于我们播音主持专业技巧要求来说的话，是最难的，是高精尖的部分。

　　当我用"幕后的好声音"（作为标题）时，我想起来最近流行的一个选秀节目叫"中国好声音"，实际上这个有相同的地方在里面。我们都知道配音，很多老师都听过，或者是看过，我们说在原先老的电影当中，特别是译制片，《简·爱》啊，《魂断蓝桥》啊，等等等等，都是出自一些老的艺术家的配音。这些配音能够流传至今，应该算是一个经典之作，包括原来的《哈姆雷特》——"生存，还是毁灭"，这是来自于朗诵教父孙道临先生一个经典的配音台词。这些经典都出自于我们的声音。今天呢，我将和各位老师一起来进行探讨，探讨关于播音主持专业当中配音的知识。

　　我今天的课程分为三个部分，首先要给大家谈的是什么是配音？如果说我们来讲解的话，我们可以先拿大学里面的基本学科而言，播音主持发展到现在才有 50 多年的时间，应该算是一个非常新兴的学科。这个配音呢，比播音主持晚起步很多。原来的配音教学模式就像原先非常早的学徒匠人，师父带徒弟，一个带一个，没有正规的系统，没有正规的教学手段，现在配音主持专业已经变得非常规矩、非常丰满了。

　　我们来看看什么是配音，配音就是为影片或者多媒体加入声音的过程。如果狭义讲的话，是配

音演员替代影片角色的声音，或者以其他的语言代替我们片中角色的对白。同时，如果说我们的演员他的声音出现错漏的话，这个声音要作为替补，要成为配音。配音是一门语言的技术，我们称配音者为配音演员。不单单是一个配音员，叫配音演员，就要求作为一个配音者，不但要有非常良好的声音条件，而且要具有非常丰富的表演技能和表演技巧，才能称得上配音演员。

不知道大家关注过一个现象没有，我们每年过春节的时候，每年到年底时，都开一个朗诵会，叫新年诗会，我们在这里发现很多朗诵艺术家，这些艺术家都来源于话剧表演者和影视演员，而播音主持员很少称之为朗诵艺术家。这就说明朗诵和播音专业具有一些表演性的技巧在里面，对于一个演员而言的话，他对于声音的把握、体态语和面部表情的控制，可能会更加自然、娴熟一些。

配音专业，我们来讲一讲现在的一种模式。刚才安老师也说了，我最近几年也参加河南省的一些播音主持的统考，我们都知道，我相信很多朋友家里面的孩子也学习播音主持。很多的家人会有一个疑问，就是说我这个孩子学播音主持出来以后干什么？或者说出来以后只能当主持人，或者说是它的专业就业非常窄？实际上不是的。我们这个播音主持专业是大的门科，里面分很多的小类，比如说配音专业，就是我接下来要给大家介绍的。这个配音专业虽然发展时间很短，但是也被很多高校列入大学生的人才培养计划当中。

我给大家介绍几个学校，通过这几个学校，我们对配音专业会有一个更好的了解。我们先来看看配音的作用。讲完这些，我们再来看看，大家可能对配音专业会有一个更深的认识了。配音离不开话筒，播音主持离不开话筒，这个专业是一个什么样的专业呢？是一个口耳之学。我们通过听，通过说，来向别人传递我们的信息。很多人认为配音不就是说吗？播音主持不就是说吗？不单单是这样的。它对每一个配音的要求，它会有一个不同的规范，比方说新闻，大家每天晚上都会看七点半的《新闻联播》，它的语言讲究非常规范，字正腔圆。我们有一个专门的职业，像编导一样，就是在导播间，干什么呢？听。听什么？听播音员是不是读错了，读错一个字扣50元钱。这是一个非常严格的语言规范，这个又不能等同于我们的纪录片的配音。大家都听过《话说长江》，非常经典的一个纪录片，还有我们现在最流行的《舌尖上的中国》，配的也是非常的棒。这些讲的是声情并茂，他要把影片当中反映的人物、事物、景物通过自己的声音传递给别人。比方说介绍的是一个民族的特色美食，你就要把你的声音说得别人听完之后垂涎欲滴，产生非常强烈的食欲，这就是声音刺激我们带来的美感。

配音和我们新闻播音和专题片的配音有一点不同的是什么呢？它受到原片人物形象的要求的束缚。我们都知道，我们在看电影时，每一个男主人公都有自己的外形，有长相英俊的，有长相非常幽默的，有长得非常邪恶阴险的，这种声音我们是不是要区分出来？要在音质、音色上区分出来。不能说一个非常正直的人声音那么尖、那么短、气息那么小。我们看那些警察，他的声音是非常浑厚的，要和人物贴合。在配音的时候，我们往往会受到原片人物形象、年龄、性格、社会地位整体因素的影响，要求我们的配音演员不允许超越原片自由发挥。我们是有参照物的。这对于配音演员而言是非常难的一件事情，在艺术当中，没有办法很好地发散性地创造，必须在原有的框架当中进行深层次的刻画和练习。

接下来看看配音涉及的几个方面，实际上我们会发现，配音在我们社会生活当中是"无孔不入"的，在我们社会的生活当中，时时都能看到。比方说我们看到的多媒体光盘，很多老师现在在讲公开课时都用到过媒体光盘。第二个，各类专题片的配音，就像我给大家介绍的《话说长江》、《再说长江》，还有《舌尖上的中国》。第三个，广告配音，这是非常大的范畴，大家应该都听过。特别是在我们生活当中，洗发水啊、黄金啊，等等，都运用到了配音。第四个，电影配音。这个也非常多，电影配音也出现了两个不同的声音，这个在下面我会给大家讲一讲，这两个不同的声音有哪些。第五个，电视配音。电视当中有片头。还有电台配音，电台是完全的纯声音的传播方式，他的声音要求是非常非常高的，而且我们经常调侃，电视台的播音员叫什么呢？叫"见光死"。声音非常好听，在我们想象当中长相非常俊俏，或者长相非常漂亮，但是一出现的时候，我们总感觉这个人长得五大三粗。还有小说配音，这是现在网络当中非常流行的，我们都在网络上热传的有一些网络小说，比方说《鬼吹灯》啊，《盗墓笔记》啊，现在被翻译成有声读物。现在有一个苹果ipad的广告，它说"你可以听音乐、听杂志"。现在出现了一种新兴的刊物，叫有声杂志。这对在家里经常忙活的同志而言，可以说解放了你的眼睛，可以听，像听收音机一样。还有彩铃配音，我们打电话听到朋友设置的铃声，有幽默的，有音乐的，有对话式的。还有动画片配音，就是我们说的完全的一种配音模式，我们很多都是引进国外的动画片，我们会把这些国外动画片译制一下，运用中国自己的配音员来加入自己的配音。还有flash，就是网络上的一种配音。实际上我们的配音融入的非常非常多，我们坐公交车时，它会一响"下一站某某站"，这也是一种配音，可以说配音无孔不入。

我们接着往下来看，这是高校开设配音专业的基本的课程设置，通过这些设置我们就能够对配音专业有一个非常深刻的了解。我们说本科专业四年，主要开设哪些课程呢？影视配音、影视配音创作基础、精品作品朗读、文学作品、动漫配音、影视名家赏析，等等。我们会发现，整体的课制都是围绕配音、表演、播音主持这三个学科融合在一起，我们有的时候在大学里面讲课，我们会用一种技巧，通过不同艺术的解释来向我们的学生讲解，怎么样达到一种我们要求的技术的技能。

我们来看看高校，我列了五个高校。

第一个，吉林艺术学院。这是国内比较老牌的艺术院校，我们把它叫十大艺校之一，这算是北方的中戏，在北方地区非常负有盛名。它开设的有播音主持专业的配音艺术，可想而知，我们在考试的时候，就必须参加我们的播音主持的统考才能报播音主持的专业。考试时你会发现第一个就是朗诵，对于声音要求非常高。第二个是什么呢？声乐和台词的模仿。第一点就是要考量你这个人的声音是否合格，是否过关。这是吉林艺术学院，老牌的艺术院校。

第二个，浙江传媒学院。我们有几个殿堂级别的播音学校，第一个是中国传媒大学，是我们说的我们播音主持专业的梦寐以求的殿堂级的院校。第二个，浙江传媒（学院），虽然它升本的时间不长，但是在播音主持领域里面却久负盛名。它的师资力量，包括培养学生的力量是非常雄厚的。我们看看它对影视配音有什么要求？首先第一个是语言能力的考察，自备稿件寓言故事。我给大家探讨探讨，我们都听过一个寓言故事，叫《猴吃西瓜》。这是很早一个春节晚会时一个老的艺术家给我们展示的。我们为什么必须要练《猴吃西瓜》呢？这个寓言故事有不同的角色，在不同角色当中，我们作为朗读者，要进行声音的分裂，我们不但是一个叙述者，我们还是故事当中角色的扮演者，我们要把声音分开。《猴吃西瓜》里面有这样几个角色，第一个角色是猴王，第二个是小毛猴，第三个是老猴。我们想想，我们的声音是不是要分开？猴王造型是什么样的？声音是非常稳重的。小毛猴是一个非常调皮的、非常幼小的、非常稚嫩的小孩的形象，它的节奏、音色需要变化。老猴呢，我们经常说《夕阳红》，它的声音，因为器官衰化，所以它的声音显得苍老。我们要通过声音音色的处理，才能对我们人物有更加深刻的印象，而不是通过我们的文字解释告诉别人，老猴怎么说，小猴怎么说，我们要通过音色，让大家直观地就能听到哪个是老猴，哪个是小猴，哪个是猴王，要分清楚。对于自备稿件的寓言故事有非常高的要求，有进行分角色的要求。复试，就是对现场音色的考察，给你几个不同的角色，就像我们舞蹈考试一样。我们每个专业考试，它的领域是不一样的，像舞蹈考试非常有意思。有一个复试的考试是，给你一段音乐，你通过这样的音乐，自己去跳一段舞蹈，即兴发挥。我们说这个音色的考察也是一样，给你几个小动物，或者给你几个人物，你要通过自己的声音，去把整个人物故事进行一种串联。这是我们现在对于学生的要求，包括对于学生的培养，不再是原来的课本式的教学、填鸭式的教学，现在改了，改成了发散思维，大家出来之后，不像一个工厂制造的，打上一个标签，我们要求学生是非常个性化的。浙江传媒学院的师资、能力体现在它的教学上面，体现在它的能力培养上面。

第三个，同济大学。这也是老牌的"985"名校，这是为数不多的"985"院校当中开设配音专业

的,非常非常少见,可见配音专业已经被各个高校认同并且接纳了。2008年同济大学和上海第一电影制片厂开设了本科专业,由同济大学的教授和上海电影译制片厂的艺术家共同培养。说实在话,现在配音员培养速度和质量确实跟不上我们市场的需求,供不应求,现在确实是这样的,这是一个非常好的就业渠道。

我们在配音领域当中出现了两个门派,一个是礼仪先生非表演式的配音。什么叫非表演式的配音呢?坐在这个地方不动,比如佳能的广告,他的声音要求厚重。表演式的配音呢?声音要有变化,要有表情。我不知道大家听过一个广告没有,中央电视台非常热播的一个广告,酒鬼酒,这个酒也是非常有名的,它的广告词是"酒鬼背酒鬼,千斤不嫌坠。酒鬼喝酒鬼,千杯不会罪。无上妙品,酒鬼酒"。它是以诗歌形式的广告词进行广告的凝练。配音时就像一个朗诵,像一个表演家一样,像画面中一个酒鬼背了一桶酒,他被酒香所吸引,忘却了酒的重量,声音里面都能透露出他的一颦一笑。我们把这种配音模式叫表演性质的配音。我们在配音的时候,不自觉地,我们的面部,我们的肢体语言,都会跟随我们的稿件来进行一种动作,来进行一种合拍的变化,这叫表演式的配音模式。还有我们经常看到有些人坐在凳子上,四平八稳地用厚重的声音告诉你,这叫非表演式的,这也是最近几年才红、才火的一种配音模式。

第四个,四川音乐学院。这是大学生非常热衷选择的学校,在这里毕业了很多优秀学生,像李宇春啊,何洁啊,等等。四川音乐学院是最近几年比较火热的一个学校,这个学校也开设了配音专业,也是跟得上我们的时尚风潮,理念是非常先进的。声乐、语音、声音模仿、表演,我们经常说表演,配音演员,这个就有很多交叉学科。在我们学校,在培养学生的时候,我们也是开设了这种表演的课程,很多人认为,你学播音主持的,你要什么表演啊?不对,我们认为非常有必要。我们都朗诵过,一伸手,这种语气,这种面部表情的变化,是不是非常能够塑造我们的有声语言,让我们的有声语言更加具有感染力,这也是我们说的第四个。

第五个,四川传媒学院。就是原来的成都理工广播影视学院,是三本院校,今年已经升为二本院校了。我们不得不承认,四川这个省的学科设置非常超前,应该是比我们河南省的高校理念要超前很多,从学费就能体现出来。河南省艺术类高校学费是全国高校里面最低的,一年学费五六千元钱,而外省的高校艺术类学费每年要一万三千元或者一万四千元,这个学费是非常非常高的。它对于整体的培训要求、培训方面也要求非常多。像表演方向,自我介绍、自备稿件、自备歌曲、自备形体,无外乎全部都是这样的东西。我们会综合考量这个学生是否能够在以后的学习过程中经得起学科的考验。

今天我也想把我们大学教学过程当中的一些小的环节搬到我们讲堂当中,想让大家去近距离感受一下艺术院校是怎么样去教大学生开展学科的学习的,我相信很多老师可能从事过文化类的学习。当然,文化类学习和艺术类学习还有不同的地方,我们一般讲究的是什么呢?实践技巧式的练习。

下面进入我们小的模块当中。

我们经常会说,艺术有一个术语,叫艺术的二度创作。我们经常会讲二度创作,我们有一个现例,对于每一个专业领域而言,它的二度创作是不一样的,我想问各位老师,我们朗诵的二度创作是什么?或者说什么是朗诵的二度创作?我再问一个问题,大家知道朗诵的一度创作是什么吗?

(听众:写出来的作品就是一度创作。)

这位老师说得非常好,写出来的文学作品、文字就叫一度创作。二度创造呢?我们拿到稿件以后,我们是不是要对稿件当中作者写出来的人物、事物、景物通过我们自己的理解,有一个自己的转化,来把它表达成我们的有声语言,这个对于我们播音主持,对于我们朗诵而言,就叫作二度创作。我们把文字稿件转化成我们自己的语言,反映出这个作者在稿件当中体现出的人物、事物、景物,这是我们所说的二度创作。

　　我们来看看二度创作整体的大致的概念，就是在符合稿件需要的前提下，以稿件提供的材料为原形，使稿件当中的人物、事物、情节、场面，在我们播音员脑海当中形成一种不断的、连续出现的画面，并配以与之相应的态度和情感，表达出我们的语言，这叫二度创作。我给大家一个新的理论的支撑，叫声音的象形化。

　　中国有一种非常古老的文字叫象形文字，这种象形文字我们用简短一些的语言来解释一下，就是依据人的造型或者物体的造型而创造出的一种文字，这个文字非常像人物的造型，我们称之为象形文字。我们要求声音象形化。我相信很多老师在朗诵的时候总是苦于对某些物品、某些情感描写不能很好地找到与之相应的情感的表达。这个时候，大家可以用用这种声音的象形化。我给大家几种颜色，通过几种颜色的练习，我们进行发散思维，一起来探讨声音是如何变化的，如何运用的。

　　第一个，白色。没有任何画面，就给两个字"白色"。当我一说"白色"的时候，我相信很多老师脑海当中会出现一张 A4 或者 B5 的纸，你说这个白色怎么去读？怎么去表达？我想问一问，在我们每个人的脑海当中，白色它象征什么？纯洁。也可能每个老师的想法不一样，有些是纯洁，有些是纯净，有些是干净。我们就拿"纯洁"来说，我们说到"纯洁"了，这种虚化的、抽象的东西，怎么样变成具象？我们想实物，我们想想我们社会万千当中，哪种事物能够象征纯洁呢？哪种事物象征纯？雪花、儿童、溪水、雪山。我们就举一个例子，我们说像雪，我们观察过雪吧！我们通过一个放大镜，来看这个雪花的造型，是多少晶莹剔透，非常纯洁！当我们想象到雪的这种造型时，情绪是不是就产生变化了？我们看到雪的时候心里是不是产生了一种柔情，我们的声音是不是也随之变得柔和了，我们的气息是不是也变得很悠长了？

　　通过这种声音的音量，通过这种气息的变化，通过这种节奏的影响，我们来看看这句话（PPT）——"白色，纯净的颜色"。我想先固定一下，当我们说"白色，纯净的颜色"的时候，我们从几个点进行更加规范的练习。我们的气息应该是长一点呢，还是短一点呢？长一点。声音呢，是亮一点，还是稍微暗一点？换一种解释，这个声音是粗一点，还是细一点？细一点。这个节奏是快一点，还是慢一点？慢一点。很好！通过节奏，通过声音，通过气息，我们就很好地把这个声音给描述出来了。（演示）声音很柔，节奏很慢，气息很长，声音很小，这就能很好地把"白色，纯净的颜色"给突出出来了。

　　我们都知道朱自清先生写过一篇散文——《春》，里面有几句话，"白的像雪、粉的像霞、红的像火"。我们怎么读？很多人看到这个的时候没有实物依照，读得没有变化。读东西层次是最重要的，在层次当中，变化是最重要的，这就是一种发散思维。通过这种发散思维，引导我们声音的具体变化。这是第一个。

　　现在我们在教学的时候遇到一个非常大的难题：现在的学生接受了或者适应了填鸭式的教育——我喂你一下，你就吃一下；我不说，或者说一点，你就很难去发散思维。给你一个词，你不能很好地展开联想，这对于艺术专业的学生来说是非常可怕的事情。我们不希望我们培养的学生都像产品一样，打上什么什么制造，每个人都是一样的。刚才我们说拍摄的艺术也是一样的，通过不同的角度，你能拍出来不同的美。

　　第二个，红色。红色象征着什么？火。这种火又象征着一种什么样的情绪呢？热烈、热情、激烈。那应该是非常饱满的、非常激动的一种表现，像一团熊熊的火焰在我们心中燃烧。在座的老师们，家里面都有孙子啊，孙女啊，或者已经有重孙了，试想一下，很长时间没有见孙子孙女了，他们猛地一回家，你们是不是非常激动、非常热情啊！我们有一句话，叫听觉的练习，里面描述一个老太太，是这样写的，"锅里的水吱吱地响，老大娘里屋外屋地忙，烧完热水，又端饺子，又端鸡蛋，香味伴着腾腾的热气在屋里弥漫"，我们用这样一句话来描述这个老太太因为家里面孩子、孙子、孙女来了这种热闹繁忙的场景。我们对于这种场景配音的时候，我们怎么配呢？不能字正腔圆地说，那样的话虽然字正腔圆了,但是把场景完全破坏了。能显示出这个老人热爱她的家庭吗?太慢了。我们一定要展示出这个老太太非常热情的一种情绪。(演示)通过节奏,描述出整个场景的变化。

刚才说了,红色像火一样,像热情一样,我们下面具体地分类。我们来说一说,这种气息是强还是弱?强。声音是高是低?高。声音是虚是实?实。节奏呢,是快是慢?快。当我们说出这句话的时候,我们的整体造型就能够表达出来了。(演示)我们说的时候气息往上拔,一浪盖过一浪,一波未平,一波又起。就像我们都读过一篇文章,高尔基的《海燕》,特别是最后一句话:"让暴风雨来得更猛烈一些吧!"可能很多老师对最后一句理解是不一样的,有些朋友在处理这句话时,"让"处理的非常非常高,他的语言像下楼梯一样,越来越低。我相信每个人在读这句话的时候情绪是越来越高涨的,因为语言处理的不正确,所以导致语句的下降。因为我们都知道,我们的声音是有音域的,每个人音域都有低、有高、有窄、有宽,如何使音量一直往上走呢?我们说过一句话,叫欲扬先抑,欲高先低。你想爬高,就要先站在下面,不能让"让"先到最高点,后面的声音一直往上走。很多人在说,他声音好高啊!包括唱《山路十八弯》这类型的歌手,她们的音域非常高。还有一点,他们会运用声音的对比和分层。我先让观众感觉到我的声音如何地低,我再让你感觉我的声音如何地高。像唱《山路十八弯》,声音是越来越高。包括声乐也好,朗诵也好,都是由低往高而走,我们听完以后会感觉这种声音、这种气息是非常非常漂亮的,处理的非常非常完美。

刚才我们说了,一个是白色,一个是红色,我们再往下看看绿色。白和红非常能够让我们感受到它的形象,绿色呢,它应该算是颜色当中更加抽象的一种颜色。(听众:这是生命的颜色!)这位老师说了生命的颜色,这个生命相对于我们说的雪、火,又是一种具象化,雪可以想到它的具象感;火,可以想象到团团燃烧的火焰,可以想象到太阳。这些是非常具体的物体。这位老师说是生命的颜色,生命又是一种抽象的东西,能不能想象成一种具象的东西。树叶,小草,这是一种具象的。当然了,我通过自己的理解,当我看到绿色的时候,首先我也想到一种生命,草、树、鱼、虫,这些都代表一种生命的样式,在我的脑海当中,我能形容出最具象的影响我声音的节奏就是心电图。这个是在我脑海当中能够形容出最佳的、能够影响我声音的节奏。我们都见过跳跃式的心电图,我们都做过心电图,这个是跳跃性非常强的。那就证明一点,我们的生命是有跳动的。

我们还拿朱自清的《春》来解释——"小草偷偷地从土里钻出来,嫩嫩的,绿绿的"。这个"钻"是不是就是对于生命状态的一种表达?很多朋友在读这个"钻"的时候有点过于重了,这个就不是生命了,就像一个电锯,像钻木板、钻墙眼,非常直,非常硬。生命是有软度的,是有弹性的。(演示)这个"钻"要有弹性,所以说绿色、生命要有弹性。"绿色,生命的颜色。"我们要有跳跃性地来读。这样才能很好地把绿色形容的贴切。

我再给大家举最后一个颜色,我们把它列为黑色。黑色应该是一种在色系当中非常庄严的颜色。一般情况下,我们在考试时,也会经常选择深色调的布景进行布置。比如说这里就是考场,我们有录像,我们一般选择蓝色、深蓝色的布景。如果家里面有孩子要考试,要报考2014年的播音主持,或者编导啊,或者音乐类型的专业的话,不要让你的孩子选择这种深颜色的服装,特别是选择深蓝色。大家可能没有上过镜,摄像老师应该知道,如果你的布景是深颜色的话,再选择一个深颜色的衣服,灯光很暗的话,通过视觉的直线传播的话,身体融入背景了,只有一个头和裸露在外面的手,像木偶一样,不好看。我们提倡在考试时换一个色调,你的背景是冷色调,我们现场换一个暖色调,这样一种造型进行反差,有一种视觉的冲击。

黑色是一种庄重的颜色,非常严肃。如果说你作为一个会议主持人的话,我相信你肯定不会笑,这是非常严肃、非常神圣的一件事情。我们都知道有一个大家叫齐悦,他当年在主持会议的时候,一个字不差,他的功力是非常非常强的,第一次拿到稿件,给了他不长的背稿时间,他在整个会议主持期间一个字没有错,他的识字能力包括艺术功力非常厉害。

黑色的感觉,就像门前的大狮子一样,非常威严,非常庄重。声音气息应该是浑厚的,声音应该是偏暗偏实的,节奏应该是缓慢的,这个声音的变化就有了。声音要往下沉,不能太轻浮,就像一个中年男人,走路沉稳而有力,说话沉稳而响亮浑厚。我们把中年人的声音叫城府之音,说得非常浑厚,非常有城府。

当然了,我刚才说的这几个颜色,白色、红色、绿色、黑色,是我们在教学当中的一种发散思维片断,如果说利用另外一种手法来讲的话,我们可以把这种练习归为修辞手法里面的通感,就是以一种感受来描述另一种感受。这个在下面还有一个练习,我会让大家更好地去了解什么叫通感,我们运用不同的感受来嫁接、来运用。

刚才我们发现,通过白色、红色、黑色、绿色,我们产生一些想象,然后呢,进行一种感受,最后进行一种表达,这实际上叫内心视像。当你拿到稿件以后,通过对稿件的二度创作,我们把文字变成真的东西,融入我们的脑海当中,我们叫内心视像。刚才实际上是文字转化成内心视像的一种具体的过程。首先第一点是感受,你希望感受这种文字给你带来的是一种什么样的情感,或者是什么样的具体的东西。第二个是什么呢? 想象。我们要通过发散思维的想象,去找到与之相对应的一些具体的声音的变化。"人类失去联想,世界将会怎样。"这是一个非常有名的广告,它用双关的修辞——你失去了我这个产品会怎么样,人类失去了联想(想象力)又会怎么样。想象非常非常重要。最后一个是表达,通过感受、想象,到我们最终的具体表达,这样的一种过程,我们可以叫作二度创作,播音或者艺术的二度创作。

下面我们具体到一些东西,这个环节当中,我会和大家进行一些互动,也希望各位老师能够参与到我们互动当中来。我们每天教学当中就是什么呢? 从开始上课,一直互动到结束,我们就希望学生在互动过程当中,对知识点有一个更好的把握和凝练,我们会把这些东西转化为一种技术来告诉我们的学生。

我下面要讲的部分是什么呢? 也是我们配音当中必须要学的部分,我们叫它朗诵学。张颂先生写了一本书叫《朗诵学》,他用最简短的语言来进行一种归列和凝练。它分为两个部分,一个叫外部,一个叫内部,通过外部和内部来影响我们对于朗诵、对于配音时声音的把控。外部又分为几点,这是我们说的日常生活当中,我们人与生俱来的功能,味觉、嗅觉、触觉、听觉这种类型。

我们来看一看外部感受,通过外部感受进行分布训练,第一个叫视觉感受。什么叫视觉感受呢? 特别是文字稿件当中,有很多东西是描写视觉了,我看到了,我听到了,等等。王朔有一篇文章,里面有一句话是这样写的,"又笑又跳又招手",这是不是一个描写? 视觉上的描写。他看到红色连衣裙的小姑娘,肯定是视觉的描写。我们通过文字稿件当中看到的描写具体影响到我们有声语言具体的变化。

我们看看这句话,"老板是一个胖子,那张脸又白又胖,像一团油脂",我想问一个问题,作者对这个老板是喜欢呢,还是厌恶啊? 厌恶。从哪儿看出来? 油脂,肥。现在网络上流行语,这个流行语对我们的语言冲击实在太大了,有些流行语的兴起会导致与之相对应语言的灭亡。为什么呢? 现在的年轻人都是在网络上进行一种流行语的应用,有时候用两个字就把一句话概括了。现在流行一个词叫"土豪",据说要收录在 2014 年的《牛津辞典》,这个拼音要收录在《牛津辞典》,也不能不佩服别人的收集能力和与时俱进的能力。还有非常难听的一个词叫"屌丝",大家在网上可以看到《屌丝男士》这种类型的微电影,第一,它的名字非常不好,而且它的拍摄宣传理念,如果说作为我们来看的话,是对青少年影响非常差的一个宣传理念,不知道是怎么审核的,有时候感觉到特别费解。"屌丝"这个词在香港是禁用的,这是一个诬蔑性的语言,在我们内地而言的话,经常会被别人运用,而且还有人自居。刚才有老师说了,一个是"肥",一个是"油脂",我们就能够很好地反映出这个作者对于他的情感。当你看到"肥"和"油脂",我们情绪就有了,我们的重音也有了,我能不能请一个老师来试一试? 哪个老师来试一试? (演示)这个老师把自己的节奏、自己的情绪融入进去了,但是我感觉你不是特别恨他,还不是特别地厌恶他。我们特别厌恶某些人的时候连看都不想看,连听都不想听,甚至一说都恶心,这个时候我们在说的过程当中、叙述的过程当中要有一种作呕感。

听觉感受。听觉是什么呢?听觉是文字语言当中描述的声音刺激了我们的听觉器官,间接影响了我们听觉的想象。"嘘,别出声!,她把食指放在嘴唇上,止住了我的话,同时瞪大眼睛,仔细倾听门外的动静。"有没有老师想试一试?给我们营造这样非常小声的、窃窃私语的造型、形象。(演示)这位老师通过表演的形式把文字语言表达出来了。表演的形式也非常好,如果把它换成语言的话,刚才这个老师形容得非常真实。这句话对我们而言是非常好理解的,而后边这句话的音量、声音的控制,我们说是不是要有变化,我给大家两个版本,看哪个更容易刺激到我们的想象力?(演示)哪一个更能够很好地刺激我们的想象?第一个。声音是不是非常小?呈现一种蹑手蹑脚的感觉。

我给大家再发散一下,联系到我们表演当中。在表演学当中,我们特别忌讳两个东西,第一个叫笑场,第二个叫背台。笑场就不用说了,正演着呢,本来是哭的,突然笑了,就是没有融入剧情中去。第二个叫背台,我们在考试的时候,统考的时候,表演当中第一项就是集体小品,一般都是三个人,给你一个题目,比方说偷车,比方说选演员,比方说雨天,给你这样一个题目。这是一个舞台,舞台有舞台的调度,有舞台的艺术,不像生活当中,生活当中我们人可以360°来回站,舞台没有办法表现背面,舞台最怕的就是背台,就是把屁股给观众,这是对观众不尊重,也是不允许的。我们的舞台跨度怎么样去展示出小声说话,怎么样展示出窃窃私语,怎么样展示出在背地里说话呢?当我这样站的时候,我给大家是一种正面的感觉,我是在做正面的交流。如果我声音突然变小了,感觉是要说悄悄话了,这时候该怎么站?八字形,两个人的脸是贴在一起的。这样的话你们可以看到我的面部表情吧?可以,一颦一笑,一举一动都可以看到。我们讲究一种舞台的调度,来源于生活,高于生活,我们不能像生活一样,没有死角,我们是有死角的,我们是有角度的。

接着是嗅觉,嗅觉是在我们的稿件当中去描写闻到的东西,这个闻到的东西也会对播音员产生一种刺激,我们要抓住具体的感受来把它表现出来。"锅里忽然冒起了黄色的烟泡,泡破后带出一股白色的浓烟,并带着一股刺鼻的烟味。我慌了,立刻用水把火浇灭。凉粉变成了一锅黄汤,我气得真想连锅都砸了。"这句话里面嗅觉直接刺激到我们的节奏,非常急迫、非常紧张的一种节奏。我们每个人都烧过水,有时候我们粗心大意,会闻到这种味道,然后恍然大悟,立马站起来跑过去关。哎呀,完了完了,今天炖的排骨没了。(演示)这就是一种对节奏的把控,实际上你会发现,我们的节奏在日常生活中经常运用,特别特别多。就是这种日常生活中的节奏影响着我们的语言,刚才说了,来源于生活,高于生活。我们有一个练习叫观察生活,我相信如果说每一个人能仔细地观察生活当中的点点滴滴,我觉得就是非常非常好的艺术家,因为他对于生活的了解特别真实、特别细腻,当他对生活有一个非常真实、深刻、细腻的了解之后,他对任何的语言、任何的表情都传递地非常非常细腻。

我们再看味觉,吃东西的感觉,这是我们每天都要经历的,酸甜苦辣。我们一开始就让学生练习四种味觉,就是酸甜苦辣。酸的我们应该都吃过,吃过山楂、柠檬,喝过老陈醋,喝到嘴里以后,你会做一些什么样的表情?闭上眼睛。有些朋友会说,哎呀,牙倒了! 就是牙软了,没劲了,没有知觉了,这是酸给我们带来的整体感受。还有甜,甜有没有表情啊?有些学生会问,老师,甜有什么样的表情啊?实际上甜是有表情的,就像我刚才说的,声音是有高低之分的,味觉是有甜苦之分的。当你一对比,你就知道这个滋味的妙处了。刚给你一个非常苦的中药,你喝完以后,再给你一块糖,那个表情一样吗?苦得难以下咽,非常难受,这时候再吃一块糖,我们表情立马就舒展了,还舔舔嘴唇,真甜啊! 这就是一种甜的表情,很舒心的表情。辣给我们的感觉最直接的就是我们的舌苔,热辣,我们经常伸着舌头说"真辣"。很多人说热也伸舌头,那不是,人热是不伸舌头的。热和辣要分清楚。说酸,我们看看这句话,"他大着胆子把一颗未熟透的青杏儿放进嘴里,咬了一口,顿时像被针扎痛了似的扭歪了脸,紧紧闭上眼睛,老半天也不敢再嚼下去"。当我们看到这个地方,我通过一个视频,带领大家进入一种非常极端又刺激的味觉当中一块来体验体验。

(小宝宝吃柠檬视频播放)

这是关于酸的感觉,小宝宝是最不会表演的,但他又是最真实的表演者,他不会做作,不会虚假。大人有忍耐能力,有表演性,小孩是没有表演性的。有挤眼的,有牙倒的,还有抖动的,酸能给我们非常极端的有刺激性的味觉。我们来看看这句话,"咬了一口青杏",熟透的杏是酸甜的,青的就更酸了。"放在嘴里咬了一口,顿时像被针扎痛了似的扭歪了脸",我们把这种修辞叫作通感,我们经常说"我的心真疼啊,疼得像刀扎了一样"。难道真的刀扎过心脏吗?那是不可能的,这是一种艺术的修辞。可能我们的皮肤被刀扎过,我们感受过刀扎过的刺痛感,我们把这种刺痛感引入到我们的心疼这种感受当中,我们把它叫通感。通感就是以一种感受来描述另一种感受,这里面就把这种针扎痛似的感受引入到吃到嘴里的青杏刺激你的胃的感受。(演示)后面这个地方嘴已经软了,没有知觉了,都是口水的感觉。

第五个是触觉,我们生活当中最常感受到的,接触到的感受。"朝鲜的冬天三日冷两日暖的,碰上好天,风丝都没有,太阳暖烘烘的,好像是春天。"这里面说的是朝鲜的冬天是暖的,就像济源的冬天一样,也是暖的。这句话里面着重把它对于暖的感觉描写出来,有一种晒暖慵懒的感觉。特别是我们今天这么晴的一个天气,昨天四五级的大风,虽然天非常晴朗,但是出门不是特别舒服,今天是最好出去进行户外活动的时机,晒晒太阳,喝喝茶,是最慵懒的休闲时机。(演示)读起来非常慵懒、舒适,整体是这样一种感觉。

这是刚才说的朗诵里面的五个外部技巧,再说说内部技巧,内部技巧就可以归类了,大致分为三类,爱、恨、恐惧。每一个字都包含了很多的内涵。爱就是喜爱啊,爱情啊,亲情啊,友情啊,爱抚啊,爱戴啊,爱恋啊,等等,可以把它叫作正能量,好的都可以把它叫爱的感受。像《春》:"盼望着,盼望着,东风来了,春天的脚步近了"。这就是期望声音的造型,非常唯美,非常盼望,非常喜爱。

第二个,恨。这个恨我们包含了非常多的负面的情感色彩,比方说怨,比方说仇视、冷漠。李清照的《声声慢》是一个非常好的练习稿件,还有《兵车行》,也是一个非常好的稿件,练习怨、恨、幽怨的稿件。我们看《声声慢》,"寻寻觅觅、冷冷清清、凄凄惨惨戚戚"。"寻寻觅觅"展示一个人的什么?展示一个人的动作,在找的动作,这儿看看,那儿看看,这儿眺望一下,那儿眺望一下,这叫动作。这种动作的节奏相对而言就比较有节奏感。当她看了,看完以后,"冷冷清清"展示的是什么呢?氛围和环境。我们说冷冷清清,看完四周以后才能确定是不是冷清。"寻寻觅觅,冷冷清清",最后是"凄凄惨惨戚戚",是一个人内心的感受。李清照是南宋的一个女词人,她非常惨,国破家亡,她找不到,又那么冷清,她会感觉自己这一辈子活得是多少多少凄惨啊!寻寻觅觅,冷冷清清,凄凄惨惨戚戚!归结到内心了,东西没有了,家也没有了,活着还有什么劲啊!这种情绪表达她幽怨的感受。

第三个,恐惧。我们都知道,恐惧就是害怕、不安、造作。我们现在也非常流行一种网络小说,这种小说也是以悬疑、惊悚题材来赢得青少年的关注。看这个地方,"皮皮鲁大模大样地拉开壁柜的门,不禁'啊'地叫了一声",这个"啊"怎么配呢?这个"啊"是一个语气助词,它也可以叫倒吸气的"啊"。(演示)大家听到我这个"啊"的声音了吧?是倒吸凉气的声音,是惊讶、惊喜、惊奇。这是一种惊喜、惊奇,往上一提。这跟我第一次跟大家讲提软腭的练习是类似的。"壁柜里的墙壁上出现了一个黑乎乎的大洞,洞口是长方形的,洞里一阵阵地往外喷射着寒气。"声音的虚化,对恐惧的营造。我们都说《国宝档案》,大家都听过,这个《国宝档案》里面任志宏被评为中国最具历史感的声音。他的声音配《国宝档案》是非常非常棒的,里面有悬疑,有惊悚。如果他的声音单独拿出来,配《舌尖上的中国》或者别的,那就成了悬疑片了:

(演示)"这可能只是一个饭碗,在做什么呢?在做一碗粉浆面条。"

这种声音的语气,一穿插的话就会发生变化,所以我们要有变化。每个人进行专业配音时肯定

有一个路子,每个人都有自己的定位。

刚才和大家讲的是外部感受和内部感受,我希望这种外部和内部的感受能够帮助各位老师在下面学的过程当中更好地去发散思维、去练习。

下面进入与我们配音有关的章节,叫广告配音。这是目前在学校主讲的一个内容,为什么说广告配音?很多老师有一个疑问,为什么要配音呢,演员自己配不就完了吗?确实有演员自己配,我们叫原声、同期声。这个有,但是不多,为什么呢?因为很多演员,我们会发现,他的长相、他的表演非常棒,但是一出声就完了,这个声音完全把他的形象破坏了。

我给大家带来两个例子,这些例子可能不足以说明一切,但是我觉得是一个非常好的典型的案例,我们可以来看一看。

(视频播放)

整个画面是不是非常温馨啊?这个女主演张柏芝也是非常漂亮,就是她的语言,她的声音非常粗。对于广告里面的信息损害非常大。当我们看到这样的一个广告的时候,我们会发现,里面有一些非常重要的奶粉价值没有了。

我们再来看一个,还是同样一个人,是不同的广告,她用了别的配音。

(视频播放)

这个很短,声音和人物造型贴合得非常好,把她的端庄和家具温馨的风格展示出来了。为什么要兴起广告配音?就是为了弥补我们的演员在表演过程当中声音的缺陷,所以才有了配音演员。配音演员原先在20世纪七八十年代时,是非常小众的一个职业,甚至有一个潜规则,这个潜规则是什么呢?当一个影片结束的时候,这个配音演员他的名字不会体现在这个字幕当中,我们叫他无名的英雄。近两年配音演员的名字开始进入到字幕当中,这是对配音演员的尊重,我觉得是一个很好的现象。

我们在让学生练习时不可能一开始就练广告,20秒、30秒的广告看似非常简单,练习时却是非常非常难的。我们要对这个广告产品,对人物形象、人物整体造像有一个贴合,这个非常非常难。我们要求对学生进行几个练习,第一个是广播,广播是无声的。广播的语言变化是非常细腻的,广播之后要进行广播类的广告来进行配音。因为它们没有画面,我们只有音乐。当没有画面的时候,我们的语言是发散性思维的,我们不需要画面来牵制我们,而最后一项,我们要进入影视的配音。

大家来听听学生做的一个作品,我们听听他们平常的练习。

(音频播放)

很多时候我们听广播,一个栏目的切换需要一个片头的介入,来进入下一个章节的练习。还有一个,介入到第二个广播类型的广告,我们要求他的声音要有塑造感,要求他的声音要贴合这个产品,要给人视觉上的想象。我们知道,听觉是最容易让人产生丰富的想象的。

(音频播放)

这个是对于一个汽车的造型,我们都知道它属于一种高端车,我们必须要把它的价值感、厚重感表达出来,让它与众不同。这是对声音的一种把控。当我们的练习进入到画面的时候,我们就会发现,我们的声音不再那么自如了,我们的声音受到很多画面的牵绊。比方说在10秒钟的这个点当中语言要进入,在13秒的时候语言要撤出,我们要求你的时间段要掐得非常准。我们对于时间的把控要求地非常非常严格和精确。我们可以来看看,这也是要求他们做一个个性的广告。这个是范冰冰做的,她的整体声音造型不能够很好地驾驭广告产品,我们进入声音的修复,使她能够更好地凸现出广告的创意所在。

(视频播放)

这是一个个性化的微电影式的广告,这种广告要求叙述感非常强,而且叙述感还要体现出表演者的造型。为什么叫配音演员?他们在幕前演,我们在幕后演,特别是我们在模仿他的某一个神情时,我们也需要做相同的动作。大家都看过电影《功夫》,里面有一个包租婆,包租婆自始至终一直是嘴巴上叼一根烟卷的,这个配音者,叼烟卷配出来的声音跟不叼烟卷不一样,那是不行的,配音演员也要叼一根烟卷,从开头到结尾,一直叼着烟配,营造出叼烟卷的声音造型,必须一对一,我们叫幕后表演。曾经有一个非常老的艺术家叫邱岳峰,是一个非常老的配音家,表演圣手,他的演技已经不差于电影当中这些人的演技,在话筒前的演技非常非常棒。

我们来看看这个广告的概述,我们简短快速地告诉大家。广告配音类型非常多,种类也非常多,我们简单分为三种:评述感配音、叙述感配音和描述感配音。评述感的配音声音起伏不是特别大,叙述感的配音的话像讲述一个故事一样,声音是有低有高的,而描述型的配音的话有重音,就像刚才看的最后一个广告。我们在配音时也讲究三种不同的类音,讲究不同的方式。

声音的因素。古人云:"声有声之形,其形惟何?"说什么呢?我们的声音有大、小、阔、狭、长、短、尖、钝之变化,告诉我们什么呢?大小是音量,宽窄是音域,长短是气息,音高、音强都是有变化的。每个人声音的本质是不一样的,有大有小,有宽有窄,有厚有薄,这种声音变化都影响到我们声音的造型。有的时候要求我们的配音员一个人分多个角色进行配音,对声音的把控能力非常非常强。配音主持专业为什么说是播音主持专业金字塔的塔尖呢?因为要求专业性非常非常强,对声音认识非常灵活。古人在过去已经把声音总结得非常非常好了。

我们还说过,"人声为贵,丝竹次之",这也是说人的声音,在声乐界里面是最美妙的一种乐器。俄罗斯有一个艺术家说了,"能够与音乐媲美的是汉语"。说明咱们的汉语言音韵是在全球语言当中非常美妙的一种声音。在这个声音的造型当中,我们会分为几类,它和我们朗诵有一点不同,我们对于声音的把控要求非常非常稳。

第一个是典雅,显出优雅的气质。比方说我们看过的张裕解百纳的红酒广告,声音是很平稳的,你要把红酒的年份、晶莹剔透的色彩,通过酒杯给旋转出来,要把你的声音给沉淀出来。第二个是力量。力量属于阳刚型的,一般都是男声较多,这种力量一般运用于润滑油啊,酒啊,汽车啊,重工业啊,等等。比如说壳牌润滑油,力度感非常强。第三种,温柔感。比方说我们看的养生堂维生素E,娓娓道来,温柔,贴近消费者,让你赶紧去买!赶紧使用这个产品吧!让你有非常亲切的一种感情。下面是亲切,亲切用的是一种语气,这种语气给你一种深深的问候和温暖,而这种问候和温暖能够让人在瞬间就感觉好感倍增。

我举一个广告:看看最后一句的温柔感,这也使很多男性朋友去选择它这个产品。

(视频播放)

我们听最后一句话,"劲酒虽好,可不要贪杯哟!"在修辞里面我们把它叫暗示,难道真的是"劲酒虽好,可不要贪杯哟!",就像做那个黄金酒,两个老先生,谁给你买的?我儿子给我买的。满上!满上!满上!让你儿子也去买!这也是一种暗示。我们在广告当中有非常多的这种暗示。还有衣服类的广告,"不要太潇洒",穿上以后非常潇洒。实际上说这句话时就是让你多喝几杯,这是一种暗示。这种暗示在广告当中非常多。我们都知道加多宝和王老吉,这是一个非常明显的暗示广告,甚至是有一些露骨。像"原来畅销的红罐凉茶改名加多宝",一说这句话,我们就知道,它是和王老吉在竞争市场。有的时候广告是有一种恶性竞争,这个在广告法规当中是不允许的,我们把它叫作恶性竞争。如果在美国,那是绝对不允许这种暗示的。像"劲酒虽好,可不要贪杯哟!"这个潜意识的灌输,像洗脑一样,这在美国是不允许的,怕这种潜意识会把人"洗脑",这是非常可怕的一件事情。

第五个,幽默式。幽默式在我们的广告当中非常多,经常会请大家熟知的幽默人物进行广告的拍摄和表现。当然了,给大家举的例子是陈佩斯,他是一个非常厉害的艺术家。有人说,中国目前有两大喜剧类型,第一是陈佩斯,第二是赵本山,陈佩斯属于城市风格,赵本山属于乡村风格。

(视频播放)

我们会发现,他的声音是非常有趣味性的。陈佩斯这个人也是非常厉害的一个人,只是跟原先央视有一些纠葛。

我们给大家介绍两个顶级配音师,如果大家感兴趣,可以在网络上搜一搜。他们不单单是广告当中的顶级配音师,也是专题片当中的顶级配音师。像李易,前不久刚刚去世,是国内顶级配音师,非常厉害,才50岁。他开创了我们中国非表演式的一种配音风格,红极一时。他配过什么呢?大家都知道"你现在收看的是中央电视台新闻频道",这个是他配的。还有综艺频道,还有科教频道,版头全部都是他配的,《新闻直播间》也是他配的,还有《东方时空》《焦点访谈》,那些都是他的声音。他是央视的"御用"配音员之一,非常厉害。

我们来看一个版头。(视频播放)

他开创了中国非表演式的一种(配音)模式,他就往那儿一坐,对着话筒。他原先开过几个配音大师班,总共开了五期,非常非常少。

第二个也是顶级配音师,叫孙悦斌,这个现在还健在,刚才那个因为身体原因不幸早逝了。我相信有一个广告大家是再熟不过了,就是"佳能,感动常在"。凡是看过佳能广告的,我们都听过这句话,这就是他配的音。还有很多影视剧,比方说一个老的译制片《勇敢的心》,他配那个主演,还有《拯救大兵瑞恩》,配过很多影视剧和广告。

我们来看看他的作品。(视频播放)

为什么说现在学生很多人选择配音这个专业?因为艺术类这个专业,我们在"高考之友"上说了,这是一个高投入的专业,也是一个高回报的专业。很多人在选择配音这个行业时,很多人选择配广告。广告和影视在薪酬和价值上有一个很明显的区分,广告的收入是非常可观的,而影视剧的收入其实挺少的。广告收入非常可观,像刚才这个孙悦斌配"佳能,感动常在",基本上是一字千金,一个字将近1万元钱。我们周口电视台还是焦作市电视台,十年台庆,请李易配音,还是托了一个朋友找他,10分钟收30万元,是非常非常高的,这还是友情价,如果是外面的话就60万元。为什么很多人选择这个行业,选择这个广告?因为它可以带来经济上的作用。有些时候我们是专业选择市场,市场决定专业,就是这样一个过程。现在学校也与时俱进了,什么有市场我们就培养什么样的学生,更好地融入我们的市场。

最后一点,我们来进行一个互动,我们举一个例子,让大家去感受一下配音的妙处,或者配音的乐趣,或者让大家体会体会配音的难度。我给大家举的例子是"国窖1573"。词已经给大家了,大家可以看一下PPT。这个时间段是31秒,就是告诉你了,你可以用31秒的时间把这几个字说完,实际上时间非常充裕,就看你怎么说。我先给大家一个母版,让大家去看看,体会体会,一会儿请一个老师来表演。

(视频播放)

这里面每一个声音都是拉长的,大家可以很慢地,很有品位地,就像在饮一杯陈年的老酒一样,绵柔感非常强,把这种感觉融入进去。我们先听一遍音乐,在听音乐的时候在心里面先酝酿酝酿,然后请老师来试一试。

(互动)

为什么要有背景音乐呢?音乐有时候会影响我们整体的语言节奏。你要跟着节拍来,如果快半拍,就提前结束了;如果慢了,就没有了。接下来请一位前辈来给我们试一试。

(视频播放)

这位老师掐时间很准。每个人对于音乐感受不同,对于节奏感的理解不同。人生就是一种节奏,对于节奏的把控,就能反映出你对于语言的把控。刚才这位老师,不急,我可以先听音乐,你并没有告诉我什么时候出声,我在应有的时间当中把我的声音说完,而且又能达到我的艺术造诣,达到我的要求,这就是完美的作品。我前面可以听音乐,后面可以把声音给接连在一块。刚才有一个老师说,稍微有一点慢了。实际也不慢,为什么呢? 不见得音乐完我的声音就要完,有的时候我的声音可以有一个延续。

这就是我今天给大家带来的广告配音的一些基本的东西,希望大家能够喜欢,也希望年轻的朋友都能够关注配音专业,更好地投入到我们这个行业当中来。

谢谢大家!

人文教育

主讲人:王燕,国家二级心理咨询师、萨提亚家庭治疗师、绘画艺术治疗师、彩虹之家绘画艺术公益团队核心成员、格瑞特教育咨询公司资深咨询师。长期从事家庭治疗的理论研究与实践,在运用绘画及萨提亚家庭治疗对婚姻家庭、亲子关系、青少年心理状态调整方面具有丰富的实践经验。

时　间:2013 年 6 月 2 日

地　点:河南省图书馆研议厅

如何满足孩子的心理营养

大家早上好!昨天刚刚过了六一儿童节,今天来的时候跟(图书馆的)老师说,这个话题非常适合这个时间跟大家分享。刚才安娜老师也说了很多很多我的个人简介,其实我只是想作为一个家长,作为一个咨询师,来跟大家分享一下我在做咨询过程中遇到的家长的教育困扰和误区。

在这一上午的时间里,我希望不只是我一个人在讲,如果在我讲的过程中大家觉得讲的不太清楚或者有疑问的话,可以随时举手示意我,咱们做一个互动,我希望今天这两个小时不是我的"一言堂"。

今天我想要跟大家分享的是"陪伴孩子一起成长,如何满足孩子的心理营养"。在讲这个主题的时候,我想分两个部分来讲,首先第一个部分的内容是夫妻关系对孩子的影响。

在中国大部分的家庭里面,一旦有了孩子,好像这个夫妻关系就退居到第二位了。前几天一个朋友跟我说,没有孩子之前两个人也不知道该怎么生活的,现在有了孩子以后,怎么觉得跟那个人除了孩子没有别的话题可说,我们只能说孩子,除了孩子的问题,我就不想跟他说话,不想跟他说很多。这是中国家庭一个极大的误区,在一个家庭里面,一个基础的、最重要的关系是婚姻关系、夫妻关系,夫妻关系好了,带动周围所有关系都会有良性的发展,包括你的亲子关系、父母关系、婆媳关系、翁婿关系,这些都以夫妻关系为基础。

大家看一下这个图片(PPT),是不是非常熟悉?或许我们自己也经历过这种状态:父母不停地争吵,我们很无奈,也很恐惧。是不是现在在您的家里,或者周围朋友的家里继续着这种状态呢?我刚才看到有一个带着孩子过来的家长,愿意不愿意让孩子和您一起上来跟我做一个互动呢?

你们(两个大人)作为父母,以图片上的姿势互相指着对方,孩子站在中间。(互动)

首先可以肯定的一点是,孩子在这种状态下非常不开心,虽然他不知道该怎么做,刚才那个小伙子说"我会选择离开"。孩子从小在面临着父母争吵的这个状态下会形成他今后的一个生存状态,这是讲在家庭里面四种比较基础但不是很健康的生存姿态。

第一个是指责,看到父母在相互指责的时候,可能刚开始说"爸爸妈妈不要吵了",当父母一直持续地互相指责的时候,孩子也可能举起他指责的手,他在指责父母,为什么不能给我提供一个安稳的家,为什么我不能像别的孩子一样有一个和谐的家庭,可以安心地成长、安心地生活?将来他步入婚姻的时候,这个指责的手也会带到他的婚姻里面,形成一个新的指责的家庭。这是我们讲的家庭复制,一代一代用相同的方式进行。

有的孩子会怎么样呢?第二个姿态,会讨好。讨好自己的父亲,讨好自己的母亲,"我求求你们不要再吵了",求求爸爸,求求妈妈,求有用吗?很难。父母在互相指责、互相抱怨的时候根本照顾不到孩子的感受,孩子的讨好是完全没有用的,他制止不了父母之间的互相指责,制止不了这种家庭暴力。

第三种状态是超理智。这个人长大以后不再关注情感,也不再关注情绪,不关注周围任何的情绪,只关注道理,一切以道理为准。我们经常说家是一个讲情的地方,不是讲理的地方,但是这种人随时随地会把大道理讲出来,看到父母在吵架,他不再指责父母,不再讨好父母。他给父母讲道理,"你们知道不知道一个父母应该怎么样做",会讲很多很多的道理。他完全忽视了自己的感受,也不说自己很难受,也不说在父母吵架时自己很痛苦,只跟父母讲道理。在大部分的家庭里面,爸爸往往是最可能成为最爱讲道理的人,滔滔不绝地跟孩子讲。

再有一种状态是打岔。打岔这种状态在青少年里面是比较常见的,因为他没有办法,他控制不了父母,也讨好不了,指责不了,只好转身离开,就像刚才的小朋友一样,等他们吵完了再说。这是小一点孩子的表现。进入青春期以后,这个孩子会说"随便",常常对家人说"随便"、"无所谓"。我不知在座的有没有青春期孩子的家长,我们接触了很多青春期孩子的家长,他们来咨询的时候说,根本不能跟他说什么,你说什么东西人家都是"无所谓"、"随便"。为什么他会说"随便"、"无所谓"?因为他认为,不管他说什么、做什么,家长都不可能认同。

记得我儿子上初三的时候,他要骑电动车上学,因为学校老师也没有说不允许,孩子他爸说,"孩子,我来给你谈谈,你们班主任说了……"孩子当时的一句话就是"你不要跟我谈,我说不过你,你不让骑我就不骑了"。孩子面对家长滔滔不绝的道理也好,面对刚才那种吵架的状态也好,没有办法的时候会选择离开。

青春期的孩子为什么一回到家里打开自己的房门进去之后就关门,不愿意跟父母多交流,因为他知道自己说什么都得不到重视,也得不到家长的认可,只能以打岔的方式表示对家长的反抗。

不好的婚姻关系给孩子带来的第一个影响就是孩子没有安全感。我们讲家庭里面爸爸和妈妈组成了孩子的整个世界,当父母经常吵架的时候,就相当于孩子的世界飘摇不定。前几天一个朋友跟我说,你们女人很厉害,家里面男人是天,女人是地,男人发发脾气顶多就是打打雷,下点雨,女人一旦发火就是地震啊!家里面还是你们做主比较多。我们试想一下,家里面经常是雷电暴雨,再加上一些地震,这个孩子在里面能有安全感吗?没有安全感的人会怎么办?有一部分人会通过挣钱,他觉得有钱了才有安全感,不停地去挣钱,寻找一切挣钱的渠道。当他拿到钱,看到存折上的存款数不停增加的那一刹那感觉好舒服,突然觉得很安全,但是这种安全感持续不了很久。过不了多久他就会发现,我还需要再出去挣钱,我需要更多的钱才能让自己安全。其实不管他挣了多少钱,这份在他成长过程中家庭里面缺失的安全感用钱是满足不了的。

还有一种会是什么样的人呢？因为他的不安全，他会缠人，小孩子缠着父母，一分钟都不能离开，不能离开父母的视线。他将来结婚以后，进入他的婚姻里面，他会缠着另外一个人，一天打几遍电话，不停地打电话，比如说问你在哪儿啊，你要去哪儿啊，你跟谁在一起啊，等等。这种人往往感觉到不安全。还有一些女孩子会做一件让她男朋友或者老公很崩溃的事情，就是每天不停地问"你爱我吗？"，早上问过了，下午再问，第二天再问一遍，男孩子都要疯掉了：怎么昨天说过了，今天还要问啊？因为她感觉不安全。她不知道是不是真的被爱，她不知道她怎么样做这个男人才是真的爱她。她很恐惧，感觉很不安全，她把周围的人快逼疯了，还在不停地问。她觉得我就问你一句，你回答了不就行了吗？有什么值得那么生气的？干吗问你一句话你都不想说，一定是你不爱我。她寻找一切证据证明对方是不爱她的。本身可能两个人关系很好，被这样问来问去，往往到了她担心害怕的那个地步，人家真的不爱她了。试想，在让对方没有空间、让对方有窒息的感觉的关系里面，有谁能够长时间地待下去呢？

怎么样才可以让我们得到安全感，用一种健康的方式得到安全感呢？不停地自我成长，自我完善。从个人本身，我觉得我足够好，我觉得我是有价值的，这个时候个人才能从内心里面来找到自己的安全感。其实我们讲心理营养之所以重要，是因为我们穷其一生都在追求这个东西，包括安全感也是。一旦我们小的时候没有得到这一部分，在成长的一生中，我们一辈子都在找这一份东西，不过那个时候找起来非常难。

夫妻关系对孩子第二个影响就是责任感。当夫妻关系不好的时候，他们的孩子要么过度有责任感，要么是完全没有责任感，会有两种极端的形式。为什么会是这样呢？假如说一个家庭里面，妈妈非常强势，爸爸相对弱一点，这样的家庭环境里面受影响最大的是谁？是女孩子。当父母关系不好的时候，当妈妈一直在指责、抱怨这个爸爸太软弱、太无能的时候，说他怎么就不能像别人一样为家里做多少多少事情，为家里挣多少多少钱的时候，当她抱怨老公的时候，她的孩子是很无助的，她必须要选择一个人跟她关系好。假如说这个女孩子选择了爸爸，因为她很同情爸爸，她愿意和爸爸关系很好，这个时候妈妈对她一定是不好的，跟妈妈的关系就不好。这个姑娘会怎么做呢？她会做很多的事情去讨好她的妈妈，让妈妈没有那么辛苦，让妈妈没有那么多的抱怨，帮妈妈做很多的事情，目的就是想挽回这段关系。但是通过小孩子来挽回夫妻关系往往是不恰当的，孩子也是做不到的。在这个过程当中，这个女孩子内心会充满恐惧，没有安全感，她不知道怎么样才能让她的妈妈开心起来，让她的妈妈高兴起来，让她的妈妈不再指责、抱怨她的爸爸。这样的女孩子长大以后会成为一个"拯救者"，因为什么？因为在她小的时候，在她跟父母生活在一起的时候她有一个愿望，她想"拯救"她的父亲，当然，她是"拯救"不了的。她"拯救"不了她的爸爸怎么办？当她将来结婚以后，大家觉得她会选择一个什么样的人结婚呢？据统计，70%左右会选择一个很弱的男人作为她的丈夫，因为她要继续她的"拯救"事业。

没有哪个男人愿意被自己的妻子拯救、控制，即使他很弱，即使他不够强，但是他也不愿意过那样的生活，这个女孩子会很痛苦。假如说不行，离婚，离婚之后再找，依然会找一个需要她"拯救"的，因为这样的女孩子长大以后，吸引她眼光的男人一定是需要"拯救"的男人，真正很强势的男人吸引不了她。除非有一天她看到她这个模式，看到了她生活的这个状态，她才可能改变这种模式，否则的话，不管她结多少次婚，离多少次婚，她找的男人基本上都是同一个类型，这个女孩子就是过度有责任感的人。

我一个朋友过得非常累，她一直说，她妈妈去世的时候要她照顾好弟弟妹妹，从此以后，她把孝顺父亲啊，给父亲养老啊，把这些作为她自己的责任。弟弟结婚，弟弟买房子，弟媳生孩子，人家家里发生矛盾也统统是她的责任，妹妹家有什么状况，她也是第一时间跑过去，完全成了这种过度有责任感的人，把所有的责任都揽在自己身上，特别累，做了很多很多事情。往往在家里面，做得越多的人不见得是最受欢迎的人，因为别人没有空间，而且她在不停地做事情的过程当中能力会越来越强,同时剥夺了周围这些人自我成长、学习的机会。

上一周,跟《百姓调解》到封丘一个村庄里面去做了一次调解,当时我感触特别深的是,那个老先生挺可怜的。他三十多岁时没有了自己的妻子,四五十岁时失去了大姑娘,他的儿子半年前因为意外去世了,等于是一个失独老人,特别痛苦。因为他没有安全感,同时他又过度地有责任感,现在邀请我们去调解是因为他跟他唯一的儿媳妇已经闹得水火不容了。我们进去的时候他在家,儿媳妇回来以后指着他鼻子大骂,就是那种状态。在沟通过程中我们发现,这个老先生确实有很多不安全的感觉,他想怎么做?他要控制,他要控制他儿媳妇,他让儿媳妇招一个人进来,在他儿子刚刚去世半年的时候他就想到这些。他认为不能让她走,她要走了,将来自己就没有活头了。他让她招一个人上门,让她不要白天去打牌,让她准时去接他的孙女放学,让她不要经常这样那样花钱,当他种种的控制欲表现出来的时候,儿媳妇爆发了,说,你根本就没有权利管我。矛盾越来越僵了。过度有责任感的人往往是没有界限的人,不知道哪些事情该自己管,哪些事情不该自己管。"拯救者"或者过度有责任感的人一定要懂得"界限",知道哪些事情是自己的,哪些事情不是自己的。

在这里跟大家分享三句话。一是自己的事情尽力而为。二是别人的事情我们尊重。因为那是别人的事情,他可以选择怎么做,那都是别人的事情,你可以给他建议,但是你要尊重别人的事情。三是老天爷的事情我们要接纳。就像地震这种事情,我们改变不了,我们只能接纳、臣服。这样的话,界限分清以后,彼此之间矛盾会少很多,不至于说你做了很多,在家里没有人说你很好,你还很生气:我都做了么多了,他们也不说我好。觉得人家挺不感恩的。

在夫妻关系对责任感的影响里面还有一种,孩子天生性格比较弱,承受压力的能力比较弱,当他看到父母整天处于那种状态的时候,他会想,反正我也救不了他们,我也帮不了他们,我说什么他们也不听,干脆不管了。这种孩子长大以后往往会成为一个没有责任感的人,并且会成为那种有不良习惯的人,比如说酗酒啊,容易有网瘾啊,甚至是吸毒,这些人往往都是没有责任感的人,因为他们在家里面发现自己没有能力,做不到任何事情,什么都做不好。刚开始肯定是出于本能,会想要拯救那段关系,当他发现不行的时候,就一下子把自己完全否决了,觉得自己做什么都不行。可能在网络里面、在喝酒过程中能找到一些让自己麻醉神经、不再面对痛苦的机会,所以他就沉迷于那种场景里面成为没有责任感的人。

刚才我们讲了,一个家庭里面妈妈特别强势,爸爸特别弱势的话,对女孩子的影响要超过男孩子,反过来,在一个家庭里面,如果爸爸很强势,妈妈比较弱势的话,受影响最大的是男孩子。跟上面讲的基本上是一样的,这个男孩子长大以后,也会被那种需要"拯救"的女人吸引,他会把这个女孩子娶进家,然后控制她。因为他吸收了太多父亲的那种愤怒,小时候男孩子当然没有能力跟他爸爸抗衡,他很想救他的妈妈,同时埋怨他的妈妈为什么不能强一点,为什么不能独立一点,为什么我救不了你?他有很多恐惧、愤怒在里面,他很不舒服,这份情绪压在内心以后会带到他的婚姻关系里面,他会对那个女孩子有很多的要求,有很多的控制,当对方不能满足他这种拯救感的时候,假如说他父亲有家庭暴力的时候,他也会打这个女孩子,就是又一个家庭复制下来。

我们在座的已经结婚的家长们可以想一下自己的婚姻模式跟我们父辈有哪些相同的地方。其实我在咨询过程当中问过很多女士,当她抱怨老公怎么样怎么样的时候,我问她一句话,想想你老公跟你爸有什么地方相似?(她们)刚开始说,没有,跟我爸一点都不像!我说,请你再静静地想一想。她会说,呀!真有一样的地方,原来真是这样的。她会发现很多老公跟爸爸相似的地方,之所以这个人吸引她,绝对是有原因的。为什么吸引她?跟她从小成长过程中家庭给她的影响是有关系的。

夫妻关系跟孩子的第三个影响是亲密感。孩子从出生开始,看到的第一种亲密关系就是爸爸妈妈,也只有这一份亲密关系他可以看得很清、很透,从中看到男人女人是怎么样相处、怎么样解决问题、怎么样解决冲突的。他看别人的爸爸妈妈只是看外在而已,就像我们在座的朋友看同事家,觉得他们两个人过得很好啊,觉得他们两个人很幸福。前几天一个大姐跟我说,她说话很有意思,她说:用河南话说,不跟谁结婚,不知道谁是孬孙!你没有跟他生活过,根本不知道这个人怎么样。他每次在你们面前表现得很优秀,侃侃而谈,在家里面你不知道他是什么样子,真让他跟你过,你也跟他过不到一起。虽然话很糙,但是说出了很多家庭的状况。我们看到的只是外在,孩子能看到的也只是别人的爸爸妈妈是怎么样的,他看到自己的父亲母亲怎么样相处,这一部分内容会内化到他的内心深处,成为他将来结婚以后如何与他的伴侣相处的一种方式。

当他看到他的爸爸妈妈在外面人际关系都很好,爸爸呼朋唤友,很多人都说他好,很多好朋友,很愿意帮助人,妈妈在外面温文尔雅的,人家都说妈妈很温柔,但是回到家里发现这两个人不是,都变样了,会吵架。这个时候孩子会有一种解释,就是亲密关系很可怕。原来跟外人相处的时候互相没有伤害,大家都和和气气,但是一回到亲密关系里面就是互相指责和互相伤害,对孩子的影响是什么呢?不敢建立亲密关系,他会很恐惧。

之前有一个家长带了一个十一二岁的女孩子过来,当时她妈妈很困惑地说,在家里老公爱跟我开玩笑,你怎么这么笨啊?怎么什么都做不好?我认为他是爱开玩笑,但是对孩子的影响是什么呢?小姑娘说,妈妈,我长大以后我不结婚,我不要找一个男的天天欺负我。妈妈说,没有啊,他没有欺负我。孩子说,我看到的是。其实,有的时候大人的理解和小孩子的理解是不一样的,孩子会按照他自己的理解和自己的感受来解释这个事情。在这种关系里面长大的孩子会不会恋爱啊,会不会爱上别人啊?也会恋爱,也会结婚,但是结婚以后,他不知道怎么跟人亲密,或者很害怕这种亲密,因为他觉得亲密关系是互相伤害的,他不敢亲密。结婚之后有了孩子,他很爱自己的孩子,但是他也不会跟自己的孩子亲近,有一些父亲会说,我就要严肃一点,对孩子不能太亲,容易蹬鼻子上脸。这是因为他很害怕这种亲密关系,或者是他从父母那里没有学会怎么亲密。

在所有的婚姻关系里面有两个最危险的婚姻关系,一个是倾斜的婚姻关系,一个是损毁的婚姻关系。所谓倾斜的婚姻关系是指,在一个家庭里面,不管爸爸也好,妈妈也好,有一个是有情绪障碍的,有情绪障碍是指他不能控制自己的情绪,就是你不知道他什么时候会发火,你也不知道他什么时候开心。正常情况下,一般孩子会知道,我做的这个事情妈妈会生气,我做了这个事情妈妈会不开心,我这样做事情她会很高兴,但是有情绪障碍的家长呢,孩子是完全不知道他怎么样做父母才会开心。也可能今天这件事情他这样做了妈妈很高兴,同样的事情明天来做就不行了,她就不开心,完全根据当时的情绪状态来改变。在这种婚姻关系里面,孩子首先是没有安全感的。再一个,长久下去,这个家庭里面的孩子会有精神障碍,会得精神疾病,特别是第三代孩子里面,危险性更大。

毁损的家庭关系是指,假如说我们结婚之前每个人的综合成绩是80分,结婚以后,每隔三年下降几分,可能等结婚十几二十年以后,两个人的个人综合分降到40分了,就是不及格的人了。为什么是这样呢?在这个婚姻关系里面,两个人不懂得如何相处,不知道怎么来解决他们的矛盾冲突。往往我们讲后院失火,可能你在前面工作也没有心情,学习也没有心情,整个人就进入那种没有追求、不求上进的状态,可能就从80分很优秀的人变成70分的人,或者40分的人,一点一点地在降。在这个婚姻关系里面,孩子同样很容易患精神疾病,抑郁症啊,强迫症啊,在这个家庭里面是特别多的,也特别危险,特别是第三代的孩子。

什么样的婚姻关系是我们比较建议的婚姻关系呢?就是建设性的婚姻。两个人本来是不完美的,结婚前可能70分,80分,算是差不多的人,结婚之后两个人都能接纳对方的不完美。因为每个人都有自己的缺点,也有自己不完美的部分,可以接纳对方的不完美,同时欣赏对方完美的部分,就是两个不完美的人建立了一个完美的家庭、完美的婚姻,在这个婚姻里面,可能是每隔三年他们上涨几分,结婚几年以后,他们可能成为90分的人,变成特别优秀的人。

在婚姻里面,大家要多看对方的优点,少盯着对方的缺点来看,尽量给孩子一个很完美、很和谐

的家庭。和谐的夫妻关系会送给孩子最好的生命礼物，孩子可能要的不多，只要父母能够关注他，父母的关系和谐，给他提供一个和谐的家，这就是对孩子最大的帮助。

再接下来谈心理营养问题之前，我想先问一下大家，您爱您的孩子吗？我看到有的家长在点头，有的人也许会很鄙视这个问题——这个问题还用问吗？谁不爱自己的孩子呢？是啊，哪有父母不爱自己孩子的呢？我给他吃，给他穿，我供养他，我从心里爱他。但是你心里的这份情感孩子感受到了吗？

大家看一下这个画（PPT），我相信上面这个妈妈，如果我问她这个问题，你爱你的孩子吗？她一定会说爱，不爱他我能供他上学？我把他养活这么大？但是大家看看，当问到孩子有什么缺点的时候，她滔滔不绝，这在我们咨询室也是非常常见的事情。当一个家长过来说孩子不好好学习怎么样的，我们问她，孩子有什么缺点吗？她掰着指头一二三四五六……一只手都不够用，再加上这个手，说不完。我们再问，孩子有什么优点吗？她要再想想，这孩子真没有一点好处，我现在都想不起来他的优点。特别是青春期的孩子，特别逆反，跟孩子对着干的时候，父母往往会出现这种状况。当你用这种方式爱孩子的时候，孩子怎么知道你爱他？你付出了很多是不错，当孩子感觉不到的时候，这不叫爱。

如果你每天都在埋怨他、责备他，70%的语言都是否定的语言，或者你当着别人的面训斥他，家里来人时候，你当着孩子的面告诉客人孩子的某些缺点，这都不是爱。我们常常会在家里来人时拿出孩子的一些东西来说，比如说孩子的成绩，看，今天你姨来了，你叔叔来了，说说吧，考了多少分？孩子最痛恨的就是家里来人的时候父母拿他的成绩出来说，不管孩子考得好也罢，考得不好也罢，这都是孩子不愿意谈的话题。其实这种方式会让孩子在外人面前觉得很羞耻，也会影响到孩子的自信。

我常常听老师说，给孩子好心，但是不能给孩子好脸，给他好脸他会蹬鼻子上脸，我内心对他好就行了。真的是这样吗？大家看看这个图（PPT），当他面前的权威（老师和家长）一次又一次告诉他他很笨的时候，这个孩子最终就把这个东西内化为"我很笨"。这个时候家长再跑过来说，老师，怎么样提高我们孩子的自信心啊？你看，为了他上学，我付出了多少，为了养育孩子我做了多少，我那么爱他，他怎么就不能像别人的孩子那样有自信，阳光呢？这是因为你没有给他一个好脸，你的心他是看不见的。儿童最需要的是什么呢？从精神上的照顾和理解，这才是爱孩子的关键所在。

前两周我们在一个学校里面跟家长做活动，家长说，孩子从小到现在，我们给他吃，给他喝，基本上物质上的东西应有尽有，要什么给什么。我说，心理上呢？有没有关注过孩子的心理呢？当时在座的有五六位家长，一脸茫然地看着我，好像从来没有关注过孩子的心理需求。当时是三年级孩子的家长，当时一个爸爸说，我现在开始关注孩子的这一块。因为什么关注呢？因为他的孩子小学一年级是在村里的小学上的，因为孩子比较调皮，有半个学期，这个孩子都是站在教室后面上的课。我说，你当时怎么跟孩子说的？老师都是为你好！家长常常会说，老师为什么不吵别人呢？一定是你做错了，一定是你调皮了，所以老师才会罚你站。有的时候，真的我们要关注孩子一个学期站在后面上课时是什么样的感觉，孩子有多少委屈，有多少恐惧。还好，这个爸爸后来意识到了，把他从那个学校转出来。

怎么样才能从精神上给孩子关心和爱呢？大家可以看一下这个图片（PPT），我觉得挺有意思，我觉得在城市里面大多数孩子都是这种状态，关在"笼子"里，或者关家里面，不允许出去。我一个同事跟我说，我姑娘下楼10分钟或者15分钟之后我就得下去找她，我很担心她出事儿，一分钟都不能放开她。当你把她关在这里面，不允许她接触外界，不允许她按照自己的方式生活的时候，这个孩子能感受到你对她的关心和爱吗？

我们讲，如何从精神上给孩子关心和爱的话，最好的方式是满足孩子的心理营养。一个孩子如果有足够的心理营养去滋养他的生命，他的生命力就会自然而然地绽放，他会有良好的人际关系，也能够有力量去追随自己的梦想！我们每个人出生的时候都是带着自己的"生命力"出生的，只不过看"生命力"在成长过程中会用在哪一部分，假如说他的"生命力"一大部分用在压抑他自己的愤怒情绪，或者是由于应付父母之间的争吵或者暴力的时候，他肯定不会再有力量去学习，或者去追求他"生命力"向上的那种需求，肯定是不会的。"生命力"只有那么多，他要做这个事情，可能就做不了其他事情。我们家长能做的是什么呢？尽可能让孩子心里面没有过多的负面情绪，让孩子有自己的能量，有自己的空间，发展自己的个性和梦想。想要孩子自信，想要孩子优秀，就给孩子足够的心理营养。

不同年龄阶段孩子对心理营养的需求不同。首先我们给它分成几个阶段。

第一个阶段是0到3个月。孩子从出生起，到3个月满，这3个月的时间，孩子最需要的心理营养是无条件地接纳生命中的至重。孩子刚出生的时候非常脆弱，靠自己完全不能生活，这个时候他非常需要知道在他的生命中有一个人把他看得非常非常重，有一个人可以无条件地接纳他。他会通过妈妈看他的眼神，会通过妈妈抱他的那种状态感知，或者说他哭了，他饿了，他一旦有反应，马上有一个人过来关心他，过来帮助他，他从中感受到，最起码在这3个月里面他是妈妈生命中最重要的那个人，他是最受妈妈关注的那个人。

孩子刚刚生出来时长得不是很漂亮，什么也不会做，抱着孩子的时候，我们也不知道孩子聪明不聪明，长大以后学习好不好，或者他将来孝顺我不孝顺啊，这些统统都看不到。仅仅是因为他是我们的孩子，我们都可以抱着他一个小时一个小时地看，哎哟！怎么这么好啊！其实在别人看来，这个孩子跟别的孩子真的没有什么区别。

我孩子小的时候，我一直没有觉得他长得很怪，他生下来没有头发，头上光光的，等到百天的时候回我妈那儿，邻居一个阿姨说，这个小孩比小时候长得好看多了。我就问我妈，他小时候很难看吗？我妈说，我也没有发现。再后来看别人家婴儿的时候，人家孩子长了很多头发，当时孩子他爸就说，小孩长头发真难看。我们都是觉得自己的孩子特别好、特别优秀，在那一刻可能我们没有想到孩子将来会有什么样的缺点，会不会孝顺我，他将来学习不好时怎么办？这些统统没有想到。孩子如果在这3个月时间里面能够感受到妈妈无条件的接纳，并成为妈妈生命中最重要的人，对他来说是一种心理上的极大满足。

我们知道，要无条件地接纳一个人非常非常难，大家想想。对周围的人，我们可以对谁做到无条件地接纳？除了孩子在这么小的时候，孩子长大以后，我们连孩子都很难做到无条件接纳。我接触过很多的妈妈在抱怨孩子这样那样，最后她自己就发现，其实我很难完全接纳他，虽然他是我的孩子。

在0到3个月的时候，妈妈是怎么样做到无条件地接纳孩子呢？孩子给她带来的除了麻烦还是麻烦。这是因为妈妈在生育了孩子以后，身体上会分泌母乳，同时还分泌一种激素叫本体胺，本体胺在妈妈身体里面存在3个月。在这3个月过程里面，完全是因为本体胺的作用，让这个妈妈做到不知道疲倦、不知道辛苦地照料这个孩子，并且无条件地接纳他。当3个月以后，本体胺慢慢消失以后，妈妈才可能感受到孩子带给她的痛苦、疲倦。

如果孩子在这3个月里面没有感受到无条件地接纳，他会怎么做？他会穷其一生去找一个人来接纳他。一直在找，上学以后他可能会缠着老师，他会做出来很多行为引起老师的关注，目的就是想看一看我能不能成为老师生命中最重要的那个人，老师能不能无条件地接纳我。如果还是不能满足，他会把这种期待带到他的婚姻里面。我们经常会看到长得很漂亮的一个小姑娘，怎么会找了一个看着不怎么样的小伙子呢，他们两个怎么还能过得那么好呢？大家很好奇，为什么？可能仅仅是因为这个男人能够无条件接纳她，满足她0到3月时欠缺的心理营养。不管他长得帅还是不帅，不管他有钱还是没钱，只要他能接纳我，我就跟他走，只要他能满足我这份心理营养，我就可以跟他生活下去。

大家也可以注意一下,青春期的孩子很容易被外面的那些我们说的不良少年所吸引,是不是也有这方面的原因? 在家里面,父母不能无条件地接纳你的孩子的时候,外面会有人接纳他,会有人说他好的。那怎么办? 一旦家长看到孩子出去时很着急,总是到咨询室时说,老师,想想办法,让我们孩子去上学,让我们孩子远离那些坏孩子。真的,我们是没有办法的。很多时候,我会跟来咨询的家长们说,家长先改变,孩子才可能改变,单单让孩子改变真的好难。

　　第二个阶段是从4个月到3岁。这一阶段孩子需要的心理营养只有一个——安全感。刚才讲了,安全感来自于哪儿? 来自于和谐的夫妻关系。和谐的夫妻关系会让妈妈的情绪很稳定,这是相辅相成的。当一个妈妈的情绪很稳定的时候,孩子会有安全感,在这一段时间,爸爸可能不需要做很多事情,只需要做一件事情,就是让妈妈的情绪稳定,然后孩子就会有足够的安全感。

　　在4个月到3岁的时候,孩子要做的一件事情是跟妈妈分离。0到3个月孩子处于封闭期,他跟妈妈之间虽然剪断了脐带,但是在孩子感受里,他跟妈妈是一体的,是一个人。从4个月到3岁,是孩子要完成从心理上成为一个人的重要时间,他一定要离开妈妈,完全成为一个人。怎么样做? 养过孩子的都会知道,孩子刚开始会走路的时候他会拉着妈妈,走到哪儿都会拉着你,再慢慢地,你只要坐在那儿,他会离开几步,回头看看妈妈在不在,或者玩一会儿跑回来让妈妈抱一下,然后再走,有这样一个过程。他一次比一次走得更远一点,可能刚开始离开一步两步,回头看看就又回来了,这就是一个慢慢分离的过程。只要妈妈足够稳定,做好自己,当他需要的时候,他回头可以看到你,这就足够了,真的不需要家长做得很辛苦、很累。做好自己,让自己情绪稳定,当孩子需要的时候你就在身边。

　　孩子到3岁结束的时候就能够跟妈妈完全分离,从心理上成为独立的一个人。如果孩子没有完成这种分离,他跟妈妈一直有心理上的纠缠,一方面他也想离开,成为独立的人,另外一方面怨恨自己离不开,同时怨恨妈妈没有让他离开。其实很多时候,我们讲,很多家长说我们孩子很依赖我啊,离不开我啊,我往往请他们反思一下,是她们离不开孩子,还是孩子离不开她们? 其实是因为我们离不开孩子,所以我们会想尽一切办法让别人看到孩子离不开我们,这个孩子很缠人啊,离开我一会儿就不行,或者是怎么样。你给孩子制造了这种机会,孩子在成长的过程中很纠结、很矛盾,他对母亲一方面是舍不得,一方面很痛恨,因为这种孩子长大以后会有一种分离焦虑。

　　分离在人生当中随时可见,从家里面到幼儿园,从幼儿园毕业到小学,从小学毕业到中学,都会有分离的过程,正常的孩子,安全感够的,能够跟母亲很好分离的孩子,每次分离他也会痛苦、会难受,但不足以影响他的生活。但是有一些孩子,长大以后,每一次分别对他来说都是痛不欲生的过程。有一些人谈恋爱不成功,分手了,伤心难受痛苦一段时间就好了,但是有些人就是不依不饶,我离开他就不能活,我没有办法生活,我是必须跟他在一起的。为什么? 她不能分离,不见得是这个人有多么好,多么吸引她,只是她不能忍受跟这个人分离。一旦提到分离,她就很焦虑。

　　其实我认识的朋友也有这样的,在谈恋爱过程中,她发现两个人其实有很多冲突和矛盾,真的不太适合走进婚姻,但是最终两个人还是走进婚姻。大家就想,肯定这段婚姻不会是平平坦坦的,吵架啊,生气啊,种种的矛盾,为什么? 后来她在自我成长过程中发现,其实不是舍不得这个男人,不是离开他不能活,只是她很恐惧分离,不知道跟他分离之后有多少痛苦。她说,跟他在一起痛苦,可能没有分离让我更加痛苦,那我宁愿承受这种痛苦。

　　安全感的来源,一个是爸爸妈妈的夫妻关系稳定,另外一个是妈妈的情绪稳定,妈妈的情绪越稳定,孩子越安全。就像刚才我们说的,妈妈相当于家里的地的话,经常有地震,大震不断,余震不停,这个孩子一定是没有安全感的。

　　第三个阶段是4至6岁。刚才讲了,0到3岁的时候,爸爸能做的是尽量让妈妈情绪稳定,不需要为这个孩子多做很多东西。从4岁开始,爸爸成为一个很关键的人物,需要隆重登场了。大家想一下自己的孩子在四五岁时,是不是特别依恋自己的爸爸,经常找爸爸,在那之前好像爸爸可有可无,在家不在家都行,不是特别在意,4 岁以后,孩子会特别缠着爸爸。这个时间,是孩子成为独立的一个人的时候,他从心理上刚刚成为一个人,这个人需要什么呢?他需要一些肯定、赞美和认同。他需要谁给他这一部分呢?妈妈也可以给,但是这一部分由爸爸来给效果会更好。在这一阶段,爸爸给的一个肯定可能相当于妈妈说了 100 次。特别是对于男孩子,很多爸爸吝啬他的赞美之情,或者是夸奖,他们认为男孩子不能夸奖,夸了上天了。

我们当时一起上课的一个老师,有四十多岁,比我大一点的一个男士,他说很有意思,一直到现在,同事经常夸我帅,我就回家问我妈妈,他说,妈,我同事都说我很帅!他妈说,是啊!你看你,国字脸,又是大眼睛,双眼皮,浓眉,就是挺帅的。他说,妈,我长这么多年你为啥从来没有夸过我一句呢?我从来没有觉得我长得很漂亮。因为他爸爸也是要求非常严格的,只讲道理,只讲规则,而不讲情。在他长到将近 50 岁的时候,他才突然知道原来我长得还是可以的,原来不是像我想象的那么糟糕。

父亲对孩子的影响主要体现在三个方面,第一个就是孩子的自我价值。孩子是否有价值?一切以爸爸说了算。爸爸说什么是好的,孩子认为什么是好的,爸爸说这个孩子很有价值,孩子就觉得我很有价值,爸爸认为这个孩子不行,那么孩子也会觉得自己不行。因为我知道有很多爸爸觉得对孩子不能夸,一定要贬低他,打压他,把他的内力激发出来,他会更向上、更努力地去学习。其实不是的,当爸爸认为这个孩子没有价值、没有能力的时候,这个孩子给自己贴上的标签就是"我不行"、"我很笨"、"我什么都做不了"、"我完全没有价值"。

父亲对孩子的第二个影响就是孩子的自我形象。我曾经认识一个女孩子,她跟爸爸关系非常好,其实她长相一般,但却是在爸爸的夸奖声中长大的,她一直觉得自己长得挺漂亮的,特别自信。因为爸爸一直在说,特别高兴有你这个女儿,哪儿都好!不断地夸她。等她长大以后,她各方面都健全了,自我价值感也建立起来的时候,她说,其实我知道自己长得不漂亮,但是现在外在形象对我已经没有太大的影响了,已经不足以让我自卑。有的时候我们跟孩子开玩笑,看这个小姑娘长得多黑,长得多丑,我们的玩笑话往往让这个孩子对自己的形象非常不满意,一直对自己的形象耿耿于怀。曾经有一个朋友,我们大家都觉得他相貌属于中等,身材各方面都可以,但是他会用"猪八戒"来形容自己,觉得自己丑得没脸见人,这可能跟小的时候父亲对他的自我形象的影响特别有关系。

在这里面我插一个小故事,曾经有一个来到咨询室的女孩子,三十多岁,一直没有结婚,在谈到她恋爱困扰的时候,她谈到,很奇怪,我不允许男人跟我开玩笑,包括我现在交往的这个男朋友,每次我们打电话的时候我感觉挺好,但是我们不能见面,一见面我就非常不舒服。我说,为什么呢?她说,他特别喜欢跟别人开玩笑。大家都觉得很正常,两个人开开玩笑,调剂一下气氛,都挺好的。她说,我觉得不行,男人跟我开玩笑我受不了。在找原因的时候我问她,最早一个影响你的玩笑是谁给你开的?她就说,小的时候,大概四五岁的时候,有一次爸爸给她说,你是抱来的,不是我们家的孩子。她说,我听了这个话很伤心,然后就跑出去了藏起来,想等着有人来找我,结果没有人来找。可能那天妈妈也很忙,也许爸爸说完这个话就忘了,对一个小孩子来说,她很痛苦。她说,藏了一天没有人来找我,晚上又灰溜溜回来了,当时妈妈还教训我了,问我去哪儿了。她哭了,爸爸笑了笑说,跟你开玩笑呢!从那以后,她就不能接受任何人跟她开玩笑。四五岁时爸爸的一句话相当于妈妈的 100 句话,这样的话,妈妈 100 次告诉你你不是这家的孩子,这个孩子没有理由不相信,她一定相信她不是这个家的孩子,如果是,她为什么会这么说呢?

再一个父亲对孩子的影响在性别认同上面。现在都是独生子女,很多家长习惯于开玩笑,比如说有一个男孩了,他就说,要是有一个小姑娘就好了,人家都说小姑娘是爸爸上辈子的情人,要是有一个小姑娘多好,多贴心啊!或者对女孩说,为啥不是一个男孩?要是一个男孩就好了,可以传宗接代怎么怎么样。家长有的时候是发自内心地有这种期待,又或者仅仅是开玩笑而已,不管男孩子女孩子,他(她)成长以后,他(她)以后都会趋于中性。女孩子非常希望自己成为一个男孩子,因为爸爸喜欢男孩子,我怎么样做可以像一个男孩子?我成不了男孩子,我可以做男孩子做的那些事情。为了证明我也不比男孩子差,我可以做很多男孩子可以做的事情。男孩子也是这种状况。

还有一部分男孩子因为没有得到爸爸的认同,最终会成为他成为同性恋的一种原因,因为他需要一个权威的男人来认同他和接纳他。在爸爸这里得不到,将来有一个男人愿意这样对待他,愿意肯定他、赞美他、认同他的时候,他可能就成为一个同性恋。当自己的孩子有一天真的是这个样子的时候,因为我们也见过很多这种家长,痛不欲生,但是孩子已经二十五六,二十七八了,真的让孩子重新转变过来非常难,到那个时候,我们做家长的只能调整自己的心态,接受这个现实。我们不如从孩子小的时候,把我们能做的、能给的都给够孩子。

第四个阶段是7岁以后。世界上基本上孩子上学的年龄都是7岁,7岁以后我们开始学习文化知识,学习课本上的内容,在7岁之前完全是靠孩子自己摸索,而不是学习一些理论上的、概念上的东西,在这之前孩子没有必要学。在6岁这一年,孩子的学习是学习什么呢?学习父母怎么样面对这个世界,学习父母对待困难的态度,学习父母怎么样人际交往,学习父母怎么样处理情绪。这个时候,孩子会找一个"重要他人"作为他的模范,学习他的一切方式。当我碰到问题的时候,我该怎么办?我会看我的父母他们碰见问题时是怎么处理的,他们是怎么解决的。当父母碰见问题就吵架,就愤怒时,孩子遇见问题时可能也是首先让自己情绪爆发出来,然后再指责别人。因为他没有解决问题的办法,因为他从父母那里面看到的就是这种状态,有了问题就吵架。

第二个是如何处理人际关系。当我与别人的意见不同的时候,我可以怎么办?当他看到爸爸妈妈意见不同的时候是这样做的,当爸爸和别人意见不同的时候是那样做的,孩子就会整理出一套自己解决问题的方式,他要学习这个方法。我们家长往往说,我脾气不好,我已经是这样了,你看我脾气不好得罪了多少人了,你将来可不能这样啊,你将来要这样也不舒服,不要学我啊!我们举一个例子,当我们家长往这边走的时候,我们告诉孩子那边那条路是金光大道,然后说"不要跟着我!你往那边走"。孩子会很好奇,这边既然这么不好,你干吗往这边走?他一定会跟着你走,你再怎么推都推不过去。

父母不是通过语言来影响孩子,更多是通过你的行为来影响孩子。太多的家长说,我们这辈子就这样了,我也改不了的,孩子,那边那条路好啊,好好学习才会有大出息,你一定要怎么样怎么样,但是自己天天打麻将、上网。在孩子看来,你这种生活挺舒服的啊,要不然你干吗沉迷于这里面呢,你怎么不去学习啊?孩子说,我就不给她学习,我知道我妈妈想让我学习好,我就不给她学。她天天打麻将,天天坐在那儿玩,让我学习,凭什么啊?

再一个,如何处理情绪。如果我心情不好的时候,我该怎么办?当父母很会情绪管理的时候,这个孩子不用你教他什么技巧,他自己也学会情绪管理。当父母是压抑自己情绪的时候,当妈妈生气的时候只会哭,或者自己压抑自己的情绪,这个孩子知道,当我有情绪的时候我不能说,我也不能爆发出来,我只能压抑我自己。若爸爸一有情绪,一点就着,就爆发,就像是我们经常讲的一个笑话,爸爸在单位里面跟领导发生矛盾了,非常生气,他会把他的情绪带回家,回家以后,看到妈妈做的饭,首先指责:哎呀!我辛苦一天了,你看你做的什么东西,就把饭做成这样?妈妈也很生气啊:我也辛苦一天了,我也上了一天班了,我都做了饭了,你连饭都没做还指责我!回头看见孩子正在看电视,冲着孩子说:回来也不知道写作业,看什么看?孩子也很奇怪:我惹谁了?然后去写作业吧,没有办法,在这种状态下想再看看电视不可能了。一低头看见脚下的宠物狗或者宠物猫了,上去就是一脚。这个情绪是传递的,孩子从中间学到的是,我可以向比我弱的这些人或者动物来发泄我的情绪。爸爸对他的领导不敢发脾气,回家对自己的太太发脾气,在一个家里面最弱势的群体是谁?孩子。每个人都可以把自己的情绪发泄在孩子身上,孩子去找谁呢?如果家里没有养狗怎么办?孩子会压抑自己很多很多的情绪,他会到学校里面找一些他能欺负的孩子去欺负。我们讲,有的时候家里面有家庭暴力的孩子在学校里面很容易跟别的孩子打架,为什么?打不过自己的爸爸,但是这一部分情绪从哪儿出?一定要找一个出口,到学校找别人出。因为爸爸的行为告诉他,当我生气的时候可以打人。

我们可以看一下,在孩子 6 岁这一年,从父母身上,或者是从他的"重要他人"身上学到的这些东西,也就是生存生活的一些技能,在这一年时间里基本上都学到了。我们讲,心理营养在 0 到 6 岁的时候我们尽可能地满足他,如果缺了哪一部分会怎么办?孩子穷其一生去找这样一个人,找人去接纳他,找人肯定他,找人来学习生活技能和技巧。一直找不到,他就一直在找。

为什么今天要来分享这个心理营养呢?是因为我在工作过程中、咨询的过程中会发现,其实很多成人做的一些事情也是为了追寻他幼年时期缺乏的心理营养。比如说我们挣很多很多的钱,我们努力让自己的官职一再提升,目的是什么?一个是让自我有价值,再一个就是为了得到别人的认同。

前一段时间我一个朋友从英国回来,她是一个非常努力的女人,很上进,很拼命。她说,刚到英国时每天只睡三个小时,晚上打工打到 12 点,回家看书看到三四点钟,早上起来还要再去上学,就是这样辛苦过来的。她现在在家里承担的是男人的角色,她在工作,先生在家里看孩子。她说,我非常努力。我问她,你努力到底想要得到谁的认同?我们有的时候真的不知道自己为什么,就是拼命。在这边工作其实挺好,放下这边的工作到那边重新来过,做了这么多年,她的辛苦我们是一路看过来的,确实觉得她特别不容易,40 岁才要了一个孩子。她这么辛苦,这么努力,到底是为了什么呢?其实也是为了证明自己是有价值的。到底要证明给谁看?是自己曾经的父母吗?如果是我们 0 到 6 岁的时候这一部分没有满足,可能我们一辈子都在证明一件事情,证明自己有价值。证明给谁看?我们真的不知道,因为这个东西已经潜移默化在我们内心里面,成为我们的自动反应了,一旦做事情就是这样。

我们上一周的沙龙里面来了一个朋友,谈到跟她丈夫的关系时说,我不知道为啥,现在我一说话他就要跟我对着干。我说,什么叫对着干?我们在聊天过程中发现,这个妈妈很有意思,一切都要证明她自己是对的——我说的是有道理的,干吗不听我的?我说她,你认为你说的有道理,他认为你说的也有道理吗?我说,你爸爸和妈妈相处的模式是什么样?她说,就是这样,我妈整天抱怨,但是我爸爸很包容。为什么他也是男人,他不能包容我?这就是从父母婚姻关系里面学到的这些东西。

如果孩子心理营养不充分,孩子表现出来的主要是以下三种不良行为。

第一种,孩子情绪不稳定。家里面不稳的时候,孩子情绪一定不会很稳,因为他时时刻刻处在恐惧和担心中,不知道什么时候妈妈会发火,不知道哪一刻爸爸又发火了,孩子的情绪怎么可能稳定?

第二种,孩子的人际关系不良。在一个群体里面,在单位也好,在学校也好,当这个人的情绪不稳定时,大家可能都敬而远之,不敢跟他说话,一说话他就要爆发,这种人的人际关系一定是不好的。因为你都不能跟他交往,你刚说一句,人家"爆炸"了,这种状态非常不好。

第三种,孩子会出现行为偏差。在中国,13 到 15 岁的孩子,自杀、自残率是偏高的,只不过有一些是我们看到报道的,有一些没有看到报道,但是实实在在在发生。我们相信有这些行为偏差的,有自杀和自残倾向的孩子,一定在家里面心理营养是不足够的。在这个家里面,他感受不到父母的爱,感受不到自己的归属感。什么样的孩子,什么样的心情,他才有勇气走上自杀或者自残的道路?我一直没有见过这种自残的,上一周做了一个咨询,一个三十多岁的女孩子,她跟我讲,她在青春期的时候,她说,我每次用刀划开手腕,看到血流出来的时候,感觉那种畅快淋漓的感觉非常舒服。所以她会不停地自残。为什么?因为在那个家里面她找不到她的价值,也找不到她的归属感,她不知道谁是她最亲的人,她不知道谁关注她?

我们讲,如果父母的心理不够强大,我们没有那种能力,也没有那种情节可以无条件地接纳孩子,我不能做到时时刻刻地赞美他、肯定他,那要怎么办? 先说一点,在孩子4到5岁的时候,父亲对他的赞美、肯定、认同不一定完全是语言上的,有的时候爸爸一个笑脸,或者拍拍头啊,拍拍肩啊,这样一个肢体动作能让孩子感受到父亲对他的肯定,孩子做了这样的事情,父亲拍了拍他表示肯定,这就够了,不一定要滔滔不绝地说很多。

我们真的不能满足孩子的心理营养怎么办? (PPT)这是基本的三条:第一,不增加孩子的焦虑;第二,不让孩子觉得羞耻;第三,不伤害孩子的自尊。

其实我们在增加孩子焦虑的时候,往往都是不经意间就做了。前几天坐公交车,上面有一个妈妈抱着一个一岁多一点的孩子,她拿出来湿巾让孩子擦手,孩子擦完之后她妈妈说,把脚也擦擦吧! 结果这个孩子一擦不可收拾,擦完以后说,妈妈,再要一张。再擦。再要一张,再擦。后来这个妈妈说,没有了,你这个孩子真不听话,你如果要再擦,我就把你放在车上自己走了。这个孩子相当焦虑,虽然她很小,她也知道被放在车上意味着什么? 其实我们在马路上经常听到家长对孩子说,听话不听,再不听话不要你了,你自己在这儿吧! 当看着孩子哭着、闹着追随我们的时候,家长似乎有一种满足感,觉得战胜了孩子,终于赢了孩子。但是这是我们要的吗? 孩子的焦虑在不知道怎么处理的时候都压在他的内心深处,成为将来阻碍他学习更多生活技能的一个障碍,因为他的生命力要用来压抑他的情绪不让它出来。

另外,父母在跟孩子交流的时候,尽量不要说让他觉得很羞耻的话。我刚才讲到那个女孩子之所以自残,因为妈妈经常用这种语言跟她说,比如说在学校里面看到她跟男孩子说笑,妈妈会说,你真贱! 用这种词来说自己的女儿,除了让她觉得很羞耻,真的不会有别的感受。

再一个就是不要伤害孩子的自尊。当父母在跟孩子说话之前,或者你要做一个行为之前,先想一下,我这么做是不是在增加孩子的焦虑? 我这样做让他感觉到羞耻了吗? 我这样做是不是在伤害他的自尊? 这是家长要做到的基本的三点。如果我们可以给孩子足够的心理营养,当然是更好的。

有的家长会问,我的孩子已经超过6岁了,怎么办? 随时开始,都不晚,只不过要花费更多的时间和精力。无条件接纳在孩子3个月时候就可以完成,孩子大一点,10岁以下,12岁以下,可能要一年两年,超过12岁以后可能需要3年以上孩子才能完全接受你的这种改变。因为这个过程,孩子甚至会挑衅,当他发现家长在改变的时候他会找一些事情来试探一下,看家长是不是真的可以接受他? 事情在变好之前往往会变得更糟糕,他会不停地找事儿来试探你。我在咨询室里面见到过,孩子说,我就知道他装不了多久,终于装不下去了吧! 终于又变成原来的样子了吧! 孩子也在观察,在试探,因为十几年了,没有发现父母可以无条件接纳自己,突然变成这样了,孩子第一反应是:这两个人不知道又想什么招来治我呢? 我得先看看他们到底要干啥,看他们能装多久? 我做一个事情试试看,看他们是不是真的能够接受? 有的时候他们做的事情在我们看来真的是在挑衅,真的很难接受。没有办法,那是我们的孩子,我们只能坚持。否则的话,孩子会寻找另外一个人成为他的"重要他人"来满足。你以为父母都不能给的东西,会有这么一个人给他吗? 特别特别难。

迄今为止,我只在一本书上看到过,说有一个女孩子小的时候心理营养缺乏的厉害,但是她很有幸,结婚以后,她老公用了10年时间把她这部分东西给弥补出来了。她所有的生命力是在结婚10年以后才重新焕发出来,事业上啊,工作上啊,有能力做这个事情。在那之前,可能就是不停地做事情来证明"你爱我吗?""你能不能无条件地接纳我呀?"她真的非常幸运,有这样一个男人肯花10年让她重新成长了一次。

接下来我们请大家看一下这个(PPT),这个让人有点心痛或者有点伤感的画面,就是《我们能拥有孩子多少年?》。

3岁。他去上幼儿园了,看着他小小的、坚强的背影,心中又喜悦,又有点小小的辛酸。离别了一整天,孩子看到你高兴得奔跑过来,扑在你的怀里跟你说,妈妈,我想你了。那一刻,抱着孩子就像抱住了整个世界。

6 岁。他上小学了,孩子终于走进了校门,这是多么值得纪念的事情,孩子的人生从此翻开了新的篇章,却没想到,这也是孩子离开我们的第一步。他已经对与你分开一天习以为常了,而且他喜欢每天去学校,这是他更喜欢的生活。甚至,他有时还会说,妈妈,在家好无聊,没有小朋友和我玩。

12 岁。他上初中了,甚至有的开始上寄宿学校,一个月或者几个月回一次家,见上一次面,他们也开始不再依赖你,甚至他们喜欢和你对着干。你想帮他们做一点事情,他们会说,妈妈,我自己来吧! 突然这句话让我们觉得好失落,孩子是不是不再需要我们了?

18 岁。他离开你去上大学,一年回来两次,回来的好几天前家里的冰箱就装不下了,为他准备了各种各样他喜欢吃的东西,可是他一回来打个照面就忙着和同学朋友聚会去了,从此你最怕听到的一句话是:妈妈,我不回家吃饭了,你们自己吃吧!

大学毕业以后,孩子留在了远方工作,一年也难得回来一次了,好不容易回来一趟,几天就走了,你最盼望的就是孩子的电话,希望孩子对你说一声:妈妈,我很好,你保重身体。

孩子结婚了,回家的时间有一半匀给了你的亲家,孩子回来的更少了,你已经习惯就老两口在家了,但是你最喜欢听到孩子对你说的是:妈妈,今年过年我回家过。

当孩子有了自己的孩子,你已经不再是他们的家庭成员了,他们的一家三口已经不包括你们了。而我们也慢慢地习惯了这样的日子,只是习惯在闲来无事的时候经常翻翻相册,看看我们自己的一家三口。无论孩子身在何方,他却永远是我们家庭中无可取代的一员。

是啊,其实当孩子在身边的日子我们是多么幸福,可是有时候我们却还会抱怨,抱怨因为他你做了太多的牺牲,抱怨他晚上老醒来让你睡不好,抱怨他无理取闹,抱怨他爱撒娇长不大,抱怨他生病让你操碎了心,抱怨为了养他花费了太多的精力与金钱。

可是如果你想想,十多年后,就算你再想要也没有机会了,孩子会不停地长大,过了这个时期,他就再也没有这个时期的习性,你是不是常常在他断奶后怀念喂他吃奶的日子,可是那时你却觉得好累,好辛苦,好厌倦。

是不是常常看他以前吃手的照片觉得好可爱? 可是你曾经却为要不停地给他洗手而烦恼透了。是不是在他褪去童声后特别想念他曾经奶声奶气的声音? 可是他以前撒娇的时候你却很不受用。是不是当孩子去上学后你特别怀念他黏在你身边的日子? 可是以前你却总在想他要什么时候才能去上学啊!

时间无法倒流,过去了就只能永远过去了,孩子能待在身边的日子是多少难得与宝贵。因为这一点,我更加珍惜与孩子相处的每一刻,也让我无论遇到什么都心存感恩。

谢谢上天给了我这么一个孩子,让我分享与见证他成长的每一刻,无论带给我多少困难、烦恼,甚至挫败,无论让我失去多少睡眠、时间、金钱、精力,我仍然豁达,因为这都是上天的恩赐。

当他在身边的每一天,我都会让他觉得很幸福,也让我们都有一个美好的回忆。我不会给他太多压力、束缚,更不会给他牵绊、阻挠,但是我会适时管教,也会量力而行地投资,因为我有责任与义务教会他生活的本领,好让他来日自由快乐地飞翔。同时,我也会告诉他,就算所有的路都行不通,还有一条路你可以畅行,那就是回家的路。

谢谢大家! 今天的讲座到此结束!

主讲人：**常晋波**，《中国教育学刊》学术研究员、高级礼仪培训师、国家二级心理咨询师、河南省学历自考文秘专业礼仪学科命题教师、河南省地方教材《河南省中小学文明礼仪系列读本》创编总策划、郑州市第四十九中学书记。

时　　间：2013 年 7 月 14 日

地　　点：河南省图书馆研议厅

中国传统礼仪文化精神的传承和复兴

尊敬的孙主任、尊敬的安小姐、尊敬的各位书友，大家上午好！很荣幸接受"豫图讲坛"的邀请，来这里给大家共同学习、共同探讨。

今天讲的题目是"中国传统礼仪文化精神的传承和复兴"，当时和咱们讲坛商量拟这个题目的时候感觉到压力很大，原因是咱们这个时间要限定在一个半小时到两个小时之间。这么大一个题目，把中间的任何一个词摘出来都是一大篇文章，"中国传统文化"是文章，"礼仪"是文章，"传承"和"复兴"同样都是大文章，经过脑子里面的排列、遴选，就选择了这么四个主题词——方位、内涵、传承、复兴，给大家分享这一两年我在这个领域研究的一些心得。

先说方位。任何一个学术问题，在具体探讨之前，肯定要知道咱们探索的方位在哪里。就像咱们一个人一样，我们要知道你在往哪儿走，做什么之前，要明白自己在哪儿，这是空间方位。咱们研究学术问题要有学术方位，中国传统礼仪文化精神在世界文化大格局里面，它处在什么方位，这应该是一个先导性的问题，必须要搞清楚的问题。咱们以"方位"为开端，以"内涵"和"传承"为咱们今天报告的重点，以"复兴"作为咱们的结语。

咱们先来看"方位"，因为在这个领域里面我已经搞了很多年的研究，有 20 年了，每次提到这个问题的时候，我都想流汗，不是天热，是心热外面凉，老想出汗。出汗的原因是什么呢？咱们来共同探讨一下。1911 年，辛亥革命成功，从制度层面上，咱们中国 2000 多年的封建制度，不管是任何制度，当然也包括咱们的礼仪制度，从制度层面上灭亡了。往后的事情，今天咱们在座的好多是老同志,是我的前辈,咱们探讨这样的问题就比较简单了,1919 年是"五四运动",完了之后就是军阀混战,之后就是抗日战争,接下来建立新中国,建立新中国 17 年之后就是"文化大革命","文化大革命"之后改革开放。在这样一个历史中间,咱们中国人都在做一些什么呢?在建设咱们的物质家园,在复兴我们的大国梦。但是,咱们忘记了一条,咱们中国软实力的提升远远滞后于硬实力的提升,包括礼仪制度。

1911 年封建礼仪制度结束之后,告一终结以后,一直到 2011 年,教育部才颁行了《中小学文明礼仪教育指导纲要》,这是新中国自 1949 年建立政权以后第一次发出国家的声音,要说咱们礼仪这个事儿了。在前面提到了没有呢?提到了,比如说"五讲四美三热爱"、"八荣八耻",都提到了,但是不完备,不足以撑起一个制度的框架。能撑起来一个制度框架的纲领性文件,第一部就是 2011 年教育部代表国家颁布的这个指导纲要,也就是说,从制度层面上,1911 年,2011 年,中间相隔了 100 年,100 年中国无常礼。常礼的概念是什么?有些同志可能有疑问:没有吧?我觉得从新中国建国到现在,咱们见面该打招呼打招呼,该干啥干啥,有影响吗?我在这儿告诉大家,影响太大了。

常礼是什么?常礼是基础礼仪,它规定了人们日常生活中各种各样的范式。比如说早上出门了,见到邻居老张,咱们一般怎么样?一般要问好。有人到你们家作客,你要接待;客人走了,你要送客。这个见面打招呼,还有接待来宾和送客,有没有一定的方法?当然有,这些一般的方法就叫常礼。如果这个还不够形象的话,咱们说说咱们每个人一生都能够经历或者都碰到的两个事儿,一个是结婚,一个是下葬。当然了,下葬你碰不到自己的事儿了,你能碰到别人的事儿。结婚怎么样结呢?你说那就结呗!两个人,你喜欢我,我喜欢你,你爱我,我爱你,那咱俩结婚吧?中!是这么简单吗?不是。世界各国,包括中国,特别是中国,没有那么简单,咱们中国过去要三媒六聘,要经过很多的环节新媳妇才能到你们家。如果不经过这些媒妁之言、父母之命两个人就在一起了,这在中国古代叫苟且;如果你们两个不回家,直接到别的地方去了,这叫私奔,这是不合礼法的。结婚怎么样结?要有一套规矩。现在有没有呢?有,但是不规范。为什么呢?因为没有常礼。

常礼和行业礼仪这两个体系合起来才能构成一个社会完备的礼仪行为系统。咱们说形成成熟的常礼必须具备三个条件:

第一个条件,要有坚实的核心价值体系。意思是什么?这个礼仪的动作它不是一种表演,为了漂亮才做这个动作,它不是,它里面是有内涵的,它的背后是道德,咱们常说德礼一体。哪些动作是礼仪动作呢?简单地说,从物质层面说,没有一点用的动作是礼仪动作,是礼仪行为。咱们走路,走路是礼仪行为不是?不是。但是怎么样把路走好,这是礼仪要求。咱们用手拿起来一个东西,是不是礼仪动作?不是,但是两个人握手是礼仪动作。如果咱们的手不去接触这个馒头,不把馒头从空间上喂到自己嘴里,如果这个动作都不会,你会饿死。如果说我这一辈子没有握过手,要紧不要紧?你不会死,这是肯定的,因为这个东西它没有具体物质上的作用。它有什么作用?它有精神层面的作用,它承载的是价值。中国传统的三跪九叩礼仪,它有作用没有?是不是跪在那儿磕个头天就下雨了,或者不刮风了,或者跪在那儿磕个头后天上掉钱?有这样的事儿吗?没有。为什么要三跪九叩?它要传达一种意思。后面再讲这个内涵的时候咱们还要详细地讲,现在先这样说。

礼仪背后是核心价值体系,如果没有核心价值体系,有没有礼仪系统?没有。什么时代没有礼仪?原始社会没有礼仪,没有开化的民族没有礼仪,只要这个社会是一个文明的社会,只要这个社会后面有核心价值体系、核心价值观,那么它必须有礼仪系统。

第二个条件,要有完备的行为教化系统。就是人做这些动作是要有人教的,方方面面要形成一个合力,形成一个教化体系,这个体系才能把人教得文质彬彬,自生自灭是学不会的。这个教有在学校里面学,在学校里面教;也有在现实生活中学,在现实生活中教。比如说小孩儿第一个老师是谁?你说是幼儿园老师。不对,小孩儿的第一个老师是父母,父母不但是小孩儿的第一个老师,而且是终生的老师,是内心深处的老师。家长要教,如果家长不教,小孩儿是学不会的。

第三个条件,要有二至三个生育周期。一个生育周期,中国古代是 18 岁,甚至更早,现在农村还是保持在 20 岁左右。人 20 岁时可以生孩子了,人 20 岁时可以当爹了,有三个生育周期意思是什么呢? 在伦理上形成一个完整的体系,孩子有父母,不但有父母,而且有爷爷奶奶,有外公外婆。为什么要有这样的周期呢? 因为孩子要看,要模仿。我孝顺我的父母、尊敬我的父母,但是我不会,怎么办呢? 我看我的父母怎么尊敬他的父母,我看了之后就学会了。所以完备的常礼系统是需要有三个条件的。

为什么咱们这么讲呢? 后面还要说到,咱们现在在核心价值体系上、教化体系上,还有家族内在教育上,都存在着很大的缺失。百年无常礼,咱们有些人认为是小事儿,他们觉得礼仪这个事儿,"我不尊重人也死不了","我吃饱了就这样吧,我觉得挺好","有钱什么都行了","为了有钱,我什么都可以干,我觉得也挺好",当真这么好吗? 没有常礼系统,在行为体系上,在咱们眼睛可以看到的世界里面,咱们可以看到的是什么呢? 是表达障碍、进退失据,在咱们中国人心灵深处造成的是很混乱的。身份认同差异,我不知道我是个什么样的人,我不知道为什么活着了,不知道在社会上究竟处于什么地位,最终导致的是道德失范。

咱们看几个例子,咱们刚刚提到中国人过去见面有相见礼,中国人过去相见怎么相见呢? 现在人怎么相见呢? 从形体上做什么的都有,点头、微笑、招手,什么样的姿态、语言都有,说"您好"、"再见"的少了。民俗化,常礼的民俗化,怎么样民俗化呢? 咱们在座的绝大多数都是河南人,河南人见面怎么问好呢? 两大主题:第一,吃了没有? 第二句,你去哪儿呢? 你回来了? 这些话你敢深究吗? 不敢深究,也不审美。你吃了吗? 没有,你请我吃不请我吃? 你回来了? 你管我呢? 你出去呢? 你管我呢? 你为什么要问别人回来了没有呢? 为什么要问别人出去了没有呢? 在中国古代不这么问,在中国古代是用形体动作(拱手礼节)来相见的。

(PPT)这张图片是清朝末年和民国初年人们相见的情形。从常规的位次上推测,是一个人到另外一个人家作客。谁到谁家作客? 面对咱们左边的这个人是这个人是客人(PPT),是主人。在他作完客要走的时候,主人要送客,主人站在哪一边,客人在哪一边,这是有规定的,还要作揖礼。

有人说,很简单的一个礼,就拱手嘛,就作揖,这有什么难的? 咱们对比另外一张照片。(PPT)这是世界上做照相机做得很大一个公司,佳能的一个主题广告,所谓一个企业的主题广告,企业很重视这个事儿,咱们留意一下,在佳能广告里面的人拱手,左手在上,右手在下,这个乱了。两个男人拱手不一样,下面坐的应该是爷爷,他的手和上面这个儿子(推测)的手,他们的拱手不一样。后面的女儿(或者儿媳妇)和母亲(或者婆婆)她们两个拱手是不一样的。

究竟这个拱手是怎么样的? 中国的拱手礼源自中国的揖礼,作揖怎么做? 作揖可不是双手合十,那不是中国儒家的礼节。拱手从哪儿来的? 从孔子作揖来的。孔子怎么作揖? 孔子有一个行教图,所有孔子的塑像或者画,孔子有一个典型的动作,这个动作是左手在下,右手在上,然后捧在胸前。有印象没有? 中国古代人见面时作揖礼,是这样的,抱手在胸前,然后推出去,同时面带微笑。这是中国最古老的见面礼——揖礼。往后演变,在唐朝以后,演变成了这样:左手在前,右手在后。这个礼怎么行呢? 平辈之间这样行的(演示),我如果对着长辈是这样行的(演示)。对晚辈怎么行? 中国长辈不对晚辈行礼,没有这个礼节。这个礼到最后演变成了抱拳当胸,打个问询——拱手礼。注意,是左手在上,右手在下。在前一阵子,有一个外省的专家,我不说他叫什么名字了,他在网上跟我探讨,他说,常老师,据我考证,中国的揖礼,男人行礼时左手在前,女人行礼时右手在前,你觉得怎么样? 我说,中国女人过去大门不出二门不迈,根本不跟人行礼,哪有右手在前的礼啊? 中国过去女人行礼吗? 不行礼,行礼是男人的事情。中国过去的女人是不出门儿的,不出门哪儿有这样的礼呢? 有没有呢? 没有。

我刚刚提到,动作背后有文化,动作背后有核心价值,这个拱手的核心价值是什么? 在中国传统文化里面有两句非常经典的话:"天行健,君子自强不息。地势坤,君子以厚德载物。""天"是什么？天是左，天是男，天是雄，等等，有一系列排列。"地"是雌，是右，是女，是坤。两个手在一起，咱们中国文化讲和谐，讲天地和合，天地和合时你拿什么对人？拿乾道对人，这是对别人的尊重。过去孩子的演礼(音)，每次做这样动作的时候老师都会说，"天道乾，地势坤"(音)，然后这样(演示)推心置腹。这都是老师在教的。现在咱们在做这个动作的时候，有这样的教化吗？有这样的说法吗？没有了。不仅仅是佳能拱手拱错了，我连着看了十五年中央电视台的春节晚会，那帮主持人们没有一次把拱手礼做得统一的。你作为一个大的电视台，你说我就这样规定了，我高兴，就是右手在上，那可以，没啥，咱们中国人可以规定，但是你得做统一啊！大家都这样做好不好？一会儿这样，一会儿那样，你想咋样咋样，这就麻烦了。

居住的方位。中国人过去很讲居住，通过讲这个居住留下来很多文化上的东西，这些东西留下来了，现在人莫名其妙了，不知道了。比如说我提三个问题，咱们考虑考虑。第一个，如果您没有房子，你要租别人的房子住，你租房子那个人叫什么？叫房东，对吧？为什么不叫"房西"，为什么不叫"房南"呢，为什么不叫"房北"呢，为什么偏偏叫"房东"呢？中国太子住哪儿？东宫，东宫太子。清朝末年时有两个太后，一个慈安，一个慈禧，一个东太后，一个西太后，谁是老大，谁是老二？东太后是老大，西太后是老二，最后西太后把东太后害死了。为什么东太后是老大？为什么这么喜欢这个东呢？再有，中国有四个海，每个海有一个龙王，东海龙王、西海龙王、南海龙王、北海龙王，这四个海里面的龙王谁是老大？东海龙王。为什么它是老大？为什么都跟东有关系？这是第一个问题。

第二个问题，咱们有一个词叫"登堂入室"，有一个弟子跟这个老师关系很好，老师把平生所学全都交给他了，这个弟子叫入室弟子。还有的人说，我只能忝列门墙，最多只能是登堂了，我还没有入室。这些话你现在听得懂吗？为什么叫入室？

第三个问题，咱们说一个问题很难的时候，在中国的词汇里面有一个词叫深奥，你能给我说"深奥"是什么意思吗？深，这个明白，就是往下面狠劲挖就是深。"奥"是什么意思呢？咱们来看一下，(PPT)这是中国过去一个很标准的房屋的示意图，中间"堂"这一块前面是没有墙的，是透明的，所以叫明堂，上明堂怎么上呢？从两边，一个东阶，一个西阶。注意，上去以后这个位置(PPT)是户，这个位置是室(PPT)，这个东房，你有西房，室在中间，所以中国人说，你成家了吗？你有家室了吗？而不会说，你成家了吗，你有家房了吗？因为住在室里面的人是你的正妻，过去中国人是可以纳妾的，"你又添了一房太太？"你要是问这是大太太，还是二太太，这是废话，你不要问，只要说添了一房太太，这一房肯定是妾，不是妻。为什么？房是在两边的。

登堂入室，"登堂"是近了一步，进到学问里面了，没有"入室"，就是没有再进一步。"深奥"是什么意思呢？把这个室给扩大了，从这个户进去以后，一般在这个位置下面是床(PPT)，是最舒服的地方，在这个房间方位里面是最深的位置，叫奥。深奥深奥，就是一个建筑物最深处的地方。"深奥"是一个并列词，"深"和"奥"是一个意思。

当这些文字，我刚才提到的一系列的问题，再次在中国人的语境里面出现的时候，有些时候我会流汗，我不知道有多少人还会知道这些事儿。过去跟新加坡的老师和学生，还有咱们中国台湾地区老师和学生交流时，咱们的学生很多时候有一个困惑，听不懂对方的话。对方说的也是汉语，只是咱们是普通话，差别不大，你每个字都能懂，但是意思不懂，意思不懂的原因是什么？咱们的话后面缺乏了文化的支持。

正规服装。过去在说起中国时有两个词，大家耳熟能详，第一句话叫"礼仪之邦"，第二句话叫"衣冠上国"。三世为官，才知道穿衣吃饭。穿衣戴帽不是小事儿！中国人问，特别是中原人问起来，你跟谁是亲戚不是？是亲戚。你们两个亲不亲？你说挺亲的，没有出五服。"五服"是什么意思呢？五服不是五辈，是五种服饰，五种服装的样式。什么时候服装的样式？出席葬礼的时候。孟子说，"唯有死以当大事"。在葬礼上，人穿的衣服不一样，现在有一些遗风可以看到，但是不是那么正规了。比如说孝子、孝孙、直系的子孙要带重孝，披麻戴孝。五服里面有大功亲、小功亲、斩衰亲、亲衰亲,还有缌麻亲。这五种亲是不同的(衣)服(颜)色,离这个人越远,服饰越简单,离得越近,服装越重,戴的孝越重。依据这样几个层次,也就是说这个人在我父亲过世的时候,他要跟我去参加葬礼,他还戴孝,还穿孝服,所以我们还比较亲。五服之外,不用穿孝服了,现在别一个白花,一个白布条,过去的人在身体哪个部位缠一个白布以示哀悼,他不着孝服。

中国人特别重视衣服,特别重视帽子,而现在呢?从中华人民共和国建立以后,咱们的衣服是什么样呢?咱们不能纵论服装,如果纵论衣服的话又得两三个小时,咱们选取一个点吧!咱们看中国的领导人,从中共八大开始,到十八大,这十一届中央全会,每一届常委的衣服,从新华社公布的照片上,咱们看看中国衣服的变化。那应该是礼服。八大的时候全部是中山装,但是颜色不统一,有灰色、黑色和蓝色,这三个颜色。九大的时候一样。因为当时全国人民学解放军,在座的年龄稍微大一点的同志应该知道,在九大以后,连着几届,军装进入了正规服饰。十届,同样有军装,除了军装以外,大部分还是中山装,还比较统一。也就是说,从八大开始,八、九、十、十一,这四届中央领导人服装还都是中山装。十二届出现了一个变数,这个变数就是赵紫阳,赵紫阳在新华社公布的正规图片里面,他穿了一件休闲装。这种衣服不管是在中国,还是在西方,不能算作礼服。十三届,服装是混穿,有中山装,有休闲装,有西装,但是西装占了大部分。十四届,除了一个刘华清的军装之外,其他都是西装,不过当时的服装颜色还是三个,黑色、灰色、蓝色,不统一。十五届开始,后面都统一为西装。在这儿我要问大家,西装是咱们中国老祖宗的东西吗?不是。衣冠上国,哪儿还能说上呢,咱们已经开始跟别人学了,而且学的还不正宗。不正宗到哪儿了?西装有外、内、饰三块,外是外服,里面是衬衣,饰包括领带、袖扣、领针等东西,是很讲究、很完备的。简单说,在西方,黑、灰、蓝这三个颜色是有不同讲究的,黑色是宗教人士穿的,灰色是政府官员穿的,蓝色是贵族穿的(英国),特别是藏蓝色。这在英国很讲究,在西方很讲究。再说领带,领带也是带花了,十六届的时候,在正规的场合,着礼服的时候,严格来讲是不可能带花领带的。十七大开始越来越好,特别是我第一次看到习近平时,我高兴坏了,我说,终于把服装给穿对了,普通话也说得很标准了,有好多的欣喜。十大八时衣服终于统一了,统一成了藏蓝色,领带虽然有花色,但是没有花了,只有几何图案,这样也说得过去,也行。

从服装的变迁上,咱们看,服装啊,有些词汇的运用,日常的行礼啊,如果说这些都是小事儿的话,还有一些事儿受这些东西影响,那就是大事儿了。礼仪和核心价值观之间是互相影响的,礼仪动作承载核心价值体系,核心价值体系支撑着礼仪。这个在日常的行为中间,核心价值观被一次一次地强化。过去的人跪在那儿给皇帝磕一次头就提醒自己一次,皇权是至高无上的;每一次拱手给别人施礼,都是告诉自己要中庸,要天道地道一起来,要跟人和合,要跟别人双赢,每一次都会强化。如果这些动作没有了,核心价值观从何而来?核心价值观承载在哪些地方?一个孩子,即便他识字了,会读书了,有搬着哲学著作来看的吗?世界上有这样的孩子吗?有天天看《人民日报》《参考消息》的孩子吗?你让孩子做这样的事儿合适吗?孩子的教育是要靠游戏,靠日常的引导,靠一举一动灌输到他心里面。如果这些东西没有了,那样麻烦了。

下跪有没有?有。2013年5月,在武汉街头,一个城管和一个小贩他俩跪在那儿了。中国人过去叫男儿膝下有黄金,在家跪父母,出外跪天子,进学校跪老师,人生三跪,其他的打死也不跪。中国人现在下跪很简单了,为什么呢?中国人现在不是价值理性,是工具理性。什么是工具理性呢?只要能达到目的,什么办法都可以用,什么东西都可以抛弃。这个东西说起来简单,但是很可怕啊,非常可怕!我只要想有钱,我什么事儿都可以做,麻烦不?小贩不愿意撤摊,干脆给城管跪下了,城管很为难,我完成不了任务,我领导要批评我,我也给你跪下。我真想问问这个小贩,问问这个城管,你在家给你父母跪过吗?在学校给你老师跪过吗?未必。为什么为这么一个小事儿城管、小贩下跪了呢?

(PPT)在2013年3月份,在重庆市中心,他那儿有一个碑,类似于郑州的二七纪念塔,围着这个碑有一圈,重庆有一个化妆品公司为了训练员工,让员工跪着,围着这个圆圈爬行,说是磨炼员工的什么什么素质,实在不敢苟同。中国人过去不这样训练人!

(PPT)在网上这样的事情很多,我昨天晚上随便抓了一张照片。这是一个男孩子在网上发了一段视频,处男求包养。为什么要这样呢?有没有廉耻在心里面呢?我要达到目的,我要过好生活,什么样的生活是好生活呢?有钱的生活是好生活,我只要有钱,可以无所不用其极,什么事儿都可以做。

这样的事情怎么形成的呢?五四运动在文化思想领域秉承着一种观念,叫封建礼教吃人。我现在不敢看到这个词,我看到这个词全身出汗,难受,头疼,打倒"孔家店"。当时外国人,特别是泛儒家文化圈,东南亚这一片,听到中国在"批孔",接着"文化大革命"也一样,听到中国人把孔庙给砸了,都当成一个谎言来听,认为不可能,中国人怎么能把孔庙给砸了,怎么能把自己的精神家园给砸了呢?这个问题咱们用辩证法的思维来考虑这个事儿。中国传统的东西是不是全是好的?不一定。毫无疑问,任何东西存在了一段时间之后,你与时俱进地想,它都有糟粕。与时俱进,正当其时,天还要往前走呢。有没有糟粕?有。就像人吃饭一样,中国人过去吃的精神食粮是"窝窝头",你说"窝窝头"不好,把"窝窝头"扔掉,咱们吃"面包"吧!可以,我同意,问题是现在"窝窝头"没了,被扔掉了,"面包"在哪儿?"面包"没有啊!

毛泽东提"大破大立",大破,破得很全面;大立,立了没有?第一个五年计划,1953 年开始的。开始以后,第一个五年计划可不是计划着恢复中国传统文化,是经济建设的五年计划。过了半个世纪,在 2006 年,中央的十六届六中全会上才正式提出社会主义的核心价值体系,以"八荣八耻"为核心,整整滞后了 50 年。在这 50 年里面,中国人靠什么活着?过去"文革"老一代,像我们"60 后"之前的人,当时有一个信念,虽然这个信念很可笑,但是我们有,我们要解放世界上三分之二的人。世界上三分之二的人还在受苦,等着我们去解放,我们要为了他们而生活,要抓革命,促生产,我们要解放世界全人类。因为有这样一个信念在支撑着,所以红卫兵很狂热;上山下乡,干劲很大;学工、学农,全国人民学人民解放军,不遗余力。突然有一天,国门打开了,咱们看到了,不是咱们要去解放别人,咱们要跟别人学习的东西太多了,大楼后面不是阴影,大楼后面是花园,我们难受了。突然,中国人没有精神家园了,孔子也被批倒了,跟批林彪的时候一块批臭了。我小时候第一个知道孔子的名字不叫孔丘,也不叫孔子,叫孔老二,看的第一本儒家的书是《孔老二罪恶的一生》,小画书,"60 后"的人都看过。在我心里面也有阴影啊,怎么突然就没有了呢?全世界人民不用我们解放了,我们干啥呢?活着有啥价值,这叫价值观。中国人现在为什么活着?中国人现在为钱活着,为房子活着,为不知道什么东西活着。事儿大不大呢?非常麻烦。

历史上,咱们脚下这片土地,咱们今天讲礼仪,作为中国人讲礼仪,作为中国人在河南讲礼仪,应该是很风光的。河南是什么样的地方呢?物华天宝,人杰地灵,这句话出来一个地名叫灵宝。灵宝这个地方有一个函谷关,函谷关是什么地方?老子骑青牛出关的地方。老子是谁?老子是周朝图书馆的馆长。曾经有一个人不远千里到河南向老子问礼,这个人叫孔丘,从山东跑到河南的洛阳向老子问礼,问礼究竟是什么,礼的本质是什么。这就是这么牛的一个地方,这么牛的中国人,现在我经常在心里面问,咱们的衣是什么?咱们的冠哪儿去了?站在当今世界文化的大背景下,我们还能说我们是礼仪之邦吗?我们还能说我们是衣冠上国吗?说不出口,说不出口叫尴尬。中国传统的礼仪文化精神是咱们文化的瑰宝,这个宝贝经历了这么多年,历史的尘埃把它掩盖了,瑰宝的光泽暗淡了,咱们今天就要一层一层地把瑰宝上面的尘埃给擦去,来看看,咱们这个瑰宝究竟是什么。

咱们在这个里面回答两个问题:第一个,什么是礼仪?第二个,中国礼仪文化的精神是什么?礼仪这个东西现在被广泛地提起,礼仪是什么呢?我问一个孩子,礼仪是什么呢?他说,礼仪是小姐。为什么呢?因为礼仪总是跟小姐连在一起。在十几年前我去讲座的时候,也可能我这个名字有点中性,女人叫这个名也行,到一个银行去讲服务礼仪,接待我的人很奇怪地说,常老师,你怎么是男的呢？我说，我怎么就不能是男的呢？他说，讲礼仪的都是女的。我说，这个事儿是有差异的，礼仪不是表演。

咱们讲四个问题，这个东西要想说清楚不容易，咱们讲最关键的东西。先讲第一个，礼仪是规范。礼仪这个规范是干什么的？有一些观点很流行，礼仪是名片，礼仪是钥匙，礼仪是提升人素养的一个什么什么样的入门课，这个话说的对不对？对，但太小了，说的不是中国礼仪。另外，在语境上，有些人说话不经过大脑，他们说礼仪是一张名片，我问大家，中国人相信名片吗？中国人从来不相信名片，名片是明着骗的，你这个礼仪也是明着骗吗？能这样比吗？中国人说礼仪是钥匙，是开启成功大门的钥匙，你要想进中国人的门儿，没有问题，你进来吧！毛泽东过去就这样做过，你不是想进根据地吗，那就进来吧，我这儿没有门，不用钥匙。你进来之后我关门打狗，再收拾你。要这个名片干什么呢？中国的规范是干什么用呢？子曰："道之以政，齐之以刑，民免而无耻；道之以德，齐之以礼，有耻且格。"把礼和德这两个东西跟政和刑并列，行政和司法这两个东西是干什么用的？治国。中国礼仪和道德过去是干什么用的？治国。这个规范是用来治国的，是干大事的。小事儿能不能干呢？同样能干，没有问题，但是它的本质是治国。中国礼仪跟西方的 etiquette 是有区别的。英语里面这个词来自于法语，最初的时候是法庭通行证，变到英语里面叫人际交往通行证，它仅限在人际交往里面，所以才有研究西方礼仪入手的人回过头看中国礼仪，拿西方礼仪的标准来要求中国礼仪，偏差了，所以说叫"钥匙"和"名片"。礼仪不是表演，礼仪规范的目的是传达善意，治国也是传达善意，跟人交往也是传达善意。这个很重要。

第二个要素，礼仪是约定俗成的。不是说咱们几个人在一块开个会商定就行，不行，这是约定俗成，要有一个过程，很长时间才能形成。就像咱们刚刚说的，揖礼的变革经过了多少年？大概两千年，逐渐地变，这样人们才能接受。

第三个要素，礼仪必须由国家意识来倡导。在一个地区这样做了，这叫不礼仪？不叫礼仪，叫礼俗。中国人说"十里不同风，百里不同俗"，但是全国是一个礼仪。有点类似于咱们的语言，每个地方有每个地方的方言，但是全国有普通话，普通话是国家倡导的，现在普通话不是国家倡导了，叫国家规定，被写进中华人民共和国的宪法，要说普通话。礼仪没有规定，规定是法律，礼仪要倡导。国家的意志体现的是核心价值观、核心价值体系，它的范式必须要承载核心价值观，内德外礼。

我把这一句提出来，举一个例子给大家分享，礼仪不是表演，礼仪规范的目的是传达善意。有人说鞠躬鞠多少度，15°是什么，30°是什么，90°是什么，你是按西方的礼仪来说中国了，中国人不讲这些东西的，中国人讲"大行不顾细谨，大礼不辞小让"。中国人讲，礼不礼的没事儿，只要大家能和睦相处就好。中国人讲开开门儿，关着门儿，有一天早上你起床了，出了卧室的门儿了，见到你母亲从她的屋里出来了，你是不是站好鞠躬，面带微笑说："妈，您早！"你会这样吗？你肯定是抠着头说："妈，你睡得好不好？"你肯定是这样的，你那会儿怎么不讲礼呢？越熟的人越不讲礼，越不顾忌礼。所以中国人的礼是有层次的。

举个例子，2011 年 8 月，在北京召开了国际天文学会，当时作为国家副主席的习近平出席了这个会议，并作了演讲。做完演讲之后，当时国际天文学会主席也很感动，中国这么重视，派一个副主席给我们演讲，还演讲得这么好，握个手吧！他去送习近平，把手伸出来，准备握手，在要握还没有握住那一瞬间，天文学会主席的眼镜掉了，如果按礼仪规范的话，习近平不应该管他这个眼镜，管这些小事儿干啥呢？有服务生呢。但是习近平没有这样做，咱们看习近平的动作（PPT），习近平拽住这个主席的手，而且躬身拾起了这个眼镜，把眼镜交给了这个主席。我盛赞这种动作，这是中国大国领导人，就应该这样，礼仪是传达善意的，"大行不顾细谨，大礼不辞小让"，大国的领袖应该有这样的风范。我跟你握手是为了传达善意，同样是传达善意，我拾起眼镜给你是不是也是传达善意呢？也是。只要是为了传达善意，不要拘泥于那些动作。咱们有一些西方的礼仪说，我坐凳子只能坐三分之一，握手时必须要握几下，等等，很多时候我很想说一句比较粗的话，这很扯淡，你不是中国人。

咱们看一下礼仪研究的逻辑体系,现在礼仪研究很乱。逻辑体系分两部分,第一个是基础礼仪,我说的是公民礼仪。基础礼仪是每个人都应该会的礼仪,这跟行业礼仪不一样。行业礼仪,比如说军人,在军队里面要行军礼,军礼是什么呢? 比如说举手礼,大臂带动小臂(演示)。平常的人用不用学这个? 你只要不当兵,不用学这个。每个人都要学的礼仪是基础礼仪,基础礼仪研究有两个维度,礼仪情感和礼仪行为,礼仪情感是它的核心价值观,要表达尊重。礼仪行为有两个维度,一个是礼仪载体,一个是礼仪模式。礼仪载体里面有语言的研究,有物品的研究,礼仪物品,语言包括有声语言、形体语言、书面语言,这是一个体系。还有礼仪环境、空间位次,站在左边,还是站在右边? 谁先走,谁后走;左为上,右为上等,这是对礼仪载体的研究,这些东西承载了礼仪情感。

礼仪模式是什么呢? 咱们现在通行的研究是七大模式,对中外来说,最基础的是四大模式,这四大模式是生命礼仪、家庭礼仪、学校礼仪、公共礼仪。生命礼仪是什么? 从一个人出生到他死亡经历的礼仪,寿诞、丧葬、迎来送往、成人,都是生命礼仪。家庭礼仪,在家里面有一些应对,家庭作为一个整体待客的时候,家庭作为一个整体出访的时候,都要讲家庭礼仪。因为时间关系,学校礼仪、公共礼仪就不敞开说了,我只能把这个东西展现给大家。

现在有好多讲礼仪的书,如果你要去买一些书看的话,如果逻辑是混乱的,这个书不要看。比如有些人这样说,在目录里面,第一章是口语礼仪,第二章是学校礼仪,第三章是演讲社交礼仪,这个逻辑体系对不对呢? 不对。口语礼仪和家庭礼仪不在一个层面上,家庭礼仪里面包括了所有的礼仪载体,学校礼仪模式里面也包括了所有的载体,这是列表的一种关系。

咱们重点看一下中国礼仪文化的精神实质。中国礼仪对中国人来说,在传统的文化里面,是中国人照着这样去生活的一个范本。没有礼仪,中国人不知道该怎么活,不知道该怎么样去生存。从这个意义上来说,"礼仪"这个词在中国传统文化当中跟"文化"这两个字是一个意思,文化就是礼仪,礼仪就是文化。必须把礼仪文化放在中国传统文化这样一个大框架里面去考量它,这样才有意义,不能把礼仪专门摘出来,说礼仪就是跟人打交道,礼仪就是与人相处,不是这样的。

提出天人三策的董仲舒在《春秋繁露》里面提出"五常",这"五常"叫"仁"、"义"、"礼"、"智"、"信"。"礼"只是其中一个,排在"仁"和"义"之后,但是排在"智"、"信"前。这种排列非常有意思。能不能把礼放在第一位? 不能。中国人最看中的是"仁",仁是要爱人,两个人互相才是仁。看"仁"这个字,一个单人旁,一个二,两个人才是仁。要想公道,打个颠倒,替别人着想,两个人之间才有仁。"仁"在中国传统儒家知识体系里面的位置是至高无上的,在《论语》这本书里面出现了 137 次。管仲在教齐桓公治国的时候说:"礼义廉耻,国之四维,四维不张,国乃灭亡。"把礼义廉耻提的很重。

有些同志可能会问,在中国传统文化里面有法家,在春秋战国时候就有法家,在中国传统文化里面为什么不提法呢? 很多人没有深入地去考量过,情这个东西是人天生的,但是要任由感情、欲望去泛滥,这个社会就完了,所以要以一种方式把人给管起来,这才有了人类文化。怎么样管呢? 跟人的指导思想有关。中国是"性善论",中国《三字经》里面讲,"人之初,性本善。性相近,习相远"。简单来说,人生下来是好的。西方是"性恶论",人生下来是坏的,是有原罪的,你是带着罪生下来的。中国文化和西方文化,中国是儒家轴心,西方是罗马希腊轴心,这两个轴心不一样,从那个轴心演变出来的是用法来管人,从咱们这个轴心演变出来的以礼来管人,以德来管人,以孝治天下,这两个不一样。

如果考量情、礼、法这三个东西的话你会发现,情没有任何规矩可言,每个人都可以有情,我想怎么样怎么样,从谁身上可以看出来呢? 从小孩儿身上能看出来,没有教化的 3 岁大的小孩。咱们中国老百姓说"3 岁大吃屎的小孩儿",为什么叫"吃屎的小孩儿"呢? 他那会儿高兴可以去吃屎,我高兴吃就吃,想干啥就干啥,不受约束。这个约束,从法上约束,在中国人脑子里面感觉就约束得太狠了,就太严谨了,所以中国人是商量着来。根据人情感的变化,原先有这个俗了,我把这个风俗稍微改造一下,变成礼,再用这个礼来教育大家。

我在好几次讲课的时候都说,毛泽东说"从群众中来,到群众中去",实际上这不是毛泽东的发明,古代的周公、文王时候就是这样做的。看老百姓怎么做的,这个村子结婚是这样结的,那个村子结婚是那样结的,我去"采风",在这些基础上,选取每一个婚礼的长处,搞成一个婚礼,然后形成典籍,再教育大家,这就是中国的礼。

中国人用礼来治天下很聪明,不强硬,所以中国人说帝王有四类:最恶心的那类,档次最低的帝王,老百姓想杀了他;再高一级的帝王,老百姓拥护他、害怕他,愿意听他的话;再高一级的帝王,人民爱戴他,发自内心地愿意跟着他做;还有一级,最高一级的帝王,人们忘掉他。忘掉的意思是什么呢? 我感觉没有人管我啊,不就是这样吗? 像咱们河南人经常说的一样,"庄稼活不用学,人家怎样我怎样"。好多人结婚就是这样结的,在座的有稍微年轻一点的,你结婚怎么结的? 都是说现在兴这个,兴穿婚纱,那我也穿;兴到酒店里面弄酒席请客,我也请。有人这样规定吗? 有人这样教你吗? 为什么90%以上的人都这样做呢? 这是一种风俗。古代人不强求,中国老祖先不强求,在这些风俗基础上研究出一套治国的方法,用这套办法管理老百姓。

这里面牵扯到中国文化的一些特性,中国文化是中庸的、和谐的。什么是中庸、什么是和谐呢? 它外显的就是宽容,有韧性。举个例子,我看过法国菜谱,看过德国菜谱,也看过英国菜谱,英国菜谱是这样写的:烤羊肉;羊肉多少克,胡椒多少克,盐多少克,什么多少克,什么多少微克。很严谨吧! 中国菜谱不是这样的,中国菜谱说:盐适量,胡椒少许。适量是多少? 少许是多少? 就那样,看着差不多就行了。中国礼仪也是这样,很多人讲礼仪时不讲那三礼,第一个楷礼,第二个章礼,第三个草礼。这三种礼在中国都叫礼,比如说拱手,英国贵族训练站姿,那可是说咋站就咋站,一分一毫不能错,中国人不是这样,咋站都行,是那个意思就行了。比如说拱手,我是拱得速度慢一点,还是快一点,是高一点,还是低一点,还是离胸口远一点,近一点? 无所谓,只要符合那个样子就行,有点像中国书法。中国书法同样一个字,行、草、隶、篆,这些字体里面,字形差别很大,中国人你认识不认识呢? 有文化的人都认识,不能说这个字是楷体时候认识,写成草体就认为不是那个字了,它还是。中国的画也是这样,中国的画讲究意境,讲画外之意,弦外之音,讲那个神韵,讲你看不见的东西,这是中国的文化,是高级文化,跟西方的具象文化是有区别的。

中国人的礼仪轻视外在的行为规范,重视内在的醒悟,追求和合。孔子说,"礼之用,和为贵。先王之道,斯为美……知和而和,不以礼节之"。意思是什么呢? 只要两个人和合相处,讲不讲礼不重要。中国人讲以礼分,以乐和,最后是要和合,和合共生,和合共赢,共同进行美好生活,不是要折腾礼,折腾它干啥呢?

现在很多人学习礼仪,研究礼仪,忘记了中国有一个词叫"薪尽火传",抱着薪不放,忘记了火,柴火没了,火还在。过去烧火做饭用稻草、木柴,后来进步了,用煤,煤烧出来的火和柴火烧出来的火一样不一样? 本质一样,但是火力更旺。现在煤都不用了,用天然气,天然气烧出来的火和煤烧出来的火一样吗? 本质一样,火力更旺。那个火是火不是火呢? 同样是火。不要抱着过去的那套形式不放,形式是什么呢? 穿汉服,穿唐装,有些人讲个礼仪课,打扮得跟穿越过来的一样,恨不得再戴个什么东西。有那个必要吗? 没有,咱们要抓住它的精神内在。

在研究礼仪的时候,要反对三种理论:

第一个是"糟粕泛化论"。一提到中国过去的东西都是糟粕,这是"五四运动"以后,特别是新文化运动以后,说我把中国传统的古籍翻遍了,就看到两个字,叫"吃人"。我没法对此做出评价。你把中国人的自信心全打掉了,你把中国传统老祖宗的东西全扔掉了,人都喜欢批评,都喜欢说别人不对,你建设性的东西在哪儿呢?

(听众:你怎么知道他没有建设性呢?)

有! 咱们等一下再探讨。咱们这个地方是一个学术探讨的地方,我可以说,一会儿我给您时间,您也可以说,咱们可以探讨。我不代表政府的观点,也不代表共产党的观点,我只代表我学术的观点。如果在中国现代的土地上,在咱们图书馆里面,如果都没有人自由说话的权利,我说中国真的完了!

第二个,全面恢复。跟它相反,觉得中国传统的东西都是好的,照搬过来就可以用。我刚刚已经提到了"薪尽火传",历史已经前进了,不能刻舟求剑,这个薪已经烧没了,但是火的精神要传下来,现在应该有现在的范式,现在应该有现在的礼仪,这样才对,全面恢复是不对的。在礼仪的研究中,否定社会主义核心价值体系,否定现在咱们唯物主义史观整个这一套东西可能更错。

第三个,我想重点说说"西方惯例论"。现在很多人喜欢提这个,一说就说这是国际惯例,说这是世界规定。什么叫国际惯例?咱们中国在唐朝的时候,中国唐朝的地位跟现在美国的地位可以比,但是美国现在的地位比不上中国唐朝时候在国际上的地位。美国现在全球 GDP 不超过 1/3,唐朝时 GDP 超过 40%,一个国家 GDP 那么高。在唐朝时候,唐朝的文化、唐朝的服饰、唐朝的礼仪,那就是国际惯例。当时西方人到中国,他们要来拜访咱们的皇帝,你不是随便想见就见的,对不起,你要先到礼部学习几个月的礼仪,礼仪做不对就不能见皇帝。中国就这么牛?就这么牛!那叫国际惯例。现在西方的国际惯例是怎么来的?是在 19 世纪末 20 世纪初,西方列强,英、法、德、意用坚船利炮征服世界以后文化的一种输出。喜欢国际惯例的人是缺乏中国文化自觉的人。中国人现在为什么没有自信?中国文化现在为什么不敢大声说出自己的声音?实际上本质上就是一句话,就是咱们穷嘛!就是咱们中国乱了一百年。中国崛起以后,中国再提到自己祖宗的时候,还会这样说吗?还要跟别人说,西方什么都好,你看西方的街道怎么样怎么样,西方的什么什么怎么怎么样?

(PPT)咱们看一下一张图片,这是去年英国哈里王子大婚完了以后伦敦的街道。我不嘲笑别人,咱们中国有的地方比这个还脏还乱,但是你如果因为中国脏中国乱你就说西方任何一个城市任何时候都是天堂,我觉得你没有很客观地看待这个事情。西方有没落的一面,中国有崛起的声音。这三种观点都应该被批判。

咱们来介绍第三个,中国的传统礼仪文化精神,在两三千年的过程中,它是怎么样传承下来的?是怎么样历久弥新的?

中国这个国家不太平,中国文化很坎坷,但是我们很自豪地说,在当今地球上,只有一种文化从未间断过,这种文化中就是中华文化,就是儒家的礼乐文明,在这个地球上从来没有消亡过。咱们国家被别人征服过,以汉民族为主体的政权被别人颠覆过,但是礼乐文明从未中断。两次比较大的颠覆,第一次是元朝,元作为一个民族征服了汉族政权,但是八十多年以后,中国文化再一次卷土重来,把元朝又挤回了大漠以北。再一次,离现在比较近,显性的,就是清朝。清朝入关以后,在顺治晚年和康熙早年开始接受中国儒家文化,开始大量地开科取士,用中国传统理念来统治中国。

这只是两次显性的,还有一次隐性的,这个更吓人,有点类似于现在,就是唐朝初年。唐朝的、隋朝的皇帝可不是正宗的汉族人,他是北方的鲜卑人,少数民族,就是胡人。李世民在登基的早期,北方少数民族送给了李世民一个称号,这个称号不叫皇帝,叫"天可汗"。可汗是个什么样的称谓?是少数民族对首领的尊称。李世民对这个称号很喜欢,回去对李渊说,他们送给我一个称号叫天可汗。整个唐朝,文化大繁荣、大发展,它是对中国春秋以来礼乐文明思想批判最狠的一次,正因为有这种批判和融合,才有了后面唐朝的鼎盛。现在中国处在这个时期,更厉害,跟唐朝比有过之而无不及。读过中国传统文化书的人都知道有两个词叫"脏唐""乱宋",就是唐朝社会风气很脏,宋朝很乱,咱们关起门自己说自己,无所谓,唐朝乱到什么程度?你就上网查这四个字——脏唐乱宋,当时社会风气比现在还开放。不能说现在中国乱套了,中国快灭亡了,不是这样的,中国人会一次一次地像凤凰一样涅槃的。

中国怎么样在两千年的历史中间来传承中国文化呢?秉承着三个手段。

第一个手段,坚实的传统核心价值观。这个核心价值观通过各种各样的方式不断被强化,主要

有四个方面,三纲五常、入孝出悌、忠君爱国、成仁取义。为什么咱们说它是很坚实的核心价值观呢？刚才说了,当代的中国已经一百年没有常礼了,社会主义的核心价值观不够那么深入,在这样的情况下,咱们在座的人,你看这四句话,你的认可程度有多少？咱们一个一个说,三纲五常——君为臣纲、父为子纲、夫为妻纲。五常说了,仁、义、礼、智、信。它的本质是"君君臣臣、父父子子",什么是"君君臣臣、父父子子"？它是一种身份的认同,君要像君,父要像父,子要像子。你认同吗？如果有一天,你作为一个父亲,你在家里,你儿子回来以后拍拍你的头,摸摸你的脑袋,然后说,干得不错,好好干！你认同吗？你觉得儿子应该是儿子的样,父亲应该是父亲的样。你儿子回来直呼其名,叫你张三,或者老东西,你愿意吗？你不愿意。父亲有一个父亲的样子,现在中国人还是这样！这么平等、这么民主的情况下,家庭里面,你看一个儿子那样对待父亲,你心里面也会怦然心动,你也会觉得不妥当。第二个,入孝出悌。什么意思？"弟子入则孝,出则悌,谨而信,泛爱众,而亲仁。"入孝,回到家里面要孝敬尊长,同意吗？任何一个中国人都会同意的。出悌,悌是什么意思呢？悌是长兄对弟弟的做法,要爱兄弟,要友善,要双赢,要搞好人际关系。中国人夸人,经常说这个人混得不错,人缘可好。人缘可好是怎么好起来的呢？是"悌"来的,是双赢来得,是跟别人和合共生来的。这个或许你只同意一半,你说我只同意孝,我出去之后你爱谁谁,我就不搭理你,我独来独往,有这样的人。第三个,忠君爱国,忠君不说了,爱国同意吧？肯定是会同意的。第四个,成仁取义。现在好多人,特别是"80后"、"90后"理解不了成仁取义。杀身成仁,舍生取义,生予我很贵重,死我很害怕,但是为了仁和义,我可以舍生取义。不要觉得仁和义很高深,实质上,在我的心里面,仁和义都是爱,只是它是有规定的、有规范的一种爱。

在唐山大地震的时候,有一幕情景,钱刚写的,是个报告文学,不是电影。唐山大地震的时候,解放军到唐山,在风里面听到了小孩儿的哭声,哭得很惨,顺着声音看过去,看到有一个楼塌了,在二层和三层中间,三层已经塌了,在天花板里伸出一双手,这个手上托着一个婴儿,最后救起来以后才知道,砸死这个人是母亲,托出去的是儿子。当时这个母亲在一瞬间肯定斗争了,按照一般人的常理肯定斗争了,不是斗争是我活还是儿子活,当娘的不会这样,当娘的肯定是会把生的希望留给儿子,这是肯定的。她肯定是这样犹豫,我是跳下去,还是我趴在这儿伸手？如果跳下的话,儿子可能跟我一块摔死;如果伸手把儿子托在手上,儿子生还的系数要大一点。她肯定是做过这样的考虑,所以才会有这样的一幕。这个动作背后是什么？是爱。这个动作背后是什么？这个动作背后是仁。仁就是两个人要爱,从人类这种情感里面衍生出来的。义是什么？朋友之间的关系,是人和国家之间的关系,忠和义是连着的。我们说了一圈,对咱们在座的朋友来说,最低的标准,三纲五常、入孝出悌、忠君爱国、成仁取义,这四个核心理念里面起码有一半的内容你是认同的,对吗？中国传统的文化核心价值观就强大到这种程度,经过一百年恣意摧毁,现在依旧种子还在。

第二个手段,完备的礼仪行为范式系统。这个我不说了,很完备,该怎么样结婚,怎么样治国。中国有三部书,等会儿会说到,把各种各样的生活,国家的管理,等等等等,规定的非常详细。

第三个手段,严密而智慧的礼仪教化系统。这个我想拿出来重点说一说。中国礼仪的传承跟中国的教化有关,中国人认为在传统文化里面,认为人是善良的,人不需要制裁,人是可以教好的。《论语》里面说,子路问孔子:"使民敬忠以劝,如之何？"意思是什么呢？让老百姓很尊重我,然后互相劝勉着干活,有这样的方法没有？老师,你教教我！孔子当时说,"临之以庄,则敬。孝慈,则忠。举善而教不能,则劝"。意思是什么呢？你很庄重地干每一件事情,这样的话别人就会尊重你。"孝慈,则忠。"我在家里孝,在外面对人慈爱,用这样一种心思,长久下去,别人就会对你忠心。

《三国演义》里面的刘备有没有孝慈之心呢？有啊！张飞和关羽这两个跟他拜把子的人就算了,还有一个人对他忠心耿耿,这个人叫赵云赵子龙。赵云赵子龙从哪儿开始对刘备忠心耿耿的呢？从见过刘备的第一次分手时,《三国演义》里面说到刘备跟赵云分手,刘备拉着赵云的手,眼泪噼里啪啦地掉啊！弟弟啊,今天分别了,我什么时候才能见到你啊！有没有这种慈心在里面呢？有没有这种爱心在里面呢？有啊，昭然若揭。特别是第三句，"举善而教不能，则劝"，中间没有制裁，没有批评。把好的表扬、表彰，举起来，不能怎么办呢？你不是不会这样做嘛，我手把手地教你，这样的话，人就会互相劝勉着干活。里面是不是都对，咱们再探讨，但是这是中国传统的做法。

中国重视教啊，它有一个系统，这个系统很完备，咱们看一下。

第一个，学习系统。这就是典籍系统，要有一些东西，一些有形的教育资源，在中国过去就是书。过去的书分成三类，第一类是庙堂之上的典籍。这个典籍核心是三部书，《周礼》、《仪礼》、《礼记》。在《三字经》里面说《周礼》、《仪礼》、《礼记》说得很详细，《周礼》总共有六关，春夏秋冬天地这六关，每一关里面有 60 篇，《周礼》有 360 篇。咱们要是说太专业太学术的话没有意思，我很简单地给大家说一下，就是岗位职责。什么岗位职责？360 个政府公务员的岗位职责。春夏秋冬天地这六关最后演变成了六部，中国的三省六部制，这就是《周礼》，《周礼》是教你怎么样治国。按照《周礼》的模式建立了北京城，按照《周礼》的模式建立了西安，按照《周礼》的模式建立了首尔，韩国首都首尔的城市布局就是按照《周礼》的模式建立的。

另外，比较大的家族有家训，比如说颜氏家训，给别人说你要勤劳，要勤俭持家，要尊长爱幼，在家训里面写得非常清楚。最重要的，对中国人来说应该是一个创举的，在世界其他国家没有这么完备的，是中国开蒙养正的蒙学，传统的蒙学是"三百千"——《三字经》、《百家姓》、《千字文》，再加上一个《弟子规》，还有其他一系列的东西，但是没有这四部书影响大。《三字经》在短短 500 多个字里面，把中国传统文化一览无余地包括在里面，比如它说"论语者，二十篇。群弟子，记善言"，就这四句话，《论语》有二十篇，这二十篇是什么书呢？是群弟子记善言，《论语》是孔子的弟子和再传弟子对孔子言行的记录。"孟子者，七篇止。讲道德，说仁义"，《孟子》就七篇，孟子干啥呢？说道德，说仁义。"作中庸，子思笔。中不偏，庸不易"，写《中庸》这个人叫子思，中庸是什么意思呢？中就是不偏，庸就是不变。"作大学，乃曾子。自修齐，至平治"，大学里面讲"修、齐、治、平"，修身齐家治国平天下。这四部书的内容，每一部用两大句，四小句，十二个字就全部给概括了。中国的儿童开蒙时就背这些书，这些书就像种子一样内化在自己心里。中国的历史也是从头到尾，一个朝代两句或者一句这样概括下来了，很清楚，很明白。

《千字文》更了不得，总共一千个字，没有一个重复的，全部是韵文，它是人识字的书。一开始是教人识字的书，但是里边包含的中国传统文化太丰富了，比如说开篇是"天地玄黄 宇宙洪荒"，中间提到"金生丽水，玉出昆冈"。像这样的话，现在科学已经印证了，中国古代人太厉害了，你怎么知道出金子的地方下雨多呢？河南灵宝的苹果为什么那么好吃呢？唯独这一块日照很好，雨水丰沛。为什么就灵宝那个地方雨水丰沛呢？《千字文》里面说了"金生丽水，玉出昆冈"，有金子的地方就有水。"玉出昆冈"，那个玉在哪儿呢？没有山哪儿有玉呢？最好的玉在昆仑，中国四大玉都跟山有关。包括"果珍李柰，菜重芥姜"，中国人烹调的口味是姜，在《千字文》里面提到很多很多。通过几本书，在小孩儿开蒙的时候——所谓开蒙是在小学一年级和幼儿园高年级这个年龄段——在这个年龄段把这些书全部装在孩子们的脑子里，对他来说是一个一辈子都用不完的营养。

第二个体系，庙。去年跟一个外国朋友探讨这个事儿，他说中国人没有信仰，没有庙。我说，你错了，你没有常识，中国人有仨庙。第一个庙，中国人有家庙，有祠堂。第二个庙更厉害，中国有城隍庙，土地庙。第三个，中国人有一个最不得了的庙，叫孔庙。这三个庙在礼仪教化中间起的作用不一样，城隍庙、土地庙是负责吓人的。你要不好好的就下地狱，把你锯成两半，把你下油锅了，把你炸了，剁了，把你喂狗吃了。小孩儿让他妈妈领着去城隍庙里一看就害怕了，回去就发誓要好好读书，好好做好人。家庙呢？"王师北定中原日，家祭无忘告乃翁。"中国人干成了一件大事儿，那是要回家告诉父母的，中国人有这样的心思。跟外国朋友探讨，为什么说到庙呢？主要是探讨中国的春运。外国人每个星期都要上教堂，他觉得这是信仰，中国人没有信仰吗？中国人什么都信，中国人也什么都不信，只要这个东西有用，我临时抱佛脚，什么宗教都在中国落地生根。你要说中国人最信什么？最信家，最信亲情。中国的春运是这个地球上最大的运动，太大了，太厉害了，吓人啊，在短短几天内，把上亿人从南运到北，从北运到南。中国人为什么要回家？虽然现在家庙不在了，但是家庙精神在，我混得好了，我光宗耀祖了，我取得了成就了，我要跟人分享的时候，想到最多的还是自己的亲人，自己的家。

再有，书中自有黄金屋，书中自有颜如玉，朝为田舍郎，暮登天子堂，通过什么？通过读书。中国人说，"万般皆下品，唯有读书高"，对不对？肯定不对，行行出状元。你真这么想吗？你真觉得行行出状元吗？你觉得孩子去扫大街跟在研究所里面当研究员，你真觉得是一样吗？你扪着良心说我觉得真一样，那咱们下来密谈一次，我看看你到底是怎么回事，你好像不是中国人一样。中国的父母望子成龙、望女成凤，这是天理，中国父母都这样，你说他到底是不是能成龙、成凤，当他成不了的时候你会告诉他，没事儿，行行出状元，那是成不了的时候说的。所以说中国人要读书，要拜孔庙，孔子是教人向上的。

第三个体系更厉害，学校。中国传统的文化里面是没有学校的，只有考试大纲，考试大纲就是《四书五经》，考试特别严格，没有学校。国家不办学校，学校是谁办呢？有两个，第一个，国家有国子监，它类似于研究所类型，给皇家子弟和高官子弟提供了一个研究场所。它也叫辟雍，辟雍是国家图书馆的意思；第二个，书院、草堂。全国有名的四大书院，咱们河南有两个，第一个是嵩阳书院，第二个是应天书院，在商丘。国子监也好，书院、私塾也好，这些东西都不重要，中国最重要的、最厉害的礼仪教化学校是舞台，是草台搭成的舞台。

在古代能读书识字是很奢侈的事情，有钱才能读书识字，才能请起先生。如果他不识字，没有钱读书的话，这些传统的礼仪思想，像忠君爱国，他有没有呢？有。从哪儿来？看戏看来的。不认字的老百姓都知道，我在咱们河南驻村的时候跟一些老大爷、老大妈聊天，我喜欢跟他们一起坐在村头树底下侃大山、聊天，聊什么呢？他说：曹操是一个奸贼，诸葛亮是一个忠臣，我看现在朱镕基像诸葛亮。我说：大爷，你咋知道诸葛亮是一个忠臣呢？他说：你没听过曲剧《五丈原》，诸葛亮都给累死了？他是忠臣啊，鞠躬尽瘁，死而后已。他不知道"鞠躬尽瘁、死而后已"怎么写，但是他知道诸葛亮是忠臣。他知道关羽义薄云天，千里走单骑，他知道赵匡胤千里送京娘，通过《鞭打芦花》，她知道后娘不好当，后娘应该怎样干，这些他们都知道。通过什么知道的？通过看戏知道的。这个体系非常厉害。

现在咱们中国当下有没有这种戏曲类似的渠道呢？有，比过去还厉害，是电视剧，但是现在在电视剧这一块太缺失了。跟搞文化产品开发的朋友在一块探讨，这个朋友他也头疼两件事情。第一件事情，中国电视剧跟主流的核心价值观没法结合，一不结合就好看，一结合就不好看。这不是主题的问题，是智慧的问题，你不能拍得又那样又好看吗？为什么不能呢？要你们这些搞文化的作家干啥呢？再一个头疼的是游戏，他们说电子游戏里面有暴力、色情等等，你们为啥不能研究一款游戏呢？按照儿童心理研究出来一个能承载中国传统文化的游戏让孩子们玩呢，也让他上瘾，让他今天不玩就睡不着觉。为啥不能开发呢？几千年前的大禹治水的时候就说，治水只能疏，不能堵。水越堵越泛滥，疏浚了，这个水才能好。中国现在的文化市场的混乱，游戏市场的混乱，不是堵的事儿。什么孩子凭身份证才能上网吧，什么文明上网，网吧儿童莫入，提那些口号干啥呢，不能动动脑筋吗？你那几句口号就能解决问题？什么学校周边200米不能开网吧，对孩子们来说，想上网，200米是个距离？300米能不能开？300米能不能上网？简直缺乏思考。中国过去的很多东西都是在春风化雨中送给大家的，比如说很爱看戏，看着看着感动的掉眼泪了，我就模仿戏里面的样子去生活，我就很满意。农村的老太太说：孩儿啊，你在哪儿呢？上大学了。你这过去都是举人啊，都是秀才啊！她咋知道的，看戏看来的，她知道金榜题名之后要衣锦还乡，那份荣耀非常好。从哪儿看来的？戏里面看来的。电视剧本来应该承载传统文化，但是现在乱了，竟然有一个学生问我，甄嬛是不是雍正的正妻？是哪一年封的皇后？他问我的时候我还没有看《甄嬛传》，那个我也确实看不下去,我说,谁是甄嬛?学生很看不起我:老师,你连甄嬛都不知道?

　　这三种东西在一块交互作用形成一个系统,这个系统很完备,今天没办法敞开说。在这个很完备的系统下,咱们对比一件事,咱们对比对比中国现在的德育,礼乐教化究竟问题出在哪儿?我们的德育怎么了?我们的人怎么了,怎么那么没有羞耻了?怎么不知道感恩呢?怎么那么不像炎黄子孙呢?

　　先看一组图片(PPT),这个人大家都认识,肯定认识,我小时候觉得这个人最好,这个人姓雷,叫雷锋,活了 23 岁就光荣牺牲了。这四张照片是当年新华社配发的,后面经染色处理的宣传图片,非常阳光的四张图片。我"60 后"这一代人就是在这样的教育下长大的。在我开始研究礼仪文化,研究礼仪和道德之间关系的时候,我在网上和其他渠道搜出来另外的照片,我换一组图片大家看看。这四张照片还是雷锋,这不是 PS,我提醒大家注意几个细节,(PPT)最右边这张雷锋穿皮衣、穿皮鞋,对吗?雷锋是 20 世纪 50 年代后期 60 年代初期的人,在那个年代生活过的人,你回顾一下当时的物质条件,穿皮衣、穿皮鞋,那是非常好的生活,对吗?再看中间这一张,雷锋戴着一块手表,在 20 世纪 60 年代初的时候,人戴一块表比现在人拿 iphone5 厉害多了。(PPT)再看最左边的,雷锋拿了一个钱包,皮夹子,从纹路质感上看,这个皮夹子非常好。在那个年代生活过的人知道,钱用手卷一包,往兜里一揣就拉倒了,用钱包的人是什么样的人?有钱人,要是钱都没有多少,往哪儿装。后面这张太酷了,雷锋骑着摩托车路过天安门,当时他还没有当兵,还在钢厂当工人。这四张照片传达给咱们什么?雷锋是一个很鲜活的人。我当时脑子里就想,如果号召现在的孩子们学雷锋,不要光讲雷锋扶着老太太过马路。我小时候觉得雷锋干的事儿扶着老太太过马路,我们就在路口等着,有时候等一上午等不到人,那老太太都去哪了?来一个老太太大家都抢着扶。还有就是"我在马路边,捡到一分钱,交到警察叔叔手里面",有时候实在捡不着,那时候真捡不着,那时候一分钱搁地上真有人捡,现在一毛钱(在地上)没有人动。捡不着怎么办呢?我妈让我打酱油,打酱油的时候人家找了一分钱,我跟我妈说,妈,这一分钱能不能给我?当时家里很穷,我妈说,可以啊,但是你要告诉我你干啥?我说,我想把它交了。老师一个学期没有表扬我了,我要学雷锋啊!能不能不这样说雷锋?能不能有点智慧把雷锋真实的一面都告诉孩子们,给孩子们讲讲,雷锋是爱美的,和你们一样,雷锋是很潮的,是追求潮流的,雷锋是很健康向上的,是有情趣的,雷锋是一个人,就在你身边,不爱把人搞得跟神一样。

　　中国德育问题出在哪儿?可能很多,但是本质有一条,我们培养的标准有点高了。用人的标准培养人,未必能培养出高尚而伟大的人,但是要是用神的标准去培养人的话,是一定会培养出精神病人的。咱们看一个例子,(PPT)这个人叫宁铂,年龄大一点的知道,他是少年科技大学的少年大学生,就是几岁就上大学,最左边这张照片是宁铂 8 岁的时候,被全国人民认为是神童,(PPT)跟时任国务院副总理方毅一块下围棋,方毅亲自接见他。这个小孩儿太牛了,上完大学考研究生时考了三年,当时已经有心理疾病了,每一次都是临进场的时候很恐惧,不敢进场,结果没有去。毕业以后留校,留在少年科技大学当教师,三年没有干成任何事情,没法工作,最后到五台山皈依佛教,出家当和尚了。这就是咱们造神运动造出来的,不光一个宁铂,还有好多例子。少年科技大学第一批少年班没有一个成才的,倒是制造出来很多精神病人。咱们每一年小孩儿不堪学习压力跳楼自杀的年龄在"低"化,从研究生到大学生,从大学生到高中生,从高中生到初中生,初中三年级的孩子怕对不起自己的母亲,跳楼自杀了,我不考中考了。发人深省啊!在用神的标准培养孩子的后面是什么?就是刚刚提到的工具理性,我要让孩子学本事,用这个本事挣钱,这样才能过好生活,最后钱有了,人没了,自己迷失了。

　　中国这些传承被间断过,现在咱们在复兴,这个复兴在不断地探索,第一个是政策上有导向了。2011 年,辛亥革命爆发后的第一百年,这一年将载入中国文化的史册,这一年出了三个事儿。2011年元月 20 日,中华人民共和国教育部颁发了《中小学文明礼仪指导纲要》,第一次从国家政策的层面向中国发声,中国开始建设礼仪了。第二件事儿,2011年10月15日,在北京开十七届六中全会,之前几届的每一次的六中全会都是要给下一届定调子,在这个会上出台了一个文件,文化大繁荣、大发展的纲领性文件。有意思的是,在此前的半个月,正好是中华人民共和国建国的国庆节,2011年10月1日,在美国纽约广场的大屏幕上滚动播出了一个广告,什么广告呢? 尊崇孔子的广告,就是右边这个广告(PPT),是一个水墨动画。孔子领着五个有代表性的山东人,就是用这个姿势在做揖礼。美国纽约广场被称为世界信息的交汇处,在中华人民共和国10月1日国庆节的那一天,以一个省的名义在纽约时代广场大屏幕上滚动播出这个宣传片,播了4个小时,隔一段一播。咱们这是搞学术研究啊,我也不怕说,虽然我也是书记,共产党否定的事儿一般不轻易肯定,肯定的事儿一般也不轻易否定,中共过去是批过孔的,再次把孔子提出来,是要有一个过程的。

(PPT)左边是2009年中共中央出面举办的第一次纪念孔子诞辰2560周年的纪念大会,这在过去是从来没有的。礼敬孔子背后是对中国传统文化的重建,对中国传统文化精髓的汲取。

还有高层倡导,咱们说要有国家意识倡导,国家意识除了一些喉舌之外,主要是一些人物,由具体的事儿来倡导。在习近平十八大选举之前,新华社配发了一组习近平的生活照,中间有一张照片发人深省,习近平手牵自己的母亲散步。中国过去传统的中共领导人从来没有一张这样的照片,这叫孝,传达的是孝,孝敬自己的母亲。

最近我搞了一个专题,专门研究习近平、李克强最近一年出访的一些行为,非常好,让人眼前一亮。(PPT)这是习近平下飞机时给彭丽媛打伞,这是中国人说的夫妻和合。两个人情侣装,彭丽媛裙装是草绿色,这是习近平领带的颜色,这是夫妻和合,夫妻之间一唱一和。再有,李克强出访时潇洒自如,让人好像看到了当年周恩来的影子,大国风范,在跟印度总理交谈以后,站在印度总理大厅门口,印度总理当时傻了,可能年龄大了,脑子一时反应不过来,一堆记者盯着他俩。在那之前,中印两方在边界上差一点打起来,帐篷对峙,就是今年的事儿。李克强就问新闻记者,怎么样,我今天的表现还行吧! 我又能上头条了吧? 大家都笑! 因为在访问之前,中印一直在上头条,因为对峙。印度总理傻了,李克强当时非常有风度,给印度总理做了一个手势,指指新闻记者,意思是我们一起来照个相吧! 这是一个静态的画面,动态的更有风采。

在这些文件政策、民间、高层的交替作用下,民间的探索更是方兴未艾,这是西安的成人礼(PPT),让孩子们穿上汉服搞成人礼,虽然这里面有一些做作。我老是说薪尽火传,你非要把过去的柴火拿过来点着,你不能用天然气烧吗? 非要穿这个衣服吗——这个衣服挺贵的。

(PPT)这是在一个小区门口弄的《弟子规》,这不是咱们郑州的,是洛阳一个小区。我当时问这个房地产的老总,你搞这个东西干啥? 他说,好啊,我把中国传统文化搁到墙上了。这只是中国传统文化很皮毛、很肤浅的东西,你要说这就是中国传统文化,那不对,但是以此来开始,让中国人关注传统文化,我觉得套用中国一句老话说,善莫大焉!

各地在编一些教材,进入课堂的教材,咱们河南省也在编,已经编出来了,今年秋天有更多地市的学生读到这本书。每个年级两本,上学期、下学期,总共18本,还有教师读本。还有一些学校在研发礼仪操,小孩儿在课间的时候做一些传统的动作,这个都非常好!

一句话吧,在这些支持和探索中间,我的心里面,因为我姓常,这个姓就是从一个官职来的,这个官职叫太常,过去的太常是干什么的? 就是主持祭祀的,专门搞礼仪的。我总是觉得我有一份天职在里面,总是觉得在我有生之年还能看到中国作为衣冠之国、礼仪之邦的辉煌,我做梦都想,习近平同志给这个梦起了一个名字叫"中国梦"。我更愿意说,中国梦是礼乐梦,中国梦是大国梦,中国梦是每个中国人都能够真心实意感到光荣的梦。

谢谢大家!

主讲人:**黄辉**,三门峡市社科联副主席兼学会部部长,国际注册高级讲师,国际注册礼仪培训师专家委员会专家,中国国家人才网入库人才,子女教育专家,社科专家,情感专家,三门峡市委党校、三门峡职业技术学院客座教授。擅长社会、家庭心理学及情商理论的研究与实践,经常进行政策理论、社科知识、职业道德宣讲;长期从事心理咨询辅导、子女教育引导、职场减压疏导、礼仪培训指导、企事业管理技能研究及培训等。善于利用自身特长进行互动授课,授课中穿插小品片段、相声小段、歌曲演唱、诗歌朗诵等,使受众在笑声、泪滴中得到教育,受到启发,独特的授课方式倍受听众喜爱,其授课风格被专家点评为16个字——热情奔放、诙谐幽默、和谐互动、生动感人,每年在全国各地讲授70余场次。连续3年被评为河南省政策理论进基层宣讲先进个人,连续7年被评为河南省社科联系统先进个人,2009年被评为全国社科联系统社科普及先进工作者。

时　　间:2013 年 8 月 25 日
地　　点:河南省图书馆研议厅

认知情商　走向优秀

各位幸运、幸福的人,大家上午好!很高兴来到省图书馆!刚才李处讲得很好,在座的是幸运又幸福的人,我今天更是幸运的领跑者。

我讲课有一个毛病,不会坐着讲,不会站着讲,只会走着讲,今天有局限,有镜头,我必须在很小的范围走动来和大家交流。现在开始我们今天的交流,我每年要在全国走很多地方,讲百十场,我的讲课跟别人不一样,我讲课有一个要求,首先要求大家忘却你的年龄,忘却你的性别,忘却你的职务,这样我们才能很好地交流。我今天带来有矿泉水、纯净水等很多水,希望幸运的听众者能接一杯需要的水,我也相信你一定能够接到一杯你自己所用的水,回家对你的生活、对你的家庭、对你的子女教育更有所帮助。

刚才主持人介绍了,我是一名教授,大家看我不像一个教授,看得很明白,教授都带着金丝边眼镜,小白脸,你看我这粗犷的人,大家看得很准,我是一个军转干部,有着20年军龄的军转干部,由于工作需要,我走上了讲台。我算是一个草根教授,不能算一个教授,近年给我很多荣誉,去年我被全国评为"全国优秀社科普及名家"。这个称号给我压力很大,因为这种压力,我在不断地学习、不断地创新、不断地往前走,今天走到了咱们这儿——省图书馆,和大家交流。

(PPT)大家首先看一幅图,第一眼看到是什么? 看到是美女的请举手!(举手示意)看到是老太太的请举手!(举手示意)第一眼看到不是老太太就是美女,什么意思呢? 这是一幅心理测试图,测测我们大家目前的心情怎么样。我是国家二级心理咨询师,这几年来通过网络、电话,通过面对面的交流,辅导了160多个学生,从小学到高中,有网瘾的,有心理障碍的,等等,他们又重回学校,快乐学习。我咨询了150多位处于崩溃边缘的家庭成员,使他们重归于好,幸福地生活。

这幅图测试我们目前的心情状态。为什么呢? 我们先来看一下,如果你把它(PPT)看成鼻子的话,这是一个什么? 妙龄少女。假如说把这儿(PPT)看成鼻子,(PPT)这儿看成嘴巴,(PPT)这儿看成眼睛的话,是不是一个很丑陋的老太太呢? 这是一幅心理测试图。当你心情高兴的时候,你看她就是一个美女。为什么现在我们很多人处于心情不太高兴,或者比较郁闷的情况呢? 这是我们目前的很多社会现象和压力造成的。

首先看看食品安全问题。我改编了一段话送给大家,可能有点言过其实,但是道出了我们现在食品安全的危机。名字叫"中国人快乐的一天":中国人早晨起床,穿上一身冒牌的运动装,在污染的空气里锻炼半个小时,然后在路边买一斤地沟油炸的洗衣粉油条,回家切一个苏丹红咸鸭蛋,再来一盘工业盐腌制的小咸菜,再冲一杯三聚氰胺奶粉,早晨对付了,然后匆匆忙忙去上班。到单位了,处理处理业务,再上网浏览浏览新闻,然后我们就到中午下班时间了。我们中午有一个习惯,一般中午不做饭,到外面找一个快餐店要两个菜,要一个农药韭菜炒注水肉片,还要讲营养,还要讲排毒,要一个红烧毒猪血,要一碗翻新陈米饭,实实惠惠吃个饱。下午上班去办公室,处理业务的时候泡一杯香精茶,处理处理业务,然后就到下午下班了。下午下班之后中国人有特大一个习惯,都爱炒几个菜,有时候喝杯小酒,我们到菜市场买三个菜,第一个叫膨大剂西红柿,第二个叫避孕药鱼,第三个叫尿素豆芽。回家稀里哗啦炒三个菜,倒一杯甲醇酒,每次喝两杯,然后吃两个硫黄馒头。吃饱了再去遛弯,在嘈杂的空气里溜半个小时,买一本盗版光碟,回家看两个小时,然后钻进黑心棉被窝快乐地入睡。

这就是我们中国人目前的状况,虽然言过其实,但是道出了我们现在的状况。现在很多人利欲熏心,心黑了,眼红了,就出现了这个状况。国家看到这个问题,正在列很多食品安全的法规,我们大家要通过我们的实际行动来改善它,这是一种压力造成的。

第二种,现代生活方式的改变。电脑普及了,手机普遍了,网络普及了,出现了很多问题,什么问题呢? 首先一点,现在很多家庭的沟通出现问题了,尤其是"70后"、"80后"的年轻人们,有电脑网络以后,以前叫七年之痛,八年之痒,现在是四年之痛,五年之痒,四年以后,双方出现婚姻疲劳,进入婚姻疲劳期。双方出现了语言疲劳、视觉疲劳、触觉疲劳,等等,两个人不愿意讲话了,不讲话怎么办呢? 需要宣泄、沟通怎么办呢? 那就上网聊天。老公上网时和别人的老婆在聊天,聊着聊着,在虚拟网络里感觉到别人的老婆的贤惠,淑女啊,简直是良家妇女,自己的老婆简直像母夜叉一样。老婆上网时和别人的老公聊天,聊着聊着觉得别人的老公高大、威猛、优秀、富有,自己老公是一个穷光蛋,没法相伴。这都是压力,我们出现很多负面的情形。

情绪波动产生的原因是什么呢? 有两个原因,第一个原因是客观原因,时代巨变,优胜劣汰。第二个,主要是主观原因造成的,个体的心理素质水平不均匀,比如说个人生活变化,生病了,爱人去世了,离婚了,人际关系出问题了,子女教育出问题了,家庭经济出问题了,等等等等,增加了我们倦怠的危险性。当出现倦怠时就会出现很多问题,由于时间关系,我就点到为止,给大家讲这些东西。倦怠出现之后,就是人处在生活的十字路口。倦怠之后出现什么问题呢? 自我无能、他人无情、社会残酷,因此这几年我们社会上很多案件出现的很多,仇官、仇富等等。在十字路口,很多人感觉到社会对他没有帮助。这是我们产生压力的两个重要的原因。

中国人特别不重视心理学概念学习,很多人心理有障碍。在发达国家,每三个人之间有一个心理咨询师,咱们国家一万个人里面都没有一个心理咨询师,目前中国人的心理疾病在全世界排在首位,这种健康状况值得注意。

我们有一段这样的数据统计,由于受到工作和生活问题的影响,人们普遍存在不同程度的心理困扰,尤其表现为烦躁、心累、厌倦、抑郁、孤独、精神恍惚,仅 2.88% 的人没有出现过任何的不良心理状况。也就是说,有至少 97% 的人有心理不健康的状况。这是一个很正常的东西,可以通过心理的咨询来化解它。咱们现在中国人最不爱看的就是找心理咨询师,让人感觉自己精神有毛病,这是一种错误的理解。还有七成以上的人受到睡眠的困扰,只有 24.25% 的人睡眠质量良好,也就是说有百分之七十多的人睡眠不好,

咱们国家的 39 健康网在全国进行了全民的幸福指数调查,在 2011 年的调查中,全国有 29.37% 的人感觉到幸福;2012 年呢,有 32.96% 的人感觉到幸福,这时候占的比例不大。我们国家领导人看到了,所以在政府报告里面提到幸福指数,提高全民幸福指数,就是因为这个数据的出现。因为有 50% 的人排泄心理压力的方式不正确,其实有 27.8% 的人憋在心里,什么也不说,什么也不做,最后憋出病了。还有 11.62% 的人靠睡觉来消除压力,能消除掉吗? 消除不掉,这不是科学的方法。还有 9.63% 的人靠抽烟、喝酒来消除,甚至有 14.94% 的人每天抽烟在 10 支以上。据专家分析统计,抽烟的危害远比喝酒的危害要大,实际上少量喝酒有益于健康,抽烟百害无一利。上述调查表明,当前我国的心理健康水平不容乐观,并且排泄压力的方式不科学。

今天我就要和大家交流这方面的东西,共同来挖掘一种化解压力的方式。什么叫压力呢? 个体已有的经验不足以应付当前需要应付的问题。凭我的经验,以前很多问题都可以解决,现在拿出来不行了。比如说子女教育,三年级的孩子父母可以教育,一上四年级,父母连孩子都教育不了了,是不是压力? 构成了压力。第二种,用来对付威胁的常规方法失败了。这都是压力。

这样一来,造成我们好多人心理不健康,心理健康不健康有什么重要性呢? 我总结了两点。

第一个,心理健康不健康直接影响一个人人际交往的态度与行为,影响上下级关系、同事关系,而且影响家庭关系,影响家庭生活的氛围和质量。现在很多人觉得家庭不幸福、不快乐,其实就是心理问题造成的,并不是多大的事儿。因为在我辅导过程中发现,很多鸡毛蒜皮的小事儿造成两个人心理的东西出现问题。

第二个,心理健康是一个人保持学习和工作积极性的前提,也是学习工作的基础,是完成工作职责、走向优秀健康的前提条件。刚才李处长说了,幸运、幸福的人是爱学习的人,如果心理有毛病的人,他不愿意学习,怎么幸运、怎么健康,怎么去幸福呢? 我们今天引入一个观念给大家,咱们传统的人认为,决定人生命运的幸福、快乐、成功与否的关键因素是什么? 智商,这个人聪明不聪明。但是,这几年经过专家的研究、实践表明,人的智商高低并不要紧,相对于智商提出情商概念,这是新的评判标准,它主宰人的 80%,智商只决定人的 20%。也就是说一个人能否成功,能否优秀,能否健康,能否永久保持高昂的士气,决定性的东西在情商。

下面进入我们的课题,先送给大家两句话:人生可以将就,人生可以讲究。我们在座的各位是愿意将就呢,还是愿意讲究呢? 不用举手,我们都愿意讲究的生活,所以今天带给大家讲究生活的方法。

人生如书,这是我写的一段话送给大家:人生如一本厚重的书,扉页是我们的梦想,目录是我们的脚印,内容是我们的精彩,后记是我们的回望。有些书是没有主角的,因为我们忽视了自我;有些书是没有线索的,因为我们迷失了自我;有些书是没有内容的,因为我们埋没了自我。唯把自己当

成主角和主线,我们才能写出属于自己的东西。希望在座的每一位要写出属于我们自己的东西。

专家研究认为,每个人都能走向成功,为什么现在成功的人只有5%呢?因为我们中国人最大一个的毛病就是都在学别人、模仿别人。当每个人走自己的路时都能成功、都能优秀,正因为我们很多人在学习别人,所以你成功不了,优秀不了。人生是一支蜡烛,如果我们站不正的话,必然泪多瘦多。

今天我们和大家交流这个题目"认知情商,走向优秀"。首先看看什么是情商,为什么说它很重要。情商的概念、情商与智商的区别、情商的背景,这些和大家交流一下。第二个,如何走向优秀。这里面大家要修炼"五颗心"、锻造"五种力"。就这些简单地和大家交流一下,因为今天时间只有一个多小时的时间。

首先看一看情商的提出。"情商"是1995年由美国哈佛大学的一个教授丹尼尔·戈尔曼经过很多心理学专家多年研究以后,由他提出这么一个名字,相对于"智商"提出了一个心理学的概念,叫情商,英文叫EQ。中国人很聪明,有人又把"情商"进行了很多分类,但是专家认为,目前就是智商和情商,很多东西都是情商里面的分支。

首先把情商的概念送给大家,什么是情商?情商是指在对自我及他人情绪知觉评估和分析的基础上对情绪进行成熟的调节,以使自身不断适应外界变化的一种调适能力。换句话说,一个人认知、控制自己的情感与情绪,以及认知他人的情感与情绪,与人交流沟通的能力叫情商,这是情商基本的概念,情商是一种能力。

来看看高情商有什么表现。高情商的表现:有很强的责任心,尊重所有人的权利和人格尊严,不将自己的价值观强加给他人,对自己有清醒的认识,能承受压力,自信而不自满,人际关系良好,生活美满,家庭幸福,善于处理生活中遇到的各方面问题。大家看看,如果我们有这么高情商的话,我们还有什么解决不了的问题。

在生活中,高情商有时候能救人一命。我举一个简单的例子,最典型的例子在农村会出现,我举一个农村的例子。农村一个大学生毕业之后,回到农村没有找到工作,在家里种植没有种好,他认为自己应该在城里面发展,结婚生孩子之后到城市发展,这个小伙子情商和智商都很高,在城里没有几年就打拼得很成功,挣到钱了。挣到钱以后在城里面买了房子,而且过得很好,他老婆没有接去,家里还有地,还有父母要赡养。应了很多女同志一句话,男人有钱就变坏,他感觉到他在城里面这么一个情况,农村的媳妇配不上他,想在城里面找一个和自己相匹配的人,于是发展了一个秘书成为他的"小三"。这个时候大家想想,老公有外遇时间长了,老婆肯定会知道,农村老婆知道老公有外遇之后有什么表现呢?不外乎又哭又笑、又打又闹、跳井上吊,肯定是这种状况。有一天这个小伙子回农村了,回去之后这一幕现象出现了,老婆在家里跟他吵架、打架,从家里打到村里面,前乡打到后乡,前一个小时还有好多人劝架,打一个小时之后没有人管了,你这个打法谁还管啊!两个人打到井边,老婆坐在井边哭,哎呀,这日子没法过了怎么怎么样。这个男人说了,你不过就不过,你跳(井)下去,如果你不跳下去就不是人!这个时候就是情商最起作用的时候了,如果情商低的人说不定就跳下去了,眼不见,心不烦,下去就下去。结果这个女同志站起来说,我就不跳,我要是跳下去了,你那么多财产让小妖精拿去了,我还有孩子,还有家,我不跳。为什么出现这种状况呢?当一个人遇到大喜大悲的时候,突然间大脑会短路,血液不流向大脑,流向四肢,流向口舌,会口出狂言、动手打人,甚至持刀杀人。我总结叫情绪开关,情商高的人遇到大喜大悲时,突然会关闭情绪阀门,不做任何反应,让情绪平复以后,血液流回大脑之后做出理智的选择,这就是情绪阀门。

低情商有什么表现呢?没有责任心、自我意识差、无确定的目标也不打算付诸实践、严重依赖他人、处理人际关系能力差、应对焦虑能力差、生活无序、易患抑郁症、婚姻很糟糕、家庭不幸福。就是这么一种状况。

咱们还记得咱们河南省的八台前几年播出的一个《DV 观察》吧，这两年取消了，反映的都是河南人民低情商的举动，在公共汽车上为一毛钱大打出手，在菜市场为几分钱能打得头破血流。我记得最深的一个事例，报道的是一个新乡市的农民在城里摆摊，因为违反了城管的规定，城管把他所有的东西收走了。他不通过正常的途径要东西，缴罚款，而是把他 80 多岁的患有高血压、糖尿病等 6 种病的老母亲用三轮车拉到城管队院里了，往那儿一扔就走了。手机关了，一个礼拜都联系不上他。城管每天派了两个人，一个人给她送饭，一个人给她喂药，害怕出问题啊！经过一个礼拜，城管千方百计联系到他，一分钱不罚你，你把老太太接回家吧，我们把东西还给你。这种情商的人怎么办？

还有一个最典型的例子，这个人大家认识吧？（PPT）药家鑫，西安的一个大学生。他的行为就是一个低情商的具体表现，为什么呢？他被人撞了之后，本来没有问题，下来捅几刀把人捅死，自己走上了犯罪道路。就是情商太低，在突然间短路，他不知道怎么处理，所以出现这种状况。更可怕的是，他在学校里面的学妹们认为他捅的对，如果是我们这样，我们也这样做。现在很多年轻人情商很低，出了很多问题，需要我们大家帮助他们去做。

还有一个低情商的代表，这个人大家认识吧？（PPT）这是我们中国高官贪污受贿枪毙的第一人，外号"许三多"，钱多、房多、女人多，贪污一亿多，原杭州市副市长。当一个人权力膨胀到一定程度时，认为天是老大我是老二时，情商降为零，不感知别人情绪。他的家庭很特别，弟兄三个，他是老三，老大眼睛有毛病，老二腿有毛病，就他一个健全的孩子，全家供他上学，大学毕业之后他表态，我进官场以后一定要做一个廉政、清明的官，一定好好干。开始确实干得不赖，到最后干到县长，干到杭州市长，管基建、土地时出现了问题，最后走向了犯罪道路。人的幸福、快乐、成功与否与情商关系很大。

我刚才讲了，情商是一种能力，我们看看，它包括哪些能力？情商包括六个方面的能力：第一个，认知自身的能力。第二个，管理自己情绪的能力。第三个，自我激励能力。第四个，认知他人情绪能力。第五个，人际关系管理能力。第六个，耐受挫折力。

首先是认识自我的能力，这个能力对每个人来说是最重要的，如果你能够认清你自己，你就是一座金矿，取之不尽，用之不竭；如果认不清楚自己，那自己就是废物。认清自己包括认清自己的优点、缺点，更应该认清自己的潜能，我能向什么地方发展，认清自己的发展方向。我总讲一句话：方向不对，努力心碎。选对了方向你就会成功，就会优秀。

第二个，管理自己情绪的能力。每个人每天情绪都会出现很多东西，怎么去管理它？我们有几种情绪？四种情绪，喜怒哀乐。其实不对，"乐"和"喜"是一种情绪，叫喜、怒、哀、惧。知道情绪了，我们来讲一点，在我们人的一生中，大家认为我们人由三种组成：第一种，身体；第二种，情绪；第三种，思维。这三种情况下对一生影响最大的是哪个？是情绪，还是思维，还是身体？认为是身体的请举手。（举手示意）认为是情绪的请举手！（举手示意）认为是思维的请举手。（举手示意）大部分人认为是情绪，恭喜你，回答正确。

为什么这么讲？我把这三个连贯性讲一下。我们听见一段话，看见一个东西，或者听到别人骂你一句话，首先反应是什么？情绪作用。当你听到别人骂你时你立马愤怒，传递给思维，思维要干什么？我要做动作，我要骂人，我要动手，很快这个过程就做成了。情绪对人影响特别大，为什么要管理情绪呢？情绪会管理了，很多事情就会处理了。

怎么管理情绪呢？寻找原因，看看是什么原因造成我现在这种情绪。很多人不尊重客观规律，所以容易出现负面情绪，比如说很多企业加班，有人说我就不爱加班，我就不加班，谁爱加班谁加班！你经常不加班，领导要批评你，同事有意见。

情绪作用有多大？据说美国有一个实验，将不同情绪状况下人呼出的气用试管收集起来，在心平气和状况下呼出的气收集起来，在你悲伤情况下呼出的气收集起来，装进瓶子里面，然后让它们冷却,变成水。(PPT)大家看,心平气和情况下呼出气变成的水是透明的水,悲伤时候是浑浊的水。这些水出来以后怎么办呢?把它们注射到大白鼠身上,大家想想会发生什么情况?几分钟之后,注射"愤怒水"的大白鼠死掉了,所以说情绪对人影响特别大。

大家有兴趣可以买一本日本江本胜的《水知道答案》,这本书对人情绪的描述特别详细。他用同样的容器、同样的水,装不同瓶里面,然后每个瓶上面贴一个标签,高兴、喜欢、愤怒、郁闷、生气、恶心等等,然后进行冷却、冷冻,冻出来的冰花完全不一样。凡是写正面词的结的都是有规则的冰花,凡是写负面词的东西都是浑浊的、不成形状的东西。大家可以看看这本书,非常有意思。

还有自我激励能力,这是我们人生中起作用最大的一种能力。这种能力不是那么容易培养的,它伴随有感性、理性、情感、意志、心理等很多东西,需要我们在工作、生活中不断学习、不断修炼才能得到。

还有认知他人的能力,这在我们生活中是十分关键的一种能力,与人交流沟通、子女教育,等等等等,必须有这种认知情绪的能力才能做到。包括生活也是一样,交流过程中一定要感知对方的情绪,这样才能很好地交流。在单位里面,跟我们同事,跟我们领导交流过程中,一定要注意,通过简单一个实例来说明。我们很多人在单位里面要请假,假不好请,很多人不长眼,这个领导刚刚被上级领导批评完,正满腹怨气没处发的时候有人去请假:领导,我家里有事儿,想请两天假。领导说:请什么假,出去吧!当领导刚刚领完奖金,或者刚刚被上级领导表扬完,他正高兴还没有去给别人宣扬时你去请假:领导,我要请一天假!领导说:一天够不够?给你三天!认知他人情绪在生活中是特别重要的一件事。

再一个,人际关系管理能力。这就是所谓的领导能力,它与自我情绪的控制是完全分不开的,它是我们领导能力具有显著影响的非智力的潜能素质。我总结一句话,领导能力和你的情绪控制是分不开的,情绪控制快慢决定了你的领导能力,就是这么一个过程。失败者由情绪控制自己,成功者由自己控制情绪。怎么去控制情绪呢?我专门有一课叫"做情绪的主人",专门讲情绪控制,情绪控制特别重要,你的领导能力强弱跟它是完全呈正比的。

最后一种能力叫耐受挫折力,现在这个社会压力大、风险大、竞争大,我们承受了很多的压力,怎么去对待它呢?因为在生活工作中,我们失败的概率远比成功多,对不对?在这个过程中,乐观的、情商高的、豁达的人往往把失败归结为可以驾驭的因素。常言道,失败是成功的妈妈,如果有了成功的妈妈,那还生不了成功的儿子吗?就这么简单。情绪悲观、情商低的人老抱怨我怎么这么倒霉呢,我一直这么倒霉,你这么下去一辈子都倒霉。很多人都是这个情况,所以说祸不单行呢,前面刚刚跟别人刮了车,不停地发牢骚,没有走多远又追尾了。我们一定要把失败归结为一种可以总结、可以从中吸取教训的东西,我下次不再犯这个错误就可以了,所以耐受挫折力要强。

为什么说在人生中情商占80%,智商仅仅占20%呢?我们看看情商和智商的区别,智商是表示智力水平的工具,也是测量智力水平的一个方法。孩子生下来,到医院里面,智商是89还是120,都可以测出来。情商表示人认识、控制和调整情感的能力,测不出来,现在很多专家在研究很多题,答"是"与"否",但是没有一套完整的能测出人情商的题。

智商只给人提供了一种潜能,而情商却制约着智商的发挥。换句话说,智商是人认知机遇的能力,而情商是把握机遇的能力。凡是成功的人,情商都是很高的。具体的区别有三点:第一点,智商和情商是两种不同性质的心理品质。第二点,智商和情商的形成基础是不同的。第三点,智商和情商的作用是不同的。

为什么说它是两种不同的心理品质?智商反映的是人的智力、思维能力、语言能力、观察能力、计算能力、律动能力等等,也就是说它是一种理性能力,也就是生来所带来的一种能力。简单一句话,它是一种认识问题的能力。情商就不一样了,情商反映的是感受能力、理解能力、运用能力、表达能力、控制和调节情感的能力,以及处理人们之间情感关系的能力,这是非理性的能力。从这儿来看,也就是解决问题的能力。我们说孩子学习特别好,那是智商特别高,为什么走向社会以后没有调皮捣蛋的孩子发展好呢? 就是一个情商高、一个智商高的问题。

第二个,形成基础不同。形成基础就是我们讲的遗传问题,我们人生下来遗传了父母智商的80%,就是说一个人聪明与否,主要是父母决定的,所以说人要想智商提高很难,但是情商只遗传了父母的20%,人的情商80%靠后天发展,生活的环境、学校的环境、社会的环境、工作的环境。大家可以想一想,20世纪60年代出生的人,大多姊妹们六七个,七八个甚至八九个,为什么有的很成功、很优秀,有的很一般呢? 到医院测,他们的智商几乎相同,就是在后天的生活环境过程中,每个人感悟能力不一样,情商高低不一样,造成每个人成就不一样,就这么简单。人的情商要提高很容易,只要你注意修炼,在每个年龄段都可以提高,包括老年人,情商都可以提高,就看你愿意不愿意修炼了。

第三个区别,智商和情商作用不同。这是最主要的。咱们来看一看、想一想,我们参加高考,我们每年参加的高考状元在哪里? 每年的高考状元后来在什么地方? 再看看我们身边,我们的市长是不是高考状元? 我们的中央领导人里面有没有高考状元? 再看看著名的企业家,比尔·盖茨、乔布斯、李嘉诚是不是高考状元? 不是。所有高考状元哪儿去呢? 根据日本、美国、中国的跟踪调查,大部分的高考状元在哪儿? 某某学院的一般教授,在某某研究院的一般研究员,只有极少数人成为有名的律师、专家、学者、科学家,这是极个别的。还有极少一部分,前年报道陕西省有一个高考状元,清华大学的高才生,他在干什么? 卖猪肉,而且卖得还不景气。后来被企业招了,而且在企业干得也不怎么样,与人不能交流,不能沟通,企业为了要名声把他拉走了。智商的作用主要在于认识事物,高智商的人思维、品质优良,学习能力强,认识深度深,容易在某个专业某个领域有成就,成为某个领域的专家,在单科领域有成就。高情商为什么能够成功呢? 咱们看看这个人,许三多,这是真正的许三多。他为什么能走向成功,走向优秀呢? 他是一个智力不太好的孩子,为什么能成功呢? 就因为他情商高,他有一句话,"不放弃,不抛弃"。

情商主要与非理性因素有关,它影响着人们认识和实践的活动能力,它通过影响人们的兴趣、意志、毅力,加强或者削弱认识事物的驱动力。智商不高,而情商较高的人,他们的学习效率虽然不如高智商的人,但是有时候比高智商者学得更好、成就更大,他有一种锲而不舍、活学活用、勤能补拙的精神。这就是高情商成功的秘诀所在。

我给大家讲一个简单的例子。在上海有一个留学的博士,在美国研究物理学,有一定成就,他希望回国为国家做贡献。他回来以后想,我这么有成就的人,我就住在上海,肯定有最好的科学院用最高的薪酬来请我来做它的研究员。结果在上海住了半年,没人问津。中国什么都不多,就人多,你不去自我推荐就没人找你。他住了半年了,要生活啊,怎么办? 他按他在美国的思路、美国的感知来做生意,在上海找一个很繁华的街面上找了一个外摊,摆一张桌子,每天早上进很多货放上去,十元的、二十元的、八十元的、一百元的,等等,旁边放一个箱子,上面写着"收费箱",摆好之后自己就玩去了,下午回来收钱。大家想一想,下午回来怎么样? 商品一件没有留,钱箱一分钱没有。这就是中国的特点,你情商太低,感知不了这些东西。他是一个高智商的人,但是情商太低,高智商和高情商的区别很大。

(PPT)再看看这一幅图,大家看,仔细看一会儿,这是一幅平面图,还是立体图,还是动感图? 每个人看的效果不一样,有人看的是微波荡漾,有人看的是麦浪翻滚,有没有人看的是平面图? 7岁以下的孩子可能更多的看作平面图。为什么? 这是一个心理测试压力图。如果你看到波涛汹涌的话,说明你压力很大,需要休息;如果你看到微波荡漾的话,你小休息几日,调整调整就可以了;如果你看到是一个平面图的话,你要继续努力了。

我们都有压力,怎么办呢? 化解。下面我教给大家10种化解压力的方法。

第一种,运用语言和想象的方式。我们通过想象训练我们的思维去狂游,想蓝天、白云,想大海、波涛,想辽阔的草原,这就会化解你的压力。

第二种,把你的压力一二三四五写在纸上,给它分类,哪部分能解决的就解决,不能解决的往后排,这样你的压力就会越来越小。

第三种,想哭就哭,想笑就笑。这种方法对女人特别有用,有时候压力很大,找一个知心人倾诉一下,哭一哭,笑一笑,立马感觉特别轻松。

第四种,一读解千愁。我们在座的都是爱读书的人,当有压力的时候,找一本自己喜欢的书,找一段有用的话,找自己喜欢的一段话,读一读,看一看,立马感觉到全身轻松。

第五种,拥抱大自然。在很多地方,尤其是在北京有一个景山公园,也叫喊歌公园,这里面很多人喊去了高血压,喊去了冠心病,有人喊掉了癌症,大自然的亲近也会化解我们很多的压力。

第六种,看恐怖片。有些人有压力之后找一些恐怖片,看一看,吓一吓,惊一惊,很多压力就释放了。

第七种,穿上心爱的旧衣服,回想一下快乐的时光。有人穿上婚纱,老回忆结婚时候的美好时光,很多压力就烟消云散了。

第八种,吃零食。这是很多女孩子爱用的方法,把压力当成零食,一口一口咬碎它,咬牙切齿地咬它,很过瘾,压力就这样化解了。

第九种,运动消气法。很多人通过跑步、运动、拳击化解压力。在外国的IT业,在一楼大厅里面有一个发泄室,把公司领导的橡皮头像摆一排,谁有气,下班之后上去打一顿,然后一换衣服就回家了,很轻松,很过瘾。

第十种,闻香气法。香气对每个人的作用不一样,有的人闻了香气浑身轻松,可以尝试。

以上十种方法,每个人选择适合自己的方法去做,你就会化解压力,轻松生活。

这是情商与智商的区别。

我们来看看情商的基本背景。简单说一下,为什么现在讲情商?前面讲那么多作用,我总结了四个原因。

第一个原因,环境的变化。咱们现在说天热,平均气温有多高呢?根据气象部门统计,从建国到现在,平均气温提高了1.5 ℃,那为什么感觉到热呢?因为环境的变化。咱们现在在家里面有空调,在办公室有空调,坐汽车有空调,一旦离开空调这个环境就会感觉热,我们必须要有抗环境力。现在很多人抗环境力很差,需要提高情商,情商高的人抗环境能力强。

第二个原因,忠诚度、信任度瓦解。这个不说不知道,一说很可笑,但是经常看到街上的牛皮癣广告打的很多,现在牛皮癣广告打什么呢?诚信办证、诚信贷款。本来是骗人的事儿,他打上"诚信",说明什么呢?证明中国人诚信程度已经到了崩溃的边缘。办假证的用"诚信办证",骗你贷款用"诚信贷款",是不是很可笑?很简单的问题。我在三门峡酒店门口看到一个我认识的人在接电话,也可能出差好几天了,他老婆打电话问他在哪儿,他在接电话,有这么一段对话:老婆,我在郑州呢,还有三天才回家,你和孩子早点睡觉吧!这是晚上六点五十分的时候,你站在三门峡酒店门口给老婆说在郑州,还有三天才能回家,你要干什么?你今天晚上肯定有事儿!这就是忠诚、信任度瓦解,情商高的人互相间都是忠诚信任的人。

第三个原因,团队效力的需求。中国人是全世界团队里较差的一个民族,一个和尚挑水喝,两个和尚抬水喝,三个和尚没水喝,四个和尚,渴死了,没有团队力。去年4月份在石家庄讲课的时候,下午5点钟我们几个出来在路边走,看见两个人,一个人挖四四方方一个坑,一个人在后面埋,一连挖了四五个。我在那儿看不懂,就问他们,那个人说,你不能知道,我们在栽树啊!树在哪儿呢?我们本来是三个人,我是挖坑的,他是埋坑的,中间有一个拿树的没有来,我把坑挖了,他把坑埋了,回家就可以领工资了。这是中国标准的团队力啊!当一个人情商高时,团队情商就高了,团队情商高了,团队的效力就高了,所以需要提高情商。

第四个原因,构建和谐社会的需要。这几年我们全国一直在讲构建和谐单位、和谐家庭、和谐社会,如果都是低情商的人,两个人撞一下就能打架,咱们经常看到两个情商低的人自行车撞到一块就打架了,如果其中有一个情商高的就不会打起来。如果全社会出现很多低情商的人,那就会出现问题。

为什么要构建和谐社会呢?一个简单的小故事分享给大家。在一个春夏交际天气比较炎热的一天,有四位老人去郊外旅行,走了很长时间,走到一个偏僻的农村之后,他们走得又饥又渴又累,就坐在农家门口休息。这时候从农家走出一个农家妇女,她问,你们怎么成这样了,农家没有什么好吃的,到我家喝点水吧!四个老人说,行吧,我们去!女同志又说了,我们家有点小,有点乱,一次进去一个人,你们谁先来?这时候其中一个老人说了,我们四个分别叫"财富"、"成功"、"和谐"、"平安",你愿意请哪个人到你家先喝水?女同志说,这个事儿不好办,我得回家和我家人好好商量商量。回家以后她和老公、儿子、小姑娘商量,她把情况讲了一遍,她首先问她老公愿意请谁来喝水。听好了,在座的男人们来举手,一共四个人,分别叫"财富"、"成功"、"和谐"、"平安",在座的男人们举手,愿意请谁先到家来喝水?同意"和谐"的男同志请举手。(举手示意)同意"成功"的请举手。(举手示意)同意"平安"的请举手。(举手示意)同意"财富"的请举手。(举手示意)太可怜了,在座的只有两个真正的"男人",因为男人生来就是创造财富的。她老公首先讲,我要请"财富"来家里喝水。这个时候儿子不干了,儿子要请谁?请"成功"。年轻是盼望成功的。女同志回答,请谁?请"和谐"的举手。(举手示意)请"平安"的举手。(举手示意)恭喜你,大部分妇女是我们中国的良家妇女,很好。中国的妇女都盼一家平平安安,所以这个女同志要请"平安"来喝水。老公要请"财富",儿子要请"成功",老婆要请"平安",这个时候无法决定。女同志说,这样吧,童言无忌,如果姑娘请谁就请谁!小姑娘是一个刚上一年级的小孩儿,她就想,我爸爸请了"财富",哥哥请了"成功",妈妈请了"平安",就剩下"和谐"了,就请"和谐"吧!在无可奈何的情况下,她妈妈说,听姑娘的。她出门说,经过我们全家商量,愿意请"和谐"老人先到我们家喝水。于是乎"和谐"老人站起来往前走,刚往前走了四五步,后面三个人跟着往前走,女同志很纳闷,我请"和谐"老人,为什么你们都跟着来呢?最后"和谐"老人说,只要和谐到你家,财富、成功、平安统统到你家。这就是我们构建和谐社会的意义。

了解了情商,我们怎么去利用情商走向成功、走向优秀呢?

我们现在很多人,在座的,尤其是年轻的工作人员,你在为谁工作?在座的各位是否考虑过这个问题,你是为自己工作,还是为老板打工,是把工作当成一个糊口的饭碗,还是把它当作一个平台,融入社会?每个人有每个人的打算,我们要学会爱上工作,对工作保持高度的责任感,敷衍别人最终敷衍的是自己。很多人选择了工作不好好去做,选择你的爱,更要爱你的选择。很多人选择了你的爱,不爱你的选择,出现了很多问题。

怎么去做呢?我们应该往下这么走。我把现在的社会人分为五种:第一种是"人财",第二种是"人才",第三种是"人材",第四种是"人在",第五种是"人灾"。我来大概解释一下,从"人灾"开始,我们社会有很多这种人,他不干事儿,不成事儿,而且坏事儿,所以叫"人灾",一个老鼠坏一锅汤。"人在",不干事儿,不成事儿,不坏事儿,工资册上有他,每个月领工资,就是我们现在说的吃空饷的人。"人材",这种是踏踏实实干工作的可塑之材。"人才",这是成了单位的骨干,成了基本的人才。"人财",这是单位最需要的人才,能为单位创造财富的人。我要讲一句话,有一技只可以养家糊口,有一技之长就可以发家致富、成功、优秀。怎么才能有一技之长呢?咱们经常讲爱岗敬业,爱岗才能敬业,敬业之后专业,专业之后才能成为专家,成为专家之后才有一技之长,所以要爱自己的工作。

要走向成功与优秀,我们必须要修炼五颗心。

第一颗心,责任心。我把责任心排在第一位,为什么排在第一位呢?现在很多小女孩找对象第

一个标准不再是以前的有车有房了,是找一个有责任心的男人。如果找一个没有责任心的男人,找的人即便有车有房有钱,今天给她花,明天给她花,到你手里没啥花,白搭! 所以必须找一个有责任心的。在座的女同志,跟着一个有责任心的男人是幸福的、快乐的。责任是立身之本,是奋发向上的力量,强烈的责任心是每个人做好工作的基础。

责任就是要做好赋予你的任何有意义的事情,工作意味着责任,人生中大部分时间是和工作联系在一起的,你对工作的态度决定了你对人生的态度,你在工作中的表现决定了你在人生中的表现,这就是责任与工作相连。

责任和知识、技能之间有什么关系? 现在很多人很能,很有知识,很有技能,但是老是弄不成事儿,什么问题呢? 就是因为这个问题。(PPT)我把它们三个比作传动齿轮,"责任"在主动的位置上。先看"知识","知识"是"是什么","能力"是"怎么干","责任"就是"愿意不愿意干"。你再有知识,再有能力,你不愿意干,那等于白搭,当主动轮不转的时候,被动轮再好也转不对。

我们现在很多人对责任有几种错误的认识。对责任的认识有几种,第一种,无用论。大家都不负责任,我一个人负责任也是白搭。第二个,吃亏论。别人对我不负责,我对别人负何责? 社会上车轧了人没有人管,老人跌倒了没有人扶,这都是责任的问题。第三个,唯上论。上级指示我做什么,我就做什么。还有功利论,对我个人前途有利的事儿才去负责任。还有形式论,我每天按时上班,按时下班,干什么事儿没有? 没有干,这也叫不负责任。这是几种错误的认识。

看看我们在座的是不是负责任的人! 看谁做得快又准(PPT),给你们五秒钟,第一题答案多少? 第二题,第三题……太没有责任感了,大家往这儿看(下方运算规则),这么简单的题考你们不是侮辱你们的智商吗? 二年级的小孩儿都可以做,为什么考你们呢? 在我们生活中,在我们工作中,很多人犯这种错误,在一件事情没有听明白、没有看透彻之前就开始下手去做,做的全是无用功,这是一种责任心的缺失。上面有"加为乘,减为除,乘为减,除为加",如果都是这么简单的问题还用你们做吗? 简单的数学题告诉我们一个道理,任何时候一定要负责任,这样你才能做得更优秀。

有责任心表现的是什么呢? 第一个,工作认知,对工作内容、工作权限有清晰的认识。第二,有成就感。在工作中寻求快乐,工作做成之后感觉很舒服,很快乐。第三个,乐于奉献。第四个,热爱工作。我们要热爱工作,把工作作为一个平台去发展。这是四种有责任心的表现。中国人有一个毛病,老爱提的口号我不赞成,什么"单位兴亡,人人有责","国家兴亡,人人有责",到最后谁都没有责任,你的责任,他的责任,没有我的责任。举一个简单的例子,一个主妇出门时,为了保持家里的卫生,在黑板上写了"家庭卫生,人人有责",小孩儿放学回来一看,拿了一个粉笔在第一个"人"字上加了一横,变成"家庭卫生,大人有责"。老公回来看到,拿粉笔在上面加了一横、两点,变成"家庭卫生,太太有责"。当人人有责时谁都没有责任,都可以往外推托,所以一定要写成"国家兴旺,我的责任","单位兴亡,我的责任",谁都跑不了。什么责任呢? 有责任的表现,一是要服从,二是要承担。怎么承担? 自己分内的事儿要坚决承担,自己做错的事儿要勇于承担,与自己自己相关的事儿要主动承担,与自己无关的事儿要尽量承担。我们要本色做人,角色做事。

第二颗心,感恩心。《牛津字典》对"感恩心"这样解释:乐于把得到的好处和感激呈现出来,且回馈给他人。感恩心从哪儿来呢? 首先从感恩父母开始。怎么去感恩父母呢? 为什么要感恩父母呢? 父母思念儿女像小河流水,常流不断;儿女思念父母像风刮树叶,有风时动一阵,没风时风平浪静,这就是儿女和父母的区别。有儿女后才感觉到父母的艰辛。怎么样去孝敬父母呢? 我想用一首歌来和大家共勉,我们很多人在歌厅酒后唱过歌,唱过这首歌。今天会唱的跟我一起唱,不会唱的听我们唱,一首《儿行千里》送给大家,看看你有什么感觉。

歌词是这样的:

衣裳再添几件饭菜多吃几口

出门在外没有妈熬的小米粥

一会儿看看脸一会儿摸摸手

一会儿又把嘱咐的话装进儿的头

如今要到了离开家的时候

才理解儿行千里母担忧

千里的路啊我还一步没走

就看见泪水在妈妈眼里妈妈眼里流

妈妈眼里流

替儿在擦擦鞋为儿在缝缝扣

儿行千里揪着妈妈的心头肉

一会儿忙忙前一会儿忙忙后

一会儿又把想起的事塞进儿的头

如今要到了离开家的时候

才理解儿行千里母担忧

千里的路啊我还一步没走

就看见泪水在妈妈眼里妈妈眼里流

妈妈眼里流

如今要到了离开家的时候

才理解儿行千里母担忧

千里的路啊我还一步没走

就看见泪水在妈妈眼里妈妈眼里流

妈妈眼里流

(《儿行千里》演唱)

我从军20年,这一幕幕总在眼前出现,我唱这首歌眼睛是湿润的。希望我们大家在生活中唱好五首歌,以后在孝敬父母的路上越走越远,一首刘和刚的《儿行千里》,一首阎维文的《母亲》,一首刘和刚的《父亲》,一首崔京浩的《父亲》,还有一个陈红的《常回家看看》。

再一个,真诚心。这是我们现在社会特别需要的一颗心,所谓真诚就是真实诚恳、真心实意、坦诚相待,从内心感动他人,最终获得他人的信任。在我们朋友间、夫妻间、上下级间需要真诚相待,我们的事业才能越做越好,我们每个人才能幸福快乐。怎么达到真诚呢?我不想用很多东西,我把我自己写的一首散文诗送给大家,我希望有人来朗诵两段,我先来朗诵第一段。

《真诚》:

我非常贫困,一无所有。

我唯一的财富是我的真诚。我唯一的满足是我的真诚。我唯一的骄傲是我的真诚。

因为我有了真诚,我的头从不低下。因为有了真诚,我的眼光从不躲闪。

我的真诚使我的一生没有悲哀,没有痛苦,没有悔恨。

愿我真诚的生命永远闪光。

真诚是一种不加掩饰不加遮盖的透明,是一种没有面具没有虚伪的袒露。

真诚是一种优雅,是一种宁静,是一种圣洁,是一种美好,是一种淡泊,是一种成熟。在你的人生中,多一份真诚,就多一份自在;多一份真诚,就多一份坦率;多一份真诚,就多一份祥和。

拒绝真诚,你就拒绝了问心无愧。

拒绝真诚,你就拒绝了和风细雨。

拒绝真诚,你就拒绝了蓝天白云。

没有真诚,你就没有坦然处之。

没有真诚,你就没有安然入梦。

没有真诚,你就没有衷心的喜悦。

在人与人交际的沙龙里,我们都渴望彼此真诚。

真诚犹如一潭幽静的湖水:宁静,淡泊,高贵而且美丽。它有时也许会有泥块和沙石的袭击,但它凭着那份自滤,污秽也会沉淀,始终保持自己的容颜光彩照人。高山真诚了,展现出身躯的伟岸;大地真诚了,把沧海变成了桑田。让我们用真诚把"人"字写直写高,把尘封的心胸敞开,荡去狭隘自私的云烟,活出一种朴实,活出一种尊严。

(女听众朗诵)

真诚的为人,你将是豁达的;真诚的为人,你将是健康的;真诚的为人,你将是潇洒的;真诚的为人,你将是出类拔萃的;真诚的为人,你将是超凡脱俗的。

不管是虚幻的网络还是真实的现实,真诚,不是春光里的繁花,却是盛开的希望。

缺乏真诚的人生,是一种苍白的人生,是一种迷失的人生,一种畸形的人生,是一种丧失人性的人生。

(男听众朗诵)

让我们凝视阳光,凝视真诚。

我不知道真诚是什么样子,但我知道这世界若少了真诚是什么样子?真诚不是人际间相互倾轧、欺诈,说话处处留心,做事时时防备,你诽谤我一寸,我损你十分……不累吗?真诚,是心灵的翅膀。不管是顺风,还是逆风,它都能让我们的生命轻轻飞翔,触到蓝天的洁净和白云的舒展,卸去征途中的疲惫,获得精神上的安逸。做一个真诚的人很难。人与人之间的沟通不是简单的方程,你真诚的举动,可能换来的是别人的冷嘲或者热讽。那颗安在自己胸中的心脏,常常为别人而无私地跳动。

你可能觉得自己比他朗诵的更好,但是你没有举手,所以说中国人最大的毛病是不主动,我们给这位年轻的小伙再多一点掌声。

真诚的眼睛是清澈的,真诚的声音是甜美的,真诚的态度是和缓的,真诚的行为是从容的,真诚的举止是涵养优雅的。诚能行之永久,是处事立身的根本,是人生休咎的关键。至诚的效用广大无边,以诚学习则无事不克,以诚立业则无业不兴。真诚能够使我们广结善缘,使人生立于不败之地,能够缔造幸福美满的人生。真诚能使人笑颜常开,好运连绵,祥和社会温暖人间。(朗诵)

再一个是上进心。这一颗心是人区别于动物的一颗最根本的心,动物的训练过程靠什么?靠鞭打,靠喂东西来诱导它去做,人需要上进心来不断鼓励我们去做各种事情,它是人奋发向上、积极进取之心。上进心是人们要求进步、不甘落后的心愿,是人们勇于开拓、不断前进的内在动力,是人们坚持理想、追求作为的思想信念,是引领人们不断谋求发展的一个精神导向与动力源泉。若人失去了上进心,谁拿他也没有办法,就和一般动物一样,要靠打靠骂来做事情。现在家长要鼓励孩子的上进心,不要用自己粗暴的行为导致孩子的不良行为。

没有上进心的表现:对生活没有美好的憧憬,更没有努力的方向,一直处于得过且过的生活方式,总想把事情推给别人做,自己不愿意尝试新事物,不知道如何突破自己。第二种,他们也对自己所处的现状不满,但不是通过积极态度,而是通过对抗、发牢骚、逃避、麻痹来反映,不是去主动创造。

要有进取心,我们就要树立自信心。所谓自信心就是一个人充分相信自己的一种心态和心情。自信心是我们打开工作的主程序;自卑心是我们关闭工作的程序,进入解释程序的过程。怎么讲?遇到事情时,这个事儿我肯定能办,我们会开动脑筋想,千条道,万条道,我一定把这个事儿做成。如果说这个事儿根本完成不了,一有这样的感觉,我们就会进入解释状况,找理由,千条理由,万条理由,找理由证明自己做不成。

在一个大学里面,有一天上大课时,一个教授在讲课,在讲课过程中有一个大学生因为头一天有事儿没有休息好,他在课堂上睡着了。他醒来以后发现已经下课了,没有人了,黑板上有两道题,这个小伙子一看,哎,对不起老师,没有听好课,我一定把题做好,把作业完成,让老师感到欣慰。他把两个题抄下来,上网查资料,到图书馆查资料,费了就九牛二虎之力在第四天上课之前做好了一道题,他拿来让老师看。他说,老师,上次上课我睡觉了,没有完成作业,我做会了一道题,对不起老师。老师拿过来看后特别惊讶,他发现这个学生做得很正确,就问这个学生,你怎么会做这个题呢?他说,这不是数学作业题,这是需要攻克的两道难题,我拿出来让同学们看。你能做这个题,说明你在数学方面有天赋,如果你以后继续努力,以后一定能成为一个数学家。这个孩子毕业之后在科学院进行数学研究工作。人的潜力是很大的,所以我们要有自信心。

怎么建立自信心呢? 教给大家几个方法,首先认识自己不自信的来源。

第二个,认识自己的长处和优点,充分发挥自己的长处。

第三个,对着镜子笑一笑。人生是积极的,不要每天给自己太多压力,必须积极面对一切。

第四个,展现自己优秀一面。在人多的地方,在朋友面前要展现自己积极优秀的一面,让大家赞许你,认可你,这样自信心会不断增强。

第五个,设定目标。

第六个,不要逃避和不敢面对失败。当有失败以后要正视它,面对它,要总结经验,这样才能走出来。

第七个,给自己订下约束。哪些事情可以做,哪些事情不能做,给自己一个严格的约束,你就会增加你的自信心。

只有正确地认识自己,才能找到自我的价值;只有充分相信自己,你才能战胜困难和困扰。这就是现在很多人战胜不了自己、跨越不了自己最大的毛病,没有自信,我这不行那不行,到最后什么都不行,你相信自己行的话肯定就行。就像刚才那位伙子(朗诵者),敢站起来,以后在自己路上就能越走越光亮,一定要相信自己,这样你才能做得更好。

看这个图(PPT),第一眼看见什么了? 看见蝙蝠的请举手!(举手示意)看见像鸽子一样的请举手!(举手示意)这个图叫魔鬼与天使图。这幅图当你第一眼看见时不是黑色的魔鬼,就是白色的天使,怎么看呢? 当你看见白色天使时,把黑色的看成空间了;当你看见黑色蝙蝠时,白色的就成空间了。看到魔鬼图的人,希望你们提高自己的正能量,在生活中多做积极向上的事情。

怎么去积攒我们的正能量呢? 进入我们下面的锻造五种力。第一种叫幸福力。我现在提问大家,在座的各位,认为自己的生活是幸福与快乐的请举手!(举手示意)超过一半。不幸福的也不要紧,感觉不幸福的我待会调节一下你的幸福指数。

大家回想一个画面,在我们前几年城市里面卖煤球的,大家都见过吧,早晨起床以后,老婆和小孩儿帮老公装一车煤球,老婆和孩子坐在车上,脸抹的黑不溜秋的,老公拉着车往前走,一个歌声传递出来了,"妹妹坐船头,哥哥岸上走……"。这是幸福的传递,他为什么幸福快乐呢? 人生幸福快乐有四要素:第一个,有希望;第二个,有事儿做;第三个,能爱人;第四个,被人爱。咱们看看,卖煤球的三口人有没有这四个要素? 他有希望没有? 有。他从农村来到城市,想改变家庭生活环境,然后改变孩子学习环境,让孩子出人头地。他有事儿做没有? 太有事儿做了,一天卖几车煤球。能爱人不能? 他爱着他的爱人,爱着他的孩子,爱着他简单的几个朋友。卖完煤球可能割二斤肉,包点饺子,喝一点小酒,其乐无穷。被人爱吗? 他的老婆、孩子、简单的几个朋友爱着他。其乐无穷。

现在很多人为什么感觉不幸福呢? 给大家讲一个简单的故事,在一个农庄里面有一个庄主,特别有钱,三妻四妾,大家想想,媳妇多了能幸福能快乐吗? 前一段热播的《甄嬛传》大家看过,皇帝娶了满宫的老婆,最后很不幸福不快乐,最后生的孩子是谁的都不知道,你说他能幸福快乐吗? 这个庄主很不快乐,他的邻居家穷困潦倒、衣不遮体,但是每天欢声笑语、歌声四起,他很不忿,问仆人,能不能让隔壁邻居家的歌声、笑声戛然而止?仆人想到一个办法:向邻居家扔了 99 个铜贝。后来,邻居家歌声、笑声真的没有了。庄主很纳闷,问这个仆人,他家有钱之后为什么不唱、不笑了?仆人说,他每天在苦思冥想一个问题,不得其解。他在想什么?穷人最难办的是什么?挣钱。有了 99 个铜贝之后想,我什么时候可以攒够 100 个铜贝呢?就为这 1 个铜贝而担忧,这就是人们的欲望。当我们毕业时说有一份工作多幸福啊,当有一份工作之后就想,我什么时候当科长啊,什么时候当局长啊?当我们挣 500 元钱时想什么时可以挣 1000 元钱,挣 1000 元钱时想什么时候可以挣 2000 元钱。欲望是不断膨胀的,导致很多人不幸福、不快乐。

一个短片送给大家,来看看幸福快乐到底是什么(视频播放)。这是讲的一个全世界罕见的"海豚人",生来没有四肢,只有两个小脚丫。这个孩子如果生在中国,可能第二天就在哪个厕所里面了,但是这个孩子生在澳大利亚,他活下来了,而且活得很成功,拿了两个双学历文凭,被三个企业聘请为管理顾问,成了全世界激励演讲家,走遍全世界。他的生长过程告诉我们一个道理:人生是一种态度,以什么样态度对待,你将有什么结果。

我们从每幅图画中都可以看到,他老是露出微笑的面孔,我们在学校拍了很多照片,百分之八九十的孩子老是愁眉苦脸的,这个环境也很重要。这个短片激励着很多孩子在奋发学习,激励很多家长用心教孩子,人家这样一个孩子可以培养得那么优秀,我们很多家长把自己健全的孩子培养的不成功,我们不是很可悲吗?他就这样,学会了游泳,学会了打高尔夫,学会了踢足球,学会了跳水,学会了跳马,学会了钓鱼。我们常人很难想象。

(视频播放)

通过这个短片的观看,在座的哪位还觉得不幸福、不快乐,请举手?(没有)咱们都露出了幸福的笑脸,因为生活原本就是幸福与快乐的,因为我们大家的认可度问题,我们要明白一个问题,幸福不在天涯海角,而在我们自己的心中,幸福和痛苦是一种感觉,幸福和痛苦是一种心理体验,压根没有绝对的外在客观条件。希望每个人要享受我们的幸福,享受我们的快乐,你才能每天积极向上地往前走。

(PPT)看这幅图,看这幅落日图想到什么了?很多人想到"夕阳无限好,只是近黄昏"。不要这种效果,这首诗本来就是咱们河南一个抑郁诗人李商隐写的。我把这个改过来,看看怎么样,傍晚心不适,驱车登高原。虽已是黄昏,夕阳仍旧好!什么感觉?往上走的感觉。就要用这种姿态来看很多东西,我们才能往前走得更远。

我们现在很多人不幸福、不快乐,什么问题呢?拿自己错误惩罚自己,拿自己错误惩罚别人,又拿别人错误惩罚自己,就在这个怪圈里面转,每天处于这种状况,所以很不幸福、很不快乐。

第二种力叫学习力,因为学习力是人的第一能力,善于不善于对我们每个人成长影响很大,就像李处长讲的,它是一种幸运的事儿,又是幸福的事儿。不学习就会有很多问题,我在很多地方讲,爱学习的女人就在丹尼斯买衣服,不爱学习的女人经常在地摊买衣服。这句话给大家。未来唯一持久的优势,就是有能力比你的竞争对手学习得更快,学习得更好,这就是我们的竞争力。

有时候不学习还会有生命的危险,一个小故事送给大家——智慧的小绵羊。在一个天气晴朗的一天,一个小绵羊上山去吃草,吃的聚精会神的时候后面来了一个大灰狼,它说,小绵羊,你是这一片最漂亮的小绵羊。对面小山坡上有一个小山羊,长的特别帅,如果你俩结合的话,会生很多喜羊羊、美羊羊。一幅美好的描绘,小绵羊听了以后有点动心,突然转念一想,大灰狼是干什么的?本质是要吃羊的。大灰狼想尽办法骗小绵羊去对面的山坡,小绵羊想,你想把我骗到羊少的地方干掉,我不去。大灰狼不走,小绵羊就想,我不能硬来,我要"智取"。然后说,你往后退几步,让我梳梳头,整整妆,然后再跟你去。这时候大灰狼退后了几步,它从身后掏出来一个五颜六色的小镜子,照一照,按一按,几分钟过后,突然后面传来一声枪响,狼倒在枪声中。这个时候狼还没有死,叫道,小绵羊,你过来! 小绵羊过来说,怎么了? 你怎么照照镜子我就倒在枪声中了? 你看我手里拿的什么东西,我手里拿一个ipad,我在照镜子过程中给爸爸发了一个微信,爸爸拿枪把你撂倒了。连ipad都不认识,连电脑都不会玩,死都不知道怎么死的,所以不学习就有死的危险。怎么去学习呢? 要以积财富之私积知识,以求官位之举求道德,以爱妻子之心爱父母,以对自己之心对别人,以干家事之法干工作,这样就能够成就我们的事业。

再有一个是沟通力,这是我们现在生活中特别需要的一种能力。一个人要优秀、要成功,要面对同上级、同事、家人的沟通,现在家人沟通出现了很多断节,这就很麻烦。举一个简单的例子,咱们男同志压力大,经常喝酒,晚上老婆打电话说:老公,少喝一点,早回来吧! 从本质上来说,这是老婆关心爱戴老公的一种表现,但是很多老公不理解,别人还有人起哄:哟! 老婆查哨了。管你屁事儿,早点睡觉! 然后就把电话挂掉了。这叫无效沟通。这个时候老婆不高兴,好心当成驴肝肺,不管了,然后在床上翻来覆去睡不着。你喝酒也不高兴,喝个酒都管,这个老婆太不像话了。如果女人打电话说:老公,你少喝一点,早点回来吧! 你说:我今天没有喝,我一会儿就回去了。这样两个人都很高兴,你高兴地喝酒,老婆高兴地入眠。就这么简单,这就是有效沟通。如果这么打(无效沟通)三次,你老是这种态度,老婆第四次绝对不打,喝死拉倒! 在我们生活中一句话可以化解很多东西,我们要注意沟通。你在家庭沟通的话比在外面沟通更好,沟通要有同理心,这是我们有效沟通的金钥匙。什么是同理心呢? 一定要站在对方的角度和位置上客观地理解对方的内心感受,就是感受对方的情绪,然后和他交流,就会出现不同的效果。

心理沟通还有一个特点,先处理心情,再处理事情,立场要坚定,态度要热情。举一个简单的例子,很多女同志爱逛街、赶集,把这作为最快乐的事儿。有一天,一个女同志去赶集,带着她三岁多的孩子,让孩子也感受感受快乐。在人挨人、人挤人的过程中,没有走十来米孩子哭着不走了,这个时候女同志很纳闷,这么好的事儿为什么要哭呢? 大家想想为什么,从女同志眼睛往前看,你看见什么了? 琳琅满目的商品,五颜六色的东西。她蹲下来,从孩子的角度看,全是大人的大腿和屁股,他能高兴吗? 她悟出一个道理,和孩子交流要同视角交流,这样才能达到有效的沟通。

再教给大家与不同人群沟通的技巧,与老人沟通不要忘了他的尊严,与男人沟通不要忘了他的面子,与女人沟通不要忘了她的虚荣,与上级沟通不要忘了他的尊严,与下级沟通不要忘了他的情绪,与年轻人沟通不要忘记他的直接,与儿童沟通不要忘记他的天真。这样你们就能实现有效沟通。送给大家一个有效沟通的法宝,微笑、点头、赞美,这就是我们打开有效沟通的钥匙。

再一个,团队力。前面讲了,我们中国人团队能力差,为什么会出现这种情况呢? 因为中国文化的影响。一个"人"字的不同组合形成了中国、日本、美国的三种文化,一个"人"字组成美国的文化,叫"人文化",美国是人文化。两个字组成中国文化,叫什么文化? 从文化。就因为从文化,导致我们现在中国人在团队里面很差,都是服从,没有说主动去做什么事儿。从小教育孩子,在家要听父母话,上学要听老师话,上班要听领导话,多开会,少发言,一年四季保平安,每次学习前面不坐人,这就是中国的特点。

团队力由什么组成? 由口、才、耳、人组成。为什么这么分呢? "口"就是有沟通能力,"才"是有知识的人,"耳"是愿意聆听的人,"人"是基本的素养。具有知识、懂得沟通、善于聆听的人,他们集中到一块组成了一个团队,这就是团队的构成。老天爷很有意思,我们生来两个耳朵一个嘴巴,就是要我们多听少说,但是很多中国人是爱说不听,所以出现了很多的问题。

怎么样去构建一个好的团队呢? 有这么几个方法。第一个,要以利他精神来取缔自私自利。第二个,以真正听话与服从来达到目的。第三个,多参与团队活动。第四个,开放心胸,迎接良性冲突。第五个,了解他人在做什么。第六个,正面乐观的态度。这六个方面构成我们团队的一个要素,最起码的一句话,在团队里面要放低自己,拉别人一把,共同前进,这就是团队力。

又是一个简单的测试,练练我们的思维。我这个课既是一个讲课,又是一个培训,锻炼我们很多能力。大家看这五道题(PPT),从数学角度讲,认为成立的举手。(举手示意)从数学角度都是成立的,由于现在我们很多人思维限制,所以认为不成立。1斤加1斤等于多少? 2斤,那不就是1公斤吗? 2尺加1尺等于多少? 3尺,那不是1米吗? 两个月加一个月等于多少? 三个月,那不是一季度吗? 往下走,3加1呢? 一年,四个季度。6加1呢? 一周。12加1呢? 这又转弯了。这不是一年闰一个月的问题吗? 为什么要练思维呢? 中国人单一思维太重,不会拐弯,老是一条道走到黑。往这儿看(钟表),12点加1点是13点,不就是1点吗? 让我们思维拐个弯,在我们生活中、工作中很多问题就迎刃而解了。

为什么讲执行力之前要讲那么多东西呢? 这是我们执行力要用的思维问题。我们现在讲一个创新的执行力。现在很多人没有执行力,所谓创新执行力,给大家举一个简单的例子:

一个农贸公司招个两个小伙子,两个人年龄、经历、学历都完全一样,结果三个月以后,小张的工资比小李多了一倍,小李憋了一个礼拜,终于忍不住去找老板了,老板,我有事儿找你。说! 我特别有意见,我们两个经历一样,学历一样,为什么他的工资比我多拿一倍呢? 老板说,这样吧,你现在到对面菜市场看看有什么菜。小李很快就跑回来了,老板,菜市场卖的有西红柿、辣椒、土豆。老板问,土豆多少钱一斤? 没有问。他很快跑去问了一下,告诉老板土豆、西红柿、辣椒多少钱一斤。他们有多少东西呢? 没有问。他又跑去了,跑了三趟把这些事儿办了。老板说,你先坐这儿。老板又把小张找过来,小张,你看对面菜市场有什么菜。小张很快就回来了,说菜市场有土豆、西红柿、辣椒,土豆三毛钱,西红柿五毛钱,辣椒七毛钱,土豆有5麻袋,西红柿有500斤,辣椒有300斤。卖西红柿的老人家跟我一起过来了,在门口站着,要多了还能便宜。老板说,小李,你跟小张比,你的工资少不少? 这个时候小李低着头走出办公室。

这就是创新执行力,人和人为什么差距这么大呢,就是因为不学习的问题。

执行力靠什么? 靠一个流程,一个分类,它是把过程变成结果的一个东西,是打造我们核心竞争力的一个过程。执行力有两个意思,一个是广义的,一个是狭义的。我们现在主要讲个人执行力问题,需要我们创新去做。

执行力有四大要素,一个心态,一个工具,一个角色,一个流程。心态决定一切! 工具呢? 要有适合的工具。角色分为三层——最高执行者、中层执行者、现场执行者。流程就是如何为顾客提供优质服务的程序。

(PPT)下面给大家做一道连线题。很多人连不好,就是这么简单,做正确的事儿,正确做事,把事儿做正确。我告诉大家正确的连线法(PPT),最高执行者是做正确的事儿,中层执行者是正确做事,现场执行者是把事儿做正确。在今后的工作、生活中,一定要注意自己在什么地位上。

今天我们的课基本上就到这里! 大家听我的课激动不激动? (激动)心动不心动? (心动)心动、激动不要紧,送给你五句话。不要生气要争气,不要看破要突破,不要嫉妒要欣赏,不要拖延要积极,不要心动要行动,重在行动上! 改变世界很难,改变自己现在就可以开始!

最后送大家结束语,当你到一定程度时,你会出现这么一个状况:当你失意时,李白会对你说,"仰天大笑出门去,我辈岂是蓬蒿人"。当你孤独时,高适会对你说,"莫愁前路无知己,天下谁人不识君"。当你伤怀时苏轼会对你说,"人有悲欢离合,月有阴晴圆缺,此事儿古难全"。当你懈怠时,王世贞会对你说,"百年那得更百年,今日还须爱今日"。

愿大家天天快乐,祝大家天天幸福快乐! 谢谢大家!

主讲人:**崔波**,郑州大学教授,博士后,硕士生导师,郑州大学《周易》与古代文献研究所所长,郑州大学图书馆馆长,河南省优秀青年社科专家。长期致力于《周易》与古代文化、古籍文献和图书馆现代化建设的研究,曾出版著作 8 部,发表论文 60 余篇,主持、参与国家、省级项目多项,获中国博士后基金资助。

时　　间:2013 年 9 月 1 日

地　　点:河南省图书馆研议厅

《周易》与创新思维

　　各位前辈、各位听众,大家上午好!非常高兴又来到"豫图讲坛"给大家解读我对《周易》研究的一些体会。去年我在这里讲了经典阅读方面的一些内容,围绕着周易的一些知识给大家作了一些介绍。前一段时间孙老师和安娜跟我联系,让我再来介绍介绍《周易》。我感觉到对《周易》知识的普及这个任务是任重而道远。"豫图讲坛"这个平台在河南文化系统是个优秀的平台,为什么呢?上半年我在"中原大讲堂"讲过,"中原大讲堂"是由省社科联和河南省博物院联合举办的,他们讲堂上半年举办了 6 场,我们"豫图讲坛"是每周一场,这个不容易,也不简单。

　　另一方面,八月中旬,我作为一个听众也来听了一场报告,我很感动。感动什么呢?在炎炎的夏日里,我们请来的专家,当时是河南省社科院的程有为老师,来讲河图洛书。在这炎炎夏日里,我们很多白发苍苍的老同志和年轻的学生能来认真地、耐心地听老师的解读,这个场面让我很感动。

　　今天给大家介绍的是"周易与创新思维",这是一个古老的问题,也是一个新的问题。关于《周易》,怎么讲它都有内容讲。最近中央二台报道了一些打击非法的算命、看风水培训班,今天刚刚看了一个采访,采访的是风水培训机构。为什么风水的培训网上这么多?我们城市内还有一些大张旗鼓地打起招牌来招揽生意呢?一方面,这个知识有社会的需求;另一方面,它确实是我们整个大众对《周易》的基本知识缺乏应有的了解。一说推八字就是迷信,一说看风水就是迷信,这未免有点过。因为什么呢?因为风水文化它是源远流长的,包括我们的命理文化也是源远流长的。我现在带中国哲学方面的研究生,给研究生上课,这学期给本科生上的还有课,本科生上的就是讲周易文化导读课,给大家解读《周易》,上周三上的第一节课。我那儿七八十个同学,我就明确给他们说,最起码的要求,通过一学期的学习你要学会算卦。为什么呢? 你想了解《周易》,你想读懂《周易》,如果连卦都不会起,你永远也读不懂。为什么呢?《周易》本身就是一个一端讲占筮,一端讲哲理的书。这个文献,如果只追求它的精神内涵,追求形而上的价值,对形而下具体操作都操作不出来,想往下去探索、去延伸,那是隔靴搔痒。基本知识的东西,不管我在哪里讲,我总是认为,我们了解这些基本知识,对我们的生活、对我们自身、对我们所面临的一些困惑很有帮助,你通过掌握这些知识,上升成为智慧,使你能够化解、减少困惑,这样我们的目的就达到了。

我们公众机构和高校能够讲《周易》知识的老师确实很有限,上学期期末的时候有一个高校的教授找我,找我谈什么呢? 她说,我给学生也可开了周易文化课,我讲课件怎么讲都可以游刃有余,但是就怕学生提问题。为什么怕呢? 因为我对有些操作程序不懂,或者是不会。也就是说,只能针对课件,针对准备好的东西讲问题。我到她们学校做过报告,后来她们找到我交流讲课的心得。我说,首先是态度问题,你对《周易》是怎么理解的,如果你自己认识都不深入的话,或者是不到位的话,你有时候就是“两张皮”。她说,就是。那是一个女教授,五十多(岁)了,她说,我就怕别人把我和八卦和算卦联系起来,贴标签。我说,这就麻烦了。首先你讲这个课,你心里缺乏自信、缺乏享受,我感觉解读《周易》是一种享受,如果你达不到这个程度,你自己怯它,还想拥抱它,那就有问题了。同时,还有一个问题就是操作层面,卦怎么起的,风水怎么看的,命理怎么推的,这些都不懂,没有实践过,这样大家提到的问题就不好回答了。

我现在是通过这几处知识的讲解,同时在生活中进行大胆应用,阳宅看,阴宅我也看——这不是随便看的,有些确实推不掉的——找一些实践,找一些理论。通过这种看,能使我对一个环境是否能够和谐,对一个事儿是否能够达到预期有一个判断,有时候很有意义。《周易》的魅力是无穷的,都是那几个字,不同的人解读,差异是非常大的。

我今天讲三点:第一,继续解读一下《周易》的基本知识。第二,《周易》的思维模式。实际上现在《周易》对我们的影响一是文化层面的,另一个是思维模式的影响,对我们影响是最大的。第三,我们在面临创新思维的过程中,应该注意哪些问题,就是《周易》中涉及哪些问题,给大家一些介绍。

(PPT)这是2000年腾讯网的一个消息,大家可以去看一看。“中央2000余官员进高校修学分,周易文化成最大热门”,这几年来继续居高不下,包括省内一些选修课,包括全国一些选修课,这些传统文化的课,佛教的,道教的,目前正在准备给研究生开一门道教研究的课。我自己2008年出了一本学生教材——《周易文化十二讲》,现在又让我出教材,我准备出一本《周易文化导读》,现在准备了一些《周易》创新思维啊,《周易》经典阅读啊,《周易》与姓名啊,《周易》与择吉啊,《周易》与梦啊,等等。大家都在大讲“中国梦”,到底梦是怎么回事,实际上我早就在琢磨《周易》跟梦的关系,最近逐渐在做《周易》与佛教、《周易》与道教它们之间的关联。通过这种文化的综合的关联,我们感受到周易就在我们生活中,我们生活中每时每刻都离不开周易。这就是台湾学者吴秋文先生提出的,周易生活化,生活周易化。周易贴近我们的生活,我们的生活离不开周易,需要周易。

(PPT)这是去年11月份到中央台《华人频道》做一个访谈。

关于《周易》的基本知识,内容是很广泛的。有些培训机构讲课时说:崔老师,你讲多长时间? 我说:你给我多长时间? 你给我一个小时,我讲一个小时的内容;你给我两个小时,我讲两个小时的内容;你给我五个小时,我讲五个小时的内容,我可以不停地讲下去。关于《周易》的知识、《周易》的文化,知识点非常多,跟我们生活的关联也非常密切。

关于《周易》的基本知识方面,网上有很多,目前书也很多,我隔一段时间会到中原图书大厦,到购书中心去,在周易哲学这一块翻一翻,虽然我当图书馆馆长当了不少年,但是遇到我自己喜欢的书,还是要亲自去买,买回来以后可以随心所欲地看。

关于《周易》的知识点方面,首先是其名称。“周易”的“周”字,“周易”的“易”字,它们是讲什么的,这个知识点我们了解一下就可以了。我们讲周易的智慧、周易的知识,是为了把这种知识提升转化成智慧。有些人学富五车,但是生活中遇到一些小问题解决不了,知识成为一种死的知识,我们必须让知识活起来、生动起来。我们认为"周易"的"周"字解释为周代较妥,尊崇金景芳先生的观点。金先生是吉林大学的著名教授,活了101岁。1995年我准备去考他的博士,有幸跟他进行了一次长时间的学习、交谈,虽然后来没有去成,但是对老先生那种学问的扎实很敬佩。他当时已经94岁了,但思路清晰,我收获非常大。在我出的书中,在我发布的文章中,接受这位老先生的观点比较多,认为这位老先生确实学问做得好,观点比较符合我的口味,我按照他的思路往前走了。"周易"的"易"字是解释以日月为代表的阴阳交变较妥。

周易有广义和狭义之分,广义的周易指周易的《易经》和《易传》,狭义的《周易》指《周易古经》。我们要知道,一说周易,经常是街上摆一个摊,弄一个太极八卦图,往那儿一放就是研究《周易》的。这个有点偏颇,面太窄了。我们首先要知道,《周易》是一部智慧经典,是一部著作,《易经》讲占筮,《易传》讲哲理。现在留下的经典典籍很多,但是《周易》这部经典有点特殊,对《周易》这本书,我们首先要了解。说起《周易》,说起八卦,它首先是一本书,这本书当中生发了很多故事和内容。

另外,关于《周易》的时代和作者。现在出一本书写上自己的名字,古代呢,往往述而不作,或者不留下自己的名字,或者托古人的名字来传世。《周易》这本书它的成长、它的发展也经过了漫长的过程,我们需要了解八个字,"人更三圣,世历三古"。三个圣人就是伏羲、文王、孔子。"三古"就是上古、中古、下古。

今年上半年,我去了一趟淮阳,拜了拜伏羲,现在修缮得不错。8月份,去了一趟安阳,拜了拜文王。8月中旬又去了一趟濮阳,看看"中华第一龙",又拜了拜子路的墓。濮阳那个地方是春秋卫国所在的地方,孔子周游列国时在卫国时间比较长。通过这几个地方的参观、拜谒,通过拜这个过程,有所收获。为什么到这个地方非要拜一拜呢?因为在用他们的信息来传达给方方面面的人,就想把他们的神气能够不断地传达下去。我们如果有机会到这些地方去,一定要恭恭敬敬地去看一看。为什么呢?在我们河南这个地方,在我们中原这个地方,这是我们文化的根。文化是民族的血脉,血脉从哪里来?从根慢慢生发的,所以我们要自己珍视在这方土地上我们的这些先贤和圣祖。

你看了这些书,就不会一说起《周易》就认为那是封建迷信,不会再有这种概念了,首先它是一种文献,另一方面它是一种文化。留下的遗迹就是物质文化,精神文化就是这些文献,包括一些传承下来的制度。这些就是《周易》的名称、时代和作者,这是最基础、最基本的知识。

再一点,《周易》的《易经》有哪些内容呢?包括六十四卦的卦符、六十四卦的卦名、三百八十六条爻辞。有多少字呢?五千多字。我现在隔一段时间还要在家里读一读,有时候不想读了就放放《易经》的录音,感觉非常好。特别是在座的各位,如果你房间比较大,或者睡眠不太好,我建议你也读一读,或者在家里放一放录音。它是一种文化信息,是一种积极的信息,是阴阳调和的信息。

六十四卦中我们首先要了解六十四卦的卦名,八卦是乾、坤、震、巽、坎、离、艮、兑。这是最基础的知识。由阴爻和阳爻组成了八卦,八卦再重叠之后组成六十四卦。大家读《周易》有时感觉费劲,这在于好多字大家不认识。另外就是,字读懂了,想解释清楚也不容易。你们如果有兴趣读《周易》,郑州大学现在有两个周易符号的解,一个是行政楼里面,一个天健大道东南角建了一个八角亭,八角亭的地面上绘了一个八卦图。那是去年的一个小景观,绘了之后有人看了看说:崔波,这个八角亭是你建议修的?我说:不是,不全是。为什么不是呢?那是领导决定要修一个景观的。不全是呢?地上放着八卦图,确实是建设办拿着一撮图,放哪个都行。行政楼中间八卦符号是后天八卦图,但是有两个卦的位置放颠倒了。目前这个亭子下面的八卦图仿的先天太极八卦图,放了之后呢,去年学校发生比较大的变化,六月份建成,七月份上级领导来考察校长,八月份校长就被提拔,所以有些老师们说,申校长真是英明,建了一个腾飞阁,腾飞阁一建马上就升迁了。当然,可能没有任何关系。作为一个文化景观或者人文景观,我要求我的学生们,在学习周易的过程中,你找一个周末的早上,你六点半到那个地方读读《系辞传》、《文言传》,跟别的地方感觉会不一样,记忆也会比较深刻。

关于八卦呢,这是(PPT)八个由单一的卦组成,上面是坤卦,下面是艮卦,组成一个谦卦。谦卦是"以通神明之德,以类万物之情"。为啥给大家展示谦卦呢?在《周易》六十四卦中,唯独谦卦从卦辞到爻辞都是吉祥的。谦卦不管怎么使用,别的事情变成谦卦,这个事情是顺利的,谦卦变出别的卦,也会是顺利的。我们有时候说变卦变卦,这个卦是在不断变化的。如果你撒一个卦,撒出来之后,它没有动,就是一个本卦,那就只能按本卦的卦辞办。你现在想问的事情,暂时是需要安静安静,等一等再说,因为卦都没有变化。像这些呢,我们一般要看本卦,更重要的是要看变卦。

还有一种情况,有些人说我到寺庙去了,或者到一个风景点去了,让人家一看,人家把我以前看得可准、可清楚,以后呢?以前看得准与不准,这个并不重要,重要的是你目前面临的困惑如何去解决,这是重要的。有些人确实有这种水平,或者有这种道行,包括我在武汉大学读博士后时,我老师唐明邦先生经常说民间有高人,有悟性高、水平高的人,这不可低估。目前整体水平都在提高,过去《周易》的文献都藏在官府,包括我们上大学那个年代,想读这些书太难,后来改革开放,这些书汹涌蓬勃地来了,来了之后,大家也不知道从哪儿读起,所以读的过程中有时候鱼目混珠,有些吃了"消化不良"。这是我们读书过程中,读《周易》过程中需要的几项基本条件。

今天早上看电视,上面提到,风水培训小学文化程度就可以了,我看未必。我在武汉大学读书过程中唐明邦先生谈了几个条件,学习《周易》的条件:第一,有一定文化基础。这个基础就是我们起码能够读得懂古文,有一点古文献的知识。第二,要有好的版本。就是看正规出版的书。第三,要有名师点传,遇到困惑有人给你指导。第四,要有一点悟性。这个符号出来之后,你能够悟出它如何演变。第五,要有缘分。有时候确实要靠一种缘分,有这种缘分,你一看就记住了,一看就可以灵活运用了。

目前来说,最首要的我们要记住一些最基本的知识点,知识点怎么去记。谦卦就是这么组成的(PPT),上面是坤卦,下面是艮卦,读起来叫地山谦卦。(PPT)这是第一卦,乾坤的乾,这是卦符(PPT),"乾"是卦名,"元亨利贞"是卦辞。像"潜龙勿用"是初九的爻辞,"飞龙在天,利见大人"是九五的爻辞。读起来是从下往上,下面是初九,到上面是上九;如果是六的话,下面是初六,上面是上六。遇到阳爻是九,遇到阴爻是六。这是卦的读法。

为什么给大家展示乾卦呢?周易六十四卦中,乾是纯阳,坤是纯阴,实际上是以阴阳这两个符号来变化出八卦,变化出六十四卦。伏羲创造八卦,我们到太昊陵看看,有统天殿,有显仁殿,统天殿那是伏羲创造八卦的地方,显仁殿是女娲造人的地方。为啥太昊陵叫陵呢?陵就是埋葬的意思。伏羲出生在甘肃的天水,他们那儿叫伏羲庙,这两边文化往来也比较多。

另外一方面呢,创造八卦之后,后来到文王拘羑里,把八卦演化成六十四卦,做出卦辞、爻辞。到孔子呢,孔子做出了《易传》。这就是经历了三个圣人。(PPT)像这上面是经文,卦符、卦名、爻辞,这就是经文,还不是传,传有另一番内容。

卦爻辞的内容和观念。内容方面有三大类:一是自然现象的变化,比拟人事;二是讲人事的得失;三是判断吉凶的词句。周易中有吉凶,有吉有凶……这些词语一看,你比着葫芦画葫芦,你自己撒一个卦,或者自己起个卦,可以摆出来,看看爻辞是什么爻辞,根据爻辞可以做一些判断。

基本观点方面呢,天地万物与人类自身有阴阳男女刚柔的天性。人类于外部所遭遇的环境、机遇、时间的先后和地位的高下,及四周人物与事变所形成的一种形势占卦所得的某一爻,即表示其时与地的性质,其余之爻则指出其外围之人物与事态,此即所谓命。这个说得有点宏观,有点笼统,你找出一个变爻,变爻指你本身事情的发展变化,变爻上下左右的这些爻位都是外围的关系,外围关系如何处理,看它们是生啊,是和啊,是克啊,根据这些来确定目前所处的状态。在这种情况下,通过所处的状态来考量自己的刚柔性和外部环境,选择自己动静、进退的态度。

有人说可想算算卦,但是又怕,为什么呢?想是有这种愿望,有这种需求,怕是怕算不好怎么办?实际上这是对《周易》知识缺乏应有的了解。想寻找一种捷径,或者帮你做一种选择,怕是如果出现跟自己愿望不相符的结果怎么办。实际上很好办,如果形势一片大好,你脚踏实地努力进取就有好的结果;如果形势不很好,这时候少折腾一点,少损失一点就是收获。时机成熟了,一切事情都是要有一定时间和地点来应酬、来运作、来实现这种目标。时机不成熟时非要去做,会获得一个适得其反的结果,它告诉你应该在当下怎么办。

《周易》的地位和影响。周易六十四卦,其他的卦大家可以在网上看看。我认为关于《周易》的书,如果特别喜欢这种知识,家里放上一些是不多余的。特别是一些周易书上有一个太极图,往书架上一摆,那是非常吉祥的一个符号。你不看时不要把它和垃圾堆在一起,这对它有一点不尊重,我们对所有书有一种敬重感。

《周易》在中国文化史上,包括在世界文化史上,都有一定的地位。为什么呢?一方面,《周易》是世界上唯一一部文字经和符号经结合的经典。另一方面,《周易》产生发展过程中有非常多的美妙故事。再一方面,《周易》的文字非常枯燥,需要我们费劲地、认真地、耐心地阅读。一旦你跨入周易的门,进入周易的这个殿堂,会使你觉得里面的知识点、里面的生活点让你其乐无穷。为什么?作为理念,它能使我们自己修炼好身体;作为外围,我们再进一步把周易进行传播,或者能够把周易运用到生活中,给别人一些指点,对我们和谐社会建设、为我们文化的传播都是有贡献的。

周末了,有些老同志可以在家里享清福了,本来是家庭团圆,不敢说文化大餐吧,大家能够来接受这种文化知识的传播,我觉得大家都非常了不起。如果是我们自己能够深入进去,我们自己从中分一杯羹,或者拿一杯羹,我们自己去品它的甘醇,我们的生活会更有意义。

之前郑州大学医学院的一批毕业三十年的学生回校,他们很多在国外,国内也很多,回来之后他们第一项议程是他们同学们集体给图书馆捐书。现在在捐书这个问题上,在郑州大学这一块,我是大力地宣传、鼓动和号召。只要我们的校友,只要社会上有捐书的,需要我给他举办多大的场面活动,我就举办多大的场面活动。捐书是一种义举,也是一种善举,他们四五百人回来,第一项是给图书馆捐书,捐了好几百本书,好多还是外文原版的。中间有一个88岁的老先生,他在上面讲了一段话,我很受感动,感动在哪儿呢?老先生在主席台上说,我在这儿讲话跟大家太远了,他非要拿着话筒到台子中间给大家讲。这位老先生三十年前就很受同学们欢迎,现在88岁了,他主要讲一个观点,我当时有触动,他说什么呢?他说,各位同学们,大家在求学过程中,特别学医课的,基本上在30岁之前,在一步一个脚印地完成自己的学业,在寻找自己的工作,确定自己的目标,30岁到60岁是为社会做贡献的。他提到的是,60岁之后怎么办?他就劝大家,因为有50多的,还有60的,他给大家的提示是,你们现在将近60,有些到60的,你们后三十年怎么办?他说,他自己的人生态度是,真正退休之后,像是过上了共产主义生活。为什么像过共产主义生活呢?退休之后,国家给你发工资,发退休金,自己想干一些当年没有时间干而且想干的任何事情,同时对自己没有任何要求。当时他88了,我看他能活120岁应该没有什么问题的。我们在座的,我们规划一下,我们应该活到多大岁数?起码100岁吧,我们退休了,退休之后的生活怎么办,或者怎么更好?我们确实要设计好,使我们心情舒畅地、愉悦地来享受社会给我们提供的福祉。

前几年温家宝在位时说,要让百姓过上有尊严的生活。怎样过上?怎样才算有尊严的生活?包括最近的薄熙来案,李天一案,大家看得眼花缭乱的,最高层的领导和一般的孩子,这还不是一般的孩子了,属于富贵家的孩子,看看他们遇到这些事情时各自有一个什么样的表现。这都是当下人物,咱们不便做评价,大家可以自己感受,起码给大家弄得眼花缭乱的。对他们来说,他们目前的感受应该是,当一个普通老百姓应该多好!他们当不了普通老百姓,生下来就当不了普通老百姓,只能成为社会公众人物。

历史上已经给了《周易》很多评价,很好的评价。我们起码要了解它,它是五经之一,群经之首。

在四库全书这些大的套书中间,按经、史、子、集分的时候,它都是排在第一位的。你们可以到网上看看这些材料,它作为注释经的都是在前面,如果讲政治得失、理论上的探讨,这些都在子部前半部,讲应用的在子部后半部。应用有哪些? 讲奇门遁甲啊,讲风水啊,讲择吉啊,等等,这些都在经史子集子部的后半部分。对这些书,想学基本知识的,那就看前半部分,如果说想学与风水相关的,那你看看后半部。上面讲得非常细,也非常实用,这些知识不是很难。

另外,《周易》之所以受到非常高的尊崇,是与它包含的思想内容密不可分的。《四库全书》说,"易道广大,无所不包"。有人说,它是古代的一个百科全书,另外一方面还有人说,它纳入了很多当代一些知识内容。据一些初步统计,古代有关研究《周易》的著作将近三千种,居各种经典著作之首,而研究也成为一门丰富多彩的专门学问,叫易学,有人甚至称之为"经学中的经学,哲学中的哲学",它对后世的影响应该于此可见到一斑。尽管如此,清代著名学者皮锡瑞还大发感慨,谓"说《易》之书最多,可取者少",也就是说,谈《周易》的书特别多,值得认真读的、能够读进去的不多。

关于《周易》的经、传、学及象数理占。学术界习惯上将《周易》分为经、传、学。经是刚才说的《易经》;传是《周易》的易传,"系辞传"、"说卦传"、"序卦传"、"杂卦传"等,其中十篇是传;学就是关于易学研究的学问。这个学问目前在全国高校中形势比较好,不少高校都能够开起这样的专业课或者一种通选课,通过这个课使这个知识不断传播下去。大家有兴趣、有这种爱好,可以从中吸取一些想要的知识。

所谓象、数、理、占,一般是针对易学研究史上的学术流派而言的。大致说来,象学派偏重于《周易》卦象的研究和探讨;数学派偏重于探讨《周易》中包含的数理与卦象之间的关系;理学派则主要致力于研究《周易》经传中包含的哲理;占筮派主张将易学研究用于社会生活实际。《周易》上说得很清楚,有四大功能,占筮在它的功能中只是一部分,只是这一部分后来被无限放大了,好像一说《周易》就是算卦的书。算卦没错,但是算卦不是唯一的功能,它还有很多功能。

易学研究有象数、义理两大派。象数派讲象、数,讲应用;义理派讲哲学,讲思想,讲文化。这两个历史上有过分歧,到汉代象数派登峰造极,到魏时王弼著《周易注》,魏晋时出现"三玄",谈《周易》、《老子》、《庄子》,出现了魏晋一个流派,或者一代学风。

象数派和义理派不断交融,到宋代朱熹时,他既重义理,又重象数,他出了一本《周易本义》,把河图洛书、先天后天的卦图放在《周易本义》的前面,逐渐走向融合。

到当代,有一些是义理派的,像已经过世的北京大学的朱伯昆,吉林大学的金景芳和吕绍纲,等等,他们主张《周易》是研究哲学的、思想的,研究历史的。武汉大学的唐明邦和山东大学的刘大钧,他们这一派学者认为既要重视义理的研究,同时又要重视应用的研究。当时,我自己的体会是,他们两者需要兼顾,要研究义理,必须懂象数,如果仅仅懂象数,你不读书,不读文献,你算卦的话就走到死胡同里面了,所以必须有这种知识的支撑。

象数理占是它的基本功能,这几个基本功能中,我们结合自己的一些兴趣爱好,去寻找我们的兴趣点。我们人生的事业和职业,事业是可以终生去追求的,职业可以是阶段性的,我们在这个阶段做什么工作,我这个阶段有这个工作平台,使我们有事儿干。事业呢,可以退休之后继续往这个方向努力。包括我自己在学习过程中,以前从来没有感觉到图书馆工作岗位跟我的研究有什么关联,后来走着走着到最后交接住了,我通过《周易》宣传了图书馆这些文化和理念,宣传了我们郑州大学图书馆;通过图书馆,我解读了《周易》的文化。你利用好图书馆,就能够成为社会所需要的人才或者专长之人。

包括一些工作,像我们入校三十多年了,刚毕业到图书馆之后,大家都感觉图书馆有什么干的?感觉经过这二三十年的变化,感觉图书馆太有啥可干了。目前包括社会阅读的推广,深圳那边几年以前打造"图书馆之城",它的图书馆办到街区,到职工的门前,到市民的门前,这几年来,它提出打造"阅读之城",让全民阅读。学术报告是一种形式,同时从整个市,到区,到基层,到街道,都搞读书活动、读书报告、读书交流、读书体会。另外，书送到大家门口，你需要借书的话有自助借还系统。想读书，过去是没有条件，现在有条件之后，你读不读书就看你的了。整个社会如果都能够形成爱读书、读好书的风气，我们的文明程度自然会得到很大的提高，这是对社会一种潜移默化的影响。职业可以是阶段性的，事业是终生追求的，你不断有追求，你脑子不断在思考问题，想问题，这样你就不知道什么叫老，一天一天过得很有意思，这就对了。

学习《周易》经传和古代文化的意义。自20世纪80年代兴起《周易》热以来，时至今日这种热潮依然没有减退。究其原因，一是由《周易》作为"群经之首"的特殊地位和影响所造成的，它促使学者们想对这部特殊的著作作一探究。二是由于人为地推波助澜所造成的。因为这部著作本来就是以占筮的面目出现的，同时历史上又有占筮派，他们试图用《周易》的原理来进行占卜或预测，将这部著作搞得神秘莫测，加之当今有人又利用它大搞所谓的预测，致使人们趋之若鹜。事实上，这部著作正如《系辞上传》所说："一阴一阳之谓道，继之者善也，成之者性也。仁者见之谓之仁，智者见之谓之智，百姓日用而不知，故君子之道鲜矣。"《周易》讲阴阳之道，我们百姓每天每时每刻都在用，都在做选择，只是我们用而没有体会《周易》这种道理在我们生活中的实践，没有体会它这种应用。"君子之道鲜矣"，真正把握它的知识，了解它的智慧的人是有限的。现在生活比较好，是一种比较开放的状态，我们获取这种知识更加容易了，我们有机会，也有可能使自己跨入这个大门。

另外一个，《周易》实际是一部古人将自己的人生经验用占筮的方法记录下来以供后人借鉴的书，其中包含着许多自然事理和人生道理，可以说它是一部修身养性之书。正因如此，历史上自汉代以来就将它列入经典著作的行列，而将与之有关的占筮列入了术数类。

从古至今，学术界也始终将研究《周易》的义理作为主要对象，认为《周易》中的"理"才是大道；而将占筮视为术，认为"术"仅为小道，不值一提。古代有不少人抨击它的知识，原来朱伯昆先生在的时候就说，"周易预测没有任何道理"。下面一个观点是武汉大学唐明邦先生的，他说，"周易预测值得深入研究"。朱伯昆先生是唐明邦先生的老师，20世纪90年代我到武汉大学唐先生家时，唐先生说，你赶紧找《中华周易》这本书，我听说我跟朱先生观点有点相左。我回来之后在书店买了一本书给他寄过去，大家观点就是大相径庭的。

不管是大道，还是小道，我们都需要对这种道进行研究。实际上正是因为说《周易》是小道，小道上有更多的人需要它得到指点。包括我自己写的书，写的文章。过去发表文章很难，现在不是很难，为啥呢？因为在学术界认了一群朋友。还有一些编辑成朋友之后说，你的文章给我我也看不懂，我标点不改就给你发表。为什么呢？一本杂志，一本学报，有三两篇好多人看不懂的文章只能说明它水平高啊！看不懂才说明水平高，都看懂了有什么高的，只有专业界的人士才需要这些文章，才去看这些文章，其他界的确实看不懂。这段时间我做《周易》与佛教的课题，我这一段看多少文章呢？最近这半个月内，我在网上搜关键词"周易"和"佛教"，出现的文章有6758篇，我一晚上看50篇，挨着看，一看内容有我需要的我把它下载下来，然后放一个文件夹里面，这样看了7000多篇。后来看"道教"与"周易"，搜出来2111篇。现在搞学问，有这些现代化的手段，你只要静下心来，想搞到什么程度就搞到什么程度，因为可看的、能看的东西很多。看得越多，有时候讲起来胆越小，不敢讲，好多人研究的比我研究得深，有些东西我还没有吃透，所以越看的多，现在越不敢信口开河地讲。就是因为有这些方便，通过对其知识点不断地挖掘，这里面可以汲取的内容是越来越丰富。对不管大道还是小道，我都希望大家能走到这个道上，在这个道上我们共同探讨周易在我们生活中的影响。

除了研讨义理之外，还应该学习和研究其中所具有的思维方式，比如整体思维、逻辑思维、辩证思维、抽象思维、直观意象思维等等，尤其可从历史学、文化学、社会学的角度去学习和研究它所包含的多方面的文化意义以及价值。

我们大致认为有这样几个方面，一是对学习和了解中国古代文化思想具有重要的意义。再一

点,对学习和了解中国古代哲学、史学、文学等具有重要意义。还有,对继承我国优良的文化传统和弘扬民族文化具有重要意义。我们现在讲文化,讲文化传承创新,怎样传承创新?我们省内专门提了一个"华夏文化传承创新区",怎么传承创新?对经典、对文献都读不懂,或者没有人懂,怎么创新?缺乏基础。现在有些地方搞一些经典学习班,还有不少人愿意去学习,这都是一种好的导向。但是我们现在的形势与两三千年前的形势是完全不一样的,这种不一样就是说学这些经典能丰富我们的知识,但是它不能解决我们生活中所面临的所有问题。它能解决我们遇到的一些问题,但是不能解决所有的问题,这就需要把这种知识活学活用,为我所用。

学习《周易》经传和古代文化的方法。有几条建议,一是从源溯流;二是强干弱枝;三是在明确经传既相区别又相联系的基础上,应当以《易传》为解经的首要依据;四是应当掌握六十四卦表现哲理的特殊方式——象征;五是应当掌握前人总结出来的切实可用的《易》学条例;六是应当结合考古学界发现的有关《周易》资料,细密辨析《周易》经传的本来面目及易学史研究中的各方面问题;七是应当重视多学科、多课题相互贯通的比较研究;八是应当注意国外汉学者研究《周易》的成果。现在跟海外的交流是比较多的,海外确实有一批学者,他们确实对中国传统文化是用一种很敬畏的心态在研究。今年12月份,瑞士一个大学的教授来郑州,我们进行了一些切磋和交流。人家50多岁了,对中国《周易》那是如醉如痴。

我们这种研究需要采取一种步骤,第一步,由易入难、由概括到具体。所谓由易入难就是先阅读一些有关《周易》及易学史的入门读物,以期对《周易》经传的基本内容和易学史的概况有一个大致的了解,然后再去学习《周易》经传。如孙振声的《白话易经》,金景芳的《周易讲座》,朱伯昆主编的《易学基础教程》、廖名春等编写的《周易研究史》。这几书我都看过,这是基本的,尤其是孙振声的《白话易经》,现在书店应该还有。实际上《周易》里面一个词、一个句子,你看着就是这几个字,你要解读出来那是不容易的,它的概括性太强了。这样做的目的只有一个,就是由易入难、由概括到具体。因为入门读物毕竟是用现代汉语写成的,容易读懂,也容易接受,同时对易学史也有初步的了解。大家上来就看《四库全书》,那里面都是竖版的,另外是没有句读的,读起来费劲一点。

第二步,由传及经,由浅入深。在具体学习《周易》本经之前,应对《易传》内容有所了解。这就是我们读《周易》过程中,跟读其他经的方法有所区别,读《论语》,你从《学而篇》就往下读,读《周易》呢,你要想读它的话先读传,从后半部读,读出一些味道了,再回过头来读它的前半部,然后糅合在一起读。像后半部《文言传》,它针对乾卦、坤卦说的,那个读起来很好读。还有《系辞转》,它是对《周易》一种理论概括。你读出一些味道之后,才能理解《周易》的"经"形成的过程,对卦爻辞形成的一些概念和知识性有所了解。

第三,循序渐进,逐步提高。前两个步骤其实只是铺垫,学习《周易》的最终目的是为了解读卦爻辞。而如何解读《周易》卦爻辞的确是颇为犯难的事,因为直至今日对许多卦爻辞的解说仍然是众说纷纭、莫衷一是,就是大家不同的观点很多。这就像朱熹说的,周易是一个空套子,一千个人读周易,就会有一千种周易。为什么这样说呢?不同的人读,站的角度不一,理解程度也是有差别的,但这并不影响我们对其知识本身的把握。正因为它变幻莫测,使大家谁读都能读出自己的体会来,这比一些固定的、规范的要奇妙得多。

在读的过程中,怎样具体读呢?要熟练掌握八卦及六十四卦的卦象。因为卦象和卦名和卦爻辞紧密相关,不懂得卦象,连卦名都无法理解,更别说解说卦爻辞了。比如说大有卦的卦象是上离下乾,火见大有。火代表太阳,因此这个卦象所揭示的就是如日中天的形象,放到人事上来讲,就象征人到中年、大有收获,故命名为大有。求官的官位很好,求财的手头积累了很多资金和资源。我们要记住卦象,有一些最笨的办法,现在我带的学生也不少,还有一些朋友想跟我学《周易》,我说可以啊,先把《周易》经传好好读一读,逐步再学会起卦。后来有些年轻一点的说,我把它背出来好不好?我说,背出来太好了。《周易》六十四卦,《周易》的经和传加起来两万多字,你能背下来的话下面就很容易入门了。

卦象和卦名本身还有一些规律性的东西，通过掌握规律性的东西，学习可以更容易。这半年我在记什么？记《周易》每一卦的位次。我现在怎么记呢？记有记的方法，现在谁去说这个卦，我知道它在六十四卦第几卦。我怎么记呢？我是坚持冬泳的，在蛙泳过程中我一呼一吸一个卦。这是一个基本办法。八卦是二十四个字，把这个卦和象说出来，说出来之后六四十卦怎么记呢？首先记顺序卦。乾、坤、屯、蒙、需、讼、师、比、小畜、履、泰、否、同人、大有、谦……你就这样顺着把卦序读下来。这是一种记法。还可以记八宫卦，一个卦统帅七个卦，这个画出来更形象一点。这八宫卦对我们记住六十四卦意义更加重大，谁创造的呢？这是汉代的京房创造的，是我们濮阳清丰人。他把《周易》这种原来在皇家、官府的知识推向民间了。你找一个算卦先生，有点水平的话，八宫卦是必须烂熟于心的。在学习过程中，把基本的卦象记下来之后，你下一步就比较好学了，想学与它相关的知识就比较好深入进去了。

再一点，借助今注、古注，尤其是易学史上的名家注解。这些注解，不仅注释精当，而且兼释卦象，对进一步理解卦爻辞不失为最佳捷径。比如今人黄寿祺、张善文的《周易译注》，高亨的《周易古经今注》、《周易大传今注》，唐代孔颖达的《周易正义》，朱熹的《周易本义》。今注和古注是我们深入学习的很好的途径。

最后，应注意从多角度挖掘《周易》经传所包含的文化价值和文化意义，这是我们学习和研究《周易》经传的目的，也是学习和研究《周易》经传的价值所在。我们结合自己的情况，不管以前做什么工作的，都可以从自己的体验中，在周易中找到一些结合点，通过这些结合点，我们发现它对我们生活有意义，我们每天生活的有意思，我们不断有需要探索的新问题，这样不说一直在亢奋状态下生活，起码也在一种积极状态下生活。

下面说《周易》的思维模式。我们首先看思维模式。思维模式是人类认识世界并进而指导自己改造世界（包括客观世界和主观世界）的思想方法，是主体用以认知客体、把握存在的相对稳固的"先验框架"。这都是知识性的、概念性的，认识起来比较理论化的。思维模式是一切文化系统之最深层的历史积淀和最本质的关键、内核，它决定着一切文化系统的基本性格、精神气质、本质特征和发展趋势。正是由于思维方式的不同，才造就了人类发展史上绚丽多彩的各色文化。

思维方式的产生有着一定的自然历史条件和社会文化背景。包括《周易》的产生，有很多美妙的故事，它的产生更具有一些传奇性，它在发展中更有很多美妙的故事。关于《周易》的一些历史故事很多书都有，大家有兴趣的话可以找一找、看一看。

具体地讲，中国传统思维的方式基本特征可以说有以下几点。在世界观上，它是"天人合一"的整体思维，"唯变所适"的变易思维，及由此构成的"一阴一阳"的辩证思维。真正对我们中华民族思想影响深刻的、深入的还是思维模式的影响。现在西方在我们这里的留学生有很多，他们一般要努力读这几本书，一是《论语》，二是《老子》，三是《周易》，四是《孙子兵法》。这几本书他在中国能够学明白，或者学个半套，回国之后怎么讲都有市场。作为我们自己，我们自己对这四本书有多少人认真地把这四本书都读下来，或者都有所感悟呢？也就是表面上喜欢的多，坐下来坚持读的人还是很有限的，现在我们需要读这些著作，它讲人与自然，讲人与社会，讲人与人，讲我们自己面临事情的一些应变办法、策略。

在认识论上，它是"玄览静观"的直觉思维，"立象以尽意"的形象思维，"触类旁通"的类比思维。《周易》类比性非常强，我们看到乾卦，它代表太阳，代表天，代表父亲，代表勇敢，等等，代表很多内容，但是你遇到这些问题怎样去理解它，这就需要你对这些知识有深入的把握。

在人生观上，它是"为仁由己"的主体思维，"太上立德"的道德至上思维，"乐以忘忧"的乐观思维，"自强不息"的进取思维，"厚德载物"的宽容思维，"利用厚生"的重生思维，"经世致用"的实用思维，"吾与点也"的审美思维，"与天为一"的超越思维。也就是说《周易》在思维方式上跟中华民族的思维方式密切相关,包含的内容非常丰富,你的一些思维变化都能从中找到关联。

这是关于现代思维的基本模式、基本特征。

现代思维是指与现代实践相适应的科学的思维方式。说到科学,我们对《周易》的认识,对《周易》的理解,我们对它在认识上有我们自己的态度。态度在哪儿呢?我们把《周易》作为文化来解读,作为文化来看,不要盲目地说,周易算卦很准确,周易真科学,它跟科学没有什么直接关系。但是呢,它算不准也不能说不科学。在文化理念上,不管科学不科学,它都是存在的。同时也不要说因为某人了解一些《周易》,某人就是封建迷信的,不能轻易这样扣帽子。我们把它作为文化,文化有形而上的文化,有形而下的文化,我们需要细细地品味,通过品味去把握它。

在思维特征方面,一是系统的整体性。它是指思维主体系统性和思维客体的系统性,这是现代思维方式最基本的特征。相对于古代直觉的整体性来说,它有如下优点:我们看一个问题,把握一个事物,你不能只看你自己眼前的或者只看脚下的,这就是既要走好自己的路,也要看好前面的路,使你自己不要走偏了。优点方面就不再解读了。

动态的创造性,它是现代思维的最显著特征。创造性是从思维的价值和效益来说的。思维的动态性主要表现为以下三个方面:一是思维运动的流动性,二是思维角度的灵活性,三是思维程序的变动性。也就是说,思维过程中,我们这种变化随时都在变化,在我们头脑中,对一个问题现在是这个看法,可能出了门又是另外一种看法。这种变也是与时俱进的,有人说以不变应万变,那也是一种态度,不变也是一种态度,但是你光不变,如果外面变化太大,你就适应不了需要了。思维的创造性具有以下的显著标志,一是思维方法的非逻辑性,二是思维成果的创造性。

还有多元的立体性。多元立体性是一种多元重叠、纵横交错的立体网络结构。首先,他要求人们在思维过程中进行比较,认清对象在坐标系中的确切位置,把研究每一网络在整体系统网状中的地位和作用,作为解决系统矛盾的关节点。其次,要全方位观察,对事物空间关系的考察,不能仅限于矛盾双方的双向平面结构,而是多维或全方位,即上下左右前后等立体地看问题,方方面面都要顾及。再次,要交叉思考,研究复杂系统,要把自然科学、社会科学和新型的横断科学以及边缘、综合等科学结合起来,互相取长补短。

关于现代思维的基本特征,还有许多,如量化精确性、人机互补性、超前预测性等等。特别是现在人机的互补性,现在各种各样的机器人在增多,郑州大学新的图书馆这一学期开放时全部使用自助借还系统,学生自己拿卡就可以借书了。前天下午郑州电视台从微博上看到郑州大学实行全面的自助借还,然后就跑去采访。他们说,你实行自助借还之后省时省力,加强了管理,节约下来多少人?这也是我很头大的问题,能不能节约人?确实能节约人。但是我还有许多人,我咋办?这几年来,我一直是一年转换一个系统,包括系统的更换,每一步现代化的进步,我不敢步子走得太快了。为什么不敢走得太快?走得太快,节省下来的人我没法办。如果他没有活(工作),那就要乱套,我必须得给他找活。前年退了十一个,去年退了十三个,今年退了四个,退了二十多个之后我现在敢于采取这种新技术了。他问我节省下来多少人,我都不好意思回答,我说,目前我这儿人员没有直接节省,但是我时间拉长了,原来八点开放,现在七点就开放了,晚上到十点半,中间不间断。过去几个部门星期六星期天调整了,一律调休一天,现在星期六星期天都上班了,拉长开放时间。现在郑州新区图书馆有些同志没有去过,特别受学生欢迎,冬天比较温暖,夏天比较凉快。现在去的学生多了对我们是好事儿,但是我们需要不断地改善服务环境,改善服务条件。通过这种调整之后,现在人员上我继续原有的工作人员,都还有岗位,但是就是工作量增加了。这就说到人机互补。

我一个空间可能用一个人,带着几个学生完全就可以干了,但是我要放两到三个人,不放不行啊!我的管理思路是能干的人把活干好,管理、服务、科研、教学,带着文化建设,对一批调皮捣蛋的——北京大学还有一些神经病的,我这儿不能说神经病,我们定义为精神不爽——有一些精神不爽的人,怎么办呢?我给他放到一些他想做什么就做什么的地方,他觉得那里很舒服,就给他放到舒服的地方,不让他起副作用,这就是正作用。通过这几年的管理,已经达到这种效果了。有这样一批人,原来调皮捣蛋,或者不太正常的,给他放到一个他满意的地方,他不添乱了。能干活的踏踏实实干,我该奖励奖励,提高大家的生活品位,形成一个图书馆理念:爱岗、智慧、和谐、贡献。通过这种理念,使能干的要拔高;一般的、不能干的或者还想干的,我给大家制造不少梦,有梦的要实现梦,没梦的做一个梦,如果你根本不想梦的,那就找地方歇。现在形成了大家谁也不妨碍谁的事儿,有些岗位一看就是为精神不爽的人制订的。有人提意见,为啥给他放在哪里呢? 我说,你有意见? 他说,不合适啊! 那个地方是不是我也可以去? 我说,你想去不想去,想去我给你设一个。大家都认为精神不爽的,你想站在那个队伍,可以,我给你放过去,他自己就不去了。现代化技术的使用,我们想做事的、想愉快享受生活的,我们都能做成事儿,都能很好地享受生活。当然了,因为有些精神不很爽的你把他放在那个位置很满足,也觉得很高兴,他也不找馆长的事儿了,也不跟学生添乱了,我这个馆长也可爽。

象数思维与符号系统,这是《周易》中特有的。象数思维是由《周易》开创的一种特殊的思维方式,是中国的形象思维之独特表现形式。象数思维的特点是:以"卦象"为思维的出发点和先验模式,以取象、运数为基本思维方法,以具有转换性能的"象数"、"义理"两种信息系统为思维的主要形式,以外延界限模糊的"类"概念对指谓对象及其发展趋势作动态的、整体的直觉把握和综合的、多值的价值判断。从本质上说,象数思维是一种模型思维。

上一周还没有开学,我单位一个职工,也是比较优秀的职工,她去跟我说:崔馆长,我老公家里光出一些邪事儿,不正常的事儿,是不是家里宅子有问题,还是坟有问题? 怎么办啊? 这是很有挑战性的! 她最近半年想干什么事儿就办不了什么事儿,总是出现一些不愉快,或者身体出现不愉悦。我说,如果确实需要看看的话就过去看一看。我一般不出山,因为对我自己职工要求也很明确,我给大家开会的时候就说,大家有啥具体问题,除了工作之外,需要我崔波帮忙的,能帮的我一定帮。因为择吉啊,选个结婚日子啊,给孩子取个名字啊,这都是大家基本需要的,只要你提出来就帮。特别是我们单位女职工比较多,生了孩子第二天都要给我发信息报个喜,报喜之后我一般不理她们,不说那么多,就是表示个祝贺。过两天她们就说了,崔馆长,看看我们孩子怎么起名字,帮助起个名字吧! 只要你有要求,我给你一个答复。如果大家不提出来,我不会主动帮你解决什么问题。

2007 年郑州大学分房时,我对我自己的职工开了一个会,讲"周易与住房选择",告诉大家怎么选怎么选,大家都各就各位,都很明确。起码弄一个 ABCD 选项吧,有些在选的过程中不断有一些变化,后来还是选得不错。包括一些学校领导,包括其他部门一些朋友,谁说了给你提建议,不说不提建议。卦不能随便奉送,看这个也不能随便奉送。有一个教授跟我比较熟,他说,你看看我需要选哪一个吧? 我看了以后说,你选八楼或者九楼。后来他给我打电话,崔波啊,我就想选七楼! 我说,你想选七楼就选七楼。我没有给你提供七楼,肯定是按照我讲课的理念不是很对照,但是你又想选,不选心里不舒服,那你就选七楼。他说,你没有提供七楼,不好怎么办? 我说,你选七楼那就是最好的! 还有就是选了之后让我看看选的好不好,我说,你选了就是最好的。你没法解读啊,有些恰到好处,有些不好也不能说选的可好,咱不会骗人,也不能骗人。包括我自己选房,我宁愿要小一点的,要个 130(平方米)的,没有要 160(平方米),因为 160(平方米)的没有选择余地。我选 130(平方米)的就选整个区域的空间,我要选楼层,我要选东户西户,我一定按我的要求选,2007 年选好之后这几年发展可顺。

她家是郊区柳林的,上周末我去她家了,我说先去看阴宅,看她母亲的坟地。她就说,别人说坟地上种几棵小柏树,种三年了,年年种,年年不活。这不太正常。我去看了之后说,这很正常啊! 坟地上有两棵很大的杨树,还有一棵柳树,都非常高,这大树下面种小树能活吗? 那个地方原来是耕地,坟地是头枕东南,脚蹬西北,西北那个位置原来是一个河,现在扩建之后变成路了,路对面有一个厂房,路和坟地连为一体了。我说,你母亲在这儿躺着是很不安生的。因为什么呢?路上还有大车,还有厂矿,大车日夜轰隆轰隆响,震得能安生吗?一说这事儿她就说了,老太太死了二十年,两个月之前给她妹妹托了一个梦,说在那儿很不安,很焦躁,我们也不知道怎么办。我说,这不就有原因了!她说,那咋办?针对这个问题,我给出了一些办法,一是坟地位置要隔断,然后再圈起来。另外一方面,种的小树不活就赶紧拔掉,大一点的即便不敢刨根也要挖掉。看一个地方,你要找对原因,然后对症下药。后来看看她的家庭住宅,农村现在都是盖很多房,等着开发呢,都想着建的越大越好,有些家里好儿套房子,而且很大,大了好不好?现在有个顺口溜,"住房住大的,娶老婆娶小的"。我说,那也要恰到好处啊!大,要多大?你到故宫看看,坤宁宫一个房间也就八九平方啊,睡觉不需要那么大地方。屋大多阴啊!它在消耗你啊。屋子太大也不好,我们这个报告厅晚上你躺在桌子上能休息好才怪呢。这必须是恰到好处的,不是大大益善、多多益善。后来给他们找了一些办法,这就是生活中是需要一些实战性的。

关于象数思维方面,就是你看到这个问题对应一个象,这个象反映出什么问题,你得能把它解读出来。同时呢,《周易》是由象数符号系统和语言符号系统共同构成的一套完整的符号系统,它是对宇宙万物的运动变化过程和规律的揭示和模拟所得的一套人工符号系统,即《易传·系辞上》所说的"天生神物,圣人则之;天地变化,圣人效之;天垂象,见吉凶,圣人象之;河出图,洛出书,圣人则之"。就是说出现这个象有什么结果,所以《周易》它的象啊,数字啊,符号啊,它们关联性是很强的。先天卦是乾一、兑二、离三、震四、巽五、坎六、艮七、坤八,阳卦顺,阴卦阴,这是对应的。后天八卦呢,那是根据洛书走的,戴九履一,左三右七,四二为肩,八六为足。这种结构,你一看就知道是先天或者是后天。这些数字对应什么呢?九宫八卦对应什么呢?跟生活中所需要的数要结合起来,要恰到好处地应用。特别是现在有些地方建的很好,有些地方建的不好,特别是市政建设方面。

去年我到市建委系统讲课,专门说讲《周易》,强调解读风水方面,就是我们生活中圆和方,生活中有圆符号时一定要有方的符号,光圆的光转圈。一个家庭如果三口人都是 O 型(血)的,肯定都是各转各的,谁也管不住谁;如果一个家庭中一个 A 型的,一个 B 型的,一个 O 型的,他们相互套,让你想跑也跑不了。生活中就是方为圆用,圆为方用,才能形成方圆。包括我们房子也是这样,逢一三五七九单数层次就是天圆,二四六八十就是地方,装修房子时候单数层次灯啊,设备啊,要有一些方的设施,你在二四六八十层,本身是方的,你要有圆的设施。不能本身是方的,你再弄一些方的,所以很多事儿缺乏柔韧性,容易出现坎坎坷坷。通过这种思维模式,恰当地运用《周易》这些数所对应的一些象征。

它的象数符号系统主要是指《易经》由阴阳两爻组成的八卦相重而成的六十四卦、三百八十四爻及其中蕴含的卦象、爻象、卦数、爻数、爻位,甚至还可以包括由后代学者创制的河图、洛书、先天图、后天图、太极图、卦变图等一系列易学图象。对这些图,我们都需要慢慢认识,慢慢看懂。今年端午节我到鹤壁浚县云梦山鬼谷子洞拜先贤,那边一个高僧建了一个中华易经大学,建得很气派,气势恢宏,作为我们专业方面来看,弄了一些八卦、六十四卦的图,包括一些标记性符号,像旗帜符号用的是否卦,上面一个阳爻,下面三个阴爻。当时我是看半天看不懂,包括它的南天门,随后大家如果有空去的话,你们有兴趣的话再琢磨琢磨,南天门柱子上有很多卦符号,阴爻阳爻阴爻阳爻。我最近还在看那个图,我还没有看明白它到底蕴含的什么意义。到羑里城之后,我跟羑里城的导游交流,我说你们起码知识点上不要说错,故事可以增加,基本知识不要说错。如果你说错了,会贻笑大方的。这是象和数。

包括我们晚上做梦,梦象,现在课件我已经做成了——《周易与梦》,《周易》中有好几个卦是谈梦的,梦也是象。那不是说你想梦到谁就梦到谁,不想梦到谁就不梦到谁,这个梦有时候跟《周易》卦象能够关联。上一周我遇到两个朋友,还没有开学出了两个事儿,一个是一个学校的(图书馆)馆长,有人告他,说他的事儿,他就找我,看这个事儿怎么化解。等了两天,又有一个厅里的处长也出事儿了。我还纳闷,最近怎么光遇到这种事儿呢?那一天晚上做了一个梦,梦到什么呢?我老家那个地方,村后有一条河,河里面的水哗啦啦地流,水也不混,但是也不是很清,梦中梦到清澈的水,一般心情比较好,有好事儿到来了。边上有一个支流,水也流得很急,水不脏,也不是很清,这两条水都在往前流,形成一个交叉,然后往前流走。醒来之后我琢磨这个梦跟这两天遇到的事儿有什么关联,肯定有关联,慢慢慢慢理解了,水是不清也不混,所以这个事儿是不吉也不凶,它交叉之后哗哗又溜走了,这个事儿假以时日能够消解。第二天给这两个朋友打电话,我告诉他们,根据我这种情况,你们这个事儿需要一点时间,不要着急,耐心地去化解这些问题。这就梦象,根据象对应着面临的事儿。本身是恐怖的事儿,发生比较大的话,那是有麻烦的事儿,你看这种情形,给他们做了一些判断,起了一个卦。这就是说到《周易》的卦象的奇妙之处。

《周易》卦象之中,只有对它的观象、取象,通过"观"和"取",取出来之后望象生意,根据这些象生发出很多意义,根据这些意义给出判断。《易传》认为,《周易》之"象"揭示了宇宙人生的所有运动过程和规律,我们可以通过"取象比类"、"观象制器"、"观象玩辞"而领悟宇宙人生之道,进行发明创造,亲证存在奥妙。《周易》之"象"主要有阴阳之象、卦象、爻象、易学图象,其中,阴阳之象是根本,卦爻之象是主干,易学图象是枝叶。(PPT)下面是哪些是阴啊,哪些是阳啊,这都是有区分的。

郑州大学新校区很美,非常符合风水要求,包括路名啊,结构啊,非常符合,左青龙,右白虎,前朱雀,后玄武。前几天我到一个院系,学校建设过程中,才开始文化景观比较少,去年建的亭子这都是文化景观,不同院系门前这两年逐渐放了一些石头,以前是学校放,现在是各院系毕业生放。有些院系是就放一个两个,有些院系是门前放一堆,你想啊,哪些地方放成堆的石头?我就跟有些院系领导建议,石头可以不可以放?可以放,但是不可以成批地放,不能乱放。一般是陵园里放成堆的石头,其他的地方不能成堆地乱放。另外一方面,如果你没有起名字它是阴性的,如果起名了,那就是阳性了。有一个院系放了三块石头,有一块石头上有一个大窟窿,看着形象非常不好看,后来我见他们院领导,我说,我建议你把门口那个石头挪挪位,搁在门口煞气太重,因为他们单位也出了一些事情。通过这种观象啊,通过这个象来对应一些事情,它的吉祥程度,它的阴阳平衡。

卦象有两套系统:八经卦卦象和六十四别卦卦象。八经卦中乾卦的性质是刚健,宇宙万物中,凡是以刚健为特征的都是乾卦的性质,如苍天、君主、父亲、头、金、玉、冰、良马等,这对起名字有帮助。起名字时,五行中需要补金的,那就找与乾卦相关的;与坤卦相关的,都是补土的。我现在给学生上课,有《周易与择吉》、《周易与梦》等,这些都给学生们上。这八经卦的卦象是最基本的,它的类也非常多,我们通过初步学习,掌握一些基础性的就可以了。六十四别卦卦象,这卦象不再展开说了,里面套了很多卦象。

爻象主要是由《易经》中的三百八十四爻,若再加上乾卦和坤卦的用九、用六两爻,则为三百八十六爻,每个爻它的象是从初爻到上爻,都有一个过程。初爻为萌芽初长之象,二爻为崭露头角之象,三爻为功业小成之象,四爻为更进一步之象,五爻为如日中天之象,上爻为物极必反之象。在每个阶段上,我们要把握住每个阶段的层面。同时,如果起卦的话,你问官运啊,问财运啊,问婚姻的啊,问孩子啊,如果是初爻,那就等一等,这是萌芽状态。如果二爻的话,目前情况有好的变化,可以去努力进取。如果在三爻和四爻呢,不三不四就是这个卦上来的,在这个位子上最难办,在这个位置上就是需要谨慎小心的,不敢掉以轻心的。像我们这些人,我们三十岁四十岁时哪敢轻举妄动啊,哪敢出个差错啊?上有老,下有小。五爻和六爻是天位,初爻和二爻是地位,三爻和四爻是人位,所以三爻和四爻都不是人过的,不好受,不好过。到五爻,形势很好,但是要警醒,不要冲昏头脑。为什么现在六十(岁)左右出现很多麻烦,那就是冲昏头脑了。到上爻呢,那就需要审时度势,该务虚的务虚,寻找自己的人生快乐,实现自己的人生目标,不要干预单位、身边那么多事儿,这样你就能够超脱下来。

另外,还有其他一些术语,像"中"、"正"、"乘"、"承"、"比"、"应"、"通"、"主"、"三才",这都是我们需要用到的术语。"中"、"正",说到人名,蒋中正这个名字就是来自于《周易》的卦爻辞。二爻和五爻是"中","正"呢?阳爻在阳位,阴爻在阴位,这就叫正。还有"乘"、"承"、"比"、"应"、"通",这是讲阴阳关系的,讲上下爻之间的关系,这个关系理顺了,那就通顺了。特别是我们河南的哲学大儒程颐,他很讲究"中",我们中庸一点,与人交往中少一些极端,有时候多吃一点亏,没有什么,没有什么对我们不好的,不要什么事儿都盲从冒进。还有"主"和"三才",每卦都有一个主要的爻,叫成卦之主。还有"三才",就是天地人三才,五和六属于天,三和四属于人,一和二属于地。我们观天的话把握阴阳,脚踏实地,要懂得刚柔,该刚性就刚性一点,该柔性就柔性一点。在人之道呢,我们讲仁,讲义。

还有易学图象,给大家简单说几个图,这是八卦取象歌(PPT):乾三连,坤六段,震仰盂,艮覆碗,离中虚,坎中满,兑上缺,巽下断。这个很形象,要记八卦的话,这二十四个字与符号对应起来,也很好记。

(PPT)这是太极八卦图,郑州大学的八角亭我当时建议放这个图。中间白色的是阳,黑色的是阴,白中有个黑点,黑中有个白点,这是阳中有阴,阴中有阳。韩国国旗就是太极图,只有四卦,是乾坤坎兑四卦。韩国一直在说这个八卦图是他们老祖先创造的,不是中国老祖先创造的,一直在争。另外一方面呢,他们2005年把端午节申请为世界非物质文化遗产,2006年开始,韩国以太极图和相关内容申报世界非物质文化遗产,他们风水叫象甲,日本叫甲象。人家计划2008年把各种材料备齐,我们国内南京一个风水周易研究者徐少杉,他在网络上发起抵制活动。在2006年之前,一说风水批判比较多,到2006年之后,因为这些原因,建设部成立了风水文化研究中心,从2007年之后搞了不少全国性的大型研讨。风水在欧洲、东南亚,他们对中国风水研究得非常热,非常信,现在我们起码不再口诛笔伐了。现在不是没有申报成嘛!我们国内,安阳等地也在以八卦符号申请非物质文化遗产。这个事儿出来之后我一直跟踪这个信息,有些学生问我,如果韩国把这个申请走了,你什么态度?我说:第一,无奈。我们自己祖先创造的东西人家拿去用了,说是他们祖先创造的。第二,未必是坏事。为啥呢?如果人家能够把它申报成功的话,起码说明我们的有些观念还是需要改变的。尤其是官员们的观念需要改变,都是过去口诛笔伐,现在要认识到到底是怎么回事,实际上是景观美学,人跟自然的和谐问题。

(PPT)这个图大家到一些地方也能看到。

(PPT)这是伏羲先天卦位。

(PPT)这是文王的后天卦位。

(PPT)这是河图洛书,时间紧张,不再展开讲了。河图是一个点到十个点,洛书是一个点到九个点,河图是55个点,洛书是45个点。上次程有为先生讲的知识点很丰富,讲的挺好,但是我想听一点与《易经》相关的,他没有把应用给对接上。

还有数。数跟象一样,在《周易》中有极其重要的地位,有"极数"、"运数"。"象"是《周易》试图对宇宙万物运动变化的过程和规律加以定性掌握的产物,那么"数"便是《周易》试图对该过程和规律加以定量掌握的产物。一个是定性,一个是定量。一个事情什么时候应验,这就是数,三天五天,一个月,这是一个数。《周易》之"数"主要有天地之数、大衍之数、阴阳奇偶之数、自然之数、卦数、爻数、河图之数、洛书之数。

"大衍之数五十,其用四十有九。"这一段话我琢磨时间比较长,我上大学期间就是不会摆卦,当时有一个老师研究《周易》,也会起卦,他说有时候算一卦挺准的。下课之后我赶紧找老师请教,我当时卦还起不起来,老师一摆手说,自己琢磨吧!一琢磨,从1985年琢磨到1990年才琢磨出来。为什么我对图书馆工作很热爱呢?因为我在图书馆工作,我才有机会通过读书把这个数琢磨出来。"大衍之数五十"这个,我自己刮了50根签,自己摆。"大衍之数五十,其用四十有九。挂一以象三,揲之以四以象四时,五岁再闰,故再扐而后挂。四营而成易,十有八变而成卦。"琢磨了五年之后,

1990年琢磨出来之后去西安参加一个周易会，就是神秘文化研讨会。那一次见到贾平凹等大家，那时候我才二十四五岁，当时感到这个领域值得深入钻研，1991年回来读研究生了。工作几年读读书，又工作几年，又读读书，最后把博士后也读完了，在读书过程中不断推进《周易》的研究。后来到武汉大学，唐明邦和肖汉民先生是周易界的大家，唐先生今年已经88岁了。看这一段话，真正你去体会、去琢磨，需要慢慢消化。现在方便了，现在网上有很多讲这个的机构，20世纪80年代还是半封锁状态，也没有人给你讲，另外书上解读也没有那么清楚。

还有卦数，就是乾一、兑二、离三、震四、巽五、坎六、艮七、坤八。还有爻数，河图之数。总之，学用《周易》，重在想象。一是了解卦象、卦数。为什么需要悟性呢，我现在经常琢磨卦图，想起来太极图，怎么想怎么舒服，怎么美，它就是非常美妙的东西，让你怎样去感悟它、体会它都不过分。

《周易》象数思维是如何认识、把握客观世界的呢？一是求卦，二是断卦。求卦现在方法很多，"大衍之数五十"是原始的，你如果把大衍之数五十这个求卦方法摆会了，其他的撒个铜钱啊，梅花易数法啊，其他的都是小儿科的，都很容易去把握。我给学生上课，我专门在太昊陵请的蓍草，有两堂课专门摆卦，让学生学会。有学生说，崔老师，今天算一卦吧？我说，那不能算。为什么不能算呢？那不一样，讲课的讲堂，师生关系，不能算卦。你们毕业了，成为校友了，或者在社会上回来了，有困惑了，你再让我看看，我可以给你看看。我要教会学生怎么起卦，你自己去琢磨，琢磨怎么来摆，你弄五十很火柴棍可以，弄五十根草棍也可以，自己要学会摆。摆开以后，断卦不容易，我可以教你。

还有变卦说，或者叫卦变说，这是一种卦变方法，我们怎么解这个卦，怎么断这个卦，随后有时间可以到网上搜一下，看一下，如果我们自己会摆的话，可以体会体会它的道理。

还有取象说，通过一个卦取一个象，我看见一个东西，通过这个卦象起卦。比如看到一个老人，或者看见大人带着孩子，男人是乾卦，女人是坤卦，小孩子呢，就是兑卦。

还有取义说。取义说主张以卦名的意义和卦的内在德行说明六十四别卦的卦象。取象说，取义说，通过这种取象和取义，更好地去认识这个卦。

《周易》的思维模式的特征，一是经验综合思维模式，二是有机整体思维模式，三是天源物本思维模式，四是天人合一思维模式，五是三才道统思维模式，六是阴阳中和思维模式，七是因果目的思维模式，八是归纳演绎思维模式，九是有序生成思维模式，十是相反相成思维模式，十一是生命主体思维模式，十二是顺性修德思维模式。

象数思维的理念特征及影响。思维方式是民族文化行为中普遍地、长久地起作用的思维方法和思维习惯，是一定的社会人群在接收、反映、加工外界信息过程中所形成的思维定式。每个民族都有自己整体的思维偏向，从而形成该民族特有的思维类型。思维方式的不同可用以说明民族文化的区别及民族社会的差异。思维方式是人类文化现象的深层本质，对人类文化行为起支配作用，并代表一个民族的文化心理素质的特征。

《周易》影响着我们哲学和文化的发展，影响着我们生活方式和生活理念的走向，这里面有循环变易的观念，还有整体和谐的观念。我们馆训上把"智慧"和"和谐"纳入进去，现在大家都适应得挺好。学校的校风是"笃信仁厚，慎思勤勉"，在这个指导下，我有自己的一些理念。

还有动态功能的观念，意象直觉的观念。同时，《周易》影响到现代科学的发展。莱布尼茨创造了二进制数学，创造过程中就是看到了传教士白晋传过去的周易的方图和圆图，一个阳爻和阴爻，0和1对应起来，验证了他创造的二进制数学是符合规律和要求的。这个影响是比较大的。现在有人说《周易》中二进制数学，有计算机，这个说的有一点过分。同时，黑格尔以及玻尔这些思想家们，他们都把这些纳入到他们自己的一些研究领域，或者是自己的喜好。心理学家荣格说："《周易》占筮是通往潜意识的第二条最佳途径。"这个我们在网上可以搜索出来，他说《周易》是东方的科学，不能因为荣格说《周易》是东方科学我们就说它是科学，也不能这样说。

还有刘子华。刘子华是我们当时留法的一个博士,他的博士论文是《预测第十大行星》。同时,李政道、杨振宁等人都在成长过程中受到《周易》文化的影响。

最后一点,我简单说一下对《周易》创新思维中我们需要注意的几个问题。

前一段看书看到一个老先生把《周易》的人文理念总结为十个字,"生"、"干"(音)、"变"、"反"(音)、"诚"(音)、"实"(音)"中"、"通"、"新"(音)、"忧患",我在探讨《周易》思维过程中总结了六方面的思想:一是生的思想,重生轻死。"生生之谓易",我们一定要重生,重视我们的生命,重视自然中的生命,重视外围的各种生命。有这种生,就出现创新,有新事物的出现。另外是"变"的观念,《周易》讲变化,讲简易,讲不易,讲变易,变化是永恒的。还有"通"的思想,穷则变,变则通,通则久。变化是为了更通顺,如果越变越不通,那事情就越来越麻烦了,矛盾越积越多了。"变"和"通"一方面内在蕴含在《周易》每卦的六爻和六十四卦卦与卦之间变动的规律当中,另一方面外在表现在《周易》对这种内在变动规律的表述中。讲"通",讲"生",《周易》的卦爻辞上讲这方面的非常多。再一个,新。我们讲创新思维,实际上我们理性思维更丰富一点,什么是理性思维呢?实际上就是我们头脑更复杂一点,我们思维方法不要是非黑即白的。太极图中虽然有黑有白,黑中有白,白中有黑,但是其中有S形图,S形图属于不黑不白,我们找一个中间地带,多发掘一些思路。还有"和",和的思想,和是中国传统文化的重要特征,其内容十分丰富,讲和而不同,一是主张多样,二是主张平衡,对不同的意见、不同的事物持以宽容的态度。还有"同归而殊途,一致而百虑",这都是易传上所讲的。这个"和"实际上是讲人和,人与自然和,人与社会和,实际上更重要的是人自身要和谐,我们心态要平和。天人和谐,和而不同,跟别人表示意见不要针锋相对,要求同存异。还有,忧患。"生"、"变"、"通"、"新"、"和",最后是"忧患",这个"忧患"对应的是六十四卦中的即济卦和未济卦,忧患是我们每个人随时要提高警觉的,对待什么事情不要掉以轻心。《周易》讲,"其亡其亡,系于苞桑"。有人说日本是最有忧患意识的,中国人忧患意识比较少一点。原来说"三十年河东,三十年河西",现在是"三年河东,三年河西"了,现代化的思路发展太快、太多,我们好多人应接不暇了。在这种变化过程中,我们平时忧患,也是一种需要。对啥事儿无所事事、无所用心,很快就老朽了,就走了,到该去的地方去了。不断有忧患,不断有一些新的了解、有新的一些探索,你就不会脑子痴呆了。这个忧患放在最后,也是跟周易六十四卦产生一个对应。

最后的结论是:第一,《周易》是一部充满古人智慧之著作。第二,《周易》思维模式内容丰富,值得挖掘。第三,《周易》思维模式为当代创新社会的发展可提供有益的理论支撑。第四,学习《周易》有利于丰富我们的人生实践,及时进德修业。第五,《周易》对和谐文化、创新社会建设意义重大。

不好意思,多耽误了大家几分钟时间,谢谢大家!

主讲人:许海星,现任河南省三门峡市文化新闻出版局副局长,三门峡市委委员、三门峡市政协常委,长期从事考古研究和文物鉴定工作,研究生学历,具有国家级考古发掘领队资质,参加过国家文物局高级鉴定培训班,为中国文物学会玉器分会会员、河南省博物馆学会理事、三门峡市收藏协会理事、三门峡市学术和技术带头人、三门峡市拔尖人才、三门峡职业技术学院外聘教授,在三门峡职业技术学院开设了公选课《中华玉文化》,深受学生喜爱,被三门峡职业技术学院推荐到三门峡电视台讲解《虢国玉器》,2009 年被"中原大讲堂"邀请讲《中华玉文化》,2010 年被河南电视台邀请在河南电视台讲《中华玉文化系列》及《虢国玉器系列》。

时　间:2013 年 9 月 15 日

地　点:河南省图书馆研议厅

中国收藏市场的现状、前景与展望

　　各位来宾,各位朋友,女士们,先生们,今天由我来给大家谈一谈收藏方面的话题。我们应该知道,收藏是一个比较大、比较宽泛的概念,我准备从五个大的方面来谈。

　　应该说收藏是人类的本性,为什么这么说呢? 也可以说是动物的本性,因为除了我们人类喜欢收藏以外,有些动物也会收藏,当然,动物大多收藏的是食物。比如说松鼠过冬时会把一些松子等坚果类的东西储存在洞里面,蚂蚁也会收藏。我们人类收藏的宽泛了许多,我们在饥荒年代也会收藏粮食,应该说收藏有主动收藏和被动收藏。在正式开讲之前,我想问一下大家,看看大家有谁收藏过东西,有谁搞收藏? (举手示意)

　　我问这个话题其实是想告诉大家,收藏有两种:一种是主动收藏,一种是被动收藏。其实你们在座的都是收藏家,只是说你是被动收藏,在你不知不觉的情况下就收藏了。为什么呢? 因为我们大脑里面的记忆其实就是你的收藏。我们知道,一般情况下,经过你的眼睛大脑有反应的话,一生

中能记一万多人,在你大脑里面留下印象。不管在座的老同志,或者青年同志,或者小孩儿,在你的记忆中,总是收藏的有东西,什么东西?比如一个比较重大的事情,比如亲人,尤其是母亲,不管你年纪再大,或者是已经到了耄耋之年,一旦说起你的母亲,你的大脑里面有几幅清晰的图画,那就是你一生中收藏的母亲的印象,你一生都忘不了,或者是终生难忘的几件事一直在你脑子里,这就是一种收藏。

在开讲之前,我先讲一个小故事——认清自己。为什么讲这个故事?一会儿给大家说。从前在寺庙里面有一头驴,整天就围着磨盘在不停地转转转,天天转,越转越恼火,一天到晚干重复的工作,非常无聊,非常寂寞。有一天,它给僧人提出,我天天干这个有点寂寞,你让我出去转一圈吧?正好有个任务,僧人说,那好吧,你明天准备跟我出去转一圈。第二天僧人带它出去转了,刚开始,它跟僧人到外面感觉天空非常蓝,非常舒服。后来僧人往它背上驮了一个东西以后它就开始往回走,往回走的时候所有人见到它都顶礼膜拜,又是磕头又是作揖,刚开始非常害怕,后来走着走着逐步习惯了,觉得别人见它不磕头就不习惯了。回寺院的路上所有人见到它都趴在地上磕头作揖,顶礼膜拜它,它感觉自己受到人们的尊重,心里非常舒服。回到寺院以后,再也不愿意推磨了,它想,我那么受外人的尊重,在你寺院里面居然让我干这个活儿?这个僧人觉得这个驴疯了,彻底干不了了,就把它打发走了,让它离开了寺院。它一离开寺院就幻想人们对自己很尊重,对自己作揖啊,鞠躬啊,下跪啊。走到一条大路中间,锣鼓齐鸣,它就站在路中间,等着人们过来对它下拜。在一个迎亲的路上一头驴挡住了去路,结果大家都可以想象到。它满身创伤回到寺院,心里非常纳闷,说,人真不是东西!上一次我出来时候,你们对我又是下跪,又是拜,现在见我之后什么不说,见面就打,打得遍体鳞伤。它去给僧人说,僧人说,你真是一头蠢驴啊!上次出去时往你背上放了一个佛像,大家不是对你顶礼膜拜,是对佛像顶礼膜拜,其实是对佛像很尊重。

这个故事很简单,它告诉我们,很多人认清自己很不容易。很多人可能过了一辈子都认不清自己,其实你自己还是一个人,很多时候别人对你尊敬是因为你的平台不一样,或者你站在领导的地位,你站在比较高的地位,别人求你办事,所以对你非常尊重。就是说明了这个道理。

刚才图书馆老师把我说得很高,我不能做那头蠢驴,我也得认清我自己,我跟在座的各位都是一样的,只是我的工作接触到这方面的东西多一些,不比大家高明多少。也算是一种谦虚,也算是给大家说明一个道理,这是一个很小的道理,也算是我认清了自己。

言归正传,先讲讲收藏的概念。

刚才我说了,收藏有主动收藏和被动收藏,被动收藏就是在你脑袋里面形成很多印象,再一个,在饥荒年代,经过 20 世纪 60 年代的人都知道,大家都会收藏一点粮食,因为家里面孩子多,或者吃不饱,那都是被动的,由于受自然所迫。主动收藏,大家有钱之后做一点事儿。

收藏很简单,就是把人类各个历史时期出现的物品进行有条理的收集和保存,再说的细致一点,就是对物品的搜集、储存、分类与维护的一种嗜好。其实很多人都有这种嗜好,收藏东西。在收藏家的眼里,觉得收藏很高雅,是一种文化活动、娱乐活动,其实不搞主动收藏的人认为收藏的人神神经经的,跟收垃圾的差不多。收藏其实非常辛苦,也非常累,因为你要不停地逛古玩市场、收藏市场、旧货市场。其实无形间也是一种锻炼,把人给锻炼了。

为什么说人类收藏是一种本性呢?我刚才是正面说的,从反面来说,现在有很多贪官,贪官其实把他的本性暴露出来了,比如收藏的爱好。前一段说的“表哥”杨达才,他就是喜欢收藏表,社会上很多人给他送了很多表,据说有 60 多块表,你说你要那么多表干吗?一块表就够你活一辈子了,你要 100 块表还是活一辈子,你不可能说活一百辈子,那就是老不死了。据说刘志军有 360 套房子,你说是不是神经了?一个人的本性里面有收藏。要那么多房子干吗?有一套房子就够住了,这就是一种贪婪的收藏,这是人的一种本性。有的贪官家里面钱多得没有地方放,堆得一堆一堆的。其实他要达到的目的跟我们搞收藏达到的可能是一模一样的,我们搞收藏的终极目的是一种喜悦,心里面得到一种安慰。现在人都很浮躁，我搞收藏，我拿到一块玉器非常喜欢，我抚摸它的时候，最起码这几十分钟，这一个阶段我的心灵特别安宁，就像读一本书一样，心里没有杂念。现在人生活节奏很快，生活压力很大，如果你没有几种爱好的话，马上那种乱七八糟的东西就进到你脑子里面了，所以有些人要搞收藏。贪官们摸着他的钱，看着他的房子、金银财宝道理是一样的，他觉得东西放在那儿心里踏实，觉得自己八辈子也花不完，儿子、孙子也花不完，子子孙孙永远花不完。这是人的一种本性，但是有一点贬义了，其实真正的收藏是一种高雅的活动。由于咱们中国人有一个特点，非常聪明，聪明才智用到哪儿了？造假方面用的很多。在收藏方面，你会遇到很多想象不到的沟沟坎坎，或者陷阱之类的，所以有必要把这个话题继续往下延伸延伸。

收藏是人的本性，有主动收藏和被动收藏之分，现在讲主动收藏。主动收藏分两大类，一种是传统收藏，一种是现代收藏。传统收藏给它的定义就是以收藏古玩为主的金石类、书画类、竹木牙雕类、其他杂项类的收藏，这是从很早就有了。为什么这么说呢？因为中国人收藏不是现在才开始的，很早就开始有了。

先说这个古董吧，一般都是说以古玩为主。先把术语说一下，过去没有"文物"这个词，只有"古董"、"古玩"。"古玩"最早叫"骨董"，就是杂碎的意思。以前的江南人比较喜欢做骨董汤，把各种各样的食物放在一起煮，南方人喜欢煲粥嘛！煮了很长时间，后来把所有东西煮烂以后骨头还留在那儿。骨是什么意思呢？"骨"就是过去之精华。"董"什么意思呢？就是收藏的意思。收取过去的精华，这就是古董。"古董"这个词最早出现在唐代，当时一个画家张萱曾经写了一本书，上面说"古董"是一个地方方言，不指什么特定的意思。到明代董其昌时，在《古董十三说》里面说，器物分类，分不出类的器物里面的那一类器物叫古董。"古董"一直沿用至清代，到乾隆年间时，大家把"古董"这个词改为"古玩"，就是古代文玩的意思，就是玩一些古代文人比较喜欢的东西。再往后发展，到20世纪50年代，专家们在一起研究，大家根据《书经》里面一句话"玩人丧德，玩物丧志"，说叫"古玩"或者"文玩"不好听，就改为"文物"了。从20世纪50年代开始，中国统一规定叫"文物"，成立了文物管理委员会。一直到后来，大家一直把古玩称为"文物"。

古玩收藏兴起得非常早，早到什么时候呢？早到商周时期。最早《史书》记载："周灭商，俘玉器百千亿。"什么意思呢？周把商灭了以后，光从商王室搜刮来的玉器就搜刮了很多。这批玉器放在哪儿了？放在周代王室里面继续传承。其实最早的时候收藏一直在宫廷之间，最经典的大概就是在咱们南唐李后主的时候，他专门到民间搜刮这些东西，尤其到宋代以后，唐代宫廷也收藏。到了宋代以后，朝廷里面专门下诏书，到民间搜刮一些钟鼎仪器啊、碑啊、帖啊，到宋徽宗时，宫廷里面积攒的东西已经非常多了，类似于咱们现在的博物馆，挤满了以后，才逐步逐步发展扩大到民间。收藏这个东西的话，各个时代的特点也不一样，最早在商周时候，唐代以后，随着东西世俗化，再加上比较富裕，比较喜欢雍容华贵，或者是所有东西都看着比较扎眼，例如唐三彩技术，唐代的东西比较丰满，颜色比较鲜艳，这是唐代的特点。唐代这些烧制技术到宋代时候没有失传，但是他们没有使用。宋代的瓷器基本上是白瓷和青瓷，漆器里面基本上是黑色和褐色，宋三彩也比唐三彩颜色稍微淡化了一点，所以宋人比较雅。很有意思，宋代是咱们中国唯一一个没有出现过伟大皇帝的朝代，宋代皇帝一个比一个窝囊，没有说打来很多土地，或者做出很大贡献，甚至把一半国家都丢了。但是宋代文化是超发达的，宋词啊，还有宋代一些青铜器啊，瓷器啊，包括宋代的一些瓷器制造技术，应该说是非常完美的。再一个，文化是比较发达的。

到了元代以后有一个特点，宋代基本上都是非常高雅的东西，因为文人特别多。元代蒙古人统治了中国，他们把文人下放到贫苦大众当中去。当时蒙古人把中国人分为四个等级：第一等级，蒙古族。第二种是色目人，就是咱们现在的伊斯兰人，眼睛带颜色。第三种，北人。就是咱们河南人、山东人，长江以北的北人。第四种，南人。最后投降的南宋，南宋最坚决。这四个等级非常不平衡，如果一个蒙古人杀了一个色目人的话，需要赔一头牛；如果杀了一个北人的话，可能赔一头羊；如果杀一个南人的话,赔几文钱就可以了。那时候汉人地位非常低。

蒙古人是从比较落后的游牧民族突然进入高度发达的封建社会,他们说,我们游牧民族从来没有想到在这个发达的封建社会里有一种人不劳而获,他们不去参加劳动还能当官的。什么人?儒生。他们对儒生特别看不起,他说,这是世界上最没用的一种东西,光是会读两本书就去做官,去享受,凭什么呢?人家在街上干活的人还自食其力呢。他们把社会上的工作分为十等:第一等是官,第二等是吏,第三等是僧,第四等是道,第五等是工,娼妓分在第八等,他们都是自食其力,把知识分子分为第九等,第十等是贼。他们把知识分子跟贼放在一起,说知识分子都是不劳而获的,跟贼没有什么区别。所以咱们"文革"时候把知识分子叫"臭老九",就是这样来的。

元代以后知识分子地位低下,他们低下到什么程度?社会最低等,跟贼一般。那时候很多工匠里面掺杂有知识分子,元代,知识分子对政府不抱希望了,不再去做那种非常高雅的东西,就把它做得世俗化、大众化。现在看元代的东西,比较常见的东西都是非常庞大、实用的东西,因为知识分子转变观念了。但是他又抑制不住心中有知识、有文化的激情,他们就在技巧上进一步加深,创造出来了辉煌的景德镇青花瓷。青花瓷元代基本上达到顶峰,非常漂亮,那是知识分子创造的。

统治阶级并不喜欢青花,包括元代造的瓷器,他们还是喜欢游牧民族的地毯啊,马鞍啊,喜欢这种少数民族喜欢的东西。在这种少数民族的一批东西里面,还是讲究一种奢华,因为蒙古人基本上都是掠夺,掠夺汉人的财富来发展。最后蒙古很惨,被朱元璋赶走了,要说他们也统治了中国一百多年了,但他们没有吸收到中国非常庞大的精华的文化,把中国文化看得太淡了,太随便了。不像清代,清代把中国文化看得很高,现在一群人往那儿一坐,有几个满族你根本看不出来,除非看他的姓氏。除了姓氏,满族已经被同化了,原因是满族人非常看中中国的文化,把中国的汉人、文人提到很高的位置,所以这个民族提高很快。这像人跟人一样,谁相互踩谁的话,越踩自己越低;如果相互捧人的话,大家一起提高。这是从大的方面讲的规律。

现在谈谈古玩的种类,各个时期各有不同,每个时期都有每个时期的不同,尤其到了中华人民共和国成立以后,形成"文物"以后,分为21个大类,都是哪些大类呢?青铜类、瓷器类、陶器类、石器类,里面还包括了历史文档、文件、古生物化石、古人类化石等等,这是很齐整的。这种分类明显不适合文玩。针对"文物"和"文玩"这个词有人说过这样的话,"古人玩物未必丧志",为什么这么说呢?他说,人一辈子不能不变,就用一种眼光看问题,我认为"古玩"这个词还是比较符合现代人对古代器物的把玩、欣赏的态度的。现在基本上把它恢复成"古玩"了,现在还叫古玩。

古玩大概是这样分类的,传统类的有青铜器、古代钱币、古代玉器、古代瓷器、古代陶器等,这叫金石类,"金"就是铜器之类的,"石"就是玉石之类的,瓷器之类的。第二种是书画类,书法、绘画、名帖、名碑等。"帖"和"碑"不是一回事,大家应该清楚。帖是古代从碑上拓下来的帖,碑是石制的石碑。还有毛笔,现在用的都是钢笔,一弄就是派克钢笔什么的,很好,古代人不用,古代人用毛笔,我小时候见过我父亲用的虎臣,那是比较好的,那是近代了。还有湖笔,湖州制的毛笔。古代文人非常注意用笔,笔用不好的话,字也写不好,书法家尤其讲究,包括启功,他们用的毛笔都是专门某个厂家或者某个老先生制作的,用兔毫、狼毫制作的,这样才能保证书法的流畅。现在都用黑色的签字笔,你让书法家拿它来写也写不出笔锋来。

还有古墨,中国的墨是由一些植物或者矿物质熬出来的,以前说书香书香,主要是因为书是古墨印出来的,它里面本身就有松香的味道。古代人对书特别敬重,谁家里有几本书,或者谁家是读书出身的话,大家就会说他是书香门第,现在为什么不叫了,现在人的家里书也很多啊?现在的书用的是"臭墨",那种墨是化学物质做出来的,不好闻。尤其是买一份报纸,那上面的墨水都有毒。过去用松脂的油烟熏出来的墨印出来的书,本身就带香味。古人的书很金贵,为了防止虫蛀,他们放了很多香草,有一种香草是从西方国家通过丝绸之路过来的,夹到书里面,防止虫蛀。加上墨香和草香,这个书就香了。翻开一本书,尤其是再点上香,书香就出来了。

古代名纸。古代有很多地方出的纸也是很有名的。还有古砚、印章、古书。印章什么时候开始的？现在发现文人刻印，自己给自己刻印，这是从元代开始的。元代的文人自己找一块石头，在上面刻章，画画之后盖上去。从那以后，你有文化没有文化，你会书法、绘画不会，就看你会刻章不会，一般的文人都会刻章。现在有很多伪文人不会刻章，其实真正搞书法绘画的人都会刻章，有的刻自己名字，有的刻一点闲章，这等于跟文人套在一起了。

竹木牙雕类的，有竹刻、木雕，还有漆器、牙角器、丝绣。漆器现在在北京还能看到，大红色的，用漆刷了一层又一层的，很厚，然后再上面雕刻。还有其他杂项类，就是古董类的，铜镜啊，宣德炉啊，带钩啊，景泰蓝啊，鼻烟壶啊，古代金银器啊，古代偶像啊，古代砖瓦啊，珠宝啊。这是传统类的。

（听众：带钩是什么？）

带钩就是咱们皮带上的带钩。带钩是非常常见的一种东西，中国古代的时候，在商周之前的人都用绳子系腰，那时候人没有现在人聪明，他们老是系死扣，经常解不开。我讲玉器课时讲过一个玉器，尖尖的东西，跟兽牙一样，就像现在的螺丝刀一样，古代每个人腰上别一个。别那个干啥？急着如厕时拿这个东西一戳就把裤带解开了。大概到西周晚期，春秋时期，人们开始发明了铜带钩，就跟现在皮带一样，从那个发明以后人们不用玉器了，玉器就成为一个装饰品了，证明它可以解死结。中国人用皮带是从西周晚期到春秋时期开始的。我有一节课专门讲皮带的演变，从带钩到绳啊，皮啊，一直到后来的玉带板，到现在的。

下面说说现代收藏。

有两个大的方面，一个是大家觉得收藏能给大家带来愉悦，而且能增值。第二个，怀旧。现在收藏从 20 世纪初开始，集邮啊，火柴盒啊，烟标啊，钟表啊，唱机啊，连环画啊，"文革"文物啊，各种票证等，这都叫现代收藏。除了投资理念在里边以外，大部分还有怀旧的情愫在里面。一会儿我给大家讲讲"文革"时期的收藏，现在很火，你到大的收藏市场，都可以见到"文革"时期的东西。在座的各位有一部分人是从"文革"时期走过来的，你回忆起"文革"时期，就回忆起自己年轻时候的激情岁月。这东西非常有市场，而且现在一直在升值。

收藏市场的现状。我先说咱们收藏市场的现状，有三个大的分类，高、中、低三大类。高端市场指国际和国内几大拍卖行，比如说苏富比、佳士得、北京保利、中国嘉德、北京瀚海、北京中贸圣佳、匡时国际、上海华拍、上海国拍、上海翰缘、上海崇源，这都是大拍卖行，这些拍卖行针对的是哪一类人物？高端的，它拍卖的都是精华，在大众市场里面淘出来的，动辄上百万、上千万，甚至上亿。它不仅仅是古玩，而是高端艺术品。第二类市场比如现在北京的报国寺、潘家园、琉璃厂，上海的老城隍庙、天津的旧货市场，等等，还有广州、成都等地大的古玩市场，这是中端市场。低端市场呢，小的城市包括县城里面的旧货市场，里面包括"荒货"、"鬼货"、"贼货"、"水货"。"荒货"，类似于一个人比较懂这个文物，像收荒者一样到农民家里去收，荒货里面也有高端的艺术品，有很多好东西。到老百姓家里收，然后放到市场上卖。第二类是鬼货。什么叫鬼货？前一段盗挖古墓的很多，从古墓里面挖出来的叫鬼货，这里面也有好东西。为什么？中国人有一个习惯，觉得我活着时玩的东西，死了也要玩，所以把很多东西放进去。还有贼货，就是毛贼从文物商店啊，或者从博物馆里面偷出来的东西。"水货"是什么呢？从国外返回来的一些文物。

我给大家讲讲为什么这些年收藏这么热，为什么大家都喜欢收藏？很简单，其实收藏说白了就是一种文化的回归，因为中国现在地位越来越高，由于你在国际上地位高了，所以大家就喜欢你的东西了。

再一个，折射出来的思考有三点。第一点，人们有钱了。现在中国人确实有钱了，有钱到哪种程度？有钱到让外国人瞠目结舌，说从来不知道中国人这么有钱。有钱到让国人也瞠目结舌，那些大饭店里面都有浪费的山珍海味。中国人有钱之后第一个反应就是吃，为什么？因为中国人饿怕了，隔几十年来一次荒灾，这一代还没有过去，荒灾又来了，所以猛吃海喝。现在到医院里面一看，各种各样的疾病多是吃出来的。终于有一部分人觉得，吃喝也会吃出毛病，我觉醒了，我开始搞一点投资吧！他们就去玩股票、炒房产、炒期货，结果全是陷阱，大财团操纵着，老百姓手里钱都倒腾光了。有人去赌博，道理一样，赌得倾家荡产，也不保险。最后剩下一小部分聪明人，买一点古董收藏起来，这东西值钱。投到这方面以后，中国人有一个特点，一投到这方面之后，大家知道这方面能赚钱，随之而来仿品就多了。仿品多了以后，很多人在这上面"交学费"交多了，光我过过的十家八家都不止，有些领导干部喜欢收藏，去他们家里看东西，一间房子里面，上百件东西全是假的，没有一件真的。他非常喜欢，我还不敢说是假的，害怕他伤心心脏病再犯了。这些人们确实缺少收藏的理念，大家把理念了解清楚，要怎么去收藏才不至于把钱花到冤枉处。

第二点，媒体炒作。现在各大媒体，像中央电视台的《鉴宝》、北京电视台的《一锤定音》、河南电视台的《华豫之门》，包括各大报纸、杂志开辟的收藏专栏，把东西报得虚高。一件东西本来不值这个钱，他非要说值几十万(元)，把老百姓心里唯一的那点发财的梦想都点燃起来了，大家都开始炒作。国家文物局跟广电总局协商过，自从你们这个收藏节目热播以后，国家整个文物被盗案件剧增。后来广电总局到中央台等几个台了解之后回了一个话，没有达成协议，他们说：我们只做娱乐节目，不带一点知识性，只是趣味性，只要有收视率就行，我们不是知识传播，至于文物丢不丢失是你们文物局的事儿。

现在这些媒体也吹红了一些专家，其中有些专家是没有国家正式鉴定资质的人。很多国家正式的鉴定人员不允许去电视台做这种类似的鉴宝节目，国家每年要领着他们在全国各地文物部门做文物鉴定，绝对不允许他们去搞商业性的鉴定。包括我们，国家控制着我们文物系统正高级职称，我们都在岗上，统统在他们监控范围之内，我只在电视上搞讲座，从来不上商业性鉴宝栏目，你传播知识可以，不准上那种栏目。他们羡慕媒体吹红那些鉴定专家，有水平的没有？有，他们长期摸爬滚打在市场上，眼光什么的都很好，确实水平不低。但是有一点，他们受制于导演、编组，就是导演拿一件东西，说无论如何要把这种东西说成是捡漏，或者说出什么价值，他们有时候没法违背。我们很少看这些栏目，像《华豫之门》，上面的东西专家看得很准，什么时代的可以说出来，但是估出来的价跟我心目中的价格相差十倍。这件东西我认为在市场上值一万元钱，他一张嘴至少说十万元。

第二个方面，现在你都不敢到书市上看，所有鉴宝栏目的书籍都是粗制滥造，很多编书的人都不知道所以然，从网上下载一些图片，一编，跟出版社的人一沟通就出一本书，某某瓷器鉴赏，某某玉器鉴赏，等等，全都是不负责任的书，以讹传讹，有些图片里面的东西都是假的，标的年代都是假的，使很多人眼睛乱了。在个市场上，炒作太厉害了，大家不要相信那些东西，收藏要保持一个良好的心态。我随后给大家讲如何保持一个良好的心态。

第三点，西方金融大鳄的资本介入。(PPT)这是一个兔首，一个羊首，圆明园海晏堂喷水的龙头。这两个东西很有名，不太像中国的东西，它系中国工匠拿红铜制作的，乾隆年间制作的，是郎世宁设计的。郎世宁是西方艺术家，一直跟着乾隆，跟了很多年，所以这个铜像有一点西方艺术特点，比较写实。中国人做出来的东西比较抽象，中国是什么印象派大师们的祖先，为什么这么说呢？印象派的那些东西，其实中国古代那种国画里面早就出印象派了，大笔一挥，几笔就画出来了。中国是印象派的祖先，写实的东西是西方的东西。

(PPT)这是蔡铭超。这家伙用3400多万欧元，等于用3亿多元人民币拍了以后拒绝付款，让它流拍了。有人说他是英雄，有人说他没有规矩，其实这家伙在国外拍卖市场很有名，他很有钱，经常参加一些拍卖会，结果这一次大家对他印象很不好。

为什么1999年时闹得很厉害呢？很多中国人在网上发表言论，说中国政府不作为，直接指向中国政府，你为什么不去要这些东西？其实中国参加了这种艺术品回归的一个国际公约，里面有规定，公约是西方人制定的，公约制定是这样的：从你知道这件东西在某个人手里，三年之内可以起诉他,过了三年就超过时间了。还有,从你发现这件东西丢失起,50 年以内是失踪期,50 年以后失踪期就过了。由于中国参加了公约,所以中国不具备原告的资质,不能站在原告的位置上要这两件东西。但是中国现在说,我不承认"二战"之前的东西,这都是 1860 年丢的,我们保持这个权利。中国政府没法出面,中国政府不要求中国华人去买它。为什么?因为这两件东西,中国国家级专家说了,它只是一个很一般的东西,现在做的这个东西连北京小工艺店做的都不如,工艺很一般。因为是清代的东西,如果不是跟圆明园沾不上边的话,根本就是不值钱的东西。这个东西值多少钱呢?前几年值 1500 美元。兔首和鼠首都是 1500 美元被美国一个人买去了,在浴室里面作为装饰。这个东西就值这么多钱,为什么呢?1860 年英法联军掠夺了中国很多好东西,为什么这些东西不值钱呢?他们拿到西方以后,这两个跟西方工艺品一样,没有中国特色,是郎世宁制作的,并不值钱。

为什么外国人一直把这个东西抬这么高呢?这就是说存在一个外国资本侵略中国问题。因为我们知道,在近些年来,中国人资金大量膨胀,中国人有钱了,西方有点接近经济危机,他们的资金已经开始停滞,他们比中国人聪明,因为他们有几百年运作资本的经验,他们就把目光盯到发展中国家。他们盯到了中国,他认为中国人有两点:第一个,中国人很傻,很爱国。再一个,中国人很傻,很爱钱。他们盯着中国,怎么挑起中国人的"两爱"呢?中国文物。从 1995 年开始,一个元代青花瓷(鬼谷子下山),一个罐,拍了 2.6 亿元。从那次拍卖开始,中国的近代艺术品突然升值,把全世界华人惊呆了。包括前一段在兔首和鼠首之前有一个马首,让澳门赌王何鸿燊用 6900 多万港元给买回来了。买回来之后,接着人家又抛出来这两个,这个家伙用 3 亿拍回来了。中国政府是绝对不让拍的,中国政府说,你拍了我也不让你进口。为什么不让拍呢?这个东西不值钱。要说这东西是乾隆时期做的,乾隆属马,马头到 6000 多万元都很没谱了,你现在又弄一个兔首和鼠首,又要弄几亿元,根本不值。原因是什么?他们现在一直在炒作这种明代、清代等近代文物,其实咱们不知道,中国早期的文物在国外是非常庞大的数字,如果他们炒成功了,近代的一个青花瓷卖几个亿元,我马上拿一个商代的青铜器,那是不是可以卖几十个亿元啊?如果他这样抛的话,很快就可以把中国资本回收掉。

因为爱国之心,上海一个博物馆的老馆长自杀了,非常大的专家,青铜器专家,他前些年一直在国外致力于收购流失文物,包括越王勾践剑就是他收回来的。后来国家文物局制止他,另外有人说了一些不好听的话,他跳楼自杀了。他花了很多钱买这个东西。国家一再说,不建议大家拿钱买这个东西。我们国家知道这些东西在哪里,我们跟他要,他给不给是另外一回事,但是我们保留诉讼的权利。不能拿钱买,一买的话,东西太多,我们买不完。

(PPT)这是在官方统计的博物馆内,流落在民间的更多。比这些东西好的,大量的国宝级的东西有一千万件,这是什么概念?

大英博物馆是收藏中国文物最多最好的海外博物馆,收藏了东晋画家顾恺之的《女史箴图》,青铜器包括商双羊尊、西周康侯簋、邢侯簋等。再一个是罗浮宫,三万件;法国国立图书馆,一万件;美国波士顿博物馆有 10 个中国文物陈列馆,《历代帝王图》等,这些东西都是很有名的东西。包括法国国立图书馆,刚才我们看到的鼠首和兔首就是在法国拍卖的,它里面珍藏的中国敦煌文物就有一万多件,那是非常珍贵的,他们拿中国的好东西太多了。如果之前的东西你都拿几个亿的话,他抛一件敦煌文物就要上百亿去买,中国虽然说有财力,但是不能都费在这上面。纽约大都会博物馆的龙门石窟《皇帝礼佛图》,这都是好东西。

这是外国金融资本的一种资本运作,我在哪儿讲课基本上都给大家讲明白,大家以后知道了,宣传出去,没有必要到大的高端市场,可以去买外国的艺术品,放在中国可以,你别去买中国的东西。中国的东西放在他们那儿,迟早是咱们中国的东西,一旦以后中国地位加强了,公约还要修改,咱们可以要;你要拿钱买了,钱再也要不回来了。

再讲讲中国的几大古玩市场。中国的几大古玩市场不多讲,大概给大家讲讲,形成比较好的古玩市场有北京的琉璃厂和潘家园,我都比较熟悉。琉璃厂前些年我经常去,但是琉璃厂现在成什么了?现在没有地摊了,都是摆的摊位,里面东西相对比较贵,价格比较高。潘家园现在是比较大的市场,形成没有几年,潘家园市场什么东西都有的卖。琉璃厂形成有一个基础,我们知道,到明代以后,朱棣建都到北京以后,每年文人都要进京赶考,都想在北京做官。日积月累以后,北京有很多京官,退休以后,大官都回老家了,在家里置的有田地什么的,那些小官,就像一些处级、科级干部,回到家里也没有田地,另外也感觉北京是一个挺好的地方,他就留在北京了,在北京干吗?他就在海王村,就是过去的琉璃厂附近,在那儿租一些房子,类似于现在弄一个小会所一样,老家的人来这儿赶考了到这儿坐一坐,喝喝茶,聊聊天。类似于我是咱们郑州的,郑州人到那儿都找我。中国的受贿自古就有,他也受一点贿,时间长了,租金上去了,他再卖两样东西补贴补贴。时间长了以后,类似的会所形成了很多,这个是安徽的,那个是河南的,这个气候形成了,相互之间有来往。后来老家的老乡们说,你们这个也值钱,我回老家也收一点东西弄过来。时间长了,琉璃厂就形成了一个大市场。最早形成是叫琉璃厂,后来又进行庙会啊,灯会啊,都是一些文人骚客在这里,无形中就把这个市场捧起来了。在新中国成立前,琉璃厂最火的时候曾经开了100多家古玩商行,其中还有一部分是外国人的商行,古玩生意是很大的,包括广州、上海、天津的口岸里面都有做古玩生意的。后来随着战争越来越激烈,古玩市场走向萧条了,一直到新中国成立以后,到20世纪50年代以后,全国没有一个古玩市场,只有文物商店,都是国营的,到改革开放以后逐步兴起了一部分。

北京比较有名的是潘家园,现在有多大呢?现在大概有一万左右的摊位。我到潘家园基本上就是两天,早上去,一待一天,晚上回去,第二天接着去,一天根本转不过来,两天也转不过来。那个市场太大,有时候我会带着朋友,因为我玉器比较专长,朋友想买玉器,那里面的玉器老板基本上都认识我,一见就说"河南的小伙儿又来"。到那儿之后,我会把他压藏的东西都挑走,把好东西给他挑走。卖玉器的人很有意思,卖玉器的有一半是河南南阳人,剩下的一半里有一半是安徽蚌埠人。中国最大的玉器造假市场在安徽蚌埠,第二个在河南南阳,两大造假市场。到那儿河南话一说,都是老乡,买玉器可以便宜很多。再一个,我懂这个东西。再一个,那个市场很大,前景也很好。你到那儿以后,你能看到很多外国人在那儿淘宝,那里面的东西杂了去了,什么都有,想买什么东西都能买到。

再一个,我比较熟悉的市场,你们将来有机会可以去看看,镇平的玉雕大世界,那是咱们全国最大的玉雕市场。全国现在有两三百种玉,他们那儿都有,包括翡翠,翡翠市场大得很,现在市场扩的有多大?你一个星期都不一定转的过来,大到那种程度。商家一个接一个,摊位一个接一个,那个价格比郑州市内便宜很多。我打个比方,同样一个手镯,翡翠的,在郑州市场可能一万元钱左右,到那边的话可能三五千元钱,低的话两千元钱,甚至一千元钱就可以买到,一买买十个。我曾经最多一次批发了三十多个镯子,人活着在世界上都要办事,办事时送人家个镯子他们很高兴,其实在那边买的很便宜。大家可以考虑,再一个,那个市场也比较规范。在石佛寺,在镇平,那个地方现在已经成什么概念了?有直接达新疆、广东的班车,交通非常方便。我估计郑州有直达的车,你到那儿一天能赶回来,一般住那儿一天,在那儿好好玩玩,风景也不错。你到石佛镇,那个镇已经扩得很大了,它准备打造中国最大的玉雕市场,亚洲最大的玉雕市场。因为我是管文化产业,在文广新局负责文化产业,我和他们那边的人联系,他们准备打造中国内地最大的一个文化产业园区。

我这次来郑州是从成都直接过来的,成都有一个送仙桥古玩市场,前几天在那儿转,也是考察那个市场。那个市场也很大,大到哪种概念呢?它一直不断地扩大,把杜甫草堂附近的商铺都吃了,吃了以后形成一个大市场,结果还是不够。隔过这一条路,没有多远,又成立了二市场、三市场,一直在扩大。由此我们就能知道,中国人确实有钱了,收藏啊,或者买这个东西的人太多了。

我告诉你们这几大市场有一个特点,真东西不会超过10%。我说的是古东西,古东西不会超过10%,大部分都是现代的东西,是仿的东西。大家去那儿买的东西,青铜器啊,玉器啊,瓷器啊,都是仿的东西。很简单一个道理，教你们几点你们一下就明白了，你们遇到一件青铜器以后，抓它的重量，一掂非常压手，现在做的。古代的青铜器，经过在地下埋藏，或者流传了几千年以后，里面的原子、分子释放了很多，掂着很轻的。为什么我们老见到老的鉴定专家看也不看，一掂就知道真的假的，很快就分出来了。有时候为了赶时间，满屋子的东西，他们就凭手掂，凭手感来判断。再一个是锈，手能抠掉的锈都是假的。我在考古所干了十年的考古所长，我们专门有修复专业的，拿手术刀刮，因为有一种锈叫有害锈，跟传染病一样，它飘浮在空气中，你要不把它去净的话，一个仓库里面的东西用不了几年就全部传染了。用手指头根本抠不掉，需要用手术刀切割。尤其是古铜色那种锈，那绝对是你手抠不掉的，手术刀都刮不掉。

瓷器的话，所有现在卖的假瓷器大部分都经过酸蚀。我到南阳石佛寺，专门到做假的地方看，他们拿弱硫酸、弱盐酸用布沾着在那儿擦，擦了之后在太阳底下晒，水里面一涮，就把光弄掉了。因为我们鉴定里面有一句话，"瓷器里面带贼光，一定就是现在的"。什么叫贼光？刚从火炉里面烧出来的，没有退火，肯定是光泽非常强的，放个几百年、几千年以后光就退了，所以他们用酸擦。类似于你们到采摘园里摘苹果，你摘下来苹果叫没有退火的苹果，你吃两三个可以，吃多了吃坏肚子。你摘下来放一段时间，它就温柔了许多，这就跟瓷器一样，没有退火。瓷器没有退火的话，你对着太阳光一照，有一层贼光，抢眼。如果是整体没有贼光的话，一定是假的，因为上酸的。过去古代的真正瓷器是有一部分带贼光，有一部分没有带贼光，什么概念？手经常拿的地方，贼光已经下去了，经常不碰到的地方，还有一点强光，所以是不均匀的，造假的很难做出来。

玉器的话，你记住一点，工艺。看古代和现代的玉器工艺不一样，古代都是手工做的，比如说一道线，手工一直磨，用石头什么磨，一年磨一道线，现在是电钻，一下就过去了。由于工具不一样，出现的痕迹不一样。包括钻眼，大家见过修复瓷器的那种钻吧？先钻那个眼，拉一根钢丝进去，洒一点水，一直拉，这样的纹是纵的，现在的电钻的纹是横的，大家看这一点细节就行了。现在市场上基本80%到90%是假的，你要抱着这种心态，去买一个现代的东西玩玩就可以了，买古代的东西一定要很有眼光，我们都很难碰到。

咱们郑州大学路也有古玩市场，郑州古玩市场我去的少，武汉去的多。全国有名的比较多，大家在网上可以查出来，如果大家喜欢古玩的话，我建议你们没事儿去转转，那东西确实有知识，有文化。有时候古代的东西你都不知道是干啥的，你去古玩市场蹲在那儿跟他聊天，你就知道那是干啥的。人过一百五十年之后，基本上断了一个档，你就不知道你干的是啥了。现在抽烟，应该说很普及吧，小孩儿都知道那是烟，150年之后，说不定人们不知道烟是什么东西。就像过去的鼻烟，也就过去一百来年，民国初期还有闻鼻烟，现在有几个人知道鼻烟是干吗的？鼻烟就类似于现在的香烟。大家见面之后，来，尝尝我这个鼻烟，往手上倒一点，一搓，鼻子一吸。鼻烟是一种中药，有烟草、薄荷等，对身体没有多大的坏处，还有好处，一吸进去之后，打一个喷嚏，缓解你的疲劳。现在有几个人知道鼻烟？没有几个了，倒是留下来的鼻烟壶很多。那时候就像现在炫耀自己的手表一样，谁拿一个鼻烟壶好看就炫耀，那时候宫廷里面五点多上早朝，皇帝还没有上去的时候，那些大臣们在干吗呢？很多在尝鼻烟呢，你尝尝我的，我尝尝你的，故宫门口咳嗽声一片。那时候很普及，现在没有人知道了。到150年之后，纸烟也不一定有了，那时候人看现代人，那时候的人怎么那么神经啊，嘴里冒着烟，还往肺里面吸，那不是找死吗？他们不知道咱们有烟瘾的人喜欢这个东西。你到那个地方之后你能发现很多你不知道的东西，能够了解古代人的生活。

很多年以前，我不太懂，我在古玩市场发现一个翎管，当时我不懂。我说，这个烟袋锅有眼，但是不透，怎么抽烟啊？老板也是一个二把刀，他说，我也不知道，我到农民家收过来的时候也不知道。这边一个眼，另一边两个眼，中间不通，我很纳闷，这是翡翠的，很好的一个东西，当时老板就卖两三元钱，我说我不要，我都不知道这是干啥的。后来我参加国家文物局在扬州办的培训班，在那里见到一个高手，我又发现一个东西，问人家，人家说这是翎管，这个东西好啊，都是用好东西做的，好翡翠,好玉头。那时候我后悔了,当初两元钱都没有买,后来贵了。

包括现在,大家没有收藏意识,现在大家都喜欢木头,很多人收藏算盘,我这次到潘家园才知道,算盘价格飞涨,一个算盘一万多元,两万元。为什么呢?过去的老算盘珠子是用紫檀做的。20世纪50年代那种老算盘,扒得乱响那种,算盘子和算盘框都是紫檀木,紫檀现在什么价?论克卖了。一串紫檀手镯上万元。那么大的算盘珠子,你要收一个算盘得弄多少紫檀啊!现在紫檀木没有了,包括现在收的乐器的杆,都是好的木料做的,现在木头很值钱。经常去逛逛古玩市场,能长见识,一个是逛一圈之后锻炼身体了。再一个,心情好了。跟古代东西打交道比跟现在人打交道有意思,现在人想法太多,你跟他打交道他可能坑你,说你坏话,没有意思,还不如找几个古玩跟它打交道,陶冶你的情操,使你对生活更有追求。

(PPT)这是我照的仿古玉器,这个说是昆仑玉。这种东西特别多,都是蚌埠做的,做完之后扔到弱酸里面烧。蚌埠做得非常好,都是高仿。香港有一个收藏家,收藏了我讲课的全套资料,就是经典的玉器都收藏了。有一次到三门峡投资建了一个大的企业,我们市长给我打电话,让我过去看看。我看了之后说,好家伙,你把我讲课中所有标本都弄到了。他说,卖东西的人说了,这东西全国就两件,我这儿一件,那一件在中国历史博物馆。全是蚌埠出的,做的真高级。他拿的是电脑里面的图片,做的真高级,我都不相信香港没有鉴定玉器的高手,估计是他有钱,香港玉器鉴定的高手也不想打击他的积极性。我说,全部是假的。他马上不高兴了,我们市长也很纳闷。我说,绝对是假的。咱们中国人同样的玉器很少有两件,除非现在仿的。过去古代的一模一样的玉器没有一样的,不要说两个工匠做,就是一个工匠做也做不了一模一样。我就说,我们这一行也得罪人,你不说实话,他说你水平不行,假的都看成真的;你说实话了,他受打击。搞鉴定的,关系不太好的话,我一般都说这个东西还可以,关系很好的话我就实话实说了。

有一次,一个朋友的父亲七十多岁了,我们那儿经常有流动卖玉的,他花四万元钱买了个玉镯子,可白可漂亮。他回去给他儿子说,我买了一个镯子,我死了以后东西传给你。他儿子给我打电话,他一说情况,我就不敢说了,阿富汗玉,四百元钱都不到,他花了四万元,我要一说,老先生一下子就气过去了。我把他儿子拉出去,我说这东西是假的,你别给你爸说,他要传给你就传吧,他上当了。你也别说,你一说他再气出毛病来不好,这种流动的摊你根本找不到他。古玩市场有一个行规,很少找人退货的,基本上不给你退,因为你当时没有看好。他儿子说,你怎么知道?我随手拿一个钥匙,阿富汗玉比较软,轻轻一刮就刮掉了。真正的和田白玉你拿刀、拿石头都刻不动,拿玉划玻璃一下就划破了。人类指甲是二度,阿富汗玉是四度。

(PPT)这上面显示的全是假的。

(PPT)这是古玩市场的东西。你蹲在那儿可有意思,一个摊位你蹲在那儿跟他一点一点探讨,有些老板很有水平的。这应了谁说那句话,"素质高低跟文化没有关系"。有些卖古董的老先生很有素质,你给他说东西他很懂。修养的高低也跟文化没有关系,真的,你文化再高,不一定有修养。你看那些卖古董的老头没有什么文化,但是修养很好,你跟他聊起来之后他说得头头是道,你跟他聊一上午都不觉得寂寞,有些人你跟他聊两句话就没法聊了。你逛古玩市场能见高人,有些人不是生活所迫,有些人确实是有水平、有修养、有知识,他觉得在家里无聊,他也不是没钱,他有钱,他就喜欢这一行,买一点东西放在市场上,不一定想卖这个东西,就是勾引着同道人跟他聊天。你在聊天中可以得到很多知识,真的是这样,这个是挺好的一个习惯。当然了,也有人觉得这又花钱,又浪费时间。

(PPT)这是我在南阳市场见到的,这是最低档次的仿玉,稍微玩过玉的就知道这是玻璃做的。一般玻璃仿的玉,用强光手电一照,里面有气泡。还有用玉粉合成的,做玉的剩下的玉粉都不扔,高压压出来的,这也算高仿的,这种里面没有自然纹路,灯一打里面一片,没有纹路。真正的天然玉,你拿强光手电一打,里面有类似于石头的纹路和结构。

（PPT）这是假翡翠。我给你说，一百个赌石一百个都是假的，你别相信。有没有赌的？真正在缅甸那边都是赌，内地的你千万别相信。这种石头都是假的，他开了一个小天窗，或者开了几个小天窗。这叫翠石，有翠的结晶。它有钙点，但是它是一粒一粒的钙点，他们拿机器打磨，把点和点形成一个平面，切开以后，里面全是石头，是一个废料，一点用没有。这帮人捡起来以后，开成一个面，所有的古玩市场啊，堆得到处都是这个。他会告诉你，拿几百元钱买一个，可能一下就能值几百万元。没有任何人能成功，都是假的，别相信。我十元钱买了一块，为什么买这个呢？因为我在我们职业技术学院开了一门鉴赏课，我当教材用。他卸货时候摔烂了，还没有粘，我一看这个烂了，里面是石头。我说，这个卖给我吧？他说，我粘上还能卖。我说，已经烂了，还粘什么啊！他说，你给多少钱啊？给你十元钱。他说，十元钱就十元钱吧！真正有没有翠的话，打开这个面以后，拿强光手电往里面一照，翠有翠性，有反光的一定是好的，不过这些早让高手拿走了，现在流落到内地的，99％都是假的。

（PPT）这是合成的，很白，猛一看，非常像。一般的玉都是磨出来的，人们把磨出来的粉收集起来，现在有新技术，叫高压，然后再放上环氧树脂、黏合剂粘到一块，硬度也到了，雕刻出来很漂亮，它也是玉石，但是里面加了其他化学的东西。你们经常遇到的说500元钱、1000元钱的很漂亮的玉牌，基本上都是玉粉合成的。不懂的话，不要轻易去买。玩玉的很容易看，手电一打，一点杂质也没有，那就证明是合成的。

下面我讲几种实例供大家欣赏。先说毛主席像、毛主席雕塑，从那个年代过来的人，毛主席塑像见得很多，第一座毛主席像是在清华大学，1966年，红卫兵破"四旧"时把清华大学的二号门拆了，有一个建筑系的教授说，咱们建一个毛主席塑像吧！后来一报就批准了，建了一个塑像。建的很好，底座是7米，上面8米。在它建造的同时，韶山建了一座，底座高5.16米，像高7.1米，象征中国共产党，这是有意的，动用了中国人的小聪明，加起来是12.26米，12月26日是毛主席生日。以后的塑像，大部分都是这种模式，包括咱们紫荆山这一块。毛主席塑像最后形成一种风，1967年毛泽东说，这样不好，造成很大浪费。清华大学塑像造的时候多加了几倍于其他塑像的钢筋，做了一个实心的，炸的时候很难炸掉，1978年炸了。

（PPT）这是第一座毛泽东塑像。前面几个字是"四个伟大"，当时这个雕像是很有名的。这个风一兴起之后，包括村一级的都开始建。当时毛主席不糊涂，他1967年就开始说，不要建了，这样不好。人到那种程度之后，群众热情高涨，他也只能淡然处之。

1987年，清华大学那个雕像拆掉了，剩下的至今还保存着。河南的有洛阳一拖厂的，洛阳轴承厂的，洛阳拖拉机研究所的，河南修武县当阳峪的，郑州紫荆山的。大概前十年左右，我在考古所当所长时，我听到三门峡后山有一个军工企业，他们那儿有一个毛主席像，当时是军工企业倒闭了，当地老百姓就想把土地收回，我听说他们要把那个像毁掉时，有点急于想把它留下来，就派底下人过去，让他赶紧把那个东西留下来，给村民掏几万元钱都行。我一说，老百姓不同意，老百姓里面也有年纪比较长的，对毛泽东比较有感情的，我本来想买回来拉到市里我们考古所征的那块地里，它真是一件文物，我想把它保留下来。后来再去了几次，老百姓死活不干，说，那是我们的神！其实老百姓把毛泽东当神一样崇拜。

我小时候家里不是很有钱，没有摆过铜的，我们家里拜过石膏的像，不过很容易摔烂。现在这种东西在市场上，几大古玩市场都能见到，外国人一见都买，都是现代做的。过去我还有印象，过去"文革"期间毛主席像都是高手做的，那时候知识分子也没有什么地位，也是"臭老九"，要是毛主席像你做的不像、不好，马上把你关到牛棚里面。那时候人素质不高，弄不好就打你，知识分子是非常胆小的，他一定要认认真真做。那时候东西是很好的东西，真正有那批东西是很值钱的，大家可以收藏。现在好多汽车里面挂毛主席像，大家如果收藏这个未必是坏事。

（PPT）南京的毛主席像，做得多漂亮。这种像做出来以后，绝对感觉一般现代人做不出来了。

我们三门峡函谷关做了一个老子像，老子也够厉害了，据说是中央美术学院设计的，我们往那儿一站，一看，这个塑像做的什么玩意儿？有几十米高，头很小。原因是什么？比例没有掌握，现在这种比那时候差远了。

（PPT）这个你看，这是鲁迅艺术学院设计的，这是在沈阳一个广场里面，现在还在那儿竖着，很漂亮，这绝对是一件艺术品。这东西拿钱绝对买不着，多少钱都不会卖给你，这是城市的标志了。

（PPT）这是毛主席像，确实高级。

（PPT）这是成都的一个。

（PPT）这是江泽民同志九几年塑的一个像。

（PPT）这个很威严，仔细看看，这张像有点像金日成，他们绝对仿的中国，都是仿的毛泽东那时候。

（PPT）这是一个艺术造型，年轻时候的毛泽东。

（PPT）这张像很有意思，都是现代人做的，跟神像放在一块，比佛像高大多了。这个佛像还没有毛泽东顺眼，如果家里摆一个佛像，不如摆一个毛泽东像。

（PPT）这是四川一个广场的，很多年了，到现在还竖着，在科技馆前面，就是人民广场那边，很大。

（PPT）咱们总共有四代人画毛主席像，天安门广场的画像是看过人最多的一副画像，再没有那幅画像那个一样。

（PPT）这是第一副画像，1949年10月1号挂的，这是周令钊画的。当时毛主席带着八角帽，还是军装，很威风。当时画的时候聂荣臻是总指挥，他是非常严厉的将军，当时是按照照片上画的。毛泽东是从来不讲军容风级的，衣领没有扣，10月1号前一天晚上，聂荣臻一看，毛泽东怎么能军容风级不好呢？赶快把领子合上。结果到后半夜，当时底下是一个色块，写的是"为人民服务，毛泽东"几个字。快到凌晨时周恩来来了，周恩来说，毛泽东能这么不谦虚吗，在自己照片底下题上"为人民服务"？这不是显得毛泽东太骄傲吗？周令钊连夜把颜色一涂就成了。1949年到1951年，基本上国庆节挂几天，党的生日挂几天，一幅画就挂这么几天。1966年"文革"开始后天天挂，这个画风吹日晒，所以要求画两幅，每年换一次，十月一号晚上旧的摘掉，新的挂上。

（PPT）这是第二幅，这时候毛主席已经不能再穿军装了，已经取得胜利了，换成这个服装了，这是第二代画像人张振仕和金石两个人画的。

（PPT）第三代还是这两个人，这一代毛泽东一个耳朵，有人提出不能让毛泽东一个耳朵啊，听别人的话少，后来改成两个耳朵。

（PPT）这是1958年到1962年，开始是两个耳朵了。

（PPT）1963年到1967年是王国栋画的。

（PPT）这是第四代的，葛小光画的，一直挂到现在还是这幅像，这一幅挂完之后就收藏到博物馆里面了。

（PPT）这是10月1日晚上换画像的场景，这个画像有一吨多重，六米乘五米的，光颜料就用了很多。画这幅像，葛小光画了几十年了，就画这一幅，一年画两幅，一幅挂着，另一幅备用。这统统不卖，国家收藏了。

（PPT）这种毛主席画像很多，我们年轻时家家都挂过。现在到古玩市场上你能找到怀旧的东西，我就见过一个，有一卷，但是没有买，当时要30元钱一张，咱们以前几分钱一张。他是从一个公社仓库里面发现的一卷，当时没有发出去，他收了，当时卖得不贵，现在贵了。我在山西平谷一个早市上发现的，当时没有买，现在想想后悔了，要是收藏这个贴在屋是面挺好的。

（PPT）当时艺术家把聪明才智用在画毛主席像上了，画得特别好。

（PPT）这是油画。

（PPT）这是版画。

（PPT）有一副毛主席画像拍了 500 多万元，刘春华的原作，佳士得拍卖的。

（PPT）这是素描，当时聪明才智都用到这上面了。

（PPT）这是剪纸的毛主席画像。

（PPT）这是丝绸的，杭州的。

现在给大家简单讲讲像章，也叫红宝章、纪念章，当时是最流行的，估计大家都戴过，戴到最厉害的时候，据官方统计，中国生产了 20 亿枚像章。什么概念呢？平均一个人有好几个。谁家有大活动，都要相互之间赠送这个纪念章，不但中国人戴，外国人也戴，除了"黑五类"。

（PPT）毛主席像章在古玩市场基本上三十元钱一个，一般的，好像章贵。

好的指哪一类呢？十大名像章。

（PPT）这一个，东方红像章。这一套下来得几万元钱。

（PPT）第二个，五个里程碑。共产党一大、井冈山、遵义会议、延安宝塔山、天安门，毛泽东从五个路线走过来成为"老一"了。还有三个里程碑的，一般就是井冈山、宝塔山、天安门。

（PPT）第三个，毛泽东看人民日报的像章。

（PPT）第四个，三个里程碑像章，井冈山、宝塔山、天安门。

（PPT）第五个，毛主席视察人民公社像章，后面是千重浪。

（PPT）第六个，五个里程碑像章。毛泽东自己也很聪明，为什么最后停了？从 1966 年到 1971 年中国生产这个疯了，谁单位开会都要以管委会的名义去发这个，相互之间送这个。毛主席最后说了一句，你们要还我飞机啊！因为它的材质是铝合金，从那以后做的少了。我小时候戴过一个夜光的，到最疯狂的时候，为了表示对毛主席忠诚，脱了衣服挂在肉上，那都是傻了。不要小看毛主席像章，这都是由中国两个高手设计出来的，别人不敢胡来，都是从他们那儿放大缩小做的。

（PPT）第七个，毛主席畅游长江像章。这是气蒋介石呢，我都这个时候了还能游长江呢，那时候蒋介石已经不行了。

（PPT）第八个，双全像章，一个是诗词全，一个是全身像。

（PPT）第九个，建国 20 周年纪念像章，带花边的。

（PPT）第十个，长征路线图像章。

下面说"文革"宣传画，这个都能收藏来。宣传画起源于 20 世纪三四十年代的宣传画，那时候宣传画跟广告画不一样，不收费的。

（PPT）这是抗日战争时期的宣传画，根本不讲艺术性，就是要冲击你的眼球。

（PPT）这是抗日战争时期画的，国民党踩着小日本。

（PPT）中国宣传画借鉴了很多苏联的，这是苏联的宣传画，让人看了很兴奋。

（PPT）这是毛泽东去延安，拍了 500 多万元，刘春华画的。中国革命博物馆与刘春华打官司，办了展览之后，军事博物馆转给革命博物馆了，1980 年的时候刘春华找他们要，说这是我的画，你们得给我。他们给了，人家拿出去拍卖，后来他们又打官司要，要也没有给，著作权在人家手里。

（PPT）这是"文革"期间的宣传画，都以毛泽东为主，没有毛泽东的也要有毛泽东的红宝书或者像章。"文革"宣传画，据说中国印制了大概 30 亿张左右，保存下来的很少，国外保存的很多。现在收藏的话，除了收藏咱们的，赶紧收藏朝鲜的宣传画，十年之后肯定升值。

（PPT）宣传画有一个特点，永远是高大全，比较亮丽。现在到文物市场都可以碰到，大概买三五十元钱一张，稍微好一点几百元钱一张。你要喜欢的话买一张夹在相框里面，保存起来，很好看，能给你增加能量。那时候的宣传画男人非常健壮，女人非常有精神，不像现在这种画报，一看美女增加的都是副能量，让你产生非分之想。你见这个能有别的想法吗？就是正气。正能量多了你就不得病，就觉得你能战胜美国，不小看你自己。你现在天天看美女，看着看着你就看萎缩了，负能量太多。没事儿挂个"文革"期间的画,让你天天出门情绪旺盛、亢奋,多好啊!

(PPT)你看看这个多好,牛鬼蛇神都踩在脚下了,它不讲艺术性,都夸张。

(PPT)这个毛主席就是红太阳,这个画很经典。

(PPT)这都是非常有正能量的画,都是宣传画。

(PPT)那时候美女就是健康、红润,就是正能量,大家一看,确实是健康的。要回归的话,不如回归到这个时候,多印点这个宣传画。现在有这种概念,现在成都火车站印"中国梦"时,用的就是很夸张的农民的一个小孩,基本往那方面回归了。三十年河东,三十年河西,这个东西慢慢要恢复起来元。

(PPT)这些画都是手工创作的,很高端的,一般都要拍卖几百万。

(PPT)这是计划生育的政治宣传画,"80后"、"90后"都不知道了。

连环画就不说了,现在收藏很多。小时候大家非常寂寞无聊,就用连环画解闷。火车站啊,广场上啊,到处都有小书摊,花一分钱或者两分钱租一本连环画,一看看半天。国家也刺激连环画,让连环画来教育大众,当时有文化人并不多。连环画有很多类型,有宣传政治目的的,有科普的,有小孩儿的,很多。我这次到成都送仙桥文物市场,连环画很多,基本上只要不是套装的,一本五元钱左右。小时候家家都有一个箱子,纸箱子或者木箱子装一箱连环画,现在没有了,只有在古玩市场才能见到。

(PPT)这是电影连环画,那时候看不了电影就看连环画。

大家有机会的话,谁想收藏连环画的话,潘家园市场特别多。

再给大家讲讲核雕,这个东西很简单,就是核桃啊,橄榄核啊,用这个雕刻,很火爆。还有一种健身核桃,不知道大家见过没有?有那种包树,那种老树,没有嫁接的老山核桃,里面没有仁的,商家到那儿花15万元包一棵树,以后卖核桃,很火爆。核桃40(直径:毫米)是一条线,40以上的话基本少见。40以下的两元钱一个,40以上的几十元钱,50以上就很贵了,基本上卖几千元了。

(PPT)核桃有各种各样的,大家简单了解一下。

(PPT)这是橄榄核雕,在市场上可以看到。

(PPT)这是木头的串珠。

(PPT)现在名人多带串珠。

沉香很简单,就是一种香料,是树受伤了,跟牛黄一样,牛得了结石得牛黄,沉香是树生虫了得的角质。

给大家说说收藏的心态:

第一,有闲;第二,有闲钱;第三,要有心态。收藏的话要量力而行,你说现在我退休了,我工资有三五千元钱,拿一千元钱收藏就可以了,我收藏不起玉器,我只收藏玉币,我只收藏一类,当这一类专家就可以了,不要贪大。

第二,这件东西,我看了以后即是"我的"。我在某个博物馆看了以后,认认真真看,看完就是"我的"了。为什么呢?人生很短,你不可能拥有世界上所有的东西。你看过以后,你要有一个良好的心态,告诉自己,这个东西是我的了,只不过有保安帮我保护着。这样的话,你看一个博物馆身价增加几十亿(元),看一个博物馆增加几十亿(元)。你走到街上,看到一个好车,你可以把它认为是自己的,没有必要去开它。人的一生,最贫穷的人就是试图想把拥有变成占有的人,大家不要试图把拥有这件东西变为占有,我看到以后我就知足了,要有这个良好的心态。

最后讲讲中国市场前景走向:

第一点,收藏队伍更加庞大。我坚信,包括在座的,听了我的课,你们都是被动收藏者,如果搞主动收藏,先把心态弄好。

第二点,传统类别更加细。现在分的很细了,随便挑一种就可以了,基本上有几百种,上千种。

第三点,收藏品将更多地融入市场。什么意思？比如说你收藏玉器多了,你自己开一个家庭博物馆,国家支持你。你在家里摆几个柜子,把你收藏的东西摆出来,你去申请一个博物馆的执照,就可以领人来家里看了,这就是国家一直支持的民间博物馆。你收藏的东西多了,你开一个小型的博物馆,成都有很多小型博物馆,这个也很好。

(PPT)这就是刚才说的带钩。

(PPT)这是我后来收集的一些图片。

(PPT)这是我的姓名和电话,如果大家在收藏方面有什么疑问的话可以问我。

今天的课就到这里,谢谢大家！

生活养生

主讲人：崔留欣，郑州大学公共卫生学院教授、博士生导师，郑州大学学位委员会（医学）学部委员，河南省公共卫生执业医师资格考试首席主考，河南省社区卫生服务技术指导专家组组长，国家食品、药品、保健品健康风险评价特邀专家，河南省新医改相关政策研究特邀专家。

时　间：2013 年 1 月 13 日
地　点：河南省图书馆研议厅

如何预防中老年慢性疾病——高血压、糖尿病

各位朋友，大家上午好！今天，我和大家一起探讨一下如何预防中老年人群的高血压和糖尿病。内容有这么几个（PPT），首先谈一下老龄化社会与老年人群；然后咱们谈一下高血压、糖尿病这些慢性非传染性疾病的流行势态；再一起探讨一下高血压和糖尿病有什么表现，以及它的可能原因；最后，咱们重点谈一下高血压和糖尿病的预防措施有哪些。

第一个问题，老龄化社会与老年人群。

现在我们的社会被人称之为老龄化社会，为什么？原因很多。首先是经济水平的发展，人们生活水平的提高，这是一个直接的原因。然后呢，我们的医疗服务跟得上，人们的平均寿命在延长。这样的结果是什么？60 岁以上的人群超过了总人口的 10%，或者是 65 岁以上的人群超过了总人口的 7%，这样的社会就被称之为老龄化社会。

老龄化社会带来的问题是很多的。

第一个，整个老年人群的生理状况和年轻人比较，是呈下降趋势的。这里面有几个问题咱们探讨一下，好比说细胞的功能。细胞的代谢能力是下降的。举一个简单的例子，知道老年斑为什么会出现吗？就是细胞不能把代谢所产生的毒素或者色素排出去，所以人到老年一定有斑，这是外向型的细胞代谢低下的表现。好多是看不见的，例如我们的脂肪运转、转化，这个能力都是低下的。如果血里面的脂肪不能被运转、代谢，我们的血脂就高了，血管壁里面就有斑块沉积了。这个现象我们把它归结为细胞代谢能力不如年轻人了。

第二个,免疫监视。免疫功能有三个大的方面,其中一个是免疫监视。我们体内的细胞好多每天都在发生突变,或是衰老,或是死亡。免疫功能好的时候,机体有一个清除死亡细胞的作用,能够清除肿瘤细胞,或者是叫突变的细胞。到了老了,这个监视机能低下了,肿瘤发生概率就高了。

第三个,应激储备。在感染的情况下,我们有时候激素水平上不去。

第四个,心理调整。老了会出现诸多心理问题,跟中青年不一样的问题。我们的调节机能上不去,我们的疏导,我们自己劝慰自己,这个有些问题。

上述四方面的原因导致我们老年人所患的疾病和中青年不一样,我们把中老年人常患的疾病按照患病率的高低排排,是这样一个结果:排第一位的是高血压病,排第二位的是糖尿病,然后还有冠心病,还有恶性肿瘤,还有慢性阻塞性肺部疾患,也就是咳嗽、哮喘这一类的。我们的骨关节也不太好,老年骨关节病;各种原因导致了脑部缺血,或者脑部出血,现在把出血性疾病和缺血性疾病叫脑卒中;然后是老年痴呆。中老年人群患病种类和年轻人是不一样的,这些疾病周期长,花费大,不传染,所以现在学术界给它起了一个名字,叫慢性非传染性疾病。

接下来咱们一起谈一下慢性非传染性疾病的发病势态。这个慢性病目前已经成为人群健康的主要威胁,为什么呢?两个原因。

第一个原因,当传染病控制了以后,这些慢性病就凸显出来了。在慢性病当中又有两个情况,其中之一,慢性病并非是中老年人群的专利,呈现出年轻化势态。三十多岁血压就高了,血糖也高了,所以叫低龄化。总体患病人数在增多,呈现出"一高一低"的态势。这就让我们来思考为什么?让我们来思考怎么办?

今天咱们这个话题就谈一下高血压和Ⅱ型糖尿病如何预防。

(PPT)这些数据很能说明问题,我们国家从1991年到现在,20年间,高血压的患病率在增加,几乎是一倍。1991年的时候,人群调查显示高血压患病率11.9%,2002年、2006年、2009年,一直到2011年呈上升势态。高血压的问题,我们医务界有这么一个规定,也就是说35岁以上的人群去你那儿看病,第一次去,我们叫首诊,不论看什么病,哪怕是看牛皮癣、看腋臭,都要给他测量血压。为什么?目的在于早期发现。因为高血压好多人早期没有任何症状,这是我们医务界,尤其是基层医生、社区大夫必须要做的一件事情。首诊测血压,以便发现更多的没有任何症状的高血压患者。

糖尿病是个什么势态呢?总体来说,在上升。2003年,有一个统计,全球糖尿病患者约有1.94亿,专家做了一个预测,到2025年,全世界范围内糖尿病患者将近3个亿,甚至还可能更高。在这些国家和地区当中是有差别的,发展中国家的糖尿病患病率的增长速度预期将超过发达国家,有人预言,21世纪将集中在中国、印度等发展中国家,所以说我们国内近20年来糖尿病患病人数在上升。

下面我们来思考一下,这些慢性非传染性疾病有哪些特点。大概是四条,第一,病程比较长,花费比较大。我不知道大家认可不认可这一条?认可(听众)。所谓病程长,不是说一两天、一两个月,甚至一两年,它不宜根治,有些甚至是终生服药。

不宜根治的疾病,重在预防,咱们不得这个病。如果患了这个病,我们从饮食起居上科学对待,减少伤残。慢性非传染性疾病,高血压也好,糖尿病也好,并发症很多,这个病本身有些症状并不明显,但是它的并发损害在不知不觉地进行。例如我们的大脑,我们的心脏,我们的肾脏,我们的眼底,它的损害在悄悄地进行,因此引起残废、瘫痪、失去生活能力的人在增多,主要原因是慢性病在里面起主要作用。

更重要的是第四个问题,并非所有人群都很关注这些疾病,并非所有人群都了解这个疾病,叫认知不够。他不知道这个病怎么得的,不知道这个病是怎么一个预防法,怎么饮食起居科学化,有些甚至大夫在给他讲,他不听,不配合。例如,咱们社区医生说了,你这个血压很高的,你应该一个月来社区量一次血压,做一个心电图或者什么检查,他不听,找都找不到;或者大夫说了,你应该少吃一些盐,少吃一些脂肪一类的食物,他们也不配合。这个叫顺从性差,是一个很严重的问题,不听话、不配合,将来吃亏的是患者本人。

我们立足于预防为主的目的,近20年来,在社区这个层面开展了慢性病的预防,例如2006年,国家启动了中西部地区社区慢性病控制技术,要把这些知识传播给广大社区居民,让他们了解,让他们认知,让他们配合,把慢性病控制下来。现在做得很好。

慢性病患者是什么处境呢?大家一块分析一下,有这么四种情况:一,看了无数个大医院。例如郑州大学一附院、河南省人民医院、郑州市中心医院,或者人民医院,辗转于多个大医院之间,排队、挂号、看专家。往往是这样一种情况,我们挂号排了队,看病排了队,这就几乎一个上午了,到了你这儿,这个专家一问是老病,高血压或者糖尿病,询问病史,接着就提治疗方案。所以说这个过程是很郁闷的,药物一茬一茬的,国产的、进口的,靠吃药为主。

有没有健康教育啊?有没有衣食住行的指导啊?有,但是很少,大多情况下是没有。为什么呢?大医院大夫很忙,尤其是专家,一天看几十个病人,没有时间。所以说这个慢性病的健康教育、健康促进很大程度上在基层医疗机构,在社区大夫,在全科家庭医生。这是我们慢性病患者经常遇到的四种情况。

作为一个高血压或者糖尿病患者,他的医疗需求是什么?那有的朋友会说,就是开药治病。只说对了一小部分,对于周期比较长的慢性疾病,吃药是可以的,但是它的作用只有50%。另外50%是什么手段,什么措施呢?应该是健康教育,应该是预防保健手段,应该是机体康复的手段。从今天开始起,如果是高血压、糖尿病患者,你要认真地学习有关慢性病防治的一些知识,配合我们的社区卫生服务机构医务人员的工作,科学地安排衣食住行,定期地进行疾病随访。

为什么会是这样?大家所理解的医学就是看病、开药,那个叫治疗,最近这几十年来,医生的责任似乎在扩展,从单一的治疗逐渐扩展到全方位的照顾。这个照顾中国人是有偏见的,一说照顾,好像家庭困难了,过不了年了,给他一壶香油、一袋白面等,那叫救济,不叫照顾,照顾就是关怀的意思。医务人员从单一的开药,到全方位的关怀,有这么一个转变过程。

怎么一个全方位的照顾呢?做好以下三条:

第一,坚持预防为主。我们国家的卫生工作方针什么时候都把预防为主摆在头版头条。

第二,加强健康教育。要给大家讲疾病发生的原因,得了某个疾病什么表现,应该怎么控制或者预防这些疾病,这个叫健康教育。健康教育它所产生的效益是不能够拿金钱来衡量的。举个例子,今天你听我讲,我要告诉你,高血压病人应该怎样运动、怎样吃饭,你如果回去照着做了,受益的是你本人,受益的是你整个家庭,所以说健康教育所获得的效益不能够用金钱来衡量。

第三,也是大家常常忽视的,健康管理。经济越发达,人们生活水平越高,这个健康越要进入管理层面。谁管我们的健康?在国外,全科医生、家庭医生;在国内,社区卫生服务机构里面的医务人员。像郑州,叫片医,他全方位的地负责你的健康问题。怎么一个全方位呢?大家有没有听说过健康档案?听说过(听众)。建档做过没有?做了(听众)。这个有大用,只是你不理解,你的血压、血糖,你的腰围,等等,上面写的都有。你要听话,每个月去一次社区机构,大夫会告诉你,你血压有点高,下个月控制目标是什么,有几个措施,等等,然后如实记录在案。第二月该去了,他把档案调出来,我给你定的戒烟目标、控酒目标、运动目标,你做了没有,你目前的血压是多少,如实记录在案。这个叫作健康管理,大家不理解,也不配合,这样就不好了。这个是进行慢性治疗三个层面的手段。

接下来谈第三个问题——高血压什么表现,以及它的可能的原因。

为什么说"可能的原因"呢?高血压的真正原因尚在探索之中,所以说咱们只能谈与发病有关的可能原因。在谈这个问题之前,先给大家来一点科普——这个血压是怎么形成的?哪些因素影响了血压的高或者低?影响血压的三大要素:第一个叫血容量,也就是你身体里面血量的多少。第二个,血管的阻力。也就是血液从心脏流出来以后,你血管口径的大小,开始是大血管,最后是小血管,最后是毛细血管,前面一定有阻力。第三个,心输出量。你的心脏每跳动一次,往外射血的数量。这三个因素,改变其中任何一个,都影响我们的血压。

好多降压药都是根据这三大因素来设计的,调整我们的衣食住行,也可以从不同的侧面影响血压。给你举一个例子,例如血容量,人体里面血容量不是一定的吗?是。但是在一些特定情况下,血容量是会改变的,例如流血过多,血压马上就低了;例如今天吃得过咸,盐多了,进到血液里面,体内的水分从血管外面跑到血管里面,血压马上高了。为什么呢?血容量增多了。

影响血压的三大因素介绍完了,咱们看看血压什么样叫正常,什么样叫不正常。(PPT)这个表数据很多,只要记一条(正常血压),咱们经常说高压多少,低压多少。高压医学上叫收缩压,心脏收缩时候产生的压力,这个高压不能超过 140(单位:mmHg,下同);低压医学上叫舒张压,这个不能超过 90。你说,我是老高血压患者了,这样你就应该如何评价你是哪一级。如果你血压是 160 以下(高压),低压是 100 以下,这个叫轻度,一级高血压。如果你血压高压在 180 以下,低压在 110 以下,这个叫二级高血压。如果你的血压是高压在 210 以下,低压在 120 以下,这就相对比较重要了,叫三级(重度)高血压。超过这个限度,高压大于 210,低压大于 120,叫四级高血压。这是我们对血压标准的介绍。大家也不用记,我这个课件就留在这儿了。

高血压形成的机制,刚才咱们谈了三条,任何一条的改变都可能引起高血压的升高,例如血容量过多。

第二,血管紧张度增加。这一条怎么解释呢?老了,血管壁的弹性下降了,再加上血管壁内膜下有一些脂肪斑块的沉积,血管口径变细了,这样阻力就增加了,弹性降低了,紧张度增加了。你生气的时候,心跳加快,这个时候血压马上就上来。为什么?人生气的时候交感神经兴奋、心跳加快,心输出量上升,这是通俗易懂的高血压的形成机制。这个"机制"是医学的术语,大家了解一下就是了。

我们往下面谈,"可能的原因"。为什么我们的血压会升高?对于高血压的发病原因,近几十年来,人们一直在研究,被各家所公认的有以下几条:

第一个因素,遗传因素。遗传因素何以能够证明?有没有这样一种现象:家里面老辈人血压就高,到你这一辈,三四十岁血压就偏高,医学上叫家族的聚集性。这是表面现象,深层次的问题是什么?我们遗传基因里面有些对高血压患病比较敏感,所以这种遗传因素正在被医务界专家学者所关注。

第二个因素,高盐因素。也就是我们的膳食当中吃得比较咸,盐摄入比较多。

第三个因素,精神因素。在很早很早以前,人们发现脑力劳动者,长期精神紧张、压抑,或者神经弦绷得比较长,长期处于高度紧张的状态,这部分人血压比较高,容易升高。为什么呢?在人高度紧张的时候,他体内的一些内分泌状况发生改变了,肾小球有一些细胞产生了肾素,肾素转变成血管紧张素,使血管口径变细了,于是血压就升高了。大家都不是学医的,听听就是了,你在这儿起码了解,精神因素对血压影响大了去了。所以说我们要平衡心态,我们不要轻易动怒。

另外,有人说了,老化因素。人老了,我们的细胞不如年轻人了,尤其是有些细胞的代谢运转、清理脂肪、清除代谢废物功能,特别是近些年来关注的血管内皮细胞。血管里面有一层非常致密的细胞,叫内皮,它对血压的影响大了去了。

还有一些因素,例如内分泌改变。与内分泌大概有关的有这么几个,比如胰岛素,我们都知道它是降血糖的,讲糖尿病的时候我再讲它的作用,它从哪儿来的。老了,加上肥胖,胰岛素偏低,需要量大,但是机体对胰岛素还不敏感,这就导致我们的血糖高了。因为血糖导致脂类代谢不正常了,血管口径变细了,血压也上来了。

交感神经,这个太医学了,我告诉你交感神经是干什么的。你在生气的时候,在和人打仗的时候,在遇到一个突发事件的时候,交感神经是兴奋的。兴奋了什么表现?心脏是快的,你的汗毛就竖起来了,这个时候血压肯定是高的。有人认为,高血压的一个原因是这些交感神经在起作用,太兴奋了。因为面对的是非学医的受众，医学道理深入浅出，介绍到这儿。

接下来介绍临床表现是什么。

我们血压高了，我们被大夫诊断为高血压病，甚至前面冠一个词，叫"原发性高血压"。这个高血压的临床表现，我告诉你，差距大了去了，有些人没有任何表现，只有在体检时候一量血压发现高了，而有些人症状非常明显。大概有这么几个，咱们先拣严重的说，最后说中老年平缓的高血压。

临床第一个类型，恶性高血压。这个比例比较低，1%到5%，中重度高血压患者，机制不详，与治疗不正确、滥用药，或者不配合、不听话、容易发怒等因素有关。它的最根本的道理是它的肾脏的小动脉出了问题，所以说表现是个恶性高血压。

什么表现？什么特点？（第一个特点，）发病急，年龄偏年轻。第二个特点，舒张压，也就是它的低压大于或者等于130，高得很。第三个特点，头痛，视力模糊。为什么头疼呢？脑子内压力高。为什么视力模糊？眼底出了问题。再一个表现，化验尿的时候，尿里面有蛋白，有红细胞，有管型。因为年龄轻，进展迅速，最后吃亏就吃亏在肾脏功能的衰竭，或者脑卒中，或者心脏出问题。别认为高血压都是中老年人的"专利"，不是这样的，中青年高血压也同样值得关注，同样值得下大力气进行预防和干预。这是第一个临床类型，恶性高血压。

第二个类型，高血压危象。这个不论年轻年老，都有可能发生，你好比说血压平常有些高，这个时候突然出现的头疼、烦躁、晕、恶心、呕吐、心慌、闷气、视力模糊，更有甚者意识不清，再进一步，昏睡过去了，浑身抽搐。这种情况叫高血压危重症，这是第二种情况，这种情况不多见，也不能够太多见。等一下我告诉大家，出现哪些情况赶快看急诊，就是要排除高血压危象。

第三个类型，也是人数最多的一个类型，老年高血压。60岁以上，甚至50多岁血压就高了，大多是有中年阶段血压高延续而来。这是第一种情况。

第二个，它的特点是什么？收缩压和舒张压都高，但也有一部分单纯收缩压高，就是高压高，低压不高，或者是低压高，高压正常。一般情况下收缩压增高，舒张压也增高。

第三个临床特点，血压调节不良。你在那儿正蹲着呢，一站起来，眼一黑，头一晕，我们叫体位性低血压。年轻人蹲那儿的时候，站起来，马上血管收缩，大脑得到供血，不至于眩晕、栽倒，中老年高血压血管调节慢了许多。

第四个临床特点，大多数情况下症状不明显，可能有头晕，可能有头痛，但不影响生活，不影响工作，这是大部分的表现。照样给儿子和儿媳妇看孩子，照样去买菜、遛弯等等。

中老年高血压还有一个特点，当病情发展到一定阶段，十年，二十年，甚至更长，会影响心脏、肾脏和脑子，从而产生临床上新的症状，我们叫并发症。

我们接下来用一段时间给大家探讨并发症的表现。

高血压本身除了血压高、轻微的头晕以外，它的并发症应该引起关注。大概有三个脏器最容易受影响：

第一个，我们的心脏和血管。心脏受影响是什么表现？我告诉大家，心慌、难受是第一感觉。无名原因的心跳忽快忽慢，或者自己感觉有间歇，医学上叫心律失常。这是高血压时间长了，心脏受影响最早出现的一个表现，心率不正常。有时候心前区不舒服，闷、痛，这时候要做心电图。我告诉你为什么要听社区医生的话，为什么一个月要随访一次，就是尽早发现并发症，尽早发现心脏有没有心律失常，有没有心肌缺血。时间再长一点，你的心脏会大，哪边先大？左边先大，左心室肥大。为什么？因为左心室收缩的时候把血液打出来到全身。你外面阻力很大，压力很高，这个左边心脏非常费劲，得用劲，平常八分劲就把血挤出去了，血压高，它得用十分劲，十二分劲，时间长了，你说这个左边的这个心脏会不会肥厚、发大？肥大还不要紧，时间长了，肥大了也没有劲，看着它怪肥厚，它收缩无力，引起左心功能下降，叫左心衰。左心衰什么表现？当你高血压十年、二十年，甚至更长，你突然感觉闷气，安静状态下也闷气，原来闷是因为劳累，现在不干活也闷，晚上睡觉不能枕低枕头，必须枕两个，或者半靠着才能睡觉，这你就应该做心脏进一步检查了，看看是不是高血压时间过长，引起了左心功能不好。这个给大家一个告诫和提醒。

第二个，脑血管。这个大家知识很多，都知道血压高的话会影响脑子血管硬化、出血，或者血栓形成，我们叫脑卒中，或者叫脑中风。TIA 是这几年经常出现在病例本上的一个新名词，什么叫 TIA 呢？短暂性脑缺血发作。由于血压高，脑子血管收缩了，或者脑供血不足了，你感觉头晕、恶心、胳膊腿麻、舌头发硬，一量血压，高压 180 以上，低压 110，医生就说了，你住院打打针吧，你这个叫 TIA。那就是需要住院条理调理一下，它比脑卒中、脑出血、脑血栓的形成要好得多，要休息了，要放缓了，所有的事儿放下来，打打针，纠正 TIA。

第三个，肾脏损害。肾脏损害什么表现呢？最早的信号，早晨起来眼皮肿，我们叫晨起性浮肿。化验尿，尿里面有蛋白；化验血，医生说 BUN 升高，什么叫 BUN？尿素氮，就是我们体内的代谢废物通过肾脏排不出去了。

这是高血压引起三大脏器的损害。

我要告诉大家的是，出现了下列几种情况，刻不容缓，赶快看病，哪个医院近去哪个。我们现在社区卫生服务站建在家门口，赶紧找社区大夫，社区给你做相应处理，然后陪着你，或者拉着你，给你送医院。

有哪些情况呢？有六种情况：第一，剧烈头痛，伴有呕吐。第二，突然失明，或者看东西模糊。第三，吐字不清，舌头发硬。第四，老年人流口水，嘴歪了，或者鼻唇沟一侧变浅了。第五，心前区闷、痛。第六，一只胳膊，或者一条腿麻、抽搐、抬举无力，抬不起来了。出现这几种情况，赶快看急诊。为什么呢？时间关系，不展开，这里面都是有医学道理的。我只是告诉大家，出现这些情况，放下手中的一切，赶紧就医。

高血压说完了，现在说说糖尿病。

糖尿病是由于我们身体里面的胰岛素少了所引起的一种代谢紊乱，"紊乱"是医学名词，就是乱了套了。由于胰岛素不足，导致我们体内的糖、蛋白质、脂肪转化出了问题。

根据胰岛素是绝对不足，还是暂时不足，或相对不足等情况，把糖尿病分为两类，一类是Ⅰ型的，二类是Ⅱ型的，还有特殊的，或者孕期糖尿病。这是教科书上描述糖尿病的四大类型。中老年患的是哪一种呢？Ⅱ型糖尿病，胰岛素相对不足。Ⅰ型是绝对不足，是青少年，甚至生下来胰岛素就没有。咱们不讨论那一种，我们讨论的是，随着年龄增长，胰岛素逐渐逐渐表现出不足所产生的一系列临床症状。

大家经常化验，告诉大家一个数值，不要大于 7（单位：　，下同）。大夫检验后说，不错，今儿 6.8，这样你可高兴。空腹的时候，血糖不能大于 7，而且不是由你的肝脏病和肾脏病引起的，那就不叫糖尿病，叫症状性糖尿。我们指的是肝脏没有毛病，肾脏也没有毛病，由老化引起的毛病，像刚才的高血压一样，不是由其他脏器疾病引起的高血压，我们叫原发性高血压。这个是对糖尿病的正确认识。

简单谈谈原因。遗传，有家族史，有时候一家里面几代都有。这个和高血压一样，刚才谈过了，不浪费时间。第二个，自身免疫。由于体内免疫系统出现了问题，产生了许多抗体，例如它对抗胰岛素，叫抗胰岛素抗体。再一个，不良嗜好。我们生活当中，行为可以分两类，一类是有利于健康的，一类是不利于健康的。我们把不利于健康的叫不良的行为和生活方式，例如抽烟、喝酒，或者吃药成瘾，甚至吸毒。第四个原因，老化。随着年龄的增加，胰腺当中的 B 细胞，就是产生胰岛素的细胞，过去叫贝塔细胞，现在叫 B 细胞，它产生胰岛素少了，老化在里面起主要作用。第五个原因，环境污染。环境污染是一个大的话题，环境当中有好多化学物质，进到体内会影响我们的内分泌状况，影响激素的合成，影响激素发挥作用。例如胰岛素、胰高血糖素，都可以影响的，我们把这些化学物质叫环境内分泌干扰化学物，近二十年来，日益引起关注。关于糖尿病发生，还有一个说法叫精神创伤。长期的压抑,长期的郁郁寡欢,或者重大精神创伤,等等,这些因素都在探讨,都似乎有关系。

基本表现有哪些?吃得多,喝得多,尿得多,瘦,就是"三多一少"。喝水多,吃东西多,尿量增多,逐渐消瘦,"三多一少"。有时候全身没劲、头晕、睡不着觉、焦虑,有时候手脚麻木、皮肤瘙痒,这两组症状叫基本表现。我还要告诉大家的是,并非所有的糖尿病患者症状都很典型,都有基本表现,不是的。医学上叫个体差异,什么叫个体差异?张三的糖尿病和李四的不一样,李四的糖尿病和王五的不一样,差别很大。大多数表现的是代谢综合征,血压高、血糖高、血脂高。这"三高"现在有叫法了,叫代谢障碍综合征。再加上大粗腰、肥胖。有并发症,但不是每个人症状都一样。

接下来谈糖尿病所引起的并发症,就是糖尿病患者可能出现的表现。

第一个情况,感染,尤其是皮肤表浅感染。今儿起一个包,还没有好呢,明儿那边又起一个包,一挠,发炎了,这儿发炎还没有好,那边又发炎了,反复的皮肤瘙痒,感染。在二十年前,长大疮的,那个人群蛋白质摄入量少,抵抗力低下,后来一查发现这个人血糖高。这种情况屡见不鲜,他去看病看皮肤科。曾经见过很多中老年女性,看妇科,看什么?看外阴瘙痒。按霉菌、滴虫治,效果不好。后来一查,血糖高,控制血糖,下面自然不痒了。

第二个情况,看眼科的。眼科症状,眼睛发昏,视力下降,一看是白内障,眼底还有少量出血,动脉和静脉压挤明显,一查,血糖高。还有些不看病,脚麻脚凉,酸胀麻沉,就像蚂蚁在爬,结果一查是糖尿病。这是一个糖尿病足的表现,而没有"三多一少"。这是关于足部的表现。

肾脏、心脏和脑子的损害,刚才介绍说过了,不在这儿重复。肾脏,早上起来脸肿。尿量减少,化验尿里面有蛋白。心脏有无名原因的心率紊乱,可以做心脏图,发现心肌缺血。脑部如果损害的话,头晕、耳鸣,甚至脑缺血表现引起的肢体麻木、嘴歪眼斜,都可以。糖尿病并发症有些是和高血压是一样的,肾脏、心脏、脑部损害。

也提示大家,有了下列这些情况,刻不容缓,直奔医院。第一个,意识模糊。糖尿病患者早上起来说话不着调,找不到东西,或者做无目的的动作,例如把被子掀开,然后盖上,盖上之后再掀开等等,你要问他,答非所问,这个时候要赶紧去医院。呼出气像腐烂的苹果一样,甜甜的、酸酸的。心慌、出汗、恶心、呕吐,或者是一看他呼吸深长,皮肤潮红、发热,或者看东西模糊,或者眩晕加重,自己感觉天旋地转,或者肢体麻木,或者舌头发硬、发音不清,出现这些情况都要马上看大夫。里面的诊断各不一样,道理各不一样,告诉大家的是,立刻看急诊就行了,以免贻误病情。

用一个小时的时间谈了前面几个问题,再用一个小时的时间谈谈如何预防糖尿病、高血压。

慢性病的预防和防治是综合的,不可能靠一个手段或者一个方法把病解决了,这是不可能的,一定是综合性的预防手段。对高血压和Ⅱ型糖尿病来说,我们要做好以下六个层面的工作,咱们一起来探讨。

第一个,控制体重。等一下我要讲,控制体重的目标是什么。第二个,平衡膳食。要从吃上把好关。第三个,科学运动。什么叫科学运动?不是说你一高兴围着操场跑八圈,一不高兴睡到上午十一点,不是这样的,要规律运动。第四个,稳定情绪。切勿大喜大悲,情绪高度宣泄。第五个,还是我刚才告诫的,定期随访。随访的目的是什么,咱们等一下慢慢谈。第六个,合理用药。在先后顺序上,我把"合理用药"放在最后,这充分说明前几条起的作用很大,前几条做好了,用药才有效。

第一个,高血压和Ⅱ型糖尿病患者一定要控制体重。控制体重有一个标准,这几年喜欢拿体重指数说事,英文叫BMI,这个体重指数是衡量你胖与不胖。这个体重指数怎么算出来的呢?它的分子是你的体重,分母是你的身高的平方,这样有一个公式,就是这个公式(PPT)。体重除以身高的平方,这个数值应该是在24以内,一定不超过24,超过24,到28之间,这个叫超重;大于28,这叫肥胖。这是控制体重的目标。你说这个太复杂了,我这个老头老太太算着困难,我告诉你一个简单的指标,裤腰,你的腰围是多大。腰围,男性控制在二尺六寸以内,这不就简单了吗?女性裤腰控制在二尺四寸以内,这样你的体重就有可能很正常。但是问题也来了,看你多高了,如果男性公民1.9米的个子,二尺六的腰是不是太细了一点? 假如说女性1.38米,二尺四也显得粗啊! 我告诉你理想体重,你的身高减去105,你看看应该是多重? 这不就省事了。你的理想体重是你的身高减去1.05米。本人1.72米,减去1.05是多少呢? 67公斤(千克)。本人这么多年来,我不谦虚地讲,(体重)一直很标准。

为什么要控制体重? 控制体重的目的,第一个是减轻心脏负担,减轻心肺负担,胖了,一动就喘啊! 再一个,减少胰岛素的需求。所以说我们要控制体重。总而言之,慢性病减肥就是要放在非常重要的位置上。怎么一个减肥法呢? 我少吃一点? 吃还是要吃的,但是要科学合理。减肥,一要增加运动量,二要管好自己的嘴。不是有那么一句话吗? "日行一万步,吃动两平衡"。

咱们先谈吃。谁都要吃,有句话叫"民者以食为天",在经济落后时候是吃饱的问题,当今是吃好的问题。什么叫吃好? 鸡、鱼、肉、蛋多多益善? 那不对! 是一个平衡的问题。什么叫平衡呢? 品种多样化。这个祖国医学很早就有论著,叫《黄帝内经》,谈到吃的问题就说,人要"五谷为养",还要"五果为助"。吃菜不吃呢? "五菜为充"。水果、蔬菜提供的营养是粮谷类所没有的。你说我馋,喜欢吃一点香的,没有关系,"五畜为益"。猪、牛、羊肉可以吃啊! 什么都吃了,什么营养素都不缺,这就叫平衡。

对于慢性病患者为什么要平衡膳食呢? 有这么几个作用,第一,纠正代谢紊乱。你本来是高血脂,高血糖,你可以控制一下,减轻胰岛的负担,调整机体健康水平,有利于防治并发症。

吃的问题是一个大问题,任何一次慢性病教育都要谈谈这个图(PPT),这个图叫什么呢? 叫膳食宝塔。这个膳食宝塔比较直观地告诉大家自然(怎样)吃,我把这个膳食宝塔给大家评讲一下。这个一般都是尖小底大,底儿是粮食,叫谷类,一个正常人每天吃多少呢? 300克到500克,也就是六两到一斤,等一下我再说病人。中国人主要靠五谷杂粮获得能量,所以它在底儿上。第二层,蔬菜和水果。一个正常人,每天要吃八两到一斤蔬菜,要吃二两到四两的水果。蔬菜和水果给我们什么? 盐类、维生素类。营养学上说,蔬菜、水果提供的是无机盐、维生素和粗纤维,粗纤维好得不得了,维生素是缺一不可。再往上说,吃一点香的,第三层是什么? 肉类、虾、蛋。一个健康人,每天一二两瘦肉,鱼虾一两,蛋类一两或者半两。再往上,奶类和豆类,奶类营养丰富,豆类虽然是植物,但是它里面的蛋白叫优质蛋白,不可或缺。最上面是什么呢? 油。油吃多少呢? 半两。这个是健康教育的时候,克服了那些枯燥的数据,做了一个宝塔,我们叫膳食宝塔。这是关于我们应该吃的几大类食品。

一日三餐呢? 平均分配。大家看看,早餐占全天总热量的30%,晚餐占30%。中午这一顿叫什么? 正餐,占能量的40%。这是任何一次慢性病健康教育都要讲的。但是问题就来了,我怎么吃啊? 原则是这么几条:食物多样,谷类为主。你说我血糖高,谷类应有选择性,控制总量,蔬菜多吃,水果适量。等一下我专门谈糖尿病人吃水果的问题,每天适量的奶类、豆类,适量的鸡、鱼、肉、蛋,然后低盐、低脂肪,酒过去说绝对不能喝,现在有所改变,可以限量喝一点。糖,糖尿病人是要忌糖的,高血压和肥胖应该减少糖的摄入,这是基本原则。

平衡膳食,好处多多,大概起五个作用。对于青年人、儿童来说,促进生长发育;对于整个人群来说,合理营养,提高抗病能力,维持生理功能,延缓衰老,延长平均寿命。中国人为啥进入老龄化啊? 近二三十年来,吃得好了,平均寿命延长。吃什么? 每次讲下面都说了,这几个原则我可清楚,但是我吃点什么? 我是1.72米的个子,65公斤,轻体力劳动,能给我列一个食谱出来不能? 能。

这个仅供参考,我们要告诉他吃什么,先看看他多重,是干什么的。因为工作种类不一样,每公斤需要的热能不一样。像轻体力劳动者,每公斤30大卡的热量就够了。咱们先算一下他每日需要的总热量,太好算了,65公斤乘以30大卡,大概需要1950大卡。咱们取一个整数,按2000大卡的热量需求,看他怎么吃。根据中原人的习惯,我给他列了一个食谱,大家看一下。(PPT)主食200克到 250 克，也就是四两半斤吧！你说他会饿吗？肯定会饿。那怎么办呢？下面还有一斤蔬菜呢，菜的品种根据你的爱好。一定要吃一斤青菜，甚至可以多一点，青菜里面含的是什么呢？粗纤维，它刺激肠蠕动，减少胆固醇的吸收，减少致癌物质的吸收，好得不得了。有人说了，我一点腥荤不敢吃，不对，可以吃一点瘦肉，可以吃四两豆腐。我这个人比较喜欢香，油是 25 克，我给他换成 30 克了，因为你有半斤豆腐呢，你得煎煎炒炒。你有 30 克油，拿 15 克炒青菜，再拿 15 克炒瘦肉。你说他喜欢吃水果，谁看见水果都想吃一点，可以，四两半斤；喝奶，一袋。还喜欢吃零嘴，吃 25 克瓜子没有关系。不要管得太死，但是要记住，总热量不超过 2000，一定要控制总热量。糖尿病、高血压患者，如果不控制热量，第一，体重降不下来；第二，影响药物治疗效果。

老是有人问我，崔教授，我能不能吃水果？吃什么水果？四个原则：第一个，减少主食。你今天吃了 200 克水果，像小苹果，你吃了一到两个，你把主食刨下来 30 克，把总热量控制住。第二个，讲究时间。什么时间吃？我告诉你，有两到三个时间吃，上午 9 到 10 点吃，下午 3 到 4 点。别看咱们是糖尿病，这个时间段最容易饿，最容易血糖低，你给他半个苹果，弥补血糖不足，预防低血糖。或者晚上睡觉前吃两个苹果片。这是讲究时间。第三个，讲究品种。水果种类太多了，西瓜、苹果、猕猴桃，这些含糖量比较低，香蕉、菠萝、甜橙、葡萄含糖量高，你选含糖低的吃。荔枝有争议，不是每个人都不能吃，有些人吃了没有事儿，有些人吃了马上血糖就高。你说你喜欢吃黄瓜和西红柿，那再好不过了，西红柿到底是水果还是蔬菜，外国人都争论了好一阵。像那小圣女果，洗得干干净净的放在盘子里，谁看见了都想拿一个吃。第四个，因人而异。吃水果的前提是你的血糖很稳定，假如说空腹血糖还有 12 多点呢，我建议你暂时不要吃水果，忍一忍。

然后是科学运动。运动之前冠以"科学"，这就有说头了。运动有哪些好处呢？增加机体对胰岛素的敏感性，改善糖代谢，加速脂肪分解，减脂肪，降体重。它好得不得了啊，因此学术界说了，民间也说了，"生命在于运动"，"日行一万步，吃动两平衡"，"管住你的嘴，迈开你的腿"，等等。运动以后，改善睡眠、调节神经，减少和控制并发症的发生，一定要运动。

怎么科学运动呢？有几条要交代，项目、时间和强度。你得量力而行，你得看看自己会什么，如果你年轻时候是运动健将，那你按照你当年的强项去运动。你说你当年什么都不会，那你就散散步就行。你说你参加老年大学，太极拳、太极剑都可以。但是我要告诉你，"一、三、五、七"四个数据。"一"，饭后一个小时再去，这和以往的观念不一样。刚吃过饭，血液都在胃肠里面呢，大脑和肢体血液分配相对是少的。你有没有感觉吃饱之后特别困呢？饥了没力，饱了困，不饿不饱有精神。饭后一个小时再去，这个叫"一"。每次时间是 30 分钟，这个叫"三"。你说我身体好，我可以走两个小时，没有关系，但是不低于 30 分钟。每个礼拜，我起码有五天运动，周六周日儿孙回来了，我不去了，没有关系，一个礼拜不少于"五"。"七"是怎么回事呢？你运动了之后，你自我评价运动量，你能不能承受？你数数你的脉搏，看着手表数脉搏，最佳的脉搏是 170 减去你的年龄。假如说你 60（岁），170 减去 60，还剩下 110，也就是你运动后最大的心率不要超过 110，超过 110 就过了点儿。运动这个东西要科学，我简单地告诉大家"一、三、五、七"的原则，这不是可操作性强了一点吗？

再一个，有四点要交代，我们的运动是既要达到锻炼的目的，又要保证安全。运动处方，谁给你制定运动处方？你常到咱们家门口的社区卫生服务站走走，社区大夫会告诉你，你应该怎么运动，运动多长时间，等等。我是河南省社区卫生服务技术指导组组长，全省 18 个地市的社区卫生服务机构我都给培训过，其中运动处方、膳食指导是他们的责任，我在这儿告诉我们的广大中老年朋友，多到社区卫生服务机构走一走，去一次就有一次的好处，我下面还有案例告诉大家。

第二个，循序渐进。不可操之过急，欲速则不达，不要想今天晚上打冲锋，明天早上就把蒋介石 800 万军队给灭了，那不可能。你今儿一运动，明天大粗腰就下去了，那是不可能的。

第三个，观察气候。太热咱们别去，太冷，像这几天有阴霾，咱们也别去，不利于健康。

再一个，建议你做好记录。记录你的脉搏是多少，你的感觉怎么样，闷气不闷气啊，循序渐进，

量力而行,贵在坚持,有氧运动。你说俺六室两厅,屋里有跑步机,我建议你还是出去。你在屋里运动,你呼出的二氧化碳又被吸回去了,最好到公园里面遛遛弯,享受大自然带给你的天然氧吧。

不是所有的人都能运动。有这么几个适应证,大多数高血压患者、轻中度肥胖患者、代谢综合征患者,就是高血压、高血脂、高血糖,加上肥胖,Ⅱ型糖尿病患者,这几种情况还是力主科学、规律的体育锻炼。

我刚才说了一句话,不是所有人都能运动,有这么几种人不能运动:有肾脏、心脏问题的不行;最近脑血栓形成的;或是最近头晕耳鸣、舌头发硬,也不适合运动,适合休养、打针。眼底的疾病相当严重,看东西都不清,出去运动带有一定的危险性,室内可以。糖尿病足,脚麻、脚疼,甚至脚烂,严重的神经疾病,或者各种感染,这都不宜去。这是运动的禁忌证。

接下来谈慢性病患者一定要谨记的一个问题,就是稳定情绪。情绪这个问题受环境影响很大,你的家庭环境,你的喜怒哀乐不可宣泄过度。这一点中医早有交代。中医大夫认为,人有病有外因和内因,外因不说了,内因呢,是七种情绪——喜、怒、忧、思、悲、恐、惊,任何一种情绪过度地宣泄和表达,都可以伤及某个脏腑。例如暴怒伤肝,大家都知道,暴怒,大发雷霆,一下子栽在那儿起不来了,或者心绞痛发作了。大家光知道怒,高兴太狠了出事儿也在情理之中,中医认为,大喜过望必伤及心脏。中老年人群情绪一定要稳定,是不是这样?它可以预防心肌梗死,可以降低猝死的风险,可以降低脑出血、脑血栓等等,可以增加药物治疗效果,这是稳定情绪。

你说人世间有好多不顺心的事儿,那是难免的,一个人的情绪稳定不稳定,与他的文化素养,与他的人生阅历,与他的待人处世的方法都有关系,所以说稳定情绪说到容易,还有时候真做不到。我曾经见过一个家庭,四世同堂,好得不得了,老爷爷、老奶奶、公公、婆婆、小两口,家里一个重孙子,一个重孙女,多好啊!孙媳妇要分家,她是农村的,一分家的话,吵吵闹闹,家里头就硝烟四起,结果老奶奶气病了,老婆婆也气病了,老奶奶性格开朗,经过治疗很快恢复了,二代婆婆落了后遗症了,胳膊伸不直了,也不能给他们做饭了。情绪稳定至关重要,在这儿不多浪费时间了,好多名人都是因为情绪波动而送命的。

再一个,要定期随访。这个随访是医生的工作,但是咱们要配合,你别以为随访就是大夫去你们家,那是随访的形式之一,还有大夫约你来。现在社区大夫这个电脑有这么一个功能,辖区内糖尿病、高血压患者都在他这儿存着呢,谁谁谁该来了,这个软件它有提醒功能,早上一上班,打开电脑,弹出一个界面,例如三号楼一门洞九楼马大爷今天该来。叫你你得赶快去啊,这也是随访。这就是说你的档案,高血压病人、糖尿病病人的档案,都在那儿存着,已经纳入慢性病管理,这是一个全新的概念。

在座的,有些了解社区(卫生服务站),有些根本不了解社区(卫生服务站),有些根本就没有给社区大夫打过任何交道。我告诉你,从今天开始起,关注社区医生,了解社区医生,利用社区医生,这样对咱们很好。他敢有任何服务不周到的地方,你打电话给我!(鼓掌)

随访有哪些作用,你让我们去?三大作用。一,判断治疗效果。这个药吃了以后怎么样,血压降下来没有,血糖稳定了没有?第二个,你有没有出现新的并发症?举个例子,随访时候给你开一个尿化验单,发现尿里面有蛋白,他会告诉你,张大爷,你这个尿里面有蛋白了,得注意了。这时候他给你提出来新的治疗方案。第三个作用,有些药除了治疗作用,还有副作用,甚至还有毒性作用,随访可以及时发现药的毒副作用,我们俗称调药,调一下,别一个方案走到底。降糖药不是每个人吃了都有效的,需要及时调整。降压药六大类,各自的作用和适应证不一样的,也需要及时调药。你别小看到你社区遛弯转一圈,给你做一个检查,这个作用大了去了。全国开展得很好,河南的很好,郑州是片医负责制,我不知道大家听说过没有?每一个大夫和两个护士是一个片医小组,负责你辖区的几栋楼,分片包干,你档案在那儿,你的随访在那儿呢,你们家人的档案资料都在那儿,社区大夫是个全方位的大夫,一定要充分利用。

最后一个问题，合理用药。我刚才说了，我为什么把它放在最后，前面几条是最基本的东西，在做好前面几条的基础上合理用药。怎么不说吃什么药呢？我根本不可能说吃什么药，因为每个人情况不一样，所使用的药物的种类也不一样。我只是告诉大家四条原则，这四条原则也是大家在慢性病日常生活中容易出现的误区，我在这儿给大家提个醒。第一，要到专科医院要专科大夫，别随意听信江湖郎中或者祖传秘方。因为高血压和糖尿病它专业性很强的，高血压病看心血管，糖尿病看内分泌，有些大医院叫代谢性疾病。你好比说胰岛素，学问大了去了。有些人谈到胰岛素有两种误区，说这种东西像大烟一样，沾上就丢不掉。没有那么可怕！有人说胰岛素必须要打，不打会怎么怎么样等等，要正确对待，要由专科医生确定，不可随意更换。你想换药，还回去，找原来给你确定方案那个大夫；你随便换药、停药，吃亏的是你自己。

第二条，其实我刚才说过了，随访，配合医生，评估治疗方案，发现药物毒副作用。有些药治疗效果明显，但是副作用很难接受。例如降压药卡托普利，又便宜又好，但是吃了之后刺激性干咳，影响休息，那可以调药。一定要及时回去找大夫去调药、换药。

第三个，不要盲目效仿他人。尤其是中老年人群，谁谁他二奶奶吃了一点什么药好了，我也买一点吧？他二奶奶吃了可以，你吃了未必行。好多社区打着义诊的牌子，某某公司的，这个吃几个疗程就可以了，叫大爷、大妈，甚至叫爹妈的都有，从你包里忽悠钱的。这个不能相信。什么吃几个疗程，从此糖尿病不再吃药，这都是胡扯。要正确对待保健产品，谨防骗子设局误导。这是在用药问题上给大家提醒一下。

讲一个案例，有一位八十多岁的老先生，既有高血压，又有糖尿病，他和大多数老年人一样遛弯，这一天就溜到社区卫生服务站，进门要量量血压。一个护士在那儿，一问情况，护士说，你在我们这儿查一个血糖吧？不不不，我就是量一个血压，不在你们这儿测血糖，你们这儿就测不准。一脸的不信任。是不是这样？不了解，不信任，不利用，这是目前居民对社区卫生服务站的通病。护士说，你家不是在这儿住吗？咱们建一个慢性病的病例怎么样？你别建，别费那个事儿，我都不在你们这儿看病，建那个干啥？我还告诉你，还非得建。健康档案是属地化管理，人在哪儿住，档案建在哪儿。这个老先生是不了解。这个护士扭脸走了，心想，我搭理你呢！是不是这样？

这时候医生出来了，咱们的医生都是在省里面受过培训的，国家级培训、省级培训，都是人性化服务。你看看咱们的年轻医生怎么做的？大爷，你先坐这儿歇一会，我稍候给你量。老头说了，我家离这儿很近，五分钟路不到。医生说，这可不是累不累的问题，你到了社区卫生服务站，你稍微休息一下量得更准。你看这个讲得多好！这个老先生就坐下了。坐下之后，如果说两个人不沟通不谈话，你看我一眼，我看你一眼，没有意思，医患之间这时候要搭话。咱们这个大夫就跟他聊，大爷，那高血压多长时间了？家里几口人啊？在哪儿住啊？吃过什么药啊？效果怎么样啊？好了，聊着聊着时间到了，接着就给老先生量血压了。老年人衣服脱了量血压，医生说，老大爷，先别系扣子，我给你听听心肺。这就超出了老大爷的诉求，人家来就是量一个血压，没有系好扣子之前，顺手听了心肺，老先生三分感动。换成你你感动不感动？听了之后心脏挺好的，肺脏也挺好的，医生又说了，大爷，我给你摸足背动脉（脚面上的血管）。老先生说，啥是足背动脉？你摸那弄啥呢？我看了这么多次病，没有人给我讲过。可见过去看病没有人对他进行健康教育。这个足背动脉是这样的，在座的中老年朋友，每天晚上洗脚之后，你摸摸你自己的，大拇脚指头和二拇脚指头之间蹦跳是正常的，不跳动说明血管有可能堵着。糖尿病患者脚部不能缺血，这就是糖尿病足为啥每天晚上洗脚、按摩脚、泡脚、摸足背动脉的原因。医生给老先生摸了，还给他弄了一个记号，告诉他，晚上回家洗脚的时候自己摸摸。

老头本来是来量血压的，没有想到在社区里面听了心肺，还学了摸足背动脉，第二天遛弯时候又来了。你记住，中老年人有一个特点，我在这儿得到好处的话，我经常关心这儿。他跟大夫说，我昨天自己摸了，蹦得可好。医生又沟通了，你那洗脚水谁给你兑的？保姆兑的，先热后凉，用手摸摸。医生说,这里面有问题。我给你一个建议,先凉水,后热。这里面有一个什么好处呢?你如果先兑热水后兑凉水,你把凉水给忘了,你把脚伸进去了,很有可能怎么样?烫伤。老年人脚部不可出现问题,长得很慢,尤其是糖尿病。我给你一个建议,先凉水,再慢慢续热水,然后用胳膊肘放进去试温度,因为手上有老茧不敏感。

这个老头很高兴,第三天又来了,大夫啊,我就是按照你说的兑的洗脚水,按照你的方法用胳膊肘试的温度。医生就说了,大爷,你是怎么擦脚的?用的什么毛巾啊?那太简单了,用的旧毛巾,把脚面和脚后跟擦干净就行了。大夫说了,我给你一个建议,下次用一个新毛巾,用柔软的,擦擦脚面、脚后跟,脚指头缝里面也要擦干净,这个地方擦不干净容易滋生细菌,容易溃烂,烂了之后也不好。社区大夫拿出一条毛巾,大爷,我给你一条毛巾,社区给咱们老年人准备的有。这个老头高兴了,来了三次都有收获。

我问一下,下一次这个老头有病,他会首选哪里?首先奔社区去。这个案例我不但对大家讲,我对社区大夫培训的时候也讲这个例子,一定要人性化,一定要加强医患沟通,这样居民才了解社区,才利用社区,才相信社区。

当然了,谈到这儿,下面有个大夫说了,崔教授,你说得也很好,给他说了三天,一分钱没有挣,还赔给他一条毛巾啊!是不是这种情况?就是这情况。我说,这就叫人性化关爱。下次这个老头有病了,不但是他,包括他的家人,有了病,他哭着喊着来找你,是不是这样?

今天用了将近两个钟头的时间,给大家探讨了中老年高血压、糖尿病如何预防,如何衣食住行。我喜欢留十几分钟,咱们沟通一下,有什么问题,提出来,现场回答。

(互动沟通)

祝在座的大家身体健康、生活幸福!

主讲人：刘向前，郑州大学第四附属医院、河南省眼科医院眼视光中心主任，从事眼科三十多年。擅长于屈光不正（近视、远视、散光）的治疗和验光配镜及儿童弱视、斜视的治疗。多次承担省市验光配镜学习班的讲课任务，参加河南省首次中高级验光师评审工作，为提高河南省验光工作做出了一定的贡献。

时　　间：2013 年 1 月 27 日
地　　点：河南省图书馆研议厅

近视与防治

各位听众，大家上午好！我是刘向前，在郑州大学第四附属医院工作。郑州大学第四附属医院也是河南省眼科医院，我们医院有三个牌子，还有一个河南省口腔医院。我们医院具体地点离这儿比较远，南阳路一直往北走，在老鸦陈那个地方，主要以眼科和口腔为主，还有综合。我们今天是近视讲座，给大家讲一讲有关近视方面的知识。我看来的好多都是老年人，还有家长带着孩子来，这个讲座以前讲过很多次，和大河报也合作过，他们有小记者团，也听这个讲座。因为近视现在是越来越多，从高层领导到咱们普通大众现在都知道近视发病率越来越高，咱们把近视这个问题给讲一讲。

首先咱们说一下中国近视状况。咱们中国近视的状态就是发病率排世界第一，中国不但人多，发病率也是世界第一位的。很早以前是日本发病率排在第一位，现在中国赶超过去了，尤其现在，改革开放三十多年以后，用眼的机会越来越多，近视眼的发病率也就越来越高。有人统计，全国光近视的人数有 3 个亿到 4 个亿。在座的很多老年人也戴眼镜，证明年轻的时候也近视。咱们的近视人口相当于日本总人口的 3 倍，日本总人口才 1 个亿左右，咱们光近视人都比它多。咱们总是说"小日本"，它不光地小，国土面积小，人口比咱们少的多得多，咱们光近视的人就比它们全国人口都要多得多。

咱们近视人口是加拿大总人口的 10 倍，加拿大国土面积很大，但是人口很少，所以说移民加拿大比较容易。它们人太少了，地方很大，没有人在那儿居住。

后来还有人统计，每 4 个中国人当中就有 1 个戴眼镜的，就有一个近视眼。咱们可以看看家里面，或者学校里面，或者班级里面，是不是近视眼发病率很多。4 个人当中有 1 个，这发病率是很高很高的了。

还有人调查，中小学生近视的有 1.5 个亿，仅中小学生的近视人数就相当于日本的总人口了。

为啥咱们看到眼镜店越来越多？老郑州人都知道，德化街是眼镜一条街，转一圈，只要一看，随处都是眼镜店。当时流传一句话，"找厕所难，找眼镜店容易"。原来都是到德化街配，现在到处都是眼镜店，也很方便，就没有再到德化街了。现在到县里面，乡里面，都有眼镜店。

早在 1986 年，伟人邓小平就看到这种现象，他亲手批示，"中小学生视力的下降是影响青少年健康的一个严重问题，关系到整个民族健康素质的提高"。伟人就是站得高，看得远，他在 1986 年就考虑到国家民族近视眼的问题了。在(20 世纪)30 年代，那时候咱们被称为"东亚病夫"，人很瘦，吃不饱，营养不良，现在改革开放以后生活条件好了，但是戴眼镜的越来越多，近视眼越来越多。有人说，再停 20 年，没有一个不近视的人了。为啥呢？现在用眼机会太多了。原来看电影是 10 米远的距离；后来看电视就是三四米；现在看电脑呢，就是半米；看手机呢，3 厘米。距离越来越近，越来越近，用眼越来越多，近视眼就越来越多。原来当兵视力要求 1.5、1.0，现在没有办法了，当兵视力0.8 就够了。过去开车要求 1.0，现在考驾照戴上眼镜 0.8 就够了。要是条件不放宽一点，生产那么多汽车让谁开呢？没有办法，把视力的条件往下降，只要戴眼镜能看清就能开车。现在大家都戴眼镜了，有些人说了，再停二十年，找一个不戴眼镜视力达到 1.0 的兵就很难找了。这是很严重的问题，关系到整个民族的问题。

家里有人近视的话，回去给家里孩子讲一讲，给家里孩子或者孙子、孙女讲一讲，自己近视了应该注意什么问题。刚才有些戴眼镜的老年人也说了，(近视)老了不花眼了。是有这种讲法，到老了以后，别人开始戴花镜了，他倒是把眼镜去掉了，但是他只是解决一部分近视问题，只能抵消近视的一小部分，不可能全部把近视解决掉。老了之后，如果你是度数比较高的话，看远一个镜子，看近一个镜子，或者度数比较低的话，看远一个镜子，看近的话，还要一个低度的老花镜。大家感兴趣的话，咱们可以专门组织一个老年人近视的讲座。

温总理现在已经退了，他在前一段政府工作报告里面提到，"保证中小学生每天一小时的校园体育活动"，这就是为了预防近视。多参加户外活动，多往远处望，这样可以减少近视的发病。教育部专门印发了《中小学生近视防控工作方案的通知》，要求各个教育厅、学校对孩子近视加以重视。为啥现在近视多了？不单单是作业多，关键就是好多家长在孩子做完作业之外给孩子报班，尤其在暑假、寒假的时候。好多家长给孩子报班，总想让孩子多学一点东西。我们眼科大夫最不喜欢的有一句话，什么话呢？不要把孩子输在起跑线上。什么意思呢？就是让孩子拼命学习，拼命报班，怕别人家孩子学了自己孩子不学。于是报了很多班，总想让自己家孩子多学一点东西。只要学习就要用眼，用眼过度就会造成近视，这都是近视的原因。

2006 年，国家体育局进行了一个调查，调查结果是小学生近视率达到 31%，我记得我上小学的时候班上几乎没有戴眼镜的，上初中、高中之后才有一两个，现在初中的近视率达到 58%，占一半还多，到了高中就达到 76%。这是 2006 年的数据，现在都 2013 年了，比例比这个高得多。到了大学，高达 82%，近视越来越多。我孩子也上大学了，我问他，你们班上有几个戴眼镜的？他说，你别问我有几个戴眼镜的，你应该问我有几个不戴眼镜的，戴眼镜的太多了，数不过来了，不戴眼镜的好数。这说明大学生近视的人太多了。到大学校园里面看，都戴眼镜，参加过高考，冲击阶段天天用眼，想休息都休息不成，所以大学生近视的人会越来越多。

刚才说的是全国的近视状况，现在说说河南省的近视状况。

河南省是人口大省，人口达到 1 个亿，近视人群达到 2500 万，也有 1/4。咱们河南省还是高考大省，每年高考人数可以达到 88 万到 90 万，只要参加高考，肯定要更多地用眼，只要用眼过度都会造成近视。郑州市近视人群达到100万,中小学生近视人数有20万左右。

(PPT)这些都是小学生,记者随便照了一张照片,在小学生当中有很多戴眼镜的。

我们还发现一个规律,女孩子近视者比男孩子多。为啥呢?女孩子爱静不爱动,男孩子喜欢跑着玩,往远处望的机会多,女孩子比较喜欢静,喜欢做手工,用眼比男孩用眼的时间长。下课之后,男孩子跑到外面玩,女孩子在教室里面不出去,长期这样,女孩子近视比男孩子多。

什么是近视呢?咱们下面讲一讲。平行光线聚焦在眼底的前面,这就是近视。没有聚焦到眼底上,怎么聚焦到眼底上呢?把物体拿近了才能看清楚,这就叫近视。什么是近视?看近了清楚,看远了看不清楚,想看清楚必须戴眼镜。有好多家长不知道这个原理,给孩子配眼镜以后告诉孩子,上课的时候不用戴,写作业的时候戴。正好说反了,上课的时候孩子看不清黑板,坐得靠后,需要戴眼镜;写作业的时候坐近了,不用戴眼镜就能看清楚,所以就不用戴眼镜。孩子说,我都可以看清楚了,我上课看不清黑板才戴眼镜的。有的家长没有关于近视的知识,近视就是看近处清楚。

它的原理是什么呢?只有戴上凹透镜才能看清楚远处的物体。如果不戴镜子,光线通过眼球以后,聚焦在眼底前面,眼底看不清楚,都是模糊的像。怎么看清楚呢?戴凹透镜。什么叫凹透镜呢?中间比较薄,旁边(周围)比较厚,通过它的折射,能够把光线聚焦到眼底上去。近视眼的度数越大,镜片中间越薄,边儿越厚;度数小的话厚度就差不多。

它的表现是什么呢?看近处清楚,看远处不清楚。(PPT)看近处,花蕾看得很清楚;看远处,人影是模模糊糊的。这就是近视的表现。还有就是查视力表,看近了能看到1.0,有时候有小视力表,像巴掌大小,能看1.0,看远处模糊。

(PPT)就像这个小姑娘,看窗外的雨水看得很清楚,远处的房间看不清楚。

近视是什么原因造成的呢?咱们看一看,首先,近视有遗传性,父亲近视了,孩子也近视了。我们那儿有很多家长带着孩子去查视力,一查,发现孩子近视了。我问孩子爸妈近视不近视,孩子妈妈说,我也近视了。孩子就说,都怨你,都怨你,你给我生了一个近视眼。我赶紧安慰孩子,别着急,这证明你没有被抱错,通过这个间接来证明你没有抱错。家长偷偷跟我说,你别说遗传的,那样他该埋怨我了,你就说他看电视看的时间长了,或者写作业趴的太近了。

近视有很多原因,不是单单一个原因,如果只有一个原因的话就好办了。近视有好多原因,所以近视眼不好控制。咱们国家也投入了很多,但是近视人数还是越来越多。另外,我们发现双胞胎只要有一个近视,另外一个也近视,这充分证明了遗传是起到作用的。

遗传有一个概率,什么概率呢?就是父母如果都不近视的话,孩子近视率达到20%。有些家长说,我们两口都不近视,孩子为啥近视呢?那就是外界的原因了,孩子也有20%的可能性。如果父母有一个近视的话,孩子近视率可以达到50%,达到一半。如果父母都近视的话,孩子近视率达到70%。我们告诉有高度近视的人,你高度近视的话找对象最好不要找高度近视的,那样的话孩子近视率就达到70%了,近视率发生率很高。即便父母都不近视,还有20%的可能性呢,所以说以后近视会越来越多。

(PPT)这张照片是我夏天照的,这是我们的全家福,因为孩子母亲近视,所以遗传的孩子也近视。我们家也逃不过,也没有办法,只有一个孩子。我为啥没有近视?"文化大革命"的时候宣传读书无用论,天天搞革命,看书很少,那时候近视很少。这也间接证明了,看书多了,用眼多了,近视就多了。

有人调查了,在第二次世界大战当中很少有人近视,人们都在忙着逃命、打仗,没有时间坐下休息,所以全世界近视都少。"文化大革命"的时候调查了,近视也很少。现在孩子们学习越来越多,用眼越来越多,手机越来越普及,近视眼也越来越多,这也是环境造成的。

刚才说的先天性近视,现在说说后天性近视的原因。第一个就是坐姿不良。(PPT)你看这个小朋友趴在那儿写作业,这样坐身体舒服了,但是眼睛受累了。我们也发现,只要能改正坐姿,把身体

挺起来,近视发生会少得多。有的家长为了预防孩子近视,专门给孩子买背背佳,往那儿一趴,趴不下去。如果不想买那个东西,可以手托着下巴,胳膊肘放在桌子上,这样也可以防治近视。还有人说,坐得近一点,让你趴不下去,这样也可以。大家看看孩子适应哪个就用哪个方法,这样可以预防近视。只要坐得端正,这个近视发生率就会少一点。

第二个,握笔不正确。(PPT)这个孩子手指头拿着笔尖,我们要求的是拿一寸,拿得高一点。他拿着笔尖,大拇指就把视线给挡住了,他就要歪着头看,这样离得近了,就容易造成近视。

第三个,近距离、长时间用眼过度。为什么说手机看多了也会近视,它是近距离,又是长时间,看小说了,玩游戏了,用眼时间太长了,造成近视。这是大家公认的,如果把近距离、长时间用眼过度排除掉,近视就会少一点。现在谁不用眼呢?老百姓说"手眼为活",有了眼,有了手了,就要活着,咱们的信息80%都是靠眼睛来获得,闭上眼睛以后,好多信息都会丢失掉,所以说人们用眼的机会是越来越多。

(PPT)近视形成的原因分几大部分,第一个就是坐姿不良好,趴的太近,近距离看书时间过长,写作业过多。另外,过去都是走路看书,现在走路看手机。现在到公交车上一看,好多年轻人拿着手机在看,在那么颠簸的路上一直在看,造成用眼过度。

还有一个,偏食,有些孩子不吃鸡蛋、不吃青菜、不喝牛奶,偏食造成微量元素缺乏,微量元素缺乏就会造成近视的发生。

还有长期看电视,孩子一到放暑假、寒假的时候,家长上班了,一个人在小房子里面,没有兄弟姐妹,都是独生子女,也不出去玩,就在家里看电视。有些家长说,别出去了,在家里吧,这样安全。是安全了,但是近视了。写完作业没有什么事儿干,就看电视吧,现在连续剧、动画片24小时都有,很吸引人,长期看电视看成小近视眼了。

还有孩子过早地戴上眼镜。一发现孩子近视了,也不到医院检查,家长直接带孩子到眼镜店配眼镜。刚开始可能都是假性近视,治疗治疗就好了,有些家长不知道,到眼镜店随便配一个眼镜,把假性近视戴成真性近视了。还有不注意日常保健,我们要求每年给孩子体检两次,检查视力,暑假、寒假是治疗近视最好的时间。

(PPT)大家看这个,这个才一岁多的小孩,玩手机玩得多专注。1到3岁是孩子眼睛发育的最高峰,这时候天天看这个东西,肯定要用眼过度。手机、电脑好像专门是为孩子发明的,大人还掌握不了那么多功能呢,孩子扣扣这扣扣那,很快就熟练了,比成年人掌握得还快。他愿意扣这个东西,因为里面有好多好玩的游戏,过去我们小时候根本没有这些东西,都是跑着玩,跳绳啊,踢毽子啊,这些户外活动多一点,所以近视就少一点。现在用眼机会多了,所以近视就多了。

(PPT)你看这个孩子多专注,都快成斗鸡眼了。

科学家找了一个动物做实验,因为不能拿人做实验,让猴子天天看电视,时间长了,猴子也变成近视眼了。科学家通过实验证明,长时间的近距离持续用眼过度会造成近视。

科学家还找来小鸡做实验,刚孵化出来的小鸡,把它的两个眼睛旁边挡着,只能看到前面一点点,只看到眼下一点米,远处一点不让望到,长期挡住以后,等这个小鸡长大了把这个布帘去掉,发现这些小鸡都成近视眼了。什么意思呢?长期看近处,没有机会望远,这样就成近视眼了。(PPT)

第二个,(PPT)让小鸡只能看远,不能看近,看的时间长了,这个小鸡都成远视眼了,或者变成斜视眼了。

第三个,(PPT)把小鸡用半透明薄膜糊在眼睛上,等它长大以后,把薄膜揭掉,这小鸡成了高度近视了。

我们经常发现有些孩子是先天性白内障,家长也没有发现,孩子看东西也很近,也没有去医院检查,到孩子十几岁以后去医院检查,一检查发现是先天性白内障。白内障可以作掉,但是因为高度近视,眼球长得很大,这个没有办法。如果看不清楚了,应该早早到医院去做检查。我们医生发现有这个规律：有很多病，小病早早到医院看看，花钱少，效果还好，你觉得没有什么事儿，一直往后拖，拖到后来实在不行去医院，花钱多，效果还不好。为啥现在要定期体检，原因就在这儿，有小毛病及早治疗，就像汽车一样，小毛病早一点修理，等到大毛病了再去修理，花钱更多，效果也不好。

现在有些女孩爱美，刘海留得很长，这样也会加重近视。咱们学完以后回去看看自己的孩子，看看自己的孩子是不是刘海挡住眼睛了。因它像帘子一样挡住，只能看近，不能看远，跟科学家做小鸡的实验一样。

有一个洗发水的广告，一下挡住一半，光显秀发了，把眼睛挡住了，造成了近视。刘海过长了，你是剪，还是留，听了讲座你就知道怎么做了。

刚才说了，我是"文化大革命"时期出生的，就背着这样的书包（PPT），这个书包很薄，里面也装不了几本书，学习功课也很少。看看现在孩子的书包（PPT），原来是挎包，现在成了背包，过去一个肩膀，现在变成两个肩膀，里面装的鼓鼓囊囊的，好多功课都有，好多课程都有，孩子都背着很重的书包。

（PPT）人很小，但是背的书包很大很重。

（PPT）有记者去称了一下，看看有多重，发现从几公斤到十几公斤都有，尤其到考试的时候，背很多书。

有些商家看到这里面的利润了，背不动怎么办？干脆变成拉包（PPT），大街上经常看到孩子拉着书包走。书太多了，背也背不动，也影响个子的发育，就干脆拉着走。

（PPT）现在很多家里条件好了，直接送孩子来上学。我们发现，你在家里面是一个封闭的环境，看不远，你在出门的时候本来可以看远，但是你又坐在汽车里面，汽车里面空间也很小，又没有机会望远，到学校里又坐在教室里面，又没有机会望远了。有的科学家做过小鸡的实验，把小鸡放在纸箱里面养，纸箱都是竖着，不让小鸡飞出去，小鸡只能望近，不能望远，长大以后，小鸡都成近视眼了。因为天天望的都是近处的东西，没有机会望远。

通过这个例子我们可以观察到，城里的孩子比农村的孩子近视多。为什么呢？城里到处都是高楼大厦，都是单元房，他们没有机会往远处望。农村呢，放学以后，田间有麦田，有往远处望的机会，高楼大厦也很少，一望无垠的田野，有望远处的机会，城里的孩子没有这样的机会。经常望远可以预防近视。

咱们再看看在学校里面的"两长一短、两多一少"是哪些内容？学习时间长，持续用眼时间长，睡眠时间短。现在高考生考试之后第一需要就是睡觉。他们很多人说，考试完了我要是睡三天三夜该多舒服啊！这说明睡眠太少了，用眼太多了，时间也太长了。另外作业多，考试多，户外活动少，这些统统都是造成近视的原因。

（PPT）作业这么多，背着书包，天天压的像个车夫一样，走近了才能看清楚视力表。

怎样才能知道孩子是否近视呢？一看孩子看电视看一会儿往前去了，这就是一个信号。再一个，如果发现孩子看电视眯着眼，那就是近视了。有次一个家长带着孩子去查视力，一查是0.2的视力，也就是只能看视力表最大的前两个，他爸气得一脚踹在他身上，你平常跟我说1.2的视力，现在怎么0.2的视力？孩子说，我不敢跟你说，我害怕你吵我、打我。为啥不敢给大人说呢？大人总是交代，不要总是看电视，写作业时坐的端正一点，孩子有时候自觉性差一点，不自觉地、不由自主坐得近了，时间长了就造成近视。造成近视之后看不清，也不敢告诉家长，害怕家长吵，也不敢说，所以很长时间不告诉家长。怎么办呢？有时候学习成绩会下降，怎么下降呢？看不清楚黑板上的字，没有办法，抄同桌的。同桌的视力好，看到了是什么，人家做了笔记，他再抄过来，这不是影响学习吗？有个记者到一个比较好的学校去调查，校长说，我们这儿都是好学生。记者一看，学生都戴着眼镜，都是近视眼。

再看一看不正确的握笔姿势造成的近视。（PPT）这个是大拇指挡住笔尖了，看不清，头要歪，头一歪就趴得近了。正确的姿势就是手指头离笔尖有一寸，这样可以减少近视的发生。我们也发现，有些自动铅笔会造成孩子近视，为什么呢？我发现我的孩子握笔也不正确，大拇指压着食指，就像图片上的孩子一样（PPT），我问他，你为啥这样拿呢？他说，这样拿铅才不断。我讲了，我们小时候都是拿铅笔刀去削，那时候铅笔不容易断，现在自动铅笔很方便，不用削了，一按就出来一点，但是斜着拿，稍微用一点劲就断了。过去铅笔都是木制的，很粗，要用铅笔刀去削，那个不容易断。现在好多孩子握笔不正确也是造成近视的原因，家里有自动铅笔的要收起来，最好不要用，现在国家发现以后也不让再生产自动铅笔了。

（PPT）大家很熟悉这张图，温总理到一个中学去听讲课，记者随便拍了一张，总共六个孩子，有几个戴眼镜的？只有一个没有戴的，其他几个都戴了，这说明近视发病率很高。这是第一。第二，这些孩子都趴得很近，只有温总理坐得很端正，拿笔姿势也很端正。通过随便一个照片就能反映这些问题，孩子们几乎贴在书上了。

近视眼后天的原因就是近距离、长时间用眼过度。让孩子看这么多书，写这么多作业，趴得这么近，不近视才怪呢？另外，有些孩子吃甜食过多，也加重近视。有些孩子喜欢吃甜的，家长就给他买，现在条件也能达到。（PPT）你看这个小胖妮这么胖，都戴上眼镜了，还要吃冰淇淋。不能说不让吃，但是不能过量，过量之后容易造成近视。吃的甜食多了眼球会变软，我们知道眼球里面有眼压，就像气球一样把眼球吹大，眼球大了以后就是近视。

有些人问我，近视眼和远视眼有什么区别呢？我说，打个比方，近视眼眼球长得大，远视眼长得小，不大不小是正常眼。（打个比方）远视眼是没有发育好，就像个子没有长起来；近视眼是长得太高了，就像姚明一样；不大不小是正常的。为什么近视眼的人把眼镜去掉以后发现他的眼球往前凸呢？那就是眼球变大了。有些人说，我的看着也没有往前凸，为什么近视度数高呢？有的是往后长。我们做个眼B超一查就能查出来，这个眼比正常人要大很多，大1毫米约增加300度的近视，这都是有科学根据的。

近视眼的饮食问题有"四过"：第一个，过甜。吃甜食过多，这样会造成近视。第二个，过精。有些孩子不吃玉米面等杂粮，吃的过精也可以造成近视。第三个，过软。什么东西都过软了，不用费牙，要多吃一些坚果。第四个，过偏。偏食了，只吃某一样东西，其他的东西不吃，天天挑食，这样也容易造成近视。咱们回去可以看看自己的孩子有没有这些偏好，如果有这些偏好，给他改一改。

刚才说了近视的原因，近视到底有什么危害呢？有人说了，我不就是戴一个眼镜吗？（PPT）这个小姑娘在我们医院一查，一听说自己近视了马上哭起来了，为什么呢？本来眼睛长得很大很漂亮，一戴眼镜觉得不美观了。本来眼睛很大，一戴上眼镜之后，因为近视眼镜是缩小镜，能把眼睛缩小，影响美观。有些女孩子为啥不愿意戴眼镜呢？眼睛长得很大很漂亮，大家都知道，凹透镜会缩小，看着眼睛变小了，不美观了。我经常说一句话，"大眼漂亮，小眼聚光"。眼睛大了很漂亮，但就是不聚光，眼睛小了聚光，看得清楚。我喜欢拿电影明星小燕子赵薇打比方，眼睛很大，但是她是近视眼，上镜头的时候都戴着隐形眼镜。她不能戴框架眼镜，因为她演古代戏，古代没有眼镜，带个眼镜去表演，肯定不像那么一回事。陈佩斯眼睛很小，他就不近视，眼睛都是远视眼，视力好，看远处可以。

女孩子不愿意戴眼镜，不戴的话看不清黑板，又影响了学习，很矛盾。很多近视的孩子一直不想戴眼镜，甚至到了四五百度了还不想戴，怕不好看，这就影响学习了。本来能考上清华、北大，能考上名牌学校，现在因为看不清楚造成学习成绩下降，那是很可惜的。

我们看看近视眼的眼底什么样？（PPT）这是正常的眼底。咱们大家没有见过，我们眼科大夫天天看眼底，拿个眼底镜（检眼镜，下同）趴在眼睛上直接看到眼底。通过这个眼底是可以看到血管的，动脉、静脉，只有通过眼底才可以看到身体的动脉。静脉都能看到，蓝蓝的或者紫紫的，都能看到；动脉看不到，只能摸到。中医号脉就是摸的动脉，静脉是没有波动的。

动脉怎么能看到呢？通过眼底镜，我们说眼睛是心灵的窗户，我们眼科医生通过眼底镜看到病人的动脉，动脉有没有硬化，里面有没有高血压、糖尿病，通过眼底都可以看出来，所以我们体检的时候最好查查眼底。有些人只知道自己吃得多，喝得多，但是还消瘦，不知道原因，一查眼底发现是糖尿病眼底，一查血糖，发现血糖很高，以前都不知道，通过眼底能够发现很多病。

咱们看看近视眼的眼底（PPT），这个是斑部变性、裂孔了。这个是高度近视，因为眼球往后长，视网膜很薄，拉得时间长了被拉出一个洞洞。（PPT）这个是视网膜脱离，眼睛一直往后面长，视网膜就像贴在墙上的画一样，眼球不断往后长，画就掉下来了。咱们看这张图（PPT），下面发白的这个，这就是脱离掉了。

我有一个亲戚是个高度近视，他有一次在饭店里面给我打电话，我现在只看到服务员的腿过来了，看不到服务员的上半身，这是什么现象啊？我知道他是高度近视，就告诉他，这可能是视网膜脱离了，赶紧来看看。去医院一看，就是视网膜脱离。视网膜下面脱离以后，它是朝着上面，因为光线是直的，下面脱离以后看不到上面的东西了，上面是好好的，没有脱离，可以看到下面的东西，所以说他能看到服务员的腿，看不到服务员的上半身。挺吓人的，看到半截人过来了。高度近视的人经常这样交替挡一挡眼睛，如果发现哪个眼睛突然看不清楚了，或者某一部分看不清楚了，那可能就是视网膜脱离的表现了。因为视网膜脱离是不疼不痒的，没有感觉，只有这挡一挡、比较比较才能发现。

另外视网膜还会出血，因为高度近视以后还会造成出血。B 超检查时会发现玻璃体浑浊，有些高度近视的人告诉你，看到眼前有黑影，像蚊子、苍蝇一样来回飞，正常人有一两个不要紧，我们叫"飞蚊症"，或者轻度的玻璃体浑浊。高度近视玻璃体浑浊就比较重了。

再一个，高度近视的人还会有豹纹状眼底。什么叫豹纹状眼底？像豹子身上的花纹一样。因为眼球不断往后长，视网膜拉长以后，像很糟的布一样，像豹子身上的花纹一样。高度近视还会造成青光眼，得了青光眼以后那就不好办了，目前科学上青光眼是没有办法治疗的。白内障很好办，做一个小手术，十几分钟就下手术台了，今天还看不到呢，做完手术第二天就可以看到 1.5。青光眼不行，做手术也没有机会，它是视神经萎缩了。

咱们讲讲近视的危害。近视可导致玻璃体混浊、眼轴拉长、巩膜视网膜变薄、周边视网膜变性裂孔、视网膜脱离、青光眼、白内障、黄斑部退化、黄斑部出血等，还有一些不易察觉但却对孩子影响更为严重的影响，比如说看不清楚会造成注意力不集中；食欲下降（因为学习不好，心情不高兴，所以食欲下降）；反应迟钝；营养不好之后脸面也就不好了；精神恍惚。学习成绩下降以后，随着各种各样的心理因素，都会导致孩子整个情绪下降。

近视不但影响眼睛，还影响身心，导致学习成绩下降，影响孩子学习效率。近视最直接的表现是容易产生视疲劳，出现视物模糊、眼睛干涩、酸痛，精神难以集中以及情绪烦躁，甚至头晕等现象，能够造成记忆力下降和学习兴趣下降等不良后果。因为什么呢？他看不清楚了，你还想让他学习好，那可能吗？有一个小数点他没有看清楚，他怎么能算正确呢？

（PPT）这里有一个记者在一个中学里拍了一个照片，有多少戴眼镜的！

近视眼还会造成身心异常，近视不仅会诱发产生一些眼部疾病，还会对身心健康、发育构成严重危害，使青少年出现封闭、保守以及较为严重的人格缺陷。我们上课时只要谁戴眼镜了都会起一个外号，"二饼"之类的，很不尊重人的，现在戴的多了，也没有人起外号了。现在戴眼镜总是不方便，有时候冬天从外面到屋里眼镜上有雾气，有些大夫戴口罩，一弄就有雾气，很不方便。

有些人不戴眼镜，对面来人了也看不清楚，我问他，那你怎么办呢？他说，别人都先给我打招呼。有些人还说，你这人怎么这样啊，总是我们先给你打招呼？他说，对不起，我看不清，怕认错人。有些近视的朋友看不清楚，经常认错人，弄得很尴尬，后来干脆不打招呼了，谁愿咋的咋的。近视使与人沟通受到影响。

另外，近视眼影响当兵。咱们知道，当兵要求视力很好，还有一些航海的，还有军事学院，航空，地质化学等等方面，远处作业的一些工种，海员等等，都不要近视的，因为戴眼镜很不方便。尤其是现在的一些武警，抢险救灾时你戴眼镜，眼镜一掉，什么都看不清楚了，怎么帮助别人啊？因为近视眼，一些职业受到限制。

高度近视会遗传给下一代，一般来说，如果父母有一个属于高度近视，就有可能遗传给孩子。保护好孩子的视力，不仅是给子女一个清晰的视野，更为子孙视力健康打下坚实的基础。否则，一代人近视了，可能代代相传，贻害无穷。为啥现在近视的人多了？父母都近视了，孩子的近视率更高，父母都不近视的话还有20%的可能性，所以说近视眼会越来越多。

咱们总结一下近视眼的七大危害。第一个，工作生活不方便。刚才说了，戴眼镜会产生雾气，或者正在跑，突然眼镜掉了等，生活、工作都不方便。第二个，高考专业受到限制。刚才说了，参军啊，军事院校啊，航海专业啊，都受到限制。第三个，影响学习成绩。看不清楚了，肯定要影响学习成绩。第四个，容易挫伤自尊。学习成绩下降以后，自尊心也就下降了。戴上眼镜以后怕别人给起外号，这也是怕影响自尊。第五个，容易受到意外伤害。开车的时候看不清楚，容易发生意外。我告诫那些近视的，尤其是轻度近视的，平常可以不戴眼镜，开车的时候一定要戴眼镜，因为车速很快，看不清楚的话反应就慢了，容易出现危险，发生意外伤害。第六个，重者可能造成失明。刚才我说了，视网膜脱离的话会导致失明。第七个，遗传给下一代。这是近视眼的七大危害，咱们清楚这些危害了，就应该防治了，不要以为近视眼就是戴眼镜就算了。

预防近视有哪些方法呢？首先咱们把背包、拉包变为提包，先从书包上减负，先从学校减负。用眼少了，近视就发生的少了；用眼多了，近视就发生的多了。我们这个讲座在图书馆可以随便讲，如果进到学校，有些校长就不愿意了，我们这儿近视人这么多，好多家长就该说我们这儿灯光不好，给孩子布置作业多了等等，弄得我们也不敢到学校讲。咱们在这儿讲，听了之后回家给孩子讲一讲，让他们多参加户外活动，不要给他们报那么多班，把上学变成一件轻松的事情，不要把孩子弄得感觉上学很痛苦。

还有认真做好眼保健操，这是咱们中医的方法，眼周围有很多穴位，多按摩按摩可以增加血液循环，认真去做，这样也可以减少近视。另外眼睛上下左右来回看，或者看窗户，绕着窗户的几个角看一看，再倒过来看一看，增加眼球的活动，减少近视。近视就是长时间盯着一个点，让眼睛来回运动运动，像演员一样，这样可以减少近视的发展。

另外多打打乒乓球，随着球的来回运动，眼睛的肌肉得到锻炼，也可以防治近视。咱们的乒乓球一远一近，眼睛跟着不断地在调节，看远，看近，可以减少近视的发展。有一个例子，(PPT)邓亚萍，咱们郑州的国家冠军，连续三届得了奥运冠军。原来当运动员的时候不近视，后来不当运动员了，当了北京的团委书记，又是上哈佛什么的，也变成近视了。只要看书多了，就会近视。

春天马上就要到来，咱们经常带孩子出去望望远处，放放风筝，都可以预防近视。放风筝对老年人的颈椎也有好处，可以让他们往后仰仰头，也吸收一些新鲜空气。

多看看绿色的植物。绿色对眼睛是放松的，红色对眼睛是紧张的。有人调查，咱们中国人近视多了也可能是因为中国到处都是红的，大红喜字，还有座椅都是红的，红的喜庆，红的看得多了，可能就近视多了。多看看绿色的东西，对近视会好一点。另外多参加户外活动，往远处望一望。

高度近视要避免剧烈的体育活动。哪些剧烈的体育活动呢？跳水啊，篮球比赛啊，拳击啊等等。(PPT)这是跳水冠军郭晶晶，她也获得过好几届世界冠军，她双眼都是视网膜脱离，她还不是高度近视，是正常人。因为她天天往下跳，头朝下，脚朝上，每天大量的训练，所以视网膜就脱离掉了。我们遇到视网膜脱离以后，第一个治疗就是先回家平躺着，或者到医院里面先平躺着，视网膜竖起来容易掉，平躺着不容易掉。平躺以后，由于重力的作用，视网膜会回到原来的位置上。郭晶晶因为跳水过度造成视网膜脱离，她后来做了手术，但是视力肯定回不到原来的水平了，所以有人说郭晶晶眼睛看着很漂亮,但是没有神儿。

还有一个高度近视的病人到我们医院住院了,他说他视网膜脱离了,我问他怎么造成视网膜脱离的?他说在家里床上做运动,做倒立,头朝下,脚朝上,视网膜就掉了。高度近视的人视网膜和眼球粘的很松的,眼球一直往后长,视网膜粘不紧了,你再做倒立,视网膜就掉下来了。有些人做完视网膜脱离的手术,大便比较干,到厕所里面一用劲,视网膜又掉了。另外,高度近视的人不要使劲揉眼睛,因为粘的很松。

另外篮球比赛肢体接触比较多,碰着眼睛之后容易造成视网膜脱离。(PPT)这是一个照片,这不知道是抢篮球,还是挖眼球呢?这动作太野蛮了。还有拳击比赛,头部受到撞击之后视网膜也容易脱落掉。

预防近视要有充足的睡眠,要休息好。要劳逸结合,多参加一些舞蹈活动,参加户外活动。(PPT)我觉得这个小孩睡觉的姿势很好玩,但是不能采取他这种姿势去睡觉,小孩可以,老年人不行,趴着睡觉影响呼吸,影响心脏。

(PPT)预防近视要平衡饮食,多吃一些新鲜蔬果,多吃一些新鲜蔬菜,多喝一点牛奶。牛奶里面有很多钙质,补充点儿钙,补充钙之后眼球不软了,近视发生的少一点、晚一点,或者慢一点。

另外是少吃甜食,甜食吃的过度造成眼球发软,容易造成近视。家长不要给孩子买太多的甜食,要告诉孩子,吃甜食过多会造成近视。这个回家可以给孩子讲一讲。

让孩子养成用眼的好习惯,这也是预防近视的好方法。让孩子自己制订一个看电脑、学习的计划,看电脑多长时间,写作业多长时间。我们要求40分钟必须休息休息,上课40分钟还要到户外休息休息,何况写作业呢。定一个闹钟,时间一到就要休息眼睛,往远处望一望,让眼睛放松放松。家长帮忙监督孩子,看看他有没有做到。

另外坐姿要端正,很多近视者是坐姿不端正造成的。书本离眼睛有30厘米,我们要做到"三个一",哪"三个一"?眼睛离书本一尺远。这个有时候不好掌握,就像我刚才说的用胳膊肘顶着桌子,再用拳头顶着下颚,这样大概有一尺远。胸离书桌有一个拳,不要紧贴着,贴着容易趴那儿、歪那儿。再一个,手拿笔(离笔头)要有一寸远,这样不影响孩子视线。我问我们那儿好多小患者、小朋友,老师讲过没有?老师都讲过,但是没有做到?一没有做到,那就容易造成近视。

(PPT)像这几个都是弓着腰,还有坐姿不端正,趴得太近,这都可能造成近视。

寒假现在已经到了,每年寒假、暑假都要给孩子查查视力,每年要查两次。孩子从什么时候开始查视力呢?从3岁开始查。3岁也是眼睛发育的关键期,只要孩子够3岁,就带孩子去查查视力,看看达到正常没有。孩子3岁时一般看不到1.0、1.5,一般3岁能看到0.6,4岁的孩子能看到0.8,5岁的孩子能看到1.0。3岁孩子看到0.6你也不要紧张,那是发育的问题,到5岁以后一般就到1.0,到6岁时候可以达到1.2,上课看黑板什么都可以看清楚了。每年都要给孩子查查视力,寒暑假给孩子查视力,不查的话不知道眼睛好坏。有时候一只眼好,一只眼不好,不去查视力根本发现不了。视力不像身高、体重一样,身高、体重不达标,你很快就会发现,视力不达标,你发现不了,因为它不影响吃,不影响喝,只是看远处看不清楚,你也没有给他比较过,容易被忽视。

另外是看看眼底,(PPT)这是我们看眼底的眼底镜,还可以用综合验光仪查查视力。

下面咱们说说近视之后怎么办?第一个是框架眼镜,就是大家戴的眼镜。我们眼科大夫也就说了,最安全有效的就是框架眼镜。好多人不愿意戴眼镜,用别的方法来治疗近视,但是最安全有效的还是框架眼镜。你看中央领导人,都是戴着眼镜,框架眼镜是一个最好的方法,可以提高远视力。但是框架眼镜有一个缺点,对儿童来说,挡不住每年100度的发展。我们发现有这个规律,不管你配不配眼镜,在孩子10岁到18岁期间,或者13到18岁期间,孩子近视度数会随着身高长而长,一般是每年100度。因为这时候看书太多,正好是上初中、高中这几年,看书很多,学习压力很大。有些人怕带上眼镜之后度数加深,有人不戴眼镜,但是不戴也照样发展。戴眼镜会发展得慢一点,因为他看清楚了，不用眯眼了，会发展得慢一点。

（PPT）眼镜像树的年轮一样，一年一个圈，一年 100 度。看人的近视度数大不大，就看他眼镜里面的圈多不多，不过现在这种镜片少了，都是树脂片、超薄片了。

另外可以用角膜塑形镜来治疗。现在很多家长也知道，睡觉时往眼睛里面扣一个隐形眼镜，扣到里面以后可以减少近视的发展，白天不用戴眼镜，白天跟正常孩子一样，你不说你近视谁也不知道。这是从美国发明的东西，也是控制近视的一个方法，但是有一定的风险。它是每天晚上戴，早晨起床时去掉，和普通的眼镜刚好相反。一般的隐形眼镜是软的，它这个是硬的，它主要是控制近视的发展，对青少年近视是有帮助的。

另外可以做准分子激光，大家都知道，一打激光，眼镜可以不用戴了。但是这是有条件的，一个是 18 岁以上；第二个，近视两年不发展。如果还在发展，那不能做，比如说按照现在的 300 度打了，打完之后又发展了，那不能再打啊！过了 18 岁之后还发展，那还不能打，什么时候不发展了才能打。用激光对眼睛一照，就可以解决不戴眼镜的问题了。

（PPT）这是示意图，这是正常人的眼球，怎么做准分子激光呢？先拿一个刀把角膜给掀开一半，就像翻盖手机一样翻开一半，下面留着一半，在这个地方（PPT）打激光，把你的 300 度 500 度给挖掉，眼球变薄了，然后再把盖儿翻回去，就像手机盖儿盖回去一样。本来很鼓的眼球，变的中间比较薄了，原理就是这样。镜片中间比较薄，旁边比较厚，等于把镜片加工到眼睛上了，把自己的眼睛加工加工。一般磨镜子就是磨镜片，这个等于磨自己眼睛。有些人害怕打激光就是因为这个，它把眼球弄薄了，想再恢复到原来的状态不可能了。这个也不是很完善的手术，但是可以解决一部分不戴眼镜的问题，确实做完以后不用戴眼镜了，但是你的眼底还是近视的眼底，改变不了。

现在还有一种叫 RGP 的硬性隐形眼镜，现在在国外很流行这个。这个软的戴上去之后直接贴在黑眼球上，咱们黑眼球是从外界吸收氧气的，贴上去之后黑眼球得不到氧气，容易造成眼睛发炎。RGP 硬性隐形眼镜扣到眼睛上以后，不是直接贴上去，中间还有泪液可以交换，减少炎症的发生。在香港，在台湾，在国外，RGP 硬性隐形眼镜已经开始流行了。最早的时候是硬性的，那时候材料不过关变成软性的了，因为软性的容易造成眼睛感染，现在又回到硬性的隐形眼镜了。这个硬性隐形眼镜可以戴两三年三四年不用换，它里面是干的，没有水分，不容易产生细菌，软性的水分含量很高，容易产生细菌，所以硬性的隐形眼镜对眼睛健康是有帮助的。

另外我们对有些高度近视的人用装有晶体眼的人工晶体进行治疗。有些高度近视的打激光，我们刚才看了示意图，你是 200 度 300 度，可以挖去一点，如果是 1000 度或者 2000 度，那就挖透了，怎么办呢？做一个眼内镜放到眼睛里面。通过小手术把这个镜子放到眼睛里面去了，通过这样治疗高度近视。我们治疗这个患者（PPT），你猜猜多少度？4000 度。原来戴隐形眼镜 2000 度，外面框架眼镜再戴 2000 度，做了这个手术把眼镜塞到里面以后再也不用戴眼镜了，看东西很清楚，他很高兴。

要科学选择近视的矫治方法。

咱们看报纸上治疗近视的广告特别多，这种广告，那种广告，虚假广告也很多，到底应该怎么样选择呢？我们近视讲座和《大河报》做了一些合作，《大河报》还组织小记者来听我这个科普讲座，然后他们写文章，都登在《大河报》上了。

青少年矫治近视最佳的方案，对青少年来说，就是角膜塑形镜好一点，但是是有风险的，晚上戴，白天去掉，如果手不干净的话容易感染。好处是，晚上戴戴，白天不用戴了。它的原理是什么呢？就像牙部整齐一样，用钢丝箍一箍、摁一摁，给他矫形矫形。这个是硬性隐形眼镜，你睡觉时候肯定要闭眼，闭眼以后把这个度数给它摁下去了。白天要睁着眼，用眼多了以后，因为眼睛有弹性，它又回来了，所以每天晚上都要戴。这虽然很麻烦，但是可以控制近视发展，另外白天不用戴眼镜，可以获得好视力。

(PPT)它的原理是什么呢？戴上眼镜以后把黑眼球中间这一部分给压平了，多余的去哪儿了？去旁边了。造成中间稍薄一点，旁边稍微厚一点，这样起到矫治近视的作用，把远处的物体落到视网膜上。它是每天晚上戴，早晨起床时去掉，控制近视度数和散光度数的加深，这是它的优点。

最佳配戴年龄是 18 岁以下的孩子，成年人近视不发展了，带一个框架眼镜就行了，或者打激光，都可以。现在国产的也有了，这个角膜塑形镜在国际上也受到重视，开了很多国际会议讨论它。因为它不是特别完善，各国的眼科专家聚在一起讨论怎样发展发展，让它更加完善。(PPT)这是大会的场景，有中国、韩国、日本、美国等国的专家。

角膜塑形镜是每天晚上戴，白天去掉，恢复正常视力，经过多年的研究，大部分近视患者都没有明显地增加。一般的近视是一年 100 度，这个镜子不能说不发展，有人调查了，三年增加了 25 度或者 50 度。这就好多了，起码可以控制，你长大以后，你再采取其他安全的方法。

另外，咱们一定要注意，配戴角膜塑形镜一定要洗手。假如说家里孩子已经戴了这个角膜塑形镜了，一定要告诉他好好洗手，规范地操作，假如说感冒了或者眼睛红了，就不要戴这个塑形镜了。

我是郑州大学第四附属医院河南省眼科医院的，(PPT)这个漫画是大河报记者采访完以后给画的像，大家看看像不像？

（听众：像。）

谢谢大家！

大家有关于眼睛的问题都可以提，不单单是近视，大家关心的白内障、青光眼等都可以提一提，我可以给大家讲一讲。

（现场互动）

主讲人:张海林,河南省餐饮与饭店行业协会常务副秘书长,主要研究中国烹饪学,河南省餐饮文化、烹饪理论研究的带头人,中国烹饪学研究专家。他开创了河南省中等烹饪、餐旅职业教育理论和技能结合的模式,为河南省餐饮行业培养了大量的专业技术人才。

时　间:2013 年 2 月 3 日

地　点:河南省图书馆研议厅

中国烹饪文化

很感谢大家下着雨来了。与去年相比,去年很冷,今年是下雨,还有这么多朋友来听我啰唆两句,我也很感谢大家!

首先,应该给大家拜一个早年,今天小年了,离春节没有几天了。在这个时候讲讲中国烹饪文化,应该说也是比较合时宜的。恰恰这几天,正因为中国餐桌上的浪费,各个方面都有声势浩大的活动。有很多人因此也对中国的餐饮、中国的餐饮文化以及中国的烹饪文明有不少微词。实际上前几天我对有关记者也说过,这恰恰说明我们并没有继承或者说比较完美地继承中国的烹饪文化。

我在去年就讲这个问题,我们这么多年来遇到了很多专家,西方的专家、营养学的专家等等,而且号称专家的人很多,别人要说我是专家,我常常说我没有专门在家,我还上着班,虽然退休了,还在教书,谈不上专家。现在专家比较多,满世界讲文化,满世界讲餐饮,现在打开电视机,几乎每一个电视频道都有美食节目,都有很多专家在指手画脚。还突然冒出很多中医学的专家,满世界讲养生、讲中医,有些时候让我们都不敢讲话了。好在河南省图书馆这个地方比较"保密"一点,而且我们这些听众都是很有研究的、喜欢文化的人,所以就敢来讲一讲。

"文化"这几年被我们整馋了,大家都有文化,没有文化的少,有文化的很多。我一直在跟很多人讲,什么是文化? 并不是你识两个字、读两本书你就有文化了。我们所谓的文化,不要说它是传统的、历史的、过去的、现在的,都不要说,所谓文化,实际上就是我们人类这么多年来很多积累的精神的和物质的一种财富,或者说是一种成果,或者是一种程序。我在很多地方讲过什么是中国烹饪文化,中国的烹饪文化就是中国人是怎么吃的,在哪儿吃的,怎么样来解决自己的吃。这就是中国的烹饪文化。

你要明确这一点，我们中国人的生活方式，我记得我去年讲过这个问题，实践证明、历史证明，它是安全的、可靠的、科学的。这个文化直到现在还迸发着真理的光芒，这是不变的。因为什么呢？我们不说别的，改革开放三十多年来，这样一个实践就证明我们过去的生活方式是正确的，我们现在很多的生活方式是错误的。你的病从哪儿来的？吃来的。有人说呼吸来的，那也算，但是很多病是吃出来的。我们在这个地方先不扯这个问题。卫生质量事故、食品质量事故是此起彼伏，从猪肉到羊肉，从鸡肉到鱼肉，翻来覆去到处都有问题。这是另外一个关键问题，我们暂且不说。

中国烹饪文化的传承问题和继承问题，现在到什么程度了？在座的有很多老同志，您的生活方式很难改变，我们就不说了，但是在座的也有年轻的朋友，中国人的生活方式、中国的烹饪文化，它的传承牵涉到民族文化的安全问题。如果说我们再不把自己的东西给弄清楚，再不把自己的传统给传承下来，我们自己民族的生存都有问题。

我不是还有一个大家都知道的头衔嘛，还是文化厅非物质文化遗产专家委员会成员，我们现在天天喊文化，喊"非遗"，很多文化伴随着我们一代一代人老去，伴随着城市一天天的变迁都不在了，都没有了。好在我们中国烹饪文明、中国烹饪文化还被很多人，特别是被有些指斥为老百姓、没有文明的人在坚持着。我有时候就想，如果我们城市化的进程再快一点，我们的影视作品宣传得再多一点，也许我们将来整个生活方式都变化了。如果说我们将来都用西方人的生活方式，都按照西方营养学、西方烹饪的问题来看，那将来还有真正的中国人吗？还有中国真正的文化传承吗？从小吃麦当劳、肯德基长大，从小喝着咖啡长大，从小喝着干红长大，从小吃着牛排长大，这些人会接受我们自己的传统的中国文化吗？有些香港人不认可自己是中国人，说自己是香港人，甚至打出英国国旗，焚烧中国的国旗，为什么呢？他自小就生长在这样一个殖民地环境当中，自小吃的就是西方的食品，受的是西方的教育，就算长的是黄种人，骨子里面已经不是中国人了。我们经常说文化的传承牵涉到民族的安全，如果将来有一天我们的生活方式都改变了，所谓中华民族的传承、所谓中华文明的传承、所谓中国烹饪文明的传承，都成一句空话了。

这不是危言耸听，烹饪文化它的安全、它的传承是牵涉到我们民族的安全、民族文化的安全的一个很重要的问题，虽然我们很多人在列文化时不把吃的文化列为第一，把很多其他文化排在前，甚至有时候想不到吃的文化。一个《舌尖上的中国》让全中国很多人开始重视餐饮文化，实际上中国的文化又何止是《舌尖上的中国》，中国的烹饪文化是中国整个哲学的基础，是整个中国传统文化的基础。

中国烹饪文化的核心怎么表述？这个在国内还是有一些分歧的。怎么说呢？我们现在说惯了叫烹饪文化，很多地方叫餐饮文化，烹饪和餐饮之间的区别在哪儿呢？"烹饪"这个提法过多地侧重于它的技术和它的产品。"餐饮"呢？过多侧重于它的产品和消费形式。它们之间有这么一个差别。但是，作为烹饪文明，它是餐饮文明的基础。说到底，烹很简单，"烹"现在在术语里面用法很多，但是"烹"实际上就是煮。什么是饪？就是熟食。

我没有对照过中国人陶器产生的时代和另外世界上几大文明，像两河流域文明啊，埃及文明啊，印度文明啊，没有完全比较过，现在很多都是考古得来的，没有完全确定。比方说我们现在用火是在120万年以前，也有人说是在170万年到220万年之间，各种说法都有。比如说发现一个遗迹，经过碳14的检测，通过地层的推断来决定它处于什么时代。像我们河南这一块，郑州以下是黄河冲积平原，人类早期活动的遗迹经过黄河水一次一次的冲刷、一次一次的沉淀深深掩埋在地下。早期用火到什么时候我们很难说，但是我们现在比较确定的就是我们中国的陶器这个时代应该是比较准确的，我们现在仰韶文明的仰韶文化，陶器大概在7000年前，也就是7000年前我们有成熟的陶器，这就可以说我们中国陶器的文明应该在万年，现在的考古证明可以这样认为。

为什么要这样讲呢？因为所谓的中国烹饪文明，它的前提是容器，有了容器，才能谈得上烹饪

文明。中国烹饪文明的核心在这一点上，我们比较国外、比较西方的文明，它的最大差异就在这儿。什么呢？你吃西餐，它们多用火，但是中国的烹饪文明多用水，不论煮，还是蒸，都是作为主要的成熟方法。这个前提就是要有容器、有陶器，没有陶器，你谈不上煮和蒸。中国烹饪这样一个文化的核心，要在容器上去认识。我曾经在对大学生讲课时说过这样一句话：我们认识中国的烹饪，要在水上去认识；我们认识西方的烹饪，要在火上去认识。为什么呢？这是另外一个问题，就是游牧民族和农耕民族之间的差异。

中国烹饪的一个核心，如果从水的角度，从容器的角度来讲，如果说你要简单去理解它，就是容，就是包容，就是相容，就是共容。我经常说，大学里面是把复杂的问题简单化，小学里面是把简单的问题复杂化，中国烹饪理论的核心，实际上最核心的就是我们常常说的八个字——"五味调和、质味适中"。这八个字说起来很容易，因为现在全中国不论哪个流派，所有的省，不论是过去的"四大帮派"（鲁菜、淮扬菜、川菜、粤菜），没有人不讲这个"五味调和、质味适中"。现在在各个帮派里面，除了河南还有这样一个传统的稳定的继承，其他的已经不是了，受外来文化冲击太大了。这个"五味调和、质味适中"，要把它和中国烹饪的产生、中国烹饪的特点去联系。

我想呢，今天把中国烹饪主要的技术要求、理论要求给大家做一个介绍。因为在座的，我有些不知道有没有长期做这个专业的。这几年我越来越觉得不能再讲西方的营养学了，不能再讲蛋白质等等了，再讲下去把我们讲死了，很多情况都是由这个问题造成的。现在的人越来越不懂五行，越来越不懂搭配，也越来越不懂烹饪，所以我想我们可直接从中国人认识世界的问题来认识。

在中国烹饪理论的核心当中，"五味调和、质味适中"这八个字之后还有很多问题。第一个问题，中国人对原料的认识。大概五六年前，我曾在报纸上写过一篇文章，就在《大河报》开专栏之前，写的是"是吃鱼翅呢，还是吃粉条？"去年我在省协的杂志上说了两句话，"散翅还是翅？"中协的冯秘书长给我打电话：老兄啊，你这样就把鱼翅逼到绝路上了，散翅都不能用。按照道理讲，鲸鲨和虎鲨是国家二级保护动物，它的翅是不能吃的，其他鲨鱼的翅应该是可以吃的。你这样在杂志上讲，等于把这条路给断了。中国有关渔业协会的人找他，说不要上西方人的当，西方人反对我们吃鱼翅，是希望把他的深海鱼卖给我们。我给很多人讲过这个问题，我说可以理解。

前一段的事儿大家知道，中央电视台不光说吃鱼翅如何如何，像这个问题我们早就知道了。吃鱼翅为什么会成为问题？这就要说到我们中国烹饪理论的问题。中国烹饪理论对原料的态度是广采博取，按照中国人的看法来讲，这个世界上没有东西是不可以吃的，哪个东西都可以吃。中医学界和中餐界态度一样，这个世界金木水火土这五大类都是可药的，大多数是可食的，有些是可食又可药的，有些是可药不可食，有些是可食不可药。中国的烹饪文化认为，这个世界上能够让我们吃的东西太多了，而且中国人还顽强地认为，任何一个东西，我们都可以把它做到极致。

我就拿鲨鱼来讲，为什么中国人吃鱼翅？鱼翅是什么玩意儿？按照现在解剖学来讲，那就是软骨，鱼翅无味啊！但是一条鲨鱼在中国人眼里，鱼唇、鱼骨、鱼皮、鱼油、鱼肉没有一个东西是不可以用的，没有一个东西是不可以吃的。在有些地方，有些人把这些东西当废料扔掉了，我们中国人不是，中国人很念物力维艰，大自然给我们馈赠东西不容易。鲨鱼离我们远一点，大家对鲨鱼不熟悉，有些同志没有吃过鲨鱼皮，也没有吃过鲨鱼肉，或者没有吃过鲨鱼油。猪，大家都吃过，一头猪，除了猪毛做刷子外，猪哪个地方你不吃？连骨头都要煮化，煮得找不到，煮得只剩下骨头渣，骨头里面的油都吃出来。我们现在有一些现代化加工厂，把鸡、猪的骨头做出来好几种产品，骨油、骨蛋白，甚至骨粉。

欧洲人评价我们说：我们不能吃的东西，对中国人来说都是美味。大肠头中国人也吃，按学名来讲就是肛门，肛门也吃。这也是美味，"九转大肠"是山东名菜。最近有人为这件事情缠着我，非要把这5000道菜弄出来——我曾经说过，一头猪身上，用不同的口味加不同的配料，可以做5000种以上的品种。全世界谁有这样的功夫？我们对于任何一种原料的认识是：一定要充分利用它的每一个部分。我经常说,这世界上最环保的是谁呢?就是我们,我们没有哪个东西浪费。

我们刚才说了,鲨鱼也好,猪也好,我们什么东西过去都吃过,我们什么东西都试过了,但是我们最后也有一个定性,广采博取,稳定的有三千多种原料。我们理论上来讲,中国烹饪原料在1万种以上,实际上进入菜谱的常用的有三千多种,天上飞的,地上跑的,水里游的,不论是动物,还是植物,还是矿物,金木水火土五大领域,都有我们吃的东西。当然,有些时候你吃了你不知道,比如说铁,你也吃了,人缺铁不行啊!比如说铜,人缺铜了会生一种莫名其妙的病。金子有没有呢?有。我之前还给人介绍,浪费奢侈无过于广东,好多年前深圳有一桌酒席36万元,实在没有原料往上用。后来想办法把金箔盖在菜上,还不够钱,最后洒金粉才凑够36万元。所以说金子也是可以吃的。

我们是广采博取,在座的有很多老同志,我一说你们就知道了。包括20世纪60年代自然灾害的时候,我那时候放学之后就往野地里跑,能吃的不能吃的都试一试,好在我们河南地面上有毒的东西很少,马钱子、车前子虽然也有,但是大多数人都认识,能吃的我们基本上都采。

广采博取背后的理论是:人是大自然的产物。人既然是大自然的产物,要摄取大自然的所有东西。你既然是万物之灵,那你要博采万物,所以我们是世界上有最大食谱的一个民族。

在广采博取的基础之上,我们还有一个成语叫格物致知,我们对每一个东西的研究是别人所没有的。现在有人说,西方学研究的很详细,要知道你是多少蛋白,多少脂肪,多少水,实际上中国人不是这样看的。中国人研究原料时用四个字——温、热、寒、凉。西瓜大寒,天生白虎汤,中医清热第一方,清的是实热,不是虚火。石膏、知母、粳米、甘草,第一清热良方,比吃什么西药都管用。但是西瓜是天生白虎汤,大寒,如果把西瓜拿到西方的实验室里面一查,糖、水分、矿物质,还有什么吗?没有了。中医就认为这东西是大寒的。一般来讲,中国人看原料,生在向阳之地的当然是阳,生在阴湿之地的当然是寒。但是,在最寒的地方能够开花生长的必有大热,在大热之地能够保持自己生存和水分的必然是大寒。就像西瓜,西瓜在夏季能保持那么多水分,肯定是大寒。你跑到喜马拉雅山,到山上采雪莲,那肯定是大热。海参,在深海里面采出来直接食用,那是寒的;晒了太阳,那是温的,所以它是温补的。像地黄,生的,泻火的;熟的,温补的。

一头牛身上,按照中医,按照中餐来看,用肉的时候,上面的肉应该是阳,肚皮的肉应该是阴。就像人的手,手背是阳,手心是阴。

中国人看原料讲究温、热、寒、凉,温、热、寒、凉怎么来的?看你在什么环境下生存,在什么条件下生存,这决定了你的温、热、寒、凉。很多人说这不科学,你不要不服,你不是说不科学吗?就是这个"不科学"保证了中国人数千年的生存,就是这个"不科学"保证了我们的健康,就是这个"不科学"让我们生的小孩一窝一窝的。你那个科学,人口增长率是负数,我这个"不科学"要敢放开生,只要吃个青菜豆腐,吃个高粱玉米,吃个小麦稻米,生个十个八个没有问题,你说谁科学,谁不科学?

很多人说温、热、寒、凉不科学,跟我抬杠,我说你要不服,我给你试试。举个例子,哪些东西怎么用,举大家最熟悉的,更复杂的不告诉你,比方说喝水,夏天收麦,或者伏天里到地里做活,路边有井水,你很热,出来打一桶水一饮而尽,没有任何问题,拉肚子是不可能的。但是秋风一起,还是这个井里面的水,你再灌上来,你说我很热,你再喝,完了,回家吃药吧!为什么呢?你在不适当的时候用了寒,所以这个寒就会在你的体内给你反映出来。我说他们,不服的话你试试看?什么时候井水能喝,什么时候井水不能喝?我们在农村,没有人说在割麦、锄玉米时喝一点凉水拉肚子。如果说秋风起了,寒露已经过了,你还这样喝,你不出毛病才怪呢。这牵涉到你的体质问题,你的体质和你摄取的原料和你所处的环境(气候条件)是否一致,你找谁理论去?你让西方营养学给你理论,带同样的细菌,同样可能拉肚子,为什么夏天不拉冬天拉?你夏天抱着西瓜吃一个两个没事儿,白露一过,秋风一起,你还抱着西瓜,你要不服气可以试试。这就是我们中国人对原料的认识。

经常有人问我,三肉(牛肉、羊肉、猪肉)之间怎么分?我说,羊肉性温,不是性热。有人说吃了上火啊,那是你体虚,在你身体不适合吃羊肉的时候吃羊肉,所以你上火。猪肉性寒,牛肉性平。这

是一般的说法，牛肉相对吃起来比较适宜，一般认为猪肉比较性寒。但是，对这种动物的看法基于它原来的生存环境，现在规模养殖了，在厂里面了，圈养了，羊肉继续性温，因为羊圈在厂里面养是不可能的，猪是可以圈在厂里养的，牛是散养加厂养的，它们有没有变化，这个还需要继续做实验。

现在中医很少有人尝药，过去中医进一批药都要尝一尝，现在很多中医看病不管用就是因为这个。前几天我还跟一个从事中医的朋友开玩笑：你用山药，过去四钱五钱就见效了，现在用半斤不见效，为啥？过去的是野生长的，自然环境、土壤条件给的成分不一样。现在地上挖一个沟让它长，一长还是铁棍山药。一样不一样？不一样。原来山药是野生的，到一个地方长一长这地方就不能再长了，别的地方长了，为什么呢？种山药种二年得换地，不换地地受不了。如果说他硬是用肥料，他说我们家就这三亩地，我就在这儿种山药，用肥料把它追出来。那山药的药性还一样吗？不一样了。为什么现在有些时候我们很多人又说中医又说西医，有时候听专家们、大夫们在电视上讲，我心里觉得很可笑。可笑什么呢？一会儿用西医的观点说了一套，一会儿用中医的观点又说一套，两个事儿不一个概念，不是一回事。同样一个发热，你用中医得看是受寒还是受热了，这不一样啊，吃的药、用的药都不一样，西医哪管这个。在吃的问题上也是这样。当然，对这种原料学的研究，在座的朋友如果不是做这个专业的，你犯不着下那么大功夫。

我经常说我们现在的教育是"谋财害命"。大学毕业的学生问我，老师，我将来走哪个方向？我说，你要是喜欢原料、喜欢烹饪学的话，混饭吃很简单，你把三千种原料温、热、寒、凉，也就是它的五行给搞清楚。你懂了三千种原料的五行，你就知道什么时候应该寒，什么时候应该热，什么时候应该温补，什么时候应该泻火，什么季节吃什么东西。开个玩笑说，现在很多烹饪的专家做不到这一点，现在很多中医的专家也做不到这一点。

我1971年开始进入这个行业的时候，跟着一个老师，我之前讲过，我问老师，炒肉片为什么这样配呢？三两猪肉，然后木耳、笋片、马蹄葱，加姜，为啥这样配呢？老师说，那么多事儿，话多，问什么问，老师这样教的就这么做。隔了好几个月，我告诉他为什么炒肉片这么配？猪肉性寒，以葱姜辅之。肉类荤之物，容易腻，用谁泄呢？木耳。他说，是吗？我说，是。木耳、笋片这两个东西，笋片是"刮肠草"，木耳是化解。西方人前十年才知道木耳可以化血栓，中国人早就知道了。我跟他们开玩笑，过去剃头的一个月半斤木耳，干啥？你吃头发了。谁化头发？木耳。

现在有人说，你这个东西不科学。什么科学呢？说能够验证的就是科学。是啊，按照西方观点这个事情可以重复、可以验证就是科学，不可重复就不科学。有时候你想一想，我们中医很多是可重复的，但是不可重复的事儿多着呢，你说它不科学？月亮就一个，再出一个就科学，就它自己就不科学？太阳也就一个，出两个呢，出两个就晒死了。我们怎么认识科学？这么多年来，当然了，背景很复杂，怎么产生这样一种认识回头再说。我们先说对原料的认识，各位如果有工夫，实际上一本《本草纲目》就够了，虽然我经常说要认识到现在的原料和过去的原料有差异，因为它的生长条件不一样。六味地黄丸要用怀药，用山药，这个怀药是野生的还是种植的？是换地种的还是不换地种的？这都不一样。为什么有人说现在中药吃起来不对劲，效果差，就是因为这个，药厂采购时不管这个。看中医吃中药还是找真正懂医的老头老太太，让他们给你把脉，给他们交流、接触。他们自己进药，要考虑这个药怎么样，给你用多少。

中医和中餐是一家，我们经常说医食同源，就是这回事。你读《本草纲目》，看病的你不要操心，你把里面能吃的翻翻就可以了。实际上有些时候我们自己的膳食可以自己去调整，你调整好了，就可以保证健康。当然了，我们现在的生活条件跟过去有一些差异，但基本上来讲，我们现在《本草纲目》上有些东西还是比较符合实际的。当然了，有很多补遗，你可以看看。不要在网上查，现在有一些图书上网了，但是有些是错的，老老实实买一个正规出版社的版本，不行的话上省图书馆来查，还是比较可靠的。现在书出得太多，出得太重复，有时候里面的校对都不过关，错别字太多，有时候一个字错了就给你带来很大麻烦。

在广采博取的基础上要了解五行，了解五行之后才能搭配。中医少用单方，单方也可能治大病是不错，有时候单方巧了确实能治病，但是正规的中医，不是说江湖游医，那些坐堂的、坐诊的中医，是少用单方的。为什么少用单方呢？因为他给你把脉之后要考虑你的体质条件。刚才说白虎汤，为什么要粳米、甘草呢？甘草是"和事佬"，石膏和知母大寒，如果不用甘草，怕你出事儿。很多治病的药，要治你病的药，绝对有甘草。只要是大夫要给你下一点药，用甘草了，就是大夫基本上看准你的病了。中医少用单方，常用复方，用复方就是考虑你的体内条件。感觉你有一点发热，发热的话要给你降火，但是又考虑你的体质有一点虚，所以考虑给你用一点当归、党参，用了之后要考虑你体质受得了受不了，怕你一下子泄，跟不上，再给你添几片甘草，免得有大麻烦。看病时要综合地看。当然了，方子太大了也不行。我经常给好多老同志说，他要给你开一个大方，那就是试你的病呢。一个方子里面给你开二三十种药，那是这个大夫脑子里基本没有概念。为什么呢？他给你吃一点保险药，试试你，看你将来哪个地方出问题，再听你的脉，再看你的脉象、闻你的口气才能确定你的病。一般来讲，治病方子就是十几味药，过去说"药过十三，胸无主见"，开到十三方药以上的，基本上就是他心里面没有底了。有些病看不透，就先吃药蹚蹚路，试试你，看看你真火假火，真寒假寒，看你到底什么体质。

中医一般都是复方，中餐就很有意思，中国烹饪是少用单方的，有人说我吃猪蹄就光见猪蹄了，但给你加工时葱姜大料都有。光给你一个猪蹄，给你煮煮，你吃吗？你不吃，吃了也不好，不好消化。我们所有的烹饪，基本上都要考虑搭配，一个是菜看自己的搭配，一个是宴席的搭配，这是两个概念。

请各位注意，每个菜搭配的原则是什么？药膳的概念是伪概念，你们千万不要听。有人说我们给你弄一顿饭就把病给你治了，这种话你不要听。膳食就是膳食，吃饭就是吃饭，给你吃每顿饭、每个菜的目的是为了让你吃饱，为了让你不饿。我就治一个"病"，那就是饿，别的什么病都不治。之前在文化厅开会时，我跟中医院老同志这样说过，他们说，对，就是这样啊，大家都有共同认识，药膳是伪概念，不要听。吃饭就是吃饭，吃药就是吃药，干吗混在一起？吃饭就是吃饱、吃好，吃药就吃药去。每个菜的核心，回家也要这么认识，让寒的东西不寒，让热的东西不热，让每一个菜达到调和。猪肉性寒，葱姜辅之；羊肉性温，配一点寒凉之物；牛肉性平，可放心用，但是不能放热物。你研究每个菜时要考虑这个菜怎么搭配，先不要看色，先看它互相之间达到什么程度，解决什么问题。

有一点要给大家说，你不要认为大料如何如何，这是两回事，我们用大料，就是说花椒、大茴香、豆蔻等，这些东西用来干吗的？六个字，"灭腥、去臊、除膻"，不是要治谁的病的。你不要听人家说，我给你放一点当归，给你放一点党参，这些都不可靠，没有用。中国烹饪的基础要求就是每个菜合理搭配，这个搭配的原则是不热、不凉、不温、不火。这是基本原则，就是我吃这个东西是比较保险的，不热、不寒。这个一定要注意。

在一桌宴席上搭配是另外一个概念。一桌宴席的搭配上，要求是这一桌宴席达到调和。刚才说了，中医八个字，"阴、阳、表、里、温、热、寒、凉"，干中餐是九个字，"温、热、寒、凉、甘、酸、苦、辛、咸"，一辈子干餐饮，这九个字你吃透了，你就是大师。虽然现在大师满天飞，但是真正是大师的不能说没有，但是凤毛麟角。除了温、热、寒、凉之外，还有甘、酸、苦、辛、咸。

周一我们起草文件，商务厅、旅游局和省餐协要下一个文，关于厉行勤俭节约的指导意见，我们说宴席的数量太大，提一个基本要求。昨天晚上在"开封第一楼"吃饭时说这个问题，逐步实行"四四席"。什么叫"四四席"呢？喝酒的席，喝酒待客，来十个人八个人就用"四四席"。四个凉碟，四个酒菜，就是热炒，四个饭菜，就是酒菜多爆炒，饭菜多烧烩，然后再来四个面点。过去我们都用"四四席"，我们拿这个"四四席"的要求，这里面不是八个菜吗，不说冷碟，冷碟叫喝酒，热炒叫下酒。四个冷碟可以四拼八样，用八个，但要求荤素搭配。这八个热菜里面，我们过去要求口味要全，一般来讲，八个菜里面要有酸的，有甜的，咸的不说，那是基本味。有酸的，有甜的，有腥的。不是说五味，甘不是甜,甘是本味,然后是苦、辛、咸。一般来讲,这八个热菜里面有酸的,有辛的,要有甜的。超过甘,出一点头,为什么呢?一桌宴席,如果是一个平淡的口味下来,都是调和味,这个宴席没有起伏,不利于你喝酒,不利于你吃饭。你前面吃腻了,酸辣提醒之;你喝酒多了,我要用糖,用甜来和你的脾胃。因为有这样一个要求,所以一桌菜里面有一个菜要出头。

一般来讲,我们要求一桌宴席要五味俱全,怎么调和呢?这五味在一桌宴席里面调和。过去我们河南常常说一句话,你可能不注意,都是过去的总结,是经验,叫"酒过三巡,菜过五味"。你到一个地方吃饭,一个宴席,酒过三巡,菜过五味,可以散了,可以走了。在中国历史上,皇帝的宴会才用九巡酒,老百姓三巡酒足矣,现在没有人给你限量。一般来讲,你坐在一个宴会上,酒过三巡,喝了三轮,菜过五味,不是五道菜,而是甘、酸、苦、辛、咸都有了,你都吃过了,这个宴席对你来讲就结束了。河南有很多话是过去经验的总结,官不知道了,但是老百姓知道。

三巡酒,五味菜,就是三盏酒加上甘、酸、苦、辛、咸就是一个宴席的最基本程序。五味调和已经够了,酒也有了,过去的酒不是现在的白酒,那三巡是论盏,那个黄酒一盏就是二两,三巡酒就是六两。一般来讲,一顿饭你能喝到六两黄酒就很好了。比方说我喝黄酒,我说我能喝二斤,上次在新乡,人家用三斤把我灌醉。我自己吹,二斤黄酒没问题!不要喝白酒,白酒伤人,要喝黄酒。他们没有把黄酒加热,加热的话我还不至于喝醉。一般来讲,你在一桌饭上喝六七两黄酒就 OK 了。以前喝酒都是用盏碗,过去在历史上有一个碗,碗里面是开水,然后上面一个壶里面装着黄酒,往里面一坐。现在都是坐好的双层,里面是酒,外面是水,可以加热,因为黄酒要喝温的。我小时候母亲就说我,你喝酒不加热,老了写字手抖。现在不抖,现在敲键盘,不写字了。

一个宴席里面,它的合理搭配是什么呢?就是要每一个菜,单顿单菜要求你调和,最重要的是不寒、不热。一桌宴席里面,要有寒的,要有热的,是一桌调和。你在这个地方刚才吃的热的,有点偏热的、偏火的,但是前面还有偏凉的。

刚才不是说"四四席"吗?"四四席"最后有四个面食,过去叫面饭,为什么叫面饭呢?一定要有面,面条也好,馒头也好,包子也好,饺子也好,要有面食。再一个,要有饭,就是要有米。大米蒸的也好,小米蒸的也好,大米熬的也好,小米熬的也好,这个东西叫饭。你吃的小麦的叫面,这个要分开。过去一桌宴席肯定要有面饭,为什么呢?这就是考虑到小麦的五行和米的五行是不一样的。比如说我们都吃过三种米,种地的是说早、中、晚稻,一般说稻是粳稻、籼稻、糯稻,就是我们说的粳米、籼米、糯米。粳米性平,粳米和小麦一样,粳米的生长周期比较长。小麦这个东西很平,为什么呢?因为它经历四季,秋种、冬生、春长、夏收。凡是经历四季的东西,经历过沧桑,它是平的,不热,也不凉。粳稻也是这样,也性平;糯稻是性热;籼稻要看不同的地方,这个要求不一样。我们经常要求一桌宴席里面最后这一碗粳米饭很重要,刚才说了白虎汤里面少不了粳米,这个粳米和甘草都有非常重要的调和作用,你刚才吃的菜有点不大对胃,有一点热,或者一点寒,一碗粳米粥下肚,这就保险了。

小麦这个东西也是比较性平,过去很多医书说小麦有一点偏寒,但是这里面要看不同的麦子。有时候是冬小麦,还有春小麦,因种植季节不同有区别。就农作物来讲,小麦是在中国最成功的农作物,我们现在也是世界上不是第一就是第二的小麦大国,河南就是全中国第一小麦大省,河南的小麦要丰收成熟了,全中国人民就饿不着肚子。有根据来讲,小麦不是中国本土的,周代已经有了,商代肯定是没有小麦的。我们过去都是吃稻谷,我们过去说五谷,五谷里面是没有小麦的。最早商到周早期说五谷里面不含小麦,玉米也晚,那时候主要说高粱、谷子,谷子里面分得多了,有很多种,现在很多人看到其中几个字头都是大的,老是念不准,咱们就不说了。

再一个就是加工。中国的烹饪理论在指导上就是精细加工,我们玩刀功,这是别人做不了的。比方说一个豆腐干,黑黑的那种,好的厨子,最高明的厨子能切到 15000 丝到 18000 丝,一般的要求是 10000 丝。这么大(手势)一块豆腐干,先切片,再切丝。当年李先念在郑州吃饭,在二所还是几所啊,那时候没有什么吃啊,(20世纪)五六十年代,不像现在有空运。早餐让他吃什么菜呢?后来就用大头菜。头天晚上我们厨师把它切好,泡在水里面,把盐味给拔掉,第二天再给味。切到多细呢?我告诉大家,我们经常说头发丝,就像拉面拉到十二三环时那么细。第二天重新给它味,头一天把盐扒完了,没有盐味了,给了一点香油。李先念吃过之后问,这是什么菜啊?他对河南熟悉啊,"李木匠"在我们豫南打过游击啊!他后来让他的随行问厨师,师傅说,不好意思!不好意思!什么叫不好意思?没法给你说。给你说吧,你是国家领导人,我给你弄个大头菜泡泡给你切个丝,没法说。我们要求加工很精细。

就像韩复榘那时候,韩复榘从河南到山东,他要吃荠荠菜泥,他最后让家厨找我们"又一新"的厨子,"又一新"就是不给他说用什么菜?实际上哪儿有那么多荠荠菜呢?实际上就是灰菜,后来用菠菜,给他做成菜泥调味。大概韩复榘一直都不知道他吃的什么菜,光知道"又一新"的菜泥好吃。

我们去年办中国厨师节,厨师节之前,大家都知道北京"东来顺",是卖羊肉涮锅的,全国开连锁店。东来顺的董事长老汤,还有上海原来江泽民时代的办公厅副主任老沈,我们几个去吃饭,吃饭的时候"又一新"给他们上了"琥珀冬瓜"。两个人一吃,哇,不得了,这是什么菜,这么好吃?老汤说,这个菜在北京我包销。老沈说,到上海我包销。我说,你们谁包销都不行,没有人给你们做。一个冬瓜,从拿来冬瓜,到最后端上这个菜,结结实实八个小时。加工之后下锅,调味,用糖直把冬瓜里面的水逼出来,糖分进去,吃了又不能甜得沙嗓子,而且要透出甜味,口感要筋柔,没有一点冬瓜的水汽。从加工开始,最少要八个小时。有人说六个小时就可以做成,有人图省事,说我下石灰,一下石灰三个小时就完成了,但是真正按照工艺做要八个小时。谁给你做啊?怎么批量生产啊?一批生产不完了吗?那肯定要想办法快速脱水,一快速脱水,口味就达不到了。1938年梅兰芳在这儿义演的时候,他唱戏的不能吃甜的,不能吃辣的,唯独在河南吃"琥珀冬瓜",好吃,而且不沙嗓子。这就是说你的加工要非常精细。

就像鱼翅,当年不是可以卖散翅吗?鱼翅还是要卖的,要不然捞到鲨鱼怎么办?我们要做到什么程度呢?绿豆芽,两头一掐,这个叫掐菜。过去馆子里面卖的炒绿豆芽是没有的,叫熘掐菜。两边都掐掉,中间穿上一根鱼翅,然后爆炒,在历史上曾经令很多人感到不可思议。现在可以做到什么程度呢?可以给绿豆芽灌浆,黄的,绿的,这是功夫活。

有一次我在某一个单位讲课,吃自助餐,我一看没有绿豆芽,我说,各位,炒个绿豆芽吧!我没敢说要掐菜,坐那儿饭快吃完了菜才端过来,为什么呢?刚讲的课,那帮人怕这个老头(我)找事儿,一个一个在那儿掐。炒一盘绿豆芽多少根?起码2000根。就是熘绿豆芽、熘掐菜,技术要求非常高,一般的厨子现在做不了这件事情。我年轻的时候在"又一新",有个老师,绿豆芽在锅里面,锅一抖,绿豆芽到空中了,盘子一挪,接上了。我说,这是玩杂技呀,花活啊!师傅说,哎,什么叫花活啊,再在锅里面待一会儿豆芽就老了,所以马上要抖到空中。按照现在的说法,要瞬间冷却,马上保持脆嫩度。我说这些什么意思呢?我们加工手段是非常精细的。过去吃熊掌,吃一个熊掌要七天才能做成。为什么?熊掌拿过来要先烤,去毛,然后泡发,先用清水泡发,再换热水,然后再换凉水再泡,泡一段再上热水泡,麻烦着呢。

包括吃肉皮。我现在很少吃肉皮,有人说吃广肚,广肚跟肉皮一样。猪肉皮好吃,但是很麻烦,干肉皮要先炸,要炸发,炸发之后要去油,要下碱,要揉,揉了之后要清水漂洗,然后养在那儿。农耕民族就是这样,很麻烦,我们吃东西很麻烦。

精细加工是我们的特点,将来可以想一下,我们现在很多人很懒了,像刚才说的猪肉,你说切猪肉,按照我们行业的说法,有片、丁、丝、蓉。肉可以切成片,可以切成丁,还可以切成丝,还可以剁成蓉,不同的加工方法适应不同的菜肴。比如说狮子头,有很多种做法,淮扬菜就卖狮子头,河南不叫狮子头,河南叫什么呢?炖斩肉。为什么叫炖斩肉?你回家自己做就知道了。为什么你们做不成这个狮子头呢?你们的口感比不上我们的,你是拿机器搅的肉。为什么叫炖斩肉呢?狮子头的肉必须是丁,不能是蓉,你上绞肉机一过,就变成蓉了,肥肉和瘦肉混在一起了,我们斩出来的都是一个一个的小丁,一加热,各自都有一个保护层,它是用蛋清和粉芡让它粘连的,不是靠它自己去粘连的,所以口感跟你做的就不一样了。我经常讲,拿筷子这么一过就知道你是剁的,还是搅的。一个狮子头上来,要知道它的质量,你拿一根竹筷子,你一使劲,如果轻松划过,感觉不到很大的阻力,就是斩的;如果是搅的,你打上劲感觉很硬,用筷子夹的时候不太容易过去。如果真正是斩的,还不能是乱剁,一刀一刀排着出来都是丁,乱剁出来跟搅出来一样。如果很容易夹开,就是斩的;如果有阻力,掐开之后一丝一丝的,那是饺子馅儿,口感就不一样了。

我经常说,干烹饪当厨子就是个作难的活儿。什么叫作难的活儿?本来可以简单的,但是我们要复杂。我跟很多同志讲,什么叫高档菜?就是你把人家不能吃的,不知道怎么吃的,吃了不知道什么的,你拿出来了,这就叫高端。原料没有高低贵贱之分,我们常常说一句话,"此地无朱砂,红土为贵"。你守在海边,吃一个鱼算什么啊?最贱的就是鱼。但是谁要送你一斤羊肉,这个地方不养羊,这个贵,珍稀之物。但是你跑到内蒙古,跑到青海,你掂一斤羊肉,这不贵重;如果你提一条马哈鱼,这玩意儿贵重。物以稀为贵嘛!"此地无朱砂,红土为贵"。所谓的高端,所谓的高档,在原材料上没有高档,谁比谁高啊?都一样的东西,只是说这个东西多,就贱;这个地方少,就贵。

长江刀鱼现在卖到6000元钱一斤,明前的。过去刀鱼在长江口多得太多了,刀鱼的好处是明前刺软,可以带刺吃,一过清明,刺硬了,不能吃了。为什么卖6000元钱一斤呢?长江口污染了,刀鱼没有了,捕捞完了。就跟黄花鱼一样,20世纪70年代初的时候,黄花鱼这么大(手势),还有这么大的(手势),没有什么奇怪的。那时候渔民都知道,在渤海、黄海每年都有黄花鱼汛,成群成群游过来。现在呢?中国人这张嘴厉害,这么多人,要决定吃谁,谁还能活啊?谁还能在啊?就像鲨鱼,一吃鱼翅,我们三十年把世界上的鲨鱼吃的剩一半。前一段还跟很多朋友开玩笑,老鼠厉害,我们改吃鼠肉,你看看还有没有了?你想找它都找不着。你见一个吃了,见一个吃了,老鼠还出来?还骚扰你?它找一个安全的地方去生存,它躲着你。历史上我们吃鼠肉,后来不吃了,大概也是因为传染某种病。鼠肉本身是干净的,但是有时候鼠本身带有一点跳蚤之类的东西,容易感染人,造成人有病。现在田鼠和鼹鼠还是很好吃的,地里田鼠长这么大(手势)的个儿,肉非常好,各位将来有兴趣可以去品尝一下,那玩意儿也是很环保的,而且你吃了之后对农作物生长很有利的。

中国烹饪的基本东西是什么呢?在技术上来讲,"广采博取、格物致知、合理搭配、精细加工",但是后面还有八个字,这个跟大家无关,"运用之妙,存乎于心"。什么意思呢?中餐的厨师是个工艺人。我历来很反对复制,我经常说,今后餐饮的发展趋向是什么呢?小馆子、夫妻店。我是厨子,我太太我们两口,一个管着前头,一个管着后头,我一天就卖一桌饭,我就这个活,就这个技术,你在别人的地方吃不到我这个味。这是方向,并不是大家一开多少个店。为什么呢?厨师很有意思,我经常告诉他们,同样一个炒肉片,干过二十年的跟干二年的炒出来不一样,用一样的东西,炒出来口味不一样;厨子高兴的时候和不高兴的时候炒出来的菜还不一样。现在我们没有这么好的食客能够吃出来,过去的老食客可以吃出来。

我老师给我说过,有一次老食客要了个烧豆腐,往那儿一坐,烧豆腐上来后,拿筷子一尝,说,端走,不是给我做的。堂倌不愿意了,说,这就是给你做的。他问,今天谁在厨房?谁的灶头?一会儿堂头跑来问,您老说,这怎么了?老食客说,这个菜不是给我炒的,记着,这个菜老了。堂头一听,哪有你这么说话的,烧豆腐老了?我干了二十年,没有听说烧豆腐老了。老食客说,你不服不是?然后我们这个食客端着豆腐到厨房了,说,谁的灶头啊?一个师傅出来了,说,我的啊,怎么了?食客说,你的豆腐烧老了。那个厨子说,我干了三十年,豆腐能烧老?很不服气。食客说,你这个豆腐给刚才那位烧的,那位没有要,你给我又加热了一次。我告诉你,豆腐一次加热是嫩的,只要豆腐凉了再加热豆腐就老了,口感就不一样。师傅一听说,我的爷啊,你真是专家啊!豆腐就是这样,只要豆腐不断滚,在锅里面永远滚着它,它的口感很光滑,只要凉了,你再加热,那就变了。跟鱼一样的道理，像红烧鱼，这个鱼一定要大火溅开，入味之后用小火养着等你吃。如果说把火停了、凉了再给你，那不行了。烧红烧鱼炸好之后挂糊直接烧。过年很多人在馆子里面吃饭对鱼有意见，为什么呢？特别是婚宴，多少天前都炸好了，在那儿撂着呢。你这一撂，一风干，一脱水，你再烧味就变了，跟鲜鱼不一样。

我经常说干厨子就是八个字，"运用之妙，存乎于心"。不是说你成就成了，不成就不成了，情绪好跟情绪不好的时候炒菜不一样。一上班，一出门，老婆拉着你说，不能走，看看你兜里多少钱，是不是又想在外面喝酒如何如何。他一上班，今天所有的动作会变形，跟运动员一样，跟艺术家一样，跟画面一样，心情不好字写不开，写出来不一样。这可以吃出来，它有气场。我们过去经常要说这个玩笑话，哪一天一尝谁的菜咸了，接着就问，谁的灶头啊？回家跟老婆吵架了吧？有事儿了吧？谈恋爱了吧？有麻烦了吧？他手肯定重。我们厨师要尝菜，但不是每一个菜都要尝，有时候尝，有时候不尝。每一天上班的时候，他的姜水和盐水要尝，盐水化开之后尝尝这是什么口感，然后炒菜时根本就不看，用勺子一点就过去了。过去徒弟坑老师给他偷偷放一点盐，炒的菜都是咸的，因为他不教徒弟。盐味把握住了，这个菜就把握住了。可是如果今天他不顺心，他调盐水的时候口味就重，菜就咸。他心情好的时候调的盐水和心情不好的时候调的盐水就不一样，不单单是一个炒菜，这里面有很多作用。很多菜在锅里面，比方说推两下就够了，有的心情不好猛翻几下，就多这么一点时间，味道就变了。所以，我们说"运用之妙，存乎于心"。

我们怎么样来审美，怎么样来判断它是不是五味调和、质味适中呢？一般还是五个字——色、香、味、形、器。为什么说用这五个字呢？现在有很多人加上"滋"，有人加上"养"。中国烹饪协会刚刚建立一个全国饮食文化研究会，人家规定（会员）是六十岁以下，我说我六十多了，我不去。人家说你来也得来，不来也得来，当顾问也得来，给我弄过去了，当一个副秘书长。跟一些人讨论这个问题，我们历史上就叫色、香、味、形、器五个字，你非要往里面添，你们非要挟带私货，说明你们根本没有弄懂色、香、味、形、器的基本要求。

我们先说色，每个人都是好色的，不论男女。这个好色不是泛指，不是仅指性别那个色，是说颜色。我博客上的一篇文章一般都是一两百个流量（访问次数），后来我写了一篇"好色与健康"，一下子一千多流量（访问次数）。很多人认为好色可以健康。人对颜色是有偏好的，喜欢红色，喜欢绿色，喜欢黄色，这些明快的、温暖的颜色非常让人心情愉悦。现在天有阴霾，你心情会差一点，如果突然之间蓝蓝的天空、红红的太阳，你心情马上就好了。

人是好色的，色也是我们对菜的要求，但是这个色的基本要求是什么呢？叫原色。因为一个原料经过加工之后，它的颜色代表着它是否健康、是否安全。这很重要。我们一直强调菜肴的颜色只有两个类型的色，第一个是原色，第二个是加工色。什么叫加工色？比如说这个东西原来是白的，我挂上糊一过油，它变黄了，只要是正常的油，这个黄色非常好；炒菜时候点了一点酱油，点了一点糖色，给了一点红色，这个叫加工色。

我们最基本的要求是原色，为什么要原色呢？因为原色反映你的原料是否健康。我举个例子，大家都很熟悉的，你把鱼拿过来掰开，鱼鳃是黑色的，这鱼变质了；如果鱼鳃是红色的，那就是健康的，可以放心吃。我去年讲过，正规的颜色不是太红，不是太绿，不是太白，这就对了。如果买一斤面白得耀眼，那肯定是加了石膏，许多小磨坊估计都用石膏，太白了就危险。太黄，可能是柠檬黄，有人卖桶子鸡，一个一个非常黄，不要买。为什么呢？他不是在鸡子身上下颜色，而是在汤锅里面下颜色，一煮都是那么黄。太红，红曲米可以染，但是谁买那么多红曲米？都是胭脂红、石红，大家到药铺、颜料铺都可以买得到，过去煮红鸡蛋用石红点一个点，现在不是。20 世纪八九十年代我在漯河市，他们有人用石红煮肉，为什么呢？正常情况下肉煮出来颜色不行，不新鲜，为了颜色好，他们在上面抹石红。一红红得害怕，一刀切开，里面一个颜色，外面一个颜色。太绿也不行，可能是孔雀绿。比如说你吃翡翠面，他说是菠菜汁做的，端上来，正常的颜色是暗绿，不明。如果一端上来你发现颜色非常绿,那不能吃。我们讲好色,你要懂得这个基本的颜色是什么。好的东西,我经常说,跟人一样,你的气色代表你的健康。你是黄种人,突然间变这么白,一个是你抹石膏、石灰了,再一个就是有病了。

杰克逊死了,原来是黑人,突然变白了,别人说他如何如何了,最后有人说他得"白癜风"了。谁的"白癜风"白那么匀啊,一张脸白得非常好,变成白人?有人说他皮肤漂白了。看你的嘴唇颜色就知道你的健康程度,如果突然变得很红,很麻烦,如果突然之间没有一点颜色,也很麻烦。包括我们指甲的颜色,就是淡淡的一点红,如果突然变得很红或者突然变颜色了,马上上医院,那可能是有病。

我们对原料也是这样,它的颜色很正常,是放心的。就是因为我们好色,所以有些不良之商人、不良之匠人给你弄一点颜色掩盖他的不足。凡是用色重的,肯定这个原料有问题,那是毫无疑问的。比如说买烧鸡,烧鸡没有那么红,但是它又那么红,为什么呢?死鸡子买过来没有出血,为了掩盖,量可能下得大一点。你撕开鸡肉会看到,出血尽的鸡子和出血不尽的鸡子是不一样,肉不一样,就像你吃猪肉、牛肉、羊肉,放血和不放血是不一样的。

第二个标准,气味,就是香。人都是好香的,吃臭豆腐虽然闻着臭,但吃着还是香的,这是两个问题。一般人都是好香的。每个东西都有气味,做烹饪干吗?灭腥、去臊、除膻。讲烹饪还有四个字,讲工艺就是"抑恶扬善"。每一样东西都有它本身的气味,这个气味是你辨别一个菜肴、辨别一个原料是否好的标准。我们在审美上经常讲,好的东西、新鲜的东西,拿过来一闻和变质的东西大不一样,大家都可以辨别出来。但是,有些东西不一定能够鉴别出来,为什么呢?因为你不懂。比如说一般常见的原料,不懂怎么办呢?有一个很简单的办法,我不懂它的气味原本是什么,但是它没有强烈的气味,如果说你接触后,它发出非常强烈的气味,这个东西就是不可靠的,不是坏了,就是加了化学添加剂了。

水里面的东西都有腥气,吃肉的东西都有臊气,吃草的东西都有膻气,这就要灭腥、去臊、除膻。这些腥、膻气味是正常的,你闻羊肉,闻了半天没有闻到膻气,这就很麻烦,不是羊肉。一闻味道非常重,那是用了羊肉香精,正常的应该有一种淡淡的膻气。拿一条正常的鱼,越新鲜的,这个腥味越小,但是你嗅一嗅肯定有一种淡淡的腥气。如果腥气很重,那说明它在变质的过程当中。

这跟人一样,一个健康的人,他气味很小。我们搞接待,搞礼仪,搞外事活动的时候,规矩就是见人之前先在手上哈一口气闻一闻,看有没有口气。如果没有异常的气味,没有强烈的气味,今天是可以见人的。如果一哈气,一闻,消化不好会有气,你肠道不好,脾不好,肝不好,所有你的消化系统只要出毛病,都会在口气方面反映出来。这时候你口气很熏人,不适宜做活动。我们很多人口气很重,你一闻就不由自主地想侧身,说明这个人是有病的,因为气味太重。当然了,中国人的味和西方人的味不一样,天天吃肉的人和我们天天吃粮食的人味不一样,他们的体味很重。法国人体味最重,所以他们研究香水,没有香水没法办。因为吃肉,肉的臊气透过身体出来了,出来之后怎么办呢?拿香水掩盖。我们中国人挂香囊是为了避虫、逼五毒,人家做香水是为了掩盖体味,跟我们搞烹饪是一样,东西太腥的话多下一点大料。

任何一种原料,如果你不懂这种原料,你可以闻,如果没有强烈的气味,这是可以的。菜端上来也是这样,刚刚端上来气味直接铺到你鼻子上,很熟悉,就是这个味道,如果非常强烈,那就有问题。中国烹饪是靠温度来控制的,像烧一条鱼,非常好吃,你放到30 ℃左右时它的腥味就出来了。我们辨别东西时,在味道上,小磨油有小磨油的气味,小麦有小麦的气味,谷子有谷子的气味,大米有大米的气味,这是不同的。你不用说很专业,我经常说,我们很多人在电视上讲,都要我们每个消费者变成专家,这是不可能的。作为消费者来讲,闻一闻,只要它是正常的就行了。正常的是什么样呢?就像说颜色一样,太红的、太绿的、太白的都靠不住,我们的原料也一样,太香的当然不行,太臭的当然更不行,凡是给你很强烈刺激气味的,这些东西慎用,或者不用。

包括我们买干货,买墨鱼干,好的干货,你一闻,它是会有腥气的,因为它是海里的东西。如果说你还没有到跟前就腥味扑鼻(特别是现在卖海产品的,人家本事真高,那鱼都臭了,还给你冻得非常新鲜,一旦化开,你才知道,简直是臭得很),那种东西不要买,宁可多花几个钱也要买好一点的。像买带鱼,你直接买你可以看到的,摸一摸,按按它的鱼腹,如果是直接捞出来上船冷冻的,虽然有一点腐变,那是很轻微的,就是它腹部的肉是可以吃的,但是小渔船出来那一种,你一碰马上就下来。冰冻的带鱼段最好不要买,不要贪便宜,那东西变质得太厉害。

接下来讲味。日本人是好色,他很好色,他讲颜色要好看,搭配要好看。中国人很有意思,中国人就讲究一个味,形可以不行,颜色可以不行,但是味一定要好。味的要求是什么呢?五味调和。什么叫五味调和?之前我讲了,就是不出头,可以吃咸,不能太过;可以吃甘,不能太甜;可以吃酸,不能太涩;可以吃苦,但是也不能太苦。为什么呢?我们生活在这个地区,是不能出头的。

我前天碰见一个熟人还跟他开玩笑。有一个人,年龄也不小了,三四十岁了,突然发现他嘴唇肿的跟猪拱嘴一样。怎么了?吃辣椒吃多了。冬天可以有一点辣,我们讲"春酸、夏苦、秋辛、冬咸",秋冬可以味重一点,添一点辛,可以吃一点辣。我说,我光听说人家"出口"肿了,你"进口"都肿了,说明你的内火太重了。那要正儿八经地吃药,不能开玩笑了。

我们要求五味调和,春天要偏一点酸,因为春天是生发的,酸属木,酸入肝。我们讲春生、夏长、秋收、冬藏,人也是一样,人要经历四季,春生、夏长、秋收、冬藏。三伏天你要藏起来,为什么叫三伏呢?三伏就是你不要出来,出来太晒。春天要偏一点酸,但是不要像山西人喝面汤那样都要下醋。夏天要偏一点苦,苦入心,苦去热,吃一点苦瓜是可以的,透点苦味可以,但是也不要过分。大家要记住,凡是入肝、入心、入肺的,也同时都是伤心的、伤肺的、伤肝的。

这个五味调和千万要记住,到了一定年龄,经历了风风雨雨,你求的是平淡,平淡才是健康,任何高潮都是暂时的,任何低谷也是暂时的,最平常的时候是平淡无奇。不要太酸、不要太咸、不要太辣、不要太甜是平安的,中国人讲究这一点。我们讲和谐社会,和谐社会就是讲"五味调和",中国的哲学思想和中国的烹饪是一脉相承的。中国第一贤相是伊尹,同时伊尹也是中国烹饪学的奠基人,一本《本味篇》定性了中国烹饪两千多年的基本概念。

我们过去讲治大国若烹小鲜,治国的道理和烹饪的道理都是一样的。穷富差距太大,"酸"的太酸,"甜"的太甜,这个国家肯定是不平安的。为什么叫烹小鲜呢?小鱼在锅里面不要来回翻,治理国家不要折腾,一折腾,小鱼在锅里面一翻一翻,翻的次数多了碎了、烂了,国家折腾狠了,天天打仗,天天是纠纷,你还有幸福生活?没有了,古人讲治大国若烹小鲜就是这个道理。在味道上来讲,不论在什么时候,我们一定要记住一句话,不要太偏。

我经常啰唆这件事情,你最长的地方也是最短的地方。一个人就像这个手机一样,(演示)你捏这边,这边长,那边短。有其长就有其短,太长太短就是毛病,稳当的做法是持中。你的优点越突出,你的缺点就越突出。在这一点上,我们做人做事的道理跟烹饪的道理是一样的,所以我们一再强调要调和。中国人自从有了砂锅之后,老百姓最爱吃烩菜,特别是到冬天,往里面按一个又一个(菜),五味都在里面了,这个五味不是那个五味,都在里面呢,就是一锅菜。就像上次说的那样,中国文化就是包子文化,都要包进来,肉也好,鸡蛋也好,韭菜也好,粉条也好,都在里面呢。谁出头了,那你就是馅饼了,不是中国馅饼,是意大利馅饼。中国文化是包容,就是一个包子,谁出头了就不是包子了,你出头了,那你就出去了。

再一个是形。这个形我们的基本要求是什么呢?我们现在很多餐饮企业的很多厨师追求形,我经常告诉他们,形的目的是为了利于加工,利于成熟,利于消化的。它没有别的意思,不是为了光让看的,我们有看的需求,但是根本是为了加工的方便。刚才我说了,豆腐干切一万多丝,为什么切那么细呢?那吃得动啊!给你一盘豆腐干你嚼嚼,你说你牙口好,牙口好也牙疼,那东西硬得狠。你切肉丝是顺丝,切肉片是顶刀,如果肉丝顶刀就碎了,肉片不顶刀的话肉片成熟卷曲变形,不好吃,纤维不断,每一个形状要有一个成熟的问题。五花肉,过去孔夫子说过,"割不正不食"。什么叫割不正不食呢? 就是在软硬五花这个地方,再往下肚皮太肥,没有瘦肉,再往上,太瘦,靠中间这一块最好。形的目的是什么? 还是为吃。各位记住,中国菜的核心是让吃的,不是让看的,仅从看的角度去认识"形"就不对了。

再一个就是器。最近正式发通知发倡议讲到了,要让大家恢复七寸盘和八寸盘,现在上馆子都是九寸盘。20 年前,我在文化路吃饭,有一天下雪,很多馆子没有人,我得找个有人的地方吃饭,要不然我害怕他坑着我。我看到有一家几个人在喝酒,最后发现这两个人是老板的朋友在这儿招客呢。上菜的时候我说我自己吃,九寸的盘子给我上了个炒肉丝,我说你饶了我行不行? 我说我再要个青菜,结果还是九寸盘。没法办了,我说,你给我拿一个公筷。我把菜拨开,自己弄了一个小盘子,我说,这一半还是你的,要不然浪费啊! 我们很多浪费都是盛器浪费。我既想吃鸡,又想吃鱼,又想吃肉,又想吃青菜,这个要求不过分啊! 可是我要是点四个菜都是九寸盘,那我吃不了。如果是小七寸盘呢,一碗米饭,几块鱼,几块肉,几根青菜,几块豆腐,吃得很舒服。

为什么要这样给大家提呢? 我们对器的要求是这样的,第一个要适当。再一个就是要搭配。"紫驼之峰出翠斧、水精之盘行素鳞。"这是杜甫的话。紫驼之峰放在翠斧里面很好看,水晶盘里面放一条鲜鱼很好看,器皿要和原料之间搭配。中国历史上宋代不用瓷器吃饭,老百姓用的饭碗是粗陶的。酒馆里面用什么? 银器。皇帝用金、银、玉器。按照现在的观念来说,你买一碗羊肉汤,他给你弄一个银碗端过来,你很胆小的,这碗汤多少钱啊? 我就喝一碗羊肉汤,你弄一个银碗端上来? 不合适。

如果你好不容易买了一条太湖石鱼或者四腮鲈鱼,给你弄一个破瓦罐盛着端上来,这也不配,把原料的身价降低了。器要颜色搭配,档次搭配,大小搭配。一条二三斤重的鲤鱼,我们的基本要求是,任何一个鱼盘和鱼之间的搭配,鱼头和鱼尾必须在盘的里线里面。如果弄一个大盘子,中间放一个一斤的鱼,那不是找事儿吗? 如果弄一个二三斤的鱼,用的盘子这边露尾巴那边露头,那也不行。我们在器皿上不是说要用多贵重的器皿,而是要适应,要适宜。这是我们的要求,你们将来到馆子里面也要这样要求。

我刚才说了推崇"四四席"、多用七八寸(的盘子),就是为了让大家理解这个问题。现在很多宴席上,过去1.6 米的桌就摆下了,现在1.8 米的桌都摆不下。为什么呢? 弄的盘子很大,吃的东西没有那么多。比方说我们这儿有一个知名企业,说我们每一幅菜都是国画,这边搁一条这么长(手势)的海参,这边画一幅画,用一个九寸盘端上来,有意思吗? 我是吃海参,还是吃盘子呢? 这就是不吻合,我不是来看你的画的。

现在很多时候是盘子很大,东西很少,这边点一个黄瓜,那边点一个萝卜,给你一点缀显得菜档次高,其实那是骗人的,不是那么一回事。不要注重这样的搭配,这是很落后、很不健康的。

中国烹饪的审美就是色、香、味、形、器,这里面基本的核心就是原色、原味、基本形状、不追求奢华。首先是好吃,然后是好看,首先是合适,然后再说金银。比方说这个盘子首先要适合装这个菜,然后再说它是金盘、银盘,还是玉盘。这些东西说到底,反过来从技术角度上来说,干烹饪的你要懂温、热、寒、凉、甘、酸、苦、辛、咸。指导温、热、寒、凉、甘、酸、苦、辛、咸的是什么呢? 是五味调和。五味调和的调就是适当,这个和就是相容。中国是包子文化,都要在一起,不论你是谁,都要在一个屋檐下,都在一个包子皮里面共存共容,融合在一起,这叫五味调和。

什么叫质味适中? 我们最强调的就是它的质和味要适中。孔子的中庸之道和这个还不是一样的概念,河南人讲"中",什么叫作适中? 不偏不倚,不要偏颇。一个肉煮得轻了,吃不动;煮得太烂了,没有质感了。吃饭要吃饱,但是不要吃撑,这也是适中。吃辣椒可以吃,略有刺激便罢,不要吃得进口出口都出毛病。就是说你不要过分,要适中。这个"适"就是适合自己,顺应四时。我现在这个时候该吃一点辛的、辣的,到春天该吃一点酸的,到夏天该吃一点苦的,这叫适。"适"也要不偏不倚,不要过分。中国烹饪,中国的文化,就是一个和,就是一个中。

我过去跟他们说过,一个优秀的厨师可以做哲学家。你如果烹饪理论懂了,中国哲学的理论你就懂了。按照马克思主义的辩证唯物主义的基本学说,量变、质变,对立、统一,肯定、否定,这三大基本规律和中国的哲学和中国烹饪文化是一样的。任何一种烹饪,量达到一种程度,温度达到一定程度,量的变化必然带来质的变化。任何一个菜,要它的温、热、寒、凉在对立当中求得统一。刚才说了,有寒的,有热的,搭配在一起,要完成一个对立的统一。任何一种原料,任何一种烹饪,都是一个肯定的过程给予否定的,否定的过程给予肯定的。为什么呢? 任何一种原料都要经过加工,否定它的舍弃部分,继承、肯定它的核心部分。像剥一根葱,你要把老葱根和葱皮剥掉,这就是否定的过程。你用葱段、葱心,这是肯定的过程。中国哲学和烹饪是一样的,中国的哲学完全可以解释马克思主义,因为过去我教过马克思主义哲学,这是一样的道理。有人讲什么叫否定肯定肯定否定,道理很简单,就是你怎么做菜,不就行了吗? 本来是菠菜,你一加热对它是否定,本来是生的,现在熟了,是一个否定;但是你保存它应该有的价值了,这就是肯定。

我们中国的这种文化,中国的这种烹饪传统,都体现在我们日常食品里面了,我套用一个美国专家的话,"中国人还是多吃一点包子、饺子、面条、青菜、豆腐,少吃我们美国人的食品"。这是美国人的原话。你吃到中国人的那种东西才有中国人的那种文化,才能理解中国的那种东西,也才能保证自己的健康,才能保证自己文化的传承,才能保证自己民族的繁衍。

时间关系,今天就说这么多,谢谢各位! 谢谢大家,天这么不好,大家陪着我在这儿!

主讲人:孙庆权,副教授,高级健康管理师、健康管理专家,国学研究者,对《易经》、《道德经》、《黄帝内经》等传统国学有着数十年的研究,并将《易经》、《道德经》、《黄帝内经》三经融合,形成了自成一体的养生体系。他巧妙阐述了人与自然、人与社会、人与人之间的关系,把《易经》中天、地、人三才模式有机地联系在一起,将中医养生、《易经》养生、道德养生及健康管理深入浅出地导入日常生活,从而揭示出天人合一、天人相应的奥妙所在。

时　　间:2013 年 10 月 13 日

地　　点:河南省图书馆研议厅

解开《黄帝内经》中隐含的生命密码
——如何运用五运六气预知疾病发生的规律

　　各位老师、"豫图讲坛"的各位听众朋友,大家上午好!今天是个好日子,农历的九月初九,九是阳数,中国的数字是分阴阳的,九又是阳数中最大的一个,今天是"九九",是重阳(节)。重阳(节)在我们中华民族是一个传统的节日,历史已经很悠久了,随着社会的发展,随着我们国家迅速进入老龄社会,这个节日今天又被赋予了新的内涵,我们把它叫作老人节、敬老节。我们郑州市,昨天举行了一个重大的(敬老)活动,一次募捐 9000 多万元,说明我们的国家在敬老爱老方面做了很多的工作,真是九九重阳节,浓浓敬老情啊!在这个日子,借这个机会,也祝今天到会的老年朋友们,祝你们身体健康,晚年幸福,寿比南山。谢谢!

　　今天这个讲座的题目也是和健康有关的,我们希望通过这个讲座提高社会的健康水平,使老人们更健康、更长寿。我可以预告一下,通过今天这个讲座,我们到会的朋友们最少有三点收获:第一个方面,可以了解有关五运六气的相关知识;第二个方面,通过本次讲座,你可以了解并相信疾病的发生是有规律的,是可以预知的;第三个方面,通过这次讲座,您可以准确地知道自己的健康风险发生在哪一年,就是说哪一年会有重大疾病的发生。至少有这三方面的收获,这就是我们这次讲座的一个目的。

下面开始我们今天的讲座,今天讲座的题目是"解开《黄帝内经》中隐含的生命密码",怎么解开呢? 运用五运六气来预知疾病发生的规律。怎么运用五运六气来解开疾病发生的规律呢? 五运六气这个题目,坦率地跟在座的朋友们讲,我是第一次在公开场合讲,包括对《黄帝内经》的学习,对五运六气的研究水平,还是有限的,如果在讲座过程中有什么不对的地方,哪位老师或者在座的朋友听到以后请在会后予以指正,我先在这里表示感谢。

下面讲我们讲课的重要内容。今天虽然是我站在这里讲课,实际上也是我向在座的各位朋友学习交流的一个机会。我有几个问题在这里向在座的各位朋友来请教、求证。第一个问题,对我们来说,我们人生最最宝贵的是什么呢? 是权力、地位、金钱,还是房子? 我认为这些都不重要,对我们在座的每一位来说,最最重要的是什么呢? 我认为是生命。在座的各位朋友,你同意吗? 如果同意,请用掌声告诉我! (掌声)。

生命对我们每个人来说只有一次,不论你拥有多少财富,不论你有多大的权力,生命对每个人来说只有一次,所以说生命对我们每个人来说都是非常非常宝贵的。生命的存在和延续是需要条件的,需要的条件是什么呢? 我认为生命存在和延续的条件就像大家刚才说的,是健康。健康对我们每个人来说,有了健康不见得会拥有一切,但是失去健康,一定会失去一切。健康是我们重要的生活资源,我们每一天生活都需要健康。健康是一种不可再生的资源,世界卫生组织定义"健康"的时候讲道,健康是一种能力。为什么有些人能健康生活在这个社会上,而另外一些人不能呢? 实际上这是一种能力的体现。健康对我们每个人来说是一种必不可少的生活资源,我们一定要重视健康。

我们想健康就可以健康了吗? 健康的最大敌人是什么? 是疾病。我们今天在座的朋友们大部分年龄都比较大了,人不怕年老,就怕病倒,是不是? 你一病倒,你往医院一住,你就成"院士"了。整天和医生、护士打交道的人士,简称"院士"。你一住院不当紧,有很多痛苦就接踵而至了。你住在医院里,医生说割哪个地方就割哪个地方,护士说扎哪个地方就扎哪个地方,是不是? 你这一生病,自己要受罪,儿女要受累。自己受罪不受罪,说扎哪儿就扎哪儿,心里很痛苦;孩子不论工作多忙,一定想办法到医院里面看你。自己要受罪,儿女要受累,还要多花医疗费,虽然有社会医保,但是绝对有你自己负担的一部分。那个医生说,这个药不在医保之内,但是治疗效果非常好,你用不用? 用,用的话就要自己负担,所以要多花医疗费。你一住院了,你占住那个位儿了,别人就不能再住院治疗了,所以说你不但多花医疗费,还不利于全社会。

生病是每个人都不愿意的。疾病是健康的最大敌人,我们都不想生病,如果有一种方法能预知疾病,知道你哪一年哪一个月会发生重大的疾病,你就可以针对性地采取措施,可以预防。在座的各位朋友就问了,疾病能预知吗? 我告诉大家,疾病是能预知的。在座的朋友们或许不相信,疾病确实可以预知,而且是在两千多年前我们的古圣先贤就把这些方法写在一本书里面了,就是我们今天做个这本书——《黄帝内经》。你说,有例子可以证明吗? 我可以告诉大家,在一千多年前,我们的古圣先贤不光可以预知疾病,还可以预知十年、二十年,甚至更长时间疾病的发生,而且非常准确。我们可以讲一个例子,一个实际的例子,这是我们河南人的例子,现在在大街小巷还可以看到这个人的名字,在座的朋友知道不知道是谁呢? 张仲景。

我们讲一下张仲景预知疾病的例子,说的是公元197年,离现在一千八百多年了,张仲景在湖南长沙做长沙太守,这个长沙太守相当于现在的什么职位呢? 相当于现在湖南省的省长,过去没有书记,那就是一把手了。当时在公务活动中认识一个非常有才华的青年人,这个青年叫什么呢? 叫王仲宣。一位非常有才华的青年,写一手好文章,张仲景非常欣赏他。有一次在公务活动结束之后,张仲景和王仲宣在一块聊天,张仲景对王仲宣说,仲宣啊,别看你那么年轻,从你的神色上看,你已经有病根了。我告诉你,你20年后会得一场大病,生病以后,你的眉毛会脱落,然后在180天左右你的生命就危险了。张仲景是一个当官的,说话留有余地,说"你的生命就危险了"就是说生命就要终结了,就挂了。王仲宣当年多大呢?刚刚20岁,非常有才华。你想啊,一个20岁的青年,他听了张仲景的话,他听得进去吗?听不进去。王仲宣心里说,张大人啊张大人,你显摆你的医疗水平也不能这样显摆啊!我现在这么年轻,你说我20年后会得大病,还说到时候出现眉毛脱落?仲宣根本没有听进去。但是张仲景是真心爱护这个才华青年,他说,仲宣啊,我给你开个处方,你回去一定要吃这个药。张仲景提笔给王仲宣开了一个处方,叫五石汤。这次活动就结束了,张仲景就和王仲宣分手了。大家想一想,那个王仲宣会不会听张仲景的话呢?不会(听众)。大家的判断很准确啊,过了不多长时间,张仲景和王仲宣因为社会活动又碰面了,张仲景就问他,仲宣啊,上次我给你开的药你吃了吗?王仲宣怎么回答呢,对着他的领导,对着他的上级,张仲景四十多岁,王仲宣二十来岁,你觉得他会怎么回答啊?回大人,服了,服了。大家说他说的是不是真话?假话。张仲景说,仲宣啊,药你是一定没有吃的,如果吃了,你的神色为什么没有什么改变呢,我怎么一点也看不到呢?当时张仲景就摇头说,那么年轻,那么有才华,怎么如此轻视自己的生命呢?这个话就不再多说了,果不其然,20年以后,正如张仲景所说的,王仲宣得了大病,半年以后一命呜呼。这个真实的案例记录在皇甫谧的《甲乙经序》上,如果有兴趣的话大家可以去考证。

我们今天感兴趣的不是这个例子的真实性,我们感兴趣的是什么呢?张仲景在一千八百多年前就可以预知一个人20年以后能得什么病,而且会有什么样的临床症状,会预计他的后面的情况,张仲景用的是什么方法呢?这是我们今天感兴趣的,也是我们所要讲的重点。张仲景用的是什么方法呢?张仲景所用的方法就是我们的古圣先贤写在《黄帝内经》中的这部分内容。我想在座的各位朋友一定听说过《黄帝内经》,这是我们中国传统文化的瑰宝,是中国传统医学的圣典之作,它是一部医学巨著,是一部研究生命之学的巨著。现在如果我们有时间,应该学一学、读一读我们这些中国的传统文化的优秀的经典。

张仲景用的是《黄帝内经》中的五运六气的方法来预知王仲宣20年以后要得什么病,因此呢,五运六气也是《黄帝内经》中的经典中的经典,就是我们今天要讲的内容。我在这里做一个比喻,如果说把《黄帝内经》比作中国传统医学的一顶皇冠,那么五运六气就是这顶皇冠上的最耀眼的、最大的、最明亮的那颗明珠,可见五运六气在我们中国传统医学中的重要地位和作用。但是可惜的是,今天我们很多人,重要的是我们的医疗战线的大夫们知道的很少,西医就不知道,中医知道的也是很少一部分,更谈不上怎么运用五运六气。

古圣先贤怎么告诉我们的呢?"不懂五运六气,检遍方书何济。"什么意思呢?就是说你不懂五运六气,你把中医的书读完,有些问题你也解决不了。为什么呢?因为五运六气是中医中的核心。还说,"不知年之所加,气之盛衰,虚实之所起,不可以为工也"。你不知道哪一年是气胜气衰,是太过,是不及;不知道虚实是由什么引起的,你就不能当医生,你就不是一个合格的医生。这是《黄帝内经》上所讲的内容,当一个医生很不容易的,要懂天文地理,要知道大自然变化的规律才能当医生。

张仲景是运用五运六气来判断预知疾病的发生,五运六气就是《黄帝内经》中的核心部分,那什么叫五运六气呢?在这里这个抽象的概念不跟大家多讲了。五运六气分别是两个概念,五运是一个概念,六气是一个概念。五运是由五行演化而来的,五行大家都知道,金木水火土;五运是什么呢?用天干和五行相结合而演化来的五运。天干是十天干,它和五行的结合是以十年为单位自然变化的周期节律,叫十年五运。因为今天讲座时间有限,我不能多讲,有机会可以做详细讲解。六气就是把一年12个月的气分成六个不同的部分,简单地说,叫一之气、二之气、三之气……六之气,每一个气用专业说,一之气叫厥阴风木,二之气叫少阴君火……五运和六气是两个不同的概念,知道就好。

五运和五行是有联系的，五运由五行演化而来，五行要知道一些，如果不知道五行，这个课，包括怎么从五行到五运就不好讲了。我做了一个图（PPT），这是什么呢？就是我们人类生活的共同家园——地球。我们知道，地球是在围着太阳转，现在地球围绕太阳正在从北回归线向南回归线转，在这里不断下降。从北回归线向南回归线转的过程中，温度一天一天地降低，表现在气候上，白天在一天一天地缩短，夜晚在一天一天地变长，它不断地变短、不断地短，阳气不断地减少，阴气不断地增多，中医上叫阴长阳。当天气变到一定程度的时候，到了这么一个节点，它不能再短了，因此这一天就是一个重要的节气，这个节气叫什么呢？冬至。过了这一天，白天会慢慢地变长，一天一天地变长，到这个（PPT）地方时不能再长了，这又是一个重要的节气，叫夏至。夏至和冬至这两至是阴阳变化的重要分界点。我们的祖先非常聪明，实际上一年二十四节气只有四个重要的节气，二至是最重要的两个。要把夏至和冬至连成一条线，这边（PPT）是温度上升的，这边（PPT）是温度下降的，这一降一升，这里是上升的，阳气不断生长增加，这里（PPT）是下降的，阳气不断减少，这一条线一边是阳，一边是阴，这就是中国的文化——阴阳。

　　一个圆，一个地球，就是我们常说的一个太极，这么一运动，太极变成了两仪，一阴一阳。我们再说，到了冬至这一天之后，白天一天一天增加，一天一天延长，夜晚一天一天缩短，当长到一定程度时，会出现一天，白天和黑夜相等，那又是一个重要的节气，叫春分。同样的，到这个地方（PPT）以后，下降下降下降，白天在逐渐减少，夜晚在逐渐延长，到这个地方恰巧出现白天和黑夜相等的等分点，那就是秋分。就是我这张图（PPT）。这么一划，这条线就是经线，这条线就是纬线，二至、二分就是我们一年二十四节气中的最重要的四个节气。我们目的是什么呢？我们要讲五行，要往金木水火土上引。在春分这个季节，你在大自然中看到大地一片生机，树绿了，草从土地上冒出来了，花儿开了，一片春天的气象，因此这个季节在五行中所对应的一个字就是木。同样，夏至对应的是什么呢？春分这个季节，随着温度的不断上升，大地温度会变得更高，因此夏至所对应的就是火。秋对应的就是金，冬对应的是水，中间就是五行的土。这四个重要的节气和五行就有了一一对应的关系。

　　再简单讲一下，这就好说了，这个五行是一个重要的节气，和我们的四季是一一对应的，这个四季是春分，五行的木对应的就是春季，五行的火对应的就是夏季，同样，秋分对应的是秋季，水对应的是冬季，土对应的是长夏。

　　再往下看我们要讲五行的目的是什么呢？要和我们人体的五脏发生联系，五行的木和五脏怎么对应呢？木是春之气，春之气是向上生发的，我们的肝脏有这个功能，是向上生发的，是输血的，因此五行的木、春天、春分就和人体的肝脏相对应。五行中的火和人的心脏相对应，五行中的金和人的肺脏相对应，五行中的水和人的肾脏相对应，五行中的土和人的脾相对应。从这里可以看到，我把它放在一块，把它们联系起来，二十四节气的春分，五行的木，四季的春天。还有方位，春天、春季、木对应的是东方；五行的火、夏季对应的是南方；秋季、秋分对应的是西方；五行的水对应的就是北方；五行中的土对应的就是中。我们讲这个的目的是干什么呢？是要介绍一个规律，大自然中的一个规律，叫五行规律。我们一伸手是五指，我说五行也好，五运也好，五脏也好，五声也好，等等，有很多很多的五，说五的目的是建立什么呢？建立一个五行的系统。

　　五行系统是将空间上的五方——东、西、南、北、中，时间上的五季——春、夏、秋、冬、长夏；五气，春之气、夏之气、秋之气、冬之气、长夏之气和人的五脏一一地建立对应的关系，这个对应的关系说明什么呢？说明人和大自然有一种相应的关系，所以在《黄帝内经》中多次提到天人相应，天有什么，人有什么，人体的五脏、人体的生命活动是随着四季的变化来变化的。怎么养生？是随着四季的变化养生的。通过五行的立体系统，让大家感悟什么呢？天人合一、天人相应的道理所在。你知道怎么健康吗？是顺应大自然，按照天人相应这个规则去做才能健康，吃药是不能健康的。

　　五行这个规律就像大自然中一种看不见的手一样，操控着大自然，使它有节奏地变化、有节律

地变化。过了春就是夏,过了夏就是秋,过了秋就是冬,过了冬再是春,几万年来都是这种情况,这就是五行规律。

在五行中有一些规律,今天也要简单地讲一下,有几个是大家都知道的,先说第一个,五行相生。大家都知道,木能生火,火能生土,土能生金,金能生水,水能生木,这是五行相生。但是也告诉大家,很多人解释五行那是不妥当的,木怎么生火呢? 木材一点就熊熊燃烧起来了,不就生火了吗? 那是不对的。在这里,五行说木生火是什么意思呢? 春之气,春天那个气一定要继续上升,要变成夏之气,所以叫木能生火。五行是五气的变化,而不是五至的变化,不是五才的变化。这是第一个规律,五行相生。

大自然中我们生活的地球是平衡的生物链,有相生就一定有相克。五行相克大家应该也清楚,木能克土,土能克水,水能克火,火能克金,金能克木。这是五行相克,这也是大家熟悉的,也不再多讲了。这是气的变化,而不是至的变化,不是才的变化。

在这个讲完以后,下面三个是朋友们要简单记一下的,因为我们下面讲的用五运判断预知疾病,这三个规律就要用到。第三个叫五行生克制化。什么叫五行生克制化呢? 实际上讲的是人体五脏的三角关系。是这样的情况,木、火、土这三个脏,对应肝脏、心脏、脾脏,分别划上三条线,变成一个等腰三角形。在这个等腰三角形内,木能生火,火能生土,这是相生,木能克土,有生有克,叫生克制化。为什么这样呢? 我们之所以健康,因为我们的五脏是一个自平衡系统,一旦不平衡了就要生病了。木生火了,按照比例给它一定的数字,火的比例数量是比较多的,它再生的土的量是不是更大了? 肝脏、心脏、脾脏这三个脏器还平衡不平衡了? 不平衡了。不平衡了怎么办呢? 一定要平衡,木一定要把多的克掉,重新回归这三个脏器的平衡。

还有另外的四个小的三角平衡,火、土、金,火生土,土生金,火一定要克金,心脏、脾脏、肺脏这三个脏器一定要保证平衡。土、水、金这三个脏器,土生金,金生水,土一定要克水,脾脏、肺脏、肾脏三个脏器之间保持平衡。再看肺脏、肾脏、肝脏这三脏器,金生水,水生木,金一定要克木,它们之间保持平衡。水、木、火这三脏,水生木,木生火,水一定要克火。大家看,在这个刚才说的五行大平衡里面套着五个小的三角平衡,这个平衡叫生克制化,可见我们的身体是任何精密仪器都无法比的,因为它有一个自平衡系统,保持着我们身体的健康、五脏的平衡。

有没有反常的情况呢? 下面是两种反常的情况,叫相乘,也叫倍克。还举这个例子,木克土,在两脏器平衡的情况下木克土,现在是这种情况,如果给一个数字的话,肝是200的话,土是100的话,肝克脾时候力量更大,是不是克得更厉害啊? 就像社会上一个人一样,谁越弱,越容易被欺负,是不是? 这个脏越弱,克它克得越厉害,这叫倍克,这叫五行相乘,就是加倍地克它,这时候这个脏器就要出问题了。其他的和它是一样的,不再多说了,这叫作五行的相乘,也叫五行倍克。

最后一个,第五个五行的规律叫五行相侮,五行相侮是什么意思呢? 举最明显的例子,水火是阴阳的最能说明问题的代表,我们中国文化叫作阴阳文化,所有事物都分成阴和阳,阳最具有代表性的是火,阴最具有代表性的就是水,阴阳者水火之征兆也。在正常情况下,水是能克火的,但是在特殊情况下,水不但不能克火,而且火反而能把水迅速地消化掉,就是大家常说的一个成语叫"杯水车薪",你把一杯水泼到一车熊熊燃烧的木柴上,你觉得一杯水能把火泼灭吗? 不能,而且水会迅速成为水蒸气,这叫反克,就是五行相侮。水本身能克火,但是在特殊情况下,在火的力量特别强大的情况下,不但水不能克火,而且火把水克了,这叫五行相侮。五行有五个规律,五行相生、相克、生克制化、五行相乘、五行相侮,这五个规律是我们生活中,是我们中医治病,所有的东西都利用的五行的规律。

下面这个图不再解释了(PPT),把五行代换成人体五脏,和刚才的是一样的,这是一个例子,就不再多讲了。

刚才我们讲了五行的规律,我把它做一个简单的总结,五行要往五运上走,我们今天讲的不是五运嘛,五运怎么来的呢? 五运是由五行转化来了。人体有肌肉、有骨骼,是以五脏为核心的,这个五脏又是相互联系的,大家刚才看到了,五脏之间相生相克,而且每三个脏器之间保持着一个小的平衡,所以说人体有一个自平衡系统,相互联系、相互制约的一个自平衡系统。为什么是一个自平衡系统呢? 因为有五行的规律在支配着它。人体的任何一脏以顺时针方向都与其他两脏存在着相生相克的制化的关系。在一个大平衡中,每相连三个脏都存在相生、相克、制化的关系,一个小的平衡关系。当这种生克制化的平衡被打破之后,人体就要生病了,人为什么要生病呢? 五脏平衡被打破了,哪一脏弱,你就病在哪一脏上,因此非常好判断。当这种平衡长时间被打破,不能得到重新平衡的机会时,人体就出现危机了,这就是五行规律在我们健康过程中的重要功能和作用。

知道了五行是怎么来的,知道是五行的规律,五运也很好讲,我们要把五行引到五运里面去。五运是什么呢? 就是运用中国传统的干支文化和五行放在一起,联系在一起。十天干大家都知道,甲、乙、丙、丁、戊、己、庚、辛、壬、癸,天干是古人用来记录太阳变化节律的十个代表,它不是一二三四五六七,是表示一个生命的周期变化,从生到长,到旺,到衰,到死,到再生的一个过程,它要求的是过程,不是量的关系。

在这个天干中,隐含着和数字对应的密码。我们的祖先真是智慧,为什么呢? 我们现在都用公历纪年了,但是公历年的那一年年运是什么没法表达,怎么对应呢? 有什么样的对应关系呢? 经过长期的实践,告诉大家,这个会发现每一年的最后的那一位数,就是你出生的那一年的最后一位数,它和天干怎么对应呢? 这个外国人是根本无法理解的,只有中国人才能理解,否则的话中国的传统文化的最宝贵的东西就会被外国人拿走。因为有了这么一个关系,外国人不好理解,他学不会,只有我们中国人才能理解、才能知道。发现什么呢? 凡是以 4 结尾的那一年,像 1914 年、1924 年、1934 年……一直说到 2014,往前一千年,往后一千年,凡是逢 4 那一年,天干第一个字一定是甲,4 对应的是天干的甲,明年是 2014 年,明年是甲午年。你可以去数,1984 年甲子年,1994 年是甲戌年,我们往前推,凡是末位是 4 的,一定对应天干的甲。末位是 5 对应天干的乙,6 对应的是天干的丙,7 对应的是丁,8 对应的是戊,9 对应的是己,0 对应的是庚,1 对应的是辛,2 对应的是壬,3 对应的是癸,10 个数对天干有一个一一对应的关系,这个就是《黄帝内经》中隐含的生命的密码之一。

还有一个字,那就是加上地支的话,像今年是癸巳年,癸是天干,巳是地支,就可以判断这一年的很多东西。再把地支加上去更复杂一点,今天我们讲五运,因此只讲天干,这是一个一一对应的关系。

五运是由五行演化来的,五行是什么呢,金木水火土,我要把天干地支和五行做一个联系,发现逢 4 那一年对应天干的甲,那一年它的气是什么呢? 对应五行的土。同样的,逢 1 那一年对应的是金,逢 6 对应的是丙(水),逢 7 对应的是木,逢 8 对应的是火,9、10、1、2、3,土、金、水、木、火,又是一个重复,又是一个循环。十个天干代表十年,是十年太阳周期变化的规律。十年五运,土两个,金两个,水两个,木两个,火两个,这是第三层对应关系。我们要找第四层关系,找什么关系呢? 要和人的五脏对应,我们要用这个工具判断人的健康、预知疾病的发生,所以要联系五脏。

大家看,刚才学过了五行,这就好联系了,4 对应的是甲,五行对应的是土,五脏对应的是脾。逢 5 那一年对应的是金,五脏对应的是肺。逢 6 那一年天干对应的是丙,五行对应的是水,五脏对应的是肾。逢 7 那一年,天干是丁,五行是木,五脏是肝。逢 8 那一年,对应的是戊,五行对应的是火,五脏对应的是心。

后面是重复的(PPT)。十天干、五行、五脏,我们现在所纪年的公历,不论是从公元 1 年开始记,还是到现在 2013 年,哪一年都可以和十天干一一对应起来,所以说哪一年的年运都可以找到。看着这个系统比较大,这是中医的观点,用联系的观点把天地人有机地联系在一起。这看起来比较困难,我们再简化一下,刚才不是说十年五运嘛,4 是甲,是土,是脾;9 是己,是土,是脾,甲和己是不一样的,但是对应的五行、五脏确是一样的。我做一个简化(PPT),4、9 对应的是甲、己,这个(PPT)等于是相当于的意思,是土,是五脏的脾。在这里呢,甲己合化土,乙庚合化金,丙辛合化水,丁壬合化木,戊癸合化火,十年变成五运了。

4 和 9 都代表土,都代表脾,它们有没有区别呢? 同一脏对应两个不同的年份,4 是偶数,9 是奇数,偶数之年给它一个名字叫太过之年,就是多的意思;奇数叫不及之年。4 和 9,4 代表甲,相当于甲,在五行中属于土,在五脏之中也是脾,但是它表示太过,这一年的土气太过,湿气太过。9 呢? 等于己,它和五行的土也是对应的,也是脾脏,但是这一年是不及,是土中的湿不足。4 和 9 都是土,都是脾,把它们做一个区隔,做一个区分。

下面是课程的重点了,是精华部分。刚才我们说了,这十个数就分两类,一个是双数,一个是单数,凡是单数,也就是奇数,那一年叫不及之年,凡是偶数都叫太过之年。现在的朋友可以对号入座了,如果尾数是 1、3、5、7、9,就是不及之年,其出生年份的末位数所对应的脏就是此人的弱脏。在座的各位朋友,你只要单数出生的,比如说你是 1961 年出生的,假如说 1951 年或者 1971 年、1981 年出生的,你的弱脏就是肾脏;假如说是 1973 年、1983 年、1993 年出生的,你的弱脏就是心脏;假如说 1945 年、1955 年、1965 年出生的,你的弱脏就是肺脏;假如说你是 1947 年、1957 年、1967 年、1977 年出生的,你的弱脏就肝脏;假如说你是 1949 年、1959 年、1969 年出生的,你的弱脏就是脾脏,这是根据五运六气的年运所做的判断。你出生在一年的开始,比如说 1958 年的元月份,或许这一年的元月就是 1957 年的十二月,这个一定要弄清楚,这里指的都是农历。这是单数。

再说双数,双数的朋友一定关心自己的数。凡是偶数之年出生的都叫太过之年,凡是在偶数之年出生的人,其出生年份的末位数,0、2、4、6、8,所对应之脏的所胜之脏就是此人最易发病之脏。什么意思呢? 下面举个例子,假如说你出生在 1952 年、1962 年,2 是偶数,属于太过,所对应的脏是肝脏。肝能生哪个,克哪个呢? 因为 2 所对应的是肝,肝克木,所以说这个人的弱脏就是脾脏,其他的依此类推。因为时间有限,讲座内容很多,如果你还不明白,下去以后咱们再咨询。

下面是更重要的内容,因为什么呢? 我们是要运用五运六气的方法来判断疾病的发生,出生在不及之年的人,在什么年龄最容易发病呢? 这是有规律可循的,这是可以预知的。我今天只讲两种情况,还有其他几种情况不能多讲。那两种情况呢? 一是在其所不胜之脏的太过之年。举个例子,在座的各位朋友有 1951 年、1961 年、1971 年出生的吗? 有(听众)。告诉这些朋友,明年 2014 年就是你们健康风险最大的一年。为什么呢? 1 代表什么? 单数、不及。1 代表肾脏,对应的是水,什么克水呢? 明年是土年,土太过之年,所以说 1951 年、1961 年、1971 年出生的朋友,明年就最容易发病。是不是有道理?

第二个,在所胜之脏的太过之年,这个脏能胜那一脏,但是因为你所胜的那一脏太强大了,反而也容易生病。还是刚才说的,1951 年、1961 年、1971 年出生的朋友,到哪一年呢? 到火太过之年要容易生病,到 2018 年。为什么呢? 1 是水,是不及,8 是火,太过,就是刚才说的,就是刚才杯水车薪那个例子,火反而把水克了,所以说 1951 年、1961 年、1971 年出生的朋友到 2018 年是健康的风险最大的一年。记住了,那一年很有可能要生病,而且是大病。

这是说的不及之年的朋友,再说太过之年的朋友。出生在太过之年的朋友疾病发生的年份也讲两种情况,一是在所胜之脏的不及之年。凡是逢 6 那一年出生的朋友,遇到 3(不及之年),就是一个容易发病的年份。什么原因呢? 6 是什么呢? 偶数,对应天干的丙;对应五脏哪一个? 肾对应五行的水。3 是什么呢? 火。水是强大的,火是不及的,水是太过的,因此呢,水克火克得非常厉害,叫五行相乘了,加倍地克,怎么能不生病呢? 二是在所不胜之脏的不及之年。还是逢 6 出生的到 9 这一年,为什么会生病呢? 土本身克水,但是因为土不及,因为水太过,水反而把土给克了,所以这一年也要生病。这就是不及之年和太过之年为什么要生病,怎么生病,它的原理所在。一些朋友说,你说的这些道理判断准确吗? 理论部分我们讲到这儿,如果不相信,我们可以举一些例子,举一些生活中的例子来看一下。

（PPT）这个人很精神，也很年轻，这个人叫什么名字呢？叫洪广志。洪广志先生 1990 年赴美国留学，先后于密西西比北州立大学获计算机学士和硕士学位，在国外创立了公司，而且他所创立的那个项目被美国一个公司收购，并上市了。洪广志先生后来回到国内了，是一个海归，是一个非常有才能的人。回来以后，在我们国内的慧聪公司工作，是一个副总。问题出来了，刚才很精神，结果是什么呢？慧聪网对外发布讣告，慧聪网副总、CTO 洪广志于 2013 年 6 月 12 日下午突发疾病，经紧急抢救无效，于 6 月 13 日 7 时 32 分在北京第三人民医院去世，享年 43 岁。一个上市公司的副总，年薪至少百万吧，不说分红了，一个海归，一个那么有前景、那么有能力的人，突然走了，为什么走得那么突然呢？从五运六气上来讲，洪广志生于 1970 年，2013 年 6 月 13 日走的。0 是属于偶数，太过之年出生的，今年是 2013 年，是火不及之年。这个金太过，火不及，金反而克火，叫金侮火。因为金太胜，金反克火。是不是这种情况？所胜之脏的不及之年。这样一个年轻人，刚刚 43 岁，他是这种情况，逢 3 之年走的。

（PPT）这个大家也熟悉，笑星，给我们的生活带来很多欢乐，高秀敏。我们看看她的例子，刚才有朋友提了，我们用的判断全部是阴历，她就跨（年）了，公历 1959 年 1 月 28 日，农历的 1958 年十二月二十日，她走那一年是 2005 年 8 月 18 日，农历七月十四日，高秀敏走那一年是 47 岁，末位数是 7。8 属于火太过，走那一年是 5，5 是金，是单数，是不及，火太过克金，不及，加倍地相克，她得心脏病突然就走了。这是所胜之脏的不及之年，刚刚说的第二个规律。火能胜金，金不及，这就是我们说的偶数之年的第二种情况。

这些是演艺界的代表人物，他们对健康很重视，也很有钱。如果健康保护得好，有专家医生是我的好朋友，我向他咨询可以不可以呢？可以是可以，这些重大的疾病风险首先是自己知道，自己规避，如果靠别人的，那会被动一点。许多重要的人物，他们一定有私人保健医生，有一个自己的健康专家班子。

医生对我们生命的呵护肯定是有帮助的，但最重要的还是自己能不能知道自己，知道什么时间发病，怎么去规避，这才是主动的。

是不是和外在条件有关呢？我们也举一些条件来看。

（PPT）这是发生在今年的事情，这个人叫邵占维，是杭州市市长。这个图片是 2013 年 3 月 4 日邵占维参加人大代表会的预备会的领导小组会议，3 月 4 日下午的照片，这个是 3 月 5 日下午参加人大会第一次开幕会总理的报告下午的讨论会（PPT）。3 月 6 日，仅仅隔一会儿，问题出来了，"邵占维同志在出席全国两会期间，于 2013 年 3 月 6 日上午 9 时许突发心脏病，经全力抢救无效，于当日 13 时 26 分在北京不幸病逝，因公殉职，终年 57 岁"。大家看，高秀敏 47 岁，邵占维 57 岁，大家记住这个 7。

专家怎么诊断的？这也是副部级干部啊，也是国家重点健康保护对象啊！在两会期间，13 亿人，2000 多个代表，对他们的健康，国家一定是调动最好的医疗资源为人大代表服务，但是真得了那个病，专家也是回天无力啊！医学专家怎么诊断的呢？说邵占维是因为恶性心律失常。我们简单看一下邵占维的出生年月和五运六气的关系。1956 年 2 月出生，今年是 2013 年，出生的年份是太过之年，6 对应五行哪一个？水。今年的 3 对应五行的火，一个是太过，一个是不及，水克火，因此是恶性心律失常，心脏病。水克火，天就是这样的，你不知道它，它对你怎么样呢？那就要产生不利的因素。

规律是没法违背的。有些朋友会说，这个规律是中国人发明的，而且几千年了，这个规律还有效吗？我告诉大家，只要太阳还在天上挂着，这个规律就永远在起作用。一些朋友还会说，这个规律对中国人有效，对外国人是不是有效呢？我们也看一下，只要他是人，也基本有效。

（PPT）这是美国的总统，前总统福特，尼克松的继任者。医疗器械美国是最先进的，这些人一定可以享受这个服务，一定会检查。大家看一下，看看他是不是符合五运六气的规律。福特总统生于

1913 年 7 月 14 日,3 是单数,是不及,对应五行的火。哪一年走的?2006 年,6 是对应的五行哪一个?水。水和火什么关系呢?水克火,太过之年克不及之年。他多大了?93 岁。

(PPT)这是几个美国总统的全家福,老布什、尼克松、福特、里根、卡特。这是美国总统全家福,是老布什召见他们几个在一块留下的纪念。

(PPT)这个人是谁啊?里根。里根生于 1911 年,1 是不及之年,五行对应的是水,走是哪一年?2004 年。4 对应五行的哪一个?土,是太过。土克水,里根总统是 93 岁走的。

五行相克的规律、五行相生的规律、五行相乘的规律、五行相侮的规律、五行生克制化的规律不光对中国人有效,对美国人也有效。规律是不分国度的,自然的规律不分国度,是太阳底下的规律,所以说对人都有效。

最后我们把刚才讲的内容做一个总结,我们刚才讲五运六气,刚才我们只讲五运六气这个系统中的一个因素,五运,五运也叫中运,也叫年运,通过这个判断疾病。我们把刚才的例子做一个总结,希望朋友们记住,这就是今天的收获。

刚才大家看了几个例子,洪广志多大走的?43 岁。美国总统多大走的?93。末位都是 3。高秀敏多大走的?47。邵市长多大走的?57。末位都是 7。朋友们,一个人发病的年份规律可以预知,是可以知道的。在你逢 3 那一年,逢 7 那一年,33、43、53、63、73,或者 37、47、57、67、77、87,这些年份发生健康风险的因素最大,因此你可以做出提前的、有效的预防,这就是用五运六气来判断预知疾病的发生。

还告诉大家,在这个五运六气系统中,今天我只讲了五运六气系统中其中的一个因素,也叫年运,如果把五运六气中的所有因素都用上,你想,预知的准确度是不是更高啊?你在哪一年发病,这一年的哪一气发病,你五脏哪一个脏发病,都可以预知,只有预知了,我们才可能有针对性地预防。我们要把五运六气的所有因素全部用上,一定会提高疾病预知准确性,这是一个系统,这是一个非常有效的方法。

在研究五运六气的过程中,我们发现,五运六气不光可以用来预知疾病,更重要的还可以有其他方面的重要作用,它不愧是《黄帝内经》中精华的精华。它还可以用来做什么呢?用来指导养生。现在养生热,为什么大家都养生呢?因为有很多疾病解决不掉。怎么用五运六气养生呢?今年是2013 年,假如有 1953 年、1963 年、1973 年生的朋友,怎么养生呢?如果懂五运六气,在一之气、二之气是你养生的重要好时间,一之气是木之气,木能生火,再加上二之气少阴君火,不花钱、不投资就可以养生了,关键看你能不能懂,能不能知道。这是非常有效的,是一种真理性的东西。

另外,我还发现用五运六气可以指导慢病的调养。大家知道,我们国家的整体的健康水平是很可怕的,2009 年发表了一个文件,当时说国内有病人 2.6 亿,生病的病人 2.6 亿。什么叫慢病呢?慢性非传染性疾病、高血压、高血脂、心脑血管疾病,包括癌症,这些都属于慢病,慢病的治疗是非常困难的,治疗效果也不太好。慢病通过服西药治疗效果都不太好,一个小小的高血压,你需要终生服药,但是治好没有呢?不服药血压马上反弹。单靠吃西药的方法是治不好的,如果运用五运六气来指导慢病的调理,那就不一样了。具体怎么调理?我们有一套方法,我们有一批专家,专门运用五运六气与其他方法综合起来调理慢病。

大家都清楚,慢病的治疗是靠调好养好的,古人告诫我们,病是三分治七分养,这是古人告诉我们的。我们现在用什么方法呢?我们现在用什么健康观念呢?全靠治。过去是依调和养为主,现在我们以治为主了,仅仅靠吃一些西药,改变一下身体的化学成分,你能把病了多少年的身体恢复健康吗?那是很困难的。在五运六气研究过程中、学习中给我一个启示,我们要提高我们的健康水平,让更多的慢病患者能提高、恢复到健康状态,必须要调和养的充分结合,要充分利用自然、自觉顺应自然。

怎么顺应呢?我简单做一个总结,要做到"四借":借天之力、借地之力、借人之力、借物之力。

523

什么意思呢？讲大自然的力量要比药物力量要大得多得多。举一个简单的例子，为什么要冬病夏治呢？是不是就是借天之力呢？像治老寒腿、老寒腰，这个不好治，单单靠几张膏药，单靠按几下，治不好。怎么样把寒气从体内驱赶出来呢？就要借助夏天这个炎热的天气，借助天气之力，加上药之力，然后把这个身体内的寒气赶出来，把病治好。在中医里面早就有借天之力。借地之力，现在生活的环境对我们很重要，现在都往广西巴马跑，很多慢病患者到那儿之后，不吃药，高血压好了；糖尿病患者在那儿生活一段，病减轻了，轻的慢慢地恢复了。为什么呢？那就是不同的环境、空气、水、地心的磁力对人的健康影响正面的作用是非常大的。借人之力，养生，慢病是需要经验积累的，一定是要在别人的指导下才能进行调养、调理，这样才有效果。借物之力呢，我们吃药，药就是一种物，实际上我们吃药、吃的食物，我们中医讲药食同源，很多食物要比药物效果好得多得多，人是吃食物才健康的，不是吃药才健康的，吃药的目的是调整身体的失衡状态，目的是要恢复平衡的、健康的状态。

四借的目的是什么呢？慢病的调养需要综合的方法，单靠一种方法是调不好的。全国就一个巴马，巴马现在已经人满为患了，现在一般老百姓去不起了。我们就没有河南的巴马吗？我相信我们河南是人杰地灵的地方，中华文明发源就在我们河南，我们河南一定有这些好的地方，我们正在寻找，我们正在探讨，我们正在体验。我们找到一部分，我们体验以后，将来有慢病的朋友需要调养的话可以到这些地方去，借天之力，借地之力，一定会对自己的健康有帮助。

现在社会的养生是非常热的，我们每一个人都关心自己的健康，都希望自己更健康，社会上有几句话对我也很有启发，说什么呢？"健康是无形资产"，你每天的生活都需要健康这种资源。"养生是银行存款"，老年朋友们都退休了，活儿不用干，你一年到头好几万，是不是？你工资到月底自动打到卡上了，所以养生就是银行存款啊！多活一年，那就是价值。"生病是提前透支"，也叫恶性透支，"大病是倾家荡产"。你看洪广志先生，43岁，一个海归，一个上市公司副总、一个技术总监，创造的财富不说，对他的父亲来说是老来丧子，是人生一个悲哀；对他的妻子来说，是中年丧夫；对孩子来说，是幼年丧父。一个人的不健康，给一个家庭，给一个社会带来多大的痛苦啊，所以说健康是金。我们运用五运六气这个工具、这个方法，真的可以为我们的健康做出很大的贡献。

我想把今天的课程做一个简单的总结，学习运用五运六气可以有这几个方面：第一个，可以预知疾病。第二个，可以做到有针对性地预防。你预知了，预防就有针对性了，从而可以减低健康风险。第三个，可以指导养生，可以益寿延年。第四个，可以指导慢病的调理，可以提高健康水平。所以说学习运用五运六气对我们的健康是有帮助的。

在这次讲座即将结束的时候，我提议，对这次讲座付出辛勤劳动的"豫图讲坛"的各位领导和老师，对他们付出的辛勤劳动，用我们热烈的掌声向他们表示感谢。

最后，我还要预祝今天到会的各位朋友，祝你们身体健康、家庭幸福、工作顺利。谢谢！

主讲人:吕全军,郑州大学公共卫生学院副院长,医学博士,教授,硕士生导师,学位分委员会副主席,重点学科开放实验室副主任,河南省中青年骨干教师,河南省教育厅跨世纪学术技术带头人,郑州大学营养与食品卫生学学科方向带头人,多次被评为郑州大学"三育人"先进个人和优秀共产党员,获评学生最满意授课教师和教学优秀奖。

时　间:2013 年 6 月 23 日

地　点:河南省图书馆研议厅

合理膳食与慢性病预防

　　各位同仁,各位老前辈,各位女士们、先生们,上午好! 今天非常荣幸来到河南省图书馆,有机会跟大家谈一下合理膳食、营养与健康的问题。

　　首先我们了解一下什么叫健康,大家可能都非常关心自己的健康,到底你健不健康呢? 我们得有一个正确的概念,所谓正确的概念,通俗来讲,我们说你这个人健康不健康,不光是看你有没有病,你说我没有病,身体没有事儿,能吃能喝,按照老百姓讲的,能吃能喝没有事儿,结果第二天人没了。这里面就牵扯到健康除了身体健康以外,还有生理的、心理的、社会的适应能力。最近也报道了很多跳楼的,好好的一个局长,第二天就跳楼了,什么原因呢? 他没有病。没有病干吗跳楼呢? 这里面有一个心理的健康问题。我们说一个人,一个完全的、健康的人,包括了三个方面,他没有具体的疾病,也没有心理的疾病,与社会、与邻居处得很好,这个人才是健康的人。

　　健康有没有标准呢? 有标准。这些标准是什么呢? 各个地方有不同的看法,现在健康的概念发生了很多变化,像刚才讲的身体健康、心理健康、社会适应良好;另外,1989 年世界卫生组织加了一条,就是道德健康。为什么现在有一些"包二奶"的现象? 这个现象受到大家的普遍反感,这个人健康不健康呢? 我们认为这个人不健康,从道德方面来看,是不健康的。

　　我们看看健康的标准,世界卫生组织给了十个标准,我们不一定都能达到,大家可以对照一下。首先,你要有充沛的精力,就是说能胜任日常工作。第二条,积极乐观,心怀开阔,勇于承担责任。

第三条,精神饱满,情绪稳定,善于休息,睡眠良好。第四条,自我控制能力强,善于排除干扰。第五条,应变能力强,能适应外界环境的各种变化。第六条,体重得当,身材匀称。现在超重和肥胖的人越来越多,儿童的肥胖、成年人的肥胖和老年人的肥胖都是比较多的,我们国家调查的结果也是不容乐观的。目前认为,超重和肥胖又是很多疾病的危险因素,所以说我们现在要提倡什么呢?健康的体重,或者叫理想的体重。一会儿我还要专门讲这个体重的问题,因为体重对我们来讲是非常重要的,也是我们健康的晴雨表。为什么这样讲呢?比如说你无缘无故地瘦了,能吃能喝的,过一段时间,比如说一个月,体重降了5公斤,这个信号就是一个非常危险的信号。这里面预示着有可能有严重的疾病要发生了,不然的话不可能能吃能喝,你又没有减肥,不可能体重减了5公斤。对儿童来讲,假如说小孩儿能吃能喝,体重减少了,可能是学习精力也不集中了,这个时候要关心关心他了,要去查查了。

我们有一些例子,我一个同学的孩子,期中考试的时候感觉孩子不对,一称体重,降了。到医院检查,一查,是白血病。老年人也是一样的,40岁以上的人,无缘无故体重降下来了,这有可能就是一种肿瘤。一说到癌症,到医院一检查是中晚期,早期的时候不知道,等一会儿给大家讲讲癌症早期的始发信号,告诉大家怎么样预防。

另外,体重超重和肥胖是高血压、冠心病、糖尿病、癌症的危险因素。发生高血压的人,发生糖尿病的人,肥胖的人多。也有人说,我体重正常,不肥胖,但是也有糖尿病了,这种情况也有,但是大多数情况下,肥胖容易患糖尿病。体重是一个非常重要的指标。

第七条,眼睛炯炯有神,善于观察。第八条,牙齿清洁,无空洞,无痛感,无出血现象。我们老年人一到年龄大了没有牙了,一没有牙吃东西就困难了,现在我们可以做一嘴假牙,以前不行,所以牙齿的健康也很重要。国外的烟盒上会标出一个标识,国外的烟盒上有牙齿被损坏的图像,牙齿脱落,又黑,有空洞,告诉我们这是吸烟造成的,所以我们要控烟。第九条,头发有光泽,无头屑。第十条,肌肉和皮肤有弹性,步态轻松自如。

世界卫生组织一位总干事说,"有了健康并不等于有了一切,但没有健康就等于没有一切"。你的财富,包括你的钱,你的车子,你的房子,你所有的一切财富,都是零,你的健康是一,一后面的零越多越好,但是假如说你没有了一,你零再多还是一个零。健康很重要。我们有人做过一个统计分析,一个人死了以后,他平均会引起25个人的痛苦,所以说没有了健康,就没有了一切。

影响健康的因素很多,我列了几个,其中一个是遗传因素,爹妈给的,无法改变,天生就是这样。另外还有社会的条件,为什么说现在人长寿了呢?因为我们社会好了,大家能够安居乐业了,给你提供了很多交通、娱乐等设施。还有医疗条件,我们现在医院能治的病越来越多。还有一些气候地理条件,这也影响健康,你说现在自然灾害,像地震啊,泥石流啊,突然一下生命就没有了。这里面我最要强调的是最后一条,就是个人生活方式。个人的生活方式对于健康的影响是巨大的,在健康里面占重要地位的就是生活方式。

我们现在提倡健康的生活方式,什么叫健康的生活方式,什么叫不健康的生活方式呢?简单的有这么几条,所谓健康的生活方式,第一个是不吸烟,第二个是不酗酒,第三个是适量运动,另外要有充足的睡眠,这就是健康的生活方式。反过来来讲,不健康的生活方式就是抽烟、酗酒、不运动,整天坐在办公室里面不动,我们称为静止的生活方式,还有熬夜,睡眠不规律。还有一些吃饭也不规律,一日三餐变成一日一餐,有时候一忙,该12点吃饭的,下午4点种才吃中午饭,这都会对健康造成危害。对我们健康危害最大的还是抽烟、酗酒,一会儿我还要讲这个问题。

我们今天讲慢性疾病,这是2004年全国调查的一个表(PPT),这个结果大家可以看一下,从这个表上你能看到什么呢?能看到我们中国人都死于哪些疾病?从这个表来看,这个数字不用记了,我简单讲一下,很好记的,死于癌症的人占1/4,也就是说,我们国家每死4个人就有1个死于癌症,每死5个人里面有1个死于脑血管疾病的,包括脑溢血等。还有心脏病,心脏病也占将近1/5,死5

个人里面有 1 个死于脑血管疾病,有 1 个死于心脏病,还有 1.5 个死于癌症。还有一个呼吸系统的疾病,占 1/7,每死 7 个人里面就有 1 个是呼吸系统疾病。加起来以后,前面这几个占了将近 80%,我们把这些疾病统称为慢性疾病。还有一些意外的发生,现在比如说交通事故啊,中毒啊,但是它们占的比例比较小。从这个来看,我们要想长寿,要想健康,最主要的是要预防这些疾病,我们只有不得这些病,才能多活几年。

下面有几个表(PPT),有女性的,有男性的,基本上都是这几个病,女性是脑血管病排第一位,因为在我们国家,女性抽烟的比例比较少,在发达国家抽烟的女性比较多。当然了,我们国家的平均期望寿命男性比女性要少活 3 年,从预期期望寿命来看,女性长于男性,全世界都是这样,我们国家也是这样。什么原因呢? 还是跟健康生活方式有关,男性抽烟的多,酗酒的多。

第二个问题,我们谈一下我们国家目前存在的营养与健康问题。这里面第一个问题就是城市居民膳食结构不尽合理。由于我们国家经济的发展,人民生活水平的提高,过去是以植物性食物为主,我们过去要发肉票、鸡蛋票、油票,什么都发,一个人,或者一家,半斤鸡蛋一个月,我们肯定吃的动物性食品少,那时候心脑血管疾病还是比较低的。但是现在呢,我们吃肉吃的多了,吃油吃的多了,导致肥胖的人多了,高血压、冠心病的人多了,这是一个膳食结构的问题,由于膳食结构的改变,而引起了这些疾病的发生。

另外,一些营养缺乏病依然存在,这个主要是对老人、小孩儿和孕妇这三大群体。营养缺乏,最缺乏的就是钙。老年人缺钙容易发生骨质疏松,特别是老年女性,因为她体内激素的改变,她年龄大了,绝经以后,体内激素发生改变,体内代谢也发生改变,最容易出现骨质疏松,老年人要防止摔倒,摔倒以后骨折了,有些老年人摔倒以后起不来了。另外,缺铁性贫血也普遍存在。因为我国地域辽阔,有些不发达的地区、农村地区的儿童,营养不良的还比较多见。为什么城市的孩子比农村的孩子长得高呢? 就是因为农村的孩子营养不良的多。

当然了,最重要的问题还是慢性非传染性疾病患病率上升迅速。大家知道,非典、禽流感这些都是传染病,包括艾滋病,这都是传染病,现在传染病引起的死亡比较少,引起死亡的最主要的是慢性非传染性疾病。也就是说,我得了癌症,我不会传染给你,我得了心脏病也不会传染给你,就是这个意思,这个不像传染,你跟我生活在一起不用害怕,我有高血压,你不会得高血压,不会传染。

(PPT)这些数字都枯燥无味了,不再给大家详细讲了。我们国家现在高血压的人,成年人,18 岁以上的,每 5 个人里面有 1 个高血压;50 岁以上的人呢? 有可能达到 1/2;年龄再大一点,60 岁以上,70 岁以上,高血压的人就更多。高血压并不可怕,你得高血压不要紧,不用害怕,危险的是什么呢? 危险的是你不知道自己得了高血压,你不知道,当然你就不会吃药。

有一次我们在农村搞调查,调查完了以后,乡卫生院院长跟我们说,能不能跟我们医院的职工也调查调查,做一个体检。我说,没有问题。其中有一个防保医生,每个乡卫生院配备的都有防保医生,我的学生给他一量血压吓一跳,高压达到 160(mmHg),低压达到 110(mmHg),他说,不可能啊,再量。换了两个人量,还是这样。他呢,全然不知,还每天饮两次酒,一次半斤,像这种情况是最危险的。高血压是一个隐性杀手,什么原因呢? 因为你不知道自己血压高,有时候你四五点钟去卫生间的时候,一用力,栽那儿了。得了高血压以后怎么办呢? 我们一定要正规吃药,一定要把血压控制在正常的血压范围之内。你只要坚持吃药,控制血压,那就能好,就没有问题。对高血压的人来讲,可怕的是不吃药、不正规吃药。有的人说,血压高了吃两片,不高了,不头晕了,就不吃了,不管了,过两天头又晕了再吃。像这种情况是最危险的,一定要听大夫的话,一旦你吃上降压药以后,你要终生服药,经常测量你的血压,把它控制在正常范围之内。

(PPT)这是一个图,更形象地表明了高血压的知晓率低、患病率高、控制率低。最新调查结果更高了,糖尿病达到 10% 了,有的大城市里面还要高,而且患糖尿病的人也是轻度的糖尿病不知道,我刚才讲了,假如说你是一个学校超重的人,过一段时间体重下来了,这时候你要查一查你的血糖了,看看血糖是不是高了。

本来这个讲座给我安排在5月份,因为5月份我去杭州开了一个会,全国的营养大会,我见了一个跟我关系很不错的一个公共卫生学院的院长,也是营养学的专家,我半年没有见他了,见面吓我一跳,问他是怎么了。他说,别提了,血糖高了。本来很胖,现在瘦了一圈,他说他体重下来十公斤,他现在酒桌也不敢去了,吃了中午饭就散步,每天要散步一个小时。

糖尿病并不可怕,只要坚持控制饮食,坚持正规服药,就没有问题,因为糖尿病不至于引起死亡。对糖尿病病人来说,最可怕、最危险的是什么呢?低血糖。你控制饮食的时候,你吃药的时候,一定要注意防止低血糖的发生,一旦低血糖出现,就可能危及你的生命。这一点提醒大家一定要特别注意,假如说你的朋友有糖尿病,一定要特别注意这一点,一个是控制饮食,一个是正规服药,另外兜里面要放两块糖,避免低血糖的出现。

一定要坚持正规吃药,血糖高了以后,最主要的危害是引起血管硬化,引起血管硬化以后,它会发生很多并发症。比如说眼底血管硬化了,这会引起失明;心脏血管硬化了,会引起冠心病。肾脏血管硬化了,会引起肾衰,等等,最大的危害是血管硬化,一定要把血糖降在正常范围之内。

我们老百姓经常讲一个血脂稠,血脂高了,就是血的黏度高了,因为血糖高了,血液的黏稠度高了,运动、流动速度就减慢了,阻力就大了,血管就会硬化,对糖尿病来讲,重要的是要控制饮食,合理用药,加强锻炼。

第三个问题是超重和肥胖,刚才也提到了成年人的超重问题,现在问题严重的是儿童的超重和肥胖,中小学生超重和肥胖的人越来越多,特别是城市的孩子,这些孩子有50%要发展成成人的肥胖。现在高血压、糖尿病不只是老年人的病了,小孩儿也有高血压,也有糖尿病,什么原因呢?肥胖,超重。

(PPT)这是咱们河南地区的调查结果,超重和肥胖率达到26%。

在我们国家,超重和肥胖主要是在城市里面,城市高于农村,富人高于穷人。在美国刚好相反,在美国是穷人高于富人,穷人肥胖多,富人肥胖少,富人知道锻炼的多,知道养成良好的生活方式,穷人在政府提供救济时只能买吃的。你到超市里面看一看,白人和黑人推的购物车,你看车里面内容就知道怎么回事了,多数黑人推的购物车里面都是肉啊,可乐啊,等等,而多数富人推的车里面都是水果、蔬菜,跟我们国家还不一样。

另外一个危险因素是血脂异常,我们说胆固醇高了,胆固醇高了并不可怕,你只要注意它就行了,注意它什么呢?胆固醇一高,它是一个危险因素,是心脑血管疾病的危险因素。通俗来讲,有我们称之为好胆固醇的,还有坏胆固醇的。什么是好胆固醇呢?就是高密度脂蛋白胆固醇。什么是坏胆固醇呢?就是低密度脂蛋白胆固醇。你注意这几个:第一个,总胆固醇看高不高。第二个,甘油三酯高不高。第三个,低密度脂蛋白高不高。所谓高密度脂蛋白就是好胆固醇,坏胆固醇不能高,好胆固醇不能低。大家都知道鸡蛋黄里面含胆固醇,有人害怕,不吃鸡蛋,说我一吃鸡蛋胆固醇就会高,胆固醇高低跟我们吃东西有没有关系呢?有关,但是并不是吃了一个蛋黄胆固醇就会高。在酒店里面吃自助餐时你就会发现,有人吃鸡蛋时把鸡蛋白吃了,剩下的都是鸡蛋黄,扔了。鸡蛋里面胆固醇是高,没错,但是你每天吃一个鸡蛋黄不至于增加你的胆固醇浓度。大家都知道鸡蛋黄里面胆固醇高,很多人就认为鸡蛋不好,实际上鸡蛋黄里面含有丰富的其他的营养素,像维生素A、D啊,很高的,营养价值非常高,我们控制每天不超过300毫克的胆固醇就可以了。胆固醇到体内会合成一些激素,特别是老年人,经常晒晒太阳,有一个好处,你的皮下胆固醇会合成维生素D,维生素D会促进你的钙吸收,防止骨质疏松。老年人经常晒太阳有好处,假如说体内没有胆固醇,晒太阳也合成了维生素D。你吃蛋黄,假如说一天吃一个,提供给你的胆固醇只有150毫克左右,只相当于每天需要的一半,吃一个没有问题的,但是不能多吃。

另外一个,油脂的摄入量高了,这是一个应该减少的,一会儿我还要提到。现在我们要限制食

用油的摄入量,因为它的热量高。

膳食营养和体力活动与慢性疾病活动非常密切,这个膳食营养的因素里面,我们看到几个危险因素。第一个,能量摄入过多,你吃得过饱,每天每顿吃得过多,能量用不完,用不完会怎么样呢?存起来,存在你的皮下,存在你的脏器里面,所以人一肥胖以后体态就变了,脂肪多了,体内内脏里面的脂肪也多了,增加内脏的负担。

另外是高脂肪,我们现在规定每人每天不超过半两油,你回去自己家里买了油,看看家里几口人,一壶油假如说5斤,看看自己吃了多少天,每天是不是超过了半两油。现在北京的调查表明,每人每天吃的油达到1.5两还多,因为油的能量高,吃了这些高的能量,它进入体内以后就会变成脂肪,储存在体内。

另外一个危险因素是体力活动减少,你吃得多,动得又少,最后的结果怎么样?体重增加,超重、肥胖、糖尿病、血脂异常。

另外是高盐饮食,现在我们说清淡饮食,每人每天盐的摄入量是5克。这个5克是什么概念呢?50克是一两,5克是一钱,就是五六克左右。你说我也不能天天称啊,怎么吃呢?我们现在提供的有盐勺,两头都有碗一样的形状,一头5克,一头3克,炒菜时,看看你几口人,炒几个菜,大概一算就知道了。你可以有意地控制一下,你买一袋盐,你一家几口人吃饭,一个月看吃了多少盐,一袋盐吃了多少天,最后计算一下。

盐的摄入量跟高血压密切相关,为什么我们国家这么多高血压的人呢?就是盐摄入太多了,特别是我们河南人,北方人,喜欢吃咸的,觉得淡了不好吃,没有味,调查结果是平均达到将近18克一天。要求是6克,你吃到18克,超过了两倍。另外是特别喜欢吃咸菜,咸菜里面的盐更多。一定要控制盐的摄入。今天大家听完之后要记住,多动、少吃、控盐、控油,这样就可以达到很好的效果。

饮酒与高血压、血脂异常密切相关。什么叫适量的饮酒呢?比如说红酒,大概有半两红酒就差不多了,啤酒不要超过一听,另外白酒也不要超过半两白酒一天。现在尤其是中国饮食文化,朋友相聚,逢年过节,大家喝个痛快,一醉方休。我们河南人有个不好的名声,我们经常在接待外地来的专家时人家都说,我们怕到你们河南来,为啥呢?你们河南人喝酒光让别人喝,自己不喝,敬别人三个,自己陪一个,让别人喝的多。好像不让别人喝醉我们就不热情一样,这种观念必须改变。我觉得有一个广告做得非常好,就是劲酒的广告,"少喝一点,为健康"。同学啊,朋友啊,一见面热情,怎么表达呢?喝酒,只有喝酒才能表达热情,这种饮食文化要改变。

现在由于交通法的规定,也好了很多,另外中央出台了八项规定以后,饮酒之风也在一定程度上被刹住,这都有助于我们的健康。特别应该指出的是,脂肪摄入最多,体力活动最少的人,患上述慢性疾病的人机会最多,你吃的油多,又不动,你患高血压、糖尿病、冠心病这种机会就更多。

我们第二部分讲目前国家面临的这些营养健康方面的问题。

第三部分简单讲一下,大家一定要掌握这几个常见的慢性病的诊断标准。现在也很方便,自己有电子的血压计,自己都会量,你买一个放在家里,经常量一下,正常时候可以两星期量一次,甚至一个月量一次都可以,血压不高嘛!但是一旦你发现血压开始高了,你得连续监测,假如说高了,赶紧找医生咨询,让医生看看是不是高了。如果是初次发现血压高了,你首先要调整你的饮食,比如说刚才提倡的合理的生活方式,戒烟、限酒、多运动、少吃饭,看过一段时间血压稳定不稳定,两周之后,就该吃药了,要降压。

另外一个是糖尿病,用一个血糖仪就可以测出来血糖,血糖标准,正常的情况下是3.9(mmol/L)到6.0(mmol/L)。高于6.0(mmol/L)了你就要注意了,虽然没有达到7.0(mmol/L),这个时候你要经常测测你的血糖,一旦高了,你就要控制了。还有一个空腹血糖受损,正常人群小于6.1(mmol/L),3.9(mmol/L)到6.1(mmol/L)之间。

血脂异常的诊断,你到医院查一查,因为这个在家里面测不了血脂,必须到医院。血脂异常时,一个是高胆固醇血症,一个是高甘油三酯血症,还有低高密度脂蛋白血症。

肥胖,这个可以自己来测,怎么测自己超重和肥胖呢?有一个标准,怎么来测量呢?就是你自己量量身高,量量体重,公式怎么算呢?你的体重用公斤表示,除以身高的平方,身高用米来表示。假如说你 60 公斤,1.7 米,用 60 除以 1.7 的平方,这个数你看看大于不大于 24,大于等于 24 了就是超重了,大于等于 28 了,那就是肥胖了,正常的范围是 18.5 到 23.9,这是正常的。

我们还有一个指标,叫腰围,中国人自己订的标准,男性不超过 85 厘米,女性不超过 80 厘米,这算正常,超过了就是肥胖。有人讲,一个人腰带越长,寿命越短,因为你的肥胖会引起内脏的负担过重,特别是心脏的负担。

(PPT)这是它的诊断标准,这个计算是公斤除以米的平方,这是相关的标准。

下面我们重点放在第四个问题上,就是预防控制。我们这些慢性疾病讲了这么多,怎么来控制呢?实际上很简单,你记住这 16 个字,基本可以控制住这些慢性疾病。这 16 个字是什么呢?合理膳食、适量运动、戒烟限酒、心态平衡。运动员没有长寿的,为什么呢?因为极限运动是有损健康的。

就这四句话展开给大家讲一下,什么叫合适膳食?怎么吃,这个不再给大家讲了。你记住专家制订有一个合理膳食的指南,(PPT)这个是 1997 年版的,(PPT)那个是 2007 年版的,下面我们对 2007 年的。第一,食物多样,谷类为主,粗细搭配。这是我们国家膳食指南第一条,这一条怎么来理解呢?就是我们怎么吃呢?我们吃的什么?食物要多样,就是要吃得杂,另外还要强调粮谷类的为主。为什么叫粮谷为主?我们不能以动物性为主,光吃肉不吃面,不吃蔬菜、水果,那不行。另外还要粗细搭配,粗粮和细粮要搭配,特别是我们选的面粉,在座的老同志也比较多,你们家里买面的时候,你们买的是什么面?我们面粉买的是精粉、标粉,还是?(听众回答:精粉)。应该坚持粗细搭配。

我们老年人要多吃粗粮。为什么强调老年人多吃粗粮呢?一个是它可以提供膳食纤维,因为老年人运动少,消化功能弱,便秘的人比较多,而便秘又是很多疾病的诱引,特别是血压高的人,他一用劲,有可能就会出现意外,老年人一定要保持大便的通畅。除了这个,比如说其他的一些杂粮,各种豆类都是可以的,玉米啊,小米啊,多吃一些,种类要多,量不一定要多。

第二个是多吃蔬菜、水果和薯类。蔬菜、水果主要提供维生素和矿物质,另外还提供膳食纤维,这个膳食纤维具有降压的功能,还具有促进排便的功能。另外过去我们都是种红薯种得多,我小的时候天天吃红薯,我就是吃红薯长大的,早上红薯,中午红薯,晚上还是红薯,吃面也是红薯面,炒面,一天到晚都是红薯,没有别的,吃得吐酸水,我考上大学以后也不吐酸水了,也不吃红薯了。但是现在为什么要提倡吃一些红薯呢?因为红薯,还有其他的一些薯类,它既可以当主食,又可以当蔬菜,它能量比较低,又提供膳食纤维,所以这个是非常好的,对预防疾病是有好处的。当然,有的人吃红薯吃伤了,他对别人说"不要在我面前提红薯的事儿",这是另外一种情况。

有的人说,我有这个糖尿病,能不能吃一点水果呢?能吃。我建议你吃一点什么呢?比如说吃苹果,吃苹果时不要削皮,带皮吃。为什么带皮吃呢?因为皮主要是膳食纤维多,吃了膳食纤维对降糖有好处。西瓜能不能吃呢?不是不能吃,但是不能多吃。这一点一定要注意,我吃一小块西瓜有没有问题呢?没有问题,但是不能多吃。你要是说你一天吃几种水果,那总量也要控制,你说我吃一点不要紧,吃一点西瓜,吃一点哈密瓜,再吃一点苹果,等等等等,这样加起来就多了,总量一定不能超。这是血糖控制好的时候。如果你血糖控制不好,这个时候另外再说。选择蔬菜时也要选择多种蔬菜。

第三个,每天吃奶类、大豆或其制品。牛奶对我们来讲是非常好的食品,我们提倡婴儿完全母乳喂养,母乳是最好的,母乳是所有食品当中最好的食品,对婴儿来讲是全营养食品。你假如说不让婴儿吃上母乳,那是一种犯罪。儿童断奶以后,还要给他喝牛奶,我们人的一生不能断奶。为什么要吃奶类食品呢？因为奶类除了提供蛋白质这些营养素以外，最主要的可以补充钙，也是补充钙的最好的食品。现在我们推荐每人每天一定要喝一袋奶，300毫升的牛奶。当然了，我们做营养的，都宣传鼓励大家饮奶，好不容易大家树立了饮奶的信心了，突然三聚氰胺来了，导致大家不敢喝了。大家目前还只管放心地喝，要选择一些大的企业品牌，国内的奶还是放心的。另外，大豆也是非常好的食品，在家里打豆浆，特别是老年同志，豆渣不要倒掉，因为它除了有蛋白质以外，还有膳食纤维，非常好。

第四个，常吃适量的鱼、禽、蛋和瘦肉。有两个字一定要注意，那就是"适量"。特别是鱼类，对老年人是非常好的，有人做过调查，经常吃鱼的人心血管疾病发病率低。鱼胆固醇高吗？鱼胆固醇是好胆固醇，而且鱼肉容易消化，但是吃鱼一定要注意刺，别因为吃鱼让刺扎一下，那不划算了，一定要小心。一旦扎了一下，你到医院里面再取出来，那不是一条鱼的价钱。

第五个，减少烹调油用量，吃清淡少盐膳食。（PPT）国务院副总理王岐山在北京当市长的时候提倡给发放限盐勺、限油壶。我们要买小嘴的油壶，不要买那种大的，炒菜时一倒，半壶油出来了，你用小嘴倒半天倒不出来，最后烦了不倒了，这样就少了。炒菜一定要少放油，盐也要少放。

第六个，食不过量，天天运动，保持健康体重。这两个人肥的（PPT），家里面最好放一个称，经常测测你的体重。刚才讲了，体重是你健康的晴雨表，要经常测。有人说了，我没有办法，我喝凉水都长体重，我说，那是不可能的，你可以试一下，你不吃饭，你天天喝凉水，我看你长不长？吃动两平衡，现在我们提倡什么呢？就是日行万步，吃动两平衡，健康一辈子。这是过去卫生部提倡的健康生活方式"一二一"——日行一万步，吃动两平衡，健康一辈子。你吃的多，你动的也要多，你管不住嘴，你要管住你的腿，吃了你就要消化掉，你就要去跑，去走，要把它消化掉，这样才能保持你的体重不变。超重和肥胖都是健康的危险因素。

第七个，三餐分配要合理，零食要适当。我们吃零食时要选择适当的零食。什么叫好的零食呢？低能量的零食。我们有时在家里看电视，看着电视的时候想吃一点东西，大家想吃什么，看电视的时候吃什么？花生、瓜子。花生和瓜子里面能量是非常高的，有人建议每天吃花生不能超过20粒，它能量很高的，所以一定不要看着电视吃着花生，因为什么呢？因为你一边看，一边吃，最好吃的时候把花生从大桶里面拿出来一把，吃完了就不要再吃了，要不然一直吃，一直吃，自己也不知道吃了多少。要选择低能量的食物，比如说吃一点水果，这是低能量的食物。另外点心也是，点心里面加的糖比较多，所以它的能量比较高，你要处处留意。

我们三餐怎么分配呢？一日三餐不能少，有的人说，早吃少，中吃好，晚吃饱，这个根据个人的情况而定，假如说吃晚饭，晚上吃完了就睡觉，你晚餐肯定要少吃一点，有的学生5点多开始吃晚饭，背书包上自习一下上到夜里11点，又饿了，所以要吃饱，根据个人情况不同要调整。关键是早餐，假如说你是老人，你可能有孙子孙女去上学，假如说他的父母没有时间，你们就应该保证小孩儿吃好早餐。特别是现在我们的中小学生非常辛苦，有记者报道过，我们每天的第一趟公交车里面坐的是谁？学生，6点多就上学走了。有的家长省事，给他几块钱，告诉他，让他到大街上买点饼啊，喝点汤啊，有的孩子不太自觉，兜里装点钱不吃，攒了一星期后到游戏厅打游戏了。一定要让孩子吃好早餐，你比如说吃一点包子啊，喝一点牛奶啊，吃一点面包啊，鸡蛋啊，一定让他吃好早餐再去上学。

第八条，每天足量饮水，合理选择饮料。水也是我们健康的一个非常重要的因素，我们人都生活在水里面，我们离不开水。有人说你怎么知道的，我们怎么生活在水里面呢？因为我们体内的每个细胞都在水里面，我们体内的水占体重的60%，所以水对我们来讲是非常重要的。每天你必须保证足量的饮水，我们现在推荐每人每天至少6杯水，一杯200毫升的，就是1200毫升，一升多。现在是夏天，由于你出汗多了，多喝了一点，这个没有关系。另外，喝水的时候不要等到渴了才喝，等到感觉渴了再喝，那已经晚了，一定要定时喝水。特别是像老年人，老年人晚上可以少喝一杯水，因为害怕晚上起夜，早上起来先喝一杯水，你睡了一晚上，血液黏度会增长，起来以后喝一杯凉开水，你喜欢喝茶的就喝喝茶。饮料里面像碳酸饮料，也不是不能喝，但是要少喝，特别是含糖的饮料。特别是对减肥的人来说，运动完了，打完球了，喝了一瓶饮料，等于没有锻炼。选择一些果汁饮料就更好了。

第九条，如饮酒，应限量。你在家里每天喝一小杯白酒是没有问题的。

最后一条，吃新鲜卫生的食物。买菜时特别要注意，购买食物时一定要注意这几点，买成品时一定要注意保质期、生产日期。前一段时间报道了，有一个粽子生产厂家，一看到6月份了，把5月7号生产的标签一撕，改成6月的，这是不允许的。我们一定要看生产日期、保质期，而且要选择一些大的厂家，我们现在有一些厂家还不很完善，地摊还比较多，有条件的尽量不要在那里吃，因为那里不卫生、不干净，苍蝇乱哄哄的。

有一年我一个学生来了，我们三个人到一个小饭店吃了一点饭，吃完以后，晚上感觉不得劲，拉肚子。当时我也没有敢吭，回头一问，他们说，老师，你别提了，我们两个回去以后也是拉肚子。尤其是夏天，一定要购买新鲜的。比如说你想吃鱼，活的肯定就不用说了，有小贩说了，老先生，这个刚死了，比那个活的便宜。你又想买便宜的，又想吃新鲜的，怎么做呢？看这个鱼到底新鲜不新鲜，首先看这个鱼眼，看这个鱼眼是鼓的不是，假如说鱼眼凹进去了，他再说是刚死的，那是不可能的。你用手按按鱼身上有没有弹性，假如说一按一个坑，那这个鱼不行，如果一按弹起来了，那是新鲜的。刮一下鱼鳞，鱼鳞掉了，肯定不新鲜了。我们要掌握一些日常的知识。

具体吃的量，这是量（PPT）半两油，蔬菜、水果每天一斤，谷类，根据食量，吃四两到八两。我们每天要有一定量的体力活动，这里面是6000步的要求，有人说我没有时间锻炼身体啊！其实这个锻炼身体不在于你有没有时间，而是在于你有没有意识。所谓有没有意识，比如说你去医院，或者是去哪个地方，或者在家里面，假如说有电梯，我经常看到，有人上二楼就乘电梯，三楼以下的，自己步行就可以了。另外，你要坐公交车，你提前一站下车，走路10分钟，走一站。我也是超重，食欲好，不敢吃，也要锻炼，我就坐我们的班车，从东门口下车，那是第一站，可以转一圈转到我的办公室门口，我每天都是从东门口下车，然后走路15分钟走到我办公室，我们那个院比较大，每天至少要走够半个小时的路。如果有整块时间，打打球，运动运动，那当然更好。

现在有人做过统计，喜欢运动的人，什么人喜欢运动、能够坚持运动呢？60岁以上的人。再一个，30岁以下的人能够坚持运动，也就是说学生和退休的老人能够坚持，上班的没有多少人能够坚持运动。

（PPT）这部分内容我就不再详细讲了，这是食品的换算。比如说你想吃面条，吃多少面条相当于吃了多少馒头，这个不详细说了。

第二条，适量运动。我们运动量要控制，自己要会摸脉搏，你运动的时候，比如说跑也好，走也好，你累得呼呼喘气也不好，你的年龄加上心率等于170，就是运动以后的心率加上你的年龄不能超过170，这个就是适当的运动量。比如说你现在60岁，你要运动，你要跑步，跑步以后你摸摸脉搏，不能超过110；80岁了，不能超过90的脉搏。运动形式多种多样，散步也好，跳舞也好，这些都可以，像女性比较喜欢跳舞，另外像慢跑、爬山、爬楼梯、太极拳这些也都可以。骨科大夫不建议大家爬山，建议走平路，爬山、爬楼梯容易损伤膝盖。还有游泳。我们提倡的是有氧运动，持续时间比较长的这种运动，不是无氧运动。有氧运动可以增加血流量，改善心脏功能，增加骨密度，防止骨质疏松，减少体内脂肪，因为你这个运动会消耗体内的脂肪，预防与肥胖有关的疾病，改善心理状态，增加应付生活中各种压力的能力。

第三条，戒烟限酒。这个我不想多讲，因为我们国家现在也开始控烟了，美国也控烟，美国人控烟很成功，它控烟为什么成功呢？我不管你抽烟不抽烟，你抽烟跟我没有关系，这是你的自由，你想抽就抽，我不管，我管什么呢？我管地方。基本上所有不见天的地方都不能抽烟，比如说会议室、食堂、饭店、码头、车站都不能抽烟，甚至宾馆里面，离开宾馆50米以外才能抽烟。宾馆里面不能抽烟，

你抽烟爱上哪儿抽上哪儿抽,不能在我们这儿抽。美国抽烟罚款比较厉害,比如说在一个宾馆里面,上面给你一个标签,上面写着"此房间禁止吸烟",是无烟房间,假如说你抽烟了,里面有报警器,一报警,宾馆保安就来了,你在这儿抽烟,要罚款200美元。然后呢,这个屋里面要清洗干净,清洗到什么程度呢?清洗到无烟味为止,所有清洗费用你得拿出来,所以说都不敢随便抽烟。中国人跑到美国旅游,烟瘾再大都不敢抽烟,为什么呢?抽不起。在我们国家控烟,因为罚的比较轻,有的甚至不罚,所以效果不好,现在也有一些改善,有些酒店里面,像举行婚宴的酒店,他们会告诉客人不能抽烟,也不摆烟灰缸,客人也就不抽了。只要管,肯定能管住。在座的没有人抽烟吧?(没有)会议室里面是不能抽烟的,只要控制就行了,当然了,有一些人不自觉。酒也要限量。

第四条,心态平衡。我们讲,心理的疾病现在越来越多,中小学生、大学生都存在心理问题,郑州大学也时常有学生出现心理问题。有的学生最后没有办法了,送到精神病院去了,所以心态平衡是保持健康的一个非常重要的因素。

这里面有一个养心八珍汤:第一,慈爱心一片;第二,好肚肠二寸;第三,正气三分;第四,宽容四钱;第五,孝顺常想;第六,老实适量;第七,奉献不拘;第八,回报不求。这个说得很好,但是不一定能做到。在一个单位里面,有人经常说,为什么他提处长,我不提呢?这种情况都有,保持一个正常的心态,这个非常重要。我们经常讲,知足常乐,要保持一个快乐的心态。

关于心理压力与疾病的问题,我不详细跟大家讲了,(PPT)这些疾病跟心理都有关系。有人做过一个调查,为什么我们国家压力比较大呢?47%的人担心失业找不到工作,63%的人对收入状况不满意,我相信可能更多,大部分人对自己的收入状况不满意,收入再高也不满意。50%的人最大的期待是什么呢?增加收入。99.2%的人要求健全社会保障机制,现在我们国家社会保障机制逐步健全完善,新一届政府也是要建设这些方面,包括新农合、公共卫生服务等等。还有63%的人习惯性失眠,还有53%的人诉说经常焦虑,32%的人对自己缺乏信心。青少年也存在心理问题。

国家体改委一个调查,我国知识分子平均寿命58岁,比全国人均期望寿命低10岁以上。近5年,中国科学院和北京大学教授、专家共135人逝世,平均年龄仅有53.3岁,这些人压力比较大。最近,我们国家舰载机总指挥长罗阳英年早逝,也是对国家一个很大的损失。

还有一些人自杀。有人说自杀是一个人很自私的一种表现,我们国家每年有20万人自杀,当然,这20万人多不多呢?也不多,但是作为一个国家,一个社会,一个人自杀都算多,为啥呢?因为你自杀是等于对社会的不负责任,对你家庭、对你亲人的不负责任,你自己解脱了,你的家人痛苦。

关于癌症的预防,我想最后给大家谈一点,因为恶性肿瘤比较多,WCRF新报告的10项专家建议,在正常体重范围内尽可能地瘦,这是防癌症的。每天至少从事30分钟体力活动,避免含糖饮料,限制摄入高能量密度的。多吃蔬菜、水果、全麦和豆类,限制红肉的摄入,红肉就是指猪肉、牛肉和羊肉,多吃鸡肉、鱼肉、鸭肉等等,多吃家禽白肉。如果喝酒,男性每天不超过2份,女性不超过1份,1份是含酒精10到15克。50% vol的白酒,1两是多少?1两是25克酒精,1两就多了,要半两。限制盐腌食品或用盐加工的食品,不用膳食补充剂,预防癌症。有人说了,我吃维生素片,这个可以预防癌症。其实不能。对婴儿最好进行6个月的完全母乳喂养,然后添加其他食物。癌症患者治疗后应该遵守癌症预防的建议,最主要的是永远记住不要吸烟和咀嚼烟草。

(PPT)这是预防癌症十大建议。

(PPT)详细的我不讲了,这是我们讲的体重与健康的关系。

最后给大家讲一讲癌症的十大信号,癌症十大信号里面第一条就是体表或表浅可触及的肿块逐渐增大。你自己经常摸摸,是不是身上某个地方长着疙瘩,这个疙瘩突然一天长大了,这个时候要到医院去检查,看这个肿块到底是什么东西?

第二条,持续性消化异常,或者食后上腹部饱胀感。有一些结直肠癌的人经常痢疾,一拉肚子便血,到小诊所里面,他们可能会说你这是痢疾,给你开一点抗生素。抗生素一吃就好了,好了以后又拉稀了,又拉稀了又自己买一点药吃吃。像这种情况要特别注意,一定要到医院查一查,大夫会给你做一个肛诊,看看到底是不是结直肠癌,可以早期发现。

第三条,吞咽食物时胸骨有不适感或哽噎感。

第四条,持续性咳嗽,痰中带血。有时候肺癌没有征兆,就是一个劲咳嗽,特别是吸烟的人,因为吸烟咳嗽,感觉咳嗽两声就算了,过半年以后,体重也下来了,这个时候一查,中晚期肺癌。

第五条,耳鸣、听力减退、鼻衄(就是鼻子出血),鼻咽分泌物带血。鼻子也不痛,经常少量地出血,这个时候也要注意,要去查一查。

第六条,月经期外或绝经期后的不规则阴道出血,不该来的来了,绝经期以后又来了,这个时候要去查一下。特别是持续性的出血、接触性的出血。

第七条,便血、尿血。

第八条,久治不愈的溃疡。

第九条,黑痣、疣短期内增大。本来长一个痣,长了多少年没有事儿,突然长大了,这个时候要特别注意,有可能是黑色素瘤。

第十条,原因不明的体重减轻。这一点希望大家特别要注意。

祝在座的各位永远保持身体健康,快乐一生!

谢谢!

主讲人：李天喜，现任郑州市企业家协会、郑州市企业联合会、郑州市工业经济联合会健康俱乐部主任及副理事长，曾任郑州市直机关医院院长、郑州市保健委员会委员、郑州市保健委员会办公室副主任、郑州市市直机关事务管理局副局长、郑州市卫生局副局长等职务。毕业于河南医科大学，从医40余年，长期做内科临床及干部保健工作。先后发表文章20余篇，参加组织省、市科研课题多项，其中，《钙镁离子与高血压病关系的研究》获市科技进步三等奖，《消心疼加卡托普利治疗心绞疼的研究》获市科技进步二等奖、省科技进步三等奖，《雄性激素与高龄男性关系的研究》获2008年省科技厅立项，《糖皮质激素与高龄男性关系的研究》获2008年市科技局立项，后两项研究属国内国际先进研究课题。擅长心脑血管病、糖尿病的防治，以及中药治疗动脉血管病。近年来与北京老专家协会专家共同研究的中药治疗动脉硬化斑块取得了良好效果。

时　间：2013年11月24日

地　点：河南省图书馆研议厅

谁偷走了我们的寿命
——浅谈动脉硬化斑块防治

　　今天跟大家在一块探讨一下动脉硬化斑块，大的题目是"谁偷走了我们的寿命"，谈谈人类的寿命和斑块的关系。大家手里都拿了一个小彩页，这个彩页也不用急着看，一会儿还要讲，讲到那个地方的时候大家一块看看。

　　这个题目是"谁偷走了我们的寿命"，为什么说谁偷走了我们的寿命呢？既然说谁偷走了寿命，首先要熟悉咱们人类的寿命有多长。有人说了，这得找一个算命的算算，今天咱们不找算命的，咱们科学地算一下人类的寿命。人类寿命是多长呢？100 到 150 岁。有的资料提供的是 100 到 170 岁。有人说这是胡说，咱们要找到科学的依据。第一个依据是按照生物学的标准，哺乳动物的寿命相当于性成熟期的 8 到 10 倍，生长期的 5 到 7 倍。人类的性成熟期为 14 到 15 年，生长期为 20 到 25 年，按生物学的原理，人类寿命可达 110 到 150 岁，或者是 100 到 170 岁。咱们有一句俗话，"人的命，天造定。先造死，后造生"。实际上人类的死和生，按医学角度是基因留给我们的。生物学的道理，人类活多大呢？100 到 170 岁，这是有科学依据的。

第二个，据文献记载，人类的寿命也有这样的记载，人应过百岁。凡是没有过 100 岁的是未尽天年而夭折。《内经》提出，"度百岁而去"。《老子》提出，"人生大期，百二十为限"。《尚书》记载，寿百二十岁也。科学的在 100 岁以上，古人的也这样认为。

世界卫生组织按照生理学的角度来划分年龄段，大家可能都知道，将 44 岁以下的人群称为青年人，45 岁到 59 岁的称为中年人，60 岁到 74 岁的称为"年轻的老年人"，75 岁以上的才称为老年人，90 岁以上的称为长寿老人。从这方面说明什么呢？说明人类自然寿命是 100 岁以上，平均寿命应该在 120 岁。可是现在人的寿命呢？大家都很清楚了，70 岁，80 岁，现在长寿了，有 80 岁的人很常见，但是 100 岁以上的比较少见。按照人均 120 岁，少了多少呢？按七八十岁比较多见，比平均寿命少了 40 到 50 年。这四五十年谁偷走了？谁把这个寿命拿走了？咱们下面讨论一下。

据统计，我国目前心血管病患者 2.9 亿人。咱们简单划分一下，25 岁以下很少得心血管病，25 岁以上到 75 岁，那是多少人呢？粗略划分，三个人里面就有一个心血管病患者。年龄段是多大呢？26 岁到 75 岁这个年龄段。要是 50 岁以上呢？很有可能两个里面就有一个。60 岁以上患心脑血管病的占多少呢？70%。刚才说的是单纯的心脑血管，心脑血管加到一块，有统计资料显示占 70%。心脑血管病占疾病的总死亡率多少呢？占 51%。就是说要是心脑血管病控制好了，有 51% 的人可以活到 100 岁以上了。

引起心脑血管病的因素是什么呢？主要病因是什么呢？动脉硬化斑块。一般情况下简称动脉硬化斑块，实际上医学全称称为动脉粥样硬化斑块。一般不加注释的情况下，统称为动脉硬化斑块。咱们这一次重点讨论动脉硬化，影响我们寿命的主要因素是动脉硬化斑块。

动脉硬化斑块是什么样呢？咱们讨论一下动脉硬化斑块的前世与今生。首先说动脉硬化斑块，大家对这个词可能又熟悉又陌生。近几年，一体检，或者看病，大家会发现，说谁谁的颈部血管有斑块了，咱们说斑块不是脸上长斑了，而是血管内斑块。大家体验的时候说，谁谁的颈部血管做彩超发现有斑块了，谁谁的脑血管狭窄了，谁谁心脏做检查时发现狭窄多少，需要放支架了，谁谁的心脏血管做搭桥了，这些大家可能会听到不少，甚至在公园散步时，或者活动时，说谁谁昨天晚上住院了，因为什么呢？心肌梗死了。心脏堵了 90%，血管快堵完了。谁堵完了？斑块。大家听到的这些都是谁的事儿呢？都是斑块的事儿。

这个斑块是怎么形成的呢？咱们随后再讲，简单地说，斑块是什么呢？人体正常代谢的一些不应该有的产物堆积在血管壁上而形成的。咱们水壶里面的垢，自来水水管里面的垢，下水道里面堵的垢，这是一样的机理，那只是家里常用的，这里指的是我们人体内动脉血管内血管壁上沉积了不应该沉积的东西。斑块又分什么呢？斑块分软斑块、硬斑块和混合斑块。大家简单记一下，随后一块讨论。一提到斑块，大夫会说，这是一个软斑块，这是个硬斑块，这是个混合斑块，这些有什么危害，咱们随后讲。

咱们下面谈一下斑块是怎么形成的。这些斑块既然影响咱们的寿命，它是怎么形成的呢？它的形成有四部曲。第一部，不科学饮食，不合理运动，不良生活习惯。这个"三不"导致了高血压、高血脂、高血糖及肥胖。高血压、高血脂及肥胖损伤了血管的动脉内膜，使血脂、血小板沉积在血管壁上。按照医学的道理，这些因素损伤了血管壁，血管壁损伤以后，咱们吃的肥肉等东西沉积在血管壁上形成了斑块。斑块的大小怎么说呢？沉积在血管壁上，用显微镜看，都是像米粒一样的小点点,从医学上说叫作动脉粥样硬化。不均匀地增厚,比米粒要大,这时候咱们称斑块。

不科学饮食,不合理运动,不良生活习惯,这"三不"是什么呢? 咱们简单看一下"三不"。第一个是不科学饮食。这里面第一个就是饮食量不科学,吃饱为止,"可肚子量",这是不科学的。有人说,父母给这么大一个肚子,不让吃饱会中? 父母给你这个肚子它都管什么作用呢? 第一,管你正常生活、运动。第二管什么呢? 管生长发育。25 岁以后不生长发育,你的胃还是那么大,你肚子还是那么大,你减一半量没有? 没有减,还是按照 25 岁以前那样该吃多少吃多少。那时候吃的多,第一要长个,第二要运动,25 岁以后不长个子了,还吃那么多,去哪儿了? 不直着长,横着长,长胖了。看到体外长胖了,体内呢? 在运动时这些脂质都要运送到全身横着长,在血管内流动的脂质沉积在血管壁上就要形成斑块,所以说"可肚量"是不对的、不科学的。

第二个,饮食结构不科学。脂肪过量,或者碳水化合物过量,蔬菜、水果摄入量不足。在座年龄大的,20 世纪 60 年代没有什么吃,没有肉吃,吃肉绝对不会吃多,现在呢? 有钱了,原来不能吃,现在哪儿都有,为什么不吃呢? 不吃白不吃。人是吃什么的动物? 人是吃杂食的动物,人就没有长吃肉那个牙,但是人的脑子好啊,所以在动物当中,他可以逮住其他的动物吃掉。但是这样沾光吗? 不沾光。有人说我不吃肉,我多吃主食。这样也不对。刚才说水果,水果要注意,糖尿病病人对水果要限量,没有糖尿病的人蔬菜水果多吃为好,但是也要有量,不要太过了。

第三个,一日分配不科学。尤其是年轻人习惯不吃早餐,这也是不对的。有的人一天吃两顿饭,有的忙起来了,中午稍微垫一下,晚上大吃一顿。

第四个,每日搭配不科学,只吃主食,或者只吃蛋白。有人说我早上就吃一个鸡蛋,这也是不对的。

这是"三不"的第一。

第二个是不合理的运动。对人类来说,肯定要运动的。为什么呢? 人类不是吃肉的动物,但是人是动物,你必须动。这样就有人说,乌龟长寿,不动;兔子运动,跑,不长寿。人跟谁学? 跟乌龟学。这样不对,人类基因和乌龟基因不一样,人不是乌龟,不能冬眠,人就是人类基因,人类基因就是这样,适量运动,不要找借口,吃吃睡睡,睡睡吃吃。这是"三不"的第二个。

第三个是不良的生活习惯。人能啊,抽烟,酗酒,把自己生物钟打乱,晚上不睡觉"偷菜",你"偷菜"不睡觉,人体在陪着你不睡觉啊! 你把人体生物钟打乱了,这是不对的。这是"三不"的最后一个。

回到咱们刚才讲的斑块形成四部曲,因为这"三不"导致了高血压、高血脂、高血糖及肥胖。这几天我在想,李逵背母,最后他母亲喂老虎了。在这儿咱们看看,"三不"可以导致高血压、高血脂、高血糖、肥胖,这些因素可以导致动脉硬化斑块,动脉硬化斑块可以影响人的生命,怎么影响到生命后面再讲。现在小孩儿放学回来了,路上吃,回家吃,吃什么? 汉堡包。回家吃什么? 炒一点肉。你在干啥啊? 我待父母好,我经常给父母买肉啊。你那是干啥啊! 你是不是李逵背母啊? 这个斑块喜欢吃肉,你越是吃肉,这个斑块长得越大,尤其是肥肉,你越给它好,它长得越大。

咱们前面简单地把斑块的形成给大家说了,这也是跟大家一块讨论的重点,斑块怎么引起的? "三不"引起的。在"三不"后面有一个小括号,加了一个"烟","烟"下面直接一个箭头,指向了哪儿呢? 指向了动脉硬化斑块。这个烟太厉害,我看今天在座的都不抽烟,这是好的习惯。吸烟可以直接损害血管壁,血管壁损伤以后,咱们吃的脂质容易沉积在血管壁上,长期的抽烟损伤,这些脂质沉积就形成斑块。"三不"里面的不良生活习惯就有烟,在这里,咱们单独给它提出来,引起大家的重视。我想提醒大家,第一,你重视;第二,你要让你的儿子重视;第三,你的孙子辈也要重视,烟是个最有害最有害的东西。为什么这样说呢? 动脉硬化是儿童起病,中老年发病。

咱们光说动脉硬化斑块,软斑块、硬斑块危害咱们的生命和寿命,怎样危害? 有斑块怎样危害? 斑块是人体内的隐形杀手。首先说一下软斑块的危害,我这儿有一个图(PPT),大家可以看一下,这是一个正常的血管(PPT),(PPT)这儿是一个斑块,(PPT)这是颈部血管,多出来的一块也是斑块,还有黄色的(PPT),这都是斑块。

(PPT)这个看起来就像咱们买的肥肉一样。

(PPT)这是咱们说的软斑块,软斑块长在动脉血管壁上,咱们指的斑块都在动脉血管壁上,静脉血管壁没有。动脉血管管什么呢?(PPT)看看这个图,这是人体全身的动脉,人吃的营养物质和从空气里面吸的氧气,经过心脏的推动,由全身的动脉送到人体的各个组织,甚至每一个细胞。细胞是什么呢?就像国家里面每一个家庭一样,就像家庭里每一个人一样,把这些营养物质送到国家,国家送到你家里每一个人。血管正常功能有弹性,心脏打出来血以后,血管就扩张,扩张之后心脏舒张了、关闭了,不打血的时候心脏血管慢慢收缩,把血逐渐逐渐往前推,可以说它是人体的第二个心脏。它靠什么呢?靠血管的弹性来推动。正常的是这样,靠弹性来推动,血管壁上要有斑块呢?这个弹性就降低了,收缩力也降低了。第二个,有斑块引起血管狭窄。(PPT)这个管腔是圆的,旁边这个就狭窄了(PPT),大家看看狭窄了多少?差不多70%了,还有30%的保持通畅,这样就影响血液往前推动。

更重要的是,危害更大的是斑块有软斑块和硬斑块,软斑块容易脱落。脱落有两层意思,第一层意思是这个斑块长的时候就长了一个小体大头,像人的胳膊一样,这个体很小,长一个大头,在血管壁上沾着,它容易掉。一掉就麻烦了,随着血液流动往前推,到哪儿呢?现在狭窄了70%了,远端的血管没有这个管腔粗,到那儿就卡在那儿,到那儿就堵塞了,在心脏叫心肌梗死,在脑子叫脑梗死。你说害怕人不害怕人?

第二个,这个斑块狭窄了70%,这个斑块挡在这儿,它像饺子一样,有一个皮,饺子皮破了烂一锅粥,这也是很害怕人的。这个皮破了以后,这里面的东西跑出来了,跑出来的小东西堵塞很小的血管问题不大,感觉有一点头晕,一会儿过去了,有腔隙性梗死,那就是很小的血管堵了。这时候最害怕谁去参与?血小板,它去帮帮忙,血小板干什么呢?你手碰破了,按三五分钟不出血了,谁去了?你按住之后血小板跑过去了,然后聚一个包,把这个血管堵住了,你就不出血了,这是血小板正常的功能,是帮咱们人类的。这时候斑块破了,血小板发现东西了,这不是正常的东西,大批的血小板都跑进去了,包围它,很快形成一个栓子,这个栓子流到哪儿堵到哪儿,堵到哪儿哪儿就是栓塞,堵在心脏就是心肌梗死。这是软斑块破了、掉了的危害。

再一个,狭窄。刚才说了,狭窄了70%,只有30%的血液能过去,狭窄到什么样的程度影响到正常的功能呢?一般狭窄到75%你就有不舒服的症状了,尤其是心脏,狭窄到75%以上往往就合并心绞痛了。

再一个,斑块急剧增大。斑块破了跑出去了,这个斑块里面还有小的血管,有静脉血管,也有小动脉血管,它自己长着长着,在外因的情况下剧烈地运动,情绪波动血管痉挛了,刺激住它了。比如说寒冷,在屋里面暖和,外面冷,一出去血管也打哆嗦,刺激住斑块了,刺激到斑块里面的小血管,斑块里面的小动脉血管破了,就像水龙头跑水了,很快就把斑块撑大了。现在是狭窄了70%,突然里面动脉血管一破,很快斑块就增大到90%,甚至100%,就堵住了。堵住以后呢,那是比较大的血管啊,远端就没有血了,这叫血栓形成。这是急性增大。

再一个,溃疡后的血栓形成。刚才说斑块破了,破了就有危险,破了之后留下一个疤瘌。(PPT)在这个位置留了一个疤,饺子馅儿跑了,它在血管壁上长着呢,留下一个伤疤,血小板往哪儿堆积,脂质也往哪儿堆积,逐渐逐渐形成一个新的栓子。这个块不叫斑块,因为它的成分不是脂质为主,它是以血小板吞噬细胞这一类东西为主了,这个叫什么呢?这个叫血栓形成。这个有一定的时间,有的说一会儿肢体不好了,一会儿又好了,上午感觉手没劲,说话不伶俐,到下午拿东西就拿不起来了,在医院里面治着治着抬不起来了,一般就是这样的情况,这叫脑血栓形成。一般在斑块破了以后,在溃疡面上形成了堆积,堆积成一个块,这个块叫血栓形成。

溃疡后还可以形成动脉瘤,大家听说是谁谁有动脉瘤,动脉瘤要做手术了,不做手术的话一旦破了,那就等于黄河决堤了,没命了。动脉瘤怎么形成的?因为这个斑块在血管壁上损伤了它的基层,把血管壁的基层损伤了,损伤以后斑块破了走了,那一块是一个薄弱的地方,就像自行车的内胎,那一点磨薄了,打气时鼓起来一个包。血管也是这样,斑块破了以后因为那一块壁薄了,血流还在那儿冲着它,血管压力还在压它,那一块鼓一个包,这个包就叫动脉瘤。"三不"可以说养虎为患,实际上这和老虎没有什么区别,养个老虎随时要你的命,养一个动脉瘤也是随时要你的命,所以养不得。

再一个,软斑块可以引起慢性狭窄,突然闭塞。刚才看到70%了,这个70%在正常血管压力情况下,有30%的血可以过去。晚上睡觉的时候血压低了,血压低的时候它就没有30%的血可以过去了,甚至可以完全堵塞。晚上睡觉时第一血压低,第二血液黏稠度高。还有大量出汗喝水时,血液的循环量降低,它对血管的压力也不够的时候,也可以引起突然闭塞。

现在说第二个硬斑块和混合斑块。有的人在检查时说是硬斑块,有的检查时说是混合斑块,硬斑块和混合斑块在影像上有区别。它们有哪些危害呢?硬斑块和混合斑块的危害,第一个是血管弹性降低了,第二个是脆性增加了。整个血管壁都有硬斑块和混合斑块存在,脆性增加了,这样血管容易破。再一个,它可以导致管腔狭窄,也可以溃破脱落。硬斑块和混合斑块比软斑块脱落有争议,有的说脱落概率低,有的说脱落概率不低于软斑块。总的来说,大家倾向于硬斑块和软斑块脱落的危险相对小一点。

第三个,血管痉挛。正常人的血管也有痉挛,有的病人突然心绞痛,咋心绞痛呢?两个人为一个事情争吵,争吵的时候突然心绞痛,这时候一般都是血管痉挛引起的,情绪波动的时候,全身血管都痉挛。为什么痉挛?人体是很有趣的,我要想给你争个你有道理还是我有道理,我要争这个理,大脑要转圈快啊,这时候要保证大脑的氧供应,这时候人体要把远端的血管给关起来,保证血液都往脑里面供应,关的时候是让小血管痉挛。痉挛的时候较大一点的血管也痉挛了,举个例子,像冠状动脉,冠状动脉一痉挛,远端没有血供了,那就引起心肌梗死了。正常人也有,但是血管壁有斑块的人引起痉挛的概率呈10倍到20倍地增加。也就是说,正常的人不出现,他就要出现了,这个斑块的危害还是血管痉挛。

第四个,咱们说动脉硬化斑块是人体的隐形杀手,怎么隐形呢?这个斑块是儿童时期发病,一般中老年有症状,隐藏几十年。在人体内隐藏几十年,这几十年人在与狼为伴,它随时可以引起猝死。心脏里面突然斑块脱落了,突然脑溢血了,突然堵住脑子了,都可以引起猝死,所以说动脉硬化斑块是人体隐形杀手。它藏了几十年,它什么时候杀人啊?咱们看看下一个问题。

第五个,隐形变杀手常见的几个原因,第一个原因是血压低。刚才说了因为斑块血管狭窄了,血压低的时候出现血管堵了。有斑块的病人一定要保证血压,不能高,也不能低,适当地稍微高一点,给它一定压力,让血液通过,保证远端组织供血。第二个原因是情绪改变,有斑块的病人突然情绪改变,使血管痉挛,然后斑块跑了,不破的破了,形成了动脉瘤,一激动动脉瘤破了。第三个原因,寒冷,天冷时有斑块的病人要注意保暖,尤其是从比较暖和的环境到比较冷的地方去,一定要给一个过渡,不要说突然就出去了打一个寒战,这个时候最危险了。再一个是剧烈运动,有斑块的,尤其是软斑块的病人,要避免剧烈运动。昨天晚上我看十套科技栏目在做血管壁的专题,老年人出门,弯着腰系鞋带,系好时站起来突然倒那儿了,第一是脑血管壁破了,第二个是颈部斑块因为用力挤压跑了、掉了,跑哪儿了?跑脑子里面了。

这些斑块危害这么大,具体到每一个部位,它能出现什么,临床上有哪些病?刚才咱们看了前面的图,人体就靠动脉供应,动脉硬化斑块是一个全身性的疾病,为什么呢?大家看这个图(PPT),基本上每个位置都有动脉,红色的都是动脉,斑块长到哪儿,在哪儿危害咱们的健康,就会出现症状。在脑子里的动脉出现问题的话,常见的有脑动脉硬化症,这样讲大家可能会知道,谁谁得脑动脉硬化了,叫脑动脉硬化症,怎么回事? 动脉血管壁硬了,有斑块了,叫脑动脉硬化症。还有脑血栓,动脉硬化斑块破了以后逐渐逐渐增大,可以形成一个血栓,叫脑血栓形成。还有脑栓塞,其他部位斑块跑到脑子里了,比如颈部斑块跑了,脑部近端的斑块掉了,跑到远端了,形成了栓子,叫脑栓塞。还有脑动脉瘤,破了之后形成动脉球,这个球叫动脉瘤。还有慢性供血不足,长期的 70% 啊,60% 多啊,引起长期的脑供血不足,引起脑萎缩、痴呆,动脉瘤破了可以引起出血。

在颈部呢,颈部可以引起颈动脉硬化症。颈动脉硬化,尤其是在颈部的斑块脱落,跑到脑子可以引起脑栓塞,在心脏的冠状动脉上,(PPT)看这个心脏图,心脏上的血管要引起心绞痛。这还是轻的,还是有救的,严重的可以引起猝死,就没救了。

北京首钢医院的心血管教授坐诊健康栏目,他说,人最可悲的是血管病只给大夫见一面。他这句话总结很经典,他在临床上见到很多病人,平常都很健康,什么都没有,这些斑块也没有注意去检查,也没有去干预,突然得病了,就没有抢救余地,这是很可悲的。一般脑和心脏都可以引起猝死。

再一个是肾动脉,肾动脉硬化症可以引起肾衰,早期可以引起微量蛋白尿,现在好多医院都可以查微量蛋白尿,微量蛋白尿就是肾动脉有变化了。这时候要早期干预,这样还可以恢复正常。你要是不知道,到查常规尿出现加号的时候就不可逆(转)了。肾动脉硬化症可以引起肾衰,这个肾衰和其他的肾衰和肾结石还不一样,这个一旦引起就是双肾。

再一个是肠系膜动脉,肠系膜动脉也可以引起动脉硬化。肠系膜动脉硬化往往表现在餐后腹疼,找不来原因的餐后腹疼一定要注意,一定要重视。

还有四肢动脉,四肢动脉硬化以下肢为最多见,有时候走路走不成,走 100 米就走不成了,坐在那儿歇歇站起来还可以再走 100 米,这叫间歇性跛行。间歇性跛行有两种原因,第一个是动脉血管的问题,第二个是腰椎的问题。有这样的情况,一定要到医院去早一点检查。

咱们这儿附了一个疾病的表现(PPT),简单和大家回顾回顾,有一个印象。脑动脉可以引起眩晕、头疼、晕厥等症状;脑血栓形成脑栓塞,或者脑出血时可以引起头疼、眩晕、呕吐,意识丧失、肢体瘫痪、偏盲或者失语等;脑萎缩可以引起痴呆,痴呆常有精神改变、行动失常、智力减退。智力减退表现在哪儿呢? 记忆力、理解力、计算力、判断力、定时、定向力等。记忆力减退大家都很清楚,比如理解力,有些东西说了很长时间,说的什么他听不懂。计算力,口算一些简单的数字都算不出来。判断力,这个事物买不买啊,买有什么好处,不买有什么好处,判断不了,让别人说。定时力,看看表,这几点是什么意思,看不出来,对时间没有概念。定向力,在什么位置,家在哪儿,怎么回家不知道。还有性格的变化,有的人平时很随和,年龄大了就不行了,争争吵吵,斤斤计较,认个死理,老换小,老换小,跟小孩儿争着吃。这是脑部动脉硬化斑块的表现。

颈动脉呢,主要影响到脑,尤其是脱落了以后。颈动脉有两组,椎基底动脉硬化以后主要引起眩晕,有时候经常头晕啊,一动就晕,找不到原因,这时候注意一下动脉硬化。颈动脉脱落以后,容易堵到脑子。

冠状动脉呢,就是心绞痛、心肌梗死。

肾脏动脉呢,年龄在 55 岁以上,突然发生高血压者,也考虑本病的可能,如有肾动脉血栓形成,可引起肾区疼痛、尿闭以及发热。长期慢性供血不足可引起肾萎缩、肾衰竭。

肠系膜动脉可以引起消化不良,肠张力减低,便秘与饱餐后腹疼等症状。血栓形成是有剧烈的腹疼、腹胀和发热。肠壁坏死可以引起便血以及休克。

四肢动脉以下肢多见,可以出现间歇性跛行、背上肌疼痛、痉挛,休息后消失,再走时出现,严重时可持续疼痛。下肢动脉,尤其是足背动脉减弱或消失。足背动脉是下肢动脉闭塞以后,完全没有血供后,出现自发性疼痛,最重的就是坏疽,脚趾啊,脚啊,要坏掉,要锯掉。前一段看一个新闻,有一个病人坏疽了,自己锯掉了,就是血管壁引起的。

这是简单给大家说说动脉硬化斑块而引起的临床表现。

下面咱们看一下这个(PPT),低钙与动脉硬化斑块。刚才说了"三不"引起了动脉硬化斑块,还有一部分病人,在座的可能也有,你说这个与我没有关系,我血脂不高,血糖不高,血压不高,我也不胖,但是检查有动脉硬化斑块。有一部分人是这样,这一部分人大部分与钙代谢紊乱有关,就是低钙引起动脉硬化。去年咱们区税局一个负责人找我看病,其他人介绍的,他说你研究动脉硬化斑块,我检查出来我心脏堵了70%,颈部血管也有斑块,下肢血管也有斑块,以钙化斑块为主。我说,你血脂咋样?血脂不高。血压咋样?血压不高。血糖咋样?血糖不高。抽烟吗?主动抽烟几乎不抽。我说,你查一下骨密度没有?他说,查了,骨量减少。骨量减少和骨质疏松就很接近了。我说,那就对了,你这个是钙代谢紊乱引起斑块。

钙怎么代谢紊乱呢?就是低钙引起的。实质上咱们每天吃的食物,经过研究,咱们缺多少呢?一般缺500到600毫克钙。有好多人吃着钙呢,我每天都补钙,这样缺不缺?还缺。据现在有关统计数字,低钙骨量减少中国有多少人呢?2.1亿人。补钙补钙,大家都知道补钙,补到现在还有2.1亿人缺钙。为啥这样?根据现在研究发现,单补钙没有效,要补维生素D。因为维生素D有两个作用,第一个,它使钙有利于肠道吸收。没有维生素D,你吃的钙肠道不吸收,又排走了。第二个,钙和维生素D结合才能形成骨,光补钙不补维生素D不吸收。你说我也补了,补了多少,怎么补的?咱们简单说一下,第一个大家要注意,30岁以前晒太阳就可以达到合成维生素D。一天晒多少时间?20到30分钟。你说达不到,那就吃。吃什么呢?普通维生素D就可以了。第二个,30岁以后,晒太阳也合成不了维生素D了,为什么呢?人体的皮肤合成维生素D的原料缺了2/3。30岁以后,人体合成维生素原料减少了2/3,还晒太阳也缺2/3,怎么办?补普通维生素D。第三个,50岁以后补普通维生素D无效。为什么?普通维生素在人体内要经过肝脏和肾脏的代谢变成活性维生素D才有作用,50岁以后,人的肝脏和肾脏功能减弱了,吃的普通维生素D不起作用了,50岁以后要补活性维生素D才有效。这是三个误区,大家一定要注意。30岁以前晒太阳可以合成维生素D,但是要保证时间。30岁以后一定要补,因为你合成维生素的原料缺少了2/3。50岁以后,补普通维生素D无效,要补活性维生素D。钙补多少?一般500到600毫克就够了,这是一天的量。

为什么会引起动脉硬化呢?因为你吃进去的钙和维生素D都不够,吃得不科学,这些钙没有吸收,血里面缺钙。人体为了维持血钙的浓度,保证人的正常功能,怎么办呢?人体有一个甲状旁腺,这个甲状旁腺就把骨钙溶解出来,让它回到血钙里面去。长期的缺钙使甲状旁腺增大,增大以后功能亢进,你补足补不足它都要分泌甲状旁腺素,使骨钙溶解,回到血钙里面去。长期的血钙增高,损伤血管壁,使血管壁损伤之后脂质沉积,甚至钙直接跑到血管壁的内膜细胞里面,沉积到里面不出来了。这样呢,长期下来就形成骨软了,血管硬了,该软的没有软,该硬的不硬。一定要注意,粗略估计,在座的至少有50%的人都缺钙,骨量都减少了,不信的话可以做骨密度检查。

斑块影响这么严重,谁有谁没有,怎么发现?可以科学地检查。哪些检查可以发现斑块?第一个是彩色超声波(彩超)。彩超可以看颈部动脉血管有没有斑块,下肢血管有没有斑块,肾动脉可以看看有没有斑块。彩超检查第一是没有痛苦,第二是没有创伤,第三它不是射线。第二个是CT,现在可以做CT,这个CT又叫CTA,A是指动脉血管。这个CT是全身的血管都可以看,包括心脏。第三个是磁共振,就是核磁共振,除了心脏不能做,其他的部位基本上都可以做。第四个是插管动脉造影,一般指心脏。做支架或者搭桥,一般都要做插管造影。有没有斑块,做这些检查可以发现。

动脉硬化斑块的防治策略,第一个就是科学饮食,合理运动,丢掉不良的生活习惯。科学饮食是今天要讨论的重点,我这儿准备了一个小的资料,大家可以看到。大家手里拿有资料,咱们一块探讨探讨。科学饮食里面第一个是一日需三餐,这是按照人体的生理特点制定的,不吃早餐或者晚餐不利于健康,一餐过食对人体有害。一日三餐分配比例早餐30%、中餐40%、晚餐30%。第二个,三餐需主食蛋白按比例搭配。具体的搭配,像主食,早上多吃了一个馍,不到12点饿了,饿得心慌。为什么?因为主食是管人体的前两个小时热量供应,后两个小时热量供应靠什么?靠蛋白。

农村一打打五六个荷包蛋,让妞一吃一天不饿,为什么?那是蛋白。你多吃一个馍,不到 12 点就饿了怎么办?多吃一个鸡蛋就不饿了。多吃了一个馍使前两个血糖增高了,长期下来就引起糖尿病,这是不科学的。一日三餐必须主食和蛋白搭配,中午有主食,吃一点瘦肉,早上喝一碗豆浆,吃一点鸡蛋。晚上吃个豆腐,稍微有一点瘦肉沫。你说我就不吃,不吃就是不对,为什么不对呢?你要是晚上不吃蛋白,人体怎么办呢?把人体内脂肪分解变成热量来供应人体需要,长期这样就损害你的寿命。第三个是蔬菜,蔬菜每日 300 到 500 克。第四个是水果,200 到 400 克。第五个是主食、蛋白、蔬菜、水果需多样化,咱们这儿不是讲饮食,今天就简单说说。为什么要多样化?因为这些食物里面含的维生素、微量元素、矿物质,不同的食物当中含的量和种类不一样,所以尽量多样化。第六个限盐,一日 6 克。第七,足量饮水。第八,个性化饮食计算方法。主食,轻体力劳动者一日 250 到 300 克,中体力劳动者 300 到 350 克,重要体力劳动者一日 400 克以上。一日所需的蛋白量是多少?1 千克 1 克,不是按你现在的体重,你现在是 80 千克,那就不是 80 克。体重是多少呢?有一个换算公式,一日所需的脂肪也是 1 千克 1 克。体重怎么计算呢?身高减去 105 得出你的体重,你身高175 厘米,减去 105,那你一天就需要 70 克蛋白、70 克脂肪,蛋白和脂肪分到三餐。主食按照轻体力劳动和重体力劳动来划分。

下面举了一个例子,大家可以看一看,因为时间关系不再多说了,大家手里都有资料,可以回去看看。

下面说一下合理运动。运动量大也不对,有人说运动员不长寿,这说的对,因为他的运动量太大了,但不运动也是不对的。运动方面大家可能比我还有经验呢,一般情况下以步行为最好,也不需要什么健身器材,每周四到五次,每次 40 分钟左右就可以了,活动量是微喘微汗。咱们指的是一般的,有疾病的,有冠心病的,活动量也要再注意一下,咱们指的是正常人。

再推荐一个简单的、比较容易掌握的运动。上肢方面,我感觉中央十套的节目做得不错,他们总结得也不错,我感觉上肢活动以这个活动最好(甩动双手打背),敲打肾俞穴,把上身的关节全部活动了,把背部也活动了,一般做八个八拍。下肢呢,以蹲起为好,以微汗微喘为好。你做 10 个就感觉想出汗,那就做 10 个;如果做上三两个月,可以做 20 个,那就做 20 个;你说做了半年,30 个也不出汗,你就做 30 个。这个活动不需要任何器材,不需要上大街上,站在屋里自己就解决了。你说,我还有地方没有活动到,我颈部没有活动,那就学鸭子喝水的动作,也是八个八拍。不管是上班族,还是退休族,不管干什么都可以做,这样活动比你上公园去活动要好。你这样活动把下肢关节全部锻炼了,下肢脚踝、膝关节、髋关节都锻炼了。为什么推荐这样活动?人这个动物,咱们有时候说植物人,要是大脑有问题之后,叫去皮层状态,那是什么样呢?四肢是硬的。人随着年龄的增长,脑要萎缩了,脑萎缩以后四肢关节都是硬的。你再不活动关节,人老腿先老,先从关节老。这样既活动了关节,又活动了血液,因为你这样活动,全身血液都活动了。上肢这样活动,血管随着也活动了,你说我有斑块怎么办?有斑块就要注意了,咱们教的方法是没有斑块的人用的。

丢掉不良的生活习惯,这个很简单,说着简单做着难,抽烟的人就是戒不了,喝酒的人就戒不了。再一个,年轻人熬夜也不好。看今天来的年轻人少,年龄大的比较多,一定要注意不要熬夜。这儿有一个提醒,有的人生物钟是这样,有的人十二点睡,早上八点醒,睡的早睡不着,那你不要再干预他。有的是九点多十点睡,五六点醒了,一定要保证正常的生物钟,不要用电脑,电脑害人。现在小孩儿玩手机,有的是工作,有的玩玩游戏,年龄大点的有坐牌桌的,一定要注意。

第二个是控制"三高",这个今天不作重点讲。咱们知道"三不"引起"三高",由"三高"引起动脉硬化斑块,高血压、高血脂、高血糖,还有肥胖,这些是引起斑块的主流,一定要堵住。有这样疾病的,一定要把血压、血脂、血糖控制好。有斑块的一定要用他汀类药物,只要复查对肝脏损害不严重,没有明显的损害的,终身服用。现在西医提倡他汀类药物,服用时间越长,收益越大。

第三个是科学补钙,预防斑块。刚才说了,三个阶段怎么补维生素 D,怎么补钙,补多少,这里不再赘述。

第四个,防治斑块损害的抗血小板集聚药物应用。大家都知道阿司匹林,阿司匹林是干什么呢?刚才给大家说了,斑块破的时候,像饺子馅儿一样跑出来了,跑的哪儿都是,这时候血小板去截它,要形成一个栓子,阿司匹林去干什么呢?堵住血小板和小碎片结合,这样就不会形成栓子了,阿司匹林就起这个作用。有斑块的人终身服用,这个要听大夫的,咱们这儿讲的是科普知识,不做具体的治疗指导。

第五个是支架植入。狭窄重了,没有办法了,在动脉上打一个小洞,用一个导丝穿进去,把支架放到心脏里面,把狭窄的地方撑起来,这就叫放支架。这是西医治疗斑块应急的办法,狭窄75%,反复心绞痛,用药物不能控制时要用,但是有严格的适应证,要听大夫的。

第六个,手术治疗。斑块的治疗有一个手术治疗,那就是心脏搭桥,大家知道叶利钦,他冠状动脉堵塞了,请世界各国的人给他做手术,做搭桥。搭桥怎么搭呢?(PPT)看心脏上面有一个血管,这个血管要是狭窄了,堵了,三条血管都堵了怎么办呢?从其他部分再截一段动脉血管来,从近端打一个口,把血管缝上,远端给它一截,然后缝上,原来的血管不管它了,把新移植来的血管放在这上面,所以又叫血管移植,也叫搭桥。怎么叫搭桥呢?在原来的血管上搭了一个桥,一般心脏手术做。

再一个是手术剥脱,像颈部斑块,把颈部打开一个小口,用一个器械用微创方法把那个斑块剥掉拿走,这就是剥脱术。

(听众:心脏不能剥吧?)

心脏没有剥的。心脏血管一般都是做支架或者搭桥,因为它那个位置不太好进,下肢血管、颈部血管等在外部的血管可以做。

第七个,中医中药治疗。近些年中医中药治疗取得了一定的效果,这个也不再赘述了。大家想了解了,可以在百度上输进去"中药治疗动脉硬化斑块"就可以查到相关资料。这也不是哪个中医或者哪个中药就可以治好。

最后是特别提示,把今天讲的回顾一下。动脉硬化斑块是危害健康、损寿的一种疾病,它为五高性疾病。哪五高?高发病率、高复发率、高死亡率、高致残率、高费用。做一个搭桥,没有10万元你别走人!搭桥之后终生服药。你说一个月就是300(元),再服20年,那得多少钱!

第二个,斑块是隐性炸弹,随时有置人于死地的危害。尤其是软斑块,随时都可能脱落,大家印象都很深。像冠心病,文艺界的、行政界的、企业家,因为心脏病突然死亡的人也不少,有些很年轻就死了。

第三个,动脉硬化斑块有年轻化趋势,切莫掉以轻心。大家注意一下,现在独生子女这一代和咱们年龄大的一代饮食结构不一样,这些病都是从儿童起病,因为咱们那个时候没有这些营养东西吃,没有肥肉吃,所以血管保持得都比较好,损害也都是最近这些年。最近这几年,三十多岁的心肌梗死的病人大有人在,三十几岁检查出颈部血管有斑块的大有人在,在这里提醒大家,一定要注意,老年人回去要注意你们家的年轻人一代。尤其是小胖墩,现在7到13岁的小孩儿,肥胖的,超过体重的占0.8%,这个也是很可怕的。咱们刚刚举一个例子,这个科学饮食,包括小孩儿,你一定要注意他的饮食结构,不要认为你给他什么都好,今天中午包饺子,明天是肘子,后天是馄饨、烧饼夹牛肉,这样让小孩儿吃,你是害他还是向他?一定要注意,不要让小孩儿吃成小胖墩。现在家长对小孩儿的学习很关心,巴不得小孩儿都是班里的前三名、尖子生,吃好的,吃的都是油脂,把脑子都糊涂住了,你让孙子孙女学习好,你不是太残忍了吗?你说我让他吃得好,他学习还不好?是啊,你让他吃什么吃好了?希望今天这节课之后,大家自己对"三高"、"三不"有一个认识,对自己的子女有一个关照,对小孩儿也有个关照。

第四个,动脉硬化斑块是可防性疾病,预防越早越好,娃娃做起最好,但什么时候开始都不晚。动脉硬化斑块是可防性疾病,是可以预防的,但是在座的50岁以上的要检查出来斑块了,就不如小孩儿了,小孩儿预防可以不得。得了怎么办?预防可以不加重。越早越好,什么时候开始都不晚。

第五个,现代医学对清除斑块没有办法。咱们讲了这么长时间,你听我说哪个办法能把斑块清除掉了吗?没有。用支架支起来,搭个桥绕过去,用手术给剥了,重的剥了,全身弥漫性斑块怎么办?都剥掉,那也剥不了。怎么办?你说你讲一节课我没有任何收获,那就是预防,你只要现在开始预防,最少说预防不加重。小孩儿预防可以不让下一代得病,青中年预防很有可能不得病。

第六个,中药治疗治疗动脉硬化斑块取得了一定的效果。这个不再详细讲了,大家可以上网看一下。中医中药是中国人的国粹,中国人有中国国粹,中国人要沾光,外国人不相信,不相信就让他的斑块长着去!

第七个,一定要盯住儿童、青少年,一定要盯住动脉硬化防治,一定要把"三高"控制在青少年阶段。还要关注中老年人,自己要注意。中老年人第一个是预防,第二个要劫住中流,第三个必要时该出手就出手。大夫说必须要搭桥了,那就考虑吧,那毕竟是一个应急办法。

谁偷走了我们的寿命?斑块。再说的话就是自己,是我们自己人为的。

谢谢大家!

法律常识

主讲人:张宜海,兰州大学经济学学士,郑州大学法学硕士、法学博士,现为郑州大学公共管理学院专职教师,教育部人文社会科学重点研究基地郑州大学公民教育研究中心专职研究员,主要从事公民教育、公民道德方面的研究。出版专著《公民学》、《论公民德性》和《中小学生公民意识教育研究》3 部,在中文核心期刊、CSSCI 来源期刊发表论文 13 余篇,主持和参与省部级课题 8 项。

时　间:2013 年 4 月 21 日

地　点:河南省图书馆研议厅

公民,认识你自己

　　首先感谢咱们图书馆的一些有思想的老师和学者,他们组织这样一个讲坛,使我们和广大的听众之间能做一个非常好的交流。这是一个目前非常好的平台,构起了学者和大家之间思想交流的舞台,这非常重要。再有,也使我们一些研究能够很快地传播到社会中间去,我想这对国家、对社会都是非常有好处的。也非常感谢大家,现在天气变化很复杂,昨天冷,今天热,让大家不知道该怎么穿衣服,很多年纪比较大的同志在这样一个时间来听讲座。

　　在讲之前,我的情况咱们老师也介绍过了,我是郑州大学公民教育研究中心的。郑州大学公民教育研究中心是教育部的一个基地,主要研究公民教育,从 2001 年我们就开始研究公民教育,成立一个学校的机构。到 2003 年成为河南省的基地,就是河南省在高校评了一些研究基地,到 2004 年,通过教育部的检查验收,成为全国的研究基地。教育部在设立基地的时候,每一个性质的基地在全国只设立一座,这个基地也是郑州大学的特色,同时也是咱们河南省的特色,也是国家的特色的研究领域。按照教育部的要求,就是要把这个基地培养成“国家队”,我们也是在这方面做一些工作。今天把我的一些思考和大家进行交流。

　　这是我自己的一些情况(PPT)。大家看到这个题目之后,因为我来之前看了一下咱们讲坛的一些目录,看到这个题目大家可能会有一些疑问,公民是什么? 这个课题要讲什么? 这也就是我们在研究的时候遇到很多的,包括社会科学的一些从事者提到的一些问题。公民到处都是,我们每一个人都是公民,但是公民要怎样认识自己,我们自己是什么? 有时候我们并不是特别清楚,包括从事很多年研究的人,有时候也会有这种疑惑,所以把这个题目拿过来和大家交流,在这么短的时间内把一个问题讲清楚是不容易的,我把我讲的一些东西给大家介绍一下,如果有时间的话可以从这里面做一些补充(PPT)。

第一本书是《公民学》,它主要研究什么东西呢?实际上它有一个出发点,最初就是在 2004 年,教育部组织一个大的专家考评组来我们这儿的时候说,你们公民教育研究中心是研究什么的呢?我们讲公民,公民教育,公民如何培养,身份如何认识。他们讲,你这个学科基础是什么?我们一个大的研究,如果没有学科基础,研究什么就有问题了。说句心里话,那个时候,我们不太清楚,之后我们慢慢清楚了。为什么讲那段时间我们没有清楚呢?因为没有思考过。一些看起来很简单的问题,但是这些简单的问题正是最基本的问题、最重要的问题,没有思考。由于我们看了一些西方的资料,西方有一门学科叫公民学,我们给教育部专家讲的时候就说学科基础是公民学。这本书实际上就是三年之后对教育部专家提出的"你这个学科基础是什么"的一个回应。这里面可能不能回答所有的问题,但是可能会回答一些问题,也是我们思考的一些结果。

第二本书是《公民德性》。公民德性研究什么呢?既研究德的问题,但是又不是德的问题,因为它从哲学的角度来讲德的问题,所以它又是不同的问题。这里面提到了关于人的发展这样一些问题,如果咱们哪位老师有兴趣,希望继续了解的话,这里面可以提供一些线索,可以进一步思考。

接着咱们开始给大家介绍讲座的一些主要内容,这次主要讲三个问题,这些问题,一看都很简单,但是这简单的问题往往是最难说清楚的,这些简单的问题说不清楚,就像我们在 2004 年遇到专家组的时候也讲不清楚。我们讲不清楚,这个事情该如何推进,就很困难。

咱们讲三个最简单的问题:第一个从臣民到公民。这是中国人身份的一个变化的线索,是主线。在 2000 多年前的封建社会,那时候不叫公民,我们叫臣民,因为我们服从别人,我们不能自己制订法律,法律是别人制订的,我们只能服从。我们一步一步地走过一个非常非常艰难的历程,咱们回眸那段历史的时候心里都有一段感动,历代的仁人志士做了多少工作我们才走到现在,我们才有了今天的身份。这是历史的角度。

历史走到现在,我们都是公民,公民到底是什么?我给大家介绍三层含义。公民到底是什么?我们每一个人脑子里都有,但是我们自己认为的东西是不是可以作为搞公民教育的时候能够采用的公民概念呢?这个问题也是值得思考的。所以我们在学术交流的时候发现,你也讲公民,他也讲公民,但是大家讲的公民不一样。就像中午的时候我们大家都去吃饭,虽然都去吃饭,但是吃的饭是不一样的,你说我去吃米饭,他去吃面条,都是吃饭,但是不一样。如果这个概念不搞清楚,我们推进公民教育的过程中就会发现一些问题,有可能走偏,那样我们想要推进一个事业,让它正常发展反而可能走弯路,这显然是不好的。第二个问题就是回答我们现在要理解的公民是什么。我们每个人都是公民,这个公民蕴含哪些东西?第三个问题,从将来的角度来讲,我们要培养什么样的人呢?我们国家提出了很多提法,比如说"又红又专"的接班人、社会主义建设者,还有现在的"合法公民",咱们都会涉及,我提出"积极的公民"。我也恳请大家,如果我讲的哪些地方你感觉不合适,观点上不一致,很正常,学术的东西不就是百家争鸣吗?如果有你感觉和你意见不同的地方,咱们讲座完了之后可以再进行交流。

在这个地方我提出"积极的公民",为什么讲积极的公民呢?因为我们还不够积极。我在给研究生上课时,很多人甚至不知道自己有什么权利?你不知道有什么权利,你怎么样行使自己的权利呢?你不行使权利,你又是怎样一个公民?所以一个学者讲,一个从来不行使自己权利的一个公民,实际上和臣民没有什么区别。我们搞调研交流的时候发现,其实大多数时候我们都没有行使我们的权利,尽管我们有,并且这种权利来之不易。这三个小问题,从历史的角度,从现实的角度,从未来的角度回答一个问题,公民,你自己到底是什么样子。

接着咱们给大家介绍第一个问题,从臣民到公民的演变。在日常生活中,大家都知道,每一个人都有多种身份,比如说我不了解大家,但是我知道我自己,我从小是我妈妈的孩子,在我们之间是母子关系;后来我长大了,慢慢地到学校去了,我又成为学校的学生,我是师生关系中的生;后来到大学了,变成了师生关系当中的老师了;后来我慢慢结婚了,我就成了丈夫了;我又有了小孩,我又成了爸爸。一个人不同的身份变化,每一个人都有多重的身份,只要允许考察,你会发现有多重身份。我们每个人也是一样的,在座的老师可能都是爷爷、姥姥,有不同的身份。这种不同的身份在不同关系中体现出来,就像我们刚才说的,我是老师是对我的学生来讲,我是丈夫是对妻子来讲,不同的身份在不同的关系中体现出来。我们每一个人在不同的场合也就有了不同的身份。就像我们在家是爷爷,到了单位别人不会喊我们爷爷,如果喊爷爷就不太适合了,不同的场合有不同的身份。我们了解一个公民,应该从哪一个角度去了解呢?我们从父子关系、夫妻关系,还是师生关系呢?都不对。应该从什么关系中来呢?从人与国家之间的关系去了解。人和国家之间什么关系?这中间反映出来了,公民就要从人和国家之间这种关系去了解,这个关系并不是很多人都清楚。

大家看到了,我上面有一个身份证(PPT),这不是某一个人的身份证,是我们二代身份证,我相信有些老师已经发现问题了,我不是说这个人名不对,什么什么县不对,相照得不好。你看一下自己的身份证,至少有两个问题,第一个,你在录身份证时要双面复印。这个东西可以看到,比单面复印效率就低了,同时造成国家的财产浪费,浪费一倍,因为以前复印一面,现在复印两面。大家还发现什么问题呢?我们从公民教育角度来看,你可以从自己的身份证上看,有一点问题,什么问题呢?一面是"居民身份",另一面是"公民身份"。这不是问题吗?就这两面,很简单的两面,一面是"居民",居民就是我在这儿居住,一面是"公民"。我们虽然对公民、居民没有研究,但是我们知道两个概念不一样。正像我写一篇文章一样,我前面讲这个东西是这样,在后面我讲这个东西是那样,这样就不好。为什么出现这种情况呢?我们很多人对人的身份认识不清楚。这个认识不清楚我们从很久以前就有,咱们很多同事都知道,我国第一部宪法毛泽东亲自过问的,在这个宪法产生的过程中,毛泽东看到了"公民"这个概念,也不懂,他不懂,他就在"公民"中间画了一个问号。从这个身份证上我们看到,公民是什么,不知道。因为他要很清楚不会犯这种低级错误,这说明他对我们身份认证不清楚,一面是"公民",一面是"居民",这是有问题的。

我们在认识公民,认识人和国家之间的关系中公民身份的时候,最能体现这种关系的就是宪法,只有宪法才最能体现人和公民之间的关系。宪法大家都知道的,我们要研究中国人身份的演变的历程,就不能单独讲某一部宪法,如果这样的话不能从历史的角度分析它,不能看清楚。在这里,我选了近代以来三部宪法,可能有些老师也研究过宪法,懂得一些宪法,我也知道一些宪法,我虽然不是专门研究宪法的。我们在搞公民教育的时候要和宪法建立一种非常紧密的联系,因为讲公民要和国家建立关系,在这里面有三部宪法。大家注意,这三部宪法我称之为有代表性的宪法,但是不等于只有三部,有很多部。这个代表性我是选了不同的时间,第一部是《钦定宪法大纲》,这个跟皇帝有关系,这是清政府颁布的一部宪法。光绪三十四年,也就是1908年,一个皇帝颁布了一部宪法。第二部是《中华民国宪法》,有些老师可能也知道,《中华民国宪法》在咱们国家历史上有两部,一部是曹锟的宪法,还有一部是中华民国的宪法,两部宪法,我们取的是1946年的《中华民国宪法》,我认为它更有代表性。第三部是《中华人民共和国宪法》,就是我们现在在用的宪法,我们都知道,中华人民共和国有四部,最有代表性的是1982年的那部。我们通过这三部宪法给大家介绍公民身份的一种演变,公民身份是如何一步一步走到现在的。

首先是《钦定宪法大纲》,我们看这个宪法两个部分就知道它要讲什么,第一部分讲皇帝的权力,皇帝有哪些权力,并且是主要讲皇帝的权力。各位老师也注意到了,下面附了臣民的权利和义务,就像附件一样。这时候你会看到,人的身份是什么呢?臣民。我们大家都知道的,"普天之下,莫非王土,率土之滨,莫非王臣"。我们都是王的臣,王要说什么,我们都要服从。《钦定宪法大纲》实际上讲了两个方面,也讲臣民的权利和义务,主要的是讲皇帝的权力。它有哪些内容?我们再大致了解一下。第一,谁统治这个国家?宪法上讲了,皇帝统治。现在不说江泽民统治,我们不说胡锦涛统治,我们说人民专政、人民统治。《钦定宪法大纲》首先讲谁统治国家呢?大清皇帝统治大清帝国。再看下面,皇帝与议院、国会的关系,国会就像我们现在人大一样,是最高权力机构,它的权力是至上无下,没有人比它的权力大。在这里面呢?皇帝有召集、开闭、停展及解散议院之权。也就是说皇帝高兴了你可以颁布法律,皇帝不高兴,你的法律再好也颁布不了。就像这部宪法一样,正是一种体现,这里面就体现皇权。如果你不是写皇权,你这个法律连颁布都颁布不了。再看,宪法体现谁的意志?我们现在都知道,宪法要体现我们公民的意志,人民的意志,在这儿呢,宪法主要体现皇帝的意志。我们再往下看就会发现,皇帝的权力确实很大,大到什么(程度)呢?立法、行政、司法、军事、外交,国家所有重要的权力都可以从这上面看到(PPT),都是皇帝自己来掌管的,这就是皇帝制订的法律。有人说了,皇帝当年立宪不是真立宪,就像我们书里讲的“虚宪”,是虚假的。后来我们在反思,皇帝是不是真的虚假的呢?至少我不认可。为什么这样讲呢?那时候的慈禧和皇帝是真的想立宪吗?不是,我也赞成不是。但是他真的是想救国,对不对?要真的想救国的话,真的要做一点工作。什么工作呢?当时认为立宪是能救国的。从这个角度来讲,他是真正想立一部宪法,是真心的,但是立宪晚了。当人民需要你这样做的时候,你背离人民,当你需要人民做出对你支持的时候,人民不见得支持你,因为你已经错过最好的机会了。从这个角度来讲,当时的政府是愿意立宪的,派出大臣去考察,成立机构,那些东西是非常有价值的。再有,皇帝立宪本身就有价值,我们每个一个人都要有这一点,一个封建皇帝主动走向近代文明,不是先进的吗?哪一个皇帝会舍得把自己的权力让出去呢?现在政府大员都想让出自己的权力吗?我认识一个处长,他当上处长时我们在一块座谈,我说,不搞民主吗?他说,搞民主?我是几十年的媳妇熬成婆了,我给你搞民主?皇帝立宪本身就是进步,并且立法之后也看到了,中国文明发生了根本性的变化。以前我们是封建专制的文明,之后我们有了立宪,从政治文明发展的角度来讲,我们进入了一个新的历史发展阶段,这就是我们为什么高高地看辛亥革命。辛亥革命一个意义是推翻了封建统治,这是大家都认可,都熟悉的,很多人没有真的认识到更重要的另外一方面,辛亥革命之后,我们建立了一个资产阶级共和国。你会发现这个国家它变了,它开始立宪了,开始限制总统的权力了,这不是政治文明的一个转折吗?我相信后者的意义不次于前者的意义。

皇帝立宪很重要,文明进步了,我们从后面看得很清楚,不管是哪一届政府都要立宪,甚至你想当皇帝也要做一个宪法出来。这不是进步吗?以前,他要当皇帝还用做宪法吗?不用做,谁打天下谁做皇帝。现在呢,曹锟要当总统,他得投票选举,他要制定一个会选宪法,会选也要做宪法。为什么要做宪法呢?这就是《钦定宪法大纲》之后对中国的宪政的影响、政治文明的影响,这个进步是非常大的。在这里我也呼吁大家更重视这一点,不要老看古人的错,古人总是有错的,因为你用的评价标准不一样,你用现在的眼光看以前,谁不犯错误呢?我们不能穿越,我们要穿越的话我们都是伟人,但是我们不能,所以每一个时代都有它的历史局限性。毛泽东伟大不伟大?伟大。但是毛泽东用过手机吗?发过电子邮件没有?没有。这就是历史局限性。我们判断这个时也不能忽视这种历史的局限性,想当然地评价这个社会,那是我们的问题,不是他的问题。

附的第二部分讲臣民的权利和义务,有些同志一看就说,这个臣民权利和义务不如现在好,你说的对,但是那个时候能有就是好的。我们臣民以前没有保证,皇帝想杀谁的头肯定就能杀,现在呢?至少说你有什么权力,比如你有言论、著作、出版、集会的自由,这些字眼和我们现在是不是也很相近呢?比如说你的私宅、你的权利不能随便去干涉,这不是很好的东西吗?尽管它是臣民的权利和义务,但是我们从中间也可以看到,这部宪法虽然是钦定的,但是这中间有了近现代文明、现代宪政、现代宪法中间最基本的东西,并且它有深远的影响。尽管这个时代的人,我们从公民教育的角度来讲是臣民,而不是我们现在讲的公民。

我们再看中华民国制订的一些宪法,这是1946年的宪法(PPT),大家可以看到,宪法中间的总纲提到这个基本点,也是宪法要有意识形态的影响,受意识形态的限制,这里面讲"三民主义"。再有"国家的主权属于全体的国民",人民主权的原则体现出来,这就是近现代文明发展的结果,很重要。第三点"具有中华民国国籍者为中华民国国民",这时候人是什么呢?国民。第二章里面讲人民之权利和义务,上面讲"国民",下面讲"人民",那为什么不讲国民都讲国民,讲人民都讲人民呢?大家可以从下面看到"中华民国人民无分男女",人民分什么男女呢?实际上还是讲国民。在这里面体现出对人和国家之间的关系认识不清楚,一边讲"国民",一边讲"人民"。大家看,这个和学术发展也是一致的,因为在这个阶段我们正在学西方,一切都在变化中,一切都在过渡中,反映到宪法当中去,一边讲国民,一边讲人民,也是这种过渡的变化。

再下面大家看看(PPT),《中华人民共和国宪法》讲公民,不一样了。"公民"对中国人来讲不是一个自然产生的东西,它是从西方引进的东西。我们立宪受苏联影响很大,我们以前的《共同纲领》有些部分过时了,就要有宪法性的文件来取代,这个宪法性的文件就要制订。因为我们新中国没有,怎么制订呢?我们受苏联影响很大,所以苏联用了"公民",我们就有了"公民"。在宪法中间,我们的身份又变了,我们是公民了,就像现在,我们就是公民了。

三部宪法,这时候我们可以看到,我们人的身份也发生了变化,从臣民到国民、人民,再到公民,这就是中国人身份的演变。这个身份的演变从中国的古代到中国的近代,再到中国的现代,有这样一个变化过程。从现在来看,变化是很快的,因为我们不可能把历史重演,但是这个变化的历程是艰辛的,是经无数代人的努力才得来的。人的身份也变了,不再像以前那样了,这也是人的进步,也是我们国家、民族的进步。

现在由于讲公民身份,咱们还要把这几个概念简单地做一下比较。大家都知道《说文解字》,它一些解释还是很有权威的。"臣"基本的含义是什么?臣就是服从。"国"就讲一个疆域,一个区域,我们现在还继承了这些意思,你是中国人,因为你出生在中国,你是英国人,因为你出生在英国,讲国是讲一定的疆域。下面讲"民",就是众。人太神奇了,也太复杂了,谁也说不太清楚,只能从某个角度说得清楚一点点。这里面讲,"人是天地之性最贵者"。下面讲"公","公"是什么含义呢?背私为公,私的对立面就是公,天下为公,而不是讲天下私。这里面可以看到人的几种不同的身份最基本的含义,从这里能够清楚地体现出来。

我们很容易看到这几个含义,最基本的是要讲什么了,"臣民"是专制时代官吏和百姓的统称。"率土之滨,莫非王臣",不管你是做官的,还是一般的人,都是臣。臣最基本的特点是服从。比如大家都看过《宰相刘罗锅》,和珅见到了皇帝,皇帝说:和珅啊,今天朕不高兴,给朕唱一首歌吧!和珅就得唱歌,他可能不会唱《流浪记》,但是他得唱唱歌,因为皇帝让他唱。如果皇帝说:和珅啊,你给我跳跳舞。和珅说我不唱,我不跳,那不行,那就现在就杀了你,因为你不让我高兴。臣最重要的是服从,只讲义务,不讲权利,或者极少讲权利。你要干什么?你要为我唱歌,你要为我出点子,你要为我跳舞,所以臣民没有尊严啊!臣民也是人,但是没有尊严,因为他以服务别人的价值为价值,是一个工具。这是古代封建专制时期。

近代有了"国民"和"人民",国民主要讲某个国家的人,没有讲其他的,不是说没有权利,没有义务,而是讲主要讲某个国家的人,讲国籍属性,你归属哪个国家。人民是公民中的好人,我们讲人民不是好人吗?我们国家讲人民民主专政,人民统治这个国家,人民不是这个国家的好人吗?是好人。"人民"概念会不断地发生变化。斗争时代,不同的统治者,人民对象会发生变化。新中国成立之后,人民的概念也在发生变化,共产党成立之后也在发生变化,比如抗日战争时期,只要抗日你就是好人,日本鬼子来了我就打他,有钱出钱,有力出力,我就是好人;日本鬼子来了,你跟着他一起欺压中国人,你肯定不是什么好人。现在呢,只要是为国家的建设做贡献,拥护国家的统一,这些人都是人民的范畴。所以我们讲人民是公民、国民中的好人。这是近代,现代人民概念也在发生变化。

第三是公民,"公民"是宪政时代人的统称。大家注意,我用是"宪政",而不是"宪法"。为什么

这样讲呢?《钦定宪法大纲》是不是宪法呢?那下面你是公民吗?你不是,你是臣民,只有宪法成为政治时才真正有了公民。有宪政,才有公民的概念,有公民,才有参与。因为国家的权力来自于我们,我们不参与,谁保证我们的权力不异化呢?公民本质上是参与,公民主要是讲权利的。没有权利,你可能很高尚,但是你不能讲你是公民,因为公民是要讲权利的。这就是近代以来我们中国人走过的一个艰难的历程,这个历程我们只是在20多分钟内走完了,但是历史上真正走的时候很艰难。中国在这一段,特别是近代以来,走得特别艰难。

现在我们回顾一下这部分讲的基本东西,中国人从古代到近代到现代,走过臣民、国民、人民到公民的这样一个发展历程,我们身份也发生了变化,这种变化就是咱们刚才提到的几个词。再有,公民是宪政的产物,不搞宪法,哪谈公民?不搞宪政就没有真正的公民。大家也要注意,宪法不一定代表人民的意志,《钦定宪法大纲》你不能说它代表人民的意志,曹锟制订的宪法你不能说它代表人民的意志,袁世凯也搞过宪法,你不能说它代表人民的意志,所以说宪法不一定代表人民的意志。但是最基本的东西是要有的,规定人民的权利,或者承认人民有哪些权利,人有哪些权利。臣民不是也有权利吗?宪法中间要承认,要做出法律上的承认。

还有,从专政到宪政,本身就是政治文明的进步,所以我们看到《钦定宪法大纲》虽然有很多是封建的,但是它走了宪政之路,为中国以后的宪政之路开启了一道门,这就是进步。我们看待这些东西的时候,要客观、科学,在人类历史文明发展中完整地把握这些东西,我相信这样我们看东西会更加正确。

再有,臣民、国民、人民、公民概念不同,到现在为止,我们已经知道了这样一个发展历程,有了公民了,但是公民是什么呢?这就是我们第二个问题要回答的。公民到底是什么呢?我们每一个人可能都有一种理解,我们都知道,但是你认为的东西是不是就是对的呢?或者我讲的东西就一定对吗?不是。你认为的东西和现在我们研究的东西,或者讲大多数人讲的东西,它们有什么不同呢?或者这里面谁是更加正确的一部分呢?在这个问题里,咱们讲三层含义:第一层,宪法文本上的公民界定,已经公布的宪法是如何解释公民的。第二层,公民一般,也就是我们大众的理解。大家认为这个概念不错,就是这样的。第三层,作为公民教育的公民,也就是学术的角度它是什么样的。我们讲公民教育,这个公民是什么样的公民?大家看这些概念,就像我们说吃饭一样,实际上内容是不一样的,你出去吃米饭,他出去吃烩面,我们都说公民,实际上公民也是不一样的。

我在这儿问大家,不知道哪位能说说,你是如何理解公民的?可能大家不想说,但是你心里肯定有一个答案。咱们现在给大家介绍一下,公民在三层含义上有些什么区别。宪法文本,我们讲公民要从人和国家之间的关系去讲,宪法是最能体现人和国家之间关系的,所以我们要看宪法上如何规定。宪法上如何规定的呢?"凡具有中华人民共和国国籍的人,都是中华人民共和国公民。"你现在找一下最新的宪法,就是这样规定的。这里面你很容易就看到了,只要有国籍就是公民,实际上说的不是一个概念,是讲一个资格。就像我有一个同学,他想到英国去申请英国公民,为什么呢?因为在前两年有一个文件,只要是英国公民,每个月补助600英镑,他在英国待了很长时间,不是公民,就想弄个公民,弄公民干什么呢?就是为了获得600英镑,这不就是一种资格吗?在这里面,如果作为一个概念是不合适的,因为它是讲的资格,如果把它当作概念的话,我们发现它是有问题的,什么问题呢?大家看看它有什么问题。如果是把它当作公民概念的话,你会发现"公民"等于"国民"。从语言学的角度来讲,两个东西都说一个东西,用两个词本身就是语言的浪费。现实生活中确实有这两个概念,而且不同,说明两个东西不能等同,不能作为概念来使用。国民讲他是哪个国家的人,国家的属性;公民讲什么呢?权利和义务。它们是不一样的。如果你把它们等同的话,显然是不对的,因为两个概念强调的东西不一样。宪法上的界定,只能作为一个资格上认可,而不能作为一种我们称作概念上的一种解读。这样的话我们何谈公民教育呢?我们大家都是中国人,我们教育什么呢?教育你是中国人,这显然是有问题的。从宪法的角度来讲,宪法文本的角度是有问题的。

第二个，大家看这个概念之后你会发现，这个概念可能是大家比较认可的一个（PPT），也是现在大家都比较了解的一个。"公民是指具有一国国籍，享有该国宪法和法律规定的权利，并履行宪法和法律规定的义务的自然人。"我相信大家都很赞同这个概念，那么这个概念也正是我们大多数人形成的共识，也是学术界很多人写文章、写书形成的共识。大家看看这个概念有没有问题呢？我认为是有问题的。在这里给大家强调一点，履行义务并非公民的本质属性或本质特征，因为讲履行义务我们能比臣民履行地更好吗？臣民只履行义务，不讲权利，多好啊！我们现在不仅仅讲权利，还要讲义务，我们讲义务并不是公民本质特征，因为臣民才是本质上就是义务。大家也要注意到，我们每一个人享有权利，享有自由，宪法中给我们列举了很多权利和自由，如果往前推几十年，那是臣民非常羡慕的权利和自由，他们没有，现在我们都有了，但是我们只有极少数公民积极行使权利。这样一个现实，不正反映了我们现在讲的公民概念的重大缺陷吗？每一个人都有权利，如果你一年四季不用，从你有权利不用到你一生不用，你有和没有权利又有什么区别呢？我们讲，这个只是讲名义上的公民，名义上我们每个人都要有，但是实际上呢？你的权利必须通过实践才能促进，必须通过争取才能有更多的权利。咱们待会就会讲，没有争取，没有哪个政府把权利完全赋予你，所以权利是争取的过程。这需要从名义上的公民变成实质上的公民、实际上的公民，也就是说你有权利，你又行使了权利，通过行使你的权利达到你的目的，这样才是真正的公民。这是第二层含义，显然也不是我认可的一种公民概念。

作为公民教育的公民是什么样呢？大家看，我们看到现在的主流提法——合格公民，好公民，当然，有一个提法对一个国家、一个民族来讲当然是好的，从学术角度来讲，又有一些值得思考的地方。我不知道大家看过这些描述没有，党的十七大、十八大，还有一些重要文献里面都提到，这些东西从学术的角度来看，也是值得思考的。比如，合格的标准是什么？谁来制定标准？在一个多元、多变的转型期，如何制定适宜的标准？大家看看，这是不是问题呢？你说你好，好的标准是什么？谁来制定好的标准？说好就有坏，谁是坏公民，怎么判断他是坏的？判断的依据是什么？还有一个问题，是一个方面好就是好公民，还是所有方面好才是好公民？是某一个方面合格就是合格公民，还是所有的方面都合格才是合格公民？犯过错的公民是不是好公民？合格不合格？你说他之前合格，之后不合格。犯错误之后，错误是不合格的，犯错误之后他一切都不合格了吗？大家判断起来很难判断，非常难判断。你说一个方面合格不能算合格，一花独放不是春，那所有方面都合格，这样找合格公民就太难了，也许找来找去没有谁合格，对吧！判断很难。

还有，好坏是伦理学的概念，我们说你是好人，雷锋是好人，帮助别人，热心帮助别人，这是好人。我们用伦理学的概念来衡量一个政治学的概念，你觉得合适吗？大家看，有些东西我们一思考，仿佛也有那么一点点问题，何况我们每个人不是产品。我要是产品，你说我合格可以，我要不是产品，你说我合格不合格，你怎么判断呢？我今年合格，明年不合格？判断起来非常困难，所以这个东西也是有问题的。

现在的提法有问题，那什么是公民教育的公民呢？如果没有目标，你如何搞教育呢？那你就盲目了，盲目是会犯错误的。作为公民教育的公民到底是什么呢？应该是什么呢？咱们在三个问题里面提到，是积极的公民。在社会主义初级阶段，这个时期积极的公民。当然了，大家可能不认可我的观点，从我的学习、思考中间，我自己认为这个是最合适的。积极的公民是什么呢？就是积极参与国家治理和社会管理的公民。国家有很多问题，社会治理有很多问题，大家想想，我们如果每个人都不去问的话，我们生存的空间就会受到越来越多的压迫。现在问题不是成堆吗？食品的问题、教育的问题、就业的问题，等等等等，有很多很多问题。再简单地讲，电信的电话费，假如说一分钟市话 3 毛钱，长途 6 毛钱，为什么打 1 秒钟也扣 1 分钟的钱呢？我打 59 秒钟你扣我觉得挺合适的，那 1 秒钟就算了，为你做贡献了，我支持你一下，但是我为什么只用了 1 秒钟你也扣了 1 分钟的钱呢？你再想想，中国有多少手机用户？每个人给它贡献59秒，大家可以想想，电信公司的发展是怎么样？更可恨的是，它得利之后不承情啊，有人提出来了，有人提了提没有结果了，你不争取，直接就是经济损失，并且电信公司还会想，这些家伙，没有什么力量，于是它也就不在乎你提什么1分钟1秒钟了，所以要积极行动。

还有，代表我们行使权利的是代表，代表在我们心目中是很神圣的，我们都选代表，尽管我们不认识那是谁。我们在选代表时有这种情况，在郑大（郑州大学）操场上选，三选二，我们不认识代表是谁。有时候我们选代表就不代表我们，比如说现在有人说"打酱油代表"，还有的代表讲，我年轻啊，我在学习，我已经当了很多年代表，我都在学习。要是我在场，我会说，你都不知道羞耻吗？十多亿人中间有那么两千多个代表，每个代表上台都要给国家出谋划策啊，你到那上面去没有提一个议案，那你是表决器？要是表决器，我们设置一个表决器就行了，大家想对不对？选一个代表就要把我们的呼声提上去。食品安全你看不到吗？医疗这么贵你看不到吗？房价这么贵你看不到吗？你如果看不到，你怎么有资格当代表？十多年一个议案不提，你还引以为荣，你荣什么荣？你学什么习啊？你一个议案没有提，这不是资源浪费吗？你不去参与，这些问题能解决吗？解决不了的。

代表真是要代表我们去行使权利，人民的疾苦你要了解，然后把这些疾苦反映上去，能解决的问题则解决问题，不能解决的问题再反映，总有一天我们生活会好起来。你不去问，肯定没有人去管你的，所以要做积极的公民。积极的公民从国家的角度来讲，是人民主体地位确立的决定的因素。人民不起来，那么你的主体地位从哪儿来呢？天上掉下来的吗？天上从来不掉馅饼。这个馅饼刚好砸到你头上？你不要奢望。积极的公民是确立人民主体地位的决定性因素。你不去行动，你就不能成为主体，你说你有主人翁的地位、主人翁的身份，主人翁的身份、主人翁的地位是需要你有主人翁的行动的。

再一个，保障公民权利人民性不变质。权利来源于我们每一个人，权力来源于我们的人民，权力来源于我们人民，这些权力运用就要是为了我们人民。但是大家也都知道，恩格斯早讲了，"权力有一种天然的异化的趋势"。不仅有扩张的趋势，而且有异化的趋势。大家看腐败的面积这么广，已经超出我们的想象力了，所以每次想到腐败时我感觉我都没有想象力了，因为每次都超乎我们的想象力。现在反腐这么多年见效很小，反而是"小三儿"做出了很大贡献。对不对？但是这不是制度啊，我后来又想，如果能让所有的"小三儿"觉悟起来，为中国反腐事业做出贡献的话，大家看，效果是非常非常好的。也许我们反腐十年还不如"小三儿"一年反腐的力度好。当然，这只是猜测，没有什么依据，但是确实有些问题值得我们去思考。要想保证我们权力不变质，我们就要始终盯着你，看着你，一旦你走偏，我们就要指出来，我们不能弹劾你，我们可以呼吁你，我们可以说你吧？但是谁在说呢？说的人很少，所以要做积极的公民。你每一次行动都是对我们权利的一种保障，我们如果不行动，没有人在意你。你说我有权利，开会时候十个代表，每一次你都投赞成票，以后没有人理你，因为跟你说不说你都是赞成票，你有什么价值呢？所以要参与。

温家宝讲我们公民的价值和尊严，价值和尊严从哪儿来呢？天上不会掉，价值和尊严靠我们自己去争取。我们行使自己的权利，积极履行自己的权利和义务，那么我们就有价值。对于正确的，我们支持；对于错误的，我们反对，你这一票就有了价值。不管谁，你都投赞成票，你没有价值；不管谁你都弃权，你没有价值。因为你的一票没有价值，体现的价值是零，所以你的价值也就成了零了。你想让国家更好，那你就要去参与，并且这里面核心就是人民的主体地位。积极的公民是要确立人民的主体地位的，没有主体地位，我们国家提出的一些目标就实现不了。

在这里，我们再看一下积极的公民和人民主体地位的一种关联，为什么没有积极的公民，我们这些都实现不了？大家看第一行（PPT），"中华人民共和国一切权力属于人民"，这句话我们都知道，所有人都认可，宪法中间也是这样写的，这自然就推出人民当家做主，我们有权利我们不当家做主吗？我们当家做主，用另外一句话讲，就是要确保人民在国家治理和社会管理中的主体地位。大家想想,对这个推理应该没有什么意见。人民要想获得主体地位,就要对一些权力做出一些制约。权力天然的具有一种扩张的属性,甚至我们讲它天然的可能具有异化的属性。你不约束权力,权力就成为洪水猛兽,它冲击、毁掉的是公民的权利,也许会毁掉国家的前途。怎样约束这些权力呢?你不能靠他自己,也不能靠做思想政治工作,大家看,我们党一直在做,党员中间还有很多人腐败,这说明思想政治工作有作用,但是作用还不够。靠什么呢? 要靠我们大家。你跟腐败分子讲,你家的钱这么多,房子都几十套了,别贪污了。你看,你老婆也挺好,你还要那么多"小三儿"干啥? 他会这样去顿然醒悟吗? 我不做了,我明天做好人。要是那样的话我们每个人都做思想工作去了,也就没有人腐败了。事实上是不行的。所以我们要通过参与立法给权力界定边界,你只能做这个,做别的,对不起,超限了。

有一次我们在香港开会的时候,民政局派出一部车出来到一个会议室,到那儿之后那个师傅说,我到点了,我要下班了。这就是他的权限,到点我要下班了。他们的法律规定,每个人都可以下班了,这时候你要联系该怎么回去。限度要有,如果没有限,大家想想,我们都可能成为被害者,所以权力要有限,权力的边界要通过立法来限制。我们要参与行政,对行政权力进行监督。所有的权力来源于我们,我们不能放弃最终的控制权,一旦放弃了控制权,你也就没有价值了。再有,你要参与司法权力的监督。司法也不是没有腐败的,权力也有异化,要参与。所有这些东西都需要积极的公民的出现,我们有多少人去参与了呢? 很少。我提的这些东西不是说我突然一下想出来的,是经过思考的。

前人也做过同样的思考,我们从前面也可以看到一些依据,比如列宁讲:"什么是宪法? 宪法就是一张写着人民权利的纸。"这张纸会不会管用呢? 不知道。接着他讲:"真正承认这些权利的保证在哪里呢?"列宁给我们很好地回答:"在人民中那些意识到并且善于争取这些权利的各阶级的力量"。这些阶级力量不正是有公民意识争取权利的这些积极的公民吗?

下面是毛泽东和黄炎培先生的一段谈话,这段谈话告诉我们很多。1947 年,大家知道,那时候国家情况不太好,黄炎培先生到延安了,见了主席。黄炎培先生是毛主席老师的老师,毛主席请他到家里坐坐,吃一顿晚饭,两个人谈着谈着谈到国家命运。黄炎培讲,"我生六十余年,耳闻的不说,所亲眼见到的,真所谓'其兴也浡焉,其亡也忽焉'。一人,一家,一团体,一地方,乃至一国,很少有跳出这周期率的支配力"。历朝历代,经过一段时间灭亡了,然后新的朝代诞生了。他讲,有的是因为历史长久,惰性发作,尽管每一个团体、每一个国家在最初的时候都是"没有一人不用心,没有一事儿不用力"。按黄炎培先生讲的,"也许那时艰难困苦,只有从万死中觅取一生"。大家想想,共产党人不就是这样吗? "但是惰性发作,一旦养成,虽有大力,无法扭转。"国民党腐败不就是吗? 你想转,转不了了。清朝到 20 世纪初的时候,它想挽救命运,对不起,挽救不了了。有的人因为自然的发展,有的就是因为功利心的驱使,强求自己的发展,到一定的时候,发现人才也不足了,各方面都慢慢失去控制了。"一部历史,政息宦成的也有,人亡政息的也有,求荣取辱的也有。"黄炎培先生给毛泽东讲这段话真是掷地有声,真朋友才讲啊! 就像我们对孩子一样,你这个不好,要改,要端正态度,不能上课不听话。要是外面的你很少这样讲,真朋友才说啊! 毛泽东也是思考过这个问题的,接着黄炎培讲,"中共诸君,从过去到现在我是了解的,我就希望你们能找出一条新路,跳出这周期律的支配"。多好啊! 啥是我们的朋友啊? 这就是我们共产党人的朋友。毛泽东踱来踱去,抽着烟,"我们已经找到了新路,我们能跳出这周期律的支配,这条新路就是民主啊! 只有让人民来监督政府,政府才不敢松懈;只有人人起来负责,才不会人亡政息"。好啊,这段话应该每一个共产党员,每一个科长、处长都要背下来,特别是政府官员。人人都要起来,这不是积极的公民吗?

再看伯里克利,古希腊时期的政治家,有一次他在阵亡将士国葬典礼上发表讲话,他讲,"一个不关心政治的人,我们不说他是一个注意自己事务的人,而说他根本没有事务"。大家看,这是一种什么样的态度? 你连国家都不关心,你连时事都不关心,我们不说你只关心自己的事务,而是说你没有什么事务。

后面讲亚里士多德,"人人天赋平等,人人都有参与的权利"。参与什么呢? 亚里士多德也给我们提出来了:立法,司法、行政。

再后面讲卢梭,这都是大家熟悉的人,"参与者才是公民,不参与者就是臣民"。他讲"主权者","主权者"是什么呢? 国民大会。

再看我们党,我们党十八大也提出来了,党和国家是希望我们多多地出积极的公民的,是要参与的。"拓展人民有序参与立法的途径",这不是参与立法吗? 下面,"加快推进社会主义民主政治制度化、规范化、程序化,从各层次各领域扩大公民有序政治参与",这不是参与行政吗?"推进权力运行公开化、规范化,完善党务公开、政务公开、司法公开和各领域办事制度公开,让人民监督权力"。这些不是需要积极的公民吗? 甚至国家提出如何培育公民,首先要搞公民意识教育,加强公民意识教育,树立社会主义民主法制、自由平等、公平正义,培养社会主义合格公民。大家看,国家希望更多的积极的公民出现,并且从国家的角度、党的角度提出了如何做,提出了这样一些要求。

我们再回忆一下这一部分讲的几个小问题,公民概念有三个层次:宪法文本一个层面;再有,大众的理解;再有,学术的解释。作为公民教育的公民,我们讲是积极的公民。积极的公民是认真对待自己权利的人。怎样才能体现认真的对待呢? 参与。你不参与,你就没有价值,你不参与,你就没有尊严。参与立法,参与行政,参与司法,最终保证宪法承认的我们的基本的权利(人民性)不变质。这对国家来讲是好的,对我们每一个个体来讲也是好的。现在这样的公民少了,我们在耳朵里只听到"钉子户",这些积极的公民反而成了"钉子户"了,少了。我们怎样才能把积极的公民由少培养成多呢? 这是我们第三个问题要回答的,怎么样培养积极的公民? 这个问题我准备从五个小的方面去展开给大家做一个介绍。

第一,要珍惜公民的身份。我们有权利,我们要珍惜自己的权利。第二,要积极行使权利和自由。你有权利,但是从来不用,那它本身没有用了。就像一个人大代表去开会去了,从来不提一个提案,你的代表权利有什么用呢? 你说我参与了,我光荣。要我说,你光荣个屁! 你应该觉得可耻才行。像我们2005年还提了一个议案,我们呼吁在人大中间设立公民教育指导委员会,其他的很多国家都有,所以我们也提了一个议案,虽然最后没有通过,但是也是我们参政议政,虽然我们不是代表。第三,行使权利不等于不履行义务,也要履行自己的义务,参与本身就是义务。你是公民,你有参与的权利,参与本身就是义务,你都不参与,你就没有履行好当公民的权利和义务。第四,要树立公民意识。第五,像公民那样生活。要争取,要奋斗。这五个方面第一部分是基础——公民身份,你没有公民身份就没有相应的公民的权利和义务。比如你到美国去了,你是一个客人,别人对你很客气,选举时你就不用来了,因为你没有权利。别人征兵的时候也不让你去,因为你不是公民。做公民还要有意识,我是公民,我有权利,你不能随意侵害我。再有,在生活中要体现出来。我去当人民代表,我就是不提议案,我只当表决器。你想想,也不对啊!

第一,珍惜公民身份,我们国家从臣民到公民的演变也经过很长时间,但是由于我们争取的过程不像西方,我们一下子有了这么多权利,国家赋予了我们这些权利,我们很高兴。在西方的很多国家,他们都经历了一个争取的过程。大家都知道《汤姆叔叔的小屋》,汤姆是一个多好的人啊! 是一个好爸爸,是一个好丈夫,是一个好员工,但是问题有啊,他脸黑,是个黑人,他不仅是一个黑人,而且是没有自由的黑人,是一个奴隶。当主人高兴的时候,他能干,主人表扬他,当主人家里经济不太好时,主人说,汤姆,我只能把你卖了。因为你是奴隶,没有自由身份。大家知道,一个奴隶,卖到一个好人家他会很高兴,可以过正常人的生活,有一点点尊严,但是当卖给一个坏蛋的时候,他的生命都没有保障啊,更不用说他的权利和尊严了。问题在哪儿呢? 他是奴隶。没有自由人的身份,没有当时美国白人具有的身份,所以他受到不公正的待遇。

第二,积极行使权利。法律给我们很多权利,但是这些权利如果不行使的话,你的权利待在那儿跟没有是相近的,我们要把法律赋予我们的权利,我们名义上有的权利,变成实际的权利,要实现这种转变。要实现这种转变,一个是要争取,珍视自己的权利,认真对待自己的权利,还有公民教育。因为大家并不是一开始就知道自己有什么权利,也需要宣传和教育,并且这个教育不是首先宣传义务。我们在 2011 年曾经做过一个调查,这个调查既有公民权利的,也有公民义务的,我们调查的结果是大家对义务了解的程度是 95% 以上,大家都知道自己的义务,你再搞教育,我非得把它弄成 100%,可能吗? 有必要吗? 但是很多人对自己的权利认识不清楚。你自己想想,自己有哪些方面的权利? 你能说出 80% 就说明你了解的很多了。再一个,权力要靠争取。

(视频播放)这个声音出不来,这一段小视频实际上讲美国的民权运动,这里面最有名的演说是"我有一个梦"。他正在讲我有一个梦,大家在下面听不到,上面有声音。什么梦呢? 黑人和白人都有相同的身份,当黑人累了的时候,在公交车上也能坐,白人上来的时候他可以不让座。为什么白人上来的时候我就要让座呢? 大家看,这是歧视,严重的歧视。

英国宪章运动。1837 年,英国的工人给国会递交一个请愿书,这个请愿书大家都是知道的,就是人民宪政,年满 21 岁就有选举权。我们看,我们都有选举权,18 岁我们就有,但是最初他们没有,还有财产限制。尽管有了 125 万人的签名,但是没有用。五年之后,到了 1842 年,又再次递交请愿书,300 万人签名,希望把人民的宪章变成法律的一部分,最后没有成功。300 多万成年男子,实际上就是当年英国成年男子的接近一半。6 年之后,1848 年,第三次递交请愿书,有 197 万人签字,但是遭到宪兵的镇压,英国宪章运动失败了,但是最终人民宪章变成了宪法的一部分。大家看,没有争取行不行呢? 没有争取是不行的,所以我们讲权利是要靠争取的,你不去争取,你的权利最后就会变成零。你有权利不行使,它可能就是零,就像代表一样,不提提案,到上面只按表决器,没有价值。

第三,要积极地履行义务。当国家受到侵害的时候,我们每一个人都要勇敢地站出来,当"日本鬼子"来的时候,我们每个人都有可能去战斗。国家需要每个人的付出,比如说交税,那是我们的义务,我们要履行这些义务,但是我们要珍惜权利。权利和义务是一种相互促进、相互支持的关系。谁都想要权力,有些人只想从国家捞一些,不想为国家付出,时间长了之后,你捞都没有了。权利和义务之间我们都要强调,但是对公民来讲,我们现在不是说义务履行地不好,主要是权利行使地还不够,所以公民教育要强调权利教育,并且要克服在公民教育中义务过头的情况。

大家想想,为什么有时候小孩和父母之间有矛盾呢? 他在学校时大家都不吵他,老师也不吵他,到家里后,你教训他:写作业趴在桌子上,你看写的作业像狗刨一样,吃饭不好好吃,见了好的多吃两口,见不好的少吃、不吃等等。你老是讲他应该这,应该那,他能高兴吗? 大人是不是也一样道理? 你说他这也不好那也不好,一无是处,他心里有何感受呢? 教育也是一样。

我们还要注意,法律上的义务是强制性的,我们每个人都要履行,但是并不是所有东西都是义务。比如"美化城市是所有公民的义务",这就有问题,这时候要打一个问号。我们现在主要讲法定的义务,从法律的角度讲那些是应该做的,至于其他方面的义务,我们一般讲是责任。如果是法律规定,在公交车上每个年轻人都给老年人让座,那这是法律义务,如果没有规定,那是道德义务,尽管我们希望我们年轻人给老年人让座,但是这不是法的义务,我们不要混淆了这两个东西。

第四,树立公民意识。党的十七大提出自由、平等、民主法制、公平正义理念。从现实层面,我提出了四个意识,现在意识提的很多了,很乱。首先是身份意识,珍惜自己的身份。我是公民,你不能随便剥夺我的权利,你不能随便搜我的身。有一次我回老家,在徐州有一个警察见了我就搜我的身,我就感到很难受。你扫描我有没有带危险品,进去之前又有人从我身上弄了一下(安检),到里面警察抓住我就要搜我,我心里不舒服,好像我就是一个坏人似的。可能我长相不好,但是我也不至于是一个坏人! 这样不好,对人不尊重。认识到自己的权利,行使自己的权利。还有一点,争取自己的权利。因为权利的范围是既定的,有些新的权利需要增进,这个时候需要争取,如果你不去争取的话,权利不会自动地过来。

还有义务意识。义务会使我们变得高尚,多为国家做贡献,人民会记住你的,你为国家付出的一点一毫,人民都看在眼睛里。我始终相信一句话,人民可能在短期内被你蒙蔽,但是人民的眼睛总有一天会变得雪亮,他们知道谁对他们好,谁对他们不好。为国家付出,为民族付出,为公民教育付出,要尽这些义务。

还有参与,这是从实现角度。宪法规定的是静的,你有权利,你有义务,你不通过行动你的权利和义务都是名义上的,只有通过这些东西才能够变成实践上的东西,才有效率、有作用。

在这里,这是我的第三本书里面有的,很多人没有讲这几者之间的关系,我给大家简单地勾勒一下。这几个理念并不是同层次的理念,有些是目标性的,有些是工具性的,自由和平等是基础的,像基石一样,没有自由和平等我们什么也不要谈。你说我选举,他说,你只能选 A,不能选 B,你没有选择的自由。没有平等也不行,你选了没有用,你投了选票,别人拿走了,夹到包里就拿走了。我不知道大家遇到过没有?我遇到过,搞选举,民主测评,测评完了之后,把票一夹就走了。你选举有什么用呢?下次再选举时你会想,选不选都一样,算了!根本性的价值是追求自由,追求平等,这是人类的普世价值。我们国家在这方面也不断地向好,这个大家都看到了。工具性的价值是法制和民主,我们讲民主有时候是目的,为什么在这儿把它当作工具性的价值呢?把它放在历史的长河当中去,因为它不是目的,民族的目的干什么呢?保障我们的权利、保障我们的利益,最终形成一个公平、正义的社会。

第五,像公民那样生活。我的自由、我的权利、我的思想,像公民那样思考。大家都看到了(PPT),很多人可能知道,这是什么时候的什么图啊?2007 年重庆"最牛钉子户",当然是非常牛了,他能有多牛呢?他坚持了三年。我以前不从公民教育的角度去思考的时候,我看到之后我就是一种同情,我从公民教育角度思考的时候,我感觉这正是我们每个公民的悲哀。把你的房子挖成这样,你的生存权都没有了。你说我会飞檐走壁,那可以,但是我们大家都不会。大家看(PPT),你在这个楼上怎样生存呢?所有地方都挖了,一个孤岛。但是他经过三年的努力之后,争取到了一定的公正。以前说给你二十万(元),这已经不少了,房管局和地产商说,我们都已经作出努力了,别人给十万(元)都走了,给你二十万(元)。二十万(元)也不行,因为它的价值远不止二十万(元)。他手里有"法宝",什么法宝呢?很多人说他有关系,跟某某人有关系,他手里握着法宝——《宪法》,这就是我们的法宝。这是非常好的榜样!

当然了,这个"孤岛"是一个讽刺,现在是一种讽刺。大量的"钉子户"的存在本身就是我们制度的缺陷啊!一个国家的国民,只有等到逼急了眼了才有这种行动,本身就是我们制度的一种悲哀。《南方都市报》写了一篇文章——《钉子户是我们的好榜样》。

像公民那样生活就要争取,只有争取了,我们才有尊严,我们才会被平等地对待;只有争取了,自由和权利才有保障;只有争取了,我们才能免予精神和心理的恐惧。我们现在很多人都怀有一种恐惧,什么恐惧呢?我们老了没人管,对吧?谁家财产足够多了可以,我们大多数人不都是温饱阶段吗?我们老的时候衣食有忧啊,所以社会上出了一些事情,我想跟这个是有关联的。

还有免予被压迫,我有一次到深圳去,有些街道没有行人道,没有自行车道,我和去的人说,需不需要有行人道、自行车道?他说,看来不需要。我说,一个国家,如果只有一个行人的话,我们都要给他修一条火行道,不然他走到哪里去呢?这才是一个国家的人的尊严和价值。你说到"钉子户",我们都知道普鲁士有一个国王,叫威廉一世。他修了一个行宫,远远一看,那个黑点是什么呢?大臣说,那是磨坊。去看看,怎么处理一下。大家跟磨坊主商量,你走吧!威廉一世看着你难受啊!磨坊主说,我在这儿待了很久了,我待得很舒服,我不走。有人把这个情况给威廉一世汇报了,威廉一世说,你们这些蠢人,这点小事儿都做不好,看我的。他跟磨坊主商量,我是国王,你走吧。磨坊主说,我不走。威廉一世说,你过来,咱俩说说。磨坊主一转身,他的房子就被拆了,拆平了。我们国家这样的事儿很多啊!磨坊主看了心里很不好受,于是他到法院去告,今天威廉一世把我的磨坊拆了。如果在我们这儿我不知道什么结果,但是普鲁士法院判决,威廉一世你这家伙是不对的,不该拆我们公民的东西,赔偿精神损失,在原地再建一个一样的磨坊。啥叫尊严啊?这就是尊严。当威廉二世的时候,磨坊主说,我经营不下去了,我把它卖给你吧?威廉二世说了,你不用卖给我,我给你钱,让你继续经营。这就是人的自由和尊严,这就是法的精神,你不能说强拆就拆了,拆了完事了。

要做到普鲁士那样很难,非常难,有很多原因,一是思想上,我们很多人认为国家治理和社会管理不是我们的事情,是官员的事情,官员也这样认为。你们不要插手,我们来管,这是我们的事情。连整个国家都是我们公民的,哪些事情不是我们公民的呢?你的权利是我们赋予的,你行使不好,我们当然有监督和控制的权利啊!思想上的认识,这需要教育,需要宣传。文化上,我们传统文化上没有民主的传统、法制的传统,没有尊重人的传统,这对我们的影响是很深刻的。学术上缺乏追求自由、真理和科学的勇气。学术要有自身的价值,知识分子也要有自身的价值,就是对真理的追求,对科学的追求,但是,有时候我们也缺乏这样一种勇气。在有些环境下,自由的讨论、充分的知情、真正的选举、有效的参与这些东西都不是经常性的。当然了,国家需要,国家也非常想改变这种情况,但是很难,有很多原因,历史的原因、文化的原因、传统的原因、习俗的原因,但是国家正在做。

再有公民缺乏组织依托。现在争取权利的多数都是个人,要拆迁时他自己跑到自己房子上去了,房子还没有拆呢,自己把自己燃烧了。这是错误的,绝对的错误,燃烧了自己就争取到权利了吗?理性啊!要理性!没有组织就很难形成影响力,对不对?一个人在那儿呼吁声音很小,十个人呼吁声音也很小,如果有一半公民都在呼吁,声音就震耳欲聋,就会有更多的力量。

现实生活中参与的成本很大,赢了官司输了钱的情况有啊,报复的情况也有啊,甚至有风险啊。从这些角度来讲,培养积极的公民也不是很容易的。但是这是方向,国家、党都这样认为,我们当然认为也是方向,要培养积极的公民。

现在对这一段内容做一个小结,公民身份,在古代,古希腊、古罗马,在英美这些国家早期,都是非常值得骄傲的身份,这些身份不是每个人都有的,有的人很骄傲,我是公民,开会的时候我可以去,你不行。因为什么呢?你不是公民。能为国家出力,大家想想,谁不愿意,谁不高兴呢?我们国家观念上要实现一个转变,名义上的公民向实质上公民的转变,也就是把消极的公民变成积极的公民,每一个人都行动起来。这时候我们的权利和自由就有了保障,我们的主体性就有了保障,权力异化也要想一想了,人民可不是在那儿拥有权利不使啊,他至少有这个担忧了。再有,像阿 Q 和"钉子户",阿 Q 是值得同情的,虽然他演绎了一套我们现在很多人身上都有的精神胜利法,但是他也没有办法。"钉子户"也是制度的悲哀啊,一个人要靠自己挥舞自己的拳头为自己努力,很难啊!我们大多数人有"钉子户"的心,但是也许有阿 Q 的命。这都不好!要变成积极的公民。积极的公民需要公民教育的宣传,培养一种公民的精神、权利的意识、参与的意识,像公民那样去生活、去思考。

当然了,做公民难,争取权利总是难的,做臣民容易,但是做公民有尊严,做臣民就准备丧失尊严。就像咱们大家提到的和珅,多厉害的人物啊,一人之下,万人之上,但是当皇帝让你去唱歌的时候你是不是得去唱歌啊,不唱不行,让你跳舞的时候你得跳啊。做公民有价值、有尊严,做臣民没有这样的尊严和价值。做什么,要有一个选择。

最后咱们用一句话来结束咱们这次的讲座,这是台湾的学者龙应台讲的一句话,"民主不是从天上掉下来的,必须经过理性的争取",把自己烧了不理性,"不懂得争取权利的人民,而受独裁统治,那是咎由自取"。这句话我想大家看到之后都有很多的思考,希望大家在以后的生活中,通过切身的行为保卫我们国家、民族、个人的权利、自由,做出自己的贡献。

谢谢大家!

主讲人:张文华,毕业于西南政法大学法律系,河南善德律师事务所专职律师,具有深厚的理论基础和丰富的基层法律工作经验。擅长公司投资、融资顾问、股权转让、公司风险防控、公司结构治理等业务,具有独立办案能力,沟通能力强。业务专长:公司投资、融资顾问、公司风险防控、公司并购、房地产经营开发。

时　间:2013 年 5 月 19 日
地　点:河南省图书馆研议厅

拆迁已经远去!
——解读《国有土地上房屋征收与补偿条例》

非常感谢大家今天能够来,今天和大家一起来分享"拆迁已经远去",这个题目是两年前我想的,《国有土地上房屋征收与补偿条例》(以下简称《征收条例》)刚刚颁布的时候我就想了,因为最大的变化是"拆迁"这两个字眼在老百姓心目当中(的位置),该条例从开始实施到现在已经深入人心了,随着城市化的快速发展,我们的城市变化非常巨大,大家也看到了,但是这里面可能也产生了很多的问题。我相信,今天来的可能每个人都带着很多的疑问;但是我首先声明一点,理论和实践相差是比较远的,我尽可能用通俗语言和大家分享一些比较枯燥的法律条文。我想了很多方式,但是最终我还是感觉,这是一个公益性的普法讲座,能够把条文一条一条地给大家走一遍,让大家从表象来读懂这条法律,也就足够了。

首先介绍一下今天的主要内容:第一个,这个条例的制订背景和制订过程;第二个,条例的主要内容;第三个,学习落实该条例的注意事项;第四个,涉及房产的最新政策。我们大致从这四个方面来讲,最重要的是第二项内容《征收条例》主要的条文解读。

首先我们看一组照片(PPT),大家在网上也好,报纸上也好,可能也看到、听到很多类似的拆迁方面的新闻,以及发生在身边的一些事情。我们看到这个照片(PPT)的时候,可能大家会注意到下面有一个《物权法》(《中华人民共和国物权法》)。《物权法》在 2007 年时争议非常大。

（PPT）这张照片估计大家也非常熟悉。

（PPT）还有这个照片。

（PPT）这张照片，大家看看上面的文字内容，可能大家也会根据身边发生的事情问这样的话——"我不在家，谁拆我的房子？"。到底知道不知道，拆迁的人不知道。

这个反映什么问题，拆迁的主体到现在来说是在发生变化，原来具有资质的拆迁公司是可以拆迁的，现在为什么叫"征收"而不叫"拆迁"？是它的主体发生了明显的变化。因为现在在征收国有土地必须是市县一级的人民政府，而不再由拆迁公司来具体拆迁。因为之前政府将这项权利委托或者交给拆迁公司来做这件事情，发生了很多我们大家不愿意看到的事情，从这十几年的发展历程看，法治变化需要一个漫长的过程，不是一步到位的。

（PPT）像这个画面，在新闻网上或者报纸上大家应该都能看到这些"血拆"的案例。因为"拆迁"这个字眼很敏感，不好讲，但是这些人，这些事件的发生，为我们中国法治的进程其实是做了铺垫。这些人为自己的权利，为维护自己的合法权益挺身而出，但是有些丧失了自己的生命，很可惜，没有办法，因为维权的道路是非常艰难的。

（PPT）这个是历年来经历城市化进程发展拆迁过程中发生的拆迁案例的一个分布地区，大致了解一下就可以了。

在这里面有一句话，权利是靠斗争来取得的，不是写在法律条文上的。很多人在出现问题和纠纷时经常埋怨我们的法治不健全，法律条文有漏洞。律师就是找漏洞的！为什么这样说呢？他没有这个法律意识。我们这个公益讲座，作为法律这方面来说，是一个普及法律知识的平台。很多人不知道，其实很简单，法律条文到目前为止很多地方已经基本健全了，不能说不健全，只是订立的法律条文如何执行，执行的力度怎么样，这不易。就像一个企业一样，你有完善的制度，没有执行力，那等于零。也就是说，有这个法律，没有人去执行，或者你自己不去争取，你的权利不可能非常容易就实现。有一句话俗话，"天上不会掉馅饼"，或者说"没有免费的午餐"，也就是说你不要等着别人把权利送给你，或者政府把公权力送给你，你是需要争取的。怎么样争取？你要懂法，如果你不懂法，可能你原本可以得到的利益就得不到了。

曾经很多人咨询过我，张律师，你能不能给我看一个合同？等他把合同给我拿过来以后，我发现这个合同已经签过字了，我说你让我给你看啥？他说，你给我看看吧！我已经签过了，我还是不放心。《中华人民共和国合同法》最基本的就是双方当事人签字有效，也许很多人还停留在我没有公证、没有见证生不生效？或者说，我签了字，没有按指印，生不生效？这是最简单的问题，他们都认为光签了字还不生效。我告诉大家，根据《中华人民共和国合同法》，只要双方签字，协议不违反强制性的法律规定，都是有效的。具体的一些合同效力待定啊，或者无权处分等等合同条文我不给大家一一赘述了，因为涉及《中华人民共和国合同法》。最基本的知识大家都知道，不要想公证或者见证，或者有一个中间人作证明这样才有效，不是这样的。

我们看了上面的图片以后我们要进行反思，反思的内容是什么？公权力的沦陷。这是官民之间的冲突，很多人为此上访、信访。昨天我在出差过程当中还有一个黑龙江的人给我打电话，他们那里修高速公路五六年了，到现在还没有签字领到补偿款。为什么呢？因为他不愿意，补偿标准太低了。

第二个，法律缺失是民众的沦陷。为什么这样说呢？曾有报道说一部分人因为拆迁问题流离失所，因为土地可能是他们唯一的生存依赖了，没有土地，也许他们就没有收入了，所以他们会为此拼命一搏。

第三个，政绩为上，不为民意所动。为什么这样说呢？城市化进程我们也看到了，举个例子来说，深圳当时就是一个小渔村，现在变成一个现代化的大都市了，确实看到了它的变化和发展。我们不否认这十多年来因为拆迁给国家的经济各个方面，尤其是税收方面做出了很大的贡献，但是我们必须要依法去进行拆迁。因为原来的《城市房屋拆迁管理条例》（以下简称《拆迁条例》）中，何为公共利益是不明显的。因为涉及老百姓的利益，到底公共利益和个人利益如何去平衡，这可能也是造成在拆迁过程当中发生矛盾、发生纠纷乃至出现人命的问题。老百姓不买账，为啥不买账呢？大家心里都很清楚，老百姓不认为你这是为了公共利益，认为你是在做政绩。为什么这样呢？沟通不到位，补偿标准太低，还有其他各个方面的东西。

《拆迁条例》实施了十几年，我们照样也做了很多事情，从总体上来说，我们不能批评它，但是在实际执行当中，包括执法人员的素质，造成老百姓非常不满意，甚至可能是一句话的问题，说话的态度问题，也许就造成了被拆迁人去上访。

第四个，补偿的不合理性。因为这几年土地价码的飙升，老百姓唯一的生存依赖没有了，物价上涨，经济飞速发展，再加上其他方面的因素，这一点点的赔偿不足以维持他后半生的生活，没有办法，只有与公权力相斗争来维护自己的合法权益。

这是反思的背后我们看到的结果（PPT），城市化"大跃进"形成了强拆风暴，一场风暴必将导致一场灾难。这个不是在河南，是在全国进行的拆迁问题。还有形象工程、面子工程，有些问题不便在这里讲。最后讲一下干部问责制，最终导致出现了恶劣的拆迁案件，这些干部们到底有没有被追责，追得有多深，大家都不知道，我也不知道。

随着上述案例的发生，以及这些被拆迁人为了维护自己的权利，甚至丧失了自己的生命，可以说是为今天《征收条例》的诞生做了一个铺垫。如何去杜绝这种"血拆"？政府也从很多方面发现问题，去解决问题，从法律制度上去进行解决。

我们先看看制订的背景和过程。1991年《拆迁条件》由国务院制订，2001年，国务院修订了这个条例，最后一句话我们注意到，它是随着时代的变迁，该条例越来越不适应社会的发展。因为在当时的情况下，刚刚开始进行拆迁的时候，刚刚颁布这个条例的时候，可以说政府是没有任何经验的。特别是后面我们要讲，现在要进行征收，它是有一个稳定性风险评估的。就是你要拆迁这个小区，要进行一个稳定性风险评估，否则的话，你可能为了公共利益进行拆迁，你这个政策各个方面都是对的，但是对老百姓的稳定是非常大的影响，或者老百姓根本就不同意，大部分人都不同意，可能这个正确的政策也会造成上访，这样一个评估报告出来以后，这个拆迁可能要搁置。

2004年版的宪法规定，国家为了公共利益的需要，可以依照法律规定对土地实行征收或者征用，并给予补偿。2007年出台的《中华人民共和国物权法》明确规定，物权的取得和行使应该遵守法律、遵守社会公德，不得损坏公共利益和他人的合法权益。

可以说我们只是公布了一部分的照片和案例，制订这个《征收条例》参与的部门相当多，社会关注也相当多，可以说是空前的，为什么？因为牵涉到每个人的切身利益。

本条例的指导思想有三个，第一是统筹兼顾，第二是补偿公平，第三是程序参与和保障。前两项我不想讲，我重点讲的是程序参与和保障，为什么呢？很多人在土地被征收过程当中，他根本不知道自己有什么权利，或者是说自己什么时候请律师，什么时候了解哪些内容，这些都不知道，这是非常重要的一点，其实也是可怕的一点。因为无知者无畏，可能他会做出一些出格的事儿，他不知道如何去维护自己的合法权益。

整个条例我们给大家总结的是"两种方式、七步走"，第一种方式是货币补偿，第二是产权调换。其实很简单，土地要被征收，无外乎这两种方式：第一个，你不要房子，可以要钱，可以赔给你；第二个，产权调换，一般情形的产权调换是1：1调换，现在你有多大面积，我可以1：1赔给你。现在进行的很多征收过程中，是与这个条例不符的。很多人会问，集体土地上的房屋怎么办？我说集体土地上的房屋按《中华人民共和国土地管理法》来办，这里讲的是国有土地上的房屋。很多人要问了，城中村的问题怎么办？城中村的问题，拿我们郑州来说，郑州市也颁布了具体的条例。这些问题不要去深究，我们首先要知道我们有哪些权利，哪些是我们的合法权益，我们要去保护。

征收决定的程序,第一步,房屋征收部门拟定征收补偿方案。要论证和公布,并征求公众意见。因旧城区改造,多数被征收人认为征收补偿方案不符合本条例规定的,要组织听证会,并根据听证会情况修改方案。第一步里面有很多大家需要了解的东西,首先是房屋征收部门要有一个方案出来,它要公告。之前要进行论证,要公告,你要知道这个程序,否则很多地方可能就没有见到这个东西。

前年的时候,在安阳有一个县,我就不说哪个县了,在拆迁的时候根本就没有任何的补偿方案和公告,完全是违法拆迁。他们被征收人找到我,我问他们,你们有没有见到这个东西?没有。你们有没有要求看这个东西?没有,不知道。只是知道问给我多少钱,给我多大房子。我说,最起码程序上的问题你得知道,我们不管最终赔偿我们多少,或者是给我们多大平方的房子,程序参与的权利我们一定要保障。因为在理论界,我是一种观点——程序正义,如果在参与过程当中,这个程序就是违法的,最终你得到的结果也可能赔多了,也可能赔少了,不管赔多赔少,我认为你这个得来可能也是不合法的。为什么呢?因为你参与的这个程序不合法,说明政府在拆迁过程中程序也是不合法的。我们要尽量在思维上有一种概念,其实老百姓的要求非常低,为什么呢?你只要合理合法赔给我就行了。我们说这句话的意思,拿到法律上来说就是一种程序正义,就是我参与这个过程,一定要让我合法地参与,你一定要合法地进行,依法进行拆迁,依法进行征收。这是非常重要的!

第二步刚才我讲了,要进行社会稳定风险评估。刚才我已经讲了,因为公共利益也好,因为其他利益也好,旧城区改造也好,因为这个《征收条例》里面它列举了几条可以征收的条件,如果说具有相当大的不稳定因素,可能这片土地被征收以后造成老百姓流离失所、大量的上访或者信访,也许这个方案就通不过。这是第二步。

第三步非常重要,做出房屋征收决定之前,征收补偿费应当"足额到户、专户专存、专款专用"。这12个字希望大家能够记住,这就是变化。之前和《拆迁条例》相比,可能一分钱还没有拿到房子就已经被拆了。现在进行旧城区改造也好,城中村改造也好,各种各样的拆迁也好,你必须有实力,不要"空手套",你先把老百姓的赔偿款足额存到户,并且这笔钱是不能动的,专款专用,就是将来达成协议的时候要支付给老百姓的赔偿款。

第四步,市、县级人民政府做出房屋征收决定,涉及征收人数量较多时,应当经政府常务会讨论决定。这是政府内部的一个程序,但是我们要知道做出这个征收决定是在什么样条件下做出的。从这条我们可以读出,市、县级人民政府才可以做出决定,省级人民政府能不能做出啊?不能做出,国务院也不能做出。从这个条例上来读,市、县级人民政府对征收才有权做出决定。这个决定里面的内容一定要清楚,国有土地使用权的收回、补偿方案究竟怎么样,等等,还有比这个更多的内容,这个补偿方案征收决定里面还有很多的内容。我们要了解这些内容,不需要去深入地理解它背后的意思,但是从表象上要了解,我们要知道谁能够做出决定,做出决定的大致内容是什么,这样我们才会有这个意识去维护自己的合法权益。

第五步,发布征收公告。公告必须要公开发布,再举一个例子,刚才我说了,没有发布公告的拆迁案例太多了,或者是说半夜偷偷地发布公告,照个相就走了,也很多,早上起来老百姓就没有看到。什么叫公告?其实很简单,就是公共告知,告知被征收人,让他们知道政府要做哪件事情。这是最通俗的讲法。

很多地方为什么不敢发布公告?第一,他自己从程序上就不合法;第二,从内容上不合理。所以说这种拆迁方式是在偷偷摸摸地进行。老百姓肯定不愿意,你不管赔我多少,你应该公开进行。他可能就有一些疑问:是不是这里面有什么猫腻呢?为什么不敢公开进行呢?也许公告的内容是合法、合理的,程序也是合法的,但是你给大家造成一种思维,一种先入为主的概念进去了,他感觉就是肯定不合理。这些程序大家一定要了解,但是后来也说了,公告后不得在征收范围内新建、扩

建、改建和改变房屋用途,违法者不予补偿,相关部门停办相关手续。大家都知道,拆迁之前,甚至提前一两年,很多地方就不再审批新建、扩建的手续了。

还有一条,在征收过程当中,违法建筑是不予补偿的。很多人是,不给我批,我自己建,在城中村非常明显,要么在老房子上直接往上接,要么有空地了,不管你批不批,我该建就建,他也不去咨询,也不去问,就自己办了。办完以后他才去咨询律师,我这儿能不能补偿?期望还非常高。我说,你不懂政策,不懂法律,不懂可以,你得有一个超前的法律意识,你得去问。

举一个很简单的例子,我有一个朋友三年前在国基路开了一个饭店,开了不到半年就关门了,为啥呢?他刚刚开业国基路东半边就开始修路,一修就修了半年多,一修路肯定影响他的生意啊,我们都不愿意往那儿去,去了老是堵车。后来他赔钱了。我说我给你总结总结,他说,你律师会总结金融问题?我说,我给你总结一个问题,你赔钱到哪儿了?因为你不了解政策。你只知道这个饭店好,这个饭店不错,装修也不错,为什么人家装修不错,饭店也不错,要突然转让给你啊?有没有考虑这个问题?没有。我说,最重要的问题你没有考虑,这条路什么时候修,修多长时间,你没有到主管部门问一下。很简单的一个问题,因为修这条路是在政府的规划当中的,不是说今天政府说我今天想修路明天就开始修,或者今天晚上就开修,不是这样的。这就是一个意识问题。在法律方面也是这样,你不知道,那必须去问,因为专业的问题要交给专业的人士去解决,不要自以为是。

第七步,行政复议和行政诉讼。这要涉及两部法律,我不在这里讲,我只是给大家讲一下,你有这个权利,比如征收决定出来,你感觉不合法,或者不合理,你可以首先通过行政复议的方式来进行,行政复议不行了,我们可以进行行政诉讼,也就是所谓的"民告官"。这两个并不是说必须先进行复议,或者先进行诉讼,有些问题必须先进行复议的,但是大多数问题可以复议,也可以不复议,可直接进行诉讼。在没有讲课之前,我听到有人讨论,今后的征收,如果你不服,可以到法院进行裁决,法院裁决以后才能进行强制执行或者强制拆迁。

这是上述总体的《征收条例》分"两种方式、七步走"。

下面我们主要讲条例的条文内容,我们从第一条开始讲,我主要讲变化,就是《征收条例》和《拆迁条例》之间发生的变化。第一条,为了规范国有土地上房屋征收与补偿活动,维护公共利益,保障被征收房屋所有权人的合法权益,制定本条例。我们学法律的人一般不讲这一条,感觉没有用,其实最有用,这是制订所有法律的依据。我们首先从这一条看到一些字眼,"征收"、"补偿"、"公共利益"、"保障被征收所有权人的合法权益",这条讲的就是立法的宗旨。这几个字眼就是原来的"拆迁"换成了"征收",不要小看这两个字的变化,这两个字的变化其实反映了保障被征收房屋所有权人的合法权益的保障力度在提高。有的人说了,没啥变化,我看基本上一样。但是从这两个字,从"拆迁"到"征收"经历了几十年的过程,是很不容易的。首先是一个意识的问题,大概有四个变化。

第一个变化,《拆迁条例》第一条"加强对城市房屋拆迁的管理"改为"规范管理"。这就说明了一个问题,首先政府从意识上提高了自己的服务意识,是一种规范性管理,而不是强制性拆迁的管理。强化行政管理的规范行政行为,同时就是表明了拆迁将逐步淡出。这是在理论上。在思想上,他们有了这个意识,这就是法制进程的发展,虽然缓慢,但是是我们的努力斗争造成了这个结果,导致了政府做服务型政府意识的提高。

第二个变化,增加"维护公共利益",在原来的《拆迁条例》当中是没有的。也就是说,只有为了维护公共利益才能进行征收,没有这个理由,任何人、任何单位和机关不能进行征收。

第三个变化是将"拆迁当事人"修改为"被征收房屋所有权人",这也是非常大的变化。我们几十年听着一个"拆迁"、一个"被拆迁人",肯定听着就不顺耳,再加上这个过程当中发生了很多事情,现在说明了一个什么问题呢?你是被征收房屋的所有权人啊!所有权人有占有、使用、处分、收益等权利,这是一个绝对的权利,这是我的房子,任何人不能侵犯。只有一种情况下可以"侵犯",这个侵犯是带引号的,就是在公共利益的情况下可以侵犯,否则的话是不能的。

还有一点，房屋承租人不再列为征收当事人。因为在很多征收过程当中会有房屋出租的现象，之前《拆迁条例》也把承租人作为当事人来对待，这个是违反法律的。因为在合同当中，合同是相对的，就是说在之前的拆迁过程当中，将来达成民事补偿协议也是由双方主体的，这个双方主体是确定的。承租人和出租人就是现在说的被征收房屋所有权人，他们之间有一个出租合同，合同为什么是相对的，因为合同是两两进行的，承租人跟行政机关、政府机关是没有任何关系的。这可能不好理解，比如说你们两个人签了一个合同，他又和她签了一个合同，你不能说他们三个人之间有合同关系，只能说两个人两个人之间有合同关系，这是相对性原理。

第四个变化，《拆迁条例》第一条，咱们比较一下，原来的《拆迁条例》是"保障建设项目顺利进行"，现在呢？现在这个变化是"保障被征收人的合法权益"，这个就是完全两个不同的目的。为什么会发生"血拆"？也可能跟这个有关，因为原来是为了保障这个项目要顺利进行，不是保证我们在座的所有人的合法权益，保障目的就不对。

第二条，为了公共利益的需要，征收国有土地上单位、个人的房屋，应当对被征收房屋所有权人给予公平的补偿。适用范围就是为了公共利益，与《拆迁条例》第二条相比发生了非常大的变化，非公共利益需要，不得征收单位、个人的房屋。还有将适用的区域明确为国有土地上的房屋，《拆迁条例》上适用范围是城市规划区内所有土地的房屋，原来这个《拆迁条例》范围比较小，现在是扩大了范围，只要是国有土地上的房屋，只要是为了公共利益，都可以进行拆迁。明确了补偿的基本要求，即公平补偿。现在我们提到了，首先是从这个条例的字眼上提到了，要进行公平补偿。这是一种对被征收人所有权的尊重和保护。刚才我也听到了，有人在讨论外国的制度，人家是私有财产不可侵犯，我们在慢慢地、一步一步地来进行对私有财产的保护。这就是一种信号。

第四条，市、县级人民政府负责本行政区的房屋征收与补偿工作，市、县人民政府确定的房屋征收部门组织实施本行政区的房屋征收与补偿工作。这个确定了一个主体，就是只有市、县级人民政府才能做出这个决定，是它来负责这项工作的，而不是以前的拆迁公司或者是开发商。将来做出决定、发布公告的时候，我们看到的如果说不是这个主体，首先第一个意识就是这个公告上决定方案不合法。这就是程序上的。有的人过来了，看中这片地了，一亩地值10万元钱呢，他说我一亩地拿100万元补给你，这个结果可能大家都是希望得到的，但是这个程序是不对的，不能是任何人来做出这个征收决定和补偿方案的。这是对主体资格和权限的要求。

另外我们看看第五条，可以委托，房屋征收实施单位不得以营利为目的。就是在这个条例的实施过程当中，在实际操作过程当中，政府部门也许会委托给有关部门去进行征收工作。对这些房屋征收实施的单位在委托范围里实施的房屋征收与补偿行为负责监督，并对其行为后果承担法律责任。我们只需要了解一点，不管政府单位委托给谁，最终承担行为后果的还是政府，我们抓住这一点就行了。

第六条，上级人民政府应当加强对下级人民政府房屋征收补偿工作的监督。由于市、县级人民政府既是征收补偿的主体，又是征收补偿活动的管理者，在这个过程当中，只有上级人民政府才能进行监督。否则的话，有什么问题，像做出征收和补偿决定的人民政府去进行复议、申诉、信访等各种救济途径都是无效的。为什么是无效的？本身它就是做出决定的单位，你再让它去进行复议，那肯定是无效的，没有任何意义的，它不可能对自己做出的这些决定再进行更改。

第七条，任何组织和个人对违反本条例规定的行为都有权向有关人民政府和其他有关部门进行举报，接到举报的有关人民政府和房屋征收部门应当及时核实，监察机关应该加强对参与房屋征收与补偿工作的政府有关部门工作的监察。现在从这个条例上我们有一个渠道，救济的渠道，如果说你感觉有关单位或者个人违法进行拆迁、违法做出决定，你可以去进行举报，可以向上级人民政府去举报。通俗的说，就是现在有人管，不像原来有些地方，他感觉到哪里就没有人管，叫天天不应，叫地地不灵，现在有这个救济途径，需要我们知道到哪级部门、哪级政府去维护自己的合法权益。

第八条，为了保障国家安全、促进国民经济和社会发展等公共利益的需要，有下列情形之一的，确需征收房屋的，由市、县级人民政府做出房屋征收决定。这几条就是所谓的要进行征收的条件。第一条，国防、外交的需要。第二条，政府组织实施的能源、交通、水利、基础设施建设的需要。第三条，科教文化、防灾、文物保护等公共事业的需要。第四条，政府实施的保障性安居工程的需要。重点是第五条，由政府依照《中华人民共和国城乡规划法》有关规定组织实施的对危房集中、基础设施落后等地段进行旧城区改建的需要。这一条比较大，上面一些公共的我们可以明显地分出来是公共利益。还有第六条，不要小看第六条，第六条是一个兜底性的条款，它是一个筐，什么都可以往里面装，就是法律规定的其他公共利益的需要。为什么这样规定呢？上述的大家都知道了，或者比较好理解的公共利益，一讲大家都知道，但是万一涉及一些利益，将来必须要进行拆迁，必须征收，那怎么办呢？因为我们现在规定的可能不是上述的五项内容之一，怎么办呢？那就是第六项——法律、行政法规规定的其他公共利益的需要。或者我们现在想不到，或者其他法律规定的公共利益是可以进行征收的。

这就是对公共利益的界定，具体的很多内容也很详细，但是对这些兜底条款的适用与上述讲的五项，大部分涉及的主要内容是旧城区改造，包括现在的一些城中村改造实施的征收行为，大部分可以说都是不一样的。因为我们今天从这儿过，明天从那儿过，可能发现城中村已经一片废墟了。我有时候也感觉到，它并不是说这里面有多少内容，我天天从这儿过，我虽然不是这里的村民，我自己都没有看到在拆扒之前在明显的位置张贴过公告，没有。也许十天不从这里过，这个村子就已经被拆完了。

第九条，依照第八条规定，确定征收房屋的各项建设活动应当符合国民经济和社会发展规划。这是一个通行的规定，就是符合行政规划。

第十条，房屋征收部门拟定征收补偿方案，报市、县级人民政府。征求公众意见，不得少于30日。就是征收补偿方案的制订程序是由征收部门报方案，要公开征求意见，征求意见的时间也不少于30日。我们要记住这个时间和程序。对于征求意见的形式，各地可因地制宜，采取座谈会的形式进行。我们不论听证会将来做出的结果如何，但是这个程序，这个权利我们一定要行使。为什么呢？你不组织听证会，你不要求，政府是不会主动给你进行的。就像出租车涨价一样，大家可能有切身体会，第一次关注了听证会，没有涨价，因为啥呢？听证会没有通过。第二次好像关注很少，出租车就涨价了。大家应该有这样的感觉！在6元起步的时候，第一次组织听证会的时我关注了这一类的新闻，第二次涨价时候这一类新闻已经非常少了，但是它已经默默地在涨价了。我们不管这个结果涨了还是没涨，一定要有这个程序，你要要求进行组织听证会，至少你有发言的渠道，你有说话的渠道，你有说话的权利，否则的话，你连说话的权利都没有，你连说话的机会都没有，你的权利肯定不会争取到。

第十一条，市、县级人民政府应当将征收意见情况和根据公众意见修改的情况及时公布。这一条基本上是"睡眠条款"，为啥呢？很多人不知道，等知道了，30天也过了。一般情况下，大多数情况下政府公布的这个决定和补偿方案基本上是没有修改的，很少有修改，所以我认为是"睡眠条款"。很多人不知道这个权利，或者是知道时这个期限已经过了。公告的事情也不可能一个人一个人都给你通知到家，就是在明显的位置张贴公告，但是很多人不知道，或者知道是也不知道提什么意见，给谁提意见都不知道，你说这一条有什么用？它没有后半句。有这个意识还是非常好的，就是说你不管提还是不提，你提了我修改，你不提我就按原来的方案走，这是一种进步。原来找地方提都没有地方让你提，不知道向哪个部门提，提给谁，也许知道了，找到了，提了也没有反应，最后干脆不提。除非涉及自己非常重大的利益，那可能去争取一下，否则的话，可能就不提了。有一个涉及拆建的案件，一开始大概100多户，坚持到最后的可能只有5户，为什么呢？很多人坚持不了，各方面的压力都来了,这是实际情况。

第十二条,市、县级人民政府做出房屋征收决定之前,应该按照规定进行社会稳定风险评估。房屋征收决定涉及被征收人数量较多的,应当经政府常务会议讨论决定。这一条是征收决定程序和相关条件,可以归纳出征收决定的五个要件:第一是出于公共利益需要实施的项目;第二是符合各项规划;第三是经过公开征收意见,就是听证会;第四是具有风险评估报告;第五是专款专用、足额到位的补偿资金证明,必须有这个证明。

这里面有一个问题,社会稳定风险评估由谁来评估?这里面没有说,这里面有很多可操作的条款没法实现,但是有了这一条也是进步,它至少得有这个程序,不管谁来评估,之前是没有。只有当征收项目同时具备上述五个条件时,才能进入审查程序,缺少任何一项,均不得做出房屋征收决定。做出决定的方式有两种,一是行政机关负责人决定,二是集体讨论决定。

要注意一点,"被征收人征收数量较多",什么是较多?什么情况叫较多?你认为较多的时候我认为不是较多,这是对中国语言文字的理解。通常我们个人去理解,100个人里面多少人叫多呢?2/3在法律条文当中用的是比较多的。但是还有一个问题,"较多"和"大多数","大多数"大家理解就是2/3以上,为什么在这里出现"较多"?这就是一个弹性的条款。你说2/3以上,他不认为,或者双方争议比较大,这就是说在实际操作过程当中,我们也一定要记住,少数人的权利,大多数人不去保护、不去维护了,但是我们哪怕是较少(那部分),也要去进行维护,也要有权利去要求政府组织听证会,否则的话,这个"较多"让我来解释我也不好来解释。我只能告诉大家,我们每个人都有这个权利去要求政府组织听证会,要求政府常务会议集体讨论决定,否则的话,我们的权益真的是很难实现。后面有一句话,市、县级人民根据实际情况决定,形成一种制度,不得临时调整。风险评估和人数较多的时候要集体来进行决定,这个在操作过程当中不好操作,大多数情况下还是行政负责人决定的。

第十三条,市、县级人民政府作用决定之后应当及时公告,公告应当载明征收补偿方案和行政复议、行政诉讼权利等事项。这都是一些基本性的权利,我一直在强调这个公告,实际上在这一条当中,很多被征收人是看不到的。包括宣传解释工作,包括这里面的"应当载明的征收补偿方案和行政复议、行政诉讼权利事项",它做出一项决定,要给予公民一种救济的途径和权利。很多人可能看到这个公告的内容的时候,只关心补偿标准,不关心救济途径,其实救济途径是很重要的。你只关心补偿标准,低了高了也好,不合理也好,就没有看到这些内容,甚至有些公告故意忽略了这些内容,让你不知道如何在自己不能合法、合理地得到补偿的前提下去救济。除了要看补偿标准之外,重点要看救济途径,它会提示你,这是法律规定的,它应当提示你去如何进行复议,如何进行诉讼,还有一个期限问题。

第十四条,对房屋征收决定不服的,可以依法申请行政复议,也可以依法提起行政诉讼。这一条在《中华人民共和国行政诉讼法》和《中华人民共和国行政复议法》当中也有这方面的内容,不需要单独作为一条来做。在法律条文的理解方面,很多公民感觉如果说没有说清楚的话,好像就是没有,因为他只在这个法律上看到有,那个法律上看到没有,所以说他的理解是有偏差的,这一条还是《征收条例》当中显示了。

第十五条,房屋征收部门应当对房屋征收范围内房屋的权属、区位、用途、建筑面积等情况组织调查登记,被征收人应当予以配合,调查结果应当在房屋征收范围内向被征收人公布。这个调查登记也就是在征收前期进行的一些工作,这个不用再解释了。

第十六条,房屋征收范围确定以后,不得在房屋征收范围内实施新建、扩建、改建房屋和改变房屋用途等不当增加补偿费用的行为,违反规定实施的不予补偿。刚才我讲了,违法建筑不予补偿。房屋征收部门应当将前款所列事项书面通知有关部门暂停办理相关手续,暂停期限最长不得超过1年。"等"字是什么意思?凡是为不当增加补偿费用而实施的行为,均不予补偿。刚才我讲了,很多在城中村里面自己直接往上面增加房子的，或者说没有准建证、规划证就直接盖房子的，将来你也投入了，时间不长又给你拆扒了，也不给你补偿。首先你要了解，对这个片区进行拆迁的政策；第二，要了解这方面的法律，否则的话，你盲目地投入，可能就会产生风险。

第十七条，补偿的内容，第一是被征收房屋价值的补偿；第二是因造成搬迁临时安置的补偿；第三是因征收房屋造成的停产停业损失的补偿。关于补偿，原来的《拆迁条例》比较模糊，新条例比较集中准确地列项对补偿内容进行了设置，并且在实施过程当中我们可以看到，提前搬迁还有奖励，这都是鼓励性的政策。

其实在这个过程中，未提及土地使用权的补偿，有待相关配套制度进一步明确。因为在这个《征收条例》中，实施了将来两年了，但是具体的可操作性的内容还是很少的，很多问题就停留在服务意识上。征收的目的是保障我们的合法权益，但是具体怎么去操作呢？这个权利你有了，如何去实现这个权利，还需要具体的操作细则。

第十八条我们就不讲了，困难户的安置问题。

第十九条，对被征收房屋价值的补偿，不得低于房屋征收决定公告之日起被征收房屋类似房地产的市场价格。这个我也曾经很迷惑，"类似房地产的市场价格"，是不是这种语言不应当在法律当中出现？可能这个"类似"比"较多"还难理解？是"类高"，还是"类低"啊？很难去理解，让我讲我也讲不清楚。只能这样说：老百姓说了，我现在周围房价多高，你得差不多吧，至少给我一个均价吧！立法这个水平还有待提高，不能拿一些模糊的语言、不是法律性的、专业性的语言来制订出这样的法律。对评估确定的被征收房屋价值有异议的，可以申请复核，对复核结果有异议的，可以向房地产价格评估专家委员会申请鉴定。往往在整个征收过程当中，评估环节是最重要的一项，可能决定着你这个房子值不值钱，值多少钱的问题。可能出来的结果与我们期望的结果大相径庭，差距太远。怎么办呢？给了我们两个途径：一是申请复核；二是对复核结果还有异议的，申请鉴定。这是给我们的两个救济途径，我们要搞清楚，对评估确定的被征收房屋价值有异议的，可以向房地产价格评估机构申请复核评估。对复核结果有异议的，可以向房地产价格评估专家委员会申请鉴定。我们不管它们之间有什么关系，中介机构和这些专家委员会有什么关系，但是我们至少有了这两个途径来解决问题。有，比没有强，这也是一种进步。

再一个，条例最后一款，房屋征收评估办法由国务院住房城乡建设部门制订，应当向社会公开征求意见。原来评估方法在没有改变之前，还要配套运用，将来有新的征收评估办法，它要有这个过程。

第二十条，房地产价格评估机构由被征收人协商选定，协商不成的，通过多数决定、随机选定等方式确定。这个变化也非常明显，可能之前大部分人都是接受了政府指定的评估机构，造成了评估的价格与每个公民期望的价格差距太大，造成矛盾，造成纠纷，现在呢？你可以征收我的房子，评估机构我们可以双方协商来选定，这也是一种进步。协商不成呢？可以多数决定、随机选定。这个方法途径交给我们了，其实协商选定和多数决定这两种方式基本是没用的，为什么呢？买卖不一心，你选的机构我肯定不同意，我选的你肯定也不同意，这是协商还有多数决定都不能解决的问题。第三种方式是随机选定，这个可能比较容易接受。在我们民间就是抓阄，这儿放一排鉴定机构的名称，你随机选，选住谁就是谁，按照这个办法，大家都有一半的希望选中自己满意的评估机构，所以说随机选定这种方式是用得比较多的。有一个问题，就是这个评估机构必须独立、客观、公正，这个是职业道德素质的问题。今后，对这一块如果做出虚假的评估报告，会有非常严厉的措施来制裁它。

第二十一条，具体讲货币补偿和产权调换，就是我们上面讲的两种方式。被征收人选择房屋产权调换的，市、县人民政府应当提供用于产权调换的房屋，并与被征收人计算、结清房屋价值与用于产权调换价值的差价。本条讲的是补偿安置方式及旧城改造产权调换的特别规定。与《拆迁条例》

相比较,新条例继续明确了货币补偿及产权调换两种安置补偿方式,对于选择产权调换的,应结清差价。

　　刚才我讲了类似的这个问题,如果说对旧城区改造涉及个人住宅的实行原地段或者就近地段提供安置房源,这个在操作过程当中也是一个麻烦,如果说这一片土地是黄金地段,可能隔了这条街安置他都不愿意,他的位置就不一样了,价值就不一样了。我们的法律需要完善,要逻辑严密,我们不能拿模糊的语言来对付每个公民。在这几十年法制过程中,我相信大家的意识是随着物价的上涨而提高吧!肯定比十年前的法律意识要高得多。如果说再拿来这样的类似的语言来解决这些问题,那是解决不了的。在实际操作过程当中,一定要根据地域、区域的位置优势来客观、公正地评估房屋的价值,这才是每个公民所希望的。在这个过程当中,大家都不同意政府选择的评估机构,政府也不同意我们每个公民选择的评估机构,因此来说,最后一种方式就是随机选定,用抓阄的方式。

　　第二十二条是搬迁费的问题,搬迁费有一个变化,原来的搬迁费是支付给承租人的,现在是搬迁费和临时安置费的标准由谁制订未能明确。新条例对很多可操作性的条款还是没有具体地规定出来,只有一个原因,中国太大了,各个地方的标准不一样,经济发展不平衡也是一个原因。不管什么样的原因,这个费用列出来了,标准没有出来,这也会造成在实际操作过程当中可能公权力对私权力的一种损害。因为我们都不知道标准,那怎么办呢?那就各地制订标准。各地政府制订的标准就有高有低了,可能就不符合大多数人的利益,这也是造成矛盾和纠纷的一个原因。在实际操作过程中,没有这个标准我们是无法执行的,或者说执行是不力的。

　　第二十三条,对征收房屋造成停产停业损失的补偿,后来都有一句话,"具体办法由省、自治区、直辖市制订"。它没有确定停产停业损失的计算方法,这样的话,在这个过程中,在这个新的办法、具体办法制订出来之前怎么办?这就是一个空档期。你不能说多数的都是损害公民的利益,可能部分不符合这个条件,我们尽量去算我们的损失,我们向政府要求,提出这个要求。这个算法又不一致了,就像刚才的选定评估机构,你说你一天收入多少钱,这个没法确定。有办法没有?有。根据你的税收。但是实际情况又不一样了,如果根据税收,恐怕你这个收入就少得太多了,因为偷税漏税太严重了。损失计算的方法没有,将来如何赔偿又是造成征收过程当中民众和政府之间冲突、信访、诉讼以及复议的原因之一。

　　第二十四条第二款,对认定的违法建筑和超过批准期限的临时建筑不予补偿。我们主要看第二个,"超过批准期限的临时建筑"怎么讲呢?你是一个经过审批的临时建筑,但是如果超过了批准期限,也不予补偿,因为超过这个期限之后也属于违法建筑。

　　第二十五条,房屋征收部门与被征收人依照本条例的规定就补偿方式、补偿金额、搬迁费、临时安置费订立补偿协议。这就是一步一步,从公告、评估走下来,到最后双方就补偿方式达成一致了,可以签订一个补偿协议。补偿协议签订以后,一方当事人不履行补偿协议约定义务的,另一方当事人可以依法提起诉讼。这个非常重要,一开始我讲了,如果说你认为评估也好,补偿方案也好,补偿标准也好,搬迁费也好,这里面都不合理、不合法,你可以不签这个协议,因为这个协议是民事协议。你一旦签了协议,在条例上规定得很明确,订立以后,一方当事人不履行义务的,你可以提起诉讼要这个钱,你再去推翻这个协议很困难,除非这个协议违反强制性的法律规定,否则的话你就不要签。很多人都是签了这个补偿协议之后问,张律师,我签了之后后悔了,我不想领这个钱了,我去其他地方一问,这个补偿标准太低了,根本就是违法的或者不合理的。我说,你都签过了。

　　很多人认为,在这个过程中去咨询律师没有多大意义,其实很多情况下一句话就解决了你的问题,但是你不知道,你盲目地签了,签了之后认为还有救济途径,那你就错了。在任何事情没有搞清楚之前,涉及专业的问题去咨询专业的人士,这是非常重要的。否则的话,我们错了都不知道在哪儿错了,那就很可怕。最后你再去找律师,只有两种结果,我以前也经常讲这些,你去找了一个律

师，历尽千难万险终于把官司打赢了，事儿给你办好了，你说这个律师水平高，不管通过什么方式，他维护了你的合法权益。另外一种结果是极端的结果，不管水平多高，事儿也办不成，你会说这个律师水平太差。其实是同样一件事，你没有必要去埋怨律师，为啥呢？因为在你办理这件事情之前你已经把这个事件给办砸了，律师第一个能给你办好的，可能也通过了其他的途径，这个事情给你办了，那不是律师的真正水平。因为我们第一的思想观念是什么？他不是找律师，不管在街上发生任何纠纷，第一印象不是找律师，而是找关系、找朋友。是不是这样？我朋友在这儿，我有关系在这儿，先办，办不了再说，办不了再花钱办。最后办了一圈办砸了，找了一个更高的人，他说，你去找个律师吧，你在这儿也不少花钱，我给你指一条路。这时候你找到律师了，基本上这个事情已经办砸了，必须提前去预防。

我之前讲了两期法律风险控制，就是给大家灌输法律意识。我们曾经也讲了，你找律师，律师有三个层次，他不是像你想象的那样，见到这个律师，你第一印象就是他就是打官司的律师，我找律师就是打官司。第二个，有的做企业老板的，他认为可以有一个法律顾问，但是在印象当中，对律师的评价可能有一点不太好，顾着了问顾不着不问。其实第三层次的律师也是我们每个人、每个企业所需要的律师，是为个人和企业创造效益的律师。因为我们每个人目的不是为了每天去打官司，所以说这个法律意识非常重要，一定要有这个意识。

第二十六条，在房屋征收部门与被征收人在征收补偿方案确定的签约期限内达不成补偿协议的，或者被征收房屋所有权人不明确的，由房屋征收部门报请市、县级人民政府按照征收补偿方案做出征收补偿决定，并在征收范围内予以公告。

这就是说如果你认为不合理、不合法，你可以不签这个协议，政府为了公共利益，它也不可能把这件事情搁置起来，它会按照征收补偿方案，按照条例的规定做出补偿的决定，强制性的。但是，这个决定要进行公告，你不服的话可以提起行政复议或者诉讼，这就是你的救济途径。在这个里面，它应当也要包括补偿的费用，你不愿意签这个协议，它决定强制给你进行补偿，它也得包括这些协议里面的内容，补偿的费用、标准、补偿方式都得有。

我们在多处提到必要时可以采取听证会的方式听取群众的意见，在今后的生活和工作过程中，一定要有这个意识，不管你知不知道这个法律中有没有听证，你首先要有这个思想：这个是不是也可以进行听证？你只管去想，如果你拿不准可以去咨询律师，它会给你找到哪一条规定有组织听证的权利。这个可以很好地保障你的合法权益不受侵害，至少在程序上给你保障，也许结果不一定能够让你满意，但是至少在程序上能够给你保障。

第二十七条，先补偿、后搬迁。你不管组织听证也好，申请复议也好，行政诉讼也好，一定要抓住重点、要点。要是让你写一个反映信，你抓不住重点，写得洋洋洒洒的，让领导看，他能看清楚啥？他看不到你的诉求，看不清楚你到底在要求哪一方面。有两个原因，第一，你本人也不知道你到底想要求什么。第二，也许你知道，但是你说不出来，你不是专业人士，你写不出来你到底想要什么。现在非常大的变化就是"先补偿，后搬迁"，这条你就记住这六个字就可以了，通俗的话就是"拿到钱再说"，跟以前不一样了，明显感觉不一样了。你开发商没有这个实力，拿不出这个钱，对不起，我可以不搬。任何单位和个人不得采取暴力、威胁或者违反规定中断供水、供热、供气、供电和道路通行等非法方式迫使被征收人搬迁。禁止建设单位（开发商）参与搬迁活动。无论在实际操作过程当中如何执行，大家要知道，我们有这个权利，有这条法律。

2008年、2009年，在北京我办了一个拆迁案件，她有一个4.8亩的厂院，当时赔了10万元钱一亩，她当然不愿意了，4.8亩给她50万元，她不愿意，后来开发商组织了一些社会上的人员开着挖土机去了，差点把这个老太太埋在厂区的房子里。这个案件最终赔偿了多少钱？500多万元。但是这个不是法律规定的标准，比法律规定的标准相差了将近一半，最终我们迫于各种压力，我们向中院诉请900多万元，最后是双方和解，政府给了500多万元。在那个时候，就是先让你搬迁，后补偿，并且补偿的还非常不合理。我们没有办法,原来的《拆迁条例》没有这样的规定,给不给你钱是后面的事情,拆迁是一定要进行的。为什么呢? 我讲第一条,原来的《拆迁条例》的目的是保障建设项目的顺利进行,而不是现在的保障被征收人的合法权益,这个变化是这些典型的被征收人(原来的被拆迁人)拿鲜血和生命换来的。不管现在实际操作中怎么去执行,一定要记住这六个字,"先补偿,后搬迁"。

第二十八条,被征收人在法定期限内不申请行政复议或者不提起行政诉讼,在补偿决定规定的期限内又不搬迁的,由做出房屋征收决定的市、县级人民政府依法申请人民法院强制执行。这一条其实还是规定了我们的救济权利,这个救济权利在公告当中,刚才讲到的征收补偿决定当一定会显示的,大家不注意这一点,一定要关心这一点,知道我们行政复议的期限和行政诉讼的权利。否则的话,过期了,你不搬迁,又不签协议,政府是可以申请人民法院强制执行的。到那个时候,你再说自己的权益受到侵害了,可能就晚了半拍了。

· 第二十九条不再讲了。

第三十条简单说一下,如果说在征收过程当中,工作人员不履行本条规定,滥用职权、玩忽职守的,不但有行政责任,构成犯罪的将来还有刑事责任。从这些条文当中我们可以看到,对之前的野蛮拆迁,政府也是要下定决心加大力度来进行制裁的。包括刚才讲到的,采取暴力、威胁或者违反规定中断供水、供电的责任人员都要追究责任,造成犯罪的,还要追究刑事责任。

第三十二条,采取暴力、威胁等方法阻碍依法进行的房屋征收与补偿工作,构成犯罪的,依法追究刑事责任;构成违反治安管理行为的,依法给予治安管理处罚。刚才一条讲了,政府如果有工作人员非法进行拆迁,构成犯罪的可以追究刑事责任或者行政责任,但是这一条紧接着又来了,如果说我们被征收人非法阻碍了,也会被追究治安管理处罚的行政责任或者刑事责任。这一点大家要注意,大家在维护各自合法权益的同时,也要注意自己的行为。

第三十三条本来我不想讲,因为昨天接到一个电话,还是说黑龙江那个事儿,他们到现在没有签字,也没有领补偿款,实际上他们不知道这个钱领还是不领,没有签字是因为他感觉补偿不合理,但是没有地方去申诉。第三十三条实际上是说,按照现在的条例,他的钱必须专款存储、专款专用、足额到账,他这个钱必须要采取这样的方式来存储,否则的话就是贪污挪用、私分截留,构成犯罪的都要追究他们的刑事责任,很多人不知道。我给他建议,黑龙江我有一个朋友是做律师的,你去咨询一下,看看资料。他说,我们这儿简直没法说。我说,那就没有办法了,我只能告诉你这一点,你要了解法律,才能维护自己的合法权益。

第三十四条是对评估中介机构的一种制裁,如果出现虚假或者重大差错的评估报告,发证机关责令其改正,并处 5 万元以上 20 万元以下罚款,对评估师处 1 万元以上 3 万元以下罚款。这个是双罚的。以后不管协商选定评估机构也好,随机选定也好,多数人确定也好,如果将来出现虚假或者重大差错,对评估机构是有法律来制裁的,这个不好界定,但是至少有这种制裁的条款,不但是对评估机构来进行制裁,还要对评估师进行罚款,构成犯罪的也要追究刑事责任。在选定评估机构的时候,评估师们也会注重自己的职业道德,否则你就可以大胆地跟他说,如果你出具虚假的报告,我可以举报你。这就是你对法律的条文的了解,你如果不知道,好像我们感觉评估师出错了,出错了怎么办呢? 没有后话,不知道怎么制裁他。这是最基本的了解。

最后,在征收的过程当中,政府的广泛宣传和大家共同努力是非常重要的。重点我讲了这么多,其实两个小时的时间也不可能把这个讲得非常清楚,只是给大家分享一下,让大家了解一下,有这个意识,超前的意识,提前的意识,用这些去维护自己的合法权益,而不要等到自己把事情都办砸了再去找律师、咨询律师,这样可以说你的损失已经找不回来了,因为法律风险是没有来回路的。通常我们讲好账不怕算,账算错可以再算一遍,人用错了可以换一个人,一旦法律风险发生了,你想再去找回这个法律风险,几乎是不可能的。

希望大家能够在今天的过程中有所受益,受益一句话也是满足。谢谢大家!